Die Terrarientiere 2

Die Terrarientiere 2

Pflanzen im Terrarium, Grundsätzliche
Fragen und Probleme zur Biologie und
Ökologie der Reptilien, Freiland-Terrarien

Schildkröten, Brückenechsen und Echsen

Von Günther Nietzke
unter Mitarbeit von Paul M. Kornacker,
Andreas Nöllert und Hagen Schmidt

Vierte, neubearbeitete und neugestaltete Auflage
mit 196 Farbfotos und 39 Zeichnungen

VERLAG
EUGEN
ULMER

Die Terrarientiere

Bau, technische Einrichtung
und Bepflanzung der Terrarien
Haltung, Fütterung und Pflege
der Terrarientiere
in drei Bänden

Von Günther Nietzke
unter Mitarbeit von
Paul M. Kornacker, Andreas Nöllert
und Hagen Schmidt

Die Terrarientiere 1
Schwanzlurche und Froschlurche

Die Terrarientiere 2
Schildkröten, Brückenechsen und Echsen

Die Terrarientiere 3
Krokodile und Schlangen

Die Deutsche Bibliothek – CIP-Einheitsaufnahme

Nietzke, Günther:
Die Terrarientiere : Bau, technische Einrichtung und Bepflanzung der Terrarien ; Haltung, Fütterung und Pflege der Terrarientiere ; in drei Bänden / von Günther Nietzke. Unter Mitarb. von Paul M. Kornacker . . . – Stuttgart (Hohenheim) : Ulmer
2. Schildkröten, Brückenechsen und Echsen : Pflanzen im Terrarium, grundsätzliche Fragen und Probleme zur Biologie und Ökologie der Reptilien, Freiland-Terrarien. – 4., neubearb. und neugestaltete Aufl. – 1998
ISBN 3-8001-7179-1

Das Werk einschließlich aller seiner Teile ist urheberrechtlich geschützt. Jede Verwertung außerhalb der engen Grenzen des Urheberrechtsgesetzes ist ohne Zustimmung des Verlages unzulässig und strafbar. Das gilt insbesondere für Vervielfältigungen, Übersetzungen, Mikroverfilmungen und die Einspeicherung und Verarbeitung in elektronischen Systemen.

© 1998, 1972 Eugen Ulmer GmbH & Co.
Wollgrasweg 41, 70599 Stuttgart (Hohenheim)
Printed in Germany
Lektorat: Ulrich Commerell und Dr. Eva v. Nickisch
Herstellung: Thomas Eisele
Umschlaggestaltung: Alfred Krugmann, Freiberg am Neckar
Satz: Typomedia Satztechnik GmbH, Scharnhausen
Druck: Passavia, Passau
Bindung: Großbuchbinderei Monheim

Geleitwort

„Habent sua fata libelli" (Bücher haben ihr Schicksal).

Diese Weisheit des römischen Dichters Terentius schließt auch das Schicksal so trivialer Werke mit ein, wie es Fach- und Sachbücher nun einmal sind. Als Dr. GÜNTHER NIETZKE 1969 seine „Terrarientiere" zum ersten Mal auf den Büchermarkt brachte, vollzog sich die nachfolgende Entwicklung der Terraristik und Herpetologie zwar bereits in der Weise, wie wir sie heute wahrnehmen: eine kaum noch überschaubare Fülle von Informationen über Erfahrungen mit Amphibien und Reptilien steht zur Verfügung und wächst schier unaufhörlich weiter an. Arten, die vor wenigen Jahrzehnten noch als kaum pflegbar galten, gehören heute z. T. zu den regelmäßig (und nicht selten auch in gehöriger Menge!) gezüchteten Tieren. Ähnlich steht es auch um die Kenntnis der Lebensräume der Amphibien und Reptilien in aller Welt sowie um die Kenntnis des Arteninventars. Gebiete, die noch in jüngerer Zeit biologisch kaum bekannt waren, sind heute mit Faunen- und Florenlisten erschlossen, und ständig werden auch noch bislang übersehene Tier- und Pflanzenarten in erstaunlicher Anzahl neu beschrieben ...

Vor diesem Hintergrund ist es selbstverständlich, daß trotz und vielleicht gerade wegen dieser Entwicklung solide Grundlagen-Informationsquellen sehr gefragt sind. Daß es dem Buche Nietzkes gelungen ist, in die Reihe dieser Standard-Quellen einzurücken und dort seine Position zu behaupten, spricht für die Qualität der Arbeit.

Der Verfasser ist inzwischen in die Jahre gekommen, und hat mit Bedacht Mitarbeiter gesucht und gefunden, um die Aktualisierung der 3. Auflage auf das Niveau der vorliegenden 4. zu bringen. Das war zunächst ein notwendiger Schritt, der sich anhand der Ergebnisse auch als ein erfolgreicher, guter ausweist. Die Mitarbeiter PAUL M. KORNACKER, ANDREAS NÖLLERT und HAGEN SCHMIDT für den 2. Band sind bestens renommiert, um Günther Nietzke zur Hand gehen zu können.

So ist letztlich auch der 2. Band der vierten Auflage ein Teil des Standardwerkes, der den hohen Ansprüchen gerecht wird, die der ursprüngliche Allein-Autor gesetzt hat, der inzwischen zum Herausgeber und Team-Chef gewachsen ist. Ein glückliches Schicksal für ein Buch!

Dresden, im Herbst 1997

FRITZ JÜRGEN OBST
Direktor des Staatlichen Museums
für Tierkunde Dresden

Vorwort zur 4. Auflage

Die in den letzten 20 Jahren erreichten wissenschaftlichen Erkenntnisse in der Herpetologie, die praktischen Erfahrungen in der Terraristik und die neuen Techniken im Gerätebau sowie die Verwendung der Elektronik haben einen Stand erreicht, der es dem verantwortungsbewußten Terrarianer ermöglicht, seine Wünsche nach einer perfektionierten Haltung seiner Pfleglinge in weit höherem Maße zu erfüllen, als dies bisher der Fall war.

Die Ziele der heutigen Terraristik sind klar abgesteckt: Es steht nicht mehr im Mittelpunkt, möglichst viele und zudem seltene Arten zum Selbstzweck zu halten. Heute besteht das Bestreben vielmehr darin, die Pfleglinge im Terrarium durch artgerechte Haltung zielgerichtet zur Fortpflanzung zu bringen. Damit verbunden ist zumeist die Spezialisierung auf die Pflege weniger, ausgewählter Arten oder Artengruppen. Dadurch leistet die Terraristik (und der wissenschaftlich dokumentierende private Terrarianer) einen Beitrag zum Wachsen wissenschaftlicher Erkenntnisse, die sich nicht zuletzt auch im praktischen Artenschutz verwirklichen lassen.

Die 1980 erschienene 3. Auflage der „Terrarientiere" kann den oben genannten neuen Erkenntnissen nicht mehr genügen. Der Ulmer Verlag hielt darum eine grundlegende Neubearbeitung für unumgänglich. Die damit verbundene umfangreiche Erweiterung besorgte der Herausgeber zusammen mit drei Fachkollegen. Leider ergab sich dabei durch eine längere Erkrankung des Herausgebers zwischen dem Erscheinen des ersten Bandes und den anschließenden weiteren zwei Bänden eine unerwartet lange Zeitspanne. Als Vorteil des verzögerten Erscheinens – dies mag jedoch nicht als Entschuldigung dienen – ist zu werten, daß neue Erkenntnisse aus dem gesamten Bereich der Herpetologie eingearbeitet werden konnten, was bei regulärem Erscheinen nicht möglich gewesen wäre. Somit hat der Leser jetzt ein Buch in Händen, das als Manuskript im Winter 1995/96 seine letzte Überarbeitung erfuhr.

Die wissenschaftliche wie die terraristische Flut an neuen Erkenntnissen haben die Fachliteratur in einem Maße anschwellen lassen, daß auch die Informationsmenge in der 4. Auflage der „Terrarientiere" erheblich hat zunehmen müssen. Automatische Folge war eine beachtliche Umfangserweiterung des Band 2 der neuen Auflage, so daß aus ökonomischen Gründen dieser Band in die Bände 2 und 3 aufgeteilt werden mußte. Damit verbunden war ein Austausch von Abschnitten aus Band 2 in Band 3 und umgekehrt. Beiden Bänden gemeinsam aber sind das Gesamtverzeichnis weiterführender Fachbuchliteratur, ein Glossar, das Kapitel „Literaturbeschaffung" sowie die Bezugsadressen herpetologisch/faunistischer Fachzeitschriften.

Wie schon erwähnt, konnte die Fertigstellung der Bände nur mit Hilfe von Fachkollegen zustandekommen. Folgende Autoren konnten als Mitarbeiter gewonnen werden: PAUL M. KORNACKER, Biologe aus Rheinbach, ANDREAS NÖLLERT, Mitarbeiter der Thüringer Landesanstalt für Umwelt, Jena, und HAGEN SCHMIDT, Biologielehrer aus Braunschweig.

Die Aufteilung der Arbeitsabschnitte ergab folgendes Bild:

GÜNTHER NIETZKE (Herausgeber)
1. Pflanzen im Terrarium
2. Grundsätzliche Fragen und Probleme zur Biologie und Ökologie der Reptilien (unter Mitarbeit von P. M. KORNACKER)
3. Schildkröten – Allgemeines
4. Brückenechsen
5. Krokodile – Allgemeines
6. Krokodile – Artenbeschreibungen
7. Echsen – Allgemeines
8. Schlangen – Allgemeines (unter Mitarbeit von P. M. KORNACKER)
9. Herpetopathologie
10. Präparieren von Amphibien und Reptilien

PAUL M. KORNACKER
1. Schlangen – Artenbeschreibungen
2. Literaturbeschaffung
3. Gesamtverzeichnis weiterführender Fachbuchliteratur
4. Abkürzungen herpetologisch/faunistischer Fachzeitschriften und deren Bezugsadressen
5. Glossar
6. Index

ANDREAS NÖLLERT
Schildkröten – Artenbeschreibungen

HAGEN SCHMIDT
1. Echsen – Artenbeschreibungen
2. Freiland-Terrarium

Mit dem, den Artenbeschreibungen der Ordnungen bzw. Unterordnungen, jeweils vorangestelltem Abschnitt „Allgemeines" war der Autor bestrebt, dem Anfänger unter den Terrarianern grundlegendes Wissen über die einzelnen Gruppen der Reptilien zu vermitteln. Bei der großen Artenzahl der Reptilien war es notwendig, eine Auswahl der zu beschreibenden Arten zu treffen. Dies war für die Autoren jedoch nicht einfach, da zu viele Kriterien bei der Beurteilung, ob für eine Beschreibung geeignet oder nicht, berücksichtigt werden mußten. Großreptilien, Futterspezialisten und Giftschlangen sind sicher nur der Pflege erfahrener Terrarianer anzuvertrauen, oft nur in Zoologischen Gärten oder Schauterrarien zu halten, für die Raumverhältnisse fast aller Hobbyterrarianer also ungeeignet. Daher wurden nur wenige Arten aus diesen Bereichen behandelt. Natürlich wurden auch die Forderungen des Artenschutzes, Naturschutzgesetze und -verordnungen sowie das Washingtoner Artenschutz-Übereinkommen bei der kritischen Auswahl berücksichtigt. Am 1. Juni 1997 ist die neue EU-Artenschutzverordnung (V.O. EG 338/97) an Stelle der seit 1984 geltenden V.O. (V.O. EWG 3626/82) in Kraft getreten. Sie regelt für alle EU-Staaten die Ein- und Ausfuhr sowie Vermarktung der in den

Anhängen aufgeführten Tier- und Pflanzenarten. Da es zeitlich nicht mehr möglich war, die neue V. O. – besonders wichtig für die Artenbeschreibungen – in Band 2 und 3 zu berücksichtigen, muß der Leser selbst überprüfen, in welchem Anhang der V. O. die ihn interessierende Art eingestuft wurde.

Es ist einzusehen, daß bei einer Auswahl der Reptilien nicht jedem Wunsche entsprochen werden kann, zumal das Problem „Auswahl" notgedrungen subjektiv ist. Doch erscheint es den Autoren weitaus wichtiger, sich mit den beschriebenen Arten intensiver zu beschäftigen, als eine Art nach der anderen zu „verbrauchen".

Die sich durch Neubenennungen rezenter oder ausgestorbener Arten ändernde Gesamtartenzahl beläuft sich auf etwa 7.000 Arten. In den Artenbeschreibungen werden insgesamt 770 Arten und Unterarten der Reptilien beschrieben und vorgestellt. Dies dürfte wohl ein ausreichendes Arbeitsfeld darstellen, um noch viele ungelöste Fragen zu beantworten und Probleme zu bewältigen.

In der heutigen Zeit gibt es verschiedene Wege, sich Terrarientiere zu beschaffen. Einmal werden im Tierhandel Reptilien angeboten. Zum anderen bietet das Anzeigen Journal der Deutschen Gesellschaft für Herpetologie und Terrarienkunde (DGHT) eine reichhaltige Auswahl von Reptiliennachzuchten an. Auch in den deutschsprachigen Fachzeitschriften, wie DATZ, elaphe, herpetofauna oder Sauria werden Tiere aus Nachzuchten angeboten. Schließlich kann in den verschiedenen Arbeitsgemeinschaften und Stadtgruppen der DGHT sowie über den VDA ein Austausch von Tieren innerhalb der Mitglieder erfolgen.

Besonders dem Anfänger sei an dieser Stelle ans Herz gelegt, letztere Möglichkeit sich Tiere zu beschaffen auszuwählen, da der Kontakt zu erfahrenen Terrarianern als Grundstein für künftige Aktivitäten einen unermeßlichen Wert besitzt. Wir sind uns bewußt, daß Reptilien vereinzelt auch nach wie vor noch illegal in die Terrarien gelangen und distanzieren uns auf diesem Wege des Protestes ausdrücklich von derartigen „Erwerbsmethoden"!

Gelegentlich werden in der herpetologischen wissenschaftlichen und populärwissenschaftlichen Literatur Arten beschrieben, die für den erfahrenen Terrarianer von großem Interesse sind, jedoch selten oder überhaupt nicht angeboten werden. Gelangt man aber unter Beachtung aller Vorschriften doch einmal in den Besitz einer solchen Art, so ist die Nachzucht das primäre Ziel. Nach Rückfragen bei bekannten Berufs- und Amateurherpetologen sowie im Natur- und Artenschutz tätigen Biologen wurden auch solche Arten in die Artenbeschreibungen aufgenommen, die einem Schutzstatus unterliegen, z. B. in den Anhängen des Washingtoner Artenschutz-Übereinkommens stehen. Es ist entschieden wichtiger und tierschützerisch bedeutsamer, die Haltungsbedingungen einer solchen Art mitzuteilen, als zu schweigen und sie damit einem ungewissen Schicksal in der Hand eines Laien zu überlassen. Dies gilt ganz besonders für die im Bundesgebiet stark gefährdeten Echsen, Schlangen und für die Europäische Sumpfschildkröte. Europaweit, vor allem aber im Mittelmeerraum sind viele Arten gefährdet. Seit geraumer Zeit werden etliche dieser Arten unter Wahrnehmung der entsprechenden Gesetze von Terrarianern, auch in Freilandanlagen, nachgezüchtet. Aus diesem Grunde ist eine – ohnehin verbotene – Entnahme aus den natürlichen Populationen vollkommen sinnlos.

Mit den politischen Veränderungen in den osteuropäischen Vielvölkerstaaten und der ehemaligen Sowjetunion kam es zur Bildung neuer Staaten und Verschiebungen in den politischen Grenzen. Da sich aber Tiere und somit auch Reptilien an Grenzen nicht stören, war es z. T. schwierig für uns, die neuen Ländergrenzen mit den geographischen Verbreitungen neu abzustimmen. Hier mögen Defizite vorliegen, die, wenn Europa – hoffentlich bald – zur Ruhe gekommen ist, in der nächsten Auflage ausgeräumt sein werden.

Es muß hier festgestellt werden, daß die zur Zeit in den geltenden Gesetzen und Verordnungen über Tierschutz, Naturschutz und in Roten Listen im Bundesgebiet und der EU ebenso wie im Washingtoner Artenschutz-Übereinkommen aufgeführten gefährdeten Reptilienarten nicht dauernd als gefährdete Arten gelten, bzw. Änderungen in ihrer jeweiligen Einstufung erfahren werden. Veränderte Biotop- oder Populationsbedingungen können die Gefährdung einer Art aufheben oder verstärken und damit die Wertung verändern. Daher ist es nicht möglich, die derzeitige Rechtslage für immer festzuschreiben. Der Terrarianer sollte sich ggf. bei der für ihn zuständigen Behörde orientieren.

Die Ansichten der Herpetologen zur Systematik der Reptilien sind nicht einheitlich. Es gibt in Folge der unterschiedlichen Auffassungen immer wieder Umbenennungen. Ob manche Umbenennung immer mit systematischer Notwendigkeit erfolgt, wird die Zukunft lehren. Es soll nicht in Frage gestellt werden, daß in manchen Fällen mit neuen Methoden der Artdiagnostik und dem Entdecken neuer Arten die Notwendigkeit einer Änderung des Gattungs- oder Artnamens gerechtfertigt ist. Es ist an dieser Stelle daher auch nicht angebracht, darüber zu streiten, ob ein Taxon beispielsweise seinen Art- oder Unterartstatus erhält oder verliert. Erkenntnisse in der Systematik können nicht stabil bleiben, da sie zwangsläufig der Dynamik der laufenden Erkenntniserweiterung unterworfen sind. Diese Namensänderungen wurden berücksichtigt, da sie dem praktizierenden Terrarianer in der herpotologischen Literatur ständig begegnen. Von den Autoren der Artenbeschreibungen wurde daher die Systematik verwendet, die eine gewisse Statik besitzt und von den meisten Herpetologen bevorzugt wird. Um eine Kenntnis der systematischen Rangordnung der Arten, Gattungen und Familien zu vermitteln, war es notwendig, die jeweils verwendete Systematik und Nomenklatur als systematische Übersicht den jeweiligen Artenbeschreibungen voranzustellen.

Um für alle Artenbeschreibungen die gleiche Form der Bearbeitung zu garantieren, wurde von den Autoren ein Bearbeitungsraster für die Beschreibung jeder Art entwickelt. Die alphabetische Anordnung der Artnamen in den Artenbeschreibungen wurde beibehalten. Die „Terrarientiere" ist kein rein wissenschaftlich systematisches Werk, sondern ein Buch für den Praktiker, sei er nun Anfänger oder Fortgeschrittener. Das schnelle Auffinden von Arten innerhalb der Artenbeschreibungen ist damit gesichert.

Die Farbbilder der beschriebenen Arten dienen sicher nicht als ausschließliches Mittel zur Artenerkennung. Sie geben dem Terrarianer jedoch die erste Vorstellung des gewünschten Pfleglings. Daher wurde die Zahl der Farbbilder erheblich erweitert, so daß für fast jede Art die zugehörige Abbildung vorliegt. Dies war nur durch die Mithilfe erfahrener Terrarianer als Amateurfotografen, professioneller Tierfotografen und durch die Großzügigkeit des Ulmer Verlages zu erreichen. Die in früheren Auflagen verwendete Art der Literaturzusammenstellung ist jetzt in einer zitiergerechten Form dargestellt. Es war notwendig, zwei Arten des Literaturnachweises vorzunehmen: 1. hinter jedem abgeschlossenen Kapitel wird eine Literaturaufstellung von aus Fachzeitschriften verwendeten Artikeln gegeben. Das gleiche gilt auch für den Literaturnachweis hinter jeder beschriebenen Art. Sind Fachbücher benutzt worden, so sind diese nicht in den o. a. Literaturnachweisen enthalten. 2. Der Literaturnachweis über Fachbücher erfolgt in dem „Gesamtverzeichnis weiterführender Fachbuchliteratur" am Schluß der Bände. Dabei handelt es sich um wissenschaftliche und populärwissenschaftliche herpetologische Literatur. Außerdem wurden hier vivaristische, zoologische und botanische Fachbücher und solche, die die Terrarientechnik betreffen, aufgenommen. Im laufenden Text wurde die Benutzung eines Fachbuches und seine Aufnahme im Gesamtverzeichnis durch ein * hinter dem Erscheinungsjahr des Fachbuches des Autors (OBST, 1985*) gekennzeichnet. Bei dieser Art der Trennung der Literaturnachweise in Zeitschriften und Fachbücher soll vermieden werden, daß Fachbücher bei den Literaturnachweisen, insbesondere den Artenbeschreibungen unnötig häufig wiederholt werden.

Um all den Lesern zu helfen, die sich beim Beschaffen von Literatur, insbesondere aus außereuropäischen Zeitschriften, schwer tun, haben wir ein Kapitel „Literaturbeschaffung" beigefügt. Es befindet sich, zusammen mit der Aufstellung der Zeitschriftenabkürzungen und den Bezugsadressen der aufgeführten Zeitschriften, vor dem Gesamtverzeichnis weiterführender Fachbücher am Ende eines jeden Bandes.

Teils unvermeidbar war das Verwenden von schwierigen Fachbegriffen und Fremdwörtern. Damit Ihnen jedoch die Freude am Lesen nicht vergeht oder das Verstehen unnötig erschwert wird, haben wir am Ende eines jeden Bandes ein Glossar angefügt, in dem die wichtigsten Begriffe erläutert werden.

Bei dem Informationsumfang beider Bände haben wir von vielen Herpetologen, Terrarianern und dem Fach „Terraristik" nahestehenden Personen Rat und Unterstützung erhalten. Den Herpetologen Dr. HEINZ WERMUTH, Stuttgart, Prof. Dr. WOLFGANG BÖHME, Bonn, Direktor FRITZ JÜRGEN OBST, Dresden, WOLFGANG BISCHOFF, Bonn und Dr. UWE FRITZ, Dresden danken der Herausgeber und seine Mitarbeiter ganz besonders für die kritische Durchsicht der jeweils übersandten Manuskripte. Ihre Ratschläge in schwierigen Fällen und die Unterstützung bei der Beschaffung von schwerzugänglicher Literatur halfen über manche Hürde hinweg. Herrn Dr. med. vet. RUDOLF MÜLLER dankt der Herausgeber herzlich für die eingehende, sorgfältige und kritische Durchsicht der „Herpetopathologie". Seine veterinärmedizinischen Ratschläge und Vorschläge waren eine wertvolle Hilfe. Allen Bildautoren, die namentlich im Bildnachweis aufgeführt sind, gebührt ein ganz besonderer Dank, da sie mit ihren Bildern zum Gelingen dieses Werkes beigetragen haben. Graphiken sind notwendig, um bestimmte im Farbbild nicht zu erkennende Vorstellungen zum Ausdruck zu bringen. HARTMUT NIETZKE und BEATE NIETZKE-HEINEMEYER waren mit Sachverstand laufend bemüht, die erforderlichen Graphiken vorbildlich zu gestalten. Auch ihnen gebührt ein ganz besonderer Dank. Aus den Reihen befreundeter Terrarianer erhielten Herausgeber und Mitarbeiter manche wertvolle Anregung und Unterstützung bei der Durchsicht übersandter Manuskriptteile, im direkten Gespräch oder durch das Überlassen von persönlichen Aufzeichnungen. Folgenden Damen und Herren sei daher an dieser Stelle gedankt: KLAUS ADOLPHS, St. Augustin; Prof. ROYCE BALLINGER, Universität Nebraska USA; ARTUR BÜRGIN, Brütten, Schweiz; JOCHEN BULIAN, Düsseldorf; DONALD DÜWEL, Geesthacht; BERND EICHMANN, Ahlen; Dipl.-Biol. MICHAEL FRANZEN, München; MICHAEL GÖBELS, Düsseldorf; ERNESTO GOMEZ, Cordoba, Argentinien; ANDREAS GUMPRECHT, Köln; GERHARD HALLMANN, Dortmund; HELMUT HANSEN, Nußbaumen, Schweiz; HENDRIK. HEINEMANN, Braunschweig; MARKUS JUSCHKA, Düsseldorf; PETER KERN, Zürich; BORIS KLUSMEYER, Bremen; HENRI KRATZER, Zürich; Dr. ABDEM R. LANCINI, Caracas, Venezuela; JOACHIM LANGULA, Erfurt; HANSJÖRG LÜTHI-MÜLLER, Bern; HARALD MEIER, Hamburg; Dipl.-Biol. ANDREAS MENDT, Rheinbach; GERHARD MÜLLER, Rudersberg; Dr. PETR NEČAS, Brno, Tschechische Republik; GÜNTHER PRAEDICOW, Erfurt; ANDRES ROLANDO, Caracas, Venezuela; RITA RAMIREZ, Caracas, Venezuela; KLAUS-DIETER SCHULZ, Würselen; SEBASTIAN STEINFARTZ, Wolfsburg; PAUL-HEINRICH STETTLER, Bern; RAINER THISSEN, Wachtendonk; HANS TRIET, Bern; GERNOT VOGEL, Heidelberg; HANS ULRICH VOGEL, Braunschweig; HORST WILLE, Seevetal; KLAUS-PETER ZSIVANOVITS, Bonn.

Manuskripte sind noch keine Bücher, daher sei dem Verleger ROLAND ULMER, Stuttgart, ganz besonders herzlich für seine lange Geduld und Toleranz bis zum Erscheinen der „Terrarientiere" gedankt. Aber auch den Lektoren des Verlages schulden wir großen Dank.

Unter der intensiven Manuskriptarbeit mußten unsere Frauen mancher Familienstunde entsagen. Ihnen gebührt eigentlich der entscheidende Dank, den wir ihnen hiermit abstatten. Herausgeber und Autoren hoffen, daß die nun in vierter Auflage stehenden „Terrarientiere" den Freunden der Terraristik immer Rat und Hilfe bieten können.

Dezember, 1997
Dr. G. NIETZKE, Hildesheim
P. M. KORNACKER, Rheinbach,
A. NÖLLERT, Jena,
H. SCHMIDT, Braunschweig

Inhaltsverzeichnis

Geleitwort		5
Vorwort zur 4. Auflage		6
1	**Pflanzen im Terrarium** (GÜNTHER NIETZKE)	11
1.1	Das pflanzenlose, hygienische Terrarium	11
1.2	Das bepflanzte Terrarium	12
1.2.1	Pflanze und Tier in ihrer natürlichen Umwelt	12
1.2.2	Die Verhältnisse im Terrarium	13
1.3	Die Pflanze im Terrarium und ihre Pflege	13
1.3.1	Licht	14
1.3.2	Luft	14
1.3.3	Wasser	14
1.3.4	Temperatur	15
1.4	Nährstoffe und Böden	15
1.5	Bodenarten für Gemische	16
1.5.1	Einzelbestandteile der Böden	16
1.6	Düngerarten	16
1.7	Pflanzentabellen	16
1.8	Bezugsquellen für Pflanzen	26
1.9	Literatur (Fachzeitschriften)	26
2	**Terrarientiere II**	27
	Kriechtiere – Reptilien	27
2.1	Grundsätzliche Fragen und Probleme zur Biologie und Ökologie der Reptilien (GÜNTHER NIETZKE)	27
2.1.1	Die Kontinentalverschiebung und ihre Wirkung auf die Ausbreitung der Reptilien	27
2.1.2	Die Ökozonen, Wohnbereich der Reptilien	29
2.1.3	Biologische Rhythmen	45
2.1.4	Aktive Phasen	45
2.1.4.1	Der Reproduktionsmodus der Reptilien und seine Varianten	45
2.1.4.2	Fortpflanzung	47
2.1.4.3	Geschlechtsfixierung	50
2.1.4.4	Geschlechtsdiagnose	51
2.1.5	Passive Phasen	52
2.1.5.1	Überwinterung	52
2.1.5.2	Sommerruhe/Trockenschlaf	52
2.1.6	Schutzmaßnahmen und Schutzanpassungen	53
2.1.7	Lebensraum Terrarium	54
2.1.7.1	Behälter	54
2.1.7.2	Technik	56
2.1.7.3	Ausstattung	56
2.1.7.4	Wasser, Bodengrund	57
2.1.8	Freilandterrarium (HAGEN SCHMIDT)	57
2.1.8.1	Daueranlagen zur ganzjährigen Haltung	58
2.1.8.2	Daueranlagen zur befristeten Freilandhaltung	58
2.1.8.3	Kleinanlagen	58
2.1.8.4	Abgrenzungen, Wasserteile und andere Details	59
2.1.9	Haltung gefährlicher Tiere – eine Rechtssituation	64
2.1.10	Literatur (Fachzeitschriften)	65
3	**Schildkröten – Testudines**	66
3.1	Allgemeines (GÜNTHER NIETZKE)	66
3.1.1	Entwicklungsgeschichte	66
3.1.2	Ausbreitung im Laufe der Erdgeschichte	66
3.1.3	Heutige Verbreitung und Lebensräume	67
3.2	Körperbau	69
3.2.1	Morphologie	69
3.2.2	Anatomie	75
3.2.3	Sinnesorgane	76
3.3	Geschlechtsfixierung	77
3.4	Geschlechtsdimorphismus	77
3.4.1	Geschlechtsreife	77
3.4.2	Alter	78
3.5	Fortpflanzung	78
3.5.1	Fortpflanzungsperiodik	78
3.5.2	Urogenitalsystem	78
3.5.3	Balz und Paarung	79
3.5.4	Eiablage	80
3.5.5	Inkubation und Inkubationszeiten	81
3.6	Ernährung (Naturfutter, Futter aus Nutzpflanzen, Nutztieren und Futterzuchten)	81
3.6.1	„Richtige" Fütterung	84
3.6.2	Zwangsfütterung	84
3.7	Literatur (Fachzeitschriften)	85
3.8	Systematische Übersicht (ANDREAS NÖLLERT)	87
3.9	Artenbeschreibungen (ANDREAS NÖLLERT)	88
4	**Brückenechsen – Sphenodontina** (GÜNTHER NIETZKE)	170
4.1	Allgemeines	170
4.2	Entwicklungsgeschichte	170
4.3	Ausbreitung im Erdmittelalter (Mesozoikum)	170
4.4	Heutige Ausbreitung und Lebensraum	170
4.5	Literatur (Fachzeitschriften)	170
5	**Echsen – Sauria**	171
5.1	Allgemeines (GÜNTHER NIETZKE)	171
5.1.1	Entwicklungsgeschichte	171
5.1.2	Heutige Ausbreitung und der rezente Lebensraum	171
5.2	Körperbau	173
5.2.1	Morphologie	173
5.2.2	Haut und Schuppen (Pholidose)	176
5.2.3	Anatomie	178
5.2.4	Sinnesorgane	179

5.2.5	Zentralnervensystem (Gehirn) 181	5.10	Literatur (Fachzeitschriften)	187
5.3	Geschlechtsfixierung 181	5.11	Systematische Übersicht (Hagen Schmidt) .	188
5.4	Geschlechtsdimorphismus 181	5.12	Artenbeschreibung (Hagen Schmidt)	191
5.5	Geschlechtsreife (Maturität) 182			
5.6	Alter 182	6	**Literaturbeschaffung** (P. M. Kornacker) .	340
5.7	Fortpflanzungskomplex 183			
5.7.1	Fortpflanzungsperiodik 183	7	**Gesamtverzeichnis weiterführender Fach-**	
5.7.2	Urogenitalsystem 183		**buchliteratur** (P. M. Kornacker)	341
5.8	Fortpflanzung 184			
5.8.1	Balz, Paarung 184	8	**Herpetologische Gesellschaften und**	
5.8.2	Brutfürsorge 184		**deren Zeitschriften** (P. M. Kornacker) . . .	352
5.8.3	Reproduktionsmodus 184			
5.8.4	Eiablage 184	9	**Glossar** (P. M. Kornacker)	354
5.8.5	Inkubation und Schlupf 185			
5.9	Ernährung 185	10	Verzeichnis der Tiernamen	358
5.9.1	Natürliches Futter 185	11	Sachregister	364
5.9.2	Futter aus Futterzuchten 186	12	Bildquellen	366
5.9.3	Fütterung 186			
5.9.4	Zwangsfütterung 187			

1 Pflanzen im Terrarium

Die Überschrift zu diesem Kapitel könnten wir auch mit einem Fragezeichen versehen. Doch ist die Frage „Pflanzen im Terrarium" heute eigentlich schon entschieden. Sie ist kein grundsätzliches Problem mehr, an dem sich die Gemüter erhitzen können, kein Entweder-Oder, sondern eine Frage, die ihre Beantwortung in der jeweiligen Situation findet. Wenn dabei eine Forderung zum Grundsatz erhoben wird, dann nur die, daß das Wohl und Wehe des dem Pfleger anvertrauten Tieres im Vordergrund zu stehen hat. Und welcher Terrarianer würde hier widersprechen?

WERMUTH (1961*) hat dies sehr treffend umrissen, indem er sagte: „So hygienisch wie möglich, so schön wie nötig."

Eine Aufstellung von Pflanzenarten, die sich für die verschiedensten Terrarienarten eignen, wird in diesem Kapitel nicht gegeben; die Angaben finden sich jeweils bei den Artenbeschreibungen unter dem Stichwort „Terrarium, Bepflanzung". Die Pflanzentabellen sind als Überblick zu eventuell brauchbaren Pflanzenarten gedacht, die in den unterschiedlichen Kontinenten, Klimatypen und Ökozonen vorkommen.

ihres erheblichen Stoffwechsels ein Landschaftsterrarium einfach unmöglich ist, wie z. B. große Exemplare der Riesenschlangen (z. B. *Eunectes murinus*) oder große Echsen (z. B. *Varanus*, *Iguana*), Krokodile usw. Wenn zwar viele dieser großen Tiere im allgemeinen außerhalb der Fütterungszeiten verhältnismäßig ruhig sind, so werden manche beim Herannahen der Fütterungszeit bzw. bei ihrer Fütterung unruhig, wenn nicht sogar recht ungestüm. In einem bepflanzten Terrarium dürften dann Schäden nicht vermeidbar sein.

Die Ausscheidungen großer fleischfressender Tiere sind scharf, ätzend und nicht gerade von Wohlgeruch. Ihre restlose Entfernung ist daher unbedingt notwendig. Die Verdauung der großen Pflanzenfresser ist sehr rege, das Ausscheiden von Exkrementen erfolgt häufiger. Zwar sind diese Exkremente nicht so übelriechend wie bei den Fleischfressern, doch auch hier ist die Reinhaltung des Behälters dringend erforderlich. Schließlich ist die Verwendung des hygienischen Terrariums angebracht, wenn die Isolierung eines Tieres vorgenommen werden soll. Dies kann eventuell beim Neuerwerb eines Tieres aus einer Tierhandlung notwendig werden. Der Quarantäneaufenthalt des Tieres im hygienischen Terrarium bietet einwandfreie Gewähr dafür, den zukünftigen Pflegling genauer auf mögliche Innen- und Außenparasiten, kleine vorhandene Schäden wie Hautwunden, seinen Ernährungszustand und ähnliches zu untersuchen. Würde man den zukünftigen Pflegling eventuell sofort in das schon in Betrieb befindliche Terrarium zu seinen Artgenossen bringen, so würden diese durch die an dem neuen Mitbewohner vorzunehmenden Behandlungen zu stark beunruhigt. Aus den gleichen Gründen ist es richtig, einen in einem in Betrieb befindlichen Terrarium erkrankten Pflegling bis zur Heilung in ein hygienisches Terrarium zu überführen.

Außerdem läßt sich in allen diesen Fällen die Säuberung des Behälters

1.1 Das pflanzenlose, hygienische Terrarium

Wenn sich auch heute das bepflanzte Terrarium durchgesetzt hat, so kann auf das pflanzenlose, hygienische Terrarium – wenn besondere Verhältnisse es erfordern – nicht völlig verzichtet werden. In einem solchen Terrarium ist der wesentliche Grundsatz die Einhaltung hygienischer Bedingungen. Als unumgängliche Voraussetzungen sind dabei die für das Leben des Terrarientieres notwendigsten, in Band 1 ausführlich besprochenen Grundbedingungen zu betrachten, nämlich Raumgröße, Temperatur, Feuchtigkeit/Trockenheit, Licht/Sonne, Luft/Frischluft und Ernährung. Konzessionen an die Ausstattung des Terrariums zu machen, die geeignet wären, das Hygieneprinzip einzuschränken oder die Sicherheit der Hygiene zu gefährden, sind fehl am Platze. Die Einrichtungsgegenstände sollen in einem solchen Behälter so einfach wie möglich zu säubern sein. Die Bedienung der technischen Hilfsmittel wie Heizung, Beleuchtung, Durchlüftung usw. muß auf einfache Weise erfolgen können. Ein hygienisches Terrarium braucht daher kein Prunkstück zu sein. Es ist ein Behälter, abgestellt auf reine Zweckmäßigkeit, also ein Arbeitsgerät. Tierarten, deren Existenzbedingungen über die im hygienischen Terrarium erreichbaren Möglichkeiten hinausgehen, sind in einem solchen Behälter nur kurzfristig zu halten. Die in der Literatur gelegentlich mitgeteilten Versuche, die zweifellos vorhandene Starrheit eines solchen Behälters beispielsweise durch eingestellte lebende Pflanzen zu mildern, sind verständlich, aber inkonsequent. Sie schränken das Prinzip der Hygiene ein. Totes Einrichtungsmaterial wie Kletterbäume, Gesteinsbrocken, Sand- bzw. Geröllflächen, die auf die Eigenart und den Lebensraum des Pfleglings (z. B. Wüstenregion) abgestimmt sind und leicht gereinigt oder ersetzt werden können, nehmen durch entsprechende Auswahl und geschickte Anordnung einem solchen Behälter schon viel von seiner Strenge. Als Arbeitsgerät ist diese Terrarienart das geeignete technische Hilfsmittel der wissenschaftlichen Forschung. Eine weitere Bevorzugung genießt das hygienische Terrarium bei der Haltung von Giftschlangen in Serum-Instituten zum Zwecke der Gewinnung von Giftschlangenserum. Schließlich wäre diese Terrarienart noch für solche Pfleglinge zu empfehlen, bei denen infolge ihrer Größe, ihres Gewichtes und leicht bewerkstelligen. Die genannten Beispiele zeigen, daß die Wahl des Behälters, also des hygienischen Terrariums, weder aus einer vorgefaßten Grundstellung heraus noch aus eigenem unbekümmerten, die Eigenart des Tieres nicht berücksichtigenden Ermessen erfolgen darf.

Es sei an dieser Stelle noch eine andere Überlegung eingeschaltet, die das Problem „Hygienisches Terrarium", allerdings extrem, berührt. In der Aquaristik wird heute für das Ablaichen bestimmter Fischarten Perlonwatte verwendet. Wir haben derartiges Material schon einmal bei der Zucht einheimischer Tritonen verwendet und gute Erfolge damit erzielt. Wenn man diesen Gedanken weiter verfolgt, so wäre der Unterschied zwischen natürlichen Blumen und Ranken gegenüber künstlichem Material gleicher Art für das Tier, sofern es nicht Pflanzenfresser ist, vielleicht gar nicht so groß. Wenn Blattgewirr und Astwerk sowie Blüten im Einzelfall als notwendiges Material angesehen werden, dann sei einmal die Frage aufgeworfen, ob nicht das heute überall erhältliche künstliche Pflanzenmaterial tatsächlich verwendet werden könnte. In verschiedenen öffentlichen Aquarien und Schauhäusern haben wir dieses Material schon in Gebrauch gesehen, allerdings nicht ausschließlich oder gar als „künstlichen Naturausschnitt". Selbstverständliche Voraussetzung ist dabei, daß dieses künstliche Pflanzenmaterial keine schädlichen Bestandteile enthält bzw. zu entwickeln vermag. Nimmt man an, daß das Tier keinen Unterschied zwischen künstlichem toten und natürlichem lebenden Material bezüglich Elastizität, Berührungsreiz, Wärmeleitvermögen, Feuchtigkeitsverhältnisse u.a. macht, dann könnte sich *Anolis carolinensis* während des Schlafes auch auf künstlichem Material aufhalten. Rauhes, künstliches Astgewirr dürfte einer Baumschlange genauso Möglichkeiten der Häutungshilfe bieten wie lebendes Astwerk. Das künstliche Material ließe sich selbst mit schärferen Desinfektionsmittel ausgezeichnet reinigen, und man würde nicht Gefahr laufen, Pflanzenschädlinge einzuschleppen, deren Beseitigung mit Pflanzenschutzmitteln normalerweise auch für unsere Pfleglinge lebensgefährlich werden könnte. Würden keine Unterschiede der oben genannten Art zwischen lebendem und totem Material bestehen, dann bliebe es immer noch dem Einzelnen überlassen, wie er sich entscheidet.

1.2 Das bepflanzte Terrarium

Ein Erlebnis für jeden Terrarianer ist es, die in den großen Zoos sehr gut eingerichteten Terrarien und ihre Bewohner zu besichtigen (Exotarium Frankfurt, Aquarium Berlin, Wilhelma Stuttgart u.a.) oder von befreundeten Terrarianern zur Besichtigung ihrer mustergültigen Terrarien eingeladen zu werden. Zum Teil sind es Paradebeispiele für bepflanzte Behälter, die den Anspruch erheben können, als „schöne Terrarien" bezeichnet zu werden. Dabei ist „schön" durchaus nicht nur das Regenwaldterrarium mit seiner Pflanzenvielfalt. Auch das mit einigen wenigen Kakteen bzw. Sukkulenten besetzte Terrarium der Steppen- und Trockenregionen kann sehr ansprechend wirken. Es ist also keinesfalls notwendig und dem Begriff Terrarium auch widersprechend, aus dem Tierbehälter eine Pflanzenvitrine zu machen. So sagt KLINGELHÖFFER: „Die Requisiten eines Terrariums sollen das Tier hervorheben, aber nicht verdecken". W. B. SACHS meint: „Man wird allmählich lernen müssen, einen echt anmutenden Naturausschnitt oder den Charakter einer bestimmten Gegend nachzubilden", und JAHN schreibt: „Eine solche Pflanzen-Tier-Gemeinschaft zu erleben, ist für viele Terrarianer ein Höhepunkt". Während im nicht bepflanzten Terrarium der Pflegling das einzige biologische „System" darstellt, auf das hinsichtlich seiner Existenzbedingungen Rücksicht zu nehmen ist, hat der Terrarianer im bepflanzten Terrarium die Wechselwirkungen zwischen Tier und Pflanze zu beachten.

1.2.1 Pflanze und Tier in ihrer natürlichen Umwelt

Wenn wir unsere Terrarien mit Pflanzen versehen wollen, ohne daß wir es gedankenlos tun, weil es bei anderen Terrarianern so gut aussah, müssen wir uns fragen, welche Bedeutung die Pflanze in der natürlichen Umwelt des Terrarientieres besitzt. Diese Frage in ihrer gesamten biologisch-ökologischen Vielschichtigkeit hier zu beantworten, ist ausgeschlossen und auch nicht notwendig. Es sollen daher nur drei ganz einfache Beispiele herausgegriffen werden.

Beispiel 1. Die Pflanze als Nahrungsquelle für das Tier

In der Biozönotik, der Lehre von den Lebensgemeinschaften, wird die Pflanze als Produzent bezeichnet. Das bedeutet, daß die Pflanze zeit ihres Lebens und vermöge ihres Stoffwechsels laufend neues Pflanzengewebe erzeugt. Die Pflanze wird von den Konsumenten, den vegetarisch lebenden Tieren (und diese wieder von den Fleischfressern), als Nahrungsquelle verwertet. Zu diesen Konsumenten gehören im natürlichen Lebensraum selbstverständlich auch die pflanzenfressenden Larven der Amphibien und die pflanzenfressenden Reptilienarten. Unverdauliche Stoffe werden vom Tier ausgeschieden und von Bodenorganismen in die für die Pflanze aufnehmbare anorganische Substanzen abgebaut. Schließlich stirbt das Tier und dient zum größten Teil, in Form von Endprodukten des Auflösungsprozesses, also anorganische Masse, als Nährsubstanz für die Pflanze, die daraus wieder Pflanzengewebe produziert, das den Konsumenten als Nahrung dient.

Beispiel 2. Die Pflanze als Schutz- bzw. Aufenthaltsstätte

Es gibt eine große Zahl von Amphibien und Reptilien, die als Baum-, Strauch- oder Krautbewohner die Pflanze als Versteck aufsuchen oder sich zwischen dem Blattwerk, im Astgewirr, in den Trichtern von Bromelien oder in den Scheinblüten von *Zantedeschia* aufhalten (*Anolis carolinensis, Ahaetulla nasuta*, manche Baumhylen, *Hyperolius parallelus albofasciatus* (Syn. *H. horstocki*) usw.). Für Reptilien ist das Astgewirr auch eine wichtige Hilfe bei der Häutung.

Beispiel 3. Die Pflanze als Laichsubstrat

Hier sei nur daran erinnert, daß Wasserpflanzen manchen Molcharten zur Eiablage dienen und manche Baumfrösche (Dendrobatiden) ihren Laich in Bromelientrichtern ablegen, in denen sich auch die Kaulquappen entwickeln. Astlöcher und grobe Baumrinde sind Eiablageplätze vieler Geckoarten. Diese drei Beispiele zeigen, daß Pflanzen im Leben des Terrarientieres in seiner natürlichen Umwelt immer direkt oder indirekt eine Rolle spielen, also mehr als nur schmückendes Beiwerk sind.

1.2.2 Die Verhältnisse im Terrarium

Was wird aus den geschilderten Beispielen im Terrarium? Die Pflanze als Nahrungsquelle (Beispiel 1) spielt im Terrarium keine Rolle mehr, da der Pfleger dem pflanzenfressenden Terrarientier die pflanzliche Nahrung zuteilt. Der Kreislaufprozeß, der in der Natur vor sich geht, kann in einem Tierbehälter niemals vollständig ablaufen, da viele Voraussetzungen, die in der Natur gegeben sind, hier einfach nicht existieren.

Die Pflanze als Schutz- bzw. Aufenthaltsstätte (Beispiel 2) hat im Terrarium dagegen ihre Bedeutung vollständig behalten. Blattwerk, Astgewirr, Bromelientrichter und *Zantedeschia*-Blüte bleiben, was sie auch in der freien Natur sind: Versteck, Aufenthaltsstätte und Häutungshilfe.

Auch die Pflanze als Laichsubstrat (Beispiel 3) wird im Terrarium für das Tier nichts an ihrer Bedeutung einbüßen.

Die Pflanze im Terrarium ist also nicht Selbstzweck und besitzt nicht nur schmückenden Wert, sondern erfüllt auch bestimmte Aufgaben. Leicht läuft man Gefahr, das Gesamtbild „Tier – Pflanze" im Terrarium zu überschätzen und dieses Bild, das nicht selten unsere eigene Wunschtraum-Konstruktion darstellt, mit der Natur gleichzusetzen. So hört und liest man zuweilen vom Terrarium als dem „sich selbst regulierenden Naturausschnitt" oder von „einem lebenden Bild aus der Natur". Man hat auch davon geschrieben, „pflanzensoziologische Verhältnisse" im Terrarium zu schaffen. Das dürfte zuviel Optimismus sein und den gegebenen Möglichkeiten nicht entsprechen. Einen sich selbst regulierenden Naturausschnitt können wir niemals erreichen, es sei denn, man betrachtet die in einem Botanischen Garten vorhandenen Tropenschauhäuser als einen sich selbst regulierenden Naturausschnitt.

Wieviel menschliches Eingreifen (also Pflege) in einem solchen Schauhaus notwendig ist, weiß der zu beurteilen, der aus beruflichen Gründen mit solchen Dingen zu tun hat. Wie sieht es mit dem „lebenden Bild aus der Natur" in manchen Landschaften aus? Man stelle sich z. B. ein Terrarium von 1 m³ Rauminhalt vor und stülpe dieses über einen Quadratmeter peruanische Küstenwüste oder afrikanische Savanne. Über die Einseitigkeit und Eintönigkeit eines solchen Flächenausschnittes wäre man sehr ernüchtert. Trotzdem würde gerade in diesem Falle das zutreffen, was KLINGELHÖFFER (1955*) sagt: „... ein bis zwei Pflanzen, ein Ast und einige Steine genügen, um uns ein Landschaftsbild vor Augen zu führen". Und wie steht es mit den pflanzensoziologischen Verhältnissen? Man steche einen Würfel Boden von $1/4$ m³ an einem Buchenwaldrand mit dem darauf gewachsenen Pflanzenbestand aus. Untersucht man makroskopisch und mikroskopisch dieses Stück auf die vorhandene Tier- und Pflanzenwelt, die nun einmal für eine solche Pflanzengesellschaft typisch und notwendig ist, dann wäre man sehr rasch von der Idee geheilt, im Terrarium derartiges schaffen zu wollen. Das „lebende Bild aus der Natur" ist auch aus anderen Gründen, wie oben schon geschildert, nicht immer erfreulich. Der Lebensraum mancher Kulturfolger unter den mediterranen Reptilien (z. B. *Podarcis muralis*) ist gelegentlich alles andere als dekorativ und entspricht keineswegs immer unserer romantischen Vorstellung eines Pflanzenparadieses. Dies konnten wir 1960 in Rijeka und Zadar (ehem. Jugoslawien) beobachten. Dort lebte *Podarcis sicula* in Mengen auf einer von menschlichem Abfall bedeckten, verkrauteten Trümmerfläche. Emailtöpfe eindeutiger Art, abgewrackte Herde, zerbrochene Mauerreste, Melonenschalen, angefaulte Paprikaschoten und dürre Sträucher, das alles bildete ein liebliches, farbiges und duftendes Durcheinander. Dazwischen huschten zahlreiche *Podarcis muralis* und machten Jagd auf die Insekten auf dem Unrat und auf den Unkrautpflanzen. Das Nachbarhaus unseres Hotels in Villa Carlos, Menorca, hatte wie üblich den Patio, daneben befand sich ein kleiner verwahrloster Garten, den wir betreten durften. Hier, zwischen zerbrochenen Stühlen und verrosteten Bettgestellen, fanden wir *Podarcis sicula* in zahlreichen Exemplaren. Es dürfte wohl keinen Terrarianer geben, der das in den beiden selbst erlebten „lebenden Bildern aus der Natur" vorgefundene Kleinmaterial zur Ausschmückung seines Terrariums verwenden würde. Selbst dann nicht, wenn es sich bei seinen Pfleglingen um sogenannte Kulturfolger handelt.

Wie schwierig es ist, den „natürlichen Ausschnitt" zu verwirklichen, zeigt ein weiteres Beispiel.

Wir fanden den Fransenfinger *Acanthodactylus boskianus* in Nabeul, Tunesien, an zwei verschiedenen Biotopen. Die jungen Tiere, die noch die schwarzgelbe Längsstreifung aufwiesen, huschten zahlreich zwischen den hohen Polstern einer kultivierten *Mesembryanthemum*-Art auf dem Sand des Strandsaumes herum. Die adulten Tiere fingen wir jedoch zwischen den Quaderspalten der Mauerreste einer alten römischen Villa hinter unserem Bungalow sowie auf den trockenen Feldern. Beide Fundplätze lagen kaum 100 m auseinander. Besonders schön gezeichnete und große Exemplare von *Gallotia galotti* fanden wir 1977 in Teneriffa an mit Müll und Abfall bedeckten Stellen einer aufgelassenen Bananenpflanzung innerhalb des südöstlichen Neubaugebietes von Puerta de la Cruz.

Die Pflanzenwelt ist in unseren Terrarien, auch wenn wir die Pflanzen nach pflanzengeographischen Gesichtspunkten auswählen, nach unseren Vorstellungen und daher künstlich zusammengesetzt. Somit ist die Pflanzenwelt im Terrarium eine Pflanzen-*Kultur* wie man sie auch im Tropenschauhaus eines Botanischen Gartens findet. Als Pflanzenkultur muß sie gepflegt werden. Geschieht das nach gärtnerischen Methoden, dann wird die Pflanzenwelt zum schmückenden Beiwerk und verhilft uns zum „schönen Terrarium".

1.3 Die Pflanze im Terrarium und ihre Pflege

Würde man Pflanzen aus Trockengebieten (Halbwüsten oder Savannen) in ein feuchtes, geheiztes Terrarium oder umgekehrt zarte, den Halbschatten und die Feuchtigkeit des Regenwaldes liebende Pflanzen in ein trockenes, geheiztes Terrarium einsetzen, so wäre in beiden Fällen die Pflanzenpracht bald dahin. Gleichgültig ist zunächst, ob man in einem feuchten, geheizten Terrarium vom Regenwald-Typ Pflanzen aus den Regenwaldgebieten des Kongo oder solchen des Amazonas verwendet oder aus beiden Gebieten gleichzeitig. Den in einem Regenwaldterrarium zu haltenden Tieren entstehen dabei keine Nachteile. Ebensowenig werden die aus den Trockengebieten zu pflegenden Tiere benachteilt, wenn man Sukkulenten aus amerikanischen und afrikanischen Trockengebieten in einem solchen Terrarium zusammen kultiviert. Wem jedoch daran gelegen ist, Tier und Pflanze in harmonischen Einklang miteinander zu bringen, strebt einem der erwünschten Ziele der Terraristik zu. Dieses Ziel ist nicht leicht zu erreichen. Es empfiehlt sich das Studium pflanzengeographischen Schrifttums ebenso wie das Studium gärtnerischer Fachbücher bzw. der Literatur über die Pflege von Zimmer- und Balkonpflanzen und Pflanzen des Wintergartens. Die Erfahrung ist jedoch durch nichts zu ersetzen, man muß sie im Laufe der Zeit sammeln. Groß ist die Zahl der heute im Zierpflanzenhandel angebotenen Zierpflanzen. Fast aus allen Erdteilen werden Pflanzen angeboten. Aber nicht jede Pflanze ist für unsere Zwecke geeignet bzw. kann während des ganzen Jahres im Terrarium verbleiben, da viele eine Ruhezeit bei niedrigeren Temperaturen durchmachen, während der sie aus dem Terrarium herausgenommen werden müssen, um in einem geeigneten Raum zu überwintern. Es gibt auch noch andere Schwierigkeiten. Manche für ein bestimmtes Landschaftsgebiet typischen, auch im Handel angebotenen Pflanzen werden recht groß und passen dann nicht mehr in den Behälter. Hier muß man immer wieder auf Jungpflanzen zurückgreifen. Von anderen Pflanzen kann man nur Samen erhalten, aus denen man die Pflanzen selbst heranziehen muß, ein Bemühen, das für denjenigen, der sich mit der Blumenpflege noch nicht befaßt hat, leicht fehlschlagen kann. Aus manchen Landschaftsgebieten sind im Handel absolut keine Pflanzen zu haben. Entweder läßt man in einem solchen Fall die Bepflanzung dann ganz weg oder man greift, falls eine Bepflanzung aus biologischen Gründen notwendig ist, auf Pflanzen aus benachbarten, vom Biotop her ähnlichen Gebieten zurück. So werden z. B. aus den vorderindischen Trockengebieten im Handel geeignete Pflanzen selten oder gar nicht angeboten. Hier hilft die Pflanzengeographie weiter. HANSEN (1916*) schreibt: „Vorderindien hat mit seinem trockenen Klima, welches in den großen Wüstengebieten der Halbinsel zum Ausdruck kommt, eine gewisse botanische Ähnlichkeit mit Afrika, besonders mit Ostafrika. Viele Arten Indiens stimmen mit afrikanischen und nubisch-ägyptischen überein, wozu noch ein kleiner Teil tropisch-afrikanischer Formen kommt".

In diesem Fall wäre es also durchaus möglich, Pflanzenarten aus den genannten afrikanischen Gebieten, die auch im Handel angeboten werden, zu verwenden. Eine absolut realistische Darstellung der Pflanzenwelt vom Fundort des betreffenden Tieres geben zu wollen, hieße die Dinge auf die Spitze treiben. Mit dem gleichen Recht müßte dann gefordert werden, Originalsand, Originalerde, Originalsteine, Originalrinde usw. zu verwenden. Also auch hier gilt wieder das Prinzip der Gleichwertigkeit vor der Gleichartigkeit (NIETZKE, 1989*). Will man die für das Terrarium gewählten Pflanzen gesund erhalten, so müssen sie richtig gepflegt werden. Ausführliche Beschreibungen sind in den im Literaturverzeichnis aufgeführten Werken zu finden.

Wie das Terrarientier besitzt auch die Pflanze einen Stoffwechsel. Hierzu werden Licht, Luft, Wasser und Nährstoffe benötigt.

1.3.1 Licht

Das Licht ist einer der Hauptfaktoren im Leben der Pflanze. Zu wenig Licht läßt die Pflanze vergeilen, Lichtlosigkeit führt zum Absterben. Der Lichtbedarf ist bei den Pflanzen sehr unterschiedlich. Handelt es sich um Sonnenpflanzen, so sollte das Tageslicht möglichst reichlich in das Terrarium einfallen können. Schattenpflanzen müssen so gesetzt werden, daß sie von größeren Pflanzen beschattet werden. Ist das nicht möglich, so wird wie im Gewächshaus „schattiert", d. h. zwischen Fenster und Terrarium wird ein mit dunklem Papier bespannter Rahmen gesetzt. In der lichtarmen Zeit kann der Lichtmangel etwas verbessert werden, wenn Leuchtstofflampen mit sehr hohen Lux-Zahlen verwendet werden und die Leuchtstofflampe eine ideale spektrale Energieverteilung besitzt. Den sehr sonnen(-licht)-bedürftigen Pflanzen der Wüstenrandgebiete, Savannen und Steppen wird man die optimale Lichtfülle in unseren Breiten nicht bieten können. Schon gar nicht in einem Zimmerterrarium. Trotzdem gibt es eine ganze Reihe von Gattungen und Arten solcher Pflanzen, die im Blumenfenster gehalten werden, also am hellsten Standort des Wohnraumes im Terrarium unter günstigen Lüftungsbedingungen wachsen.

Der Blau- und Rotanteil des Lichtes spielt für das Wachstum der Pflanze eine besonders wichtige Rolle. Leuchtstofflampen mit dieser Zusammensetzung stellen also eine brauchbare Lichtquelle dar. Zu empfehlen sind die Typen Sylvania Gro-Lux und Osram L-Fluora. Die angestrahlten Tiere und Pflanzen zeigen dann eine recht extreme Färbung, um nicht zu sagen unnatürlichen Ton. Durch Hinzuschalten von Leuchtstofflampen des Typs „Warmton" oder „Weiß", bei denen die Lux-Zahlen auch hoch genug liegen, wird die Farbwiedergabe von Pflanze und Tier den natürlichen Verhältnissen gerechter. Daß die Frage der Licht- und Beleuchtungsverhältnisse gegenstandslos wird, wenn wir Dämmerungs- oder Nachttiere in einem pflanzenlosen Terrarium pflegen, versteht sich von selbst. Ist ein solches Terrarium jedoch bepflanzt, muß tagsüber die Lichtmenge und Beleuchtungsart auf die Pflanzen abgestimmt sein (SAUER 1989*).

1.3.2 Luft

Einmal geht es hier um die für die Pflanzen wichtigen Bestandteile der Luft, nämlich Sauerstoff und CO_2-Anteil. Zum anderen ist aber auch die Bewegung der Luft von erheblicher Bedeutung. Wenn ein Terrarium in vollem Betrieb ist, aber die Durchlüftung nicht richtig funktioniert, merkt man beim Öffnen des Terrariums am Geruch, daß hier etwas nicht stimmt. Eine gute Durchlüftung ist nun einmal sehr wichtig in der Terraristik. Die Luftbewegung ist auch aus einem anderen Grunde von Bedeutung. Damit die Pflanze transpirieren, d. h. das überflüssige Wasser loswerden kann, muß ein Transpirationsgefälle vorhanden sein. Die relative Feuchte der die Pflanze umgebenden Luft muß niedriger sein als unmittelbar auf dem Blatt. Ist das nicht der Fall, ein Transpirationsgefälle also nicht vorhanden, werden die Stoffwechselvorgänge in der Pflanze gestört. Es kommt zum Absterben von Zellpartien und ganzer Blatteile, unter Umständen auch der ganzen Pflanze.

1.3.3 Wasser

Ohne Wasser ist die Pflanze nicht in der Lage, Nährstoffe zu verwerten. Diese müssen im Wasser gelöst sein, damit sie von den Haarwurzeln der Pflanze aufgenommen und transportiert werden können. Daher muß gegossen werden. Bei manchen Pflanzen ist allerdings auch eine Wasser/Nährstoffaufnahme über das Blatt möglich, wie beispielsweise bei manchen Bromelien (*Tillandsia usneoides*). Die Temperatur des Gießwassers soll nicht niedriger sein als die Temperatur im Terrarium. Eine etwas höhere Wassertemperatur ist weniger schädlich als eine wesentlich niedrigere Temperatur. Als Gießwasser eignet sich am besten Regenwasser. In Industriegebieten kann dies jedoch gefährlich werden, da sich auf den Dächern Bestandteile von Industrierauch absetzen können. Werden diese durch das Regenwasser gelöst, so kann solches Wasser den Pflanzen schaden. Statt dessen kann man destilliertes Wasser, das zu $1/4 - 1/2$ mit Leitungswasser vermischt wird, verwenden. Eine Enthärtung stark kalkhaltigen Wassers kann mit Torf erreicht werden, wobei 20 g Torfmull genügen, um 1 l Wasser von 20–25° d. H. (= deutsche Härte) zu enthärten. Man geht dabei so vor, daß 20–30 g Torfmull in ein grobmaschiges Säckchen gefüllt werden, das zugebunden wird und 12–24 Stunden in 1 l kalkhaltiges Wasser gehängt wird. Nach dieser Zeit ist das im Wasser enthaltene Kalzium (Ca) durch die Huminsäure des Torfmulls gebunden. Schließlich gibt es auch noch Wasserenthärtungstabletten, die, vorschriftsmäßig angewandt, eine Wasserenthärtung herbeiführen. Ob sich die Anschaffung von Enthärtegeräten auf der Basis von organischen Austauschern, die nicht gerade billig sind, lohnt, muß man aufgrund des Wasserverbrauches entscheiden.

Wann soll gegossen werden? Diese Frage kann nicht grundsätzlich beantwortet werden. Der Wasserbedarf ist recht unterschiedlich. Als Grundregel kann gelten, daß Trockenheit und starke Besonnung liebende Pflanzen wie Kakteen und Sukkulenten zumeist mit weniger Wasser auskommen als Pflanzen aus feuchten Waldgebieten und Pflanzen, die Halbschatten und Schatten bevorzugen. Ferner wird in der Wachstumsperiode (Lichtfülle) mehr Wasser verbraucht als in der Ruheperiode (Lichtarmut), und schließlich ist der Wasserbedarf bei höheren Temperaturen bei der gleichen Pflanze größer als bei niedrigen Temperaturen. Auch die Luftfeuchtigkeit spielt insofern eine Rolle, als bei hoher Luftfeuchtigkeit der Wasserbedarf geringer ist als bei trockener Luft. Immerhin ist es eine alte Erfahrung, daß mehr Pflanzen an zu vielem Gießen zugrunde gehen als an zu großer Trockenheit. Das äußere Zeichen dringenden Wasserbedürfnisses ist bei Blattpflanzen das Schlaffwerden der Blätter. So weit soll man es allerdings nicht kommen lassen. Wenn sich die Erde feucht anfühlt, ist noch genügend Feuchtigkeit im Boden vorhanden. Bei leicht herausnehmbaren Pflanzentöpfen (Doppeltopf) erkennt man die Trockenheit daran, daß das Klopfen mit dem Fingerknöchel an die Topfwand einen dumpfen, hohlen Ton ergibt. Zum Gießen eignet sich am besten eine Gießkanne. Zum Sprühen benutzt man Zerstäuber, wie sie heute in jeder Samenhandlung zu haben sind. Recht gut bewährt haben sich die aus Kunststoff gefertigten, mit einem sehr feinen Zerstäuber versehenen Geräte. Nicht immer ist Gießen notwendig. Sofern Epiphyten leicht abnehmbar im Terrarium angebracht sind, kann man sie mit der Sphagnum-Umhüllung in ein Gefäß mit lauwarmem, weichem Wasser stellen und sich vollsaugen lassen. Bei den *Platycerium*-Arten ist das die von den Gärtnern empfohlene Methode.

1.3.4 Temperatur

Stellt man die Frage, ob es möglich ist, die Temperaturverhältnisse am natürlichen Standort der Pflanze auf den Standort Terrarium zu übertragen, so kann diese nicht ohne weiteres bejaht werden. „Temperaturverhältnisse" bedeutet nämlich nicht nur Anspruch auf eine bestimmte optimale Temperatur, sondern schließt auch den täglichen und jahreszeitlichen Temperaturverlauf ein. Dabei spielen die Lichtverhältnisse – in den jeweiligen Klimatypen – ebenfalls eine erhebliche Rolle. Es sei hier nur an den täglichen Temperaturverlauf in tropischen Trockengebieten mit ihren extremen mittäglichen und nächtlichen Temperaturen und im Gegensatz dazu an den geringen täglichen Temperaturschwankungen im tropischen Regenwald erinnert. Dazu kommen noch die vorhandenen oder fehlenden Unterschiede im jahreszeitlichen Ablauf (z. B. Mitteleuropa, Amazonien). Derartige Gegebenheiten könnten vielleicht mit einem erheblichen Aufwand moderner Technik in einem Kleingewächshaus realisiert werden. Die Antwort auf die eingangs gestellte Frage ist für den Terrarianer jedoch nicht so beunruhigend. Man wählt nur solche Pflanzen, deren Ansprüche hinsichtlich der Temperaturverhältnisse nicht zu speziell sind. Damit fällt zwar eine Anzahl interessanter Pflanzen weg. Trotzdem bleiben noch genügend Pflanzenarten aus den verschiedensten Klimaräumen übrig. Eine gewisse Schwierigkeit bleibt allerdings noch bestehen.

Viele Pflanzen machen eine Ruhezeit durch, bei der die Temperaturen gesenkt werden müssen, während unter Umständen die Temperaturansprüche des Terrarientieres weiter bestehen bleiben, wenn dieses nicht auch gerade eine Ruhezeit benötigt. Daher müssen die Pflanzen während ihrer Ruhezeit z. B. in einem hellen, aber kühlen Raum untergebracht und trocken gehalten werden. Dies ist für die Pflanze auch dann ohne Schaden, wenn die Ruhezeit am natürlichen Standort nicht mit den europäischen Wintermonaten zusammenfällt. Die Rückführung der Pflanzen in das Terrarium darf nicht zu früh erfolgen, da bei dem in unseren Breiten im zeitigen Frühjahr noch herrschenden Lichtmangel die Neuaustriebe leicht vergeilen.

Auch während der Betriebszeit sind Vorsichtsmaßregeln bezüglich der Temperatur zu beachten. Die Pflanzen dürfen niemals in unmittelbarer Nähe der Bodenheizung eingesenkt oder eingepflanzt werden. Die meist vorhandenen feinen, für die Aufnahme der Nährstoffe überaus wichtigen Haarwurzeln würden vertrocknen, die Pflanze dann kümmern, wenn nicht eingehen. Ferner dürfen Heizstrahler (Terrasol, Infrarotstrahler und UV-Strahler) niemals direkt über dem Blattwerk der Pflanzen angebracht werden, da dann das Blattwerk abstirbt und vertrocknet. Um Schäden durch eine Bodenheizung vorzubeugen, ist es zu empfehlen, den Pflanzenteil vom Bodenteil zu trennen.

1.4 Nährstoffe und Böden

Die Hauptnährstoffe der Pflanze sind Stickstoff (N), Phosphor (P), Kalium (K) neben Magnesium (Mg) und verschiedene Spurenelemente wie Mangan (Mn), Bor (B), Kupfer (Cu) und Eisen (Fe). Neben anderen sind es insgesamt etwa 20. Der Anteil an diesen Nährstoffen ist im bröckligen, wasserdurchlässigen und leichten Boden (z. B. Sand) bis zum schweren lehmhaltigen Boden (z. B. Lößlehm) sehr unterschiedlich. Ebenso wichtig ist der Gehalt an Humusstoffen.

1.5 Bodenarten für Gemische

Bodenarten vom natürlichen Standort der einzusetzenden Tropenpflanze sich beschaffen zu wollen, wäre barer Unfug. Die Zierpflanzengärtner verwenden Bodengemische aus eigener Herstellung mit Materialien aus der Umgebung. Nicht anders ist es im Terrarium. Auch hier können Bodengemische verwendet werden, die man den Bedürfnissen der jeweiligen Pflanzen entsprechend selbst zusammenstellt. Solche Bodenarten sind:
Lauberde (Buchen-). Starker Humusanteil, wenig Nährstoffe. Typ: leichter Boden. Herkunft: unter der noch nicht humifizierten Buchenlaubschicht.
Mistbeeterde. Guter Humusanteil, höherer Nährstoffanteil. Typ: leichte bis mittelschwere Erde. Herkunft: Mistpackung des Frühbeetkastens mit der daraufliegenden Erde gut gemischt.
Komposterde. Guter Humusanteil, nährstoffreich. Typ: mittelschwer bis schwer, eventuell kalkhaltig. Herkunft: Komposthaufen.
Rasenerde. Genügender Humusanteil, nährstoffreich. Typ: schwer. Herkunft: dreijährig verrottete, aufgesetzte Rasensoden von leichtem bis schwerem Boden.
Heide- und Moorerde. Geringer bis hoher Faseranteil, geringer Nährstoffanteil, wenig Stickstoff. Typ: leicht, dabei im sauren pH-Bereich. Herkunft: Heide und Torfgebiete.
Nadelerde. Hoher Humusanteil, geringer Nährstoffanteil. Typ: leicht, im *pH*-Bereich sauer. Herkunft: verrottete Nadelschicht des Nadelwaldes.
Stubbenerde. Hoher Humusanteil, genügender Nährstoffanteil. Typ: leicht. Herkunft: aus den Hohlräumen von alten Buchenstubben und hohlen Weiden, in denen sich mit der Zeit aus Erde und humifizierten Pflanzenteilen eine Füllung ergeben hat.
Einheitserde. Diese ist aus 50 % Lehmerde und 50 % Torf gemischt und mit den notwendigen Nährstoffen in Form von Mineraldünger versehen. Sie ist für fast alle Pflanzenarten geeignet. Nach einiger Zeit sind die Nährstoffe erschöpft, so daß dann ein Umtopfen oder Düngen erforderlich ist.
Die heute häufig gebrauchte Einheitserde ist recht sauer, was aber auf die Kulturen wegen des guten Pufferungsvermögens keinen Einfluß hat. Man kann sie also praktisch für alle Kulturen gebrauchen, muß aber etwas häufiger gießen.

1.5.1 Einzelbestandteile der Böden

Sand. Zum Mischen geeignet, um die Luft- und Wasserdurchlässigkeit zu erhöhen.
Torfmull. Adsorptionsfähig und flüssigkeitsaufsaugend.
Sphagnum. Getrocknet und zerkleinert in Verbindung mit dem Wurzelgeflecht von *Osmunda regalis*, einer Farnart, als Anteil der Bodenmischung für Epiphyten. Lebendes *Sphagnum* zur Bodenteilfüllung für manche Frosch- und Schlangenbehälter.
Kalk. Als kohlensaurer Kalk zur Beigabe bei kalkliebenden Pflanzen.
Holzkohle. Als Adsoprtionsmittel, fäulnishemmend und daher jeder Erdmischung zuzusetzen.
Perlit. Dieses Material (im Baugewerbe gebräuchlich) kann als Zusatz (etwa 50 %) zu lehmig-tonigen Böden anstelle des schwereren und nicht porösen Sandes verwendet werden. Brauchbare Körnungen: G^5 und G^6.
Styropor wird häufig zur Lockerung schwerer Böden beigemischt.

1.6 Düngerarten

Organische Dünger. Der einzig brauchbare natürliche Dünger ist der Kuhdung, wobei nur alte, knochentrockene Kuhfladen verwendet werden. Man zerbröckelt sie in Wasser, das die Nährstoffe auszieht. Nach dem Auslaugen wird filtriert. Falls notwendig, wird bis zur bernsteingelben Farbe verdünnt. Dieses Düngewasser wird dem Gießwasser (1 : 5) zugesetzt und eigentlich nur zum Füllen der Bromelientrichter und zum Gießen der Bromelien verwendet.
Mineraldünger. Auf dem Markt sind heute viele Düngerarten vorhanden. Für die Zierpflanzen in Terrarien sind am besten spezielle Blumendünger zu verwenden. Die Anwendungsart und Aufwandmenge ist den jeweiligen Gebrauchsanweisungen zu entnehmen.

1.7 Pflanzentabellen

Um dem Terrarianer einen Überblick zu ermöglichen, zu welchen Terrarientypen die aus den verschiedenen Kontinenten, unterschiedlichen Klimatypen und Ökozonen stammenden Pflanzen passen könnten, sind die Pflanzentabellen zusammengestellt. Es wird nicht immer möglich sein, die genannten Pflanzen, besonders aus dem mitteleuropäischen Raum, für längere Zeit oder überhaupt im Terrarium zu halten. Manche der aufgeführten Pflanzenarten sollen nur als Beispiel für den Vegetationscharakter dienen. Für manche Pflanzenarten aus dem Jahreszeiten-Klimatyp „Kühl gemäßigte Zone" (Troll, C. 1965*) mit der Jahreszeitenfolge „Frühjahr-Sommer-Herbst-Winter" ist der dauernde Verbleib im Terrarium durch die notwendige Winterruhe einer solchen „Saison"-Pflanze nicht möglich. Sie muß zur Überwinterung herausgenommen werden. Einjährige Pflanzen sind durch frische zu ersetzen. Die Größe einer pflanzengeographisch geeigneten Pflanze muß notwendigerweise den Maßen des Terrariums angepaßt sein. Ganze Sträucher und Bäume sind selbst für sehr große Terrarien nicht geeignet. Man muß sich hier mit Teilen – also Äste, Baumteile in der Art des „Epiphyten"-Astes im Regenwald-Terrarium – begnügen.

Die gärtnerischen Kulturerden haben folgende *pH-Werte*:

Heideerde	4,0–5,2	Moorerde	3,5–5,0
Huminal	6,7–7,3	Nadelerde	4,0–4,7
Komposterde (je nach Kalkzusatz)	6.3–8,0	Rasenerde	6,8–7,4
Lauberde	5,0–6,0	Sand (Fluß-)	5,7–6,4
Lehmerde	7,0–8,0	Sand (Gruben-)	7,4–8,0
Misterde	6,3–7,4	Torfmull	4,0–5,6
Mistbeeterde	7,0–7,6	Torfstreu	4,0–4,6

Tabelle 1

Pflanzenart	Bodenart	Bodenpflanze (B) Auf Gestein und Felsen (FG)	Bemerkungen Sonne: ○ Hell: ◎ Halbschatten: ◐
Carex verna Frühlingsegge	Nadelholzerde, leichte, sandig-humose Gartenerde	B	Trockene, dürre Wiesen ○
Corynephorus canescens Silbergras	Nadelholzerde, leichte, sandig humose Gartenerde	B	Ödland, lichte Birken- und Kiefernwälder ○ ◎
Erodium cicutarium Gemeiner Reiherschnabel	Leichte, humose Erde – Sand	B	Feld- und Waldränder, sandige Triften ○ ◎
Festuca ovina Schafschwingel	Nadelholzerde, leichte, sandig-humose Gartenerde	B	Sandtriften, lichte Birken- und Kiefernwälder ○
Hieracium pilosella Langhaariges Habichtskraut	Leichte, humose Erde + Sand	B	Heidegebiete ◎
Luzula campestris Hainsimse	Nadelholzerde, leichte, sandig-humose Gartenerde	B	Sandtriften, lichte Birken- und Kiefernwälder ○
Nardus stricta Borstgras	Nadelholzerde, leichte, sandig-humose Gartenerde	B	Lichte Kiefern-, Eichen- und Birkenwälder ○
Plantago media Mittlerer Wegerich	Leichte, humose Erde + Sand	B	An Feldwegrändern ○
Rubus fructifera Brombeere	Leichte, humose Erde	B	Waldränder ◎ ◐
Sedum acre Scharfer Mauerpfeffer	Leichte bis mittelschwere Erde	FG	Felsen, sonnige Hügel, alte Feldstein-Mauern ○
Sedum album Weißer Mauerpfeffer	Leichte bis mittelschwere Erde	FG	Felsen ○
Thymus serpyllum Feldthymian	Leichte, humose Erde + Sand	B	Feldwegränder, trockene Wiesen ○ ◎

Terrarientyp: Ungeheiztes bzw. schwach geheiztes, trockenes Terrarium
Geographisch-klimatische Räume: Mitteleuropa
Lichtbedürfnis: Unterschiedlich, zumeist sonniger Stand
Feuchtigkeitsbedürfnis: Gering bis normal
Luftfeuchtigkeit: Mittlere rel. Luftfeuchtigkeit
Temperaturbedürfnis: Mittlere europäische Sommertemperaturen
Düngung: Alle 3–4 Wochen
Ruhezeit: Herbst bis Frühjahr. Im Winter möglichst kühl stellen
Pflege und Haltbarkeit: Oftmals sehr problematisch. Gegebenenfalls kranke Pflanzen durch neue ersetzen.

Tabelle 2

Pflanzenart	Sumpfpflanze (S) Bodenpflanze (B) Auf Gestein und Felsen (FG) Rankpflanze (R)	Bemerkungen Sonne: ○ Hell: ◎ Halbschatten: ◐ Schatten: ●
Asarum europaeum Haselwurz	B	Unter schattigem Gebüsch ●
Asplenium trichomanes Streifenfarn	FG	Mauern, Steingeröll ◎
Caltha palustris Sumpfdotterblume	S	Auf feuchten, anmoorigen Wiesen ◐
Carex canescens Graue Segge	S	Moorgebiete ◎

Terrarientyp: Ungeheiztes bzw. schwach geheiztes, feuchtes Terrarium
Geographisch-klimat. Räume: Mitteleuropa
Bodenart: Humusreiche Walderde mit mehr oder weniger Torfzusatz
Lichtbedürfnis: Sonne bis Schatten, unterschiedlich
Temperaturbedürfnis: Mittlere europäische Sommertemperaturen
Feuchtigkeitsbedürfnis: Normal, Sumpfpflanzen stark ballenfeucht halten
Luftfeuchtigkeit: Mittlere relative
Düngung: Alle 3–4 Wochen
Ruhezeit: Herbst bis Frühjahr. Im Winter besser kühl stellen
Pflege und Haltbarkeit: Oftmals sehr problematisch. Gegebenenfalls kranke Pflanzen durch neue ersetzen.

Pflanzen im Terrarium

Tabelle 2 (Fortsetzung)

Pflanzenart	Sumpfpflanze (S) Bodenpflanze (B) Auf Gestein und Felsen (FG) Rankpflanze (R)	Bemerkungen Sonne: ○ Hell: ◎ Halbschatten: ◐ Schatten: ●
Carex digitata Gefingerte Segge	B	An Waldrändern ◐
Carex panicea Hirsesegge	S	Auf anmoorigen Wiesen ○
Clematis vitalba Gemeinde Waldrebe	R	An Waldrändern ◎
Hedera helix Efeu	R	An Buchenwaldrändern ◐
Lonicera periclymenum Waldgeißblatt	R	An Waldwändern ◎
Lysimachia nummularia Pfennigkraut	B	An Bachrändern ◐
Oxalis acetosella Waldsauerklee	B	In Laubwäldern ●
Polypodium vulgare Tüpfelfarn, Engelsüß	FG	Auf Felsen, an Mauern, an Baumstämmen ◐

Terrarientyp: Geheiztes, trockenes Terrarium
Geographisch-klimatische Räume: Mittelmeerraum
Bodenart: Einheitserde oder Lauberde mit Mistbeeterde und etwa $1/4$ Sand gemischt
Lichtbedürfnis: Sonne bis Halbschatten
Temperaturbedürfnis: Sommer 20–25 °C, Winter 6–12 °C
Luftfeuchtigkeit: Mittlere rel. Luftfeuchte und weniger
Düngung: Mineral(Voll-)-Dünger, wöchentlich 1 mal von März bis Juli
Ruhezeit: Winter

Tabelle 3

Pflanzenart	Feuchtigkeitsbedarf			Bemerkungen
	Sommer	Winter	Bodenpflanze (B) Rankpflanze (R) Auf Gestein und Felsen (FG)	Sonne: ○ Halbschatten: ◐
Chamaerops humilis Zwergpalme	Reichlich	Trockener	B	Sommer und Winter ○
Hedera colchica Efeu	Mäßig	Trockener	R	Sommer ◐ Winter ○
Hedera helix Gemeiner Efeu	Mäßig	Trockener	R	Sommer ◐ Winter ○
Laurus nobilis Lorbeer	Reichlich	Trockener	B	Sommer und Winter ○
Myrtus communis Myrte	Mäßig	Etwas trockener	B	Sommer und Winter ○
Salvia officinalis Gartensalbei	Normal	Gering	B	Sommer und Winter ○
Sedum acre Mauerpfeffer	Normal	Fast trocken	FG B	Sommer und Winter ○

Tabelle 4

Pflanzenart	Bodenpflanze (B) Auf Gestein und Felsen (FG)	Bemerkungen	Spezielle Heimatgebiete
Aeonium canariense	FG	Auf trockenem Vulkangestein	Kanarische Inseln
A. domesticum	FG	Trockene Böden	Südlicher Mittelmeerraum, N-Afrika
Agaven (viele Arten)	B	Diese Art sowie alle folgenden: trockene bis normale Böden	Ursprüngliches Verbreitungsgebiet Mexiko
Agave americana	B nur junge Pflanzen verwenden		Im gesamten Mittelmeerraum, einschließlich N-Afrika
A. filifera	B kleinwüchsige Art		Mittelmeerraum, N-Afrika
A. schidigera	B kleinwüchsige Art		Mittelmeerraum, N-Afrika
Aloe arborescens	B nur junge Pflanzen verwenden		Afrika
A. aristata	B kleinwüchsige Art		Kapland
A. ciliaris	B nur junge Pflanzen verwenden		Kapland
A. ferox	B nur junge Pflanzen verwenden		Kapland
A. humilis	B kleinwüchsige Art		Kapland
A. variegata	B nur junge Pflanzen verwenden		Kapland
Cotyledon undulata	B		Aethiopien, Südafrika
Crassula falcata Dickblatt	B		Kapland
Euphorbia (viele Arten)	B		Tropisches und subtropisches Afrika
E. coerulescens	B		Südafrika, östliches Kapland
E. milii (splendens) Christusdorn	B		Madagaskar
E. resinifera	B nur junge Pflanzen verwenden		Marokko
E. schoenlandii	B		Westliches Kapland
E. submammillaris	B		Südafrika
Gasteria maculata	B		Südafrika
G. pulchra	B		Südafrika
G. verrucosa	B		Südafrika

Terrarientyp: Geheiztes, trockenes Terrarium
Geographisch-klimatische Räume: Trockengebiete Afrikas und der Kanarischen Inseln (hier viele afrikanische Arten eingebürgert)
Bodenart: Einheitserde + ⅓ Sand gemischt
Lichtbedürfnis: Alle Arten sonnigen Stand, jedoch mittags leicht schattieren
Temperaturbedürfnis: Sommer tagsüber bis zu 30 °C, nachts z. T. bis 20 °C sinkend. Winter um 18 °C
Feuchtigkeitsbedürfnis: Wenig gießen im Sommer. Winter fast trocken
Luftfeuchtigkeit: Niedrige rel. Luftfeuchtigkeit (< 50 %)
Düngung: März bis Juli alle 2–3 Wochen, dann gießen
Ruhezeiten: Oktober bis März

Tabelle 4 (Fortsetzung)

Pflanzenart	Bodenpflanze (B) Auf Gestein und Felsen (FG)	Bemerkungen	Spezielle Heimatgebiete
Haworthia fasciata	B kleinwüchsige Pflanzen		Südafrika
H. margaritifera	B kleinwüchsige Pflanzen		Südafrika
Kalanchoe blossfeldiana	B		Ostafrika
Sansevieria cylindrica	B		Tropisches Afrika
S. trifasciata	B		Tropisches Westafrika
S. trifasciata var. „Hahnii"	B Zuchtform		Ursprung: Tropisches Westafrika

Terrarientyp: Geheiztes, trockenes Terrarium
Geographisch-klimatische Räume: Trockengebiete Nord- und Südamerikas
Lichtbedürfnis: Alle Arten sonniger Stand
Temperaturbedürfnis: Sommer 20–30 °C, Winter 8–16 °C
Feuchtigkeitsbedürfnis: Sommer normal bis gering, Winter geringer bis trocken
Luftfeuchtigkeit: Sehr geringe rel. Luftfeuchtigkeit
Düngung: April bis Juli alle 2–3 Wochen, danach gießen
Ruhezeit: Oktober bis Januar

Tabelle 5

Pflanzenart	Bodenpflanze (B) Auf Gestein und Felsen (FG)	Bodenart	Spezielle Heimatgebiete
Agave stricta	FG	Einheitserde	Mexiko
A. victoriae-reginae	FG	Einheitserde	Mexiko
Ariocarpus trigonus v. *elongatus*	B	Alte Lehm/Humuserde + grober Sand + Torfmull + 1 Messerspitze Düngegips	Mexiko
Dyckia (Erdbromelie), viele Arten	B	Einheitserde	Nördliches Südamerika
D. altissima	B	Einheitserde	Brasilien (Minas Gerais)
Echeveria agavoides	B	Einheitserde	Mittelamerika
Echinocereus delaetii Greisenhaar	B	Einheitserde + Lehm	Südwesten USA und Mexiko
Hechtia (Erdbromelie) viele Arten	B	Einheitserde + Lehm	Mittelamerika
H. argentea	B	Einheitserde + Lehm	Mittelamerika
Mammillaria calacantha	B	Alte Lehm/Humuserde + grober Sand + Torfmull + 1 Messerspitze Düngegips	Mexiko
M. hahniana	B	Alte Lehm/Humuserde + grober Sand + Trofmull + 1 Messerspitze Düngegips	Mexiko
M. napina	B	Alte Lehm/Humuserde + grober Sand + Torfmull + 1 Messerspitze Düngegips	Mexiko

Tabelle 6
Terrarientyp: Geheiztes Terrarium
Geographisch-klimatische Räume: Nord- und Südaustralien
Lichtbedürfnis: Unterschiedlich
Temperaturbedürfnis: Unterschiedlich
Feuchtigkeitsbedürfnis: Unterschiedlich
Luftfeuchtigkeit: Unterschiedlich
Düngung: Alle 4 Wochen (Januar-Juni), Volldünger
Ruhezeit: Oktober bis März

Pflanzenart	Sumpfpflanze (S) Bodenpflanze (B) Wasserpflanze (W) Hängepflanze (H)	Bodenart	Temperatur		rel. Luftfeuchte	Licht Sonne: ○ Hell: ◎ Halbschattig: ◐	Heimatgebiete
			Sommer	Winter			
Acacia armata Känguruhdorn	B	Sandige Heideerde + Rasenerde + Sand, ballenfeucht halten	20 °C	10 °C	mittel	◎	Weltweit verbreitet
Adiantum hispidulum Frauenhaar-Farn	B	Einheitserde	22 °C	20 °C	70 %	◐	Australien
Callistemon citrinus Zylinderputzer	B	Humuserde + Torfmull	20 °C	15 °C	mittel	○ ◎	Australien
Cordyline indivisa Keulenlilie	B	Lauberde	25 °C	18 °C	70 %	●	Australien
Dizygotheca (Arialia) elegantissima Fingeraralie	B	Einheitserde, gute Durchlüftung	20 °C	12 °C	60 %	◎ ◐	Neusseland
Ficus rubiginosa Gummibaum	B	Einheitserde, gute Durchlüftung, häufig gießen	20 °C	12 °C	mittel	◎	Australien
Grevillea robusta Australische Silbereiche	B	Heideerde + Rasenerde + Lauberde + Sand ballenfeucht hallten	20 °C	6–8 °C	mittel	◎	Australien
Hoya carnosa Wachsblume	B	Einheitserde, gute Durchlüftung	20 °C	12 °C	mittel	◎	O-Australien
Muehlenbeckia adpressa	W und H	Einheitserde	20 °C	18–20 °C	mittel	◎	Australien
Platycerium alcicorne Elchgeweih-Farn	E	Auf Korkrinde	22 °C	20 °C	70 %	◎ ◐	Australien
Schefflera actinophylla	B	Misterde + Lauberde + Rasenerde	20 °C	12 °C	mittel	◎ ◐	Australien
Scirpus cernuus	S	Humuserde + Torf, ballenfeucht halten	20 °C	10 °C	70 %	◎	Weltweit verbreitet

Pflanzen im Terrarium

Terrarientyp: Geheiztes, feuchtes Terrarium, Regenwaldterrarium
Geographisch-klimatische Räume: Waldränder, Wälder, tropische Regenwälder und Sumpfgebiete Asiens
Bodenart: Einheitserde, stark humose Erde (Torf), humos-lehmige Erde. Alle Erden gut gelockert
Lichtbedürfnis: Sommer schattig bis halbschattig, Winter meist etwas heller
Temperaturbedürfnis: Sommer 19–28 °C, Winter 18–20 °C, wenn nicht Ruhezeit
Feuchtigkeitsbedürfnis: Sommer normal, Winter meist etwas trockener
Luftfeuchtigkeit: Bei vielen Arten muß die rel. Luftfeuchtigkeit in der Hauptvegetationszeit sehr hoch sein (80–90 %)
Düngung: Allgemein Mineral(Voll-)-Dünger. Februar-August wöchentlich bis vierzehntägig. Später etwas weniger
Ruhezeit: Oktober-Januar geringe Lichtmenge, daher weniger geißen und kaum düngen

Tabelle 7

Pflanzenart	Wasserpflanze (W) Sumpfpflanze (S) Bodenpflanze (B) Hängepflanze (H) Kletterpflanze (Kl) Klimmer (K) Epiphyt (E)	Bemerkungen Hell: ◎ Halbschatten: ◐ Schatten: ●	Spezielle Heimatgebiete
Acorus calamus Kalmus	W und S	Im Seichtwaser, am Waldrand ◎	Japan
Aeschynanthus boscheanus	H	Pflanzen der höheren Regenwaldzonen ◐	Java, Borneo, Malaysia
Aeschynanthus speciosus	H	Pflanzen der höheren Regenwaldzonen ◐	Java, Borneo, Malaysia
Aglaonema costatum *A. pictum* *A. treubii* Kolbenfaden	B und S B und S B und S	Regenwald, sumpfiger Boden ◐	Java, Malaysische Inselwelt
Alocasia cuprea Pfeilblatt, Tropenwurz	B	Regenwald, sumpfiger Boden ◐	Borneo
Begonia rex. Blattbegonie Viele Arten	B	Regenwald ◐	Assam
Cissus discolor Klimme	K und H	Regenwald, Waldrand ◐	Java
Codiaeum variegatum Croton, Wunderstrauch	B	Waldränder. Jungpflanzen verwenden. Ältere Pflanzen können bis in das alte Holz zurückgeschnitten werden ◐	Indonesien
Coleus pumilus Buntnessel	B	Waldrand ◐	Luzon
Cordyline terminalis Keulenlilie	B	Regenwald, Bergwald. Nach dem Abblühen in nahrhafte Erde umsetzen ●–◐	China, Malakka
Curcurligo capitulata	B	Regenwald. Jungpflanzen verwenden ◐	Tropisches Asien allgemein
Davallia bullata Farn	E	Regenwald. Rhizome auf Korkrinde festlegen ●	Indien bis Java
Ficus radicans	B und K	Waldpflanze ◐	China, Japan, Indien, Indonesien
Pandanus sanderi *P. veitchii* Schraubenbaum	B	Küstenregion ◎	Timor, Polynesien
Pellionia daveauana	B	Regenwald ◐	S-Vietnam, Burma
Peperomia (viele Arten) Pfeffergesicht	B	Regenwald ◐	alle feuchttropischen Räume
Piper ornatum Pfeffer	H und Kl	Regenwald, Waldrand ◎–●	Celebes
Platycerium grande Geweihfarn	H und E	Regenwald. Jungpflanzen verwenden ◐	Vorderindien, malaiische Inselwelt

Pflanzentabellen 23

Tabelle 7 (Fortsetzung)

Pflanzenart	Wasserpflanze (W) Sumpfpflanze (S) Bodenpflanze (B) Hängepflanze (H) Kletterpflanze (Kl) Klimmer (K) Epiphyt (E)	Bemerkungen Hell: ◎ Halbschatten: ◐ Schatten: ●	Spezielle Heimatgebiete
Rhaphidophora aurea	Kl und E	Regenwald ◐	Salomoninseln
Scindapsus pictus Efeurute	K und E	Regenwald ◐	Tropisches Asien
Selaginella (viele Arten) Mooskraut	B und K	Regenwald, Wald ◐–●	In den Tropen der Neuen und Alten Welt

Tabelle 8

Pflanzenart	Wasserpflanze (W) Sumpfpflanze (S) Bodenpflanze (B) Kletterpflanze (Kl) Epiphyt (E)	Bemerkungen Hell: ◎ Halbschattig: ◐ Schattig: ●	Spezielle Heimatgebiete
Adiantum polyphyllum Frauenhaar-Farn	B	Regenwald ◐	Südamerika, Tropen
Aechmea (Bromelie, viele Arten) *A. fasciata* *A. miniata*	E	Waldrand, Regenwald ◎–◐	Mittel- und Südamerika
Anthurium (viele Arten) *A.-Andreanum*-Hybriden *A. radicans* *A. scandens* *A.-Scherzerianum*-Hybriden Flamingoblume	B B E E B	Waldränder ◎–◐	Mittel- und Südamerika
Aphelandra aurantiaca var. *roeszlii* Glanzkölbchen	B	Regenwald ●	Mexiko
Billbergia (Bromelie, viele Arten)	B und E	Waldränder, Regenwald ◎–◐	Mexiko, Südamerika
B. nutans Zimmerhafer	B	Regenwald ◐	Brasilien
Caladium bicolor Buntwurz	B	Waldrand ◎	Mexiko, Südamerika
Calathea zebrina Korbmarante	B	Regenwald ◐	Tropisches Südamerika
Callisia repens	B	Waldrand, Regenwald ◎–◐	Tropisches Südamerika
Ctenanthe compressa	B	Regenwald ◐	Brasilien
Dieffenbachia maculata	B	Waldränder ◎–◐	Tropisches Amerika
Fittonia verschaffeltii	B	Wälder ●	Kolumbien, Bolivien

Terrarientyp: Geheiztes, feuchtes Terrarium, Regenwaldterrarium
Geographisch-klimatische Räume: Waldränder, Wälder, tropische Regenwälder und Sumpfgebiete Südamerikas und Afrikas
Bodenart: Einheitserde, stark humose Erde (Torf), humos-lehmige Erde. Alle Erden gut gelockert
Lichtbedürfnis: Sommer schattig, halbschattig bis hell. Winter zumeist etwas heller
Temperaturbedürfnis: Sommer 19–28 °C, Winter 18–20 °C, wenn nicht Ruhezeit
Feuchtigkeitsbedürfnis: Sommer normal, Winter zumeist etwas trockener
Luftfeuchtigkeit: Bei vielen Arten muß die rel. Luftfeuchtigkeit in der Hauptvegetationszeit sehr hoch sein (80–90%)
Düngung: Allgemein Mineral(Voll-)-Dünger. Februar bis August wöchentlich bis vierzehntägig. Später etwas weniger
Ruhezeit: Oktober bis Januar geringe Lichtmenge, daher weniger gießen und kaum düngen

Pflanzen im Terrarium

Tabelle 8 (Fortsetzung)

Pflanzenart	Wasserpflanze (W) Sumpfpflanze (S) Bodenpflanze (B) Kletterpflanze (Kl) Epiphyt (E)	Bemerkungen Hell: ◎ Halbschattig: ◐ Schattig: ●	Spezielle Heimatgebiete
Guzmania (Bromelie, viele Arten)	B und E	Regenwald ◐	Nordwestliches Südamerika
Maranta (viele Arten) *M. leuconeura* var. *kerchoviana*	B B	Regenwald ◐	Südamerika, Tropen
Monstera (viele Arten)	B, Kl	Regenwald, Waldränder ◐	Südamerika, Tropen
M. deliciosa	B, Kl	Regenwald ◐	Südamerika, Tropen
M. obliqua	B, Kl	Wälder, Regenwald ◐	Brasilien
Nidularium fulgens	E	Wälder ◐	Brasilien
Philodendron (viele Arten)	B, Kl	Regenwald ◐	Südamerika, Tropen
P. elegans	B, Kl	Regenwald ◐	Südamerika, Tropen
P. melanochrysum	B, Kl	Regenwald ◐	Kolumbien
P. squamiferum Baumfreund	B, Kl	Regenwald ◐	Nordöstliches Südamerika
Sanchezia nobilis	B	Regenwald ◐	Ecuador
Syngonium (mehrere Arten) *S. auritum* *S. podophyllum* Purpurtute	B, Kl	Regenwald ◐	Mittel- und Südamerika
Tillandsia (Bromelie, viele Arten)	E	Regenwald, Waldränder ◎	Mittel- und Südamerika
T. tricolor	E	Waldrand ◎	Mexiko, Guatemala, Nicaragua, Costa Rica
Vriesea (Bromelie, viele Arten)	E	Regenwald ◐	Nördliches Südamerika
V. splendens	E	Regenwald ◐	Venezuela
Anubias lanceolata	S	Sümpfe, Regenwald ◐-●	Westafrika
Asplenium nidus Nestfarn	E	Regenwald ◐	Tropisches Afrika
Coffea liberica Kaffee	B	Waldrand ◎-◐	Tropisches Afrika
Dracaena godseffiana	B	Regenwald ◐	Kongo
Pandanus pygmaeus Schraubenbaum	B	Waldrand ◎	Madagaskar
Platycerium angolense *P. stemaria* Geweihfarn	E E	Regenwald, Waldrand ◐-◎	Tropisches Ost- und Westafrika
Saintpaulia ionantha Usambara-Veilchen	B	Regenwald ◐	Ostafrika
Selaginella kraussiana Moosfarn	B	Regenwald ◐-●	Nordöstliches Südafrika

Tabelle 9
Terrarientyp: Aqua-Terrarium, Paludarium
Geographisch-klimatische Räume: Gewässer und Sümpfe in den Subtropen und Tropengebieten Afrikas, Nord- und Südamerikas und O-Asiens
Bodenart: Stark humoser, anmooriger Boden oder Sandboden (Uferrand fließender Gewässer)
Lichtbedürfnis: Unterschiedlich
Temperaturbedürfnis: Sommer tagsüber klimabedingt 10–25 °C (Luft) und 15–30 °C (Wasser). Nachts um 20 °C. Winter 18–20 °C. Wasser 18–30 °C
Feuchtigkeitsbedürfnis: nasser Boden (reine Sumpfpflanzen), Wasser (reine Wasserpflanzen)
Luftfeuchtigkeit: Mittlere bis hohe rel. Luftfeuchtigkeit
Düngung: Entfällt zumeist bei Wasserpflanzen. Sumpfpflanzen gelegentliche leichte Düngergaben
Ruhezeit: Je nach Klimagebiet von Oktober bis Januar

Pflanzenart	Kultur	Temperatur		Lichtbedürfnis	Biotop	Verbreitung
	(siehe Kürzel)	Wasser/Luft		(s. Symbolerklärung)		
Acorus gramineus var. *pusillus* Kalmus	em/s	18–20	20–25	○	Seichte Gewässer	NO-Asien
Cabomba aquatica	sm/w	23–25		○	Gewässer	NO-Südamerika, Brasilien
Cardamine lyrata	em/s	15–20	20–25	◎	Gewässer	O-Sibirien, N- u. O-China, Korea, Japan
Cyperus (viele Arten) Zyperngras	em/s		10–25	◎	Sumpfige Gebiete	Tropen
Eichhornia crassipes Wasserhyazinthe	Schw	24–25	18–25	◎	Stehende u. Fließgewässer	Tropen
Gymnocoronis spilanthoides	sm/em	25–30		◎	Gewässer	Tropen Südamerika
Lagenandra thwaitesii	em/s w	22–25	20–25	◐	Sumpfgebiete	Ceylon
Ludwigia versch. Arten	sm/w	6–28		○	Sumpfgewässer	Tropen Afrika, Amerika, Asien, Mittelmeer
Sagittaria versch. Arten Pfeilkraut	s/w	20–25	20–30	◐	Sumpfgewässer	Mexiko, südl. USA, Asien, Europa
Vallisneria versch. Arten Wasserschraube	sm/w	18		◎	Gewässer	Subtropen und Tropen der ganzen Welt
Zantedeschia aethiopica Zimmerkalla	s	20		◎	Sumpfgebiete	S-Afrika

Kürzel:
em = emers, aus dem Wasser ragende Pflanzen
sm = untergetauchte Wasserpflanzen
s = Sumpfpflanzen
Schw = Schwimmpflanzen
w = reine Wasserpflanzen
○ = sehr hell
◎ = hell
◐ = Halbschatten

1.8 Bezugsquellen für Pflanzen

Eine sichere Liste für Bezugsquellen von Pflanzen für einen längeren Zeitraum aufzustellen, ist kaum möglich. Manche Betriebe haben inzwischen aufgegeben, andere haben den Besitzer gewechselt oder haben einen neuen Firmennamen gewählt.

Wir weisen jedoch darauf hin, daß ENCKE (1968*) und STETTLER (1978*) im Anhang eine große Zahl von Bezugsquellen aufgeführt haben. ERHARDT & ERHARDT (1995*) haben im Ulmer Verlag einen Einkaufsführer für Pflanzenbezugsquellen herausgegeben.

Literatur (Fachzeitschriften)

BENL, G. (1958): *Vesicularia dubyana* (C. MÜLLER) BROTH. Das Javamoos. DATZ 11: 17–19.
– (1961): *Microsorium pterapus* (Bl.) Ching, ein amphibischer Farn. DATZ 14: 210–212.
BRÜNNER, G. (1967): Der Borneofarn – eine problematische Pflanze. DATZ 20: 276–277.
CANZLER; G. (1954): Bromeliaceen für den Vivarienfreund. DATZ 7: 130–133.
EPPLE, P. (1980): Pflanzen im Terrarium. *Begonien*. herpetofauna 1(1): 16–17.
– (1980): Pflanzen im Terrarium. *Cyperus*-Gräser. herpetofauna 1(3): 22–25.
– (1980): Pflanzen im Terrarium. Sukkulente Pflanzen. herpetofauna 2(7): 29–30.
– (1980): Pflanzen im Terrarium. Bromelien. herpetofauna 2(9): 13–15.
LEHMANN, H. (1964): Der Feigenbaum – ein dekoratives Gehölz für Terrarien. DATZ 17: 246–248.
MÜHLBERG, H., O. BIRNBAUM (1985): *Hygroryca austata*, Sumpfreis. Aquarien – Terrarien 32: 362.
OESER, R. (1958): Tillandsien. DATZ 11: 116–118.
– (1960): Sind Tillandsien noch Problempflanzen? DATZ 20: 28–30.
PAFFRATH, K. (1966): *Saururus cernuus* I., der Molchschwanz. DATZ 19: 241–243.
– (1967): Fuchsschwanzgewächse. DATZ 20: 178–180.
REICHELT, W. (1958): Mehr Freude an Zimmerpflanzen. DATZ 11: 53–56.
ROSER, J. (1980): Pflanzen im Terrarium. Bromelien. herpetofauna 2: (9), 13–15.
SACHS, W. B. (1959): Der Pflanzenschmuck des Vivarianers. DATZ 12: 154–155.
– (1980): Zwei Terrarienpflanzen: *Sansevieria* und *Spironema*. DATZ 33: 247.
SCHÖNWOLF, H. J. (1978): Terrarienpflanzen in Trockengebieten. Das Aquarium 12: 278.
THORN, R. (1961): Eine tropische Erdorchidee als haltbare Terrarienpflanze, *Eulophidium maculatum* (LINDL.) PFITZ, Syn.: *E. ledinii* (STEIN ex N.E.Br.) DE WILD. DATZ 14: 347–348.

2 Terrarientiere II: Kriechtiere – Reptilia

Systematische Übersicht Kriechtiere – *Reptilia*

Ordnung: Schildkröten – *Testudines*
Ordnung: Krokodile – *Crocodylia*
Ordnung: Schnabeltiere – *Rhynchocephalia*
           Unterordnung: Brückenechsen – *Sphenodontia*
Ordnung: Schuppenkriechtiere – *Squamata*
           Unterordnung: Echsen – *Sauria*
           Unterordnung: Schlangen – *Serpentes*

In Band 2 sind enthalten:
           Ordnung Schildkröten – *Testudines*
           Unterordnung: Brückenechsen – *Sphenodontia*
           Unterordnung: Echsen – *Sauria*

In Band 3 sind enthalten:
           Ordnung Krokodile – *Crcodylia*
           Unterordnung: Schlangen – *Serpentes*

2.1 Grundsätzliche Fragen und Probleme zur Biologie und Ökologie der Reptilien

2.1.1 Die Kontinentalverschiebung und ihre Wirkung auf die Ausbreitung der Reptilien

Zum Verständnis der geographisch-geologischen Entwicklung der Kontinente entsprechend der heute gültigen WEGENER'schen Lehre von der Kontinentalverschiebung im Laufe der Erdzeitalter und ihres Einflusses auf die Ausbreitung der Reptilien muß folgendes vorausgeschickt werden (Abb. 1).

Im Erdaltertum (Paläozoikum) existierte eine riesige zusammenhängende Landmasse, die Pangäa. Vor etwa 180 Millionen Jahren entstanden durch Auseinanderbrechen der Pangäa die beiden Super-Kontinentblöcke *Laurasia* in der nördlichen Erdhälfte und *Gondwana* in der südlichen Erdhälfte. *Gondwana* driftete weiter nach Süden, während *Laurasia* die Norddrift beibehielt.

Etwa 50 Millionen Jahre später brachen von den beiden Superkontinenten kleinere Kontinentblöcke ab, die den heutigen Kontinenten in etwa ähnelten. Nur der ehemals mit dem Antarktisblock zusammenhängende und jetzt nach Norden driftende Block „Indien" hatte sich nach seiner Loslösung vom Antarktisblock noch nicht mit dem Eurasienblock (Europa und Asien) vereinigt. Der spätere Kontinent „Australien" hing noch am Antarktisblock. Afrika, Nordamerika und Südamerika waren schon freie Kontinentblöcke.

Nach weiteren 49 Millionen Jahren hatte sich Australien selbständig gemacht, Südamerika war mit dem südlichen Teil Nordamerikas durch eine Landverbindung, die Mexiko-Panama-Brücke, miteinander verbunden und Eurasien stand mit Afrika über die heutige Landbrücke Ägypten – Sinaihalbinsel – Libanon in Verbindung. Indien war nach weiteren etwa 70 Millionen Jahren mit Eurasien vereinigt. Die Antarktis hatte sich von den anderen Landblöcken endgültig gelöst.

Geologisch ist der ganze Zeitraum durch Abschnitte gekennzeichnet: Präkambrium – Kambrium – Ordovizium – Silur – Devon – Karbon – Perm – Trias – Jura – Kreide – Tertiär – Quartär – Alluvium – Diluvium.

Letzteres beinhaltet die Jetztzeit. Seit dem ersten Auftauchen der Urreptilien vor 260 Millionen Jahren bis heute sahen sich die fossilen wie auch die rezenten Reptilien mit den geologischen und geomorphologischen Veränderungen auf unserem Planeten konfrontiert. Weiterentwicklung durch Anpassung an die in den einzelnen Erdzeitaltern veränderten Lebensbedingungen und damit das Überleben sichern oder Untergang waren die zwingende Alternative.

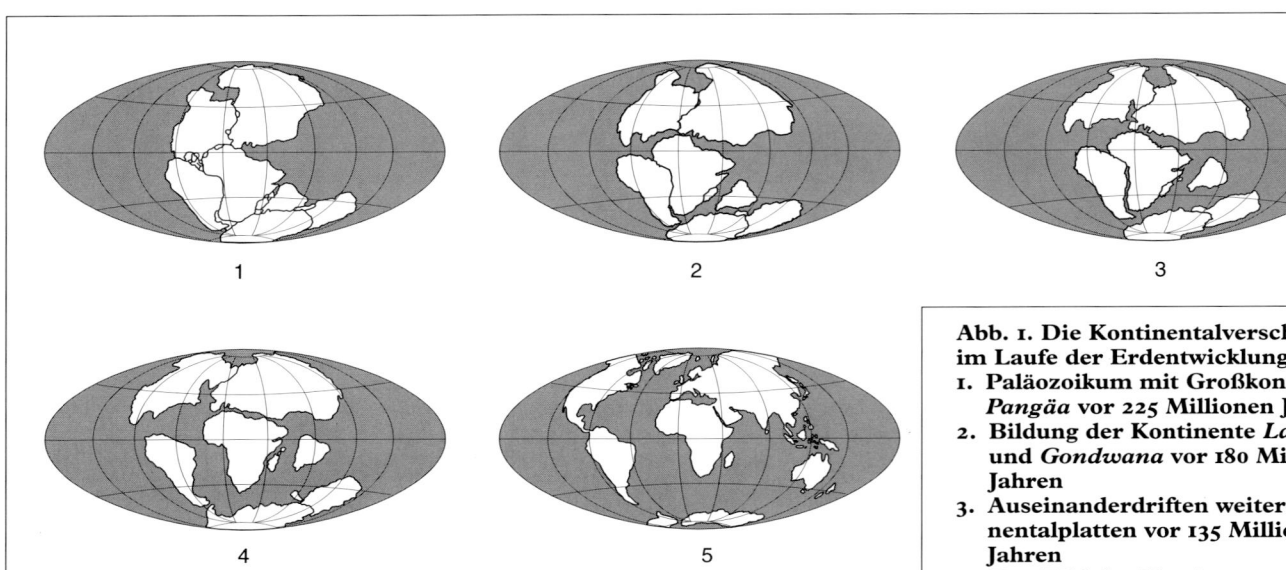

Abb. 1. Die Kontinentalverschiebung im Laufe der Erdentwicklung
1. Paläozoikum mit Großkontinent *Pangäa* vor 225 Millionen Jahren
2. Bildung der Kontinente *Laurasia* und *Gondwana* vor 180 Millionen Jahren
3. Auseinanderdriften weiterer Kontinentalplatten vor 135 Millionen Jahren
4. Das Bild der Kontinente vor 65 Millionen Jahren
5. Die Gegenwart

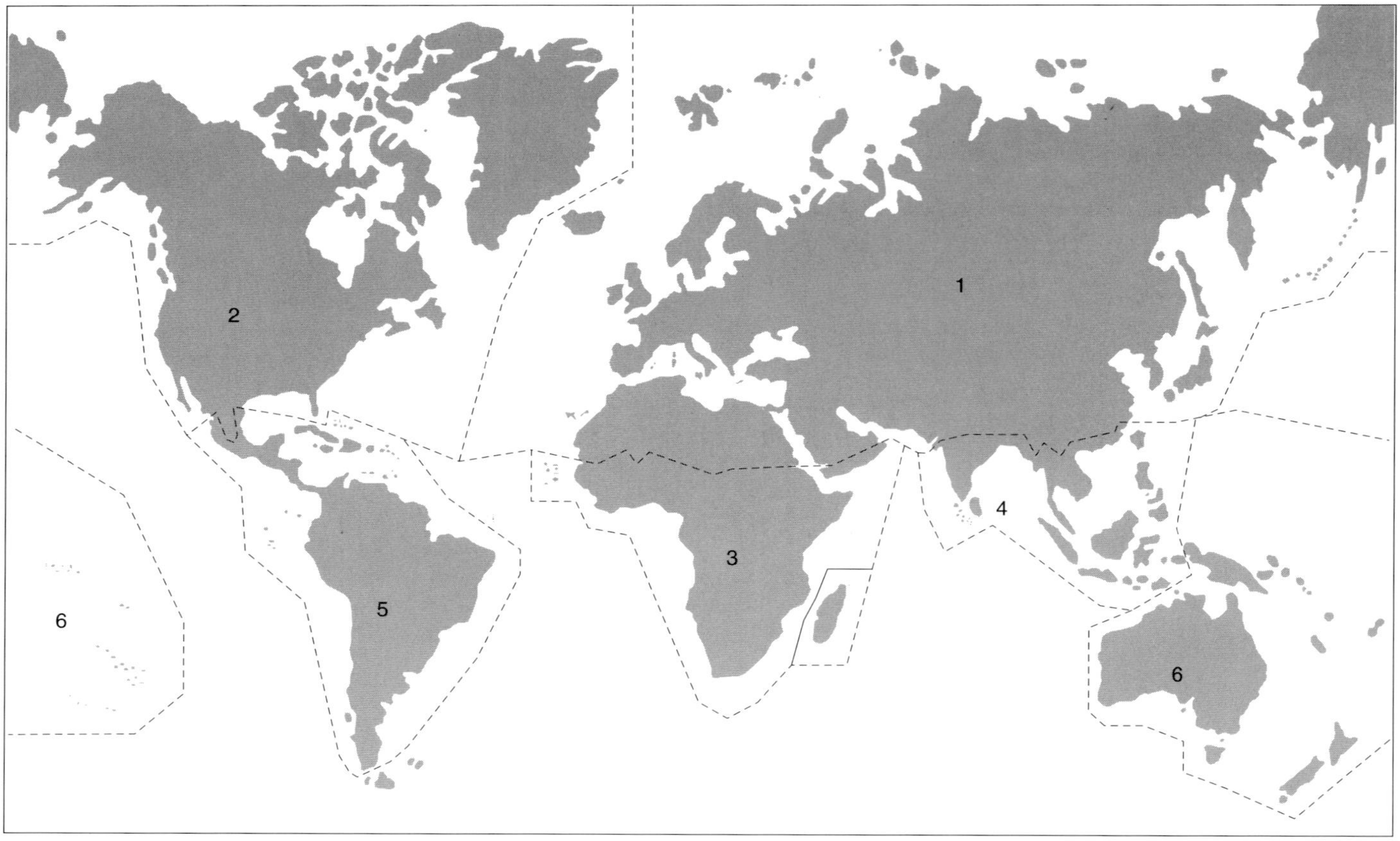

Abb. 2. Die zoogeographischen Regionen
1. Paläarktis
2. Nearktis
3. Äthiopis
4. Orientalis
5. Neotropis
6. Australis

2.1.2 Die Ökozonen, Wohnbereich der Reptilien

Die Oberfläche der Erde weist die verschiedensten Landschaftsformen und Vegetationen auf, die in den einzelnen Wissenschaftsgebieten einseitig in Zonen oder Regionen aufgegliedert worden sind.

Die Meteorologen sprechen von Klimaräumen, die durch die Klimafaktoren Temperatur, Feuchtigkeit und Licht unterschiedlich gekennzeichnet sind. Die Botaniker haben unterschiedliche Vegetationszonen aufgestellt und die Zoologen unterscheiden zoogeographische Regionen (s. Abb. 2). Allen diesen Zonen/Regionen fehlt die biologisch/ökologische Gesamtschau.

SCHULZ (1988*) hat als globales Ordnungsmuster einen für die genannten einseitigen Einteilungen ganzheitlichen Begriff „Ökozonen" eingeführt und versucht, die ganzheitliche Basis „Umwelt" einzubeziehen. In diese Ökozonen sind die zahlreichen Biotope der Reptilien eingeschoben. SCHULZ (1988*) hat für diese Ökozonen in Anlehnung an die Trollschen Jahreszeitenklimate (TROLL 1965*) ähnliche Termini gewählt.

Man kann davon ausgehen, daß die Vegetation als Produzent die Basis für die Konsumenten in der Nahrungskette Pflanzenfresser → Fleischfresser darstellt. Sie entfaltet sich in Abhängigkeit von Boden (Mineralien), Feuchtigkeit, Licht (Photosynthese, Kohlensäure/Sauerstoff) und Wärme entsprechend der jeweiligen Bodenform und -beschaffenheit (geologisch und mineralisch) und der jeweiligen klimatischen Situationen. In diesem Gesamtkomplex ist nicht nur die, die lokalen Verhältnisse nutzende Tier- und Pflanzenwelt eingeschlossen, sondern auch die menschliche Bevölkerung mit ihrer umweltverändernden Nutzung. Dieses ganzheitliche System bildet die lokalgebundene Ökozone. Die Entstehung dieser Zonen mit ihren spezifischen Vegetationen und geomorphologischen Besonderheiten ist das Ergebnis der klimatischen und geologischen Veränderungen, die sich seit der Späteiszeit (etwa 10.000 v. Chr.) über die Nacheiszeit (bis 500 v. Chr.) bis heute eingestellt haben.

Die Einteilung und Begrenzung der einzelnen Ökozonen reicht vom Norden über den Nördlichen Wendekreis, die Subtropen, Tropen und äquatorialen Gebiete und in umgekehrter Reihenfolge in südlicher Richtung (Südlicher Wendekreis). Die Arktis und Antarktis sind ohne terraristisches Interesse.

Soweit der Mensch die Ökozonen oder Teile davon besiedeln konnte, ist die Ursprünglichkeit verloren gegangen oder es sind nur noch Reste charakteristischer Landschaften und ihrer Vegetation vorhanden.

Die Ökozonen sind folgende:
1. **Polare/subpolare Zone**
Herpetologisch/terraristisch unwichtig.
2. **Boreale Zone**
Waldgebiete, nördlichster Teil Waldtundra.
3. **Mittelbreiten**
3.1 **Feuchte Mittelbreiten.** Reste der Auwälder, Eichen- und Birkenwälder, Reste der Sumpf- und Moorgebiete.
3.2 **Trockene Mittelbreiten,** winterkalt.
3.2.1 **Waldsteppe,** mit lichten Baumbeständen in Gruppen mit Grasinseln
3.2.2 **Feuchtsteppe,** mit Langgras-Bewuchs (40 bis 60 cm, Langgrassteppe, gemischt mit Kräutergesellschaften)
3.2.3 **Trockensteppe,** mit Kurzgras-Bewuchs (20 bis 40 cm, Kurzgrassteppe)
3.2.4 **Halbwüsten-Wüstensteppe,** mit Zwergsträuchern, Bestand lückig
4. **Winterfeuchte Subtropen**
Charakteristische Landschaften mit hartlaubigen Baumarten und Gebieten mit immergrünen Baumbeständen.
4.1 **Macchia** mit hochwüchsiger Hartlaub-Strauchformation. Die Bezeichnung dieser Formation lautet in den einzelnen Ländern: maquis (Frankreich), macchia (Italien), matorral denso (Mittelchile), chaparral (Kalifornien) und brigalow scrub (Australien).
4.2 **Garrigue** mit kleinwüchsiger Hartlaub-Strauchinformation. Die landesüblichen Bezeichnungen sind: garrigue (Frankreich), tomillares (Spanien), phrygana (Griechenland), fynbos (Südafrika).
5. **Immerfeuchte Subtropen**
Ihr Vorkommen ist vereinzelt. Sie liegen auf der nördlichen und südlichen Halbkugel an den Ostseiten der Kontinente. Charakteristische, durch die Vegetation bestimmte Landschaftsformen oder geomorphologische Besonderheiten sind kaum vorhanden. Von den ursprünglichen Immergrünen Laubwäldern des südöstlichen Nordamerika sind, durch Umgestaltung der Landschaft durch den Menschen, nur noch kleine, weit verstreute Restbestände erhalten geblieben.

Das gleiche gilt für Ostasien. Die ursprünglichen Waldformationen mit ihren breitblättrigen Lorbeerbäumen mußten der Kulturlandschaft weichen.

Immergrüne subtropische Feuchtwälder/Regenwälder sind noch in Südamerika, Südafrika und Australien erhalten geblieben. Die in Australien landschaftsgestaltenden *Eucalyptus*-Wälder sind in ihrer Ausdehnung heute jedoch schon sehr begrenzt.
6. **Sommerfeuchte Tropen**
Diese Ökozonen liegen zwischen der Region der äquatorialen Regenwälder und den subtropisch/tropischen Trockengebieten des Nördlichen und Südlichen Wendekreises. Ihre klimatische Besonderheit ist die sommerliche Regenzeit und die winterliche Trockenzeit.

Ihre charakteristischen Landschafts- und Vegetationsformen sind Savannen (Llanos am Orinoko). Die Vegetation besteht aus einer geschlossenen Gras-(Kraut-)schicht sowie einer zusammenhängenden Strauch-(Baum-)schicht.

Die immergrünen Waldzonen der Feuchtsavannen sind häufig flußbegleitende sogenannte Galeriewälder.
7. **Tropisch/Subtropische Trockengebiete**
Die Ausbreitung ist raumgreifend in Nordafrika und zum Teil in Südafrika, ebenso raumgreifend in Australien. Wesentlich geringeren Raum nehmen sie im südlichen Nordamerika ein. In Südamerika sind es an der Westseite gelegene Küstenstreifen, die zum Teil auch etwas in das Landesinnere hineinragen.

Als besondere Landschaftsformen sind Halbwüsten, Wüsten, Dornsavannen und Trockensavannen, subtropische sommerfeuchte Dornsteppen und winterfeuchte Steppen anzutreffen.

Der Unterschied zwischen Halbwüste und Wüste (WALTER 1973*) besteht u. a. im Deckungsgrad (Maß der Bodenbedeckung durch Pflanzen in%).

Während die Halbwüste einen Deckungsgrad von mehr als 50% aufweist, liegt er bei der Wüste bei weniger als 10%.

Beispiele: Sonora-Wüste (südwestliches Nordamerika, Nordmexiko), Atacama (Chile), Sahara (Nordafrika), Namib und Kalahari (Südafrika), Syrische Wüste, Gobi und Taklamakan (Asien), Große Sandwüste, Große Viktoriawüste (Australien).

Der strukturelle Aufbau der Wüsten ist unterschiedlich:

Steinwüste oder Hamada. Durch Winderosion werden alle feinen Witterungsprodukte abgeweht, so daß nur noch mehr oder weniger geborstene Gesteinsscherben zurückbleiben.

Kieswüste oder Serir. Durch Verwitterung bleiben kiesgroße Steinscherben zurück.

Sandwüste oder Erg. Hauptbestandteil feine bis feinste Sandkörnchen, die leicht verschiebbar sind und die Basis für die Wanderdünen darstellen.

8. Immerfeuchte Tropen
Ihr Hauptverbreitungsgebiet ist der äquatoriale Raum. Sie reichen von 80° westlicher bis 140° östlicher Länge und 22° westlicher Breite bis 20° östlicher Breite, zum Teil darüber noch etwas hinaus.

Die Landschafts- und Vegetationsform ist der Tropische Regenwald. Er ist charakterisiert durch die hohe Luftfeuchtigkeit, die gleichmäßige Wärme und durch die Üppigkeit der Vegetationsentfaltung. Es lassen sich 3 bis 5 Waldstockwerke unterscheiden. Die pflanzliche und tierische Artenvielfalt ist erheblich.

Neben dem Typ des Regenwaldes mit täglich einsetzendem sehr starken Regenfall (Dauerregenwald) gibt es Regenwaldgebiete mit doppelter Regenzeit, zwischen denen eine Trockenzeit liegt.

Für den amazonischen Regenwald sind Regenzeit und Trockenzeit den Lebensrhythmus bestimmende Faktoren.

Während der Regenzeit überschwemmen die Flüsse über die Uferregion hinaus den Wald bis in das Innere, um in der Trockenzeit maximal trocken zu fallen. Eine Rhythmik, die das Leben der waldbewohnenden Tiere erheblich beeinflußt.

9. Mangroven
Eine aus dem Gesamtbild „Ökozonen" sich absetzende Zone ist die der Mangroven. Sie finden sich an allen durch Korallenriffe geschützten tropischen Meeresküsten.

Ökozone Feuchte Mittelbreiten.
Ausbreitung etwa zwischen 38°–60° nördl. Breite und zwischen 120° westl. Länge und 14° östl. Länge sowie Westküste des südlichen Südamerika und Südküste Australiens.
Unten: Auwald, Nordeuropa.

Grundsätzliche Fragen und Probleme 31

Moore (Hochmoor, Niedermoor), Nordeuropa

Buchenwald, als anthropogen geförderter Nachfolgebestand früherer postglazialer Eichenmischwälder (Hudwälder), Nordeuropa.

Ökozone Trockene Mittelbreiten, winterkalt
Ausbreitung etwa zwischen 30° bis 50° nördl. Breite und 120° westl. und 120° östl. Länge. Mittelwesten der USA, Vorderer Orient bis Ostasien und 45° südlicher Breite, südliches Südamerika.

Links: Takyr, Sanddünengebiet über einer Salztonebene, Ostküste Kaspisches Meer (Kasachstan/Turan).

Unten: Karakum (Turan). Wüste – Halbwüste – Buschsteppe.

Ökozone Tropisch/Subtropische Trockengebiete
Ausbreitung etwa zwischen 10° und 38° nördl. Breite und 120° westl. und 80° östl. Länge sowie Westen Südamerikas von 10° bis 40° südl. Breite, Südafrika von 20° bis 40° südl. Breite sowie Australien etwa von 18° bis 28° südl. Breite und etwa 118° und 150° östl. Länge.

Halbwüste. Australien, Nordterritorium.

Ökozone Tropisch/Subtropische Trockengebiete.

Sahara/Marokko (Typ Heiße Wüsten).

Eukalyptuswald. Stämme mit verkohlter Baumrinde als Zeichen eines überstandenen Waldbrandes. Australien, Nordterritorium.

Ökozone Winterfeuchte Subtropen
Ausbreitung 30° bis 40° nördl. und südl. Breite an den Westseiten der nördl. Kontinente/
Länder und der Südküsten der südl. Kontinente/Länder.

Macchie. Hoch- oder niedrigwüchsige von Flächenbränden verschonte Hartlaub-Strauchgesellschaften.

Ökozone Winterfeuchte Subtropen

Garrigue. Durch anthropogen geförderte oder klimatisch bedingte Flächenbrände entstandene stark regenerationsfähige Hartlaub-Strauchgesellschaften, hoch- oder niedrigwüchsig.

Chapparal. Bezeichnung der Macchie in Kalifornien.

Grundsätzliche Fragen und Probleme 37

Ökozone Sommerfeuchte Tropen
Ausbreitung etwa 30° nördlicher Breite bis 40° südlicher Breite.

Gras-Baumsavanne (Trockensavanne), Brasilien. Durch Weidenutzung und anthropogen entstandene oder natürliche Flächenbrände beeinflußter Vegetationsablauf (saisonale Trockenperiode).

38 Terrarientiere II

Ökozone Sommerfeuchte Tropen

Llanos (Venezuela). Die Llanos bajos sind Überschwemmungssavannen. Sie werden in der Regenzeit großflächig überflutet.

Busch- (Park-) Savanne bei Tennent-Creek. Queensland/Australien.

Ökozone Sommerfeuchte Tropen

Galeriewälder der Gran Sabana im Süden Venezuelas.

Gras-Strauchland bei Kulgare. Grenzsituation, politisch: Grenze zwischen Nordterritorium und Süd-Australien; ökozonal: Grenze zwischen Tropisch-Subtropischen Trockengebieten und Sommerfeuchten Tropen.

Ökozone Sommerfeuchte Tropen Ausbreitung etwa 30° nördlicher Breite bis 40° südlicher Breite.
Oben: Nebelwald. Monteverde National Park in Costa Rica.

Grundsätzliche Fragen und Probleme 41

Ökozone Sommerfeuchte Tropen

Black-Soil Grasland. Tennent-Creek, Queensland/Australien.

Everglades. Sie sind ausgedehnte Sumpfgebiete zwischen 0 m und 5 m Höhe ü. NN in Südflorida. Vegetation: Riedgräser und Seggen.

Hammocks. Es sind die an erhöhten Stellen der Everglades auftretenden Waldinseln. Vegetation: Immergrüne Bäume, auch Palmen. Epiphythische Pflanzen und Farne.

Ökozone Immerfeuchte Tropen
Ausbreitung hauptsächlich äquatorial. Sie reicht im Osten sogar bis 20° nördlicher und 20° südlicher Breite.

Regenwald auf Tobago. Blick auf das Kronendach.

Ökozone Immerfeuchte Tropen

Regenwald im nördlichen Nord-Territorium Australiens.

Regenwald in Panama, 500 m über NN.

Terrarientiere II

Ökozonen Sommerfeuchte Tropen und Winterfeuchte Tropen.
Die Mangroven besiedeln die Übergangszone vom Wasser zum Land. Sie sind an den Küsten des Indischen, des Pazifischen und des Atlantischen Ozeans anzutreffen.

Links: Mangroven in Florida.

Unten: Mangroven als Vegetationsbesatz der karibischen Küstenstreifen von Panama.

2.1.3 Biologische Rhythmen

Der Lebensablauf der Reptilien – Schildkröten, Krokodile, Echsen und Schlangen – erfolgt in bestimmten Rhythmen, die in kurzfristige, tägliche (circadiane) und langfristige, jährliche (circannuelle) Abläufe eingebunden sind.

Der tägliche Rhythmus umfaßt den 24-Stunden-Tag. Der Zeitgeber ist das Licht (= Sonne), das diesen Zeitraum in eine helle Phase, Tag und dunkle Phase, Nacht teilt. Die Wahrnehmung erfolgt über das Auge, das die Schlüsselreize Hell und Dunkel an das Kleinhirn (Cerebellum) weiterleitet. Die Reaktion löst entsprechende Funktionen aus. Dabei reagieren tagaktive und nachtaktive Reptilien ihren Lebensgewohnheiten entsprechend.

Tag und Nacht sind im Laufe des Jahres nördlich und südlich des Äquators verschieden lang: Der Tag wird in der einen Hälfte des Jahres bis zum Nord-(Süd-)Pol immer kürzer und in der anderen Hälfte des Jahres immer länger, wobei an den Polen zeitlich entsprechend der „Dauertag" bzw. die „Dauernacht" entstehen. Am Äquator sind dagegen das ganze Jahr über Tag und Nacht gleichlang.

Die von TROLL (1965*, Jahreszeitenklimate der Erde in: LANDSBERG, H. E., H. LIPPMANN, K. H. PAFFEN & TROLL, C. Weltkarten zur Klimakunde, 1965*) entwickelte Klimatheorie der Jahreszeitenklimate entspricht in ihrer Periodizität der Periodizität der biologischen Rhythmen.

Das Charakteristische des Jahreszeitenklimas in der kühl gemäßigten Klimazone und zum Teil noch in der warm gemäßigten Klimazone ist die Entwicklung der Jahreszeiten Frühling, Sommer, Herbst und Winter. Diese sind von den klimagestaltenden Faktoren Licht (Sonnenscheindauer) und Temperatur abhängig. Dabei können die Temperaturunterschiede zwischen Sommer und Winter sehr erheblich sein. In den Halbwüsten und Wüstengebieten dieser Klimazone sind die Temperaturwerte zwischen Tag und Nacht sehr groß. In den Tropenzonen sind Länge der Sonnenscheindauer und Temperatur für die Entstehung eines Jahreszeitenklimas ohne Bedeutung. Der Zeitunterschied zwischen Tages- und Nachtlänge und der Unterschied zwischen Tages- und Nachttemperatur ist zu gering. Dagegen ist der Klimafaktor Feuchtigkeit als jahreszeitlich wechselnder Faktor entscheidend für das Zustandekommen des Jahreszeitenklimas mit zwei Jahreszeiten und zwar

1. Die Regenzeit, die sich in manchen Tropenregionen in eine große und kleine Regenzeit aufspalten kann und 2. Die Trockenzeit. Sie wirken mit als Auslöser für die biologischen Rhythmen. Die äquatoriale Regenwaldzone mit ihrem Dauerregen-Klima weist eine nahezu gleichbleibende Feuchtigkeit und Temperatur auf und Tag- und Nachtlänge sind gleich. Eine klimabedingte Jahreszeitenfolge kann sich nicht aufbauen.

2.1.4 Aktive Phasen

2.1.4.1 Der Reproduktionsmodus der Reptilien und seine Varianten

Bei Schildkröten und Krokodilen erfolgt nur die Oviparie, die Ablage von hartschaligen Eiern, die während einer extrauterinen Inkubation schlüpfreife Jungtiere enthalten. Die Echsen und Schlangen verfügen über drei weitere Variationen des Reproduktionsmodus: Vivi-Oviparie, Viviparie, Parthenogenese und Amphigonia retardata.

Beginnend mit der Entwicklung von Eizellen und Samenzellen (Abb. 3) und der Befruchtung (Verschmelzung von Eizelle und Samenzelle) schließt der Zeitraum von der Befruchtung bis zum Schlüpfen der Jungtiere einen Entwicklungsprozeß ein, der normalerweise ununterbrochen vor sich geht, jedoch zwei Phasen erkennen läßt. Es ist die im mütterlichen Körper (intrauterin) sich abspielende Phase („Tragzeit") und die außerhalb des mütterlichen Körpers (extrauterin) erfolgende „Inkubation", die mit dem Schlüpfen des Jungtieres abgeschlossen ist.

Oviparie, Vivi-Oviparie
Bislang wurden die Begriffe „Oviparität" und „Ovoviviparität" streng getrennt. Nach Petzold (1984*) ist diese scharfe Trennung nicht berechtigt, da als entscheidendes Kriterium bei beiden Formen nicht der mütterliche Organismus zur Entwicklung des Embryos beiträgt, sondern lediglich die im Ei befindliche Dottermasse die embryonale Entwicklung sicher stellt.

Dabei kann
a) das nach der Tragzeit abgelegte Ei einen mehr oder minder vollständig entwickelten Embryo enthalten, der nach arttypischer Inkubationszeit als voll entwickeltes schlüpfreifes Jungtier das abgelegte Ei mit Hilfe seines Eizahnes verläßt. Petzold schlägt für diesen Fall den Terminus **Oviparie** vor.

Oder es kann
b) im Ei während der Tragzeit und Inkubation im mütterlichen Organismus (intrauterin) ein vollentwickeltes, schlüpfreifes Jungtier entstehen, das sich nur von der Dottermasse des Eies ernährt hat. Eine Placenta oder ein placentaähnliches Gewebe ist niemals vorhanden, Terminus **Vivi-Oviparie** (PETZOLD 1984*). Das Jungtier verläßt entweder kurz vor der Ablage oder beim Austritt aus der Kloake die sehr dünne kalkhaltige Eischale (*Anguis fragilis*) oder die durchsichtige Hülle (*Lacerta (Zootoca) vivipara*).

Den Vorgang mit „Geburt" zu bezeichnen, ist sinnentstellend, da bei den vivi-oviparen Squamaten im Gegensatz zu den Säugetieren eine Placenta nicht vorhanden ist.

Die Ursachen, die zum Auftreten der Vivi-Oviparie geführt haben, sind sehr vielfältig. Einige seien genannt. So hat man die Vivi-Oviparie als Schutz der sich intrauterin inkubierenden Embryonen vor ökologisch/klimatischen Gefahren angesehen.

Es scheint ein biologischer „Trick" zu sein, um in Klimagebieten, deren Klimaverhältnisse für eine ausreichend lange Inkubationszeit im Ei nicht ausreichen, die Entwicklung zum schlupfreifen Embryo zu gewährleisten. Bei der Inkubation im mütterlichen Körper ist diese Sicherheit gegeben.

Trächtige Weibchen von *Lacerta (Zootoca) vivipara* suchen die Stellen in ihrem Habitat auf, die ihnen die Möglichkeit geben, die Körpertemperatur auf die für die Inkubation notwendige Temperatur zu bringen. GREENE (1970) PETZOLD (1984*) hat eine Aufstellung über die Abhängigkeit der Vivi-Oviparie von der Höhenlage (Temperatureinfluß) bei Squamaten (in Prozent) gegeben:

Höhenverbreitung	vivi-ovipar
0– 250 m =	18,9 %
250–1250 m =	31,0 %
1250–1750 m =	50,0 %
2000–2250 m =	100,0 %

Bei Aufstellungen dieser Art muß notwendigerweise die Frage gestellt werden, wie weit ovipare und vivi-ovipare Arten unter gleichen Temperaturbedingungen im gleichen Habitat sympatrisch vorkommen. Ob und bei welchen Arten genetische Veränderungen als Ursache der Anpassung ein und derselben Art an extreme Habitatverhältnisse durch Änderung des Reproduktionsmodus geführt haben können, ist unseres Wissens noch nicht wissenschaftlich geklärt.

Weiter ist nicht nur die Temperatur Ursache für die Entstehung der Vivi-Oviparie. Auch die Feuchtigkeit eines Gebietes kann den Reproduktionsmodus verändern.

Der Terminus „**Viviparie**" beinhaltet ebenfalls zwei Möglichkeiten der Entwicklung:

a) Der Embryo ernährt sich neben der im Ei befindliche Dottermasse noch zusätzlich von den vom mütterlichen Körper zur Verfügung gestellten Nahrungsenergien. Er entwickelt sich ohne Hilfe eines placentaähnlichen Gewebes zum Fötus. Dieser Entwicklungsmodus wird als aplacentale Viviparie bezeichnet.

b) Der Embryo entwickelt sich im mütterlichen Organismus mit Hilfe einer Placenta (oder einem placentaähnlichen Organ) zum Fötus. Der Terminus: placentale Viviparie.

In beiden Fällen wird das Jungtier, um den technischen Ausdruck zu gebrauchen, geboren.

Die beiden Formen aplacentale und placentale Viviparie sind im Endeffekt vom Praktiker ohne besondere Untersuchungsmethoden und -geräte nicht zu unterscheiden. Daher sind nur die Begriffe „Oviparie", „Vivi-Oviparie" und „Viviparie" von praktischer Bedeutung.

Soweit bei den Echsen oder Schlangen der in den Artenbeschreibungen genannten Arten der Reproduktionsmodus bekannt ist, wird er dort mitgeteilt.

Die nachfolgende Liste enthält einige Beispiele von Echsen und Schlangen, für die in der Literatur der übliche Begriff „Ovoviviparie" benutzt wurde. Es ist daher nicht sicher, ob die PETZOLD'sche Terminologie (Vivi-Oviparie) bei diesen der Literatur entnommenen Beispielen berücksichtigt wurde, die Ovoviviparie also exakt nachgewiesen wurde oder ob sie nur vermutet wird.

Echsen:
Acontias plumbens
Anguis fragilis
Chamaeleo bitaeniatus
Chamaeleo hoehnelii
Chamaeleo jacksonii
Cophotis ceylanica
Egernia inornata
Gerrhonotus coeruleus
Lacerta (Zootoca) vivipara
Mabuya aurata septemtaeniatus
einige *Phrynocephalus*-Arten
Phrynosoma douglasii
Pseudocordylus melanotus
Sceloporus cyanogenys
Tiliqua rugosa
Trogonophis wiegmanni
Xantusia henshawi

Schlangen (ungiftig):
Achrochordus javanicus
Acrantophis madagascariensis
Ahaetulla nasuta
Boa constrictor
Corallus hortulanus
Epicrates cenchria
Eryx colubrinus
Eryx jaculus
Eryx johnii
Eunectes murinus
Eunectes notaeus
Nerodia erythrogaster
Nerodia rhombifera
Nerodia sipedon
Pseudaspis cana
Sanzinia madagascariensis
Storeria dekayi
Thamnophis elegans
Thamnophis sirtalis
Thamnophis butleri
Tropidophis melanurus

Schlangen (giftig):
Acanthophis antarcticus
Agkistrodon bilineatus
Atheris hindii
Atheris squamiger
Bitis arietans
Bitis atropos
Bitis caudalis
Bitis nasicornis
Bothriechis schlegelii
Crotalus durissus
Echis carinatus
Sistrurus miliarius
Vipera ammodytes
Vipera berus
Vipera kaznakovi
Vipera latastei
Vipera raddei
Vipera ursinii
Vipera wagneri

Parthenogenese

Die Parthenogenese ist wohl die extremste Form der Reproduktion. Mit Parthenogenese wird die Entwicklung eines Embryos aus einer unbefruchteten Eizelle bezeichnet. Der Zellkern jeder Körperzelle – also auch die sich bei jedem Embryo entwickelnde Körperzelle – besitzt einen diploiden (doppelten) Chromosomensatz. Bei der normalen Keimzellenentwicklung erfolgt bei der Kernteilung die Reduktionsteilung, die den Chromosomensatz jeder Keimzelle auf die Hälfte reduziert. Jede Keimzelle (Eizelle und Samenzelle) hat also den haploiden (halben) Chromosomensatz. Da bei parthenogenetischen Weibchen die Reduktionsteilung entfällt, ist der Chromosomensatz diploid (doppelt). Damit ist zwar eine Embryonalentwicklung möglich, doch sie läßt keine Geschlechtsdifferenzierung zu: Es entstehen immer nur Weibchen mit diploiden Eizellen.

Das Fehlen der Männchen und damit der Ausfall des ganzen Verhaltensablaufes der Balz mit seinen Reizanstößen und den damit verbundenen endogen/hormonellen Vernetzungen kann vielleicht eine Reihe von embryonalen Entwicklungsstörungen hervorrufen. Es sind Fälle bekannt geworden, bei denen sich parthenogenetische Weibchen mit normalen Männchen gepaart haben. Unbekannt ist, ob dabei alle Balz- und Paarungsrituale zur Wirkung kamen. Nach erfolgter Besamung sind die Samenzellen der Männchen infolge der Reduktionsteilung während der Keimzellenentwicklung haploid und die Keimzellen der Weibchen diploid. Die Nachkommen besitzen damit einen triploiden (dreifachen) Chromosomensatz. Dadurch ist eine Geschlechtsdifferenzierung nicht möglich. Die Parthenogenese hat einen – theoretischen – Vorteil. Alle Weibchen einer solchen Weibchen-Population erzeugen Nachwuchs, so daß sich innerhalb der Population eine hohe Individuenzahl aufbauen kann. Der Nachteil ist bedrohlicher: Der Prozentsatz mißgebildeter und fortpflanzungsgeschwächter Schlüpflinge kann höher sein als bei der Nachkommenschaft normalgeschlechtlicher Eltern. Weiter fehlt eine ausreichende Genvariabilität, die mit der mangelnden Anpassung an sich verändernde Lebensbedingungen verbunden ist. Alle diese Nachteile können eventuell dazu führen, daß eine Weibchen-Population im Laufe der Zeit ausstirbt.

Parthenogenese ist zum Beispiel bei folgenden Arten bzw. Unterarten beobachtet worden: *Basiliscus basiliscus, Basiliscus plumifrons, Brookesia spectrum affinis (boulengeri?),* Einige Arten/Unterarten aus der Gattung *Cnemidophorus, Eremias-*Unterarten, *Gehyra iogasawarasinae, Gymnophthalmus underwoodi, Hemidactylus garnotii, Lacerta armeniaca, Lacerta unisexualis* und *Lacerta dahli rostombekovi, Leiolepis triploida, Lepidodactylus lugubris, Lepidophyma flavimaculata, Lepidosoma percarinatum.*

Bei Schlangen ist eine Parthenogenese noch nicht sicher nachgewiesen worden. Als Ausnahme ist vielleicht die Blindschlange *Typhlops braminus* zu betrachten, bei der bislang noch keine Männchen gefunden wurden. Es kann daher angenommen werden, daß eine Parthenogenese nicht unwahrscheinlich ist. Im Gegensatz dazu stellte HEULIN (1988) fest, daß bei den südwestfranzösischen und spanischen Populationen der Bergeidechse (*Lacerta (Zootoca) vivipara*) eine Rückkehr zur Oviparie erfolgt ist und die Weibchen dort eierlegend sind.

Amphigonia retardata. Die Befruchtung der Eizelle ist nur möglich, wenn sie noch nicht mit einer für den Samenfaden undurchdringlichen pergamentartigen oder harten Schale umgeben ist. Nach der Besamung und gesunder Embryoentwicklung erfolgt die Eiablage. Manche Schildkröten-, Echsen- und Schlangenarten legen – aus welchen Gründen auch immer – die Eier in mehreren zeitlich getrennten Schüben ab. Es wurde jedoch beobachtet, daß eine vorherige Paarung nicht immer erfolgt ist. Die Erzeugung entwicklungsfähiger Eier wird dadurch ermöglicht, daß die Weibchen einen Teil der Samenzellen nach einer Paarung lebend in einer Art Samentasche, zumindest im Bereich der Sexualorgane, befruchtungsfähig speichern können. So hat man bei Chamaeleoniden eine im Vaginalteil des Ovidukts, Receptaculum seminis-ähnliche Struktur gefunden (PETZOLD 1984*).

Damit stehen für jede neue Eientwicklung funktionsfähige Samenzellen zur Verfügung. Dieser ganze Vorgang wird als Amphigonia retardata bezeichnet.

Bei den in der Aufstellung genannten Ordnungen, Unterordnungen, Familien, Unterfamilien und Triben wurde die Amphigonia retardata beobachtet.

Ordnung **Schildkröten** – Testudines
Familie Chelydridae
Familie Cheloniidae
Familie Emydidae

Unterordnung **Echsen** – Sauria
Familie Chamaeleonidae
Familie Gekkonidae
Familie Iguanidae
Familie Scincidae

Unterordnung **Schlangen** – Serpentes
Familie Boidae
Familie Colubridae
   Unterfamilie Xenodontinae
   Unterfamilie Colubrinae
   Tribus Boigini Unterfamilie Natricinae
   Tribus Acrochordini
Familie Viperidae
   Unterfamilie Crotalinae

Im Normalfall kann eine Amphigonia retardata ziemlich sicher angenommen werden, wenn die Zahl der schlüpfenden Jungtiere in den aufeinander folgenden Ablageschüben gegenüber der Zahl der abgelegten Eier immer geringer wird, wie die Aufstellung bei zehn adulten Weibchen von *Malaclemys terrapin centrata* zeigt (PETZOLD 1984* nach HILDEBRAND 1929). Die Menge der gespeicherten, befruchtungsfähigen Samenzellen hat von Jahr zu Jahr abgenommen, so daß die Befruchtung aller Eier nicht mehr möglich war, wenn auch zur Befruchtung je eines Eies theoretisch nur je eine Samenzelle notwendig ist. Auch WOODWARD (1933) fand bei einer Viperide (*Causus rhombeatus*) eine Fertilitätsabnahme.

Malaclemys terrapin centrata

Ablage/Jahr	Zahl abgelegte Eier	Zahl geschl. Jungtiere
1. Jahr	124	123
2. Jahr	116	102
3. Jahr	130	39
4. Jahr	108	4

Causus rhombeatus

Fertilität in %	Gelegezeit	Gelege
100,0	April/Mai	1. u. 2.
64,7	Juni	3.
35,5	Juli	4.
0	August–Oktober	5.–7.

2.1.4.2 Fortpflanzung

Die Fortpflanzung kann im Vegetationsjahr einmal (monozyklisch) oder mehrere Male (polyzyklisch) erfolgen. Es ist bekannt, daß die Reproduktionsfolge eines Pfleglings im Terrarium monozyklisch (einmal je Fortpflanzungszeit) und im Freiland polyzyklisch (mehrmals je Fortpflanzungszeit) und umgekehrt erfolgen kann. Oft sind es die im Terrarium nicht realisierten biologisch-ökologischen Bedingungen, deren Basis das Klima des Verbreitungsraumes ist.

Häufig ist die periodisch wiederkehrende Reproduktion auf das Klima und seinen speziellen Ablauf eingestimmt. Balz und Paarung beginnen zu dem Zeitpunkt, an dem die Entwicklung der Keimzellen zu funktionsfähigen Samenzellen und Eizellen abgeschlossen ist. Befruchtung, interuterine Eizellenentwicklung (Tragzeit) und extrauterine Embryoentwicklung (Inkubation) bis zum Schlüpfzeitpunkt verlaufen in einem Zeitraum, der schließlich zum Schlüpfzeitpunkt dem Jungtier eine klimatisch bedingte optimale Nahrungsversorgung garantiert. Dadurch bleibt die Überlebenschance, die weitgehend von Naturkatastrophen, dem Feind- und Nahrungskonkurrenten und von evtl. pathologischen Einflüssen abhängig ist, optimal. Zeitgeber oder Auslöser für den Beginn der Fortpflanzung sind in den Jahreszeitenklimaten mit den Jahreszeiten Frühjahr, Sommer, Herbst und Winter das Licht (Sonne) mit seiner veränderlichen Zeitdauer von Tag (hell) zu Nacht (dunkel) und von der Sommerjahreswende zur Winterjahreswende. Dazu kommen noch die jährlichen Temperaturschwankungen. In den humiden Tropen ist die Feuchtigkeit der Jahreszeitenbildner mit den Jahreszeiten Regenzeit und Trockenzeit. Sie sind die Regulatoren für das Optimum und Pessimum des Nahrungsangebotes für den Schlüpfling und funktionieren so möglicherweise als Auslöser für den Fortpflanzungsbeginn.

Im übrigen dürfte ein über innersekretorische Wechselbeziehungen funktionierendes System der „Inneren Uhr" von entscheidendem Einfluß sein.

In den äquatorialen Regenwaldgebieten mit Dauerregen ist ein die Rhythmik der Fortpflanzungsphase anregender Auslöser klimafaktoreller Art nicht zu erkennen. Wie weit hier vorläufig noch nicht erkannte feinste Milieuänderungen, deren Ursachen im Gefüge des Mi-

Terrarientiere II

kroklimas oder welcher Form auch immer als Auslöser zusammen mit dem Beziehungsgefüge der „Inneren Uhr" eine optimale arterhaltende Überlebenschance garantieren, ist – zumindest für die Praxis des Terrarianers – keinesfalls ausreichend geklärt.

Entwicklung der Keimzelle
Der Ablauf der Keimzellenentwicklung ist bei allen Reptilien im Prinzip der gleiche.

Voraussetzung für eine erfolgreiche Reproduktion ist das Vorhandensein intakter Keimzellen (Eizellen und Samenzellen). Die Entwicklung der Keimzellen über die Urkeimzellen (Spermatogonien) zu den fertigen Keimzellen verläuft in bestimmten Abschnitten (s. Abb. 3). Man kann davon ausgehen, daß im Normalfall z.B. in Jahreszeitenklimaten mit Frühling, Sommer, Herbst und Winter, die Entwicklung von der Urkeimzelle bis zur fertigen Keimzelle nicht in zeitlich gleichmäßig verlaufenden Entwicklungszuständen vor sich geht, sondern in langsameren und schnelleren Entwicklungsschritten erfolgt.

Nach der Fortpflanzung tritt zunächst eine Ruhezeit in der Keimzellenentwicklung ein. Diese geht dann im Spätsommer in eine Phase schnellerer Keimzellenbildung über. Ende des Winters bis zum Frühjahr ist die Keimzellenentwicklung beendet. Eizellen und Samenzellen sind zum Beginn der Fortpflanzungszeit voll entwickelt und funktionsfähig (FISCHER 1968).

Aufbau des Reptilieneies
Einer der entscheidensten, von der Evolution her wichtigsten Fortschritte ist die Entwicklung des Amnions. Damit ist das sich entwickelnde und schlüpfende Jungtier im Gegensatz zu den das Wasser benötigenden Entwicklungsstadien der meisten Amphibien unabhängig vom Wasser geworden.

Es kann seine Entwicklungsphasen auf dem Lande, geschützt durch die Eihülle durchlaufen. Dabei ist es notwendig geworden, die Befruchtung auf die Zeit vor der Entwicklung des Eidotters zu legen. Das hatte die innere Befruchtung zur Folge.

Mit dieser veränderten Sachlage war auch eine Änderung des Aufbaues des Reptilieneies verbunden (s. Abb. 4).

Nach der Befruchtung (Insemination), also der Vereinigung der Samenzelle mit der Eizelle, beginnt die Entwicklung des Embryos. Die Eikeimzelle besitzt eine

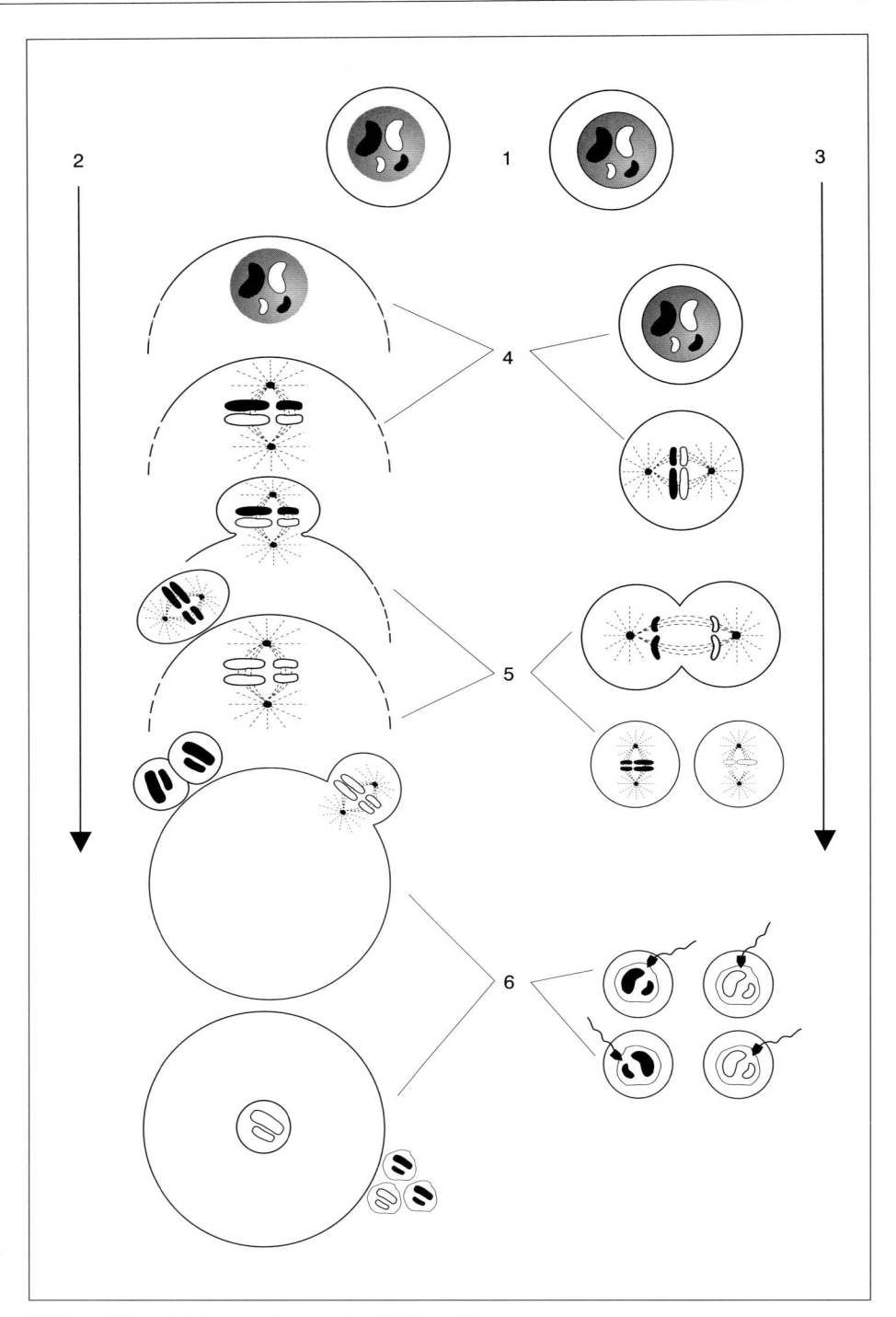

Abb. 3. Entwicklungsschema der Keimzellen
1. **Urkeimzelle**
2. **Reifung der Eizellen**
3. **Reifung der Samenzellen**
4. **Erste Reifeteilung**
5. **Zweite Reifeteilung**
6. **Reife Eizelle und Reife Samenzellen**

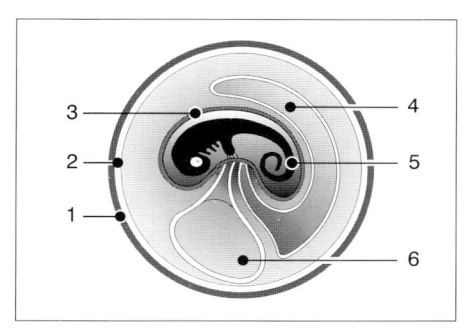

Abb. 4. Der Aufbau eines befruchteten Reptilieneies
1. Amnion (Schafhaut)
2. Chorion (Eihaut)
3. Eischale
4. Allantois (Harnsack)
5. Fötus (Embryo)
6. Dottersack

große Dottermasse, auf der der Zellkern der Eikeimzelle schwimmt. Der Zellkern teilt sich fortlaufend. Eine solche Teilung wird partiell (teilweise) genannt. Im Verlaufe der weiteren Teilungen entsteht die Keimscheibe, aus der der Embryo hervorgeht. Bei dieser Form der Keimentwicklung, die für die niederen Amnioten typisch ist, können – besonders in den Frühstadien – Störungen auftreten. Gewaltsames Umlagern des Eies kurz nach der Eiablage sollte nach Möglichkeit vermieden werden. Hierbei kann die Dottermasse gedrückt, eingestülpt, vom Eiweiß überlagert oder auf andere Art schädigend beeinflußt werden und zu lebensbedrohenden Fehlentwicklungen führen. Bei der künstlichen Erbrütung wird daher empfohlen, die Eier in der Lage in den Brutbehälter zu überführen, in der sie nach der Eiablage vorgefunden wurden (Signierung der Eioberfläche). Es spielen allerdings dabei auch noch andere den Gewebeaufbau des Keimlings betreffende Faktoren eine Rolle, deren Darstellung hier zu weit führen würde.

Während der Faltungen der einzelnen Gewebeschichten im Laufe der Embryoentwicklung entsteht ein mit Flüssigkeit gefüllter Raum, die Amnionhöhle. Der Innenteil der Höhlenwand wird zu einer den Embryo umgebenden Hülle, dem Amnion (= Schafhaut) (s. Abb. 4). Die äußere Wandschicht des Amnions bildet das Chorion, eine Schutzschicht, die den gesamten Embryo einschließlich seiner Anhangsorgane einhüllt. Eine dritte, sackartige Embryohülle, die durch Ausstülpung des embryonalen Enddarmes gebildet wird, ist die Allantois. Sie funktioniert zunächst als embryonaler, den Harn auffangender Sack. Später dient die Allantois zusammen mit dem Chorion dem Gasaustausch mit der Außenluft durch die poröse weich- oder hartschalige Eihülle. Erst nach Ausbildung dieser drei Embryohüllen nimmt der Embryo die endgültige und die seiner Reptilien-Ordnung entsprechende Form an. Legereif ist das Reptilien-Ei jedoch erst dann, wenn die je nach Art erforderliche Eischale – pergamentartig weich oder durch Kalkeinlagerungen hartschalig – ausgebildet ist.

Aufgabe der Eischale ist es, den Embryo vor Austrocknung und so weit wie möglich vor mechanischen Beschädigungen zu schützen.

Inkubation, Inkubationsdauer
Unter dem Begriff Inkubation (lat. *incubare* = brüten) versteht man den Vorgang der Weiterentwicklung des Embryos außerhalb des mütterlichen Körpers (extrauterin, außerhalb des Uterus) mit Hilfe äußerer Entwicklungshilfen wie Temperatur und Feuchtigkeit im Freiland oder technisch erzeugbarer Entwicklungshilfen wie Temperatur und Feuchtigkeit im Inkubator (Brutgerät).

Der Zeitablauf von der Eiablage bis zum Schlüpfen des Jungtiers wird als Inkubationsdauer oder Inkubationszeit bezeichnet. Dabei ist der morphologische Entwicklungszustand des Embryos im Augenblick der Eiablage nicht bekannt.

Eine exakte und definitive Aussage über die Dauer der Inkubation für jede Reptilienart zu machen, ist aus verschiedenen Gründen vorläufig sehr schwierig, wenn nicht unmöglich.

1. Die Entwicklung einer befruchteten Eizelle bis zum schlupfreifen Zustand ist im allgemeinen ein fließender Vorgang, der jedoch durch stufenartige Entwicklungsverläufe und -zustände gekennzeichnet ist. Er kann durch Ruhephasen und/oder durch Zurückhaltung des Zeitpunktes der Eiablage beeinflußt werden (Retention, PETZOLD 1984*).

2. Der Zustand des Embryos zum Zeitpunkt der Eiablage kann einen Meßpunkt darstellen, mit dem eine Voraussage für die Zeitdauer des zu erwartenden Schlüpfvorgangs getroffen werden kann. Um einen solchen exakt definierten und verbindlichen Meßwert zu erhalten, gibt es für den Terrarianer keine praktisch anwendbare und für die Weiterentwicklung des Embryos schädigungsfreie Methode.

Auch die in der Humanmedizin üblichen Methoden der Strahlentechnologie, wenn hier überhaupt anwendbar, würden den normalen Ablauf der embryonalen Entwicklung wahrscheinlich gefährden.

3. Es ist bis jetzt nicht möglich, die Zeitdauer der Entwicklung der Eizelle vom Augenblick der Befruchtung bis zum Zeitpunkt der Eiablage (Tragzeit) exakt festzulegen. Wenn Tragzeit und Inkubationszeit exakt ermittelt werden könnten, würde es möglich sein, aus dem Verhältnis der Parameter Tragzeit und Inkubationszeit den exakten Schlüpfzeitpunkt zu ermitteln. Weiter wäre die Kenntnis der Wechselbeziehungen zwischen der Inkubationsdauer im Freiland (im Verbreitungsgebiet der Art) und der Inkubationsdauer im Brutgerät des Terrarianers auch eine Möglichkeit, daraus einen relativ verbindlichen Wert für die Inkubationsdauer zu ermitteln (PETZOLD 1984*). Doch leider fehlen derartige exakte Untersuchungen aus den Verbreitungsgebieten der meisten Arten. Sie sind nicht einmal für individuenreiche Populationen weit verbreiteter Arten ausreichend und signifikant.

4. Äußere Einflüsse können die Inkubationszeit erheblich beeinflussen. So ergeben Abweichungen der Temperatur und Feuchtigkeit von einem durch Erfahrung ermittelten Durchschnittswert im Inkubator unterschiedliche Inkubationszeiten. Bei *Testudo hermanni* fand KIRSCHE (1979) eine mittlere Inkubationszeit von 62,2 Tagen bei 28 °C und eine solche von 55,7 Tagen bei 32 °C. SCHWEIZER (1911) stellte bei *Natrix maura* bei einer Bruttemperatur von 34 °C eine Inkubationszeit von 49 Tagen und bei 18 bis 24 °C eine solche von 64 Tagen fest. Vom Optimum abweichende niedrigere Inkubationstemperaturen verlängern die Inkubationszeit erheblich. COOPER (1958) beobachtete bei *Podarcis muralis* bei 30 °C eine Inkubationszeit von 30 Tagen, die bei 10 bis 18 °C 165 Tage dauerte. Der Schlüpfzeitpunkt war also stark verzögert. Wenn aus technischen Gründen eine hinausgeschobene Schlüpfzeit durch Erniedrigung der Inkubationstemperatur erwünscht wäre, so kann dies jedoch unerwünschte Folgen haben. Es können Mißbildungen auftreten oder das Schlüpfen wird überhaupt verhindert und die Schlüpflinge sterben im Ei ab. HONEGGER (1975) erlebte einen solchen Fall bei *Chelydra serpentina* und bei *Crocodylus novaeguineae*.

Die bei Inkubationen verwendeten vom Mittelwert nach oben oder unten abweichenden Temperaturen haben im Maximum entweder nur Männchen oder nur Weibchen erbracht (s. Abschnitt Geschlechtsfixierung 2.1.4.3). Im Freiland könnte dies im Endeffekt ein Aussterben der Population bedeuten.

5. Neben den exogenen, die Inkubationsdauer beeinflussenden Faktoren gibt es die endogenen, genetischen Faktoren, die in der Erbmasse verankert sind. Hier wird die Inkubationsdauer automatisch – im Sinne der „Inneren Uhr" – reguliert. Wie weit individuelle, womöglich genetisch verankerte Inkubationszeiten auseinander klaffen können, zeigen die Beispiele aus dem Steinhart-Aquarium in San Francisco und dem Zoologischen Garten in Washington (PETZOLD 1984*).

An beiden Instituten wurde *Phelsuma madagascariensis* unter absolut gleichen Bedingungen wie gleiche Temperatur, gleiche Feuchtigkeit, gleiche Belüftung, gleiche Ausstattung, (Bodengrund) gehalten. Alle Gelege wurden in beiden Fällen den gleichen Inkubationsbedingungen ausgesetzt. Das Ergebnis: Die Inkubationszeit im Zoo Washington betrug 44 bis 46 Tage und im Steinhart-Aquarium 135 Tage.

Da es vorläufig noch nicht möglich ist, exakte und für alle Fälle gültige Parameter für die Zucht zu finden, ist es vielleicht sinnvoll, sich der Werte zu bedienen, die von ernsthaften Terrarianern in den terraristischen Fachzeitschriften mitgeteilt werden. Die dort festgestellten Inkubationszeiten bei denselben Pfleglingen von verschiedenen Pflegern, jedoch mit unterschiedlichen Werten, beruhen wahrscheinlich auf unterschiedlichen Inkubationsbedingungen.

In den Artenbeschreibungen werden diese Werte soweit bekannt erwähnt.

Die folgende Aufstellung gibt einige Beispiele.

Inkubationswerte

Autor	Tierart	Feuchtigkeit in %	Temperatur in °C	Inkubationszeit in Tagen
HEIMAN (1990)	*Testudo graeca*	90	26–30	68–78
HEIMAN (1990)	*Testudo hermanni*	90	26–30	17–65
HEMPEL (1991)	*Agrionemys horsfieldii*	70–80	30	60–80
KÖHLER (1988)	*Iguana iguana*	45	30	70–80
RÖSLER (1990)	*Crossobamon*	60		

2.1.4.3 Geschlechtsfixierung

Entscheidend für die Ausbildung eines weiblichen oder männlichen Individuums ist bei Wirbeltieren das Vorhandensein von geschlechtsbildenden Chromosomen. Die Geschlechtschromosomen kann man morphologisch von den normalen Chromosomen unterscheiden. Bei den Reptilien trifft dies jedoch nicht für alle Ordnungen bzw. Unterordnungen zu. So ist bei den Schildkrötenarten kein morphologischer Unterschied der Geschlechtschromosomen zu den normalen Chromosomen vorhanden. Ob die geschlechtsbildenden Chromosomen nun in der Eikeimzelle oder der Samenzelle enthalten sind, ist unterschiedlich. Bei den Amphibien ist das Weibchen Trägerin der geschlechtsbildenden Chromosomen, bei den Reptilien ist es das Männchen. Neuerdings haben wissenschaftliche Untersuchungen ergeben, daß bei den Schildkröten, wahrscheinlich auch bei einigen anderen Reptilien, eine genunabhängige Geschlechtsfixierung erfolgen kann. Während die genabhängige Geschlechtsfixierung unabhängig von exogenen Faktoren bei der Keimentwicklung selbständig abläuft, soll bei den Schildkröten eine „temperaturabhängige" Geschlechtsfixierung erfolgen. Sie wird von der umgebenden Temperatur innerhalb der Eiablagegrube oder dem Gelegematerial des Eiablageortes reguliert.

Tatsächlich haben Temperaturversuche ergeben, daß der Faktor „Temperatur" zumindest einen Einfluß auf das Schlüpfverhältnis zwischen Männchen und Weibchen haben kann.

PIEAU (Frankreich) ließ 42 Eier von *Emys orbicularis* unter starker Besonnung erbrüten. Es schlüpften 28 Schildkrötenmännchen und ein Zwitter. Er fand weiter heraus, daß bei *Emys orbicularis* bei einer Temperatur von 28 bis 29 °C nur Männchen schlüpften und bei Temperaturen darüber nur Weibchen. Schließlich konnte er bei *Testudo graeca* eine „kritische" Temperatur zwischen 30 und 31 °C feststellen, bei der nur männliche Schildkröten und bei Temperaturen unter diesen Werten nur Weibchen schlüpften (PIEAU 1989, PRITCHARD 1984*). CHARNIER (1966) beobachtete bei *Agama agama*, daß sich bei höheren Temperaturen der Anteil geschlüpfter Männchen signifikant erhöhte und daß sich bei weiterer Steigerung der Inkubationstemperatur überhaupt nur noch Männchen entwickelten.

WAGNER (1980) beschrieb, daß bei Zuchten von *Eublepharus macularius* bei einer Inkubationstemperatur von 26,7 bis 29 °C die Geschlechtsverteilung (sex-ratio = Verhältnis von Männchen zu Weibchen) der Schlüpflinge bei 1 : 50 lag. Dies wurde sowohl bei der ersten als auch bei der zweiten Generation festgestellt. Bei 32 °C bis 33,4 °C betrug die sex-ratio dagegen 14 : 2.

Aus den Beobachtungen zu schließen, daß eine Erhöhung oder Senkung der Inkubationstemperatur allein eine unterschiedliche Geschlechtsfixierung bewirkt, ist kaum wahrscheinlich.

Der Funktionsmechanismus der Fortpflanzung einschließlich der Geschlechtsfixierung ist von einem komplizierten Netzwerk exogener und endogener Faktoren abhängig. Unter den endogenen Faktoren spielen sicher Hormone (Androgene und Östrogene) eine Rolle. Ein in den letzten Jahren erforschtes Hy Antigen soll ebenfalls die Geschlechtsfixierung beeinflussen. Sie beeinflussen den weiblichen Genitalzyklus und fördern die Entwicklung des männlichen Geschlechtsorgans. Die Basiswerte der exogenen Faktoren – als Einzelfaktor oder Faktorenkomplex innerhalb des Verbreitungsgebietes einer Art – sind im Laufe mehrerer Reproduktionszyklen sicher nicht absolut konstant. Bei den möglicherweise unterschiedlichen Basiswerten ist nicht zu erwarten, daß die thermische Geschlechtsfixierung im Freiland immer zur nicht arttypischen sex-ratio (starkes Überwiegen der Männchen gegenüber den Weibchen und umgekehrt) führt, wie sie bei den oben geschilderten Temperaturversuchen geschildert wird. Die temperaturbedingte Geschlechtsfixierung wird heute (1997) jedoch als gesichert angesehen.

Aus den bisherigen Erkenntnissen brauchbare und verbindliche Zuchtregeln ableiten zu wollen, dürfte zumindest noch verfrüht sein.

2.1.4.4 Geschlechtsdiagnose

Um ein Zuchtvorhaben durchzuführen, ist es notwendig, das Geschlecht der vorhandenen Individuen zu ermitteln. Bei Arten mit einem deutlichen Geschlechtsdimorphismus kann eine exakte Diagnose bei adulten Tieren schon äußerlich vorgenommen werden. Unterschiede in der Körpergröße, besondere Ausbildung des Schwanzendes, außergewöhnliche Form der Krallen der vorderen Gliedmaßen (Männchen von *Trachemys s. elegans*), Farbunterschiede, Hautanhänge, die aber auch bei den Weibchen vorhanden sein können, Schuppenunterschiede in der Aftergegend sind einige sexualdimorphe Beispiele. Schwieriger wird es, wenn solche Unterschiede nur in der Fortpflanzungszeit sichtbar werden. Manche Arten sind mit After- und/oder Femoralporen versehen, die nur in der Fortpflanzungszeit deutlich ausgebildet sind. Eine Geschlechtsdiagnose ist in der Paarungszeit möglich, wenn Männchen zur Zeit der Paarung ein arttypisches Annäherungsverhalten (connection) aufweisen wie die Männchen von *Trachemys s. elegans*.

Wenn kein Geschlechtsdimorphismus dieser oder ähnlicher Art vorhanden ist, wurde bisher bei lebenden Reptilien die Untersuchung mit einer Knopfsonde vorgenommen. Die Basis für diese Untersuchungsmethode beruht auf dem morphologischen und anatomischen Unterschied im Bau der äußeren Geschlechtsorgane der Männchen und Weibchen der Reptilien (HONEGGER, R. 1978).

Während bei den Männchen der Schildkröten und Krokodile ein einfacher Penis vorhanden ist, sind bei den Echsen und Schlangen zwei Hemipenes anzutreffen. Der Penis ist in einer medianen Aftertasche und die Hemipenes sind in einer rechten und einer linken Aftertasche verborgen.

Führt man die vorher ausgiebig desinfizierte und mit einer Gleitsalbe bestrichene Knopfsonde in eine der männlichen Aftertaschen einer Echse oder Schlange ein, so wird diese relativ weit eindringen. Bei einer weiblichen Aftertasche ist die Eindringtiefe wesentlich geringer. Damit ist das Geschlecht eines adulten Individuums relativ sicher bestimmt. Die Diagnose wird eindeutiger, wenn von der gleichen Art mehrere adulte Exemplare zum Vergleich herangezogen werden können. Bei juvenilen Individuen könnten Fehler auftreten, die auf den Entwicklungszustand der Geschlechtsorgane zurückzuführen wären.

Das Sondieren erfordert eine gewisse Geschicklichkeit und Geduld. Es wird am besten von zwei Personen vorgenommen. Schildkröten ziehen bei dieser ungewohnten Behandlung die Analregion sofort in den Panzer zurück, die Einführung der Sonde wird dann sehr erschwert. Bei Anwendung von Gewalt können Muskelkrämpfe in der Analregion auftreten, die ebenfalls ein leichtes Sondieren verhindern.

Adulte Krokodile, auch die kleineren Arten (*Paleosuchus palpebrosus, P. trigonatus, Caiman crocodilus*) sind immerhin wehrhafte Tiere, so daß eine Stillegung mit einem Sedativum (Beispiele, Anwendungsvorschriften beachten: Phencyclidin HCL, Pentobarbital-Natrium, Ketamin, Flaxedil) zu empfehlen ist. Auch bei großen Echsen, großen Schlangen und besonders bei giftigen Schlangen ist eine Stillegung ratsam. Es wird damit auch eine unnötige Erregung des Tieres verhindert.

Die mechanische Geschlechtsermittlung mittels der Knopfsonde hatte sich lange Zeit durch ihre relativ hohe Treffsicherheit bewährt. Im Laufe der Jahre hat sich gezeigt, daß die Sondenmethode gewisse Mängel aufweist. So ist bei sehr kleinen Reptilien die Knopfsonde ein zu grobes und daher ungeeignetes Instrument. Mit Sicherheit werden Penistasche und Hemipenis verletzt. Bei lebenden Echsen und Schlangen welcher Größe auch immer, ist das Gewebe des ganzen Geschlechtsapparates unterschiedlich dehnbar. Wird eine zu große und damit zu stramm sitzende Sonde eingeführt, überdehnt sich das Gewebe. Damit wird das Meßergebnis verfälscht. Die Sonde muß daher stets der Größe der Aftertaschen entsprechen und leicht einführbar sein. Fehler können auch entstehen, wenn bei einem lebenden Tier durch impulsive Muskelkontraktionen der Taschenwand während der Untersuchung die Länge der Taschenwand sich verändert.

Im allgemeinen unterscheidet sich der männliche Geschlechtsapparat mit seiner Analtasche durch seine Größe von dem des Weibchens. Aber es gibt auch Abweichungen von dieser Konstante, die wieder zu fehlerhaften Meßergebnissen führen können.

Es gibt jedoch noch einige andere Methoden, die bessere Ergebnisse liefern. Das Karyogramm-Verfahren beruht auf der Tatsache, daß es morphologische Unterschiede der Chromosomen der Männchen gegenüber den Weibchen gibt (KING, M. 1977). Mit Hilfe von Blutuntersuchungen wurden bei Männchen und Weibchen unterschiedliche Mengen von Erythrozyten und Leukozyten festgestellt. Bei einem weiteren Verfahren erbringt der Nachweis von Testosteron im Blut des Probanden, daß es sich um ein Männchen handelt (JOKER, U. et al. 1986). Durch eine endoskopische Methode (Glasfaserendoskopie, DAVID & PHILLIPS 1991) wurden nicht nur die Eindringtiefe, sondern auch geschlechtsspezifische Struktur nachgewiesen. RÖSLER (1981) hat die Hemipenis-Exuvien von Geckoniden auf die Möglichkeit zur Geschlechtsdiagnose untersucht. Bei einer Zuchtabsicht bietet sich eine solche Möglichkeit. Wenn Exemplare der zur Zucht ausgewählten Gruppe bei der Häutung beobachtet werden, können die dünnen Exuvien der Geschlechtsorgane entnommen und damit das Geschlecht bestimmt werden.

Hat die Häutung ohne Überprüfung bereits stattgefunden, so wird es schwierig, die dünnen Exuvien der Kopulationsorgane noch unversehrt an dem Rest der analen Exuvie zu finden. Es ist sehr fraglich, ob die Exuvien den richtigen Individuen zugeordnet werden können. Wenn es sich um Echsen handelt, die ihre Exuvie verspeisen, ist es Zufall, noch geeignete Reste zu finden.

Bei den Schildkröten und Krokodilen war bekannt, daß die Weibchen eine Klitoris besitzen, die in einer Aftertasche verborgen ist. Erst BÖHME (1995) und ZIEGLER (1996) stellten bei weiblichen Waranen fest, daß sich in den kleinen Aftertaschen je eine Hemiclitoris befindet. Die Hemiclitores sind in ihrem Aufbau und ihrer Struktur den Hemipenes vergleichbar. Sie sind ebenfalls evertibel (ausstülpbar), werden jedoch nur selten ausgestülpt. Hemiclitores sind bei allen weiblichen Squamaten nachweisbar.

Da die Hemiclitoris erheblich kleiner und gestaltlich vom Hemipenis bei näherer Untersuchung unterscheidbar ist, besteht eine neue, absolut sichere Unterscheidung der beiden Geschlechter. Die Diagnose „besteht auch bei lebenden Tieren, wenn die Organe ausgestülpt werden" (nach ZIEGLER, schriftliche Mitteilung Nov. 1996). Wird diese Diagnosemethode mit gebotener Vorsicht sorgfältig ausgeführt, so steht dem Terrarianer ein absolut sicheres Verfahren zur Verfügung, sein Zuchtmaterial auf Geschlechtszugehörigkeit zu überprüfen.

2.1.5 Passive Phasen

Das kühl gemäßigte Klima und zum Teil das warm gemäßigte Klima besitzen mit ihrer vierten Jahreszeit „Winter" und die Tropen mit der „Trockenzeit" Jahreszeiten, die für die Reptilien Überlebensprobleme darstellen können. Der Ausweg ist die Überwinterung bzw. die Sommerruhe.

2.1.5.1 Überwinterung

Es muß zur Bedeutung und richtigen Anwendung der in der Terraristik oft falsch angewandten Bezeichnungen „Überwinterung", „Winterruhe", „Winterschlaf", „Winterstarre", „Kältestarre", „Sommerruhe" und „Sommerschlaf" noch einiges bemerkt werden.

In der Biologie weisen diese Bezeichnungen unterschiedliche ursächliche Zusammenhänge auf. Winterruhe und Winterschlaf können aus physiologisch-biologischen Gründen nur von Säugetieren als Warmblütler wahrgenommen werden. Der Winterschlaf besteht aus einem mehr oder minder, tiefen ununterbrochenen Schlaf, bei dem der Stoffwechsel über innersekretorische, zeitlich bedingte Wechselbeziehungen stark eingeschränkt ist. Die Fettreserven des Körpers liefern die notwendige Energie, um wenigstens eine herabgesetzte Körpertemperatur zu erhalten. Bei der Winterruhe wird dagegen die Körpertemperatur kaum erniedrigt und der Schlaf durch häufige, aber kurze Wachzeiten unterbrochen. Winterschlaf und Winterruhe werden hormonell gesteuert.

Auch bei den Reptilien wird während der kalten Jahreszeit die biologische Aktivität, insbesondere der Energie- und Baustoffwechsel stark reduziert. Wenn auch der Begriff „Kältestarre" oder „Winterstarre" von der Funktion her gesehen eindeutig wäre, so hat sich doch der Begriff „Überwinterung" eingebürgert.

Möglicherweise sind beide inaktiven Phasen im Laufe der Evolution infolge entstehender Klimaverschiebungen, im Sinne rhythmisch verlaufender Jahreszeitenwechsel zwischen biologisch günstigen und ungünstigen Jahreszeiten, erworben worden. Sie wurden notwendig, um unter den erschwerten Lebensbedingungen zu überleben.

Die Überwinterung findet sich nur in Jahreszeitenklimaten (TROLL 1965*), bei denen die Jahreszeiten Frühling, Sommer, Herbst und Winter sowohl durch fühlbare Temperaturunterschiede als auch durch Unterschiede in der täglichen Sonnenscheindauer gekennzeichnet sind.

Die Fortpflanzungs(Reproduktions)-Phase ist eng mit der Überwinterung verknüpft. Sie ist für die Reptilien der kühl gemäßigten Zone eine natürliche und unbedingt nötige Phase, die in hohem Maße mit der Keimzellenentwicklung im Zusammenhang steht. Die artgerechte Überwinterung eines Reptils in menschlicher Obhut unter naturnahen Pflegebedingungen verbessert in hohem Maße die Möglichkeit einer erfolgreichen Zucht. Die Dauer der Überwinterung nimmt von Süden nach Norden zu. Im Mittelmeerraum sind zwei Monate, in Mitteleuropa etwa fünf bis sieben Monate und in Nordeuropa sechs bis acht Monate als Überwinterungszeitraum anzusetzen. Das gleiche gilt in Süd-Nordrichtung für Nordamerika und den nördlichen asiatischen Raum. Zumindest dort, wo die Jahreszeitenklimata die Bildung der Jahreszeiten Frühling, Sommer, Herbst und Winter ermöglichen.

Die Maßnahmen zur Überwinterung. Wenn Reptilien kein Futter mehr annehmen und sichtlich träge werden, dann sind dies Anzeichen für den Beginn der Überwinterungsphase. Die Fütterung wird eingestellt. Tiere aus dem Freiland überführt man in das Terrarium, wo sie ebenso wie die überwinterungsreifen Pfleglinge im Terrarium bei der dort eingestellten Temperatur noch etwa eine Woche verbleiben, um die völlige Darmentleerung einzuleiten. Unterstützt wird die Maßnahme durch zwei aufeinanderfolgende Bäder in lauwarmem Wasser. Die völlige Darmentleerung ist sehr wichtig, da im Darmsystem verbleibende Reste bei der schon einsetzenden Verringerung der Verdauungsintensität eine lebensbedrohende Fäulnis entstehen kann. Nach Abschluß dieser Maßnahmen wird die Überführung in die Überwinterungskiste (Abb. 5) vorgenommen. Die Kiste wird am besten im frostfreien Keller oder einem anderen frostfreien Raum bei einer Temperatur nicht unter 2-4 °C aufbewahrt. Die Luftfeuchtigkeit in der Kiste wird laufend kontrolliert und soll nicht unter 60-70 % rel. Luftfeuchte absinken. Ein Hygrometer und ein Thermostat werden zweckmäßig in der Kiste installiert.

Bei im Freilandterrarium gehaltenen Reptilien kann die Überwinterung auch im Freien vorgenommen werden. Über

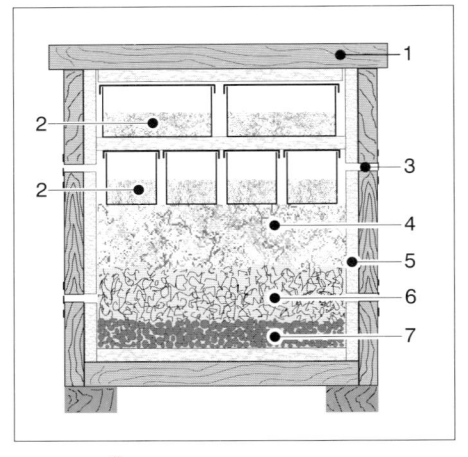

Abb. 5. Überwinterungskiste.
1 = Holzrahmen
2 = Sphagnumfüllung
3 = Lüftungsloch (Drahtgaze)
4 = Sphagnumfüllung
5 = Styroporisolierung
6 = Grobes Laub
7 = Blähton (Dränage)

dazu notwendige Überwinterungskammern wird im Abschnitt „Freilandterrarium" berichtet.

2.1.5.2 Sommerruhe/Trockenschlaf

In subtropischen und tropischen Trockenräumen, (Savannen, Steppen, Halbwüsten), bei denen das Klima zum Teil oder ganz durch den Wechsel zwischen Trockenzeit und Regenzeit charakterisiert ist, bilden Niederschläge die Jahreszeiten. In der Trockenzeit sind die Lebensbedingungen extrem ungünstig. Das Überleben wird durch die „Sommerruhe"/„Trockenruhe" oder den „Trockenschlaf" gesichert. Wie man diese Periode bezeichnet, ist bedeutungslos, da es dazu keine adäquaten Begriffe zu „Winterruhe" oder „Winterschlaf" bei den Säugetieren gibt.

Bei den eine „Sommerruhe" haltenden Reptilien spielt sich im Prinzip das gleiche ab wie bei den überwinternden Reptilien. Die Tiere nehmen keine Nahrung mehr auf. Wie bei den überwinternden Tieren werden auch hier die gleichen Vorsorgemaßnahmen getroffen. Ein besonderer „Sommerruhe-Behälter" ist nicht notwendig. Die Tiere bleiben im Terrarium und die rel. Feuchte wird auf 40 % reduziert. Die Tiere wühlen sich dann im Laub-Erde-Gemisch des Terrariums ein.

Die bisherigen Ausführungen beziehen sich auf Landschildkröten. Im Wasser lebende Reptilien aus den Jahreszeitenklimaten mit exaktem Jahreszeitenwechsel können je nach Gattung auf dem Lande oder naß überwintert werden (s. Artenbeschreibungen). Die naß zu überwinternden Tiere bleiben im Aqua-Terrarium. Der Wasserstand wird so bemessen, daß die Tiere ohne Schwierigkeiten den Kopf aus dem Wasser strecken können. Die Überwinterungstemperatur des Wassers kann 6 bis 10 °C betragen. Die vorbereitenden Maßnahmen entsprechen denen der landlebenden Reptilien. Es empfiehlt sich nicht, die wasserlebenden Reptilien im Freilandteich zu überwintern. Die Gefahr ist zu groß, daß Freilandteiche mit zu geringer Wassertiefe bis zum Grunde gefrieren.

Bei den Reptilien aus den äquatorialen Dauerregenwaldgebieten, bei denen eine Jahreszeitenrhythmik entfällt, hat sich eine durch Zeitintervalle gekennzeichnete typische Sommerruhe nicht entwickelt. Inwieweit andere Formen einer Ruhephase vorhanden sind, ist nicht bekannt.

2.1.6 Schutzmaßnahmen und Schutzanpassungen

Für das Überleben des Individuums als zeitbegrenztem Problem und dem Überleben der Art als Generationenproblem gibt es Schutzmaßnahmen und Schutzanpassungen als zwei von vielen Möglichkeiten das Überlebensziel zu erreichen.

Schutzmaßnahmen. Diese Funktionen sind aktive Maßnahmen des Individuums, sind wahrscheinlich im Laufe der Evolution entstanden und genetisch festgelegt.

Äußere Feindfaktoren werden vom Reptil erkannt und erzeugen eine spontane aktive Reaktion, die als Schutzmaßnahme angesehen werden muß. Dazu einige Beispiele.

Bei einer Anzahl von Echsenarten ist das Abwerfen des Schwanzendes eine genetisch festgelegte Reaktion gegenüber dem Angriff des carnivoren Beutejägers. An vorgesehenen Bruchstellen des hinteren Schwanzabschnittes erfolgt in Sekundenschnelle das Abwerfen dieses Schwanzteils. Für den angreifenden Räuber bleibt das sich noch bewegende Schwanzstück die vermeintliche Beute, während die Eidechse sich schnell in Sicherheit bringt. Das Schwanzende wächst – nicht ganz vollständig – nach.

Die Nordamerikanische Sandboa (*Charina bottae*) rollt sich bei einem Angriff zu einem festen Knäuel zusammen. Der Kopf liegt im Innern des Körperknäuels und ist durch die Windungen des Rumpfes geschützt. Das aus dem Knäuel ragende, sich hin und her bewegende kurze Schwanzende ist fast so dick und rund wie der Vorderteil. Es täuscht den Kopf der Sandboa vor und die Bewegung des Schwanzendes soll vielleicht als Drohbewegung erscheinen.

Die Fuchsnatter (*Elaphe vulpina*) rollt sich bei Gefahr zu einer typischen Droh- und Verteidigungsstellung auf, wobei der Schwanz auch hier heftig zittert und eine Drohbewegung darstellen soll.

Die Westliche Haken-Natter (*Heterodon nasicus*) bläht bei Gefahr den Vorderleib stark auf und stößt mit Kopf und Hals unter lautem Zischen gegen den Angreifer vor. Sie ähnelt damit dem Verhalten der Kobra.

Schließlich ist das Aufrichten der Kobra, das Verbreitern der Halsregion und das Erscheinen der „Brillenzeichnung" eine sehr deutliche Droh- und Warnstellung.

Wenn die Klapperschlangen, die wie alle Schlangen nicht hören können, trotzdem mit ihrer Schwanzklapper ein typisches Geräusch erzeugen, so akzeptieren große Säugetiere (Wildpferde, Bisons) dieses Geräusch durchaus als Drohung und Warnung. Ohne auf die Entstehung des Klapperns und ihres Wirkungseffektes näher einzugehen, glaubt man heute diese Funktion aus evolutionärer Sicht erklären zu können. Auf nähere Einzelheiten dieser Entwicklung muß hier verzichtet werden.

Als eine wirkungsvolle Schutzmaßnahme kann bei Schildkröten das Zurückziehen der Gliedmaßen und des Kopfes in den Panzer (Cryptodira) und unter den Panzer (Pleurodira) gelten. Auf die vielen bei den Reptilien gebräuchlichen Schutzmaßnahmen näher einzugehen, muß verzichtet werden. Sofern notwendig, wird bei der Beschreibung der einzelnen Arten darauf eingegangen.

Die Katalepsie ist eine spezielle automatisch ablaufende Schutzmaßnahme, die von seiten des Individuums passiv erfolgt, jedoch defensiven Charakter besitzt. Bei einer plötzlich auftauchenden, lebensbedrohenden Situation tritt eine Bewegungslosigkeit auf – die Katalepsie. Hierbei erschlafft die gesamte Bewegungsmuskulatur. Die lebenserhaltenden Prozesse und Funktionen bleiben erhalten. So kann die Westliche Hakennatter (*Heterodon nasicus*) auch noch die Bauchseite nach oben wenden und bleibt kataleptisch erstarrt liegen, bis der Angreifer – an der „toten Beute" nicht mehr interessiert – verschwindet, da er seine Beute nur als sich bewegendes Objekt optisch erfaßt. Bei Tieren, die ihre Beute mit dem Geruchs- und/oder Wärmesinn aufspüren (Jacobsonsches Organ bei Schlangen), wird ein Totstellen wenig nützen.

Schutzanpassungen. Bei den Schutzanpassungen, die körpereigentümliche Besonderheiten darstellen, handelt es sich grundsätzlich nicht um Eigenschaften, die vom Individuum aktiviert werden müssen. Sie sind evolutionären Ursprungs und genetisch fixiert.

Das folgende Beispiel läßt sich schwer einordnen. Es kann eine aktive Schutzmaßnahme, eine Schutzanpassung im Sinne einer automatisch ablaufenden Verhaltensweise oder keines von beiden, sondern die Verhaltensweise beim „Jagd"-Manöver sein. Das Anschleichen der Beute erfolgt sehr langsam, wobei das Chamäleon wie ein vom Wind bewegtes Blatt leicht hin- und herschaukelt. In diesem Falle ist es weder eine **Schutz**maßnahme noch eine **Schutz**anpassung.

Farbwechsel. Einen automatisch funktionierenden Farbwechsel als Schutzanpassung gibt es bei Reptilien nicht. Der bei den Chamaeleoniden sprichwörtliche Farbwechsel ist eine aktive Verhaltensweise, die bei der Balz und im Revierkampf eingesetzt wird. Das „normale" Farbkleid eines Chamaeleons kann eine Mimese sein. So will man bei manchen Chamaeleons eine Art Mosaikmuster-Anpassung an das Muster des Untergrundes, auf dem das Tier sitzt, festgestellt haben. Doch die Wirkung des angenommenen Musters verpufft, wenn es nicht auch die entsprechende Farbe des Originaluntergrundes aufweist, um körperauflösend (somatolysierend) zu wirken.

Tarntracht, Schutzfärbung, Somatolyse. Alle drei Arten entfalten den gleichen Wirkungseffekt: Im Bereiche ihrer Ökonischen oder überhaupt ihrer Umwelt ist das optische Verschmelzen mit der Umgebung die rettende Wirkung.

Farben, Farbkombinationen in Verbindung mit Mustern unterschiedlichster Art sind bei vielen Eidechsen und Schlangen vorhanden.

Unregelmäßige Flecken, Rauten oder Rhomben, verschlungene Flecken, einfache Bänder, Zickzackbänder, als volle Figuren oder nur als Ränder, die farbig ausgefüllt sind, kommen einzeln oder gemeinsam vor. Oftmals sind die Farbkontraste nicht sehr groß. Dafür sind die Muster sehr deutlich.

Die Eigentümlichkeiten und die Vielfalt der Vegetation von der Savanne über die Buschsteppe, den Buschwald, den subtropischen und tropischen Wald zum Urwald, die Geomorphologie und Zusammensetzung des Bodens von der Wüste über Geröll und Felsen ergeben unzählige Möglichkeiten, sich mit Hilfe der Hautfarbe und der Hautmuster einer Beobachtung zu entziehen.

Lichtreflexe und Helligkeitsunterschiede unterstützen weiter die körperauflösende Wirkung von Tarntracht und Schutzfärbung. Auch die grüne Einfarbigkeit mancher Baumschlangen läßt sie im grünen Blätterwerk der Baumkronen verschwinden.

Die Avicenna-Viper (*Cerastes vipera*) hebt sich mit ihrer wüstensandähnlichen Färbung – wenn sie sich nicht gerade eingegraben hat – nicht vom Untergrund ab. *Agama (Laudakia) stellio* ist, solange sie sich morgens noch nicht voll aufgewärmt hat, mit ihrer im Gesamtbild grauen Färbung im grauen Felsgeröll kaum auszumachen.

Mimese. Für Tarntrachten wird der Terminus technicus „Mimese" gebraucht. Das obige Beispiel der Nachahmung von totem Material wird mit Allomimese bezeichnet.

Ahmen die Tarntrachten (Kryptische Trachten = verbergende Trachten) Objekte aus der pflanzlichen Umwelt wie Blätter, kleine Äste, Früchte oder Samenhüllen nach, so nennt KLOFT (1978) diese Tarnung Phytomimese. Sind es tierische Objekte, so sind diese Nachahmungen Zoomimesen.

Ein Beispiel für eine Allomimese (tote Baumrinde) oder Phytomimese (lebender Baum) könnte bei dem madagassischen Plattschwanz-Gecko (*Uroplatus fimbriatus*) und dem in Asien lebenden Faltengecko (*Ptychozoon kuhlii*) vorliegen.

Bei beiden Geckos sitzen Hautfalten längs des Körpers und Verbreiterungen am Schwanz, die beim Faltengecko am oberen Schwanzteil noch fransenartig gestaltet sind. Wenn diese Geckos, die im übrigen unscheinbar braun oder grau gefleckt sind, sich dicht an die borkige Rinde eines Baumes pressen, ähneln sie dieser Baumrinde.

Mimikry. Diese Schutzanpassung hat einen sehr umfassenden Funktionskreis und komplizierte Funktionsmechanismen. Nach VOGEL & ANGERMANN (1978*) besteht die Wirkungsweise der Mimikry im Prinzip darin, daß eine harmlose Art eine nicht unbedingt systematisch verwandte Art, die durch Ungenießbarkeit, besondere Wehrhaftigkeit, Giftigkeit oder Tarnfärbung und/oder Farbmusteranordnung ausgezeichnet ist, im gleichen Lebensraum nachahmt. Als Beispiel für Schlangen sei die Korallen-Natter (*Lampropeltis triangulum*) genannt, die in ihrer Farbzusammensetzung und noch mehr Farbmuster-Anordnung der sehr giftigen Arizona-Korallenschlange (*Micruroides euryxanthus*) gleicht. Die Abfolge der Bänderung ist bei *L. triangulum* je nach Unterart rot-schwarz-gelb bzw. rot-schwarz-weiß. Bei *M. euryxanthus* ist die Bänderungsfolge gelb-rot-schwarz. Dabei sind die roten und schwarzen Ringe durch engere weiße oder gelbe Ringe getrennt.

Beide Arten sind in Mexiko und New-Mexico heimisch. Die Mimikry ist unter der Bezeichnung Mertenssche Mimikry bekannt.

Eine andere Form der Mimikry besteht darin, daß zwei systematisch nicht verwandte Arten beiderseits in unterschiedlichem Maße ungenießbar oder formverschieden abschreckend sind, in der Tarntracht sich aber völlig gleichen. Wer ist Vorbild, wer ist Nachahmer? Da beide die gleiche Tarntracht aufweisen, ist weder für die eine noch die andere Art ein Vorteil ersichtlich. Es gibt noch andere Arten der Mimikry. Ihre Funktionsmechanismen gegeneinander abzugrenzen ist zum Teil sehr schwierig. Daher wird nicht weiter darauf eingegangen.

2.1.7 Lebensraum Terrarium

Die erfolgreiche Haltung, Pflege und Zucht der Reptilien beinhaltet eine umfassende Kenntnis der Biologie und Ethologie des zu haltenden Pfleglings. Das dem Reptil als zukünftigem Lebensraum zur Verfügung gestellte Terrarium muß allen Erfordernissen entsprechen, die ihm eine optimale Lebensweise ermöglichen. Mit Hilfe der modernen Technik lassen sich viele der mit dem Betrieb eines Terrariums verbundenen Probleme lösen.

Als erstes Problem stellt sich die Frage nach dem artgerechten Behälter hinsichtlich der Form und Größe. Der Komplex Terrarienbau ist in Band 1, 4. Auflage der „Terrarientiere" (NIETZKE 1989*) eingehend behandelt worden.

Das zweite Problem umfaßt die Technik im Terrarium. Sie ist die Basis für das Funktionieren im „Lebensraum Terrarium". Der gezielte Einsatz heute so umfangreicher elektrischer und elektronischer technischer Hilfsmittel ist nur dann erfolgreich, wenn bei genügender technischer Erfahrung und handwerklichem Geschick ein intensives Literaturstudium über den zu haltenden Terrarienpflegling voraus gegangen ist.

Ein drittes Problem stellt die Ausstattung des Terrariums mit totem und lebendem Material (Bepflanzung) dar.

2.1.7.1 Behälter

Den Reptilien sollte man nicht zu kleine Terrarien bieten. Sie müssen sich aus Gründen des Stoffwechsels und des Revier- und Fortpflanzungsverhaltens einigermaßen frei bewegen können. Die Größe des Terrariums – ob im Wohnraum, einem Spezialraum für Tierpflege oder im Freiland – muß auf jeden Fall der Größe des Tiers entsprechen. Sie schwankt je nach Ordnung, Familie, Gattung und Art erheblich. Hierbei ist immer die Größe des ausgewachsenen Tieres gemeint und nicht die eines Jungtieres. Bei Schildkröten kann man – gleichgültig ob Land- oder Wasserschildkröten – die Panzergrößen zu Größengruppen zusammenfassen. Es ergeben sich fünf Gruppen: Gruppe I mit einer Carapaxlänge (CL, Stockmaß) von 10 bis 20 cm Länge, Gruppe II mit 21 bis 30 cm Länge, Gruppe III mit 31 bis 40 cm Länge, Gruppe IV mit 41 bis 50 cm Länge und Gruppe V mit über 50 cm Länge. Schildkröten mit über 50 cm bis 100 cm Carapaxlänge scheiden praktisch aus. Grundsätzlich sollte man Schildkröten mit über 40 cm Carapaxlänge möglichst nicht halten.

Für die Bemessung der Terrariengröße, die gerade noch eine ausreichende Bewegungsfreiheit zuläßt, rechnet man für die Terrarienlänge etwa fünf Carapaxlängen (Stockmaß), für die Terrarienbreite 2,5 Carapaxlängen und für die Terrarienhöhe 1,5 Carapaxlänge. Die Aufstellung gibt etwa die für Schildkröten mit 20, 35 und 50 cm Carapaxlänge etwa notwendigen Maße des Terrariums an. Es würde noch eine vertretbare Verhältnismäßigkeit zu einer Wohnraumgröße von 28 m² bestehen. Sicher ist einzusehen, daß bei einer Landschildkröte von 50 cm Carapaxlänge, der ein Terrarium von wenigstens 300 cm (Länge) × 150 cm (Breite) × 80 cm (Höhe) zugestanden werden muß, die Haltung in einem Wohnraum von 28 m² Größe normalerweise nicht mehr vertretbar ist. Hinzu kommt, daß die Bewegungsfreiheit selbst in einem Terrarium dieser Größenordnung kaum noch gewährleistet ist. Grundsätzlich sollte man daher nur kleine Arten pflegen.

Terrariummaße

CL	L mal 5	Br mal 2,5	H mal 1,5
20 cm	100 cm	50 cm	30 cm
35 cm	175 cm	87 cm	52 cm
50 cm	250 cm	125 cm	75 cm

Bei Jungtieren muß Terrariengröße und Wachstum berücksichtigt werden. Wir hielten Jungtiere von *Graptemys pseudogeographica* zunächst in einer größeren Kühlschrank-Kunststoffschale, um die Futteraufnahme besser kontrollieren zu können. Als die Tiere eine Carapaxlänge von 8 cm erreicht hatten, übersiedelten wir sie in ein Aquarium mit 15 l Wasserinhalt bei einer Wasserstandshöhe von etwa 18 cm. Die Lebendigkeit und die Zunahme der Freßlust waren überraschend. Für Wasserschildkröten ist die Höhe des Wasserstandes und damit die Höhe des Terrariums wichtig. Die Wasserstandshöhe muß der Breite des Carapax entsprechen. Ist sie geringer, so fehlt die tragende Wassersäule, die dem Tier die Möglichkeit gibt, von selbst wieder in die Normallage zu kommen, wenn es einmal auf den Rücken zu liegen kommt.

Können die Tiere, auf den Hinterbeinen stehend, mit der Nasenspitze die Wasseroberfläche erreichen, so ist der Höchststand des Wassers erfüllt. Damit ist auch die Höhe des Terrariums vorgegeben: Die Schildkröte darf mit den Vorderbeinen nicht den Terrarienrand erreichen. Diese Größenbemessung sollte vor allem für an der Uferzone lebende Schildkröten wie z. B. *Clemmys insculpta*, Jungtiere von *Terrapene carolina* und verwandte Arten eingehalten werden.

Bei stärker an das Wasser gebundenen Schildkröten muß das Terrarium groß genug sein, um für die lebensnotwendige Schwimmbewegung einen ausreichenden Wasserteil einzuplanen. Als solche Arten gelten die in der Artenbeschreibung genannten Arten.

Um den Schwimmraum für Wasserschildkröten durch einen Landteil einschließlich Ruhe- und Sonnenplatz nicht zu sehr einzuengen, kann man zwischen Vorderseite und Rückseite des Terrariums ein halb ins Wasser tauchendes Stück Zierkork klemmen oder – falls notwendig – mit Silikonkautschuk befestigen. SACHSEE (1967) hat „Hängende Inseln" empfohlen. Sie bestehen aus einer schräg hängenden Grundplatte, über der eine Deckplatte befestigt ist. Die Grundplatte sollte etwa einen Zentimeter in das Wasser hineinreichen. Bei ausreichend bemessenem Raum zwischen Grundplatte und Deckplatte bietet sich für die Schildkröte (Körperhöhe!) ein geeignetes Versteck.

Für 1,1 *Rhinoclemmys areolata* und 1,0 *Cuora trifasciata* haben wir ein silikongeklebtes Glasterrarium mit den Maßen 150 cm (Länge) × 50 cm (Breite) × 35 cm (Höhe) verwendet. Der Raum war aufgeteilt in 2/3 Wasserteil (20 cm Wasserstandshöhe) und 1/3 Landteil (15 cm Bodenschicht, 20 cm Luftraum). Den Tieren ist es nie gelungen, die Terrarienwände zu überklettern. Im Sommer leben die Tiere im Gartenteich mit Landteil.

Terrarien für Landschildkröten benötigen im allgemeinen kaum eine Abdeckung. Unter den Testudiniden gibt es jedoch eine Anzahl von Arten, die sehr gut klettern. Können sich Individuen solcher Arten an der Terrarienwand aufrichten und finden sie dabei ein zum Klettern geeignetes Dekorationsstück, dann ist das Entweichen einer klettergewandten Schildkröte durchaus möglich. Die Frage, ob ein Terrarium für Schildkröten mit einem Deckel versehen werden muß, ist allein von technischen Notwendigkeiten (Beleuchtung, Wärmestrahler, Ventilatoren usw.) her zu beantworten.

Die Terrarien für Krokodile, Echsen und Schlangen sind etwas anders zu beurteilen. Wenn auch die privaten Tierpfleger vernünftigerweise nur kleine Krokodilarten halten, so nehmen die Terrarien für diese doch einen Umfang ein, der für einen Wohnraum nicht mehr in Frage kommt. Die Krokodile werden daher zumeist in einem eigenen Raum gehalten, der nicht nur groß genug ist, sondern auch über entsprechende Anschlüsse für Licht, Wasser und Heizung verfügt.

Über den Bau und die Konstruktion eines Krokodil-Terrariums einschließlich eines evtl. notwendigen Wasserteils wird im Abschnitt „Krokodile" (Band 3) berichtet.

Bei Echsen und Schlangen muß ebenfalls die Körpergröße berücksichtigt werden. Gemessen wird vom Kopf über den Rumpf bis zur Schwanzspitze (KRS). Die Verschiedenheit der Körperlängen muß ebenso berücksichtigt werden wie die Verschiedenheit der Lebensweisen der einzelnen Arten.

Bei den Echsen ist der Schwanz ein für den Bewegungsablauf sehr wichtiger Körperteil und für die Länge eines Terrariums entscheidend. Im allgemeinen verhält sich das Maßverhältnis von Kopf + Rumpf : Schwanz = 1 : 1,5. Bei der Lacertide *Takydromus sexlineatus* ist der Schwanz fast fünfmal so lang wie Kopf und Rumpf zusammen. Er kann aber bei der geringen Kopf-Rumpfgröße (6 cm) unberücksichtigt bleiben.

Bei der Verschiedenheit der Lebensweisen ist es sehr wichtig, die passende Terrarien**form** zu wählen. Vorzugsweise am Boden lebende Arten benötigen ein Terrarium mit großer Grundfläche und geringerer Höhe, während die baumlebenden Tiere ein Terrarium mit größerer Höhe aber kleinerer Grundfläche beanspruchen.

Ist der Lebensbereich die niedrige Strauchregion, wird ein Terrarium mit einem mittleren Verhältnis von Grundfläche zu Höhe gewählt. Bei wasserlebenden Arten muß ein Wasserteil eingeplant werden. In den Artenbeschreibungen werden bei jeder Art die speziellen Anweisungen gegeben.

Terrarien für Giftschlangen verlangen besondere Sorgfalt in der Konstruktion. Vor allem müssen sie maximal gesichert sein. Bei silikongeklebten Glasterrarien ist starkes Glas zu verwenden. Schiebescheiben und Dach müssen vor unbefugtem Öffnen und Schließen mit geeigneten Sicherheitsverschlüssen ausgerüstet sein. Auf Schlupfkästen, die möglichst von außen bedient werden, kann in einem Giftschlangen-Terrarium nicht verzichtet werden.

Das heutige Angebot der Baumärkte an Bastelgeräten und an Bastelmaterial jeglicher Art von bester Qualität gibt dem handwerklich interessierten und geschickten Terrarianer die Möglichkeit, den Selbstbau von Terrarien nach seinem Wunsch und entsprechenden Notwendigkeiten vorzunehmen. Wir sehen daher keinen Anlaß mehr, ausführliche Bauanweisungen zu geben (Siehe NIETZKE 1989, „Die Terrarientiere", Bd. 1, 4. Aufl.).

Der Zoohandel bietet eine Anzahl von Terrarientypen an, die der Anfänger verwenden kann. Sie genügen jedoch nicht immer den speziellen Ansprüchen, so daß der Eigenbau die Alternative bleibt.

Es gibt jedoch auch Angebote von Firmen, die nach vorgelegten Wünschen und Maßen spezielle Terrarientypen anfertigen. Soll mit einer Zucht begonnen werden, so plane man gleich eine ausgereifte Zuchtanlage mit einer größeren Anzahl gleich großer Terrarien.

2.1.7.2 Technik

Ohne technische Hilfsmittel ist es unmöglich, Haltung, Pflege und Zucht optimal durchzuführen. Die ökologischen Erkenntnisse, die wir der Feldherpetologie verdanken und die Erfahrungen vieler ernsthafter Züchter geben dem Terrarianer die Möglichkeit, die Faktoren Licht, Luft, Wärme und Feuchtigkeit mit Hilfe elektrischer Energie und einer automatisch exakten Steuerung über die Elektronik nachzuvollziehen. In wenigen Fällen kann das Sonnenlicht genutzt werden, um die natürlichen Verhältnisse des Freilandes im Terrarium wenigstens minimal zu verwirklichen. Bestenfalls bieten noch Gewächshäuser und Wintergärten die Möglichkeit, die Paläarktis mit ihren unterschiedlichen Klima- und Lichtverhältnissen, abgesehen vom Kleinklima, darzustellen.

Die Lichtfülle des Sonnenlichtes im Freien sinkt beim Eindringen in das Innere eines Wohnraumes über die mit normalem Fensterglas ausgestatteten Fenster erheblich. Besonders die im natürlichen Sonnenlicht enthaltene UV-A und UV-B Strahlung wird stark gebremst. Dieser Lichtmangel kann im Terrarium durch die künstliche (elektrische) Beleuchtung verbessert werden. Dazu einige Informationen.

Licht kann gemessen werden. Die Maßeinheiten, die für die Bewertung des Sonnenlichtes und des elektrischen Lichtes im Terrarium für den Terrarianer entscheidende Bedeutung haben, sind der Lichtstrom mit seiner Meßeinheit **Lumen** (lm) und die Beleuchtungsstärke **Lux** (lx). Der Lichtstrom (lm) ist das gesamte von einer Lichtquelle (Sonne, künstliches Licht) abgegebene Licht. Die mittlere Stärke des Lichtstroms, die in einer Entfernung von einem Meter auf eine Fläche von einem Quadratmeter trifft, ist die Beleuchtungsstärke **Lux** (lx).

Die natürliche Beleuchtungsstärke (Lichtfülle) der Sonne im Freien ist beträchtlich. Der Wert von 130.000 lx kann erreicht werden. Die Beleuchtungsstärke ist jedoch kein konstanter Wert, er ändert sich innerhalb von 24 Stunden (Tag/Nacht) und ist den Schwankungen des Sonnenverlaufs im Laufe des Jahres ausgesetzt. Er ändert sich im Verlauf des Wettergeschehens (wolkenlos, wenig bewölkt, stark bewölkt). Wüstengebiete haben andere Lux-Werte als das Kronendach des Regenwaldes und selbst hier ist die Beleuchtungsstärke in mittlerer Regenwaldhöhe anders als auf dem lichtarmen Boden des Regenwaldes.

Die meisten der gepflegten Reptilien, ob tag- oder nachtaktiv, leben jedoch nicht in den extrem lichtarmen Biotopen. Sie sind an höhere Beleuchtungswerte angepaßt. In Wintergärten und Gewächshäusern sind die Lux-Werte des in sie eindringenden Sonnenlichtes noch relativ hoch. Sie können 50% bis 80% der Vergleichs-Beleuchtungsstärke von 20.000 des Freilandes erreichen. Im Innern eines Wohnraumes sind die Lux-Werte niedrig, jedoch von der Fensterseite zur hinteren Wand des Raumes unterschiedlich.

Die moderne Beleuchtungstechnik hat Lampentypen entwickelt, mit denen die Beleuchtungsstärke noch über die normalen Tageslichtstärken von etwa 130.000 lx hinaus hochgeführt werden kann. Die erhöhte Energiezufuhr ist jedoch bei diesen Lampen nicht nur unwirtschaftlich sondern für die Reptilien auch gesundheitsschädigend.

Beleuchtung, Heizung und Durchlüftung können heute mit Hilfe der Elektrotechnik und Elektronik fast ideal betrieben werden. Heizgeräte, Thermoregulatoren, Halogen-Glühlampen stehen ebenso zur Verfügung wie Glühlampen und Leuchtstofflampen, beide mit Dimmer zur automatischen Einstellung für Morgen- und Abenddämmerung. Temperaturgesteuerte Kleinventilatoren, Beregnungseinrichtungen und elektronische Schaltuhren zur Steuerung von Funktionsabläufen und anderes mehr können in Fachgeschäften erworben werden.

Sehr brauchbar zur Reinhaltung des Wasserteiles in einem Terrarium für Wasserschildkröten, wasserlebende Echsen und Schlangen sind die jederzeit erhältlichen Filterpumpen.

Der gezielte Einsatz einer so ausgefeilten Technik verspricht nur dann Erfolg, wenn bei genügender technischer Erfahrung und handwerklichem Geschick ein intensives Literaturstudium über den zu haltenden Pflegling vorausgegangen ist.

2.1.7.3 Ausstattung

Ein weiteres wichtiges Problem stellt die Ausstattung mit lebendem und totem Material dar. Bei der Wahl des Ausstattungsmaterials ergibt sich die Frage, ob dazu nur das in seinem Heimatgebiet vorhandene originalgetreue Material verwendet werden soll. Hier müssen die Begriffe „gleichartig" und „gleichwertig" helfen.

Unter gleichartigem Material ist ein solches Material zu verstehen, das aus dem Verbreitungsgebiet des Tieres als Originalmaterial wie z.B. Sand, Steine, Geröll, Felsplatten, Rinde, Äste, Baumstubben usw. importiert werden muß, also gleich**artig** (original) ist oder ob hiesiges Material verwendet werden kann, also gleich**wertig** (von gleichem biologischen Wert für das Tier) ist. Entscheidend ist nicht die Frage der Herkunft sondern der biologische Nutzungswert für den Pflegling.

Beispiele: Für Wüstenbewohner wie die Wüsten-Sandboa (*Eryx miliaris*), den Apotheker-Skink (*Scincus scincus*) oder den Nachtskink (*Scincopus fasciatus*) ist es nur wichtig, einen Sand vorzufinden, in den sie sich blitzschnell verkriechen können. Dafür gibt es auch bei uns feinstkörnige, gut rieselbare Sande. Steine, Kiesel, Geröll. Ob teuer aus dem Verbreitungsgebiet (gleichartig) importiert oder billig im Baumaterialgeschäft (gleichwertig) erworben, ist für das Tier unwichtig. Auch hier entscheidet nicht die Herkunft des Materials, sondern die Gleichwertigkeit, die bei importiertem wie einheimischem Material den gleichen Berührungsreiz als Nutzungskriterium auslöst. Bei Felsplatten (Sandstein, Granit, Schiefer) könnte der Berührungsreiz ebenfalls entscheidend sein. Da der Berührungsreiz keinen Unterschied zwischen importiertem und einheimischem Material machen kann, ist letzteres verwendbar. Es löst den gleichen Berührungsreiz aus. Ob der Geruchssinn und/oder Geschmackssinn hier eine Rolle spielt, ist kaum wahrscheinlich.

Organisches Material wie Baumstämme, Äste, Rinde und andere organische, rauhe oder glatte abgestorbene Teile sind bei der Häutung wichtig oder werden bei manchen Arten als Hilfsmittel benutzt, um die Eier auf die Substratoberfläche zu kleben.

Der Berührungsreiz – rauhe oder glatte Oberfläche des Materials – entscheidet über die Eignung. Einheimisches kann bedenkenlos verwendet werden, wenn die erforderliche Oberfläche der des Materials aus dem Heimatbiotop entspricht.

Bei lebendem Pflanzenmaterial sollte allerdings möglichst nach pflanzengeographischen Gesichtspunkten verfahren werden. Zum Beispiel wären für ein feuchtwarmes Tropenterrarium, das mit Pfleglingen aus dem Regenwald Sumatras besetzt ist, Pflanzen aus dem Regenwald des Kongo fehl am Platze. Die Verwendung eines kleinen Perlstrauches (*Exochorda racemosa*, aus O-China) in einem Terrarium für *Anolis* aus der Karibik ist pflanzengeographisch undenkbar. Ob es bei der Verwendung von künstlichem Pflanzenmaterial mit seinem hohen Stand an natürlichem Aussehen sinnvoll ist, die Wertung „gleichartig" zu „gleichwertig" vorzunehmen, ist keine Frage des Materials sondern der Ästhetik. Wir lehnen derartiges Material ab. Bei der Bepflanzung eines Terrariums sind – abgesehen von pflanzengeographischen Gesichtspunkten – die Pflanzen auszuwählen, die robust genug sind, dem Bewegungsdrang des eingesetzten Pfleglings zu widerstehen. Außerdem wähle man im Terrarium Standorte für die Pflanzen, die von den Insassen nicht oder kaum erreicht werden können.

2.1.7.4 Wasser, Bodengrund

Da Meeresschildkröten nicht gehalten werden, kann man auf künstlich aufbereitetes Meerwasser verzichten. Zur Verwendung von Süßwasser kommt normales Leitungswasser in Frage. Man kann es mit natürlichem, reinem Regenwasser vermischen. Bei dem heute oftmals durch Emissionen verunreinigten Regenwasser ist allerdings Vorsicht geboten. Die Wassertemperatur und der pH-Wert der jeweiligen Wohngewässer können durch entsprechendes Literaturstudium ermittelt werden bzw. sind gegebenenfalls in den Artbeschreibungen angegeben.

Bei der Verwendung von Süßwasser für den Wasserteil oder für Trinkwasser gelten sowohl für wasserlebende bzw. Wasser liebende Schildkröten als auch Echsen und Schlangen die gleichen Kriterien.

In einem Terrarium für Wasserschildkröten, wasserliebenden Echsen und Schlangen den Wasserteil mit dem Landteil kommunizierend zu gestalten, ist wenig sinnvoll.

In kurzer Zeit haben die meisten Pfleglinge Maßarbeit im „Nivellieren" geleistet. Bei dem regen Bewegungsbedürfnis mancher Arten sind bei einem nicht vom Wasserteil wasserdicht getrennten Landteil Wasser und Bodenfüllung bald in eine Schlammasse verwandelt. Es sei denn, man verwendet nur grobe Gesteinsbrocken.

Ob im Wasserteil ein Bodengrund überhaupt notwendig ist, hängt von der Lebensweise und dem Lebensraum ab. Weichschildkröten bevorzugen eine Sandschicht. Andere Arten benötigen unterschiedliche Körnungen des Bodenmaterials. *Macroclemys* und *Kinosternon* leben in schlammigen Gewässern. Schlamm als Bodengrund ist jedoch völlig ungeeignet. Hier kann als Ersatz feinster Sand verwendet werden, der auch angenommen wird. Eine gröbere Körnung wird von Arten wie *Apalone ferox*, *Pelodiscus sinensis* und *Pelusios sinuatus* bevorzugt. All diese Bodenschichten haben einen Nachteil: Sie verschmutzen sehr leicht, Sandschichten werden schwarz. Der Bodengrund im Wasserteil bleibt immer ein Problem. Wir haben daher auf einen Bodengrund verzichtet und nur ein paar größere Gesteinsbrocken vor den Landteil gesetzt, um den Schildkröten das Anlandgehen zu erleichtern.

Innerhalb recht kurzer Zeit verschmutzt der von den wasserlebenden bzw. Wasser liebenden Reptilien benutzte Wasserteil. Daher ist ein Wasserwechsel kaum zu umgehen. Bewährt haben sich Filterpumpen, um die Dauerfilterung des Wassers zu gewährleisten. Die in der Aquaristik vielfach verwendeten Filterpumpen können auch hier eingesetzt werden.

Vor den Ansaugstutzen haben wir ein Vorfilter mit grobem Filtermaterial angebracht, um die gröberen Schmutzteile zu entfernen. Das gereinigte Wasser gelangt über eine Spritzdüse wieder in den Wasserteil, wobei das Wasser ausreichend mit Luftsauerstoff gemischt wird.

Der für die landlebenden Reptilien jeweils geeignete Bodengrund wird gegebenenfalls bei den Artenbeschreibungen mitgeteilt.

2.1.8 Freilandterrarium

Terrarianer, die sich in der glücklichen Lage befinden, ein eigenes Grundstück zu besitzen, haben die einmalige Gelegenheit, Grundstücksgestaltung und Terraristik so miteinander zu verknüpfen, daß für Tiere und Pfleger eine optimale Lösung gefunden wird. Hier läßt sich der Traum einer ausreichend großen, biotopgerecht gestalteten Freilandanlage verwirklichen.

Der Bau kann mit relativ einfachen Mitteln erfolgen, kann natürlich auch kostenintensiver werden, wenn ein höherer Anspruch an bauliche und technische Details gestellt wird.

Freilandaufenthalte sind nicht nur ganzjährig für Tiere der nördlichen gemäßigten Breiten möglich, viele aus südlicheren Klimazonen stammende Arten lassen sich wenigstens für einige Monate draußen halten und danken es dem Pfleger durch ein wesentlich natürlicheres Verhalten, durch Gesundheit und Abhärtung. Die natürliche Besonnung und eine Vielzahl von Futtertieren, die wir sonst gar nicht anbieten können, kommen den Tieren während dieser Zeit zugute. Ein weiterer Vorteil besteht darin, daß der Pfleger auch einmal für kürzere Zeit verreisen kann, ohne Pflegepersonal beanspruchen zu müssen.

Wichtig für die Freilandterraristik sind natürlich viele Voraussetzungen, die wir auch bei der Zimmerterraristik berücksichtigen müssen. So können nur Arten vergesellschaftet werden, die sich untereinander vertragen, die Gesamtzahl der Tiere muß in vernünftiger Relation zur Arealgröße stehen, Prädatoren dürfen nicht in die Anlage gelangen, die Pfleglinge selbst müssen am Entkommen gehindert werden.

Ein weiteres Problem stellt die Aufzucht von Jungtieren dar, die in Gesellschaftsterrarien immer auch Beutetiere für adulte Mitbewohner darstellen, es sei denn, der Pfleger entdeckt sie rechtzeitig und isoliert sie.

Freilandterraristik ist sicher auch eine geeignete Methode zur Zucht und Wiederansiedelung einheimischer Arten. Dies muß dann allerdings in Absprache mit den zuständigen Naturschutzbehörden geschehen. Wildes Aussetzen überschüssiger Nachzuchttiere ist Faunenverfälschung! Das gilt im Sinne des Artenschutzes auch für einheimische Arten und sollte deshalb gewissenhaft eingehalten werden.

Um das eigentlich recht umfangreiche Kapitel Freilandterraristik im Rahmen dieses Buches darstellen zu können, beschränken wir uns auf kurze Darstellungen der wichtigsten Typen, der damit verbundenen Technik und Problematik.

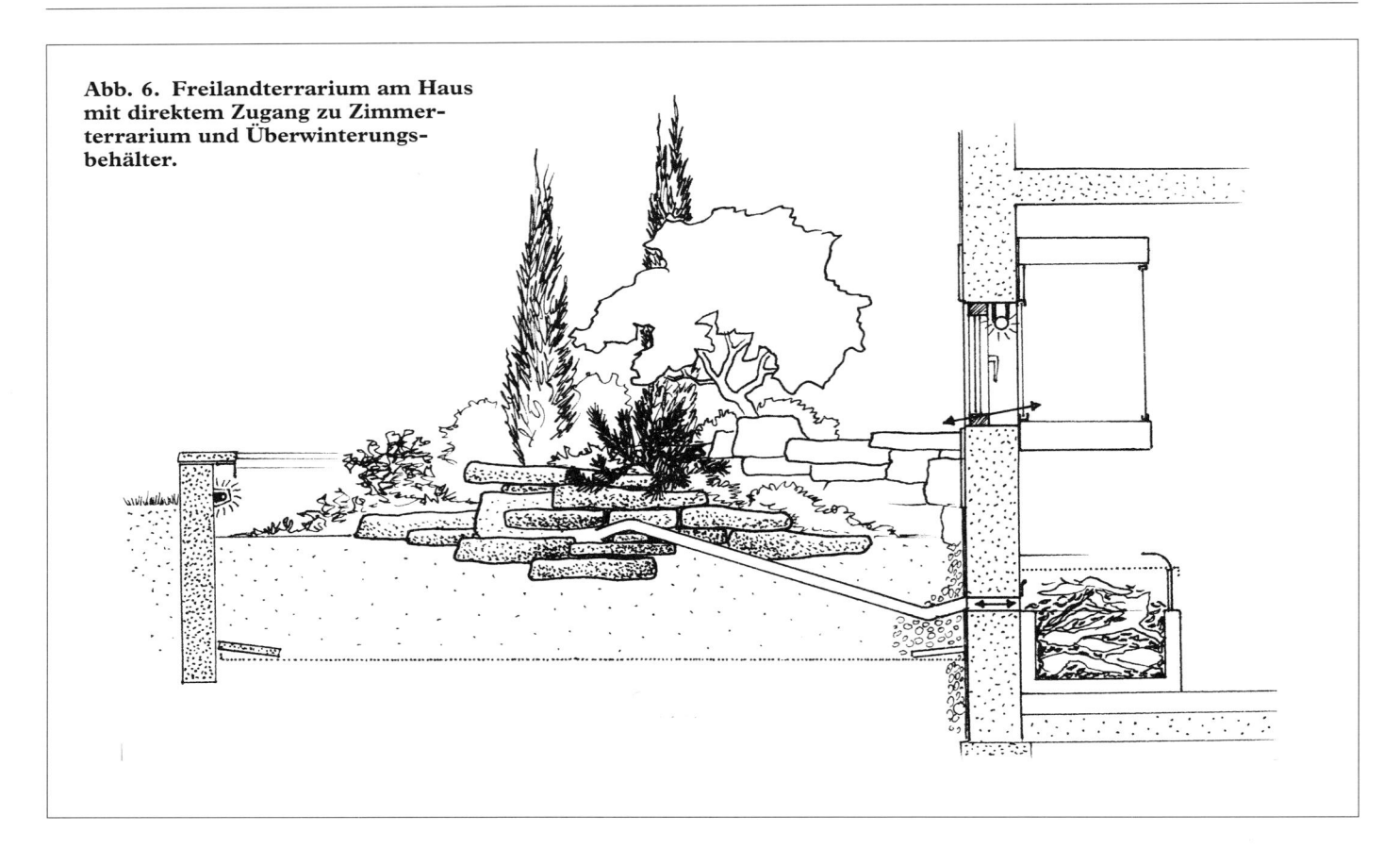

Abb. 6. Freilandterrarium am Haus mit direktem Zugang zu Zimmerterrarium und Überwinterungsbehälter.

2.1.8.1 Daueranlagen zur ganzjährigen Haltung

Für die ganzjährige Unterbringung von Tieren der nördlichen gemäßigten Klimazone, d. h. Europas, Asiens und Nordamerikas, benötigen wir ein Areal von mindestens 8 m² Bodenfläche, das dem Lebensraum der zu haltenden Tiere entsprechend eingerichtet und bepflanzt ist.

Für Überwinterungsmöglichkeit in frostfreier Bodentiefe ist zu sorgen. (s. 2.1.8.4, Überwinterung). Das Eindringen von beutesuchenden Tieren (Prädatoren) wie Katzen, Iltissen, Igeln, Spitzmäusen und Vögeln ist nur bei relativ kleinen Anlagen durch Überspannung mit Drahtgittern möglich, kann aber durch entsprechende Abgrenzungen (s. 2.1.8.4, Abgrenzungen) erschwert oder verhindert werden.

Die Bepflanzung kann mit einheimischen Stauden und Gehölzen, Farnen, Moosen und Gräsern erfolgen. Für nordamerikanische Arten lassen sich jedoch zahlreiche Pflanzen aus Staudengärtnereien beschaffen, die in unserem Klima gut zurechtkommen (siehe unter 1.8 (Seite 26).

Bei mäßigem Besatz ist der Pflegeaufwand gering, so daß bei ausreichender Reviergröße nicht einmal gefüttert werden muß. Gelegentliche zusätzliche Futtergaben reichen dann aus.

2.1.8.2 Daueranlagen zur befristeten Freilandhaltung

Diese Anlagen werden in der Grundkonzeption genau so angelegt wie bei den Freilandanlagen zur ganzjährigen Haltung. So lassen sich besonders für Schildkröten gärtnerisch sehr ansprechend gestaltete Freilandgehege schaffen. Für andere Terrarientiere ist das dadurch zumindest von der Arealgröße und -gestaltung her nicht so leicht, da wir die Tiere ja zum Herbst, wenn es kühler wird, spätestens wiederfinden und in die wärmeren Winterquartiere überführen müssen. Die Unterschlupfmöglichkeiten müssen deshalb so gestaltet sein, daß wir sie kontrollieren können. Für kalte Tage sollten wir beheizbare Plätze schaffen, an die sich die Tiere bei ungünstiger Witterung zurückziehen und sich gegebenenfalls aufwärmen können. Will man nicht den gesamten Bodengrund aufnehmen, um seine Pfleglinge einzusammeln, bringt man sie im Herbst rechtzeitig genug wieder hinein ins Zimmerterrarium. Kann man das Terrarium im Anschluß an eine Hauswand mit dahinterliegendem Terrarienkeller oder Überwinterungsraum planen, so ergeben sich direkte Übergangsmöglichkeiten durch Kellerfenster oder Übergangsschächte in die Überwinterungsquartiere (s. Abb. 6)

2.1.8.3 Kleinanlagen

Hierunter verstehen wir im Sinne der Freilandhaltung alle mit einfachen Mitteln herzustellenden oder zu beschaffenden ganzjährig draußen verbleibenden Terrarien, nicht aber transportable Zimmerterrarien oder ähnliche Behältnisse.

Zur Herstellung solcher kleineren Freilandterrarien eignen sich verschiedene im Handel erhältliche Produkte der Glas-, Plastik- und Baustoffindustrie, die wir einzeln oder kombiniert verwenden können.

Glasscheiben können in das zu begrenzende Areal eingelassen und untereinander mit Silikonkautschuk verbunden werden. Ein aufgesetzter Glasstreifen und eine eventuelle Abdeckung aus engmaschigem, plastiküberzogenen

Punktschweißgitter, das wir auch unter den Terrariengrund als Schutz gegen das Entweichen und Eindringen von Tieren einlegen, vervollständigen die Grundeinrichtung (s. Abb. 7 a).

Plastikprodukte wie sie uns in Form von Wellplastik zur Verfügung stehen, eignen sich aus optischen Gründen nicht sonderlich zur gärtnerischen Gestaltung, werden aber gelegentlich in der Schildkrötenhaltung verwendet. Plastikplatten müssen stark genug sein, um miteinander dauerhaft verbunden werden zu können, anderenfalls sind zusätzliche Stützelemente nötig. Sie werden ansonsten wie Glasscheiben verwendet.

Für aquatile Arten wie Molche, Wasserschildkröten und dergleichen sind auch viele „naturähnlich" geformte Zierteiche, die in Gartenmärkten angeboten werden, geeignet, sofern sie flache Bereiche aufweisen, die den Tieren das Aufsuchen des Landes ermöglichen. Eine Abgrenzung kann dann leicht mit einigen Glasscheiben hergestellt werden.

Teichfolie kann anstelle der erwähnten Formteiche verwendet werden, siehe unten 2.1.8.4.

Eternitplatten werden wie Glasscheiben verwendet und eventuell durch stützende Metallelemente wie T- und Winkel-Profile verbunden.

Betonplatten (s. Abb. 7 a (2)) gibt es als Wegplatten in unterschiedlichen Maßen bei einer Dicke von etwa 5 cm. Glatte Betonplatten, aber auch Waschbetonplatten mit ihren unterschiedlichen Kieselauflagen sind gleichermaßen geeignet. Man achte jedoch darauf, daß sich die Platten vom Gewicht her noch einfach transportieren lassen, sonst gibt es Probleme bei der Verlegung. Die Platten werden mit der Wasserwaage ausgerichtet in den Boden gesetzt und können mit Mörtel oder auch mit den dauerelastischen Bauklebern auf Acrylbasis miteinander verbunden werden. Sie können mit Ausbruchssicherungen (s. Abb. 7 a (13–16) sowie zusätzlich aufgesetzten Glasscheiben (s. Abb. 7 a (9–12)) und als Abdeckplatten (s. Abb. 7 b (17)) Verwendung finden.

Betonringe sind im Baustoffhandel als Elemente für Abwasserleitungen und Brunnen erhältlich. Sie können zu mehreren übereinander oder auch einzeln recht brauchbare Kleinterrarien ergeben. Leider haben sie ein etwas hohes Gewicht, so daß der Einbau oft nicht leicht ist. Die Randabsicherung gegen das Entweichen gestaltet sich schwieriger als bei eckigen Behältnissen.

Betonkästen werden in verschiedenen Formen als Blumenkübel und Großpflanzenbehälter im Garten- und Städtebau verwendet. Sie lassen sich leicht in Terrarien umfunktionieren. Wegen des hohen Gewichts gestalten sich Transport und Selbsteinbau unter Umständen problematisch.

2.1.8.4 Abgrenzungen, Wasserteile und andere Details

Abgrenzungen sind in mehrfacher Hinsicht nötig. Erstens ist das Gesamtareal abzugrenzen, zweitens dienen sie der Verhinderung des Entweichens der Pfleglinge und drittens muß verhindert werden, daß unerwünschte Tiere eindringen können. Letztes ist sicher am schwierigsten zu bewerkstelligen, wenn es sich um großflächige Areale handelt. Tiere, die mühelos Mauern überwinden wie der Steinmarder oder Greifvögel und Krähen, Elstern und Amseln, lassen sich kaum oder gar nicht abwehren. In einer Großanlage kommt also das Problem der natürlichen Selektion durch Prädatoren bestandsregulierend auf uns zu. Eine Großanlage läßt sich auch kaum perfekt gegen Eindringlinge aus dem Bodenbereich absichern, es sei denn, wir arbeiten mit extrem tief ins Erdreich reichenden Betonmauern bzw. -fundamenten.

Sicher kann man ein großes Freilandterrarium auch mit einer alles überspannenden Voliere absichern. Dies bringt aber erhebliche Zusatzkosten, Unterhaltungsprobleme und ist den ästhetischen Aspekten der Grundstücksgestaltung gegenüber wohl nur in Ausnahmefällen zu akzeptieren.

In Abb. 7 a/7 b haben wir einige Möglichkeiten aufgezeigt, wie Abgrenzungen aussehen können. Die Möglichkeit der Kombination ließe sicher noch weitere Lösungen zu.

In den Boden eingelassene Drahtgitter, die oben und unten nach innen abgewinkelt sind, reichen im einfachsten Fall für die Abgrenzung eines Landschildkrötenareals aus (s. Abb. 7 b/8).

Abgrenzungen mittels dünner Platten sind in Glas, Eternit, Acrylglas und anderen witterungsbeständigen Materialien möglich. Sie können miteinander verklebt oder verschraubt werden, je nach Material mit oder ohne Stützen verwendet werden (s. Abb. 7 a (9–12). Wellplastikbahnen sind recht formstabil und können ohne Stützen zur Abgrenzung von Schildkrötenanlagen eingesetzt werden (s. Abb. 7 a (5)). Sie sind ästhe- tisch nicht sehr attraktiv als Begrenzung, mit etwas Geschick lassen sie sich aber ganz gut mit davorgepflanzten Stauden und Sträuchern kaschieren. Man kann sie auch, wenn die Höhe nicht zu groß ist, als Geländeniveaustützen nutzen und mit Gehwegplatten, dargestellt in Abb. 7 b (18, 19), überdecken. Betonplatten sind vielseitig verwendbar, wie die Abb. 7 a, 7 b zeigen. Sie sollten mindestens bis zu einem Drittel in das Erdreich eingelassen werden, können mit Zementmörtel, Fliesenklebern, sowie dauerelastischen Klebern auf Acrylbasis oder Silikon-Präparaten verbunden werden.

Schönere Eingrenzungen lassen sich allerdings mit Naturmaterialien schaffen. Sie können Legsteinmauern oder durch Mörtel verbundene Natursteinmauern, Palisaden aus Rundhölzern oder Eisenbahnschwellen das gestalterische Element in größeren Schildkrötenanlagen sein, die so geschickt in das Gesamtbild des Gartens eingepaßt werden, daß auf den ersten Blick gar keine Abgrenzung zu erkennen ist (s. Abb. 7 a (3, 4, 7, 8), 7 b (18, 19)).

Für Landschildkröten wäre auch eine Abgrenzung mit Hilfe eines Wassergrabens, der natürlich nach innen sehr flach ansteigende Ufer aufweisen muß, denkbar, denn obgleich die Tiere gern einmal flache Wasserbereiche aufsuchen, durchschwimmen sie eine solche Grenze im allgemeinen nicht.

Wassergräben, die eine Anlage begrenzen, sind außerdem ein guter Schutz gegen Katzen. Igel und Spitzmäuse durchschwimmen sie unter Umständen und für den Iltis wirken sie eher anziehend. Da gerade Igel und Spitzmäuse gelegentlich das Innere über ebenerdige, durch Geländeniveau-Unterschiede hergestellte Abgrenzungen erreichen, indem sie einfach hineinspringen oder -fallen, empfiehlt es sich bei der Haltung von Amphibien und Echsen die Außenbegrenzung etwa 20–30 cm hoch anzulegen, so daß diese Tiere auf ihren Beutezügen um das Terrarium herumgeleitet werden (s. Abb. 7 b (20, 21)).

Gegen das Eindringen von Katzen haben sich auch elektrische Weidezäune bewährt, die man auf der Umgrenzung installiert (s. Abb. 7 a (13)).

Das letzte Abgrenzungsproblem besteht darin, zu verhindern, daß uns unsere geliebten Pfleglinge verlassen. Darin sind sie recht erfinderisch. So können die meisten von ihnen gut klettern, da ihre scharfen Krallen auch in feinsten

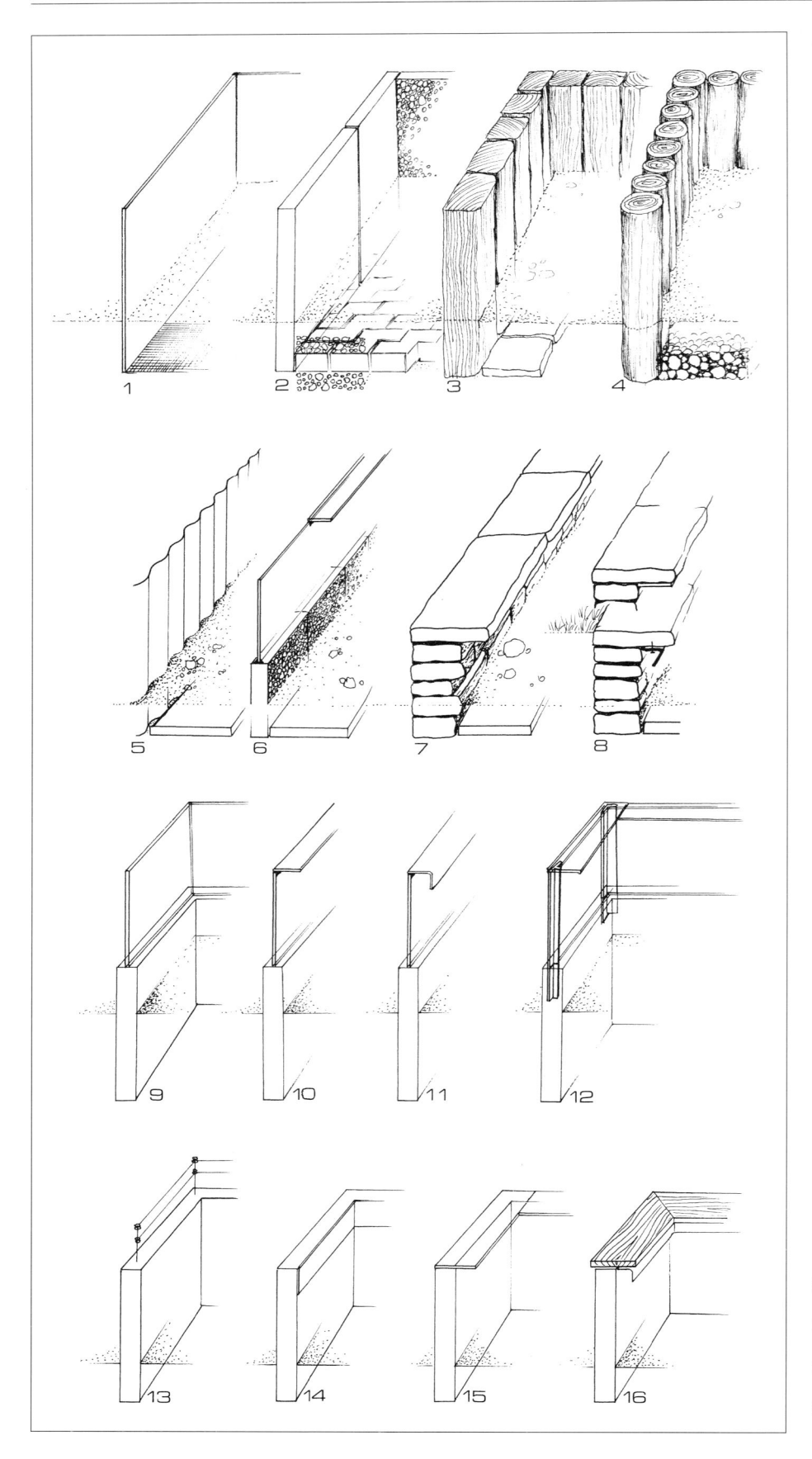

Abb. 7a. Freilandterrarienabgrenzungen.

1 In den Boden eingelassene Glas- oder Eternitplatten mit Drahtgeflechtunterlage
2 In den Boden eingelassene Betonplatten mit Unterlage aus Verbundpflaster
3 In den Boden eingelassene Eisenbahnschwellen mit Steinplattenlage
4 In den Boden eingelassene Holz- oder Steinpalisaden mit Kies

5 Eingrenzung aus Wellplastik
6 Niedrige Betonplatten mit Glasaufsatz
7 Natursteinmauer mit überragenden Deckplatten
8 Überragende Deckplatten mit Glasunterklebung oder Blech

9 Glasaufsatz ohne obere Sicherung
10 Glasaufsatz mit rechtwinklig aufgeklebter Glasplatte
11 Glasaufsatz mit aufgeklebtem klarsichtigen Plastik-Winkel-Profil
12 Glasaufsatz wie 10 mit Metallstützen

13 Elektrozaun zur Abwehr eindringender Prädatoren
14 Betonplatten mit flächig angeklebten Glasstreifen
15 Betonplatten mit winklig aufgeklebten Glasstreifen
16 Betonplatten mit Holzabdeckung und untergelegtem Blechstreifen

Putzunebenheiten Halt finden. Amphibien gelingt es selbst an Glasscheiben durch die Adhäsion ihrer feuchten Haut emporzuklettern, Frösche können beachtliche Sprünge ausführen, so daß wir uns einige zusätzliche Vorrichtungen einfallen lassen müssen. Am sichersten sind Glasscheiben, die auf die Grundabgrenzung aufgesetzt und am oberen Rande noch mit zusätzlichen Schutzeinrichtungen versehen sind. Die Abb. 7a (9–16) zeigen, wie das mit aufgeklebten Glasstreifen, Plastikwinkeln oder gebogenen Blechen möglich ist. Bei weniger kletterfähigen Tieren reichen Bewehrungen und Grundbegrenzungen nach den Abb. 7a (1–4).

Es erübrigt sich, zu erwähnen, daß Tiere mit Haftzehen, wie Laubfrösche, nur in allseits geschlossenen Anlagen untergebracht werden können, da sie jede andere Begrenzung überwinden.

Das Abspringen von höher gelegenen Terrarienbereichen in die Freiheit können wir von Beginn an einschränken, wenn wir einen ausreichenden Abstand von höheren Einrichtungsobjekten zur Begrenzung einhalten. Das gilt auch für die Vegetation, die oft durch schnelles Wachstum Kletter- und Absprunghilfen bildet. Der Verfasser hat in seiner Freilandanlage Kreuzkröten und Unken beim Herumklettern in Wacholdern und Kiefern beobachten können, die bis 2,50 m Höhe erklommen hatten. Auch die Wedel großer Farne und anderer Stauden bilden oft eine Brücke in die Freiheit, wenn sie sich besonders bei Regen zur Seite neigen. Während Frösche Abgrenzungen wie in den Abb. 7a (1–4, 7, 8) möglicherweise überspringen, lassen sie sich durch Glasaufsätze (s. Abb. 7a (6, 9–12)) täuschen.

Da fast alle unsere Terrarientiere gelegentlich auch graben, sei es, um sich einen Unterschlupf zu bauen oder Überwinterungsquartiere zu schaffen, müssen wir uns auch gegen das Entkommen über den Bodenbereich absichern. Dies ist durch Einlage eines engmaschigen plastiküberzogenen Drahtgeflechtes möglich (s. Abb. 7a (1)). Es verhindert zugleich das Eindringen von Nagern und nachfolgend Spitzmäusen.

Bei größeren Anlagen müssen wir uns auf die Absicherung der Randzone durch waagerecht oder schräg nach innen geneigte Platten helfen, die zumindest das Entweichen an der Begrenzung herunter im allgemeinen verhindern. Ganz sicher sind solche Maßnahmen allerdings nicht (s. Abb. 7a (3, 5–8)).

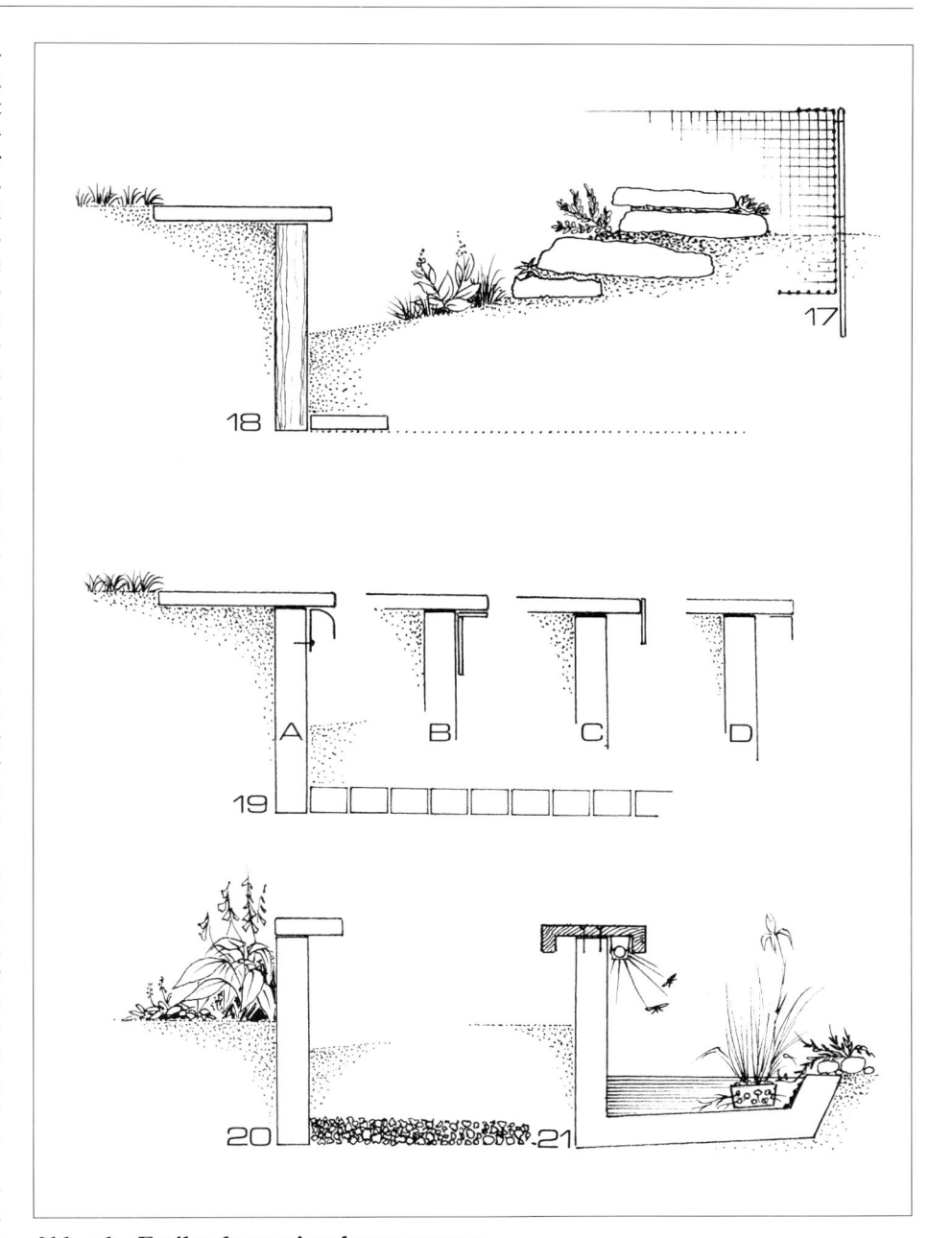

Abb. 7b. Freilandterrarienabgrenzungen.

17 Oben und unten rechtwinklig abgebogener in den Boden eingelassener und abgesetzter plastiküberzogener Punktschweißdraht
18 Durch Betonplatten abgedeckte Holz- oder Stempalisaden
19 Möglichkeiten der Anbringung von Glas (14 B/C) oder Blech (14 A/D) als Ausbruchsicherung
20 Besserer Schutz vor Prädatoren durch höhere Begrenzungsmauer
21 Holzabdeckung und Lichtfalle

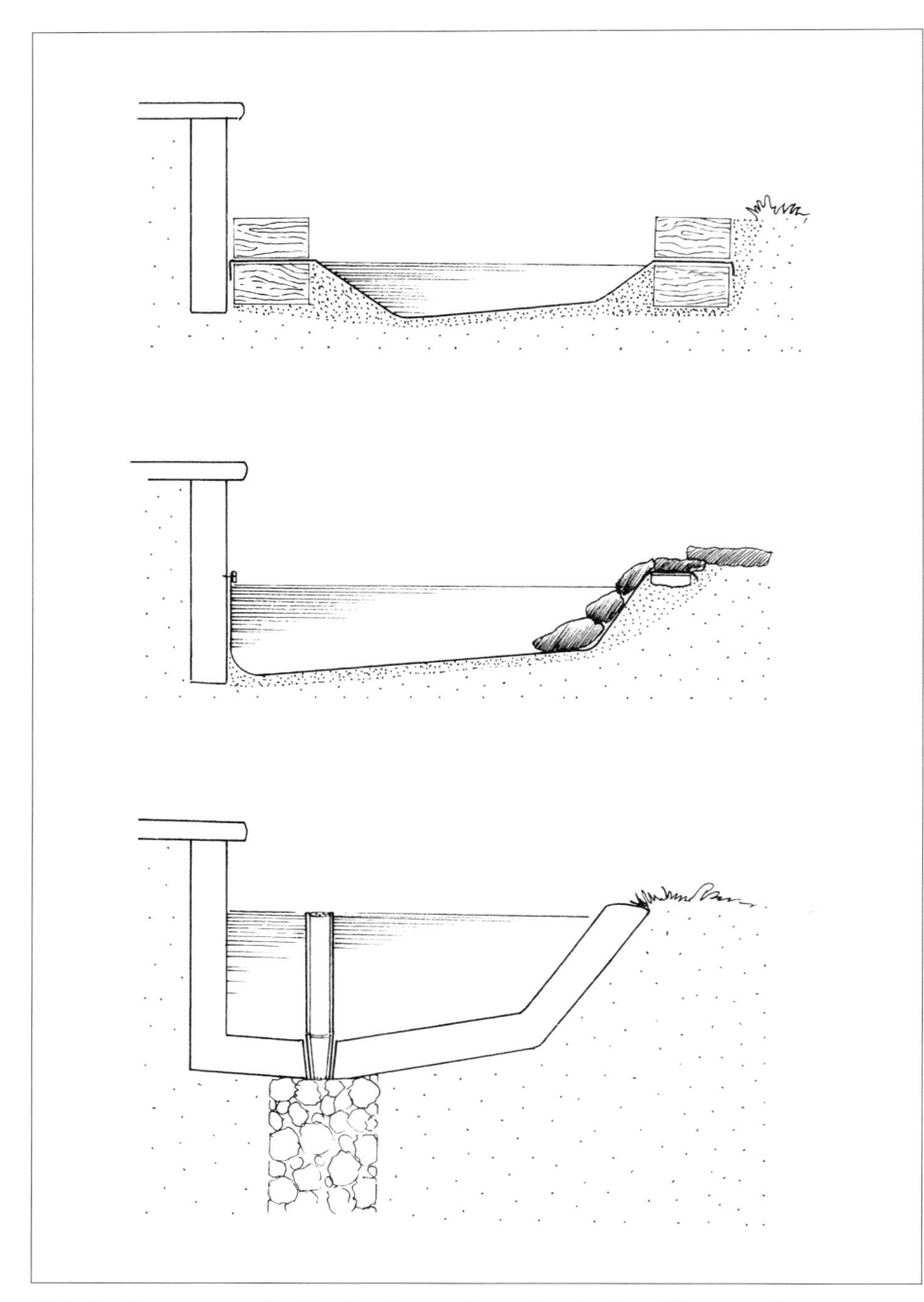

Abb. 8. Begrenzung des Freilandterrariums durch einen Wassergraben.
Oben: Folienteich/-graben unter Verwendung von Holzbalken (Eisenbahnschienen)
Mitte: Folienteich/-graben an die Begrenzungsmauer anschließend
Unten: Betonteich/-graben mit Überlaufrohr (herausnehmbar) und Sickerschacht

Verbundsteinpflaster sind eine sehr sichere Abgrenzung gegen den Boden, sollten aber auf einer Kiesschicht verlegt und mit einer solchen bedeckt sein, um bei starken Regengüssen einen ausreichenden Wasserabfluß zu gewährleisten (s. Abb. 7a (2)). Auch Schichten von Kies, Schotter und Splitt können einen Schutz gegen das Entweichen von Terrarientieren einerseits und das Eindringen von Nagern etc. andererseits darstellen (s. Abb. 7a (4)).

Der schon an anderer Stelle erwähnte Wassergraben in Verbindung mit einem Steilufer an der Begrenzungswand ist für die meisten Terrarientiere eine unüberwindbare Schranke (s. Abb. 8b), wenn er jedoch rundherum führt, kann er für Tiere, die ins Wasser flüchten und an der Steilwand nicht zum Ausruhen kommen, zur Gefahr werden. Die Mehrzahl aller Tiere besinnt sich jedoch, und wendet sich nach kurzer Zeit im Sinne der Erkenntnis des „trial and error-Effekts" dem rettenden flachen Ufer zu. Gut geeignet sind solche Anlagen für aquatile Schlangen, nur muß man dann auf ausreichende Querabsicherungen im oberen Bereich und die Vermeidung von rechtwinkligen Kanten in den Ecken achten, in denen sich die Tiere mit erstaunlicher Klettertechnik hocharbeiten.

Daß man manche Eingrenzung auch als Sitzgelegenheit im Garten und damit zur bequemeren Beobachtung der Tiere nutzen kann, zeigen die Abb. 7a (7, 8, 16) u. 7b (21).

Wasserteile können in verschiedener Form eingeplant werden. Vom plätschernden Bergbach bis zur wassergefüllten flachen Plastikschale ist alles machbar.

Bachläufe und Gräben stellt man entweder in Betontechnik her oder verwendet Teichfolie, die man an den Rändern und in den Flachbereichen mit grobem Kies und Findlingen abdeckt. Will man den Fließwassereffekt haben, benötigt man eine Tauchpumpe, die das Wasser, eventuell über einen Filter, in den oberen Bereich des Baches zurückbefördert, wo es dann vielleicht aus einem Schlauch, der in einem durchlöcherten Stein endet, quellenartig hervorsprudelt. Je mehr die Wasseroberfläche bewegt ist, desto mehr reichert sich dabei das Wasser mit Sauerstoff an, was den darin lebenden Kleintieren guttut. Bei starker Wasserbewegung ist allerdings auch ein höherer Verdunstungs- und eventuell Versickerungseffekt einzukalkulieren. Kapillare Saugbrücken entstehen überall dort, wo die angrenzende Erde mit dem Wasser in Berührung kommt und Überlaufeffekte bewirkt.

Stehende Gewässer in Form kleiner Tümpel können entweder frei im Terrariengelände angelegt werden oder auch an die Begrenzung anschließen, wie das in den Abb. 8 dargestellt ist. Dabei zeigen die Abb. oben und in der Mitte Folienteiche und die Abb. unten einen Betonteich. Bei betonierten Teichen ist es wichtig, bei der Herstellung Betonstahlmatten einzulegen, damit der Teich bei späteren Erdbewegungen oder frostbedingten Hebungen nicht reißen kann. Ähnlich einem Schwimmbad kann man dann die Oberfläche mit wasserisolierenden Schichten versehen, um einen Sickerwasserdurchtritt weitgehend auszuschalten. An der tiefsten Stelle installiert man ein Abflußrohr aus nichtrostendem Stahl, in das ein bis zum geplanten Wasserspiegel reichendes Überlaufrohr eingesetzt wird. Unter die Abflußeinrichtung kommt ein etwa 50 cm breiter und ca. 1 m tiefer Sickerschacht aus grobem Schotter, den man natürlich vor der Betonierung anlegen muß.

Der Wasserverlust durch Kapillarbrücken bei Folienteichen kann vermieden werden, wenn man die Folie am Rande so einlegt, wie das in der Abb. 8 (oben) zwischen Holzschwellen und in der Abb. 8 (Mitte) zwischen Steinen gezeigt wird.

Bei beiden Teichtypen, gleich ob Folien- oder Betonkonstruktion, empfiehlt es sich nicht, den Tiefenbereich bodendeckend zu bepflanzen. Uferpflanzen können sehr wohl im Flachwasserbereich ausgepflanzt werden. Schwimmblatt- und Tauchblattpflanzen setzen wir jedoch in durchlöcherte Pflanzgefäße und bringen diese auf den Grund der Gewässer. So sind sie bei einer Grundreinigung leicht wieder herauszunehmen und Abfallstoffe können mittels einer Saugpumpe leichter entfernt werden (s. Abb. 7 b (20)).

In kleinen Freilandanlagen kann ein kleines flaches und optisch gut kaschiertes Plastikgefäß mit Ausstiegsmöglichkeit ausreichend sein. Hier läßt sich ohne große Mühe häufiger das Wasser wechseln.

Boden: Nur wenn die Bepflanzung bestimmte Bodeneigenschaften erfordert, werden wir die oberen Bodenschichten entsprechend vorbereiten, anderenfalls wird die natürliche Erde verwendet. Legen wir einen Heidebiotop an, benötigen die Pflanzen einen leicht sauren sandigen Boden, der gut durchlässig ist. Ein Moorbiotop kann mit reichlich Torf, den wir in Form von Torfmull oder auch in originalen Abstichen aus einem Torfgewinnungsbetrieb beziehen, hergestellt werden. Gerade Torf trocknet jedoch auf normalem Boden aufgelagert sehr schnell aus, so daß für ständige Feuchtigkeit gesorgt werden muß. Moorbiotope lassen sich am ehesten im Anschluß an Flachwasserbereiche herstellen. Man arbeitet hier zweckmäßigerweise mit einer Teichfolie, auf die man die Torfschichten aufbringt.

Wollen wir einen Waldbiotop darstellen, nehmen wir als Pflanzschicht einen humosen Lehmboden, den wir uns am besten aus vergleichbaren Biotopen beschaffen. Gerade bei der Haltung von Salamandern in kleineren oder mittelgroßen Anlagen hat sich die Einbringung von Lehm sehr bewährt. Der feuchte Lehm unter flachen Kalksteinplatten hält gut die Feuchtigkeit, und die Salamander fühlen sich in diesem Mikroklima anscheinend wohler als auf humosen Böden. Hautschäden, die sonst auftreten können, haben wir bei dieser Haltung nicht beobachten können, eine Erfahrung, die sich natürlich auch auf die Zimmerterraristik übertragen läßt.

Für sonnenhungrige Reptilien bringen wir Sandflächen oder Kies ein, diese heizen sich schneller auf als andere Böden, da sie von Natur aus trockener sind.

Unterschlupfplätze schaffen wir durch einen Steinaufbau aus geschichteten Sand- oder Kalksteinplatten, in deren Hohlräumen sich die Tiere verkriechen können. Rindenstücke, Äste und Baumstubben, mehr oder weniger mit Moosen überwachsen, lassen sich naturnah und zugleich dekorativ verwenden. Auch eine Fallaubschicht mit der Vielfalt der in ihr enthaltenen reduzierenden Kleintiere kann als Unterschlupf dienen, zugleich werden hier viele Futtertiere zu finden sein. Bei Daueranlagen brauchen wir uns kaum Gedanken darüber machen, unsere Tiere kontrollieren zu müssen, bei temporär genutzten Anlagen sollten die Unterschlupfstellen allerdings leicht zu kontrollieren sein, damit wir unsere Pfleglinge ohne große Mühe bei einsetzender ungünstiger Witterung rechtzeitig wieder einsammeln können.

Solche Unterschlupfplätze müssen so angelegt werden, daß sie die Tiere vor zu viel Feuchtigkeit schützen, das heißt nicht nur vor gelegentlichem Regen, sondern auch vor der in kleineren Anlagen schnell zu hoch werdenden Bodenfeuchtigkeit. Die Eingänge sollten also an höheren Stellen angelegt werden, so daß kein Wasser hineinlaufen kann. Dies gilt auch für Amphibien, die zwar an sich eine feuchtere Umgebung beanspruchen, aber letztendlich auch nicht direkt im Nassen sitzen wollen.

Für Schildkröten empfiehlt es sich, einen massiven Unterschlupf mit trockenem Grund und regensicherer Abdeckung in windgeschützter Lage herzustellen. Dabei sollten die Eingangsöffnungen nicht viel höher sein als die Panzerhöhe der Tiere. Ein in den Boden verlegtes Heizkabel mit gut feuchtigkeitsisoliertem Anschluß kann für kühle Tage eingeschaltet werden, so daß die Tiere sich entsprechend aufwärmen können.

Pflanzen müssen wir entsprechend der natürlichen Herkunft verwenden und bodengerecht einpflanzen. Der äußere Bereich in unmittelbarer Nähe zur Begrenzung bleibt entweder frei und wird mit einer Kiesschicht bedeckt oder mit Rasenersatzpflanzen, die niedrig bleiben, flächig bepflanzt (s. Pflanzenlisten). Dahinter kommen deckungsbringende kleinbleibende Gräser, Farne und andere Stauden, Zwerggehölze und Kriechformen von Nadel- und Laubgehölzen. Dazwischen bleiben moosbewachsene Stellen Sandflächen, Fallaubschichten und dergleichen frei. Höhere Pflanzen kommen in den zentralen Bereich, so daß keine Absprungmöglichkeiten durch den Vegetationsbereich geschaffen werden (s. Abb. 7 b (18)).

Die hier verwendeten Gehölze sollten sich durch langsamen Wuchs und höchstens mittlere Wuchshöhe auszeichnen, da wir sie sonst bald zurückschneiden oder gar entfernen müßten. Die Angebote der Baumschulen sind heute so reichhaltig, daß es keine Schwierigkeit gibt, passende Arten zusammenzustellen. Eine persönliche Entscheidung wird es immer sein, ob wir ausschließlich mit einheimischen Gewächsen arbeiten und Biotope absolut naturgetreu gestalten oder mehr in gärtnerischer Gestaltung dekorative Pflanzen und Gehölze kombinieren. Einem amerikanischen Fleckensalamander wird es schließlich einerlei sein, ob er unter Zimt- und Weihnachtsfarn lebt oder unter einheimischen Wurm- und Tüpfelfarnen, wenn nur die Grundeinrichtung eines halbfeuchten Waldbiotops stimmt.

Eine südeuropäische Landschildkröte paßt aber nun einmal am besten in einen mediterran gestalteten Trockenbiotop mit angrenzender Futterpflanzenwiese (nicht Rasen!) und wenn wir den süd-

20	SANDABDECKUNG / ERDE
8	DECKEL
30	ISOLIERMATERIAL
60	ÜBERWINTERUNGS- KAMMER MIT FÜLLUNG
30	DRAINAGESCHICHT

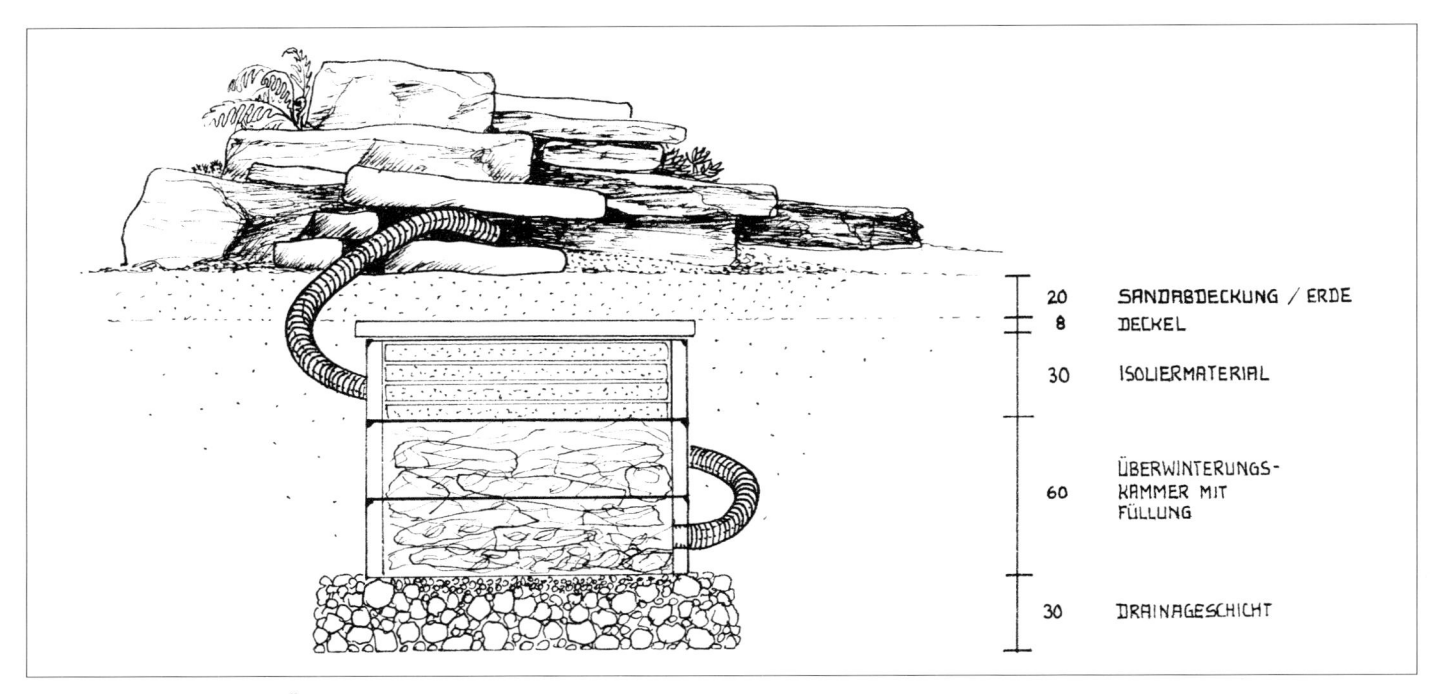

Abb. 9. Unterirdische Überwinterungskammer.

lichen Charakter noch mit Agaven und anderen Sukkulenten betonen wollen, dann müssen wir diese in Töpfen in den Erdboden einlassen, damit wir sie im Herbst, da sie ja nicht gegen Frost unempfindlich sind, wieder hereinholen können.

Um die Auswahl geeigneter Gewächse zu erleichtern, haben wir bewährte Pflanzen in einer Übersicht zusammengestellt.

Überwinterung einheimischer Arten und asiatischer bzw. nordamerikanischer Arten aus vergleichbaren Klimazonen erfolgt im natürlichen Rahmen. Die Tiere verkriechen sich im Herbst bei einsetzender Wetterverschlechterung im Boden, wo sie frostfreie Bereiche durch das Graben von Gängen oder die Nutzung vorgegebener Unterschlupfplätze erreichen können. Dabei sollten sie die Möglichkeit haben, 80–100 cm Bodentiefe erreichen zu können.

Man kann ihnen aber auch Überwinterungskammern anbieten, die man extra zu diesem Zweck anlegt. Das sind größere Hohlräume mit einer darunter liegenden Drainageschicht, die aus großen Steinen mit dazwischenliegenden Hohlräumen Schicht für Schicht aufgebaut werden und zu denen sichere Gänge aus dem Oberbereich hinunterführen, die weder zu Wassereinbrüchen führen, noch sich durch Erdeinlagerungen allmählich zusetzen. Dies kann man durch Tonröhren, Kabelabdeckungen, oder noch besser durch Dränagerohre erreichen, die oben so beginnen, daß sie leicht aufwärts führen, damit kein Regenwasser direkt hineinfließt und dann allmählich nach unten in den Überwinterungsbereich gelangt.

Überwinterungskammern lassen sich aber auch gut mit aufeinandergesetzten Brunnenringen bauen (s. Abb. 9), deren untere 2 Drittel mit Holz, Rinde, Erde oder Steinen locker aufgefüllt werden, so daß man im oberen Drittel kälteisolierendes Material einschichten kann. Darüber kommt eine Abdeckung, die zusätzlich noch mit einer Erd- oder Sandschicht abgedeckt wird.

Hat man das Freilandterrarium einseitig an eine Hauswand gebaut, kann man unter Umständen Kellerfenster oder Wanddurchbrüche wie in Abb. 7 dargestellt, als Überwinterungskammern nutzen. Hier hat man eine gute Kontrolle. Der Überwinterungsbereich sollte Temperaturen um 4 bis 8 °C aufweisen.

Fütterung ist in ausreichend großen Anlagen nur dann notwendig, wenn der Besatz so groß ist, daß das natürliche Anflugfutter nicht ausreicht. Wir können dann mit einfachen Mitteln für zusätzliches Futter sorgen, indem wir Insekten anködern. Das kann mit faulendem Obst oder Fleischresten, Fischresten und dergleichen geschehen, aber auch für nacht- bzw. dämmerungsaktive Arten mit einer Lichtfalle. Solche Beleuchtungen mittels feuchtigkeitsisolierter Lampenabdeckungen lassen sich gut verdeckt anbringen, etwa unter einer breiteren Begrenzungsabdeckung (s. Abb. 7, 7b (21)) oder auch offener mittels der im Handel gebräuchlichen, nach oben abgeschirmten Wegbeleuchtungen. Hier fliegt eine große Anzahl von Mücken, Fliegen, Käfern und Schmetterlingen herbei, und die Terrarientiere lernen es sehr schnell, diese zusätzliche Nahrungsquelle zu nutzen. Auch Lampen, die hinter Fenstern angebracht sind, die wie in Abb. 6 dargestellt, ebenerdig an den Terrarienbereich anschließen, haben den gleichen Effekt.

2.1.9 Haltung gefährlicher Tiere – eine Rechtssituation

Bei den heutigen Wohnraumverhältnissen in Ballungsräumen ist es nicht zu verantworten, wenn der eine oder andere Wohnungs- oder Hauseigentümer glaubt, ohne Rücksicht auf Mitbewohner oder benachbarte Hauseigentümer sich jede Freiheit herausnehmen zu können. Da nicht jeder Bürger die genügende Einsicht und das Gespür für das in der Gemeinschaft Machbare besitzt, ist es notwendig, daß staatlicherseits die Grenzen gezogen werden. Dies gilt im besonderen für die Haltung gefährlicher Tiere in Wohngebieten, also Mietwohnungen, Eigentumswohnungen und Eigentumshäusern und daran angeschlossene Gartenteilen. In den Bundesländern bestehen z. T. etwas anders lautende Gesetze und Verordnungen. Es ist daher notwendig, daß sich der Bürger bei der für ihn zuständigen Behörde (Kreis, Gemeinde) Rat holt.

Als Beispiel sei die für Niedersachsen gültige Rechtssituation geschildert:

Das „Gesetz für öffentliche Sicherheit und Ordnung" des Niedersächsischen Ministers für Ernährung, Landwirtschaft und Forsten vom Mai 1978 enthält die 1984 geänderte „Verordnung über das Halten gefährlicher Tiere".

§ 1
(1) Die nichtgewerbliche Haltung von Giftschlangen einschließlich der Nattern der Gattungen *Dispholidus* und *Thelotornis*, Giftechsen (Helodermatidae, Verf.), tropischen Giftspinnen und giftigen Skorpionen ist verboten.
(2) Der Landkreis, kreisfreie Stadt darf Ausnahmen von dem Verbot des Abs. 1 nur unter den Bedingungen zulassen,
  1. daß durch die Haltung des gefährlichen Tieres im Einzelfall keine Gefahren für Dritte entstehen und
  2. die Bereitstellung der von ihr festgelegten Gegenmittel (Seren) und Behandlungsempfehlungen durch den Tierhalter gewährleistet ist.

Ausnahmen sind zu befristen und unter dem Vorbehalt des jederzeitigen Widerrufs zu erteilen.

Soweit erforderlich können Auflagen und weitere Bedingungen vorgesehen werden.

§ 2
Wer nicht gewerblich ein in der Anlage aufgeführtes Tier hält, bedarf der Erlaubnis des Landkreises, der kreisfreien Stadt. Die Erlaubnis ist zu erteilen, wenn durch die Tierhaltung im Einzelfall die öffentliche Sicherheit und Ordnung nicht gefährdet wird. Sie ist mit den erforderlichen Auflagen und Bedingungen zu versehen.

§ 3
Die nach bisherigem Recht erteilten Erlaubnisse für bestimmte in der Anlage aufgeführte Tiere gelten als Erlaubnis im Sinne des § 2 Satz 1 fort.

§ 4
(1) Ordnungswidrig im Sinne des § 37 Abs. 1 des Niedersächsischen Gesetzes über die öffentliche Sicherheit und Ordnung handelt, wer entgegen § 1 oder § 2 dieser Verordnung unerlaubt ein Tier hält.
(2) Die Ordnungswidrigkeit kann mit einer Geldbuße bis zu 10.000 DM geahndet werden.

§ 5
Diese Verordnung tritt am 1. Juli 1984 in Kraft.

Anlage: Tiere im Sinne des § 2 Satz 1 sind: Es werden hier nur die für den Terrarianer wichtigen Arten mitgeteilt
11. alle Arten der Echten Krokodile (Crocodylidae)
12. alle Arten der Alligatoren und Kaimane (Alligatoridae)
13. der Gavial (*Gavialis gangeticus*).

Literatur (Fachzeitschriften)

BIEGLER, R. (1966): A survey and recent longlivity record of reptiles and amphibians in Zoos. Int. Zoo. YB. 6: 487–493.
BÖHME, W. (1971): Über das Stachelepithel am Hemipenis lacertider Eidechsen und seine systematische Bedeutung. Z. zool. Syst. Evolutionsf. 9: 187–223.
– (1985): Zur Genitalmorphologie der Sauria: Funktionelle und stammesgeschichtliche Aspekte. Bonn. Zool. Monogr. 3: 1–176.
– (1959): Hemiclitoris discovered: a fully differentiated erectile structure in female monitor lizard (*Varanus* spp.) (Reptilia. Varanidae) J. Zool. Syst. Evol. Res. Berlin 33: 129–132.
BOUGART, R. (1968): Comportement de la femelle de *Chamaeleo pardalis* CUVIER, 1829 aprés de l'acouplement. Bull. soc. Zool. France 83: 355-356.
BOWLER, J. K. (1977): Longlivity of Reptiles and Amphibians of Northern American collections. Mis. Publ. Soc. Amphib. Rep. Philadelphia No. 6: 1–32.
BROER, W. & G. H. HORN (1985): Erfahrung bei Verwendung eines Brutbrüters zur Zeitigung von Reptilieneiern. Salamandra 21(4): 304–310.
CHARNIER, M. (1966): Action de la temperature sur la sexratio chez l'embryo d'*Agama agama* (Agamidae, Lacertidae) R. Soc. Biol. Paris 160: 620–622.
COOPER, J. S. (1985): Observations on the eggs and the young of the Wall lizard (*Lacerta muralis*) in captivity. Brit. J. Herpet 2: 112–121.
DAVIS, R. B. & L. G. PHILLIPS (1991): A method of sexing the Dumeril's monitor *Varanus dumerilii*. Herpetol. Rev. 22: 18–19.
FISCHER, K. (1968): Untersuchungen zur Jahresperiodik der Fortpflanzung bei männlichen Ruineneidechsen *Lacerta sicula campestris* (betta). Z. vergl. Physiologie. 61: 349–419.
HILDEBRAND, S. F. (1929): Review of experiments on artificial culture of Diamond back terrapin. Bull. U. S. Bureau Fish. 45: 25–70.
HONEGGER, R. E. (1978): Geschlechtsbestimmung bei Reptilien Salamandra 14(2): 69–79.
JOKER, U., E. A. WILLIKEWITZ & A. HAUSCHILD (1986): Hormon- und serochemische Untersuchungen zur Bestimmung des Geschlechts und zur Überprüfung bei *Trachydosaurus rugosus* (GRAY, 1827).(Sauria : Scincidae). Salamandra 22(1): 21–28.
KING, M. (1977): The evolution of sex Chromosomes in lizards. In: CALABY, J. & TANDALE-BRISCOE (Eds.): Evolution and Reproduction. Aust. Acad. Sci. Canberra 55–60.
MERTENS, R. (1970): Über die Lebensdauer einiger Amphibien und Reptilien in Gefangenschaft. D. Zool. Garten (N. F.) 39: 193–209.
OLIVER, J. A. (1953): Jonny Billy Johnsons Old Box Turtle Animal Kingdom 6: 2–8.
PIEAU, C. (1974): Sur la Differenciation sexuelle chez des embryons d'*Emys orbicularis* L. (chelonien) issus d'oefs incubes dans le sol au cours de l'été 1973. Bull. Zool. France 99: 363.
– (1982): Modelities of the temperatureon sexual differentiationin field-developing embryos of the European pond turtle *Emys orbicularis*. J. Exp. Zool. 220: 353.
– (1988): Mecanismes impliqués dans l'inversion du Phenotype sexuel chez les tortues. III. Symposium – chelonologicum Europaeum 1988.
RÖSLER, H. (1980): Geschlechtsbestimmung bei Geckoniden an Hand von Hautreservaten. (Reptilia : Sauria : Gekkonidae). Salamandra 16: 266–268.
SHAW, C. E. (1954): Captive – breed Cuban Iguana (*Cyclura macleayi macleayi*). Herpetologica 10: 73–78.
STEMMLER-MORATH, C. (1952): Biologische Beobachtungen an *Clemmys leprosa* in Südmarokko. DATZ 5: 217–219.
THROP, J. L. (1976): Honolulu honeymoon. Animal Kingdom (N.J.) 75(4): 25–29.
WAGNER, E. (1980): Gecko husbandry and reproduction. MURPHY, J. B. & J. COLLINS (ed.) Reproductive Biology and Diseases of Captive Reptiles 115–118. Lawrence/Kansas.
WOODWARD, S. F. (1933): A few notes on the persistance of active spermatozoa in the African Night-adder, *Causes rhombeatus*. Proc. Zool. Soc. London 181–190.
WUNDER, W. (1934): Nestbau und Brutpflege bei Reptilien. Ergebnisse Biol. 10: 1–36.
ZIEGLER, TH. & W. BÖHME (1996): Zur Hemiclitoris der squamaten Reptilien. Auswirkungen auf einige Methoden der Geschlechtsunterscheidung. herpetofauna 18(101): 11–19.
– (1996): Zur Genitalmorphologie der varanoiden Reptilien (Sauria : Platynota) unter bes. Berücksichtigung der Hemiclitoris. Univ. Bonn 246. (Diplom-Arbeit).

3 Ordnung Schildkröten – Testudines

3.1 Allgemeines

3.1.1 Entwicklungsgeschichte

Aus ferner Urzeit tauchen die Schildkröten auf und leben heute nur noch mit 270 Arten in Gebieten mit wärmerem Klima. Sie haben eine Entwicklung hinter sich gebracht, die immerhin rund 180 bis 220 Millionen Jahre gedauert hat, ein ehrwürdiges Alter (s. Abb. 10). Aus den Zeiten des Oberkarbon tauchte die Klasse der ausgestorbenen schläfengrubenlosen (anapsiden) Stammreptilien (Cotylosauromorpha, KUHN 1966*) auf. Der Schädel bestand bei diesen aus einem kompakten Knochengehäuse, in dem nur die Augenöffnungen und die Öffnungen für die Nasenlöcher vorhanden waren.

Wissenschaftlich werden die Stammreptilien in 4 Ordnungen eingeteilt. Sie sind ausgestorben. Zum gleichen Zweig der Entwicklungsgruppe Anapsida gehört die Ordnung Schildkröten (Testudines) mit den ausgestorbenen Unterordnungen der Scheinschildkröten (Eunotosauria) und Urschildkröten (Amphichelydia). Die Urschildkröten waren anapsid und besaßen kein Scheitelauge. Man nimmt an, daß hier bereits die Trennung in Cryptodiren und Pleurodiren erfolgte.

Landschildkröten
Obertrias: Proganochelys mit 1 m Panzerlänge. Sie war wahrscheinlich die älteste Art und *Testudo atlas* mit 2,5 m Panzerlänge und einem Gewicht von etwa 4 t.
Pleistozän: Megalochelys atlas und *Meiolania*, beide mit 2,5 m Panzerlänge. Sie sind vor weniger als 2 Millionen Jahren ausgestorben. Sie lebten wahrscheinlich noch in der Vorzeit der Menschheitsgeschichte.
Jungtertiär: Colossochelys (Indien) war noch größer und kam auf 6 m Panzerlänge. MLYNARSKI (1969*) berichtet von Pleurodira-Giganten, die sogar eine Panzerlänge von 8 m aufwiesen.

Familie	Erdzeitalter	Ausgestorben	Rezent
Proganochelyidae	Trias	+	–
Proterochersidae	Trias	+	–
Kallokibotidae	Kreide	+	–
Glyptosidae	Jura	+	–
Baenidae	Kreide-Eozän	+	–
Neurankylidae	Kreide	+	–
Meiolaniidae	Pleistozän	+	–
Thalassemydidae	Jura	+	–
Protostegidae	Kreide	+	–
Toxochelyidae	Kreide-Eozän	+	–
Cheloniidae	Kreide-Alluvium	–	+
Dermochelyidae	Eozän-Alluvium	–	+
Plesiochelyidae	Jura	+	–
Macrobaenidae	Kreide	+	–
Dermatemydidae	Jura-Alluvium	–	+
Kinosternidae	Oligozän-Alluvium	–	+
Chelydridae	Paläozän-Alluvium	–	+
Platysternidae	?	+	+
Carettochelyidae	Kreide-Alluvium	–	+
Trionychidae	Jura-Alluvium	–	+
Testudinidae	Eozän-Alluvium	–	+
Bataguridae	Eozän(?)-Alluvium	–	+
Emydidae	Eozän(?)-Alluvium	–	+
Platychelyidae	Jura	+	–
Pelomedusidae	Kreide-Alluvium	–	+
Eusarkiidae	Eozän-Miozän	+	–
Chelidae	Oligozän-Alluvium	–	+

Wasserschildkröten
Unteres Pleistozän: Stupendemys, etwa 2 m Panzerlänge. Sie starb vor rund 2 Millionen Jahren aus.
Obere Kreide: Archelon ischyros. Sie war mit 3,7 m Panzerlänge wohl die Größte der bisher bekannt gewordene fossilen Meeres-Schildkröten.
Von 27 bisher gefundenen fossilen Familien sind 13 rezent (s. Aufstellung).

3.1.2 Ausbreitung im Laufe der Erdgeschichte

Ausbreitung und Verteilung der Schildkröten auf die Kontinente und Meere haben viele Ursachen gehabt. Entwicklung der Arten (Evolution), Verschiebung der Kontinente (WEGENER'sche Lehre von der Kontinentalverschiebung), Geomorphologie (Gebirge, Flachland, Wasser), ökologische Valenz (Maß der Anpassungsfähigkeit) sind Einflüsse, die u. a. bei der Ausbreitung entscheidende Bedeutung hatten.

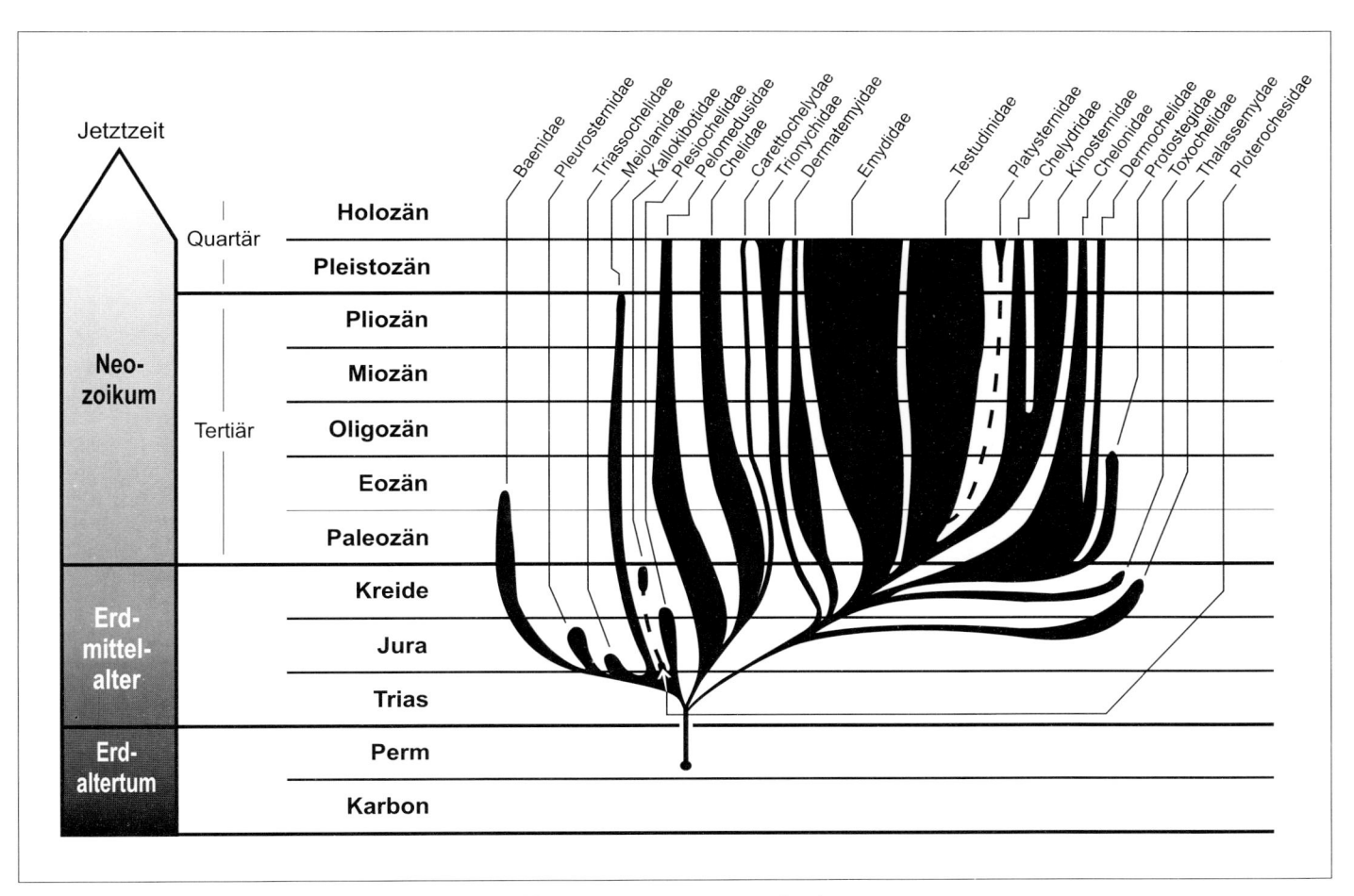

Abb. 10. Evolution der Schildkröten (n. WIROT NUTAPHAND 1979, verändert).

So zeigt die rezente Oberflächengestaltung der Erde, daß Hochgebirge als Ausbreitungsschranken wirken können. In Nord- und Südamerika ziehen die Gebirge (Rocky-Mountains, Appalachen, Anden und Kordilleren) in Nord-Süd-Richtung und bilden Ausbreitungsschranken in West-Ost-Richtung. Die Gebirgsmassen in Europa und Asien verlaufen von West nach Ost und können die Ausbreitung von Süd nach Nord begrenzen.

Unter Berücksichtigung dieser Fakten in Verbindung mit den Erkenntnissen der Paläontologie kann die Herkunft und Ausbreitung der Schildkröten in etwa verfolgt werden:

Geologisch ist der ganze Zeitraum durch Abschnitte gekennzeichnet: Präkambrium – Kambrium – Ordovizium – Silur – Devon – Karbon – Perm – Trias – Jura – Kreide – Tertiär – Quartär mit Diluvium und Alluvium (Jetztzeit). Seit dem ersten Auftreten der Urreptilien vor 260 Millionen Jahren bis heute sahen sich die fossilen wie auch rezenten Reptilien mit den geologischen und geomorphologischen Veränderungen auf unserem Planeten konfrontiert. Weiterentwicklung durch Anpassung an die in den einzelnen Erdzeitaltern veränderten Lebensbedingungen und damit das Überleben sichern oder Untergang waren die zwingenden Alternativen.

Die in der Trias vor etwa 200 Millionen Jahren einsetzende Entwicklung der Schildkröten ermöglichte ihre Ausbreitung über die damals zusammenhängende Landmasse des alten Gesamtkontinents Pangäa mit den beiden Superkontinenten Laurasia und Gondwana. Die sich aus einer urtümlichen Schildkrötengruppe, den Casichelydia (GAFFNEY 1979) entwickelnden beiden Gruppen Halsberger (Cryptodira) und Halswender (Pleurodira) konnten die Pangäa erobern. Die Halswender hatten schon auf Australien Fuß gefaßt, bevor dieser Landblock abzudriften begann. Doch die Mehrzahl der Halsberger hatten den sich entfernenden australischen Kontinent nicht mehr erreicht (s. Abb. 11). Während in einigen Kontinenten Halsberger und Halswender zusammen vorkommen, ist das Verhältnis in Australien bemerkenswert anders: Es gibt nur Halswender, wenn man von den halsbergenden Vertretern der im Meer lebenden Familien der Cheloniidae und Dermochelyidae sowie von *Carettochelys insculpta* absieht, die auch im Norden des Northern-Territorium vorkommt.

3.1.3 Heutige Verbreitung und Lebensräume

Die von den heute lebenden Schildkröten bewohnten Gebiete reichen grob gesehen von etwa 40° nördlicher bis etwa 40° südlicher Breite. Ihr Hauptvorkommen liegt zwischen den beiden Wendekreisen (nördlicher Wendekreis/Wendekreis des Krebses, 23° 27' Nord und südlicher Wendekreis/Wendekreis des Steinbocks 23° 27' Süd). Es sind in der

Abb. 11. Verbreitung der Schildkröten. Gemischte Besiedlung Cryptodiren/Pleurodiren (1). Reine Pleurodirenbesiedlung (2) (n. OBST, 1984).

Hauptsache die Tropengebiete, die den im allgemeinen recht wärmebedürftigen Schildkröten entsprechen. Innerhalb dieser Räume, deren Besonderheiten durch unterschiedliche Temperatur-, Feuchtigkeits- und Lichtverhältnisse geprägt werden, befindet sich eine große Zahl von Lebensräumen, in denen Schildkröten Lebensmöglichkeiten gefunden haben und seitdem überleben.

Temperatur, Feuchtigkeit und Licht haben zusammen mit geologischen und geomorphologischen Gegebenheiten nicht nur die Vielfalt der großen Ökoräume geschaffen, sondern waren ebenso beteiligt an der Entstehung der unterschiedlichen Klimaräume, die den Schildkröten günstigste Lebensmöglichkeiten boten oder ihnen einen Kampf ums Überleben abzwangen. Weiter gestattete ihnen ihre Anpassungsfähigkeit (ökologische Valenz) nicht nur in fast lebensfeindlichen Regionen die dort von der Natur zuweilen karg bemessenen Nahrungsmöglichkeiten optimal zu nutzen, sondern auch ihre Art durch erfolgreiche Fortpflanzung zu erhalten.

Die Lebensräume der Schildkröten – wenn wir von den Weltmeeren absehen – reichen vom Bach, Fluß und Strom mit seinen Altarmen über stehende Kleingewässer und Seen bis zum festen Land. In den großen Steppengebieten Asiens und Afrikas sind sie ebenso zuhause wie in den Regenwäldern Südamerikas und Asiens. Selbst in den ariden Gebieten wie den Wüsten Nordamerikas haben sie Strategien zum Überleben entwickelt. Das gemäßigte Klima im sonnigen und relativ trockenen Mittelmeerraum bietet den charakteristischen Land-Schildkröten dieses Gebietes wie *Testudo hermanni* und *Testudo graeca* günstige Lebensmöglichkeiten. Nur werden diese vom Menschen immer mehr eingeschränkt. Die verschiedenartigste Pflanzenwelt wie dichter Bodenbewuchs, Steppengrasland, strauch- und baumbewachsene Bodenfläche des Regenwaldes sowie die Trockenpflanzen der Wüste wie Kakteen und andere Trockenklimate bevorzugenden Florenbestandteile bieten Nahrung und Verstecke. Weder feuchtkühler Humusboden noch Sand- oder Lehmboden, Geröllhalden der Felshänge oder Felsspalten haben die Besiedlung durch Schildkröten verhindert.

Viele Gruppen haben ganz bestimmte Überlebensstrategien entwickelt, um damit so optimal wie möglich die vorhandenen Gegebenheiten zu nutzen. Dazu seien zwei Beispiele genannt. Bekannt sind die Gopher-Schildkröten (*Gopherus agassizi*, *G. berlandieri*, *G. flavomarginatus* und *G. polyphemus*) als Bewohner ausgesprochen arider Gebiete, insbesondere der Wüsten im Süden und Südwesten der USA. So beginnt die Nahrungssuche bei *Gopherus polyphemus* früh am Morgen bei noch erträglichen Temperaturen. Bei Anstieg der Temperatur im Laufe des Tages zieht sie sich in die selbstgegrabene und kühl bleibende Höhle von beachtlichen Ausmaßen zurück, um erst gegen Abend wieder auf Nahrungssuche zu gehen. Ein anderes Beispiel der Bewältigung extremer Temperaturverhältnisse durch energiesparendes Verhalten finden wir bei *Agrionemys horsfieldii*. Ihre Aktivitätszeit beginnt im März/April und endet im Mai/Juni. Sie verschwindet in einem von ihr angelegten unterirdischen Gang. Hier beginnt sie mit der „Sommerruhe", die bei saisonbedingtem Eintreten tieferer Temperaturen in die Winterstarre übergeht. Drei Monate maximaler Aktivität steht ein relativ passiver Zeitraum von neun Monaten gegenüber.

Eine andere Wärme- und Feindschutzstrategie hat die Spaltenschildkröte (*Malacochersus tornieri*), eine ostafrikanische Landschildkröte, entwickelt. Ihr Panzer ist nicht nur sehr flach, sondern auch sehr dünn. Damit ist ihr das Verkriechen in engen Felsspalten ihres bergigen Lebensraumes möglich. Dort verbringt sie die heiße Tageszeit. Auch zum Schutz gegen ihre Feinde ist diese Strategie geeignet. Mit den Krallen verankert sich die Schildkröte in den Felsspalten. Es ist dann unmöglich, das Tier aus seinem Versteck herauszuholen. Wir erlebten dieses 1974 bei unserer *Malacochersus tornieri*. Die Felsaufbauten in unserem Freiland-Terrarium waren noch nicht ganz „einzugsbereit", so daß bereits am ersten Tag die Schildkröte „ausgewandert" war. Nach zwei Tagen fanden wir sie in einem Spalt des Felsaufbaues unseres Nachbarn. Wir mußten erst einige Steine abbauen, um die Schildkröte wieder heraus zu bekommen.

Daß Sumpfschildkröten – Emydidae und Bataguridae – nicht unbedingt in sumpfigen Gewässern leben müssen, zeigen zwei Beispiele. Die amerikanischen Dosenschildkröten (Gattung *Terrapene*) können auch in sehr trockenen Biotopen leben. Das gleiche stellten wir 1973 auf Cozumel (Mexiko/Yukatan) bei *Rhinoclemmys areolata* fest. Indios brachten uns zwei Exemplare die sie im Umkreis der Azteken-Ruine gefunden hatten. Feuchtbiotope sind dort jedoch nicht vorhanden.

Bei Arten, die eine große ökologische Valenz besitzen, können sich Populationen über ein verhältnismäßig großes Gebiet ausbreiten, das jedoch unterschiedliche ökologische Verhältnisse aufweisen kann. So können Populationen von *Chelonidis carbonaria*, die ein verhältnismäßig großes Verbreitungsgebiet einnehmen, sowohl in feuchtheißen, lichtärmeren tropischen Regenwäldern leben als auch in trockenen, savannenartigen Regionen beheimatet sein (PRITCHARD 1979*). Der Pfleger sollte daher immer bestrebt sein, das Fanggebiet seines Tieres zu kennen. Bei Arten, die ein eng umrissenes Verbreitungsgebiet aufweisen, kann man durch intensives Literaturstudium deren Verbreitungsgebiet

Familie	Paläarktis	Nearktis	Äthiopis	Orientalis	Neotropis	Australis
Cryptodira						
Bataguridae	+			+		
Chelydridae		+			+	
Emydidae	+	+		+	+	
Kinosternidae		+			+	
Platysternidae	+			+		
Testudinidae	+	+	+	+	+	
Trionychidae	+	+	+	+	+	
Pleurodira						
Chelidae					+	+
Pelomedusidae			+		+	

Meeresschildkröten Verbreitung	Mittelmeer	Atl. Ozean	Paz. Ozean	Ind. Ozean	Austr. NW-Küste	Golf v. Mexiko
Cheloniidae						
Caretta caretta					+	
Chelonia mydas mydas	+	+				
Chelonia m. japonica			+	+		
Eretmochelys i. imbricata	+	+				
Eretmochelys i. bissa			+	+		
Lepidochelys kempi		+				+
Lepidochelys olivacea		+	+	+		
Natapcor depressus					+	
Dermochelyidae						
Dermochelys coriacea					+	

feststellen. Sehr schwierig wird es bei Arten, die über ein weites und ökologisch breitgefächertes Gebiet verbreitet sind, das engere Heimatgebiet festzustellen. Rückfragen beim Großhändler bleiben meist ohne Erfolg. Weisen solche Arten jedoch standortbedingte Variationsmerkmale auf, so ist – für den Spezialisten zumindest – eine lokale Zuordnung durchaus möglich. Handelt es sich um Nachzuchttiere, so können die Elterntiere gelegentlich mit staatlicher Genehmigung (Import-/Exportzeugnisse) erfolgte Eigenimporte darstellen, deren Herkunftsland und Fanggebiet dann auch bekannt sind.

3.2 Körperbau

3.2.1 Morphologie

Panzer. Er ist für die Schildkröten einmalig und charakteristisch. Aus ihm ragen nur Kopf, Hals, Schwanz und Gliedmaßen hervor. Der Panzer besteht aus dem Rückenpanzer (Carapax) und dem

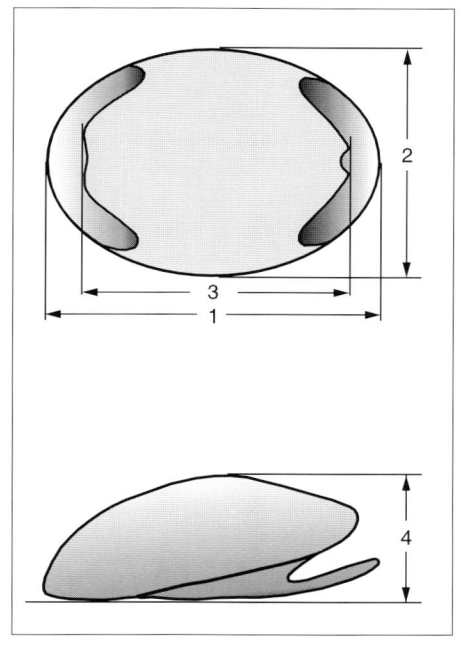

Abb. 12. Messung von Schildkröten.
1 = Carapaxlänge (Stockmaß),
2 = Carapaxbreite, 3 = Plastronlänge,
4 = Plastronbreite (n. SCHMIDT, 1990).

70 Schildkröten

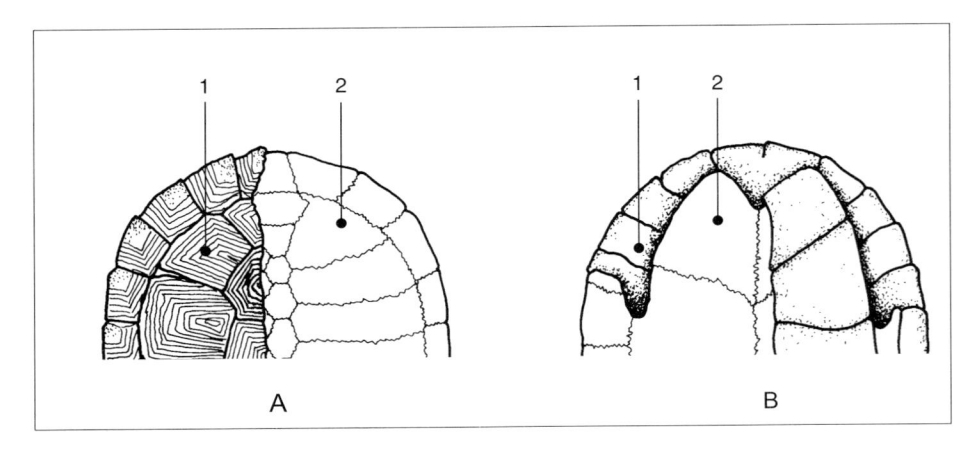

Abb. 13. Verbindungen der Teile des Knochenpanzers und Verbindungen der einzelnen Schuppen (n. OBST 1985, verändert).
A: Carapax 1 = Schuppen.
    2 = Knochen.
B: Plastron 1 = Schuppen.
    2 = Knochen.

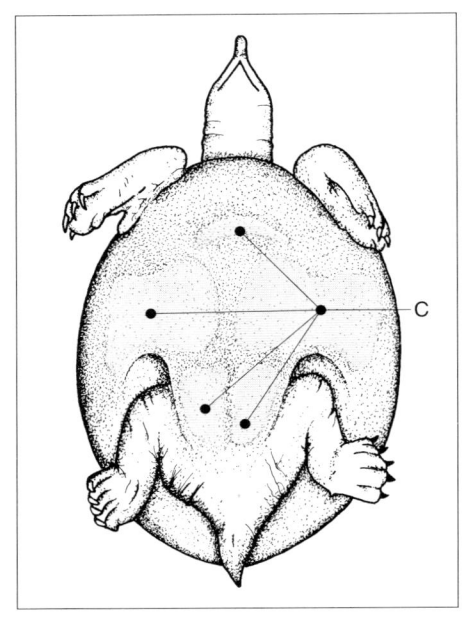

Abb. 14. Ventralseite einer Weichschildkröte (*Trionyx*) mit Kallositäten (C) (n. WERMUTH/MERTENS, 1961 verändert).

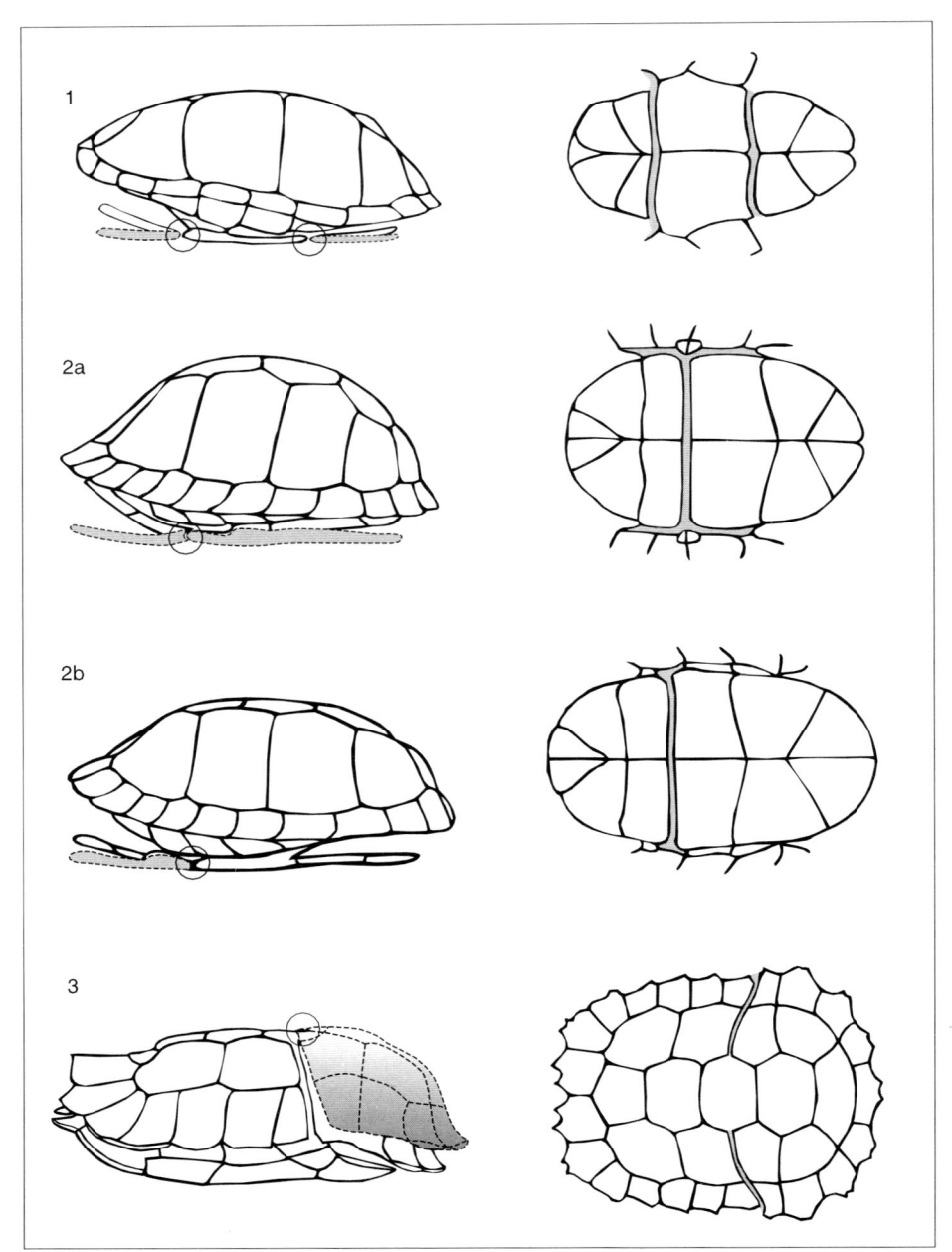

Abb. 15. Der bewegliche Panzer
1 = Plastron, Vorder- und Hinterabschnitt beweglich (Konosternon dunni).
2a = Plastron, Vorderteil beweglich (Terrapene nelsoni).
2b = Plastron, Vorderteil beweglich (Cuora amboinensis).
3 = Carapax, hinterer Abschnitt beweglich (Kinixys erosa).

Bauchpanzer (Plastron) (s. Abb. 12). Beide Panzerteile sind mit der sogenannten Brücke verbunden. Der Panzer besteht aus zwei Schichten: Der inneren, dicken Schicht miteinander verzahnter Knochenplatten und der darauf sitzenden Hornschicht, deren einzelne Schilder durch Nähte miteinander verbunden sind. Da die Nahtstellen und die Verzahnungsstellen nicht übereinander liegen, sondern gegeneinander verschoben sind, ist eine besondere Festigkeit des Panzers gewährleistet (s. Abb. 13). Einige Schildkrötengruppen, sind nicht so stark gepanzert. Bei den Weichschildkröten sind die Hornschilder durch eine dicke lederartige Haut ersetzt. Sie reicht weit über den darunter sitzenden knöchernen Panzerteil hinaus. Die Knochenplatten liegen mehr oder weniger isoliert in der dicken Haut (Kallositäten). Die Lederschildkröte (*Dermochelys coriacea*), für die Terrarienhaltung ungeeignet, besitzt einen sogenannten sekundären Panzer, in dem Knochenelemente des primären Panzers eingebettet sind. Dabei handelt es sich um Knochenspangen bzw. auch winzige Knöchelchen, die in der Haut eingebettet sind (Abb. 14).

Der Panzer stellt im Lebensraum der Schildkröten einen Schutz dar. Bei einigen Gruppen sind Teile des Panzers nicht starr, sondern beweglich miteinander verbunden. Durch Bindegewebsnähte zwischen den Knochenplatten wird die Beweglichkeit ermöglicht. Bestimmte Muskelgruppen an den entsprechenden Panzerabschnitten sorgen für deren Beweglichkeit. Es gibt drei Formen dieser Scheingelenke (Abb. 15). Einmal bleibt der Mittelteil des Bauchpanzers starr und es können das vordere und hintere Drittel so bewegt werden, daß sie durch Muskelkraft an den vorderen und hinteren Rand des Rückenpanzers gepreßt, einen vollständigen Abschluß der Schildkröte von der Außenwelt bewirken. Zweitens kann das Scheingelenk etwa in der Mitte des Bauchpanzers liegen, so daß die Vorderhälfte des Bauchpanzers den vorderen Teil des Panzers abschließt. Die dritte Möglichkeit besteht darin, daß der hintere Teil des Rückenpanzers mittels zweier seitlicher Scheingelenke nach unten gegen den Rand des Bauchpanzers bewegt wird und den hinteren Abschluß gewährleistet. Bei einigen Arten liegen die Vorderränder von Bauch- und Rückenpanzer dicht übereinander, so daß auch nach vorn ein wirksamer Schutz besteht. Die Halsberger verbergen bei Gefahr Kopf und Hals unter dem Vorderteil des Rückenpanzers und verschließen mit ihren Vorder- und Hintergliedmaßen, deren Außenflächen starke Hornschuppen tragen, die Panzeröffnungen.

Beschuppung (*Pholidose*). Mit Ausnahme der Familien der Dermochelyidae, Carettochelyidae und Trionychidae ist das Charakteristikum der übrigen Schildkrötenfamilien die aus Hornschildern bestehende Bedeckung des Rücken- und Bauchpanzers. Bei den Meeresschildkröten (Familie Cheloniidae) sind die Hornschuppen für den Menschen von besonderer Bedeutung. Es ist das früher von der modebewußten Europäerin begehrte Schildpatt – die Hornplatten des Carapax – der Echten Karettschildkröte (*Eretmochelys imbricata*). Eine Reihe von Ländern haben sich mittels entsprechender Naturschutzgesetze und -verordnungen dieser stark gefährdeten Schildkröte angenommen.

Die Haut des Schildkrötenkörpers ist an stark beanspruchten Körperteilen verhornt oder trägt Hornschuppen verschiedener Ausbildung. Besonders an den Vorder- und Hinterbeinen der Landschildkröten finden sich große Horn-

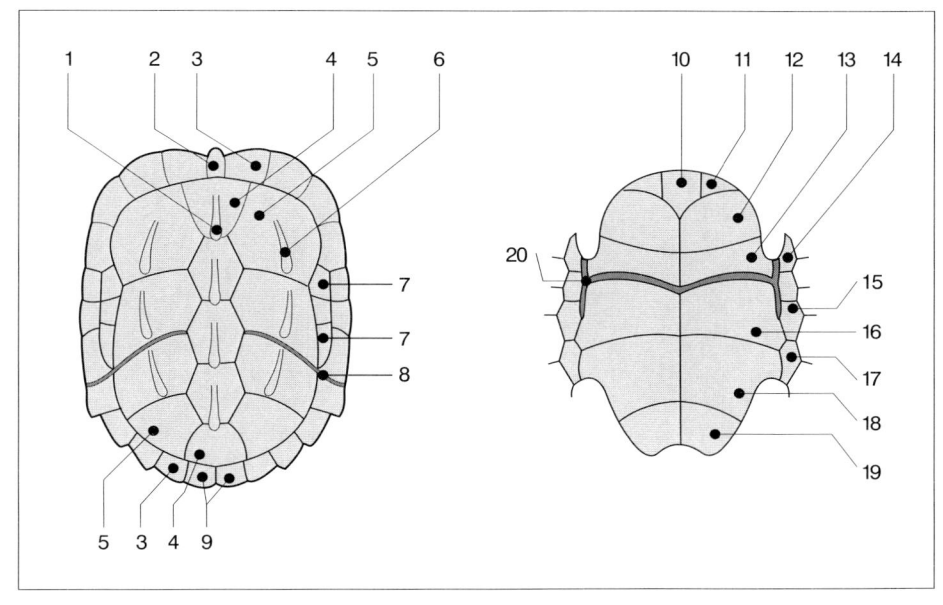

Abb. 16. Pholidose von Carapax und Plastron. Schematische Darstellung der möglichen Schuppenanordnungen und der Schuppenbezeichnungen. Sie sind in der Natur in dieser Zusammenstellung kaum anzutreffen (nach WERMUTH/ MERTENS, 1961. OBST, 1985. ZANGERI, 1969).
Schilderbezeichnungen, Carapax (Rückenpanzer)
 1 = **Dorsalkiel (Wirbelkiel)**
 2 = **Praecentrale (Nackenschild)**
 3 = **Marginalia (Randschilder)**
 4 = **Centralia (Wirbelschilder)**
 5 = **Lateralia (Rippenschilder)**
 6 = **Lateralkiel (Seitenkiel)**
 7 = **Supramarginalia (Zwischenschilder)**
 8 = **Carapaxscharnier (Rückenpanzerscharnier)**
 9 = **Postcentralia (Schwanzschilder)**
     Schilderbezeichnungen, Plastron (Bauchpanzer)
10 = **Intergulare (Zwischenkehlschild)**
11 = **Gulare (Kehlschild)**
12 = **Humeralia (Armschilder)**
13 = **Pectoralia (Brustschilder)**
14 = **Axillare (Achselschild)**
15 = **Inframarginalia (Untere Zwischenschilder)**
16 = **Abdominalia (Bauchschilder)**
17 = **Inguinalia (Hüftschilder)**
18 = **Femuralia (Schenkelschilder)**
19 = **Analia (Afterschilder)**
20 = **Plastronscharnier (Bauchpanzerscharnier)**

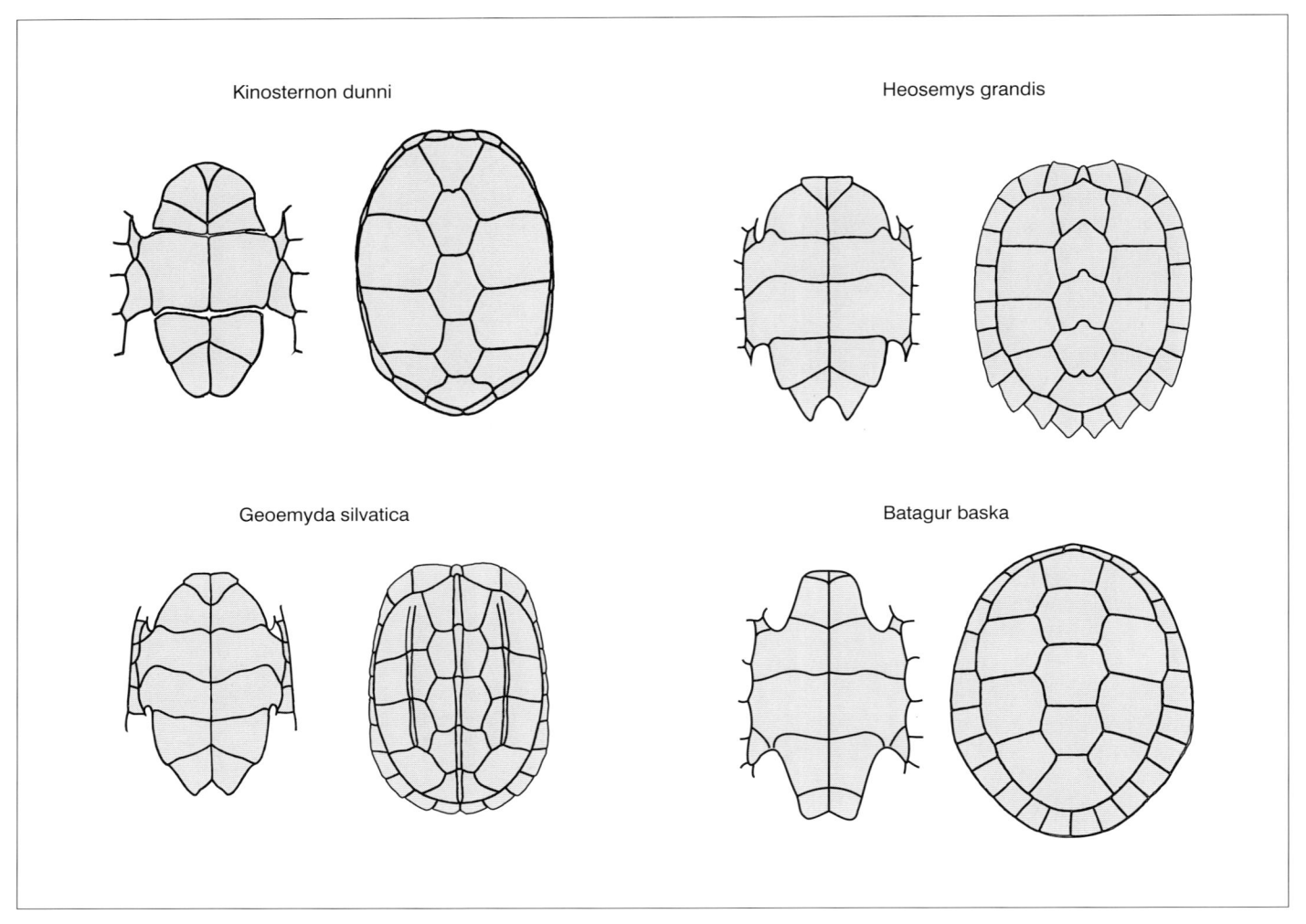

Abb. 17. Variationsbreite der Schuppenformen und -anordnungen des Carapax und des Plastron (Zusammenstellung aus WERMUTH/MERTENS, 1961, verändert).

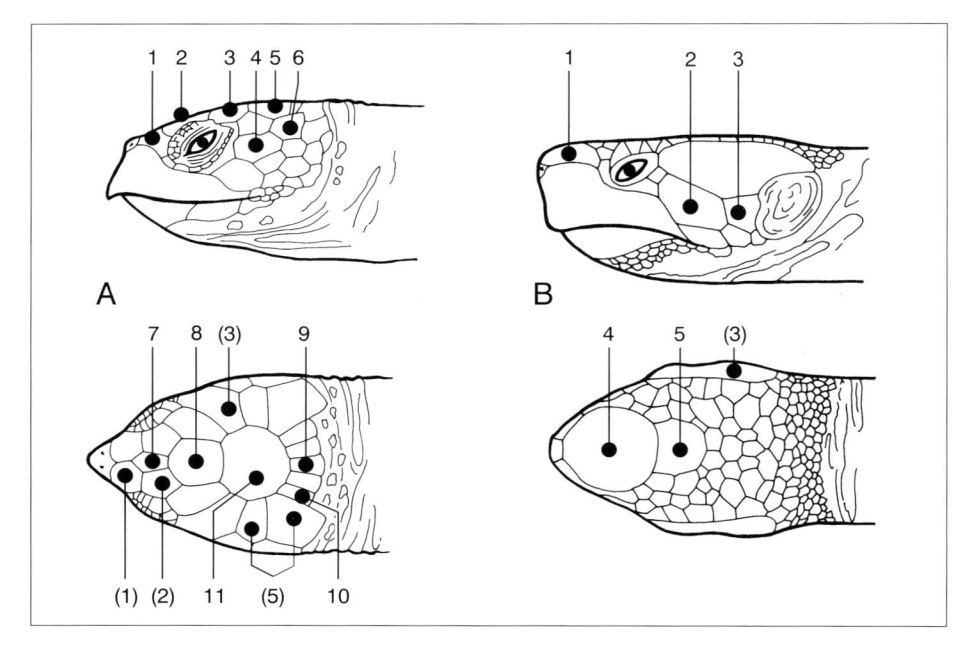

Abb. 18. Pholidoseunterschiede des Kopfes bei (A) Meeresschildkröten (*Caretta caretta*) zu (B) Landschildkröten (n. OBST, 1985).

Meeresschildkröten
Kopfseite:
1 = Nasale
2 = Praefrontale
3 = Supraoculare
4 = Massetericum
5 = Parietale
6 = Tympanale

Landschildkröten
Kopfseite:
1 = Nasale
2 = Massetericum
3 = Tympanale

Kopfoberteil:
7 = Internasale
8 = Frontale
(3) = Supraoculyre
9 = Interoccipitale
10 = Occipitale
(5) = Parietale
11 = Syncipitale
(2) = Praefrontale
(1) = Nasale

Kopfoberteil:
4 = Praefrontale
5 = Frontale
(3) = Tympanale

schuppen. Bei den Süßwasser-Schildkröten kommen derart starke Hornschuppen zumindest nicht bei allen Gruppen vor. So sind die Vorderbeine bei *Heosemys*- und *Clemmys*-Arten stärker verhornt als bei den *Trachemys*-Arten. Die Haut am Hals und an sonstigen äußerlich sichtbaren Körperteile besitzt zumeist eine feine Beschuppung. Die Hornbildungen am Schwanzende sind sehr unterschiedlich. Auffallend ist bei manchen Landschildkröten die „nagelförmige" Hornspitze wie sie für *Testudo hermanni* typisch ist und bei *Indotestudo elongata* einen kräftigen „Haken" bildet. Ebenso typisch und als Bestimmungsmerkmal für Europäische Landschildkröten brauchbar sind die beiderseits neben der Schwanzwurzel sitzenden kegelförmigen Höckerschuppen bei *Testudo graeca*, die jedoch bei *T. hermanni* und *T. marginata* fehlen.

Ein unverzichtbares Bestimmungsmerkmal von entscheidender Bedeutung für den Systematiker ist die Art der Anordnung der Hornschilder (oder Hornplatten) auf Rückenpanzer und Bauchpanzer. Den Grundplan dieser Beschilderung zeigt Abb. 16. Dies schließt jedoch nicht aus, daß die Beschilderung innerhalb der Arten/Gattungen/Familien vom Grundplan abweicht (s. Abb. 17, 18). Außerdem treten auch Anomalien wie verformte Schilder auf oder das eine oder andere Schild fehlt. Bei den Lederschildkröten (Dermochelyidae) und Weichschildkröten (Trionychidae) fehlen diese Hornschilder.

Kopf. Er ist bei allen Schildkröten kräftig entwickelt, weist jedoch bei manchen Familien/Gattungen charakteristische Züge auf. Man vergleiche das „Adlerprofil" einer *Chelydra serpentina* mit dem „Haselnußköpfchen" einer *Trachemys*-Art oder dem „Schnorchelgesicht" einer *Apalone spinifera*.

Die Kiefer sind zahnlos und mit scharfen Hornscheiden versehen. Letztere können an der Vorderkante glattrandig sein, einen mittleren Einschnitt besitzen, gezähnelt oder hakenartig sein. Bei einigen pflanzenfressenden Schildkröten (*Kachuga*, *Hardella*) sind mehrbahnige Kauleisten vorhanden. Die Kraft der durch starke Muskeln bewegten Kiefer in Verbindung mit scharfen Hornleisten reicht bei großen Arten wie der Schnappschildkröte (*Chelydra serpentina*) und der Geierschildkröte (*Macroclemys temminckii*) aus, um einen menschlichen Finger zu durchbeißen. Jeder Pfleger von Wasserschildkröten wird sich schon einmal gefragt haben, wie die Schildkröten die Nahrung „schlucken". Der Schluckvorgang ist ein sogenanntes „Trägheitsschlucken". Die Schildkröte stößt den Kopf ruckartig nach vorn. Dabei gelangt der im Kopf befindliche Nahrungsbrocken infolge des Trägheitsgesetzes um die Länge der Ruckstrecke tiefer in den Schlund.

Gliedmaßen. Sie haben eine ihrem Lebensraum angepaßte Form (s. Abb. 20). Bei den Landschildkröten sind die Vorder- und Hinterbeine zu Säulenbeinen („Elefantenbeine") entwickelt, wobei die einzelnen Zehen, kaum voneinander getrennt, oft nur noch kräftige Nägel tragen. Bei einigen Gattungen und Arten ist die Zahl der Zehen reduziert. So besitzt die Vierzehen-Schildkröte (*Agrionemys horsfieldii*) vier Zehen an den Vorderfüßen und die Schienenschildkröten (Gattungen *Erymnochelys*, *Peltocephalus* und *Podocnemis*) jeweils vier Zehen an den Hinterfüßen. Die Weichschildkröten der Gattung *Apalone*, wie die Wilde Dreiklaue (*Apalone ferox*), sind an den Vorder- und Hinterfüßen mit nur je drei Zehen ausgestattet.

Die Zehen der Vorderfüße sind bei manchen Arten mit sehr starken Krallen versehen. Sie sind so gestellt, daß die Tiere nicht mit dem Ballen auftreten, sondern auf den Krallen laufen (Gattung *Kinixys*).

Abb. 19. Kopfformen von Schildkröten in Beziehung zu ihrer Ernährungsweise (z. T. n. OBST, 1985, leicht vereinfacht):
1 = Beutegreifer. Hakenform des oberen und unteren Schnabelteils – ein Quallenfresser (*Dermochelys coriacea*).
2 = Pflanzenfresser. Kurze, breite Kauleisten zum Zerbeißen harter Pflanzenteile (*Dipsochelys elephantina*).
3 = Greifschnabel. Festhalten der Beute (Fische u. a. bei *Macroclemys temminckii*).
4 = Beutegreifer. Sehr spitzhakiger Oberschnabel bei *Eretmochelys imbricata* zum, Ergreifen glatter Beute.
5 = Schnabelform unspezifisch z. B. bei *Lepidochelys olivacea*, für Pflanzen- und Fleischfresser geeignet.
6 = Obere und untere Hornschneide des Schnabels mit gezähneltem Rand bei *Kachuga tecta*. Zum Beweiden von Wasserpflanzen geeignet.

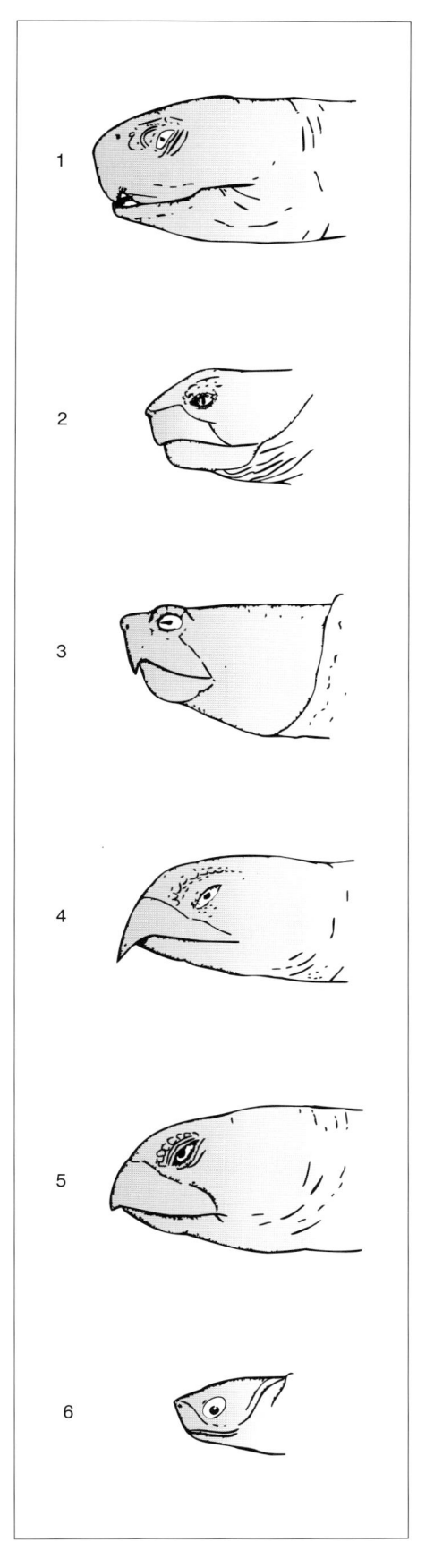

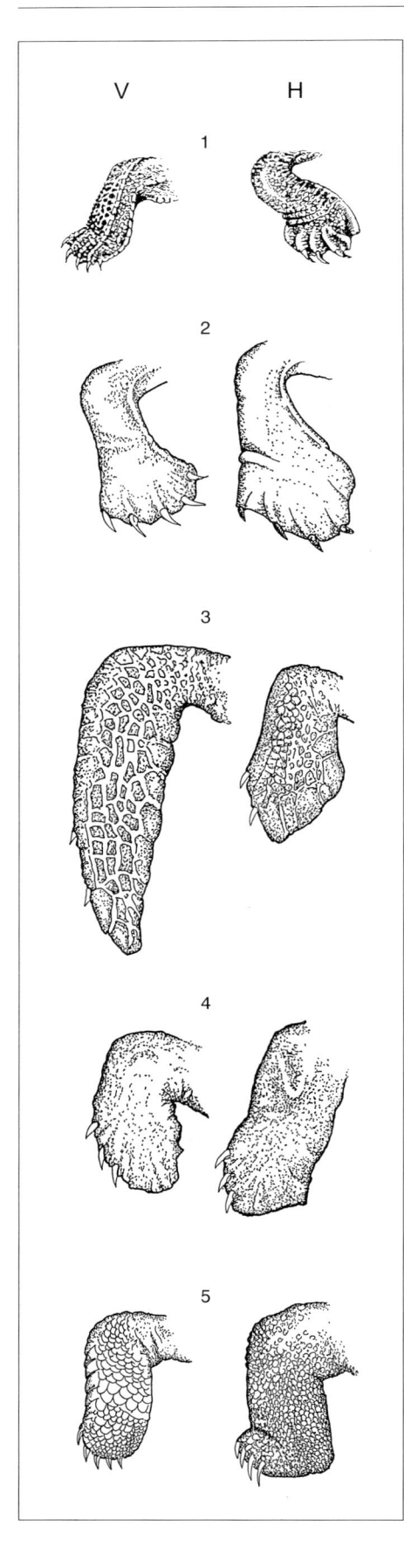

Bei der Nahrungsaufnahme helfen die Krallen der Vorderbeine aus der Beute Stücke herauszureißen bzw. sie zu zerkleinern. Es ist erstaunlich, welche großen Nahrungsbrocken Land- und Wasserschildkröten zu zerlegen vermögen. Trotzdem haben wir die Nahrung oft zerkleinert, damit alle Pfleglinge etwa gleichzeitig in den Genuß des Futters gelangen können.

Die Süßwasserschildkröten besitzen Hinterzehen, die artspezifisch durch mehr oder minder deutliche Schwimmhäute miteinander verbunden sind. Die Vorderbeine sind nicht immer als deutliche Schwimmbeine ausgebildet. Die vollkommene Umbildung der Gliedmaßen zu regelrechten Paddeln ist bei den Seeschildkröten erfolgt.

Bei der Eigenart der Hautbedeckung an den Gliedmaßen und der Panzerbekleidung mit Hornschuppen erhebt sich die Frage, ob die Schildkröten sich wie die Echsen und Schlangen ebenfalls häuten können.

Mit dem Wachstum des Knochenpanzers wachsen auch die Hornschilder. Eine periodische Häutung wie bei den Squamaten, bei denen die Hornhautbedeckung abgestreift werden kann, ist bei den Schildkröten nur an den außen liegenden Hautteilen der Gliedmaßen, des Schwanzes und des Halses möglich.

Das bei vielen Schildkröten-Arten vorkommende Abheben einzelner Hornschilder auf Bauchpanzer und Rückenpanzer ist als eine den Squamaten identische Häutung zu betrachten. Bei anderen Arten erfolgt das Wachstum des Hornschildes von einem Zentrum, der „Areole", konzentrisch um das alte Hornschild. Die dabei entstehenden Rillen (Abb. 21) können jedoch nicht unbedingt zur Altersbestimmung, wie etwa bei den Jahresringen der Bäume, verwendet werden. Da bei manchen Arten, je nach Klimaverhältnissen, im Jahre oftmals zwei Wachstumsperioden auftreten und damit zwei „Jahresringe" entstehen können, ist eine Möglichkeit der Altersbestimmung mit Hilfe dieser Ringe oder Rillen nicht möglich. Es kommt hinzu, daß bei der hohen Lebenserwartung vieler Schildkröten diese Rillen im Laufe der Zeit immer undeutlicher werden.

Abb. 20. Formen und Ausbildung der Gliedmaßen im Zusammenhang mit ihrer Lebensweise (n. OBST, 1985):
V = Vordergliedmaßen.
H = Hintergliedmaßen.
1 = Sumpfschildkröten. Krallen und Schuppen vorhanden, Schwimmhäute nur schwach entwickelt.
2 = Flußschildkröten. Krallen mäßig entwickelt, Schwimmhäute vorhanden.
3 = Meeresschildkröten. Krallen mäßig entwickelt. Paddelähnliche Gliedmaßen.
4 = Weichschildkröten. Reduktion der Krallen und Schuppen. Schwimmhäute schwach entwickelt.
5 = Landschildkröten. Starke Krallen und Schuppen. Vorderbeine grabschaufelartig, Hinterbeine sind säulenförmige starke Standbeine.

Abb. 21. Schuppen mit rillenförmigem Aufbau. Die Rillen sind keine Jahresringe.

Hals. Er ist bei den Schildkröten unterschiedlich lang und im Vergleich zu den geringen Halslängen anderer Reptilienordnungen bzw. Unterordnungen nicht zu schlagen. Wenn beispielsweise *Macroclemys temmincki* noch keine Rekordhalslänge aufweisen kann und auch die Seeschildkröten keinen ausgesprochenen Schwanenhals besitzen, so ist dagegen die Glattrücken-Schlangenhalsschildkröte (*Chelodina longicollis*) mit einem außergewöhnlich langen Hals versehen. Es sei hier darauf hingewiesen, daß man alle Weichschildkröten-Arten mit langem Hals, die man aus dem Terrarium herausnehmen will, stets am Hinterende des Carapax greifen sollte. Diese Arten sind in der Lage mit Hilfe ihres sehr beweglichen Halses zielgerecht rückwärts über ihren Rückenpanzer empfindlich zu beißen.

3.2.2 Anatomie

Skelett. Anstelle einer systematischen Aufzählung der einzelnen Knochenteile seien die Besonderheiten des Skelettaufbaues dargestellt. Der Schädel ist sehr massig gebaut und besitzt im Gegensatz zu den Squamaten mit 2 Schläfengruben (diapsid) keine Schläfengrube (anapsid s. Abb. 22).

Die Wirbelsäule besteht aus acht Hals-, zehn Rumpf- und achtzehn bis dreiunddreißig Schwanzwirbeln. Die Halswirbel sind ebenso wie die Schwanzwirbel frei, während die Rumpfwirbel und die Rippen mit den Knochenplatten, die den Rückenpanzer bilden, fest verwachsen sind (s. Abb. 23).

Schultergürtel und Schlüsselbein sind mit den Knochen des Rückens fest verbunden. Eine Knorpelschicht hält Schulterblatt und Rücken zusammen. Der Beckengürtel ist bei den Halswendern (Pleurodira) mit dem Bauchpanzer fest verwachsen, bei den Halsbergern (Cryptodira) ist er frei. So hart wie allgemein angenommen, ist das Knochengerüst der Schildkröten keineswegs. Zumindest ist die Knochensubstanz nicht so robust wie bei einem Säugetier. Der Sturz aus der Tischhöhe auf den mit Fliesen belegten Fußboden kann zu inneren Schäden am Knochengerüst führen.

Abb. 23. Wirbelsäule. Halswirbel und Schwanzwirbel sind frei beweglich. Mittlere Rückenwirbel und Rippen sind zu fest verbundenen Knochenplatten umgewandelt (n. Wirot Nutaphand 1979, verändert).
1 = Rippe.
2 = Wirbelkörper.
3 = Verbreiterung der Rippen.

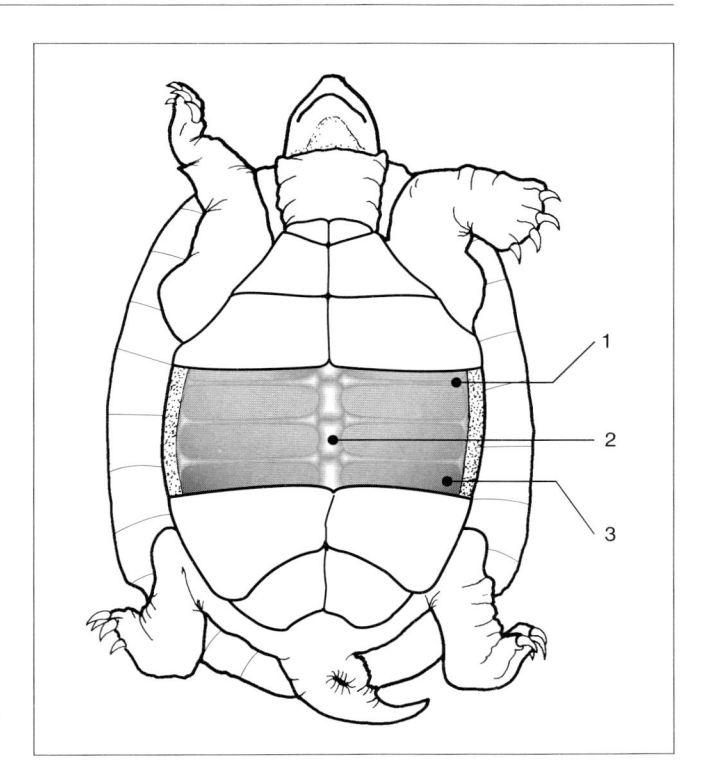

Innere Organe. Wie die übrigen Wirbeltierordnungen weisen die Schildkröten ebenfalls Herz, Lunge, Niere, Leber und ein Darmsystem auf. Das Herz besteht aus zwei noch nicht vollständig getrennten Herzvorkammern und Herzkammern. Hier vermischt sich das sauerstoffreiche (arterielle) Blut mit dem sauerstoffarmen (venösen) Blut. Ein gewisser belastender Einfluß auf das Maximum der für die Körperfunktionen notwendigen Energie wäre denkbar. Doch er tritt nicht in Erscheinung, da der Gesamtstoffwechsel mit diesem entwicklungsgeschichtlich entstandenen und seit etwa 16 Millionen Jahren bestehenden Kreislaufmechanismus schadensfrei funktioniert.

Bei den Vögeln und Säugern sind dagegen arterielles und venöses Blut vollkommen getrennt.

Auch im Aufbau der Lunge (Abb. 24) sind erhebliche Unterschiede zwischen den Vögeln und Säugetieren einerseits und Schildkröten andererseits vorhanden. Die Oberfläche der Innenwand der Schildkrötenlunge ist noch nicht so stark gekammert. Der obere Teil der Lungenflügel weist zwar eine etwas stärkere Kammerung auf, doch reicht die damit erreichte Vergrößerung der Respirationsoberfläche nicht an die der Vögel und Säugetiere heran. Die Lungenflügel weisen sekundär und tertiär aufgeteilte Bronchialäste auf, um damit eine ausreichende Respirationsfläche zu erhalten.

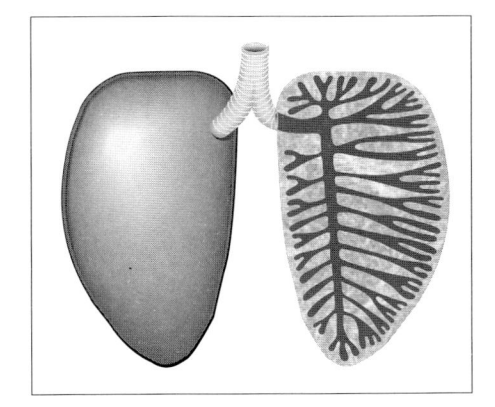

Abb. 24. Schildkrötenlunge, schematisch (n. Ippen, Schröder, Elze 1985), verändert.

Der Atmungsmechanismus der Schildkröten unterscheidet sich erheblich von dem der Squamaten, die durch Dehnen und Zusammenziehen des Brustkorbes und der Brustmuskulatur die Atemluft einziehen und ausstoßen.

Den Schildkröten ist dieser Mechanismus infolge der Starrheit des Panzers nicht möglich. Sie besitzen andere Möglichkeiten der Luft(Sauerstoff-)-Aufnahme (Obst 1985b*).

1. Eine Bindegewebshaut (Diaphragma) ähnlich einem Zwerchfell, trennt die Lunge von den inneren Orga-

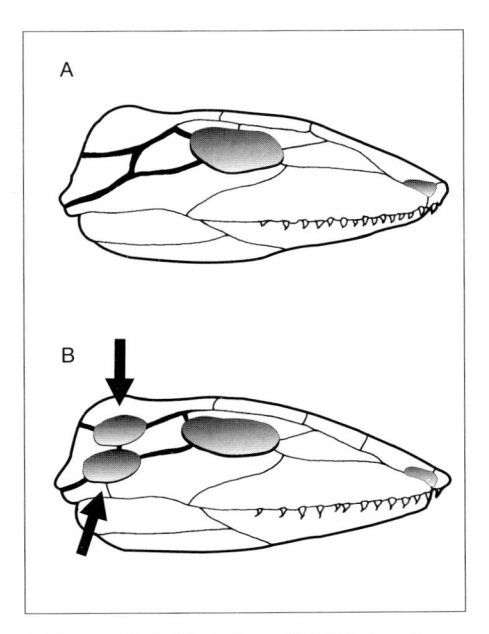

Abb. 22. Schädel ohne Schädelgrube (anapsid) und mit zwei Schädelgruben (diapsid) (n. Grzimek, 1975).

nen. Diese werden von einer Membran (Bindegewebe) umhüllt. Diaphragma und Membran sind miteinander verbunden und dehnbar. Zwei gegenläufig arbeitende Muskelgruppen bewegen die Membranen.

Zieht sich die eine Membran zusammen, und verengt damit die Bauchhöhle, dann wird die Luft aus der Lunge gepreßt. Bei der Kontraktion der anderen Muskelgruppe dehnt sich die Bauchhöhle und saugt Luft an.

2. Anziehen und Abheben der Gliedmaßen in Verbindung mit dem Schultergürtel unterstützen das Saugen und Pressen.

3. Mit Hilfe des Zungenbeinapparates kann die Kehle gesenkt und gehoben werden, wodurch eine weitere Möglichkeit zum Ansaugen und Auspressen der Luft gegeben ist.

4. Ein Sauerstoffaustausch ist auch automatisch über die in der Mundhöhle reichlich vorhandenen Haargefäße möglich. Bei den Meeresschildkröten und Weichschildkröten sind im Schlund zipfelförmige mit reichlich Haargefäßen versehene Hautzotten vorhanden, die ebenfalls für einen automatischen Sauerstoffaustausch sorgen. Das gleiche gilt für die Kloake.

Wenn Wasserschildkröten im Wasser „schief" schwimmen, so kann als Ursache die Funktionsbehinderung eines Lungenflügels vorliegen (Erkältung, Lungenentzündung). In diesem Falle kann die Schildkröte die Luft vom erkrankten Lungenteil in die gesunde Lungenhälfte einströmen lassen. Ob dies passiv über das vegetative Nervensystem oder aktiv steuernd über das Zentralnervensystem erfolgt ist nicht bekannt. Zumindest erfolgt eine den Gesetzen der Mechanik entsprechende Gewichtsverlagerung, die das Einsinken der einen Körperhälfte verursacht.

Der Magen ist nicht sackförmig wie beim Menschen, sondern quer durch die Leibeshöhle gelagert. Wie bei vielen vegetarisch lebenden Kleinsäugern ist bei vegetarisch lebenden Landschildkröten der Dünndarm auch sehr lang. Bei carnivoren Schildkrötenarten ist er dagegen recht kurz. Im Vergleich zur Körpergröße besitzen die Schildkröten eine massige Leber.

Die in den Nieren erzeugten großen, flüssigen Harnstoffmengen werden in die Harnblase geleitet und von dort als fester weißlicher, kristalliner Harnstoff oder Harnsäure mit den übrigen Exkrementen ausgeschieden.

Drüsen. Schildkröten besitzen nur wenige Drüsen mit besonderem Wirkungseffekt. Wenn man von der Speicheldrüse und Bauchspeicheldrüse in ihren Funktionen als Teil des Verdauungsmechanismus absieht, so gibt es noch Drüsen, deren Sekrete bei der Fortpflanzung als anlockendes Agens wirksam werden. Sie sitzen in der Haut der Achsel- und Weichenregion. So sondert *Kinosternon odoratum* einen moschusähnlichen Duftstoff ab, der ihr den Namen „Moschus"-Schildkröte und in den USA den Namen „stink-pot" eingetragen hat.

Die Schildkröten besitzen, im Gegensatz zu den Schlangen, neben den Tränendrüsen auch noch die Harderschen Drüsen (REICHENBACH-KLINKE 1977*, MARCUS 1983*, ISENBÜGEL & FRANK 1985*). Beide Drüsen liegen am Hinterrand der Augenwand. Bei den im Salz- und Brackwasser lebenden Schildkrötenarten haben die Tränendrüsen eine besondere Funktion. Die Nahrung dieser Tiere ist im allgemeinen sehr salzhaltig. Damit wird der Organismus sehr stark mit Salzen belastet, die aus dem Körper ausgeschieden werden müssen. Die Nieren der Schildkröten sind jedoch nicht wie beim Säugetier zur Salzausscheidung befähigt. Dies übernehmen hier die Tränendrüsen. Bei manchen Arten erfolgt die Ausscheidung in flüssiger Form: Die Schildkröten „weinen".

Meeresschildkröten scheiden die Salze meist in Form eines gallertigen Sekretes aus. Den Landschildkröten dient die Flüssigkeit der Tränendrüsen zur Befeuchtung der Augen. Eine nicht selten anzutreffende Erkrankung des Schildkrötenauges in Form von Augenschwellung und Verkleben der Augen ist auf den Mangel des Vitamins A zurückzuführen, wobei die Harderschen Drüsen in Mitleidenschaft gezogen werden.

Es sei hier noch ein Organpaar erwähnt, das bei einer Reihe von Schildkröten vorhanden ist: die Analblase. Dies sind innere Ausstülpungen der Kloakenwand, die sehr dünnhäutig und mit einer großen Zahl feinster Blutgefäße versehen sind. Sie sind immer mit Wasser gefüllt. Bei der Anlage von Eigruben entleeren manche Arten das Wasser aus den Analblasen in die Eigrube, einmal um besser graben zu können und zum anderen, um dem Boden genügend Feuchtigkeit für die Entwicklung der abgelegten Eier zu bieten. Nimmt man eine dieser mit Analblasen ausgestatteten Arten etwas rasch aus dem Aqua-Terrarium, oder dem Freilandteich, so kann es passieren, daß das Tier einen kräftigen Flüssigkeitsstrahl abgibt. Es handelt sich nicht um Harn, sondern um das Wasser aus den Analblasen.

3.2.3 Sinnesorgane

Sehen. Bei den Schildkröten steht das Auge an erster Stelle. Sie sehen sehr gut. Wir haben bei unseren Schildkröten (*Clemmys, Graptemys, Kinosternon, Trachemys*) beobachtet, daß sie schon beim Vorbeihuschen eines Schattens den Kopf sowie die Vorder- und Hintergliedmaßen blitzartig einzogen bzw. unter dem Rückpanzer bargen. Das Schildkrötenauge entspricht in seinem Aufbau und seinen Funktionen dem Auge anderer Wirbeltiere.

Hören. Über das Hörvermögen der Schildkröten ist man sich auch heute noch nicht völlig sicher. Es ist zwar ein wohlentwickeltes Mittelohr und ein Innenohr vorhanden. Trotzdem nehmen sie nicht die Töne wahr, mit denen wir sie zu locken versuchen. Niemals haben unsere Wasserschildkröten, wenn sie im Sommer im Gartenteich lebten, bei unseren Rufen auch nur eine Spur von Wahrnehmung gezeigt. Klopften wir dagegen unabhängig vom Zeitpunkt an die, einen Teil des Teiches umgebende Holzumfriedung, so kamen sie herangeschwommen. Töne mit niedriger Frequenz bis etwa 500 Hertz können sie hören. Das sind Schallwellen, die wir als tiefe Töne und fast schon als Erschütterung empfinden. Frequenzen über 500 bis 1000 Hertz können sie wohl kaum noch hören. Die Frequenzen von 500 Hertz und weniger – registriert als feinste Erschütterungen, die bei den Schildkröten auch über Panzer und Haut empfunden werden können – lassen vermuten, daß das Hören bei ihnen hauptsächlich der Wahrnehmung von Erschütterungen entspricht.

Riechen. Der Geruchssinn ist ebenfalls gut entwickelt. Der Sitz der Geruchswahrnehmung ist das Gehirn. Die Geruchspartikel gelangen in die Nasenhöhle in der eine Art sekundärer Gaumen im hinteren Munddach mit einer Öffnung in den Mundraum lokalisiert ist. Er ist dorsal mit Riechepithel ausgekleidet, dessen einzelne Sinneszellen als Chemorezeptoren die chemischen Bestandteile der in die Nase eindringenden Geruchspartikel aufnehmen. Im Zentralnervensystem (Gehirn) werden diese Partikel effektiv als „brauchbar" oder „nicht brauchbar" eingestuft.

Das Nasalorgan dient als olfaktorisches Organ (Geruchsorgan) bei der Nahrungssuche und bei der Geschlechtserkennung (sex recognition). Da viele Schildkröten vor allem phytophage (pflanzenfressende) Arten sind, spielt der Geruchssinn eine erhebliche Rolle, um unter der in ihrem Lebensraum vorhandenen Flora die für sie geeigneten Pflanzen auszusuchen. Auch die carnivoren (fleischfressenden) Arten werden mit Hilfe dieses Organs unter der vorhandenen tierischen Nahrung wählen. Wahrscheinlich ist, daß unter der Vielzahl der vorhandenen Geruchsqualitäten die einzelne Schildkrötenart subjektiv unterschiedliche Geruchsqualitäten unterscheiden kann. Es ist anzunehmen, daß Schildkröten mit dem Wechsel der Jahreszeiten (Frühjahr-Herbst) auch einen Wechsel in der Nahrung vornehmen. Sie müssen dann in der Lage sein, durch das Nasalorgan die „brauchbare" Nahrung zu erriechen. Die gleiche Fähigkeit muß das Nasalorgan besitzen, um bei dem Wechsel vom Jungtier zur adulten Schildkröte und dem damit oft verbundenen Wechsel der Nahrungsart nicht zu versagen. Daß ein solcher Futterwechsel während des Wachstums bei vielen Arten eintritt, ist bekannt. Oft ist die Futterart bei den Schlüpflingen eine andere als beim adulten Tier. Schildkröten ändern auch innerhalb kurzer Fraßperioden die Futterpflanzenwahl. Es ist die Frage, ob dieser Futterwechsel individuell oder generell von der ganzen Population vorgenommen wird.

Nicht zu jeder Zeit stehen bevorzugte Pflanzenteile einer Pflanzenart im Frühjahr oder Pflanzenteile einer sich im Spätsommer/Herbst im Wachstumsoptimum befindlichen Pflanze zur Verfügung. In wieweit hier der olfaktorische Reiz eine Rolle spielt oder eine ökologische Zwangssituation die Notwendigkeit zum Futterwechsel verursacht, ist bisher wissenschaftlich einwandfrei noch nicht geklärt.

Schmecken. Der Geruchssinn muß sehr viele Geruchsqualitäten – sofern sie auch bei Schildkröten vorausgesetzt werden können – erkennen. Beim Geschmackssinn sind ganz andere chemorezeptorische Qualitäten entscheidend.

Eidechsen und Schlangen besitzen das Jakobsonsche Organ und eine „Züngel"-Zunge.

Schildkröten besitzen jedoch weder das Jakobsonsche Organ noch die einem solchen Organ funktionsentsprechende Zunge. Ihre Zunge ist kurz und dick und das mit Sinneszellen versehene Nasalorgan von ihr nicht erreichbar. Ist die Zunge der Schildkröten mit chemorezeptorischen Sinneszellen versehen, dann stellt sich immer noch die Frage, welche Empfindungswerte bei den Schildkröten ausgelöst werden. Möglicherweise rufen sie eine ablehnende oder zustimmende Wirkung hervor, die für die Überlebenschancen entscheidend ist. Dann wäre eine chemorezeptorisch hervorgerufene Ablehnung mit der Folgereaktion „Auswürgen" eine Schutzreaktion. Die zustimmende Reaktion könnte reflektorisch mit dem Ausstoß verdauungsfördernder Sekrete als überlebenssichernd zu bewerten sein.

3.3 Geschlechtsfixierung

Nach neuen Erkenntnissen gibt es nicht nur die genabhängige Geschlechtsfixierung. Auch die Temperatur während der Inkubation kann geschlechtsfixierend wirken. Im Abschnitt „Grundsätzliche Fragen und Probleme zur Biologie und Ökologie der Reptilien" wird davon ausreichend berichtet.

3.4 Geschlechtsdimorphismus

Für die Zucht ist das Erkennen des Geschlechtes des zu pflegenden Terrarientieres von größtem Wert. Nur dann ist der Aufbau einer Zuchtgruppe möglich. Wenn auch als sekundäres Geschlechtsmerkmal nicht immer ausreichend, so sind doch für viele Schildkröten der eingewölbte Bauchpanzer für Männchen und der flache Bauchpanzer für Weibchen ein relativ sicheres Geschlechtsmerkmal. Weiter ist bei manchen Arten der relativ kurze Schwanz mit der Analöffnung nahe dem Carapaxrand für Weibchen und der relativ lange Schwanz mit der Analöffnung fast am Ende des Schwanzes für Männchen ebenfalls ein sekundäres Geschlechtsmerkmal. Geschlechtsspezifische Farbunterschiede der Regenbogenhaut und/oder Farbunterschiede der Haut der Weichteile werden bei manchen Arten beobachtet. Interessant ist das sekundäre Geschlechtsmerkmal bei der Moschusschildkröte (*Kinosternon odoratum*). Die Männchen besitzen stachelig-warzige Hautauswüchse an den Schenkeln. Doch sie sind nur während der Paarungszeit sehr deutlich ausgebildet. Sie wirken beim Aufreiten des Männchens auf das Weibchen wie der Klettenverschluß an modernen Textilien.

Bei manchen Arten ist der Unterschied in der Körpergröße sehr auffällig. Besonders deutlich kann man dies bei den Schmuckschildkröten, Höcker- und Dachschildkröten feststellen, deren Männchen wesentlich kleiner sind als die Weibchen. Dazu kommen die bei verschiedenen Schmuckschildkrötenarten bemerkenswert verlängerten Zehenkrallen der Männchen. Auch bei *Testudo graeca* und *Agrionemys horsfieldii* sind besonders die alten Weibchen erheblich stattlicher als die männlichen Schildkröten, ein Unterschied, der allerdings dann nur klar erkennbar ist, wenn man eine größere Zahl von Tieren zum Vergleich heranziehen kann.

Die hier beschriebenen Methoden der Geschlechtsbestimmung mittels vorhandener äußerer sekundärer Geschlechtsmerkmale sind für den Terrianer nachvollziehbar. Die folgenden Methoden wie Geschlechtsfeststellung über Chromosomenuntersuchungen (Kariotyp-Analyse), blutmorphologische Untersuchungen (unterschiedliches Verhältnis der roten Blutkörperchen zu weißen Blutkörperchen von Männchen zu Weibchen), Nachweis von Sexualhormonen (Testosteronspiegel) im Blut von Männchen und Weibchen sind für den Terrarianer nicht durchführbar. Hier kann nur der speziell ausgebildete Tierarzt Untersuchungen durchführen.

3.4.1 Geschlechtsreife

Die Bestimmung des Termins der Geschlechtsreife ist nicht ganz einfach. Die Schwierigkeiten bestehen darin, daß bestimmte biologische Funktionen bei im Terrarium gehaltenen Schildkröten anders ablaufen können. So sind die Zeiten zwischen den Wachstumsraten bei Terrarientieren kürzer (LEGLER 1960), die Generationenfolge verläuft rascher und die Fruchtbarkeit ist größer. Allein die Tatsache, daß Männchen und Weibchen des

Art	Lebensjahre maximal			Quelle
	Jahre	Monate	Tage	
Astrochelys radiata	189			THORP 1976
Dipsochelys elephantina	152			THORP 1976
Terrapene carolina	129			OLIVER 1966
Macroclemys temminckii	58	9		BOWLER 1977
Testudo graeca	57	4		BIEGLER 1966
Kinosternon odoratum	54			BIEGLER 1966
Chelonoidis nigra	41	10		BOWLER 1977
Melanochelys trijuga	39	8		BOWLER 1977
Trionyx triunguis	37	2		BIEGLER 1966
Chelodina longicollis	35	1		BOWLER 1977
Testudo hermanni	34			AUTOR
Pelusios subniger	29	5		BIEGLER 1966
Kinosternon sonoriense	27			BOWLER 1977
Caretta caretta	23			BIEGLER 1966
Platysternon megacephalum	23	2	20	MERTENS 1970
Lissemys punctata	18	11	24	MERTENS 1970
Carettochelys insculpta	10			MERTENS 1970
Malacochersus tornieri	9			HONEGGER 1969

gleichen Jahrgangs in einer Population nicht alle gleichzeitig geschlechtsreif werden und Kopulationsversuche auch schon vor der Geschlechtsreife beobachtet wurden, läßt keine eindeutige Aussage zu. In manchen Fällen könnte eine Protandrie (Reifung der männlichen Geschlechtsprodukte vor denen der weiblichen) Anlaß zu einer irrtümlichen Schlußfolgerung geben. Der Versuch, Plastronlänge, Alter und Geschlechtsreife miteinander in Beziehung zu bringen, hat noch keine allgemein gültigen Ergebnisse gebracht.

Beispiel: Die Männchen von *Trachemys s. elegans* sind bei einer Plastronlänge von 9–10 cm geschlechtsreif. Sie kann in 2–5 Jahren erreicht sein. Die Geschlechtsreife der Weibchen mit 15–18 cm Plastronlänge erfolgt in 2–8 Jahren (PETZOLD 1984*).

Eine wesentlich eindeutigere Feststellung der Geschlechtsreife ist nur durch histologische Untersuchungen des Status der Spermatogenese und Eizellenreife möglich. Hierzu müssen spezifische histologisch-technische Untersuchungen an Hoden und Ovarien vorgenommen werden. Derartige Untersuchungen überfordern den Terrarianer und können nur von wissenschaftlichen Instituten vorgenommen werden, die über das notwendige Arbeitsgerät verfügen.

Die in terraristischen Fachzeitschriften mitgeteilten Daten über Geschlechtsreifen sind nicht immer sicher. Man sollte sie trotzdem als Erfahrungswerte bei Zuchtversuchen verwenden und zugleich überprüfen.

3.4.2 Alter

Schildkröten haben aus physiologischer Sicht und durch ihre natürliche Konstitution eine hohe Lebenserwartung. Vorläufig ist es noch nicht gelungen, das Alter wildlebender Schildkröten in ihren Verbreitungsgebieten sicher zu bestimmen. Für das Alter in menschlicher Obhut gepflegter Schildkröten gibt es eine Anzahl von Belegen. Die in der Tabelle genannten Beispiele beinhalten die Pflegejahre in menschlicher Obhut und zum Teil vom Schlupf bis zum Lebensende.

3.5 Fortpflanzung

3.5.1 Fortpflanzungsperiodik

Die Fortpflanzungszeit ist eine Periode stärkerer körperlicher Kraftentfaltung und stärkerer Energieverluste, die von den Männchen gefordert werden, um die Weibchen zu finden und den sexuellen Konkurrenzkampf zu führen. Die Weibchen vieler Arten bleiben allerdings in ihren angestammten Revieren. Bei den Meeresschildkröten suchen beide Geschlechter die Legegebiete auf. Es werden bei der Partnersuche und dem Aufsuchen der Legestrände Hunderte von Kilometern in den Weltmeeren schwimmend zurückgelegt, bis das Ziel erreicht ist.

Diese sogenannte „Heimkehr-Hypothese" wurde von MEYLAN (Science, 1990, 248, 724–727) durch Untersuchungen mit Hilfe einer molekularbiologischen Methode gestützt.

Land- und Sumpfschildkröten legen derartig große Entfernungen nicht zurück.

Auslöser für die Fortpflanzung sind die Temperaturunterschiede und die unterschiedlichen Tages(Licht-)-längen in den durch Temperatur und Licht (Sonnenlicht) gekennzeichneten Jahreszeitenklimaten (Frühjahr, Sommer, Herbst, Winter) der kühlgemäßigten Klimagebiete (TROLL, C. „Jahreszeitenklimate" in: LANDSBERG et al. „Weltkarten zur Klimakunde" 1965*, 2. Aufl.). In den großen Trockenräumen sind es je nach Klimaart Langzeitunterschiede von Licht, Temperatur und Regen innerhalb des Verbreitungsraumes. Für die Tropengebiete mit Regenzeit und Trockenzeit dürften wahrscheinlich die Feuchtigkeitsunterschiede zwischen diesen Zeiten auslösend wirken. In den Äquatorial-Dauerregengebieten sind die Fortpflanzung auslösenden Faktoren infolge des Fehlens extremer Klimagegensätze im Tiefland in Verbindung mit optimalen Nahrungsverhältnissen für die zu erwartenden Schlüpflinge kaum zu erkennen. Es sei denn, daß noch nicht oder kaum bekannte, die Fortpflanzungsbereitschaft auslösende Milieu-Kleinstfaktoren in einer Ökonische (im Sinne des „Klimas bodennaher Luftschichten" nach GEIGER 1941*) eine Rolle spielen. Sicher dürfte die so oft zitierte „Innere Uhr" hier wirksam werden.

3.5.2 Urogenitalsystem

Weibchen. Auffällig sind die paarigen Eierstöcke (Ovarien), aus denen die fertig ausgebildeten und befruchtungsfähigen Eizellen – etwa in der Art des Eisprungs – in den Bauchraum entlassen werden. Die in den Bauchraum endenden trichterförmigen Öffnungen der paarigen Eileiter (Ovidukte) nehmen die Eizellen auf. Diese werden befruchtet, bevor das sich entwickelnde Ei mit einer kalkhaltigen Hülle versehen wird. Die Ovarien münden in die Kloake.

Männchen (s. Abb. 25). Es sind paarige Hoden vorhanden, in denen sich die Samenzellen entwickeln. Die Hoden stehen mit dem Penis in Verbindung. Im Gegensatz zu den paarigen Hemipenes der Squamaten (Echsen und Schlangen) ist nur ein Penis vorhanden. Er sitzt in einer inneren Tasche unmittelbar unter der Analöffnung und kann mittels entsprechender Muskeln nach außen gestülpt werden. Auf dem ausgestülpten und mittels schwammiger Schwellkörper erektierten Penis befindet sich eine von zwei Wulstleisten gebildete Rinne, die die Samenflüssigkeit vor die beiden Eileiteröffnungen leitet. Die Formenvielfalt der Penes ist erheblich und kann zur Artdiagnose verwendet werden. Auffällig ist, daß die Formenvielfalt innerhalb der Gattungen wesentlich größer ist als innerhalb der Familien.

3.5.3 Balz und Paarung

Die Balz ist das Vorspiel zur Paarung. Es sind nach den bisherigen Erkenntnissen je nach Art, Gattung oder Familie immer bestimmte Komplexe des Balzverhaltens, die in ihrer Art und Abfolge konstant sind und vom fortpflanzungsbereiten Partner jederzeit „verstanden" werden. Das hat den Vorteil, daß Verwechslungen nicht möglich sind und die gewünschte Absicht – die Paarung – nicht wie bei manchen massenauftretenden Anuren durch das Prinzip „Versuch und Irrtum" mit oft nur gelegentlichen „Treffern" mehr oder minder vereitelt wird.

Es kann auch der möglicherweise vorauseilende Zeitpunkt der Funktionsfähigkeit (Reife) der männlichen Samenzelle (Protandrie) gegenüber der nachfolgenden Reife der Eizellen des Weibchens (Protogynie) und umgekehrt u. U. den Paarungserfolg eines Paares verhindern.

Zum Beispiel erfolgt bei den Männchen der Landschildkröten beim Annähern an ein Weibchen ein Kopfnicken, das dem Erkennen dient (sex recognition). Das Männchen rammt in den meisten Fällen mit den Randschildern des Carapax die Flanken des Weibchens. Nicht selten wird das Weibchen auch an Kopf und Hals gebissen, um zu erreichen, daß das Weibchen beides einzieht und dabei das Analende stärker heraustritt. Bei der Kopulation wird der Penis in die Analöffnung des Weibchens eingeführt und der Samen eingeleitet.

Bei vielen Wasser- und Sumpfschildkröten erfolgt dieser Teil der Balz in ähnlicher Weise. So konnten wir z. B. bei unserem Pärchen *Rhinoclemmys areolata* immer wieder feststellen, daß das Männchen während der Balz das Weibchen am Kopf und in den Hals biß, um das Herausdrücken der Analregion zu erzwingen.

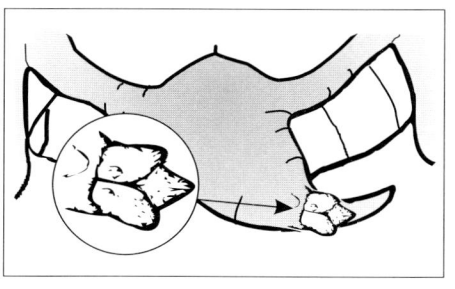

Abb. 26. Penis ausgestülpt.

Geradezu graziös erfolgt bei der Schmuckschildkröte *Trachemys sripta elegans* das Balzen der gegenüber dem Weibchen wesentlich kleineren Männchen. Bei der genannten Art besitzt das Männchen an den Vorderzehen sehr lange Krallen. Es baut sich vor dem Weibchen auf und bewedelt und streichelt mit den stark vibrierenden Krallen den Kopf seiner Partnerin bis das Männchen die Bereitwilligkeit des Weibchens zur Paarung erreicht hat und wie bei den Schildkröten üblich aufreitet. Bei der Kopulation wird der Penis in die Analöffnung des Weibchens eingeführt und der Samen ausgestoßen.

Das Männchen der Florida-Schmuckschildkröte (*Pseudemys floridana*) schwimmt über dem Rücken des Weibchens und bewedelt und streichelt ebenfalls mit seinen vibrierenden Zehenkrallen den hinteren Kopfteil des Weibchens. Auch hier reitet das Männchen auf, um die Kopulation zu vollziehen.

Auf eine Schilderung der Verhaltensweisen bei einzelnen Arten während der Balz kann verzichtet werden, da diese gegebenenfalls bei den Artenbeschreibungen mitgeteilt werden.

Mit dem Balzverhalten sind nicht die „Komment-Kämpfe" oder „Turniere" zwischen den Männchen der Testudiniden zu verwechseln. Einige der Kommentkampf-Verhaltensweisen sind nicht oder kaum von den Verhaltensweisen bei der Balz zu unterscheiden, da sie sowohl bei der Balz als auch beim Kommentkampf auftreten. Ist das Geschlecht der beiden Kontrahenten bekannt, kann die effektive Bedeutung – Balg oder Kommentkampf – beurteilt werden. Derartige übereinstimmende Verhaltensweisen sind z. B. Kopfnicken, Beißen und Rammen.

Ein regelrechtes Kampf-Turnier findet bei den Männchen der Gopher-Schildkröten (*Gopherus*) statt. Es handelt sich dabei um Revierkämpfe zweier Männchen an „ihren" Reviergrenzen oder um die Gegenwart eines fortpflanzungsbe-

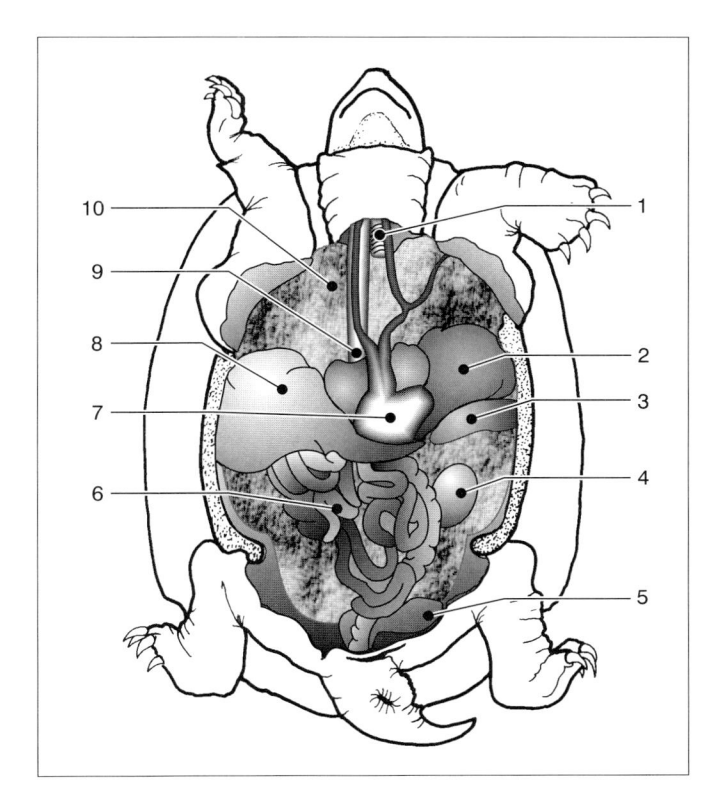

Abb. 25. Männchen, innere Organe.
1 = Luftröhre
2 = Leber links
3 = Magen
4 = Hoden
5 = Harnblase
6 = Dünndarm
7 = Herz
8 = Leber rechts
9 = Speiseröhre
10 = Lunge

reiten Weibchens das die Männchen zu einem „Repräsentations-Turnier" herausfordert.

Bei diesen Komment- oder Turnierkämpfen ist jedes Männchen bemüht, den Gegner dadurch „matt" zu setzen, indem es mit den stark nach vorn gezogenen beiden Gularien versucht, diese unter den Plastron seines Kampfpartners zu schieben und ihn auf den Rücken zu hebeln. Damit ist der Unterlegene für eine gewisse Zeit kampfunfähig gemacht.

3.5.4 Eiablage

Die Eiablage der Schildkröten erfolgt im Prinzip bei vielen Arten auf die gleiche Weise. Das Weibchen gräbt, nach Prüfung des Bodens, in diesen eine Grube, in die es die Eier legt. Bei vielen Arten lassen die Weibchen die Eier an den schaufelartig zusammengelegten Hinterfüßen vorsichtig in die Eigrube gleiten. Nach der Eiablage wird die Grube zugeschaufelt. Oft rammen die Weibchen mit dem Plastron die Oberfläche der zugeschaufelten Grube so fest, daß der getarnte Eiablageort kaum erkennbar ist. Da das Graben im harten Boden eine schwierige Arbeit ist, entleeren manche Arten die Analblase auf dem harten Boden, machen ihn so leichter bearbeitbar. Gleichzeitig erzielen sie damit eine für die Entwicklung der Embryonen günstige Grubenfeuchtigkeit.

Das Entleeren der Analblase, das Ausschaufeln der Eigrube sowie das Festrammen der Oberfläche der Eigrube könnte vielleicht als Anfang einer Art Brutpflege angesehen werden.

Die Ursache für unregelmäßige Eiablagezeitpunkte besteht darin, daß in den normalen Eireifungsprozeß bis zur Eiablage eine Ruhezeit der Eientwicklung eingeschoben ist oder eine Zurückhaltung (Retention, PETZOLD 1984*) der ablagefähigen Eier erfolgt, der Eiablagezeitpunkt also hinausgeschoben wird. Von dem Einfluß der Amphigonia retardata auf Eientwicklung und Eiablage wurde schon weiter oben berichtet (s. 2.1.4.1). Die Zeitdauer von der Befruchtung bis zur Eiablage wird als „Tragzeit" bezeichnet. Sie erfolgt interuterin (innerhalb des Uterus). Im abgelegten Ei erfolgt die Entwicklung des Embryos extrauterin (außerhalb des Uterus) weiter bis zum Schlupf.

Eizahl. Die Zahl der abgelegten Eier je Gelege schwankt zwischen ein bis zwei Eiern (*Homopus boulengeri, Malacochersus tornieri*) und 206 Eiern (*Eretmochelys imbricata*). Auch die Zahl der Gelege je Saison ist unterschiedlich. Mit einem Gelege je Saison kommt die Tropfenschildkröte (*Clemmys guttata*) aus, während die Lederschildkröte (*Dermochelys coriacea*) neun bis zehn Gelege im Laufe einer Saison benötigt, um die große Zahl ihrer Eier abzusetzen.

Die vielseitigen Wechselbeziehungen und Abhängigkeiten zwischen Klima, Futterangebot, dem Einfluß von Predatoren und anderen populationsregulierenden Elementen können bei den unterschiedlichen Inkubationszeiten und den unterschiedlichen Gelegehäufigkeiten eine Rolle spielen.

So weist der Sand der tropischen Meeresstrände während der Eiablagezeit eine für die Inkubation optimale Temperatur auf, daß ein maximales Schlüpfergebnis die Folge ist. Die Massen der Schlüpflinge ziehen daher eine große Zahl von Beutegreifern an. Diese werden jedoch durch die Vielzahl der Beuteobjekte irritiert. Die Einzelbeute kann nicht individuell und zielbewußt angesteuert werden. Es ist ein wahlloses Greifen. Wenn auch „Treffer" nicht zu vermeiden sind, so entgehen doch viele der Schlüpflinge den Beutegreifern, daß das Überleben der Art unter intakten Umweltverhältnissen gesichert bleibt. Die Mortalitätsrate der anschließend im Wasser lebenden Jungschildkröten wird sicher nicht größer sein als die Überlebenschance.

Vielleicht kann auch die minimale Eiproduktion mancher Land- und Sumpfschildkröten als eine besondere Form der Strategie zur Arterhaltung angesehen werden. In ariden Gebieten mit einer knapp zur Verfügung stehenden Nahrungsmenge reicht diese aus, um bei einer Population mit einer sehr geringen Zahl von Eiern/Schlüpflingen je Weibchen und Gelege das Vermehrungspotential zu sichern. Andernfalls kann der die Arterhaltung bedrohende Umweltdruck durch eine hohe Zahl von Eiern/Schlüpflingen vielleicht zu groß werden, um das Überleben der Population zu garantieren.

Wald- und buschbewohnende Arten mit einer geringen Eizahl legen die Eier wenn nicht in Eigruben, so doch häufig unter Laubresthaufen oder in lockeren Humusböden ab. Ob die Eier auf diese Art oder in Eigruben abgelegt werden,

Art	Carapaxlänge Stockmaß i. cm	Eigröße i. mm Durchmesser/ Länge × Breite	Eizahl je Gelege
Dermochelys coriacea	200	25	100
Caretta caretta	100	53	108
Chelonoidis nigra	100	45	25
Dipsochelys elaphantina	68	35	22
Macroclemys temminckii	66	38	30
Batagur baska	60	76 × 43	30
Chelydra serpentina	47	27	45
Podocnemis unifilis	45	40 × 28	25
Apalone ferox	45	28	15
Chelodina longicollis	30	26 × 17	15
Trachemys scripta elegans	28	36 × 22	20
Graptemys geographica	27	34 × 22	16
Chrysemys picta belli	25	32 × 19	11
Emys orbicularis	25	30 × 20	10
Indotestudo elongata	23	52 × 34 (bei Autor, unveröffentlicht)	3
Kachuga tentoria	23	43 × 22	7
Rhinoclemmys annulata	20	69 × 35	2
Testudo hermanni	20	32 × 26	7
Agrionemys horsfieldii	20	43 × 27	3
Chelodina siebenrocki	17	35 × 28	10
Terrapene carolina	16	36 × 21	5
Malacochersus tornieri	15	46 × 29	1
Kinosternon odoratum	14	22 × 06	5
Homopus boulengeri	11	38 × 22	1

so können sie nur von Verfolgern aufgestöbert werden, wenn diese ein sehr sensibles Geruchs- und/oder Wärmewahrnehmungsvermögen besitzen.

Eiform. Sie ist art-, gattungs- und familientypisch, wobei keine große Formenvielfalt vorhanden ist. Es gibt kugelförmige (tennisballähnliche) Eier bei den Weichschildkröten (*Apalone ferox*), Meeres- und Lederschildkröten (*Chelonia, Caretta, Dermochelys*) und Riesenschildkröten (*Chelonoidis nigra*). Ovale, an den Spitzen abgerundete Eier findet man bei *Agrionemys horsfieldii* und anderen Testudiniden. Bei einer Reihe von Emydiden (z. B. *Emys orbicularis*) sind die Eier walzenförmig und an beiden Enden abgerundet. Bei keiner Schildkrötenart gibt es hühnereiähnliche Eier.

Eigröße. Die Eigrößen schwanken innerhalb der Familien zwischen 7, 6 cm × 4,3 cm eines langovalen Eies (*Batagur baska*) und 2,5 cm Durchmesser eines kugelförmigen Eies (*Dermochelys coriacea*). Die Aufstellung (Eigrößen) gibt eine Vorstellung des Verhältnisses Körpergröße (Carapax, Stockmaß) zu Eigröße und zu Eizahl je Gelege.

3.5.5 Inkubation und Inkubationszeiten

Die Grundlagen der Inkubation bei Reptilien sind im Abschnitt „Grundsätzliche Fragen und Probleme zur Biologie und Ökologie der Reptilien" eingehend erörtert worden. In der nachstehenden Aufstellung sind einige Beispiele über Eizahl je Gelege und Inkubationszeit bei Schildkröten mitgeteilt.

Die Inkubationszeiten der hier aufgelisteten Arten sind Einzelwerte. Sie beruhen oftmals nur auf Beobachtung des Zeitraumes vom Zeitpunkt des aufgefundenen Geleges bis zum Schlüpfzeitpunkt. Das allein reicht für eine exakte Bestimmung der Inkubationszeit nicht aus. Der Gesamtkomplex klimatischer, biologischer, ökologischer und bei Haltung im Terrarium experimenteller Faktoren beeinflußt die Beurteilung der Inkubationszeit.

Art	Eizahl/je Gelege	Inkubationszeit in Tagen
Agrionemys horsfieldii	7	90
Caretta caretta	108	50
Chelodina longicollis	15	130
Chelodina siebenrocki	10	210
Chelydra serpentina	25	85
Chrysemys picta bellii	11	250
Dermochelys coriacea	100	70
Emys orbicularis	10	90
Dipsochelys elephantina	25	130
Geochelone pardalis	22	390
Graptemys geographica	16	90
Homopus boulengeri	1	300
Kachuga tentoria	7	109
Macroclemys temminckii	30	15
Malacochersus tornieri	104	186
Podocnemis expansa	100	90
Trachemys scripta elegans	20	80
Kinosternon odoratum	4	70
Terrapene carolina	5	100
Testudo hermanni	7	70
Apalone ferox	15	65

3.6 Ernährung (Naturfutter, Futter aus Nutzpflanzen, Nutztieren und Futterzuchten)

Die Schildkröten nach der Art ihrer Nahrung in Gruppen einteilen zu wollen, ist kaum möglich, denn die Arten sind selten streng monophag – also auf eine bestimmte Nahrung eingestellt – sondern in der Mehrzahl der Arten Allesfresser (polyphag). Es gibt Arten, die Pflanzennahrung aufnehmen, aber auch Insekten und Säugertierfleisch nicht verschmähen (euryphag), gleichgültig, ob es sich um lebende Tiere oder Aas handelt.

Dazu gehören viele Landschildkröten. Die meisten Sumpfschildkröten und Süßwasserschildkröten und selbst die Meeresschildkröten sind wiederum keine reinen Fleischfresser (Carnivoren), sondern nehmen gelegentlich, zuweilen auch regelmäßig, pflanzliche Nahrung zu sich. Manche Sumpf- und Wasserschildkröten leben in der Jugend hauptsächlich von Wasserinsekten, um als adulte Tiere mehr Pflanzenkost zu bevorzugen.

Den Hinweisen, daß Schildkröten Kot aufnehmen (STEMMLER-MORATH 1952) können wir eigene Beobachtungen hinzufügen. In Anamur (Alanya/Türkei, 1988) beobachteten wir in dem schlammigen Graben rund um die alte Seeräuber-(Kreuzritter-)Festung Mamure Kalesi eine Anzahl *Mauremys caspica*, die beim Landgang in den von den dort weidenden Mauleseln hinterlassenen „Äpfeln" herumwühlten. Es dient dies weniger der Aufnahme normaler Nahrung als vielmehr der Notwendigkeit, die in den Exkrementen vorhandenen Spurenelemente oder Insekten bzw. deren Larvenstadien aus dem Kot zu sammeln!

Innerhalb der Gattungen und Arten, selbst innerhalb der Individuen einer Art treten im Laufe der Zeit Änderungen in den Freßgewohnheiten auf. Dabei handelt es sich wahrscheinlich um unterschiedliche Sinnesempfindungen (Geruch – Geschmack). Eine Nahrungsart kann z. B. für eine Schildkrötenart einen „angenehmen" Geruch haben ist jedoch geschmacklich neutral und umgekehrt. Unsere *Trachemys s. elegans, Graptemys pseudogeographica kohnii, Mauremys caspica* und *Rhinoclemmys areolata* nahmen kleine Brocken von Rinderherz mit Kalkpulver und Vitaminkomplex versehen oder mageres Rindermett sehr gern. *Pseudemys floridana* „schnupperte" nur an diesen Brocken, nahm sie jedoch nicht auf. Die gleichen Unterschiede stellten wir bei der Tubifex-Fütterung fest. Bei der Verfütterung von „Roten Mückenlarven" (*Chironomus plumosus*) beanspruchte auch *Pseudemys floridana* ihren Futteranteil. Eine *Geochelone carbonaria* fraß eine Zeit lang rote Tomaten, dann waren ihr geschabte Möhren recht, wobei gesagt werden muß, daß die rote Farbe einen besonderen Lockreiz besitzt. Jetzt ist sie auf überreife Bananen eingestellt.

82 Schildkröten

Gruppe	Mögliche Futterarten
I. Wasserschildkröten, Jungtiere. Vor allem *Pseudemys-, Trachemys-, Chrysemys*-Arten, aber auch die meisten anderen Gattungen und Familien	Kleine Wasserschnecken, Regenwürmer, evtl. Tubifex, rote Mückenlarven, Stechmücken-Larven, kleine Fische (z. B. Guppys) Rinderherz- und -leber (kleine Brocken), Wasserpflanzen, Algen, Salat.
II. Wasserschildkröten, erwachsene Tiere der oben genannten Gattungen	Oftmals stärkere Bevorzugung der Pflanzenkost, trotzdem auch Futter wie Gruppe I, nur entsprechend größere Mengen. Stücke von Süßwasserfischen einschließlich Schuppen.
III. Landschildkröten, Jungtiere und erwachsene Tiere: Gleiche Futterarten, nur Futtermengen altersabhängig.	Hauptsächlich Pflanzenfresser, überreifes Kern- und Steinobst, Bananen, Tomaten, Karotten, Salat, Löwenzahn, Spinat, Kresse.

Es ist durchaus möglich, daß bei anderen Pflegern andere Beobachtungen gemacht wurden. Die Beispiele zeigen zumindest, daß Schildkröten nicht einseitig ernährt werden sollten. Es ist sicher nicht falsch, die verschiedensten Futterarten anzubieten, um herauszufinden, welche bevorzugt werden, um diese dann längere Zeit zu verfüttern.

Für den Anfänger könnte eine Übersicht über die Futteransprüche der Schildkröten von Wert sein. Wir haben daher eine Futterliste (Aufstellung „Gruppenfutter") zusammengestellt. Sie ist grob strukturiert, erleichtert jedoch dem Anfänger in der Schildkrötenpflege die Wahl der Schildkrötenart, um die Tiere nicht unnötigen Futter-Versuchen auszusetzen. Die Aufstellung soll zudem eine Vorstellung davon geben, welche wildlebenden Pflanzen und Tiere sowie Nutzpflanzen und Haustiere genutzt werden können.

In den Artenbeschreibungen werden für die einzelnen Arten detaillierte Angaben über das geeignete Futter gemacht. Das Bundes-Naturschutzgesetz und die Bundes-Artenschutzverordnung verbieten das Fangen und Verwerten der in den Verordnungen aufgelisteten einheimischen Pflanzen und Tiere. Ausgenommen sind die in der Land- und Forstwirtschaft, im Obst-, Garten- und Weinbau auftretenden Schädlinge. Darüber gibt die Biologische Bundesanstalt in Braunschweig Auskunft. Über Neuerungen der oben genannten Gesetze und Verordnungen informiert das zuständige Landesamt für Umweltschutz.

Vom Frühjahr bis zum Herbst können im Freiland Futterquellen genutzt werden. Dabei sind die Naturschutzgesetze zu beachten.

Die **Pflanzenarten,** die man in der Natur für den menschlichen Gebrauch sammelt und als „Wildgemüse" bezeichnet sowie einige Futterpflanzen für Nutztiere, sind in den meisten Fällen auch für unsere pflanzenfressenden Schildkrötenarten zu verwerten. Die Tabelle gibt die brauchbaren Futterpflanzen mit den zur Verfütterung am besten geeigneten Pflanzenteilen wieder. Die Pflanzen werden frisch verfüttert. Als Handwerkszeug reicht ein kleines Fahrtenmesser, eine kleine Pflanzschaufel und ein Transportbeutel. Die Zahl der als Futter verwendbaren **Tierarten** des Freilandes ist heute sehr begrenzt. Auch ihre Verwendung unterliegt den Naturschutzgesetzen (s. o.).

Säugetiere, Vögel, Reptilien und Amphibien des Freilandes sind als Futter für Schildkröten nicht geeignet, da sie entweder zu groß sind oder unter das Naturschutzgesetz fallen. Statt dessen wählt man Fleischsorten aus dem Bereich der Nutz-, Haus- und Heimtiere (Rindermett, Geflügelfleisch, Fleisch von Labormäusen). Amphibien und deren Brut sind vollständig naturgeschützt. Süßwasserfische bzw. Fischfleisch steht in Fischgeschäften ausreichend zur Verfügung. Sumpf- und Wasserschildkröten nehmen gern Schnecken (Mollusken) an. Als Landschnecken kommen die in Haus- und Kleingärten oft anzutreffenden gebänderten Schnecken (*Cepaea hortensis*) in Frage. Da die Populationen unserer heimischen Wasserschnecken immer

Wildgemüse/Futterpflanzen (n. A. Kosch & D. Aichele, 1968)

Pflanzenname		1	2	3	4	Veg. Zeit
Bitteres Schaumkraut	(*Cardamine amara*)	+				4–5
Breitwegerich	(*Plantago major*)		+			6–10
Dorf-Gänsefuß	(*Chenopodium bonus-henricus*)	+				5–8
Echte Brunnenkresse	(*Nasturcium officinale*)	+				5–9
Gemeiner Beifuß	(*Artemisia vulgaris*)	+				7–10
Gemeiner Pastinak	(*Pastinaca sativa*)	+				7–9
Gemeine Wegwarte, Zichorie	(*Cichorium intybus*)	+				7–8
Große Brennessel	(*Urtica dioica*)	+				4–5
Kleiner Ampfer	(*Rumex acetosella*)	+				5–7
Kleines Mädesüß	(*Filipendula hexapetola*)	+				6–7
Kohl-Gänsedistel	(*Sonchus oleraceus*)	+				6–10
Löwenzahn	(*Taraxacum officinale*)	+		+	+	4–6
Mittlerer Wegerich	(*Plantago media*)		+			5–6
Rotklee	(*Trifolium pratense*)	+				6–10
Salat-Rapünzchen	(*Valerianella locusta*)	+				4–5
Sauerampfer	(*Rumex acetosa*)	+				5–6
Schafgarbe	(*Achillea millefolium*)	+				6–10
Sichelluzerne	(*Medicago falcata*)			+		6–9
Spitzwegerich	(*Plantago lanceolata*)			+		5–10
Wegmalve	(*Malva neglecta*)	+	+	+	+	6–9
Wiesenkerbel	(*Anthriscus silverstris*)	+				4–8
Wiesenschaumkraut	(*Cardamine pratensis*)	+				4–8
Zaungiersch	(*Aegopodium podagraria*)	+				6–7

Es bedeuten: 1 = junge Blätter, 2 = junge und alte Blätter,
              3 = Blütenknospen, 4 = Blüten.

mehr zusammenschrumpfen, sollte man die bei den Aquarianern nicht immer beliebten Wasserschnecken (z. B. Rote Posthornschnecke) selbst züchten. Ein kleines Aquarium wird mit Bodengrund und billigen Wasserpflanzen wie Wasserpest (*Elodea*) oder Hornblatt (*Ceratophyllum*) ausgestattet. Das Becken bleibt etwa 14 Tage stehen, damit die Wasserpflanzen ungestört anwachsen. Das Aquarienwasser sollte einen pH-Wert um 7 besitzen. Tritt eine (bakterielle) Trübung auf, wird ein Eßlöffel lebende Wasserflöhe (Zoohandel) dazugegeben, die schnell mit dieser Trübung aufräumen. Nach dieser Zeit werden 10 bis 15 Rote Posthornschnecken (Zoohandel) eingesetzt. Gefüttert wird mit Trockenfischfutter und kleinen Stückchen von Grünem Salat. Nach einigen Wochen sind Mengen von Jungschnecken vorhanden, die bei der oben erwähnten Fütterung rasch heranwachsen. Jungschnecken werden von jungen Sumpf- und Wasserschildkröten gern angenommen.

Aus der großen Klasse der Insekten (Hexapoda oder Insecta) wären zwar die wasserlebenden Larven aus einigen Ordnungen (Eintagsfliegen/Ephemeroptera, Libellen/Odonata, Steinfliegen/Plecoptera, Köcherfliegen/Trichoptera) brauchbar, doch auch hier ist die Nutzung durch Naturschutzgesetze eingeschränkt bzw. verboten.

Das gleiche gilt für einige wasserlebende Krebstiere (Crustacea), unter denen der Bachflohkrebs (*Gammarus pulex*) und die Wasserassel (*Asellus aquaticus*) in den heute kaum noch sauberen Bachläufen ein stark gefährdetes Dasein fristen. Wenn es schon Krebstierfleisch sein soll, so verwendet man tiefgekühlte kleine Krabben, die – aufgetaut und gewässert, Salzgehalt! – von unseren Wasserschildkröten gelegentlich gern gefressen wurden.

Aus der Klasse der Ringelwürmer (Annelida) kommen die Schlammröhrenwürmer (*Tubifex*), die Enchyträen (*Enchytraeus albidus*) und die Regenwürmer (Oligochaeta) in Frage. Tubifex und Enchyträen sind jederzeit im Zoohandel und Regenwürmer in Anglergeschäften erhältlich. Brauchbar sind der Kleine Regenwurm (*Dendrobaena pygmaea*) und der Tauwurm (*Lumbricus terrestris*). Sie leben im Acker- und Wiesenboden, in der verrottenden Laubschicht des Laubwaldes, in Gärten und in vermodernden Baumstubben. Unbrauchbar ist der Mistregenwurm (*Eisenis foetida*), der ein widerlich riechendes Sekret absondert und keinesfalls angenommen wird. Kenntlich ist er daran, daß zwischen zwei rötlichen Körperringen jeweils eine gelbliche Zwischensegmentfurche liegt.

Für Schildkröten, die keine Winterruhe halten, sind bei uns zur Winterzeit nur Handelsgemüse und Obst sowie Futtertierzuchten und das Fleisch von Haus- und Nutztieren greifbar. Ein gewisser Nachteil, da Pflanzen und Tiere aus dem Freiland meist reicher an Vitaminen und Spurenelementen sind. Bei Verfütterung von Handelsgemüse und Obst empfiehlt es sich, die Ware vorher zu waschen. Wenn auch in den letzten Jahren die Anwendung von Pflanzenschutzmitteln (Herbizide, Fungizide und Pestizide) amtlicherseits streng reglementiert wird, so sollte man doch vorsichtig sein.

Man wird hier einwenden, daß dies alles übertriebene Vorsicht sei, da die „Tiere in der Natur auch nicht alles gewaschen und absolut einwandfrei vorfinden". Schildkröten verfügen über ein feines Geruchs- und Geschmacksempfinden, das ihnen meldet, welches Futter sie auswählen und genießen können.

Es werden Futterbreie empfohlen, die aus Pflanzenteilen und Fleisch sowie Kalk + Vitaminen hergestellt wurden. Wir haben in Wasser eingeweichte Vollkornbrötchen mit Rindermett, Bananenmus, Krabbenfleisch, zermahlener Sepiaschale und einem Vitaminkomplex vermischt und als Kraftfutter angeboten, das sehr gern gefressen wurde.

Von der von Schildkröten-Haltern (Laien) gelegentlich empfohlenen Verfütterung von Küchengerichten wie Milch mit gekochten Nährmitteln (Nudeln, Haferflocken, Gries, Reis usw.), in Milch geweichtem Graubrot/Weißbrot/Brötchen sei gewarnt. Die Gefahr des Säuerns ist bei derartigem Futtermaterial kaum auszuschalten und dürfte dann gefährlich werden. Alle Schildkröten benötigen Proteine, um ihren Eiweißbedarf zu decken. Insekten aus den Futterzuchten oder rohes Rinderherz sind besser geeignet, diese Lücke zu füllen als Milch. Das gelegentliche Verfüttern von Trokkenfertigfutter-Präparaten ist zu empfehlen.

Die Zugabe von Kalkpräparaten wie Sepiaschale, Garnelenschrot sowie die Verabreichung von Vitaminpräparaten als Vitaminkomplex oder als Einzelvitamin sollten unbedingt in Abständen erfolgen.

Es liegen noch nicht genügend wissenschaftlich ausgerichtete veterinärmedizinische Untersuchungen über die Ernährungsphysiologie bei Amphibien und

Futter-Analyse (nach ISENBÜGEL & FRANK 1985*, verändert, ergänzt).

Futtersubstanz	Protein %	Fett %	Calcium %	Phosphor %	kcal
Tierische Produkte					
Eintagsküken	16,0	5,5	0,39	0,34	135
Maus 30 g	19,9	8,8	0,84	0,61	205
Weißfisch	23,1	6,5	2,60	1,20	–
Rinderherz	18,8	3,7	0,01	0,19	108
Rinderleber	20,0	3,2	0,01	0,35	136
Mehlwürmer	20,4	9,0	0,40	0,29	212
Grillen (Art?)	21,7	3,9	–	–	–
Mückenlarven (Art?)	8,2	1,9	–	–	–
Köcherfliegen-Larven	11,1	1,0	–	–	–
Eintagsfliegen-Larven	12,6	1,2	–	–	–
Wasserschnecke (Art?)	3,5	0,6	–	–	–
Tellerschnecke	10,6	0,7	–	–	–
Milch	3,5	3,5	0,12	0,10	162
Pflanzliche Produkte					
Bananen	1,3	0,2	0,008	0,028	85
Äpfel	0,3	0,6	0,006	0,010	59
Orangen	0,9	0,2	0,033	0,023	49
Salat (Grüner)	1,2	2,5	0,030	0,025	14
Karotte	1,2	0,2	0,039	0,037	42
Spinat	3,2	0,2	0,093	0,051	26
Brokkoli	3,6	0,3	0,103	0,078	32

Reptilien vor, wie sie für Haus- und Nutztiere bekannt sind. Die von erfahrenen Terrarianern entwickelten Futtergemische (z. T. als Gefrierfutter) haben den Vorteil stets in gleicher Zusammensetzung und von gleicher Qualität zu sein. Außerdem ist eine einfache und bequeme Fütterung damit möglich. Wie hoch der physiologische Futterwert zu bewerten ist, läßt sich nicht an den Mengenverhältnissen der einzelnen Bestandteile feststellen, sondern müßte auf die Prozentanteile der Grundnährstoffe wie Proteine, Fette, Kohleydrate, Calcium, Phosphor, Spurenelemente und Vitamine ausgerichtet sein. Dazu müßte noch bekannt sein, welche Futtermenge je Tier und Futterzeit erforderlich ist, um eine optimale Lebensqualität aufrecht zu erhalten. Da noch nicht einmal die Prozentanteile der oben genannten Grundnährstoffe für die wichtigsten Futtermaterialien bekannt sind, bleibt die Futterwerteinschätzung eines nach persönlichen Vorstellungen entwickelten Nahrungsgemisches problematisch.

ISENBÜGEL & FRANK (1985*) haben eine Zusammensetzung wichtiger Futterarten gebracht, bei der die Werte für Protein, Fett, Calcium und Phosphor mitgeteilt sind. Für einige Futtersubstanzen ist der kcal/100 g-Wert erwähnt.

Das Verhältnis von Calcium : Phosphor ist für eine gesunde Knochenentwicklung sehr wichtig. Es sollte das Verhältnis von 1,3 : 1,0 vorliegen, um der Osteoporose (s. Abschnitt „Herpetopathologie") vorzubeugen. Das optimale Verhältnis von Calzium (Ca) zu Phosphor (P) = 1,3 : 1,0 liegt jedoch bei den oben aufgelisteten Futterarten – mit Ausnahme vom Weißfisch – nicht vor.

3.6.1 „Richtige" Fütterung

Die Vorstellung „Richtige" Fütterung in eine Formel zu bringen, aus der Futterqualität, Futterquantität und Fütterungszeiten für alle Schildkrötenarten zu ersehen sind und nach der bei jeder Art verfahren werden kann, ist nicht zu realisieren. In der Nutztierpraxis (Rind, Schwein, Pferd, Geflügel usw.) ist dies allerdings mit dem Ziel landwirtschaftlicher Produktivität gelungen. Bei den Schildkröten müssen gewisse Vorsichtsmaßregeln beachtet und Bedingungen eingehalten werden, ohne die die zu pflegende Schildkröte schon von vornherein schwer belastet wird.

Besonders vorsichtig ist bei der Fütterung von Frischfängen bzw. Neukäufen zu verfahren. Frischfänge erhalten von den Fängern in ihren Heimatgebieten ebenso wenig Futter wie auf dem Transport vom Exportland zum Bestimmungsort im Importland. Bei Neuerwerbungen vom Züchter, kann man sich nach den bei ihm gültigen Futtermaßnahmen erkundigen. Derartige Auskünfte beim Zoohändler zu erfahren, wird nicht immer erfolgreich sein. Eine zu reichliche Fütterung ist in der Zeit der Eingewöhnung zu vermeiden, um möglichen Verdauungsstörungen vorzubeugen. Schlüpflinge, die ohnehin zunächst von den Dotterresten zehren, werden dann zweimal täglich gefüttert. Mit zunehmender Entwicklung genügt eine Fütterung pro Tag. Schließlich wird nur zweimal in der Woche gefüttert. Bei zu häufiger Fütterung kann die Verdauung ungünstig beeinflußt werden. Es kommt zur Stauung der Nahrungsbrocken, die Darmperistaltik wird gehemmt, was unter Umständen schließlich zu Fäulnisvorgängen im Darm führen kann. Damit ist zumindest eine Verringerung der Lebenserwartung vorprogrammiert.

Die Zeit der Futteraufnahme ist artspezifisch und sollte unbedingt beachtet werden. So müssen tagaktive Arten auch am Tage gefüttert werden und nicht spät abends. Bei nachtaktiven Arten ist es umgekehrt. Andernfalls wird die circadiane (tägliche) Rhythmik der Lebensvorgänge empfindlich gestört. Die Regelmäßigkeit der Fütterung ist ein wesentlicher Faktor für die Gesunderhaltung des Pfleglings. Unregelmäßige Zeitintervalle der Fütterung oder zu kurze oder sehr lange Fütterungsabstände sind zur Erhaltung eines gesunden und einwandfreien Stoffwechsels zu vermeiden.

Da die Verdauung ein Vorgang ist, bei dem Wärme benötigt wird, ist die Fütterungszeit so zu legen, daß die Pfleglinge Zeit gefunden haben, ihre Körperwärme, die während der Ruhezeit (bei Tagaktiven die Nacht und bei Nachtaktiven der Tag) abgesunken ist, wieder zu erhöhen. Für Landschildkröten als vorzugsweise bodenlebende Tiere spielt daher die Bodenheizung eine wichtige Rolle. Das gleiche gilt für Wasserschildkröten, für die eine lokale Heizung unter dem Boden des Wasserterrariums (Heizplatte) anzulegen ist.

3.6.2 Zwangsfütterung

Die Durchführung der Zwangsfütterung ist wenig erfreulich und eine für den Helfer wie für die betreffende Schildkröte nicht ganz einfache Aufgabe. Am schwierigsten ist es, die Schildkröte dazu zu bringen, das Maul zu öffnen. Da Schildkröten sehr schreckhaft sind, ziehen die Halsberger (Cryptodira) den Kopf beim Versuch das Maul zu öffnen sofort zurück. Mit Gewalt kann man den Kopf nicht herausziehen. Man muß versuchen, durch leichtes Drücken auf Schwanz und Hinterbeine das Tier zu bewegen, den Kopf wieder herauszustrecken. Mit einem Holzspatel muß man versuchen, Ober- und Unterkiefer vorsichtig zu öffnen. Bei den Halswendern (Pleurodira) gelingt es vielleicht etwas leichter. Als Futter hat man schon vorher einen Brei aus Bananenmus und einer Vitamin-Kalk-Kombination vorbereitet. Eine Hilfsperson schiebt dann vorsichtig mit einem anderen Holzspatel eine kleine Portion weit in den Rachen ohne jedoch dabei in die Luftröhre zu geraten. Nach einer kleinen Pause wird die zweite Portion nachgeschoben. Drei bis vier Portionen müssen für die erste Fütterung reichen. Hat man festgestellt, daß die Portionen heruntergeschluckt sind, kann man die Prozedur noch einmal vornehmen. Wenn die Schildkröte nach vier bis fünf Tagen von selbst wieder frißt, ist der Versuch gelungen. Fleischfresser erhalten eine Mischung aus fein geschabter Rinderleber mit fein geschabtem Rinderherz und einem Vitaminkomplex.

Auf jeden Fall beuge man lieber durch intensive Beobachtung der Futtergewohnheiten und durch abwechslungsreiche Futtergaben der Zwangsfütterung vor und versuche ihr derzeitiges Lieblingsfutter herauszufinden, dem sie selten widerstehen können.

In sehr ernsten Fällen hilft zum Stützen des Kreislaufs vielleicht noch die Eingabe von „Boviserin®" (s. Abschnitt „Herpetopathologie", Band 3). Eine *Chelonoidis carbonaria* haben wir mit dem Präparat „Vitamin-Paste 100®" (Dr. F. Sasse/Berlin) zwangsgefüttert, als die Nahrung verweigert wurde. Es gelang uns, das Tier wieder zur normalen Nahrungsaufnahme zu bringen. Auch Heiler (Hildesheim, mündl. Mitteilung) konnte damit eine *Chelonoidis carbonaria* retten.

3.7 Literatur (Fachzeitschriften)

ADAM, W. (1983): Überwinterung von europäischen Landschildkröten in einem Kühlschrank. Elaphe (Neue Folge) 1: 13–14.

ANONYMUS (1983): Hinweise zur Überwinterung von Wasserschildkröten. herpetofauna 5(26): 21.

BALLASINA, R. & D. BALLASINA (1984): Haltung und Zucht von Rotwangenschildkröten aus 8 Jahren. Aquarien und Terrarien (DDR) 31: 208–211, 246–248, 281–283.

BAUM, L. (1983): Ein zur Haltung von Schmuckschildkröten geeignetes Terrarium. Aquarien und Terrarien (DDR) 30: 33.

BECHTELE, W. (1967): Wie wär's mit einer Herde bunter Strampler? Schmuckschildkröten im Wassergarten. Aquarien-Magazin 1: 102–104.

BICKEL, CHR. (1960): Erfahrungen und Heilerfolge mit kranken Schildkröten. DATZ 13: 347.

BORKIN, L., V. CHERLIN & A. J. ZELLARIUS (1979): Einige Beobachtungen zur Ökologie von Landschildkröten. Aquarien und Terrarien (DDR) 26: 92–93.

BOSCH, H. & W. FRANK (1983): Häufige Erkrankungen bei in Terrarien gehaltenen Amphibien und Reptilien. Salamandra 19: 29–54.

BRAUER, P. (1980): Allgemeines über Landschildkröten. Sauria 2(1): 9–11.

BRENNER, W. (1958): Schildkrötenhaltung einmal anders. Aquarien und Terrarien (DDR) 5: 346–348.

BRÜNNER, G. (1950): Überwinterung subtropischer Landschildkröten DATZ 3: 157–158.

BUDDE, H. (1980): Verbesserter Brutbehälter zur Zeitigung von Schildkrötengelegen. Salamandra 16(3): 177–180.

BULL, J. J. (1980): Sex Determination in Reptiles. Quarterly Rev. Biol. 55(1): 3.

– (1983): Evolution of sex deteminating mechanism. Benjamin/Cummings Publ. Menlo Park. 1983.

– (1985): Sex ration and nest temperature in turtles: comparing field and laboratory dats. Ecology 66(4): 115.

CALMONTE, A. (1974): Schmuckstücke für das Aqua-Terrarium aus dem fernen Osten. Aquarien-Magazin 8: 380–382.

DANZER, W. (1982): Über die Temperaturabhängigkeit der Entwicklung der Geschlechtsanlagen bei Reptilien. Sauria 4(3): 23–24.

DOLLE, R. T. (1956): Wasserschildkröten im Aqua-Terrarium. Aquarien und Terrarien (DDR) 3: 271–273.

EBERHARDT, K. (1932): Beobachtungen an Reptilien in Albanien und Dalmatien. Wochenschrift f. Aquar.- und Terrarienkunde 29: 230.

EHRENGART, W. (1976): Brutanlagen für Schildkröteneier. Salamandra 12(1): 27–31.

ENGEL, H. (1982): Sumpfschildkröten. Gedanken während einer Reise nach Griechenland. DATZ 35: 192–194.

– (1984): Sinnesphysiologie. Der Hörsinn. herpetofauna 6(30): 21–24.

FORMANN, F. & B. FORMANN (1981): Herpetologische Beobachtungen auf Korsika. herpetofauna 3(10): 12–16.

FRÄNKEL, R. (1972): So züchten wir Griechische Landschildkröten. Sexualverhalten und Fortpflanzung von *Testudo hermanni hermanni*. Aquarien-Magazin 6: 492–495.

FRANK, W., W. SACHSSE & W. H. WINKELSTRÄTE (1976): Außergewöhnliche Todesfälle durch Amöbiasis. Salamandra 12(3): 120–126.

FRIEDEL, R. (1973): Provozierter Frühschlupf bei Schildkröten als rationale Zuchtmethode. Aquarien und Terrarien (DDR) 20: 376–377.

FRITZ, U. (1981): Übersicht über die neuweltliche Sumpfschildkrötengattung *Chrysemys* GRAY (*Pseudemys* GRAY = Synonym für *Chrysemys* GRAY). herpetofauna 3(10): 12–16, 3(11): 31–33, 3(14): 25–32.

FRITZSCHE, G. (1952): Über den Umgang mit Schildkröten. DATZ 5: 75–78.

FROMMHOLD, E. (1958): Wie werde ich Terrarianer? VII. Schildkröten und Echsen. Aquarien und Terrarien (DDR) 5: 11–13.

FURRER, J. (1975): Eine Schildkrötenpersönlichkeit. DATZ 28: 174–176.

GAD, J. (1980): Florida der Schildkröten wegen. DATZ 33: 390–392.

GAFNEY, E. (1979): Comparitive cranial morphology of recent and fossil turtles. Bull. American Museum Nat. Hist. New York. Vol. 164: 2.

GEISSLER, I. & J. JUNGNICKEL (1989): Bemerkenswerte Schildkröten (Emydidae) und Panzerechsen (Crocodyloidea) aus Vietnam. herpetofaune 11(63): 26–34.

GIEBNER, I. (1989): Pflege und Zucht der Steppenschildkröte *Agrionemys horsfieldi*. Elaphe 8: 42–44.

HEILER, J. (1976): Schildkröten sind kein Kinderspielzeug. Aquarien-Magazin 10: 302–305.

– (1976): Gepanzerte Mimosen. Wachstum und Krankheiten der Wasserschildkröten. Aquarien-Magazin 10: 464–468.

HEIMANN, E. (1987): Vorschläge zur Haltung und Zucht europäischer Landschildkröten. Aquarien und Terrarien (DDR) 34: 128–131, 381–391, 414–416.

– (1988): Vorschläge zur zweckmäßigen Haltung und effektiven Zucht europäischer Landschildkröten. Aquarien und Terrarien (DDR) 35: 23–27.

– (1989): Betr.: „Aktivität von Landschildkröten" – Weibchen bei der Paarung. DATZ 41: 88, DATZ 42.

HEMPEL, W. (1988): Haltung Nachzucht von *Agrionemys horsfieldi*. Elaphe 2: 21–24.

HENDRISCHK, G., G. ABRAHAM & U. MANTHEY (1980): Haltung von Wasserschildkröten. Sauria 2(4): 26–39.

HENLE, K. (1980): Herpetologische Beobachtungen in der Umgebung von Rovinj. herpetofauna 2(6): 6–9.

HOESCH, U. (1982): Herpetologische Beobachtungen auf den Seychellen. herpetofauna 4(17): 31–33.

HOFER, D. (1993): Der Regenwurm – ein oft unterschätztes Futtertier für Terrarientiere. elaphe (Neue Folge) 1: 19–20.

JANSON, G. (1986): Heilkur für kranke Landschildkröten. Aquarien-Magazin 20: 20–24.

JOCHER, W. (1968): Ein Platz an der Sonne. Auch Schildkröten wollen leben. Aquarien-Magazin 2: 168.

JUNGNICKEL, J. (1982): Beobachtungen bei der Futteraufnahme von Landschildkröten. elaphe 2: 24–25.

– (1986): Bemerkungen zur Problematik der Höckerbildung. Sauria 8(1) 19.

KÄSTLE, D. (1969): Ein Beitrag zur Haltung von Baby-Schildkröten. DATZ 22: 216–221.

KAU, H. D. (1981): Europäische Süßwasserschildkröten im Freiland-Terrarium. herpetofauna 3(15): 27–29.

KELLER, M. (1965): Meine tropischen Wasserschildkröten im Freiland-Terrarium. DATZ 18: 241–242.

KIRSCHE, W. (1972): Über Panzeranomalien bei Landschildkröten. Aquarien und Terrarien (DDR) 19: 259–261.

– (1979): The housing and regular breeding of Mediterranean tortoises *Testudo* ssp. in captivity. Int. Zoo Yearbook 19: 42–49.

KLEE, O. (1970): Schildkröten lieben rote Früchte. Aquarien-Magazin 4: 117–121.

KLINGENHÖFFER, W. (1941): Seltene Schildkröten. Blätter für Terrarienkunde 52: 70.

– (1941): Die Schildkrötenlunge als Atem- und Schwebeorgan. Blätter für Terrarienkunde 52: 114, 134.

– (1941): Zur Reifung von Schildkröteneiern. Blätter für Terrarienkunde 52: 443.

– (1953): Einiges über die *Pseudemys*-Arten der USA. DATZ 6: 155–159.

KREFFT, G. (1938): Die Sumpfschildkröten Westindiens. Wochenschrift für Aquarien- und Terrarienkunde 35: 342.

– (1953): Herpetologische Eindrücke einer Walfangreise. DATZ 6: 100–103, 130–133, 189–192, 213–216, 239–242.

KRONECKER, K. (1932): Über die Haltung von Schildkröten. Wochenschrift für Aquarien- und Terrarienkunde 29: 405.

KUBIN, U. (1987): Schildkrötenzucht im Blumentopf. Aquarien-Magazin 21: 456–457.

LANGER, G. (1958): Kannibalismus bei Schmuckschildkröten. DATZ 11: 63.

LEGLER, J. M. (1955): Observations on the behavior of captive turtles. Lloydia 18(2): 95.

– (1960): Natural History of the Ornate Box turtle, *Terrapene ornata ornata* AGASSIZ. Univ. Kansas Publ. Nat. Hist. 11: 527.
LEHMANN, K. (1980): Zum Alter von *Testudo radiata* in Gefangenschaft (Reptilien : Testudines : Testudinidae). Salamandra 16: 61.
LEWANDOWSKI, R. (1985): Überlegungen zur Pflege von Wasserschildkröten. DATZ 38: 420–422.
MATZ, G. (1975): Protection de la Nature ... et Terrarium. Aquarama 9(30): 32.
– & O. STEMMLER (1967): Les Tortues terrestres. Aquarama 1(3): 21.
MAYER, R. (1988): Aktivität von Landschildkröten – Weibchen bei der Paarung. DATZ 41: 378.
MEBS, O. (1965): Zur Pathologie der Lungenentzündung bei Wasserschildkröten. DATZ 18: 24–26.
MERTENS, R. (1954): Bemerkenswerte Schildkröten aus Süd- und Zentralamerika. DATZ 7: 239–242.
MÜLLER, P. (1971): Herpetologische Reiseeindrücke aus Brasilien. Salamandra 7: 9–30.
OBRADOVIC, J. (1983): Panzererweichung bei Wasserschildkröten. DATZ 36: 224–226.
PEDERZANI, H. A. (1981): Schildkröten im Aquarium? Aquarien und Terrarien (DDR) 28: 152–153.
PIEAU, C. (1974): Sur la Differenciation sexuelle chez des embryons d'*Emys orbicularis* L. (chelonien) issus d'oeufs incubes dans le sol au cours de l'été 1973. Bull. soc. Zool. France (Paris) 99: 363.
– (1982): Modalities of the action of temperature on sexual differentiation in field-developing embryos of the European pond turtle *Emys orbicularis* – J. exp. Zool. 220: 353.
– (1988): Mecanismes impliqués dans l'inversion du phenotype sexuel sous l'influence de la temperature chez les tortues. III Symposium chelonologicum Europaeum 1988.
PRITCHARD, P. C. (1966): Notes on Persian turtles. Biol. J. Herpet. London 3(11): 271.
RAU, R. (1976): Weitere Angaben über die Geometrische Landschildkröte *Testudo geometrica*. Salamandra 12: 165–175.
RAUTERT, H. (1984): Schnappschildkröten und Geyerschildkröten. Das Aquarium 118: 427.
REIJST, A. (1951): Von meinen nordamerikanischen Zierschildkröten. DATZ 4: 302–304.
ROGNER, M. (1987): Die Sommerresidenz für Schmuckschildkröten. Aquarien-Magazin 21: 216–219.
– (1989): Probleme beim Zeitigen von Schildkröteneiern. DATZ 42: 148–150.
ROHR, W. (1970): Die Bedeutung des Wärmefaktors für Fortpflanzungsperiode und Eiablageverhalten südeuropäischer Landschildkröten im Terrarium. Salamandra 6: 99–103.
RUDLOFF, H. W. (1986): Schlammschildkröten – Terrarientiere der Zukunft. Aquarien und Terrarien (DDR) 33: 133–134, 166–169, 206–207.
SACHSE, W. (1967): Vorschläge zur physiologischen Gefangenschaftshaltung von Wasserschildkröten. Salamandra 3(3): 81–91.
– (1971): Was ist Ballast in der Nahrung von Schildkröten? Salamandra 76: 143–148.
SCHINDLER, E. (1981): Aufzucht von Sumpfschildkröten. Aquarien und Terrarien (DDR) 228: 26.
SCHWARTZ, A. & W. H. HERDERSON (1991): Amphibians and Reptiles of the West-Indies. Descriptions, Distributions and Natural History. Univ. of Florida, Gainsville Florida 120.
SEIFERS, H. (1982): Filterung von Wasserschildkrötenbecken. DATZ 35: 351–352.
STEMMLER-GYGER, O. (1963): Ein Beitrag zur Brutbiologie der mediterranen Landschildkröten. DATZ 16: 180–183.
STEMMLER, O. (1958): Wasserschildkröten auf Korsika. Aqua Terra, Schweiz 5: 84.
STEMMLER, O. & G. MATZ (1967): Les tortues terrestres. Aquarama 21.
SWITAK, K. H. (1985): Schildkröten im Krüger-National-Park beobachtet. Das Aquarium 19: 36–40.
TEMBROCK, G. (1961): Diskussionsbemerkungen zu: Können Schildkröten und Schlangen hören. Aquarien und Terrarien (DDR) 8: 383.
THIEME, U. & H. THIEME (1985): Künstlich induzierte Eiablage bei Schildkröten mit Oxytocin. Aquarien und Terrarien (DDR) 32: 207–210.
WERMUTH, H. (1967): Steinfressende Schildkröten. DATZ 20: 127.
– (1972): Tarnung und Lauern bei Schildkröten. DATZ 25: 352–354.
– (1977): Wie überwintern unsere Landschildkröten? Aquarien-Magazin 11: 368–374.
WIESE, S. (1978): Landschildkröten richtig gepflegt. Aquarien-Magazin 12: 332–337.
YNTEMA, C. L. (1976): Effects of incubation temperatures on sexuel differentiation in the turtle *Chelydra serpentina*. J. Morph. 150: 453.
– (1979): Temperature levels and periods of sex determination during incubation of eggs of *Chelydra serpentina*. J. Morph. 159: 17.
ZIMMERMANN, H. (1982): Reptilien im Alten Griechenland. Aquarien-Magazin 16: 410.

Literatur zur systematischen Übersicht

BOUR, R. (1995): Une nouvelle espèce de tortue terrestre dans le Péloponnèse (Grèce). Dumerilia 2: 23–54.
CANN, J., J. M. LEGLER (1994): The Mary River Tortoise: A new Genus and Species of Short-Necked Chelid from Queensland, Australia (Testudines: Pleurodira). Chelonian Conservation and Biology 1 (2): 81–96.
DAVID, P. (1994): Liste des reptiles actuels du monde I. Chelonii. *Dumerilia* 1: 7–127.
ERNST, C. H., J. E. LOVICH, R. W. BARBOUR (1994): Turtles of the United States and Canada. Smithsonian Institution Press, Washington and London, 578 S.
ERNST, C. H., R. W. BARBOUR (1989): Turtles of the world. Smithsonian Institution Press, Washington, D. C., and London, 313 S.
FRITZ, U. (1995): Schildkröten-Hybriden. 2. Halsberger-Schildkröten (Cryptodira). herpetofauna 17 (95): 19–34.
IVERSON, J. B. (1992): A revised checklist with distribution maps of the turtles of the world. Privately printed, Richmond, Indiana, 363 S.
IVERSON, J. B., W. P. McCORD (1994): Variation in East Asian tzurtles of the genus *Mauremys* (Bataguridae; Testudines). Journ. Herpetology 28 (2): 178–187.
McCORD, W. P., J. B. IVERSON, BOEADI (1995): A new Batagurid Turtle from Northern Sulawesi, Indonesia. Chelonian Conservation and Biology 1(4): 311–316.
RHODIN, A. G. J. (1994): Chelid turtles of the Australasian Archipelago: I. A new species of *Chelodina* from southeastern Papua New Guinea. Breviora No. 497: 1–36.
RHODIN, A. G. J. (1994): Chelid turtles of the Australasian Archipelago: II. A new species of *Chelodina* from Roti Island, Indonesia. Breviora No. 498: 1–31.
SEIDEL, M. E. (1994): Morphometric Analysis and Taxonomy of Cooter and Red-Bellied Turtles in the North American Genus *Pseudemys* (Emydidae). Chelonian Conservation and Biology 1 (2): 117–130.

3.8 Systematische Übersicht über die Familien, Unterfamilien und Gattungen der heute lebenden Schildkröten (Ordnung Chelonii BROGNIART, 1800)

Nach den Autoren der vor der systematischen Übersicht aufgeführten Literaturübersicht ist die vorliegende Checklist zusammengestellt worden.

Infraordnung Pleurodira

Familie Chelidae
Unterfamilie Chelinae
Gattungen: *Chelus*
Acanthochelys
Chelodina
Elseya
Elusor
Emydura
Hydromedusa
Phrynops
Platemys
Rheodytes

Unterfamilie Pseudemydurinae
Gattung: *Pseudemydura*

Familie Pelomedusidae
Unterfamilie Pelomedusinae
Gattungen: *Pelomedusa*
Pelusios

Unterfamilie Podocnemidinae
Gattungen: *Podocnemis*
Erymnochelys
Peltocephalus

Infraordnung Cryptodira

Familie Chelydridae
Unterfamilie Chelydrinae
Gattungen: *Chelydra*
Macroclemys

Familie Platysternidae
Gattung: *Platysternon*

Familie Trionychidae
Unterfamilie Trionychinae
Gattungen: *Trionyx*
Amyda
Apalone
Aspideretes
Chitra
Dogania
Nilssonia
Palea
Pelochelys
Pelodiscus
Rafetus

Unterfamilie Cyclanorbinae
Gattungen: *Cyclanorbis*
Cycloderma
Lissemys

Familie Carettochelyidae
Gattung: *Carettochelys*

Familie Dermatemydidae
Gattung: *Dermatemys*

Familie Kinosternidae
Unterfamilie Kinosterninae
Gattung: *Kinosternon*
Unterfamilie Staurotypinae
Gattungen: *Staurotypus*
Claudius

Familie Cheloniidae
Gattungen: *Chelonia*
Caretta
Eretmochelys
Lepidochelys
Natator

Familie Dermochelyidae
Gattung: *Dermochelys*

Familie Testudinidae
Unterfamilie Testudininae
Gattungen: *Testudo*
Agrionemys
Astrochelys
Chelonoidis
Chersina
Dipsochelys
Geochelone
Homopus
Indotestudo
Kinixys
Malacochersus
Psammobates
Pyxis

Unterfamilie Xerobatinae
Gattungen: *Gopherus*
Manouria

Familie Bataguridae
Unterfamilie Batagurinae
Gattungen: *Batagur*
Callagur
Chinemys
Geoclemys
Hardella
Hieremys
Kachuga
Malayemys
Morenia
Ocadia
Orlitia
Siebenrockiella

Unterfamilie Geoemydinae
Gattungen: *Geoemyda*
Cuora
Cyclemys
Heosemys
Mauremys
Melanochelys
Notochelys
Pyxidea
Rhinoclemmys
Sacalia

Familie Emydidae
Unterfamilie Emydinae
Gattungen: *Emys*
Clemmys
Emydoidea
Terrapene

Unterfamilie Deirochelyinae
Gattungen: *Deirochelys*
Chrysemys
Graptemys
Malaclemys
Pseudemys
Trachemys

3.9 Artenbeschreibungen Schildkröten

Acanthochelys spixii
(DUMÉRIL & BIBRON, 1835)
Stachelhals-Plattschildkröte, E Black spiny-necked swamp turtle, F Platémyde de Spix, SP Tortuga chata

Beschreibung: Die Art gehört zur Familie Chelidae, Unterfamilie Chelinae. Artcharakteristisch sind die spitzen Tuberkel auf Nacken und Halsoberseite sowie der flache, ovale Rückenpanzer, der bei alten Tieren in der Mitte eine Längsrinne aufweist. Die Marginalschilder sind am Carapax-Hinterrand höchstens leicht gesägt. Rücken- und Bauchpanzer sind dunkelgrau bis fast schwarz. Manchmal treten gelbliche Zeichnungselemente an der Basis der Pleuralschilder und/oder entlang der Plastron-Mittelnaht auf. Die Weichteile sind olivfarben bis grau, die Kiefer gelblich. Am Kinn befinden sich zwei graue, kurze Barteln. Oberhalb des Trommelfells erkennt man drei bis vier Längsreihen kleiner, unregelmäßig geformter Schilder. Der Plastron der Weibchen ist flach, der der Männchen konkav. Letztere besitzen im Gegensatz zu den Weibchen einen längeren und dickeren Schwanz, an dem die Analöffnung weiter vom Carapaxhinterrand entfernt ist. Jungtiere haben anstelle der Längsrinne auf dem Rückenpanzer einen leichten Mittelkiel, die Nackentuberkel entwickeln sich im Verlauf der ersten beiden Lebensjahre. Der Carapax ist dunkelbraun und über den Randschildern schwarz gefleckt, der Carapaxrand ist orange-rot. Im zentralen Teil des Plastrons befindet sich ein schwarzer, unregelmäßiger Fleck, sonst ist die Unterseite ebenfalls orange-rot gefärbt. Der Kopf ist dunkelbraun, schwarz und rötlich gezeichnet. Die Gliedmaßen sind schwarz-grau, verschiedene Schuppen rötlich gefärbt, ebenso die Schwanzspitze. Die Art erreicht eine Carapaxlänge bis zu 17 cm (vgl. ERNST & BARBOUR 1989*).

Geographische Verbreitung: Vom oberen Rio São Francisco und dem Küstenbassin um São Paulo südwärts zum Rio Parana-Bassin in Argentinien, Uruguay und S-Brasilien; evtl. auch in Paraguay. In der Umgebung von Mendoza (Argentinien) wurde sie ausgesetzt (vgl. ERNST 1983, IVERSON 1992*).

Biologie und Ökologie: Nach ERNST & BARBOUR (1989*) lebt die Art in langsam fließenden Gewässern mit weichem Bodengrund und gut entwickelter Submersvegetation. FREIBERG (1967) fand sie an Land, unter Vegetation, die nach heftigen Regengüssen überflutet war. Sie ist relativ scheu. ERNST & BARBOUR (1989*) vergleichen sie mit kleinen Nadelkissen, wenn sie den mit spitzen Tuberkeln versehenen Hals seitlich unter den Panzer gelegt haben. Sie frißt vor allem Mollusken, Wasserinsekten sowie Insekten- und Amphibienlarven.

Terrarium: Der Behälter für zwei bis drei erwachsene Tiere sollte wenigstens 100 × 50 × 50 cm messen, der Wasserstand nicht unter 20 cm betragen. Das Wasser wird über einen leistungsfähigen Außenfilter gereinigt, hin und wieder gänzlich gewechselt. BARTELS (1994) stellt eine energie- und kostensparende Methode zur mikrobiologischen Wasserreinigung für Wasserschildkrötenbehälter vor, die auch bei der Haltung aller anderen wasserlebenden Schildkrötenarten angewendet werden kann.

Ausstattung: Als Unterwasserverstecke werden Moorkienholz-Wurzeln eingebaut. Schwimmpflanzen sollten einen Teil der Wasseroberfläche abdecken (Beschattung). Ein sandgefüllter Landteil zur Eiablage wird eingehängt.

Heizung: Die Wassertemperatur soll zwischen 24 und 30 °C liegen, die Lufttemperatur etwas darüber. An der Wasser-/Landgrenze kann ein milder Hellstrahler (Philips Par 38 Ec spot oder Osram Concentra Par 38 Ec) installiert werden.

Licht: Die Art ist wahrscheinlich nicht sehr lichtbedürftig. LEHMANN (1988) betrieb eine 20 W Leuchtstoffröhre täglich 12 Stunden.

Futter: Gefüttert wird mit Fischfleisch, Gelatinefutter (PAULER 1980), gelegentlich sollten auch Insekten (z. B. Grillen und Wanderheuschrecken etc.) angeboten werden. Die Fütterung erwachsener Tiere erfolgt höchstens dreimal in der Woche.

Nachzucht: Es liegt ein Nachzuchtbericht von LEHMANN (1988) vor.

Paarung: LEHMANN (1988) beobachtete die Balz im Terrarium zwischen September und November. Das Männchen näherte sich mehrfach langsam, zumeist frontal, dem Kopf der Partnerin und wurde von ihr zunächst weggebissen. Danach begann es die Kloake des Weibchens zu „beschnüffeln" und ritt auf dessen Carapax auf. Bewegte sich das Weibchen nicht, begann das Männchen wieder mit den frontalen Annäherungsversuchen. Bewegte sich das Weibchen fort, stellte sich das Männchen mit den Hinterfüßen auf die der Partnerin. Dabei lagen die abstehenden und vergrößerten Schuppen der Hintergliedmaßen auf deren Carapaxrand, bildeten mit dem Fuß einen spitzen Winkel um den Rand des Rückenpanzers und somit eine wirkungsvolle Klammer. Zusätzlich klemmte das Männchen seinen Schwanz unter den Carapaxrand der Partnerin. Nun begann es ca. einmal je Sekunde

Acanthochelys spixii

mit dem Kopf zu nicken, was max. 30 Sekunden anhielt. Es blieb bis zu zehn Tagen am Weibchen festgeklammert. In Uruguay beobachtete FABIUS (zit. in LEHMANN 1988) Paarungen im November.
Eiablage: Eiablagen erfolgten im März, nach Abschalten der Beleuchtung (LEHMANN 1988). Es wurden vier bzw. fünf Eier abgesetzt, die einen Durchmesser von durchschnittlich 27 mm hatten und durchschnittlich 10 g wogen. FREIBERG (1981*) bildet ein Gelege mit sieben kugeligen Eiern ab. FABIUS (zit. in LEHMANN 1988) fing trächtige Weibchen in der Natur zwischen Mitte Januar und März.
Inkubation: Die Eier wurden in einem Torf-Sand-Gemisch bei 29 bis 30 °C und einer durchschnittlichen Luftfeuchtigkeit von 90 % inkubiert. Am 97., 106. bzw. 119. Bebrütungstag zeigten sich die ersten Blutgefäße. 55 Tage danach füllte der auf dem Rücken liegende Embryo etwa das halbe Ei aus. Die gesamte Embryonalentwicklung zweier lebensfähiger Jungtiere betrug 152 bzw. 159 Tage (LEHMANN 1988).
Schlüpflinge: Die Schlüpflinge maßen 31 bzw. 32 mm und wogen 4,8 bzw. 5,0 g.
Haltung der Schlüpflinge: Die Tiere werden in einem kleineren Aquaterrarium mit ca. 5 cm Wasserstand und 26 bis 30 °C Wassertemperatur untergebracht. Die Fütterung erfolgt täglich. Bei LEHMANN (1988) nahmen die Schlüpflinge Regenwürmer, Tubifex und, im Gegensatz zu den Erwachsenen, auch pflanzliche Nahrung (z. B. Wasserpest) problemlos an.

Literatur:
BARTELS, H.-J. (1994): Verbesserte Methoden der mikrobiologischen Wasserreinigung für die Haltung von Wasserschildkröten. Salamandra 30(1): 33–42.
ERNST, C. H. (1983): *Platemys spixii*. Cat. Amer. Amphib. Rept. 326.1–326.2.
FREIBERG, M. (1967): Tortugas de la Argentina. Cienc. Invest. 23: 351–363.
LEHMANN, H. (1988): Beobachtungen bei einer ersten Nachzucht von *Platemys spixii* (DUMÉRIL & BIBRON, 1835) (Testudines: Chelidae). Salamandra 24(1): 1–6.
PAULER, I. (1980): Lebensweise, Ernährung und Nachzucht von *Geoemyda pulcherrima manni*. DATZ 33(3): 103–107.

Agrionemys horsfieldii

Agrionemys horsfieldii
(GRAY, 1844)
Steppenschildkröte, Vierzehen-Landschildkröte, Mittelasiatische Landschildkröte, E Central Asian tortoise, F Tortue des steppes, R Sredneasiatskije tscherepacha, Stepnaja tscherepacha
WA II, Verordnung (EWG) Nr. 3626/82, BNatSchG, BArtSchV

Beschreibung: Die Steppenschildkröte gehört zur Familie Testudinidae, Unterfamilie Testudininae. Artcharakteristisch sind der flache und breite Carapax mit einem verwaschenen, schwarzen Zeichnungsmuster auf olivfarbenem Grund und je vier Krallen an Vorder- und Hintergliedmaßen. Der Plastron ist groß, wobei kein Quergelenk zwischen Abdominal- und Femoralschildern ausgebildet ist, wie es die *Testudo*-Arten aufweisen. Der Kopf ist relativ schmal und länglich, der Oberkiefer leicht schnabelartig gekrümmt und in der Mitte der oberen Hornschneide sind oft drei „Zapfen" ausgebildet. Fünf bis sechs Längsreihen großer, sich überlappender Schuppen bedecken die Vorderseite der Vordergliedmaßen. Der Schwanz endet mit einem „Hornnagel". Der Plastron ist schwarz, die Schildnähte sind zumeist gelblich markiert. Kopf und Weichteile sind gelb, oft sind die Kiefer dunkler gefärbt. Männchen haben längere und stärkere Schwänze, der „Hornnagel" ist deutlich länger als bei weiblichen Tieren. Männchen bleiben kleiner als Weibchen. Bei Jungtieren ist ein deutlicher Carapaxmittelkiel ausgebildet, die Lateralkiele sind schwächer. Carapaxlänge bis 28 cm; zumeist 22 cm bis 24 cm (ERNST & BARBOUR 1989*, DAS 1991*, ENGELMANN et al. 1993*).
Geographische Verbreitung: Die Schildkröte siedelt vom Kaspisee ostwärts durch Kasachstan bis in das westliche China (Xinjiang) und südwärts bis in den Iran, nach Afghanistan und Pakistan (Baluchistan, North West Frontier Province). Das angebliche Vorkommen in Europa, bei Samara (Kuibyschew an der Wolga, 52° 30'O) ist umstritten (BANNIKOW et al. 1977*, IVERSON 1992*).

Agrionemys horsfieldii horsfieldii
(GRAY, 1844)
Iran, Afghanistan, Pakistan und westliches Xinjiang, China.
Agrionemys h. kazachstanica
(CHKHIKVADZE, 1988)
Kasachstan und Turkmenistan.
Agrionemys h. rustamovi
(CHKHIKVADZE, AMIRANASHVILI & ATAEV, 1990)
Kopet-Dag Gebirge in SW-Turkmenistan.

Biologie und Ökologie: Zusammenfassende Darstellungen zur Lebensweise dieser interessanten Landschildkröte geben u. a. SCHAMMAKOV (1981*), ATAEV

(1985*) und FROLOV (1989) für den mittelasiatischen Teil der ehemaligen UdSSR und DAS (1991*) für den südlichen bzw. östlichen Teil des Artareals. Die Art besiedelt verschiedenste, größtenteils aride Gebiete wie Felssteppen, Sand- und Lehmsteppen sowie felsige Bergregionen. Sie gräbt bis zu 2 m lange Gänge, vor allem an der Basis von Sträuchern und Hängen, worin sie beispielsweise die heißen Tagesstunden verbringt. Dort finden sich schnell Mitbewohner wie Kleinsäuger, andere Reptilien, Skorpione und Schwarzkäfer, später Nachnutzer wie Stachelschweine und Füchse (vgl. OBST 1985*).

Im Frühjahr sind Steppenschildkröten ganztägig aktiv, im Hochsommer zumeist nur in den Morgenstunden. Im nördlichen Teil des Verbreitungsgebietes hält die Art eine Winterruhe. In Trockengebieten ästiviert *Agrionemys horsfieldii*. Als Nahrung dienen vor allem Gräser, sukkulente Blätter verschiedener Steppenpflanzen und Früchte. Wahrscheinlich frißt sie auch Aas und Kot. Die Wasserversorgung erfolgt zumeist auf metabolischem Wege.

Terrarium: Steppenschildkröten sind nicht unbedingt für den Anfänger geeignet. Haltungs- und Nachzuchterfahrungen mit dieser Art vermitteln z.B. KIRSCHE (1971a-d, 1993), NESSING (1972), DATHE (1976), GIEBNER (1976, 1989), PETZOLD (1980), LUX (1985), PACHL (1986, 1990), KOTENBEUTEL (1987), HEMPEL (1988, 1991), FRITZSCHE & HEMPEL (1990a,b) und SIKORSKI (1995).

Am häufigsten wird die kombinierte Freilandterrarium-Zimmerterrarium-Haltung empfohlen.

Ausstattung:
Freilandterrarium: Von Mitte/Ende Mai bis September halten wir die Tiere im Freilandterrarium. Vor diesem Zeitpunkt erfolgt das nur bei entsprechend günstigem Wetter. Das Freilandterrarium sollte folgende Einrichtungsgegenstände aufweisen: Schutzhütte, Eiablagehügel, Trink- und evtl. Badegefäß (wobei von letzteren beiden kaum Gebrauch gemacht wird). In klimatisch ungünstigen Gebieten sollte evtl. eine partielle Überdachung errichtet werden. Darunter werden ein Hellstrahler und eine Bodenheizung durch einen Elektrofachmann installiert (vgl. z.B. MÜLLER 1995*).

KIRSCHE (1971a-d, 1993) hält seine Tiere ohne elektrische Zusatzeinrichtungen in der Umgebung Berlins ganzjährig im Freiland und hat ausgezeichnete Nachzuchterfolge bei dieser Art zu verzeichnen. Auch DATHE (1976) berichtet von einer Freilandüberwinterung der Art.

Zimmerterrarium: Steppenschildkröten sind an kontinentales Klima angepaßt und vertragen die feucht-kühle Witterung im mitteleuropäischen Frühjahr und Herbst (in klimatisch ungünstigen Landschaften) schlecht. Während dieser Zeit ist wahrscheinlich die Haltung im Zimmerterrarium günstiger. Das Zimmerterrarium für eine Gruppe von 1 bis 2 Männchen und 3 bis 4 Weibchen sollte wenigstens 250 × 80 cm messen und teilweise eine ca. 20 bis 30 cm hohe Bodenschicht aus einem Sand-Lehm-Lauberde-Gemisch aufweisen. Steht kein Behälter dieser Größenordnung zur Verfügung, wird die Gruppe, eventuell nach Geschlechtern getrennt, in mehreren kleineren Terrarien untergebracht.

Heizung: Die Lufttemperatur sollte im Tagesgang lokal auf 35 bis 45 °C ansteigen. In der Nacht muß eine stärkere Abkühlung auf 12 bis 20 °C erfolgen. Eine Bodenheizung erwärmt den Boden lokal auf 40 bis 45 °C.

Licht: Eine ausreichende Beleuchtung durch Leuchtstofflampen (OSRAM Biolux, Lumilux DE LUXE Daylight; Philips TL-D; evtl. 30 bis 60 Minuten täglich UV-Bestrahlung mit Philips TL 05, TL 09, TL 12) und HQL-Lampen ist notwendig, um dem hohen Lichtbedürfnis der Art (Beleuchtungsstärke mindestens 7.000 bis 10.000 Lux) gerecht zu werden. Die Beleuchtungsdauer entspricht der jahreszeitlichen Lichtphase.

Futter: Als Nahrung dienen die unterschiedlichsten Wildpflanzen („Kräuter der Saison"), Obst- und Gemüsesorten, Regenwürmer sowie mit Vitamin- und Kalkpräparaten versehene „Hackfleischröllchen".

Nachzucht: Die Nachzucht der Art ist des öfteren gelungen (vgl. Literatur im Punkt: **Terrarium**). Voraussetzungen dazu sind die Zusammenstellung einer geeigneten Zuchtgruppe (vgl. KIRSCHEY 1995) und die Überwinterung der Tiere (vgl. *Testudo* spec., Paläarktische Landschildkröten sowie OBST 1980*)

Paarung: Das Männchen nähert sich der Partnerin mit nickenden Kopfbewegungen. Es folgen Bisse in ihre Vordergliedmaßen. Oft flüchtet das Weibchen und wird vom Männchen durch den Behälter getrieben. Mit Rammstößen wird die Partnerin „ruhiggestellt". Hat das Männchen ihren Carapax bestiegen und verhält sich das Weibchen passiv, kommt es zur Kopulation. Dabei stößt das Männchen piepsende Laute aus. HEMPEL (1991) beobachtete, daß auch Weibchen versuchen, untereinander zu kopulieren und dann ebenfalls Lautäußerungen von sich geben. Während der Fortpflanzungszeit sind die Männchen untereinander unverträglich. Nach TERENTJEW & CERNOW (1949*) beginnt die Paarungszeit (in Mittelasien) im März und dauert bis Juni.

Eiablage: Die Eiablage erfolgte bei den Tieren von HEMPEL (1991) etwa 5 Wochen nach der Winterruhe, die um den 12. Februar beendet war. Zumeist setzten die Tiere 3 bis 5, einmal sogar 8 Eier ab. Die Eier hatten folgende Maße: 45 bis 49 × 30 mm und wogen 23 bis 25 g. TERENTJEW & CHERNOV (1949*) datieren die Eiablage (in Mittelasien?) zwischen Mai und der ersten Junihälfte. Nach SERGEJEW (1941) werden (ehemalige UdSSR) vier Gelege pro Jahr abgesetzt.

Inkubation: Bei 30 °C und einer rel. Luftfeuchtigkeit zwischen 70 und 80 % schlüpften die Jungtiere nach 60 bis 80 Tagen. Über die Geschlechterverteilung aufgrund unterschiedlicher Bebrütungstemperaturen liegen mir keine Informationen vor. Eventuell überwintern die Jungtiere in manchen Gebieten in der Eigrube und schlüpfen nicht vor Juni des folgenden Jahres (NIKOLSKIJ 1915*).

Schlüpflinge: Schlüpflinge haben Carapaxlängen um 40 mm und wiegen um 20 g (FRITZSCHE & HEMPEL 1990b).

Haltung der Schlüpflinge: Vgl. *Testudo* spec.

Geschlechtsreife: Die Geschlechtsreife wird mit acht bis zehn Jahren erreicht. Weibchen haben dann eine Carapaxlänge von ca. 15 cm, Männchen von ca. 13 bis 14 cm.

Alter: MAYER (o. J.*) gibt als maximales Lebensalter unter Terrarienbedingungen 21 Jahre und 25 Tage an. Ich halte ein Pärchen sei 1963. Während dieser Zeit sind die Tiere kaum noch gewachsen.

KIRSCHE (1984, 1986) beschreibt die Bastardierung zwischen *Testudo hermanni boettgeri* und *Agrionemys horsfieldii (kazachstanica?)*; (vgl. auch NÖLLERT 1995*, Abb. S. 53).

Literatur:
DATHE, F. (1976): Beobachtung der Überwinterung einer Steppenschildkröte, *Agrionemys horsfieldii* im Freiland. Aquarien Terrarien 23(11): 384.
FRITZSCHE, D., W. HEMPEL (1990a): Haltung und Zucht von *Agrionemys horsfieldii* 1. Aquarien Terrarien 37(1): 24–27.
FRITZSCHE, D., W. HEMPEL (1990b): Haltung und Zucht von *Agrionemys horsfieldii* 2. Aquarien Terrarien 37(2): 58–60.

FROLOV, V. E. (1989): Seasonal and diurnal activity of the Central Asian tortoise *Agrionemys horsfieldi* in Turkmenia. Proc. First World Congr. Herpetology, Canterbury: 107.
GIEBNER, I. (1976): Zuchterfolg bei der Steppenschildkröte. Aquarien Terrarien 23(11): 389.
GIEBNER, I. (1989): Pflege und Zucht der Steppenschildkröte (*Agrionemys horsfieldi*). elaphe 11(3): 42–46.
HEMPEL, W. (1988): Haltung und Nachzucht von *Agrionemys horsfieldi*. elaphe 10(2): 21–24.
HEMPEL, W. (1991): *Agrionemys horsfieldii* (GRAY). SAURIA 13 (Suppl.): 213–216.
KIRSCHE, W. (1971a): Zur Pflege und Zucht der Steppenschildkröte, *Testudo horsfieldii* GRAY, 1. Aquarien Terrarien 18(3): 84–86.
KIRSCHE, W. (1971b): Zur Pflege und Zucht der Steppenschildkröte, *Testudo horsfieldii* GRAY, 2. Aquarien Terrarien 18(4): 118–120.
KIRSCHE, W. (1971c): Zur Pflege und Zucht der Steppenschildkröte, *Testudo horsfieldii* GRAY, 3. Aquarien Terrarien 18(5): 158–160.
KIRSCHE, W. (1971d): Zur Pflege und Zucht der Steppenschildkröte, *Testudo horsfieldii* GRAY, 4. Aquarien Terrarien 18(6): 198–200.
KIRSCHE, W. (1984): Bastardierung von *Testudo horsfieldii* (GRAY) und *Testudo h. hermanni* GMELIN. Amphibia-Reptilia 5: 311–322.
KIRSCHE, W. (1986): Zucht von Landschildkröten und Artenschutz. Zool. Garten (N. F.) 56(6): 389–402.
KIRSCHE, W. (1993): Haltung und Nachzucht von Landschildkröten im Zusammenhang mit dem Natur- und Artenschutz. DATZ, Aquarien Terrarien 46(3): 172–178.
KIRSCHEY, T. (1995): Pflege und Nachzucht der Steppenschildkröte. DATZ, Aquarien Terrarien 48(7): 450–451.
KOTENBEUTEL, J. (1987): Zum Beitrag: „Zur Freilandüberwinterung von *Agrionemys horsfieldi*". Aquarien Terrarien 34(5): 173.
LUX, E. (1985): Protokoll einer Schildkrötengeburt. Aufzeichnung zum Schlupfakt von *Testudo horsfieldii* GRAY. Aquarien Terrarien 32(10): 351–355.
NESSING, R. (1972): Berichtigung zur Pflege der Steppenschildkröte, *Testudo horsfieldii*. Aquarien Terrarien 19(5): 172–173.
PACHL, H. (1986): Zur Freilandüberwinterung von *Agrionemys horsfieldii*. Aquarien Terrarien 33(2): 66–67.
PACHL, H. (1990): Erfahrungen und Beobachtungen bei der Haltung von *Agrionemys horsfieldii* aus vier Jahren. Aquarien Terrarien 37(7): 240–243.
PETZOLD, H.-G. (1980): AT Terrarientierlexikon *Testudo* (= *Agrionemys*) *horsfieldi* GRAY 1844 Vierzehen- oder Steppenschildkröte. Aquarien Terrarien 27(6): 215.
SERGEJEW, A. M. (1941): Über die Reproduktionsbiologie der Steppenschildkröte (*Testudo horsfieldi* GRAY). Zool. Journ. 20: 118–133 (in russ.).
SIKORSKI, R. (1995): Gelungene Nachzucht der Steppenschildkröte. DATZ, Aquarien Terrarien 48(4): 239–241.

Chelodina longicollis

Chelodina longicollis

Chelodina longicollis
(SHAW, 1794)
Glattrücken-Schlangenhalsschildkröte, E Common snake-neckedturtle, Eastern snake-neckedturtle; Longnecked tortoise, F Chélodine à long cou

Beschreibung: Die Art gehört zur Familie Chelidae, Unterfamilie Chelinae. Der Rückenpanzer ist flach, im hinteren Teil verbreitert und am Hinterrand ungesägt. In der Panzermitte kann zwischen dem 2. und 4. Vertebralschild eine flache Längsrinne ausgebildet sein. Der Plastron ist im Bereich der Humeralia so breit wie der Carapax. Das Intergularschild ist doppelt so lang wie die Naht zwischen den Pectoralia und schwanzwärts versetzt, so daß sich die beiden Gularia berühren. Der dünne Hals mit dem kaum abgeflachten kleinen Kopf (im Alter wird er breiter) erreicht etwa 60 % der Carapaxlänge und ist mit abgerundeten Tuberkeln besetzt. Die Augen sind seitwärts gerichtet. Die Vordergliedmaßen haben vier Krallen und an ihrer Vorderseite jeweils vier bis fünf große, querstehende Schilde. Die Farbe des Rückenpanzers variiert von mittelbraun bis schwarz. Bei hellen Tieren können die Schildnähte schwarz markiert sein. Der Plastron, einschließlich Brücke und Unterseite der Marginalia, ist cremefarben bis gelblich, die Schildnähte sind oft dunkel. Die Weichteile sind oberseits braun bis dunkelgrau, auf der Unterseite gelblich gefärbt. Männchen haben einen längeren, dickeren Schwanz als Weibchen und einen konkaven Plastron. Letzteres ist jedoch nicht immer deutlich. Der Bauchpanzer der Weibchen ist flach, manchmal leicht konvex. Schlüpflinge sind oberseits grau bis schwarz. Ein orangefarbener Fleck ist am Rand jedes Marginalschildes und auf jedem Plastronschild sichtbar. Am Kinn befindet sich ein gelbes bis orangefarbenes, hufeisenförmiges Zeichnungselement. Ein ebenso gefärbter Längsstreifen zieht beiderseits vom Mundwinkel zur Halsunterseite. Aus manchen Gegenden wurden Jungtiere mit gänzlich rotem oder orangefarbenem Plastron bekannt. Ein physiologischer Farbwechsel wurde beschrieben. Die Art erreicht eine Carapaxlänge von fast 28 cm (ERNST & BARBOUR 1989*, COGGER 1992*).

Geographische Verbreitung: Flußsysteme und Feuchtgebiete im Küsten- und Binnenlandbereich des östlichen Australien von SO-South Australia bis nach O-Queensland (COGGER 1992*, IVERSON 1992*). Die Ungültigkeit des

Taxons *Chelodina longicollis sulcifera* GRAY, 1855, belegt RAUTERT (1982).

Biologie und Ökologie: Langsam fließende Flüsse, in Sümpfen und Lagunen. Im südlichen Teil des Verbreitungsgebietes überwintert die Art (vgl. GREEN 1994). Gelegentlich wurden im Sommer weite Überlandwanderungen beobachtet. In der Natur ernährt sich die Schildkröte von Mollusken, Crustaceen, Amphibienlarven, kleinen Fischen und sicherlich auch von Aas (CHESSMAN 1984, GEORGES et al. 1986, KENNETT & GEORGES 1990, COGGER 1992*).

Terrarium: Die Haltung im Terrarium beschreiben z. B. BUDDE (1976, 1983) und LANGULA (1990). Für eine Zuchtgruppe von drei Exemplaren (ein Männchen, zwei Weibchen) sollte das Aquaterrarium wenigstens die Maße 150 × 60 cm und einen Wasserstand von 25 bis 30 cm aufweisen. Ein leistungsfähiger Außenfilter reinigt das Wasser von Schwebstoffen. Hin und wieder ist ein vollständiger Wasserwechsel notwendig.

Ausstattung: Es werden Wurzeln als Unterwasserverstecke eingebaut. Ein Landteil mit Sandfüllung dient der Eiablage und wird gelegentlich zum Sonnen aufgesucht.

Heizung: Für Tiere aus dem südlichen Teil des Artareals liegt die Wassertemperatur im (europäischen) Sommer zwischen 18 und 25 °C (Freilandhaltung ist günstig). Im (europäischen) Winter sollte sie auf 25 bis 28 °C ansteigen. Bei Tieren aus dem nördlichen Teil des Areals halten wir die jahreszeitlichen Temperaturunterschiede geringer bzw. halten sie ganzjährig bei 25 bis 28 °C. BUDDE (1983) stellte die Tiere auf den europäischen jahreszeitlichen Temperaturgang um. Er hielt sie von Mitte November bis Mitte Februar bei 10 bis 15 °C Wassertemperatur. Ein Hellstrahler (PHILIPS PAR 38 EC spot oder OSRAM CONCENTRA PAR 38 EC) wird über dem Landteil angebracht.

Licht: Als Beleuchtung dienen Leuchtstofflampen (OSRAM Biolux, Lumilux DE LUXE Daylight; Philips TL-D; evtl. 30 bis 60 Minuten täglich UV-Bestrahlung mit Philips TL 05, TL 09, TL 12; vgl. z. B. JES 1991, SEUBERT 1994, LENGSFELD 1995).

Futter: Als Nahrung dienen kleine Fische, Gelatine-Futter, gelegentlich Insekten, Regenwürmer und Tubifex. Erwachsene Tiere werden zweimal wöchentlich gefüttert.

Nachzucht: BUDDE (1976, 1983) zog mehrere Generationen der Art im Terrarium nach. Auch GROSSMANN (1990) beschreibt die Nachzucht dieser Schildkröte.

Paarung: BUDDE (1983) registrierte die Paarung bei seinen Tieren während der kühleren Haltungsperiode im Spätherbst. Das Männchen verfolgt die Partnerin und beriecht deren Kloakenregion. Dann berührt es mit dem Kinn ihren Carapaxhinterrand, schwimmt schneller, folgt mit dem Kinn der Carapaxlängsrinne, bis es den Vorderrand ihres Rückenpanzers erreicht hat. Dort krallt es sich am Panzerrand fest, biegt seinen Schwanz unter den des Weibchens und führt den Penis in ihre Kloake ein (MURPHY & LAMOREAUX 1978). Die Paarung findet in der Natur zwischen September und Oktober statt (vgl. PARMENTER 1985).

Eiablage: Die Weibchen setzten ihre Gelege bei BUDDE (1983) im April ab. Die Eier maßen durchschnittlich 29 × 18,5 mm und wogen 4 g. Pro Gelege registrierte er 8 bis 18 Eier. 4 bis 6 Wochen nach dem ersten Gelege wurde gelegentlich ein weiteres produziert. Die Eiablagen erfolgen in der Natur vom späten Oktober bis in den frühen Dezember (PARMENTER 1985). Die Eiablage findet nachts während oder nach Regenfällen statt (vgl. ERNST & BARBOUR 1989*). Nach VESTJENS (1969) waren zwölf Nestgruben 82 bis 127 mm tief und korbförmig. In Abhängigkeit von der geographischen Breite werden ein bis drei Gelege je Saison mit 6 bis 24 Eiern (durchschnittlich 9,6 bis 14,0 Eier) produziert (vgl. PARMENTER 1985). LEGLER (1985) ermittelte anhand von 282 Eiern folgende Maße: 20,2 bis 42,5 mm × 15,8 bis 29,1 mm ($\bar{x}$ = 30,9 × 20,0 mm).

Inkubation: Unter künstlichen Bedingungen betrug die Zeitigungsdauer bei 27 bis 30 °C und 100 % Luftfeuchtigkeit 65 bis 78 Tage (BUDDE 1983). Bei *Chelodina longicollis* ist die Geschlechtsdeterminierung nicht von der Inkubationstemperatur abhängig (vgl. GEORGES 1988). PARMENTER (1985) gibt folgende Inkubationsdaten aus dem natürlichen Verbreitungsgebiet an:
– NSW (Armidale)
  21,5 °C   105 bis 120 Tage,
– NSW (Murray Valley)
  20,3 °C   131 bis 145 Tage,
– ACT (Canberra)
                  118 bis 150 Tage.

Schlüpflinge: Bei BUDDE (1983) schlüpften die Schildkröten größtenteils Ende Juni. In der Natur erfolgt der Schlupf zwischen Januar und Ende April. Schlüpflinge haben Carapaxlängen von 25 mm bis 30 mm (vgl. ERNST & BARBOUR 1989*). Im Experiment konnte VESTJENS (1969) durch Befeuchten des „Nestsubstrats" das Ausgraben der Jungtiere aus der Nestgrube auslösen.

Haltung der Schlüpflinge: Sie werden in kleineren Aquaterrarien bei 5 bis 10 cm Wasserstand und einer Wassertemperatur von 26 bis 30 °C untergebracht. Schlüpflinge und Jungtiere werden zunächst täglich gefüttert. Als Nahrung dienen Wasserflöhe, Tubifex, Mückenlarven und kleinste Regenwürmer. Später kann man das Gelatine-Futter, Fischstückchen, Insekten u. ä. anbieten sowie hin und wieder ein bis zwei Fastentage einschieben.

Geschlechtsreife: Weibchen erreichen in der Natur mit 10 Jahren und einer Carapaxlänge von 17 cm die Geschlechtsreife (PARMENTER 1985). Unter Terrarienbedingungen werden die Tiere in der Regel nach 6 bis 7 Jahren geschlechtsreif (vgl. BUDDE 1983).

Alter: Im Zoo Philadelphia lebte ein Tier 35 Jahre und 1 Monat (BOWLER 1977). PARMENTER (1985) leitet das Alter vom Wachstumsverlauf ab und kommt dabei für ein 24,3 cm großes Weibchen auf hypothetische 153 Jahre.

FRITZ & BAUR (1995) beschreiben einen Hybriden zwischen *Emydura albertisii* (M) und *Chelodina longicollis* (W).

Literatur:
BOWLER, J. K. (1977): Longevity of reptiles and amphibians in North American collections. Misc. Publ. Soc. Amphib. Rept. Philadelphia No. 6: 1–32.
BUDDE, H. (1976): Haltung und Zucht von *Chelodina longicollis*. Das Aquarium mit Aqua-Terra 10(80): 79–83.
BUDDE, H. (1983): Durch Nachzucht erhalten: Die Australische Schlangenhalsschildkröte. aquarien magazin 83(10): 514–520.
CHESSMAN, B. C. (1984): Food of the snake-necked turtle, *Chelodina longicollis* (SHAW) (Testudines: Chelidae) in the Murray Valley, Victoria and New South Wales. Australian Wildlife Research 11: 573–578.
FRITZ, U., M. BAUR (1995): Schildkröten-Hybriden. 1. Halswender-Schildkröten (Pleurodira). herpetofauna 17(94): 28–34.
GEORGES, A. (1988): Sex determination is independent of incubation temperature in another chelid turtle, *Chelodina longicollis*. Copeia 1988: 248–254.
GEORGES, A., R. H. NORRIS, L. WENSING (1986): Diet of the freshwater turtle

Chelodina longicollis (Testudines: Chelidae) from the coastal dune lakes of the Jervis Bay Territory. Australian Wildlife Research 13: 301–308.
GREEN, D. (1994): Observations of communal hibernation in the eastern snake-necked turtle (*Chelodina longicollis*). Herpetofauna 25(1): 41.
GROSSMANN, P. (1990): Nachzucht einiger Halswender (Pleurodira) von Papua Neuguinea, Australien und Südamerika. Zus. DGHT-Tagung, Münster 1990: ohne Seitenangabe.
JES, H. (1991): Der Einsatz von UV-Licht in Terrarien. DATZ, Aquarien Terrarien 44(3): 172–174.
KENNETT, R. M., A. GEORGES (1990): Habitat utilization and its relationship to growth and reproduction of the eastern long-necked turtle, *Chelodina longicollis* (Testudinata: Chelidae) from Australia. Herpetologica 46(1): 22–33.
LANGULA, J. (1990): Haltungserfahrungen mit australischen Schlangenhalsschildkröten (*Chelodina longicollis*) sowie gelungene Nachzucht der Neuguinea-Schlangenhalsschildkröte (*Chelodina novaeguineae*). elaphe 12(1): 1–4.
LEGLER, J. M. (1985): Australian chelid turtles: reproductive patterns in wideranging taxa. In: G. GRIGG, R. SHINE, H. EHMANN (Eds.): Biology of Australasian Frogs and Reptiles: 117–123.
LENGSFELD, E. (1995): Beleuchtung im Terrarium. elaphe (N. F.) 3(2): 61–67.
MURPHY, J. B., W. E. LAMOREAUX (1978): Mating behavior in three Australian chelid turtles (Testudines: Pleurodira: Chelidae). Herpetologica 34: 398–405.
PARMENTER, C. J. (1985): Reproduction and survivorship of *Chelodina longicollis* (Testudinata: Chelidae). In: G. GRIGG, R. SHINE, H. EHMANN (Eds.): Biology of Australasian Frogs and Reptiles: 53–61.
RAUTERT, H. (1982): Bemerkenswerte Häutungen bei *Chelodina longicollis* SHAW als Indizien gegen die Gültigkeit des Taxon *Chelodina l. sulcifera* GRAY. – herpetofauna 4(17): 6–10.
SEUBERT, J. (1994): Eine Kombination von Leuchtstoffröhren. DATZ, Aquarien Terrarien 47(5): 324–325.
VESTJENS W. J. M. (1969): Nesting, egglaying and hatching of the snake-necked tortoise at Canberra, A. C. T. Australian Zool. 15: 141–149.

Chelodina novaeguineae

Chelodina novaeguineae
BOULENGER, 1888
Neuguinea-Schlangenhalsschildkröte,
E New Guinea snake-necked turtle,
F Chélodine de Nouvelle-Guinée

Beschreibung: Innerhalb der Familie Chelidae gehört die Art zur Unterfamilie Chelinae. Der Carapax ist gewölbt, im Umriß oval, nach hinten etwas verbreitert und am Hinterrand nicht gesägt. Zwischen dem 2. und 4. Centralschild ist eine flache Mittelrinne ausgebildet. Wie bei *Chelodina longicollis* ist der Plastron im vorderen Teil am breitesten, erreicht jedoch nicht die Breite des darüberliegenden Carapax. Das Intergularschild entspricht den Verhältnissen der zuvor beschriebenen Art. Der mit größeren, rundlichen Tuberkeln besetzte Hals ist dünn und erreicht 55 bis 60 % der Carapaxlänge, der Kopf ist flach und breit. An der Vorderseite der Vordergliedmaßen befinden sich jeweils fünf große, querstehende Schilder. Die Vordergliedmaßen tragen vier Krallen. Der Carapax ist bräunlich bis fast schwarz gefärbt. Der Plastron ist cremefarben oder weißlich, die Nähte zwischen den Schildern (auch die Unterseite der Marginalia) sind schwarz markiert. Die Halsoberseite ist olivbraun bis braun, die Unterseite cremefarben oder gelblich. Alle anderen Weichteile sind dunkelgrau bis schwarz. Männchen haben längere und stärkere Schwänze als Weibchen. Jungtiere besitzen einen schwarzen Carapax mit einer feinen rötlich-gelblichen Linie entlang des äußeren Randes der Marginalschilder, einen schwarzen Plastron mit gelben Flecken an dessen Außenrändern und eine schwarz gefleckte, gelbliche Halsunterseite. Kopf- und Halsoberseite sowie die Gliedmaßen sind schwarz gefärbt. Die Art kann eine Carapaxlänge von 30 cm erreichen (ERNST & BARBOUR 1989*, COGGER 1992*).

Geographische Verbreitung: NO-Queensland und im nördlichen Teil des Northern Territory (COGGER 1992*, IVERSON 1992*). Aus SO Papua-Neu Guinea wurde *Chelodina pritchardi* RHODIN, 1994, von Rotii Island bei Timor *Chelodina mccordi* RHODIN, 1994, beschrieben (RHODIN 1994a,b).

Biologie und Ökologie: Die Art lebt in langsam fließenden Flüssen, Sumpfgebieten, aber auch in Lagunen mit niedrigem Wasserstand, die einen großen Teil des Jahres trockenliegen können (CANN 1978*). Offenbar überdauern die Tiere Trockenperioden im Boden vergraben oder unternehmen auch weite Überlandwanderungen, um ein anderes Gewässer zu finden (COGGER 1992*). Sie ernähren sich omnivor nämlich von Fischen, Würmern, Mollusken, Crustaceen und pflanzlicher Kost (ERNST & BARBOUR 1989*).

Terrarium: Das Aquaterrarium für zwei bis drei erwachsene Tiere sollte wenigstens 150 × 60 cm messen und einen Wasserstand von 25 bis 30 cm aufweisen.

Ausstattung: Fest installierte Wurzeln dienen als Unterwasserverstecke und ein sandgefüllter Landteil von etwa 30 × 50 × 15 cm (LxBxH) zur Eiablage und zum Sonnen.

Heizung: Die Wassertemperatur sollte im Sommer zwischen 23 und 28 °C, im Winter zwischen 25 und 32 °C, die Lufttemperatur jeweils etwas darüber liegen. Ein Hellstrahler (PHILIPS PAR 38 EC spot

oder OSRAM CONCENTRA PAR 38 EC) wird über dem Landteil angebracht.
Licht: Beleuchtet wird mit Leuchtstofflampen (OSRAM Biolux, Lumilux DE LUXE Daylight; Philips TL-D; evtl. 30 bis 60 Minuten täglich UV-Bestrahlung mit Philips TL 05, TL 09, TL 12), die täglich 12 Stunden in Betrieb sind.
Futter: Die Nahrung kann aus Gelatine-Futter, kleinen Fischen oder Fischstücken, Wasserschnecken, Insekten und hin und wieder auch aus Wasserpflanzen bestehen. Erwachsene Tiere werden zweimal wöchentlich gefüttert.
Nachzucht: Die Art konnte u. a. durch WILKE (1983), GROSSMANN (1988) und LANGULA (1990) nachgezogen werden.
Paarung: Das Männchen nähert sich dem Weibchen von hinten, tastet (reibt) mit dem Kinn auf ihrem Carapax entlang, bis es damit ihre Halsbasis erreicht hat. Es besteigt ihren Rückenpanzer, plaziert seine Hinterfüße über denen der Partnerin und fährt fort, mit seinem Kinn ihren Hals zu „streicheln". Das Weibchen „antwortet" mit leichten Kopfstößen gegen das Kinn des Partners. Darauf folgt das Einführen des Penis. GROSSMANN (1988) beobachtete Klammerungen des Männchens, die bis zu 40 Minuten dauerten. Das Aufeinanderpressen der Kloaken dauerte bis zu 15 Minuten. Kopulationen konnten vor allem zwischen Oktober und März, unabhängig von der Tageszeit, beobachtet werden. Auch ENGBERG (1978) und FELDMANN (1979) beschrieben das Paarungsverhalten der Art.
Eiablage: Die Weibchen legten bei GROSSMANN (1988) Ende August und Ende Oktober 6, 9 bzw. 3 Eier. Weibchen im westlichen Neu Guinea legten im September 17 bis 21 Eier (CANN 1978*). Tiere aus Australien setzten 9 bis 12 Eier ab (GOODE 1967*). Die Eier messen nach EWERT (1979*) durchschnittlich 29 × 20 mm.
Inkubation: Die Eier wurden von GROSSMANN (1988) in den ersten 45 bis 50 Tage in relativ feuchtem Vermiculit (vgl. Diskussion über verschiedene Inkubations-Substrate durch FRITZ 1993) bei 26 bis 29 °C inkubiert. Bis zum Ende der Embryonalentwicklung (94 bis 101 Tage) wurde das Substrat trocken gehalten. Der Flüssigkeitsbedarf der Embryonen wurde nun aus der Luft gedeckt (90 bis 95 % rel. Luftf.). Kein Tier schlüpfte selbständig. Entweder wurden die Eier „gefenstert", ohne die Blutgefäße der Embryonalhüllen zu beschädigen, oder die Embryonen starben kurz vor bzw. in der Schlupfphase. Als Inkubationszeit für Eier aus Port Moresby (Papua New Guinea) nennt CANN (1978*) ca. 9 Wochen.
Schlüpflinge: Schlüpflinge bei GROSSMANN (1988) hatten Carapaxlängen um 25 mm und wogen 4 Tage nach dem Schlupf 4,5, 4,9 und 5,1 g. LANGULA (1990) ermittelte bei seinen Schlüpflingen Carapaxlängen von 20 mm.
Haltung der Schlüpflinge: GROSSMANN (1988) zog die Schlüpflinge in einem Aquaterrarium mit einem Wasserstand von anfangs 3 cm auf. Dieser wurde allmählich um 0,5 cm pro Tag auf 10 cm erhöht. Die Wassertemperatur lag zwischen 25 und 30 °C. Schlüpflinge werden zunächst täglich gefüttert. Nachdem der Dotter aufgebraucht war, fütterte LANGULA (1990) die Schildkröten mit Mückenlarven und Tubifex, später mit kleinsten Regenwürmern. Gelatine-Futter nahmen die Jungtiere bei verschiedenen Terrarianern erst nach 4 Monaten an. Nach einem Jahr wurden auch Säugetierfleisch, Fisch und Katzenfutter gefressen.

Literatur:
ENGBERG, N. J. (1978): The seductive snakeneck (*Chelodina novaeguineae*). Turtles 1(1): 4–7.
FELDMANN, F. (1979): Mating observed in captive New Guinea snake-necked turtles. Notes from NOAH 7(3): 9.
FRITZ, U. (1993): Perlite – das ideale Standard-Brutsubstrat? Salamandra 28(3/4): 279–281.
GROSSMANN, P. (1988): Beobachtungen an und Nachzucht von *Chelodina novaeguineae* (BOULENGER, 1888). SAURIA 10(2): 7–11.
LANGULA, J. (1990): Haltungserfahrungen mit australischen Schlangenhalsschildkröten (*Chelodina longicollis*) sowie gelungene Nachzucht der Neuguinea-Schlangenhalsschildkröte (*Chelodina novaeguineae*). elaphe 12(1): 1–4.
RHODIN, A. G. J. (1994a): Chelid Turtles of the Australasian Archipelago: I. A New Species of *Chelodina* from southeastern Papua New Guinea. Breviora No. 497: 1–36.
RHODIN, A. G. J. (1994b): Chelid Turtles of the Australasian Archipelago: II. A New Species of *Chelodina* from Roti Island, Indonesia. Breviora No. 498: 1–31.
WILKE, H. (1983): Weltzweitzucht bei den Neuguinea-Schlangenhalsschildkröten. Vivarium Darmstadt, Inform. 1983 (4).

Chelodina parkeri
RHODIN & MITTERMEIER, 1976
Parkers Schlangenhalsschildkröte,
E Parker's side-necked turtle,
F Chélodine de Parker

Beschreibung: Die Art gehört zur Unterfamilie Chelinae innerhalb der Familie Chelidae. Charakteristisch sind die feine helle Vermikulierung auf Kopfoberseite und Unterkiefer, die im Alter zwar stark nachdunkelt, aber erkennbar bleibt sowie ein markanter heller Fleck unmittelbar hinter dem Trommelfell. Der Carapax ist oval, wobei die Seiten nahezu parallel verlaufen, abgeflacht und am Hinterrand glatt. Der Plastron ist schmaler als die Carapaxöffnung und im Vorderteil am breitesten. Der Kopf ist relativ breit und abgeflacht, seine Oberseite ist mit kleinen unregelmäßigen Schilden bedeckt. Am Kinn befinden sich gewöhnlich zwei kleine Barteln. Der Hals erreicht etwa 75 % der Carapaxlänge, und auf seiner Oberseite befinden sich kleine Tuberkel. Der Carapax ist bei alten Tieren braun bis beinahe schwarz, der Plastron gelblich bis cremefarben. Hals- und Gliedmaßenoberseiten sind grau, die Unterseiten weiß bis pinkfarben. Männchen haben längere, dickere Schwänze und einen flacheren Panzer als Weibchen. Wahrscheinlich bleiben sie auch kleiner.

FRITZ & JAUCH (1989) dokumentieren den interessanten ontogenetischen Färbungs- und Zeichnungswechsel bei dieser Schildkröte: Schlüpflinge haben einen uniform schwarzbraunen Rückenpanzer und das Schlingenmuster auf der Kopfoberseite ist lediglich angedeutet, der Fleck hinter dem Trommelfell fehlt oder ist nur schwach ausgeprägt. Mit 5 bis 7 cm Carapaxlänge werden sowohl die Schlingen auf der Kopfoberseite als auch der Fleck hinter dem Trommelfell heller. Bis 20 cm Carapaxlänge entwickeln sich schwarze Abzeichen innerhalb des Kopfmusters, wodurch dies feiner retikuliert wird. Haben die Jungtiere etwa 8 cm Carapaxlänge erreicht, werden Rückenpanzer und Oberseiten der Weichteile hellbraun und es erscheinen dunkle Sprenkel auf Halsoberseite und Carapax. Ab 15 cm Carapaxlänge dunkeln die Tiere wieder nach, bis sie im Alter fast uniform braunschwarz gefärbt sind. Die Art erreicht 30 cm Carapaxlänge (RHODIN & MITTERMEIER 1976, ERNST & BARBOUR 1989*).

Geographische Verbreitung: Sie ist in Neu Guinea endemisch. Bisher wurde die Schildkröte nur im Umfeld der Seen Lake Murray und Lake Balimo sowie des Fly und Aramia River gefunden (RHODIN & MITTERMEIER 1976).

Biologie und Ökologie: Sie bewohnt Flachwasserbereiche von Grassümpfen (grass swamps) in Savannengebieten sowie Seen und Flüsse mit dichter Vegetation. Diese Gewässer fallen nicht selten trocken, sodaß die Tiere entweder ästivieren oder abwandern (?). Wahrscheinlich lebt die Art bevorzugt in schlammigen Flachwasserbereichen mit dichten, auf der Wasseroberfläche flutend wachsenden Gras- und Wasserpflanzenbeständen. Sie scheint nicht sehr häufig zu sein. Im gleichen Lebensraum kommen *Emydura subglobosa* (sehr häufig), *Chelodina novaeguineae*, *Elseya novaeguineae*, *Carettochelys insculpta* und wahrscheinlich *Pelochelys bibroni* vor (vgl. RHODIN & MITTERMEIER 1976).

Terrarium: Ein erwachsenes Pärchen sollte in einem Aquaterrarium von wenigstens 150 × 50 cm bei einem Wasserstand von 30 bis 35 cm gehalten werden.

Ausstattung: Die Art ist anfänglich sehr scheu. Eingewöhnte Tiere sind jedoch nicht mehr so „hektisch". Schon deshalb sind Unterwasserverstecke wichtig. Da die Weibchen während der Kopula relativ häufig vom Männchen gebissen werden, müssen sie geeignete Rückzugsbereiche im Behälter vorfinden. Notfalls müssen die Geschlechter getrennt untergebracht werden. Teile der Wasseroberfläche kann man mit Schwimmpflanzen abdecken. Zur Eiablage muß ein sandgefüllter Landteil vorhanden sein. Wahrscheinlich lebt die Art sonst ausschließlich aquatisch.

Heizung: Die Wassertemperatur sollte zwischen 25 und 32 °C liegen, die Lufttemperatur darüber. Ein milder Hellstrahler (PHILIPS PAR 38 EC spot oder OSRAM CONCENTRA PAR 38 EC) kann über dem Landteil installiert werden.

Licht: Als Beleuchtung dienen Leuchtstofflampen (OSRAM Biolux, Lumilux DE LUXE Daylight; Philips TL-D; evtl. hin und wieder 30 bis 60 Minuten UV-Bestrahlung mit Philips TL 05, TL 09, TL 12), die täglich 12 Stunden in Betrieb sind.

Futter: Gefüttert wird mit kleinen Süßwasserfischen, verschiedensten Wirbellosen und nestjungen Mäusen. Die Aufnahme vegetarischer Kost wurde noch nicht beobachtet Die Fütterung erwachsener Tiere sollte zweimal pro Woche erfolgen.

Nachzucht: Die Nachzucht gelang erstmals im Aquarium der „Wilhelma", Stuttgart (Anonymus 1983). Dort wird ein Pärchen seit 1970 gehalten, das sich seit 1982 fortpflanzt.

Paarung: Folgendes Balzverhalten wurde beobachtet (FRITZ & JAUCH 1989): Das Männchen folgt zunächst der Partnerin und kann diese umkreisen, es kontrolliert olfaktorisch Oberschenkel und Schwanz der Partnerin. Nun schiebt es sich auf ihren Rückenpanzer und beriecht Achselregion sowie die Oberschenkel der Vorder- und Hinterbeine. Nicht selten verbeißt es sich in der Achsel- und Lendenregion oder in den Hinterfüßen des Weibchens. Das Männchen führt nickende Bewegungen mit dem Kopf aus, wobei dieser die vorderen Wirbelschilde des Weibchens berührt. Anschließend berührt er mit seiner Nasenspitze den Unterkiefer des Weibchens und nickt in dieser Position zwei- bis dreimal in der Sekunde (Dauer maximal 3 Sekunden) mit dem Kopf. Während des Balzvorgangs „gähnen" beide Partner gelegentlich. Das Männchen unterbricht die Verhaltenskette nicht selten durch Bisse in die Achsel- und Lendenregion bzw. in die Hintergliedmaßen der Partnerin.

Eiablage: Das Weibchen in der „Wilhelma" setzte zwischen November und Februar jährlich 2 Gelege mit 8, 9 und 11 Eiern ab. Die sind hartschalig, nahezu rund und messen durchschnittlich 28,7 × 26,2 mm.

Inkubation: Bei Temperaturen zwischen 27 und 33 °C schlüpften die Jungtiere nach etwa 95 Tagen zwischen Ende Februar und Anfang Mai (FRITZ & JAUCH 1989).

Schlüpflinge: Die Schlüpflinge hatten eine durchschnittliche Carapaxlänge von 34,8 mm und wogen 6 g. Von 58 geschlüpften Schildkröten überlebten 98,3 % (FRITZ & JAUCH 1989).

Haltung der Schlüpflinge: Schlüpflinge und Jungtiere sind relativ scheu und benötigen geeignete Unterwasserverstecke. Dazu sind z. B. Unterwasserpflanzen, die besenförmigen Wasserwurzeln der Schwarzerle oder auch Moorkienholzwurzeln geeignet. FRITZ & JAUCH (1989) hielten die Schlüpflinge in einem Behälter mit maximal 10 cm Wasserstand und fütterten sie mit Süßwasserfischen, Garnelen, Regenwürmern, Wanderheuschrecken und gelegentlich mit Tubifex. Die Wassertemperatur sollte zwischen 27 und 30 °C liegen. Bei der Aufzucht trat eine Erkrankung auf, die sich durch gehäuft auftretende Häutungen und Mattigkeit äußerte. Sie wurde durch Bäder in Kochsalzlösung sowie mit dem Medikament „Faunamor" erfolgreich behandelt. Noch 6 Monate nach der Panzerhäutung (einmal jährlich, erstmals nach 1 bis 3 Jahren) sind die „neuen" Panzerschilde sehr verletzungsanfällig (FRITZ & JAUCH 1989).

Literatur:
Anonymus (1983): Welterstzucht im Wilhelma-Terrarium! DATZ 36(8): 319.
FRITZ, U., D. JAUCH (1989): Haltung, Balzverhalten und Nachzucht von Parkers Schlangenhalsschildkröte *Chelodina par-*

keri RHODIN & MITTERMEIER, 1976, (Testudines: Chelidae). Salamandra 25(1): 1-13.

RHODIN, A. G. J., R. A. MITTERMEIER (1976): *Chelodina parkeri*, a new species of chelid turtle from New Guinea, with a discussion of *Chelodina siebenrocki* WERNER, 1901. Bull. Mus. comp. Zool. 147(11): 465-488.

Chelodina reimanni
PHILIPPEN & GROSSMANN, 1990
Reimanns Schlangenhalsschildkröte;
Merauke-Schlangenhalsschildkröte,
E Reimann's snake-necked turtle,
F Chélodine de Reimann

Beschreibung: Die Art gehört zur Familie Chelidae, Unterfamilie Chelinae. Im Gegensatz zu anderen *Chelodina*-Arten fallen der massigere Kopf und die relativ geringe Kopf-Hals-Länge auf (60 bis 65% der Carapaxlänge). Der Rückenpanzer ist flacher als bei anderen *Chelodina*-Arten Neu Guineas, oval und am Hinterrand glatt, die Schilde sind stark skulpturiert. Das erste Centralia ist beiderseits kopfwärts „zipfelförmig" ausgeweitet (Unterschied zu *Chelodina novaeguineae*). Der Schädel ist relativ hoch, die Augen sind leicht nach vorn gerichtet und liegen etwas in den Augenhöhlen versenkt. Auf dem Nacken befinden sich kleine Tuberkel. Auf der Vorderseite der Vordergliedmaßen erkennt man vier große und ein kleines Querschild. Die Vorderfüße tragen fünf, die Hinterfüße vier Krallen. Der Carapax ist dunkelbraun, Kopf- und Halsoberseite sowie die Gliedmaßen sind dunkelgrau bis schwarz. Hals- und Kopfunterseite sind cremefarben bis weiß, der Plastron hornfarben. Männchen bleiben kleiner als Weibchen, besitzen einen leicht konkaven Plastron sowie deutlich längere und dickere Schwänze. Die Schlüpflinge haben einen dunklen Carapax, die Halsunterseite und der Plastron sind orangerot gefärbt (auch von *Chelodina novaeguineae* und *Chelodina longicollis* bekannt). Das bislang größte Tier hatte eine Carapaxlänge von 20,6 cm (PHILIPPEN & GROSSMANN 1990).

Geographische Verbreitung: Bisher aus dem Grenzgebiet Irian Jaya (Indonesien) – Papua-Neu Guinea im Bereich des Merauke-River bekannt (IVERSON 1992*). ARTNER (1995) fand sie bis zu 30 km ost- und mindestens 100 km west- und nordwärts der Stadt Merauke.

Biologie und Ökologie: Nach ARTNER (1995) bewohnt sie fast ausschließlich Flachwassertümpel in Sumpfgebieten, in denen auch während der Regenzeit (Oktober bis März) der Wasserstand selten über einen Meter ansteigt. Gegen Ende der Trockenzeit, die von Mitte August bis Mitte Oktober dauert, fallen die Gewässer oft trocken. Den größten Teil des Jahres beträgt die Wassertemperatur dort mehr als 30 °C. Aufgrund der Kopf-Morphologie vermuteten PHILIPPEN & GROSSMANN (1990), daß es sich um einen Mollusken-Crustaceen-Fresser handele, was ARTNER (1995) bestätigen konnte.

Terrarium: Der Behälter für eine Zuchtgruppe von drei bis vier Tieren sollte mindestens 150 × 50 cm messen und einen Wasserstand von 20 bis 30 cm haben.

Ausstattung: Unterwasserverstecke werden fest installiert, und ein sandgefüllter Landteil dient der Eiablage und zum Sonnen.

Heizung: Die Wassertemperatur soll um 30 °C liegen, die der Luft darüber. GROSSMANN (1992) beobachtete seine Tiere nicht beim Sonnenbad. Bei ARTNER (1995) sonnten sich einige trächtige Weibchen in den letzten Wochen vor der Eiablage täglich bis zu vier Stunden. Dazu wird über dem Landteil ein Hellstrahler (PHILIPS PAR 38 EC spot oder OSRAM CONCENTRA PAR 38 EC) installiert.

Licht: Beleuchtet wird mit Leuchtstofflampen (OSRAM Biolux, Lumilux DE LUXE Daylight; Philips TL-D; evtl. gelegentlich 30 bis 60 Minuten UV-Bestrahlung mit Philips TL 05, TL 09, TL 12), die täglich 12 Stunden in Betrieb sind.

Futter: Alttiere nahmen tote Labormäuse, Katzentrocken-Futter, Warmblüterfleisch und Fisch als Nahrung an. Es sollten unbedingt auch ballastsoffreiche "Zutaten„ wie Crustaceen, Mollusken und Insekten geboten werden. ARTNER (1995) beobachtete ein Weibchen beim Fressen von Salatblättern, die an der Wasseroberfläche trieben. Die Fütterung erwachsener Tiere erfolgt zweimal wöchentlich.

Nachzucht: Die Art wurde mittlerweile von verschiedenen Terrarianern nachgezogen. Ihre Erfahrungen mit der Art publizierten z.B. LEHMANN & LEHMANN (1991), GROSSMANN (1992) und ARTNER (1995).

Paarung: Paarungen wurden vor allem in den Morgen- und Abendstunden beobachtet (GROSSMANN 1992). Das Männchen versuchte von hinten auf den Carapax des Weibchens zu gelangen, klammerte sich mit den Krallen an dessen Panzerrand fest und preßte seine Kloake gegen die des Weibchens. Es bewegte den Kopf horizontal pendelnd über Kopf und Hals der Partnerin. Letzteres dauerte bis zu 15 Minuten und wurde mehrfach wiederholt. ARTNER (1995) beobachtete Paarungsvorspiele seltener als z.B. bei *Chelodina longicollis*. Das Männchen postierte sich vor dem Weibchen und nickte bis zu dreimal in der Sekunde über maximal 5 Minuten hinweg mit dem Kopf. Wendet sich das Weibchen ab, wird es vom Männchen verfolgt, welches schließlich, im Schwimmen, Kopf und Hals von hinten auf den Carapax der Partnerin legt und nach vorn gleitet. Es krallt sich dann mit allen vier Gliedmaßen am Panzerrand des Weibchens fest und versucht zu kopulieren. Die Kopulation wurde von ARTNER (1995) noch nicht beobachtet.

Eiablage: Bei GROSSMANN (1992) legten die Weibchen in der letzten Oktober-Dekade und Mitte Februar insgesamt 11 Eier. Sie hatten die Maße: 31 bis 33 × 20 mm; 7,6 bis 8,8 g. Vier Weibchen bei ARTNER (1995) setzten 1993 jeweils zwei oder drei Gelege von Mitte Februar bis Mitte August mit insgesamt 74 Eiern ab. Die Eier maßen 34 × 23 mm. Eiablagen beobachtete er ausschließlich gegen 19.00 Uhr.

Inkubation: Bei Inkubationsbedingungen von 28 bis 30 °C und 90 bis 95% rel. Luftfeuchte wurden nach 20 Tagen erste Blutgefäße beim Durchleuchten der Eier beobachtet. Nach 80, 85 bzw. 102 Tagen schlüpften Jungtiere, am 93. Tag wurden Eier geöffnet, in denen sich Embryonen mit winzigen Dottersäcken befanden, die nach 10 Tagen resorbiert waren. Bei einer Inkubationstemperatur von 29 °C und einer rel. Substratfeuchte von 90% schlüpften Jungtiere bereits nach 62 Tagen (GROSSMANN 1992). ARTNER (1995) inkubierte die Eier bei konstant 28 °C. Bei ihm schlüpften 1993 43 Jungtiere; größtenteils nach 65 bis 80 Tagen.

Schlüpflinge: GROSSMANN (1992) ermittelte an seinen Schlüpflingen u.a. folgende Daten: Carapaxlänge 26 mm, Masse 4,8 g. Bei ARTNER (1995) hatten 27 Schlüpflinge Carapaxlängen von 27,6 bis 32,1 mm und wogen 4 bis 5 g.

Haltung der Schlüpflinge: ARTNER (1995) brachte die Schlüpflinge in einem Aufzuchtbecken (120 × 60 cm; 10 cm Wasserstand) unter. Die Wassertemperatur betrug 28 °C, ein 75 W Spotstrahler, 30 cm über dem Wasserspiegel, diente zur Beleuchtung. Im Wasser befanden sich Plaste-Wasserpflanzen, ein Zierkorkstück diente als Landteil, der Wasserwechsel erfolgte 14tägig. Schlüpflinge sollten zunächst täglich gefüttert werden. Sie fraßen bei GROSSMANN (1992) Tubifex und Rote Mückenlarven, einige bevorzugten Tubifex und Wasserflöhe als Nahrung. ARTNER (1995) warnt vor zu langer Verfütterung dieser Wirbellosen, da die Jungtiere „... dabei oft kränkeln." Er registrierte bei der Aufzucht von *Chelodina*- Jungtieren häufig das Auftreten eines weißen Hautbelags. Die Krankheit war ansteckend und führte unbehandelt fast immer zum Tode. ARTNER vermutete, daß der Chlorzusatz des Leitungswassers die Ausbildung des „Belags" begünstige. Nach dem Wasserwechsel wurde das Wasseraufbereitungsmittel Aquasafe®, in der vom Hersteller empfohlenen Konzentration, zugesetzt, wonach die Krankheit nur noch selten auftrat.

Literatur:
ARTNER, H. (1995): Haltung und Nachzucht von *Chelodina reimanni* PHILIPPEN & GROSSMANN, 1990 – mit Beobachtungen zu ihrem Lebensraum in Irian Jaya, Neuguinea (Testudines: Chelidae). HERPETOZOA 8(1/2): 17–24.
GROSSMANN, P. (1992): Die neue Schlangenhals-Schildkröte *Chelodina reimanni* PHILIPPEN & GROSSMANN, 1990, im Terrarium. SAURIA 14(1): 35–38.
LEHMANN, H. D., H. LEHMANN (1991): Ein Beitrag zur Biologie von Süßwasserschildkröten am Beispiel von *Chelodina reimanni*. Zus. DGHT-Tagung, Bonn 1991: 12–13.
PHILIPPEN, H.-D., P. GROSSMANN (1990): Eine neue Schlangenhalsschildkröte von Neuguinea: *Chelodina reimanni* sp. n. (Reptilia, Testudines, Pleurodira: Chelidae). Zool. Abh. Mus. Tierkd. Dresden 46, Nr. 5: 95–102.

Chelus fimbriata
(SCHNEIDER, 1783)
Fransenschildkröte, E Matamata turtle, F Matamata, P Mata-mata, Sp Caripatua

Beschreibung: Die Matamata gehört zur Familie Chelidae, Unterfamilie Chelinae. Sie zählt neben einigen Fischen der Familien Fühlerfische (Antennariidae), Tiefseeteufel (Melanocetidae) und Tiefsee-Angelfische (Ceratiidae), dem Steinfisch (*Synanceia verrucosa*) und schließlich auch der Geierschildkröte (*Macroclemys temminckii*) zu den eigentümlichsten, heute lebenden Wirbeltieren. Die Art fehlt schon daher in kaum einer „Schildkrötensammlung" Zoologischer Gärten.

Der flache, mit drei Längskielen versehene Carapax ist am Hinterrand gesägt und die Einzelschilder sind stark skulpturiert. Der Plastron ist relativ schmal und an der Brücke am breitesten. Der Kopf ist flach, dreieckig, mit spitzen Seitenlappen und einer langen „Schnorchelnase" versehen. Am dicken Hals (er ist länger als die Rumpf-Wirbelsäule) sind unregelmäßig geformte Hautfilamente ausgebildet. Am Kinn und am Mundboden befinden sich Barteln. Die Augen sind klein und das Maul ist breit, was ihr einen „lachenden" Gesichtsausdruck verleiht. Die Vorderfüße besitzen fünf Krallen.

Der Carapax ist bei Adulten braun bis schwarz, die Weichteile sind grau bis braun, die Kehlunterseite ist rötlich, pinkfarben oder matt-braun. Der Plastron ist cremefarben, gelblich oder braun. Jungtiere haben einen hellbraunen Carapax, der verschieden große, runde oder ovale, schwarze Flecke aufweist. Der Plastron ist rot, mit schwarzen Abzeichen. Die Halsunterseite hat bei Jungtieren aus Amazonien drei rote Längsbänder, die durch gleichbreite schwarze Längsbändern getrennt sind. Bei Jungtieren aus dem Orinoko-Gebiet ist die Halsunterseite gleichmäßig pinkfarben, manchmal von feinen Linien aus kleinen schwarzen Punkten besetzt. SCHMIDT (1966), PRITCHARD & TREBBAU (1984*) sowie SÁNCHEZ-VILLAGRA et al. (1995) zeigen die geographische Variationsbreite und Unterschiede, letztere vor allem von Panzermerkmalen, zwischen Tieren der Orinoko- und der Amazonas-Population.

Männchen haben konkave Plastra sowie längere und dickere Schwänze als Weibchen. Die Schildkröte ist häufig mit Algen bewachsen, was die somatolytische Färbung und Form noch verstärkt. Sie erreicht eine Carapaxlänge von 45 cm oder mehr (PRITCHARD & TREBBAU 1984*, ERNST & BARBOUR 1989*).

Geographische Verbreitung: Im Orinoko- und Amazonas-System – Venezuela, Kolumbien, Ecuador, Peru, Bolivien, Guayana, Franz. Guayana, Surinam und Brasilien; Trinidad (IVERSON 1992*).

Biologie und Ökologie: Langsam strömende Schwarzwasser-Flüsse und vor allem die unterschiedlichsten vegetationsreichen und trüben Standgewässer. Das Tier liegt dort im Flachwasser, so daß zum Luftholen lediglich der lange Hals ausgestreckt werden muß, und der „Schnorchel" die Wasseroberfläche durchstößt. Die Fransenschildkröte – ein Ansitzjäger – ernährt sich von Invertebraten und Fischen. AXELROD (zit. in PRITCHARD & TREBBAU 1984*) fand junge Cichliden, und bei der Mehrzahl untersuchter Tiere im Freiland, Salmler der Gattung *Characidium* als Nahrung. Die Fische werden durch „Saugschnappen" erbeutet. Die Verhaltensweise wird durch PRITCHARD & TREBBAU (1984*) gut beschrieben. Die Hautfilamente am Kopf dienen wahrscheinlich als Rezeptoren, um Schwingungen aufzunehmen, die durch die Bewegungen der Beutefische erzeugt werden. Ebenso scheint das Ohr eine „binokulare Schwingungsortung" zu ermöglichen, da die Trommelfelle relativ größer als die anderer Schildkröten-Arten sind und außerdem weiter voneinander entfernt liegen (PRITCHARD & TREBBAU 1984*). HOLMSTROM (1978) beobachtete adulte Fransenschildkröten, die Fische langsam ins Flachwasser trieben, sie dort erbeuteten und fraßen.

Terrarium: Die Art ist nicht für Anfänger geeignet. Auf Störungen, wie z. B. Änderungen der Behältereinrichtung oder plötzlich zunehmende Lichtintensität, reagierten die Tiere bei SCHAEFER (1986) beispielsweise mit Nahrungsverweigerung und Ausfall der Fortpflanzungsaktivitäten. Ein Zuchtpaar bringt man in einem Behälter von ca. 200 × 70 cm unter. Der Wasserstand sollte bei

Chelus fimbriata

adulten Tieren wenigstens 30 cm betragen, da die Paarung nur bei genügend hohem Wasserstand erfolgreich zu verlaufen scheint.

Ausstattung: Den Bodengrund des Wasserteils kann eine dickere Sandschicht bilden. Unterwasserverstecke können aus Moorkienholzwurzeln oder den besenförmigen Wasserwurzeln der Schwarzerle bestehen. Ein Teil der Wasseroberfläche kann mit Schwimmpflanzen abgedeckt werden. Für Nachzuchtversuche ist ein sandgefüllter Landteil notwendig. Er wird möglicherweise nur zur Eiablage aufgesucht. Fransenschildkröten sonnen sich wahrscheinlich nicht.

Heizung: Die Wassertemperatur liegt zwischen 23 und 30 °C und darf keine plötzlichen oder größeren Schwankungen aufweisen. Ein milder Hellstrahler sollte über dem Landteil angebracht werden (PHILIPS PAR 38 EC spot oder OSRAM CONCENTRA PAR 38 EC).

Licht: Der Behälter wir mit Leuchtstofflampen (OSRAM Biolux, Lumilux DE LUXE Daylight; Philips TL-D) so beleuchtet, daß neben den dunklen Versteckplätzen weitere, unterschiedlich helle Regionen vorhanden sind. Die Beleuchtung sollte täglich 12 Stunden in Betrieb sein. Die größte Bewegungsaktivität registrierte SCHAEFER (1986) bei seinen Tieren zwischen 20 und 24 Uhr. Die Schildkröten schwimmen kaum, sondern laufen am Boden umher.

Futter: SCHAEFER (1986) verfütterte wöchentlich 100 bis 200 g Süßwasserfisch pro Tier. Dabei handelte es sich um ganze aber ausgenommene Karauschen, Weißfische, Rotfedern und Rotaugen. Ein Fisch wurde bei jeder Fütterung mit einer halben Vitamin-Mineral-Protein Tablette der Firma PFIZER präpariert.

Nachzucht: Die Nachzucht der Art beschreiben u. a. HEINROTH (1943), HAUSMANN (1964, 1968), DRAJESKE (1983) und SCHAEFER (1986). TRUTNAU (1987) beschreibt die Eiablage, konnte die Art aber nicht nachziehen.

Paarung: SCHAEFER (1986) erhielt 1970 ein Weibchen (21,2 cm Carapaxlänge), sowie 1973 ein Paar (M: 22,1 cm; W: 22,0 cm). Erste Paarungsaktivitäten beobachtete er 1979 (M: 27,4 cm; W: 28,0 cm). Das Männchen war am Tag besonders aktiv. Es verharrte vor dem („ignoranten") Weibchen so, daß sich die Nasenspitzen fast berührten. Es bewegte nun seinen Kopf zehn- bis fünfzehnmal horizontal-halbkreisförmig vor dem der Partnerin. Dann verharrte das Männchen, hob ein Vorderbein leicht an und bewegte den Kopf im schnellen Rhythmus vertikal. Dieser Verhaltenskomplex dauerte 1 bis 2 Minuten. Danach setzte es seine Wanderung durch den Behälter fort. In der Folge war beim Männchen erneut der oben beschriebene Bewegungsablauf zu beobachten. Es führte ihn beiderseits des Weibchens aus, wobei es mit dem Vorderbein begann, welches der Partnerin zugewandt war. SCHAEFER (1986) konnte weder eine Reaktion des Weibchens noch die Kopulation beobachten. Die Paarungsaktivitäten fanden zwischen Juni und Januar statt, wobei es „inaktive Phasen" von vier bis sechs Wochen gab. Nach CARPENTER & FERGUSON (1977*) gehören auch folgende Elemente zum Fortpflanzungsverhalten männlicher Fransenschildkröten: Plötzliches Vorstoßen des Kopfes in Richtung des Weibchens, wobei das Maul weit aufgerissen und wieder geschlossen wurde; Bewegungen der seitlichen Hautlappen des Kopfes; weites Herausstrecken der Gliedmaßen aus dem Panzer.

Eiablage: Zwischen 1980 und 1985 setzte ein Weibchen bei SCHAEFER (1986) 5 Gelege mit jeweils 7 bis 13 Eiern an Land ab. Der Durchmesser variierte zwischen 35 und 41 mm, die Masse zwischen 30 und 40 g. Fünf ins Wasser abgesetzte Eier waren oval. Die Eiablagen (an Land) erfolgten je zweimal im Oktober und November sowie einmal im Januar. Im Amazonasgebiet Kolumbiens erfolgt die Eiablage im Oktober und im Gebiet des Río Putumayo im November/Dezember. Ein Gelege besteht dort aus 12 bis 28 Eiern (MEDEM 1960).

Inkubation: Elf Eier waren befruchtet SCHAEFER (1986). Bei Inkubationsbedingungen von 23 bis 28 °C und 100 % rel. Luftfeuchtigkeit konnte der Autor nach 194 Tagen ein Jungtier aus dem Ei entnehmen.

Schlüpflinge: Der Schlüpfling bei SCHAEFER (1986) wog 19 g und hatte eine Carapaxlänge von 49 mm.

Haltung der Schlüpflinge: Das Aquaterrarium sollte zunächst einen Wasserstand von 5 bis 7 cm aufweisen. Die Wassertemperatur liegt zwischen 28 und 30 °C. Als Unterwasserverstecke sind Wasserpflanzen geeignet. Der Schlüpfling bei SCHAEFER (1986) fraß nach drei Tagen den ersten Fisch. Das Tier wurde jeden zweiten Tag gefüttert und wog nach einem Jahr bereits 74 g und hatte eine Carapaxlänge von 82 mm.

Geschlechtsreife: Bei HAUSMANN (1968) legte das Weibchen erstmals nach 7 Jahren (bei Erhalt ca. 6 Monate alt) Eier. Er spekulierte, daß die Art in der Natur bereits mit 5 Jahren geschlechtsreif wird.

Alter: Im Tierpark Berlin wurde eine Matamata 35 Jahre, 9 Monate und 26 Tage gehalten (DATHE 1994).

Literatur:
DATHE, F. (1994): Bemerkenswertes Alter einer Matamata, *Chelus fimbriatus* (SCHNEIDER, 1783). Milu 8: 103–105.
DRAJESKE, P. W. (1983): Husbandry and captive reproduction of the Mata mata, *Chelus fimbriatus* (SCHNEIDER). – Bull. Chicago Herp. Soc. 18(3/4): 73–81.
HAUSMANN, P. (1964): Nachzucht bei der Mata mata. DATZ 17(12): 369–372.
HAUSMANN, P. (1968): Matamata. Int. Turtle Tortoise. Soc. Journ. 2(4): 18–19, 36.
HEINROTH, O. (1943): Geglückte Nachzucht der Matamata, *Chelus fimbriatus*, im Berliner Aquarium. Zool. Garten (N. F.) 15: 251–254.
HOLMSTROM, W. F. (1978): Preliminary observations on prey herding in the matamata turtle, *Chelus fimbriatus* (Reptilia, Testudines, Chelidae). Journ. Herpetol. 12: 573–574.
MEDEM, M. F. (1960): Datos zoo-geograficos y ecologicos sobre los Crocodylia y Testudinata de los Rios Amazonas, Putumayo y Caquete. Caldasia 8: 341–351.
SÁNCHEZ-VILLARGA, M. R., P. C. H. PRITCHARD, A. PAOLILLO, O. J. LINARES (1995): Geographic variation in the Matamata turtle, *Chelus fimbriatus*, with observations on its shell morphology and morphometry. Chelonian Conservation and Biology 1(4): 293–300.
SCHMIDT, A. A.(1966): Morphologische Unterschiede bei *Chelus fimbriatus* verschiedener Herkunft. Salamandra 2(3): 74–78.
SCHAEFER, J. (1986): Haltung und Zucht der Fransenschildkröte *Chelus fimbriatus* (SCHNEIDER, 1783) (Testudines, Chelidae). Salamandra 22(4): 229–241
TRUTNAU, L. (1987): Ein Beitrag zur Lebensgeschichte der Fransenschildkröte *Chelus fimbriatus* (SCHNEIDER, 1783). herpetofauna 9(49): 6–10.

Chelydra serpentina
(LINNAEUS, 1758)
Schnappschildkröte, E American snapping turtle, Common snapping turtle, F Chélydre serpentine, Sp Tortuga cocodrillo, Kol Bache

Beschreibung: Die Art gehört zur Familie Chelydridae, Unterfamilie Chelydrinae. Charakteristisch sind die schmale Brücke, der kleine, kreuzförmige Plastron, der auf der Oberseite mit großen Höckerschuppen besetzte, nahezu panzerlange Schwanz und die kleinen, seit- und aufwärts gerichteten Augen.

Schnappschildkröten sind massig, die Weichteile „quellen" aus dem Panzer heraus. Der oft mit Algen besetzte Carapax zeigt bei Jungtieren drei Längskiele, die mit zunehmendem Alter flacher werden. Der Carapaxhinterrand ist stark gesägt. Es sind keine Supramarginalschilde ausgebildet. Der Kopf ist massig, der Oberkiefer leicht hakenförmig, der lange Hals und der Nacken sind mit längeren häutigen Filamenten besetzt. Am Kinn stehen zwei, vier oder mehr Barteln. Die Gliedmaßen sind sehr kräftig. Der Carapax kann hellbraun, olivfarben oder auch schwarz gefärbt sein, manchmal ist ein Muster aus feinen, dunklen, radiär angeordneten Strichen vorhanden. Der Plastron ist gelblich bis graubräunlich, die Weichteile sind grau oder bräunlich, mit gelblichen oder weißlichen Flecken. Jungtiere besitzen einen rauhen Carapax und einen schwarzen, hell gesprenkelten Plastron. Auf der Unterseite der Marginalschilde befindet sich je ein heller Fleck.

Männchen werden größer als Weibchen und zeichnen sich durch einen längeren präanalen Schwanzabschnitt (86 % der Länge des hinteren Plastronabschnitts; bei Weibchen weniger als 86 %) aus. Die Kloake ist also bei Männchen weiter vom Panzerhinterrand entfernt als bei Weibchen. Die Art kann eine Carapaxlänge von 49,4 cm erreichen (ERNST et al. 1994*).

Geographische Verbreitung: Vom südlichen Kanada (Nova Scotia, New Brunswick, S-Quebec, SO-Alberta) durch die östlichen USA, SO-Mexiko bis nach Kolumbien und Ecuador. In Nevada, Utah, Arizona und Kalifornien wurde die Art ausgesetzt. (IVERSON 1992*).

Bislang werden vier Unterarten anerkannt. PHILLIPS et al. (1996) diskutieren jedoch das mögliche Artniveau der „Formen" *acutirostris* und *rossignonii*.

Chelydra serpentina serpentina
(LINNEAUS, 1758)
Kanada, USA (außer Halbinsel Florida).
Chelydra s. acutirostris
PETERS, 1862
Honduras bis Ecuador.
Chelydra s. osceola
STEJNEGER, 1918
Halbinsel Florida.

Chelydra serpentina

Chelydra s. rossignonii
(BOCOURT, 1868)
Mexiko (Veracruz) bis Honduras.

Biologie und Ökologie: Die Art kommt in nahezu allen Gewässertypen und auch im Brackwasser vor (vgl. DUNSON 1986). Bevorzugt werden Gewässerteile mit weichem, schlammigem Bodengrund und dichter Unterwasservegetation. Die Florida-Schnappschildkröte ist eine der wenigen wasserlebenden Wirbeltierarten ihres Verbreitungsgebietes, die auch in den sauren, schlammigen „Hammock-Streams" zu finden ist (ERNST et al. 1994*). Im nördlichen Teil des Verbreitungsgebietes überwintert die Art im Bodenschlamm der Gewässer. Es wurden große „Überwinterungsgesellschaften" beobachtet, in denen auch andere Wasserschildkröten-Arten zu finden waren (vgl. MEEKS & ULTSCH 1990). Die Winterruhe ist in den nördlichen Populationen zumeist im April, in Kanada nicht vor Mai beendet. In Pennsylvania beginnt die Frühjahrsaktivität, wenn die Wassertemperatur auf mehr als 5 °C ansteigt (ERNST in ERNST et al. 1994*), in Kanada bei mehr als 7,5 °C (OBBARD & BROOKS 1981). Die Nahrungsaufnahme begann in beiden Gebieten erst ab 15 °C Wassertemperatur. Falls das Gewässer austrocknet, ästivieren die Tiere im Bodengrund oder wandern in andere Gewässer ab. Schnappschildkröten sind tag- und dämmerungsaktiv. Die täglichen Aktivitätsphasen sind evtl. auch vom Alter und vom Geschlecht abhängig. OBBARD & BROOKS (1981) ermittelten in Ontario an 6 Männchen und 3 Weibchen eine durchschnittliche „home range" Fläche von 3,21 ha bzw. 3,79 ha. Die Vertikalverbreitung erstreckt sich bis in 2.000 m ü. NN (ERNST et al. 1994*). Die Schappschildkröte ist omnivor und ernährt sich von nahezu allen Wirbellosen und Wirbeltieren, die sie überwältigen kann. Auch Pflanzenteile (*Elodea, Nymphaea, Typha* etc.) werden verzehrt (ERNST et al. 1994*).

Terrarium: *Chelydra serpentina* gehörte in Mitteleuropa mit zu den ersten Schildkrötenarten, die im Terrarium gehalten wurden (WEINLAND 1861). Zusammenfassende Berichte (auch zur Terrarienhaltung) über die Art finden wir z. B. bei PETZOLD (1975) und JUNGNICKEL (1987 a-c).

Erwachsene Schnappschildkröten sind aufgrund ihrer Größe, Aggressivität und Beißkraft, verbunden mit der entsprechenden Schnelligkeit, keine ungefährlichen Terrarienbewohner und verlangen einen verantwortungsbewußten Pfleger!

Ausstattung:
Freilandterrarium: Wann immer möglich, sollten Tiere der Nominatform im geräumigen Freilandterrarium mit schlammigem Bodengrund, verschiedenen Versteckplätzen und großen Flachwasserbereichen gehalten werden. Dort können sie auch überwintern (vgl. HAAS 1985; Überwinterung siehe *Emys orbicularis*). Die Tiere sollten zwischen unterschiedlich tiefen Wasserbereichen wählen können. Einige Unterwasserverstecke

werden so eingerichtet, daß die Schildkröte ohne Lageveränderung atmen kann. Die Wahl des Verstecks ist von der jeweiligen Wassertiefe und (wahrscheinlich) vom Alter der Tiere abhängig (vgl. SEXTON 1958). Im Freiland nehmen Schnappschildkröten ausgiebige Sonnenbäder sowohl außerhalb des Wassers als auch an der Wasseroberfläche „flutend". Die Bedeutung des Sonnenbadens zur Thermoregulation bei Wasserschildkröten analysiert z. B. BOYER (1965). Individuen der anderen Unterarten sollten im Sommer auch in Freianlagen untergebracht werden. Regelmäßig im Freiland gehaltene Schnappschildkröten sind keinesfalls so träge und degeneriert, wie Exemplare, die in engen Zimmerterrarien gehalten und zu reichlich gefüttert werden!

Zimmerterrarium: Ein erwachsenes Tier benötigt wenigstens 2 m² Bodenfläche. Schnappschildkröten sollten einzeln gehalten werden. Zu Paarungsversuchen setzt man die Geschlechtspartner zueinander und beobachtet sie. Der Bodengrund im Zimmerterrarium besteht aus gewaschenem Flußsand. Fest eingebaute Versteckplätze und ein Landteil zur Eiablage oder zum Sonnenbaden sind notwendig.

Heizung: Die Wassertemperatur sollte im Sommer durchaus 25 bis 30 °C betragen. Ein stärkerer Hellstrahler (PHILIPS PAR 38 EC spot oder OSRAM CONCENTRA PAR 38 EC) wird über dem Landteil angebracht.

Licht: Die Beleuchtung erfolgt mit Leuchtstofflampen (OSRAM Biolux, Lumilux DE LUXE Daylight; Philips TL-D; evtl. 30 bis 60 Minuten täglich UV-Bestrahlung mit Philips TL 05, TL 09, TL 12). Die Beleuchtungsdauer richtet sich nach der Herkunft der Tiere (aus dem tropischen Teil des Artareals ca. 12 Stunden täglich).

Futter: Erwachsene Tiere füttert man zweimal wöchentlich. Als Nahrung kommen Mollusken, Kleinkrebse, Insekten, Süßwasserfische, tote Labormäuse und für große Tiere auch Ratten infrage.

Nachzucht: Die Nachzucht gelang im Terrarium mehrfach (LEHMANN 1966, HIRSCHFELD 1972, SCHMIDT 1981, NETTEN & ZUURMOND 1985, ZÖLLNER 1990). HARTMANN (1975) konnte bei seinen Tieren Paarungen beobachten, die Nachzucht gelang nicht.

Paarung: ZÖLLNER (1990) überwinterte die Schildkröten (Nominatform) 3 Monate bei 6 °C im Keller, erwärmte sie danach allmählich und konnte Paarungen ab 14 °C beobachten. Täglich fanden bis zu 20 Kopulationen statt. Nach einer Woche wurden die Tiere getrennt. Das Männchen ritt oft unvermittelt von hinten auf den Carapax des Weibchens auf und klammerte sich an dessen Panzerrand fest, worauf die Kopula erfolgte. Zumeist wurden noch Bisse in Kopf- und Nacken des Weibchens ausgeführt. LEGLER (1955) beobachtete wie sich ein Pärchen frontal gegenüberstand, den Hals weit ausgestreckt, die Nasenspitzen ca. 25 mm voneinander entfernt. Der Plastronvorderrand hatte Bodenkontakt, der Hinterkörper war durch die gestreckten Hinterbeine vom Boden abgehoben. In dieser Stellung führten die Tiere plötzliche und simultane horizontale Pendelbewegungen mit Kopf und Hals, jeweils in entgegengesetzter Richtung aus. Anschließend wurden Kopf und Hals wieder in die Ausgangsstellung „gebracht". Diese Verhaltenssequenzen wurden etwa zehnmal in 10 Sekunden wiederholt. TAYLOR (1933) beobachtete zwei Tiere, die im Flachwasser lagen, die Köpfe dicht beieinander. Sie „schluckten" Wasser und stießen es kraftvoll wieder aus den Nasenlöchern aus, so daß über den Köpfen an der Wasseroberfläche ein Wirbel zu erkennen war. Beide Beobachtungen deuten darauf hin, daß vor der Kopula auch ein Werbeverhalten statt findet. Über Turnierkämpfe („combat") bei der Art berichten z. B. RANEY & JOSEPHSON (1954).

Eiablage: Mit Hilfe der Sonographie stellten GRYCHTA & GRYCHTA (1994) fest, ob Tiere trächtig waren. Bei ZÖLLNER (1990) legte das Weibchen 6 Wochen nach der Trennung vom Männchen (siehe oben) nachts 12 Eier in 15 bis 30 cm Bodentiefe ab. Die Eidurchmesser betrugen 28 bis 30 mm. Die Nominatform und *Chelydra s. osceola* legen zwischen Ende Mai und September Eier, wobei der Höhepunkt im Juni liegt (ERNST & BARBOUR 1972*). Ein Gelege kann 11 bis 83, zumeist 20 bis 30 Eier enthalten, die 7 bis 15 g wiegen (ERNST & BARBOUR 1972*).

Inkubation: ZÖLLNER (1990) inkubierte die Eier bei 28 bis 31 °C. Nach 77, 84 und 85 Tagen schlüpfte je ein Jungtier. Zwei Eier wurden beim Ausgraben des Geleges beschädigt, in den anderen Eiern waren die Embryonen abgestorben. Als Ursache für das Absterben der Embryonen wird die Handhabung der Eier zum Photographieren und Durchleuchten angenommen. Auch das Durchleuchten selbst scheint nicht unproblematisch zu sein! In den USA schlüpfen Jungtiere nach 55 bis 125 Tagen (ERNST & BARBOUR 1972*). Der Jungtierschlupf erstreckt sich von Mitte August bis Anfang Oktober und kann u. U. erst im folgenden Frühjahr erfolgen (ERNST et al. 1994*). Das Geschlecht wird durch die Inkubationstemperatur während der Embryonalentwicklung bestimmt (z. B. YNTEMA 1976, WILHOFT et al. 1983). Bei kühlen (20 °C und weniger) sowie warmen (30 °C und mehr) Temperaturen entwickeln sich Weibchen. Bei Temperaturen zwischen 22 und 28 °C entstehen Männchen.

Schlüpflinge: Die Schlüpflinge bei ZÖLLNER (1990) hatten Carapaxlängen zwischen 28 und 30 mm und entsprachen den Maßen, die auch an Tieren aus Populationen in den USA ermittelt wurden (vgl. ERNST et al. 1994*).

Haltung der Schlüpflinge: Jungtiere werden in kleineren Behältern mit 10 bis 15 cm Wasserstand, dichtem Unterwasserpflanzenwuchs, einem fest installierten Unterwasserversteck, einer kleinen „Sonneninsel" und bei ca. 25 bis 27 °C Wassertemperatur untergebracht (vgl. auch SEXTON 1958). Als Nahrung dienen Süßwasserfisch-Stücke, Kleinkrebse (Wasserflöhe), Insekten und Tubifex. Die Tiere werden zunächst täglich gefüttert.

Geschlechtsreife: In Iowa waren Männchen mit 4 bis 5 Jahren (Carapax-

Chelydra s. serpentina; Plastron

länge von 149 bis 155 cm), Weibchen nach 6 oder mehr Jahren geschlechtsreif (CHRISTIANSEN & BURKEN 1979).
Alter: Zoo Philadelphia: 38 Jahre, 8 Monate und 27 Tage (SNIDER & BOWLER 1992).

Literatur:
BOYER, D. R. (1965): Ecology of the basking habit in turtles. Ecology 46(1/2): 99–118.
CHRISTIANSEN, J. L.,R. R. BURKEN (1979): Growth and maturity of the snapping turtle (*Chelydra serpentina*) in Iowa. Herpetologica 35: 261–266.
DUNSON, W. A. (1986): Estuarine populations of the snapping turtle (*Chelydra*) as a model for the evolution of marine adaptions in reptiles. Copeia 1986: 741–756.
GRYCHTA, U., R. GRYCHTA (1994): Die Sonographie als Hilfsmittel bei unsicheren Tastbefunden bei Schnappschildkröten der Gattung *Chelydra* SCHWEIGGER, 1812. SAURIA 16(4): 37–38.
HAAS, A. (1985): Ganzjährige Freilandhaltung der Schnappschildkröte *Chelydra serpentina serpentina* (LINNAEUS, 1758) im Süddeutschen Raum (Testudines: Chelydridae). Salamandra 21(1): 1–9.
HARTMANN, H. (1975): Beobachtungen bei der Paarung von *Chelydra s. serpentina*. – Aquarien Terrarien 22(3): 102–103.
HIRSCHFELD, K. (1972): Die Zucht der Schnappschildkröte im Vivarium der Stadt Kehl. DATZ 25(7): 246–249.
JUNGNICKEL, J. (1987a): Die Gattung *Chelydra* – Ein Überblick. Teil 1, Biologie. SAURIA 9(2): 15–18.
JUNGNICKEL, J. (1987b): Die Gattung *Chelydra* – Ein Überblick. Teil 2, Haltung in Gefangenschaft. SAURIA 9(3): 9–12.
JUNGNICKEL, J. (1987c): Die Gattung *Chelydra* – Ein Überblick. Teil 3, Nachzucht in Gefangenschaft. SAURIA 9(4): 21–23.
LEGLER, J. M. (1955): Observations on the sexual behavior of captive turtles. Lloydia 18: 95–99.
LEHMANN, H. D. (1966): Daten zur Fortpflanzung von *Chelydra serpentina* in Gefangenschaft. Salamandra 2(1/2): 1–5.
MEEKS, R. L., G. R. ULTSCH (1990): Overwintering behavior of snapping turtles. Copeia 1990: 880–884.
NETTEN, H., F. ZUURMOND (1985): Nachzucht von *Chelydra serpentina* im Reptilienzoo Iguana. Lacerta (1985): 44.
OBBARD, M. E., R. J. BROOKS (1981): A radio-telemetry and mark-recapture study of activity in the common snapping-turtle, *Chelydra serpentina*. Copeia 1981: 630–637.
PETZOLD, H.-G. (1975): AT Terrarientierlexikon *Chelydra serpentina serpentina* (LINNÉ, 1758) Schnappschildkröte. Aquarien Terrarien 22(5): 179.
PHILLIPS, C. A., W. W. DIMMICK, J. L. CARR (1996): Conservation genetics of the common snapping turtle (*Chelydra serpentina*). Cons. Biol. 10(2): 397–405.
RANEY, E. C., R. A. JOSEPHSON (1954): Record of combat in the Snapping turtle, *Chelydra serpentina*. Copeia 1954: 228.
SCHMIDT, H. D. (1981): Die Schnappschildkröte (*Chelydra serpentina*), ihre Pflege und Nachzucht. DATZ 34(12): 436–437.
SEXTON, O. J. (1958): The relationship between the habitat preferences of hatchling *Chelydra serpentina* and the physical structure of the vegetation. Ecology 39(4): 751–754.
SNIDER, A. T., J. K. BOWLER (1992): Longevity of reptiles and amphibians in North American collections, second edition. Soc. Stud. Amphib. Rept. Herpetol. Circ. 21: 1–40.
TAYLOR, E. H. (1933): Observations on the courtship of turtles. Univ. Kansas Sci. Bull. 21: 269–271.
WEINLAND, D. F. (1861): Unsere Schnappschildkröte. Zool. Garten 2: 69–75.
WILHOFT, D. C., E. HOTALING, P. FRANKS (1983): Effects of temperature on sex determination in embryos of the Snapping turtle, *Chelydra serpentina*. Journ. Herpet. 17(1): 38–42.
YNTEMA, C. L. (1976): Effects of incubation temperature on sexual differentiation in the turtle *Chelydra serpentina*. J. Morphol. 150: 453–462.
ZÖLLNER, R. (1990): Zur Haltung und Vermehrung der Schnappschildkröte (*Chelydra serpentina*). elaphe 12(3): 41–44.

Chinemys reevesii
(GRAY, 1831)
Chinesische Dreikiel-Schildkröte,
E Chinese three-keeled pond turtle, Reeves' turtle, F Chinémyde de Reeves

Beschreibung: Die Chinesische Dreikiel-Schildkröte gehört zur Familie Bataguridae, Unterfamilie Batagurinae. IVERSON et al. (1989) betrachten *Chinemys megalocephala* FANG, 1934, als synonym mit *Chinemys reevesii* (GRAY, 1831).

Charakteristisch für die Art sind der mit drei deutlichen Längskielen versehene ovale Carapax, das Schnörkelmuster aus weißlichen bis gelblichen Linien an den Kopfseiten sowie 3 bis 4, des öfteren unterbrochene Längslinien am Hals. Die hellen Zeichnungselemente stehen im Kontrast zur grauen bzw. schwarzen Färbung der Weichteile. Der Kopf ist relativ schmal und spitz. Bei den Männchen sind Carapax und Plastron zumeist dunkelgrau bis schwarz. Sie neigen stärker zum Melanismus als die Weibchen, wodurch auch die hellen Zeichnungselemente allmählich verschwinden. Weibchen und Jungtiere haben einen hell- bis schokoladenbräunlichen Carapax. Ihr Plastron ist dunkelbraun, wobei die Schildnähte heller sind. Schlüpflinge haben im Verhältnis zur Carapaxlänge sehr große Köpfe und lange Schwänze.

Männliche Tiere bleiben im allgemeinen kleiner (12 cm) als Weibchen (größtenteils 13 bis 18 cm). Der Schwanz der Männchen ist länger und an der Basis dicker als der der Weibchen. Die Kloake liegt bei den Männchen distal vom Carapaxrand und ihr Plastron ist leicht konkav geformt. Weibchen können eine Carapaxlänge von 24 cm erreichen (ERNST & BARBOUR 1989*).

Geographische Verbreitung: China südlich des Chang Jiang und westwärts bis Kanton; Japan auf den Inseln Honshu und Kyushu; Korea; Taiwan; Hong Kong; in den USA und Kanada ausgesetzt. Interessant ist ein Fund auf den Bering-Inseln – wahrscheinlich wurde das Tier von Japan aus verdriftet?! (IVERSON 1992*).

Biologie und Ökologie: Die Schildkröte lebt vor allem in flachen Gewässern mit weichem Bodengrund wie Tümpeln, Weihern und Sümpfen aber auch in Kanälen und in ruhigeren Flußabschnitten. MELL (1938) teilt auch Funde im Brackwasser mit. Er beobachtete, daß seine Tiere im Herbst, sofern die Wassertemperatur unter 15 °C sank, das Land aufsuchten und überwinterten. Die Art ist omnivor. Neben Pflanzen frißt sie auch Mollusken, Wasserinsekten, Würmer, Frösche und Fische (ERNST & BARBOUR 1989*).

Terrarium: Die Chinesische Dreikiel-Schildkröte ist dem Anfänger in der Wasserschildkröten-Haltung zu empfehlen! Ideal ist die kombinierte Freilandterrarium-Zimmerterrarium-Haltung. Zwischen April/Mai und Oktober/November bringt man die Tiere im Freilandterrarium mit gut bepflanztem Wasserteil unter. Danach werden sie bei 4 bis 8 °C für 6 bis 8 Wochen im Keller in feuchtem Substrat überwintert (vgl. *Emys orbicularis*). Anschließend werden sie, bis zur Übersiedlung ins Freiland, im Zimmerterrarium gehalten. In klimatisch günstigen Lagen kann man Tiere aus dem nördlichen Teil des Verbreitungsgebietes auch ganzjährig im Freilandterrarium halten.

Ausstattung: Das Zimmerterrarium sollte einen Wasserteil von wenigstens

Chinemys reveesii

0,5 m² Fläche mit einer Wassertiefe von 20 cm und einen Landteil von wenigstens 0,3 m² Fläche besitzen. Unterwasserverstecke aus Moorkienholz werden fest installiert. Ins Landteil wird ein 15 bis 20 cm tiefes Sand-Humus-Gemisch gefüllt.

Heizung: Verschiedentlich ist zu lesen, daß die Temperaturansprüche der Art gering seien. Das hängt natürlich vom Herkunftsort des Tieres ab. MELL (1938) berichtet beispielsweise, daß im Lebensraum der Art in Südchina zwischen 20. Mai und 20. Oktober Wassertemperaturen von 28 bis 33 °C gemessen wurden. Die Schildkröte nimmt ausgiebige Sonnenbäder, weshalb ein Hellstrahler (PHILIPS PAR 38 EC spot oder OSRAM CONCENTRA PAR 38 EC) über dem Landteil angebracht wird.

Licht: Leuchtstofflampen (OSRAM Biolux, Lumilux DE LUXE Daylight; Philips TL-D; evtl. 30 bis 60 Minuten täglich UV-Bestrahlung mit Philips TL 05, TL 09, TL 12) spenden die notwendige Helligkeit. Sie sollten während der Haltung im Zimmerterrarium, entsprechend der Jahreszeit, täglich 8 bis 12 Stunden in Betrieb sein.

Nachzucht: Die Chinesische Dreikiel-Schildkröte gehörte mit zu den ersten Schildkrötenarten, deren Nachzucht im Terrarium gelang (vgl. PRIEMEL 1918). Bei Einhaltung einer winterlichen Ruhepause ist die Fortpflanzung dieser Art im Terrarium nicht problematisch. Bei SACHSSE (1975) pflanzte sie sich im Freilandterrarium regelmäßig fort. Haltung und Vermehrung der Art beschreiben auch GOLLE (1973), PETZOLD (1975), OBERSTADT (1980), SCHAEFER (1981, 1983), LORENZ (1983) und RESE (1987) sowie WEISSINGER (1984) für *Chinemys megalocephala*. Bei OPITZ (1964) legte ein Weibchen mehrere Eier, die Nachzucht gelang aber nicht.

Paarung: Das Männchen beriecht die Partnerin und stellt sich schließlich wenige Zentimeter frontal vor ihr auf. Dabei hat es den Kopf eingezogen und den Hinterkörper aufgestellt. Nun stößt es schnell mit dem Kopf gegen die Nase des Weibchens, welches bei Paarungsbereitschaft die Gliedmaßen einzieht und sich passiv verhält. Das Männchen reitet von hinten auf den Carapax des Weibchens auf und führt den Penis in die Kloake ein. Die Kopulation dauert bis zu einer halben Stunde. Männchen sind geschlechtlich sehr aktiv und sollten jeweils mit 2 bis 3 Weibchen gemeinsam gehalten werden.

Eiablage: Die Eier messen 32 bis 33 mm × 20 bis 21 mm (SACHSSE 1975). In Japan erfolgt die Eiablage im Juni/Juli, wobei 3 Gelege mit jeweils 4 bis 9 Eiern abgesetzt werden (FUKADA 1965). In China erstreckt sich die „breeding season" von Mai bis September wobei jährlich 3 bis 4 Gelege mit jeweils 3 bis 9 Eiern produziert werden (ZHOU & ZHOU 1991*).

Inkubation: Bei Temperaturen zwischen 24 und 32 °C schlüpften die Jungtiere bei SACHSSE (1975) nach durchschnittlich 79 Tagen. FUKADA (1965) vermutet, daß die Jungtiere in der Nestgrube überwintern und sich im März/April des folgenden Jahres ausgraben.

Schlüpflinge: Schlüpflinge hatten Carapaxlängen um 28 mm und wogen 6 g (SACHSSE 1975).

Haltung der Schlüpflinge: Es ist nicht bekannt, wo sich die Jungtiere in der Natur aufhalten, jedoch scheinen dies

Flachwasserbereiche zu sein. Dementsprechend sollten die Aufzuchttemperaturen im Sommer relativ hoch sein (zwischen 26 und 30 °C) und der Wasserstand zunächst nur 5 cm betragen. Als Nahrung wurden bei SACHSSE (1975) Stechmückenlarven bevorzugt. Davon verzehrten sie täglich Mengen bis zur Hälfte ihres eigenen Körpervolumens. Nach drei Jahren hatten die Nachzuchttiere Carapaxlängen zwischen 60 und 70 mm erreicht und wogen 55 bis 65 g.
Alter: Nach MELL (1938) wurde ein Tier 43 Jahre im Terrarium gehalten.

Literatur:
FUKADA, H. (1965): Breeding habits of some Japanese reptiles (critical review). Bull. Kyoto Gak. Univ. Ser. B 27: 65–82.
GOLLE, K. (1973): Gelungene Nachzucht einer Chinesischen Dreikiel-Schildkröte, *Chinemys revesii*. Aquarien Terrarien 20(8): 279.
IVERSON, J. B., C. H. ERNST, S. GOTTE, J. E. LOVICH (1989): The validity of *Chinemys megalocephala* (Testudines: Batagurinae). Copei 1989(2): 494–498
LORENZ, W. (1983): Weitere Beobachtungen bei der Zucht der Chinesischen Dreikielschildkröte, *Chinemys reevesii* GRAY. Die Schildkröte 5(1/2): 4–17.
MELL, R. (1938): Aus der Biologie chinesischer Schildkröten. Beiträge zur Fauna sinica. VI. Arch. Naturgesch. (N. F.) 7: 390–475.
OBERSTADT, G. (1980): Chinesische Dreikiel-Schildkröte, *Chinemys reevesii*. Das Aquarium 132: 320–321.
OPITZ, J. (1964): Betrachtungen zu *Chinemys reevesii*, der chinesischen Dreikielschildkröte. Aquarien Terrarien 11(2): 50–51.
PETZOLD, H.-G. (1975): AT Terrarientierlexikon *Chinemys reevesii* (GRAY, 1831) Chinesische Dreikielschildkröte. Aquarien Terrarien 22(10): 359.
PRIEMEL, K. (1918): Fortpflanzung von *Geoclemys reevesii* GRAY in Gefangenschaft. Wochenschr. Aquar. Terrar. Kde. 15: 157–158.
RESE, R. (1987): *Chinemys reevesi* (GRAY). SAURIA 9 (Suppl.): 71–72.
SACHSSE, W. (1975): Jährliche Nachzucht bei der Chinesischen Dreikielschildkröte, *Chinemys reevesii*, unter teilweise geschützten Freilandbedingungen in SW-Deutschland. Salamandra 11(1): 7–19.
SCHAEFER, I. (1981): Haltung und Nachzucht der Chinesischen Dreikielschildkröte *Chinemys reevesii*. Die Schildkröte 3(4): 16–27.
SCHAEFER, I. (1983): Aufzucht von *Chinemys reevesii* mit Beobachtungen über unterschiedliche Entwicklungen zwischen Männchen und Weibchen. Die Schildkröte 5(1/2): 19–32.
WEISSINGER, H. (1984): Erfolgreiche Haltung und Nachzucht der China-Sumpfschildkröte, *Chinemys megalocephala*, FANG, 1934. Aquaria 9: 139–142.

Chrysemys picta
(SCHNEIDER, 1783)
Zierschildkröte, E Painted turtle,
F Chrysémyde peinte

Beschreibung: Die Zierschildkröte gehört zur Familie Emydidae, Unterfamilie Deirochelyinae. Artcharakteristisch sind das gelb-rote Linienmuster auf schwarzem bis olivfarbenem Grund an Kopf, Hals, Gliedmaßen und Schwanz sowie der flache, breite, ungekielte und glattrandige Carapax. Der Oberkiefer ist in der Mitte eingeschnitten, rechts und links davon ist ein zahnförmiger Fortsatz sichtbar. Hinter dem Auge befindet sich jeweils ein gelbes Zeichnungselement. Die Art besitzt gut ausgeprägte Schwimmhäute. Der Carapax ist oliv bis schwarz, mit gelben oder rötlichen Schildnähten oder rötlichen Abzeichen auf den Marginalschildern; manche Unterarten besitzen einen roten oder gelben Streifen entlang der Panzermitte. Der Plastron ist entweder gelb und zeichnungslos oder zeigt eine dunkle, mehr oder weniger symmetrische Zentralfigur. Männchen haben wesentlich längere Krallen an den Vordergliedmaßen als Weibchen. Ihr Schwanz ist länger und an der Basis dicker als der der Weibchen. Letztere werden deutlich größer als die Männchen und ihr Carapax ist etwas höher gewölbt als der männlicher Tiere. Bei den Schlüpflingen ist das Linienmuster der Weichteile zunächst weißlich, die Umfärbung beginnt erst allmählich. Carapaxlänge: *Chrysemys picta dorsalis* – 15 cm; *Chrysemys picta bellii* – 25,1 cm; andere Unterarten – 18 bis 20 cm (ERNST et al. 1994*).

Geographische Verbreitung: Die Art ist in Nordamerika endemisch und kommt vom südlichen Kanada über die USA (fehlt nur im SO und SW) bis nach Mexiko (nördl. Chihuahua) vor. In Kalifornien wurde sie ausgesetzt (IVERSON 1992*). Es werden vier Unterarten anerkannt:

Chrysemys picta picta
(SCHNEIDER, 1783)
SO-Kanada durch New England entlang der Atlantikküste der USA bis Georgia und westwärts bis nach O-Alabama.

Chrysemys p. bellii
(GRAY, 1831)
Von W-Ontario durch S-Kanada bis British Columbia, südwärts bis Missouri, N-Oklahoma, O-Colorado, Wyoming, Idaho und N-Oregon; verstreute Fundpunkte in den SW-USA; ein Vorkommen im mexikanischen Estado Chihuahua.

Chrysemys p. dorsalis
AGASSIZ, 1857
Von S-Illinois und Missouri südwärts, beiderseits des Mississippi River, bis zur Golfküste von Louisiana, ostwärts durch N-Mississippi bis Alabama – isolierte Population in SO-Oklahoma.

Chrysemys p. marginata
AGASSIZ, 1857
Von S-Quebec bis Ontario, südwärts bis in die zentralen USA bis Tennessee und N-Alabama; das Verbreitungsgebiet liegt östlich des Mississippi River und erstreckt sich bis New England, Pennsylvania, West Virginia, Maryland und Virginia.

Biologie und Ökologie: Sie bewohnt die verschiedensten Gewässertypen wie Flüsse, Seen, Weiher und Tümpel in den unterschiedlichsten Landschaften. In den Rocky Mountains wurde *Chrysemys p. bellii* bis in 1.800 m ü. NN beobachtet (vgl. CARR 1978*). Bevorzugt werden Gewässer mit dichter Unterwasservegetation, weichem Bodengrund und Möglichkeiten zum Sonnenbaden (aus dem Wasser ragende Äste, Steine oder Sandbänke u. a. Substratanschwemmungen). An der Atlantikküste wurde sie auch im Brackwasser beobachtet. In SO-Pennsylvania begannen die Tiere mit der Nahrungsaufnahme im April, Mai, als die Wassertemperatur 15 bis 18 °C erreicht hatte (ERNST 1971a). Bei einer Wassertemperatur oberhalb 30 °C wurde die Nahrungsaufnahme ebenso eingestellt wie im Herbst, als die Temperatur wieder unter die 15 bis 18 °C-Schwelle fiel. Die Art ist omnivor und verzehrt z. B. Algen, höhere Wasser- und Sumpfpflanzen, Krebstiere, Regenwürmer, Insekten und deren Larven, Amphibien und deren Larven sowie andere kleine Wirbeltiere, letztere vor allem als Aas (ERNST et al. 1994*). Um eine Vorstellung von der Mobilität der Art zu vermitteln, seien Ergebnisse der Untersuchungen von MACCULLOCH & SECOY (1983) vorgestellt. Männliche *Chrysemys p. bellii* einer „Fluß-Population" in S-Saskatchewan (Kanada) hatten zwischen den Wiederfängen, im Verlauf einer zweijährigen Untersuchungszeit, Strecken von 21,5

Chrysemys picta bellii

bis 26,0 km zurückgelegt, Weibchen 7 bis 8 km und Jungtiere weniger als 2 km.
Terrarium: Eine Zuchtgruppe von einem Männchen und 3 bis 4 Weibchen benötigt ein Aquaterrarium von wenigstens 150 × 50 cm mit einem Wasserstand von 30 bis 40 cm. Ein Außenfilter reinigt das Wasser von Schwebstoffen. Im Sommer können Zierschildkröten in der Freilandanlage gehalten werden. Vertreter der nördlichen Unterarten können dort evtl. auch überwintern (vgl. *Emys orbicularis*).
Ausstattung: Ein Viertel der Behälterfläche des Zimmerterrariums sollte der sandgefüllte Landteil einnehmen. Jungtiere graben sich gern in den feucht-warmen Bodengrund ein. Unterwasserverstecke (vgl. MESETH & SEXTON 1963) bestehen aus Wasserpflanzen wie Wasserpest oder Javamoos. Auch unter einem entsprechend montierten Landteil finden die Tiere Versteckmöglichkeiten, müssen darunter aber problemlos atmen können.
Heizung: DÜLLO (1994) bot *Chrysemys p. dorsalis* folgendes Temperaturregime: mittlere Temperatur zwischen Mai und September 27 °C, zwischen Januar und Februar 20 °C. Die Nachttemperatur lag jeweils um ca. 4 °C niedriger. Bei 20 °C waren die Schildkröten sehr ruhig und fraßen nicht mehr.
Die Tiere sonnen sich gern (vgl. z.B. PETZOLD 1979). Ein starker Hellstrahler (PHILIPS PAR 38 EC spot oder OSRAM CONCENTRA PAR 38 EC) wird über dem Landteil oder im Grenzbereich zwischen Wasser- und Landteil angebracht. Zusätzliche Sonnenmöglichkeiten können durch den Einbau von Korkbrücken geboten werden. Darüber wird jeweils ein schwächerer Hellstrahler plaziert. Tieren aus dem nördlichen Teil des Verbreitungsgebietes sollte man wenigstens für 2 Monate eine Winterruhe bei 5 bis 7 °C Wassertemperatur und völliger Dunkelheit bieten (vgl. *Emys orbicularis*).
Licht: Um eine hohe Beleuchtungsstärke zu garantieren, werden Leuchtstofflampen (OSRAM Biolux, Lumilux DE LUXE Daylight; Philips TL-D; evtl. 30 bis 60 Minuten täglich UV-Bestrahlung mit Philips TL 05, TL 09, TL 12) und HQL Lampen kombiniert. Das Maximum der täglichen Beleuchtungsdauer mit einer 125 W HQL betrug bei DÜLLO (1994) 14 h im Juni/Juli und das Minimum 10 h zwischen November und Januar.
Futter: DÜLLO (1994) fütterte alle drei bis vier Tage Süßwasserfisch, Hühnerherz bzw. -leber mit Vitakalk paniert aber auch Tubifex, Regenwürmer, Wasserschnecken, Bachflohkrebse, Garnelenschrot sowie Salat, Löwenzahn und Banane.
Nachzucht: Die Nachzucht im Terrarium gelang u.a. bei PETERS (1982) – *Chrysemys p. marginata* und STRAUBE (1980) sowie DÜLLO (1994) – *Chrysemys p. dorsalis*. Da die Männchen während der Fortpflanzungsperiode geschlechtlich sehr aktiv sind, sollten sie (vor allem in kleineren und schlecht strukturierten Behältern) von den Weibchen getrennt und nur für relativ kurze Zeit mit diesen gemeinsam gehalten werden.
Paarung: Während der Balz schwimmt das Männchen frontal vor die Partnerin, streckt die Vordergliedmaßen nach vorn und beginnt relativ hochfrequent mit den Gliedmaßen zu zittern (Krallenzittern). Dabei berühren die langen Krallen Kopf und Hals der Partnerin. Ist sie paarungsbereit, antwortet sie gelegentlich mit niederfrequenterem Krallenzittern. Zwischen den Phasen des Krallenzitterns entfernt sich das Männchen langsam vom Weibchen, wohl „in der Erwartung", daß es ihm folge. Nach mehrmaliger Wiederhohlung des Werbeverhaltens bleibt das Weibchen am Boden liegen und der Partner schwimmt auf den Carapax, um zu kopulieren. In der Natur erfolgt die Paarung vor allem zwischen März und Juni, kann sich jedoch bis in den Herbst erstrecken. In Pennsylvania (*Chrysemys p. marginata*) wurden Paarungen bei Wassertemperaturen zwischen 10 und 27,8 °C beobachtet (ERNST & BARBOUR 1972*).
Eiablage: Das Weibchen bei DÜLLO (1994) hatte eine Carapaxlänge von 13 cm und setzte Ende April, Mitte Mai, Anfang Juni sowie in der letzten Juli-Dekade seine Gelege ab. Das letzte enthielt 6 Eier. Die 6 Eier einer *Chrysemys p. dorsalis* bei STRAUBE (1980) maßen durchschnittlich 25 × 12 mm.
In der Natur erfolgt die Eiablage von Ende Mai bis Mitte Juli. Der Höhepunkt liegt im Juni/Anfang Juli. Pro Gelege werden 2 bis 23 Eier abgesetzt (ERNST et al. 1994*). Die Eizahl ist von der Größe des Weibchens abhängig, ebenso gibt es subspezifische Unterschiede (vgl. MAC-CULLOCH & SECOY 1983). Gewöhnlich werden 2 bis 5 Gelege im Jahr abgesetzt (TUCKER 1978), jedoch legt nicht jedes Weibchen in jedem Jahr Eier. Eier von *Chrysemys p. marginata* aus Pennsylvania waren 28,8 bis 35,1 mm lang, hatten Durchmesser von 17,6 bis 22,2 mm und wogen zwischen 6,1 und 9,1 g (ERNST & BARBOUR 1989*).
Inkubation: DÜLLO (1994) inkubierte die Eier bei 25 bis 30 °C, die ersten Jungtiere schlüpften in der 3. Juni-Dekade. Bei STRAUBE (1980) schlüpften die Jungtiere bei Bebrütungstemperaturen zwischen 28 und 30 °C nach 62 Tagen. In Pennsylvania schlüpften die ersten Jungtiere am 14., die letzten am 29. August (ERNST 1971b). Nach ERNST & BARBOUR (1972*) dauert die Inkubationszeit unter

natürlichen Bedingungen 72 bis 80 Tage. Im nördlichen Teil des Verbreitungsgebietes überwintern die Schlüpflinge vielfach in der Nestgrube (GIBBONS & NELSON 1978).

Die Bruttemperatur hat Einfluß auf die Geschlechtsausprägung der Schlüpflinge. Ausschließlich Männchen entwickeln sich bei 22 bis 27 °C und 27 °C. Bei 30 bis 32 °C entwickeln sich ausschließlich Weibchen. 50 % Männchen entwickeln sich bei 20 und 27,5 °C (vgl. SCHWARZKOPF & BROOKS 1985).

Schlüpflinge: Die Schlüpflinge bei DÜLLO (1994) hatten eine durchschnittliche Carapaxlänge von 28 mm und wogen im Durchschnitt 4,5 g. Aus dem natürlichen Verbreitungsgebiet stammen folgende Daten:
Chrysemys p. picta: WILCOX (1933) ermittelte anhand von 9 Schlüpflingen Carapaxlängen von 23,8 bis 25,4 mm.
Chrysemys p. bellii: Carapaxlänge 25,4 mm (CARL 1944).
Chrysemys p. dorsalis: CARR (1952*) ermittelte anhand von 4 Schlüpflingen Carapaxlängen von 22,0 bis 27,0 mm.
Chrysemys p. marginata: 27 Schlüpflinge hatten Carapaxlängen zwischen 21,0 und 28,0 mm (HARTWEG 1944).

Haltung der Schlüpflinge: DÜLLO (1994) hielt die Jungtiere bei Wassertemperaturen von 28 bis 30 °C. Unter dem Hellstrahler herrschten 36 °C. Der zunächst flache Wasserstand wurde allmählich auf 23 cm erhöht. Zwischen Hornkrautranken (*Ceratophyllum* spec.) fanden die Schlüpflinge Versteck- und Schlafplätze. Bei STRAUBE (1980) wurde von den Schlüpflingen nach 4 Tagen das erste Futter (Tubifex) angenommen.

Geschlechtsreife: Der Zeitpunkt des Eintritts der Geschlechtsreife ist unter natürlichen Bedingungen sowohl von der geographischen Breite, auf der die entsprechende Population lebt, als auch von der Unterart abhängig (z. B. MOLL 1973, FRAZER et al. 1993). In Louisiana hatten die kleinsten geschlechtsreifen Männchen Plastronlängen von 60 mm und waren 2 bis 3 Jahre alt, die Plastronlänge der kleinsten Weibchen betrug 100 mm und die Tiere waren 4 Jahre alt. In Wisconsin ermittelte MOLL (1973) folgende Daten: Männchen: Plastronlänge 96 mm, Alter 4 bis 5 Jahre; Weibchen: 136 mm, Alter 8 Jahre.

Alter: MÜLLER (1987*) hält eine weibliche *Chrysemys p. dorsalis* bereits seit 16 Jahren. WILBUR (1975) schätzt die Lebenserwartung in der Natur (Michigan) auf 40 Jahre.

Literatur:
CARL, C. (1944): The reptiles of British Columbia. Brit. Col. Prov. Mus. Handbook 3: 5–60.
DÜLLO, C. (1994): Beobachtungen bei der Haltung und Nachzucht von *Chrysemys picta dorsalis*. elaphe (N. F) 2(1): 30–33.
ERNST, C. H. (1971a): Growth in the painted turtle, *Chrysemys picta*, in southeastern Pennsylvania. Herpetologica 27: 135–141.
ERNST, C. H. (1971b): Observations on the egg and hatchling of the American turtle, *Chrysemys picta*. British Journ. Herpetol. 4: 224–227.
FRAZER, N. B., J. L. GREEN, J. W. GIBBONS (1993): Temporal variation in growth rate and age at maturity of male painted turtles, *Chrysemys picta*. Amer. Midl. Nat. 130(2): 314–324.
GIBBONS, J. W., D. H. NELSON (1978): The evolutionary significance of delayed emergence from the nest by hatchling turtles. Evolution 32: 297–303.
HARTWEG, N. (1944): Spring emergence of painted turtle hatchlings. Copeia 1944: 20–22.
MACCULLOCH, R. D., D. M. SECOY (1983): Demography, growth, and food of western painted turtles, *Chrysemys picta bellii* (GRAY) from southern Saskatchewan. Canadian J. Zool. 61: 1499–1509.
MESETH, E. H., O. J. SEXTON (1963): Response of the Painted turtles, *Chrysemys picta*, to removal of surface vegetation. Herpetologica 19: 52–56.
MOLL, E. O. (1973): Latitudinal and intersubspecific variation in reproduction of the Painted turtle, *Chrysemys picta*. Herpetologica 29: 307–318.
PETERS, U. (1982): Pflege und Zucht der Schildkröten *Clemmys guttata* und *Chrysemys picta marginata*. Das Aquarium (Aqua-Terra) 16(7): 379–382.
PETZOLD, H.-G. (1979): AT Terrarientierlexikon *Chrysemys picta dorsalis* AGASSIZ 1857 Südliche Zierschildkröte. Aquarien Terrarien 26(4): 144.
SCHWARZKOPF, L., R. J. BROOKS (1985): Sex determination in northern painted turtles: Effect of incubation at constant and fluctuating temperatures. Can. Journ. Zool. 63: 2543–2547.
STRAUBE, E. (1980): Erfolgreiche Nachzucht – *Chrysemys picta dorsalis*. Die Schildkröte Sonderheft 1: 6–10.
TUCKER, J. K. (1978): Variation in reproductive potential and growth in *Chrysemys picta* within a single body of water. Bull. Maryland Herpetol. Soc. 14: 223–232.
WILBUR, H. M. (1975): The evolutionary and mathematical demography of the turtle *Chrysemys picta*. Ecology 56: 64–77.
WILCOX, LeRoy (1933): Incubation of a painted turtle's eggs. Copeia 1933: 41.

Clemmys guttata
(SCHNEIDER, 1792)
Tropfenschildkröte, E Spotted turtle, F Clemmyde à gouttelettes

Beschreibung: Die Tropfenschildkröte gehört zur Familie Emydidae, Unterfamilie Emydinae. Artcharakteristisch ist der blauschwarze, flache, glatte und glattrandige, ungekielte Carapax, auf dem sich, regellos verstreut, runde und scharf begrenzte gelbe Flecke befinden. Bei sehr alten Tieren können die gelben Flecke verschwinden. Der Kopf ist relativ klein und schmal, die Gliedmaßen sind zierlich. Am schwarzen Kopf ist jeweils ein gelbes Band in der Nähe des Trommelfells sichtbar, ein weiteres kann sich vom Augenhinterrand entlang der Halsseiten ziehen. Größere gelbe Flecke befinden sich auf Kopf- und Halsoberseite. Der Plastron ist gelblich und an den Rändern mit größeren schwarzen Flecken besetzt. Die Weichteile sind grau bis schwarz, und gelblich bzw. gelbrötlich gefleckt. Männchen besitzen ein gelblich-bräunliches Kinn, schwarzbraune Augen, lange und an der Basis dicke Schwänze sowie einen konkaven Plastron. Die Weibchen haben ein gelbes Kinn, orangefarbene Augen und einen konvexen Plastron, der etwas größer als der der Männchen ist. Der Schwanz der Weibchen ist kürzer und dünner als der der Männchen. Schlüpflinge haben mit Ausnahme des Nackenschildes auf jedem Carapaxschild einen gelben Fleck. Manche Schlüpflinge besitzen jedoch einen ungefleckten Carapax. Auf dem gelben Plastron ist eine schwarze Zentralfigur zu erkennen.

Die Carapaxlänge erreicht 12,5 cm (ERNST et al. 1994*).

Geographische Verbreitung: Die Art ist ein Endemit des östlichen Nordamerikas. Sie kommt vom südlichen Ontario und Maine am Atlantik südwärts bis nach N-Florida vor. Westwärts erstreckt sich das Verbreitungsgebiet durch Ontario, New York, Pennsylvania, das nördliche Ohio und Indiana bis nach Michigan und NO-Illinois (IVERSON 1992*, ERNST et al. 1994*).

Biologie und Ökologie: Die Tropfenschildkröte lebt amphibisch. Neben *Clemmys marmorata* ist sie die am meisten aquatisch lebende Art der Gattung *Clemmys*. Sie bewohnt Sumpfgebiete, Feuchtwiesen und Moore, wurde aber auch in kleinen Waldland-Flüssen und deren Umfeld gefunden. Die Schildkröte lebt versteckt, und erreicht Aktivitätsgip-

Clemmys guttata

fel bei monatlichen Durchschnittstemperaturen zwischen 13,1 und 18,0 °C (vgl. ERNST et al. 1994*). Bei sich paarenden Tieren wurden Analtemperaturen von 8,0 bis 10,1 °C gemessen (ERNST & BARBOUR 1972*). Den Winter sowie sommerliche Hitzeperioden verbringt sie im Bodenschlamm der Gewässer oder an Land, nicht selten in Bisambauten vergraben. An einer Population in Massachusetts beobachtete GRAHAM (1995) den interessanten Habitatwechsel im Jahresverlauf:
– Überwinterung in *Sphagnum*-Unterwassergängen eines Rot-Ahorn-Torfmoos-Sumpfes,
– im späten März Überlandwanderung (ca. 120 m) zu im Frühjahr wasserführenden Tümpeln, in denen sich die Tiere 3 bis 4 Monate aufhielten,
– Verlassen der Tümpel im August und 4 bis 14 tägige Ästivation in terrestrischen Quartieren,
– Rückkehr in den permanent wasserführenden Sumpf im August, wo vor allem zwischen September und Oktober kleinere Wanderungen registriert wurden.

Die Art ist omnivor und ernährt sich von im Wasser wachsenden Gräsern, Wirbellosen, kleinen Wirbeltieren und Aas (vgl. ERNST et al. 1994*).

Terrarium: Die Tropfenschildkröte sollte nur von erfahrenen Pflegern gehalten werden! Der Behälter für ein Pärchen muß wenigstens 100 cm × 50 cm messen, da die Tiere große Flächenansprüche haben bzw. sehr unverträglich sein können. DEUSS (1994) hielt 1 Männchen und 5 Weibchen. Er brachte sie einzeln in Aquarien mit den Maßen 60 × 35 × 30 cm unter und setzte die Weibchen nur zu Paarungsversuchen einzeln in den Behälter des Männchens. Um einen pH Wert von 5 bis 6 zu erreichen, wurde das Wasser über Torf gefiltert. Im Sommer ist ein Freilandaufenthalt angebracht.

Ausstattung: Der Wasserstand sollte 15 bis 20 cm betragen und der Landteil sollte sich flach anschließen. Dieser muß entsprechend groß und mit einem feucht zu haltenden Torf-Sand-Buchenlaub-Gemisch gefüllt sein. Moorkienholzwurzeln an Land als auch im Wasser bieten den Tieren Versteckmöglichkeiten.

Heizung: Sowohl bei warmer (28 bis 30 °C) als auch bei kühler (18 bis 22 °C) Haltung hatten verschiedene Terrarianer Erfolg bei der Haltung und Nachzucht dieser Art. Es ist deshalb günstig, den Herkunftsort seiner Tiere zu kennen bzw. die Haltungsbedingungen des vorherigen Besitzers (vgl. MÜLLER 1995*). Eine milde Strahlungsquelle (PHILIPS PAR 38 EC spot oder OSRAM CONCENTRA PAR 38 EC) wird in einer Ecke des Landteils angebracht. Für Tiere aus dem nördlichen Arealteil ist eine zwei bis dreimonatige Überwinterung bei 4 bis 6 °C und Dunkelheit angebracht (vgl. *Emys orbicularis*). Exemplare südlicher Herkunft sollten im Winter zwei bis drei Monate bei einem Hell-Dunkel-Regime von 8:16 Stunden und bei Wassertemperaturen zwischen 15 und 19 °C gehalten werden.

Licht: Als Beleuchtung dienen Leuchtstofflampen (OSRAM Biolux, Lumilux DE LUXE Daylight; Philips TL-D; evtl. zweimal wöchentlich 30 bis 60 Minuten UV-Bestrahlung mit Philips TL 05, TL 09, TL 12).

Futter: Die Nahrung kann aus Gelatine-Futter, Wasserinsekten, Regenwürmern, Bachflohkrebsen und gelegentlich auch aus pflanzlicher Kost bestehen.

Nachzucht: Im Terrarium wurde die Art z. B. von PUTZ & PUTZ (1980), PETERS (1982), BECKER (1994), DEUSS (1994) und SCHAEFER (1994) nachgezogen. VAN HAREN (1981) teilt eine Eiablage mit.

Paarung: Der Paarung (in der Natur im März/April) gehen „wilde Jagden" z. T. mehrerer Männchen nach einem Weibchen voraus, die 15 bis 30 Minuten dauern können (ERNST & BARBOUR 1972*). Dabei werden Strecken von 30 bis 50 m sowohl im Flachwasser als auch an Land zurückgelegt. Die Männchen fügen sich gegenseitig Bisse zu und beißen auch die Weibchen. Schließlich wird die Jagd beendet, die Männchen kämpfen miteinander, der Verlierer wird aus dem Gewässer vertrieben und der Sieger besteigt den Carapax der Partnerin von hinten. Anschließend erfolgt die Kopula, die größtenteils im Wasser, aber auch an Land stattfinden kann.

Eiablage: Bei SCHÄFER (1994) legten 2 Weibchen zwischen 1985 und 1991 93 Eier (50 Gelege; 2–14 Eier pro Jahr). 71 Eier waren befruchtet, es schlüpften 55 Jungtiere. Eiablagen wurden in der Natur zwischen dem 2. und 29. Juni beobachtet. 12 Gelege in Pennsylvania bestanden aus 3 bis 5 Eiern, ein Weibchen in Indiana legte 8 Eier. Die Eier messen durchschnittlich (n = 37) 32,9 × 16,7 mm (ERNST & BARBOUR 1972*).

Inkubation: SCHAEFER (1994) inkubierte die Eier zunächst zwischen 28 und 30 °C auf Kunstrasen. Die Jungtiere schlüpften nach 50 bis 60 Tagen und wogen 2 bis 3 g. Der Dottersack war beim Schlupf noch halb so groß wie die Schildkröte. Verletzungen des Dottersacks verliefen nicht selten tödlich. Mit dem Senken der Inkubationstemperatur auf 24 bis 26 °C und der Verwendung von Moospolstern als Medium, wurden auch die Schlüpflinge vitaler. Sie verließen nach 65 bis 70 Tagen die Eier, wogen durchschnittlich 4 g und der Dottersack war lediglich noch erbsengroß. Die Schlupfrate stieg z. T. auf 100 %.

PUTZ & PUTZ (1980) erhielten von einer Zuchtgruppe (2 Männchen, 3 Weibchen) insgesamt 10 Eier. Bei Bebrütungstemperaturen zwischen 26 und 30 °C schlüpfte ein Jungtier nach 74 Tagen. Deuss (1994) erhielt von 5 Weibchen in einem Jahr 28 Eier, aus denen 27 Jungtiere schlüpften. Nach Rudloff (1990*) entwickelten sich bei einer konstanten Bruttemperatur von 28 °C Weibchen, wobei die Entwicklungszeit 50 Tage betrug. Bei einer Temperatur von 23 °C entwickelten sich Männchen, was 80 Tage dauerte. In der Natur wurde eine Inkubationsdauer von 70 bis 83 Tagen registriert, die ersten Jungtiere schlüpften im späten August (Ernst & Barbour 1972*).

Schlüpflinge: Schlüpflinge bei Schaefer (1994) hatten eine durchschnittliche Carapaxlänge von 26 mm. In der Natur hatten Schlüpflinge Carapaxlängen von 28,0 bis 31,2 mm (vgl. Ernst & Barbour 1972*).

Haltung der Schlüpflinge: Bei Schaefer (1994) verblieben die Tiere in den ersten 8 Tagen nach dem Schlupf in der mit Moos gefüllten Plasteschale. Danach wurden sie für mehrere Monate in einem Plastegefäß mit 40 cm Durchmesser, 3 cm Wassertiefe, einem Stein als Wärmeinsel, Schwimmpflanzen und einer 40 W Glühlampe als Wärmestrahler untergebracht. Die Wassertemperatur betrug 24 bis 26 °C. Bei Deuss (1994) werden die Schlüpflinge und Jungtiere tagsüber bei 26 °C, nachts bei ca. 20 °C gehalten. Bei konstant hohen Haltungstemperaturen verenden sie häufig. Schaefer (1994) fütterte die Schlüpflinge in den ersten vier Wochen jeden zweiten Tag mit kleinen Regenwürmern. Im Wechsel folgten Mehlwürmer, Stücke von Süßwasserfischen, gekochte Krabben mit Panzer und kleine Gehäuseschnecken. Bei dieser Fütterung traten keine Panzerdeformationen auf. Zusätzlich mit Rinderherz gefütterte Tiere wuchsen zwar rascher, zeigten aber Höckerbildungen auf dem Carapax.

Geschlechtsreife: Die Geschlechtsreife tritt unter natürlichen Verhältnissen mit etwa 80 mm Carapaxlänge ein, was wahrscheinlich einem Alter von 7 bis 10 Jahren entspricht (Ernst 1970).

Alter: In Gefangenschaft wurde die Schildkröte bereits 42 Jahre alt (Pope 1939*).

Ernst (1983) nennt einen Hybriden zwischen *Clemmys guttata* (M) und *Clemmys muhlenbergii* (W).

Die **Waldbachschildkröte**, *Clemmys insculpta* (Le Conte, 1830) ist von Nova Scotia südwärts bis N-Virginia, westwärts durch S-Ontario und New York bis NO-Ohio, Michigan, Wisconsin, E-Minnesota und NO-Iowa verbreitet. Neben den *Gopherus*- und *Terrapene*-Arten ist sie die am meisten terrestrisch lebende Schildkrötenart Nordamerikas. Sie besiedelt eine Vielzahl von Biotopen wie wechselfeuchte Wälder, Waldmoore und Feuchtwiesen (vgl. Ernst & Barber 1989*, Ernst et al. 1994*). Die Art wird relativ selten im Terrarium gehalten. Haltung und Nachzucht der Art beschreiben z. B. Trutnau (1983) und Becker (1995). Letzterer war bei der Nachzucht der für die Haltung im Freilandterrarium sehr gut geeigneten Art besonders erfolgreich. Von vier Weibchen erhielt er zwischen 1991 und 1994 70 Eier (11 Gelege zwischen dem 23. 4. und 9. 6.), woraus 40 Jungtiere schlüpften.

Muhlenbergs Wasserschildkröte, *Clemmys muhlenbergii* (Schoepff, 1801) ist diskontinuierlich in den östlichen USA verbreitet. Sie bewohnt vor allem Torfmoosmoore, andere Sumpfgebiete und Feuchtwiesen, die von langsam strömenden Fließgewässern mit weichem Bodengrund durchzogen werden. Die Vertikalverbreitung erstreckt sich von Meereshöhe bis in mehr als 1.300 m ü. NN (vgl. Ernst et al.1994*). Die Schildkröte stellt besondere Ansprüche an die Wasserzusammensetzung. Arndt (1977) teilt einige physikalisch-chemische Daten mit, die er in drei Lebensräumen der Art in Delaware ermittelte: pH 5.5 bis 7.4; Lufttemperatur im Schatten am Boden 0 bis 29,5 °C; Wassertemperatur 2 bis 28 °C; Wassertrübung klar bis trübe; Fließgeschwindigkeit des Wassers niedrig bis hoch; Salinität null.

Die Art wurde z. B. von Sachsse (1974) und Meier (1993) nachgezogen.

Die **Pazifik Wasserschildkröte**, *Clemmys marmorata* (Baird & Girard, 1852) lebt entlang der Pazifikküste von SW-British Columbia (Kanada) bis NW-Baja California (Mexiko). Von allen *Clemmys*-Arten ist sie am meisten ans Wasser gebunden und lebt in Weihern, Sümpfen, langsam strömenden Flüssen mit felsigem oder auch schlammigem Bodengrund sowie gut ausgeprägter Wasservegetation (vgl. Ernst et al. 1994*). Sie wurde z. B. von Lambertz (1993) im Terrarium nachgezogen.

Literatur:

Arndt, R. G. (1977): Notes on the natural history of the bog turtle, *Clemmys muhlenbergi* (Schoepff), in Delaware. Chesapeake Science 18: 67–76.

Becker, H. (1994): Bemerkungen zur Nachzucht von *Clemmys guttata* (Schneider, 1792). elaphe (N. F.) 2(2): 17.

Becker, H. (1995): Bemerkungen zur Freilandhaltung und Nachzucht von *Clemmys insculpta*. Salamandra 31(1): 41–48.

Deuss, F. (1994): Haltung und Fortpflanzung von *Clemmys guttata* im Zimmerterrarium. herpetofauna 16(92): 22–26.

Ernst, C. H. (1970): Reproduction in *Clemmys guttata*. Herpetologica 26: 228–232.

Ernst, C. H. (1983): Life history note. *Clemmys guttata* (spottet turtle) × *Clemmys muhlenbergii* (bog turtle), natural hybrid. Herp. Rev. 114(3): 75.

Graham, T. E. (1995): Habitat use and population parameters of the Spottet turtle, *Clemmys guttata*, a species of special concern in Massachusetts. Chelonian Conservation and Biology 1(3): 207–214.

Haren, H. B. G. M. van (1981): Ervaringen met *Clemmys guttata*. de schildpad 7(3): 6–7.

Lambertz, K. (1993): Nachtrag zum Vortrag „Haltung und Zucht von *Clemmys marmorata*". elaphe (N. F.) 1(4): 28.

Meier, E. (1993): Lebensweise, Haltung und Zucht der Moorschildkröte (*Clemmys muhlenbergi*). Journ. AG Schildkröten & Panzerechsen in der DGHT 2: 6.

Peters, U. (1982): Pflege und Zucht der Schildkröten *Clemmys guttata* und *Chrysemys picta marginata*. Das Aquarium (Aqua-Terra) 16(7): 379–382.

Putz, J., W. Putz (1980): Seltene Nachzucht-*Clemmys guttata*. Die Schildkröte Sonderheft 1: 11–14.

Sachsse, W. (1974): Zum Fortpflanzungsverhalten von *Clemmys muhlenbergii* bei weitgehender Nachahmung der natürlichen Lebensbedingungen im Terrarium. Salamandra 10(1): 1–14.

Schaefer, I. (1994): Haltung und Nachzucht der Tropfenschildkröte (*Clemmys guttata*). Salamandra 30(1): 22–32.

Trutnau, L. (1983): *Clemmys insculpta* Le Conte, 1830, eine bemerkenswerte Sumpfschildkröte aus dem nordöstlichen Nordamerika. herpetofauna 5(22): 14–22.

Cuora amboinensis
(Daudin, 1802)
Amboina-Scharnierschildkröte,
E Southeast Asian box turtle, Malayan box turtle, Siamese box terrapin,
F Tortue-boîte d'Asie

Beschreibung: Die Amboina-Scharnierschildkröte gehört zur Familie Bataguridae, Unterfamilie Geoemydinae. Charakteristisch sind der mehr oder weniger hochgewölbte Carapax und die 3 gelblichen bis orangegelblichen seitli-

Cuora amboinensis

chen Längsstreifen am dunkelbraunen Kopf. Der Rückenpanzer ist bei Tieren von den Philippinen, Molukken und von Sulawesi relativ flach und breit. Tiere vom südostasiatischen Festland und von Borneo haben einen hochgewölbten und schmalen Carapax, bei solchen von Sumatra und Java ist dieses Merkmal intermediär ausgebildet. Ein Vertebralkiel kann vorhanden sein. Jungtiere besitzen sowohl Vertebral- als auch Lateralkiele. Zwischen Hypoplastron und Hyoplastron ist ein Gelenk ausgebildet, was bei Schlüpflingen noch nicht „funktioniert" (PRAEDICOW 1985). Der Carapax ist dunkel. Der Plastron ist cremefarben, wobei jedes Schild einen mehr oder weniger großen schwarzen Fleck tragen kann. Der Kopf ist oberseits dunkelbraun oder schwarz, die Kopfseitenstreifen sind bei Tieren der Nominatform besonders schmal. Die übrigen Weichteile sind gelblich oder olivfarben. Männchen bleiben kleiner als weibliche Tiere, haben konkave Plastra und längere, dickere Schwänze. Carapaxlänge bis 22 cm (WIROT 1979*, ERNST & BARBOUR 1989*, DAS 1991*).

Geographische Verbreitung: Die Art ist von O-Indien und Bangladesch, durch Burma, Thailand und Vietnam bis über die Malaiische Halbinsel, das Malaiische Archipel ostwärts bis nach Timor, Sulawesi, Ceram, Amboina und auf den Philippinen verbreitet (IVERSON 1992*). Es werden drei Unterarten unterschieden:

Cuora amboinensis amboinensis
(DAUDIN, 1801)
Philippinen, Molukken, Sulawesi.
Cuora a. couro
(SCHWEIGGER, 1812)
Sumatra, Java.
Cuora a. kamaroma
RUMMLER & FRITZ, 1991
Südostasiatisches Festland, Borneo.

Biologie und Ökologie: Die Schildkröte ist in Flüssen und größeren Standgewässern, aber auch in Mooren, Bächen, Mangrovensümpfen und Reisfeldern zu finden (vgl. DAS 1991*). Jungtiere leben aquatischer, ältere Tiere sind des öfteren an Land zu finden und unternehmen auch größere Überlandwanderungen. In der Natur ist die Art größtenteils herbivor (?) (ERNST & BARBOUR 1989*).

Terrarium: GRYCHTA (1989) hielt eine Gruppe von 1,4 Tieren in einem Behälter von 160 × 80 × 100 cm. Dort lebten die Weibchen fast ausschließlich auf dem Land und gingen nur zum Fressen ins Wasser, wo sich das Männchen sofort mit ihnen verpaarte. In diesem Fall wäre wahrscheinlich die getrennte Haltung der Geschlechter angebracht gewesen. Der Wasserstand kann 25 bis 30 cm betragen. Das Wasser wird über einen Außenfilter von Schwebstoffen gereinigt. Der intensive Stoffwechsel der Tiere macht einen Totalwasserwechsel in relativ kurzen Abständen notwendig. Im Hochsommer ist die Freilandhaltung möglich (vgl. PETZOLD 1976).

Ausstattung: Es sollten einige Unterwasserverstecke aus Moorkienholzwurzeln fest installiert werden. Sie strukturieren den Wasserteil und sind „Sichtblenden" gegenüber den Mitbewohnern. Der Landteil wird mit einem Sand-Lauberde-Gemisch gefüllt. Verschiedene Terrarianer haben dieses Gemisch mit Flußkies abgedeckt. Der Landteil kann ein Drittel der Behälterfläche einnehmen.

Heizung: Die Wassertemperatur sollte zwischen 25 und 32 °C liegen. Ein starker Hellstrahler (PHILIPS PAR 38 EC spot oder OSRAM CONCENTRA PAR 38 EC) wird an der Grenze zwischen Land- und Wasserteil installiert und erwärmt die Luft auf 27 bis 35 °C.

Licht: Zur Beleuchtung dienen Leuchtstofflampen (OSRAM Biolux, Lumilux DE LUXE Daylight; Philips TL-D; evtl. 30 bis 60 Minuten täglich UV-Bestrahlung mit Philips TL 05, TL 09, TL 12). Bei PRAEDICOW (1985) war die Beleuchtung täglich 15 Stunden in Betrieb. 12 Stunden tägliche Beleuchtungsdauer sollten bei diesen tropischen Tieren genügen.

Futter: „Herkömmliche Wasserschildkrötennahrung" und nicht nur vegetarische Kost.

Nachzucht: Nachzuchtberichte liefern z. B. INSKEEP (1984a,b), PRAEDICOW (1985), MUDDE (1987, 1993), GRYCHTA

(1988, 1989), Danko (1993) und Hofstra (1994).
Paarung: Das Paarungsverhalten wird z. B. von Paull et al. (1982) und Praedicow (1985) beschrieben. Das Männchen nähert sich mit ausgestrecktem Hals, „stelzbeinig" und „wasserkauend", dem Weibchen von vorn. Es streicht mit dem Kopf 15- bis 20mal rhythmisch die Kopfseiten der Partnerin. Das Weibchen kann ebenfalls den Hals ausstrecken und führt damit leichte, nickende Bewegungen in vertikaler Richtung aus, wobei der Mund geöffnet ist. Beide Partner können sich gegenseitig die Kinnregion streichen. Praedicow (1985) beobachtete, wie das Weibchen versuchte, nach dem Kopf des sich annähernden Männchens zu beißen. Danach schwamm das Männchen auf den Carapax der Partnerin und klammerte sich mit den Hintergliedmaßen am Panzerrand fest. Es verbiß sich im Nacken des Weibchens. Das Einführen des Penis' konnte nicht beobachtet werden. Paarungen wurden von Praedicow (1985) zwischen November und April (Zeit des Niedrigwasserstandes im Verbreitungsgebiet der Art) registriert. Bei Grychta (1989) bevorzugte das Männchen die kleineren Weibchen zur Paarung. Nur diese legten auch befruchtete Eier ab!
Eiablage: Ein Weibchen legte bei Praedicow (1985) jeweils 1 bis 3 sehr große und schwere Eier (41 bis 52,5 mm × 26,5 bis 30 mm; 18 bis 22 g) im Zeitraum von Ende Februar bis Mitte März (1979 bis 1983). Das letzte Gelege wurde am 9. April gefunden. In der Natur sollen mehrere Eiablagen jährlich erfolgen. Jedes Gelege enthält 2 bis 3 Eier (Wirot 1979*).
Inkubation: Bei Bebrütungstemperaturen von 23 bis 32 °C und 60 bis 90 % rel. Luftfeuchtigkeit schlüpften die Jungtiere bei Praedicow (1985) nach 76 bis 77 Tagen.
Schlüpflinge: Die Schlüpflinge hatten Carapaxlängen von 38 bis 48,8 mm und Massen zwischen 10 und 19,8 g. Nach einem halben Jahr hatten sie ihre Körpermassen verfünffacht und die Carapaxlängen fast verdoppelt (Praedicow 1985).
Haltung der Schlüpflinge: Die Schlüpflinge werden zunächst in einem Aquaterrarium mit ca. 10 cm Wasserstand und vielen Unterwasserverstecken (Wasserpflanzen) untergebracht. Sowohl die Luft- als auch die Wassertemperatur sollte nicht unter 28 °C sinken. Die Fütterung erfolgt zunächst täglich und ist

Cuora flavomarginata

problemlos. Es wird tierische und vegetarische Kost angenommen.
Geschlechtsreife: Männchen sind mit einer Carapaxlänge von 13 cm, Weibchen mit 15 cm Carapaxlänge geschlechtsreif. Dies ist nach fünf bis neun Jahren der Fall (Paull et al. 1982). Bei Praedicow (1985) wurden Männchen nach 8 bis 9 Jahren, Weibchen bereits nach 5 bis 6 Jahren geschlechtsreif.

Im Terrarium wurden Hybriden zwischen beiden Unterarten (*C. a. kamaroma* Männchen × *C. a. amboinensis* Weibchen) erzielt (Mudde 1993, Fritz 1995).

De Bruin (1993) gelang die Nachzucht der **Hinterindischen Scharnierschildkröte**, *Cuora galbinifrons* Bourret, 1939. Die Nominatform der Art kommt in S-China und N-Vietnam vor. Im mittleren Vietnam, SO-Laos, NO-Kambodja siedelt *Cuora galbinifrons bourreti* Obst & Reimann, 1994, und auf der Insel Hainan leben die Unterarten *Cuora galbinifrons serrata* Iverson & McCord, 1992, sowie *Cuora galbinifrons hainanensis* (Li, 1958) (vgl. Obst & Reimann 1994).
Die Art lebt in monsunbeeinflußten Gebieten, zumeist in Bergwäldern. Im Gebiet des Tam-Dao (N-Vietnam) kommt die Art in 1.000 m ü. NN vor. Nach Petzold (1963) liegen hier die Temperaturen im Durchschnitt zwischen 21 und 24 °C, können aber im Sommer bis auf fast 40 °C steigen und im Winter bis fast auf den Gefrierpunkt sinken. Es fallen im Jahr durchschnittlich ca. 2.000 mm Niederschlag und die durchschnittliche relative Luftfeuchtigkeit liegt um 83 %. Während der Regenzeit ist die Schildkröte aktiv und verbringt die Trockenzeit im Erdboden vergraben. Tiere aus höheren Bergregionen halten Winterruhe. Auf der Insel Hainan kommt sie auch auf Reisfeldern vor, wo die durchschnittliche Jahrestemperatur bei 25 °C liegt. Die Schildkröte lebt größtenteils terrestrisch, ist relativ scheu und ihre Haltung gilt als problematisch (vgl. Pauler 1980, Buskirk 1988). Am besten werden die Individuen einzeln, in einem geräumigen Terrarium mit einer dicken Schicht aus feuchtem Torfmoos (*Sphagnum* spec.) oder Buchenlaub-Erde und mit einem kleinen Wasserbehälter untergebracht. Die Lichtintensität sollte relativ gering sein. Die Temperaturen betragen im Sommer 23 bis 25 °C und im Winter 17 bis 22 °C, wobei sie gelegentlich auch bis auf 13 oder 14 °C fallen können. Die Luftfeuchtigkeit muß zwischen 80 und 90 % liegen. Um Nachzucht zu erreichen, wird das Weibchen ab und zu zum Männchen gesetzt. Die Art verzehrt tierische Kost und verschiedene Früchte, z. B. Bananen.

De Bruin u. Zwartepoorte (1994) beschreiben Haltung und Nachzucht der **Goldkopf-Scharnierschildkröte** *Cuora aurocapitata* Luo & Zong, 1988.

Die **Gelbrand-Scharnierschildkröte**, *Cuora flavomarginata* (GRAY, 1863) und die **Dreistreifen-Scharnierschildkröte**, *Cuora trifasciata* (BELL, 1825) wurden von ZWARTEPOORTE (1986, 1991) ebenfalls im Terrarium nachgezogen.

Literatur:
BUSKIRK, J. R. (1988): The Indochinese box turtle: A perspective on captive management. Vivarium C. A. 1(1): 22–25.
DANKO, S. (1993): Die Haltung und Zucht der Amboina-Scharnierschildkröte *Cuora amboinensis* DAUDIN, 1802. Jb. für den Terrarianer 1: 8–11.
DE BRUIN, R. W. F. (1993): De Indochinese doosschildpad (*Cuora galbinifrons*) in het terrarium. Lacerta 52(3): 58–66.
DE BRUIN, R. W. F., H. A. ZWARTEPOORTE (1994): Captive management and breeding of *Cuora aurocapitata* (Testudines: Emydidae). Herpetological Review 25(2): 58–59.
FRITZ, U. (1995): Schildkröten-Hybriden. 2. Halsberger-Schildkröten (Cryptodira). herpetofauna 17(95): 19–34.
GRYCHTA, U. (1988): *Cuora amboinensis* (DAUDIN 1802) – Die Amboina-Scharnierschildkröte. Ein Bericht über Haltung, Paarungsverhalten, Eiablage und gelungener Nachzucht. SAURIA 10(4): 27–29.
GRYCHTA, U. (1989): *Cuora amboinensis*, die Amboina-Scharnierschildkröte. elaphe 11(1): 5–7.
HOFSTRA, J. (1994): Kweken met de Ambonese Doosschildpad (*Cuora amboinensis*). Lacerta 53(1): 18–22.
INSKEEP, R. (1984a): A note on the captive breeding of the box turtle *Cuora amboinensis*. Brit. Journ. Herpetol. 6: 383–384.
INSKEEP, R. (1984b): Second breeding of *Cuora amboinensis*. Brit. Herpetol. Soc. Bull. 9: 28.
MUDDE, P. (1987): Voortplanting von de Ambonese waterdoosschildpad (*Cuora amboinensis*) in het terrarium. Lacerta 45(5): 70–80.
MUDDE, P. (1993): De Ambonese doosschildpad (*Cuora amboinensis*). Lacerta 51(6): 161.
OBST, F. J., M REIMANN (1994): Bemerkenswerte Variabilität bei *Cuora galbinifrons* BOURRET, 1939, mit Beschreibung einer neuen geographischen Unterart: *Cuora galbinifrons bourreti* subsp. nov. (Reptilia: Testudines: Cryptodira: Bataguridae). Zool. Abh. Mus. Tierkde. Dresden 48, Nr. 7: 125–138.
PAULER, I. (1980): Die Schildkrötengattung *Cuora*. herpetofauna 2(6): 15–18.
PAULL, R. C., D. N. REIMER, E. B. NICOL (1982): Malayan box turtle *Cuora amboinensis* (DAUDIN, 1802). Turtle Trust Occ. Pap., 2 S.
PETZOLD, H.-G. (1963): Über einige Schildkröten aus Nord-Vietnam im Tierpark Berlin. Senck. Biol. 44: 1–20.
PETZOLD, H.-G. (1976): AT Terrarientierlexikon *Cuora amboinensis* (DAUDIN, 1802) Amboina-Scharnierschildkröte. Aquarien Terrarien 23(10): 359
PRAEDICOW, G. (1985): Langjährige Erfahrungen bei der Pflege von *Cuora amboinensis* (DAUDIN). herpetofauna 7(37): 6–14.
RUMMLER, H-J., U. FRITZ (1991): Geographische Variabilität der Amboina-Scharnierschildkröte *Cuora amboinensis* (DAUDIN, 1802), mit Beschreibung einer neuen Unterart, *C. a. kamaroma* subsp. nov. Salamandra 27(1): 17–45.
ZWARTEPOORTE, H. (1986): Verzorging en kweek in het terrarium van de geelrandwaterdoosschildpad (*Cuora flavomarginata*). Lacerta 44(5): 82–85.
ZWARTEPOORTE, H. (1991): Verzorging en kweek in het terrarium van de geelrandwaterdoosschildpad (*Cuora flavomarginata*). Lacerta 50(1): 56–59.

Dogania subplana

Dogania subplana
(GEOFFROY SAINT-HILAIRE, 1809)
Malayen-Weichschildkröte, E Malayan softshell turtle, Red cheeked soft-shelled turtle, F Trionyx de Malaisie

Beschreibung: Die Malayen-Weichschildkröte gehört zur Familie Trionychidae, Unterfamilie Trionychinae. Artcharakteristisch sind der sehr flache graubraune Carapax, der längs der Mitte einen schwarzen „Aalstrich" trägt und zwei bis drei Paar schwarz gekernte, gelb gerandete Ozellen aufweist sowie jeweils ein orangefarbener bis rötlicher Postorbitalfleck. Letzterer ist vor allem bei Jungtieren deutlich. Der Carapax ist mit feinen Längsreihen kleiner Tuberkel überzogen. Der Kopf ist massig, die Hornschneiden des Kiefers sind mit wulstigen Lippen bedeckt und eine lange „Schnorchelnase" ist ausgebildet. Am weißen Plastron sind oft nur die xiphiplastralen Callositäten sichtbar. Die Art besitzt kräftige Krallen und gut ausgebildete Schwimmhäute. Der Kopf ist braun bzw. olivfarben mit dunklen Flecken oder schwarz mit gelblichen Flecken. Entlang der Kopfseiten sind zwei schwarze Streifen ausgebildet. Die restlichen Weichteile sind olivfarben bis schwarz und gelblich getüpfelt. Männchen haben etwas längere und stärkere Schwänze als die Weibchen, massigere Köpfe und erreichen zudem im Verhältnis zur Panzerhöhe eine größere Carapaxlänge. Dadurch erscheinen sie flacher.

Die Carapaxlänge kann bis zu 25 cm betragen (vgl. WIROT 1979*, ERNST & BARBOUR 1989*). Der knöcherne Carapaxdiskus erreicht 18 cm (vgl. PRITCHARD 1993).

Geographische Verbreitung: Die Art kommt im südlichen Burma, Malaysia, Sumatra, Borneo und auf Java vor. Vorkommen auf den Philippinen sind fraglich (IVERSON 1992*).

Biologie und Ökologie: Nach SMITH (1931*) und VAN DIJK (1992) lebt sie ursprünglich vor allem in felsigen, flachen und relativ schnell fließenden Flüssen und Bächen der Bergregionen. Dort verstecken sich die Tiere oft unter größeren Steinen und unter Felsen. Das „Spaltendrücken" (vgl. *Malacochersus tornieri*) erfordert, vor allem bei adulten Tieren, eine spezifische Beweglichkeit des Panzers. PRITCHARD (1993) wies nach, daß es zur „Auflösung" der festen Knochennähte zwischen den Carapaxknochen (Pleuralia, Neuralia) kommt und sich zwischen den einzelnen Knochenplatten relativ breite Bindegewebsnähte bilden. Das ermöglicht es den Tieren, sich sowohl in Unterwasserspalten zu drücken als auch Kopf und Hals (bei dieser großköpfigen Art) gänzlich im Panzer zu bergen. WIROT (1979*) macht erstaunlicherweise keine Angaben zum Habitat der Art in Thailand. Er teilt lediglich mit, daß sie in der südlichen Region Thailands sehr häufig sei. Wahrscheinlich bewohnt *Dogania* dort auch andere Gewässertypen als o. a. Als Nahrung dienen evtl. hauptsächlich Mollusken.

Terrarium: Weichschildkröten werden relativ selten vom Terrarianer gehalten (vgl. GRAMENTZ 1992).

THIEME (1977) und RUDLOFF (1990*) geben Beschreibungen der Haltung und Nachzucht unserer Art. Im Gegensatz zu DATHE (1987) empfehlen wir grundsätzlich die Einzelhaltung, es sei denn, es steht ein sehr großer Behälter mit einem vielfältig strukturierten Unterwasserteil zur Verfügung. Ein erwachsenes Tier benötigt ein Aquaterrarium mit einer Grundfläche von etwa 0,75 m². Der Wasserstand sollte wenigstens 30 cm betragen. Das Wasser wird über einen Außenfilter von Schwebeteilchen gereinigt.

Ausstattung: Der Bodengrund besteht aus einer dicken Schicht (15 bis 20 cm) eines gut gewaschenen Kies-Sand-Gemisches. Beim regelmäßigen Totalwasserwechsel wird auch der Bodengrund intensiv durchgespült. Es können lichtgeschützte Unterwasserverstecke zwischen fest installierten geschichteten Steinplatten (aus sauberem Fließgewässer, mit abgeschliffenen Kanten!!) eingebaut werden. Sehr gut eignen sich dafür auch die besenförmigen Wurzeln der Schwarzerle, da sie „flächige" Versteckplätze ergeben. Der Landteil enthält eine dicke Substratschicht (Sand, Torf). Der Raum über der Wasseroberfläche wird mit Ampelpflanzen ausgestattet, so daß unterschiedlich beschattete Regionen entstehen.

Heizung: Die Wassertemperatur kann, je nach Herkunft (und Alter?) der Tiere, zwischen 20 und 27 °C liegen. MANZKE (1993) ermittelte an einem Fundort in Thailand eine Wassertemperatur von maximal 25 °C und schreibt weiter: "...im Schatten waren sie weit niedriger." Vielleicht sind Jungtiere wärmebedürftiger? Die Meinung, daß Weichschildkröten keine Sonnenbäder nehmen, ist inzwischen revidiert (vgl. z. B. GRAMENTZ 1993, 1994). Der Autor fand, daß *Trionyx triunguis* im Jahresverlauf unterschiedliche Gewässerteile, je nach der dort herrschenden Temperatur, zum Sonnenbaden nutzt (GRAMENTZ 1994). Er beobachtete aquatisches Sonnen, an Uferbereichen mit 20 bis 40 cm tiefem Wasser, und terrestrisches Sonnen. Zum Sonnenverhalten unserer Art liegen keine Beobachtungen vor. Trotzdem wird an der Grenze zwischen Wasser- und Landteil ein Hellstrahler (PHILIPS PAR 38 EC spot oder OSRAM CONCENTRA PAR 38 EC) installiert.

Licht: Zur Beleuchtung dienen Leuchtstofflampen (OSRAM Biolux, Lumilux DE LUXE Daylight; Philips TL-D; evtl. ab und zu 30 bis 60 Minuten UV-Bestrahlung mit Philips TL 05, TL 09, TL 12), die täglich 12 Stunden in Betrieb sind.

Futter: Die Nahrung besteht aus Wasserschnecken, Regenwürmern, Fisch, Jungmäusen, Geflügel- und Rinderherz. Es werden, wie bei allem Weichschildkröten, kleine Futterstücke gereicht, damit sie unzerteilt abgeschluckt werden können. Die Schildkröten sind sehr "gierig„ und verschlingen Futter in solchen Mengen, daß sie es kurze Zeit später wieder erbrechen müssen. Deshalb wird auch sparsam gefüttert. Hin und wieder, vor dem Wasserwechsel, werden ein größerer Fisch oder eine größere frischtote Maus angeboten. Diese Beutetiere werden mit den Krallen zerrissen und portionsweise verschlungen.

Nachzucht: Die ersten Malayen-Weichschildkröten wurden in Deutschland wohl von SACHSSE (vgl. THIEME 1977) im Terrarium nachgezogen. Zu Paarungsversuchen wird das Weibchen unter Kontrolle zum Männchen gesetzt.

Paarung: Nach RUDLOFF (1990*) erfolgt die Paarung im Spätherbst und Winter, nachdem die Haltungstemperatur durch den Beginn der Heizungsperiode im Zimmer angestiegen war. Das Männchen trieb die Partnerin, ritt auf und verbiß sich in ihrer Halshaut. Dabei kam es zumeist nur zu geringfügigen Verletzungen.

Eiablage: RUDLOFF (1990*) beobachtete 3 bis 4 Eiablagen pro Jahr zwischen Januar und Juni. Es wurden jeweils 3 bis 7 Eier abgesetzt. Sie sind fast kugelförmig und haben einen Durchmesser von 22 bis 31 mm.

Inkubation: Bei 28 °C und einer rel. Luftfeuchtigkeit von 80 bis 95 % schlüpfen die Jungtiere nach 72 Tagen (RUDLOFF 1990*). DATHE (1987) gibt eine Inkubationszeit von 110 Tagen bei 25 bis 30 °C an.

Haltung der Schlüpflinge: Die Schlüpflinge werden einzeln in kleinen Aquarien untergebracht. Die Behältereinrichtung entspricht der adulter Tiere. Der Wasserstand beträgt zunächst nur 10 cm, die Wassertemperatur um 25 °C. Die Aufzucht ist relativ problemlos, sofern man die Jungtiere mit ballastreichem Futter ernährt. Das besteht z. B. aus Regenwürmern, Mehlkäfer-Larven, Heuschrecken und Kleinkrebsen. Auch Schlüpflinge und Jungtiere werden sparsam gefüttert.

Literatur:
DATHE, F. (1987): AT Terrarientierlexikon *Trionyx subplanus* GEOFFROY, 1809 Malayen-Weichschildkröte. Aquarien Terrarien 34(10): 359.
GRAMENTZ, D. (1992): Plädoyer für Weichschildkröten. DATZ, Aquarien Terrarien 45(8): 507–508.
GRAMENTZ, D. (1993): Beobachtungen und Untersuchungen zur Ethologie und Ökologie von *Trionyx triunguis* in West-Anatolien. Salamandra 29(1): 16–43.
GRAMENTZ, D. (1994): Zur Thermoregulation von *Trionyx triunguis* am Kükürt Gölü in West-Anatolien. Salamandra 30(2): 143–154.
MANZKE, U. (1993): Schildkröten in Thailand. DATZ, Aquarien Terrarien 46(9): 594–599.

Dogania subplana, Plastron

Emydura subglobosa

PRITCHARD, P. C. H. (1993): Carapacial Pankinesis in the Malayan softshell turtle, *Dogania subplana*. Chelonian Conservation and Biology 1(1): 31–36.
THIEME, U. (1977): Erfahrungen mit Weichschildkröten – 7. Aquarien Terrarien 24(8): 278–280.
VAN DIJK, P. P. (1992): Variation in the southeast Asian soft shelled turtle, *Amyda cartilaginea*. Thesis, Nat. Univ. Ireland (Dept. Zool. Univ. Galway) 71 S.

Emydura subglobosa
(KREFFT, 1876)
Rotbauch-Spitzkopfschildkröte,
E Red-bellied short-necked turtle,
F Emydure à ventre rouge

Beschreibung: Die Rotbauch-Spitzkopfschildkröte gehört zur Familie Chelidae, Unterfamilie Chelinae. Charakteristisch sind der rote oder rötlich-gelbe Plastron, je ein gelber Streifen von der Schnauzenspitze zum Ohr und entlang des Oberkiefers sowie ein rötlicher Streifen entlang des Unterkiefers, der sich mit Unterbrechungen an den Halsseiten fortsetzt. Der Carapax älterer Tiere ist ungekielt, nach hinten verbreitert und glattrandig. Ein Nuchalschild ist vorhanden. Der Plastron ist schmal. Der Hals ist relativ kurz und oberseits mit kleinen, spitzen Tuberkeln besetzt. Der Kopf ist zugespitzt, am Kinn sitzen zwei gelbliche Barteln. An den Vordergliedmaßen befinden sich quer stehende vergrößerte Schilde, die Vorderfüße tragen jeweils fünf Krallen. Der Rückenpanzer ist braun. Hals und Gliedmaßen sind oberseits dunkelgrau und werden auf der Unterseite heller. Die Weichteile sind mit rötlichen Flecken besetzt. Schlüpflinge besitzen einen fast schwarzen, in der Mitte gekielten Carapax sowie ein rötliches Band entlang seines Außenrands. Auch der Plastron ist rot und hat in der Mitte eine graue Figur. Männchen haben längere und stärkere Schwänze, bleiben kleiner (17 bis 21 cm) und besitzen einen weniger stark gewölbten Rückenpanzer als die Weibchen. Letztere erreichen Carapaxlängen von 26 cm oder mehr (ERNST & BARBOUR 1989*, COGGER 1992*).

Geographische Verbreitung: Südliches Flachland der Insel Neuguinea (Irian Jaya; Papua New Guinea). In Papua New Guinea kommt die Art von der westlichen Landesgrenze ostwärts bis in das Gebiet des Kemp Welch River (Launa Kalana) vor (vgl. RHODIN 1993). In Australien besiedelt sie den Jardine River (Cape York Peninsula, Queensland) (IVERSON 1992*, COGGER 1992*).

Die (gleiche?) „Form" wurde/wird auch als *Emydura albertisii* BOULENGER, 1888, bezeichnet, jedoch ist unklar, ob die Typusexemplare beider Taxa hinsichtlich der Artzugehörigkeit identisch sind.

Biologie und Ökologie: Es ist eine Flußschildkröte, die allerdings auch in Seen und Lagunen vorkommt (COGGER 1992*). In Flußsystemen Neuguineas ist sie z. T. sehr häufig (CANN 1978*). Die Nahrung besteht vorwiegend aus Mollusken und Crustaceen, Insekten sowie wasserlebenden Insektenlarven und umfaßt auch einen großen vegetarischen Anteil.

Terrarium: Die Art ist auch für den Anfänger in der Wasserschildkröten-Haltung geeignet. Für ein Männchen und zwei Weibchen dieser tagaktiven und sehr mobilen Art muß das Aquaterrarium wenigstens die Maße 150 × 50 cm und einen Wasserstand von 30 cm aufweisen (vgl. auch DATHE 1990).

Ausstattung: Moorkienholzwurzeln oder Wasserpflanzen bieten die nötigen Unterwasserverstecke. Der sandgefüllte Landteil sollte geräumig sein und dient zur Eiablage und als Sonnenplatz. Ein leistungsfähiger Außenfilter reinigt das Wasser von Schwebeteilchen, erübrigt aber keinesfalls einen regelmäßigen Totalwasserwechsel.

Heizung: Die Wassertemperatur sollte zwischen 25 und 32 °C liegen, die der Luft etwas darüber. Über dem Landteil wird ein stärkerer Hellstrahler (PHILIPS PAR 38 EC spot oder OSRAM CONCENTRA PAR 38 EC) installiert.

Licht: Beleuchtet wird mit Leuchtstofflampen (OSRAM Biolux, Lumilux DE LUXE Daylight; Philips TL-D; evtl. 30 bis 60 Minuten täglich UV-Bestrahlung mit Philips TL 05, TL 09, TL 12) und evtl. einer HQL-Lampe. Die Beleuchtung ist täglich 12 Stunden in Betrieb.

Futter: Gefüttert wird zwei- bis dreimal wöchentlich mit Fisch, Gelatine-Futter, Insekten (Grillen, Wanderheuschrecken), Wasserflöhen und Tubifex. Als pflanzliche Kost werden z. B. Wasserlinsen (*Lemna* spec.) und Wasserpest (*Elodea* spec.) gereicht.

Nachzucht: Die Nachzucht dieser schönen Schildkröte ist im Terrarium mehrfach gelungen (z. B. PODLOUCKY 1984, GRYCHTA 1987, 1988, HOLMBACK 1987, WAHLGREN & WAHLGREN 1993, ARTNER 1995). In der „Wilhelma", Stuttgart, schlüpften bis 1990/1991 1.026 Jungtiere (FRITZ et al. 1991).

Paarung: Die Paarung (von *Emydura albertisii*) beschreiben FRITZ et al. (1991). Das Männchen schwimmt auf das Weibchen zu, neben ihm her oder über ihm, versucht mit seiner Schnauzenspitze die der Partnerin zu berühren, „kaut" und „pumpt" Wasser mit Hilfe des Hyoid-Apparats. Das Männchen wedelt mit einer Hand, wobei die Schwimmhäute gespreizt sind, in Kopfnähe des Weibchens. Es berührt ihren Kopf und lenkt ihn so, daß sich ihre Schnauzenspitze zu seiner orientiert. Berühren sich die Schnauzen beider Tiere, nickt das Männchen alternierend oder gleichzeitig zum Handwedeln mit dem Kopf. Falls das Weibchen nicht paarungsbereit ist, wird das Männchen weggebissen. Besteht Paarungsbereitschaft, so beriecht das Männchen anschießend die weibliche Kloake, reitet auf den Carapax der Partnerin auf und beißt sie nicht selten in den Nacken. Dadurch zieht das Weibchen Kopf und Hals ein und der Analbereich tritt etwas weiter hervor, wodurch die Paarung ermöglicht wird. JUNGNICKEL (1990) konnte Balz und Paarung bei seinen Schildkröten im Oktober/November bzw. Januar/Februar beobachten.

Eiablage: Zu Eiablagen kam es bei JUNGNICKEL's Tieren zwischen Januar und September. Insgesamt wurden 317 Eier gelegt. Das Weibchen deponierte die Eier im feuchter gehaltenen Abschnitt des Landteils. Die Gelege wurden im Abstand von 4 bis 5 Wochen abgesetzt. Ein Weibchen von 23 cm Carapaxlänge produzierte in 4 aufeinanderfolgenden Jahren zweimal 6 und zweimal 8 Gelege, die jeweils zwischen 6 und 16 Eier enthielten. Sie hatten Maße zwischen 34 × 19 mm und 40 × 20 mm und wogen 8 bis 10 g. Nach CANN (1978*) legen die Weibchen in der Natur durchschnittlich 10 Eier im September.

Inkubation: Bei durchschnittlich 28 °C Bruttemperatur schlüpften die Jungtiere nach 44 bis 57 Tagen. Lediglich 15 Eier waren unbefruchtet. Eier, die in zu trokkenem Substrat lagen, enthielten immer tote Embryonen. Somit scheint Kontaktwasser für die erfolgreiche Inkubation von Bedeutung zu sein (JUNGNICKEL 1990).

Schlüpflinge: Die Carapaxlänge der Schlüpflinge variiert zwischen 18 und 34 mm, die Masse zwischen 3 und 7 g (JUNGNICKEL 1990).

Haltung der Schlüpflinge: Das Terrarium für die scheuen Schlüpflinge muß viele Unterwasserverstecke (z. B. Wasserpflanzen) aufweisen. Der Wasserstand sollte zunächst 5 bis 10 cm, die Wassertemperatur um 28 bis 30 °C betragen. Sie werden täglich mit Wasserflöhen, Tubifex, Fischstückchen und Gelatinefutter gefüttert.

Geschlechtsreife: Mit 4 bis 7 Jahren werden die Tiere geschlechtsreif, wobei Männchen 13 cm und Weibchen 17 cm Carapaxlänge aufweisen.

FRITZ & BAUR (1995) beschreiben zwei Hybriden zwischen *Emydura albertisii* (M) und *Elseya novaeguineae* (W) sowie zwischen *E. albertisii* (M) und *Chelodina longicollis* (W)!!

Auch die weniger farbenprächtigen „Australier" *Emydura australis* (GRAY, 1841), *Emydura krefftii* (GRAY, 1871) und *Emydura macquarrii* (GRAY, 1831) werden in letzter Zeit häufiger im Terrarium gehalten und auch nachgezogen (vgl. MÜLLER 1987*, SLAVENS 1989*, NÖLLERT 1992*). Die Haltung und Nachzucht von *Elseya latisternum* GRAY, 1867, beschreibt TRUTNAU (1982).

Literatur:
Anonymus (1980): Frisch geschlüpft: Groß wie ein Groschen. Der Zoofreund 36: 19
ARTNER, H. (1995): Erfahrungen mit mehrjähriger Haltung und Nachzucht der Rotbauch-Spitzkopfschildkröte *Emydura subglobosa* KREFFT, 1876. Jb. für den Terrarianer 3: 18–23.
DATHE, F. (1990): Terrarientierlexikon *Emydura australis subglobosa* (KREFFT, 1876) Rotbauchschildkröte. Aquarien Terrarien 37(10): 371.
FRITZ, U., M. BAUR (1995): Schildkröten-Hybriden. 1. Halswender-Schildkröten (Pleurodira). herpetofauna 17(94): 28–34.
FRITZ, U., D. JAUCH, H. JES (1991): Langzeit-Beobachtungen bei der Haltung und Nachzucht der Rotbauch-Spitzkopfschildkröte (*Emydura albertisii*). Z. Freunde des Kölner Zoos 34(4): 131–139.
GRYCHTA, U. (1987): Erfolgreiche Nachzucht der Rotbauch-Spitzkopfschildkröte *Emydura australis subglobosa*. elaphe 9(3): 46–47.
GRYCHTA, U. (1988): Erfolgreiche Nachzucht der Rotbauch-Spitzkopfschildkröte, *Emydura australis subglobosa*. Aquarien Terrarien 35(8): 279–280.
HOLMBACK, E. (1987): Captive reproduction of the New Guinea sideneck turtle *Emydura australis albertisii* at the San Antonio Zoo. Intern. Zoo Yb. 26: 94–98.
JUNGNICKEL, J. (1990): Daten zur Fortpflanzung d. Rotbauch-Spitzkopfschildkröte, *Emydura australis subglobosa*, in Gefangenschaft. herpetofauna 12(68): 11–14.
PODLOUCKY, R. (1984): Bemerkungen zur Biologie, Haltung und Zucht der Rotbäuchigen Spitzkopfschildkröte (*Emydura albertisii*) aus Neuguinea. herpetofauna 6(30): 6–13.
RHODIN, A. G. J. (1993): Range extension for *Emydura subglobosa* in Papua New Guinea. Chelonian Conservation an Biology 1(1): 47–48.
TRUTNAU, L. (1982): Erfolge und Mißerfolge mit *Elseya latisternum*. DATZ 35(6): 232–329.
WAHLGREN, S., A. WAHLGREN (1993): Odling och hillande av *Emydura subglobosa*. Snoken-Nat. Swed. Herp. Assoc. 23(1): 2–7.

Emys orbicularis
(LINNAEUS, 1758)
Europäische Sumpfschildkröte,
E European pond turtle, F Cistude d'Europe
BNatSchG, BArtSchV

Die Europäische Sumpfschildkröte ist die einzige Schildkrötenart, die in Deutschland bodenständig (autochthon) vorkommt. Die lange Zeit als monotypisch geltende Art besiedelt ein riesiges Verbreitungsgebiet. Deshalb ist es umso verwunderlicher, daß sie erst in der jüngsten Vergangenheit taxonomisch eingehend untersucht wurde (FRITZ 1989, 1992, 1993a,b, 1994a,b, 1995a, FRITZ & OBST 1995, FRITZ et al. 1995c). Sie kann als „Einsteigertier" für den ernsthaft an der Wasserschildkröten-Haltung und -Fortpflanzung Interessierten gelten. Das „know-how" der Nachzucht unter Terrarienbedingungen hat man heute sehr gut „im Griff" (z. B. RÖHNERT 1979, HOHERZ 1981, KAU 1983 a,b, HILLER 1984, 1993). Gerade um die Befunde von FRITZ (l. c.) zu stützen oder zu korrigieren, z. B. durch Ermittlung der (möglicherweise unterschiedlich langen) Eizeitigungsdauer bei den einzelnen Unterarten, durch die Beschreibung der Schlüpflinge und deren ontogenetischer Entwicklung (Allometrien, Färbung, Zeichnung), durch Beobachtung des Paarungsverhaltens, durch Kreuzungsversuche zwischen den Unterarten und vor allem durch systematische Freilandbeobachtungen in den verschiedenen Teilen des Verbreitungsgebietes, kann der wissenschaftlich dokumentierende Terrarianer wertvolle Beiträge leisten (vgl. FRITZ et al. 1993, GRAMENTZ 1993, PODLOCKY & FRITZ 1994, SNIESHKUS 1994, MAZZOTTI 1995). Aus diesen Gründen wird der Europäischen Sumpfschildkröte hier etwas mehr Raum gewidmet.

Beschreibung: Färbung, Zeichnung, Panzer- und auch Kopfform sind bei erwachsenen Tieren der einzelnen Unterarten mehr oder weniger gut untersucht und als trennende Merkmale der verschiedenen Unterarten geeignet. Die Männchen haben einen konkaven Plastron. In beiden Geschlechtern ist der Schwanz relativ lang, der der Männchen ist an der Basis dicker. Die Kloakenöffnung der Weibchen liegt unter den Carapaxrandschildern, die der Männchen weiter in Richtung Schwanzspitze. Der Carapax der Schlüpflinge ist fast kreisrund und hat einen deutlichen Mittel-

Emys orbicularis hellenica

kiel. Der Kopf ist im Verhältnis zur Carapaxlänge relativ groß und der Schwanz sehr lang.

Emys orbicularis orbicularis
(LINNAEUS, 1758)
Pontische Sumpfschildkröte
Größe: Carapaxlänge Männchen 11 bis 21 cm, Weibchen 12 bis 23 cm.
Carapax: Grundfarbe schwarz mit feinem gelben Strichelmuster.
Plastron: Männchen oft gänzlich schwarz.
Kopf: Männchen und Weibchen dorsal retikuliert oder gelbe Flecke auf schwarzem Grund.
Kehle: Schwarz mit kleinen gelben Flecken.
Iris: Männchen rötlich bis orangerötlich; Weibchen gelb.
Verbreitung: Mittelfrankreich, Norddeutsches Tiefland, Polen, Weißrußland, Ukraine, Rußland bis Aralsee.

Emys o. colchica
(FRITZ, 1994)
Kolchische Sumpfschildkröte
Größe: Carapaxlänge Männchen bis 15 cm, Weibchen evtl. größer.
Carapax: Relativ dunkel, wenige, kleine gelbe Flecke.
Plastron: Überwiegend dunkel, Gularia, Humeralia, Pectoralia und Femoralia mit gelben Außenkanten.
Kopf: Dorsal im vorderen Teil fein braun-schwarz retikuliert, geht im hinteren Teil in gröberes bräunlich-gelbes Fleckenmuster auf schwarzem Grund über; oder gelbe Flecke auf schwarzem Grund.
Kehle: Schmutziggelb.
Iris: Das einzige, bisher untersuchte lebende Männchen besitzt eine rotbraune Iris.
Verbreitung: Westkaukasische Kolchis-Region, östliche türkische Schwarzmeerküste und O-Türkei (Arealgrenzen im Landesinneren unklar).

Emys o. hellenica
(VALENCIENNES, 1832)
Ostmediterrane Sumpfschildkröte
Größe: Carapaxlänge Männchen 8 bis 14 cm, Weibchen 8 bis 16 cm; nicht selten „zwergwüchsige" Formen.
Carapax: Aufgrund der ausgedehnten gelben bzw. braunen Färbung erscheint die schwarze Grundfarbe oft nur noch in Form von Radiärlinien auf hellem Grund.
Plastron: Häufig gänzlich gelb, schwarze Färbungsanteile oft verwaschen; bei zwergwüchsigen Tieren ist das Plastralgelenk oft nicht oder kaum ausgebildet.
Kopf: Oberseite bei Männchen retikuliert, bei Weibchen stehen gelbe Punkte auf schwarzem Grund; ältere Tiere neigen zur Macrocephalie (Großköpfigkeit).
Kehle: Einfarbig hell.
Iris: Männchen gelblich-weiß.
Gliedmaßen und Schwanz: Bei Männchen manchmal gänzlich gelb gefärbt.
Verbreitung: Istrien, Dalmatien und Küstengebiet Albaniens; Küste des Ionischen Meeres in Griechenland bis zum Peloponnes und Euböa; Relikte südl. Krimhalbinsel und der an die Krim grenzende Teil des westl. Kaukasus; evtl. türkische Ägäisküste; verschiedene Inseln in der östlichen Adria und des Ionischen Meeres.

Emys o. luteofusca
(FRITZ, 1989)
Zentralanatolische Sumpfschildkröte
Größe: Carapaxlänge Männchen bis 14 cm, Weibchen mindestens bis zu 17,5 cm.
Carapax: Gelb; kaum schwarze Pigmentanteile.
Plastron: Einfarbig gelb.
Kopf: Auffallend klein.
Kehle: Gelb.
Iris: ?
Gliedmaßen und Schwanz: Gelb, feine schwarze Tüpfelung.
Verbreitung: südliches Zentralanatolien (Hochebene Konya-Eregli). Zwei weiteren Populationen aus der Südtürkei kommt möglicherweise Unterartstatus zu (Orontes-Einzugsgebiet und Kilikien, FRITZ 1993b).

Emys o. fritzjuergenobsti
(FRITZ, 1993)
Ostspanische Sumpfschildkröte
Größe: Carapaxlänge Männchen bis 14 cm, Weibchen 9 bis 14 cm.
Carapax: Hellbraun bis gelbbraune Farbe mit schwarzem, radiären Muster; auffallend lang und schmal; Nuchalschild mit parallelen Seitenrändern.
Plastron: Bei Alttieren gelb, Schildnähte fein schwarz gesäumt; extrem lange Intergular- und kurze Interhumeralnähte.
Kopf: Massig; Kopfoberseite zeigt gelbe würmchenförmige Linien auf dunklem Grund.
Kehle: Gelb oder gelb mit schwarzer Musterung.
Iris: Männchen gelb oder braungelb mit rötlichem Ton; Weibchen gelb; deutliches schwarzes Kreuzchen in der Iris, wobei die Pupille den Mittelpunkt bildet – bei

Männchen wesentlich schwächer als bei Weibchen.
Gliedmaßen und Weichteile: Vordergliedmaßen mit kräftiger Gelbfärbung – zwei breite gelbe Streifen.
Verbreitung: Ostspanische Mittelmeerküste von Oropesa de Mar (nördlich) bis Vergel (südlich); genaue Verbreitungsgrenzen unklar.

Emys o. occidentalis
(FRITZ, 1993)
Westliche Sumpfschildkröte
Größe: Carapaxlänge bei Männchen zwischen 9 und 14 cm, bei Weibchen zwischen 10 und 15 cm.
Carapax: Breit, schwarze Grundfarbe mit breiten gelben radiären Zeichnungselementen.
Plastron: Bei Alttieren gänzlich gelb, in der Jugend fast schwarz; Gular- und Humeralschilder wie bei voriger Unterart.
Kopf: Massig; Kopfoberseite gelb getüpfelt bis locker vermikuliert.
Kehle: Gänzlich gelb oder mit feinen schwarzen Tüpfelchen versehen.
Iris: Beide Geschlechter gelblich bis gelblich weiß, mit einem deutlichen (Weibchen) schwarzen Kreuzchen, in dem die Pupille den Mittelpunkt bildet.
Gliedmaßen und Weichteile: Wie bei voriger Unterart, aber dunkler.
Verbreitung: Zentrale und westliche Iberische Halbinsel; N-Afrika nördlich des Mittleren Atlas und Tell-Atlas; genaue Verbreitung unbekannt.
Neben dieser Unterart existiert(-e ?) in Nord-Afrika (Umgebung Algier) evtl. eine weitere, bislang unbeschriebene Form (vgl. FRITZ 1994b).

Emys o. orientalis
(FRITZ, 1994)
Östliche oder Südkaspische Sumpfschildkröte
Größe: Carapaxlänge bei Männchen 10 bis 15 cm, Weibchen 12 bis 15 cm (selten bis 18 cm).
Carapax: Adulti zeigen feine und dichte Gelbfleckung auf schwarzem Grund.
Plastron: Sehr variabel gefärbt, von einfarbig Gelb bis vollständig Schwarz; Intergularnaht sehr kurz.
Kopf: Dorsal schwarz mit runden gelben Punkten, die schwanzwärts größer werden.
Kehle: Einfarbig leuchtend gelb.
Iris: Männchen rot, Weibchen gelb.
Gliedmaßen und Weichteile: Gelbes Streifenmuster an den Vordergliedmaßen jüngerer Tiere.

Emys orbicularis kurae

Verbreitung: Vom Fluß Atrek einschließlich der Nebenflüsse Chandyr und Sumbar an der Grenze Turkestan-Iran längs der Südküste des Kaspischen Meeres bis in das iranisch-aserbaidschanische Grenzgebiet. Südgrenze ist das Elbrus-Gebirge; Reliktvorkommen im Randbereich der Karakum (Turkestan): Uzboy-Gebiet.

Emys o. kurae
(FRITZ, 1994)
Westkaspische Sumpfschildkröte
Größe: Carapaxlänge der Männchen bis 14 cm, der Weibchen 16 bis 18 cm.
Carapax: Jungtiere einfarbig schwarz – Alttiere einfarbig horngelb.
Plastron: Adulte zumeist ein hellgelbes, einfarbiges Plastron; Jungtiere mit großer dunkler Zentralfigur.
Kopf: Männchen dorsal grob und kontrastreich retikuliert, Weibchen feinere gelbe Zeichnung, zur Schnauzenspitze hin retikuliert.
Kehle: Kräftig gelb, bei Jungtieren und Subadulten einzelne schwarze Flecke.
Iris: Männchen ?, Weibchen gelb ohne schwarze Querbalken.
Gliedmaßen und Weichteile: Adulti sehr helle, gelbliche Färbung; Vordergliedmaßen gelb-längsgestreift.
Verbreitung: Kura-Tal und dessen Seitentäler etwa von Gori nach Osten bis zur Kura-Mündung, von dort entlang der Kaspisee-Küste nordwärts bis in östliches Kaukasusvorland.
Biologie und Ökologie: Wie sich aus dem oben umrissenen Verbreitungsgebiet ableiten läßt, werden auch die unterschiedlichsten Habitate von der Europäischen Sumpfschildkröte besiedelt. Im Nordosten Deutschlands werden beispielsweise Sölle, Seen, Erlenbrüche, Flußalt- und -totarme, also größtenteils perennierende Gewässer bewohnt. Die Eiablage erfolgt dort nicht selten auf intensiv bewirtschafteten Agrarflächen. Der Winter wird wohl größtenteils unter Wasser verbracht, wobei die Schildkröten auch dann noch mobil bleiben. Die Ostmediterrane Sumpfschildkröte lebt häufig in temporären Gewässern, die über Sommer austrocknen (FRITZ 1992). Als Folge ästivieren die Tiere. Eventuell halten die „Nordafrikaner" im Tiefland keine oder nur eine verkürzte Winterruhe und ästivieren ebenfalls. In SO-Frankreich und auf Sardinien werden Bäche bzw. Flüsse bewohnt (FRITZ et al. 1995a,b).

Europäische Sumpfschildkröten sonnen sich gern. CAPULA et al. (1994) experimentierten mit unserer Art hinsichtlich der Wahl der Sonnenplätze in einem Kanal 70 km südlich von Rom. Sie beobachteten, daß von den Schildkröten künstliche Inseln als Sonnenplätze gegenüber Sonnenplätzen am Gewässerufer vorgezogen wurden.

Die Art ernährt sich omnivor, wobei der Schwerpunkt auf tierischer Kost liegt. Von Wirbellosen über kleinere Wirbeltiere bis hin zu Aas wird alles gefressen. BANNIKOW (1951) beobachtete wie *Emys o. kurae* im Kaukasus an Land jagten (vgl. auch FRITZ et al. 1995)!

Terrarium: Die Europäische Sumpfschildkröte sollte vor allem im Freiland gehalten werden (vgl. MERTENS 1950, VEIDT 1977, KAU 1983 a,b). Der wohl erfolgreichste Pfleger Europäischer Sumpfschildkröten ist WITTWER, Berlin. Er pflegt die Tiere in einer vorbildlich eingerichteten Freilandanlage von 4 x 6 m. Leider hat er seinen reichen Erfahrungsschatz nur sehr kurz zusammengefaßt (WITTWER 1972). Bei ihm legte bereits 1972 die 2. Generation Europäischer Sumpfschildkröten Eier.

Die Tiere werden nach Unterarten bzw. Herkunftsorten (wenn bekannt) getrennt untergebracht, da Bastardierungen zwischen verschiedenen Unterarten beschrieben wurden (vgl. FRITZ 1995b).

Ausstattung:
Freilandterrarium: Nach RUDLOFF (1990*) kann beispielsweise eine Gruppe von 2 Männchen und 6 Weibchen in einem Teich gepflegt werden, der wenigstens 10 m³ Wasser enthält. Ich habe viele Jahre eine Zuchtgruppe von 2,3 Tieren in einer Freilandanlage von 36 m² gehalten. Der Teich hatte eine Fläche von etwa 20 m² und ein Fassungsvermögen von ca. 12 m³. Um Tiere aus dem nördlichen Teil des Verbreitungsgebietes ganzjährig im Freien zu halten, darf das Wasser auch bei strengem Frost und langanhaltenden Frostperioden nicht bis zum Grund gefrieren. Um das zu gewährleisten, sollte die Wassertiefe in einem größeren Bereich wenigstens 0,80 bis 1,20 m betragen. Im Wasserteil werden starke Äste (z.B. Weide) als potentielle Sonnenplätze angeboten. Der Landteil kann relativ klein sein. Es wird evtl. ein Eiablagehügel in südlich exponierter Lage angelegt. Die glattwandige (z.B. Drahtglas) Umgrenzung muß wenigstens 50 cm hoch sein, damit sie nicht von den Schildkröten überklettert wird. Es dürfen keine Gegenstände in unmittelbarer Umgrenzungsnähe das Überklettern ermöglichen. Bei der Konstruktion der Umgrenzung ist zu beachten, daß keine „toten Winkel" eingebaut werden. Hier entstehen schnell „Stauzonen" an denen sich die Schildkröten „stapeln" und schließlich entkommen können. Bei Verwendung von durchsichtigem Material zur Begrenzung der Freianlage sollte dessen unterer Teil mit einem dunklen, undurchsichtigen Anstrich (von außen) versehen werden, damit die Tiere nicht ständig an der Begrenzung entlang wandern.

KONOK (1961) schildert die Beobachtungen bei der Haltung und Fortpflanzung von *Emys orbicularis* in einer abgegrenzten Bucht des Balatons (vgl. auch GLÄSS & MEUSEL 1972*).

Zimmerterrarium: Europäische Sumpfschildkröten können auch erfolgreich im Zimmerterrarium gehalten werden (vgl. z.B UHLIG 1967, CHRIST 1979). Für eine Gruppe von einem Männchen und 2 bis 3 Weibchen sollte ein Behälter mit der Grundfläche von etwa 1 m² und 25 bis 30 cm Wasserstand zur Verfügung stehen. Der Landteil umfaßt etwa ein Drittel der Fläche und wird ca. 15 cm tief mit Sand gefüllt. Unter dem Landteil haben die Tiere Versteckmöglichkeiten, müssen dort aber atmen können. Fest arretierte Moorkienholzwurzeln bieten ebenso gute Unterwasserverstecke wie z.B. ein „Polster" aus *Elodea*- oder *Ceratophyllum*-Ranken. Die Wasserpflanzen müssen hin und wieder erneuert werden.

Heizung: Die Wassertemperatur sollte im Sommer zwischen 23 und 27 °C liegen, die Lufttemperatur etwas darüber. Über dem Landteil wird ein starker Hellstrahler (PHILIPS PAR 38 EC spot oder OSRAM CONCENTRA PAR 38 EC) angebracht.

Licht: Die Art stellt hohe Ansprüche an die Beleuchtungsstärke. Wir kombinieren Leuchtstofflampen (OSRAM Biolux, Lumilux DE LUXE Daylight; Philips TL-D; 30 bis 60 Minuten täglich UV-Bestrahlung mit Philips TL 05, TL 09, TL 12) mit HQL-Lampen. Sie sind entsprechend der täglichen, natürlichen Lichtphase in Betrieb.

Futter: Die Nahrung muß sehr abwechslungsreich sein. Sie kann z.B. aus Mollusken, Kleinkrebsen, Insekten, kleinen, unzerteilten Süßwasserfischen und nestjungen Labormäusen bestehen. Hin und wieder können auch Hunde- bzw. Katzennahrung, Gelatine-Futter oder käufliche Schildkrötennahrung gereicht werden. Mageres Geflügel- oder Rindfleisch wird möglichst mit einem Vitamin-Mineralstoffgemisch bestreut und dann verfüttert. Hin und wieder wird auch vegetarische Kost angeboten. Erwachsene Tiere füttern wir zwei-, höchstens dreimal pro Woche.

Überwinterung: Tiere aus dem nördlichen Teil des Verbeitungsgebietes überwintern wir von Oktober/ November bis März/ April. Das kann in einem abgedunkelten Überwinterungsraum (am besten ungeheizter, frostsicherer Keller) bei ca. 4 bis 8 °C aber auch im Freiland erfolgen. Die Schildkröten werden auf die Überwinterung im Keller hinsichtlich Fütterung, Temperatur und Beleuchtungsdauer in gleicher Weise vorbereitet, wie es bei den **Europäischen Landschildkröten** dargestellt ist. Das gleiche gilt für die Phase nach Beendigung der Winterruhe.

Die Schildkröten können im Wasser oder auch in feuchtem Substrat überwintern. Zur Wasserüberwinterung kann man Plastewannen verwenden. Der Wasserstand darf nur so hoch sein, daß die Tiere ohne Lageveränderung Luft holen können. Das Wasser wird in dieser Zeit ca. dreimal gewechselt. Der Behälter wird so abgedeckt, daß er nagersicher ist, aber auch die Luftzirkulation (keine Zugluft) gewährleistet bleibt. Manche Autoren empfehlen die Zugabe von etwas Kochsalz in das Überwinterungswasser (RUDLOFF 1990*). Ich habe das nie praktiziert und keinerlei negative Erfahrungen gemacht. OBST (1980*) empfiehlt, auch bei der Wasserüberwinterung den Schildkröten die Möglichkeit zu geben, einen Landteil aufzusuchen.

Die „trockene" Überwinterung erfolgt in einer Überwinterungskiste. Diese enthält eine ca. 30 cm dicke Bodenschicht aus einem feuchten Sand-Lauberde-Gemisch. Darauf bringen wir eine Deckschicht aus Torfmoos, Hobelspänen, Buchen- bzw. Eichenlaubstreu sowie Buchen- oder Eichenlaub. Diese Schicht sollte auch 30 bis 40 cm stark sein. Boden- und Deckschicht werden stets feucht gehalten. Auch hier ist die nagersichere Abdeckung, bei Gewährleistung der Luftzirkulation notwendig. Gegen Ende der Winterruhe werden Temperatur und Beleuchtung allmählich auf „natürliche Verhältnisse" eingestellt. Die Tiere graben sich aus und werden wieder im Zimmerterrarium untergebracht. Der Wasserstand beträgt hier zunächst etwa 15 cm und wird erst allmählich erhöht. Anfangs wird sparsam und mit ballaststoffreicher Nahrung gefüttert. Die Mehrzahl der Autoren gibt der Wasserüberwinterung den Vorzug (vgl. z.B. MÜLLER 1995*). Ich habe auch mit der „trockenen" Überwinterung gute Erfahrungen bei verschiedenen palä- und nearktischen Wasserschildkrötenarten gemacht, und es sind nie Verluste eingetreten.

Um die Schildkröten im Freilandteich erfolgreich zu überwintern, empfiehlt RUDLOFF (1990*), im Spätherbst das Wasser abzupumpen, organische Abfallstoffe zu entfernen und anschließend wieder Frischwasser einzulassen. Ich habe das in meiner Freilandanlage nie praktiziert und auch bei längeren Frostperioden mit strengen Frösten keine Tierverluste erleiden müssen. Voraussetzung ist allerdings, daß nicht zu viele Tiere gehalten werden und daß sich eine gute Submersvegetation entwickeln konnte. Wenn sich eine Eisschicht gebildet hat, darf diese keinesfalls zerschlagen werden. Um die notwendige Sauerstoffversorgung zu garantieren wird auch die Verwendung von Oxydatoren empfohlen (vgl. MÜLLER 1995*).

Für Tiere aus dem südlichen, südwestlichen und südöstlichen Teil des Verbreitungsgebietes senken wir die Wassertemperatur im Winterhalbjahr für etwa 2 bis 3 Monate auf 12 bis 15 °C, reduzieren die tägliche Beleuchtungsdauer auf 4 bis 6 Stunden und drosseln auch die Beleuchtungsstärke.

Schlüpflinge überwintern wir nur 4 bis 6 Wochen. Schildkröten im 2. Lebensjahr kann man eine 2 bis 3monatige Winterruhe gewähren.

Nachzucht: Die Nachzucht der Art ist relativ häufig gelungen (vgl. Literaturverzeichnis).

Paarung: RUDLOFF (1990*) beobachtete den Paarungshöhepunkt im Mai. Oft bleiben die Männchen aber bis in den Herbst hinein paarungsaktiv. Das paarungswillige Männchen treibt das Weibchen durch den Behälter und versucht auf deren Carapax aufzureiten. Es klammert sich dann mit den Krallen am Rückenpanzer der Partnerin fest und die Paarung erfolgt. Dabei treiben die Partner zumeist an der Wasseroberfläche. Werden mehrere Männchen gemeinsam gehalten, können einige so dominant sein, daß sie ausschließlich die vermeintlichen Rivalen attackieren und dadurch das Fortpflanzungsgeschehen stören. Diese Tiere werden bis Ende Mai/ Anfang Juni separat untergebracht.

Eiablage: Die Weibchen legen im Juni und Juli die Eier ab. Ein Zweitgelege ist im August möglich (nur bei großen und älteren Weibchen ?). Die Eiablage deutet sich durch die mehrere Tage zuvor beginnende Suche nach einem geeigneten Ablageplatz an. Die Nestgrube ist ca. 10 cm tief und wird zumeist am Nachmittag oder in den frühen Abendstunden angelegt (RUDLOFF 1990*). Die Eizahl (und die Eimaße) korrelieren positiv mit der Weibchengröße und dem Alter (?). Es können 3 bis 16 (20?) Eier gelegt werden (vgl. auch ENGELMANN et al. 1993*). Sie messen 30 bis 39 mm x 18 bis 22 mm und wiegen durchschnittlich 8 g (ERNST & BARBOUR 1989*, RUDLOFF 1990*). In der Natur schlüpfen die Jungtiere zwischen August und Oktober, können aber unter ungünstigen klimatischen Bedingungen bis zum nächsten Frühjahr auch in der Eigrube verbleiben (SNIESHKUS 1994).

Inkubation: Im Inkubator schlüpfen die Jungtiere bei einer Temperatur von 25 °C nach 55 bis 80 Tagen (RUDLOFF 1990*). Nach PIEAU (z. B. 1971) entwickeln sich bei Inkubationstemperaturen von 24 bis 28 °C Männchen, bei 30 °C waren 96% der Schlüpflinge Weibchen.

Schlüpflinge: Die Schlüpflinge haben Carapaxlängen zwischen 20 und 25 mm (ERNST & BARBOUR 1989*).

Haltung der Schlüpflinge: Schlüpflinge werden in Gruppen gehalten. Die Wassertiefe beträgt zunächst 5 bis 10 cm, die Wassertemperatur liegt zwischen 25 und 27 °C am Tage und 18 bis 22 °C in der Nacht. Eine Gelegenheit zum Sonnenbaden muß geboten werden. Wasserpflanzen sorgen für Unterwasserverstecke. Eine abwechslungsreiche, vitamin- und mineralstoffhaltige Nahrung gewährleistet das problemlose Wachstum. Die Jungtiere sollten häufig dem ungefilterten Sonnenlicht ausgesetzt werden (Abdeckung gegen Katzen, Krähen, Elstern, Amseln und Stare wichtig!).

Geschlechtsreife: Die Geschlechtsreife tritt im nördlichen Teil des Artareals im Alter von etwa 10 Jahren ein (vgl. GLÄSS & MEUSEL 1972*). Im südlichen Artareal und unter Terrarienbedingungen erfolgt das wahrscheinlich früher, mit 4 bis 7 Jahren. Männchen haben dann Carapaxlängen von 10 cm, Weibchen von 12 cm. LUKINA (1971) datiert den Eintritt der Geschlechtsreife bei Tieren aus dem südlichen Russland und der Ukraine für Männchen mit 5 bis 6 Jahren und für Weibchen mit 7 bis 9 Jahren.

Alter: 50 bis 70 Jahre (ENGELMANN et al. 1993*).

Anmerkung: Nach Redaktionsschluß erschienen die Arbeit von FRITZ (1995a), in der drei Unterarten beschrieben werden sowie die Publikation von FRITZ, KELLER & BUDDE (1996), worin eine weitere Unterart beschrieben wird:
- *Emys o. galloitalica* FRITZ, 1995 (SO-Frankreich; Latium, Mittel-Italien),
- *Emys o. lanzai* FRITZ, 1995, (Korsika),
- *Emys o. capolongoi* FRITZ, 1995, (Sardinien),
- *Emys o. hispanica* FRITZ, KELLER & BUDDE, 1996, (SW-Spanien)

Hinweise zum Lebensraum, zur Lebensweise und zur Morphologie der *Emys o. galloitalica* finden sich des weiteren bei FRITZ et al. (1995a), für die sardische Unterart bei FRITZ et al. 1995b) .

Literatur:
Es ist unmöglich, auch nur annähernd die gesamte Literatur aufzulisten, die die Pflege und Nachzucht der Europäischen Sumpfschildkröte im Terrarium betrifft. Anhand der nachfolgenden Auswahl kann sich der Anfänger aber orientieren und weiter informieren:

BANNIKOW, A. G. (1951): Materialy k poznaniju biologij kawkazskich cerepach. Ucenye Zapiski, Moskowsk. Gorodsk. Pedagogicesk. Inst. W. P. Potemkina, Moskwa, 18: 131–166. (in russ.)

CAPULA, M., L. LUISELLI, L. RUGIERO, E. FILIPPI (1994): A field experiment on the selection of basking sites by *Emys orbicularis* (LINNAEUS, 1758) (Testudines: Emydidae). HERPETOZOA 7 (3/4): 91–94.

CHRIST, P. (1979): Nachzucht der Europäischen Sumpfschildkröte im Zimmeraquarium. DATZ 32 (1): 26–27.

FRITZ, U. (1989): Zur innerartlichen Variabilität von *Emys orbicularis* (LINNAEUS, 1758). 1. Eine neue Unterart der Europäischen Sumpfschildkröte aus Kleinasien. *Emys orbicularis luteofusca* subsp. nov. Salamandra 25 (3/4): 143–168.

FRITZ, U. (1992): Zur innerartlichen Variabilität von *Emys orbicularis* (LINNAEUS, 1758). 2. Variabilität in Osteuropa und Redefinition von *Emys orbicularis orbicularis* (LINNAEUS, 1758) und *E. o. hellenica* (VALENCIENNES, 1832) (Reptilia, Testudines: Emydidae). Zool. Abh. Mus. Tierkde. Dresden 47 (5): 37–77.

FRITZ, U. (1993a): Zur innerartlichen Variabilität von *Emys orbicularis* (LINNAEUS, 1758). 3. Zwei neue Unterarten von der Iberischen Halbinsel und aus Nordafrika, *Emys orbicularis fritzjuergenobsti* subsp. nov. und *E. o. occidentalis* subsp. nov. (Reptilia, Testudines: Emydidae). Zool. Abh. Mus. Tierkde. Dresden 47 (11): 131–155.

FRITZ, U. (1993b): Weitere Mitteilung zur innerartlichen Variabilität, Chorologie und Zoogeographie von *Emys orbicularis* (LINNAEUS, 1758) in Kleinasien (Testudines: Cryptodira: Emydidae). HERPETOZOA 6 (1/2): 37–55.

FRITZ, U. (1994a): Zur Innerartlichen Variabilität von *Emys orbicularis* (LINNAEUS, 1758) 4. Variabilität und Zoogeographie im pontokaspischen Gebiet mit Beschreibung von drei neuen Unterarten (Reptilia: Testudines: Emydidae). Zool. Abh. Mus. Tierkde. Dresden 48 (4): 53–93.

FRITZ, U. (1994b): Gibt es in Nordafrika zwei verschiedene Formen der Europäischen Sumpfschildkröte (*Emys orbicularis*)? Salamandra 30 (1): 76–80.

FRITZ, U. (1995a): Zur innerartlichen Variabilität von *Emys orbicularis* (LINNAEUS,

1758). 5a. Taxonomie in Mittel-Westeuropa, auf Korsika, Sardinien, der Apenninen-Halbinsel und Sizilien und Unterartengruppen von *E. orbicularis*. Zool. Abh. Staatl. Mus. Tierkde. Dresden 48 (13): 185–242.
FRITZ, U. (1995b): Schildkröten-Hybriden. 2. Halsberger-Schildkröten (Cryptodira). herpetofauna 17 (95): 19–34.
FRITZ, U., P. LENK, S. LENK (1995a): Sumpfschildkröten (*Emys orbicularis galloitalica*) aus Südfrankreich und Latium. herpetofauna 17 (97): 13–20.
FRITZ, U., G. PETTERS, W. MATZANKE, M. MATZANKE (1995b): Zur Schildkrötenfauna Nordsardiniens Teil 1. herpetofauna 17 (99): 29–34.
FRITZ, U., S. L. KUZMIN, O. W. KOLOBAJEWA, W. F. ORLOWA (1995c): Zur Variabilität der Sumpfschildkröte (*Emys orbicularis*) im Gebiet zwischen der Manytsch-Niederung und Don (Rußland). Salamandra 31 (4): 231–236.
FRITZ, U., F. J. OBST (1995): Morphologische Variabilität in den Intergradierungszonen von *Emys orbicularis orbicularis* und *E. o. hellenica*. Salamandra 31 (1): 157–180.
FRITZ, U., C. KELLER & M. BUDDE (1996): Eine neue Unterart der Europäischen Sumpfschildkröte aus Südwestspanien, *Emys orbicularis hispanica* subsp. nov. – Salamandra 32 (3): 129–152.
FRITZ, U., O. PICARIELLO, R. GÜNTHER, F. MUTSCHMANN (1993): Zur Herpetofauna Süditaliens. Teil 1: Flußmündungen und Feuchtgebiete in Kalabrien, Lucanien und Südapulien. herpetofauna 15 (84): 6–14.
GRAMENTZ, D. (1993): Neuer Fundort von *Emys orbicularis* (LINNAEUS, 1758) im Südwesten der Türkei. herpetofauna 15 (82): 6–8.
HILLER, A. (1984): Tierärztliche Erfahrungen bei der Zucht der Europäischen Sumpfschildkröte (*Emys orbicularis*). Zool. Garten (N. F.) 54: 128–130.
HILLER, A. (1993): Beobachtungen bei der Inkubation von Eiern der Europäischen Sumpfschildkröte (*Emys orbicularis*). elaphe (N. F.) 1 (1): 12.
HOHERZ, R. (1981): Nachzucht der Europäischen Sumpfschildkröte (*Emys orbicularis*). elaphe 3 (4): 63.
KAU, H. P. (1983a): Erfolgreiche Nachzucht bei im Freiland gehaltenen Europäischen Süßwasserschildkröten. herpetofauna 5 (24): 27–30.
KAU, H. P. (1983b): Pflege und Nachzucht Europäischer Süßwasserschildkröten. Die Schildkröte Sonderheft 3: 2–36.
KONOK, I. (1961): Einiges über *Emys orbicularis* (L.). Aquarien Terrarien 8 (4): 110–115.
LUKINA, G. P. (1971): Reproductive physiology of the pond tortoise in the eastern Azov region. Sov. Journ. Ecol. 2 (3): 99–100.

MAZZOTTI, S. (1995): Population structure of *Emys orbicularis* in the Bardello (Po Delta, Northern Italy). Amphibia-Reptilia 16 (1): 77–85.
MERTENS, R. (1950): Einige Beobachtungen bei der Zucht der Europäischen Sumpfschildkröte. Zool. Garten (N. F.) 17: 170–175.
PIEAU, C. (1971): Sur la proportion sexuelle chez les embryons de deau Chéloniens (*Testudo graeca* L. et *Emys orbicularis* L.) issus dŒufs incubés artificiellement. C. R. Acad. Sci. Paris 272: 3071–3074.
PODLOUCKY, R., U. FRITZ (1994): Zum Vorkommen von *Emys orbicularis hellenica* auf Zakynthos (Ionische Inseln, Griechenland). herpetofauna 16 (93): 28–30.
RÖHNERT, G. (1979): Nachwuchs bei Europäischen Sumpfschildkröten. DATZ 32 (4): 138–142.
SNIESHKUS, E. (1994): Zum Verhalten der Europäischen Sumpfschildkröte, *Emys orbicularis* (LINNAEUS, 1758). elaphe (N. F.) 2 (3): 11–14.
UHLIG, G. (1967): Die Europäische Sumpfschildkröte: Erfahrungen mit Pflege, Zucht und Aufzucht im Zimmer. Aquarien Terrarien 14 (8): 258–265.
VEIDT, G. (1977): Pflege und Nachzucht von Europäischen Sumpfschildkröten (*Emys orbicularis*) im Freiland-Terrarium. DATZ 30 (11): 388–391.
WITTWER, K.-H. (1972): Erfahrungen in der Zucht von Europäischen Sumpfschildkröten im Freiland. Aquarien Terrarien 19 (11): 388.

Geoemyda spengleri
(GMELIN, 1789)
Zacken-Erdschildkröte, E Black-breasted leaf turtle, F Géoémyde de Spengler

Beschreibung: Die Zacken-Erdschildkröte gehört zur Familie Bataguridae, Unterfamilie Geoemydinae. Charakteristisch für die Art sind der längliche, mit drei Längskielen ausgestattete, am Vorder- und vor allem am Hinterrand stark gesägte Carapax (Fallaub-Mimese), der hakenförmige Oberkiefer sowie die relativ großen Augen. Der Plastron ist groß und am Hinterrand tief eingeschnitten. Die Intergularnaht bildet den kürzesten Abschnitt der Plastronmittelnaht. Die Vorderseite der Vordergliedmaßen ist mit großen, überlappenden Schilden bedeckt. Schwimmhäute sind kaum ausgebildet, Finger und Zehen tragen kräftige Krallen. Der Rückenpanzer ist gelblichbraun bis dunkelbraun, der Plastron dunkelbraun oder schwarz mit einem gelblichen Lateralband. Die Weichteile sind graubraun, die Gliedmaßen rötlich gefleckt. Männchen besitzen ein konkaves Plastron und einen langen, dicken Schwanz. Kopf und Hals sind bei ihnen zeichnungslos. Der Plastron der Weibchen ist flach, der Schwanz ist kurz und der Anus liegt unter dem Carapaxrand. Weibchen und Jungtiere besitzen ein Muster aus weißlichen oder gelben Längsbändern sowie rötlichen und blauen Flecken am Kopf und an den Halsseiten. Der Rückenpanzer der Jungtiere zeigt einen kräftigen Mittelkiel, der farblich noch hervorgehoben ist. Die Färbung des Rückenpanzers kann von rotbräunlich bis grünlich variieren. Die Weichteile der Jungtiere sind intensiver gezeichnet als die der adulten Schildkröten. Die Art erreicht eine Carapaxlänge von ca. 13 cm (vgl. ERNST & BARBOUR 1989*).

Geographische Verbreitung: China: Guangdong, Guangxi, Hunan und Hainan, Vietnam, Laos (?), Kambodscha (?). Auf Irrtümern basieren die Verbreitungsangaben Borneo, Sumatra und Philippinen (vgl. IVERSON 1992*). Auf dem Japanischen Ryukyu-Archipel siedelt *Geoemyda japonica* FAN, 1931, die lange Zeit als Unterart von *Geoemyda spengleri* betrachtet wurde (vgl. YASUKAWA et al. 1992).

Biologie und Ökologie: Es ist eine bodenbewohnende (und grabende?) Schildkrötenart montaner Nebelwaldgebiete, die nur gelegentlich das (flache?) Wasser aufsucht. PETZOLD (1965) schildert die klimatischen Bedingungen am Tam Dao in Vietnam, eines 800 bis 1.000 m ü. NN aus dem Delta des Roten Flusses aufsteigenden Gebirgsstocks. Dort werden zwar Maximaltemperaturen von fast 40 °C erreicht, im Jahresdurchschnitt ist es aber relativ kühl und es treten häufig Nebel auf. Als PETZOLD das Gebiet im Februar besuchte, registrierte er bei Nieselregen eine Lufttemperatur von 14 °C. In Guangxi (China) wurde sie zwischen 1.000 und 2.000 m ü. NN häufig beobachtet (vgl. MELL 1938). Zur Ernährung in der Natur liegen keine Daten vor (ERNST & BARBOUR 1989*).

Terrarium: Haltungsberichte liefern z. B. KRONBERGER (1962), Anonymus (1966), PETZOLD (1977) und NICOL (1993). Im Tierpark Berlin wurde die Art solange im Freilandterrarium gehalten, bis die Temperatur im Herbst unter 10 °C fiel (PETZOLD 1965).

Wir folgen den Berichten von RUDLOFF (1986, 1990*). Er hielt ein Pärchen

Geoemyda spengleri

dieser „streitsüchtigen" Art in einem Terrarium mit den Maßen 140 × 40 × 40 cm.
Ausstattung: Der Bodengrund bestand aus einer 8 cm dicken Schicht eines Torf-Laub-Sand-Gemischs. Darauf lagen größere Stücke von Kiefern-Schwartenbrettern, unter denen sich die Tiere ihre Wohnhöhlen gruben. Eine wassergefüllte Fotoschale (12 × 24 cm) vervollständigte die Einrichtung. Der Bodengrund wurde täglich mit Wasser übersprüht und das Wasser in der Fotoschale täglich gewechselt.
Heizung: Die Haltungstemperatur variierte in den Ruheperioden (April, Mai und September, Oktober) zwischen 10 und 15 °C, während der Aktivitätszeit zwischen 18 und 25 °C. Als milde Wärme-Strahlungsquelle diente RUDLOFF (1986) eine 25 W Glühlampe.
Beleuchtung: Die Beleuchtung bestand aus einer 20 W Leuchtstoffröhre (neutralweiß), die durch eine Schaltuhr mit Jahresrhythmus gesteuert wurde. Die Betriebszeiten betrugen z. B. im Januar täglich 9 Stunden und im Juni/Juli täglich 14 Stunden.
Futter: Die Art ist carnivor und ein behender Jäger (große Augen!). Die Nahrung bestand aus Regenwürmern, Rosenkäferlarven, kleinen Achatschnecken und hauptsächlich aus bis zu zwei Wochen alten Babymäusen. Die Schildkröten wurden in zweitägigem Rhythmus und sparsam gefüttert.
Nachzucht: Die Nachzucht gelang z. B. LÜTHI (1974), RUDLOFF (1986, 1990*) sowie BUSKIRK (1993). Bei ECKELMANN (1966) legte das Weibchen ein Ei, der Embryo war aber abgestorben.
Paarung: Die ansteigende Temperatur nach der Ruhephase stimulierte die Paarungsbereitschaft (vgl. RUDLOFF 1986, 1990*). Das Männchen verfolgt die Partnerin. Zeigt sie keine Paarungsbereitschaft, greift sie mit geöffnetem Maul das Männchen an. Ist sie paarungsbereit, unternimmt sie zunächst eine Scheinflucht. Das Männchen verfolgt sie und läuft regelrecht auf den Rückenpanzer der Partnerin auf. Das Weibchen zieht Kopf und Gliedmaßen ein, während das Männchen die Partnerin durch Bisse zwingt, in dieser Haltung zu verharren. Während der Kopulation pendelt das Männchen horizontal mit dem Kopf. Die Paarung erfolgt an Land oder im Flachwasser. Wenn das Weibchen durch ein zu kleines Terrarium oder die Einrichtungsgegenstände an der Flucht gehindert wird, muß es umdrehen und zurück laufen. Dadurch reitet das Männchen evtl. von der falschen Seite auf, was zu schweren Penisverletzungen führen kann. Mit Beginn der Trächtigkeit werden die Weibchen aggressiver und die Geschlechtspartner sollten getrennt werden.
Eiablage: Die erste Eiablage erfolgte im Januar. Im Abstand von 6 Wochen können weitere Eier gelegt werden. Die Eier messen 47 mm × 18 mm und wiegen 8,5 g. Im Verhältnis zur Körpergröße sind sie sehr groß und ihre Produktion ist sehr energieaufwendig. Deswegen wird zumeist nur ein Ei abgesetzt.

Inkubation: Die Eizeitigung erfolgte bei 25 °C und einer rel. Luftfeuchtigkeit von beinahe 100 %. Dauertemperaturen über 28 °C führten zum Absterben der Embryonen. Nach 65 Tagen schlüpften die Jungtiere.

Schlüpflinge: Schlüpflinge hatten eine durchschnittliche Carapaxlänge von rund 30 mm und wogen durchschnittlich 4,3 g.

Haltung der Schlüpflinge: Die Tiere werden einzeln und bei der gleichen Temperatur wie die Erwachsenen gehalten. Das Futter besteht aus Regenwürmern, Schnecken, Asseln u. ä. Nach 85 Tagen erbeuteten die Jungtiere bereits Babymäuse. Da eine starke Anfälligkeit gegenüber Rachitis besteht, müssen abgestimmte Vitamin-Calcium-Gaben verabreicht werden. Nach drei Monaten wog ein Jungtier bereits 11 g und hatte eine Carapaxlänge von 41 mm.

Literatur:
Anonymus (1966): Schildkröten Lexikon. Die Zacken-Erdschildkröte, *Geoemyda spengleri spengleri*. Aquarien Terrarien 13(12): 411.
BUSKIRK, J. R. (1993): Captive propagation and husbandry of the Vietnamese leaf turtle (*Geoemyda spengleri*). Vivarium C.A. 5(3): 28–33.
ECKELMANN, G. (1966): Eiablage bei *Geoemyda spengleri spengleri*. Aquarien Terrarien 13(1): 32.
KRONBERGER, H. (1962): Gepanzerte Gäste aus Vietnam. Aquarien Terrarien 9(1): 22–25.
LÜTHI, H.-J. (1974): Erfolgreiche Pflege und Zucht der Zacken-Erdschildkröte *Geoemyda spengleri spengleri*. Das Aquarium 60(6): 264–268.
MELL, R. (1938): Aus der Biologie chinesischer Schildkröten. Beiträge zur Fauna sinica. VI. Arch. Naturgesch. (N. F.) 7: 390–475.
NICOL, E. (1993): *Geoemyda spengleri spengleri* – suggestions for care in captivity. Notes from NOAH 1993 (Februar).
PETZOLD, H.-G. (1965): *Cuora galbinifrons* und andere südostasiatische Schildkröten im Tierpark Berlin. DATZ 18: 119–121.
PETZOLD, H.-G. (1977): AT Terrarientierlexikon *Geoemyda sp. spengleri* (GMELIN, 1789) Zacken-Erdschildkröte. Aquarien Terrarien 24(8): 288.
RUDLOFF, H.-W. (1986): Beitrag zur Kenntnis der Zacken-Erdschildkröte *Geoemyda spengleri spengleri* (GMELIN, 1789). herpetofauna 8(40): 14–20.
YASUKAWA, Y., H. OTA, T. HIKIDA (1992): Taxonomic Re-evaluation of Two Subspecies of *Geoemyda spengleri spengleri* (GMELIN, 1789) (Reptilia: Emydidae). Jap. Journ. Herpetol. 14(3): 143–159.

Graptemys flavimaculata

Graptemys flavimaculata
(CAGLE, 1954)
Gelbfleck-Höckerschildkröte,
E Yellow-blotched map turtle,
F Graptémyde à taches jaunes

Beschreibung: Die Gelbfleck-Höckerschildkröte gehört zur Familie Emydidae, Unterfamilie Deirochelyinae. Charakteristisch für diese schmalköpfige *Graptemys*-Art sind der dachförmige, entlang der Mitte stark gekielte und am Hinterrand leicht gesägte Carapax, die höckerartig ausgezogenen ersten drei Centralia mit den schwarzen Höckerspitzen und ein solider, großer gelber bis orangeroter Fleck auf jedem Costalschild. Der Plastron ist relativ schmal und am Hinterrand tiefer eingekerbt. Die Grundfarbe des Rückenpanzers variiert zwischen olivfarben und dunkelbraun. Auf den Centralschilden befinden sich ebenfalls gelbliche, durch den Kiel geteilte Flecke. Je ein gelblicher Halbkreis oder Barren ist auf jedem Marginalschild ausgebildet. Der Plastron ist hellgelblich bis cremefarben, entlang der Schildnähte erstreckt sich ein schwarzes Muster, das mit zunehmendem Alter schwächer wird. Der Kopf ist olivfarben mit einem breiten gelben Längsstreifen in der Kopfmitte. Der gelbe Postorbitalfleck ist mehr oder weniger rechteckig und geht jeweils in einen gelben Nackenstreifen über. Dieser ist wenigstens doppelt so breit wie die anderen gelben Nakken-Längsstreifen. 2 bis 4 Halsstreifen erreichen den Augenhinterrand. Am olivfarbenen Hals sind etwa 20 gelbe Längsstreifen ausgebildet. Die Gliedmaßen sind ebenfalls olivgrünlich und tragen gelbe Längsstreifen. Männchen haben längere und dickere Schwänze als Weibchen und längere Krallen an den Vordergliedmaßen. Weibchen haben breitere Köpfe und sind größer als Männchen. Carapaxlänge: Weibchen bis 18 cm; Männchen bis 11 cm (vg. ERNST et al. 1994*).

Geographische Verbreitung: Pascagoula River-System in Mississippi; USA (IVERSON 1992*, ERNST et al. 1994*).

Biologie und Ökologie: Die Art bevorzugt größere, relativ schnell strömende Flüsse mit Sand- und Tonböden, wo Sandbänke, entsprechende Niststrände sowie Sonnenplätze vorhanden sind (ERNST et al. 1994*). CAGLE (1954) beobachtete die Schildkröten vor allem im Umfeld der Abwasser-Drainagen flußansässiger Sägewerke. Die Eutrophierung des Wassers führte zum vermehrten Pflanzenwachstum und damit zum Moluskenreichtum, der eine gute Nahrungsbasis darstellt. Die Schildkröten sonnen sich oft in Gruppen, vor allem auf Baumstämmen. MCCOY & VOGT (1980) (zitiert in ERNST et al. 1994*) beobachteten, daß sich die Art häufiger bei bewölktem Himmel sonnt als die syntop lebenden *Pseudemys*- und *Kinosternon*-(*Sternotherus*) Arten. Von FLOYD (1973) wurden mehr als 400 sich sonnende Tiere an einem klaren Sommertag ent-

lang des unteren Pascagoula River beobachtet. Es handelte sich dabei hauptsächlich um Männchen. Als Verstecke dienen beispielsweise Wurzeln im Uferbereich (ERNST & BARBOUR 1989*). In der Natur ernährt sich die Art (wahrscheinlich) vor allem von Insekten und Mollusken. ERNST et al. (1994*) vermuten eine geschlechtsbezogene Nahrungspräferenz, wie sie bei anderen *Graptemys*-Arten auch gefunden wurde.
Terrarium: *Graptemys*-Arten sind nicht für Anfänger geeignet. Die sehr gut schwimmenden, scheuen Flußschildkröten benötigen große Aquaterrarien. ENGERT (1986) hielt eine Gruppe von 4 Männchen und einem Weibchen (günstiger wäre wohl eine Gruppe von 2 Männchen und 3 bis 4 Weibchen) in einem Behälter von 160 cm × 60 cm × 60 cm und 400 Litern Wasserinhalt.

Ausstattung: Bei ENGERT (1986) befand sich ein Landteil in unmittelbarer Höhe des Wasserspiegels, ein weiterer etwa 20 cm höher. Er beobachtete, daß Weibchen zur Eiablage nur Lokalitäten nutzen, die deutlich höher lagen als der Wasserspiegel (Hochwasserlinie in der Natur!). Als Unterwasserverstecke dienen Moorkienholzwurzeln oder auch die Wasserwurzeln der Schwarzerle oder Wasserpflanzen-Polster.
Heizung: Die Wassertemperaturen lagen bei ENGERT (1986) im Sommer zwischen 30 und 34 °C und im Winter zwischen 15 und 17 °C. Über dem Landteil werden ein oder mehrere starke Hellstrahler (PHILIPS PAR 38 EC spot oder OSRAM CONCENTRA PAR 38 EC) angebracht, unter denen sich die Tiere sonnen können.
Licht: *Graptemys*-Arten benötigen eine hohe Beleuchtungsstärke von wenigstens 7.000 Lux (vgl. ROGNER 1995*). Es wird ein Mischlicht aus Leuchtstoff- (OSRAM Biolux, Lumilux DE LUXE Daylight; Philips TL-D; 30 bis 60 Minuten täglich UV-Bestrahlung mit Philips TL 05, TL 09, TL 12) und HQL-Lampen geboten. Im Sommer ist die Beleuchtung 14 bis 16 Stunden, im Winter 8 bis 10 Stunden in Betrieb.
Futter: ENGERT (1986) fütterte Gelatine-Futter, Muscheln, Trockengarnelen, Salat, Bananen und das Katzenfutter Breckies.
Nachzucht: PRASCHAG (1993) konnte acht *Graptemys*-Arten nachziehen. ENGERT (1986) veröffentlichte einen Nachzuchtbericht über diese Art, dem wir hier folgen.

Paarung: Das Werbeverhalten wurde zwischen Ende November und Ende März registriert. Das Männchen umschwamm das Weibchen um sich schließlich frontal zu nähern. Es streckte die Vordergliedmaßen nach vorn und befächelte den Hals des Weibchens mit den Krallen (Krallenzittern – vgl. auch WAHLQUIST 1970, VOGT 1978*). Verschiedentlich biß es die Partnerin leicht im Augen-, Mundwinkel- und Halsbereich. Nach längerem Werben blieb das Weibchen relativ ruhig am Boden sitzen und hob das Hinterteil leicht an. Das Männchen schwamm von hinten (rechts) auf den Carapax der Partnerin, hielt sich mit dem rechten Hinterfuß am Panzerrand fest und stützte sich mit den übrigen Gliedmaßen auf dem Carapax ab. Es bog seinen Schwanz unter den des Weibchens und führte den Penis ein. Während der dreiminütigen Kopulation wurden „sämtliche Weichteile" unter rhythmischen Bewegungen in den Panzer eingezogen.
Eiablage: In einem Jahr setzte bei ENGERT (1986) ein Weibchen (170 mm Carapaxlänge, 800 g) 4 Gelege ab: 16. Mai – 4 Eier, 10. Juni – 4 Eier, 29. Juli – 6 Eier, 4. August – 3 Eier. Die Eigröße variierte zwischen 34 bis 38 mm × 22 bis 24,5 mm, die Eimasse zwischen 9 und 15 g. In der Natur finden Eiablagen zwischen Mai und August statt.
Schlüpflinge: Die Tiere hatten beim Schlupf bzw. kurze Zeit später Carapaxlängen von 32 bis 37 mm und wogen zwischen 7 und 8 g (ENGERT 1986).
Haltung der Schlüpflinge: Die Schlüpflinge werden zunächst bei 5 bis 10 cm Wasserstand gehalten. Der Wasserstand kann aber bald erhöht werden. Wir bieten den Tieren viele Unterwasserverstecke und eine Möglichkeit zum Sonnenbaden. Die Jungtiere sind gegenüber niedrigen Temperaturen sehr empfindlich. ENGERT (1986) hielt sie zwischen 25 und 27 °C Wassertemperatur und fütterte zunächst kleine Regenwürmer, danach Gelatine-Futter. Jungtiere der Nachzucht 1984 wuchsen in einem Jahr um 60 bzw. 48 mm, die der Nachzucht 1985 in 3 Monaten um 13 bzw. 8 mm.
Geschlechtsreife: Nach CAGLE (1954) sind Männchen mit 6,7 cm Carapaxlänge (2. Lebensjahr?) und Weibchen mit 13,3 cm Carapaxlänge geschlechtsreif.
  Die Haltung und Nachzucht von *Graptemys pseudogeographica kohnii* (BAUR, 1890) beschreibt RUDLOFF (1990*). Die Haltungsbedingungen sind prinzipiell mit den oben dargestellten identisch (vgl. z. B. PETZOLD 1976).

Literatur:
CAGLE, F. R. (1954): Two new species of the genus *Graptemys*. Tulane Studies in Zoology 1(11): 167–186.
ENGERT, R. (1986): Schildkröten der Gattung *Graptemys*, insbesondere *G. flavimaculata* (CAGLE, 1954) – ihre Pflege und Zucht. herpetofauna 8(42): 17–22.
FLOYD, P. (1973): Singing River sawbacks. Int. Turtle and Tortoise Soc. Journ. 7(2): 8–10.
PETZOLD, H.-G. (1976): AT Terrarientierlexikon *Graptemys kohni* (BAUR, 1890) Mississippi-Höckerschildkröte. Aquarien Terrarien 23(10): 260.
PRASCHAG, R. (1993): Die Schildkrötengattung *Graptemys* (Sägerückenschildkröten) – Naturbeobachtungen und Haltungserfahrungen. Zus. Jahrestagung der DGHT, Idar-Oberstein, vom 8. – 12. Sept. 1993: 13–14.
WAHLQUIST, H. (1970): Sawbacks of the gulf coast. Intern. Turtle Tortoise Soc. J. 4(4): 10–13, 28.

Hydromedusa tectifera
COPE, 1869
Argentinische Schlangenhals-Schildkröte, E South American snake-necked turtle,
F Hydroméduse à dos rugueux,
Sp Tortuga de rio, P Cagado do pescoco comprido

Beschreibung: Die Argentinische Schlangenhalsschildkröte gehört zur Familie Chelidae, Unterfamilie Chelinae. Charakteristisch sind der flache, ovale Rückenpanzer mit den skulpturierten Central- und Lateralschilden, wodurch bei jüngeren Tieren drei kräftige Längskiele ausgeprägt sind, der dünne Hals, der länger als die Rumpfwirbelsäule ist sowie ein helles, dunkel gerandetes Längsband, das von der Nase über den Oberkiefer bis zum Halsansatz zieht. Das Nackenschild befindet sich hinter den ersten beiden Randschilden. Bei alten Exemplaren ist der Carapax nahezu glatt. Der Plastron ist relativ schmal, das Intergularschild liegt zwischen den Gularia. Der Kopf ist klein, flach und der Hals ist vor allem an der Seite mit längeren und spitzen Tuberkeln besetzt. Vorder- und Hinterfüße tragen vier Krallen. An der Vorderseite der Vordergliedmaßen und der Hinterseite der Hinterbeine sind mehrere Schildquerreihen sichtbar. Der Carapax ist dunkelbraun bis grau, der Plastron kann einheitlich gelb sein

Hydromedusa tectifera

oder er ist dunkel gefleckt. Kopf- und Halsoberseite sind grau. Kehlbereich und Schwanz zeigen ein Muster aus hellen und dunklen Längsbändern. Die Gliedmaßen sind oberseits olivfarben bis grau, unterseits cremefarben bis gelblich. Männchen haben konkave Plastra, die etwas breiter sind als die der Weibchen sowie längere und stärkere Schwänze als diese. Die Weibchen werden größer. Carapaxlänge 30 cm (ERNST & BARBOUR 1989*).
Geographische Verbreitung: Von SO-Brasilien durch O-Paraguay NO-Argentinien bis nach Uruguay (IVERSON 1992*).
Biologie und Ökologie: Die Schildkröte bewohnt Flüsse mit geringer Strömung, Weiher und Tümpel – im Küstenbereich auch Brackwasseransammlungen – mit weichem, schlammigem Bodengrund und dichter Submersvegetation (ERNST & BARBOUR 1989*). MÜLLER (1968) beobachtete sie auf der südostbrasilianischen Insel Santa Catarina in einem „...sumpfartigen Gelände am Urwaldrand...". Der Fundort wurde wenigstens in den Vormittagsstunden von der Sonne beschienen. Er fing des weiteren Tiere „...am Eingang zum Wasserreservoir der Stadt Florianopolis...". Bei Annäherung verbargen sie sich im Bodenschlamm. LÜLING (1984) fing mehrere Tiere in einem stark verkrauteten, sonnenbeschienenen Flüßchen, was sehr weiches, mineralarmes und saures Wasser führte sowie in einem stark verkrauteten Graben, der davon abzweigte.

Wahrscheinlich überwintert die Art im südlichen Teil ihres Verbreitungsgebietes im Bodenschlamm der Gewässer. Sie ernährt sich wohl hauptsächlich von Schnecken, Insekten und Insektenlarven, Fischen und Amphibien (ERNST & BARBOUR 1989*).
Terrarium: Die Schildkröte ist nicht für Anfänger geeignet. Sie scheint für Panzernekrosen anfällig zu sein (THIEME & MATUSCHEK 1985). Das Aquaterrarium sollte wenigstens 150 × 50 cm messen. Die Wassertiefe beträgt für erwachsene Tiere 25 bis 30 cm.
Ausstattung: Der Behälterboden kann mit einer 5 cm (oder dickeren?) Schicht gut gewaschenen, feinen Sandes bedeckt sein. Verschieden strukturierte Unterwasserverstecke sind für diese dämmerungsaktive Art wichtig. Vielleicht kann auch ein Teil der Wasseroberfläche mit Schwimmpflanzen abgedeckt werden. Der Landteil (zur Eiablage mit Sand-Torffüllung) wird seltener zum Sonnen aufgesucht.

Heizung: Die Wassertemperatur liegt im Winter zwischen 25 und 30 °C, im Sommer zwischen 15 und 25 °C (Freilandaufenthalt) sofern die Tiere aus dem südlichen Arealteil stammen. Tiere aus dem nördlichen Arealteil hält man auch im Sommer bei 25 bis 30 °C. Ein milder Hellstrahler (PHILIPS PAR 38 EC spot oder OSRAM CONCENTRA PAR 38 EC) sollte über dem Landteil installiert werden.
Licht: Zur Beleuchtung dienen Leuchtstofflampen (OSRAM Biolux, Lumilux DE LUXE Daylight; Philips TL-D; evtl. ab und zu 30 bis 60 Minuten UV-Bestrahlung mit Philips TL 05, TL 09, TL 12). Sie sind im Sommer 16 Stunden, im Winter 10 bis 12 Stunden in Betrieb.
Futter: Die Ernährung erfolgt mit Gelatine-Futter, Fisch und Insekten. Erwachsene Tiere werden zweimal wöchentlich, Jungtiere zunächst täglich (Wasserflöhe, *Tubifex* etc.) gefüttert.
Nachzucht: Die Art wurde z. B. im San Antonio Zoo, Texas, (BENEFIELD 1979) und bei SACHSSE (1992) nachgezogen.
Paarung: BENEFIELD (1979) beobachtete wie sich das Männchen der Partnerin näherte, sie gelegentlich in den Nacken biß und hartnäckig festhielt. Es bestieg auch hin und wieder den Carapax des Weibchens, wobei es sich an ihrem Panzerrand festkrallte. Wenn sie zu entkommen versuchte, biß es sich in ihrem Nacken solange fest, bis das Weibchen stoppte. Das Einführen des Penis wurde nicht beobachtet.
Eiablage: Ein Weibchen legte zwischen dem 19. 12. und 24. 01. 14 Eier (BENEFIELD 1979). Die ovalen Eier messen nach FREIBERG (1981*) 34 × 20 mm.
Inkubation: Die Jungtiere schlüpften bei Bruttemperaturen von 25 bis 30 °C nach 105 bis 110 Tagen (BENEFIELD 1979).
Schlüpflinge: Ihre Carapaxlängen variierten zwischen 35 und 37 mm, sie wogen zwischen 7 und 9 g.
Haltung der Schlüpflinge: Bis zur Resorption des Dotters wurden die Jungtiere in einem 19 Liter-Aquarium mit einer 3 bis 4 cm dicken Schicht aus feuchtem *Sphagnum* gehalten, danach bei dem gleichen Wasserstand (BENEFIELD 1979). Die Wassertemperatur sollte zwischen 25 und 30 °C liegen. Die weitere Aufzucht im San Antonia Zoo verlief problemlos. Die Tiere wurden mit einem standardisierten Futtergelee ernährt. Nach 130 Tagen waren sie doppelt so schwer als beim Schlupf und der Carapax war um 10 mm gewachsen.

Literatur:
BENEFIELD, J. (1979): Hatching the Argentine snake-necked turtle *Hydromedusa tectifera*. Internat. Zoo Yb. 19: 55–58.
LÜLING, K. H. (1984): Die Schlangenhalsschildkröte *Hydromedusa tectifera* in ihrer Heimat. herpetofauna 6(33): 28–31.
MÜLLER, P. (1968): Zur Verbreitung der Gattung *Hydromedusa* (Testudines, Chelidae) auf den südbrasilianischen Inseln. Salamandra 4(1): 10–15.
SACHSSE, W. (1992): Die Argentinische Schlangenhalsschildkröte-*Hydromedusa tectifera*. Zusammenfassungen Jahrestagung DGHT, Braunau 1992: 6–7.
THIEME, U., P. MATUSCHEK (1985): Erfolgreiche Behandlung von Panzernekrosen bei Argentinischen Schlangenhalsschildkröten *Hydromedusa tectifera*. SAURIA 7(2): 17–19.

Kachuga tecta
(GRAY, 1831)

Indische Dachschildkröte, E Indian roofed turtle, F Kachuga à dos en toit
WA I; Verordnung (EWG) Nr. 3626/82

Beschreibung: Die Indische Dachschildkröte gehört zur Familie Bataguridae, Unterfamilie Batagurinae. Für die Art sind folgende Merkmale charakteristisch: 4. Wirbelschild deutlich länger als breit und kopfwärts stark verschmälert; Hinterrand des 3. Wirbelschildes dornähnlich ausgezogen, es ist kürzer als das 2. Wirbelschild; jedes Plastronschild mit zwei bis vier schwarzen Flecken. Der Carapax ist dachförmig und mit einem Mittelkiel versehen. Auch auf dem 1. und 2. Wirbelschild ist jeweils ein mehr oder weniger großer Höcker ausgebildet. Der Plastron ist relativ schmal und lang. Die Schnauze ist kurz und spitz. Auf dem Hinterkopf sind große Schilde sichtbar. Die kräftigen Gliedmaßen besitzen zwischen den Fingern und Zehen gut ausgebildete Schwimmhäute. Der Carapax ist bräunlich, auf den ersten drei Vertebralschilden verläuft entlang des Mittelkiels eine bräunliche, rötliche oder orangefarbene, schwarz gerandete Linie. Die Marginalia sind von einer feinen gelblichen Linie begrenzt. Die Grundfarbe des Plastrons ist gelb oder pinkfarben. Im Postocularbereich sind jeweils rötliche, bogenförmige Zeichnungselemente zu erkennen, deren schmale Ausläufer sich auf dem Hinterkopf treffen. Der Hals ist dunkelgraubraun und mit feinen gelblichen Längslinien versehen. Männchen sind deutlich kleiner als Weibchen und besitzen einen längeren und an der Basis dickeren Schwanz. Es ist ein Sexualdichromatismus ausgeprägt: Männchen haben weiße Längsbänder auf der Schwanzoberseite, Weibchen gelbe. Der Carapax der Männchen ist dunkler als der der Weibchen. Letztere haben eine pinkfarbene Iris, die der Männchen ist rot. Die rötliche Färbung des Dorsalkiels und des Plastrons wird erst zwei bis drei Wochen nach dem Schlupf deutlich, dann färbt sich auch der Carapax in ein sattes Grün. Carapaxlänge der Weibchen bis 23 cm (RUDLOFF 1979, TIKADER & SHARMA 1985*, ERNST & BARBOUR 1989*, DAS 1991*).

Geographische Verbreitung: Es ist die am weitesten verbreitete Art der Gattung. Sie kommt im nördlichen Indien, in Pakistan, Nepal und Bangladesh entlang der Flußtäler von Ganges, Indus, Narmada und Brahmaputra vor (IVERSON 1992*).

Biologie und Ökologie: Die Art bevorzugt langsam fließende oder stehende Gewässer. Sie sonnt sich oft auf Sandbänken, schwimmenden Baumstämmen, flutenden Pflanzenbeständen und an Gewässerufern (vgl. MOLL 1987). RASHID (1991) beobachtete *Kachuga tecta* im Salz- bzw. Brackwasser im südlichen Bangladesh. Es wird wohl ausnahmslos (?) vegetarische Kost verzehrt.

Terrarium: LINDNER (1993) hielt 2 Männchen und 1 Weibchen in einem Behälter von 140 × 60 cm und 50 cm Wassertiefe. Außerhalb der Paarungszeit sollten auch die wenig aggressiven Dachschildkröten nach Geschlechtern getrennt gehalten werden. Die Männchen sind schneller und wendiger als die größeren Weibchen. Letztere sind dann vor allem während der Trächtigkeit bei der Nahrungsaufnahme benachteiligt.

Ausstattung: Als Unterwasserverstecke dienten bei LINDNER (1993) eine Moorkienholzwurzel und zahlreiche Kunststoff-Wasserpflanzen sowie Schwimmpflanzen. Der Landteil wurde eingeklebt, die Substrattiefe (Sand) entsprach der Carapaxlänge des Weibchens.

Heizung: Die Wassertemperatur betrug bei LINDNER (1993) zwischen September und April 25 bis 28 °C, zwischen Mai und August 28 bis 31 °C. Über dem Landteil werden ein oder mehrere starke Hellstrahler (PHILIPS PAR 38 EC spot oder OSRAM CONCENTRA PAR 38 EC) zum Sonnenbaden angebracht.

Licht: Die Art hat hohe Ansprüche an die Beleuchtungsstärke (vgl. *Graptemys*). Beleuchtet wird mit einem Mischlicht aus Leuchtstofflampen (OSRAM Biolux, Lumilux DE LUXE Daylight; Philips TL-D; 30 bis 60 Minuten täglich UV-Bestrahlung mit Philips TL 05, TL 09, TL 12) und HQL-Lampen. Die Beleuchtung sollte im Sommer täglich 14 Stunden, im Winter 12 Stunden in Betrieb sein.

Futter: Die Nahrung bestand bei LINDNER's Tieren größtenteils aus gut gesäuberten Salatblättern. Alle zwei Tage erhielten die Schildkröten gefriergetrocknete, mit Vitakalk versetzte Insekten und Trockenfutterpellets. Gelatine-Futter, Fleisch oder Fisch wurden nicht angenommen. RUDLOFF (1980) verfütterte im Winter auch Keime und ebenfalls ein Gelatine-Futter. Er beobachtete die Tiere auch beim Fressen der (nährstoffreichen!) Orchideenbulben vom Epiphytenast.

Nachzucht: Die Nachzucht der Art wird u. a. von SCHERPNER (1955), LINDNER (1993) sowie VYAS & PATEL (1993) beschrieben.

Paarung: LINDNER (1993) berichtet, daß die Männchen ganzjährig bei der Balz zu beobachten waren, zu echten Paarungen kam es jedoch nur im Sommer. Voraussetzungen zur Fortpflanzung sind eine entsprechend hohe Wassertemperatur und der o. g. jährliche Temperaturgang. LINDNER (1993) beschreibt die Balz folgendermaßen: Das Männchen stoppt frontal vor der Partnerin und befindet sich in einer fast senkrechten Position. Es führt schnelle „winkende" Bewegungen mit den Vordergliedmaßen aus und zittert mit dem Kopf, wobei sich die Köpfe beider Partner berühren können. Nun befindet sich das Männchen in

Kachuga tecta

waagerechter Position und umschwimmt den Kopf des Weibchens halbkreisförmig, wobei es mit der Nase ihre Kopf- und Halsregion berührt. Ist ein Halbkreis vollendet, wendet es ruckartig. Dabei verharrt die Partnerin passiv. Das Männchen umschwimmt die Partnerin erneut und zieht dabei die Gliedmaßen der dem Weibchen zugewandten Körperseite ein. Bleibt das Weibchen weiterhin ruhig, versucht das Männchen dessen Flankenregion zwischen Brücke und Hinterbein zu beriechen. Ist das Weibchen paarungsbereit, wendet es sich schließlich ab und das Männchen schwimmt auf ihren Rückenpanzer. Das Balzverhalten wird auch von RUDLOFF (1980) beschrieben.

Eiablage: Eiablagen erfolgten bei LINDNER's Tier (1993) zwischen November und März, wobei je Gelege (1 bis 3) bis zu 8 Eier abgesetzt wurden. Bei SERBENT (zit. in LINDNER 1993) erfolgten pro Weibchen im gleichen Zeitraum bis zu 4 Eiablagen mit jeweils 3 bis 6 Eiern. Die Eigruben wurden in der Dämmerung angelegt, wobei sich das Weibchen bis zum Kopf rückwärts eingrub. Die Eier maßen durchschnittlich 48 × 24 mm.

Ein Weibchen aus dem Freiland (Indien, Uttar Pradesh) legte Mitte Januar 8 Eier, die durchschnittlich 37 × 21 mm maßen und rund 10,8 g schwer waren (MOLL 1987). HOSSAIN & SARKER (1995) ermittelten in Bangladesh 2 Eiablage-Perioden: von Dezember bis Mitte Januar sowie von Mitte Februar bis Ende März. Weibchen mit einer Körpermasse zwischen 500 und 700 g setzen im ersten Gelege 9 bis 15, im zweiten 7 bis 11 Eier ab; Eimaße (n = 44): 50,09 mm (50 bis 51 mm) × 20,45 mm (20 bis 21 mm).

Inkubation: Die Zeitigungsdauer betrug bei 90% rel. Luftfeuchte und 26 bis 29 °C durchschnittlich 69 Tage (LINDNER 1993).

Schlüpflinge: Die Schlüpflinge hatten eine durchschnittliche Carapaxlänge von 43 mm und wogen rund 11 g. Vier Schlüpflinge in Bangladesh wogen durchschnittlich 16,2 g (HOSSAIN & SARKER 1995).

Haltung der Schlüpflinge: Die Haltung ist unproblematisch, wenn die Tiere zunächst in Aquaterrarien mit 4 bis 5 cm Wasserstand untergebracht werden. Nach einigen Wochen wird der Wasserstand allmählich erhöht. Die Wassertemperatur soll zwischen 28 und 30 °C liegen. Unterwasserverstecke und ein Sonnenplatz werden angeboten. Das Futter besteht aus Salatschnipseln, PRO BABY, gelegentlich Insekten und Kleinkrebsen (vgl. LINDNER 1993).

Geschlechtsreife: Nach HOSSAIN & SARKER (1995) werden Weibchen zwischen 185 und 192 mm Carapaxlänge bei einer Körpermasse von 450 bis 550 g geschlechtsreif.

MÜLLER & MÜLLER (1994) beschreiben die Pflege und Nachzucht von *Kachuga smithii* (GRAY, 1863).

Literatur:
HOSSAIN, L., S. U. SARKER 81995): Reproductive biology of the Indian roofed turtle, *Kachuga tecta*, in Bangladesh. Chelonian Conservation and Biology 1(3): 226–227.
LINDNER, J. (1993): Einige Beobachtungen zu Haltung und Nachzucht der Indischen Dachschildkröte (*Kachuga tecta*) (GRAY 1831). elaphe (N. F.) 1(2): 5–8.
MOLL, E. O. (1987): Survey of the freshwater turtles of India. Part II. The genus *Kachuga*. J. Bombay nat. Hist. Soc. 84(1): 7–25.
MÜLLER, I., D. MÜLLER (1994): Erfolgreiche Nachzucht von *Kachuga smithii* (GRAY 1863). elaphe (N. F.) 2(2): 24–27.
RASHID, S. M. A. (1991): A note on the occurence of the Roofed turtle, *Kachuga tecta* in saline water in southern Bangladesh. Brit. Herp. Soc. Bull. No. 37: 39.
RUDLOFF, H.-W. (1979): Beitrag zur Kenntnis von *Kachuga tecta* GRAY 1831. elaphe 1(4): 37.
RUDLOFF, H.-W. (1980): Beitrag zur Kenntnis von *Kachuga tecta* GRAY 1831. elaphe 2(1): 5–8.
SCHERPNER, C. (1955): Einige Beobachtungen bei der Nachzucht der Indischen Dachschildkröte (*Kachuga tecta*). DATZ 8(1): 20–23.
VYAS, R., B. H. PATEL (1993): Captive breeding of the Indian roofed terrapin *Kachuga tecta* (GRAY). Journ. Bombay Nat. Hist. Soc. 90(1): 109–112.

Kinixys belliana
GRAY, 1831
Glattrand-Gelenkschildkröte, E Bell's hinge-back tortoise, Lowveld hinged tortoise (*Kinixys b. belliana*), F Cinixys de Bell
WA II; Verordnung (EWG) Nr. 3626/82

Beschreibung: Die Glattrand-Gelenkschildkröte gehört zur Familie Testudinidae, Unterfamilie Testudininae. Artcharakteristisch sind der langgestreckte, am Hinterrand ungesägte Carapax, der jeweils zwischen dem 7. und 8. Marginalsowie dem 2. und 3. Lateralschild ein Gelenk aufweist sowie 4 bzw. 5 (z. B. Nominatform) Krallen an jedem Vorderbein. Der Rückenpanzer ist hochgewölbt und zumeist glatt. Am Plastron sind 2 bis 4 kleine Axillarschilde und beiderseits ein großes Inguinalschild ausgebildet. Der Kopf ist relativ schmal, der Oberkiefer kann manchmal schnabelartig nach unten gekrümmt sein. Es ist aber nur ein spitzer „Zapfen" in der Mitte der Hornschneide zu sehen (3 „Zapfen" bei *Kinixys natalensis* HEWITT, 1935). Die Vorderseite der Vorderbeine ist von 5 bis 9 Längsreihen großer, sich überlappender Hornschilde bedeckt. An den Hinterbeinen sind jeweils 4 Krallen ausgebildet. Der Schwanz endet mit einem Hornschild, das einem schmalen menschlichen Fingernagel ähnelt. Carapaxfärbung und -zeichnung sind sehr variabel. Das Schildzentrum ist zumeist gelblich bis rötlichbraun, die umgebenden Wachstumsringe sind dunkelbraun bis schwarz gefärbt. Manchmal ist ein dunkles Radiärmuster auf den Schilden ausgebildet, doch gibt es auch völlig zeichnungslose Tiere mit braunem Panzer. Der Plastron ist gelblich gefärbt und zeigt schwarze Radiärlinien. Die Färbung des Kopfes variiert von gelben, braunen über graubraune bis zu schwarzen Farbtönen. Die Gliedmaßen sind graubraun gefärbt. Männchen besitzen längere und stärkere Schwänze als Weibchen und zeichnen sich durch einen konkaven Plastron aus. Bei Jungtieren ist das Carapaxgelenk noch nicht ausgeprägt. Die Tiere durchlaufen in ihrer ontogenetischen Entwicklung einen deutlichen Gestalt- sowie Färbungs- und Zeichnungswandel, wie das wohl bei den meisten Schildkrötenarten der Fall ist.

Die Arten der Gattung *Kinixys* sind „Krallengänger".

Kinixys belliana kann eine Carapaxlänge von 22 cm erreichen (ERNST & BARBOUR 1989*).

Geographische Verbreitung: Die Glattrand-Gelenkschildkröte kommt von Äthiopien über Senegal bis Botswana und in die Republik Südafrika vor. In tropischen Regenwaldgebieten ist sie zumeist nicht zu finden (s. u.). Nach Madagaskar wurde sie wahrscheinlich eingeführt (IVERSON 1992*). Wahrscheinlich sind 4 Subspecies als valid zu betrachten:

Kinixys belliana belliana
GRAY, 1831 (*mertensi* ist ein Synonym der Nominatform)
O-Afrika von NO-Zaire bis Äthiopien und Somalia bis nach Uganda und W-Kenia.

Kinixys belliana

Kinixys b. domerguei
VUILLEMIN, 1972
Madagaskar.

Kinixys b. nogueyi
(LATASTE, 1886)
W-Afrika vom Senegal bis Kamerun und in die Zentral Afrikanische Republik.

Kinixys b. zombensis
HEWITT, 1931
Von NO Tansania südwärts bis nach Zululand.

Biologie und Ökologie: Die Art lebt in Gebieten mit ausgeprägten Regen- und Trockenzeiten. Sie ist ein Savannen-, Trockenbusch- und Graslandbewohner. In Südafrika kommt die Nominatform auch in den tropischen/subtropischen Wäldern entlang der Küste des Indischen Ozeans vor (BOYCOTT & BORQUIN 1988*).

Während der Trockenperioden erfolgt eine Ästivation. Zu dieser Zeit wurden Schildkröten u. a. im Bodenschlamm ausgetrockneter Wasserstellen gefunden (ERNST & BARBOUR 1989*). In Südafrika überwinterten Tiere der Nominatform, die im Terrarium gehalten wurden, zwischen Mai und Ende August/Mitte September (BOYCOTT & BORQUIN 1988*). In Südafrika sind die Tiere hauptsächlich nach oder während Regenfällen aktiv. RÖDEL & GRABOW (1995) fanden die Schildkröte im Comoé-Nationalpark, Elfenbeinküste, bei schwülwarmem Wetter hauptsächlich in den Morgen- und Abendstunden. Die Art ist in der Lage, sich auf dem Wasser treiben zu lassen bzw. langsam zu schwimmen (BOYCOTT & BOURQUIN 1988*). RÖDEL & GRABOW (1995) beobachteten ein junges Männchen beim Durchschwimmen eines 30 m breiten Flußabschnittes. Neben vegetarischer Kost besteht die Nahrung der Art zu einem großen Teil aus Invertebraten (Käfer, Tausendfüßer, Ameisen, Schnecken) und auch aus Aas (BOYCOTT & BORQUIN 1988*).

Terrarium: Eine ausgezeichnete Beschreibung der Haltung der Nominatform im Terrarium geben MARSCHALL & MARSCHALL (1993). Kurze Hinweise zur Haltung gibt auch PETZOLD (1980). Wir folgen hier dem Bericht von MARSCHALL & MARSCHALL (1993), in dem ihre 10-jährigen Erfahrungen wiedergegeben sind. Sie halten ein Pärchen in einem Terrarium mit den Maßen 140 × 115 cm.

Ausstattung: Im oben beschriebenen Terrarium befand sich ein größerer Wasserteil, der gern zum Baden genutzt wurde.

Heizung: Im Sommer betrug die Lufttemperatur am Tag 25 bis 30 °C und in der Nacht 20 bis 25 °C. Im Winter lag sie zwischen 20 und 23 °C am Tage und um 18 °C in der Nacht. Das für die Reproduktion wichtige Feuchtigkeits-Temperaturregime wurde bei MARSCHALL & MARSCHALL (1993) folgendermaßen angelegt: Ab Mai Erhöhung der rel. Luftfeuchtigkeit auf 95 % (tägliches Sprühen; Abdeckung des Behälters) inkl. „Sommerbeleuchtung". Ab Oktober sporadisches „Beregnen" (Entfernung der Behälterabdeckung) etwas später „Winterbeleuchtung".

Licht: Im Sommer betrug die Beleuchtungsdauer (Leuchtstoffröhre plus 6 Stunden HQL-Beleuchtung) 13 Stunden, im Winter (nur Leuchtstoffröhre) 10 Stunden.

Futter: Gefüttert wurde mit den verschiedensten Obst- und Gemüsesorten, mit Blüten von „Wiesenblumen" und mit Löwenzahnblättern. Als tierische Nahrung wurden Hunde- und Katzendosenfutter, gekochtes Ei und Totgeburten von Kleinsäugern angeboten. Dem Futter wurde regelmäßig Vitakalk® zugesetzt. Dem großen Trinkbedürfnis wurde durch das Angebot ständig frischen Trinkwassers entsprochen.

Zwischen November und April waren die Tiere gelegentlich aktiv, die Nahrungsaufnahme war stark reduziert. Ab Mai war ihre Aktivität deutlich gesteigert, es wurden ausgiebige Sonnenbäder genommen und der Wasserbehälter wurde oft aufgesucht.

Nachzucht: *Kinixys belliana nogueyi* wurde von SACHSSE (1980) im Terrarium nachgezogen. MARSCHALL & MARSCHALL (1993) zogen die Nominatform im Terrarium nach. Ihrem Bericht folgt diese kurze Zusammenfassung.

Paarung: Vor allem nach intensiver Beregnung unternimmt das Männchen Paarungsversuche. Bei „Desinteresse" hält das Weibchen den Carapax ver-

schlossen. Bedrängt er sie trotzdem weiter, führt das Weibchen kräftige Rammstöße mit dem Panzer aus. Ist das Weibchen paarungsbereit, öffnet es den Carapax, knickt die Vordergliedmaßen ein und hebt das Hinterteil durch Streckung der Hinterbeine an. Die Paarung dauert 10 bis 15 Minuten, wobei das Männchen laute Töne abgibt. Das Weibchen verharrt danach „erschöpft".
Eiablage: Zwischen 1985 und 1989 legte das Weibchen 11 unbefruchtete Eier ab. Darunter 3 Stück nach subkutaner Injektion von 15 IE Oxytocin® am 9.10.1988. Am 21.09. bzw. 30.10.1990 wurden wiederum 3 bzw. 4 Eier gelegt. Das Weibchen hatte zu diesem Zeitpunkt eine Carapaxlänge von 16 cm, das Männchen von 15 cm.

BOYCOTT & BORQUIN (1988*) datieren die Eiablage der Nominatform in Südafrika (Terrarium) zwischen November und April. Sie veröffentlichen des weiteren folgende Daten: Eizahl 2 bis 7 (ausnahmsweise 10); Eilänge 38 bis 48 mm, Eidurchmesser 32 bis 36 mm, Masse 23 bis 32 g; mehrere Eiablagen sind möglich.
Inkubation: Die Eier vom September und Oktober 1990 wurden bei MARSCHALL & MARSCHALL im „System BUDDE"(vgl. bei *Chelodina longicollis*) in grobem Kies bei 28 bis 30 °C inkubiert. Am 20. und 27.02.1991 schlüpften 2 Jungtiere. In einem Ei befand sich ein toter Embryo und 4 Eier erwiesen sich als unbefruchtet. Die 1991 und 1992 ausbleibende Eiablage wird auf „Umzugsmaßnahmen" zurückgeführt. In der Natur können die Keimlinge eine Dia-Pause durchlaufen, so daß die Inkubationszeit bis zu 12 Monate dauern kann (vgl. BOYCOTT & BORQUIN 1988*).
Schlüpflinge: Die Carapaxlängen der Schlüpflinge bei MARSCHALL & MARSCHALL (1993) betrugen 48 und 45 mm. BOYCOTT & BOURQUIN (1988*) geben für Schlüpflinge der Nominatform folgende Daten an: Carapaxlänge 33 bis 47 mm; Masse 17 bis 20 g.
Haltung der Schlüpflinge: MARSCHALL & MARSCHALL (1993) hielten die Schlüpflinge auf einem Bodengrund aus feinem Kies. Sie konnten sich unter Moospolstern und Rindenstücken verstecken. Ein Bade- und ein Trinkbehälter waren vorhanden. Im ersten Lebensjahr wurden die Tiere konstant wärmer gehalten (evtl. um 25 bis 27 °C). Lediglich die Beleuchtungsdauer wurde im Winter geringfügig reduziert. In den ersten zwei Lebensjahren bevorzugten die Jungtiere animalische Kost. Die bestand aus Hundefutter, Babymäusen und Mehlkäferlarven (als Delikatesse). Regenwürmer und Bananengrillen wurden verschmäht.
Die Jungtiere hielten sich bevorzugt in den feuchten und kühlen Behälterecken auf. Wurde nach dem „Regen" gefüttert, „wanderten" sie auch nach der Nahrungsaufnahme durch den Behälter. Ansonsten zogen sie sich sofort wieder in die Verstecke zurück. Wenn der Behälter ständig „beregnet" wurde, fraßen sie weniger als wenn einem „Regentag" ein „Trockentag" folgte.

Die Fortpflanzung der **Stutz-Gelenkschildkröte**, *Kinixys homeana* BELL, 1827, gelang 1991 im Zoologischen Garten Frankfurt/Main. Die Pflege der Jungtiere wird von KORNMANN (1995) beschrieben.

Literatur:
KORNMANN, C. (1995): Aufzucht und Pflege der Stutz-Gelenkschildkröte. DATZ, Aquarien Terrarien 48(1): 32–34.
MARSCHALL, A., G. MARSCHALL (1993): Erfahrungen bei der Haltung und Nachzucht der Glattrand-Gelenkschildkröte *Kinixys belliana* GRAY, 1831. SAURIA 15(2): 9–13.
PETZOLD, H.-G. (1980): AT Terrarientierlexikon *Kinixys belliana* GRAY 1831 Glattrand-Gelenkschildkröte. Aquarien Terrarien 27(2): 71.
RÖDEL, M.-O., K. GRABOW (1995): Die Schildkröten und Krokodile des Comé-Nationalparks, Elfenbeinküste (Reptilia: Testudines et Crocodylia). Faun. Abh. Staatl. Mus. Tierkde. Dresden 20(8): 133–144.
SACHSSE, W. (1980): Zur Biologie und Fortpflanzung von *Kinixys belliana nogueyi* (Reptilia: Testudines: Testudinidae). Salamandra 16(4): 252–260.

Kinosternon acutum
GRAY, 1831
Spitzschnauzen-Klappschildkröte, E Tabasco mud turtle, F Cinosterne de Tabasco

Beschreibung: Die Spitzschnauzen-Klappschildkröte gehört zur Familie Kinosternidae, Unterfamilie Kinosterninae. Charakteristisch sind folgende Merkmale: Plastron ohne deutlichen Einschnitt am Hinterrand, Abdominalschild länger als 33 % der Plastronlänge, erstes Centralschild berührt das zweite Marginalschild. RUDLOFF (1982) beschreibt den mehrmaligen Gestalt- sowie Färbungs- und Zeichnungswandel während des postembryonalen Wachstums. Der Carapax der Schlüpflinge um 32 mm Carapaxlänge zeigt auf dunkelbraunem Grund ein hellgelbes bis weißliches Strichmuster, der Mittelkiel ist deutlich. Der Plastron ist weißlich-gelb und mit einer dunkelbraunen Strichzeichnung versehen. Plastralgelenke sind noch nicht funktionsfähig bzw. nicht zu erkennen. Der schwarze Kopf zeigt oberseits und an den Schläfen eine ausgeprägte helle Fleckenzeichnung, Unterkiefer und Hals sind hell gestreift. Die Iris ist hellgelb. Bei Jungtieren mit Carapaxlängen um 5 cm funktioniert das vordere Plastrongelenk, die Zuwachsstreifen der Plastronschilde sind gelb, die des Carapax' einfarbig hellbraun. Am schwarzen Kopf geht das gelbe Fleckenmuster allmählich zurück und es bildet sich ein gelber Schläfenstreifen. Die Iris zeigt einen horizontalen dunklen Balken. Subadulte (Carapaxlänge 10 cm) haben einen hellbraunen Carapax, bei dem der Mittelkiel noch deutlich sichtbar ist. Die Plastronschilde sind gelb und die Gelenke funktionsfähig. Der Kopf ist schwarz, die gelblichen Schläfenstreifen sind „in Auflösung" begriffen, im Auge ist ein kreuzförmiger Irisstreifen sichtbar, die Iris wird kleiner. Bei adulten Schildkröten (14 cm Carapaxlänge) ist der Mittelkiel nur noch auf dem fünften Wirbelschild sichtbar. Der Carapax wirkt eckig, besitzt einen geraden Abschnitt zwischen dem zweiten und vierten Vertebralschild und fällt mit dem fünften stark ab. Die beiden Plastronscharniere sind funktionsfähig. Der Carapax ist schwarz bis dunkelbraun, der Plastron gelb gefärbt. Der Kopf ist nun zeichnungslos schwarz ebenso wie das „Knopfauge". Männchen besitzen lange, starke Schwänze und bleiben kleiner als Weibchen. Beide Geschlechter haben einen hornigen Schwanzendnagel. Die Art kann eine Carapaxlänge von 14 cm erreichen (vgl. ERNST & BARBOUR 1989*).
Geographische Verbreitung: *Kinosternon acutum* ist im karibischen Flachland von Zentral-Veracruz (Mexiko) südostwärts bis nach N-Guatemala und Belize verbreitet. Der nördliche (größte) Teil der Halbinsel Yucatán wird nicht von ihr besiedelt (IVERSON 1992*).
Biologie und Ökologie: Die Art bewohnt Flüsse, Seen, und auch temporäre Gewässer in humiden Flachland- bis Hügellandwäldern. 300 m ü. NN werden wohl nicht überschritten (ERNST & BARBOUR 1989*).

Terrarium: RUDLOFF (1986a-c) faßt seine umfangreichen Erfahrungen in der Terrarienhaltung von Kinosterniden zusammen, die auch bei der Haltung der anderen, hier beschriebenen Arten studiert werden sollten. Nach DREWS (1982) ist *Kinosternon acutum* weniger agressiv als andere Kinosterniden und gut haltbar. RUDLOFF (1982) hielt ein Männchen und 3 Weibchen in einem Aquaterrarium mit den Maßen 120 × 50 cm bei einem Wasserstand von 20 bis 25 cm. Das Wasser wurde gefiltert und 14tägig gewechselt.
Ausstattung: Als Unterwasserverstecke werden Moorkienholzwurzeln oder auch die Wasserwurzeln der Schwarzerle angeboten. Der Landteil kann etwa 30 × 20 cm messen und wird mit einem Sand-Torf-Gemisch gefüllt.
Heizung: Luft- und Wassertemperatur lagen bei RUDLOFF (1982) um 28 °C.
Licht: Er beleuchtete mit Leuchtstofflampen (insgesamt 120 W, weiß), einer 80 W HQL und einer 100 W Reflektorglühlampe (als Hellstrahler zum Sonnenbad). Die „Grundbeleuchtung" war 9 Stunden täglich in Betrieb. Über einen zweiten Stromkreis wurde die Zusatzbeleuchtung in Abhängigkeit vom Lichttag gesteuert (Sommer 14 Stunden; Winter 9 Stunden). Eventuell ist gelegentlich auch UV-Bestrahlung angebracht.
Futter: RUDLOFF (1982) fütterte Fisch, Herzfleisch, Insekten, Krebstiere, Schnecken und Würmer. Pflanzliche Kost wurde von den Tieren selten genommen.
Nachzucht: RUDLOFF (1982) konnte die Art im Terrarium nachziehen.
Paarung: Dort begannen die Paarungen im September und endeten im Frühjahr. Es fand keine Balz statt, Beißereien waren selten. War das Weibchen nicht paarungswillig, flüchtete es vor dem Partner, der es nicht weiter verfolgte. Sind die Weibchen paarungsbereit, ziehen sie den Kopf ein und heben das Hinterteil leicht an. Die Kopula dauerte zwischen 5 und 30 Minuten. Das Männchen paarte sich mehrmals wöchentlich mit verschiedenen Weibchen.
Eiablage: Die ersten Eier (zumeist 2, selten 3) wurden Mitte Oktober, die letzten im Februar gelegt. Sie maßen durchschnittlich 33,5 × 20 mm und wogen 7,5 g. COPE (1865) schreibt, daß in der Natur die Eiablage im März und April erfolgt.
Inkubation: Bei Inkubationstemperaturen zwischen 25 und 30 °C sowie 80 bis 95 % rel. Luftfeuchtigkeit schlüpften die Jungtiere nach 98 bis 114 Tagen. 1981 konnte RUDLOFF (1982) aus 6 Gelegen (14 Eier) 11 Jungtiere aufziehen.
Schlüpflinge: Sie hatten eine durchschnittliche Carapaxlänge von 31,5 mm und eine Masse von 5 g (RUDLOFF (1982).
Haltung der Schlüpflinge: RUDLOFF (1982) brachte die Schlüpflinge einzeln in Plaste-Klarsichtdosen mit 5 cm Wasserstand unter. Die Wassertemperatur sollte bei etwa 28 °C liegen und es müssen genügend Unterwasserverstecke vorhanden sein. RUDLOFF (1982) fütterte zweimal täglich mit Lebendfutter (z. B. *Tubifex*, Wasserflöhe, Enchyträen). In 40 Tagen hatte sich die Masse, in 170 Tagen die Carapaxlänge der Tiere verdoppelt.

Literatur:
COPE, E. D. (1865): Third contribution to the herpetology of tropical America. Proc. Acad. Natur. Sci. Philadelphia 17: 185–198.
DREWS, J.-C. (1982): Beitrag zur Pflege einiger Kinosternonarten. elaphe 4(2): 17–19.
RUDLOFF, H.-W. (1982): Beitrag zur Kenntnis der Spitzkopf-Klappschildkröte, *Kinosternon acutum* – GRAY. elaphe 4(4): 52–54.
RUDLOFF, H.-W. (1986a): Schlammschildkröten – Terrarientiere der Zukunft 1. Aquarien Terrarien 33(4): 133–134.
RUDLOFF, H.-W. (1986b): Schlammschildkröten – Terrarientiere der Zukunft 2. Aquarien Terrarien 33(5): 166–169.
RUDLOFF, H.-W. (1986c): Schlammschildkröten – Terrarientiere der Zukunft 3. Aquarien Terrarien 33(6): 206–207.

Kinosternon baurii

Kinosternon baurii
GARMAN, 1891
Dreistreifen-Klappschildkröte,
E Striped mud turtle, F Cinosterne de Baur

Beschreibung: Die Dreistreifen-Klappschildkröte gehört zur Familie Kinosternidae, Unterfamilie Kinosterninae. Artcharakteristika: Pectoralschilde zumeist dreieckig, Gularschild nicht das kürzeste entlang der Plastronmittelnaht, Abdominalschild lang, Carapax mit drei hellen Längslinien, neuntes Marginalschild ebenso hoch wie das achte. Der Carapax ist bei adulten Tieren glatt, am Hinterrand ungesägt und hinter der Mitte am höchsten und breitesten. Der mit zwei Gelenken ausgestattete Plastron ist am Hinterrand leicht eingekerbt. Der Kopf ist schmal und der Oberkiefer nicht hakenförmig. Die Carapaxfärbung variiert zwischen gelbbraun und schwarz. Manchmal sind die Carapaxschilde transparent, so daß die darunter liegenden Knochenplatten sichtbar sind. Der Plastron ist olivfarben bis gelb, manchmal sind die Schildnähte dunkel gefärbt. Je ein heller Streifen zieht vom Augenhinterrand ober- und unterhalb des Trommelfells entlang zum Hals. Kopf und Hals können dunkel retikuliert sein. Die Weichteile sind fahlbraun bis schwarz. Männchen haben längere und stärkere Schwänze als Weibchen sowie ein „Kopulationspolster" aus rauher Hornsubstanz an der Innenseite der Oberschenkel. Beide Geschlechter besit-

zen am Schwanzende einen hornigen Nagel. Jungtiere haben einen rauhen Carapax mit drei Längskielen. Er ist schwarz, zeigt entlang der Kiele eine helle Linie und auf jedem Marginalschild helle Flecke. Die Plastralgelenke sind bis zum 3. bzw. 4. Lebensmonat nicht funktionsfähig. Auf dem gelben Plastron befindet sich eine dunkle Zentralfigur. Carapaxlänge bis 12,7 cm (ERNST et al. 1994*).
Geographische Verbreitung: Endemit der südöstlichen USA: Florida, Georgia, SO-South Carolina, O-North Carolina und Virginia (IVERSON 1992*, ERNST et al. 1994*).
Biologie und Ökologie: Als aquatische Lebensräume werden Standgewässer mit wenigstens 60 cm Wassertiefe und weichem, schlammigen Bodengrund bevorzugt. Die Art wurde auch in Feuchtwiesen und im Brackwasser gefunden (DUNSON 1981). Die Klappschildkröte ist nahezu ganzjährig aktiv. WYGODA (1979) beobachtete eine Population im westlichen Zentral-Florida mit einem recht komplizierten Jahresrhythmus. Sie besiedelte einen Auwald-Tümpel sowie verschiedene, daran grenzende, saisonal wasserführende Sumpfhabitate. Während der Tümpel allmählich austrocknete (Februar bis Juli), suchten die Tiere terrestrische Quartiere auf, um dort zu ästivieren. Mit Beginn der Sommerregen wanderten sie wieder in den Tümpel ein, um danach auch neu entstandene Flachwassersümpfe zu besiedeln. Nachdem diese Sümpfe zwischen September und Dezember trockenfielen, kehrten die Schildkröten wiederum in den wasserführenden Tümpel zurück. Die terrestrische Aktivität der Schildkröten war u. a. mit der Wassertiefe der Gewässer korreliert. Durch intensive Regenfälle wurden regelrechte „Massenwanderungen" ausgelöst.

Die Art ist omnivor. Ihre Nahrung besteht vor allem aus Schnecken, Heuschrecken, Würmern, toten Fischen und anderem Aas. An Land wurden Tiere beim Fressen an Kuhdung (Insektenlarven!) beobachtet. Zur Nahrung gehören auch die Samen der Palmetto-Palmen (*Sabal palmetto*) (ERNST et al. 1994*).
Terrarium: Nach SACHSSE (1977) und DREWS (1982) ist die Art wenig agressiv, gut haltbar und relativ lebhaft. Haltung und Fortpflanzung im Terrarium werden sehr ausführlich von SACHSSE (1977) und PRASCHAG (1983) geschildert. Wesentlich für die erfolgreiche Haltung ist es nach PRASCHAG (1983), den Weibchen die Möglichkeit zu geben, den äußerst geschlechtsaktiven Männchen problemlos auszuweichen. Er hielt seine Tiere (1 Männchen, 2 Weibchen) in einem Behälter, der aus zwei Aquarien (75 cm × 75 cm × 30 cm) bestand. Über zwei Plastewannen konnten die Tiere von einem Aquarium in das andere gelangen. Die Wannen waren mit Sand unterschiedlicher Körnung gefüllt. In einem zu kleinen Behälter verlor PRASCHAG (1983) ein Weibchen infolge der ständigen Verfolgungen und Kopulationen durch das Männchen. Der Wasserwechsel erfolgte in der oben beschriebenen Anlage zwei- bis dreimal jährlich. Auf die Filterung des Wassers und auf Salzzugaben (vgl. SACHSSE 1977) wurde verzichtet.
Ausstattung: Zur Strukturierung des Wasserteils nutzte PRASCHAG (1983) Schwimmpflanzen wie *Eichhornia*, *Pistia*, *Lemna* und *Salvinia* sowie Steinaufbauten und Wurzeln.
Heizung: Bei PRASCHAG (1983) wurden die Tiere bei 21 bis 25 °C Wassertemperatur gepflegt. Unter einem Spotstahler können sich die Schildkröten sonnen.
Licht: Die Leuchtstofflampen (OSRAM Biolux, Lumilux DE LUXE Daylight; Philips TL-D) sind im Sommer täglich 14 bis 16 Stunden und im Winter 10 bis 12 Stunden in Betrieb. Eventuell können gelegentlich UV-Bestrahlungen geboten werden.
Nachzucht: PRASCHAG (1983) konnte die Art nachziehen.
Paarung: Die Paarung wurde von LARDIE (1975) beschrieben. Das Männchen näherte sich dem Weibchen, streckte seinen Hals aus, stieß gegen dessen Schwanz und biß ihr manchmal in den Kopf. Anschließend bestieg es ihren Carapax und hielt sich mit allen vier Gliedmaßen fest. Dabei wurde der Schwanz unter den Carapaxrand der Partnerin gebogen. Mit dem Schwanzendsporn berührte das Männchen den Schwanz und die Analregion des Weibchens. Auch jetzt erfolgten gelegentlich Bisse gegen den Kopf des Weibchens. Um den Penis einzuführen, rutschte das Männchen nach hinten und es kam zum Kloakenkontakt mit anschließendem Koitus.
Eiablage: In 15 Monaten legten 2 Weibchen bei PRASCHAG (1983) ungewöhnlich viele Eier (38 Stück in 18 Gelegen). 55% waren befruchtet und es entwickelten sich 8 Jungtiere. Die Eiablagen erfolgten ganzjährig. Das größte Ei maß 32 × 17,5 mm, das kleinste 26,5 × 16,5 mm. In der Natur werden pro Saison (April bis Juni) ca. 3 Gelege mit jeweils 1 bis 5 Eiern produziert (ERNST & BARBOUR 1972*).
Inkubation: PRASCHAG (1983) bot folgende Inkubationsbedingungen: Temperatur 27 bis 31 °C, rel. Luftfeuchtigkeit zwischen 80 und 95%. Die Jungtiere schlüpften nach etwa 3 Monaten. In Zentral-Florida fanden MUSHINSKY & WILSON (1992) die meisten Schlüpflinge zwischen Februar und April.
Schlüpflinge: Das größte Jungtier hatte bei PRASCHAG (1983) eine Carapaxlänge von 25 mm, das kleinste von 20 mm. ERNST et al. (1994*) geben für Schlüpflinge 16,5 bis 27,0 mm Carapaxlänge an.
Haltung der Schlüpflinge: Die Schlüpflinge werden zunächst bei 5 bis 7 cm Wasserstand und einer Wassertemperatur von ca. 28 °C gehalten. Wichtig sind geeignete Unterwasserverstecke. Die Jungtiere fressen Würmer, Wasserschnecken, aber auch Gelatinefutter und Fischstücke.
Geschlechtsreife: PRASCHAG's Nachzuchttiere paarten sich im Alter von 23 (Männchen) und 29 (Weibchen) Monaten erstmals. Nach 31 Monaten erfolgte die erste Eiablage. Die ältesten 3 Nachzuchtweibchen setzten im ersten Jahr der Geschlechtsreife 31 Eier (9 Gelege) ab. Aus 17 befruchteten Eiern schlüpften 14 Jungtiere. Weibchen in der Natur waren mit 70 bis 75 mm Carapaxlänge bzw. mit 5 bis 6 Jahren geschlechtsreif (IVERSON 1979). Männchen besaßen befruchtungsfähiges Sperma ab einer Carapaxlänge von 75 mm (EINEM 1956). *Kinosternon baurii* Weibchen können befruchtungsfähiges Sperma längere Zeit speichern (vgl. ERNST et al. 1994*).
Alter: Ein Weibchen aus Florida (beim Fang ca. 10 Jahre alt) lebte nach JOHNSON (1984) noch 49 Jahre, 7 Monate und 13 Tage im Terrarium.

FARKAS & SASVARI (1993) beschreiben zwei Hybriden zwischen *Kinosternon baurii* (M) und *Kinosternon subrubrum hippocrepis* (W).

Literatur:
DREWS, J.-C. (1982): Beitrag zur Pflege einiger Kinosternonarten. elaphe 4(2): 17–19.
DUNSON, W. A. (1981): Behavioral osmoregulation in the Key mud turtle, *Kinosternon b. baurii*. Journ. Herpetology 15: 163–173.
EINEM, G. E. (1956): Certain aspects of the natural history of the mud turtle, *Kinosternon bauri*. Copeia 1956: 186–188.
FARKAS, B., L. SASVARI (1993): Hybriden zwischen *Kinosternon baurii* und *K. su-*

brubrum hippocrepis. Salamandra 29(2): 140–142.
IVERSON, J. B. (1979): The female reproductive cycle in north Florida *Kinosternon baurii* (Testudines: Kinosternidae). Brimleyana 1: 37–46.
JOHNSON, E. W. (1984): A longevity record for the mud turtle (*Kinosternon bauri*). Proc. Staten Island Inst. Arts. Sci. 33: 47–48.
LARDIE, R. L. (1975): Observations on reproduction in *Kinosternon*. Journ. Herpetology 9: 260–264.
MUSHINSKY, H. R., D. S. WILSON (1992): Seasonal occurence of *Kinosternon baurii* on a sandhill in central Florida. Journ. Herpetology 26: 207–209.
PRASCHAG, R. (1983): Zur Fortpflanzungsbiologie von *Kinosternon baurii* (GARMAN, 1891) mit Bemerkungen über eine abnorme Gelegehäufigkeit und die Embryonalentwicklung. Salamandra 19(3): 141–150.
SACHSSE, W. (1977): Normale und pathologische Phänomene bei Zuchtversuchen mit Schildkröten, hier anhand von *Kinosternon bauri*. (Reptilia, Testudines, Kinosternidae). Salamandra 13(1): 22–35.
WYGODA, M. L. (1979): Terrestrial activity of striped mud turtles, *Kinosternon baurii* (Reptilia, Testudines, Kinosternidae) in west-central Florida. Journ. Herpetology 13: 469–480.

Kinosternon leucostomum
(DUMÉRIL & BIBRON IN DUMÉRIL & DUMÉRIL, 1851)
Weißmaul-Klappschildkröte, E White-lipped mud turtle; F: Cinosterne à bouche blanche

Beschreibung: Die Weißmaul-Klappschildkröte gehört zur Familie Kinosternidae, Unterfamilie Kinosterninae. Artcharakteristisch sind folgende Merkmale: Plastron ohne Einschnitt am Hinterrand, ein Plastronquergelenk zwischen Pectoral- und Abdominalschild, Gularschild auf der Plastronoberseite breiter als an dessen Unterseite, heller breiter Postorbitalstreifen an jeder Kopfseite, Männchen mit „clasping organs" (Kopulationspolstern) an den Hinterbein-Innenseiten. Der ovale Carapax ist nur bei Jungtieren entlang der Mitte leicht gekielt. Der Plastron ist groß, die Länge des Gularschildes erreicht gewöhnlich nicht 55% der Länge des Plastronvorderlappens und die Länge der Naht zwischen den Abdominalschilden beträgt weniger als 27% der Plastronlänge. Der Oberkiefer ist hakenartig, am Kinn sind ein größeres und ein kleineres Paar Barteln vorhanden. Die Carapaxgrundfarbe variiert zwischen dunkelbraun und schwarz, der Plastron ist gelblich, die Schildnähte sind dunkler abgesetzt. Der Kopf ist bräunlich, die Kiefer cremefarben, manchmal mit dunklen Strichen besetzt. Die Weichteile sind graubraun gefärbt. Männliche Tiere werden größer (Carapaxlänge bis 17,4 cm) als weibliche (Carapaxlänge bis 15,8 cm) und besitzen längere und dickere Schwänze als jene. Der Schwanz der Weibchen ist „extrem" kurz. Der Schwanz beider Geschlechter endet mit einem Hornnagel (ERNST & BARBOUR 1989*).

Geographische Verbreitung: Die Art ist von Mexiko (Zentral-Veracruz) entlang des Atlantik-Flachlandes bis nach Nicaragua, weiter südwärts durch die Atlantik- und Pazifikflachländer bis Kolumbien, Ecuador und NW-Peru (?) verbreitet (IVERSON 1992*). Zwei Unterarten gelten als valid:

Kinosternon leucostomum leucostomum
(DUMÉRIL & BIBRON IN DUMÉRIL & DUMÉRIL, 1851)
Von Mexiko (Veracruz) bis Nicaragua.

Kinosternon l. postinguinale
COPE, 1887
Von Nicaragua bis Ecuador.

Biologie und Ökologie: Die Schildkröte lebt zumeist in Stillgewässern mit weichem (Schlamm-) Boden und reicher Sub- und Emersvegetation. Im größten Teil des Verbreitungsgebietes befinden sich die Lebensräume in Wäldern niedriger Höhenlagen. Die Art unternimmt Überlandwanderungen und wurde auch im Brackwasser gefunden (MEDEM 1962). Sie ist vor allem in der Dämmerung und nachts aktiv. Tiere in Kolumbien ernährten sich vorwiegend von Würmern, Mollusken, Insekten und Krabben (MEDEM 1962). Nach MOLL & LEGLER (1971) frißt die Art (in Panama) auch Wasserpflanzen.

Terrarium: Die Schildkröte ist unter Terrarienbedingungen sehr gut haltbar. Sie ist dem zu empfehlen, der mit der artgerechten Haltung und Fortpflanzung von Wasserschildkröten beginnen möchte. Zumeist wird die Nominatform gehalten. Wir fassen hier größtenteils die Ratschläge von RUDLOFF (1990*) zusammen. Für ein Paar genügt ein Behälter mit der Grundfläche von 0,35 m² und einem Wasserstand von 15 cm.

Ausstattung: Der Boden im Wasserteil soll angerauht sein; Moorkienholz- oder die flächigen Erlenwurzeln erleichtern den Tieren das Erreichen der Wasseroberfläche und bieten Versteckmöglich-

keiten. Ein Landteil mit den Maßen 30 × 20 × 20 cm wird in das Aquarium eingehängt und mit einem Sand-Torf-Gemisch gefüllt.
Heizung: Die Wassertemperatur sollte zwischen 25 und 30 °C liegen, die Lufttemperatur etwas höher. Der Aufstieg zum Landteil wird bestrahlt (Philips Par 38 Ec spot oder Osram Concentra Par 38 Ec), damit sich vor allem trächtige Weibchen sonnen können.
Licht: Zur Beleuchtung dienen Leuchtstofflampen (OSRAM Biolux, Lumilux DE LUXE Daylight; Philips TL-D; evtl. hin und wieder 30 bis 60 Minuten UV-Bestrahlung mit Philips TL 05, TL 09, TL 12). Im Sommer sind sie 12 bis 14 Stunden, im Winter ca. 10 Stunden täglich in Betrieb.
Nachzucht: FRIEDEL (1973), SACHSSE (1980), SCHUSTER (1980), sowie RUDLOFF (1982, 1990*) liefern Berichte über ihre Erfahrungen bei der Nachzucht dieser Schildkrötenart. Wir folgen hier den Hinweisen von RUDLOFF (1990*).
Paarung: Fällt die Wassertemperatur zum Beginn der kühleren Jahreszeit für ein bis zwei Wochen auf ca. 22 °C, genügt dies als Stimulans zur Auslösung geschlechtlicher Aktivitäten. Die Paarungszeit erstreckt sich dann von Oktober bis März. Ein Balzverhalten konnte nicht beobachtet werden. Die Männchen reiten nach geruchlicher Kontrolle „überfallartig" auf den Carapax der Partnerin auf. Durch Bisse nach dem Kopf des Weibchens wird dieses veranlaßt, Kopf und Vordergliedmaßen einzuziehen, wodurch die Analregion hervortritt. Der Penis wird eingeführt, das Männchen streckt den Hals weit heraus und führt pendelnde Bewegungen damit aus. Der Kopf ist dabei nach unten abgewinkelt. Die Kopula kann bis zu 30 Minuten dauern. Die Männchen führen „Beschädigungskämpfe" durch, und auch die Weibchen sind untereinander aggressiv. (DREWS 1982).
Eiablage: RUDLOFF (1990*) registrierte Eiablagen zwischen November und April. Es werden mehrere Gelege im Abstand von 4 bis 6 Wochen mit jeweils 2 bis 4 Eiern produziert. Die Eier sind durchschnittlich 33 mm lang, haben einen Durchmesser von 22 mm und wiegen 7,5 g. In der Natur sind die Tiere ganzjährig geschlechtlich aktiv, und Eiablagen finden ebenfalls das ganze Jahr über statt (MEDEM 1962).
Inkubation: Bei einer Inkubationstemperatur von 26 °C entwickeln sich Männchen, bei 29 °C Weibchen. Die rel. Luftfeuchtigkeit sollte zwischen 90 und 100 % liegen. Innerhalb eines Geleges gibt es „Schnellentwickler", die nach 98 bis 132 Tagen schlüpfen, die selteneren „long timer" benötigen 160 bis 230 Tage bis zum Verlassen der Eihüllen.
Schlüpflinge: Schlüpflinge haben eine durchschnittliche Carapaxlänge von 30 mm und eine Körpermasse von 4 g.
Haltung der Schlüpflinge: Die Tiere werden zunächst einzeln bei 5 bis 7 cm Wasserstand und einer Wassertemperatur um 28 °C gehalten. Geeignete Unterwasserverstecke sollten vorhanden sein. Die tägliche Nahrung besteht aus Regenwürmern, Tubifex, Wasserflöhen, später auch aus Fischstückchen und Gelatine-Futter. UV-Bestrahlung ist angeblich nicht notwendig.

STARK (1984) beschreibt die Haltung und Fortpflanzung der **Rotwangen-Klappschildkröte**, *Kinosternon scorpioides cruentatum* (DUMÉRIL & BIBRON in DUMÉRIL & DUMÉRIL, 1851).

Literartur:
DREWS, J.-C. (1982): Beitrag zur Pflege einiger Kinosternonarten. elaphe 4(2): 17–19.
FRIEDEL, R. (1973): Provozierter Frühschlupf bei Schildkröten als rationelle Zuchtmethode. Aquarien Terrarien 20(11): 376–377.
MEDEM, F. (1962): La distribucion geografica y ecologia de los Crocodylia y Testudinata en el Departamento del Choco. Rev. Acad. Colomb. Cien. Ex. Fis. Nat. 11: 279–303.
MOLL, E. O., J. M. LEGLER (1971): The life history of a neotropical slider turtle, *Pseudemys scripta* (SCHOEPF), in Panama. Bull. Los Angeles Co. Mus. Nat. Hist. Sci. 11: 1–102.
RUDLOFF, H.-W. (1982): Die Nachzucht von *Kinosternon leucostomum*. elaphe 4(2): 19–23.
SACHSSE, W. (1980): Zur Biologie von *Kinosternon leucostomum* in Gefangenschaft (Reptilia: Testudines: Kinosternidae) I. Eine rationale Haltungsmethode, Fortpflanzung und Entwicklung. Salamandra 16(4): 185–194.
SCHUSTER, B. (1980): Zur Biologie von *Kinosternon leucostomum* in Gefangenschaft (Reptilia: Testudines: Kinosternidae) II. Eine alternative Zuchtmethode und das Auftreten melanistischer Jungtiere. Salamandra 16(4): 195–202.
STARK, K. (1984): Haltung und Nachzucht der Rotwangen-Klappschildkröte, *Kinosternon cruentatum*. elaphe 6(3): 41–42.

Kinosternon odoratum
(LATREILLE, 1801)
Gewöhnliche Moschusschildkröte,
E Common musk turtle, F Cinosterne odorant

Beschreibung: Die Gewöhnliche Moschusschildkröte gehört zur Familie Kinosternidae, Unterfamilie Kinosterninae. Charakteristisch sind folgende Merkmale: „Häutige" Plastralschildnähte, Pectoralschilde quadratisch, Gularschild nicht selten fehlend, Carapaxschilde nicht überlappend, je ein heller Kopf-Seitenstreifen ober- und unterhalb

Kinosternon odoratum

des Auges, zwei Paar Barteln an Kinn und Kehle. Der Carapax ist hochgewölbt und nur bei jüngeren Tieren mit einem Mittel- und zwei flachen Seitenkielen ausgestattet. Auf dem Plastron ist ein mehr oder weniger deutliches Quergelenk zwischen den Pectoral- und Abdominalschilden ausgebildet. Der Kopf ist mittelgroß und zugespitzt. Die Carapaxfärbung variiert in verschiedenen Grautönen bis zu völligem Schwarz. Jungtiere zeigen auf grauem Grund ein Muster aus schwarzen Sprenkeln oder radiären Linien. Der Plastron ist gelblich bis bräunlich, die Weichteile sind grau bis schwarz gefärbt, am Hals sind beiderseits zwei helle Längslinien sichtbar. Sowohl die Kopf-Seitenstreifen als auch die hellen Linien am Hals können unterbrochen sein oder völlig fehlen. Die Männchen besitzen längere und dickere Schwänze als die Weibchen und zudem einen hornigen Schwanzendnagel sowie „Kopulationspolster". Die Art erreicht eine Carapaxlänge von 13,7 cm (ERNST et al. 1994*).

Geographische Verbreitung: Die Schildkröte ist von New England und dem südlichen Ontario (Kanada) bis in das südliche Florida, westwärts bis Wisconsin und Zentral-Texas (USA) verbreitet. Nachweise gibt es aus dem südlichen Zentral-Kansas, W-Texas, und Chihuahua (Mexiko) Sie besitzt somit das größte Verbreitungsgebiet aller Kinosterniden in den USA (IVERSON 1992*, ERNST & BARBOUR 1994*).

Biologie und Ökologie: Die Moschusschildkröte kommt in nahezu allen Gewässertypen des Verbreitungsgebietes vor. Bevorzugt werden Gewässer mit weichem, schlammigen Bodengrund. In Florida und Süd-Zentral-Texas sind die Tiere ganzjährig aktiv (VERMERSCH 1983). Im nördlichen Teil des Artareals wird eine Winterruhe gehalten. In Pennsylvania sind die Schildkröten jährlich ca. 200 Tage, von April bis Oktober aktiv (ERNST 1986). In Oklahoma umfaßt die jährliche Aktivitätsperiode ca. 330 Tage (MAHMOUD 1969). Die täglichen Aktivitätszeiten in Abhängigkeit von der Jahreszeit untersuchte z. B. MAHMOUD (1969) an einer Population in Oklahoma. Von April bis September waren die Tiere hauptsächlich zwischen 4.00 und 11.00 Uhr bzw. 17.00 und 21.00 Uhr, von September bis April zwischen 10.00 und 16.00 Uhr aktiv. Moschusschildkröten sonnen sich gelegentlich, größtenteils im Flachwasser. Nach ERNST et al. (1994*) können sie auch Bäume bis in 2 m Höhe erklimmen. Moschusschildkröten sind omnivor. Tiere unter 50 mm Carapaxlänge fressen vor allem kleinere Wasserinsekten, Krebstiere und Algen. Größere Tiere fressen alles was sie überwältigen können. Sie nehmen ihre Nahrung vor allem vom Boden auf (vgl. ERNST et al. 1994*).

Terrarium: Bereits EFFELDT (1873), der zur damaligen Zeit in Mitteleuropa bedeutendste Sammler lebender Reptilien, hielt die Art im Terrarium. Er führte sie neben *Staurotypus triporcatus* vor allem zwischen 1860 und 1875 in seinen Tauschlisten.

Kinosternon odoratum ist ein ideales Terrarientier. Haltungs- und Nachzuchtberichte sind deshalb in der Literatur häufig (OLEXA 1969, POLDER 1978, HENDRISCHK 1979, BUDDE 1982, BECHMANN 1987, GAD 1987, 1989, MENDONÇA 1987, FEDER 1989, DATHE 1990, RUDLOFF 1990*).

GAD (1987), dessen Ausführungen wir hier z. T. folgen, hielt beispielsweise eine Gruppe von einem Männchen und 2 Weibchen in einem Behälter von 160 × 40 cm bei 18 cm Wasserstand. Kinosterniden können auch bei höherem Wasserstand (25 bis 30 cm) gehalten werden, müssen dann aber durch „Steighilfen" wie Wurzeln, Pflanzenpolster etc. die Möglichkeit haben, zum Atmen mühelos die Wasseroberfläche zu erreichen. Das Wasser wurde durch einen Schwammfilter mit Mammutpumpe gereinigt.

Ausstattung: Den Bodengrund bildete eine Sandschicht. Unterwasserverstecke bestanden aus Ästen und Fadenalgen. GAD (1993) experimentierte mit unserer Art hinsichtlich der Wahl verschiedener „Substrate" als Deckung (Sichtschutz) und verglich sie mit *Kinosternon subrubrum*. Als Testsubstrate dienten: Fadenalgen, Zierkork, stark zerkleinerte braune Haushaltsschwämme als Schlammersatz, wobei Schlamm evtl. das Tier fester „umschließt". *Kinosternon odoratum* bevorzugte Verstecke unter der Korkrinde (83%), *Kinosternon subrubrum* den „Schlamm" (94%). Die Deckungswahl kann auch altersabhängige Unterschiede aufweisen.

Der Landteil wurde eingeklebt und mit einer 10 cm dicken Schicht groben Sandes gefüllt. Durch Bepflanzung des Luftraumes (Epiphytenast) oder durch die Pflege von Schwimmpflanzen können unterschiedlich beschattete Aufenthaltsbereiche angeboten werden und die Tiere somit die ihnen zusagenden Plätze auswählen.

Heizung: Die Wassertemperatur betrug 20 °C im Winter und 25 °C im Sommer. Die Lufttemperatur lag etwas über der aktuellen Wassertemperatur.

Licht: GAD (1987) beleuchtete das Terrarium mit einer 40 W Leuchtstoffröhre im Sommer 14 bis 16 Stunden täglich und im Winter 8 bis 10 Stunden. Eventuell ist auch hier eine gelegentliche UV-Bestrahlung angebracht.

Futter: GAD (1987) fütterte die Tiere mit schwimmfähigen „Futtersticks" für Teichfische. Das sollte aber nicht das einzige Futtermittel sein!

Nachzucht: Die Art wurde bereits in mehreren Generationen unter menschlicher Obhut nachgezogen. Nach RUDLOFF (1990*) ist die Paarungsbereitschaft im Frühjahr am größten. Er beobachtete, daß beispielsweise Wasserwechsel und Fütterungen stimulierend wirkten.

Paarung: Das Männchen reitet nach der olfaktorischen Prüfung der Partnerin auf deren Carapax auf und klemmt sich mit den Kopulationspolstern an ihrem hinteren Panzerrand fest. Mit weit nach vorn gestrecktem Hals (und Kopf) versucht das Männchen die Partnerin zum Einziehen des Halses und zum passiven Verweilen zu bewegen, damit es den Penis einführen kann.

Eiablage: Das Weibchen gräbt sich zur Eiablage beinahe gänzlich rückwärts ein. Bei GAD (1987) blieb ein Tier 3 Tage eingegraben und legte während dieser Zeit die Eier ab. Zumeist werden 2 bis 4 Eier pro Gelege abgesetzt. Pro Saison können mehrere Gelege produziert werden. GAD (1987) erhielt von seinen Tieren 48 Eier, woraus 32 Schildkröten schlüpften. Die Eier hatten eine durchschnittliche Länge von 26 mm (Min. 22 mm, Max. 31 mm) und einen Durchmesser von 15 mm (Min. 13 mm, Max. 17 mm). Nach RUDLOFF (1990*) wiegen sie im Durchschnitt 3,8 g. In der Natur sind Zeit und Dauer der Eiablageperiode vom Verbreitungsgebiet abhängig. Im Süden erfolgt die Eiablage von Februar bis Juli, im Norden von Mai bis Juli (ERNST & BARBOUR 1994*). Die Zahl der Eier pro Gelege korreliert positiv mit der Größe des Weibchens. Da die Tiere von Norden nach Süden kleiner werden, läßt sich auch eine Beziehung zur jeweilige Isothermen-Zone darstellen. Im Isothermenbereich 21 bis 23 °C werden durchschnittlich 1,8 Eier pro Gelege abgesetzt, im Bereich 10 bis 13 °C sind es 3,5 und im Bereich 7 bis 10 °C bereits 5,5 Eier (TINKLE 1961). Es werden jährlich 2 bis 4 Gelege produziert (MITCHELL 1988).

Inkubation: Die Bruttemperatur „reguliert" auch bei der Moschusschildkröte die Geschlechterverteilung (vgl. VOGT & BULL 1982). In Eiern, die bei einer konstanten Temperatur von 23 °C inkubiert wurden, entwickelten sich Männchen, die nach rund 120 Tagen schlüpften. Weibchen entwickelten sich bei einer konstanten Bruttemperatur von 28,5 °C. Der Schlupf erfolgte nach etwa 75 Tagen (RUDLOFF 1990*). Die Inkubationszeit in der Natur dauert 65 bis 86 Tage und die Jungtiere erscheinen zwischen August und November (ERNST et al. 1994*).

Schlüpflinge: Die Schlüpflinge bei GAD (1987) hatten eine durchschnittliche Carapaxlänge von 23 mm (Minimum 20 mm, Maximum 26 mm) und lagen damit etwas über dem von ERNST et al. (1994*) angegebenen Bereich (18,5 bis 22,8 mm). Nach RUDLOFF (1990*) wogen Schlüpflinge durchschnittlich etwa 2,5 g.

Haltung der Schlüpflinge: Sie werden in einem Aquaterrarium mit einem Wasserstand von zunächst nur 5 bis 7 cm untergebracht. Die Wassertemperatur sollte um 27 °C liegen. Als Unterwasserverstecke bieten sich Korkrinden oder auch Wasserpflanzen an. Jungtiere fressen problemlos Wasserflöhe, Bachflohkrebse, Würmer und Wasserschnecken. GAD (1987) schreibt, daß seine Jungtiere schwer auf „Trockenfutter" (Futtersticks, Bachflohkrebse, Garnelen) umzustellen waren und 2 Jungtiere schließlich starben.

Geschlechtsreife: Mit etwa 3 Jahren tritt unter Terrarienbedingungen die Geschlechtsreife ein (RUDLOFF 1990*). In der Natur ist der Eintritt der Geschlechtsreife auch vom Verbreitungsgebiet der jeweiligen Population abhängig. Beispielsweise begann die Spermaproduktion aus Virginia stammender Männchen am Ende ihres 2. Lebensjahres. Das jüngste Weibchen aus dem gleichen Bundesstaat war 4 Jahre alt. Männchen aus Oklahoma werden mit 4 bis 7 Jahren geschlechtsreif, Weibchen mit 5 bis 8 Jahren (vgl. ERNST et al. 1994*). Hierbei handelt es sich um ein gutes Beispiel für Proterandrie, dem Phänomen, daß männliche Geschlechtsprodukte vor den weiblichen reifen.

Alter: *Kinosternon odoratum* wurde im Zoo Philadelphia 54 Jahre und 9 Monate alt (BIEGLER 1966).

Eine weitere empfehlenswerte Kinosternide der Unterfamilie Kinosterninae ist die **Kleine Moschusschildkröte**, *Kinosternon minor* (AGASSIZ, 1857). Die Art kommt von S-Tennessee und SW-Virginia bis ins östliche Mississippi, Georgia und Zentral Florida vor (vgl. IVERSON 1992*). Diese Moschusschildkröte lebt in den verschiedensten Gewässertypen, bevorzugt aber Flachwasserbereiche (0,5 bis 1,5 m). Die Unterart *Kinosternon minor peltifer* scheint strömungsreichere Gewässer zu bevorzugen als die Nominatform (ERNST et al. 1994*). Die Art erreicht 14,5 cm Carapaxlänge und wurde im Terrarium des öfteren nachgezogen (SACHSSE 1977, RUDLOFF 1982, LEHMANN 1984). Da unter Terrarienbedingungen bereits Artbastarde zwischen *Kinosternon odoratum* und *Kinosternon minor* gezüchtet wurden (FOLKERTS 1967), sollten beide Arten nicht in einem Terrarium gemeinsam gehalten werden.

Die **Gekielte Moschusschildkröte**, *Kinosternon carinatum* (GRAY, 1855) ist vom östlichen Oklahoma und Texas bis O-Mississippi verbreitet (IVERSON 1992*). Sie lebt bevorzugt in strömungsarmen Gewässern mit weichem Bodengrund, dichter Vegetation und Möglichkeiten zum Sonnenbaden (ERNST et al. 1994*). Mit 17,6 cm Carapaxlänge ist sie die größte der vier Moschusschildkröten-Arten. Haltung und Nachzucht beschreiben z. B. BECKER (1992, 1995) und BAUR (1995). Auch diese Art ist gut für die Haltung im Terrarium geeignet. Die o. g. Autoren hielten sie bei Wassertemperaturen zwischen 27 und 29 °C bzw. bei 24 °C.

Die **Großkopf-Schlammschildkröte** oder **Chopontil**, *Claudius angustatus* COPE, 1865, gehört zur Unterfamilie Staurotypinae. Sie ist sehr aggressiv und erreicht eine Carapaxlänge von etwa 17 cm. *Claudius angustatus* ist von Zentral Veracruz und N-Oaxaca südwärts durch N-Guatemala bis Belize verbreitet. Die Halbinsel Yucatán ist größtenteils nicht von ihr besiedelt (IVERSON & BERRY 1980). FLORES-VILLELA & ZUG (1995) untersuchten die Fortpflanzungsbiologie der Art in ihrem natürlichen Lebensraum. Dabei handelte es sich um Gras-Marschen, die zwischen Juni und Oktober überflutet wurden und anschließend trockenfielen. Die Tiere pflanzen sich dort gegen Ende der Überflutungszeit fort und ästivieren anschließend. Ein Kurzportrait der Art zeichnet z. B. DATHE (1989). Sie wurde beispielsweise von HAUSMANN (1968), PAULER (1981), LEDIG (1988), SCHOLZ (1990) sowie GRYCHTA & GRYCHTA (1994) gepflegt und nachgezogen.

Auch die **Chiapas-Kreuzbrustschildkröte**, *Staurotypus salvinii* GRAY, 1864, gehört zur Unterfamilie Staurotypinae. Sie lebt in den Pazifik-Flachländern von Oaxaca und Chiapas südwärts bis nach Guatemala und El Salvador (IVERSON 1992*). Es werden langsam strömende Fließgewässer mit schlammigem Boden und dichter Wasservegetation bevorzugt (vgl. ERNST & BARBOUR 1989*). Die Art erreicht eine Carapaxlänge von 25 cm. SCHMIDT (1970) konnte die Art im Terrarium nachziehen. Über ihre Nachzucht in der zweiten Generation (Nachzuchttiere von SCHMIDT) berichten SACHSSE & SCHMIDT (1976).

Die beiden letztgenannten Arten sind wesentlich wärmebedürftiger als die oben behandelte *Kinosternon odoratum* und sollten in entsprechend dimensionierten Aquaterrarien einzeln gehalten werden. Für Paarungsversuche wird das Weibchen unter Kontrolle zum Männchen gesetzt.

Literatur:

BAUR, M. (1995): Erfolge und Mißerfolge bei der Pflege der Gekielten Moschusschildkröte. DATZ, Aquarien Terrarien 48(4): 242–244.

BECHMANN, U. (1987): *Sternotherus odoratus* (LATREILLE, 1801), die Gewöhnliche Moschusschildkröte. elaphe 9(4): 63–64.

BECKER, H. (1992): Beobachtungen bei der Haltung und Nachzucht von *Sternotherus carinatus* (GRAY, 1856). Salamandra 28(1): 9–13.

BECKER, H. (1995): Terrarien-Nachzucht von *Sternotherus carinatus* (GRAY, 1856). SAURIA 17(3): 29–33.

BIEGLER, R. (1966): A survey of recent longevity records for reptiles and amphibians in zoos. Int. Zoo Yb. 6: 487–493.

BUDDE, H. (1982): Durch Nachzucht erhalten: Die Moschusschildkröte. aquarien magazin 1982(4): 242–246.

DATHE, F. (1989): AT Terrarientierlexikon *Claudius angustatus* COPE, 1865 Großkopf-Schlammschildkröte. Aquarien Terrarien 36(6): 215.

DATHE, F. (1990): AT Terrarientierlexikon *Sternotherus odoratus* (LATREILLE, 1801) Gewöhnliche Moschusschildkröte. Aquarien Terrarien 37(6): 215.

EFFELDT, R. (1873): Die Reptiliensammlung der Herren Effeldt und Wagenführ. Zool. Garten 14: 66–70.

ERNST, C. H. (1986): Ecology of the turtle, *Sternotherus odoratus*, in southeastern Pennsylvania. Journ. Herpetology 20: 341–352.

FEDER, K. (1989): Unerwartete Nachzucht bei der Moschusschildkröte (*Sternotherus odoratus*). elaphe 11(2): 28.

FLORES-VILLELA, O. A., G. R. ZUG (1995): Reproductive Biology of the Chopontil, *Claudius angustatus* (Testudines: Kinosternidae), in southern Veracruz, México. Chelonian Conservation and Biology 1(3): 181–186.
FOLKERTS, G. W. (1967): Notes on a hybrid Musk turtle. Copeia 1967: 479–480.
GAD, J. (1987): Die Zucht von *Sternotherus odoratus* (LATREILLE, 1801) und die dabei auftretenden Schildanomalien. Salamandra 23(1): 1–9.
GAD, J. (1989): Drehversuche an Schildkröteneiern im Hinblick auf Schildanomalien, hier bei *Sternotherus odoratus* (LATREILLE, 1801). Salamandra 25(2): 109–111.
GAD, J (1993): Untersuchungen zur Deckungswahl (Sichtschutz) der Schildkröten *Kinosternon subrubrum* und *Sternotherus odoratus*. Salamandra 29(1): 1–5.
GRYCHTA, U., R. GRYCHTA (1994): Haltung, Paarungsverhalten, Eiablage und Nachzucht der Großkopf-Schlammschildkröte *Claudius angustatus* COPE, 1865. SAURIA 16(4): 11–14.
HAUSMANN, P. (1968): *Claudius angustatus*. Int. Turtle & Tortoise Soc. J. 2(3): 14–15.
HENDRISCHK, G. (1979): *Sternotherus odoratus* – Nachzucht im Terrarium. SAURIA 1(1): 5–9.
IVERSON, J. B., J. BERRY (1980): *Claudius* COPE narrow-bridged musk turtle. *Claudius angustatus* COPE narrow-bridged musk turtle. Cat. Amer. Amphib. Rept. 236.1–236.2.
LEDIG, J. (1988): Haltung und Zucht von *Claudius angustatus*. elaphe 10(2): 24.
LEHMANN, H. (1984): Ein Zwillingsschlupf bei *Sternotherus minor minor* (AGASSIZ, 1857) (Testudines: Kinosternidae). Salamandra 20(4): 192–196.
MAHMOUD, I. Y. (1969): Comparative ecology of the kinosternid turtles of Oklahoma. Southwest. Natur. 14: 31–66.
MENDONÇA, M. T. (1987): Timing of reproductive behaviour in male musk turtles, *Sternotherus odoratus*: effects of photoperiod, temperature and testosterone. Anim. Behav. 35: 1002–1014.
MITCHELL, J. C. (1988): Population ecology and life histories of the freshwater turtles *Chrysemys picta* and *Sternotherus odoratus* in an urban lake. Herpetol. Monogr. 2: 40–61.
OLEXA, A. (1969): Breeding of the common musk turtles *Sternotherus odoratus* at the Prague Zoo. – Int. Zoo Yb. 9: 28–29.
PAULER, I. (1981): Zur Pflege und Zucht von *Claudius angustatus*. – herpetofauna 3(13): 6–8.
POLDER, R. (1978): Die Zucht von *Sternotherus odoratus*. DATZ 31(8): 280–281.
RUDLOFF, H.-W. (1982): *Sternotherus minor minor* (AGASSIZ), die kleine Moschusschildkröte. elaphe 4(4): 55–58.
SACHSSE, W. (1977): *Sternotherus m. minor*, seine Nachzucht und die damit verbundenen biologischen Beobachtungen (Reptilia: Testudines: Kinosternidae). Salamandra 13(3/4): 157–165.
SACHSSE, W., A. A. SCHMIDT (1976): Nachzucht in der zweiten Generation von *Staurotypus salvinii* mit weiteren Beobachtungen zum Fortpflanzungsverhalten (Testudines, Kinosternidae). Salamandra 12(1): 5–16.
SCHMIDT, A. A. (1970): Zur Fortpflanzung der Kreuzbrustschildkröte – *Staurotypus salvinii* – in Gefangenschaft. Salamandra 6(1/2): 3–10.
SCHOLZ, G. (1990): Die Haltung und Nachzucht der Großkopf-Schlammschildkröte *Claudius angustatus* COPE, 1865. SAURIA 12(4): 7–9.
TINKLE, D. W. (1961): Geographic variation in reproduction size, sex ratio and maturity of *Sternothaerus odoratus* (Testudinata: Chelydridae). Ecology 42: 68–76.
VOGT, R. C., J. J. BULL (1982): Temperature controlled sex determination in turtles: Ecological and behavioral aspects. Herpetologica 38(1): 156–164.

Lissemys punctata
(BONNATERRE 1789) – Erstbeschreibung durch LACÉPÈDE, 1788, durch ICZN opinion 1436, 1987 wurde jedoch die Arbeit als nicht verfügbar erklärt.
Indische Klappen-Weichschildkröte, E Indian flapshell turtle, F Trionyx à clapets de l'Inde
WA I; Verordnung (EWG) Nr. 3626/82
(jeweils die Unterart *Lissemys punctata punctata*)

Beschreibung: Die Indische Klappen-Weichschildkröte gehört zur Familie Trionychidae, Unterfamilie Cyclanorbinae. Charakteristisch für die Art sind der ovale, für eine Weichschildkröte hoch gewölbte mit einer lederartigen Haut überzogene Carapax, die knöchernen Peripheralschilde am Carapaxhinterrand und die häutigen Plastralklappen zum Schutz der Hintergliedmaßen. Der Carapax adulter Tiere ist glatt, Jungtiere haben einen „runzligen" Rückenpanzer mit Längsreihen kleiner Tuberkel. Der Plastronvorderlappen ist durch ein Quergelenk ebenfalls beweglich, so daß Kopf, Hals und Vordergliedmaßen „eingeschlossen" werden können. Adulte Schildkröten haben sieben Callositäten am Plastron. Der Kopf ist relativ schmal und es ist nur eine kurze „Rüsselnase" ausgebildet. An Händen und Füßen befinden sich scharfe Krallen und gut entwickelte Schwimmhäute. Der Carapax ist variabel gefärbt bzw. gezeichnet: uniform braun, olivbraun, dunkelgrün mit kleinen dunkelbraunen Flecken oder mit großen gelben Zeichnungselementen. Der Plastron ist gelb bis cremefarben. Am Kopf ist auf olivfarbenem bis braunem Grund ein Muster aus gelben Punkten und Linien ausgebildet. Auch am Hals ist ein gelbes Linien- bzw. Streifenmuster zu sehen. Die Gliedmaßen sind olivfarben oder bräunlich gefärbt. Männchen sind kleiner und haben längere, dickere Schwänze als Weibchen. Gewöhnlich erreicht die Carapaxlänge 28 cm, in Ausnahmefällen bis zu 37 (?) cm (TIKADER & SHARMA 1985*, ERNST & BARBOUR 1989*, DAS 1991*).

Geographische Verbreitung: Die Indische Klappen-Weichschildkröte kommt in Pakistan, Indien, Nepal, im westlichen Burma, in Sri Lanka und in Bangladesh vor. Auf den Andamanen wurde sie eingeführt (IVERSON 1992*). Sie ist eine der häufigsten Schildkrötenarten des Indischen Subkontinents. Zwei Unterarten gelten als valid:

Lissemys punctata punctata
(BONNATERRE, 1789)
Zentral-Indien und „Indische Halbinsel", Sri Lanka.

Lissemys p. andersoni
WEBB, 1980
Von Pakistan bis N-Indien, Nepal, Bangladesh und W-Burma.

Biologie und Ökologie: Die Schildkröte lebt in Ruhigwasserbereichen von Flüssen und Kanälen, in Seen, Weihern, Reisfeldern und in Trinkwassertanks. Dort gilt sie bei der einheimischen Be-

Lissemys punctata

völkerung als „Insektenvertilger" (DAS 1991*). Bevorzugt werden Gewässer mit schlammigem oder sandigem Bodengrund, in dem sich die Tiere vergraben können. Sie sonnt sich oft, z. B. auf Sandbänken, Geschwemmsel und flutend wachsenden Wasserpflanzenbeständen. In N-Indien überwintert die Art zwischen November und Februar. Trocknen die Wohngewässer aus, ästivieren die Schildkröten im Bodengrund. Der Körperbau demonstriert die Anpassung an diese „trockenen Verhältnisse". Bei einsetzenden Regenfällen sind größere „Überlandwanderungen" möglich. Als Nahrung dienen ihr Amphibien und deren Larven, Fische, Krebstiere, Schnecken, Insekten und Würmer. Gelegentlich werden auch Wasserpflanzen verzehrt. DAS (1991*) beschreibt sogar einen saisonalen Nahrungswechsel. Im Frühjahr und Herbst sollen sich die Tiere hauptsächlich vegetarisch, im Sommer von animalischer Kost ernähren – auch Kannibalismus wurde bekannt.

Terrarium: Im Gegensatz zu den meisten anderen Weichschildkröten-Arten wird *Lissemys punctata* manchmal als „nicht bissig" dargestellt (u. a. GOLLE 1975). Das trifft jedoch nicht immer zu. MÜLLER (1987*) beobachtete Beißereien zwischen seinen Tieren und empfiehlt deshalb die Einzelhaltung. Die Vergesellschaftung eines Paares oder mehrerer Tiere erfordert relativ große Behälter. Das Aquaterrarium sollte wenigstens 150 × 60 cm messen und an der tiefsten Stelle einen Wasserstand von 30 cm aufweisen. Das Wasser wird über einen Außenfilter gefiltert. Beim regelmäßigen Wasserwechsel wird auch die hohe Sandschicht gut durchgewaschen.

Ausstattung: Den Bodengrund bildet eine hohe Schicht aus mittelfeinem und gut gewaschenem Sand. Darin können sich die Schildkröten vergraben. Neben der Schutzfunktion hat der Sand auch eine „kosmetische" Wirkung, indem beispielsweise Häutungsreste oder Ektoparasiten vom Panzer abgescheuert werden. Der Wasserteil sollte durch Erlen- oder Moorkienholzwurzeln und/oder Wasserpflanzen gut strukturiert sein. Die Wurzeln werden fest installiert. Ein größerer, sandgefüllter Landteil darf nicht fehlen. Hier sonnen sich die Schildkröten, setzen ihre Gelege ab und graben sich zur sommerlichen bzw. winterlichen Ruhezeit ein.

Heizung: Die Wassertemperatur liegt zwischen 27 und 32 °C, die Lufttemperatur darüber. Ein stärkerer Hellstrahler (Philips Par 38 Ec spot oder Osram Concentra Par 38 Ec) wird über dem Landteil angebracht.

Licht: Wahrscheinlich benötigt die Art viel Licht. Die Beleuchtungsstärke sollte deshalb relativ hoch sein. Dafür sorgen Leuchtstofflampen (OSRAM Biolux, Lumilux DE LUXE Daylight; Philips TL-D; evtl. 30 bis 60 Minuten täglich UV-Bestrahlung mit Philips TL 05, TL 09, TL 12) und/oder HQL-Lampen. Die Beleuchtung sollte im Sommer 14 Stunden täglich, im Winter etwa 12 Stunden in Betrieb sein.

Nachzucht: THIEME (1977, 1978) und RUDLOFF (1981) schildern ihre Erfahrungen mit dieser Art. Beide Pfleger gewährten den Tieren im Frühjahr bzw. Hochsommer Ruhepausen, in denen die Luftfeuchtigkeit gesenkt wurde. Die Schildkröten vergruben sich dann im Landteil.

Paarung: Nach Beendigung dieser Ruhephasen beobachteten oben genannte Autoren die Paarung. Die Geschlechtspartner schwammen mit weit ausgestreckten Hälsen frontal aufeinander zu. Ihre Schnauzenspitzen berührten sich dabei nicht. Nun werden von beiden Tieren nickende Kopfbewegungen ausgeführt, von denen RUDLOFF (1981) schreibt: „Sie scheinen mit dem Kinn gegen den Bodengrund zu trommeln." Nach ca. 30 Minuten ritt das Männchen auf. Das Weibchen verhielt sich zunächst passiv, bewegte sich dann vorwärts und der Partner kippte nach hinten. Da der Penis noch in der Kloake verankert war, zog das Weibchen das Männchen hinter sich her, und um das Tier vor dem Ertrinken zu retten, griff der Pfleger ein. Auch PRASCHAG (1992) schildert das „...unerklärbare Phänomen, daß sich das Männchen am Ende der Vereinigung bis zu 180° abdreht und schließlich Schwanz an Schwanz, in entgegengesetzter Richtung zum Weibchen, zu liegen kommt, ...". Das Paarungsverhalten der Art wird auch von DUDA & GUPTA (1981) geschildert. THIEME (1978) bildet die Kopula der Nominatform ab.

Eiablage: Bei THIEME (1978) zeigte das Weibchen nach der Paarung eine gesteigerte Nahrungsaufnahme. Im Verlauf mehrerer Wochen zeichneten sich am Carapaxhinterrand zwei Erhebungen ab. Nach 10 Wochen legte es 2 Eier. Im Abstand von 5 Wochen wurden 2 weitere Gelege mit je 4 Eiern abgesetzt. Die Ablage der kugelförmigen Eier erfolgte immer im Wasserbehälter. 2 Eier, die ein Weibchen bei RUDLOFF (1981) legte, maßen im Durchmesser 23 und 27 mm, sie wogen 9 bzw. 10 g.

In Pakistan wurden Eiablagen im November beobachtet (MINTON 1966). In N-Indien (Jammu-Region) legt die Art nach DUDA & GUPTA (1982) zwischen August und Oktober 5 bis 13 Eier ab. DAS (1981*) gibt für Tiere der nördlichen Unterart *Lissemys p. andersoni* 6 bis 14 Eier an, deren Durchmesser 24 bis 30 mm beträgt. In S-Indien (Madras) legt die Nominatform die Eier zwischen September und November. Ein Gelege enthält 3 bis 8 Eier, die einen Durchmesser von 25 bis 33 mm aufweisen und 5 bis 18 g wiegen können (DAS 1991*).

Inkubation: In den von THIEME (1978) inkubierten Eiern war nach 5 Monaten noch keine Embryonalentwicklung zu erkennen. Er vermutete deshalb, daß die Eier unbefruchtet waren. Auch RUDLOFF (1981) gelang die Nachzucht der Art nicht.

In S-Indien (Madras) betrug die Inkubationsdauer bei 32,6 °C neun Monate (Diapause) (vgl. DAS 1991*). Dies erklärt vielleicht auch den Befund von THIEME (1978). Eventuell haben dort auch klimatischen Stimuli gefehlt, wie z. B. Feuchtigkeitsunterschied, Temperaturanstieg bzw. -abfall, die die Embryonalentwicklung auslösen. Die Jungtiere graben sich erst nach längeren Regengüssen aus den Eigruben aus (VIJAYA 1982). BHOWMICK (1970) schreibt, daß Weibchen die Eiablageplätze mehrmals vor dem Schlupf der Jungtiere aufsuchten.

Schlüpflinge: Der „Durchschnitts-Schlüpfling" hat nach DAS (1991*) eine Carapaxlänge von 42 mm und wiegt 8,2 g.

Alter: 18 Jahre, 11 Monate, 24 Tage im Zoo Frankfurt/Main (MERTENS 1970).

Literatur:
BHOWMICK, H. K. (1970): Notes on egg-laying habit of *Lissemys punctatus* in nature. Journ. Bengal Nat. Hist. Soc. 36(1): 166–168.
DUDA, P. L., V. K. GUPTA (1981): Courtship and mating behavior of the Indian soft shell turtle, *Lissemys punctata punctata*. Proc. Indian Acad. Sci. (Anim. Sci.) 90(4): 453–461.
DUDA, P. L., V. K. GUPTA (1982): Trans abdominal migration of ova in some freshwater turtles. Proc. Indian Acad. Sci. (Anim. Sci.) 90: 453–461.
GOLLE, C. (1975): Die Indische Klappenweichschildkröte, *Lissemys punctata punctata*, die liebenswürdigste unter den Weichschildkröten. Aquarien Terrarien 22(8): 282–283.

MERTENS, R. (1970): Über die Lebensdauer einiger Amphibien und Reptilien in Gefangenschaft. Zool. Garten (N.F.) 39: 193–209.
MINTON, S. A. (1966): A contribution to the herpetology of West Pakistan. Bull. American Mus. Nat. Hist. 134: 27–184.
PRASCHAG, R. (1992): Auf der Suche nach Schildkröten und Krokodilen in Indien und Bangladesh (Schluß). DATZ, Aquarien Terrarien 45(12): 796–802.
RUDLOFF, H.-W. (1981): Paarung und Eiablage bei *Lissemys p. punctata* (Lacépède). elaphe 3(1): 10.
THIEME, U. (1977): Erfahrungen mit Weichschildkröten 8. Aquarien Terrarien 24(10): 353–355.
THIEME, U. (1978): Erfahrungen mit Weichschildkröten 11. Aquarien Terrarien 25(1): 30–33.
VIJAYA, J. (1982): The flapshell turtles. Hornbill 1982(2): 12–14.

Malacochersus tornieri
(SIEBENROCK, 1903)
Spaltenschildkröte, E Afrikan pancake tortoise, F Tortue à carapace souple
WA II; Verordnung (EWG) Nr. 3626/82

Malacochersus tornieri

Beschreibung: Die Spaltenschildkröte gehört zur Familie Testudinidae, Unterfamilie Testudininae. Artcharakteristisch sind der flache, elastische Panzer, die großen Fontanellen im Knochenpanzer sowie die für eine Landschildkröte überaus flinke Fortbewegungsweise. Die Carapaxränder verlaufen nahezu parallel zueinander. Die Gularschilde sind wesentlich breiter als lang und erwecken den Eindruck, als „lägen sie quer". Der Kopf ist mittelgroß. Der Oberkiefer ist leicht abwärts gebogen, in der Mitte der Hornschneide sind zwei oder auch drei „Zapfen" ausgebildet. Die Schneidenränder sind leicht gesägt. Die Vorderseite der Vordergliedmaßen ist mit großen und überlappenden Schilden besetzt, die Gliedmaßen tragen kräftige Krallen. Auf dem gelblichen Carapax ist ein schwarzes Strahlenmuster ausgebildet, was im Lebensraum der Art gestaltauflösend wirkt. Der Plastron ist gelb mit soliden braunen Flecken oder braunen Radiärlinien. Kopf und Gliedmaßen sowie die Weichteile sind gelbbräunlich. Der Carapax der Jungtiere ist hochgewölbt, das gelb-schwarze Carapaxmuster zeigt noch nicht die Strahlenzeichnung der Adulti, die Farbanteile sind eher flächig angeordnet. Die Männchen besitzen längere und stärkere Schwänze als die Weibchen, die geringfügig größer werden. Die Art erreicht eine Carapaxlänge von 18 cm (ERNST & BARBOUR 1989*).
Geographische Verbreitung: Die Spaltenschildkröte ist ein Endemit Ostafrikas. Das Verbreitungsgebiet reicht in Kenia von Njoro ostwärts bis Malindi, in Richtung Süden bis nach Tansania: Busisi, Smith Sound, den Victoria See und südostwärts durch Ugogo bis nach Lindi am Indischen Ozean (LOVERIDGE & WILLIAMS 1957).
Biologie und Ökologie: Die Art besiedelt isoliert stehende Felsformationen in ariden Scrub- und Dornbuschlandschaften bis in Höhen von 1.800 m ü. NN. Dort herrschen für ein „wechselwarmes" Lebewesen harte klimatische Bedingungen. Die Tiere sind hier hauptsächlich in der Tagesmitte aktiv, d. h. außerhalb ihrer „Wohn-Felsspalte" zu entdecken. Noch bei 12 bis 15 °C wurden sie bei der Nahrungsaufnahme beobachtet. In Flachlandpopulationen sind die Tiere am Morgen und wiederum am Nachmittag bis in die Abendstunden außerhalb der Verstecke zu beobachten. *Malacochersus* ist der „Sprinter" unter den Landschildkröten und zudem ein ausgezeichneter Kletterer (vgl. ERNST & BARBOUR 1989*). Der flache und flexible Panzer ermöglicht der Schildkröte, sich in engen Gesteinsspalten z. B. vor Feinden in Sicherheit zu bringen. Dort „verkeilt" sie sich so, daß es kaum möglich ist, sie daraus zu entfernen. Ursprünglich wurde vermutet, daß die Lunge aufgebläht wird, um den flexiblen Panzer gegen die Wandungen zu drücken. IRELAND & GANS (1972) konnten jedoch keine Zunahme des intrapulmonaren Druckes in dieser Phase nachweisen. Vielmehr „haken" Spaltenschildkröten die Krallen der Vordergliedmaßen im Gestein fest und drehen die Vorderbeine nach außen, um ihre Position beizubehalten. Dem Verfolger wird dabei „das Hinterteil entgegengestreckt". Zur Erhaltung der entsprechenden körperlichen Betriebstemperatur werden die „Laufphasen" häufig durch Sonnenbäder unterbrochen. Der Panzer wird dabei senkrecht zur Strahlungsrichtung gestellt.

Wahrscheinlich werden hauptsächlich (?) Gräser gefressen. Die Nahrungsaufnahme erfolgt zumeist am Morgen.
Terrarium: PAULER (1990) hielt jeweils 1 Männchen und 2 Weibchen in Terrarien mit den Maßen 200 × 80 × 80 cm bzw. 180 × 60 × 60 cm.
Ausstattung: Der Bodengrund in PAULER's Terrarien bestand aus feinem Kies. SCHMALZ & STEIN (1994) hielten ihre Tiere auf einer 15 cm starken Schicht aus lehmigem Sand. Hohl liegende Steinplatten boten Versteckmöglichkeiten.
Heizung: Sowohl bei PAULER (1990) als auch bei SCHMALZ & STEIN (1994) wurde der Bodengrund teilweise beheizt. Bei PAULER (1990) wurden beispielsweise tagsüber unter den Steinverstecken 20

bis 24 °C, auf den Bodenheizplatten 45 °C gemessen. Nachts sank die Temperatur auf 20 bis 22 °C. Unter diesen Bedingungen war eine zweigipflige Tagesaktivität (morgens/abends) zu beobachten.
Licht: Als Beleuchtung dienten PAULER (1990) je zwei 80 Watt HQL, die 60 cm über dem Behälter angebracht wurden. Die Beleuchtung sollte täglich 12 Stunden in Betrieb sein. Tägliche UV-Bestrahlungen über 30 bis 60 Minuten sind angebracht.
Futter: Als Nahrung bot PAULER (1990) Löwenzahn, Klee, Salat, Tomaten, verschiedene Gemüsearten und das von ihm entwickelte Gelatine-Futter (PAULER 1980). Einmal pro Woche erhielten die Tiere ein Bad in temperiertem Wasser. Dabei tranken sie und setzten Kot ab.
Nachzucht: Nachzuchtberichte werden von SHAW (1970), dem 1959 erstmals die Nachzucht der Art im Terrarium gelang, HONEGGER (1970), WILKE (1980, 1984), PAULER (1990) sowie SCHMALZ & STEIN (1994) vorgelegt. DARLINGTON & DAVIS (1990) stellen Haltungs- und Nachzuchtergebnisse zusammen.
Paarung: Nach PAULER's Beobachtungen sind die Männchen bissig und versuchten sich durch Kämpfe gegenseitig auf den Rücken zu werfen. Nach solchen Beißereien liefen sie unruhig durch das Terrarium. Trafen sie dabei auf ein Weibchen, kam es spontan zu Paarungen. PAULER (1990) setzte die Weibchen von Zeit zu Zeit mit einem anderen Männchen zusammen, was sexuelle Aktivitäten auslöste. Bei SCHMALZ & STEIN (1994) erfolgte die Paarung oft unmittelbar nach Umsetzen der Tiere in die Freilandanlage (Mai bis Juni). Die Autoren machen den „... starken Lichtreiz..." bzw. die vor der Paarungszeit reichhaltigere Fütterung als Auslöser für die Paarung verantwortlich. Das Männchen verfolgte die Partnerin längere Zeit. Blieb das Weibchen stehen, wurde es vom Männchen „... von allen Seiten..." berochen. Dann ritt das Männchen in einem relativ steilen Winkel auf den Carapax der Partnerin auf. Dabei gab es keuchende Atemgeräusche von sich (SCHMALZ & STEIN 1994).
Eiablage: Die Eiablagen erfolgten vor allem in der zweiten Jahreshälfte (PAULER 1990, SCHMALZ & STEIN 1994). Die Eiablage ist nach SCHMALZ & STEIN (1994) an folgende Bedingungen gebunden:
– Störungsfreiheit in der Zeit der Auswahl bzw. Prüfung des Eiablageplatzes durch das Weibchen,
– Bodensubstrat darf beim Anlegen der Eigrube nicht in diese zurückfallen,
– Mindesttiefe des Substrates 15 cm,
– Substrattemperatur ca. 30 °C.

In der Regel wird pro Gelege ein Ei gelegt. Die beiden Weibchen bei SCHMALZ & STEIN (1994) produzierten 1 bis 6 Gelege pro Saison. Die Eigröße betrug 40 bis 49 × 23 bis 31 mm. Die Eier wogen 12 bis 17 g. Das längste von 4 Eiern, die die Weibchen bei PAULER (1990) absetzten, hatte die Maße 43 × 22 mm, das mit dem größten Durchmesser maß 42 × 39 mm. Die Eimassen lagen zwischen 10 und 23 g. Nach SHAW (1970) können die Eier 51 mm Länge und 31 mm Durchmesser aufweisen sowie 19 bis 27 g wiegen.
Inkubation: Bei PAULER (1990) wurden die Eier bei 27 bzw. 30 °C auf Torf bebrütet. Nach 142 bzw. 153 Tagen schlüpfte je ein Jungtier. SCHMALZ & STEIN (1994) erhielten von 2 Weibchen 22 Eier und konnten 12 Jungtiere ausbrüten und aufziehen. Sie inkubierten die Eier in schwach angefeuchtetem Vermiculite oder Seramis-Granulat bei 26,5 bis 28 °C. Die Autoren vermuteten, daß mit dem Trocknen des Substrats die Embryonalentwicklung einsetzt. Die Inkubationszeit betrug unter diesen Bedingungen, im nahezu trockenen Medium, 192 bis 340 Tage ($\bar{x}$ = 240 Tage). Der Schlupf wurde nach Ablauf der durchschnittlichen Inkubationszeit durch Anfeuchten des Substrats ausgelöst.
Schlüpflinge: Die 2 Schlüpflinge bei PAULER (1990) hatten Carapaxlängen von 31 bzw. 32 mm. Die Jungtiere bei SCHMALZ & STEIN (1994) maßen beim Schlupf ca. 45 mm und wogen 14 g.
Haltung der Schlüpflinge: SCHMALZ & STEIN (1994) hielten die Schlüpflinge bei 25 bis 32 °C auf lehmhaltigem Sand. Eine Sandstein-„Felsspalte", die regelmäßig befeuchtet wurde, vervollständigte die Einrichtung. Als Nahrung boten sie verschiedene, mit Vitakalk bestreute Gemüse- und Obstsorten sowie einmal im Monat vitaminisierte Bananen (0,2 ml Tricrescovit/20 g Banane). Alle Jungtiere fraßen Sand, dem der Geruch der Alttiere anhaftete. Ein Jungtier, welches auf frischem Sand gehalten wurde, nahm 10 Tage nach dem Schlupf noch keine Nahrung an. Erst nachdem es frisch abgesetzten Kot eines Alttiers gefressen hatte, begann es mit der Nahrungsaufnahme. Einmal wöchentlich erhielten die Schlüpflinge eine 20minütige UV-Bestrahlung (Ultravitalux, Osram) aus einer Entfernung von 80 cm. Nach ca. 1 ½ Jahren wurden die jungen Männchen untereinander unverträglich und griffen manchmal auch die Weibchen an. Daraufhin wurden sie einzeln gehalten.
Alter: Mindestens 9 Jahre im Zoo Zürich (HONEGGER 1969); die Mitteilung bei PAULER (1990): „... bei HONEGGER (briefl. Mitt. vom 12.7.1988) fast 13 Jahre." bezieht sich wahrscheinlich auf dieses Tier. SHAW (1970) gibt etwas mehr als acht Jahre an. PAULER (1990) erhielt seine ältesten Tiere als „ausgewachsene" Adulti im Jahr 1981.

Literatur:
DARLINGTON, A. F., R. B. DAVIS (1990): Reproduction in the Pancake tortoise, *Malacochersus tornieri*, in captive collections. Herp. Review 21(1): 16–18.
HONEGGER, R. E. (1969): Notes on some amphibians and reptiles at Zurich Zoo. Int. Zoo Yb. 9: 24–28.
HONEGGER, R. E. (1970): Beitrag zur Fortpflanzungsbiologie einiger tropischer Reptilien. Z. Freunde des Kölner Zoos 13(4): 175–179.
IRELAND, L. C., C. GANS (1972): The adaptive significance of the flexible shell of the tortoise *Malacochersus tornieri*. Anim. Behav. 20: 778–781.
LOVERIDGE, A., E. E. WILLIAMS (1957): Revision of the African tortoises and turtles of the suborder Cryptodira. Bull. Mus. Comp. Zool. Harvard 115: 163–557.
PAULER, I. (1980): Lebensweise, Ernährung und Nachzucht von *Geoemyda pulcherrima manni*. DATZ 33(3): 103–107.
PAULER, I. (1990): Zur Nachzucht der Spaltenschildkröte *Malacochersus tornieri* (SIEBENROCK, 1903). – herpetofauna 12(66): 6–10.
SCHMALZ, M., R. STEIN (1994): *Malacochersus tornieri*: Beobachtungen bei Haltung und Nachzucht. Salamandra 30(1): 12–21.
SHAW, C. E. (1970): The Hardy (and prolific) Soft Shelled Tortoise. Int. Turtle & Tortoise Soc. Journ. 4: 6–9 u. 30–31.
WILKE, H. (1980): Spaltenschildkröten, *Malacochersus tornieri*. Vivarium Darmstadt, Informationen 9–12.
WILKE, H. (1984): Breeding the Pancake Tortoise *Malacochersus tornieri* at Frankfurt/Zoo. Int. Zoo Yb. 23: 137–139.

Mauremys caspica
(GMELIN, 1774)
Kaspische Wasserschildkröte,
E Caspian turtle, F Emyde caspienne,
R Kaspiiskaja tscherepacha
BNatSchG, BArtSchV

Beschreibung: Die Kaspische Wasserschildkröte gehört zur Familie Bataguridae, Unterfamilie Geoemydinae. Entlang der Kopfseiten und am Hals sind mehr als drei gelbe Linien ausgebildet. Zwischen Augenhinterrand und Tympanum ist nie ein gelber oder orangefarbener Fleck ausgebildet. Der Carapax ist oval, flach, glatt und am Hinterrand ungesägt. Ein Mittelkiel ist bei älteren Tieren nur noch im hinteren Carapaxdrittel sichtbar. Der Plastron ist hinten eingekerbt. Am schmalen Kopf sind die schwarzen, knopfförmigen Augen besonders auffällig. Der Rückenpanzer kann bräunlich, grünlich bis beinahe schwarz gefärbt sein. Auf den Carapaxschilden sind bei der Nominatform orangefarbene Augenflecke ausgebildet. Bei *Mauremys c. rivulata* sind es gelbliche, dunkel gesäumte Flecke. Der Plastron ist entweder gelblich, und auf jedem Schild befindet sich ein mehr oder weniger großer schwarzer Fleck (Nominatform) oder bräunlich bis fast schwarz (*Mauremys c. rivulata*). Bei der Nominatform ist die Brücke gelb, die Schildnähte sind dunkel, bei *Mauremys c. rivulata* ist sie fast vollständig schwarz. Die Weichteile sind bräunlich bis grau. Entlang der Gliedmaßen sind gelbliche Streifen ausgebildet. Weibchen sind größer und haben einen stärker gewölbten Carapax als Männchen, einen relativ kurzen Schwanz, und die Kloake liegt bei ihnen unter dem Panzerrand. Der Schwanz der Männchen ist länger und dicker, die Kloake ist weiter vom Panzerhinterrand entfernt, und der Plastron ist konkav. Bei Jungtieren sind auf dem ovalen Carapax 3 Längskiele ausgebildet, die mit zunehmendem Alter undeutlicher werden. Jungtiere sind farbiger als adulte Schildkröten.

Die Carapaxlänge beträgt bei *Mauremys c. caspica* 22 bis 23 cm und bei *Mauremys c. rivulata* 21 bis 22 cm (ERNST & BARBOUR 1989*).

Geographische Verbreitung: Jugoslawien, Bulgarien, Griechenland (inkl. Kreta), Zypern, Türkei, Israel, Syrien, Saudi Arabien, Irak, Iran und der extreme Süden der ehemaligen UdSSR (BANNIKOW et al. 1977*, IVERSON 1992*, ENGELMANN et al. 1993*, FRITZ & FREYTAG 1993, SCHWEIGER 1994, FRITZ & WISCHUF 1995).

**Mauremys caspica caspica*
(GMELIN, 1774)
Von der zentralen Türkei bis zum südlichen Arabien, ostwärts bis zum Iran, Irak und in die südliche ehemalige UdSSR.

Mauremys c. rivulata
(VALENCIENNES, 1833)
Vom ehemaligen Jugoslawien (Dalmatien: nördl. Fundpunkt Pelje–ac-Halbinsel; Mazedonien: Vardar-Einzugsgebiet) über Bulgarien, Griechenland bis nach Zypern, in die W-Türkei (ausgeschlossen Zentralanatolische Hochebene!?) und Israel.
Eventuell gebührt den beiden Unterarten Artrang (vgl. FRITZ & FREYTAG 1993, FRITZ 1995). Somit sind beispielsweise Daten zum Balzverhalten, zur Eizeitigungsdauer und zum Wachstum von großem Interesse!

Biologie und Ökologie: Die Art kommt oft in größerer Individuenzahl in allen möglichen permanenten und temporären Gewässern des Verbreitungsgebietes vor, u. a. auch in Bächen und im Brackwasser (GLÄSS & MEUSEL 1972*). Die Schildkröte ist häufig beim Sonnenbaden zu beobachten. Im nördlichen Teil des Areals überwintert die Art (vgl. ALEKPEROW 1978*). Während sommerlicher Trockenperioden ästivieren die Tiere (vgl. ERNST & BARBOUR 1989*). Die Schildkröte ernährt sich von verschiedenen Invertebraten, darunter aquatisch lebenden Insekten und deren Larven, Mollusken, Kleinkrebsen, aber auch von Amphibien und deren Larven. Auch Aas wird gefressen. Im Kaukasus kommt die Art bis in 1.800 m ü. NN vor (BANNIKOW et al. 1977*).

Terrarium: Die Kaspische Wasserschildkröte ist als Pflegling für den Anfänger in der Wasserschildkröten-Haltung geeignet. Die Tiere sind anfänglich relativ scheu. Häufige und vor allem plötzliche Störungen müssen deshalb vermieden werden. Das Terrarium für eine Zuchtgruppe von einem Männchen und 2 bis 3 Weibchen sollte wenigstens 120 bis 150 cm lang, 50 cm tief sein und einen Wasserstand von 20 bis 30 cm aufweisen. Kaspische Wasserschildkröten sind ausgezeichnet für die Haltung im Freilandterrarium geeignet. Dort können sie evtl. (in klimatisch geeigneten Landesteilen) auch überwintern (vgl. *Emys orbicularis*).

Ausstattung: Moorkienholzwurzeln dienen als Unterwasserverstecke. Falls der Landteil eingehängt wird, finden die

Mauremys c. rivulata

Tiere auch darunter geeignete Schlupfwinkel. Der Landteil wird mit Sand gefüllt.

Heizung: Tagsüber kann die Wassertemperatur im Sommer zwischen 25 bis 28 °C liegen, nachts um einige Grade sinken. Über dem Landteil wird ein starker Hellstrahler (PHILIPS PAR 38 EC spot oder OSRAM CONCENTRA PAR 38 EC) angebracht, unter dem sich die Schildkröten sonnen können. Schildkröten aus dem nördlichen Teil des Verbreitungsgebietes sollten bei 4 bis 8 (10) °C und Dunkelheit wenigstens 2 bis 3 Monate überwintert werden (vgl. **Emys orbicularis**). Für Tiere aus dem südlichen Arealteil genügt ein mehrmonatiges Absenken der Wassertemperatur auf etwa 12 bis 15 °C und die Reduzierung der täglichen Beleuchtungsdauer auf 6 bis 8 Stunden.

Licht: Die Ansprüche an die Beleuchtungsstärke sind hoch. Als Lichtquellen dienen Leuchtstofflampen (OSRAM Biolux, Lumilux DE LUXE Daylight; Philips TL-D; evtl. 30 bis 60 Minuten täglich UV-Bestrahlung mit Philips TL 05, TL 09, TL 12) in Kombination mit HQL-Lampen. Im Sommer wird 16 Stunden täglich beleuchtet.

Futter: Neben dem Gelatine-Futter werden auch Mollusken, Regenwürmer, Insekten, Fischstücke und Pflanzen angeboten. Hin und wieder sollen ganze Süßwasserfische gefüttert werden, die die Tiere mit den Krallen zerreißen und portionsweise verzehren.

Nachzucht: Die Nachzucht der Nominatform ist u. a. KAU (1983 a,b), und in den letzten Jahren regelmäßig bei LANGULA, Erfurt, (mündl. Mitt.) gelungen.

Paarung: Die Paarung erfolgt im Frühjahr. Es sind auch Herbstpaarungen bekannt geworden (ANDERSON 1979). Das Männchen führt frontal vor dem Weibchen kreisende Bewegungen mit dem Kopf aus und reitet schließlich auf den Rückenpanzer der Partnerin auf.

Eiablage: 4 bis 6 Wochen nach der Paarung erfolgt die Eiablage. Sie fand bei KAU's Tieren zumeist von Anfang Juni bis Mitte Juli und vielfach nach 16.00, oft erst gegen 22.00 Uhr statt. Pro Gelege können von großen Weibchen bis zu 16 Eier abgesetzt werden. Sie messen 20 bis 30 mm x 35 bis 40 mm. BANNIKOW et al. (1977*) geben Eilängen von 39 bis 44 mm und Massen von 9 bis 10 g an.

Inkubation: Bei einer Bruttemperatur von durchschnittlich 27 °C schlüpften die Jungtiere nach rund 90 Tagen (KAU 1983 a,b), was auch mit der Angabe zur Inkubationszeit bei BANNIKOW et al. (1977*) übereinstimmt.

Schlüpflinge: Schlüpflinge haben eine durchschnittliche Carapaxlänge von etwa 33 mm.

Haltung der Schlüpflinge: Die Tiere werden gruppenweise gehalten. Der Wasserstand sollte zunächst nur 5 bis 10 cm betragen und die Temperatur um 28 bis 30 °C liegen. Sonnenplätze und Unterwasserverstecke müssen vorhanden sein. Die Fütterung erfolgt zunächst täglich, mit Regenwürmern, Kleinkrebsen, Insektenschrot und Gelatinefutter. Jungtiere hält man im Winterhalbjahr ca. 4 bis 6 Wochen bei Wassertemperaturen um 12 °C, 8 stündiger Beleuchtung und gedrosselter Beleuchtungsstärke.

Geschlechtsreife: Nach BANNIKOW et al. (1977*) tritt die Geschlechtsreife nach 10 bis 11 Jahren mit 14 bis 16 cm Carapaxlänge ein.

STEMMLER (1973) erhielt aus der Kreuzung *Mauremys c. caspica* (M) x *Mauremys c. rivulata* 2 Jungtiere. Das ist der erste Hinweis auf Hybridisierung zwischen beiden Formen (vgl. FRITZ & FREYTAG 1993, FRITZ 1995)

Mauremys c. rivulata

Anmerkung: Nach Redaktionsschluß wurden mir die Arbeiten von WISCHUF (1995) sowie WISCHUF & FRITZ (1996) zugänglich. Nach WISCHUF (1995) gebührt beiden o. g. Unterarten Artrang: *Mauremys caspica* (mit den Unterarten *M. c. caspica*, *M. c. siebenrocki*, *M. c. schiras*) und *Mauremys rivulata* (mit den Unterarten *M. r. rivulata* und *M. r. tristrami*). WISCHUF & FRITZ (1996) beschreiben als weitere Unterart *Mauremys caspica ventrimaculata*.

Literatur:
ANDERSON, S. C. (1979): Synopsis of the turtles, crocodiles and amphisbaenians of Iran. Proc. California Acad. Sci. 41: 501–528.
FRITZ, U. (1995): Schildkröten-Hybriden. 2. Halsberger-Schildkröten (Cryptodira). herpetofauna 17 (95): 19–34.
FRITZ, U., O. FREYTAG (1993): The distribution of *Mauremys* in Asia Minor, and first record of *M. caspica caspica* (GMELIN, 1774) for the internally drained basin of Anatolia (Testudines: Cryptodira: Bataguridae). HERPETOZOA 6 (3/4): 97–103.
FRITZ, U., T. WISCHUF (1995): Einige Richtigstellungen zu Verbreitungsangaben von *Mauremys caspica*. Salamandra 31 (4): 237–242.
KAU, H. P. (1983a): Pflege und Nachzucht Europäischer Wasserschildkröten. Die Schildkröte Sonderheft 3: 1–38.
KAU, H. P. (1983b): Erfolgreiche Nachzuchten bei im Freiland gehaltenen Europäischen Süßwasserschildkröten. herpetofauna 5 (24): 27–30.
SCHWEIGER, M. (1994): Ergänzende Bemerkungen zur Verbreitung von *Mauremys caspica* (GMELIN, 1774) in Kleinasien (Testudines: Cryptodira: Bataguridae). HERPETOZOA 7 (1/2): 67–70.
STEMMLER, O. (1973): Beschreibung von zwei jungen hybriden Bachschildkröten: *Clemmys caspica rivulata* x *Clemmys caspica caspica* (Reptilia: Testudines). Zool. Abh. Staatl. Mus. Tierkde. Dresden 32 (19): 309–312.
WISCHUF, T. (1995): Geographische Variabilität der Bachschildkröte *Mauremys caspica* (Gmelin, 1774) in Süd-Ost-Europa und Westasien (Reptilia: Cryptodira: Bataguridae). – unveröff. Dipl.-Arb. Univ. Hohenheim, 86 S.
WISCHUF, T., & U. FRITZ (1996): Eine neue Unterart der Bachschildkröte (*Mauremys caspica ventrimaculata* subsp. nov.) aus dem Iranischen Hochland. – Salamandra 32 (2): 113–122.

Mauremys leprosa
(SCHWEIGGER, 1812)
Maurische Wasserschildkröte, E Spanish terrapin, Mediterranean turtle, F Emyde lépreuse, SP Galápago leproso, P Cágado
BNatSchG, BArtSchV

Beschreibung: Die Maurische Wasserschildkröte gehört zur Familie Bataguridae, Unterfamilie Geoemydinae. An den Kopf- und Halsseiten befinden sich mehrere gelbliche Streifen. Zwischen Auge und Trommelfell ist ein rundlicher gelber bis orangefarbener Fleck deutlich. Der Carapax ist relativ flach, an den Rändern ungesägt und bei Alttieren mit einem leichten Mittelkiel versehen. Der Plastron ist groß und am Hinterrand eingekerbt. Im Vergleich mit *Mauremys caspica* ist der Kopf unserer Art relativ dick. Durch die Iris verläuft eine waagerechte schwarze Linie. Der Carapax ist bräunlich bis olivfarben mit großen, gelben bis orangefarbenen Flecken auf jedem Schild. Über den Mittelkiel zieht sich eine orangefarbene oder gelbliche Linie, die mit zunehmendem Alter verblassen kann. Auf dem gelblichen Plastron befinden sich entweder eine große, schwarze Zentralfigur oder dunkle Flecke auf jedem Schild. Auf der gelblichen Brücke sind jeweils zwei schwarze Flecke zu sehen. Hals, Gliedmaßen und Schwanz sind olivfarben und mit gelblichen Längslinien oder einer hellen Schnörkelzeichnung versehen. Weibchen werden größer, haben einen flachen Plastron, breitere Köpfe, kürzere Schwänze, und die Analöffnung liegt bei ihnen näher am Carapaxrand als bei den Männchen. Bei letzteren ist der Plastron konkav. Jungtiere besitzen 3 Carapaxkiele, die Lateralkiele verschwinden mit zunehmendem Alter. Carapaxlänge bis 20 cm, evtl. größer (ERNST & BARBOUR 1989*).

Geographische Verbreitung: Von S-Frankreich durch Spanien und Portugal, Libyen, Tunesien, Algerien, Marokko. Vorkommen im Senegal, in Dahomey und in Niger sind fraglich (IVERSON 1992*, ENGELMANN et al. 1993*, BARBADILLO ESCRIVA 1987*).

Biologie und Ökologie: Die Art bewohnt sowohl Stand- als auch Fließgewässer. Sie kommt im Brackwasser vor, ist in Oasen-Brunnen und auch in Latrinen beobachtet worden (GLÄSS & MEUSEL 1972*). In Portugal erstreckt sich die Höhenverbreitung bis auf 660 m

Mauremys leprosa

ü. NN (MALKMUS 1995*), in Zentralspanien bis in 1.040 m ü. NN (GARCIA-PARIS et al. 1989). Die Tiere nehmen sehr gern Sonnenbäder. Im südlichen Teil des Verbreitungsgebietes wird evtl. zwischen Mai und Oktober (!) eine Sommerruhe gehalten. Im nördlichen und östlichen Portugal überwintern die Schildkröten zwischen November und Februar/März. Die Winterruhe kann bei günstigem Wetter unterbrochen werden (MALKMUS 1995*). In der Natur werden Fische, Amphibien und deren Larven, Insekten, aquatisch lebende Invertebraten, aber auch Pflanzen gefressen. Große Exemplare sollen auch kannibalistisch sein.

Terrarium: Auch die Maurische Wasserschildkröte ist für den Anfänger in der Wasserschildkrötenhaltung geeignet. Die Haltungsbedingungen entsprechen denen der Kaspischen Wasserschildkröte. Allerdings gilt es zu beachten, daß unsere Art aus einem atlantischen Klimabereich stammt, Mauremys caspica hingegen in kontinental geprägten Klimaten vorkommt.

Nachzucht: Im Terrarium wurde die Art von VROOM (1978) sowie FERBY & DEMEL (1986) nachgezogen.

Paarung: Paarungen finden im März/April statt. Vor der Kopula verfolgt das Männchen die Partnerin und beißt sie in Flanken, Schwanz und Gliedmaßen. Verhält sie sich passiv, schwimmt es auf ihren Carapax, klammert sich mit den Füßen am Panzerrand fest und verbeißt sich in ihrer Halshaut. Nun versucht das Männchen, den Penis in ihre Kloake zu führen. Das Weibchen verhält sich dabei passiv und hat Gliedmaßen und Hals eingezogen. Die Paarung kann auch an Land stattfinden. KAU (1983) beobachtete, daß die Männchen mit dem Kopf kreisende Bewegungen frontal vor der Partnerin ausführen.

Gelege: Es werden 6 bis 9 Eier (35 × 21 mm) in eine flache Grube gelegt. Bei VROOM (1978) legte ein Weibchen 8 Eier im August 1977. Unter natürlichen Verhältnissen erfolgen Eiablagen im Mai/Juni.

Inkubation: VROOM (1978) inkubierte die Eier bei 28 °C. Nach 77 Tagen schlüpfte das erste von 7 Jungtieren. Die Inkubationszeit variiert unter natürlichen Bedingungen zwischen 25 (!?) und 75 Tagen (ERNST & BARBOUR 1989*). MALKMUS (1995*) fand Schlüpflinge an den Flüssen der östlichen Serra do Caldeiro, Portugal, im April, was auch PFAU (1988) für die Küstenebene der Algarve bestätigt. Das könnte eventuell ein Hinweis darauf sein, daß die Tiere in der Eigrube überwintert und sich erst im Frühjahr ausgegraben haben.

Schlüpflinge: Die Schlüpflinge bei VROOM (1978) hatten Carapaxlängen zwischen 27,2 und 32,2 mm, die Körpermassen lagen zwischen 4,5 und 5,0 g.

Haltung der Schlüpflinge: Schlüpflinge und Jungtiere sind scheu. Die Haltung erfolgt wie bei Mauremys caspica beschrieben.

Geschlechtsreife: Nach SALVADOR (1985*) werden Männchen mit 7 Jahren (Carapaxlänge 135 bis 140 mm) und Weibchen zwischen 7 und 8 Jahren (Carapaxlänge 138 bis 150 mm) geschlechtsreif.

Literatur

FERBY, A., M. DEMEL (1986): Durch Nachzucht erhalten: Die Maurische Wasserschildkröte. Aquarien Magazin 1986: 326–329.
GARZIA-PARIS, M., C. MARTIN, J. DORDA, M. ESTEBAN (1989): Atlas provisional de los anfibios y reptiles de Madrid. Rev. Esp. Herp. 3(2): 237–257.
KAU, H. P. (1983): Pflege und Nachzucht Europäischer Süßwasserschildkröten. Die Schildkröte 3: 1–38.
PFAU, J. (1988): Beitrag zur Verbreitung der Herpetofauna der Niederalgarve (Portugal). Salamandra 24(4): 258–275.
VROOM, T. (1978): Verzorging en kweek van de spaanse beekschildpad, Clemmys caspica leprosa (SCHWEIGER, 1812). Lacerta 37: 5–16.

Mauremys mutica

Mauremys mutica
(CANTOR, 1842)
Gelbe Sumpfschildkröte, E Yellow pond turtle, Asian yellow pond turtle, F Emyde mutique

Beschreibung: Die Gelbe Sumpfschildkröte gehört zur Familie Bataguridae, Unterfamilie Geoemydinae. In der Literatur wurden Mauremys mutica (CANTOR, 1842) und Chinemys nigricans (GRAY, 1834) häufig verwechselt. Chinemys kwangtungensis (POPE, 1934) gilt als Synonym von Chinemys nigricans (zur Taxonomie vgl. IVERSON & MCCORD 1989, ZHAO & ADLER 1993*). Die unten zitierten Haltungs- und Nachzuchtberichte beziehen sich wahrscheinlich alle auf Mauremys mutica. Von IVERSON & MCCORD (1994) wird auch Annamemys annamensis (SIEBENROCK, 1903) zur Gattung Mauremys gestellt. Sie zeigt die meisten Gemeinsamkeiten mit Mauremys mutica.

Charakteristisch für unsere Art ist ein breiter, gelblicher, an der Oberkante dunkel begrenzter Streifen beiderseits des Kopfes, der vom Auge über das Trommelfell bis zum Hals führt. Der am Hinterrand leicht gesägte Carapax zeigt einen flachen Mittelkiel. Die beiden Seitenkiele sind bei Alttieren kaum noch sichtbar. Der Plastron ist breit und entspricht der unteren Panzeröffnung beinahe vollkommen. Die Gliedmaßen sind sehr kräftig, Schwimmhäute sind nicht oder kaum ausgebildet. Der Carapax ist graubraun bis braun, die Schildnähte sind dunkler. Der Plastron ist gelblich bis orangefarben. Auf jeder Schildaußenkante ist ein dunkler Fleck zu sehen. Kopf und Hals sind oberseits grau bis olivfarben. Neben dem artcharakteristischen oberen Kopfseitenstreifen kann ein weiterer, gelber Streifen diagonal vom unteren Augenrand bis unter des Trommelfell ziehen. Ein gelblicher Streifen ist auch im oberen Halsbereich sichtbar. Kinn und Halsunterseite sind gelb gefärbt. Die Gliedmaßen und der Schwanz haben oberseits eine graubraune Grundfarbe, unterseits sind sie gelb.

Männchen haben leicht konkave Plastra. Ihre Schwänze sind stärker und länger als die der Weibchen. Bei Jungtieren verläuft entlang des Mittelkiels ein dunklerer Streifen. Die Carapaxseitenkiele sind deutlicher als bei Alttieren. Die dunklen Zeichnungselemente des Plastrons fließen zu je einem nach außen gewölbten Längsband zusammen, so entsteht eine elliptische Figur mit hellem Zentrum.

Die Art kann eine Carapaxlänge von 20 cm erreichen (ERNST & BARBOUR 1989*).

Geographische Verbreitung: China: Guangdong, Guangxi; evtl. im nördlichen Vietnam (IVERSON 1992*).

Biologie und Ökologie: Die Schildkröte bewohnt die unterschiedlichsten Stand- und langsamströmenden Fließgewässer vom Flachland bis in 400 m ü. NN. Die Art sonnt sich gern (ERNST & BARBOUR 1989*). Nach ZHOU & ZHOU (1991*) werden u. a. Schnecken und Regenwürmer gefressen.

Terrarium: Die Gelbe Sumpfschildkröte ist dem Anfänger in der Wasserschildkrötenhaltung zu empfehlen. GRYCHTA (1990) hielt eine Zuchtgruppe von einem Männchen und 3 Weibchen in einem Aquaterrarium mit den Maßen 160 cm × 80 cm und einem Wasserstand von 25 cm.

Ausstattung: Moorkienholzwurzeln bilden Versteckplätze unter Wasser. Ein Drittel der Behältergrundfläche wird vom Landteil eingenommen, der mit Sand gefüllt wird.

Heizung: Die Wassertemperatur betrug bei GRYCHTA (1990) 22 °C, die der Luft lag im Sommer bei 28 °C und im Winter bei 25 °C. Ein starker Hellstrahler (PHILIPS PAR 38 EC spot oder OSRAM CONCENTRA PAR 38 EC) über dem Landteil kommt dem Bedürfnis der Art nach Sonnenbädern nach. Tiere aus dem nördlichen Teil des Artareals hält man im Winter für 2 bis 3 Monate evtl. etwas kühler (18 bis 20 °C).

Licht: Zur Beleuchtung dienen Leuchtstofflampen (OSRAM Biolux, Lumilux DE LUXE Daylight; Philips TL-D; evtl. 30 bis 60 Minuten täglich UV-Bestrahlung mit Philips TL 05, TL 09, TL 12), die im Sommer 14 bis 16 Stunden täglich, im Winter 10 bis 12 Stunden (Beleuchtungsstärke gedrosselt) in Betrieb sind.

Futter: Bei GRYCHTA (1990) wurde nur tierische Nahrung angenommen. Bei WESER (1989) fraßen die Schildkröten auch Früchte, Kartoffeln, Eierteigwaren und Haferflocken.

Nachzucht: Die Fortpflanzung gelang im Terrarium häufiger (LUTTENBERGER 1971, ABRAHAM 1981, WESER 1989, GRYCHTA 1990).

Paarung: Bei GRYCHTA (1990) war das Männchen ganzjährig paarungswillig. Seine Beobachtungen zum Paarungsverhalten sollen hier zitiert werden: „Beide Tiere "tänzeln„ und "hüpfen„, wobei sie sich mehrfach im Kreis drehen, dabei reißen sie das Maul weit auf. Nach dem Aufreiten und Festbeißen an der Nackenhaut des Weibchens versucht das Männchen, den Kopf des Weibchens in den Panzer zu drücken, dies dauert ungefähr 10–15 min. Die Kopulation wird mit pumpenden rhythmischen Bewegungen eingeleitet. In dieser Zeit löst das Männchen den Nackenbiß und hängt auf dem Rücken des weiblichen Tieres. Nach 10–15 min, solange bleiben beide vereint, beginnt das Weibchen erneut zu hüpfen und zu tänzeln, das Männchen hängt teilnahmslos ohne Klammerung nur mit dem Penis fest und läßt sich mitziehen. Nach 2–3 min löst es sich und fällt ab. Daraufhin wendet sich das Weibchen um und animiert erneut das Männchen mit weit aufgerissenem Maul und hüpfenden Bewegungen. Eine zweite Kopulation schloß sich jedoch nicht an."

Eiablage: Von GRYCHTA's Tieren wurden 2 Eier nach Oxytocin-Injektion abgelegt und maßen 35 × 18 mm bzw. 36 × 17,5 mm. Auch bei WESER (1989) legte ein Weibchen 2 Eier, die jedoch deutlich größer waren: 50 × 22 mm, 53 × 23 mm. 4 Monate nach dem ersten Gelege wurde bei WESER ein weiteres (nach Oxytocin-Gabe) abgesetzt, was auch aus 2 Eiern (65 × 25 mm) bestand.

Inkubation: Bei GRYCHTA (1990) schlüpften die Jungtiere nach 61 bzw. 63 Tagen. WESER (1989) inkubierte das erste Gelege bei konstant 28 °C und die Jungtiere schlüpften nach 65 bzw. 69 Tagen. Das zweite Gelege wurde zwischen 23 und 28 °C inkubiert, wonach der Schlupf nach 77 Tagen erfolgte.

Schlüpflinge: Die Schlüpflinge bei GRYCHTA (1990) hatten folgende Maße: Carapaxlängen 42 bzw. 44 mm; Masse 10 bzw. 11 g.

Haltung der Schlüpflinge: Die Haltung erfolgt zunächst bei einem Wasserstand von 5 cm und einer Wassertemperatur von 27 °C. Unterwasserverstecke und ein Sonnenplatz werden angeboten. Bereits 2 Tage nach dem Schlupf fraßen die Nachzuchttiere bei WESER (1989) Herzfleischstücke und Mehlwürmer. Man sollte jedoch eine etwas abwechslungsreichere „Naturkost" bieten.

Literatur:
ABRAHAM, G. (1981): *Mauremys nigricans*-Dreikielschildkröte (Nachzucht im Zimmerterrarium). SAURIA 3(3): 21–25.
GRYCHTA, U. (1990): *Mauremys nigricans*-die Dreikielwasserschildkröte. Ein Bericht über Haltung, Paarungsverhalten, Eiablage und Zeitigung eines Geleges. elaphe 12(2): 23–26.
IVERSON, J. B., W. P. MCCORD (1989): The proper taxonomic allocations of *Emys nigricans* Gray, *Emys muticus* CANTOR, and *Geoclemys kwangtungensis* POPE. Amphibia-Reptilia 10(1): 23–33.
IVERSON, J. B., W. P. MCCORD (1994): Variation in East Asian Turtles of the Genus *Mauremys* (Bataguridae; Testudines). Journ. Herpetol. 28(2): 178–187.
LUTTENBERGER, F. (1971): Nachzucht von *Clemmys nigricans*. – DATZ 24(3): 97–100.
WESER, R. (1989): Zur Nachzucht der Dreikiel-Wasserschildkröte, *Mauremys nigricans* (GRAY, 1834). elaphe 11(4): 64–66.

Melanochelys trijuga
(SCHWEIGGER, 1812)
Schwarzbauch-Erdschildkröte, E Indian black turtle, F Emyde noire à trois arêtes

Beschreibung: Die Schwarzbauch-Erdschildkröte gehört zur Familie Bataguridae, Unterfamilie Geoemydinae. Ein wichtiges Artkennzeichen ist der dreikielige, relativ flache dunkelbraun bis schwarze Carapax. Die Schwimmhäute reichen an den Händen und Füßen bis an die Krallenansätze. Manchmal sind die Carapaxkiele gelblich. Der Plastron ist ebenfalls dunkelbraun bis schwarz und zumeist von einem gelben Band eingefaßt. Die Weichteile sind grau bis

Melanochelys trijuga thermalis

schwarz. Die Kopfzeichnung ist sehr variabel und bislang die Basis für die Differenzierung der Unterarten. Sie kann aus einem gelblichen bzw. orangefarbenen Flecken- oder Schnörkelmuster oder jeweils aus einem großen gelben Fleck in der Temporalregion bestehen. Alte Exemplare (Männchen?) der Unterart *Melanochelys trijuga thermalis* können gänzlich schwarze Köpfe aufweisen. Männchen haben einen längeren Schwanz als Weibchen, der außerdem an der Basis verdickt ist. Der Plastron der Männchen ist konkav gewölbt. Sie besitzen an den Hinterfüßen, wie *Terrapene*-Männchen, eine „Hakenkralle". Zwischen Brücke und Plastron ist bei den Weibchen eine breite Bindegewebsnaht deutlich. Dadurch ist die Beweglichkeit des Panzers bei der Ablage der sehr großen Eier gewährleistet. Carapaxlänge bei *Melanochelys t. trijuga* bis 22 cm und bei *Melanochelys t. parkeri* bis 38 cm (ERNST & BARBOUR 1989*, DAS 1991*).

Geographische Verbreitung: Indien, Nepal, Sri Lanka, Bangladesh und Burma, ebenso auf den Malediven und Chagos Inseln (Diego Garcia); möglicherweise auch in Nepal (IVERSON 1992*). Es werden sieben Unterarten akzeptiert (vgl. DAVID 1994*).

Biotop: Die Schwarzbauch-Erdschildkröte bewohnt sowohl Still- als auch Fließgewässer und wurde von G. PRAEDICOW, Erfurt, meiner Frau und mir auch im Mangrovengürtel des Küstenbereichs von SW-Sri Lanka gefunden. Die Art wurde z. T. weit vom Wasser entfernt beobachtet. Während der Trockenzeiten ästiviert *Melanochelys trijuga parkeri* DERANIYAGALA, 1939, unter abgestorbenen Pflanzenmaterialien. *Melanochelys t. thermalis* wurde in Sri Lanka in (selbstgegrabenen?) Höhlungen angetroffen. Nach DERANIYAGALA (1939*) ernährt sich *Melanochelys t. thermalis* u. a. von Früchten, Schnecken, Insektenlarven und Kot. DAS (1991*) publiziert weitere biologische Daten über die einzelnen Unterarten.

Als Kuriosum sei eine Beobachtung von DINERSTEIN et al. (1987) angeführt. Sie fanden Eier in Kothügeln des Indischen Panzernashorns (*Rhinoceros unicornis*), die sie *Melanochelys* zuordneten. Die Haufen erreichen Höhen von 70 cm. Sie werden von sämtlichen Tieren einer Gruppe angelegt, um die Wechsel geruchlich zu markieren, da Panzernashörner schlecht sehen können (vgl. PFLUMM 1989, S. 318*).

Terrarium: Am häufigsten wird die Unterart *Melanochelys t. thermalis* (LESSON, 1830) im Terrarium gehalten. Sie kommt auf Sri Lanka, den Malediven und in SE-Indien vor. Für eine Zuchtgruppe von 3 bis 4 Tieren muß ein Aquaterrarium mit den Mindestmaßen 150 cm × 50 cm und einem Wasserstand von 25 bis 30 cm zur Verfügung stehen. Im Sommerhalbjahr habe ich die Art im Freiland gehalten.

Ausstattung: Für Versteckplätze unter Wasser sorgen entsprechend angeordnete Moorkienholzwurzeln. Der Landteil wird mit einer Sand-Laub-Torf-Mischung gefüllt. Hier graben sich die Tiere oft ein.

Heizung: Die Wassertemperatur kann zwischen 25 und 30 °C liegen, die Luft sollte wärmer sein. Über dem Landteil wird ein starker Hellstrahler (Philips Par 38 Ec spot oder Osram Concentra Par 38 Ec) angebracht, unter dem sich die Schildkröten sonnen können.

Licht: Wahrscheinlich hat die Art höhere Ansprüche an die Beleuchtungsstärke (evtl. experimentieren). Wir beleuchten mit Leuchtstofflampen (Osram Biolux, Lumilux DE LUXE Daylight; Philips TL-D; evtl. hin und wieder UV-Bestrahlung mit Philips TL 05, TL 09, TL 12) und evtl. HQL-Lampen. Sie sollten 12 Stunden täglich in Betrieb sein. Die Schildkröten sind verschiedentlich auch in der Dämmerung und nachts aktiv.

Nachzucht: Die Fortpflanzung gelang im Terrarium des öfteren (vgl. RUDLOFF 1990*).

Paarung: Nach RUDLOFF (1990)* nähert sich das Männchen der Partnerin von hinten, steigt auf ihren Rückenpanzer und bringt sie durch Nackenbisse zum Einziehen von Hals und Kopf. Die eigentliche Paarung konnte nicht beobachtet werden, da sie nachts erfolgte und die Schildkröten dann sehr störungsanfällig waren.

Eiablage: Die Eier wurden hauptsächlich im März/April gelegt. Es können mehrere Gelege produziert werden. Zumeist setzen die Weibchen nur 2 bis 3 große, spindelförmige (45 × 22 mm) Eier ab. Nach DERANIYAGALA (1939*) wurden in der Western Province (Sri Lanka) Eiablagen im Januar, Juli und November beobachtet. Er ermittelte folgende Ei-Daten: $\bar{x} = 46{,}94 \times 26{,}70$ mm (n = 24); $\bar{x} = 22{,}2$ g (n = 14).

Inkubation: Bei einer durchschnittlichen Temperatur von 25 °C schlüpften die Jungtiere bei RUDLOFF (1990*) nach rund 70 Tagen. Nach DERANIYAGALA (1939*) schlüpfen die Jungtiere in Sri Lanka nach etwa 2 Monaten.

Schlüpflinge: Sie haben eine Carapaxlänge von etwa 40 mm.

Haltung der Schlüpflinge. Schlüpflinge sollten bei einer Wassertemperatur von etwa 27 bis 30 °C gehalten werden. Der Wasserstand liegt zunächst bei 5 cm. Es werden verschiedene Unterwasserverstecke und ein Sonnenplatz angeboten.

Als Nahrung dienen Wasserflöhe, Regenwürmer, Rind- und Geflügelfleisch, Fisch und auch vegetarische Kost.

Geschlechtsreife: Unter Terrarien-Verhältnissen wird die Geschlechtsreife nach etwa 5 Jahren erreicht. Dann haben die Schildkröten eine Carapaxlänge von ca. 15 cm (RUDLOFF 1990*). Sekundäre Geschlechtsmerkmale werden ab ca. 12 cm Carapaxlänge deutlich. Auch Jungtiere wurden schon bei Paarungsversuchen beobachtet (NÖLLERT 1980).
Alter: 39 Jahre, 8 Monate im Zoo Philadelphia (BOWLER 1977).

In der Madras Crocodile Bank wurden unter experimentellen Bedingungen Bastarde zwischen den Unterarten *trijuga*, *indopeninsularis* und *thermalis* erreicht (DAS 1991*).

Literatur:
BOWLER, J. K. (1977): Longevity of reptiles and amphibians in North American collections. Misc. Publ. Soc. Amphib. Rept. Philadelphia No. 6: 1–32.
DINERSTEIN, E., G. R. ZUG, J. C. MITCHELL (1987): Notes on the biology of *Melanochelys* (Reptilia, Testudines, Emydidae) in the Terai of Nepal. J. Bombay nat. Hist. Soc. 84(3): 687–688.
NÖLLERT, A. (1980): Einige Bemerkungen zum Verhalten junger Schwarzbauch-Erdschildkröten, *Melanochelys trijuga thermalis* (LESSON, 1830). elaphe 2(2): 20–21.

Pelodiscus sinensis
(WIEGMANN, 1835)
Chinesische Weichschildkröte,
E Chinese softshell turtle, Suppon,
F Trionyx de Chine, R Kitaiskii trioniks

Beschreibung: Die Chinesische Weichschildkröte gehört zur Familie Trionychidae, Unterfamilie Trionychinae. Artcharakteristische Merkmale sind: 7 Plastralcallositäten und ein Muster aus weißen, dunkel umrandeten Flecken an Ober- und Unterlippe sowie im Kehlbereich. Der Carapax ist bei Alttieren größtenteils glatt, lediglich im Nackenbereich befinden sich einige knopfförmige Tuberkel. Jungtiere besitzen auf dem Carapax Längsreihen aus kleinen Tuberkeln. Der Kopf ist nicht übermäßig groß. Die scharfen Hornschneiden sind von fleischigen Lippen überdeckt und die Nase ist schnorchelförmig verlängert. An Händen und Füßen sind kräftige, spitze Krallen sowie große Schwimmhäute ausgebildet. Die Carapaxfärbung variiert von moosgrün, olivfarben bis grau. Jungtiere haben darauf oft ein Muster aus runden, hellgerandeten schwarzen Flecken. Der Plastron kann weiß, gelblich, orange oder lachsrot gefärbt sein. Bei Schlüpflingen ist er mit schwarzen Flecken versehen (vgl. Abb. in MAO 1971*). Kopf und Weichteile sind olivfarben bis gelblichweiß. An Kopf und Hals sind nicht selten feine schwarze Linien zu sehen. Die Männchen bleiben kleiner und besitzen längere und stärkere Schwänze als die Weibchen. Die Kloakenöffnung liegt bei den Männchen näher an der Schwanzspitze als bei den Weibchen. Carapaxlänge bis 25 cm (ERNST & BARBOUR 1989*).

Geographische Verbreitung: Die Art kommt im Amur und Ussuri Becken (SO Sibirien, Rußland), China (von der Mandschurei nach Taiwan und Hainan) Korea, Japan und N-Vietnam vor. Auf Hawai (USA) wurde sie ausgesetzt (BANNIKOW et al. 1977*, IVERSON 1992*, ERNST et al. 1994*). Nach KLINGELHÖFFER (1959*) wurden 1913 in der bayerischen teichwirtschaftlichen Versuchsstation Wielenbach einige Tiere ausgesetzt. Bis 1923 wurden „Überlebende dieser Aktion" beobachtet.

Eventuell „verbergen" sich hinter *Pelodiscus sinensis* mehrere Taxa (vgl. ZHAO & ADLER 1993*: Plate 20 F, G, S. 175–176, CHKHIKVADZE 1987, DAVID 1994*, FRITZ 1995), so daß hier besser von einem *Pelodiscus sinensis* Komplex gesprochen werden sollte.

Biologie und Ökologie: Sie ist eine der häufigsten Schildkröten Chinas (ZHOU & ZHOU 1991*) und lebt dort in Flüssen, Seen, Weihern, Kanälen und Bächen sowie auch im Brack- und Salzwasser (MELL 1938). Auf Kauai, Hawai, besiedelt sie das Marschland und Meliorationskanäle sowie kleine Flüsse, die in den Kapaa Canal entwässern (ERNST et al. 1994*). In China soll die Art bis in 1.940 m ü. NN gefunden worden sein (MELL 1938). Dabei bleibt aber unklar, ob es sich um Freilandbeobachtungen oder Tiere vom Markt gehandelt hat. Nach dem gleichen Autor soll *Pelodiscus sinensis* im Norden des Verbreitungsgebiets tag-, im Süden dämmerungs- bis nachtaktiv sein. In Mittel- und Nordchina beobachtete MELL (1938) die Tiere an heißen Sonnentagen während der Mittagszeit stellenweise in Massen beim Sonnenbaden; im Süden hingegen selten. MAO (1971*) beobachtete in einer Schildkrötenfarm (Taiwan) Jungtiergruppen, die sich auf Hölzern sonnten, die auf dem Wasser trieben. Tiere im Terrarium (China) überwinterten, als die Wassertemperatur unter 15 °C fiel. MELL (1938) registrierte in Südchina Wassertemperaturen im Lebensraum der Art von 28 bis 30 °C (zwischen 20. Mai und 20. Oktober). Beim Austrocknen der Wohngewässer können die Schildkröten ästivieren (MELL 1938). Als Nahrung dienen Fische, Krustentiere, Mollusken, Insekten und Samen von Wasserpflanzen (POPE 1935*).

Terrarium: Die Behälterausstattung entspricht weitestgehend der, die bei *Dogania subplana* beschrieben wurde. Die Felsaufbauten können wegfallen. Im Sommer kann man die Tiere im Freilandterrarium halten. *Pelodiscus* ist sehr bissig, weswegen auch die Einzelhaltung zu empfehlen ist (vgl. THIEME 1977, DATHE 1987). Der Behälter ist so zu konstruieren, daß Unbefugte nicht mit den Tieren in Kontakt kommen. In Kinderhänden haben größere Weichschildkröten schon wegen ihrer Bissigkeit nichts zu suchen!

Heizung: Die Wassertemperatur kann im Sommer, je nach Herkunft, um 25 bis 30 °C liegen, die Lufttemperatur etwas darüber. Im Winter sollten Tiere aus dem nördlichen Teil des Verbreitungsgebietes bei 15 bis 20 °C Wassertemperatur gehalten werden bzw. bei noch niedrigeren Temperaturen und Dunkelheit im Wasser einige Wochen überwintert werden (vgl. *Emys orbicularis*). Ein Hellstrahler (PHILIPS PAR 38 EC spot oder OSRAM CONCENTRA PAR 38 EC) wird am Übergang zwischen Land- und Wasserteil installiert.

Licht: Zur Beleuchtung dienen Leuchtstofflampen (OSRAM Biolux, Lumilux DE LUXE Daylight; Philips TL-D; evtl. ab und zu 30 bis 60 Minuten UV-Bestrahlung mit Philips TL 05, TL 09, TL 12). Die Beleuchtung ist im Sommer 16 Stunden täglich, im Winter 8 bis 10 Stunden mit gedrosselter Beleuchtungsstärke in Betrieb.

Nachzucht: Die Fortpflanzung dieser Art gelang THIEME (1979) und BECHMANN (1987). Dazu muß ein Jahresrhythmus mit Lang- und Kurztagbeleuchtung eingehalten werden.

Paarung: THIEME (1979) setzte die Geschlechtspartner (unter ständiger Kontrolle) im Frühjahr etwa zweimal wöchentlich zusammen. Dabei kam es zumeist sofort zur Kopula. Das Männchen „stürzte" sich auf die Partnerin, biß sie in die Gliedmaßen, schließlich in den Nacken und schwamm auf ihren Rückenpanzer. Mit den Vordergliedmaßen hielt es sich an ihrem Panzerrand fest. Das Männchen bildete mit den Hinterfüßen einen Trichter um die Kloake des

Weibchens, durch den der Penis in die Kloake eingeführt wurde. Die Kopula dauerte jeweils zwischen 5 und 30 Minuten. In Japan erstreckt sich die Paarungszeit von Mai bis Juli (FUKADA 1965).
Eiablage: Die Eiablage erfolgte bei THIEME's (1979) Tieren zumeist ins Wasser. Gelang es nicht, die Eier sofort zu entfernen, wurden sie vom Weibchen zerbissen und gefressen. Im Jahr können mehrere Gelege mit 5 bis 25 Eiern abgesetzt werden. Die Eier haben einen Durchmesser von durchschnittlich 20 mm und wiegen rund 4 g. In Japan beginnt die Eiablage im späten Mai und ist Mitte August beendet (MITSUKURI 1905). Auf Taiwan beginnt sie bei warmem Wetter im April. Ein Weibchen soll dort unter günstigen Umständen 3 bis 5 Gelege im Jahr produzieren (MAO 1971*). ZHOU & ZHOU (1991*) datieren die „breeding season" (in China?) zwischen Mai und August, wobei 7 bis 15 Eier gelegt werden. In Kanton legte ein Weibchen Ende Juni/Anfang Juli 20 Eier (MELL 1938). 16 Eier eines weiteren Weibchens aus Kanton hatten Durchmesser zwischen 22 und 23 mm (MELL 1938).
Inkubation: Die Bruttemperatur kann zwischen 25 und 30 °C liegen. Bei einer konstanten Temperatur von 27 °C schlüpften die Jungtiere nach 55 Tagen (THIEME 1979). ERNST et al. (1994*) nennen eine Inkubationszeit von 23 bis 83 Tagen; MAO (1971*) gibt 50 bis 60 Tage bei 25 °C an. Nach bisherigen Kenntnissen hat die Bruttemperatur keinen Einfluß auf die Ausprägung der Geschlechter bei den Embryonen (vgl. CHOO & CHOU 1992).
Schlüpflinge: Nach RUDLOFF (1990*) haben die Schlüpflinge eine Carapaxlänge von durchschnittlich 23 mm und wiegen 2,6 g. Die 4 Jungtiere bei THIEME (1979) hatten Carapaxlängen zwischen 25 und 27 mm und wogen 3,0 bis 3,5 g. ERNST et al. (1994*) geben (für Tiere auf Hawaii ?) eine durchschnittliche Carapaxlänge von 27 mm an.
Haltung der Schlüpflinge: Die Schlüpflinge werden einzeln aufgezogen. Die Behältereinrichtung entspricht der der Alttiere. Der Wasserstand sollte zunächst nicht höher als 5 bis 7 cm sein. Die Wassertemperatur liegt um 28 °C. Als Futter dienen Regenwürmer, Wasserflöhe, Bachflohkrebse und Enchyträen. In 10 Monaten nahmen bei den 4 Nachzuchttieren von THIEME (1979) die Carapaxlängen zwischen 25 und 40 mm die Massen zwischen 9,5 und 33,5 g zu.

Geschlechtsreife: In China mit 4 Jahren (YUN et al. 1984), in Japan nicht unter 5 oder 6 Jahren (FUKADA 1965).
Alter: CARL H. ERNST erhielt 1968 einen Schlüpfling aus Hawaii. Das Tier starb im März 1992 im Alter von 24 Jahren (vgl. ERNST et al. 1994*).

Literatur:
BECHMANN, U. (1987): Nachzucht von *Trionyx sinensis*. elaphe 9(4): 62–63.
CHKHIKVADZE, V. M. (1987): On systematic position of the USSR Far East softshelled turtle. Bull. Acad. Sci. Georgian SSR 128(3): 609–611 (in russ., engl. summary).
CHOO, B. L., L. M. CHOU (1992): Does incubation temperature influence the sex of embryos in *Trionyx sinensis*? Journ. Herpetol. 26: 341–342.
DATHE, F. (1987): AT Terrarientierlexikon *Trionyx sinensis* WIEGMANN, 1835 Chinesische Weichschildkröte. Aquarien Terrarien 34(2): 71.
FRITZ, U. (1995): Dumerilia – eine neue herpetologische Zeitschrift (ISBN-Nr. beantragt) und: BOUR, R. & A. DUBOIS (1994): Dumerilia: présentation d'un nouveau journal herpétologique. – Dumerilia, Paris, 1: 1-4. BOUR, R. (1994): Avant-propos. – Dumerilia, Paris, 1: 5-6. DAVID, P. (1994): Liste des reptiles actuels du monde. I. Chelonii. Dumerilia, Paris, 1: 7-127. Salamandra 31(4): 252-254 (Rezension).
FUKADA, H. (1965): Breeding habits of some Japanese reptiles (critical review). Bull. Kyoto Gak. Univ. Ser. B 27: 65–82.
MELL, R. (1938): Aus der Biologie chinesischer Schildkröten. Beiträge zur Fauna sinica. VI. Arch. Naturgesch. (N.F.) 7: 390–475.
MITSUKURI, K. (1905): The cultivation of marine and freshwater animals in Japan. The snapping turtle, or softshelled tortoise, „suppon". Bull. U.S. Bur. Fish. 24: 260–266.
THIEME, U. (1977): Erfahrungen mit Weichschildkröten 7. Aquarien Terrarien 24(8): 278–280.
THIEME, U. (1979): Erfahrungen mit Weichschildkröten 12. Erste Nachzucht der chinesischen Weichschildkröte *Trionyx sinensis*. Aquarien Terrarien 26(1): 26–29.
YUN, L., L. CHUWU, C. SHUQUN, Y. HONGTAO, F. ZHIGANG (1984): Studies on the gonadal development of a chinese turtle (*Trionyx sinensis*). Acta Hydrobiol. Sinica 8: 145–156.

Pelomedusa subrufa
(BONNATERRE, 1789); die Erstbeschreibung erfolgte durch LACÉPÈDE (1788), die Arbeit wurde durch ICZN Opinion 1463 (1987) als nicht verfügbar erklärt;
Starrbrustpelomedusen-Schildkröte,
E African helmeted turtle,
F Péloméduse roussâtre
WA III; Verordnung (EWG) Nr. 3626/82

Beschreibung: Die Starrbrustpelomedusen-Schildkröte gehört zur Familie Pelomedusidae, Unterfamilie Pelomedusinae. Artcharakteristische Kennzeichen sind der ovale, vor allem in der Mitte stark abgeflachte Carapax, der, im Gegensatz zu den *Pelusios*-Arten (Ausnahme: *Pelusios broadleyi*), gelenklose Plastron sowie jeweils 5 Krallen an Vorder- und Hinterfüßen. Der Carapax kann am Hinterrand leicht gesägt sein. Der Plastron ist vor der Brücke breiter als dahinter. Der Kopf ist flach und breit, die Schnauze ist kurz. Am Kinn befindet sich ein Paar kleiner Barteln. Der Carapax kann dunkelbraun, grau oder schwarz gefärbt und mit hellen Vermikulierungen versehen sein. Der Plastron ist entweder schwarz, uniform hornfarben oder besitzt ein symmetrisches Muster aus dunkelbraunen oder gelben Flecken. Oberseits sind Kopf, Hals und Gliedmaßen oliv-braun oder grau und fein dunkel gesprenkelt. An der Unterseite sind die Weichteile weißlich bis fahlgelb. Schlüpflinge besitzen einen grauen Carapax. Die Marginalschilde sind gelblich und haben je einen schwarzen Fleck am Rand. Der Plastron ist schwarz, mit Ausnahme der Brücke sowie des Vorder- und Hinterrandes, die weißlich oder fahlgelb gefärbt sind. Die Kopfoberseite der Schlüpflinge ist grau, die Unterseite weißlich. An den Mundwinkeln und auf der Halsunterseite befinden sich orangefarbene Tupfen. Männchen sind größer als Weibchen und haben flachere Panzer. Die Femoralschilde sind distal deutlich aufwärts gebogen. Weibchen hingegen haben flache oder konvexe Femoralschilde. Der Plastron der Männchen zeigt nicht immer eine ausgeprägt konkave Form. Männchen haben deutlich längere und dickere Schwänze als Weibchen. Carapaxlänge 28 cm, selten bis 33 cm (BOYCOTT & BORQUIN 1988*, ERNST & BARBOUR 1989*).

Geographische Verbreitung: Afrika: von Senegal und Äthiopien bis nach Südafrika; auf Madagaskar sowie im südlichen Saudi Arabien und im Yemen (IVERSON 1992*).

Pelomedusa subrufa subrufa
(BONNATERRE, 1789)
Somalia, Sudan, westwärts bis Ghana, südwärts bis zum Kap von Afrika; Madagaskar.
Pelomedusa s. nigra
(GRAY, 1863)
Natal bis Oranje Freistaat, östliche Kap-Provinz der Republik Südafrika.
Pelomedusa s. olivacea
(SCHWEIGGER, 1812)
Äthiopien westwärts bis Senegal, Nigeria und Kamerun; Saudi Arabien und Yemen.

Biologie und Ökologie: Die Schildkröte bewohnt hauptsächlich temporäre Wasseransammlungen des Offenlandes (vergl. RÖDEL & GRABOW 1995). Die Vertikalverbreitung erstreckt sich bis in ca. 3.100 m ü. NN (vgl. PRITCHARD 1979*). Während der Trockenzeiten hält die Art eine Trockenruhe. Im Süden des Verbreitungsgebietes überwintert die Starrbrustpelomeduse zwischen Mai und August/Oktober. Nach LOVERIDGE (1941) kann das in Südafrika auch außerhalb des Wassers erfolgen. Vor allem in permanenten Gewässern Südafrikas sind die Schildkröten auch ganzjährig aktiv (BOYCOTT & BORQUIN 1988*). Während der Regenzeit wandern die Tiere z. T. weit über Land, um verschiedene Wasseransammlungen aufzusuchen (z. B. STUART & MEAKIN 1983). Sowohl im subtropischen Arealteil (LOVERIDGE 1941; Südafrika) als auch im tropischen (RÖDEL & GRABOW 1995; Comoé-Nationalpark, Elfenbeinküste) wurden die Tiere regelmäßig bei Sonnenbädern beobachtet. Die Nahrung besteht vor allem aus wasserlebenden Wirbellosen und Amphibienlarven. Adulte Schildkröten fressen häufig ablaichende Froschlurche (vgl. RÖDEL & GRABOW 1995). Die Art „betätigt" sich auch als „Kosmetiker", indem sie Hautparasiten von Flußpferden abfrißt (ROCHAT et al. 1962).
Terrarium: Die Pelomeduse ist haltbar und gut für den Anfänger geeignet. Für eine Zuchtgruppe von 3 bis 4 Tieren sollte der Behälter wenigstens 150 × 50 cm messen. Der Wasserstand kann, je nach Größe der Tiere, 20 bis 30 cm betragen.
Ausstattung: Der Bodengrund des Wasserteils wird mit einer etwa 10 cm dicken Sandschicht bedeckt und Moorkienholzwurzeln werden als Unterwasserver-

Pelomedusa subrufa

stecke fest installiert. Der Landteil wird mit Sand gefüllt. Die Schildkröten vergraben sich zeitweise darin.
Heizung: Die Art besitzt ein großes Verbreitungsgebiet, wonach sich auch Wassertemperatur und vor allem der jahreszeitliche Temperaturgang richten. Im Sommer sollte tagsüber die Wassertemperatur 25 bis 32 °C betragen und nachts auf 22 bis 20 °C sinken. Die Lufttemperatur liegt jeweils darüber. Ein Hellstrahler (PHILIPS PAR 38 EC spot oder OSRAM CONCENTRA PAR 38 EC) wird zum Sonnenbaden über dem Landteil installiert.
Licht: Die Ansprüche an die Beleuchtungsstärke scheinen höher zu sein als allgemein vermutet (vgl. z. B. RÖDEL & GRABOW 1995). Es werden Leuchtstofflampen benutzt (OSRAM Biolux, Lumilux DE LUXE Daylight; Philips TL-D; evtl. hin und wieder 30 bis 60 Minuten UV-Bestrahlung mit Philips TL 05, TL 09, TL 12). Die tägliche Beleuchtungsdauer richtet sich nach dem Herkunftsgebiet der Tiere.
Futter: Erwachsene Tiere füttert man zweimal wöchentlich. Als Futter eignen sich Tubifex, Wasserflöhe, Mollusken, Fischstücke und Jungfische.
Nachzucht: KNIRR (1982) hat die Art nachgezogen. Um das zu erreichen, sollten Tiere aus dem südlichen Teil des Verbreitungsgebietes in unserem Sommer wenigstens einige Wochen kühler gehalten werden. Sie vergraben sich dann z. T. auch im Landteil.
Paarung: Während des Paarungsvorspiels umschwimmt das Männchen die

Partnerin und beriecht sie. Dann klammert es sich am Rückenpanzer fest und beginnt mit dem Kopf „seitwärtsschwingende" Bewegungen vor und über dem Kopf des Weibchens auszuführen. Dabei wird Wasser aus den Nasenlöchern „gepumpt" (CLOUDSLEY-THOMPSON 1971, ERNST 1981).

Bei KNIRR (1982) begann in dieser Situation das Weibchen mit „vertikalschwingenden" Kopfbewegungen und verbiß sich schließlich im Hals des Männchens. Nun kam es zur Kopulation.

Eine interessante Beobachtung machte KNIRR (1982) als das Männchen mit einem weiteren Weibchen in Berührung kam. Lezteres streckte bei dessen Annäherung die Gliedmaßen ab und schwebte reglos im Wasser. Daraufhin wurde es zumeist vom Männchen in Ruhe gelassen. Setzte das Männchen das Beschnüffeln fort, kam es jedoch auch dann zur Kopula. Fortpflanzungsaktivitäten wurden im Terrarium zwischen November und April beobachtet.

Nach BOYCOTT & BORQUIN (1988*) erfolgt in Südafrika die Paarung im Frühjahr (Oktober/November). RÖDEL & GRABOW (1995) beobachteten am 21.6. sich paarende Tiere im Flachwasser eines Tümpels im Comoé-Nationalpark, Elfenbeinküste. Das Männchen hatte einen nahezu weißen Kopf an dem rostrote Flecke sichtbar waren. Etwa einen Monat später trafen sie auf ein weiteres Männchen mit ähnlicher, aber weniger intensiver Zeichnung. Sie vermuten eine Balzfärbung wie sie beispielsweise bei männlichen Callagur-Schildkröten, *Callagur borneoensis* (SCHLEGEL & MÜLLER, 1844) auftritt (vgl. OBST 1985*, Abb. S. 65).

Eiablage: Die Eiablage erfolgte bei den Tieren von KNIRR (1982) Anfang Mai. Es wurden 14 Eier gelegt. In Südafrika erfolgt die Eiablage zwischen November und Januar (BOYCOTT & BORQUIN 1988*). Es können 10 bis 30 (Ausnahme 42) Eier gelegt werden (JACQUES 1966). Sie messen 25 bis 40 mm × 18 bis 30 mm und wiegen 10 bis 15 g.

Inkubation: KNIRR (1982) inkubierte die Eier bei 30 °C. Die Jungtiere schlüpften nach 51 Tagen problemlos; 7 Eier waren unbefruchtet. RÖDEL & GRABOW (1995) fanden frisch geschlüpfte Jungtiere hauptsächlich zwischen Mai und Juni. Der Schlupf in Südafrika erfolgt gewöhnlich zwischen Februar sowie März/April, seltener bis in den Juni hinein (BOYCOTT & BORQUIN 1988*).

Schlüpflinge: Schlüpflinge in Südafrika hatten Carapaxlängen zwischen 25 und 35 mm und wogen 4 bis 10 Gramm (BOYCOTT & BORQUIN 1988*).

Haltung der Schlüpflinge: Die Schlüpflinge werden in kleineren Behältern bei zunächst 5 bis 7 cm Wasserhöhe und bei einer Wassertemperatur von 27 bis 32 °C untergebracht. Sie werden mit Lebendfutter, Fischstücken, Insekten und kleinen Wasserschnecken ernährt. Im Terrarium fraßen Jungtiere auch Wasserlinsen (*Lemna* spec.; RÖDEL & GRABOW 1995). Bei KNIRR (1982) wuchsen die Schlüpflinge im ersten Monat um 1,5 cm. Leider gab der Autor nicht an, wie groß und schwer sie beim Schlupf waren.

Literatur

CLOUDSLEY-THOMPSON, J. L. (1971): Courtship of *Pelomedusa galeata*. Brit. J. Herpetol. 4: 237.

ERNST, C. H. (1981): Courtship of the African helmeted turtle (*Pelomedusa subrufa*). Brit. J. Herpetol. 6: 141–142.

JACQUES, J. (1966): Some observations on the Cape Terrapin. African Wildlife 20(2): 137–150.

KNIRR, M. (1982): Pflege und Zucht von *Pelomedusa subrufa olivacea*. herpetofauna 4(16): 28–31.

LOVERIDGE, A. (1941): Revision of the African terrapin of the family Pelomedusidae. Bull. Mus. Comp. Zool. Harvard 88: 465–524.

ROCHAT, K. C., N. N. DEANE, A. M. ERASMUS (1962): Foods and feeding. Water tortoise *Pelomedusa subrufa*. Lammergeyer 2: 69

RÖDEL, M.-O., K. GRABOW (1995): Die Schildkröten und Krokodile des Comé-Nationalparks, Elfenbeinküste (Reptilia: Testudines et Crocodylia). Faun. Abh. Staatl. Mus. Tierkde. Dresden 20(8): 133–144.

STUART, C. T., P. R. MEAKIN (1983): Notes on the Cape terrapin, *Pelomedusa subrufa* (Pleurodira: Pelomedusidae) in the eastern Robertson karoo. J. Herpetol. Ass. Africa 29: 9–11.

Phrynops gibbus
(SCHWEIGGER, 1812)
Buckelschildkröte, E Gibba turtle, F Platémyde bossue, Sp tortuga

Beschreibung: Die Art gehört zur Familie Chelidae, Unterfamilie Chelinae. Artcharakteristisch sind der schmale Kopf (Kopfbreite weniger als 20% der Carapaxlänge), der dunkelbraune bis schwarze, zwischen dem 3. und 5. Centrale gekielte Carapax, der dunkel ge-

Phrynops geoffroanus

fleckte, hellgelbliche Oberkiefer und die dunklen Pigmentierungen auf sämtlichen Plastronschilden. Der Carapax ist oval und am Hinterrand leicht gesägt. Er ist im Bereich der 8. Marginalia am breitesten. Die Carapaxoberfläche ist glatt oder „leicht aufgerauht". Der Plastron ist groß. Das Intergulare trennt die beiden Gularia vollständig, aber nicht die Humeralia. Die Analia sind tief eingekerbt. Der Plastron ist rötlichbraun bis gelblich, mit einem dunklen Fleck auf jedem Schild. Die Brücke und die Marginaliaunterseiten sind gelblich oder braun. Kopf und Hals zusammen sind kürzer als der Carapax. Der Kopf ist oberseits und lateral mit vielen konvexen Schilden bedeckt, wobei die zwischen Augenhinterrand und Trommelfell am kleinsten sind. Die Schnauze ist zugespitzt. Am Kinn sind zwei gelbliche Barteln sichtbar. Kopf und Nacken sind oben und an den Seiten rotbraun bis dunkelgrau, unterseits grau bis fahlgelb. An Händen und Füßen sind gut entwickelte Schwimmhäute sichtbar. Gliedmaßen und Schwanz sind grauschwarz, die restlichen Weichteile gelb. Jungtiere besitzen eine großflächige, zentrale, fast schwarze Plastralfigur. Adulte Männchen haben einen längeren Schwanz als Weibchen. Der Plastron der Männchen wird mit zunehmendem Alter konkaver. Nach GROSSMANN (1989) ist die Unterscheidung der Geschlechter bei Jungtieren problematisch. Die Art soll eine Carapax-Länge bis zu 23 cm erreichen

(ERNST & BARBOUR 1989*). PRITCHARD (1979*) erwähnt ein „232,5 mm specimen" aus Ecuador, und FREIBERG (1981*) gibt nur 18 cm an.

Geographische Verbreitung: Die Art kommt von Zentral- und NO-Peru, O-Ecuador und SO-Kolumbien nordwärts durch das östliche Kolumbien bis zum Rio Negro in SW-Venezuela vor. Sie siedelt auch östlich der Sierra Nevada de Merida im nordöstlichen Venezuela und auf Trinidad. Weiterhin ostwärts durch Guyana, Surinam, Französisch Guyana bis NO-Brasilien (IVERSON 1992*). In jüngster Zeit wurden Tiere aus Paraguay bekannt.

Nach ERNST & BARBOUR (1989*) könnte es sich bei *Phrynops vanderhaegei* BOUR, 1973, um eine Unterart von *Phrynops gibbus* handeln.

Biologie und Ökologie: Die Art lebt in den unterschiedlichsten Stillgewässern, in Sümpfen, Strömen und Schwarzwasser-Flüssen innerhalb von Primär-Regenwaldgebieten (PRITCHARD & TREBBAU 1984*, ERNST & BARBOUR 1989*). Nach KEARNEY (1972) ist sie in Trinidad nachtaktiv.

Die Art soll sowohl pflanzliche Nahrung als auch aquatisch lebende Insektenlarven und Kaulquappen verzehren (ERNST & BARBOUR 1989*).

Terrarium: Die Buckelschildkröte ist für die Haltung im Terrarium mit entsprechender Grundfläche (> 1 m²) geeignet. Haltungs- und Nachzuchterfahrungen schildern z. B. MEDEM (1973), GOODE (1988) und GROSSMANN (1989).

Ausstattung: GROSSMANN (1989) hielt 1,2 Exemplare in einem Aquaterrarium in dem der Landteil so eingeklebt war, daß darunter eine Höhle entstand. Darin hielten sich die Tiere tagsüber auf. Das Aufsuchen des Landteils wurde nicht beobachtet.

Heizung: GROSSMANN (1989) bot den Tieren Wassertemperaturen von 22 bis 24 °C im Sommer und 22 bis 27 °C im Winter. Die Lufttemperatur betrug entsprechend 22 bis 28 °C bzw. 25 bis 32 °C. Ein Hellstrahler scheint nicht notwendig zu sein, kann aber über dem Landteil angebracht werden.

Licht: Die Beleuchtung ist täglich 12 Stunden in Betrieb und besteht aus Leuchtstofflampen (OSRAM Biolux, Lumilux DE LUXE Daylight; Philips TL-D). In der Dämmerung waren die Tiere bei GROSSMANN (1989) nicht so scheu wie am Tage.

Futter: GROSSMANN (1989) ernährte seine Tiere mit Fleisch, Fisch, Labormäusen, Katzentrockenfutter und Gelatine-Futter. Pflanzliche Nahrung lehnten sie ab.

Nachzucht: GROSSMANN (1989) zog die Art im Terrarium nach.

Paarung: Er konnte bei seinen Tieren keine Kopulation beobachten.

Eiablage: Der gleiche Autor fand am 25. September 1988 ein Ei im Landteil des Terrariums. Nachfolgende Eiablagen erfolgten immer nach einem Wasserwechsel ins Wasser. Beispielsweise wurde am 20. Oktober 1986 20.30 Uhr das Wasser gewechselt. 10 Minuten später lagen 3 Eier am Behälterboden. Weitere 8 Ablagetermine wurden festgestellt: 25.8. 1987 – 3 Eier, 7.4. 1988 – 2 Eier sowie am 22.4., 24.8., 29.8., 25.9. 1988, 9.2. und 7.3.1989 jeweils 1 Ei. Die Eier maßen zwischen 44 bis 47 × 29 bis 31 mm und wogen zwischen 24,4 und 27,7 g (!). Ein unbefruchtetes Ei war 34 mm lang, hatte einen Durchmesser von 24 mm und wog nur 11,6 g.

In der Natur dauert die Eiablageperiode von Juli bis November. Es werden gewöhnlich zwei bis vier Eier (41 bis 50 × 25 bis 32 mm) abgelegt. Manche Weibchen sollen die Eier auf die Bodenoberfläche zwischen Fallaub oder Wurzeln ablegen. Eigruben sind in der Regel 10 cm tief (PRITCHARD & TREBBAU 1984*, ERNST & BARBOUR 1989*). Unklar ist die Notiz bei FREIBERG (1981*): „Nesting: About 70 eggs are laid in July." Diese Eimenge dürfte von einer solch kleinen Schildkrötenart wohl kaum produziert werden können.

Phrynops hilarii

Inkubation: GROSSMANN (1989) inkubierte die Eier vom 20. 10. 1986 in einem Brutkasten (nach BUDDE 1980) auf Vermiculite zwischen 26 und 30 °C sowie 70 bis 90 % rel. Luftfeuchtigkeit. Nach 60 Tagen wurden beim Durchleuchten in 2 Eiern Embryonen nachgewiesen. Das dritte Ei wurde entfernt, da es keine Entwicklung zeigte. Am 19. März 1987 – nach 150 Tagen – zeigte ein Ei feine Risse in der Schale. Daraufhin wurden beide Eier geöffnet. Ein Embryo war verendet, was evtl. auf die Durchleuchtung zurückzuführen war?

Insgesamt zog GROSSMANN (1989) 8 Jungtiere auf. Die Embryonen lagen bauchwärts gekrümmt auf dem Rücken im Ei. Kopf und Hals befanden sich auf dem Plastron. Die meisten Jungtiere wurden nach 140 bis 160 Tagen den Eiern entnommen. 2 Schildkröten schlüpften nach 184 bzw. 220 Tagen selbständig. Unter natürlichen Bedingungen kann die Inkubationszeit bis zu 200 Tage betragen (ERNST & BARBOUR 1989*).

Schlüpflinge: 10 Tage nach Verlassen der Eier hatten die Schlüpflinge folgende Maße und Körpermassen: Carapaxlänge zwischen 48 und 54 mm, Plastronlänge zwischen 42 und 52 mm, Masse 18,2 bis 18,9 g (GROSSMANN 1989).

Haltung der Schlüpflinge: GROSSMANN (1989) hielt die Schlüpflinge bei einem Wasserstand von etwa 5 cm, die Wassertemperatur betrug 25 °C, die Lufttemperatur lag zwischen 24 und 29 °C. Das Wasser wurde täglich gewechselt. Nach 2 Tagen fraßen die Jung-

tiere Rote Mückenlarven und zerteilte Regenwürmer. Nach 6 Tagen wurden Gelatine- und Trockenfutter angenommen.
FRITZ & BAUR (1995) beschreiben Hybriden zwischen *Phrynops geoffroanus* (M) und *Phrynops gibbus*.

Die Nachzucht von *Phrynops tuberculatus* (LUEDERWALDT, 1926) wurde von GROSSMANN & REIMANN (1991) beschrieben. Die Art erreicht etwa 25 cm Carapaxlänge. Sie lebt im östlichen Brasilien, hauptsächlich im Flußsystem des Rio San Francisco sowie in Paraguay in den Flußsystemen des Rio Paraná und Rio Paraguay (vgl. ERNST & BARBOUR 1989*).

Haltung und Vermehrung der bis zu 40 cm Carapaxlänge erreichenden **Krötenkopfschildkröte**, *Phrynops geoffroanus* (SCHWEIGGER, 1812) beschrieben KARDON (1981), WICKER (1984) sowie GRYCHTA & GRYCHTA (1995). Die Art ist vom Orinoko bis in das nördliche Argentinien verbreitet (vgl. IVERSON 1992*).

Von GROSSMANN (1986) wurde *Phrynops hilarii* (DUMÉRIL & BIBRON, 1835) nachgezogen. Die Art erreicht wahrscheinlich bis zu 50 cm (oder mehr?) Carapaxlänge. Sie kommt im Gebiet des Rio Parana und angrenzender Flußbassins (S-Brasilien, Uruguay, N-Argentinien, Paraguay (?), Bolivien (?) vor. Das Werbeverhalten dieser Schildkröte beschreiben FRITZ & MANN (1993).

Die beiden großwerdenden Arten sollten, wenn überhaupt, nur dann gepflegt werden, wenn ihnen Wasserbecken mit wenigstens 3 bis 4 m² Grundfläche bei entsprechend hohem Wasserstand geboten werden können!

Literatur:
BUDDE, H. (1980): Verbesserter Brutbehälter zur Zeitigung von Schildkrötengelegen. Salamandra 16(3): 177–180.
FRITZ, U., M. BAUR (1995): Schildkröten-Hybriden. 1. Halswender-Schildkröten (Pleurodira). herpetofauna 17 (94): 28–34.
FRITZ, U., G. MANN (1993): Werbeverhalten von *Phrynops hilarii*. Salamandra 29(3/4): 161–166.
GOODE, M. (1988): Reproduction and Growth of the Chelid Turtle *Phrynops (Mesoclemmys) gibbus* at the Columbus Zoo. Herp. Rev. 19(1): 11–13.
GROSSMANN, P. (1986): Zur Haltung und Nachzucht von *Phrynops hilarii* (DUMÉRIL & BIBRON, 1835). SAURIA 8(2): 3–6.
GROSSMANN, P. (1989): Beiträge zur Haltung und Nachzucht der Buckelschildkröte *Phrynops (Mesoclemmys) gibbus* (SCHWEIGGER 1812). SAURIA 11(3): 11–15.
GROSSMANN, P., M. REIMANN (1991): Beiträge zum Verhalten und zur Nachzucht von *Phrynops tuberculatus* (LÜDERWALDT 1926) im Aqua-Terrarium. SAURIA 13(2): 3–6.
GRYCHTA, U., R. GRYCHTA (1995): *Phrynops geoffroanus* (SCHWEIGGER, 1812) – Haltung und Zucht der Dunklen Krötenkopfschildkröte. SAURIA 17(1): 11–14.
KARDON, A. (1981): Captive reproduction in Geoffroy's side necked turtle. Int. Zoo Yb. 1981: 71–72.
MEDEM, F. (1973): Beiträge zur Kenntnis über die Fortpflanzung der Buckel-Schildkröte, *Phrynops (Mesoclemmys) gibbus*. Salamandra 9(3/4): 91–98.
WICKER, R. (1984): Beobachtungen bei mehrjähriger Zucht von *Phrynops geoffroanus geoffroanus* (SCHWEIGGER, 1812) (Testudines: Chelidae). Salamandra 20(4): 185–191.

Platemys platycephala
(SCHNEIDER, 1792)
D Rotkopf-Plattschildkröte, E Twist-necked turtle, F Platémyde à tête plate,
P Jaboti machad, machadinha, Sp matamata

Beschreibung: Die Art gehört zur Familie Chelidae, Unterfamilie Chelinae. Charakteristisch sind die rötliche, gelbliche oder orangefarbene Kopfoberseite und der flache Carapax, der zwischen dem 2. und 5. Centralschild eine Längsrinne aufweist, die der Breite der Centralschilde entspricht.

Der Kopf ist oberseits glatt, am Kinn befinden sich zwei kleine braune Barteln. Nacken und Hals sind oberseits mit stumpfen Tuberkeln besetzt. Die Gliedmaßenvorderseiten sind von größeren Schilden bedeckt. An den Oberschenkeln befinden sich kleine stumpfe Tuberkel. Der Schwanz ist relativ kurz. Auf dem braunen Carapax befindet sich eine schwarze, manchmal kreuzförmige Figur. Der Plastron ist schwarz mit einem scharf abgesetzten gelblichen Rand. Die rötliche Kopfoberseite steht im Kontrast zu den schwarzen Kopfseiten. Die Kopfmitte ist dunkler, die rötliche Färbung setzt sich auf der Halsoberseite fort. Die Gliedmaßen und der Schwanz sind schwarz.

Männchen werden größer als Weibchen, haben konkave Plastra sowie längere und stärkere Schwänze. Die Analschilder der Weibchen sind in typischer Weise aufwärts gebogen. Carapaxlänge 16 bis 17 cm (PRITCHARD & TREBBAU 1984*, ERNST & BARBOUR 1989*).
Geographische Verbreitung: Vom Orinoko zum Amazonas-Bassin von Venezuela, Kolumbien, O-Ecuador, Peru, N-Bolivien, Guyana, Brasilien (ERNST 1987, IVERSON 1992*).

Platemys platycephala platycephala
(SCHNEIDER, 1792)
Im größten Teil des Verbreitungsgebiets.

Platemys platycephala

Platemys p. melanonota
ERNST, 1983
Oberes Amazonas Bassin von Peru und Ecuador.

Biologie und Ökologie: Es werden vor allem flache Wasseransammlungen innerhalb des tropischen (Primär-) Regenwaldes bewohnt (MEDEM 1983*). Die Schildkröte wurde des öfteren an Land beobachtet. Über die Nahrung in der Natur ist nichts bekannt, wahrscheinlich werden vor allem Wirbellose gefressen (PRITCHARD & TREBBAU 1984*).
Terrarium: Der Behälter für ein Zuchtpärchen muß wenigstens 120 × 50 cm messen. Der Wasserstand soll nur 10 bis 15 cm betragen, da die Tiere kaum schwimmen.
Ausstattung: Der Landteil kann 50% und mehr der Grundfläche einnehmen. Ein mit feuchter Laubstreu (Buchenlaub) gefüllter „Scharraum", in dem sich die Tiere vergraben können, scheint angebracht. Im Wasserteil werden Verstecke in Form fest installierter Moorkienholzwurzeln angeboten.
Heizung: Die Wassertemperatur sollte nahezu konstant bleiben und 24 bis 27 °C betragen. Sonnenbäder werden nur selten genommen („Lichtflecke" im Regenwald?), dazu reicht ein milder Hellstrahler (PHILIPS PAR 38 EC spot oder OSRAM CONCENTRA PAR 38 EC) über dem Landteil.
Licht: Beleuchtet wird täglich 12 Stunden mit Leuchtstofflampen (OSRAM Biolux, Lumilux DE LUXE Daylight; Philips TL-D). Die sehr ruhigen Tiere sind sowohl tag- als auch dämmerungsaktiv.
Futter: Erwachsene Tiere werden ein oder zweimal wöchentlich gefüttert, wobei Regenwürmer, Wasserschnecken, Fischstücke, Gelatine-Futter und pflanzliche Kost angeboten werden sollten.
Nachzucht: In Deutschland gelang die Nachzucht verschiedentlich (vgl. THIEME 1993). MEDEM (1983*) teilt verschiedene Daten zur Fortpflanzung der Art mit.
Paarung: In Kolumbien beobachtete MEDEM (1983*) Balz und Paarungen während der Regenzeit (Ende März/April bis November/Dezember), am Tage oder bei Nacht. Die Tiere befanden sich in 5 bis 50 cm tiefem Wasser oder auch am Land. Das Männchen verfolgte die Partnerin zunächst. Wich diese nicht mehr aus, berührte es mit seiner Schnauzenspitze ihren Kopf. Danach stieg das Männchen von hinten auf ihren Carapax und klemmte seinen Schwanz unter den Panzer des Weibchens (vgl. LEHMANN 1988, bei *Acanthochelys spixii*). Es klammerte sich mit den Vorderbeinen in Höhe des 3. oder 4. Marginalschildes fest und stieß mit seinem Kopf gegen den des Weibchens, bis dieses auf der Stelle verharrte. Nun bewegte das Männchen den Kopf horizontal pendelnd über dem der Partnerin, wobei es wahrscheinlich Wasser aus den Nasenlöchern in Richtung des Kopfes des Weibchens pumpte (HARDING 1983). Dabei erfolgte wahrscheinlich die Kopulation. MEDEM (1983*) beobachtete Tiere zwischen 4 und 5 Minuten bzw. viereinhalb Stunden bei Paarungsaktivitäten.
Eiablage: Die Eier werden in einer selbst gegrabenen flachen Vertiefung oder direkt auf der Erdoberfläche abgesetzt und locker mit Sand, verrottendem Laub, Erde oder auch gar nicht bedeckt (MEDEM 1983*). Gewöhnlich wird ein Ei gelegt. Es ist im Verhältnis zur Körpergröße des Weibchens sehr groß, mißt durchschnittlich 54,8 × 27,6 mm und wiegt 27,0 g. Ein Weibchen mit 148 mm Carapaxlänge legte ein Ei von 57 × 28 mm!
Inkubation: Bei Temperaturen zwischen 28 und 30 °C schlüpften Jungtiere nach 124 bis 177 Tagen (MEDEM 1983*).
Schlüpflinge: Anhand von 4 Schlüpflingen wurde eine durchschnittliche Carapaxlänge von 47,8 mm und eine Masse von 16,2 g ermittelt (MEDEM 1983*).
Haltung der Schlüpflinge: MEDEM (1983*) bemerkt, daß die Jungtiere sehr streßempfindlich sind! Sie werden unter den gleichen Bedingungen wie erwachsene Tiere gehalten. Der Wasserstand sollte zunächst nur 2 cm betragen, da Jungtiere schnell ertrinken können.
Alter: In menschlicher Obhut wurde eine *Platemys platycephala* 30 Jahre gepflegt (MERTENS 1954).

FRITZ & BAUR (1995) erwähnen Hybride zwischen *Platemys p. melanonota* (M) und *Platemys p. platycephala* (W).

Literatur:
ERNST, C. H. (1987): *Platemys, Platemys platycephala*. Catalog. Amer. Amphib. Rept. 405: 1–4.
FRITZ, U., M. BAUR (1995): Schildkröten-Hybride. 1. Halswender-Schildkröten (Pleurodira). herpetofauna 17(94): 28–34.
HARDING, J. H. (1983): *Platemys platycephala* (Twistneck turtle). Reproduction. Herp. Review 14(1): 22.
LEHMANN, H. (1988): Beobachtungen bei einer ersten Nachzucht von *Platemys spixii* (DUMÉRIL & BIBRON, 1835) (Testudines: Chelidae). Salamandra 24(1): 1–6.
MERTENS, R. (1954): Bemerkenswerte Schildkröten aus Süd- und Zentralamerika. DATZ 7(9): 239–242.
THIEME, U. (1985): *Platemys platycephala*, eine Schildkröte für die Schau-Vitrine. elaphe 7(1): 9–11.
THIEME, U. (1993): Haltung und Vermehrung der Rotkopf-Plattschildkröte *Platemys platycephala*. Zusammenfassungen DGHT Jahrestagung 1993, Idar-Oberstein: 6.

Platysternon megacephalum peguense

Platysternon megacephalum
GRAY, 1831
Großkopfschildkröte, E Big-headed turtle, Chinese big-headed turtle, F Platysterne à grosse tête

Beschreibung: Die Großkopfschildkröte ist der einzige rezente Vertreter der Familie Platysternidae. Artcharakteristisch sind der massige, „gepanzerte" Kopf, der nicht in den flachen Panzer zurückgezogen werden kann, der hakenförmig abwärts gebogene Oberkiefer und der lange, mit großen Hornschilden bedeckte Schwanz. Bei Jungtieren ist auf dem Carapax ein Mittelkiel vorhanden, der im Alter verschwindet. Der Plastron ist groß. Zwischen Fingern und Zehen sind Schwimmhäute ausgebildet. Die Grundfarbe des Carapax variiert zwischen gelbbraun und oliv, worauf dunkle radiäre Linien oder rötlichbraune Flecke vorhanden sein können. Der Plastron ist gelblich, kann eine dunkle Zentralfigur zeigen oder dunkelbraun gefleckt sein. Gelbe, bräunliche oder olive Farbtöne dominieren am Kopf. Darauf sind dunkelbraune, rötliche oder orangefarbene Striche oder Pünktchen ausgebildet. Die Kopfseiten sind dunkler und gelb oder rot gefleckt. Hals und Gliedmaßen sind graubraun bis dunkelbraun gefärbt, oberseits zumeist dunkler als an der Unterseite; manchmal sind sie rötlich gefleckt.

Männchen besitzen noch massigere Schädel als Weibchen, der Plastron ist bei ihnen konkav und die Analöffnung liegt weiter vom Carapaxhinterrand entfernt als bei den Weibchen. WEISSINGER (1987) beschrieb als erster die Schlüpflinge der Art (bei denen aber die Unterartzugehörigkeit ungeklärt ist). Carapax und Kopfoberseite sind olivgrün. Ein gelber, von je einer schwarzen Linie eingefaßter Streifen beginnt am Augenhinterrand und zieht von dort zum Hals. Plastron, Marginaliaunterseiten und Unterkiefer sind orangefarben, Kehle, Gliedmaßen und Schwanz sind schwarz. Auf dem Plastron ist eine schwarze, symmetrische Zentralfigur sichtbar. Der Carapaxhinterrand ist stark gesägt.

Die Art kann eine Carapaxlänge von 18,4 cm erreichen (ERNST & BARBOUR 1989*). MELL (1938) erwähnt ein Tier mit einer Länge von 25 cm, wobei unklar ist, ob es sich um die Carapaxlänge handelt. Das Tier wog „...knapp 2 Pfund...".

Geographische Verbreitung: Die Art ist vom südlichen China (Fukien, Kwangtung, Kwangsi, Insel Hainan) südwestwärts durch N-Vietnam, Laos, Kampuchea und das nördliche Thailand bis nach S-Burma verbreitet (IVERSON 1992*).

Platysternon megacephalum megacephalum
GRAY, 1831
Südliches China.
Platysternon m. peguense
GRAY, 1870
Südliches Burma und südliches Thailand.
Platysternon m. shiui
ERNST & MCCORD, 1987
N-Vietnam.
Platysternon m. vogeli
WERMUTH, 1969
NW-Thailand.
Platysternon m. tristernalis
SCHLEICH & GRUBER, 1984
Provinz Yunnan, China.

Nach ERNST & BARBOUR (1989*) sind die Unterarten *vogeli* und *tristernalis* wahrscheinlich nicht valid.

Biologie und Ökologie: Die Großkopfschildkröte bewohnt (in China) relativ kühle (12 bis 17 °C) fels- und geröllreiche Bergströme und -bäche (MELL 1938). Dieser Autor fand sie zwischen 600 und 1.000 m ü. NN, gibt aber bis 2.000 m ü. NN (Kwangsi, Yaoshan) als Vertikalverbreitung an. Die von der Art bevorzugten Stellen werden von ihm folgendermaßen beschrieben: „...besonnte Örtlichkeiten, an denen bis 1 m tiefe Tümpel, flache Stellen (zu leichtem Ausstieg) und Kiesplätze mit kleinen stehenden Wasserlachen abwechseln." Der dämmerungsaktive (?) „Spaltendrücker" vergräbt sich durch seitlich schaukelnde Bewegungen in den Sand- und Kiesboden. Von MELL (1938) wurde ein hibernierendes Tier an Land bei Rodungsarbeiten gefunden. Die Großkopfschildkröte ist carnivor und ernährt sich (vielleicht auch an Land, vgl. MELL 1938) von Krabben, Mollusken und evtl. Fisch (WIROT 1979*).

Terrarium: Großkopfschildkröten werden einzeln gehalten. Sie können mit ihren kräftigen Kiefern und der starken Kaumuskulatur schwere Bißverletzungen verursachen. Deshalb ist beim Umgang mit diesen Tieren besondere Vorsicht am Platze. Großkopfschildkröten sind ausgezeichnete Kletterer (vgl. WERMUTH 1970). Aus diesem Grund ist der Behälter sicher abzudecken. Ein Aquaterrarium mit den Maßen 100 × 50 cm und einem Wasserstand von 20 bis 25 cm ist für eine Schildkröte ausreichend (vgl. LANGULA 1977). Das Wasser wird durch eine starke Umwälzpumpe bewegt und über einen Außenfilter von Schwebstoffen gesäubert.

Ausstattung: Der Bodengrund besteht aus Kies verschiedenster Körnungen. Ein nischenreicher Felsaufbau mit mehreren dunklen Versteckplätzen sowie größere, gut arretierte Wurzeln sorgen für die notwendigen Unterwasserstrukturen. WEISSINGER (1987) hielt 2 Männchen und 3 Weibchen (3 Unterarten) in einem gut strukturierten Aquarium von 300 × 100 × 170 cm. Sie waren dort häufig auf dem Landteil zu beobachten.

Heizung: Die Wassertemperatur sollte zwischen 15 und 20 °C liegen. Eventuell kann ein Spot-Strahler (PHILIPS PAR 38 EC spot oder OSRAM CONCENTRA PAR 38 EC) auf einen „Sonnenplatz" gerichtet werden.

Licht: Die Beleuchtung (OSRAM Biolux, Lumilux DE LUXE Daylight; Philips TL-D; evtl. ab und zu 30 Minuten UV-Bestrahlung mit Philips TL 05, TL 09, TL 12) sollte im Sommer 12 bis 14 Stunden täglich und im Winter 10 bis 12 Stunden in Betrieb sein.

Futter: Als Nahrung dienen Fischfleisch, Rinder- und Hühnerherzen, nestjunge Mäuse, Wasser- und Landschnecken sowie Regenwürmer.

Nachzucht: WEISSINGER (1987) konnte die Art nachziehen.

Paarung: Das Männchen verfolgte die Partnerin, ritt auf ihren Carapax auf, legte den „Oberschnabel" auf ihre Kopfplatte und klammert sich dabei am Panzerrand des Weibchens fest (WEISSINGER 1987).

Eiablage: Der gleiche Autor konnte mehrfach Eier im Wasserteil (vgl. auch MEBS 1963) und als Überraschung am 9. November 1987 2 Jungtiere, wenig später ein weiteres finden. In der Eigrube fand er ein unbefruchtetes Ei von 33 mm Länge. Bei BUDDE (1991) legte ein Weibchen mit einer Carapaxlänge von 14,3 cm und einer Masse von 650 g in einem Jahr 3 und im darauffolgenden 6 Eier. Bei LEHMANN (zit. in BUDDE 1991) setzte ein Weibchen 4 bzw. 5 Eier ab. Die Eier sind elliptisch und messen durchschnittlich 37 × 22 mm. Nach WIROT (1979*) legt die Großkopfschildkröte (in Thailand ?) durchschnittlich 2 bis 4 Eier pro Jahr. Nach ZHOU & ZHOU (1991*) werden (in China?) zwischen Mai und August 2 Eier gelegt. Bei MELL (1938) setzten 2 „mittelgroße" Weibchen am 3. und 10. Juli je 2 Eier ab. Ein Weibchen maß von der Kopf- bis zur Schwanzspitze 262 mm. Die von dem Tier produzierten Eier hatten die Maße 37,5 × 22,5 mm.

Schlüpflinge: Die Jungtiere bei WEISSINGER (1987) hatten Carapaxlängen von 38, 39 und 40 mm und wogen zwischen 8 und 9 g.

Haltung der Schlüpflinge: Die Haltung sollte unter den gleichen Bedingungen wie die der Alttiere erfolgen. Der Wasserstand beträgt aber zunächst nur 5 cm. Es werden vor allem Mollusken und Crustaceen verfüttert.

Alter: 23 Jahre, 2 Monate, 20 Tage (MERTENS 1970).

Literatur:
BUDDE, H. (1991): Angaben zur Gelegegröße bei *Platysternon megacephalum* (GRAY, 1831) mit Röntgenbild eines Weibchens vor der Eiablage. Salamandra 27(3): 213–215.
LANGULA, J. (1977): Beobachtungen an einer hinterindischen Großkopfschildkröte. Aquarien Terrarien 24(10): 338–339.
MEBS, D. (1963): Beobachtungen an *Platysternon megacephalum*. DATZ 16(1): 20–23.

MELL, R. (1938): Aus der Biologie chinesischer Schildkröten. Beiträge zur Fauna sinica. VI. Arch. Naturgesch. (N. F.) 7: 390–475.

MERTENS, R. (1970): Über die Lebensdauer einiger Amphibien und Reptilien in Gefangenschaft. Zool. Garten (N. F.) 39: 193–209.

WEISSINGER, H. (1987): Erstnachzucht der Großkopfschildkröte, *Platysternon megacephalum* GRAY 1831 (Reptilia: Testudines: Platysternidae). ÖGH-Nachrichten Nr. 12/13: 72–74.

WERMUTH, H. (1970): Eine Großkopfschildkröte als Kletterkünstler. DATZ 23(1): 23–25.

Pseudemys texana
BAUR, 1893
Texas-Schmuckschildkröte, E Texas cooter, F Pseudémyde du Texas

Pseudemys texana

Beschreibung: Die Art gehört zur Familie Emydidae, Unterfamilie Deirochelyinae. Artcharakteristisch sind u. a. folgende Merkmale (vgl. SEIDEL 1994): Vorderrand des Oberkiefers tief eingeschnitten, beiderseits davon „Zähnchen", deren Länge 3 bis 6 % der Kopfbreite beträgt; Inguinalschilde in Kopfrichtung verlängert, seitlicher Rand der Pectoralschilde nach hinten ausgezogen, Distanz zwischen Inguinalschild und Pectoral-Abdominal-Sulkus weniger als 8 % der Carapaxlänge; Interfemuralnaht mehr als 10 % der Plastronlänge; Einkerbung zwischen den Analschilden bei Männchen tiefer als 4 % der Plastronlänge; Supratemporalstreifen schmal, weniger als 15 % der Kopfbreite; vom Orbitocervicalstreifen zweigt ein Ausläufer schräg nach hinten oben ab (Terminologie der Kopfstreifen vgl. OBST 1985*); Carapaxschilde mit Ozellenmuster. Der bräunliche Carapax ist flach, gewöhnlich aber etwas höher gewölbt als bei den ähnlichen Arten *Pseudemys concinna* und *P. suwanniensis*. Auf den einzelnen Schilden ist jeweils ein dunkler, solider Fleck sichtbar, der von rötlichen konzentrischen Linien umgeben ist. Dieses Ozellenmuster ist auch auf der Unterseite der Marginalia sichtbar und bleibt oft bei alten Tieren erhalten. Wie bei vielen Arten der Gattungen *Pseudemys* und *Trachemys* besteht auch hier mit zunehmendem Alter die Tendenz zur „Verdüsterung" der Carapaxfärbung und -zeichnung bei den Männchen. Der Plastron ist gelb, die Schildnähte sind dunkel markiert. Die Art besitzt kräftige Gliedmaßen mit gut ausgeprägten Schwimmhäuten. Die Grundfarbe der Weichteile ist ein dunkles Graugrün. Die Streifen an Kopf, Hals und Gliedmaßen sowie am Schwanz sind gelblich. Zwischen dem Postorbital- und dem Orbitocervicalstreifen können ein bis mehrere gelbe, dunkel gerandete Flecke auftreten. Dies kann auch unter dem Auge sowie im Bereich der Symphysealstreifen der Fall sein. Die Kauleisten des Ober- und Unterkiefers sind regelrecht „stachelig" (FRITZ 1989). Männchen erreichen eine Carapaxlänge bis zu 25,3 cm, Weibchen bis zu 33 cm. Der Carapax der Männchen ist flacher als der der Weibchen. Männchen besitzen einen konkaven Plastron, bei den Weibchen ist er glatt oder leicht konvex. Der Schwanz der Männchen ist länger und an der Wurzel dicker als der der Weibchen. Auffälligstes sekundäres Geschlechtsmerkmal der Männchen sind die stark verlängerten Krallen an den Vordergliedmaßen. Einige von FRITZ (1989) untersuchte Weibchen hatten dickere Köpfe als das ihm zur Verfügung stehende Männchen (vgl. auch MCALLISTER & LAMAR 1987, ERNST et al. 1994*).

Geographische Verbreitung: Die Art ist ein Endemit der Brazos-, Colorado- und San Antonio-Flußsysteme in Zentral-Texas (ETCHBERGER & IVERSON 1990, IVERSON 1992*).

Biologie und Ökologie: Der Texas-Cooter ist ursprünglich ein Bewohner langsam strömender Flüsse mit gut ausgebildeter Sub- und Emersvegetation sowie felsigem Untergrund (vgl. ERNST et al 1994*). Er bewohnt aber auch die unterschiedlichsten natürlichen oder durch den Menschen geschaffenen Stillgewässer. Die Art kommt ebenfalls in brackigen, von den Gezeiten beeinflußten Marschgebieten im Golf von Mexiko vor. *Pseudemys texana* ist eine tagaktive, scheue Art und sonnt sich häufig auf aus dem Wasser ragenden Gegenständen und Sandbänken oft zusammen mit Artgenossen sowie anderen thermo- und heliophilen Wasserschildkröten des Verbreitungsgebietes. Jungtiere ernähren sich hauptsächlich carnivor und verzehren Krebstiere, Insekten und deren Larven, Mollusken sowie Fische (VERMERSCH 1992*).

Terrarium: *Pseudemys texana* ist die kleinste Art der Gattung, sehr gut haltbar und aus diesem Grund am ehesten für die Haltung im Terrarium zu empfehlen. Leider werden im Tierhandel in letzter Zeit vor allem *Pseudemys concinna* angeboten. Die erreichen bis zu 43 cm Carapaxlänge (vgl. ERNST et al. 1994*) und sind aus diesem Grund nur zur Haltung geeignet, wenn man einer Zuchtgruppe entsprechend große Behälter bieten kann. Im Sommerhalbjahr kann man *Pseudemys texana* im Freilandterrarium halten. Für eine Zuchtgruppe von einem Männchen und 3 bis 4 Weibchen benötigt man einen Behälter von ca. 200 × 60 cm mit einem Wasserstand von 30 bis 40 cm. Treten Aggressivitäten unter den Tieren auf, hält man „den Störenfried" einzeln.

Ausstattung: Unterwasserverstecke können aus Moorkienholzwurzeln bestehen, die fest arretiert sind. Der Landteil wird eingeklebt oder eingehängt und mit einem Sand-Torf-Gemisch gefüllt. Jungtiere graben sich gern in den feucht-warmen Bodengrund ein.

Heizung: Die Wassertemperatur liegt im Sommer zwischen 25 und 32 °C am Tage und um 22 bis 25 °C in der Nacht. Im Winter senken wir die Wassertemperatur auf 15 bis 22 °C. Die Lufttemperatur liegt jeweils einige Grade darüber. Über dem Landteil wird ein 80 W Hellstrahler (Philips Par 38 Ec spot oder Osram Concentra Par 38 Ec) installiert, unter dem sich die Schildkröten „sonnen" können.

Licht: Die Art stellt sicherlich hohe Ansprüche an die Beleuchtungsstärke. Wir bieten ein Mischlicht aus Leuchtstofflampen (OSRAM Biolux, Lumilux DE LUXE Daylight; Philips TL-D; evtl. 30 bis 60 Minuten täglich UV-Bestrahlung mit Philips TL 05, TL 09, TL 12) und

HQL-Lampen. Im Sommer beträgt die tägliche Beleuchtungsdauer 14 bis 16 Stunden im Winter 8 bis 10 Stunden (Beleuchtungsstärke drosseln).
Futter: Die Tiere bei FRITZ (1989) hatten eine auffällige Vorliebe für vegetarische Kost.
Nachzucht: Über eine Nachzucht der Art in Deutschland ist nach meiner Kenntnis bislang nicht berichtet worden.
Paarung: Während der Balz schwimmt das Männchen in einem Winkel von 20 bis 30 °über der Partnerin und zittert mit den Vordergliedmaßen (Krallen) (vgl. FRITZ 1989, 1991).
Eiablage: Die Eiablage erfolgte im Mai/Juni. Es wurden 4 bis 19, durchschnittlich 35 mm lange Eier gelegt (VERMERSCH 1992*).
Inkubation: Im südlichen Zentral-Texas schlüpfen die Jungtiere zwischen August und September (VERMERSCH 1992*).
Schlüpflinge: Schlüpflinge haben Carapaxlängen zwischen 30 und 36 mm (ERNST & BARBOUR 1989*).
Haltung der Schlüpflinge: Schlüpflinge werden in größeren Gruppen gehalten. Die Wassertiefe beträgt in den ersten ein bis zwei Wochen nach dem Schlupf zunächst etwa 5 bis 7 cm. Danach kann sie auf 20 bis 25 cm erhöht werden. Die Wassertemperatur liegt um 28 °C. Die Behältereinrichtung entspricht der der erwachsenen Tiere. Die Jungtiere müssen abwechslungsreich ernährt werden (Tubifex, Wasserschnecken, Wasserflöhe, ganze, tote Süßwasserfische, pflanzliche Zusatzkost). Bei nachlässiger und falscher Pflege kann es schnell zu Mangelerkrankungen wie z.B. Rachitis kommen. Um das weitgehend zu vermeiden, sind regelmäßige Mineralstoff-Vitamin-Gaben in Verbindung mit UV-Bestrahlungen (am besten natürliches Sonnenlicht) notwendig.
Geschlechtsreife: Nach VERMERSCH (1992*) sind Männchen nach drei, Weibchen nach sechs oder mehr Jahren geschlechtsreif. Das von FRITZ (1989) gehaltene Weibchen hatte eine Carapaxlänge von 15 cm und war wahrscheinlich noch nicht geschlechtsreif. Sein Männchen, mit 12 cm Carapaxlänge, balzte die Partnerin bereits an.

Literatur:
ETCHBERGER, C. R., J. B. IVERSON (1990): *Pseudemys texana.* Cat. Amer. Amphib. Rept. 485: 1–2.
FRITZ, U. (1989): Beitrag zur Kenntnis der Texas-Schmuckschildkröte (*Pseudemys texana* BAUR, 1893) (Reptilia: Testudines: Emydidae). SAURIA 11(1): 9–14.
FRITZ, U. (1991): Balzverhalten und Systematik in der Subtribus Nectemydina 2. Vergleich oberhalb des Artniveaus und Anmerkungen zur Evolution. Salamandra 27, 3: 129–142.
McALLISTER, C. T., W. W. LAMAR (1987): Life history notes, *Pseudemys texana* (Texas River Cooter). Size maxima. Herp. Rev. 18(4): 73.
SEIDEL, M. E. (1994): Morphometric Analysis and Taxonomie of Cooter and Red-Bellied Turtles in the North American Genus *Pseudemys* (Emydidae). Chelonian Conservation and Biology 1(2): 117–130.

Pyxidea mouhotii
(GRAY, 1862)
Indische Dornschildkröte, E Keeled box turtle, F Tortue-boîte à trois carènes

Beschreibung: Die Indische Dornschildkröte gehört zur Familie Bataguridae, Unterfamilie Geoemydinae. Für die Art sind folgende Kennzeichen charakteristisch: Carapax mit 3 Längskielen, entlang der Vertebralia ist er stark abgeflacht und am Hinterrand stark gesägt; Plastralgelenk zwischen den Pectoral- und Abdominalschilden. Der Plastron ist relativ schmal, sodaß er nicht komplett schließt. Die Intergularnaht ist kürzer als die zwischen den Humeralschilden. Der Oberkiefer ist schnabelförmig abwärts gebogen. Die Vorderseite der Vordergliedmaßen ist mit großen Hornschilden bedeckt. Schwimmhäute sind bei dieser Schildkröte nur schwach entwickelt.
Die Carapaxfarbe variiert zwischen gelblichbraunen und dunkelbraunen Farbtönen, wobei der abgeflachte Carapaxteil heller ist als die steiler abfallenden Seiten. Der Plastron ist gelb bis hellbraun mit einem dunkelbraunen Fleck auf jedem Schild. Der Kopf ist dunkelbraun mit roten Laterallinien (Männchen) bzw. gelblichgrau mit gelblichen Vermikulierungen (Weibchen). Zwischen Augenhinterrand und Trommelfell können ein oder zwei helle Flecke vorhanden sein.
Die Irisfarbe variiert zwischen schwarzbraunen, kupferfarbenen oder graugelblichen Farbtönen. Die Gliedmaßen sind grau bis dunkelbraun oder auch schwarz gefärbt. Männchen besitzen einen konkaven Plastron sowie längere und dickere Schwänze als Weibchen. Die Art erreicht eine Carapaxlänge von 18 cm (ERNST & BARBOUR 1989*, DAS 1991*).
Geographische Verbreitung: Vom südlichen China (inkl. Hainan: Namfong) über Vietnam bis nach Indien (Assam, Meghalaya) und SO-Bangladesh (IVERSON 1992*).
Biologie und Ökologie: Über die Lebensweise dieser Art in der Natur ist kaum etwas bekannt. Sie bewohnt die (feuchte) Fallaubschicht immergrüner Wälder (SACHSSE 1973, DAS 1991*). Wahrscheinlich sucht sie selten das Wasser auf, schwimmt ungeschickt und ist

Pyxidea mouhotii

nicht in der Lage zu tauchen (vgl. auch Wirot 1979*). In der Natur scheint sie pflanzliche Nahrung zu bevorzugen.
Terrarium: Weser (1989) hielt ein Männchen und 2 Weibchen in einem Terrarium von 100 × 40 cm.
Ausstattung: Der Bodengrund sollte aus einem mindestens 15 cm tiefen und stets feucht zu haltenden Torf-Sand-Buchenlaub-Gemisch bestehen. Zur Einrichtung gehört ein flacher Wasserbehälter, der etwa ein Drittel der Behältergrundfläche einnimmt. Darin werden zumeist die Exkremente abgesetzt, so daß eine tägliche Reinigung erfolgen muß. Kurze Hinweise zur Pflege dieser Art gibt auch Schmidt (1982).
Heizung: Weser (1989) hielt seine Tiere am Tage bei 25 °C, nachts bei 20 °C. Ein milder Hellstrahler (Philips Par 38 Ec spot oder Osram Concentra Par 38 Ec) sollte täglich ein bis zwei Stunden (?) für eine „Wärmeinsel" sorgen. Ob im natürlichen Lebensraum gelegentlich Sonnenbäder in den zeitlich kurz auftretenden „Sonnenflecken" genommen werden, ist unklar.
Licht: Die Art bevorzugt (generell?) das Dämmerlicht. Eine schwache Leuchtstofflampe (Osram Biolux, Lumilux DE LUXE Daylight; Philips TL-D) ist täglich 12 Stunden in Betrieb.
Futter: Als Nahrung wurden bei Weser (1989) Obst, Gemüse, kleine Mäuse, Rattenbabies und Gehäuseschnecken angenommen.
Nachzucht: Weser (1989) gelang die Nachzucht der Art im Terrarium.
Paarung: Er beobachtete seine Tiere gelegentlich am Morgen, vor dem Einschalten der Beleuchtung, bei der Kopulation. Das Weibchen wurde nicht vom Männchen „getrieben". Das Männchen stieg spontan auf den Carapax der Partnerin und biß nach ihrem Kopf. Sie zog daraufhin Hals und Kopf ein. Auch Philippen (1984) beschrieb die Paarung dieser Art.
Eiablage: Pro Jahr erfolgte bei Weser's (1989) Tieren eine Eiablage. Die Eier waren relativ groß (45 × 26 mm). Tikader & Sharma (1985*) geben Gelegegrößen von 1 bis 3 Eiern an und ermittelten Eimaße von 51 bis 56 × 25 bis 27 mm.
Inkubation: Weser (1989) inkubierte die Eier bei 28 °C. Die Jungtiere schlüpften nach 97 bzw. 99 Tagen.
Schlüpflinge: Nach Ewert (1989*) wurde anhand von 3 Jungtieren eine durchschnittliche Carapaxlänge von 34,8 mm ermittelt.

Haltung der Schlüpflinge: Weser (1989) hielt die Schlüpflinge in einem Terrarium mit feuchtem Substrat bei 20 °C nachts und 25 °C am Tage. Er hält eine Badegelegenheit im Flachwasser für sehr wichtig. Nach einem Bad hatten die Jungtiere einen deutlich gesteigerten Appetit. Sie wurden mit Regenwürmern und verschiedenen Insekten gefüttert. Nach vierzehn Tagen wurden bereits Babymäuse verzehrt. Pflanzliche Nahrung wurde von ihnen abgelehnt.

Literatur:
Philippen, H.-D. (1984): Beobachtungen bei der Indischen Dornschildkröte *Pyxidea mouhotii* Gray 1863. Die Schildkröte 6(3): 4–9.
Sachsse, W. (1973): *Pyxidea mouhotii*, eine landbewohnende Emydidae Südostasiens. Salamandra 9(2): 49–53.
Schmidt, D. (1982): *Pyxidea mouhotii* Indische Dornschildkröte. elaphe 4(2): 3. Umschlagseite.
Weser, R. (1989): Zur Haltung, Zucht und Aufzucht von *Pyxidea mouhotii*. Zusammenfassungen Jahrestagung DGHT, Frankfurt/Main 1989: 34–35

Rhinoclemmys pulcherrima
(Gray, 1855)
Pracht-Erdschildkröte, E Painted wood turtle, F Rhinoclemmyde peinte

Beschreibung: Die Art gehört zur Familie Bataguridae, Unterfamilie Geoemydinae. Artcharakteristisch sind die leuchtend orangefarbenen bzw. rötlichen Streifen, die den bräunlichen bis grünlichen Kopf an dessen Oberseite bzw. den Flanken zieren. Individuen im nördlichen Teil des Verbreitungsgebiets besitzen einen relativ flachen und breiten, die aus dem Süden einen stärker gewölbten aber schmaleren Rückenpanzer. Er ist durch die deutlichen Wachstumsringe rauh und besitzt einen Längskiel sowie einen gesägten Hinterrand. Der Carapax ist bräunlich. Die Lateralia sind je nach Subspezies ungezeichnet oder weisen ein Zeichnungsmuster aus je einem dunkel begrenzten gelben oder roten Fleck, aus leuchtend rötlichen oder gelben Linien oder Ozellen auf. Auch die Zentralschilde können einfarbig sein oder ein Muster aus dunklen Flecken bzw. rötlichen oder gelblichen Radien zeigen. Der Plastron ist hinten eingekerbt. Er ist gelblich gefärbt und besitzt eine in der Größe, je nach Unterart, variierende dunkle Zentralfigur. Die Schildnähte können dunkel markiert sein. Der Kopf ist relativ klein, schmal, und der Oberkiefer ist vorn in der Mitte eingeschnitten. Unterkiefer und Kinnregion können mit roten Streifen, größeren dunklen Flecken oder Ozellen gezeichnet sein. Zwischen den Fingern und Zehen sind kaum Schwimmhäute ausgebildet. Die Vorderseite der Vordergliedmaßen ist mit großen, rötlichen oder gelblichen Schilden besetzt. Darauf sind Reihen dunkler Flecke zu sehen. Die restlichen Weichteile sind oliv, gelblich oder rötlichbraun gefärbt. Am farbenprächtigsten ist *Rhinoclemmys pulcherrima manni*, deren rotgelbes Ozellenmuster von Janzen (1980) als Korallenschlangen-Mimikry interpretiert wurde. Männchen erreichen 18 cm Carapaxlänge, Weibchen bis zu 20 cm Carapaxlänge. Erstere besitzen längere und dickere Schwänze, ihre Kloakenöffnung ist weiter vom Carapaxhinterrand entfernt als die der Weibchen. Der Plastron der Männchen ist konkav gewölbt, der der Weibchen mehr konvex (Ernst & Barbour 1989*).

Geographische Verbreitung: Die Art ist an der Westküste Mexikos und Zentralamerikas verbreitet. Sie siedelt von Sonora (Mexiko) bis nach Costa Rica (vgl. Iverson 1992*). Es gelten 4 Unterarten als valid:

Rhinoclemmys pulcherrima pulcherrima
(Gray, 1855)
Guerrero (Mexico).
Rhinoclemmys p. incisa
(Bocourt, 1868)
Von Oaxaca (Mexiko) bis ins nördliche Nikaragua.
Rhinoclemmys p. manni
(Dunn, 1930)
Südliches Nikaragua bis nördliches Costa Rica.
Rhinoclemmys p. rogerbarbouri
(Ernst, 1978)
Mexiko vom südlichen Sonora bis nach Colima.

Biologie und Ökologie: Die semiterrestrisch lebende Art kommt vor allem in flußbegleitenden Galeriewäldern des Flachlands vor. In Costa Rica und Nikaragua gelangen Beobachtungen vor allem während der Trockenperioden, in Flüssen und Weihern. Besondere Aktivitäten entfalten die Tiere nach Regenfällen. Bei Trockenheit vergraben sich die Schildkröten in Substraten, die die Feuchtigkeit längere Zeit halten (Ernst & Barbour 1989*). Angaben zur Ernährung der Art sind mir nicht bekannt. Ernst &

Rhinoclemmys punctularia melanosterna

BARBOUR (1989*) vermuten, daß sie omnivor ist „...but with stronger preferences toward plants."
Terrarium: PAULER (1980) hielt ein Pärchen von *Rhinoclemmys p. manni* in einem Aquarium von 150 × 60 × 40 cm, gemeinsam mit anderen Wasserschildkröten (was heute unterbleiben sollte).
Ausstattung: Der Landteil von 60 × 30 cm war dem Aquarium angeschlossen.
Die Tiere hielten sich tagsüber im Wasser, nachts auf dem Landteil auf.
Heizung: Die Wassertemperatur lag zwischen 24 und 28 °C. Ein 60 W Strahler 30 cm über dem Landteil sorgte täglich 12 Stunden für die entsprechende Strahlungswärme (PAULER 1980). MÜLLER (1995*) empfiehlt Haltungstemperaturen von durchschnittlich 24 °C, wobei kurzzeitig auch Temperaturen bis zu 20 °C vertragen werden. Das erscheint mir für diese Art aber zu niedrig zu sein.
Licht: Bei welcher Beleuchtungsstärke die Tiere sich entsprechend gut entwickeln, ist unklar. Als Beleuchtung dienen Leuchtstofflampen (OSRAM Biolux, Lumilux DE LUXE Daylight; Philips TL-D; evtl. ab und zu 30 bis 60 Minuten UV-Bestrahlung mit Philips TL 05, TL 09, TL 12) und evtl eine HQL-Lampe (?). Die Beleuchtung sollte täglich 12 Stunden in Betrieb sein.
Futter: PAULER (1980) fütterte die Schildkröten mit dem von ihm entwickelten Gelatine-Mischfutter. Wir bieten ihnen aber auch Früchte, Gemüse, Fischfleisch und Regenwürmer an.

Nachzucht: *Rhinoclemmys p. manni* wurde z.B. durch PAULER (1980) und LÜTHI (zit. in PAULER 1987) im Terrarium nachgezogen.
Paarung: Charakteristische Elemente des Paarungsverhaltens männlicher Tiere sind zuckende Kopfbewegungen, geruchliche Kontrolle und Verfolgung des Weibchens. Später steht das Männchen dem Weibchen im Nase-an-Nase-Kontakt gegenüber, wobei es gelegentlich zu Bissen kommt (HIDALGO 1982, *Rhinoclemmys p. incisa*).
Eiablage: PAULER (1980) registrierte bei seinem Weibchen mehrfach Ablagen von jeweils 1 bis 3 Eiern. Sie waren z.T. unbefruchtet, einmal starben die Embryonen durch einen Defekt des Heizsystems während der Inkubationszeit bzw. kurz nach der künstlichen Entnahme aus dem Ei. 2 Eier maßen 50 × 32 mm bzw. 48 × 28 mm und wogen 28 bzw. 27 g. Nach PRITCHARD (1979*) umfaßt ein „...typical clutch..." von *Rhinoclemmys p. manni* 3 Eier „...nearly two inches long." Die Eier von *Rhinoclemmys p. incisa* maßen 24 bis 32 × 37 bis 52 mm (PAULER 1980).
Inkubation: Bei einer Bruttemperatur von ca. 27 °C schlüpften die Jungtiere bei PAULER (1980) nach 100, 120, 147 bzw. nach 117 Tagen (Zeitpunkt des Fundes, Schlupf wenige Tage früher)
Schlüpflinge: Ein Tier maß nach dem Schlupf 42 × 26 × 23 mm, 5 Tage später 43 × 38 × 18 mm, nach etwa einem Monat bereits 55 × 51 × 24 mm. Es hatte dann eine Masse von 26 g (PAULER 1980). Die Carapaxlängen von *Rhinoclemmys p. incisa* Schlüpflingen lagen zwischen 35 und 50 mm (PAULER 1980).
Haltung der Schlüpflinge: Die Schlüpflinge der *Rhinoclemmys p. manni* fraßen bei PAULER (1980) zunächst Rote Mückenlarven, kurze Zeit später wurden sie mit dem o.g. Gelatine-Futter ernährt. Die weitere Haltung verlief problemlos. Dem gleichen Autor gelang auch die Nachzucht von *Rhinoclemmys p. incisa*. Das Jungtier lebte terrestrischer als die Jungtiere von *Rhinoclemmys p. manni*. Es fraß neben dem Gelatinefutter gern Löwenzahn und Klee.
Rhinoclemmys diademata (MERTENS, 1954) wurde im Instituto Roberto Franco in Villavicencio, Kolumbien, nachgezogen (PRITCHARD 1979*). Nach SLAVENS (1989*) gelang auch die Nachzucht von *Rhinoclemmys areolata* (DUMÉRIL & BIBRON in DUMÉRIL & DUMÉRIL, 1851). *Rhinoclemmys punctularia melanosterna* wird regelmäßig im Thüringer Zoopark zu Erfurt nachgezogen.

Bemerkungen: Die Gattung *Rhinoclemmys* umfaßt nach DAVID (1994*) 9 Arten. *Rhinoclemmys melanosterna* wird jedoch von FRITZ (1995) konsequent als Unterart zu *Rhinoclemmys punctularia* gestellt.
Einige Arten leben aquatisch, z.T in großen Flüssen, wie *R. funerea*, *R. diademata*, *R. nasuta*, *R. punctularia*. Andere Arten leben terrestrisch bis semiterrestrisch in Savannengebieten, Tiefland-Regenwäldern und Galeriewäldern wie beispielsweise *R. areolata*, *R. pulcherrima* und *R. rubida*. *R. annulata* wurde noch in 1.500 m ü. NN gefunden (vgl. PRITCHARD & TREBBAU 1984*, ERNST & BARBOUR 1989*).
Die Haltungsprobleme bei den Südamerikanischen Erdschildkröten sind bei weitem noch nicht gelöst. Nach PRITCHARD (1979*) sollen die Weibchen aller Arten sehr anfällig sein. Die aquatisch lebende *R. punctularia punctularia* gilt als besonders wärmebedürftig. *R. nasuta* stellt im Terrarium zumeist die Nahrungsaufnahme ein und verendet bald. Jungtiere und Männchen hingegen gelten als besser haltbar. Aus diesen Gründen sollte die Haltung der *Rhinoclemmys*-Arten nur dem „Profi" in der Schildkröten-Terraristik vorbehalten bleiben.

Literatur:
FRITZ, U. (1995): Schildkröten-Hybriden. 2. Halsberger-Schildkröten (Cryptodira). herpetofauna 17(95): 19–34.
HIDALGO, H. (1982): Courtship and mating behavior in *Rhinoclemmys pulcherrima in-*

cisa (Testudines: Emydidae: Batagurinae). Trans. Kansas Acad. Sci. 85: 82–95.
Janzen, D. H. (1980): Two potential coral snake mimics in a tropical deciduous forest. Biotropica 12: 77–78.
Pauler, I. (1980): Lebensweise, Ernährung und Nachzucht von *Geoemyda pulcherrima manni*. DATZ 33(3): 103–107.

Sacalia bealei
(Gray, 1831)
Pfauenaugen-Wasserschildkröte,
Zirbelauge, E Beal's-eyed turtle,
F Emyde chinoise à deux ocelles

Beschreibung: Die Pfauenaugen-Wasserschildkröte gehört zur Familie Bataguridae, Unterfamilie Geoemydinae. Folgende Merkmale sind artcharakteristisch: Hinterkopf mit 4 Ozellen (vorderes Paar undeutlicher als hintere, nicht selten fehlend); Vorderkopf fein, schwarz gesprenkelt; Interpectoralnaht mehr als 25 % der maximalen Carapaxbreite. Der Carapax ist länglich elliptisch und glattrandig. Bei adulten Tieren ist nur im hinteren Carapaxabschnitt ein leichter Mittelkiel deutlich. Der Kopf ist relativ schmal. Die Vorderseite der Vordergliedmaßen ist mit großen Schilden bedeckt, Finger und Zehen tragen Schwimmhäute. Der Carapax ist mittel- bis dunkelbraun und mit schwarzen Pünktchen bzw. einem Muster aus feinen schwarzen Strichen versehen. Am Carapaxvorderrand befinden sich viele größere dunkelbraune oder schwarze Makel. Der Plastron ist gelblich. Er kann sowohl ein dunkelbraunes Punkt- bzw. Strichmuster als auch eine symmetrische Zeichnung tragen. Sofern 2 Paar Ozellen ausgebildet sind, können diese jeweils miteinander verschmelzen. In den Ozellen befinden sich ein bis drei dunkle „Kerne". Die Halsseiten sind beim Weibchen gelblich, beim Männchen rötlich gestreift. Der Augeninnenrand der Männchen ist rot. Die Gliedmaßen sind graubraun bis schwarz und beim Männchen oberhalb des Knies rot gezeichnet. Männchen besitzen längere und dickere Schwänze als die Weibchen und einen konkaven Plastron.

Carapaxlänge der Männchen bis 15 cm, der Weibchen 17 cm oder mehr (Praedicow, mündl. Mitt.; Ernst & Barbour 1989*).

Geographische Verbreitung: SO-China: Hainan, Guangdong, Jiangxi, Fujian, Anhui und Guizhou; Hong Kong (vgl. Zhou & Zhou 1991*, Iverson 1992*). Zur Gattung gehören 2 weitere Arten (vgl. Zhao & Adler 1993*): *Sacalia pseudocellata* Iverson & McCord, 1992, und *Sacalia quadriocellata* (Siebenrock, 1903).

Biologie und Ökologie: Die Art lebt in mäßig schnell fließenden Bergbächen und -flüssen in tropischen und subtropisch-gemäßigten Waldgebieten der Mittelgebirgslagen zwischen 100 und 400 m ü. NN (vgl. Mell 1938, Zhou & Zhou 1991*). Mell (1938) ermittelte an einigen Augusttagen im Lebensraum der Art Wassertemperaturen zwischen 16 und 17 °C. Im nördlichen Teil des Vorkommensgebietes wird zwischen November und März eine Winterruhe gehalten (Mell 1938). Der gleiche Autor fand die Art im Frühjahr frühestens am 29. März, im Herbst bis zum 13. November. *Sacalia bealei* ist tagaktiv. Mell (1938) vermutet, daß sie nach der Paarungszeit häufig das Land aufsucht. Müller (1995*) erwähnt Vorkommen in Reissümpfen, nennt aber keine Quelle. Nach Zhou & Zhou (1991*) ernährt sich die Art in der Natur von kleinen Fischen, Krabben und Würmern.

Terrarium: Die Haltung der Schildkröte wird z. B. von Golle (1973) und von Praedicow (1984) beschrieben. Frisch importierte Exemplare weisen nach Rödel & Praedicow (1988) häufig Panzernekrosen auf, die nach fachkundiger Behandlung durch den Tierarzt geheilt werden können. Die Art sollte paarweise gehalten werden, da sowohl geschlechtsreife Männchen als auch Weibchen untereinander sehr aggressiv sein können. Ein Behälter mit den Maßen 100 × 50 cm und 15 cm bis 20 cm Wasserstand ist wahrscheinlich ausreichend. Von Mai bis September sollten die Tiere im Freilandterrarium gehalten werden.

Ausstattung: Der Wasserteil wird durch Felsaufbauten und Wurzeln strukturiert, die den Tieren auch als Unterwasserverstecke dienen. Der mit einem Sand-Torf-Laub-Gemisch gefüllte Landteil sollte etwa ein Drittel der Grundfläche einnehmen.

Heizung: Die Wassertemperatur kann zwischen 16 und 22 °C variieren. Müller (1995*) gibt Haltungstemperaturen von 20 bis 25 °C an. Rödel & Praedicow (1988) überwinterten ihre Tiere bzw. hielten sie auch während des Winters bei Temperaturen über 20 °C. Praedicow, Erfurt, (mündl. Mitt.) überwintert seine Tiere seit Jahren erfolgreich bei 8 bis 10 °C in einem dunklen Kellerraum.

Über dem Landteil wird ein milder Hellstrahler (Philips Par 38 Ec spot oder Osram Concentra Par 38 Ec) für gelegentliche Sonnenbäder installiert. Nach Müller (1995*) sollen sich die Tiere ausgiebig Sonnen.

Licht: Welche Ansprüche an die Beleuchtungsstärke gestellt werden ist unklar. Wir verwenden Leuchtstofflampen (Osram Biolux, Lumilux DE LUXE Daylight; Philips TL-D; hin und wieder 30 bis 60 Minuten UV-Bestrahlung mit Philips TL 05, TL 09, TL 12). Sie sollten im Sommer täglich 14 bis 16 Stunden in Betrieb sein, im Winter 8 bis 10 Stunden.

Futter: Als Futter wurden bei Rödel & Praedicow (1988), nach anfänglichen Schwierigkeiten, Bananen, Fisch, frisches Fleisch sowie käufliches Schildkröten- und Hundefutter angenommen.

Nachzucht: Ausführliche Publikationen über Nachzuchterfolge mit dieser Art liegen mir aus Deutschland nicht vor.

Paarung: Die Paarung wird von Rödel (1985) bzw. Rödel & Praedicow (1988) beschrieben. Im Unterschied zu den meisten anderen Schildkrötenarten dominiert hier das Weibchen. Sie trieb das Männchen beißend durch den Behälter. Das Männchen näherte sich vorsichtig kopfnickend, „tretelnd" und „wasserkauend" der Partnerin. Dadurch wird ihr ein Wasserstrom entgegengestrudelt, mit dem evtl. auch Sexualgeruchsstoffe übertragen werden. Bewegte sich das Weibchen auf das Männchen zu, floh dieses umgehend. Blieb das Weibchen jedoch passiv, stieg das Männchen auf den Carapax der Partnerin und es kam zur Paarung. Die dauerte drei bis fünfzehn Minuten und wurde meistens vom Weibchen abgebrochen. Die Autoren beobachteten das Balzverhalten ganzjährig, die Paarung mit wenigen Ausnahmen jedoch nur im März.

Eiablage: Nach Philippen (zit. in Rödel & Praedicow 1988) konnte Lorenz ein befruchtetes Gelege von seinen Tieren erhalten. Ein Jungtier starb kurz vor dem Schlupf. Nach Zhou & Zhou (1991*) werden „... at a time ..." 2 bis 6 längliche Eier gelegt. Mell (1938) vermutet eine Eilänge von etwas mehr als 50 mm. Nach von Schwartzenberg (zit. in Rogner 1995*) kann die Eilänge 50 bis 60 mm betragen.

Inkubation: Jungtiere können (wahrscheinlich) in der Eigrube überwintern und sich erst im folgenden Frühjahr ausgraben. Mell (1938) fand beispielsweise am 30. März im Uferkies eines Berg-

waldbaches (Lofaoshan, China) 2 frischgeschlüpfte Jungtiere.
Schlüpflinge: 2 Jungtiere hatten Carapaxlängen von 52 mm (MELL 1938).
Geschlechtsreife: Nach VON SCHWARTZENBERG (zit. in ROGNER 1995*) sollen Weibchen ab 14 cm Carapaxlänge erstmals ein Ei, ab 16 cm Carapaxlänge bis zu 2 Eier legen können.

Literatur
GOLLE, C. (1973): *Clemmys bealei* (GRAY), die Pfauenaugen Wasserschildkröte. Aquarien Terrarien 20(2): 66–67.
MELL, R. (1938): Aus der Biologie chinesischer Schildkröten. Beiträge zur Fauna sinica. VI. Arch. Naturgesch. (N. F.) 7: 390–475.
PRAEDICOW, G. (1984): de Chinese Pauwoogschildpad (*Sacalia bealei*) een zelzaam Terrariumdier. Lacerta 42(10/11): 207–211.
RÖDEL, M.-O. (1985): Zum Verhalten von *Sacalia bealei* (GRAY, 1831). Salamandra 21(2/3): 123–131.
RÖDEL, M.-O., G. PRAEDICOW (1988): Die Chinesische Vieraugenschildkröte, *Sacalia bealei* (GRAY, 1831). SAURIA 10(4): 3–8.

Siebenrockiella crassicollis
(GRAY, 1831)
Schwarze Dickkopf-Schildkröte,
Sunda-Dickhalsschildkröte, Schwarze Tempelschildkröte, E Black marsh turtle, Black terrapin, Black pond tortoise (Malaysia), F Emyde dentelée à trois carènes

Beschreibung: Die Schwarze Dickkopf-Schildkröte gehört zur Familie Bataguridae, Unterfamilie Batagurinae. Folgende Merkmale sind artcharakteristisch: Carapax dunkelbraun bis schwarz mit 3 Längskielen, am Hinterrand stark gesägt; Kopf dunkelgrau bis schwarz mit je einem weißlichen bis gelblichen Fleck hinter dem Auge und cremefarben bis weißlichen Kiefern. Die Lateralkiele sind vor allem bei alten Tieren nur noch schwach ausgeprägt. Zwischen Augenhinterrand und Trommelfell ist ein Bereich aus fein granulierten Schilden zu erkennen. Der Plastron und die Weichteile sind dunkelgrau bis schwarz oder schwarzbraun gefärbt. Männchen haben ein konkaves Plastron. Sie besitzen längere und dickere Schwänze als Weibchen. Bei letzteren bleiben die hellen Zeichnungselemente am Kopf häufig auch im Alter deutlich, bei den Männchen dunkeln sie stark nach. Jungtiere haben deutlichere Carapaxkiele.
Carapaxlänge bis 20 cm, evtl. größer (ERNST & BARBOUR 1989*).

Geographische Verbreitung: Von SO-Vietnam, westwärts durch Thailand nach Tenasserim in Burma und südwärts durch die Malaiische Halbinsel bis nach Sumatra, Java und Borneo (IVERSON 1992*).

Biologie: Die Art lebt in den unterschiedlichsten Stillgewässern bis hin zu Reisfeldern. Bevorzugt werden Gewässer mit weichem Bodengrund und reicher Submersvegetation (ERNST & BARBOUR 1989*). Die Schildkröte bewegt sich vor allem am Boden und schwimmt seltener, gräbt sich aber des öfteren im Boden ein. Nach WIROT (1979*) soll sie nachts an Land gehen um sich dort zu paaren und um Nahrung aufzunehmen. Sie ernährt sich größtenteils carnivor, wobei Mollusken, Crustaceen, verschiedene Wurmarten und auch Aas verzehrt werden. Gelegentlich soll sie auch verrottende pflanzliche Materialien aufnehmen (WIROT 1979*).

Terrarium: Im Zoo Zürich wird die Art seit 1933 erfolgreich gehalten (HONEGGER 1986). Wir geben hier die Haltungsbedingungen kurz wieder. Die Züricher Zuchtgruppe besteht aus 2 Männchen und 6 Weibchen. Sie wird in einem Terrarium von 150 × 100 cm bei einem maximalen Wasserstand von 25 cm gehalten. Im Hochsommer kann man die Tiere auch im Freilandterrarium unterbringen (PETZOLD 1983).

Ausstattung: Der Landteil ist mit einem Gemisch aus Torfmull und Lauberde gefüllt und nimmt etwa ein Drittel der Behälterfläche ein. Die Schildkröten sind z.T. tagelang im Bodengrund vergraben.

Heizung: Die Temperatur liegt tagsüber zwischen 20 und 26 °C. Nachts erfolgt eine Absenkung auf 18 °C. Die Schildkröten sonnen sich des öfteren unter einem Heizstrahler an Land.

Licht: Die Beleuchtung (täglich 12 Stunden) erfolgt durch zwei True-lite Lampen zu je 40 W. Gelegentliche UV-Bestrahlung ist angebracht.

Futter: Gefüttert wird im Zoo Zürich dreimal wöchentlich mit Trauben, reifen Bananen und Dörrfeigen, Rindfleisch (mit Calciumphosphat und Vionate-C bestreut), Süßwasser- und Seefisch, Garnelen, Regenwürmern, toten jungen Nagern und vor allem mit Wasserschnecken.

Nachzucht: Die Art wurde im Zoo Zürich auch nachgezogen (HONEGGER 1986).

Paarung: Ritualisierte Werbungen der Männchen wurden nie beobachtet (HONEGGER 1986). Vor der Paarung berochen sich die Partner gegenseitig an Kopf und Vordergliedmaßen. Die Männchen bissen die Partnerin in die Vordergliedmaßen, die Seiten, die Hintergliedmaßen und auch in die Marginalschilde (7. bis 10.). Letzteres wurde besonders häufig beobachtet.

Eiablage: Pro Gelege wurde (bis auf zwei Ausnahmen) nur 1 Ei abgesetzt. 2

Siebenrockiella crassicollis

Weibchen legten einmal 2 Eier. Die Eiablagen erfolgten ganzjährig mit einem Gipfel zwischen April und Juli. Folgende Eidaten wurden ermittelt: x̄ = 52,1 × 28 mm (maximal 58 × 29 mm, minimal 48 × 27 mm), Masse: x̄ = 27,2 g (maximal 33 g, minimal 21 g). Ein in Malaysia gefangenes Weibchen legte 3 Eier von 54,3 × 27,7 mm (EWERT, in HONEGGER 1986). In Malysia sollen nach MOLL (zit. in ERNST & BARBOUR 1989*) 3 bis 4 Gelege mit jeweils 1 oder 2 Eiern zwischen April und Juni abgesetzt werden.

Inkubation: Die Inkubationszeit betrug bei einer durchschnittlichen Temperatur von 29,5 °C und 75 bis 80% rel. Luftfeuchtigkeit 68 bis 84 Tage (x̄ = 71,8 Tage). Die Jungtiere öffnen das Ei an einem der beiden Eipole (HONEGGER 1986). Bei *Siebenrockiella* wurde Heteromorphismus bei einem Paar Makrochromosomen gefunden. Der wurde als ein XX/XY geschlechtsdeterminierendes System interpretiert, das einzige derartige System, welches bei Schildkröten bislang gefunden wurde (vgl. BICKHAM & BAKER 1976, CARR & BICKHAM 1981)

Schlüpflinge: Die Schlüpflinge hatten Carapaxlängen zwischen 43 und 46 mm und Körpermassen zwischen 14 und 15 g (HONEGGER 1986). Zwei Jungtiere des oben erwähnten Weibchens aus Malaysia hatten Carapaxlängen von 50 bzw. 47,2 mm.

Haltung der Schlüpflinge: Bis fünf Tage nach dem Schlupf wurden die Jungtiere unter den gleichen „klimatischen Bedingungen" gehalten wie während der Ei-Inkubation (HONEGGER 1986). Sie blieben in dieser Zeit in der Regel im Bodengrund vergraben. Die Aufzucht war unproblematisch und erfolgte in Aquaterrarien mit einer Wassertiefe die der dreifachen Carapaxlänge entsprach. Der Bodengrund bestand aus einer 5 cm hohen Kiesschicht. Zwischen *Ceratophyllum*-Ranken fanden die Jungtiere Versteckmöglichkeiten. Durch den Wasserpflanzenbestand und die hohe Kiesschicht konnten sich im Behälter Wasserasseln halten. Sie vertilgten die Futterreste der Schildkröten und hielten somit das Aquarienwasser längere Zeit sauber und geruchfrei.

Die Wassertemperatur betrug 23 bis 25 °C. Eine 25 W Glühbirne diente 8 Stunden täglich als weitere Wärmequelle. Zunächst wurden nur rote Mückenlarven und Tubifex als Nahrung akzeptiert. Später verzehrten die Schildkröten auch Regenwürmer, Wasserasseln, Rindfleisch, Wasserschnecken und Fisch. Die Kalkversorgung wurde über rohe, zerstoßene Hühnereischalen realisiert, die ebenso wie kleine Kiesel vom Bodengrund aufgenommen wurden. Die Jungtiere wurden zweimal wöchentlich gefüttert. Es wurde soviel Nahrung angeboten, wie sie binnen 15 Minuten verzehren konnten.

Alter: Ein Weibchen der Zuchtgruppe im Zoo Zürich lebte von 1933 bis 1985 (HONEGGER 1986).

Literatur:
BICKHAM, J. W., R. J. BAKER (1976): Chromosome homology and evolution of emydid turtles. Chromosoma 54: 210–219.
CARR, J. L., J. W. BICKHAM (1981): Sex chromosomes of the Asian black pond turtle, *Siebenrockiella crassicollis* (Testudines: Emydidae). Cytogenet. Cell. Genet. 31: 178–183.
HONEGGER, R. E. (1986): Zur Pflege und langjährigen Nachzucht von *Siebenrockiella crassicollis* (GRAY, 1831). Salamandra 22(1): 1–10.
PETZOLD, H.-G. (1983): AT Terrarientierlexikon *Siebenrockiella crassicollis* (GRAY 1931) Schwarze Tempel- oder Dickhalsschildkröte. Aquarien Terrarien 30(12): 423.

Terrapene carolina
(LINNAEUS, 1758)
Carolina-Dosenschildkröte, E Box turtle, Common box turtle, F Tortue-boîte commune
BNatSchG, BArtSchV

Beschreibung: Die Carolina-Dosenschildkröte gehört zur Familie Emydidae, Unterfamilie Emydinae. Folgende Merkmale sind artcharakteristisch: Carapax hochgewölbt (Carapaxhöhe >42% Carapaxlänge), erstes Centralia steil ansteigend (>50°), Mittelkiel vorhanden, das Plastrongelenk zwischen den Pectoral- und Abdominalschilden liegt gegenüber dem fünften Marginalschild. Der Carapax ist hinter dem Plastrongelenk am höchsten. Der Plastron ist groß, oft länger als der Rückenpanzer. Der Kopf ist schmal und der Oberkiefer hakenförmig nach unten gebogen. Die *Terrapene*-Arten besitzen rudimentäre Schwimmhäute zwischen den Zehen. *Terrapene carolina triunguis*, *Terrapene c. bauri* und *Terrapene c. mexicana* haben 3, die anderen Unterarten 4 Zehen an den Hinterfüßen. Die Carapaxgrundfarbe variiert zwischen oliv, gelblich und braun. Darauf ist ein variables Muster aus gelben bis oran-

Terrapene carolina bauri

Terrapene carolina mexicana

gefarbenen Flecken, Barren oder radiären Linien ausgebildet. Der Plastron ist hell- bis dunkelbraun gefärbt. Er ist entweder zeichnungslos, besitzt dunklere Flecke oder eine dunkle Zentralfigur, deren „Ausläufer" entlang der Schildnähte ziehen. Der Kopf kann auf dunklem Grund mit gelben Tupfen versehen sein (*Terrapene c. carolina*, *Terrapene c. triunguis*-Männchen manchmal gänzlich rot), gelbe seitliche Längslinien aufweisen (*Terrapene c. bauri*) oder er ist uniform hellbräunlich bzw. dunkelbraun. Die Gliedmaßen sind einfarbig schwarz, können aber auch intensiv gelb gefleckt sein.

Männchen besitzen zumeist eine rote, Weibchen eine gelblichbraune Iris. Der hintere Plastronteil ist bei den Männchen konkav, bei den Weibchen flach bis leicht convex. Die Krallen der Hintergliedmaßen der Männchen sind bis auf die lange und gebogene „Kopulationskralle" kurz und kräftig. Die Krallen der Weibchen hingegen sind länger und schlanker. Jungtiere besitzen einen relativ flachen Rückenpanzer. Auf jedem großen Schild ist ein gelblicher Fleck sichtbar. Ihr Plastralgelenk ist noch nicht funktionsfähig.

Carapaxlänge bei *Terrapene c. major* bis 21,6 cm, die anderen Unterarten bleiben kleiner (ERNST et al. 1994*).

Geographische Verbreitung: In den USA ist die Art vom südlichen Maine südwärts bis zu den Florida Keys und westwärts bis nach Michigan, Illinois, das östliche Kansas, Oklahoma und Texas verbreitet. Inselartige Vorkommen gibt es in New York und im westlichen Kansas. In Mexiko kommt die Schildkröte in den Staaten Campeche, Quintana Roo, San Luis Potosí, Tamaulipas, Veracruz und Yucatán vor (IVERSON 1992, ERNST et al. 1994*).

Terrapene carolina carolina
(LINNAEUS, 1758)
USA, Georgia bis Illinois, S-Michigan, Massachusetts.

Terrapene c. bauri
TAYLOR, 1895
USA, Halbinsel Florida.

Terrapene c. major
(AGASSIZ, 1857)
USA, S-Mississippi, S-Alabama, W-Florida.

Terrapene c. mexicana
(GRAY, 1849)
NE-Mexiko.

Terrapene c. triunguis
(AGASSIZ, 1857)
USA, O-Texas bis SO-Kansas, S-Missouri, S- bis Zentral-Alabama.

Terrapene c. yucatana
(BOULENGER, 1895)
Mexiko, Halbinsel Yucatán.

Biologie und Ökologie: In den USA werden hauptsächlich offene Waldlandschaften bewohnt. Nicht selten trifft man die Art auch auf Weideland und in Feuchtwiesen. In Mexiko kommt sie in Trockenwäldern und Graslländern vor. Im Norden des Artareals (*Terrapene c. carolina*) überwintern die Tiere etwa von Ende September bis Ende April/Anfang Mai (ERNST et al. 1994*). DODD et al. (1994) beobachteten *Terrapene c. bauri* auf einer Insel in Florida, wo keine Winterruhe gehalten wird. Die Tiere waren vor allem bei Lufttemperaturen von mehr als 17 °C und zumeist an sonnigen Tagen mit hoher Luftfeuchtigkeit außerhalb ihrer Verstecke aktiv. Adulte Tiere fanden die Autoren bei kühlerem Wetter in den warmen Tagesstunden, im Sommer vor allem morgens und abends. Jungtiere hingegen waren mehr oder weniger ganztägig aktiv. Im südlichen Are-

Terrapene carolina triunguis

alteil können die Tiere ästivieren (z. B. *Terrapene c. yucatana*; BUSKIRK 1994) und sind dann nur (?) während der Regenzeit zu finden.

Jungtiere ernähren sich fast ausschließlich carnivor, mit zunehmendem Alter nimmt auch der vegetarische Anteil in der Nahrung zu. Gefressen werden Schnecken, Würmer, Insekten und auch kleinere Wirbeltiere. CALDWELL & COLLINS (1981*) nennen als vegetarische Kost für *Terrapene carolina triunguis*, in Kansas, Pilze, blackberries, blueberries, und verschiedene Grasarten, darunter *Bromus* spec. Auch Aas gehört nach diesen Autoren zum Nahrungsspektrum unserer Art; ein Tier wurde beobachtet, wie es an einer toten Kuh fraß. Die Nahrungsaufnahme erfolgt sowohl im Wasser als auch an Land (ERNST et al. 1994*)

Terrarium: Dosenschildkröten sind für den Anfänger in der Schildkrötenpflege nicht geeignet. Erwirbt man bereits geschwächte Tiere, so ist *Terrapene carolina* schwer am Leben zu erhalten (vgl. KARL 1986).

Nach RUDLOFF (1990*) besteht die optimale „Haltungsvariante" in einem Freilandaufenthalt von Mai bis zum Beginn der Frostperiode und anschließender Unterbringung im Zimmerterrarium (vgl. auch PETZOLD 1976a, STETTLER 1987). Da die Bastardierung zwischen den verschiedenen *Terrapene*-Arten bzw. -unterarten möglich ist, werden sie auch im Terrarium getrennt untergebracht (vgl. BLANEY 1968).

Ausstattung:
Freilandterrarium:
Dosenschildkröten leben versteckt und graben sich oft in den Bodengrund ein. Das Freilandterrarium (STRÖTGEN 1962, KIRSCHE 1969 a,b) sollte deshalb übersichtlich eingerichtet werden und einige gut kontrollierbare Verstecke, etwa an der Basis größerer Grashorste, aufweisen. Ein größerer Wasserbehälter mit breiten und flachen (moorigen) Uferbereichen ist vorteilhaft und wird des öfteren aufgesucht (vgl. auch FURRER 1972).
Zimmerterrarium: Das Zimmerterrarium sollte für ein Paar wenigstens eine Grundfläche von 150 cm × 50 cm aufweisen. Der Wasserteil nimmt ein Viertel der Grundfläche ein. Der Landteil enthält eine Füllung aus einem leicht feuchten Buchenlauberde-Sand-Gemisch, was wenigstens 15 cm tief ist. Sichtblenden, z.B aus Borke, sorgen für störungsfreie Bereiche.
Heizung: Die Temperatur liegt tagsüber zwischen 24 und 28 °C, nachts um 18 °C. In einer Behälterecke wird ein milder Hellstrahler (Philips Par 38 Ec spot oder Osram Concentra Par 38 Ec) installiert.
Licht: Der Behälter wird mit Leuchtstofflampen (Osram Biolux, Lumilux DE LUXE Daylight; Philips TL-D; evtl. gelegentlich 30 bis 60 Minuten UV-Bestrahlung mit Philips TL 05, TL 09, TL 12) beleuchtet.
Futter: Als Nahrung dienen Regenwürmer, Schnecken, Jungmäuse und evtl. auch Fischfleisch. Manche Tiere nehmen auch Obst, das regelmäßig gereicht werden soll.
Nachzucht: Im Terrarium ist die Fortpflanzung verschiedener Unterarten des öfteren gelungen (z. B. FURRER 1976, 1980, BAUR 1992). Die Abkühlung der Tiere im Freiland zwischen September und November genügt, um die Fortpflanzung zu stimulieren.
Paarung: Die Schildkröten sind mit Ausnahme der Ruhephasen (Hochsommer, Herbst) beinahe ganzjährig paarungsbereit (u. a. ZIMMERMANN 1983*). Balz und Paarung der Nominatform erfolgen wohl größtenteils an Land. Das Männchen umkreist die Partnerin und „kontrolliert" sie geruchlich, optisch und taktil. Es nähert sich zumeist frontal. Kurz vor dem Kopf des Weibchens, stoppt das Männchen, stemmt den Panzer in die Höhe und streckt ihm Kopf und Hals entgegen. Das Weibchen zieht den Hals ein und verharrt ruhig. Nun läuft das Männchen um die Partnerin herum, beriecht sie, beißt sie in die Weichteile und stößt dabei mit ruckartigen Bewegungen und eingezogenem Kopf gegen ihren Panzer. Das kann mehrere Stunden dauern. Gelingt es, den Carapax des Weibchens von hinten zu besteigen, stützt sich das Männchen mit den Vordergliedmaßen darauf ab und versucht die Hinterbeine unter ihren Panzer zu klemmen (Kopulations-Kralle!). Das Männchen beißt nach dem Kopf des Weibchens, damit es den Hals einzieht und somit den noch geschlossenen hinteren Panzerteil öffnet. Daraufhin schiebt er seine Hintergliedmaßen zwischen ihren Carapax und Plastron, drückt die Kloake gegen die der Partnerin und führt den Penis ein. Das Weibchen klappt den Plastron wieder gegen den Rückenpanzer und klemmt dadurch die Hintergliedmaßen des Männchens ein. Das Männchen „klappt nach hinten", bis es auf dem Carapax liegt und richtet sich bei jedem Penisstoß, rechtwinklig zu ihrer Körperlängsachse auf.

Die Balz von *Terrapene c. major* erfolgt wahrscheinlich hauptsächlich im Wasser (EVANS 1968).
Eiablage: Nach RUDLOFF (1990*) setzen die Weibchen (*Terrapene c. carolina*) im August (Freiland) sowie zwischen Anfang Dezember und Ende März (Zimmerhaltung) bis zu 6 Gelege ab. Je Gelege wurden bis zu 8 (zumeist 3 bis 5) Eier produziert. Die Eier sind relativ groß und haben eine durchschnittliche Länge von 42,2 mm, einen Durchmesser von 22,8 mm und wiegen durchschnittlich 13,3 g. Die Weibchen sind in der Lage, befruchtungsfähiges Sperma zu konservieren bzw. die Befruchtung zu verzögern (Amphigonia retardata; vgl. PETZOLD 1982). Das Phänomen wurde von HILDEBRAND (1929) bei der Carolina-Diamantschildkröte (*Malaclemys terrapin centrata*, LATREILLE, 1801) entdeckt. Dadurch können *Terrapene carolina* beispielsweise bis zu 4 Jahre (oder länger?) nach der Kopula, ohne weiteren geschlechtlichen Kontakt befruchtete Eier ablegen (vgl. EWING 1943).

In den USA erfolgt die Eiablage zwischen Mai bis Ende Juli. Ein Gelege umfaßt 1 bis 11, in der Regel 4 bis 5 Eier (ERNST et al. 1994*). Nach TUCKER et al. (1978) kann *Terrapene c. major* maximal 5 Gelege je Saison absetzen, bei den anderen Unterarten sind es gewöhnlich 2 (vgl. RIEMER 1981).
Inkubation: Die Zeitigungstemperatur beträgt 28 °C bei nahezu 100 % rel. Luftfeuchte. Es muß eine gute Sauerstoffversorgung des Geleges gewährleistet sein, jedoch darf die Luftfeuchtigkeit nicht zu stark absinken. Nach ca. 65 Tagen erfolgt der Schlupf (RUDLOFF 1990*). Die Geschlechtsausprägung ist temperaturabhängig (vgl. EWERT & NELSON 1991). Zwischen 22,5 und 27 °C entstanden hauptsächlich Männchen, bei 28,5 °C oder darüber fast ausschließlich Weibchen. In den USA schlüpfen die Jungtiere zwischen Anfang September und Oktober, können aber auch überwintern (vgl. ERNST et al. 1994*). Die kürzeste Inkubationszeit betrug 57 (IVERSON 1977), die längste 136 Tage (ALLARD 1948).
Schlüpflinge: Bei RUDLOFF (1990*) hatten die Schlüpflinge eine Carapaxlänge von etwa 34,5 mm und wogen 10 g. ERNST et al. (1994*) teilen folgende Daten mit: Carapaxlänge 28 bis 35 mm; Masse 5,7 bis 10,0 g. Schlüpflinge von *Terrapene c. major* hatten 10 bis 20 Tage nach dem Schlupf, aber vor der ersten Nahrungsaufnahme, folgende Maße:

Terrapene ornata

Carapaxlänge 31,8 bis 39,7 mm; 8,3 bis 11,3 g (JACKSON 1991).
Haltung der Schlüpflinge: Schlüpflinge werden bei hoher Luftfeuchtigkeit und auf feuchtem Substrat sowie einer Temperatur um 28 °C (nachts einige Grade weniger) gehalten. Das Futter besteht aus Würmern, Insektenlarven, Fischstücken und evtl. Gelatine-Futter. Unter diesen Bedingungen wachsen sie relativ schnell (vgl. RUDLOFF 1990*).
Geschlechtsreife: Nach MERTENS (1973) werden Terrapene carolina Männchen in Abhängigkeit von den klimatischen Bedingungen im Alter zwischen 12 und 18 Jahren und mit einer Carapaxlänge von jeweils 12 cm geschlechtsreif. MINTON (1972) gibt für beide Geschlechter ein Alter von 5 bis 10 Jahren an.
Alter: Als Lebensalter sind 129 bzw. 64 Jahre belegt (OLIVER 1953 bzw. EDNEY & ALLEN 1951).

Die Haltung und Nachzucht der in NO-Mexiko heimischen **Wasser-Dosenschildkröte**, Terrapene coahuila SCHMIDT & OWENS, 1944, beschreiben MURPHY & MITCHELL (1984), TONGE (1987) sowie CERDA & WAUGH (1992). Die Art unterliegt WA I und Verordnung (EWG) 3626/82. Von allen Terrapene-Arten ist sie am meisten an aquatische Lebensräume gebunden.

Die **Schmuck-Dosenschildkröte**, Terrapene ornata (AGASSIZ, 1857) wurde ebenfalls erfolgreich im Terrarium gehalten und nachgezogen (PETERS 1972, PETZOLD 1976 b, Anonymus 1984, LANGULA zit. in PRAEDICOW 1993). Sie bewohnt u. a. die baumlosen und grasbestandenen „plains" der südlichen und mittleren USA und wird dort als „prairie turtle" bezeichnet (Schutz: BNatSchG, BArtSchV). Eine ausführliche Beschreibung der Lebensweise der Nominatform liefert LEGLER (1960).

Literatur

ALLARD, H. A. (1948): The eastern boxturtle and its behavior. Journ. Tennessee Acad. Sci 23: 307–321.
Anonymus (1984): Schmuckdosen geschlüpft. Das Tier 1984(10): 66–67.
BAUR, M. (1992): Die mexikanische Dreizehen-Dosenschildkröte. DATZ, Aquarien Terrarien 45(1): 34–38.
BLANEY, R. M. (1968): Hybridization of the Box turtles Terrapene carolina and Terrapene ornata in Western Louisiana. Proc. Louis. Acad. Sci. 31:54–57.
BUSKIRK, J. (1994): Die Yucatan-Dosenschildkröte (Terrapene carolina yucatana). herpetofauna 16(90): 6–11.
CERDA, A., D. WAUGH (1992): Status and management of the Mexican box turtle Terrapene coahuila at the Jersey Wildlife Preservation Trust. Dodo 28: 126–142.
DODD, C. K., R. FRANZ, L. L. SMITH (1994): Activity patterns and habitat use of Box turtles (Terrapene carolina bauri) on a Florida island, with recommendations for management. Chelonian Conservation and Biology 1(2): 97–106.
EDNEY, J. M., W. R. ALLEN (1951): Age of the Boxturtle, Terrapene carolina carolina (LINNAEUS). Copeia 1951: 312.
EVANS, L. T. (1968): The evolution of courtship in the turtle species, Terrapene carolina. Amer. Zool. 8: 695–696.
EWING, H. E. (1943): Continued fertility in female box turtles following mating. Copeia 1943: 112–114.
FURRER, J. (1972): Beobachtungen an Dosenschildkröten – Terrapene. DATZ 25(3): 100–103.
FURRER, J.(1976): Zuchterfolg bei Terrapene carolina triunguis. DATZ 29(12): 428–429.
FURRER, J. (1980): Nachzucht bei Dosenschildkröten. DATZ 33(5): 174–175.
GIBBONS, J. W., D. H. NELSON (1978): The evolutionary significance of delayed emergence from the nest by hatchling turtles. Evolution 32: 297–303.
HILDEBRAND, S. F. (1929): Review of experiments on artificial culture of Diamond back terrapin. Bull. U. S. Bureau Fish. 45: 25–70.
IVERSON, J. B. (1977): Reproduction in freshwater and terrestrial turtles of North Florida. Herpetologica 33: 205–212.
JACKSON, D. R. (1991): Multiple clutches and nesting behavior in the Gulf Coast box turtle. Florida Field Natur. 19: 14–16.
KARL, H.-V. (1986): Probleme mit Dosenschildkröten, Terrapene. elaphe 8(1): 9–12.
KIRSCHE, W. (1969a): Zur Haltung der Dosenschildkröte Terrapene carolina (L.) 1. Aquarien Terrarien 16(10): 344–346.
KIRSCHE, W. (1969b): Zur Haltung der Dosenschildkröte Terrapene carolina (L.) 2. Aquarien Terrarien 16(11): 379–381.
LEGLER, J. M. (1960): Natural history of the Ornate Box turtle, Terrapene ornata ornata AGASSIZ. Univ. Kansas Publ. Mus. Nat. Hist. 11: 527–669.
MERTENS, R. (1973): Das Alter bei der Geschlechtsreife der Dosenschildkröte Terrapene c. carolina. Salamandra 9: 34–35.
MINTON, S. A. (1972): Amphibians and reptiles of Indiana. Indiana Acad. Sci. Monogr. 3: 1–346.
MURPHY, J. B., L. A. MITCHELL (1984): Breeding of the Aquatic box turtle Terrapene coahuila. Int. Zoo Yb. 23: 135–137.
OLIVER, J. A. (1953): Young Billy Johnson's old Box turtle. Animal Kingdom (N.Y.) 56: 154–156.
PETERS, U. (1972): Die Schmuckdosenschildkröte (Terrapene ornata).Aquarien-Magazin 6(5): 212.

PETZOLD, H.-G. (1976a): AT Terrarientierlexikon *Terrapene carolina* (L., 1758) Carolina-Dosenschildkröte. Aquarien Terrarien 23(12): 431.

PETZOLD, H.-G. (1976b): AT Terrarientierlexikon *Terrapene ornata* (AGASSIZ, 1857) Schmuck-Dosenschildkröte. Aquarien Terrarien 23(12): 432.

PETZOLD, H.-J. (1982): Aufgaben und Probleme bei der Erforschung der Lebensäußerungen der Niederen Amnioten (Reptilien). Milu 5(4/5): 485–786.

PRAEDICOW, G. (1993): *Terrapene ornata* (AGASSIZ). SAURIA 15 (Suppl.): 269–272.

RIEMER, D. N. (1981): Multiple nesting by a female box turtle (*Terrapene c. carolina*). Chelonologica 2: 53–56.

STETTLER, P. H. (1987): Erfahrungen mit Dosenschildkröten (*Terrapene* sp.). elaphe 9(2): 29–30.

STRÖTGEN, F. (1962): Zur Pflege der Dosenschildkröten *Terrapene carolina carolina* (LINNE) und *Terrapene ornata* (AGASSIZ) im Freilandterrarium. DATZ 15: 314–317.

TONGE, S. J. (1987): Breeding the aquatic box terrapin *Terrapene coahuila* at the Jersey Wildlife Preservation Trust. Dodo 24: 111–120.

TUCKER, J. K., R. S. FUNK, G. L. PAUKSTIS (1978): The adaptive significance of egg morphology in two turtles (*Chrysemys picta* and *Terrapene carolina*). Bull. Maryland Herpetol. Soc. 14: 10–22.

Testudo spec.
LINNAEUS, 1758
Paläarktische Landschildkröten,
E Palearctic tortoises,
F Tortues terrestres paléarctiques
WA II, Verordnung (EWG) Nr. 3626/82,
BNatSchG, BArtSchV

Von den Paläarktischen Landschildkröten (Familie Testudinidae, Unterfamilie Testudininae) werden hier folgende Arten vorgestellt (vgl. IVERSON 1992*):

Testudo graeca LINNAEUS, 1758,
Maurische Landschildkröte
Testudo hermanni GMELIN, 1789,
Griechische Landschildkröte
Testudo marginata SCHOEPFF, 1795,
Breitrandschildkröte

DAVID (1994*) betrachtet die *Testudo graeca*-Populationen in Spanien, Marokko, Algerien, Tunesien und Libyen als artlich different von denen auf dem Balkan und in Mittelasien und bezeichnet sie als *Testudo graeca* LINNAEUS, 1758, bzw. *Testudo terrestris* FORSKÅL, 1775.

Testudo graeca ibera

Vom Peloponnes, an der Westflanke des Taygetos-Gebirges zwischen Kalamata (Messenia) und Areopoli (Laconia), wurde *Testudo weissingeri* BOUR, 1995, beschrieben – Terra typica: Kardamili (Messenia) (BOUR, 1995). *Testudo marginata* und *Testudo weissingeri* kommen dort teilweise sympatrisch bzw. syntop vor und intergradieren. Die Validität dieser Breitrandschildkröte bedarf der Nachprüfung!

Die Paläarktischen Landschildkröten, vor allem *Testudo hermanni boettgeri* MOJSISOVICS, 1889, und *Testudo graeca ibera* PALLAS, 1814, werden häufig im Terrarium gehalten und von einigen Terrarianern bereits in mehreren Generationen nachgezogen (KIRSCHE 1984, 1994, HEIMANN 1992). Die terrarienkundliche Literatur zu diesem Thema ist deshalb sehr umfangreich. Somit stellen die hier zitierten Publikationen nur eine Auswahl dar.

Generelle Hinweise zur Haltung und Nachzucht der 3 Arten geben u.a. STEMMLER-GYGER (1963, 1964a,b), ROHR (1970), KIRSCHE (1979, 1986, 1993), HEIMANN (1987a,b, 1988) und MAYER (o. J.*). Über die Haltung und Nachzucht der Griechischen Landschildkröte berichten u.a. KIRSCHE (1967, 1969, 1971), EHRENGART (1971) PETZOLD (1981a) und HEIMANN (1990b). Haltungs-Erfahrungen mit der Maurischen Landschildkröte schildern z.B. PETZOLD (1981b), BERNDT (1988) und HEIMANN (1990a). Die Breitrandschildkröte wird nicht so häufig gehalten, doch gelang auch bei dieser Art die Nachzucht in menschlicher Obhut (KLEINER 1983, HEIMANN 1987, 1989, 1993, KLEINER & KLEINER 1988).

Eine monographische Bearbeitung der Paläarktischen Landschildkröten erfolgte durch OBST & MEUSEL (1978*) und erschien in der traditionsreichen Reihe „Die Neue Brehm-Bücherei" im A. Ziemsen Verlag Wittenberg Lutherstadt.

BOUR (1987) gibt einen Überblick über die Typus-Exemplare und Typus-Lokalitäten der Arten der Gattung *Testudo*.

Vor allem in den letzten fünfzehn Jahren wurden auch die Freiland- und taxonomische Forschungen an den Paläarktischen Landschildkröten und die Bemühungen zum Schutz dieser interessanten Reptilien forciert (LAMBERT 1981, HAILEY et al. 1984, STUBBS et al. 1984, DEVAUX 1988*, WILLEMSEN & HAILEY 1989, HAILEY & LOUMBOURDIS 1990, SQUALLIHOUSSAINI & BLANC 1990, DÍAZ-PANIAGUA et al. 1995). Ein Auslöser dazu war (leider auch) die zunehmende Vernichtung der Schildkrötenbestände z.B. durch Zerstörung ihrer Lebensräume

Testudo graeca terrestris

Testudo hermanni hermanni

Testudo h. hermanni, Plastron

und durch massenhaftes Absammeln der Tiere, um einer materiell verwöhnten Minderheit auch noch „den Gaumen zu verwöhnen" bzw. um sie zum Kinderspielzeug oder Versuchstier zu degradieren (vgl. z. B. BLATT & MÜLLER 1974, LAMBERT 1979, BESHKOV 1993, PRASCHAG 1995).

In der nebenstehenden Tabelle sind die wichtigsten Daten zu den 3 Arten zusammengefaßt.

Terrarium: Paläarktische Landschildkröten zählten mit zu den ersten Schildkrötenarten die in europäischen Menagerien gehalten wurden; in der Menagerie Schönbrunn (Wien) beispielsweise seit 1816 (FITZINGER 1853). Paläarktische Landschildkröten sollten in Zuchtgruppen (z. B. 2 bis 3 Männchen, 4 bis 5 Weibchen) im Freilandterrarium gehalten werden (vgl. KIRSCHE 1967, HEIMANN 1986). Um ungewollte Bastardierungen zu vermeiden (vgl. HEIMANN 1986, MAYER 1992, 1995), werden sie nach Arten bzw. Unterarten oder Herkunftsorten getrennt untergebracht.

Ausstattung:

Freilandterrarium: Das Freilandterrarium muß Sonnenplätze, schattige Versteckmöglichkeiten (z. B. an der Basis von Grashorsten), einen südexponierten Eiablagehügel aus einem Sand-Humus-Gemisch, einen flachen Badebehälter und ein Trinkgefäß mit täglich frischem Wasser aufweisen. Für die wärmebedürftigere *Testudo graeca* kann evtl. in klimatisch ungünstigen Landschaften eine zusätzliche Wärmequelle unter einem Schutzdach angebracht werden. Darunter heizen sich die Tiere bei kühlerem Wetter auf (vgl. *Agrionemys horsfieldi*). In klimatischen Gunstgebieten ist sogar die Nachzucht im Freiland möglich, wie es GRILLITSCH (1993) für *Testudo hermanni* aus dem unteren Inntal in Oberösterreich mitteilt.

Zimmerterrarium: Die Zimmerhaltung ist lediglich als Übergangslösung für Schlüpflinge und Jungtiere angebracht, die wir hier im Herbst und Frühjahr vor bzw. nach der Überwinterung unterbringen. Hinweise zur Ausstattung etc. dieses Behälters finden sich unter dem Stichwort **Haltung der Schlüpflinge.**

Futter: Alle Arten werden mit den verschiedenartigsten Wildpflanzen („Kräuter der Saison"), Obst- und Gemüsesorten sowie hin und wieder mit tierischer Kost ernährt (vgl. z. B. KIRSCHE 1993). Gelegentlich (bei Jungtieren regelmäßig) werden Vitamin- und Mineralstoff-Präparate dem Futter beigemischt.

Überwinterung: Extreme klimatische Bedingungen werden auch von Reptilien auf „physiologischer Sparflamme" überdauert. Viele Jungtiere und vor allem kranke Individuen überleben diese Zeit in der Natur nicht! Die Überwinterung der in Europa lebenden Arten bzw. Unterarten kann im Freiland erfolgen, vorausgesetzt es wurden entsprechend frost- und nagersichere Winterquartiere hergerichtet (vgl. z. B. KIRSCHE 1993). Im Freilandterrarium wird die Nahrungsaufnahme im Herbst bereits einige Zeit vor Überwinterungsbeginn eingestellt und die Schildkröten entleeren gewöhnlich auch ihren Verdauungstrakt. Deshalb bedürfen sie in diesem Fall keiner weiteren Vorbereitung auf die Winterruhe.

Manche Pfleger geben der Überwinterung ihrer Tiere im frostfreien Keller den Vorzug. Es werden nur gesunde Pfleglinge überwintert. Bei weiblichen Schildkröten vergewissern wir uns, ob sie im Herbst nicht doch nochmals trächtig sind! Ihnen ermöglichen wir natürlich noch die Eiablage. Nimmt man die Schildkröten im Herbst aus der Freilandanlage wenn sie sich bereits dauerhaft vergraben haben, und bringt sie sofort in den Überwinterungsraum, dann sind weitere Vorbereitungen ebenfalls hinfällig.

Halten wir die erwachsenen Tiere im Zimmerterrarium, wird die Haltungs-

Merkmale, Verbreitung und biologische Daten der Paläarktischen Landschildkröten, *Testudo* spec.

Art/Merkmal	**Testudo hermanni** GMELIN, 1789 D Griechische Landschildkröte, E Hermann's tortoise, F Tortue d'Hermann	**Testudo graeca** LINNAEUS, 1758 D Maurische Landschildkröte, E Spur-thighed tortoise, F Tortue mauresque	**Testudo marginata** SCHOEPFF, 1792 D Breitrandschildkröte, E Marginated tortoise, F Tortue bordée
Artcharakteristische Merkmale; Carapaxlänge	Postcentralschild größtenteils geteilt; Plastronhinterlappen nicht beweglich; Schwanzende mit „krallenartigem" Hornnagel; bis 25 cm	Postcentralschild größtenteils ungeteilt; Plastronhinterlappen beweglich; Höckerschuppen beiderseits der Schwanzwurzel (können fehlen); Schwanzende stumpf, abgerundet; bis 30 cm	Carapax langgestreckt; im Bereich der Brücke deutlich tailliert; Marginalia im Kopf- und vor allem Schwanzbereich deutlich verlängert; Plastronhinterlappen beweglich; Carapax adulter Tiere schwarz, Centralia und Lateralia mit gelben Areolen; auf jedem Plastronschild ein schwarzer, dreieckiger Fleck; bis 35 cm
Geschlechts-unterschiede	W: Plastron flach; Schwanz kurz, Endnagel so lang wie Krallen; Postcentrale nicht stark gewölbt; M: Plastron konkav; Schwanz lang, Endnagel länger als Krallen; Postcentrale stark gewölbt;	W: größer als M; Plastron flach; Schwanz kurz; Postcentrale nicht gewölbt; M: Plastron konkav; Schwanz lang; Postcentrale deutlich gewölbt;	W: Schwanz kurz; M: Schwanz etwa dreimal Länger als der der Weibchen;
Geographische Verbreitung	Südeuropa von NO-Spanien bis nach Bulgarien, O-Türkei, Ionische Inseln, Balearen, Korsika, Sardinien, Elba, Pianosa und Sizilien.	nördliches Afrika und Südwesteuropa, vom ehemaligen Jugoslawien bis zum Iran und nach Turkmenistan; wahrscheinlich eingeführt: Frankreich, Sardinien, Italien, Sizilien.	Griechenland vom Olymp südwärts; Inseln Skyros, Poros; S-Albanien; auf Sardinien (eingeführt), Toskana (eingeführt).
Unterarten	**Testudo hermanni hermanni** GMELIN, 1789 Balearen, S-Frankreich bis W-Italien, Korsika, Sardinien. **Testudo h. boettgeri** MOJSISOVICS, 1889 W-Türkei, Bulgarien, Rumänien, ehemaliges Jugoslawien, Griechenland, Albanien, S-Italien, Sizilien.	**Testudo graeca graeca** LINNAEUS, 1758 S-Spanien, Balearen (Mallorca, Ibiza? – vgl. BARBADILLO ESCRIVA 1987*), Marokko, Algerien, Tunesien, Libyen. **Testudo g. anamurensis** WEISSINGER, 1987 S-Küste Türkei. **Testudo g. ibera** PALLAS, 1814 Balkan Halbinsel bis Schwarzes Meer, Türkei, südl. Kaukasus, Turkestan und W-Iran. **Testudo g. nikolskii** CHKHIKVADZE & TUNIEV, 1986 NW-Kaukasus. **Testudo g. terrestris** FORSKÅL, 1775 Syrien, Israel, Sinai. **Testudo g. zarudnyi** NIKOLSKY, 1896 O- und S-Iran	MAYER (o. J.*) beschreibt die sardische Population als *Testudo marginata sarda*. Da die Vorkommen auf Einschleppungen zurückgehen, ist die Population viel zu „jung", um evolutive Veränderungen erkennen zu lasen, die den Unterast-Status zuließen.
Bioptop	Macchie; Waldgebiete; Dünenlandschaften; Kulturländereien	Macchie; Trockenwälder; Steppengebiete; Dünenlandschaften; Kulturlandschaft	steinige, karg bewachsene Trockenlebensräume oft in bergiger Umgebung; Trockenwälder; Kulturlandschaft
Legezeit	Juni bis Juli	Juni bis Juli	Mitte Mai bis Mitte Juli
Eizahl/Gelege	zwei bis zwölf/zwei, selten drei (Abstand 21 bis 30 Tage)	vier bis acht/zwei (Abstand 21 bis 30 Tage)	drei bis elf/bis zu drei (Abstand ca. 25 Tage)
Eimaße/-masse	28 bis 35 mm × 21 bis 26 mm/14 bis 18 g	30 bis 43 mm × 24 bis 35 mm/durchschnittlich 17 g	31 bis 37 mm × 27 bis 36 mm/ 13 bis 20 g
Inkubation	27 bis 29 °C/57 bis 70 Tage/90 % rel. Luftfeuchte	26 bis 30 °C/68 bis 78 Tage/90 % rel. Luftfeuchte	27 bis 29 °C/66 bis 78 Tage/90 % rel. Luftfeuchte
Schlüpflinge (Carapaxlänge/Masse)	31 bis 33 mm/26 g	30 bis 35 mm/13 bis 17 g	29 bis 35 mm/9 bis 17 g
Geschlechtsreife	acht bis zehn Jahre	acht bis zehn Jahre	acht bis zwölf Jahre

Testudo h. boettgeri, Plastron

temperatur im Verlauf von 2 bis 3 Wochen vor dem geplanten Überwinterungsbeginn allmählich auf etwa 10 °C gesenkt. In dieser Zeit wird nicht mehr gefüttert. Wahrscheinlich haben die Tiere aber bereits davor die Nahrungsaufnahme eingestellt. Auch die Beleuchtungsdauer wird allmählich bis auf Null reduziert. In dieser Vorbereitungszeit kann ein Bad in lauwarmem Wasser geboten werden, damit nochmals Flüssigkeit aufgenommen wird und eine Kotabgabe erfolgt. Nach Abschluß der Vorbereitungsphase werden die Schildkröten im Überwinterungsraum bei 4 bis 8 °C untergebracht. Noch günstiger ist es, wenn der Terrarienraum gleichzeitig als Überwinterungsraum dient, dann entfällt ein nochmaliger Transport der Tiere! Das Einölen des Panzers ist Unsinn und unterbleibt. Die Bodenschicht des Überwinterungsbehälters besteht aus einem 30 bis 40 cm dicken, leicht feuchten Sand-Lauberde-Gemisch. Darüber füllen wir Buchen- oder Eichenlaub, was von Zeit zu Zeit angefeuchtet wird (OBST 1980*). Der Überwinterungsbehälter muß so konstruiert sein, daß die Luftzirkulation gewährleistet ist, es darf aber keine Zugluft herrschen. Erwachsene Landschildkröten überwintern wir zwischen Oktober/November und März/April. Schlüpflingen wird eine verkürzte Überwinterung von 4 bis 8 Wochen gewährt. Im zweiten Lebensjahr können sie dann 2 bis 3 Monate überwintert werden.

Im Frühjahr werden die Tiere allmählich mobiler und erscheinen nicht selten an der Oberfläche des Überwinterungssubstrats. Sie werden in das Terrarium übersiedelt und können ein lauwarmes Bad erhalten. Beleuchtungsdauer und Temperatur werden allmählich dem jahreszeitlich relevanten Tagesgang angepaßt, damit die Tiere anschließend wieder im Freilandterrarium gehalten werden können. Auch die Fütterung erfolgt zunächst noch sparsam mit den „Kräutern der Saison".

Nachzucht: Nachdem sich die geschlechtsreifen Tiere im Frühjahr „erwärmt" haben, beginnen die Fortpflanzungsaktivitäten. Das geschieht oftmals noch vor der ersten Nahrungsaufnahme.

Paarung: Das Männchen verfolgt das Weibchen und versucht es durch Rammstöße mit dem Panzer oder durch Bisse in die Gliedmaßen „ruhig zu stellen". Das Männchen von *Testudo marginata* umläuft die Partnerin, nachdem es sie mit Rammstößen zur Flucht veranlaßt hat und beißt sie anschließend in Kopf und Gliedmaßen, um sie wieder zum Verharren zu zwingen. Nach erneutem Umlaufen besteigt es ihren Carapax von hinten und versucht den Penis in die Kloake des Weibchens einzuführen. Das Weibchen führt seitlich pendelnde Bewegungen mit Kopf und Körper aus, um dem Männchen das Einführen des Penis' „zu erleichtern". Während der Kopulation äußert das Männchen mit weit geöffnetem Mund piepsende Laute. Ein weiterer Höhepunkt geschlechtlicher Aktivitäten ist von August bis Oktober zu beobachten.

Haltung der Schlüpflinge: Die Haltung der Schlüpflinge erfolgte bei WESER (1988) in Terrarien mit einer hohen und stets feuchten Bodenschicht aus einem Sand-Hobelspäne-Gemisch. Hier graben sich die Schlüpflinge ein. Die Substrattemperatur lag zwischen 14 °C (nachts) und 22 °C (tags). Die Nahrung war zunächst proteinreich (Würmer, Asseln, Mehlkäferlarven). Daneben wurde auch vegetarische Kost angeboten. Dreimal pro Woche wurden die Tiere in temperiertem Wasser gebadet. Unter diesen Bedingungen waren die Jungtiere zunächst kaum an der Substratoberfläche zu sehen. Sie wuchsen aber gut und es kam nicht zur der, beim „Landschildkröten-Pfleger", gefürchteten Höckerbildung der Carapaxknochen (vgl. JUNGNICKEL 1986). Mit zunehmender Größe erschienen die Schildkröten häufiger an der Oberfläche, was nach Meinung WESER's (1988) der Zeitpunkt ist, um sie bei entsprechend warmer Witterung in einem übersichtlich eingerichteten Freilandterrarium mit verschiedenen Schattenplätzen unterzubringen. Ausgiebige

Testudo marginata

Testudo marginata, Plastron

Sonnenbäder, wie sie von adulten Tieren bekannt sind, wurden bei Jungtieren zunächst nicht beobachtet. Die Beleuchtung erfolgt mit Leuchtstofflampen (OSRAM Biolux, Lumilux DE LUXE Daylight; Philips TL-D). Werden die Jungtiere nicht im Freiland gehalten, so erfolgt mit zunehmendem Alter täglich eine 30- bis 60minütige UV-Bestrahlung mit Philips TL 05, TL 09 oder TL 12.

THOMAS (1969) beobachtete bei Jungtieren von *Testudo hermanni* bereits Paarungsverhalten.

Alter: *Testudo graeca* 57 Jahre, 4 Monate – Zoo Kairo (BIEGLER 1966).

Literatur

BERNDT, H. (1988): Erfahrungen bei der Haltung und Zucht der Maurischen Landschildkröte (*Testudo graeca* LINNAEUS). herpetofauna 10(53): 23–29.

BESHKOV, V. A. (1993): On the distribution, relative abundance and protection of Tortoises in Bulgaria. Chelonian Conservation and Biology 1(1): 53–62.

BIEGLER, R. (1966): A survey of recent longevity records for reptiles and amphibians in zoos. Int. Zoo Yb. 6: 487–493.

BLATT, G., P. MÜLLER (1974): Die Mortalitätsrate importierter Schildkröten im Saarland. Salamandra 10: 115–125.

BOUR, R. (1987): L'identite des Tortues terrestres europeennes: specimens-types et localites-types. Revue fr. Aquariol. 13(4): 111–122.

BOUR, R. (1995): Une nouvelle espèce de tortue terrestre dans le Péloponnèse (Grèce). *Dumerilia* 2: 23–54.

DÍAZ-PANIAGUA, C., C. KELLER, A. C. ANDREU (1995): Annual variation of activity and daily distances moved in adult spur-thighed tortoises, *Testudo graeca*, in southwestern Spain. Herpetologica 51(2): 225–233.

EHRENGART, W. (1971): Zur Pflege und Zucht der Griechischen Landschildkröte (*Testudo hermanni*). Salamandra 7(2): 71–80.

FITZINGER, L. J. (1853): Versuch einer Geschichte der Menagerien des Österreichisch-kaiserlichen Hofes mit besonderer Berücksichtigung der Menagerie zu Schönbrunn nebst einer Aufzählung der in denselben gehaltenen Thiere von der ältesten bis auf die neueste Zeit. Wien.

GRILLITSCH, H. (1993): Freilandnachzucht der Griechischen Landschildkröte, *Testudo hermanni* GMELIN, 1789, unter den Klimabedingungen des unteren Inntales (Oberösterreich). HERPETOZOA 6(3/4): 145

HAILEY, A., N. S. LOUMBOURDIS (1990): Population ecology and conservation of Tortoises: Demographic aspects of reproduction in *Testudo hermanni*. Herp. Journ. 1(10): 425–434.

HAILEY, A., E. A. PULFORD, D. STUBBS (1984): Summer Activity Patterns of *Testudo hermanni* GMELIN in Greece and France. Amphibia-Reptilia 5(1): 69–78.

HEIMANN, E. (1986): Bastardierung zwischen *Testudo graeca ibera* und *Testudo marginata*. elaphe 8(3): 48–50.

HEIMANN, E. (1987): Pflege und Zucht von *Testudo marginata* (Breitrandschildkröte). Aquarien Terrarien 34(1): 29–31.

HEIMANN, E. (1987a): Vorschläge zur zweckmäßigen Haltung und effektiven Zucht europäischer Landschildkröten. Aquarien Terrarien 34(11): 386–391.

HEIMANN, E. (1987b): Vorschläge zur zweckmäßigen Haltung und effektiven Zucht europäischer Landschildkröten. Aquarien Terrarien 34(12): 414–416.

HEIMANN, E. (1988): Vorschläge zur zweckmäßigen Haltung und effektiven Zucht europäischer Landschildkröten. Aquarien Terrarien 35(1): 23–27.

HEIMANN, E. (1989): *Testudo marginata* SCHÖPFF. SAURIA (Suppl.) 11: 139–144.

HEIMANN, E. (1990a): *Testudo graeca* LINNAEUS. SAURIA (Suppl.) 12: 187–192.

HEIMANN, E. (1990b): *Testudo hermanni* GMELIN. SAURIA (Suppl.) 12: 175–178.

HEIMANN, E. (1993): Drei Zwillingspaare bei *Testudo marginata*. Salamandra 29(3/4): 167–172.

HEIMANN, E. (1992): Eine F 2-Generation bei *Testudo hermanni boettgeri* MOJSISOVICS 1889 in Gefangenschaft. SAURIA 14(2): 19–22.

JUNGNICKEL, J. (1986): Bemerkungen zur Problematik der Höckerbildung bei der Aufzucht von Schildkröten. SAURIA 8(1): 19–20.

KIRSCHE, W. (1967): Zur Haltung, Zucht und Ethologie der Griechischen Landschildkröte, *Testudo hermanni hermanni*. Salamandra 3(1/2): 36–66.

KIRSCHE, W. (1969): Frühzeitigung bei *Testudo hermanni hermanni* GMELIN. Zool. Garten (N. F.) 37(1–3): 1–11.

KIRSCHE, W. (1971): Metrische Untersuchungen über das Wachstum der Griechischen Landschildkröte (*Testudo hermanni hermanni* [L.]) in Beziehung zum jahreszeitlichen Rhythmus. Zool. Garten (N. F.) 40: 47–71.

KIRSCHE, W. (1979): The housing and regular breeding of Mediterranean tortoises in captivity. Int. Zoo Yb. 19: 42–49.

KIRSCHE, W. (1984): An F 2-Generation of *Testudo hermanni hermanni* GMELIN bred in captivity with remarks on the breeding of Mediterranean Tortoises 1976–1981. Amphibia-Reptilia 5(1): 31–35.

KIRSCHE, W. (1986): Zucht von Landschildkröten und Artenschutz. Zool. Garten (N. F.) 56: 389–402.

KIRSCHE, W. (1993): Haltung und Nachzucht von Landschildkröten im Zusammenhang mit dem Natur- und Artenschutz. DATZ, Aquarien Terrarien 46(3): 172–178.

KLEINER, E., M. KLEINER (1988): Haltung und Zucht von *Testudo marginata*. elaphe 10(4): 61–65.

KLEINER, M. (1983): Zur Haltung und Zucht von *Testudo marginata*. herpetofauna 5(23): 12–16.

LAMBERT, M. R. K. (1979): Trade and the Mediterranean tortoises. Oryx 15: 81–82.

LAMBERT, M. R. K. (1981): Temperature, activity and field sighting in the Mediterranean spur-thighed or common garden tortoise, *Testudo graeca* L. Biol. Conservation 21: 39–54.

MAYER, R. (1992): Bastarde zwischen den Rassen der Griechischen Landschildkröte: *Testudo hermanni hermanni* × *T. h. boettgeri*. DATZ, Aquarien Terrarien 45(6): 369–371.

MAYER, R. (1995): Mischlinge bei europäischen Landschildkröten *Testudo marginata* × *Testudo graeca ibera*. DATZ, Aquarien Terrarien 48(7): 454–455.

PETZOLD, H.-G. (1981a): AT Terrarientierlexikon *Testudo hermanni* GMELIN 1789 Griechische Landschildkröte. Aquarien Terrarien 28(2): 72.

PETZOLD, H.-G. (1981b): AT Terrarientierlexikon *Testudo graeca* LINNÉ 1758 Maurische Landschildkröte. Aquarien Terrarien 28(6): 216.

PRASCHAG, R. (1995): Schildkröten – die handlichen Heimtiere. DATZ, Aquarien Terrarien 48(8): 531–535.

ROHR, W. (1970): Die Bedeutung des Wärmefaktors für die Fortpflanzungsperiodik und Eiablageverhalten südeuropäischer Landschildkröten im Terrarium. Salamandra 6(3/4): 99–103.

STEMMLER-GYGER, O. (1963): Ein Beitrag zur Brutbiologie der mediterranen Landschildkröten. DATZ 16: 180–183.
STEMMLER-GYGER, O. (1964a): Zur Brutbiologie der mediterranen Landschildkröten (II). Aqua Terra 1: 65–68.
STEMMLER-GYGER, O. (1964b): Zur Brutbiologie der mediterranen Landschildkröte: III. Aquaria 64 No. 11: 164–169.
STUBBS, D., A. HAILEY, E. PULFORD, W. TYLER (1984): Population Ecology of European Tortoises: Review of Field Techniques. Amphibia-Reptilia 5(1): 57–68.
SQUALLI-HOUSSAINI, H., C. BLANC (1990): Genetic variability of four species of the genus *Testudo* (LINNAEUS 1758. Herpetol. Assoc. Africa 37(5): 1–12.
THOMAS, E. (1969): Fortpflanzungsverhalten bei jungen Griechischen Landschildkröten (*Testudo h. hermanni*). Salamandra 5: 147–148.
WESER, R. (1988): Zur Höckerbildung bei der Aufzucht von Landschildkröten. SAURIA 10(3): 23–25.
WILLEMSEN, R. E., A. HAILEY (1989): Review: Status and conservation of Tortoises in Greece. Herp. Journ. 1(8): 315–330.

Trachemys scripta scripta

Trachemys scripta
(SCHOEPF, 1792)
Buchstaben-Schmuckschildkröte,
E Slider, Common slider, Pond slider,
F Trachémyde écrite
BNatSchG, BArtSchV (Unterart *Trachemys scripta elegans*)
Es werden hier die in den USA verbreiteten Unterarten *Trachemys scripta scripta*, *Trachemys scripta elegans* und *Trachemys scripta troostii* vorgestellt.

Beschreibung: Die Buchstaben-Schmuckschildkröte gehört zur Familie Emydidae, Unterfamilie Deirochelyinae. Sie weist wohl die größte morphologische Variabilität unter allen heute lebenden Schildkrötenarten auf (vgl. GIBBONS 1990*). Die folgende Beschreibung ist auch deshalb generalisiert und bezieht sich auf die o. g. drei Unterarten.

Artcharakteristisch ist der deutliche rote, orangefarbene oder gelbe Postorbitalstreifen, der sich jeweils vom Auge bis über die Schläfenregion erstreckt (zur Terminologie der Kopfstreifen vgl. OBST 1985*). Der Carapax ist oval und am Hinterrand leicht gesägt. Der große Plastron ist am Hinterrand leicht eingebuchtet. Der Kopf ist relativ schlank und in der Schnauzenregion mehr oder weniger zugespitzt. An den kräftigen Gliedmaßen sind große Schwimmhäute vorhanden. Auf dem grünlichen (vor allem Jungtiere), olivfarbenen bis braunen Carapax ist ein Muster aus gelblichen Linien und Balken zu sehen. Auf der Unterseite jedes Marginalschilds befindet sich ein rundlicher, dunkler Fleck, der z. T. von einem hellen Band umrandet ist. Der Plastron ist gelblich. Er kann zeichnungslos sein oder es ist auf jedem Schild ein dunkles Zeichnungselement in Form eines kleineren Flecks, einer Ozelle oder eines großen Flecks jeweils an der Schildvorderkante ausgebildet. Die Haut ist grünlich bis olivbraun mit unterschiedlich breiten gelblichen Längsstreifen. Auf der Kopfoberseite entsteht ein pfeilförmiges Gebilde durch die zur Kopfspitze verlaufenden Supratemporalstreifen, die sich dort mit dem (manchmal rötlichen) Kopfmittelstreifen treffen. Der gelbe Orbitocervikalstreifen verschmilzt mit dem gelben Mandibularstreifen hinter den Mundwinkeln, so daß ein Y-förmiges Gebilde entsteht. Entlang der Kinnmitte verläuft ein gelblicher Streifen (Symphysealstreifen), der sich in Richtung Körper Y-förmig aufgabelt. Bei alten Männchen tritt häufig Melanismus auf. Dabei wird die ursprüngliche Zeichnung im Verlauf des Alters immer mehr durch Melaninanreicherung überdeckt. Der Panzer der Männchen ist flacher und sie bleiben kleiner als die Weibchen.

Der Postorbitalstreifen ist bei Weibchen breiter als bei männlichen Tieren. Auch im Alter behält er bei den Weibchen seine auffällige Färbung bei. Die Männchen besitzen lange und leicht gebogene Krallen an den Vorderfüßen. Der Plastron ist bei ihnen konkav, bei den Weibchen konvex. Männliche Buchstaben-Schmuckschildkröten haben zudem längere und dickere Schwänze als Weibchen.

Jungtiere sind wesentlich kontrastreicher gezeichnet und intensiver gefärbt als Alttiere. Ihr Carapax ist im Umriß beinahe rund und zeigt einen relativ starken Mittelkiel. In den USA erreichen Männchen Carapaxlängen um 20 cm, Weibchen bis zu 28 cm (ERNST et al. 1994*).

Geographische Verbreitung: Die drei Unterarten kommen in den östlichen USA von SO/SW-Virginia südwärts bis N-Florida, von dort nordwärts durch Kentucky und Tennessee bis nach S-Ohio, N-Indiana, Illinois und SO-Iowa sowie westwärts bis nach Kansas, Oklahoma und New Mexico vor, *Trachemys s. elegans* erreicht den extremen NO Mexicos (IVERSON 1992*, ERNST et al. 1994*). In den USA wurde vor allem *Trachemys s. elegans* auch (unsinnigerweise) außerhalb des natürlichen Verbreitungsgebietes ausgesetzt, z. B. in Arizona (HULSE 1980), auf Hawaii (LOVICH in ERNST et al. 1994*) und in der Umgebung von Washington D. C. (ERNST in ERNST et al. 1994*). Das gleiche erfolgte in vielen anderen Ländern der Erde. Einige Beispiele seien genannt: Israel (BOUSKILA 1986), Bahrain (LEVITON et al. 1992*), Südafrika (NEWBERY 1984), Südkorea (PLATT & FONTENOT 1992), Neuseeland (ROBB 1986*) und Spanien (DA SILVA & BLASCO 1995). In Deutschland gehört sie in den Parkteichen verschiedener Ballungsgebiete neben Goldfisch, Stockente (und Mensch) bereits zu den auffälligsten Wirbeltieren (z.B. KORDGES et al. 1989).

Trachemys scripta scripta
(SCHOEPFF, 1792)
USA: östliches Küstentiefland von Virginia bis N-Florida.
Trachemys s. elegans
(WIED, 1839)
Mississippi-Tal von Illinois bis zum Golf von Mexiko; extremes NO-Mexico
Trachemys s. troostii
(HOLBROOK, 1836)
SO/SW-Virginia und Kentucky bis NO-Alabama.

Trachemys scripta elegans

Biologie und Ökologie: *Trachemys scripta* ist wohl die ökologisch am besten untersuchte Schildkrötenart überhaupt (GIBBONS 1990*). Sie ist tagaktiv und besiedelt hauptsächlich Stillgewässer mit reichem Pflanzenwuchs, weichem Bodengrund und genügend Möglichkeiten zum Sonnenbaden (OBST 1985*). In Georgia und South Carolina wurde sie auch in Salzsümpfen beobachtet (z.B. GIBBONS & COKER 1978). Im südlichen Teil des Artareals ist die Buchstabenschmuckschildkröten ganzjährig aktiv. Im Norden hält sie eine Winterruhe, die in Kentucky beispielsweise von November bis April dauert. In Illinois waren Tiere nur bei einer Wassertemperatur von mehr als 10 °C aktiv. Auch im Winter, mit Ausnahme des Monats Januar, wurden dort Schmuckschildkröten beim Sonnenbaden beobachtet (CAGLE 1950). LARDIE (1980) beobachtete eine Population in einem Prärie-Fluß von NW-Texas. Noch bei einer Wassertemperatur von 2,4 °C waren die Tiere aktiv. Er konnte auch Schildkröten beobachten, die unter der Eisdecke entlang schwammen. AUTH (1975) untersuchte das Sonnenverhalten der Art in Florida. Bei einer täglichen Durchschnittstemperatur des Wassers von 28,5 °C hatte die Zahl der sich außerhalb des Wassers sonnenden Schildkröten den Gipfel erreicht. An der Wasseroberfläche treibend sonnten sich die Tiere am häufigsten, wenn die Wassertemperatur 31,5 °C erreicht hatte. Individuen mit weniger als 10 cm Carapaxlänge haben sich häufiger gesonnt als größere Schildkröten. An klaren Tagen im August/September begann das Sonnenbaden gegen 8.00 Uhr und hatte den Höhepunkt zwischen 10.00 und 11.00 Uhr erreicht. Im Oktober/November verschoben sich Beginn und Höhepunkt weiter in Richtung Tagesmitte.

Jungtiere ernähren sich vornehmlich carnivor, z.B. von Würmern, Kleinkrebsen, Wasserinsekten und wasserlebenden Insektenlarven sowie Mollusken. Bereits im 2. Lebensjahr nimmt der vegetarische Nahrungsanteil zu. Manche Alttiere (*Trachemys s. elegans*) ernähren sich beinahe ausschließlich von Pflanzen (ERNST et al. 1994*).

Terrarium: In der Vergangenheit wurde die Rotwangen-Schmuckschildkröten, *Trachemys s. elegans*, am häufigsten im Terrarium gehalten. Im Folgenden werden Haltung und Nachzucht dieser Unterart kurz beschrieben. „Die Rotwange" wurde in letzter Zeit im Zoohandel durch die noch bissigere Nominatform *Pseudemys s. scripta* „verdrängt".

Schmuckschildkröten sind ausgezeichnete Schwimmer. Das Aquaterrarium für eine Gruppe von 1 bis 2 Männchen und 2 bis 4 Weibchen sollte etwa 150 bis 200 × 60 cm messen. Der Wasserstand kann mehr als 30 cm betragen. Auch wenn ein leistungsfähiger Außenfilter verwendet wird, ist ein häufiger Totalwasserwechsel (z.T. einmal wöchentlich) notwendig, da die Schildkröten einen regen Stoffwechsel haben. Im Sommerhalbjahr sollten Rotwangen-Schmuckschildkröten im Freilandterrarium gehalten werden. In klimatischen Gunstlagen können sie dort auch überwintern (vgl. RUDLOFF 1977 und *Emys orbicularis*).

Ausstattung: Der Boden des Wasserteils wird mit einer Kiesschicht bedeckt. Als Unterwasserverstecke dienen fest verankerte Moorkienholzwurzel und/oder Wasserpflanzen (vgl. SCHUBAUER & GIBBONS 1990*). Zur obligatorischen Behältereinrichtung gehören trockene (!) Sonnenplätze und ein größerer Landteil. Er wird mit einem Sand-Torf-Gemisch gefüllt. Jungtiere graben sich sehr gern in dieses feucht-warme Substrat ein. „Aufbewahrungsbehälter" für Schmuckschildkröten in Zoologischen „Fachgeschäften" sind in den seltensten Fällen mit diesen lebensnotwendigen Requisiten ausgestattet! Leider wird dort auch versäumt, die Kunden darüber zu informieren, daß die Schildkröten recht groß werden, im Alter farblich nicht mehr so attraktiv sind, zunehmend bissiger werden und daß man sie nur in Gruppen halten sollte! Es wird auch versäumt, darauf hinzuweisen, daß sich die Tiere bei artgerechter Pflege fortpflanzen und für die Jungtiere Unterkunftsmöglichkeiten geschaffen werden müssen (vgl. PRASCHAG 1995). Das Ergebnis dieser fehlenden Informationen ist dann in Form ausgesetzter Schmuckschildkröten in unseren Teichen, Seen und Flüssen zu begutachten. Auch Zoologische Gärten sind kaum noch in der Lage, sich der „Schmuckschildkröten-Flut" zu erwehren, die ihnen von „Liebhabern" präsentiert wird, die sich der zu groß gewordenen „Emma" oder „Paula" entledigen wollen.

Heizung: Die Wassertemperatur liegt im Sommerhalbjahr zwischen 25 und 30 °C. Im Winterhalbjahr wird sie für 6 bis 8 Wochen auf 15 bis 18 °C gesenkt. Die Lufttemperatur muß einige Grade über der Wassertemperatur liegen. Über den Sonnebad-Plätzen werden entsprechend dimensionierte Hellstrahler (PHILIPS PAR 38 EC spot oder OSRAM CONCENTRA PAR 38 EC) angebracht.

Licht: „Rotwangen" stellen hohe Ansprüche an die Beleuchtungsstärke. Zur Beleuchtung dienen Leuchtstofflampen (OSRAM Biolux, Lumilux DE LUXE Daylight; Philips TL-D; evtl. 30 bis 60 Minuten täglich UV-Bestrahlung mit Philips TL 05, TL 09, TL 12) und HQL-Lampen. Die Beleuchtung sollte im Sommer täglich 16 Stunden, im Winter 6 bis 8 Stunden (mit gedrosselter Beleuchtungsstärke) in Betrieb sein.

Futter: Die Nahrung muß sehr abwechslungsreich sein. Sie kann z. B. aus Mollusken, Kleinkrebsen, Insekten, kleinen, unzerteilten Süßwasserfischen und nestjungen Labormäusen bestehen. Hin und wieder können auch Hunde- bzw. Katzennahrung, Gelatine-Futter oder käufliche Schildkrötennahrung gereicht werden. Mageres Geflügel- oder Rindfleisch wird möglichst mit einem Vitamin-Mineralstoffgemisch bestreut und dann verfüttert. Mit zunehmendem Alter nimmt der vegetarische Anteil an der Nahrung zu. Wir bieten ihnen dann z. B. Wasserlinsen, Wasserpest, Salatblätter und andere „Kräuter" an. Erwachsene Schmuckschildkröten werden zwei-, höchstens dreimal in der Woche gefüttert.

Nachzucht: Voraussetzungen um Rotwangen-Schmuckschildkröten im Terrarium nachzuziehen sind u. a. die o. g. winterliche Temperatursenkung und die Reduzierung der täglichen Beleuchtungsdauer. Haltungserfahrungen und Erfahrungen bei der Nachzucht der „Rotwange" werden z. B. von KREFFT (1950), SELLMANN (1969), NIETZKE (1973), STRIJKERT (1976), BALLASINA & BALLASINA (1984 a-c), LEHR (1987), KAMPRATH (1988, 1989 a,b) und MÜLLER (1994) mitgeteilt bzw. von PETZOLD (1975) ROGNER & PHILIPPEN (1986*) sowie RUDLOFF (1990*) zusammengefaßt.

Paarung: Das Männchen schwimmt zum Balzbeginn frontal auf die Partnerin zu. Dann streckt es die Vordergliedmaßen nach vorn, dreht die Plantarflächen nach außen und vibriert mit den Krallen („Krallenzittern"). Es berührt damit die Kopfseiten des Weibchens. Bleibt die Partnerin passiv und zieht Hals und Kopf infolge der Berührungen ein, schwimmt das Männchen auf ihren Carapax und das Paar kopuliert am Behälterboden. Wenn das Weibchen nicht paarungsbereit ist, vertreibt es das Männchen durch Bisse. Die Balzspiele können sehr lange dauern.

In der Natur können Paarungen im Frühjahr und Herbst bzw. auch ganzjährig beobachtet werden (vgl. ERNST et al. 1994*)

Eiablage: RUDLOFF (1990*) registrierte bei *Trachemys scripta elegans* Eiablagen von April bis Juli. Pro Saison wurden bis zu 3 Gelege mit jeweils 4 bis 7 Eiern abgesetzt. Die Eier maßen im Durchschnitt 37 × 22 mm und wogen 11,5 g.

In den USA wurden 2 bis 23 Eier pro Gelege gezählt (IVERSON 1977). GIBBONS (1982) ermittelte im Verlauf einer Langzeitstudie in South Carolina folgende Verteilung der durchschnittlichen Eizahl je Gelege: April 8,9 Eier, Mai 5,7 Eier, Juni 6,0 Eier. Die Eizahl war positiv mit der Plastronlänge und dem Gewicht des jeweiligen Weibchens korreliert, aber nicht mit dessen Lebensalter (GIBBONS 1982). Nach JACKSON (1988) werden im nördlichen Teil der Halbinsel Florida bis zu 5 Gelege pro Saison produziert. CAGLE (1944) ermittelte anhand von 221 Eiern folgende Maße: Länge 30,9 bis 43,0 mm ($\bar{x}$ = 36,2 mm), Breite 19,4 bis 24,8 mm ($\bar{x}$ = 21,6 mm).

Inkubation: RUDLOFF (1990*) inkubierte die Eier von *Trachemys s. elegans* bei einer hohen rel. Luftfeuchtigkeit. Bei einer Bruttemperatur von 25 °C entwickelten sich Männchen, bei 29 °C Weibchen. Der Schlupf der Jungtiere erfolgte unter diesen Bedingungen nach durchschnittlich 100 bzw. 70 Tagen

In der Natur schlüpfen die Jungtiere im späten Sommer oder frühen Herbst bzw. überwintern im Nest, um sich im kommenden Frühjahr auszugraben (CAGLE 1944).

Schlüpflinge: Die Schlüpflinge bei RUDLOFF (1990*) hatten eine durchschnittliche Carapaxlänge von 32 mm und wogen 8,5 g. CAGLE (1950) teilt folgende Daten mit: Carapaxlänge 25,4 bis 35,8 mm, Masse 4,4 bis 10 g.

Haltung der Schlüpflinge: Die Schlüpflinge werden in größeren Gruppen gehalten. Die Wassertiefe soll zunächst 5 bis 7 cm betragen, kann aber relativ schnell auf 20 bis 25 cm erhöht werden. Die Wassertemperatur liegt zwischen 28 und 30 °C. Die Behältereinrichtung entspricht der für erwachsene Tiere. Schlüpflinge und Jungtiere müssen abwechslungsreich ernährt werden. Sie werden z. B. mit Tubifex, Wasserschnecken, Wasserflöhen und kleinen toten Süßwasserfischen gefüttert. Es wird auch pflanzliche Kost, z. B. in Form von Wasserlinsen oder Wasserpest-Ranken, angeboten. Bei nachlässiger und falscher Pflege kann es schnell zu Mangelerkrankungen wie beispielsweise Rachitis kommen. Um das weitgehend zu vermeiden, sind neben einer abwechslungsreichen Nahrung auch regelmäßige Mineralstoff-Vitamin-Gaben in Verbindung mit UV-Bestrahlungen (am besten natürliches Sonnenlicht) notwendig. Schlüpflinge werden täglich gefüttert. Sind die Tiere etwa ein halbes Jahr alt, sollte bereits ein wöchentlicher Fastentag eingelegt werden. Auch Schlüpflingen wird eine winterliche „Ruhephase" von etwa 4 bis 6 Wochen geboten.

Geschlechtsreife: Zeitpunkt und Größe der Tiere beim Eintritt der Geschlechtsreife variieren sowohl innerhalb einer Population als auch zwischen den unterschiedlichen Populationen sehr stark. Einige Daten aus ERNST et al. (1994*) seien zusammengestellt (es bedeuten: PL = Plastronlänge, CL = Carapaxlänge, M = Männchen, W = Weibchen, A = Alter).

Illinois (*Trachemys s. elegans*): M PL 9 bis 10 cm, A 2 bis 4 Jahre; W PL 15,0 bis 19,5 cm;

Oklahoma (*Trachemys s. elegans*): M PL 9,0 bis 10,0 cm; W PL 17,4 bis 19,3 cm;

Virginia (*Trachemys s. scripta*): M CL 10,2 cm; W CL 23,2 cm.

Alter: Ein Tier lebte im Terrarium 37 Jahre, 9 Monate, 10 Tage (SNIDER & BOWLER 1992).

Die **Kinnfleck-Schmuckschildkröte**, *Trachemys ornata callirostris* (GRAY, 1855), wurde von KAMPRATH (1989c) im Terrarium nachgezogen (zu Haltungsangaben vgl. auch DATHE 1986). Die Unterart erreicht etwa 25 cm Carapaxlänge und siedelt im Einzugsgebiet des Rio Magdalena von Kolumbien bis nach W-Venezuela (vgl. IVERSON 1992*). FRITZ (1990a) beschreibt das Balzverhalten dieser Schildkröte.

KAMPRATH (1990) konnte auch die **Venezuela-Schmuckschildkröte**, *Trachemys ornata chichiriviche* (PRITCHARD & TREBBAU, 1984), im Terrarium zur Fortpflanzung bringen. Die Unterart erreicht bis zu 32,5 cm Carapaxlänge und lebt im nördlichen Zentral-Venezuela (vgl. PRITCHARD & TREBBAU 1984*).

Haltung und Vermehrung der **Jamaika-Schmuckschildkröte**, *Trachemys terrapen* (BONNATERRE, 1789), beschreibt FRITZ (1990b). Die Art kann bis zu 32 cm Carapaxlänge erreichen.

FRITZ (1995) nennt Bastarde zwischen *Trachemys nebulosa taylori* und *Trachemys s. elegans* sowie zwischen *Trachemys ornata callirostris* (Männchen) und *Trachemys s. elegans* (Weibchen; vgl. auch KAMPRATH 1989c). Weiterhin führt FRITZ (1995) Bastarde zwischen *Trachemys ornata cataspila* × *Trachemys s. elegans*; *Trachemys s. scripta* (Männchen) × *Trachemys terrapen*-Komplex (Weibchen) sowie [*Trachemys s. scripta* × *Trachemys terrapen*-Komplex Männchen] × *Trachemys terrapen*-Komplex (Weibchen) auf. Er nennt ebenso Bastarde zwischen *Trachemys stejnegeri vicina* (Männchen) × *Trachemys decorata* (Weibchen).

Literatur

AUTH, D. L. (1975): Behavioral ecology of basking in the yellow-bellied turtle, *Chrysemys scripta scripta* (SCHOEPFF). Bull. Florida St. Mus. Biol. Sci. 20: 1–45.

BALLASINA, D., R. BALLASINA (1984a): Haltung und Zucht von Rotwangen-Schmuckschildkröten. Beobachtungen und Erfahrungen aus acht Jahren. Aquarien Terrarien 31(6): 208–211.

BALLASINA, D., R. BALLASINA (1984b): Haltung und Zucht von Rotwangen-Schmuckschildkröten. Beobachtungen und Erfahrungen aus acht Jahren. Aquarien Terrarien 31(7): 246–248.

BALLASINA, D., R. BALLASINA (1984c): Haltung und Zucht von Rotwangen-Schmuckschildkröten. Beobachtungen und Erfahrungen aus acht Jahren. Aquarien Terrarien 31(8): 281–283.

BOUSKILA, A. (1986): On the danger of the red eared terrapin, *Chrysemys scripta*, in natural habitats in Israel. Hardun 3: 63.

CAGLE, F. R. (1944): Activity and winter changes of hatchling *Pseudemys*. Copeia 1944: 105–109.

CAGLE, F. R. (1950): The life history of the slider turtle, *Pseudemys scripta troostii* (HOLBROOK). Ecol. Monogr. 20: 31–54.

DATHE, F. (1986): AT Terrarientierlexikon *Chrysemys scripta callirostris* (GRAY, 1855) Kinnflecken-Schmuckschildkröte. Aquarien Terrarien 33(4): 144.

DA SILVA, E., M. BLASCO (1995): *Trachemys scripta elegans* in Southwestern Spain. Herpetological Review 26(3): 133–134.

FRITZ, U. (1990a): Balzverhalten und Systematik in der Subtribus Nectemydina. 1. Gattung *Trachemys*, besonders *Trachemys scripta callirostris* (GRAY, 1855). Salamandra 26(4): 221–245.

FRITZ, U. (1990b): Haltung und Nachzucht der Jamaika-Schmuckschildkröte *Trachemys terrapen* (LACÉPÈDE, 1788) und Bemerkungen zur Fortpflanzungsstrategie von neotropischen Schmuckschildkröten der Gattung *Trachemys*. Salamandra 26(1): 1–18.

FRITZ, U. (1995): Schildkröten-Hybriden. 2. Halsberger-Schildkröten (Cryptodira). herpetofauna 17(95): 19–34.

GIBBONS, J. W. (1982): Reproductive patterns in freshwater turtles. Herpetologica 38: 222–227.

GIBBONS, J. W., J. W. COKER (1978): Herpetofaunal colonization patterns of Atlantic Coast barrier islands. Amer. Midl. Nat. 99: 219–233.

HULSE, A. C. (1980): Notes on the occurence of introduced turtles in Arizona. Herp. Rev. 11: 16–17.

IVERSON, J. B.(1977): Reproduction in freshwater and terrestrial turtles of North Florida. Herpetologica 33: 205–212.

JACKSON, D. R. (1988): Reproductive strategies of sympatric freshwater emydid turtles in northern peninsular Florida. Bull. Florida St. Mus. Biol. Sci. 33: 113–158.

KAMPRATH, U. (1988): Meine Beobachtungen bei der Zeitigung der 1987er Gelege meiner *Chrysemys scripta elegans*. elaphe 10(4): 65–66.

KAMPRATH, U. (1989a): Meine Beobachtungen bei der Haltung und Aufzucht von Rotwangen-Schmuckschildkröten. Aquarien Terrarien 36(3): 97–99.

KAMPRATH, U. (1989b): Nachbemerkungen über die Zeitigung der Gelege von *Chrysemys scripta elegans* in „elaphe" 4/88. elaphe 11(2): 34.

KAMPRATH, U. (1989c): DDR-Erstnachzucht von *Chrysemys scripta callirostris*, der Pfauenaugen-Schmuckschildkröte und die Zeitigung von Schmuck-Schildkröten-Bastarden. Aquarien Terrarien 36(12): 415–417.

KAMPRATH, U. (1990): Nachzucht der Venezuela-Schmuckschildkröte *Chrysemys scripta (ornata) chichiriviche* (PRITCHARD & TREBBAU 1984). SAURIA 12(1): 11–14.

KORDGES, T., B. THIESMEIER, D. MÜNCH, D. BREGULLA (1989): Die Amphibien und Reptilien des mittleren und östlichen Ruhrgebietes. Verbreitung, Bestand und Schutz der Herpetofauna im Ballungsraum. Dortmunder Beitr. z. Landeskd., Naturwiss. Mitt., Beih. 1/1989.

KREFFT, G. (1950): Bemerkungen zur Aufzucht und Pflege jugendlicher Schmuckschildkröten. Bl. Aquarien u. Terrarienkunde 55: 43–49.

LARDIE, R. L. (1980): Winter activity of *Chrysemys scripta elegans* (WIED-NEUWIED) in north central Texas. Bull. Oklahoma Herpetol. Soc. 4: 72–76.

LEHR, E. (1987): Die Zucht der Rotwangen-Schmuckschildkröte. aquarien-magazin 21(6): 222–225.

MÜLLER, J. (1994): Einige Beobachtungen bei der Nachzucht der häufig gehaltenen Rotwangenschmuckschildkröte *Trachemys scripta elegans* (WIED, 1839). elaphe (N. F.) 2(2): 28–32.

NEWBERY, R. (1984): The American red-eared terrapin in South Africa. African Wildlife 38: 186–189.

NIETZKE, G. (1973): *Pseudemys scripta elegans*. Die Rotwangen-Schmuckschildkröte. Das Aquarium 7(45): 103–104.

PETZOLD, H.-G. (1975): AT Terrarientierlexikon *Pseudemys scripta elegans* (WIED, 1839) Rotwangen-Schmuckschildkröte. Aquarien Terrarien 22(8): 287.

PLATT, S. G., L. W. FONTENOT (1992): The red-eared slider, *Trachemys scripta* (Weid) in South Korea. Bull. Chicago Herp. Soc. 27: 113–114.

PRASCHAG, R. (1995): Schildkröten – die handlichen Heimtiere. DATZ, Aquarien Terrarien 48(8): 531–535.

RUDLOFF, H.-W. (1977): Die Rotwangen-Schmuckschildkröte, *Chrysemys scripta elegans*, im Freiland. Aquarien Terrarien 24(10): 339.

SELLMANN, A. (1969): Eiablage bei *Pseudemys scripta elegans*. Aquarien Terrarien 16(11): 384.

SNIDER, A. T., J. K. BOWLER (1992): Longevity of reptiles and amphibians in North American collections, second edition. Soc. Stud. Amphib. Rept. Herpetol. Circ. 21: 1–40.

STRIJKERT, O. P. (1976): *Pseudemys scripta elegans* gekweekt. Lacerta 34: 137.

4 Brückenechsen – Sphenodontida

4.1 Allgemeines

WERMUTH & MERTENS (1977) unterscheiden die Nominatform *Sphenodon punctatus puntatus* (GRAY, 1842), *Sphenodon punctatus guntheri* BULLER, 1876 und *Sphenodon punctatus reischeki* WELLSTEIN, 1943. Als entwicklungsgeschichtlich ältestes und zudem noch kaum verändertes, heute lebendes Reptil ist die Brückenechse (*Sphenodon punctatus*) nicht nur für den wissenschaftlich arbeitenden Herpetologen eine Besonderheit (lebendes Fossil). Auch der Terrarianer sollte sich für dieses einmalige Lebewesen aus einer uns kaum vorstellbaren Vergangenheit und Welt die Zeit für eine kurze Information nehmen.

Da die Brückenechse dem Terrarianer niemals zur Verfügung stehen wird, ist sie für den praktizierenden Terrarianer allerdings von geringer Bedeutung. Aus Gründen der Entwicklungsgeschichte und aus systematischer Sicht haben wir die Brückenechse jedoch in die Beschreibung der Reptilien miteinbezogen.

4.2 Entwicklungsgeschichte

Von den vier Ordnungen der heute lebenden Schuppenkriechtiere (Squamata) stellt die Brückenechse die einzig überlebende Art aus der Unterordnung der Schnabelköpfe (Rhynchocephalia) dar. Die Schnabelköpfe haben mit ihren vier Unterordnungen in der Trias und im Oberen Jura (Ermittelalter – Mesozoikum) vor rund 195 Millionen Jahren gelebt. Eines ihrer entwicklungsgeschichtlich wesentlichen Merkmale bestand darin, daß sie einen Schädel besaßen, der im Schädelknochen zwei Löcher aufwies – die Schläfengruben. Man nennt dies diapsid. Bei wesentlich älteren Urreptilien wurden keine Schläfengruben gefunden mit Ausnahme einiger Urechsen im Unteren Perm, die ebenfalls diapsid waren. Einige Wissenschaftler nehmen daher an, daß die Schnabelköpfe nicht erst in der Trias oder im Jura, sondern schon im Perm aufgetreten sind.

4.3 Ausbreitung im Erdmittelalter (Mesozoikum)

Die Sphenodontidae wurden in der Trias und im Jura von Deutschland (Solnhofen, Eichstätt), Frankreich (Cirin) und Spanien (Lerida) gefunden. Sehr enge ausgestorbene Verwandte der Sphenodontidae, die Langschwanz-Schnabelechsen (Pleurosauridae) lebten während der gleichen Erdperioden in England. Indien, Brasilien und O-Afrika.

4.4 Heutige Ausbreitung und Lebensraum

Die Brückenechse fristet nur noch auf einigen kleinen Nachbarinseln Neuseelands ein streng geschütztes Dasein. Ihr Lebensraum in engerem Sinne sind die Bruthöhlen der vielen dort ansässigen Sturmvogelarten.

Dem rechtzeitigen Eingreifen internationaler Naturschutz- und Tierschutzverbände ist es zu verdanken, daß sich die Individuenzahl der Brückenechse so weit erholt hat, daß ihre Zukunft zunächst einmal gesichert ist.

Nach PHILIPPEN (1990) sollen neuseeländische Wissenschaftler auf den Brothers-Islands im Bereich der neuseeländischen Cook-Straße eine etwa 1000 Individuen zählende Population einer neuen *Sphenodon*-Art (Unterart?) entdeckt haben, die von der neuseeländischen Regierung ebenso streng unter Naturschutz gestellt worden ist wie *Sphenodon punctatus*. Die Zahl der heute noch lebenden Brückenechsen soll etwa 30 000 Tiere betragen (LANGE 1991).

Die Viktoria-Universität in Wellington versucht durch Einsammeln der abgelegten Eier, die häufig von Ratten vernichtet werden, einen Arten- und Populationsschutz aufzubauen. Die Eier werden dann in Brutschränken erbrütet. Die geschlüpften Jungtiere werden auf Inseln außerhalb Neuseelands ausgesetzt, um neue Populationen aufzubauen. Interessant ist die Tatsache, daß die Vorzugstemperatur der Brückenechse bei etwa 18 °C liegt.

Für den Terrarianer bleibt der Besitz einer „Tuatara" ein unerreichbarer Wunschtraum, so daß auf die harmlose Echse nicht weiter eingegangen zu werden braucht. Nur wenige große Zoologische Gärten haben das Glück, eine solche Kostbarkeit pflegen zu können, wie zur Zeit (1993) das Zoo-Aquarium in Berlin.

4.5 Literatur (Fachzeitschriften)

LANGE, J. (1991): Brückenechse im Zoo Berlin. DATZ 44: 366.

PHILIPPEN, H. D. (1990): Neue Brückenechse entdeckt. DATZ 43: 711.

SCHMIDT, K. P. (1952): Reference to the Tuatara. Fieldiana Zool. Chicago. 34: 1–10.

STEMMLER-MORATH, C. (1958): Einige Beobachtungen an der Brückenechse. DATZ 11: 151.

WERMUTH, H. (1956): Brückenechsen. Aquarien – Terrarien 3: 56.

5 Echsen – Sauria

5.1 Allgemeines

5.1.1 Entwicklungsgeschichte

Die Wurzeln der Echsen (Sauria) liegen wie bei allen heute lebenden Reptilien bei den Eosuchiern im Karbon (Steinkohlenzeit) und Perm vor 280 bis 300 Millionen Jahren. In der Trias und im Jura vor 210 bis 230 Millionen Jahren treten neben der Unterklasse der Anapsida, den schläfengrubenlosen Stammreptilien, aus denen ein Zweig, die Schildkröten hervorging, die diapsiden, zwei Schläfengruben hinter dem Auge besitzenden Reptilien auf. Sie waren die Stammväter der Schuppenkriechtiere, die Lepidosaurier. Von diesen führte die Evolution zu den heutigen Echsen und Schlangen.

Ende des Jura entstand eine große Gattungs- und Artenvielfalt, unter denen sich schon die Vorfahren der heutigen großen Familien der Gekkonidae, Scincidae, Iguanidae und Varanidae zeigten. *Ardeosaurus* war ein kleiner nur 20 cm großer Gecko aus dem Oberjura. Im Pleistozän lebte ein 8 m langer Waran, *Megalania prisca*. Die Menschen der Jungsteinzeit fanden noch den vom Pliozän bis zur Jungsteinzeit lebenden und Ende der Jungsteinzeit aussterbenden *Varanus marathonensis* vor. *Varanus sivalescens* (Indien) und *Varanus bolkayi* (Java) waren „Zeitgenossen" des *Varanus marathonensis* und dienten vielleicht unseren Vorfahren in den Tropen vor 150 000 bis 30 000 Jahren als Jagdbeute. Die Warane waren nahe Verwandte der ausgestorbenen, aus der älteren Kreidezeit stammenden und wahrscheinlich für die Entwicklung der Schlangen wichtigen Aigialosauridae, Dolichosauridae und Mosasauridae. Eine Vorstellung von der Größe mancher der ausgestorbenen Warane vermittelt der erst 1912 von OUWENS entdeckte Komodowaran (*Varanus komodoensis*), der als eine der erdgeschichtlich ältesten rezenten Echsenarten gilt.

Ausgehend von der Unterklasse der oben erwähnten Lepidosaurier sind ihre beiden Ordnungen Urschuppensaurier (Eosuchia) und Schnabelköpfe (Rhynchocephalia) mit ihren 8 Unterordnungen ausgestorben. Die dritte Ordnung, die eigentlichen Schuppenkriechtiere (Squamata), mit der Unterordnung Brückenechsen (Sphenodontida) und den Unterordnungen Echsen (Sauria) und Schlangen (Serpentes) haben sich weiterentwickelnd überlebt.

Die folgende Aufstellung soll deutlich machen, welche Familien in den einzelnen zoogeographischen Regionen vorkommen. Sie veranschaulicht nicht die räumliche geographische Ausbreitung der einzelnen Familien in diesen zoogeographischen Regionen. Das Verbreitungsgebiet kann sowohl punktförmig sein als auch mehrere Regionen umfassen. Die genaue geographische Ausbreitung wird in den Artenbeschreibungen mitgeteilt.

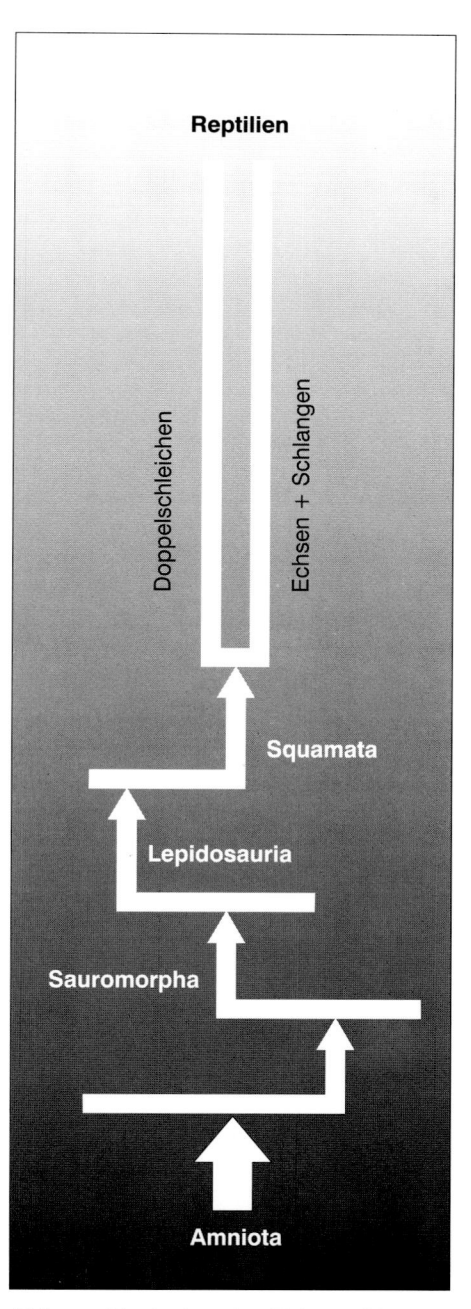

Abb. 27. Evolution der Echsen. Vereinfachte schematische Darstellung.

5.1.2 Heutige Ausbreitung und der rezente Lebensraum

Es ist erstaunlich, welche Vielfalt von Lebensräumen und darin enthaltenen Ökonischen für die Echsen im Laufe ihrer Entwicklung bewohnbar gewesen sind. Auch heute werden in den verschiedenen Ökozonen trotz schwerer Umweltbelastungen noch Lokalitäten angetroffen, die sich als Ökonischen eignen und besiedelt werden. In weit zurückliegender Vergangenheit boten weit ausgedehnte Gebiete mit tropischen und subtropischen Klimata den Echsen die Möglichkeiten zu ihrer Entfaltung. Ihr Lebensraum vor 250 Millionen Jahren war ein zusammenhängendes Festland, ein Kontinent „aus einem Stück". Die Kontinentalverschiebung (Wegener's Lehre von der Verschiebung der Kontinente) war vor 68 Millionen Jahren schon so weit fortgeschritten, daß sich die geographische Lage der heutigen Kontinente bereits deutlich abzeichnete. Eiszeiten und Warmzeiten, Gebirgsbildungen und der Wandel des Verlaufes großer Flüsse (Urstromtäler in Europa, Grand

172 Echsen

Familie	Palä.	Nea.	Äth.	Ori.	Neo.	Austr.
Gekkonidae	+		+	+	+	+
Eublepharidae	+	+	+	+		
Iguanidae		+	Ma.		+	Fi/To.
Agamidae	+		+	+		+
Chamaeleonidae	+		+			
Scincidae	+	+	+	+	+	+
Dibamidae				+	+	
Lacertidae	+		+	+		
Cordylidae			+			
Xantusiidae		+				
Gymnophthalmidae					+	
Teiidae		+			+	
Anguidae	+	+			+	
Xenosauridae		+			+	
Varanidae			+	+		+
Helodermatidae		+			+	
Amphisbaenidae			+		+	
Bipedidae					+	
Rhineuridae		+	+		+	
Trogonophidae				+		+

Kürzel der Zoogeographischen Regionen:
Palä. = Paläarktische Region
Nea. = Nearktische Region
Äth. = Äthiopische Region
Ori. = Orientalische Region
Neo. = Neotropische Region
Aust. = Australische Region
Fi/To. = Fidschi- und Tonga-Inseln
Ma. = Madagaskar

Canyon in den USA) bildeten Grenzen der Ausbreitung oder wurden zu richtungsweisenden Besiedlungswegen zu geeigneten Lebensräumen. Im europäischen Raum hat die Eiszeit im Quartär viele Arten zurückgedrängt, die sich erst nach Abschmelzen des Inlandeises wieder nach Norden vorwagten. Dabei hat die Lage der Hochgebirge (Alpen, Pyrenäen, Karpaten) als unüberwindbare Hindernisse dazu geführt, daß nur die zwischen dem Ostabhang der Pyrenäen und der westlichen Mittelmeerküste liegenden Flachlandgebiete oder die Donauniederung auf dem Balkan als Einzugswege zu einer erneuten Besiedlung dienten. Derartige Situationen entstanden im Laufe der Jahrmillionen auch auf den anderen Kontinenten und haben das heutige Bild der Ausbreitung entstehen lassen. Es ist sehr schwer und fast unmöglich, die Ausbreitung der einzelnen Echsenfamilien, -gattungen und -arten von ihren Ursprungszentren aus, sofern sie überhaupt bekannt sind, genau zu verfolgen.

Die heutige Verbreitung der Echsen reicht von 70° nördlicher Breite bis 50°

Abb. 28. Heutige Verbreitung und Lebensräume.

südlicher Breite und 180° östlicher Länge bis 180° westlicher Länge. In den Tropen und Subtropen leben die meisten Echsenarten. In den kaltgemäßigten Klimaräumen ist die Artenzahl schon geringer. Die nördlichen Kältegebiete Skandinavien und Sibirien sind Verbreitungsgrenzen für alle Echsenarten mit Ausnahme der Bergeidechse (*Lacerta vivipara*). Wenn auch die Ursprungszentren der heute lebenden Echsenfamilien nicht absolut sicher festliegen, so sind doch die heutigen Verbreitungsgebiete der einzelnen Familien genau bekannt.

Eine zoogeographische Besonderheit ist der Verbreitungsgegensatz zwischen den Leguanen und den Agamen (s. Abb. 28). Die Leguane sind in Nord- und Südamerika, auf Madagaskar und den Fidschi- und Tongainseln zuhause. Die Agamen haben Südost-Europa, Afrika, Asien und Australien besiedelt.

Diese zoogeographisch bemerkenswerte Verbreitungseigentümlichkeit der Agamen und Leguane ist im Zusammenhang mit den Perioden der Kontinentalverschiebungen zu sehen. Auch könnte der Konkurrenzkampf bei der Eroberung neuer Lebensräume eine Rolle gespielt haben. Es wird angenommen, daß die im Mittleren Tertiär noch in Afrika lebenden Leguane mit den vom Großklima der jeweiligen Region geprägten Verhältnissen, die für die Entstehung bestimmter Kleinklimata (Klima bodennaher Luftschichten) verantwortlich sind, zurecht gekommen sind. Sie konnten sich vermöge ihrer arteigenen ökologischen Valenz den in den Kleinklimaräumen vorhandenen Klimabesonderheiten anpassen und dort die ihnen zusagenden Ökonischen besetzen. Ökozonen wie Wüstenregionen, Moore, Sümpfe, Gebirge, Flachland als auch geomorphologisch veränderte Bodenoberflächen wie Schotterebenen (Crau im Rhonedelta), Felsgeröll und tiefe Erdspalten stehen in zahlreichen Gebieten zur Verfügung.

Natürliche Höhlen und selbst geeigneter Erdboden werden von unterirdisch lebenden Arten als Ökonische genutzt. Die Ufer fließender und stehender Gewässer und die Meeresküsten mit ihrer Uferzone werden von feuchtigkeitsliebenden und gewässerliebenden Arten besiedelt.

Zahllos sind die in der Vegetation sich bietenden Nischen, sei es in Steppen, in Grasländern, im Buschwerk, auf Bäumen, im Astgewirr der Baumriesen des Regenwaldes oder unter der Baumrinde.

Erdlöcher, die von anderen Tieren gegraben (Gopher-Schildkröte) oder gebaut wurden (Termitenbauten) werden zu Ökonischen. Von den Kulturfolgern unter den Echsen werden von Menschenhand errichtete und genutzte Baulichkeiten erobert wie Mauern, Zäune, Schuppen, Häuser. Die Mauerspalten in den „barancas" auf Teneriffa, die von den Bauern errichtet wurden, sind beliebte „Unterkünfte" der schönen Gallotia-Eidechsen. In den architektonisch wunderbaren Batak-Häusern der Toba-Batak auf Samosir (Toba-See/Sumatra) fanden wir Gekkoniden ebenso, wie abends auf den Hotel-Terrassen unserer Hotels auf Penang/Malaysia und Phuket/Thailand. Auch an den Außenwänden der Hütten der Meos in Nordthailand fehlten die Geckos nicht.

5.2 Körperbau

Der Name „Eidechse" ist der landläufige Name für die Bezeichnung der Unterordnung Sauria – Echsen. Es ist nicht schwierig, Eidechsen von Schildkröten zu unterscheiden. Bei den größten Arten wie Waranen, z. B. dem Komodo-Waran, dem Nil-Waran oder dem Bengalen-Waran könnte der Laie auf Krokodile kommen. Doch der verhältnismäßig lange Hals und die ungepanzerte Haut dieser Groß-Echsen läßt kaum eine Verwechslung mit Krokodilen zu. Die gliedmaßenlosen Echsen (Blindschleiche, Scheltopusik) könnten – und werden leider oft – mit Schlangen verwechselt. Die Fortbewegung der Schlangen ist jedoch gleitend und nicht so starr wie bei den fußlosen Echsen. Eine eindeutige Unterscheidung ist nur möglich, wenn man die Morphologie und Anatomie der Echsen kennt.

5.2.1 Morphologie

Rumpf. Die Körperform einer Eidechse ist normalerweise langgestreckt. Die Körperabschnitte Rumpf, Kopf und Schwanz sind deutlich voneinander getrennt und frei beweglich. Der Rumpfquerschnitt reicht von drehrund (*Chalcides*), flachoval (*Amphibolurus*) über hochoval (*Chamaeleo*) zu fast „pfannkuchenflach" (*Phrynosoma*). Bei einigen Familien ist die deutliche Trennung von Kopf, Rumpf und Schwanz fast völlig verschwunden. Eine dieser Familien (Zwischenordnung Gekkota-Geckoähnliche) sind die Flossenfüße (Pygopodidae) mit den wichtigsten Gattungen *Pygopus*, *Lialis*, *Delma* und *Aprasia*. Diese Echsen besitzen einen runden Kopf, einen sehr schlanken Rumpf, bei dem Kopf und Schwanz fast übergangslos in den Rumpf übergehen. Die nächste Familie mit ähnlichem Körperbau ist die in ihrer systematischen Stellung noch recht unsichere Familie der Schlangenschleichen (Gattung *Dibamus* und *Anelytropsis*) und die Familie der Schlangenechsen (Gattung *Feylinia*), zu deren Pflege der Terrarianer wohl niemals Gelegenheit haben wird.

Das Paradebeispiel des Schleichenkörpers ist die Familie der Anguidae, zu der die Blindschleiche (*Anguis fragilis*) und der Scheltopusik (*Ophisaurus apodus*) gehören. Das gleiche trifft für die Ringelschleichen (Gattung *Anelliidae*) zu.

Kopf. Es ist hier nicht notwendig, auf die anatomischen Verhältnisse des Kopfskelettes bei den einzelnen Familien näher einzugehen. Entwicklungsgeschichtlich ist wichtig, daß die Echsen zu den synapsiden Reptilien gehören, deren Kopfschädel nur eine Schläfengrube besitzen. Die Schildkröten sind anapsid, also ohne Schläfengrube, Krokodile haben zwei Schläfengruben, sind also diapsid.

Die Kopfformen sind zumindest recht variabel, vergleicht man den von oben gesehenen gedrungenen, dreieckigen Kopf eines Wundergeckos (*Teratoscincus scincus*) mit dem einer Krötenechse, eines Chamaeleons, eines Buntwarans (*Varanus varius*) oder gar einer Schachbrettwühle (*Trogonophis wiegmanni*). Wie der Zwang zur Besiedlung von Ökonischen von Einfluß ist, zeigt der Kopf des Fransenzehen-Leguans (*Uma notata*) und der Sandskinke (*Scincus*). Als Wüstenbewohner ist bei diesen der Kopf zum schnellen Eindringen in den Sand keilförmig gebildet. Die Nasen- und Ohröffnungen sind klappenförmig durch große Schuppen geschützt, um das Eindringen von Sand zu verhindern. Vor allem ist der Kopf der Träger lebenswichtiger Sinnesorgane wie Auge, Geruchssinn und Ohr. Weiter dient das Maul mit seinem Gebiß dem Zupacken und Zerkleinern, Zerreißen und Zermahlen der Beute.

Gebiß. Grundsätzlich ist es mit Ober- und Unterkiefer relativ dehnbar, zumal die Maulspalte recht weit reicht. Daher ist ein festes Zupacken und mittels der Zähne ein sicheres Festhalten der Beute möglich. Auf Oberkiefer und Unterkiefer sind die Zähne nicht bei allen Echsenfamilien in gleicher Weise befestigt. Gebiß und Zähne können daher Auskunft über die Familienzugehörigkeit geben.

Bei den Iguaniden, Scinciden und Lacertiden sind sie an der Seite des Ober- und Unterkiefers direkt angewachsen oder sie sitzen in kleinen Nischen (pleurodonte Zähne), während bei den Agamiden die Zähne auf der Kante der Kieferknochen stehen (acrodonte Zähne). Es gibt verschiedene Zahnformen: einspitzig, dreispitzig, kegelförmig, etwas abgeflacht oder Mahlzähne mit breiter Mahlfläche. Derartige Mahlzähne besitzt der Dornteufel (*Moloch horridus*) zum Zermahlen der harten Ameisen, die seine Hauptbeute sind. Bei den Teiiden sind je nach Gattung Zähne mit unterschiedlichen Formen (Mischbesatz) als Gebißausstattung vorhanden. Das Gebiß der Agamen ist mit Schneidezähnen, Eckzähnen und Backenzähnen ausgestattet.

Eine Besonderheit ist das Vorkommen von weiteren Zähnen auf dem Flügelbein und dem Pflugscharbein. Der Ersatz abgenutzter Zähne erfolgt während der ganzen Lebenszeit. So rücken bei den Iguaniden, Scinciden und Lacertiden die Ersatzzähne von hinten nach. Ferner ist die Anzahl der Zähne nicht konstant. Sie kann sich mit dem fortschreitenden Alter des Tieres erhöhen.

Die einzige Gattung, deren Arten Giftzähne besitzen, ist Heloderma mit den beiden Arten *Heloderma horridum* und *H. suspectum*. Der Hinterrand des Unterkiefers beherbergt die Giftdrüsen, deren Sekret das Zentralnervensystem schädigt, wobei eine Lähmung des Atmungszentrums zum Tode führen kann. Das Sekret wird in einer zwischen Unterkiefer und Lippen gelegenen Rinne zu den mit Furchen versehenen Zähnen geleitet. Beim Biß werden die Zähne 8 bis 10 mm in die Bißwunde gedrückt, um das Giftsekret eindringen zu lassen. Ein Serum gegen das *Heloderma*-Gift gibt es nicht.

Zunge. Ein Organ von überlebenswichtiger Bedeutung ist die Zunge. Sie ist bei manchen Echsen zweizipflig und bei anderen Arten tief gespalten. Es gibt Arten, deren Zunge langgestreckt ist. Andere Arten sind mit einer dickfleischigen Zunge versehen oder die Zunge ist abgerundet. Die zweizipflige Zunge kann auch bei geschlossenem Maul in Funktion treten, da im Oberkieferrand eine Einkerbung vorhanden ist, durch welche der Zungenzipfel hindurchgesteckt werden kann. Neben der Fähigkeit als Instrument für den Geruchssinn zu dienen, hat sie darüber hinaus noch andere Aufgaben. Bei den Krötenechsen (*Phrynosoma*), deren hauptsächliche Beute Ameisen sind, dient die klebrige Zunge zum Auflecken der Ameisen. Die Geckos säubern mit ihr die „Brille". Eine besondere und sehr zweckmäßige Umgestaltung hat die Zunge bei den Chamaeleoniden erfahren. Chamaeleons „schießen" mit ihrer Schleuderzunge die Beute. Diese wird vorsichtig angeschlichen, falls sie sich nicht ganz in der Nähe des Chamaeleons niedergelassen hat.

Abb. 29. Beispiele unterschiedlicher Zehenformen.
1 = **Haftzehen (Geckos)**
2 = **Krallenzehen (Agamen)**
3 = **Klammerzehen (Chamaeleons)**

Die Entfernung Chamaeleon-Beute ist oft weiter als die Rumpflänge und muß richtig eingeschätzt werden, um zielsicher treffen zu können. Mit Hilfe der zum Fixieren und Entfernungsschätzen geeigneten Augen wird die Beute anvisiert und die Entfernung mit Hilfe der Akkomodation (Fokussierung) des Auges bestimmt. Der Akkomodationsspielraum ist außerordentlich groß. 15 cm sind die normale Schußentfernung – dann schnellt die Zunge vor. Sie ist sehr lang vorstreckbar und reicht für die angegebene Entfernung von 15 cm aus.

Das Vorschnellen erfolgt mittels einer Ring- und Längsmuskulatur, die in der Zungenmuskulatur in einer bestimmten Anordnung vorhanden ist. Die Beute wird jedoch nicht durch das klebrige Zungensekret „geleimt", sondern von zwei an der Zungenspitze vorhandenen Muskellappen, zumindest für die kurze Zeitspanne vom „Packen" bis zum Zurückziehen der Zunge ins Maul, festgehalten.

Gliedmaßen. Normalerweise besitzen die Echsen je ein Paar Vordergliedmaßen und ein Paar Hintergliedmaßen. Jedes Gliedmaßenpaar ist je nach Gattung mit Krallen unterschiedlicher Art versehen (s. Abb. 29). Bei den Gekkoniden sind die Vorder- und Hintergliedmaßen bei einer großen Zahl von Arten in besonderer Weise ausgebildet. Der Name „Haftzeher" weist schon auf eine Besonderheit hin. Dem Laien erscheint das schnelle Laufen an glatten, senkrechten Flächen z. B. an einem Glasfenster bei Kulturfolgern wie dem Tokeh (*Gekko gecko*) nur dadurch möglich, daß die Unterseite der Zehen entweder als Saugplatte ausgebildet oder mit einem klebrigen Sekret versehen ist. Man hat jedoch beweisen können, daß auch Geckos an sehr glatten, polierten Spiegelglasscheiben abrutschen. Die Haftfähigkeit beruht auf einem anderen Prinzip: Mikroskopische Untersuchungen der Zehenunterseite beim Mauergecko und dem Hausgecko (*Hemidactylus mabouia*) haben ergeben, daß sich auf der verbreiterten Zehenunterseite feine, parallel verlaufende Lamellen befinden, die mit einer Unmenge kleinster Häkchen versehen und wie die Borsten einer Kleiderbürste angeordnet sind (s. Abb. 29). Diese winzigen Häkchen haken in die rauhe Oberfläche eines senkrechten Felsens, einer Mauer und selbst in die feinen Unebenheiten einer nicht polierten normalen Fensterscheibe ein und in der Bewegung auch schnell wieder aus.

Damit ist der „Haftzeher" in der Lage, absolut sicher und schnell auf solchen Unterlagen zu laufen. Von besonderer Wirksamkeit sind offenbar die Zehen des Blattfinger-Geckos (*Ptyodactylus hasselquisti*). Die Zehenenden sind hier fächerartig verbreitert und bilden damit eine größere Haftfläche. Die Nacktfinger-Geckos (*Gymnodactylus*) besitzen keine Haftlamellen. Dafür weisen die Zehen sehr spitze und relativ lange Krallen auf. Stumpfe Finger mit kleinen Schuppen helfen dem Sandgecko, im Wüstensand nicht einzusinken. Außerdem kann er die Zehen wie Grabschaufeln benutzen, um in dem feinkörnigen Sand Wohnröhren zu graben. Das Maximum an ökologisch angepaßter Zehenform ist beim Wüstengecko (*Palmatogecko rangei*) zu finden. Die ganze Zehe ist maximal verbreitert. Nur am Zehenende bemerkt man kleine Krallen. Beim Laufen auf dem Wüstensand dienen die Zehen als „Sandreifen", d. h. sie bewahren ihn vor dem Einsinken in den feinen Sand wie der „Schneereifen" den Eskimo vor dem Einsinken in den Schnee. Eine für die Chamaeleoniden typische Verhaltensweise ist ihre „Gangart".

Einen heutigen gestreßten Menschen könnten die langsamen Bewegungen eines Chamäleons zur Verzweiflung bringen. Diese langsamen Bewegungen sind jedoch seine Stärke und bieten nicht nur Schutz vor auf Bewegungen reagierende Beutegreifer. Es wird damit auch zum Meister im Anschleichen der Beute. Wenn man noch bedenkt, daß die Tiere beim Niedersetzen des Beines wie ein vom Winde bewegtes Blatt hin- und herpendeln, dann kann man fast von einer Vollendung dieser Jagdmethode sprechen. Betrachtet man die Form der Vorderfüße und Hinterbeine, dann kann man verstehen, daß ein Chamäleon gar nicht in der Lage ist, so formvollendet wie beispielsweise ein Anolis durch das Geäst zu huschen. Die Zehen sind nicht frei beweglich, sondern bis zum Nagelglied miteinander verbunden. An den Vordergliedmaßen sind die drei ersten Finger bündelartig miteinander verwachsen und dem miteinander verwachsenen Bündel des 4. und 5. Fingers gegenübergestellt. Es sind gewissermaßen die beiden Teile einer Kombizange. An den Hinterbeinen sind Zehe 1 und 2 miteinander verwachsen und stehen den miteinander verwachsenen Zehen 3, 4 und 5 gegenüber. Wenn sich das Chamäleon mit diesen Greifzangen zwar nur sehr langsam fortbewegen kann, indem es geradezu im Zeitlupentempo seine Beine setzt, so vermag es sich mit diesen Beinzangen ungewöhnlich fest am Zweig anzuklammern. Dies wäre, abgesehen von den Greifzangen, zweifellos nicht so leicht möglich, wenn die Anordnung der Hand- und Fußgelenke wie bei den meisten Eidechsengattungen beschaffen wäre. Normalerweise können die Finger und Zehen vermöge ihrer Anordnung waagrecht zur Auflagefläche benutzt werden. Bei den Chamäleons kann dies nur senkrecht zur Auflagefläche erfolgen. In beiden Fällen ist nur durch die jeweilige spezielle Anordnung des Bewegungsapparates die Standfestigkeit gesichert. Die Greifzangenbeine als Klammer- und Klettervorrichtung werden noch unterstützt durch den muskulösen Greifschwanz, der oft um einen Zweig oder eine andere Verankerungsmöglichkeit geschlungen wird. Mitunter können jedoch Chamäleons eine für ihre Verhältnisse recht schnelle Gangart einlegen, wenn z. B. bei der Balz der Geschlechtskonkurrent stärker ist und den Partner zur Flucht zwingt. Im Terrarium legen manche Arten zuweilen einen ausgesprochenen Bewegungstrieb an den Tag. Für Chamäleon-Verhältnisse sind z. B. *Chamaeleo oustaleti*, *C. fischeri* und *C. lateralis* recht schnelle Arten.

Reduktionen der Gliedmaßen sind nicht sehr selten. Sie reichen von der Verkleinerung der Vorderfüße und Hinterbeine bis zum völligen Verschwinden der Gliedmaßen. Es geht über den Rahmen dieses Buches hinaus, diese Reduzierungen bei allen davon betroffenen Familien, Gattungen und Arten darzustellen. Statt dessen soll die Aufstellung unten nur das Ausmaß der eskalierenden Verkümmerung an einigen Beispielen belegen.

Schwanz. Er stellt ein wichtiges Steuerorgan dar. Dies wird eindeutig sichtbar, wenn speziell bei schwanzabwerfenden Arten der Schwanz aus lebensrettenden Gründen abgetrennt wurde. Dann flüchtet die Eidechse ausgesprochen unbeholfen. Die Form des Schwanzes ist einmal rutenförmig, teilweise etwas abgeflacht oder peitschenförmig (*Iguana iguana*). Bei dem langschwänzigen Schnelläufer (*Takydromus sexlineatus*), der als Graslandbewohner bei schnellem Lauf oder besser Hangeln über die Grashalme fast dahinfliegt, ist der Schwanz als Steuerungs- und Gleichgewichtsorgan sehr wichtig. Auch bei dem Flugdrachen (*Draco volans*) als baumbewohnende Echse spielt der Schwanz beim Gleitflug eine entscheidende Rolle. Bei vielen Chamaeleoniden dient der relativ lange Schwanz im Geäst als Greifwerkzeug. Es gibt Echsenarten, wie den Halsband-Leguan (*Crotaphytus collaris*), der bei der Flucht auf den Hinterbeinen läuft. Dabei erreicht er eine Geschwindigkeit bis zu 25 km/h! Ohne Gleichgewichtshilfe durch den langen Schwanz wäre er dazu nicht in der Lage. Ist der Schwanz seitlich abgeflacht wie bei der Meerechse (*Amblyrhynchus cristatus*), so ist er als

Familien-, Gattungs- oder Art-Beispiele	Vordergliedmaßen Anzahl reduzierte Zehen										und Hintergliedmaßen Anzahl reduzierte Zehen je Beispiel									
	5Z	4Z	3Z	3Z	1Z	5Z	1Z	00	00	00	5Z	3Z	3Z	2Z	1Z	00	00	1Z	St	00
Lacerta	+										+									
Ophiomorus brevipes		+										+								
Chalcides chalcides			+										+							
Ophiomorus persicus				+										+						
Tetradactylus africanus					+										+					
Bipes biporus						+										+				
Tetradactylus ellenbergeri							+										+			
Neoseps reynoldii								+										+		
Pygopodidae und Feyliniidae									+										+	
Einige Anguidae und Annelliidae										+										+

Zeichen: Z = Zehen, St = zehenlose Stummel, 00 = vollständige Reduzierung der Gliedmaßen

Ruderschwanz beim Schwimmen bestens geeignet. Als Peitschenschwanz wird er auch als Waffe verwendet, wie dies bei *Iguana iguana* und dem Nashorn-Leguan (*Cyclura cornuta*) schon beobachtet wurde. In der Tat können Schläge von voll erwachsenen Exemplaren bei kleineren Angreifern zum Bruch feinerer Knochen führen. Kurze und dicke Schwänze mit Stacheln (*Uromastyx, Cordylus*) können ebenfalls als Waffe benutzt werden. Bei dieser militanten Verwendung erscheint das Ein- und Ausrollen des Schwanzes als Imponiergehabe beim Bärtigen Krötenkopf (*Phrynocephalus mystaceus*) fast als Clownerie, wenn dies für das Tier nicht gerade ein sehr wichtiges Verhaltensritual darstellen würde. Bei den Gekkoniden ist der Schwanz verhältnismäßig kurz. Manche Arten verfügen über spezielle Schwanzformen. So ist er bei *Phyllurus* blattartig und bei *Thecadactylus* rübenartig geformt. In letzterem Falle kann diese Verdickung sehr erheblich sein und möglicherweise eine Fettreserve darstellen.

Bei vielen Gattungen besteht die Möglichkeit, daß bei dem Einzeltier der Schwanz an einer anatomisch vorgesehenen Bruchstelle abbrechen kann. Es ist dies aus biologischer Sicht eine äußerst wichtige und lebensrettende Fähigkeit. Der Beutejäger beachtet das abgeworfene, zappelnde Schwanzstück als Beute, während die Eidechse zwar für einige Zeit verstümmelt ist, jedoch ihr Leben in arterhaltendem Sinne gerettet hat. Der Schwanzstummel wächst in einer bestimmten, allerdings nicht in der alten Länge wieder nach. Das Regenerat als nachgewachsener Teil der Wirbelsäule besteht nur aus einer ungegliederten Achse von knorpliger Beschaffenheit.

Auch der Ersatzschwanz kann unter Umständen verloren gehen. Am Regenerat sind keine vorgesehenen Bruchstellen vorhanden, doch der Schwanz kann – erneut um ein Stück verkürzt – nochmals nachwachsen. Wie oft eine Regeneration erfolgen kann, ist noch nicht genau untersucht worden.

5.2.2 Haut und Schuppen (Pholidose)

Während die weiche und drüsenreiche Haut der Amphibien neben der Schutzaufgabe auch noch dem Zweck der Hautatmung dient, fallen diese Funktionen bei den Squamaten (Echsen und Schlangen) weg.

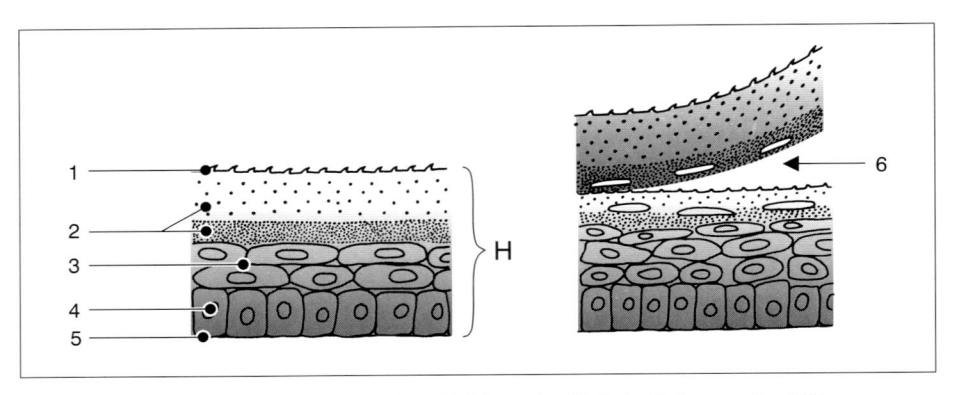

Abb. 30. Epidermis (H). Aufbau der Epidermis (links). Schema der Häutung (rechts). (n. OBST 1985*, leicht verändert)
1 = Oberhäutchen
2 = Stratum corneum
3 = Stratum intermedium
4 = Stratum germinativum (= basale)
5 = Basalmembran
6 = Spaltzone

Die Echsenhaut ist trocken und drüsenfrei. Sie besteht aus zwei Hauptschichten. Die oberste Schicht ist die Epidermis, die darunter liegende Schicht die Dermis (Cutis, Corium). Letztere sitzt, durch eine Membran getrennt, der Muskulatur auf. Die Epidermis ist aus mehreren Zwischenschichten zusammengesetzt (s. Abb. 30).

Die oberste Schicht, das dünne Oberhäutchen, ist die Abgrenzung nach außen. Darunter liegt das Stratum corneum mit den Hornschuppen. Danach folgt eine Zwischenschicht, das Stratum intermedium. Das Stratum germinativum und die Basalmembran schließen an. Sie werden von der Häutung nicht betroffen. Stratum corneum und Stratum germinativum sind die Bildungsschichten für die Hornschilder. Sie liefern laufend die sich später zu leblosen Horngebilden umwandelnden Schuppen (Schilder).

Kurz vor der Häutung bildet sich zwischen dem Stratum corneum und dem Stratum intermedium eine Spaltzone, die das Ablösen des Stratum corneum mit seinen verhornten, toten Schildern ermöglicht. Zum gleichen Zeitpunkt hat sich unter dem abzulösenden Hautkomplex ein als Abschluß funktionierendes, dünnes Oberhäutchen gebildet.

Bei der Häutung wird das Schuppenkleid oft nur fetzenweise abgestreift, wobei die Echsen mit ihren Krallen und dem Maul nachhelfen. Die Gekkoniden fressen die abgestoßene Hornhaut auf. Damit werden die in den Hornzellen eingeschlossenen Elektrolytenreste verwertet.

Die Schuppen der Echsenhaut sind nicht bei allen Familien, Gattungen und Arten gleich. Man unterscheidet Körner-, Tafel-, Schilder- und Wirtelschuppen. Sie können glatt, gekielt, stachelförmig, sägeartig, hart oder weich sein. Alle diese Schuppenarten sind in ihrer speziellen Form, Anzahl und Anordnung für die Systematik von entscheidender Bedeutung. Manche der großen Stachel- oder Dornschuppen verfügen über einen besonderen Aufbau, sie können eine knöcherne Unterlage besitzen und werden Osteodermen genannt. Sie entstehen aus der Dermis. Große, der Haut aufliegende Schuppen werden Schilder genannt. Form, Lage, Zahl und Anordnung der Schuppen und Schilder dienen u. a. als äußeres Bestimmungsmerkmal. So sind die Schuppen der meisten Geckos sehr klein und weich und überlappen sich im Gegensatz zur Beschuppung vieler Agamiden kaum. Nur bei der Gattung *Teratoscincus* sind große Schuppen am Schwanz vorhanden, die sich dachziegelartig überlappen. Diese großen Hornplatten können aneinander gerieben werden. Damit erzeugt *Teratoscincus* ein rasselndes Geräusch, das der Abwehr von Feinden dient.

Die Haut der meisten Geckos fühlt sich samtartig weich an. Grobes und ungeschicktes Hantieren bei Geckoarten mit weicher Haut bedeutet für sie den Verlust von Hautfetzen. Ein Verlust, der zwar nicht unbedingt tödlich ist, jedoch die Bewegungsfreiheit des beschädigten Tieres stark einschränkt. Plötzliches fetzenweises Häuten ist bei *Ailuronyx* und *Geckolepis* eine sogenannte **Schreckhäutung**, die als Fluchtstrategie oftmals das Überleben sichert.

Bei anderen Arten z. B. dem Plattschwanz-Gecko (*Uroplatus fimbriatus*) er-

Abb. 31. Pholidose des Kopfes (n. OBST 1984*).
Kopfseite:
 1 = Supratemporalia
 2 = Massetericum
 3 = Körnchenschilder
 4 = Lorealia
 5 = Postnasale
 6 = Supranasale
 7 = Rostrale
 8 = Supralabialia
 9 = Sublabialia
10 = Suboculare
11 = Temporalia

Kopfoberseite:
1 = Parietalia
2 = Frontoparietalia
3 = Supracilia
4 = Praefrontalia
5 = Frontonasale
6 = Frontale
7 = Supraocularia
8 = Interparietalia
9 = Occipetale

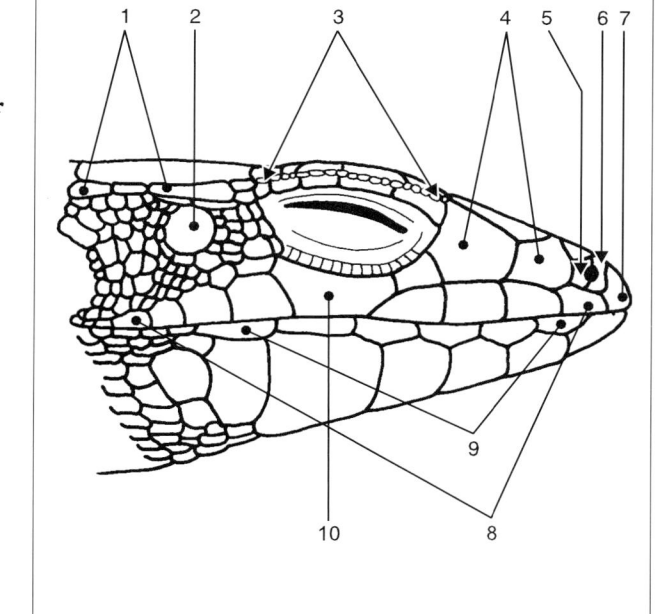

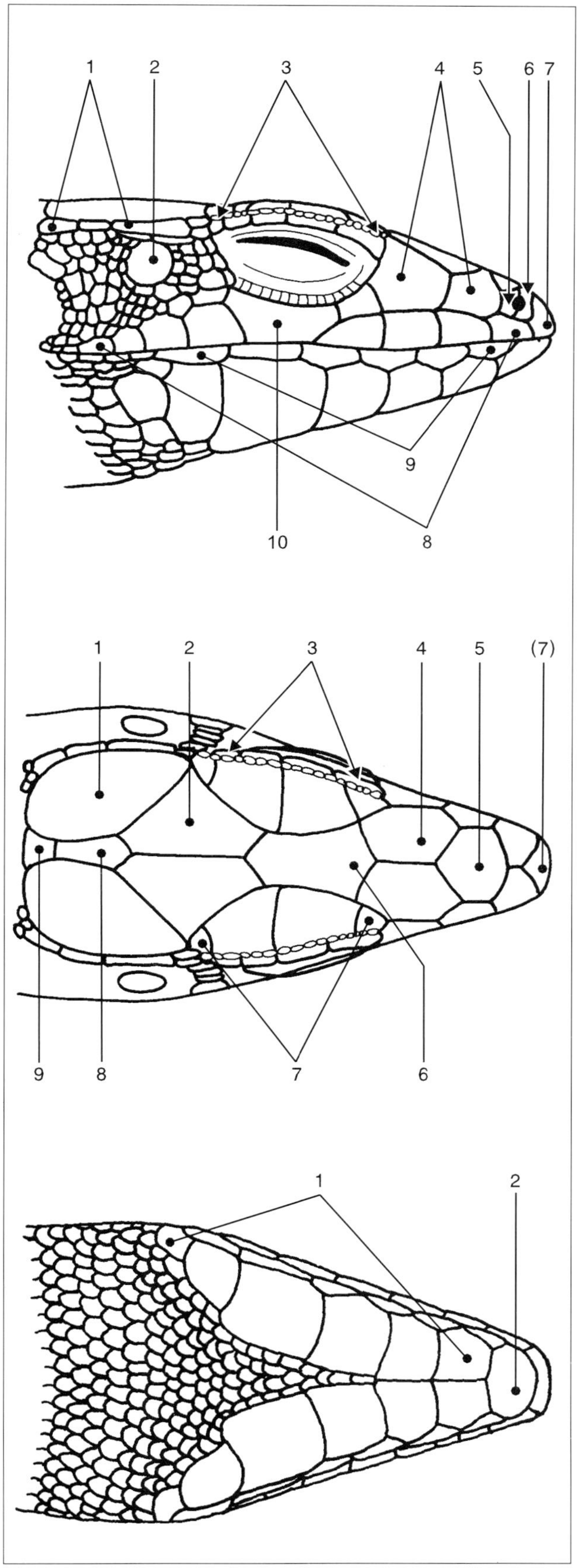

Kopfunterseite:
1 = Submaxillaria
2 = Mentale

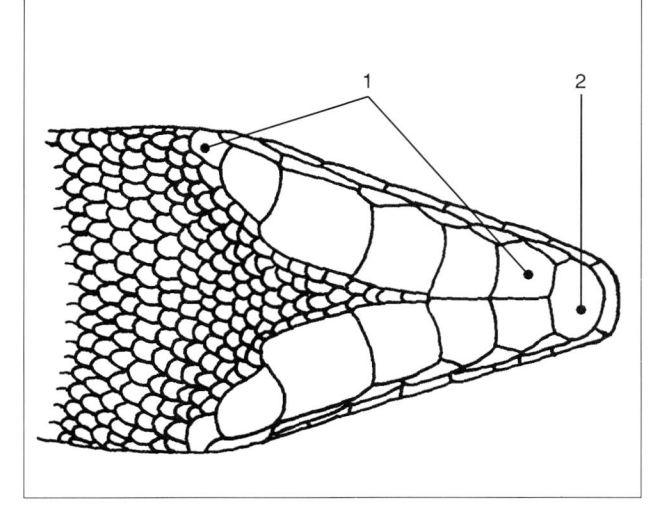

scheint die Haut infolge der Schuppenform fast borkenartig. Zusammen mit der entsprechenden Körperfarbe ist dieser Gecko auf der Baumrinde mit seinem baumrindenartigen Aussehen hervorragend getarnt. Der Neukaledonische Riesengecko (*Rhacodactylus leachianus*) besitzt an der Unterseite des Schwanzes zwei Längsreihen verbreiterter Schuppen, die eine spürbare Haftfähigkeit aufweisen, wie uns dies Prof. MERTENS vor Jahren an seinem Exemplar demonstrierte. Der Dickschwanz-Gecko (*Pachydactylus bibronii*) besitzt auf der Haut harte, kegelförmige Warzen. Da er sich in Felsspalten, Spalten und Ritzen der Rinde umgestürzter Bäume und sonstigen engen Verstecken aufhält, dienen die Warzen möglicherweise zum besseren Haften im Versteck.

Die Epidermis bei den Flossenfüßen (Pygopodidae) und den Schlangenschleichen (Dibamidae) ist mit kleinen Schuppen ausgestattet. Bei der Gattung *Pygopus* sind diese gekielt. Eine große Mannigfaltigkeit der Schuppen ist bei den Iguaniden festzustellen. Es sind fast alle eingangs genannten Schuppenarten vorhanden. So besitzen die Stachelleguane (*Sceleporus*) rauhe Schuppen, die zudem noch einen Kiel tragen und gespreizt werden können. Körnerschuppen auf der Haut sind für die Felsenagamen (*Petrosaurus*) typisch, während Beine und Schwanz stachelartige Schuppen tragen. Neben den verschiedenen Schuppenarten sind bei einzelnen Iguanidenfamilien-, -gattungen und -arten die sonderbarsten Hautanhänge an Kopf oder Hals, Nacken und Rücken vorhanden.

Die Männchen der *Anolis* können mit Hilfe ihres ausspreizbaren Zungenbeins die je nach Art buntgefärbte Hautfalte des Halses aufstellen, um damit Drohen, Imponieren und Werben zu unterstreichen. Bekannt sind bei den Basilisken (*Basiliscus*) und dem Helmleguan (*Corytophanes*) die Stirn- und Nackenfalten, die aufgestellt dem gleichen Zweck dienen. Manche *Anolis* können den angedeuteten Rückenkamm bei Erregung aufrichten, um dem Konkurrenten gegenüber „gewaltiger" zu erscheinen.

Von imponierender Größe ist bei beiden Geschlechtern des Grünen Leguans (*Iguana iguana*) eine ausdauernde Hautfalte am Hals. Vom Nacken bis zur Rückenmitte sind beim Männchen große weiche Stachelschuppen vorhanden. Die Krötenechsen (*Phrynosoma*) ähneln mit ihren Stachelschuppen dem Australischen Moloch oder Dornteufel (Agamidae, *Moloch horridus*), dessen Stacheln und Schuppen geradezu abenteuerlich wirken. Die Winkelkopf-Agamen (*Gonocephalus*) sind mit vergleichbaren Schuppen, Stacheln und Kehlfalten ausgestattet, wie der Grüne Leguan.

Einen gewaltigen Eindruck hinterlassen die zu den Agamiden gehörenden Kragenechsen (*Chlamydosaurus kingi*) mit ihrem in der Erregung aufgestellten Kragen, der durch knorpelige Fortsätze des Zungenbeins gestützt wird. Außerdem ist die Epidermis des Kragens mit großen gekielten Schuppen versehen.

Die Absonderlichkeiten der Chamaeleoniden liegen weniger in der Art ihrer Schuppen wie beispielsweise Körnerschuppen, flache Plattenschilde, lange Kammschuppen an Kehle, Bauch und Rücken, sondern in ihrer Anatomie und ihren Verhaltensweisen. Viele Chamaeleoniden besitzen wie die Iguaniden und Agamiden lappenartige Hautanhänge (*Chamaeleo jacksonii*, *C. johnstoni*, *C. oweni*, *C. fuelleborni und C. werneri*).

Während Hautanhänge und Schuppen bei den bisher beschriebenen Echsen – mit Ausnahme der Pygopodiden und Dibamiden – sehr vielgestaltig sind, trifft dies bei den Sinciden nicht zu. Im allgemeinen sind hier die Schuppen geschindelt, meist glänzend und vom Typ der Randschuppen. Sie besitzen jedoch ein wesentliches Merkmal: Die Randschuppen sind verknöchert, d. h. unter den Schuppen befinden sich kleine, rund-sechseckig geformte Knochenunterlagen, die Osteodermen. Den Iguaniden und Agamiden vergleichbare Stachelschuppen und Hautanhänge gibt es nicht. Die Gürtelechsen könnte man fast „Panzer"-Echsen nennen, denn die Haut des Rumpfes ist mit Längs- und Querreihen annähernd rechteckiger Schuppen besetzt, die ebenso wie bei den Sinciden mit einer Knochenunterlage versehen sind. Ihr biologischer Nutzen besteht darin, daß sich die felsbewohnenden Arten in engen Felsspalten fest verkeilen können, daß sie dadurch gesichert und kaum angreifbar sind.

Auffällig sind die dicken und rauhen Schuppen der Tannenzapfenechse (*Tiliqua rugosa*), während die Haut des „Logarto", des Kapverden-Skinks (*Macroscincus cocteaui*), mit sehr kleinen, glatten Schuppen ausgestattet ist. Die einzige Schuppenbesonderheit findet sich bei der Gattung Helmkopfskinke (*Tribolonotus*): Am Hinterkopf sind sechs sehr knochige, hornbedeckte Stacheln vorhanden. Bei den Schildechsen (Gerrhosauridae) finden sich ausgesprochen eckige Bauchschuppen und die Rückenschuppen ähneln fast denen der Agamiden. Sie sind in regelmäßigen Längs- und Querreihen angeordnet. Es sind gehörnte, gekielte oder stachelige und mit Osteodermen unterlegte Schuppen. Eine weitere Eigenart besteht darin, daß die Kopfschilder mit den Schädelknochen verwachsen sind. Typisch für die Gerrhosauriden ist außerdem eine an den Flanken entlangführende Hautfalte, die mit Körnchenschuppen bedeckt ist und der Körperausdehnung dient.

Auch bei den Schienenechsen (Teiidae) trifft man eine unterschiedliche Beschuppung an. Sehr feine und leicht gekörnte Schuppen finden sich auf dem Rücken. Sie sind bei der Krokodilschwanzechse (*Crocodilurus lacertinus*) rundlich, ungekielt und besonders klein. Die Bauchseite ist bei den Teiiden mit sehr charakteristischen, großen und rechteckigen Schildern bedeckt. Auffällig ist die abrupte und übergangslose Änderung der kleinen Rückenschuppen zu den an der Schwanzwurzel beginnenden Schuppen. Bei den *Cnemidophorus*-Arten ist dieser Wechsel der Schuppenformen recht deutlich. Die Schwanzschuppen sind wesentlich größer als die Rückenschuppen und in regelmäßigen Ringen angeordnet. Bei manchen Arten (z. B. *Kentropyx*) sind Bauchschilder, Schuppen der Hinterbeine und des Schwanzes gekielt und spitz. Hautanhänge sind nicht vorhanden. Eigenartig gestaltet sind die Schuppen bei der Schachbrett-Ringelechse (*Trogonophis wiegmanni*). Vergeblich sucht man bei ihr deutliche Schuppen wie bei anderen Echsen. Sie sind trotzdem vorhanden, nur sehr stark vereinfacht und erscheinen fast in ringförmiger Anordnung.

Die Halsbandeidechsen (Lacertidae) haben je nach Gattung oftmals eine sehr unterschiedliche Beschuppung. Ihre Formen reichen von sehr kleinen Schuppen über große, stark gekielte (*Eremias*) bis schindelartig angeordnete Schuppen (*Psammodromus*, *Algyroides*). Außerdem können sie teilweise auch noch auf Kopf, Rumpf, Bauchseite, Flanken oder Schwanz unterschiedlich geformt sein. Der deutsche Name „Halsband"-Eidechsen bezeichnet eine Schuppenanordnung zwischen Kehl- und Brustschuppen, die für diese Gruppe charakteristisch ist. Unter dem freien Rand der erwähnten Schuppen sitzen sehr feine und zarte Schuppen. Besonders aus biologischer Sicht ist die Beschuppung des Schwanzes der Sägeschwanz-Eidechse (*Holaspis guentheri*) bemerkenswert. Die Seiten des ausgesprochen flachen und breiten Schwanzes sind mit einer Reihe sägezahnartiger Schuppen versehen.

Zur Unterstützung beim Klettern der baumliebenden Echse sind diese Schwanzschuppen gänzlich ungeeignet, da sie infolge der Eigenart ihres Sitzes am Schwanz die Rindenunterlage nicht berühren können. Man hat nachgewiesen, daß die Sägeschwanz-Eidechse ein ausgezeichneter Gleitflieger ist, der bis zu 13 m im freien Luftraum gleiten kann. Die Schwanzschuppen sind beweglich und können als „Steuerungsflächen" beim Gleiten eine Flugrichtungsänderung bewirken (schriftl. Mitteilung Dr. Böhme).

Eine andere afrikanische baumbewohnende Lacertide ist *Lacerta echinata*, deren große stachelige und wirtelig angeordnete Schwanzschuppen aufrecht gestellt sind und möglicherweise beim Herumklettern im Baumgeäst eine Kletterhilfe darstellen.

Die Schleichen (Anguinidae) weisen keine besonderen Schuppen auf. Bemerkenswert ist jedoch, daß auch bei dieser Familie Osteodermen vorhanden sind.

Auch bei den Höckerechsen (Xenosauridae) fehlt die Vielfalt der Schuppen, zumindest ist die vorhandene Beschuppung an den verschiedenen Körperteilen gemischt. Einmal sind auf der Oberseite sehr feine Hornschildchen vorhanden, die von größeren runden Körnchenschuppen unterbrochen werden. Die Bauchseite weist dagegen flache Schilder und Schuppen auf. Ferner sind in der Haut Osteodermen eingelagert.

Die Haut der einzigen giftigen Echsenfamilie, der Helodermatidae, ist mit kleinhöckrigen Schuppen, die mit Osteodermen versehen sind, ausgestattet.

Die Haut der Varanidae ist mit verhältnismäßig kleinen körneligen, nicht überlappenden Schuppen versehen. Nur am Schwanz und am After sind bei den meisten Arten der Untergattung *Odatria* die Schuppen stachelartig ausgebildet. Im Nacken sind sie höckerartig gestaltet. Eine ähnliche Beschuppung weisen die Taubwarane (Lanthanotidae) auf.

5.2.3 Anatomie

Skelett. Der Unterschied zwischen dem Skelettaufbau einer Schildkröte und dem einer Echse ist sehr deutlich. Ein weiterer deutlicher Unterschied sind die Verwachsungen eines Teiles der Wirbelsäule mit ihren Rippen zu Knochenplatten des Rückenpanzers bei den Schildkröten, die es bei den Echsen nicht gibt. Die Wirbelsäule ist mit ihren 24 Wirbeln und den Rippen frei beweglich. Es können mit Ausnahme der Schwanzwirbel alle Wirbel Rippen tragen. Bemerkenswert ist die im vorigen Abschnitt erwähnte Fähigkeit, daß die Schwanzwirbel an bestimmten vorgesehenen Stellen beim Angriff eines Beutejägers abbrechen und regeneriert werden können.

Innere Organe. Wie bei Schildkröten und Krokodilen sind auch bei den Echsen als wichtigste innere Organe Herz, Magen, Leber, Niere, Pankreas, Lunge, Luftröhre, Dünndarm und Dickdarm vorhanden. Der vordere Teil der Luftröhre ist zu einem Kehlkopf umgewandelt, wodurch eine variable Lauterzeugung möglich ist.

Die Lunge (s. Abb. 32) ist – wenn auch nicht so stark wie bei den Säugetieren – gekammert. Damit ist eine ausreichende atmungsaktive Oberfläche garantiert. Die beiden Herzkammern sind voneinander durch eine nicht vollständige Kammerscheidewand getrennt, so daß sich arterielles und venöses Blut vermischen können. In der Nähe des spindelförmigen Magens liegt die Bauchspeicheldrüse (Pankreas). Zur relativ großen Leber gehört die Gallenblase. Die Harnblase mündet in den Kloakenraum. Über die Geschlechtsorgane wird im Abschnitt Fortpflanzung Näheres mitgeteilt.

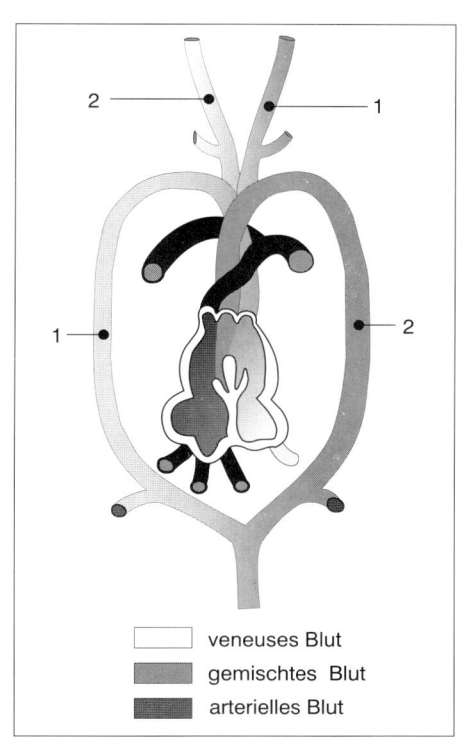

Abb. 32. Blutkreislauf schematisch (n. MARCUS, 1983*, verändert). 1 = Vene. 2 = Arterie.

Drüsen. Es sind folgende innersekretorische (endokrine) Drüsen vorhanden: Bauchspeicheldrüse (Pankreas), Schilddrüse (Thyroidea), Nebenschilddrüse, Nebennieren, Langerhanssche Inseln (im Gewebe der Bauchspeicheldrüse), die Hypophyse und die Gonaden (Hoden und Eierstöcke).

Die Bauchspeicheldrüse ist bei den Echsen unterschiedlich geformt, meist jedoch dreischenklig. Die Funktionen bestehen in der Mithilfe bei der enzymatischen Spaltung der Nahrungsmittel und Beeinflussung des Zuckerhaushalts. Das gleiche trifft für das Hormon Insulin des Pankreas zu. Der Rhythmus und Verlauf der Häutungen sowie die Entwicklung des Embryos werden von den Hormonen der Schilddrüse (Thyroxin) gesteuert. Die Funktion der Nebenschilddrüsen sind noch kaum erforscht, doch scheinen ihre Hormone den Calcium- und Phosphatstoffwechsel zu beeinflussen. Auch die Wirkung der Nebennierenhormone ist wenig bekannt. Wahrscheinlich werden auch sie den Wasserhaushalt und den Calcium- und Phosphatstoffwechsel sowie den Elektrolytgehalt der Körperflüssigkeiten steuern. Für die Regulation des Blutzuckerspiegels sind die Hormone der Langerhansschen Inseln verantwortlich. Die mit den Pränal-, Anal- und Femoralporen verbundenen Drüsen sind an der Erzeugung sexualstimulierender Sekrete beteiligt. Über den Steuerungsmechanismus der Epiphyse, Hypophyse und der Gonaden wird im Abschnitt „Sinnesorgane" und „Fortpflanzung" berichtet.

5.2.4 Sinnesorgane

Sehen. Eidechsen sind bei der Beutejagd auf die Bewegung der Beute angewiesen. Sie sind auf „Bewegungssehen" eingestellt. Das Auge ist eines ihrer wichtigsten Sinnesorgane. Es gibt allerdings auch Echsenfamilien, denen funktionstüchtige Augen fehlen. Es sind die Schlangenschleichen (Dibamidae und Anelytropsidae), die afrikanischen Schlangenechsen (Feyleniidae) und die Doppelschleichen (Amphisbaenidae). Von seinem Aufbau her (Hornhaut, Linse, Glaskörper, Netzhaut) entspricht das Echsenauge im großen und ganzen dem der Landwirbeltiere. Von der Funktion her sind auch die meisten Echsen zum Farbensehen befähigt. Andernfalls wären farbige Muster der Haut bei den Geschlechtern oder der Farbwechsel beim Chamäleon ohne rechten Sinn. Wahrscheinlich sind zum plastischen zweiäugigen Sehen bei einigen Echsenarten (einige Agamen und Anolis) oftmals Augen und Kopf entsprechend geformt und ausgebildet (Pupille/Linse, schmale Schnauze) und möglicherweise unabhängig voneinander leicht beweglich (einige Agamen und die meisten Anolis). Bei den meisten Familien ist die Pupille rund. Anders bei den Gekkoniden. Von den heute lebenden Gekkoniden sind 75% Nachttiere. Dieser ökologische Zwang kommt auch bei den recht großen Augen zum Ausdruck, wobei die Abweichung der Pupillenform von der Norm am deutlichsten in Erscheinung tritt. Ähnlich dem Katzenauge ist die Pupille vieler nächtlich lebender Arten tagsüber zu einem senkrechten Spalt zusammengezogen. Damit wird einmal ein gewisser Blendschutz erreicht, zum anderen wirkt dieser Spalt wie eine Schlitzblende, um damit eine bessere Tiefenschärfe zu erreichen.

Bei manchen Arten ist die Mitte des Pupillenrandes etwas erweitert oder beide Seiten des Pupillenrandes weisen bis zu vier lappenartige Erweiterungen auf (s. Abb. 34). Die Tagtiere unter den Gekkoniden haben normale runde Pupillen (*Phelsuma*).

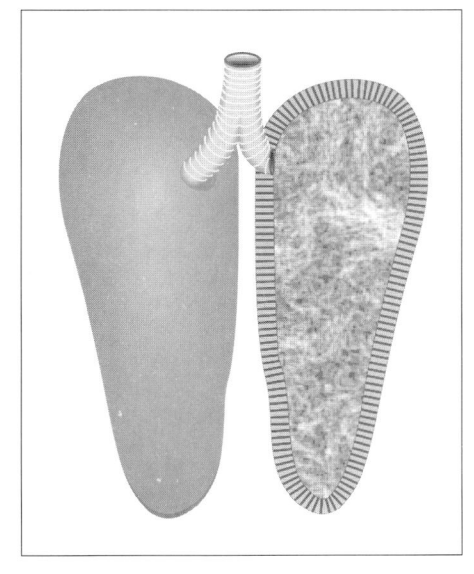

Abb. 33. Lungenflügel (n. IPPEN/LIEBMANN 1985*, verändert) A = Längsschnitt durch den Lungenflügel.

Bei den Chamaeleoniden sind die Augen, ihrer Lebens- und Verhaltensweisen entsprechend, ausgesprochen perfektioniert. Das obere und das untere Augenlid sind miteinander zu einer Halbkugel verwachsen, in deren Mitte ein Loch für die Pupille frei geblieben ist. Diese Augen können unabhängig voneinander bewegt werden, so daß das Chamäleon einen sehr großen Blickwinkel besitzt. Beide Augen können aber auch auf die Beute gerichtet werden, um ein räumliches Sehen und dabei ein genaues Schätzen der Entfernung zu ermöglichen. Das Entfernungsschätzen, das Zielen mit Hilfe der Akkomodationsfähigkeit des Auges und damit das genaue „Treffen" der Beute ist für den Nahrungserwerb dieser sehr langsamen Echsen verständlicherweise von größter Bedeutung.

Normalerweise sind die Echsen mit einem oberen und einem unteren Lid ausgestattet. Doch kann die Lidform die verschiedensten Ausgestaltungen erfahren.

Bei den Iguaniden und Agamiden dienen mehr oder minder dicke und meist mit feinen Haaren versehene Augenlider dem Schutz der Augen. Der Anfang eines „Lidfensters" ist bei einigen Arten der Scincidengattung *Mabuya* vorhanden. Hier befinden sich im Zentrum des unteren Augenlides halbdurchsichtige Schuppen, die bei geschlossenen Augenlidern noch ein „schattenhaftes Erkennen" ermöglichen. Bei vielen Gekkoniden sind beide Augenlider fest miteinander verbunden, glasklar und durchsichtig als wären es Brillengläser. Man nennt daher diese durchsichtigen Lider auch „Brille". Das gleiche gilt für die Flossenfüße (Pygopodidae), Nachtechsen (Xantusiidae) und Ringelechsen (Amphisbaenidae). Über eine Eigentümlichkeit verfügen die Krötenechsen (*Phrysonoma*). Sie sind in der Lage, aus ihren Augenlidern Blut zu spritzen. Dies erfolgt allerdings nur bei größter körperlicher Gefahr. Die Augenlider schwellen an und darauf wird ein feiner Blutstrahl aus den Blutlakunen der Nickhaut ausgestoßen. Als tätliche Abwehr wird die Wirkung nicht sehr groß sein. Vielleicht dient es als Überraschungsmanöver.

Hören. Bei allen Echsenfamilien ist ein Paar Ohren als schallaufnehmendes Organ vorhanden. Es ist ein deutlich ausgeprägtes Trommelfell anzutreffen, das durch über dieses hinausreichende, große Schuppen oftmals geschützt ist. Weiter ist das Gehörknöchelchen (Stapes) mit der Paukenhöhle – als Verbindung zum Labyrinth mit der Lagena, einer Vorstufe zur Schnecke – vorhanden. Schließlich gibt es noch die Eustachischen Röhren als Verbindung zum Schlund.

Daß das Gehörvermögen vorhanden ist, beweist nicht nur das Vorhandensein eines komplizierten Aufbaues des Ohres, sondern auch die Tatsache der in Grenzen vorhandenen variablen Lauterzeugung bei den Gekkoniden. Vom leisen Zirpen und Quaken kann die Lauterzeugung bei einzelnen Arten sich bis zu differenzierten Tönen steigern. So sind die Namen „Tokeh" für den südasiatischen *Gekko gecko* und „Tschitschack" für den weltweit verbreiteten *Hemidactylus frenatus* aus den von diesen erzeugten Tonfolgen abgeleitet.

Die Lauterzeugung dient der Unterstützung bei Warn- und Drohreaktionen und hat auch sexualbiologische Bedeu-

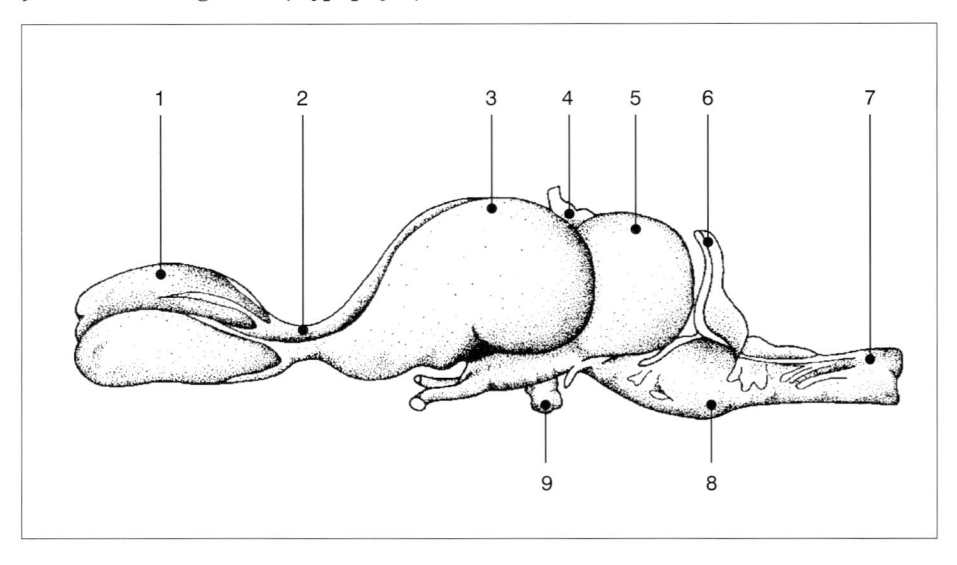

Abb. 34. Augen mit verschiedenen Pupillenformen.
1 = **Schlitzpupille**
2 = **Lappenartige Pupille**
3 = **Runde Pupille**

Abb. 35. Zentralnervensystem (n. OBST 1985*).
1 = **Riechkörper (Bulbus olfactorius)**
2 = **Tractus olfactorius (Riechkörperverbindung)**
3 = **Endhirnhemissphäre**
4 = **Dorsale Ausstülpung des Zwischenhirns (Parietalorgan)**
5 = **Sehzentrum (Lobus opticus)**
6 = **Kleinhirn (Cerebellum)**
7 = **Rückenmark**
8 = **Nachhirn (Myencephalum)**
9 = **Hirnanhangdrüse (Hypophyse)**

tung. Die artspezifischen und differenzierten Töne und Tonfolgen dienen zur Identifizierung des lautgebenden Artgenossen.

Folgende Familien sind stimmbegabt (Böhme, schriftl. Mitteilung 1985):

Familie	Artenzahl
Agamidae	1
Anguinidae	3
Chamaeleonidae	1
Cordylidae	1
Gekkonidae	39
Iguanidae	20
Lacertidae	11
Pygopodidae	3
Scincidae	1
Uromastycidae	1
Teiidae	3

Riechen. Der Geruchssinn ist ein weiterer für die verschiedenen Lebensbereiche wichtiger Sinn. Sein Sitz ist die Nase mit den Nasenlöchern, die sich als Nasengänge in den oberen Rachenraum öffnen. Hier befindet sich die Geruchskammer, in die ein bis drei Lamellen hineinragen und deren Oberfläche mit Riechepithel ausgekleidet ist. Das Riechepithel ist mit dem Riechnerv (Nervus olfactorius), der zum Zentralnervensystem führt, verbunden. Das paarige Jacobsonsche Organ besitzt zwei Taschen, die im vorderen Munddach liegen und mit sehr empfindlichem Sinnesepithel ausgestattet sind. Die Zipfel der Zunge werden nach dem Züngeln in die paarigen Öffnungen des Jacobsonschen Organs eingeführt, um den Geschmack/Geruch (Genießbarkeit) zu testen. Das Geruchsvermögen ist nicht bei allen Echsengattungen gleich gut entwickelt. So verfügen *Anolis* und Chamaeleons über einen recht schwachen Geruchssinn.

Wie weit bei den Echsen Wärmeempfindungen – wie bei den Schlangen – über das Jacobsonsche Organ wahrgenommen werden, ist nicht einwandfrei gesichert.

5.3 Geschlechtsfixierung

Neben der genetischen Geschlechtsdifferenzierung, bei der die Weibchen der Echsen das geschlechtsbestimmende Chromosom besitzen, gibt es auch noch eine temperaturabhängige Geschlechtsdifferenzierung. Im Abschnitt „Grundsätzliche Fragen und Probleme zur Biologie und Ökologie der Reptilien" wird das Problem der temperaturabängigen Geschlechtsdifferenzierung ausführlich erörtert.

Nimmt die Echse mit dem Auge die vermeintliche Beute auch wahr, so kann sie damit jedoch noch nicht feststellen, ob die Beute genießbar ist. Wenn vielleicht die einzelnen Arten möglicherweise über ein „angeborenes Beuteschema" verfügen, das ihnen die Beutejagd und die Genießbarkeit der Beute von vornherein garantiert, so vermittelt das „Züngeln" als „Chemotest" zusätzlich die Brauchbarkeit der Beute.

5.2.5 Das Zentralnervensystem (Gehirn)

Das Gehirn ist in der Hirnkapsel sicher und geschützt gebettet. Es ist in fünf Abschnitte geteilt (s. Abb. 35). Die Abschnitte sind das Vorderhirn, das im wesentlichen den Geruchssinn steuert, das Zwischenhirn und das Mittelhirn als Sehzentrum. Das Dach des Hinterhirns wird vom Nachhirn und Kleinhirn (Cerebellum) gebildet. Hier liegen die motorischen Zentren (Bewegungsabläufe) und regulatorischen Zentren (Atemzentrum, Gehör- und Gleichgewichtssinn). Am Zwischenhirn sind zwei wichtige Teile erwähnenswert: die Hypophyse und Epiphyse. Letztere ist funktioneller Bestandteil des in einer Öffnung (Foramen parietalis) der Scheitelgegend des Schädeldaches bei manchen Arten vorhandenen Scheitelauges (Parietalorgan). An dieser Stelle ist die Schilderschuppe (Interparietal-Schild) pigmentlos, also durchsichtig. Da das Scheitelauge eine Netzhaut und ein linsenförmiges, fast durchsichtiges Gebilde sowie einen feinen Nervenstrang zur Hypophyse besitzt, wird eine schwache Lichtempfindung ermöglicht. Sie dient vielleicht als zusätzliche optische Sicherung für Gefahren von oben. Hypophyse und Epiphyse steuern darüber hinaus noch die Funktionen der Schilddrüse, der Thymusdrüse (Hormon Somatropin) und des Pankreas.

5.4 Geschlechtsdimorphismus

Bei den verschiedensten Echsenarten ist es möglich, mittels besonderer geschlechtsspezifischer äußerer Attribute Männchen und Weibchen zu unterscheiden. Es gibt sechs mehr oder weniger deutliche sekundäre Geschlechtsmerkmale.

Poren (s. Abb. 36)
Sie können als Afterporen pränal (vor der Afteröffnung) oder anal (am After) sitzen. Entweder sie sind generell nur beim Männchen vorhanden und fehlen grundsätzlich beim Weibchen. Oder auch das Weibchen besitzt sie, jedoch kleiner und funktionsunfähig, während sie beim Männchen wesentlich größer und funktionsfähig sind, derart, daß sie in der Paarungszeit ein wachsähnliches Sekret absondern. Es ist zu vermuten, daß diese wachsstäbchenähnlichen Gebilde Duftsekrete mit sexualbiologischer Wirkung sind.

Das gleiche gilt für die Femoralporen, die an der Unterseite der Schenkel sitzen.

Beispiele: Pränalporen beim Leopard-Gecko (*Eublepharus macularius*), 10 bis 15 funktionsfähige Femoralporen beim Afrikanischen Hausgecko (*Hemidactylus brooki*).

Körperanhänge
Die Männchen vieler Agamen, Iguaniden, Teiiden und Chamaeleoniden sind mit Anhängen ausgezeichnet. Beispiele: Hornfortsatz auf der Nasenspitze bei der Nashornagame (*Ceratophora tennentii*). Ein ausgeprägter Helm und Rückenkamm finden sich beim Helmbasilisk (*Basiliscus basiliscus*). Drei lange schräg stehende Hörner zieren die Stirn des Dreihornchamaeleons (*Chamaeleo jacksonii*). Das Weibchen weist nur drei kleine, ein mittleres oder gar keine Hörner auf.

Besondere Schuppen.
Bei der Aftersporn-Eidechse (*Kentropyx calcaratus*) besitzt nur das Männchen abstehende Schuppensporne um die Analöffnung. Die Männchen der Krötenechsen (*Phrynosoma spec.*) tragen vergrößerte Postanalschuppen.

Unterschiedliche Färbung der Haut.
Bunte Körperfärbung tritt bei den Männchen oftmals nur während der

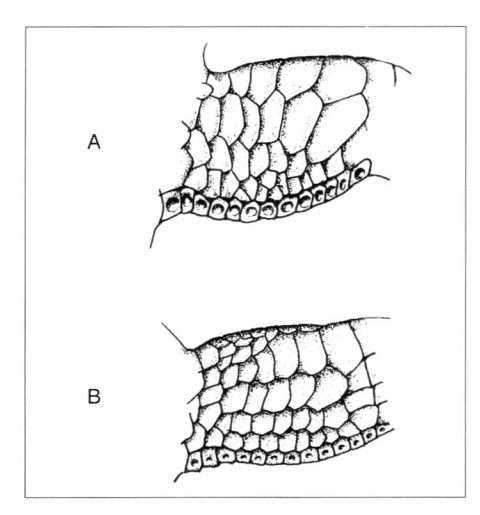

Abb. 36. Femoralporen.
A = Männchen.
B = Weibchen.

Paarungszeit als Werbeeffekt auf oder die Färbung wird beim Revierkampf gezeigt. Beispiele: Prächtige Färbung findet sich bei *Agama agama*, *Algyroides nigropunctatus*, *Cnemidophorus deppei*. Eine ausführliche Liste findet sich bei NIETZKE (1984*).

Größendifferenz zwischen Männchen und Weibchen.
Es finden sich in vielen Familien der Echsen Arten mit geschlechtsbedingten Größendifferenzen. Deutlich sind diese bei manchen *Anolis*-Arten zu erkennen. Doch ist eine einigermaßen sichere Differenzierung nur möglich, wenn von der zu beurteilenden Art eine größere Individuenzahl vorliegt, die eine statistische Untersuchung ermöglicht.

Anatomische Untersuchung.
Als letzter Weg einer Bestimmung des Geschlechtes blieb bislang noch die Möglichkeit der Sondierung mittels einer Knopfsonde. Diese Methode wird im Abschnitt „Grundsätzliche Fragen und Probleme zur Biologie und Ökologie der Reptilien" ausführlich vorgestellt. Sie wird jedoch jetzt infrage gestellt.

5.5 Geschlechtsreife (Maturität)

Eine Echse ist geschlechtsreif, wenn in den Ovarien und den Hoden/Nebenhoden die ersten befruchtungsfähigen Keimzellen im Laufe der Meiose (Reifeteilung/Reduktionsteilung) vorhanden sind. Die im Terrarium beobachtete Paarung bei Jungtieren – im Freiland ohnehin Zufallsbeobachtung – sagt über den Eintritt der Geschlechtsreife kaum etwas aus, da es auch Scheinpaarungen sein können. Eine Sicherheit, daß es sich um die erste Paarung (Maturitätsbeginn) handelt, bei der befruchtungsfähige Samen- und Eizellen abgegeben wurden, ist nur durch Sektion und mikroskopischen Befund gegeben, eine Methode, die für den Züchter und aus Gründen des Tier- und Naturschutzes nicht praktikabel ist.

Terraristische Beobachtungen über die Eiablage junger Weibchen nach Begattung durch junge männliche Terrarieninsassen mit positivem Schlupfergebnis haben immerhin Annäherungswerte gebracht. Auch reine terraristische Zufallsbeobachtungen, die sich für den betreffenden Fall gewissermaßen als „Treffer" für Beurteilung der Geschlechtsreife erwiesen haben, sind nicht ganz von der Hand zu weisen. Trotzdem kann eine brauchbare Sicherheit der Ergebnisse nur erwartet werden, wenn derartige Untersuchungen von mehreren Beobachtern bei der gleichen Tierart mit den gleichen Versuchsbedingungen zum gleichen Zeitpunkt vorgenommen werden.

Nach PETZOLD (1984*) besteht die Möglichkeit aus der Wechselbeziehung zwischen Körpergröße zu Lebensalter die Geschlechtsreife zu ermitteln. So bedingt z. B. schnelles Wachstum auch eine relativ kurze Zeit bis zur Geschlechtsreife und langsames Wachstum eine entsprechend lange Zeitspanne. Diese Möglichkeit einer annähernd gesicherten Bestimmung der Geschlechtsreife trifft allerdings nur zu, wenn die Zucht der betreffenden Art über mehrere Generationen hinweg durchgeführt werden kann. Mitgeteilte Maturitätszeiten, die ohne exakte wissenschaftliche Untersuchungsmethoden ermittelt wurden, sind mit Unsicherheiten belastet. Trotzdem ist es für geplante Zuchtvorhaben richtig, sich erst einmal an die von Züchtern in Zuchtberichten mitgeteilten Zeitwerte der Maturität zu halten.

5.6 Alter

Echsen im Freiland haben infolge der natürlichen den Bestand einer Population regulierenden Mechanismen keine Chance einer hohen Lebenserwartung. Schon die Sterblichkeitsrate im ersten Lebensjahr ist sehr hoch. Sie beträgt bei *Lacerta vivipara* 90% (AVERY 1975). Ist das 1. Lebensjahr schadlos überstanden, besteht die Aussicht, infolge einer statistisch gesicherten geringeren Sterblichkeitsrate, die nächsten Jahre zu überstehen. Es ist ebenfalls sicher, daß viele Echsenarten einen ihrer Art entsprechenden Mittelwert der Lebenserwartung besitzen. Dabei haben euryöke Arten größere Chancen als stenöke Arten. Leider ist es nicht möglich, diesen Mittelwert exakt anzugeben. Zumindest reicht im allgemeinen der Zeitraum der Lebenserwartung aus, um in mehreren Fortpflanzungsperioden so viel Nachkommen zu erzeugen, daß die Art erhalten bleibt. Es sei denn, daß unvorhergesehene Katastrophen ganze Populationen ausrotten. Dazu zählen z. B. die durch den Menschen verursachten Umweltzerstörungen im Kleinen und Großen.

Wie sieht es im Terrarium aus? Wenn in einem ökologisch gut eingerichteten Terrarium die den Verhältnissen im Freiland annähernd entsprechenden Bedingungen vorhanden sind, fallen die natürlichen, das Überleben im Freiland begrenzenden Mechanismen aus. Doch können unvorhergesehene bzw. nicht bedachte Risikofaktoren das Leben des Pfleglings eher beenden als im Freiland. Trotzdem zeigen die zahlreichen in der terraristischen Literatur veröffentlichten Untersuchungen, daß Echsen in Menschenobhut ein erhebliches Alter erreichen können. In der Aufstellung unten sind einige Beispiele aufgeführt.

Lanthanotus borneensis	6 Jahre
	MERTENS (1970)
Hemidactylus echinus	9 Jahre
	NIETZKE (unveröffentlicht)
Uromastyx acanthinurus	13 Jahre
	RICHTER (1969)
Cordylus cordylus	14 Jahre
	NIETZKE (unveröffentlicht)
Ctenosaura pectinata	16 Jahre
	CLARK (1980)
Egernia cunninghami	16 Jahre
	BIEGLER (1966)
Tupinambis teguixin	16 Jahre
	BIEGLER (1966)

Lacerta bedriagae	17 Jahre		PERKINS (1947)	
	MERTENS (1970)	*Heloderma suspectum*	25 Jahre	
Varanus griseus	17 Jahre		GROENEWALD (1975)	
	BIEGLER (1966)	*Lacerta lepida*	25 Jahre	
Phyllodactylus europaeus	21 Jahre		H. SCHMIDT (unveröffentlicht)	
	MERTENS (1970)	*Cordylus cataphractus*	30 Jahre	
Ophisaurus apodus	24 Jahre		MERTENS (1970)	

5.7 Fortpflanzungskomplex

5.7.1 Fortpflanzungsperiodik

Die Fortpflanzung (Reproduktion) ist grundsätzlich abhängig vom Zeitraum der Reifung der Keimzellen und dem Zeitpunkt, an dem die reifen, befruchtungsfähigen Samenzellen und Eizellen zur Verfügung stehen. Dieser Zeitpunkt liegt normalerweise so, daß nach Paarung, Eiablage und Inkubation der Schlupf der Jungtiere in einen Zeitraum fällt, in dem für die Schlüpflinge genügend Nahrung zur Verfügung steht. Dieser Grundsatz gilt für alle Echsen, die in Klimabereichen leben, die durch eine Jahreszeiten-Periodik (nach TROLL 1965 in: LANDSBERG et al. 1965*) ausgezeichnet sind, seien es kühlgemäßigte Zonen, warme Tropenzonen oder Tropenzonen mit Regen- und Trockenzeiten. Abweichend davon sind die Verhältnisse im Äquatorialen Regenwald. Die Fortpflanzung erfolgt hier in Schüben vorhandener Keimzellen in Abhängigkeit evolutionär entwickelter Reproduktionsfolgen. Die Reifung der Keimzellen und die dabei entstehenden zeitlichen Intervalle zwischen den Schüben sind in diesen Dauerregengebieten bei den einzelnen Familien/Gattungen/Arten sehr unterschiedlich und kaum bekannt. Auch andere nicht vom Großklima direkt abhängige äußere Einflüsse wie Biotopveränderungen, ungenügende Nahrungsverhältnisse oder Veränderungen minimaler Milieufaktoren (Veränderungen des Mikroklimas im Rahmen des Klimas bodennaher Luftschichten (GEIGER 1942*) können die Rhythmik der Reproduktion beeinflussen.

Neben diesen äußeren Einflüssen sollte nicht übersehen werden, daß Ausnahmen vorkommen können. So können innere Faktoren wie die oft zitierte „Innere Uhr", wahrscheinlich gesteuert durch einen innersekretorischen Mechanismus zwischen Hypothalamus und Hypophyse, eine Rolle spielen.

5.7.2 Urogenitalsystem

Weibchen (s. Abb. 37). Die Eier sind in einem langen, paarigen und dünnwandigen Schlauchsystem – dem Eileiter (Ovidukt) – untergebracht. Zwei hellgelbe, traubenförmige Gebilde, die mit zahlreichen unreifen, kleinen Eiern angefüllt und zwischen den dünnen Darmschlingen liegen, sind die Eierstöcke (Ovarien). Eileiter und Eierstock sind jedoch nicht miteinander verbunden. Die im Eierstock gereiften Eier sprengen die Hülle des Eierstockes (Eisprung) und gelangen frei in die Leibeshöhle. Hier werden sie von den zwei langen trichterförmigen Eileiteröffnungen aufgefangen und weiter in die Eileiter befördert. Die Drüsen des Eileiters liefern das für das Ei notwendige „Eiweiß" und die mehr oder minder feste Kalkschale. Am Eileiter befindet sich ein bläschenförmiges Organ, die Samentasche (Receptaculum seminis). Hier kann der männliche Samen einige Zeit lebend aufbewahrt und bei späteren Besamungen verwendet werden (Amphigonia retardata). Die Eileiter münden, getrennt vom Harnleiter, in die Kloake. Das Ende des Eileiters kann bei vivioviparen und bei viviparen Arten eine uterusartige Erweiterung besitzen, in der die Eier bis zur Ablage oder Geburt verbleiben.

Männchen (s. Abb. 38). Das männliche Urogenitalsystem besteht aus den Hoden, den Nebenhoden, den Samenleitern und den paarigen Hemipenes. Die Hoden des Männchens sind zwei kleine eiförmige Gebilde in der Umgebung des Dünndarms. Hier erfolgt die Entwicklung der Samenzellen. Neben den Hoden befinden sich die etwas langgestreckten Nebenhoden, deren vorderer Teil außerordentlich stark gewunden ist und der Ansammlung der reifen Samenzellen dient. Als Samenleiter enden sie, getrennt vom Harnleiter, in die Kloake. Sie können jedoch bei manchen Arten mit ihrem Endabschnitt mit dem Endabschnitt des Harnleiters auch zu einem gemeinsamen Endabschnitt, der Urogenitalpapille, verbunden sein.

Da bei den Echsen im Gegensatz zu den Amphibien stets eine innere Befruchtung erfolgt, besitzen die Männchen ein paariges Begattungsorgan, die paarigen Hemipenis (s. Abb. 38). Diese paarigen Hemipenes sitzen eingestülpt in je einer Hauttasche an der Schwanzwurzel, wie ein in den Handschuh eingestülpter Handschuhfinger. Auf der Innenseite des jeweiligen Hemipenis befindet sich eine Samenrinne. Durch Muskeln in Verbindung mit einer Blutstauung wird jeweils einer der Hemipenes wie der besagte Handschuhfinger umgewendet und versteift. Dabei kommt die vorher an der Innenseite gelegene Samenrinne nach außen zu liegen, um den Samen des in die Kloake des Weibchens eingeführten Hemipenis in den Eileiter des Weibchens gleiten zu lassen.

Die Hemipenes sind auf der nach außen gestülpten Innenseite mit Stacheln und Haken ausgestattet, um ein festes Haften während der Paarung zu garantieren. Das Stachelepithel ist zumindest

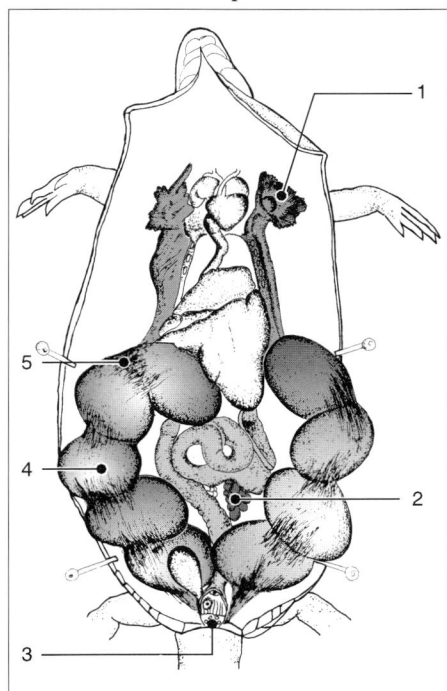

Abb. 37. Urogenitalsystem, Weibchen:
1 = Ostium (Öffnung des Eileiters zur Körperhöhle)
2 = Eierstock (Ovarium)
3 = Kloake (mit Mündung des Eileiters)
4 = Legereifes Ei
5 = Eileiter (Ovidukt)

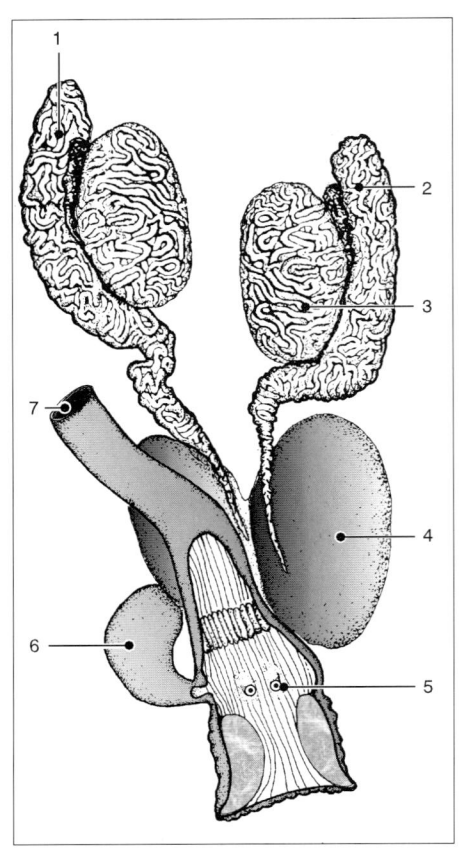

Abb. 38. Urogenitalsystem.
Männchen:
1 = Nebenhoden
2 = Nebenniere
3 = Hoden
4 = Niere
5 = Mündung der gemeinsamen Harn/Samenleiter in die Kloake
6 = Harnblase
7 = Enddarm

bei der Familie der Lacertiden arttypisch. Es tritt nur während der Paarungszeit auf und verschwindet danach wieder (BÖHME 1991).

5.8 Fortpflanzung

5.8.1 Balz, Paarung

Bei allen Echsen geht der Paarung eine „Balz" genannte Verhaltensweise der Annäherung (sex recognition) voraus. Da die Balz ein an die Art gebundenes Verhaltensmuster darstellt, und dies – soweit bekannt – bei den Artenbeschreibungen angegeben ist, sei hier auf eine detaillierte Darstellung verzichtet.

Der Paarung geht bei den Echsen, wie bei fast allen Reptilien, das Aufreiten voraus, das gewöhnlich mit einem Nakkenbiß oder Flankenbiß verbunden ist. Die sich paarenden Geschlechtspartner wenden sich so, daß die Kloaken von Männchen und Weibchen einander zugekehrt sind. Dann führt das Männchen einen seiner eregierten Hemipenes in die Kloake des Weibchens ein. Dabei wird der Samen in der auf der Oberfläche des Hemipenis verlaufenden Samenrille in den Eileiter des Weibchens geleitet. Infolge der Chemosensibilität des Samens gelangt dieser an die zu befruchtenden Eier.

5.8.2 Brutfürsorge

Der Begriff Brutfürsorge beinhaltet die Vorsorge des Weibchens bei der Eiablage (Oviparie) oder bei der Geburt der Jungen (Vivioviparie, Viviparie). Zu dieser Fürsorge gehört die freie Ablage der Eier an einem versteckten Ort, wie dies bei vielen Echsen die Regel ist. Eine Steigerung der Fürsorge ist schon die Eiablage in einer vorbereiteten Eigrube, die nach der Eiablage zugescharrt wird. BOURGAT (1968) stellt diese Fürsorge bei *Chamaeleon pardalis* fest. Sie ist nicht selten. Bei *Gekko gecko* werden die Eier bewacht und verteidigt (PETZOLD, 1984*). Beobachtungen über die Brutpflege und ihre Variationen stellten auch WUNDER 1934 und SHAW 1954 an. Brutfürsorge und Brutpflege sind wahrscheinlich im Laufe der Evolution entstanden und genetisch fixiert.

5.8.3 Reproduktionsmodus

Bei den Echsen sind die verschiedenen Variationen des Reproduktionsmodus wie Oviparie, Vivioviparie und Viviparie anzutreffen. Eingehende Informationen über den Reproduktionsmodus sind im Abschnitt „Grundsätzliche Fragen und Probleme zur Biologie und Ökologie der Reptilien" zu finden. Bei den Artenbeschreibungen wird so weit möglich die jeweilige Reproduktionsvariation mitgeteilt.

5.8.4 Eiablage

Das Stadium der Eiablage ist bei den Weibchen der Echsen oft daran zu erkennen, daß diese mehr oder minder das Fressen einstellen und von einer gewissen Unruhe befallen werden. Bei manchen Arten erfolgt die Eiablage nachts. Der Ort der Eiablage ist bei den Gattungen und Arten sehr unterschiedlich. Die Eier werden von den Weibchen einiger Chamaeleoniden in einer in den Boden gescharrte Vertiefung abgelegt oder sie werden im Holzmulm untergebracht. In beiden Fällen scharren die Weibchen die Eiablagestelle wieder zu. Wie weit man hier schon von einer Vorstufe zur Brutpflege sprechen könnte, läßt sich nicht sicher entscheiden. Andere Arten legen die Eier in Boden- oder Felsspalten. Bei den Gekkoniden, deren pergamentschalige Eier erst später erhärten, werden sie häufig unter Rinde, in Risse im Holz, im Sand, in Spalten, im Fels und sonstigen Verstecken abgelegt. Auf festen Unterlagen kleben die Eier mancher Gekkoniden auf diesen Unterlagen vermöge ihrer anfänglichen Klebefähigkeit fest. Oft werden zahlreiche Gelege an einer Eiablagestelle gemeinsam deponiert.

Bei den so unterschiedlichen und z.T. sehr versteckten Eiablagen muß der Terrarianer nach einer beobachteten Paarung sehr auf eine zu erwartende Eiablage achten, um das Eigelege für die künstliche Bebrütung im Inkubator zu sichern.

Eizahl. Sie ist bei den Familien, Gattungen bzw. Arten sehr unterschiedlich. Sie reicht von einem Ei bis zu 20 Eiern und mehr. Bei vielen Gekkoniden wird meist nur ein Paar Eier produziert. Die Eizahl bei den Varaniden schwankt je nach Art zwischen 7 und 60 Eiern. Eine gewisse Schwankungsbreite gibt es auch innerhalb der Eizahl je Gelege zur Zahl der Gelege je Reproduktionszeitraum.

Eiform. Sie ist nicht sehr variabel und reicht nur von runden, tennisballförmigen Eiern über ovale Formen bis zu walzenähnlichen Gebilden.

Eigröße. Sie entspricht grundsätzlich den körperlichen Größenverhältnissen. Ein Sechsstreifen-Schnelläufer (*Takydromus sexlineatus*) legte bei uns, im Boden verscharrt, 10 längliche Eier von etwa 8 mm × 4 mm Durchschnittsmaß. Bei

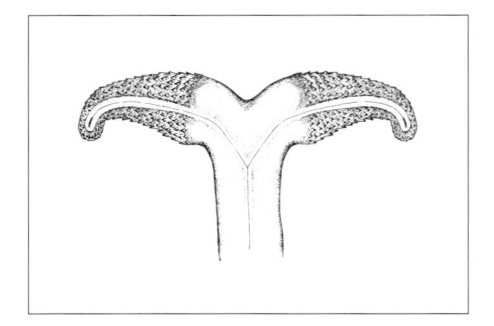

Abb. 39. Männchen, Penis.

der Smaragd-Eidechse beträgt das Durchschnittsmaß schon 15 mm × 9 mm. Die Kanaren-Echse (*Gallotia simonyi stehlini*) produziert Eier von der Größe 26 mm × 14,6 mm. Die Eigröße von *Varanus varius* beträgt im Durchschnitt 71 mm × 36 mm.

5.8.5 Inkubation und Schlupf

Die Inkubationszeit liegt zwischen der Eiablage und dem Schlupf des Jungtieres, der Zeitraum also, in dem das Ei bebrütet (incubare = brüten) wird. Die Inkubationszeit schwankt in weiten Grenzen. Sie ist neben der genetisch festgelegten Zeit innerhalb bestimmter gattungs- und/oder artspezifischer Bruttemperaturen noch von vielen anderen äußeren Faktoren abhängig. Während der Inkubationszeit entwickelt sich der Embryo, dessen Entwicklung schon intrauterin (innerhalb des Uterus) begann, zum schlupfreifen Jungtier. Der Einfluß von Bruttemperaturen unterschiedlicher Temperaturgrade auf die Geschlechtsfixierung wird im Abschnitt „Geschlechtsfixierung" ausreichend erörtert. Das schlüpfreife Jungtier befreit sich mit dem auf dem Zwischenkiefer-Knochen sitzenden Einzelzahn, dem „Eizahn", sobald die Eischale porös genug ist. Der Eizahn bricht nach dem Schlupf ab. Der Schlüpfling ist nach dem Verbrauch seines Dotterrestes auf sich selbst angewiesen. Eine Fütterung des Nachwuchses durch die Eltern, wie bei den Vögeln, gibt es bei den Echsen nicht.

Liste von Inkubationszeiten.

Familie	Art	Inkubationszeit/Tage
Gekkonidae	*Gekko gecko*	100–204
	Hemidactylus frenatus	40–50
	Phelsuma guentheri	40–55
Iguanidae	*Anolis equestris*	60–100
	Anolis sabanus	40–50
	Basiliscus basiliscus	142
	Brachylophus fasciatus	142
	Cyclura cornuta	111–121
	Cyclura ricordi	95–101
	Iguana iguana	65–115
Agamidae	*Agama agama*	58–66
	Amphibolurus barbatus	78–109
	Physignatus concincinus	67–101
Lacertidae	*Lacerta agilis*	30–70
	Lacerta lepida	90–120
	Podarcis melisellensis	38–40
	Podarcis muralis	60–90
Teiidae	*Cnemidophorus* spec.	30–100
	Tupinambis teguixin	53–157
Scincidae (Ovipar)	*Eumeces fasciatus*	28–49
	Eumeces schneideri	60
Chamaeleonidae (Ovipar)	*Chamaeleon dilepis*	120
	Chamaeleo johnstoni	100
	Furcifer pardalis	159–323
Varanidae	*Varanus gilleni*	92(?)
	Varanus varius	226–243

5.9 Ernährung

Zunächst muß erst einmal festgehalten werden, daß es drei große Gruppen unterschiedlichen Nahrungsbedarfes gibt: „Karnivoren" = Fleischfresser (Kleinsäuger, Kleinvögel, Fische), „Insektivoren" = Insektenfresser (Futter: die verschiedensten Insektenarten und ihre Entwicklungsformen) und „Phytophagen" = Pflanzenfresser. Es gibt aber auch Arten, die sowohl Fleisch- als auch Pflanzenfresser sind. Ganz aus dem Rahmen fallen die Arten heraus, die sich – aus welchen Ursachen auch immer – zu Nahrungsspezialisten (Ameisenfresser, Schneckenfresser) entwickelt haben und zu den nicht leicht zu pflegenden Terrarientieren gehören.

Zu einer naturgemäßen Ernährung gehört auch die Beachtung der Tatsache, daß der Nahrungsanspruch innerhalb der Altersklassen und der Mengenbedarf an Futter innerhalb eines Jahres schwankt. Dies trifft besonders bei den Arten zu, die eine Winterruhe oder eine Sommerpause durchmachen.

Bei der Vielzahl der Ansprüche unserer Pfleglinge an die Nahrung kommt uns eine biologische Eigenschaft vieler Tiere zugute: die **Anpassungsfähigkeit**. Es kommt dabei vor allem nicht auf die **Gleichartigkeit** des Futters an (Futterarten aus ihrem Heimat-Biotop), sondern auf die **Gleichwertigkeit** (Futterarten, die ihnen hier geboten werden). Die Nahrung, ob pflanzliche oder tierische, enthält als Grundbestandteile Kohlenhydrate (Stärke, Zucker), Fette und Eiweiße. Dazu gehören noch Vitamine und Spurenelemente (z. B. Mangan, Bor, Eisen). Die Verteilung und die Menge dieser Bestandteile ist in den einzelnen Nahrungsarten sehr unterschiedlich. Daher ist die Verabfolgung verschiedener Futterarten notwendig, um zu einem guten Durchschnittsnährwert der Gesamtfuttermasse zu kommen. Auch die Bevorzugung bestimmter Futterarten kann auf diese Weise festgestellt werden.

5.9.1 Natürliches Futter

Es gibt viele hier in der freien Natur vorkommenden Tiere, die von dem jeweiligen Pflegling auch bewältigt werden können. Als einzelne Gruppen seien folgende genannt:
Vermes (Würmer z. B. Regenwurm)
Mollusca (Weichtiere z. B. Schnecken)
Arthropoda (Gliederfüßler, mit den beiden großen Gruppen Insekten und Spinnen).

Ein ausgezeichnetes und durch seinen Reichtum an Nährstoffen und Spurenelementen sehr wertvolles Naturfutter sind Drohnenmaden. Es ist etwas mühsam, die Drohnenmaden aus den Waben herauszubekommen. Sie werden am besten auf der Futternadel angeboten. Imker sind gern bereit, Waben mit Drohnenmaden abzugeben.
Vertebrata (Wirbeltiere, mit den fünf Gruppen Fische, Amphibien, Reptilien, Vögel und Säugetiere). Man findet sie auf Naturwiesen, an den Straßenrändern

wenig (?) befahrener kleiner Straßen, im Wald, an und in Gräben, Bächen, Flüssen, Tümpeln, Teichen und Seen. Wer dort mit Kescher oder Netz Beute machen wollte, kommt entweder mit dem Naturschutzgesetz in Konflikt oder findet wenig Material. Durch die Umweltverschmutzung gibt es viele Bewohner der genannten Fanggebiete nicht mehr oder sie sind so selten geworden, daß man aus eigenem Verantwortungsgefühl auf den Fang von Naturfutter verzichtet.

Die Beschaffung von Futterpflanzen aus der freien Natur für die pflanzenfressenden Terrarientiere ist nicht so stark eingeschränkt. Zwar haben auch hier die Pflanzenschutzgesetze Grenzen gezogen. Doch es gibt noch eine große Zahl von „Unkräutern", die als Futter gut zu verwerten sind. Als Beispiele seien genannt: Ackerwinde (*Convolvulus arvensis*), Brennessel (*Urtica dioica*), Gänseblümchen (*Bellis perennis*), Giersch (*Aegopodium podagraria*), Löwenzahn (*Taraxacum officinale*), Melde (*Chenopodium album*), Taubnessel (*Lamium album*), Vogelmiere (*Stellaria media*), Wegerich (*Plantago lanceolata*), Weißklee (*Trifolium repens*).

5.9.2 Futter aus Futterzuchten

Von oben erwähntem Grundsatz **Gleichwertigkeit** für **Gleichartigkeit** aus gesehen, ist es unsinnig, annehmen zu müssen, daß beispielsweise einer brasilianische Heuschrecken fressenden Echse nur brasilianische Heuschrecken angeboten werden können. Unsere einheimischen Heuschrecken und auch Heuschrecken aus Futtertierzuchten besitzen den gleichen Nährwert wie die exotischen Heuschrecken.

Die heute Futtertierzuchten betreibenden Unternehmen haben die Notwendigkeit der Zusätze von Vitaminen und Spurenelementen zu den Futtergemischen für die zu züchtenden Futtertiere längst begriffen.

Als Futtertiere werden heute folgende Arten angeboten: Springschwänze (Collembolen), Essigfliegen (*Drosophila*), Fliegenmaden, Grillen, Schaben, Heuschrecken und Regenwürmer. Säugetiere (Mäuse, Ratten, Meerschweinchen, Kaninchen) werden zwar als Heimtiere angeboten, doch steht ihrer Verwendung als Futtertiere kein Tierschutzgesetz im Wege. Süß- und Seewasserfische werden in Fischgeschäften geführt. Als kleine Futterfische für die Schlüpflinge und Jungtiere fischfressender Echsen können die sich zahlreich vermehrenden „Guppys" aus Guppy-Massenzuchten verwendet werden.

Daß der Terrarianer die eine oder andere Art der oben mitgeteilten Futtertiere selbst züchten kann, steht außer Frage. Das Thema „Futtertierzuchten" ist in Band 1 dieser Reihe (NIETZKE 1989*, Bd. 1, 4. Auflage) ausgiebig behandelt worden. Ferner sei auf das Buch „Futtertierzucht" von FRIEDRICH & VOLLAND 1981* besonders hingewiesen.

5.9.3 Fütterung

Die Häufigkeit der Futteraufnahme ist artenmäßig und individuell nicht einheitlich. So werden kleine Arten häufiger Nahrung aufnehmen als große Arten, sehr lebhafte Arten in kürzeren Abständen Futter benötigen als wenig bewegliche, träge Arten. In der freien Natur ist der Tisch nur in Ausnahmefällen oder in klimatisch bedingten, sich in längeren Abständen wiederholenden Perioden reichlich gedeckt.

Bei zu reichlicher und zu häufiger Fütterung verbleibt die Nahrung zu lange im Darm. Es kann zu Gärungszuständen kommen, die Nahrung wird nicht vollkommen verdaut und das kann schlimme Folgen haben. Überfüttern ist auf jeden Fall falsch. Besser ist es, wenn die Tiere hungrig bleiben, sie verhungern nicht gleich!

In der freien Natur sind die Echsen einer Vielfalt von Umwelteinflüssen ausgesetzt wie Revierverteidigung, Unruhe in der Paarungszeit, Suche nach Nahrung, unterschiedliches Nahrungsangebot, die dauernde Bewegung erfordern und kein Leben in satter Geruhsamkeit verbürgen. Daher sollte man die „handzahme" Fütterung mit Futterpinzette oder Futternadel besser vermeiden. Statt dessen lasse man die Futtertiere im Terrarium laufen, fliegen oder springen, um den Pfleglingen den Zwang zur Bewegung zu bieten.

Ein leider oft vernachlässigtes oder zu wenig beachtetes Problem ist die naturgemäße Fütterungszeit und die Zahl der Fütterungen. Sie richtet sich nach der Größe, nach dem Alter und der Lebensweise des Pfleglings. Kleine Arten und junge Echsen werden häufiger gefüttert als große Tiere oder erwachsene Pfleglinge. Dämmerungs- und nachtaktive Echsen werden abends gefüttert, während tagaktive Tiere tagsüber ihr Futter erhalten.

Doch ist die Fütterungszeit bei den tagaktiven durchaus nicht beliebig anzusetzen. Echsen sind wechselwarme Tiere. Ihre Körpertemperatur ist von der jeweils herrschenden Temperatur abhängig, obgleich sie in der Lage sind, durch entsprechendes Verhalten ihre Körpertemperatur einigermaßen konstant zu halten. Die Verdauung erfolgt im allgemeinen bei höheren Temperaturen. Deswegen reicht die zur Nachtzeit oder am Morgen herrschende Temperatur bei den Tagaktiven nicht aus, um eine einwandfreie Verdauung zu garantieren. Die Tiere müssen sich erst genügend aufwärmen, ehe sie Futter aufnehmen. Das ist aber erst in den Vormittags- und/oder Nachmittagsstunden der Fall. Es ist daher notwendig, daß der Terrarianer die optimalen Fütterungszeiten seiner Tiere durch Versuch ermittelt.

Zu beachten ist aus Gründen eines gesunden Stoffwechsels auch der Zeitzwischenraum von Fütterung zu Fütterung. Er wird zwar vom Körper kompensiert, da bei zu kurzen Intervallen die Echse kaum mehr aufnimmt als notwendig und bei zu langen Zwischenräumen der Körper noch Energiereserven besitzt. Doch sollte ein möglichst gleichbleibender Zeitzwischenraum von Fütterung zu Fütterung eingehalten werden. Von Natur aus ist die Echse auf den Zeitzwischenraum von Futtersuche (Fütterungszeit) zu Futtersuche (zweite Fütterungszeit) „eingefahren".

Geräte zur Fütterung. Futterpinzette, Futternadel und Futterzange sind Geräte, die mit einer gewissen Vorsicht benutzt werden müssen. Mit der Futterpinzette mit geknieten Schenkeln, die in jedem Sanitätswarengeschäft zu haben ist, werden kleinere Futtertiere (Insekten, Fliegenmaden, Wachsmotten, Mehlwürmer, Regenwürmer, kleine Schnekkenarten u.ä.) angeboten. Man bewegt die Futterpinzette mit dem Futterobjekt vor dem Kopf des Pfleglings hin und her, bis er zugebissen hat. Dabei sollte man beachten, daß der Pflegling möglichst nicht in das harte Metall beißt, da ihm sonst die Futterpinzette verleidet wird.

Die Futternadel ist ein in einen längeren Holzgriff eingelassener Stahldraht mit rund gefeiltem Ende, auf die das Futterobjekt gespießt wird. Das Gerät zur Fütterung großer Echsen ist die ausreichend lange und stabile Futterzange aus Holz oder Metall. In Sanitätsgeschäften gibt es auch große und lange Pinzetten. Mit diesen Geräten werden Fleischbrocken, Mäuse, Ratten oder größere Fische angeboten. Beim Ergreifen der Mäuse oder Ratten mit der Futterzange werden die Nager nicht am Schwanzende gepackt, sondern entweder am Rückenfell oder an der Schwanzwurzel. Andernfalls kann es leicht vorkommen, daß beim Herumstrampeln des Tieres das Schwanzende abreißt und das Futtertier das Weite sucht. Ratten sind unter Umständen in der Lage, durch geschicktes Hangeln an der Futterzange sich bis zur Hand emporzuarbeiten, wobei sie vor Angst zubeißen. Wenn auch die Bißwunde selbst zwar ungefährlich ist, so können durch den Biß dieser Nager eventuelle Infektionskrankheiten übertragen werden.

5.9.4 Zwangsfütterung

Im Prinzip ist die Zwangsfütterung, wie bei den Schildkröten, Krokodilen und Schlangen nichts anderes als der Versuch, ein lebensbedrohliches Zwangsverhalten des Pfleglings positiv zu beenden. Es gibt eine ganze Reihe von Verhaltensweisen, bei denen zunächst eine Zwangsfütterung notwendig erscheint. So verweigern Tiere aus dem gemäßigten und mediterranen Raum im Spätsommer oder Herbst die Nahrungsaufnahme. Das gleiche gilt zuweilen für Echsen aus tropischen Regen- und Trockenzeiten-Räumen. Es sind physiologisch bedingte Verhalten vor dem Beginn der Überwinterung oder des Trockenschlafes. Mangel an Vitaminen und Spurenelementen durch einseitige Fütterung kann ebenfalls zur Futterverweigerung führen. Nachlässigkeiten bei der Bodenheizung (Fehlen der Bodenwärme zum „Anheizen" der Verdauung) rufen eine Futterverweigerung hervor.

Alle diese Ursachen können ermittelt werden und lassen sich beheben, es sind Fehler in der Haltung. Es gibt jedoch Ursachen – mit Ausnahme von Krankheiten – die nicht zu erkennen sind. Als einzige Hilfe bleibt in bedrohlichen Fällen die Zwangsfütterung.

Technik der Zwangsfütterung. Bei der Zwangsfütterung muß sehr sorgfältig und je nach Tierart und Tiergröße verschieden vorgegangen werden. Am besten nimmt man die Zwangsfütterung zu zweien vor. Alles muß gut vorbereitet sein. Die zu verfütternde Nahrung, Instrumente und was sonst noch benötigt werden sollte, haben auf dem Arbeitstisch zu liegen. Späteres Herumsuchen ist zu vermeiden.

Kleine und mittlere Echsen werden vorsichtig gepackt und so gehalten, daß man mit Daumen und Zeigefinger das rechte Vorderbein festhält und die anderen Finger den Körper umfassen. Dabei sperrt die Eidechse meist das Maul meist schon allein auf, so daß das vorbereitete Zwangsfutter mittels stumpfer Pinzette möglichst tief in das Maul geschoben werden kann. Bei der Bewältigung von größeren Echsen wie *Iguana iguana* muß man schon etwas anders verfahren, da sie erheblich kratzen und mit dem langen Schwanz um sich schlagen. Mit der einen Hand packt man über die Schulter des Leguans und mit der anderen über das Becken und klemmt sich die Hinterbeine und die Schwanzwurzel fest unter die Achsel. Welche Kraft ein 90 cm langer Leguan entwickelt, wird man gleich darauf merken.

Hat sich das Tier beruhigt und sperrt den Rachen auf, wird ein spitz zugeschnittenes Bananenstückchen in den Mund geschoben. Um das Tier zum Schlucken zu bewegen, zupft man leicht an der Kehlhaut. Erfolgen Schluckbewegungen, hat man das Ziel schon erreicht. Ob kleine oder große Echsen, die Prozedur wird 2mal am Tage wiederholt. Sie wird fortgesetzt, wenn man Exkremente feststellt, die Verdauung also funktioniert. Es wird so lange zwangsgefüttert, bis der Pflegling wieder von selbst die Nahrung aufnimmt.

Die Zwangsfütterung bei großen fleischfressenden Echsen wie Waranen ist schon wegen der Größe der Tiere schwierig. Da große Echsen meistens an ihren Pfleger gewöhnt sind, ist es möglich, mit ihnen zu hantieren. Eine weitere Erleichterung besteht darin, daß die Vitalität durch die Futterverweigerung etwas herabgesetzt ist. Ruhiges Arbeiten ohne hastige, nervöse Bewegungen ist Voraussetzung für den Erfolg.

ROTTER (1963) empfiehlt folgende Technik: Zwischen die Kiefer wird ein Stück Gummischlauch der Maulgröße des Warans entsprechend eingeschoben. Ist das Tier gereizt und reißt das Maul auf, geht es schnell. Andernfalls drückt man das Schlauchstück mit sanfter Gewalt gegen die Zähne und muß warten, bis das Tier die Kiefer von selbst hebt. Ist das Schlauchstück dazwischen geschoben, beißt sich der Waran zunächst darin fest. Nach einiger Zeit lockert er den Kieferdruck. Nun kann das Futter, das aus einer Mischung von feinem Hackfleisch und geriebenen Karotten bestehen soll, in das Maul eingeführt und mit einem runden, geglätteten Holzstäbchen unter den Schlauch weg weiter in den Schlund geschoben werden. Dann wird der Schlauch herausgenommen und das Tier wieder in den Behälter gesetzt.

Die Fütterung soll – und das gilt für alle Echsenarten – nur 1- oder 2mal am Tage erfolgen. Die Feststellung von Exkrementen ist wichtig. Erfolgt nach einiger Zeit die Aufnahme des Futters von selbst, dann ist der Patient gerettet. In sehr bedrohlichen Fällen ist zur Stützung des Kreislaufs mit „Boviserin®" (s. Abschnitt „Herpetopathologie") zu arbeiten. Es wäre dies dann Aufgabe eines Tierarztes.

5.10 Literatur (Fachzeitschriften)

AVERY, R. (1975): Age-structure and longevity of Commun Lizard (*Lacerta vivipara*) populations. Y.-Zool. 176: 555.

BARTMANN, W. S. & E. MINUTH (1979): Ein lebendgebärender Gecko *Rhacodactylus trachyrhynchus* BOCAGE, 1823 aus Neukaledonien (Reptilia: Sauria: Gekkonidae). Salamandra 15: 58–60.

BECK, C. (1980): Gila monster hatched at Memphis Zoo. A. A. Z. P. A. Newslett. 21(1): 14.

BIEGLER, R. (1966): A survey of rezent longevity records for reptiles and amphibians in zoos. Int. Zoog. Yb. 6: 487–493.

BÖHME, W. (1971): Über das Stachelepithel am Hemipenis lacertider Eidechsen und seine systematische Bedeutung. Z. f. zool. Systematik, Evol. u. Forsch. 9(3): 187–223.

– (1975): Indizien für natürliche Parthenogenese beim Helmbasilisken *Basiliscus basiliscus* (LINNAEUS 1785). Salamandra 11: 77–83.

– (1989): Zur systematischen Stellung der Amphisbaenen (Reptilia: Squamata), mit besonderer Berücksichtigung der Morphologie des Hemipenis. Z. f. zool. Systematik, Evol. u. Forsch. 27: 330–337.

– (1991): New Findings on the Hemipenial Morphology of Monitor Lizards and their Systematic Implications. Mertensiella 2: 42–44.

BROER, W. D. & H. G. HORN (1985): Erfahrung bei Verwendung eines Motorbrüters zur Zeitigung von Reptilieneiern. Salamandra 21: 304–310.

BOURGAT, R. (1968): Comportement de la femelle de *Chamaeleo pardalis* CUVIER, 1829 après l'acouplement. Bull. Soc. Zool. France 83: 355–356.

BOWERS, M. J. (1981): Malayan Water monitor (*Varanus salvator*) San Antonio's News from the Zoo (San Antonio) 2(6): 2.

CHARNIER, S. (1966): Action de la température sur le sex-ratio chez l'embryon

d'*Agama agama* (Agamidae, Lacertilien). C. R. Soc. Biol., Paris 160: 620.
CLARK, W. H. (1980): A longevity record for *Ctenosaura pectinata* (Reptilia: Iguanidae). Herpetol. Rev. 11: 33.
COOPER, J. S. (1958): Observations on the eggs and Young of the Wall Lizard (*Lacerta muralis*) in captivity. Brit. J. Herpet. 2: 112.
DAVENPORT, M. (1976): Breeding on the Teju Lizard at National Zoo. A. A. Z. P. A. Newslett. 17(3): 24.
DEDEKIND, H. & H. G. PETZOLD (1982): Zur Haltung und Zucht der Hinterindischen Wasseragame (*Physignathus concincinus*, CUVIER, 1829) im Tierpark Berlin. D. Zool. Garten (N. F.) 52: 29.
GREENE, H. W. (1970): Mode of reproductions in lizards and snakes of the Gomez Farias region, Tamanchipas, Mexico. Copeia 1970: 565.
GROENEWALD, J. A. A. (1975): Dragons of the dunes. Zoons (Pretoria). 1975(1): 12–13.
HILLER, U. (1968): Untersuchungen zum Feinbau und zur Funktion der Haftborsten von Reptilien. Z. Morph. Tiere. 62: 307.
HONEGGER, R. S. (1969): Notes on some amphibians and reptiles at Zürich Zoo. Int. Zoo. Yb. 9: 24.
HORN, H. G. (1978): Nachzucht von *Varanus gilleni* (Reptilia: Sauria: Varanidae). Salamandra 14: 29–32.
KRAMER, G. (1937): Beobachtungen über Paarungsbiologie und soziales Verhalten von Mauereidechsen. Z. Morph. Ökol. Tiere 32: 752–783.
– (1938): Angaben zur Fortpflanzung und Entwicklung von Mauer-Eidechsen. Senckenbergiana 20: 66.
KRATZER, H. (1973): Beobachtungen über die Zeitigungsdauer eines Eigeleges von *Varanus salvator* (Sauria, Varanidae). Salamandra 9: 27–33.
MAU, K. H. (1978): Nachweis natürlicher Parthenogenese bei *Lepidodactylus lugubris* durch Gefangenschaftsnachzucht (Reptilia: Sauria: Gekkonidae). Salamandra 14: 90–97.
MERTENS, R. (1970): Über die Lebensdauer einiger Amphibien und Reptilien in Gefangenschaft. D. Zool. Garten (N. F.) 39: 193–209.
MÜLLER, P. & H. STEINIGER (1978): Karyotyp und Chromosomensatz bei *Liolaemus occipitalis* und *Liolaemus wiegmanni* (Reptilia: Sauria: Squamata). Salamandra 14: 215.
NETTMANN, H. K. & S. RYKENA (1979): Mauergecko (*Tarentola mauritanica*), die ihre Eier im Sand vergraben. (Reptilia: Sauria: Gekkonidae). Salamandra 15: 53–57.
NEUGEBAUER, W. (1972): Geglückte Aufzucht von Bartagamen in Stuttgarter Wilhelma. DATZ 25: 424–426.
PERKINS, C.-B. (1947): A note on longevity of amphibians and reptiles in captivity. Copeia 1947: 144.
RAYNAUD, A., C. PIEAU (1972): Effects des diverses températures d'incubation sur le developpement somatique et sexuel des embryons de lézard vert (*Lacerta viridis*, LAUR.). C. R. Acad. Sci., Paris 273: 17.
RICHTER, E. (1981): *Uromastix acanthinurus* 13 1/2 Jahre in Gefangenschaft. DATZ 19: 25–27.
RÜEGG, R. (1973): Vivarium: Nachzucht beim Timor-Waran. Zolli (Bull. Zool. Garten Basel) Nr. 31: 6.
SANLLEY CASTRO, C., J. DUVASL (1979): Reproducción en cautivida de Iguanas del género *Cyclurus*. Zoodom (Santo Domingo 3(2): 12.
SCHIFTER, H. (1988): Bemerkenswerte Lebensdauer eines *Eublepharis macularius* (BLYTH, 1854) (Sauria: Gekkonidae) in Gefangenschaft. Salamandra 24: 310–311.
SHAW, C. E. (1954): Captive – breed Cuban Iguanas (*Cyclura macleayi macleayi*). Herpetologica 10: 73–78.
– (1969): Breeding of the Rhinoceros iguana *Cyclura cornuta cornuta* at San Diego. Zoo. Int. Zoo. Yb. 9: 45.
WAGNER, E. (1980): Gecko husbandry and reproduction. In: MURPHY, J. B. & J. T. COLLINS (ed.): Reproductive Biology and Diseases of Captive Reptiles. Lawrence/Kansas 1980: 115–117.
WUNDER, W. (1934): Nestbau und Brutpflege bei Reptilien. Ergebnisse Biol. 10: 1–36.

5.11 Systematische Übersicht über die Familien, Unterfamilien und Gattungen der rezenten Echsen (Ordnung Squamata, Unterordnung Sauria).

Klassifizierung nach G. R. Zug, 1993

Ordnung Schuppenkriechtiere – Squamata
Unterordnung **Echsen – Sauria**
Zwischenordnung **Gekkota**
Familie **Gekkonidae**
Unterfamilie Gekkoninae

Gattung			
Afroedura	Lepidodactylus	Coleodactylus	Pristurus
Agamura	Luperosaurus	Colopus	Pseudoceramodactylus
Ailuronyx	Lygodactylus	Cosymbotus	Pseudogecko
Alsophylax	Millotisaurus	Crossobamon	Pseudogonatodes
Ancylodactylus	Nactus	Cyrtodactylus	Ptenopus
Aristelliger	Narudasia	Cyrtopodion	Ptychozoon
Asaccus	Pachydactylus	Garthia	Ptyodactylus
Bogertia	Palmatogecko	Geckolepis	Quedenfeldtia
Briba	Paragehyra	Geckonia	Rhotropus
Bunopus	Paroedura	Gehyra	Saurodactylus
Calodactylus	Perochirus	Gekko	Sphaerodactylus
Carinatogecko	Phelsuma	Gonatodes	Stenodactylus
Chondrodactylus	Phyllodactylus	Gymnodactylus	Tarentola
Cnemaspis	Phyllopezus	Hemidactylus	Teratolepis
		Hemiphyllodactylus	Teratoscincus
		Heteronotia	Thecadactylus
		Homonota	Trigonodactylus
		Homopholis	Tropiocolotes
		Kaokogecko	Uroplatus
		Lepidoblepharis	Wallsaurus

(Folgende Gattungen werden auch als eigene Unterfamilie Sphaerodactylinae aufgefaßt: Coleodactylus, Gonatodes, Lepidoblepharis, Pseudogonatodes und Sphaerodactylus)

Unterfamilie Pygopodinae
- Gattung
  - Aclys
  - Aprasis
  - Delma
  - Lialis
  - Ophidiocephalus
  - Paradelma
  - Pletholax
  - Pygopus

Unterfamilie Diplodactylinae
- Gattung
  - Bavayia
  - Carphodactylus
  - Crenadactylus
  - Diplodactylus
  - Eurydactylodes
  - Heteropholis
  - Hoplodactylus
  - Naultinus
  - Nephrurus
  - Oedura
  - Phyllurus
  - Pseudothecadactylus
  - Rhacodactylus
  - Rhynchoedura
  - Underwoodisaurus

Familie **Eublepharidae**
- Gattung
  - Aeluroscalabotes
  - Coleonyx
  - Eublepharis
  - Goniurosaurus
  - Hemitheconyx
  - Holodactylus

Familie **Iguanidae**
Unterfamilie Iguaninae
- Gattung
  - Amblyrhynchus
  - Brachylophus
  - Conolophus
  - Ctenosaura
  - Cyclura
  - Dipsosaurus
  - Iguana
  - Sauromalus

Unterfamilie Corytophaninae
- Gattung
  - Basiliscus
  - Corytophanes
  - Laemanctus

Unterfamilie Polychrinae
- Gattung
  - Anisolepis
  - Anolis
  - Aptycholaemus
  - Chamaeleolis
  - Chamaelinorops
  - Cupriguanus
  - Enyalius
  - Leiosaurus
  - Phenacosaurus
  - Phrynosaura
  - Polychroides
  - Polychrus
  - Tropidodactylus
  - Urostrophus

Unterfamilie Hoplocercinae
- Gattung
  - Enyalioides
  - Hoplocercus
  - Morunasaurus

Unterfamilie Tropidurinae
- Gattung
  - Ctenoblepharis
  - Leiocephalus
  - Liolaemus
  - Ophryoessoides
  - Plica
  - Stenocercus
  - Tropidurus

Unterfamilie Crotaphytinae
- Gattung
  - Crotaphytus
  - Gambelia

Unterfamilie Phrynosomatinae
- Gattung
  - Callisaurus
  - Holbrookia
  - Petrosaurus
  - Phrynosoma
  - Sceloporus
  - Streptosaurus
  - Uma
  - Urosaurus
  - Uta

Unterfamilie Oplurinae
- Gattung
  - Chalarodon
  - Oplurus

Familie **Agamidae**
- Gattung
  - Acantosaura
  - Agama
  - Calotes
  - Ceratophora
  - Chlamydosaurus
  - Cophotis
  - Diporiphora
  - Draco
  - Gonocephalus
  - Hydrosaurus
  - Japalura
  - Laudakia
  - Leiolepis
  - Lyriocephalus
  - Moloch
  - Otocryptis
  - Phrynocephalus
  - Physignathus
  - Pogona
  - Salea
  - Sitana
  - Trapelus
  - Tympanocryptis
  - Uromastyx

Familie **Chamaeleonidae**
- Gattung
  - Brachypodion
  - Brookesia
  - Calumna
  - Chamaeleo
  - Furcifer
  - Rhampholeon

Familie **Scincidae**
Unterfamilie Acontininae
- Gattung
  - Acontias
  - Nessia
  - Typhlacontias
  - Typhlosaurus

Unterfamilie Feyliniinae
- Gattung
  - Feylinia

Unterfamilie Lygosominae
- Gattung
  - Ablepharus
  - Afroablepharus
  - Anomalopus
  - Anotis
  - Apterygodon
  - Barkudia
  - Brachymeles
  - Calyptotis
  - Carlia
  - Coeranoscincus
  - Cophoscincus
  - Cryptoblepharus
  - Ctenotus
  - Cyclodomorphus
  - Dasia
  - Emoia
  - Eremiascincus
  - Eumecia
  - Eugongylus
  - Geomyersia
  - Hemiergis
  - Lamprolepis
  - Lampropholis
  - Leiolopisma
  - Lerista
  - Lipinia
  - Lygosoma
  - Mabuya
  - Melanoseps
  - Menetia
  - Morethia
  - Neoseps
  - Notoscincus
  - Ophioscincus
  - Panaspis
  - Paratosaurus
  - Phoboscincus
  - Prasinohaema
  - Proablepharus
  - Riopa
  - Ristella
  - Saiphos
  - Scelotes
  - Scincella
  - Sepsina
  - Sepsophis
  - Sphenomorphus
  - Tachygia
  - Tribolonotus
  - Tropidophorus

Unterfamilie Scincinae
- Gattung
  - Chalcides
  - Corucia
  - Egernia
  - Eumeces
  - Macroscincus
  - Ophiomorus
  - Scincopus
  - Scincus
  - Sphenops
  - Tiliqua

Familie **Dibamidae**
- Gattung: Anelytropsis, Dibamus

Familie **Lacertidae**
- Gattung: Acanthodactylus, Algyroides, Eremias, Gallotia, Gastropholis, Heliobolus, Holaspis, Ichnotropis, Lacerta, Latastia, Meroles, Mesalina, Mesalina, Nucras, Ophisops, Pedioplanis, Philochortus, Podarcis, Poromera, Psammodromus, Pseuderemias, Takydromus, Tropidosaura

Familie **Cordylidae**
- Unterfamilie Cordylinae
  - Gattung: Chamaesaura, Cordylus, Platysaurus, Pseudocordylus
- Unterfamilie Gerrhosaurinae
  - Gattung: Angolosaurus, Cordylosaurus, Gerrhosaurus, Tetradactylus, Tracheloptychus, Zonosaurus

Familie **Xantusiidae**
- Gattung: Cricosaura, Klauberina, Lepidophyma, Xantusia

Familie **Gymnophthalmidae**
- Gattung: Alopoglossus, Anadia, Anotosaura, Argalia, Arthrosaura, Arthroseps, Bachia, Cercosaura, Colobodactylus, Echinosaura, Ecpleopus, Euspondylus, Gymnophthalmus, Heterodactylus, Iphisa, Leposoma, Macropholidus, Micrablepharus, Neustichurus, Opipeuter, Pantodactylus, Pholidobolus, Placosoma, Prionodactylus, Ptychoglossus, Stenolepis, Tretioscincus

Familie **Teiidae**
- Unterfamilie Teiinae
  - Gattung: Ameiva, Cnemidophorus, Dicrodon, Kentropix, Teius
- Unterfamilie Tupinambinae
  - Gattung: Callopistes, Crocodilurus, Dracaena, Tupinambis

Familie **Anguidae**
- Unterfamilie Anguinae
  - Gattung: Anguis
- Unterfamilie Annmielliinae
  - Gattung: Anniella
- Unterfamilie Dipolglossinae
  - Gattung: Diploglossus, Ophiodes, Sauresia, Wetmoreana
- Unterfamilie Gerrhonotinae
  - Gattung: Abronia, Gerrhonotus, Ophisaurus

Familie **Xenosauridae**
- Gattung: Shinisaurus, Xenosaurus

Familie **Varanidae**
- Unterfamilie Lanthanotinae
  - Gattung: Lanthanotus
- Unterfamilie Varaninae
  - Gattung: Varanus

Familie **Helodermatidae**
- Gattung: Heloderma

Familie **Amphisbaenidae**
- Gattung: Amphisbaena, Ancyclocranium, Anops, Baikia, Bronia, Cadea, Chirindia, Cynisca, Geocalamus, Loveridgea, Mesobaena, Zygaspis

Familie **Bipedidae**
- Gattung: Bipes

Familie **Rhineuridae**
- Gattung: Aulura, Leposternon, Monopeltis, Rhineura, Tomuropeltis

Familie **Trogonophidae**
- Gattung: Agamodon, Diplometopon, Pachycalamus, Trogonophis

5.12 Artenbeschreibung

Ablepharus kitaibelii
BIBRON & BORY, 1833
Johannisechse, Natternaugenskink,
E Balkan skink, European copper skink,
Snake-eyed skink, F Abléphare de Kitaibel, I Ablefaro di Kitaibel
BArtSchV 1/1

Beschreibung: Natternaugenskinke gehören zur Unterfamilie Scincinae. Schlanker, gleichmäßig dicker Körper, der ohne Absatz in den sich allmählich verschmälernden Schwanz übergeht. Fünffingrige, kurze schwache Gliedmaßen, am Körper weit auseinanderstehend. Augenlider zu durchsichtiger Kapsel verwachsen. Ohröffnung sehr klein. Schilder glatt, dachziegelartig überlappend, abgerundet. Körperschuppen breit und sechseckig, um die Körpermitte zu 18 bis 22 in einer Querreihe stehend. Oberseite der Zehen mit einer einzigen Schuppenreihe bedeckt. Grundfärbung der Oberseite olivgrün bis bronzebraun mit metallischem Schimmer. Dunkler Längsstreifen an den Körperseiten, vom Nasenloch bis zu den Schwanzseiten reichend, oberseits durch einen hellen, schmalen Streifen von der Rückenfärbung abgesetzt, unterseits in die schmutzig-weiße bis silbrig-grüne Bauchfärbung übergehend. Häufig mit schmalen, dunklen Längsstreifen auf der Oberseite. Größe: 90 bis 120 mm.
Geographische Verbreitung: Südliche Slowakei, Ungarn, Rumänien, Bulgarien, ehem. Jugoslawien, Albanien, Griechenland, Türkei, Armenien, Syrien, Israel bis in den Sinai.
Der Status der nachfolgend aufgeführten Unterarten kann nach brieflicher Mitteilung von BISCHOFF als derzeit nicht ausreichend gesichert angesehen werden. Es wurden folgende Unterarten beschrieben:

Ablepharus kitaibelii kitaibelii
BIBRON & BORY, 1833
Körper sehr schlank. Rücken dunkelbraun ohne auffallende Streifenzeichnung. Griechenland, Rhodos, Zypern, Syrien, Jordanien, Israel bis in den Sinai.

Ablepharus kitaibelii chernovi
DAREWSKIJ, 1953
Körper schlank mit relativ breitem Kopf. Braune Rückenfärbung mit vier dunklen unterbrochenen Längslinien. Unterseite orangefarben. Armenien, Türkei.

Ablepharus kitaibelii fabichi
STEPANEK, 1938
Körper kräftig mit langen, kräftigen Gliedmaßen, großer Kopf. Helle, grünlich-braune Rückenfärbung, glänzend. Zwei bis vier schwarz-weiße dorsale Fleckenreihen. Inselpopulationen von Amathia, Karpathos, Kasos und Mikronisi.

Ablepharus kitaibelii fitzingeri
MERTENS, 1952
Körper kräftig mit kurzen, kräftigen Gliedmaßen und breitem Kopf. Rückenfärbung braun mit grünlichem Glanz. 4 bis 6 Reihen schwarz-weißer Flecke auf der Oberseite. Slowakei, Ungarn.

Ablepharus kitaibelii stepaneki
FUHN, 1970
Ähnlich *A. k. fitzingeri*, aber nur 2 bis 4 Fleckenreihen auf dem Rücken. Rumänien, Bulgarien, ehem. Jugoslawien, Albanien.

Biologie und Ökologie: *Ablepharus* ist ein Bodenbewohner, der von den Niederungen bis in montane Bereiche um 800 m ü. NN verbreitet ist. Bevorzugt werden grasbewachsene offene Bereiche mit Buschwerk und Steinen. Das Vorkommen der Tiere deckt sich mit dem Vorkommen der Flaumeiche *Quercus pubescens*. Sonnendurchwärmte Lichtungen und Waldränder, aber auch aride Bereiche, trockene Wiesen und grasbewachsene Südhänge werden besiedelt. Die Fallaubschicht der Eichen- und Eßkastanienwälder bietet den Tieren ein ideales Mikroklima bei höherer Luftfeuchtigkeit und größerem Futterangebot. Die Aktivitätszeiten fallen in den frühen Vormittag und dauern vom späten Nachmittag bis in die Dämmerung. Mittagsruhezeit; in einigen Gegenden wohl auch Sommerruhezeit.
Terrarium: Trockenes bis halbfeuchtes Terrarium mit sandig-humosem Bodengrund, Gräsern und Steinen. Große Bodenfläche bei geringer Höhe, minimal 40 × 60 × 30 cm.
Ausstattung: Teilbereich mit Fallaubschicht, sandig-steinige Sonnenfläche unter einer Strahlungslampe. Bei heller Aufstellung ist auch eine Bepflanzung mit kleinen, immergrünen Gehölzen wie *Juniperus, Buxus* oder anderen mediterranen Pflanzen möglich. Diese sollten in Töpfen in den Bodengrund eingesetzt werden, um sie gegebenenfalls auswechseln zu können.
Heizung: Heizkabel oder Heizfolie nur in einem partiellen Bereich des Terrariums, damit sich die Tiere innerhalb eines Temperaturgefälles die ihnen zusagenden Plätze aussuchen können. Lokale Bodentemperaturen können 35 °C erreichen, sonst um 25 °C bis 27 °C, nachts Temperaturabfall um 8 °C bis 12 °C, je nach Herkunft der Tiere.
Licht: Tageslicht, Leuchtstoffröhren, Strahlungsheizer, bei sonniger Aufstel-

Ablepharus kitaibelii

lung mit Thermostat gekoppelt, um eine Überhitzung zu vermeiden. Auf gute Entlüftung achten!
Futter: Als Futter dienen Kleininsekten und deren Larven, Wolfslaufspinnen, Asseln und kleine Würmer, dazu Fliegen, Mücken, Kleinschmetterlinge, Blattläuse, junge Heimchen und Grillen.
Feuchtigkeitsbedürfnis: Das Trinkbedürfnis wird durch Aufnahme von Sprühwasser gestillt, eine kleine Wasserschale sollte außerdem vorhanden sein.
Überwinterung: Wenigstens einige Wochen während der Monate Dezember bis Februar bei Unterbringung in einem kühlen, aber frostfreien Raum ist notwendig, wenn die Tiere erfolgreich zur Fortpflanzung kommen sollen.
Nachzucht:
Paarung: Nach der Winterruhe erfolgt die Paarung meist im April. ROTTER (1962) beschreibt sie folgendermaßen: Das paarungswillige Männchen verfolgt das Weibchen, wobei ab und zu ein wellenförmiges Zucken über die Schwänze beider Tiere läuft. Schließlich verbeißt sich das Männchen in der hinteren Rumpfhälfte des Weibchens und biegt seinen Körper so weit herum, bis sich die Kloaken berühren. Die Kopulation verläuft ohne äußerlich sichtbare Erregung und dauert 30 bis 60 Sekunden.
Eiablage und Inkubationszeit: Die je nach Unterart produzierten 2 bis 4 weißen, elliptischen Eier mit pergamentartiger Hülle und einer Ablagegröße von etwas über 7 mm werden etwa 5 cm tief im lockeren, leicht feuchten Boden abgelegt. Sie nehmen während ihrer Entwicklung nach GRUBER (1981) eine Größe von bis zu 13,8 mm an, und die Jungen schlüpfen nach einer Inkubationszeit von ca. 65 Tagen im August bis September in einer Größe von etwa 33 mm.
Aufzucht: Die Aufzucht erfolgt separat mit kleinsten Insekten wie Springschwänzen, Blattläusen, Jungspinnen und kleinsten Maden. Möglichst natürliche Sonnenstrahlung bieten und die Nahrung mit Vitamin-Kalk-Präparaten einstäuben.
Geschlechtsreife: Die Geschlechtsreife wird im Frühjahr des dritten Lebensjahres erreicht.

Literatur:
BARAN, I. (1977): Zur Taxonomie der türkischen Scincidae. Bil. Mak. Doga 1: 217–223.
FUHN, I. E. (1970): Über die Unterarten von *Ablepharus kitaibelii* Bibron & Bory, 1833. Sauria, Scincidae, Acta Soc. Zool. Bohem. 34: 9–17.
GRUBER, U. (1981): *Ablepharus kitaibelii* BIBRON & BORY, 1833 – Johannisechse. In: BÖHME, W. (Hrsg.): Handbuch der Reptilien und Amphibien Europas 1, I: 292–307, mit zahlreichen weiteren Literaturhinweisen.
MÜLLER, P. (1971): Bemerkungen zur Ökologie tschechoslowakischer *Ablepharus kitaibelii*. Aquaterra 8, 3: 27–28.
PETZOLD, H. G. (1978): *Ablepharus kitaibelii fitzingeri* MERTENS 1952. Aquarien – Terrarien 25: 359.
ROTTER, J. (1962): Biologische Beobachtungen an der Nördlichen Johannisechse, *Ablepharus kitaibelii fitzingeri* MERTENS 1952. Zool. Garten (N. F.) 26: 312–318.

Acanthodactylus erythrurus
(SCHINZ, 1833)
Europäischer Fransenfinger, E Spiny-footed Lizard, Fringe-toed Lizard, F Acanthodactyle commun, I Acantodattilo eritruro, Acantodattilo coda-rossa, S Lagartija colirroja, P Lagartixa-de-dedos-denteados
BArtSchV 1/1

Acanthodactylus erythrurus

Beschreibung: Fransenfinger besitzen einen mittelgroßen kräftigen Körper, der Kopf ist relativ groß und hoch, der Schwanz etwa doppelt so lang wie die Kopf-Rumpf-Länge und an der Wurzel verdickt, dahinter dünn auslaufend. Der Kopf besitzt nur je zwei Überaugenschilder, die vorn außen und hinten von Granularschuppen umgeben sind. Eine Kehlfalte fehlt. Das aus 8 bis 12 Schildern bestehende Halsband ist winklig oder abgerundet. Die Rückenschuppen sind am Vorderrücken granulär, flach und rund, weiter hinten allmählich größer werdend und gekielt, auf der Schwanzoberseite schließlich auffallend groß und deutlich gekielt. Die Bauchschuppen stehen in 10 Längsreihen. Die Zehen der Vorderbeine sind von drei Schuppenreihen umgeben. Die 4. Zehe der Hinterfüße ist mit einer Reihe seitlicher „Fransenschuppen" ausgestattet, die aber nicht so auffallend sind, wie bei anderen Arten dieser Gattung. Färbung der Oberseite ockerfarben, braun oder grau mit bis zu 10 hellen Längsstreifen oder in helle Flecke aufgelösten Längsstreifen, zwischen denen sich helle und dunkle Flecken befinden. Besonders an den Körperseiten bilden sich Ocellen, bei den Männchen zur Fortpflanzungszeit mit gelbem Kern und schwarzbrauner Umrandung. Unterseite weißlich. Gliedmaßen mit gelblichen oder weißen Ocellen. Die Färbung der Jungtiere besteht aus einer stark kontrastierenden, fast weiß-schwarzen Längsstreifung mit intensiv roter Schwanzunterseite. Gelblich-weiße Ocellen befinden sich auf den schwarzen Flankenbändern und Gliedmaßen. Größe: Bis 23 cm.
Geographische Verbreitung: Iberische Halbinsel mit Ausnahme der nördlichen Provinzen, Marokko, Algerien.

Acanthodactylus erythrurus erythrurus
SCHINZ, 1833
Iberische Halbinsel.
Acanthodactylus e. belli
GRAY, 1845
N-ALGERIEN, NO-MAROKKO.
Acanthodactylus e. lineomaculatus
DUMÉRIL & BIBRON, 1839
W- und S-Marokko.

Biologie und Ökologie: Fransenfinger lieben offene Lebensräume mit sandigem Untergrund wie Küstengebiete, Strände, Dünen, sie kommen aber auch auf steinigem Grund in lichten Waldgebieten, Palmhainen, Korkeichenwäldern und Macchien vor. Im Atlasgebirge steigen sie bis auf 2000 m Höhe. Die Tiere sind tagaktiv. Jungtiere sind ganzjährig aktiv, adulte Tiere halten eine Winterruhe zwischen November und Februar. Sie verlassen nach SALVADOR (1981) bei 13 °C die Ruhequartiere. Ihre höchste Aktivität zeigen die adulten Tiere in den Monaten Juli und August, Jungtiere etwa im Juni. Bei Temperaturen von 35 °C bis 38 °C recht aktiv, vermeiden sie jedoch höhere Temperaturen vor allem in der Mittagszeit.

Die adulten Männchen sind untereinander sehr aggressiv, besonders in der Paarungszeit. Sie verteidigen ihre Territorien vehement. Nicht geschlechtsreife Jungtiere werden offenbar am optischen Signal der roten Schwanzunterseite erkannt, das besonders dann in Erscheinung tritt, wenn sich die Tiere auf der Flucht befinden, wobei sie meist geradlinig davonlaufend den Schwanz leicht nach oben heben.
Terrarium: Flaches Echsen-Terrarium mit sandigem Boden. Bei paarweiser Haltung oder einem Männchen und wenigen Weibchen reicht eine Bodenfläche von 80 × 50 cm bei einer Höhe von 40 cm oder mehr.
Ausstattung: Die Rückwand kann aus einer Steinmauer bestehen, die man aus schmalen Plattenstreifen in Sand- oder Kalkstein aufmauert. Unterschlupfplätze finden die Tiere unter Korkeichenrindenstücken oder Steinplatten. Trockenheitsunempfindliche Gräser, Sukkulenten und Hartlaubgewächse bilden den Pflanzenteil, der unbeheizt bleibt und feuchter gehalten wird als die Restfläche.
Heizung: Heizkabel im Sandboden oder Heizplatte. Strahlungsheizer über einem Teilbereich, den die Tiere zum Sonnen aufsuchen können.
Licht: Tageslicht und Leuchtstoffröhren, eventuell Quecksilberdampflampen.
Futter: In Naturhabitaten hauptsächlich aus Ameisen, Käfern und Heuschrecken bestehend. Im Terrarium werden Motten, Raupen, Grillen und Heimchen, junge Wanderheuschrecken und Mehlwürmer angenommen. Gelegentliche Beigaben durch Wiesenplankton bereichern das Menü. Kalk-Vitamingaben in regelmäßigen Abständen und gelegentliche UV-Bestrahlung erhöhen das Wohlbefinden.
Feuchtigkeitsbedürfnis: Es empfiehlt sich, ein Feuchtigkeitsgefälle zwischen ausgesprochen trockenen Plätzen unter den Strahlungslampen und dem ungeheizten Pflanzenbereich durch unterschiedliches Sprühen herzustellen. Die Tiere suchen sich dann die ihnen zusagenden Unterschlupfstellen. Sie lecken das Sprühwasser auf, trinken auch aus offenen Wasserstellen.
Überwinterung: Nur adulte Tiere für einige Wochen im ungeheizten Zimmer überwintern, Jungtiere bis zum dritten Lebensjahr benötigen keine Winterruhe.
Nachzucht:
Paarung: Die Paarungszeit beginnt nach der Winterruhe im März oder April und dauert bis Juli bzw. August. Bei der Paarung hält das Männchen das Weibchen durch Flankenbiß fest.
Eiablage: Ende Juli bis Anfang August legen die Weibchen 3 bis 7 Eier im Boden ab, wenn sie erstmals legen, in den darauffolgenden Jahren haben sie zwei Gelege, das erste bereits im Mai oder Juni das zweite im Juli oder August. Die Eier sind etwa 15/16 × 8 mm groß.
Inkubationszeit: Die 6 bis 7,5 cm großen Jungen schlüpfen nach einer Inkubationszeit von etwa 60 bis 70 Tagen.
Aufzucht: Man zieht die Jungen unter etwas niedrigeren Temperaturen als bei adulten Tieren auf und füttert reichlich Kleinfutter.
Geschlechtsreife: Die männlichen Jungtiere erreichen die Geschlechtsreife am Anfang des dritten Lebensjahres, die weiblichen am Ende des dritten Jahres, wenn sie ihre Jugendfärbung abgelegt haben.

Literatur:
ARNOLD, E. N. (1983): Osteology, genitalia and the relationships of *Acanthodactylus* (Reptilia: Lacertidae). – Bull. Brit. Mus. Nat. Hist. 44(5): 291–339.
BUSACK, S. D. (1976): Activity cycles and body temperature of *Acanthodactylus erythrurus*. Copeia, 1976: 826–830.
POUGH, F. H., S. D. BUSACK (1978): Metabolism and activity of the Spanish fringe-toed lizard (Lacertidae: *Acanthodactylus erythrurus*). J. Therm. Biol., 3: 203–205.
SALVADOR, A. (1978): Las lagartijas del genero *Acanthodactylus* (Sauria, Lacertidae). Diss. Univ. Madrid, 322 S.
SALVADOR, A. (1981): *Acanthodactylus erythrurus* (SCHINZ, 1833) – Europäischer Fransenfinger. In: BÖHME, W. (Hrsg.): Handbuch der Reptilien und Amphibien Europas 1/I. Akad. Verlagsgesellsch., Wiesbaden, 376–388.
SALVADOR, A. (1982): A revision of the lizards of the genus *Acanthodactylus* (Sauria, Lacertidae). Bonn. Zool. Monogr. 16.

Acanthosaura armata
(HARDWICKE & GRAY, 1827)
Nackenstachler, E Horned Anglehead

Beschreibung: Körper und Schwanz des Nackenstachlers sind seitlich abgeflacht, der Kopf ist dreieckig, etwas länger als breit. Rückenkamm bis in die hintere Rumpfhälfte mit einer Reihe großer Stacheln versehen, die beiderseits von kleineren Stacheln flankiert sind. Zwei auffallende Stacheln am oberen Überaugenwulst und zwei weitere am Hinterkopf oberhalb der Ohröffnung. Beide Geschlechter mit Kehlsack und vom Armansatz schräg aufwärts nach hinten verlaufender Nackenfalte, die meist dunkler gefärbt ist. Rückenfärbung braun, hell- bis dunkeloliv mit helleren Flecken, die z. T. dunkel umrandet sind. Unterseite schmutzig weiß, marmoriert. Kehle z. T. rötlich gefärbt, Beine dunkel, gefleckt bis gebändert, Schwanz mit hellen Querbändern. Farbwechsel bei Aufregung bis in dunkelbraune oder schwärzliche Töne. Färbung der Jungtiere rötlich braun mit dunklen Flecken und rötlicher Kehle. Adulte Männchen mit verdicktem Schwanzansatz. Weibchen mit etwas geringerer Körpergröße, aber kompakter.
Von der nahe verwandten Art *A. crucigera* BOULENGER, 1885 unterscheidet sich *A. armata* durch die wesentlich höheren Nacken- und Rückenstacheln. Der Nackenkamm ist bei *A. crucigera* immer durch einen Abstand von 4 bis 5 Kammschuppen vom Rückenkamm getrennt, Größe: 27 bis 30 cm.
Geographische Verbreitung: Halbinsel Malaysia, Penang, Tioman und Anamba-Inseln. Im Süden Thailands bis zur Provinz Nakhon Si Thammarat. Südlich bis Singapur.

Biologie und Ökologie: Regenwald bis in Höhen von 750 m. Die Tiere scheinen die Nähe von kleinen Fließgewässern zu bevorzugen. Dort leben sie an Bäumen meist in Höhen zwischen 1 und 3 m. Ihre Beute jagen sie aber auch auf dem Boden. Steine und Baumstubben werden als Versteckplätze aufgesucht.

Terrarium: Hohes geräumiges Regenwaldterrarium (1,5 × 0,8 × 1,5 m) mit Kletterästen und zum Klettern geeigneten Rück- und eventuell Seitenwänden. Haltung paarweise oder mit anderen Arten vergesellschaftet, sonst untereinander recht territorial und aggressiv.

Ausstattung: Bepflanzung mit *Epipremnum pinnatum* 'Aureum' (= *Scindapsus aureus*), *Ficus*-Arten oder *Piper*-Arten als Ranker, sowie epiphytische Farnen oder Orchideen. Bodengrund besteht aus Lauberde oder einem Torf-Sand-Gemisch, leicht feucht gehalten. Wasserteil eventuell mit Bachlauf. Umlaufpumpe und Filter notwendig. Temperaturen um 28 bis 30 °C im oberen Bereich, nicht unter 20 °C am Boden. Nachttemperaturen leicht abgesenkt.

Heizung: Bodenheizfolie in einem Teilbereich. Strahlungsheizung im Kletterbereich.

Licht: Leuchtstoffröhren oder Quecksilberdampflampen.

Futter: Regenwürmer, Heimchen, Grillen, Falter, unbehaarte Raupen, Käferlarven, auch nestjunge Mäuse. Gelegentlich Kalk-Vitamin-Präparate.

Luftfeuchtigkeit: Tagsüber bei 70 %, nachts bei 90 %. Eventuell automatische Sprühanlage. Ausreichende Be- und Entlüftung mit kleinem Ventilator.

Überwinterung: Winterruhe in der Regenzeit zwischen September und November, im Terrarium Temperaturen leicht senken und eventuell Futterangebot etwas reduzieren, bis die Tiere wieder erhöhten Bedarf zeigen.

Nachzucht:
Paarung: Bei der Paarung umwirbt das Männchen das Weibchen durch nickende Kopfbewegungen, ergreift dieses schließlich durch einen Biß in den Nackenkamm und vollzieht anschließend die Kopulation. Diese dauert bis zu 5 Minuten, wobei der Nackenbiß nicht gelockert wird.

Eiablage: Die Weibchen legen nach einer Tragzeit von etwa 120 Tagen 10 bis 15 Eier im Boden ab. Dazu graben sie 10 cm tiefe Löcher und bedecken das Gelege anschließend mit Erde und Laub, wobei sie das Substrat mit Hilfe des Kopfes andrücken.

Inkubationszeit: Die Jungen schlüpfen nach einer Inkubationszeit von 190 Tagen bei Temperaturen um 21 bis 25 °C in einer Größe von ca. 70 mm.

Aufzucht: Sie sind leicht mit kleinen Insekten, deren Larven und Regenwürmern aufzuziehen. Regelmäßig Kalk- und Vitamingaben sind notwendig.

Geschlechtsreife: Nackenstachler können schon im Alter von eineinhalb Jahren fortpflanzungsfähig sein.

Literatur:
HARBIG, P., M. MARONDE (1983): Die Gattung *Acanthosaura* GRAY. Sauria 5(1): 31–33.
STEIOF, C., U. MANTHEY, W. DENZER (1991): *Acanthosaura armata* (HARDWICKE & GRAY). Sauria Suppl. 1991, 13(1–4): 217–222.

Acanthosaura crucigera
(BOULENGER, 1885)
Nackenstachler

Beschreibung: *Acanthosaura crucigera* ist wohl die am häufigsten im Tierhandel zu findende Nackenstachlerart. Von *A. armata* (HARDWICKE & GRAY, 1827) unterscheidet sie sich durch den 6 bis 8 mm breiten Zwischenraum zwischen dem von höheren Stacheln gebildeten Nacken- und dem aus nur etwa halb so großen Stacheln gebildeten Rückenkamm. Augen und Kopfstacheln sind unterschiedlich groß. Die Basis der lanzenförmigen Schuppen des Nackenkammes ist breiter als bei der anderen Nackenstachlerart. Die Färbung der Oberseite weist auf olivfarbenem bis graubraunem Grund bei den Männchen eine kontrastreiche hellgelbliche Marmorierung auf. Der Kopf ist oberseits bis unter die Augen dunkel, ein rautenförmiger Nackenfleck zieht sich seitlich als schmaler Streifen die Halsseite hinab. Bis zu diesem dunklen Streifen zieht sich ein breites weißlich-gelbliches Band, die untere Kopfseite hell absetzend, bis an das Trommelfell und bildet dahinter einen großen zum Hinterkopf hochreichenden hellen Fleck. Die Kehle ist weißlich, leicht marmoriert und kann sich bei Erregung dunkler verfärben. Der Schwanz hat breite dunkle Querbänder. Die Weibchen sind wesentlich unauffälliger gefärbt. Sie zeigen auf schokoladenbraunem Grund eine eher rindenartige Fleckung und eine auch am Schwanz geringere Kontrastierung der Querbänder. Die bei den Männchen so auffälligen Kontraste in der Kopfzeichnung fehlen. An ihrem Körperseiten können silbrigweiße Fleckchen auftreten. Größe: Bis 38 cm.

Geographische Verbreitung: Birma bis nördliches Malaysia, Thailand, Kambodscha, S-Vietnam.

Biologie und Ökologie: Regenwaldgebiete der Bergregionen von 1300 bis 1800 m ü. NN. An Bäumen und Felspartien.

Terrarium: Grundsätzlich wie bei *A. armata*. Die Tiere sollten als Zucht-

Acanthosaura crucigera

gruppe von einem Männchen mit zwei bis drei Weibchen gleichzeitig eingesetzt werden.

Ausstattung: Da sie relativ streßanfällig sind, ist für einen guten Sichtschutz in Form reicher Bepflanzung zu sorgen. Da die Tiere sehr gern das Wasser aufsuchen, ist ein geräumiger Wasserteil einzuplanen.

Heizung: Die Temperaturen im gleichmäßig geheizten Terrarium sollten bei 20 bis 25 °C liegen. Spezielle Aufwärmplätze sind nicht nötig. Nachts senkt man die Temperatur um einige Grad ab.

Licht: Tageslicht, Leuchtstoffröhren, Strahlungsheizer.

Futter: Wie bei *Acanthosaura armata*.

Luftfeuchtigkeit: Wird durch tägliches Überbrausen tagsüber auf 70 % gehalten, nachts kann sie auf 90 % steigen.

Nachzucht:

Paarung: Beim Verfasser konnte folgendes Paarungsverhalten beobachtet werden: Das Männchen nähert sich dem Weibchen mit heftigem Kopfnicken und dunkelverfärbtem gespreiztem Kehlsack. Das Weibchen senkte den Kopf ein wenig, woraufhin das Männchen es durch Nackenbiß festhielt und den Schwanz unter den ihren schob. Dabei ruhte das angehobene Hinterbein auf der Schwanzwurzel des Weibchens. Die Kopulation dauerte etwa 2 bis 3 Minuten.

Eiablage: 48 Tage nach der Kopulation legte das Weibchen dann 10 Eier in eine selbst gegrabene Erdhöhle. Die Eier waren pergamentartig, weißlich und 11 bis 12 × 18 bis 20 mm groß. Der Eiablagevorgang zog sich über etwa 2 Stunden hin, dann scharrte das Weibchen die Grube zu, festigte die Erdauflage durch Aufdrücken des Kopfes. Darauf folgten noch einige Scharrbewegungen. Auf Störungen während der Ablage beim Fotografieren reagierte es durch Kopfstoßen mit geöffnetem Maul. Es verharrte dann noch tagelang in unmittelbarer Nähe der Ablagestelle.

Inkubationszeit: Die Eier nehmen während der Inkubation an Größe zu. Die 65 bis 70 mm großen Jungen schlüpfen nach ca. 6 Monaten bei Temperaturen um 25 °C und 20 °C nachts.

Aufzucht: Die Aufzucht ist mit Kleininsekten, deren Larven und Wiesenplankton nicht schwer. Die Jungtiere wachsen relativ schnell heran.

Literatur:

HARBIG, P., M. MARONDE (1983): Die Gattung *Acanthosaura* GRAY. Sauria 5(1): 31–33.

Agama agama

STETTLER, P. H. (1974): Sozialer Streß bei *Acanthosaura crucigera* BOULENGER 1886. Das Aquarium 66: 552–556.

ULBER, E., T. ULBER (1984): Bemerkenswerte Verhaltensweisen bei *Acanthosaura crucigera*. Sauria 6(2): 29–30.

Agama agama
(LINNAEUS, 1758)
Siedleragame, E Common agama, F Agame de colons

Beschreibung: Siedleragamen gehören zu den bekanntesten Vertretern der Familie der Agamen (Agamidae). Kennzeichnend für die Gattung ist der dreieckige, an den Backen etwas aufgetriebene Kopf mit kräftigen Augenwülsten und deutlich sichtbarem Trommelfell. Der Rumpf ist nur leicht abgeplattet. Die Gliedmaßen sind kräftig, die Zehen mit starken Krallen versehen. Der Schwanz übertrifft die Kopf-Rumpf-Länge um das Doppelte. Er ist an der Schwanzwurzel kräftiger, im hinteren Bereich schwach seitlich zusammengedrückt. Der Körper ist von regelmäßig angeordneten, sich schindelartig überdeckenden, gekielten und in eine Spitze auslaufenden Schuppen bedeckt. Die Männchen besitzen einen niedrigen Nackenkamm. Dieser wie auch die Kehlfalte können bei Erregung aufgestellt werden. Die Grundfärbung ist bei diesen Agamen ein mehr oder weniger helles Graubraun mit einer dunklen Fleckenzeichnung. Bei Erwärmung und Erregung vollzieht sich bei den Männchen ein prachtvoller Farbwechsel: Der Kopf und die Kehle werden orangefarben bis rot. Körper, Schwanz und Gliedmaßen nehmen ein kräftiges Blau an, auf dem Rumpf und den Vorderbeinen dunkelblau, auf Hinterbeinen und Schwanz hellblau. Der Schwanz ist etwa an jedem 3. Wirtel durch eine türkisblaue Schuppenreihe quergestreift. Bei den Weibchen können auf dem Rücken orangefarbene bis hellrostfarbige Flecken auftreten, auf dem Kopf türkisfarbige Punkte. Bei manchen Unterarten treten auch die roten Farbtöne im Schwanzbereich auf. Dann ist die Übergangszone vom Blau des Rückens auf dem vorderen Schwanzabschnitt ein helles Grau, die Schwanzspitze nahezu schwarz. Durch die weiträumige Verbreitung im ganzen afrikanischen Kontinent ist eine große Variationsbreite bedingt. Größe: 35 bis 40 cm.

Geographische Verbreitung: Ganz Afrika mit Ausnahme der Sahara, des Kongobeckens und Bereichen Südwestafrikas (Namibwüste).

Man unterscheidet folgende Unterarten:

Agama a. agama
(LINNAEUS, 1758)
Mittleres Afrika.

Agama a. africana
(HALLOWELL, 1844)
Liberia.

Agama a. boensis
(MONARD, 1940)
Guinea-Bissau.

Agama a. dodomae
(LOVERIDGE, 1925)
Tansania.
Agama a. elgonis
(LÖNNBERG, 1922)
Kenia, Tansania, Uganda.
Agama a. lionotus
(BOULENGER, 1896)
Kenia, Uganda.
Agama a. mucosoensis
(HELLMICH, 1957)
Angola.
Agama a. savattieri
(ROCHEBRUNE, 1884)
Mittleres Afrika.
Agama a. spinosa
(GRAY, 1831)
Ägypten, Äthiopien.
Agama a. ufipae
(LOVERIDGE, 1932)
Tanganjika-See.

Biologie und Ökologie: Die Siedleragame ist ein ausgesprochener Kulturfolger, wie es ihr Name vielleicht schon andeutet. Sie macht sich die ständig fortschreitende Entwaldung des tropischen Afrika wie keine andere Echsenart zunutze. Sie lebt am Boden, auf Bäumen, an Mauern und Hauswänden, in Gärten, Parks, Grünanlagen im Siedlungsbereich und auch auf Mülhalden. Die Tiere leben gesellig in Gruppen zusammen. Die Größe solcher Gruppen kann mehr als 20 Tiere umfassen, die miteinander ein ziemlich deutlich abgegrenztes Jagd- und Wohnterritorium besetzen. Meist werden diese Gruppen von einem dominierenden Männchen, manchmal auch von einem starken Weibchen geführt. Die übrigen Gruppenangehörigen sind meist jüngere Tiere, die eine niedrigere Rangstufe in der Gruppe einnehmen.
Die Siedleragamen haben ein ausgeprägtes Sozialverhalten entwickelt, das das Zusammenleben durch Dominanz- und Demutsverhaltensweisen regelt. Kämpfe zwischen Kontrahenten spielen sich nach DAAN (1980) folgendermaßen ab: „Das Männchen nimmt auf einer vorspringenden Stelle seinen Posten ein, von wo es sein Territorium überblicken kann. Jedes andere Männchen, das es wagt, in seine Nähe zu kommen, wird mit einer Reihe von Drohhandlungen vertrieben. Dies beginnt mit zornigem Nicken des grellgefärbten Kopfes und Vorderkörpers. Ist der Eindringling dadurch nicht abgeschreckt, dann rennt das Männchen auf ihn zu und bleibt in kurzem Abstand in Drohhaltung stehen – den Körper vom Boden abgehoben, die kleinen Kehlfalten so weit wie möglich nach unten entfaltet. Flieht der Eindringling auch dann noch nicht, wechseln beide die Farbe: Der Kopf wird dunkelbraun mit einem hellen Steifen unter dem Auge, der Körper heller mit Flecken darauf. Bei dem darauffolgenden Kampf ist der Schwanz die wichtigste Waffe. Die beiden Tiere stehen parallel zueinander, die Köpfe nach verschiedenen Seiten gewendet. Fortwährend versuchen sie, den "Maulschellen„ des gegnerischen Schwanzes auszuweichen und selbst mit einem raschen Schlag den Kopf des Gegners zu treffen; sie drehen sich dabei umeinander wie Boxer im Ring. Während des Kampfes halten sie den Mund weit offen und geben ein zischendes Geräusch von sich, beißen aber nicht. Ist das fremde Männchen schließlich verjagt, nimmt der Sieger seine Vorrangstellung wieder ein, und die gewöhnliche Färbung kehrt zurück."
Dominierende Alttiere dulden die Jungen nur, solange diese die roten und blauen Prachtfarben nicht zeigen. Schließlich bleibt den Heranwachsenden aber nur die Suche und Eroberung eines eigenen Reviers.
Diese Territorien müssen ausreichende Schlupfwinkel als Schutz vor Beutegreifern, aber auch solche für die gemeinsame Übernachtung der Gruppe aufweisen, sie müssen über ein ausreichendes Futterangebot und Imponierplätze verfügen.
Terrarium: Die lebhaften Agamen benötigen ein geräumiges Terrarium von etwa 2 m² Bodenfläche. Es empfiehlt sich paarweise Haltung, ein Männchen kann auch mit mehreren Weibchen vergesellschaftet werden.
Ausstattung: Man wählt einen sandigen Bodengrund und Steinaufbauten und Äste. Eventuell werden zusätzlich modellierte Kletterwände eingebaut. In den ungeheizten Teil, den man leicht feucht hält, kann man auch Pflanzen wie Aloen, Agaven, Euphorbien, kleine Sträucher und andere Pflanzen des trocken-warmen Klimabereichs einpflanzen.
Heizung: Der Boden wird partiell mit Bodenheizplatten oder -kabeln erwärmt. Die Temperaturen sollten tagsüber bei 25 bis 35 °C liegen, Aufwärmstellen können 35 bis 42 °C haben. Nachts senkt man die Temperaturen um etwa 10 bis 12 °C.
Licht: Die Beleuchtung erfolgt mittels Leuchtstoffröhren oder HQL-Lampen.
Futter: Als Futter kommen alle mittleren und größeren Insekten in Frage, auch nestjunge Mäuse.
Feuchtigkeitsbedürfnis: Das Trinkbedürfnis stillen die Tiere durch Auflecken des Sprühwassers, eine kleine Trinkschale wird ebenfalls angenommen.
Nachzucht:
Paarung: Paarungsbereite Weibchen richten sich bei der Annäherung eines Männchens hoch auf und erwarten das Männchen mit gekrümmtem Rücken und gesenktem Kopf, den Schwanz hochgereckt. Das Männchen hält das Weibchen durch Nackenbiß fest und bringt seine Kloake unter die des Weibchens. Die Kopulationen dauern etwas über eine Minute.
Eiablage: Nach dem Beginn der Regenzeit legen die Weibchen 3 bis 8, meist 4 bis 6 Eier in selbst gegrabenen Erdlöchern ab, die sie anschließend wieder verschließen und sorgfältig glätten.
Inkubationszeit: Die Eier erreichen durch Feuchtigkeitsaufnahme während der Inkubationszeit etwa das Fünffache des Ablagegewichts. Die Jungen schlüpfen nach 2 bis 3 Monaten.
Aufzucht: Erfolgt mit kleinen Grillen, Heimchen, Heuschrecken, die mit Kalk- und Vitaminpräparaten bestäubt werden. UV-Licht ist notwendig.
Geschlechtsreife: Nach ca. 18 Monaten sind sie geschlechtsreif.

Literatur:
DAAN, S. (1980): Agamen u. Chamaeleons, Familie Agamen. In: Grzymeks Tierleben 6, Kriechtiere. dtv, München, 207–229.

Algyroides nigropunctatus
(DUMÉRIL & BIBRON, 1839)
Prachtkieleidechse, E Dalmatien algyroides, F Algyroïde à points noirs, I Algyroide magnifico
BArtSchV 1/1

Beschreibung: Schlanker Körper, Schwanz etwa doppelt so lang wie die Kopf-Rumpf-Länge, an der Basis etwas abgeplattet. Rückenschuppen diagonal gekielt, etwa doppelt so groß wie die Körperseitenschuppen. Bauchschuppen in 6 Längsreihen. Große gekielte Schuppen auch auf den Oberseiten der Gliedmaßen. Färbung der Oberseite von graubraun über rötlichbraune und olivfarbene Töne bis schwarzbraun mit unregelmäßiger oder in Reihen angeordneter schwarzer Punktierung und weißlichen Flecken auf Flanken und Schwanzseiten. Weiße, manchmal schwarz umrandete Flecken befinden sich auf den Hinterbeinen, z. T. auch auf den Vorderbeinen. Die Männchen besitzen eine orangerote Unterseite und eine leuchtend blaue Kopfunterseite und Kehle. Die Weibchen haben meist eine gelbliche bis grünlich-weiße Bauchseite. Bauchrandschilder der Männchen z. T. blau gefleckt. Größe: 18 bis 21 cm.

Geographische Verbreitung: Von *Algyroides nigropunctatus* gibt es zwei valide Unterarten.

Algyroides nigropunctatus nigropunctatus
(DUMÉRIL & BIBRON, 1839)
NO-Italien von Gorizia bis Triest, Istrien, Kroatien bis Montenegro (vorwiegend im Küstenbereich, in Flußtälern auch ins Landesinnere vordringend), auf einigen Adria-Inseln, Albanien und Griechenland (östlich bis Kastoria), Kerkyra (Korfu), Paxi und Levkas.

Algyroides nigropunctatus kephallithacius
KEYMAR, 1986
Kephallenia und Ithaka, hier gemeinsam mit **Algyroides moreoticus** BIBRON & BORY, 1833 vorkommend.

Biologie und Ökologie: Steinige Lebensräume mit ausreichender Vegetation, Gebäude- und Legsteinmauern, Steinhaufen, Felsen, oft in Gewässernähe, z. T. auch auf alten Olivenbäumen, in Gärten unter Hecken, macchieartiger Vegetation, an Zäunen und Pfeilern. Die Nähe menschlicher Besiedlung scheint bevorzugt zu werden. Die Hauptaktivitätszeit liegt in den frühen Morgenstunden und am späten Nachmittag. Zwischen 11.00 und 15.00 Uhr verbringen die Tiere die heiße Mittagszeit in kühleren und feuchteren Verstecken. Im Frühjahr und im Herbst sind die Tiere jedoch auch mittags zu beobachten. Prachtkieleidechsen sind auch bei Bewölkung und nach Sonnenuntergang aktiv. Ihre Vorzugstemperaturen dürften niedriger als bei anderen Lacerten liegen, die im gleichen Biotop vorkommen.

Die Tiere sollen zumindest im Frühjahr paarweise leben, der Verfasser beobachtete im Frühsommer Gruppen von mehreren Weibchen und einem Männchen, die relativ große Territorien an Legsteinmauern längs eines Gebirgsbaches bewohnten. Männchen verhalten sich territorial gegenüber Geschlechtsgenossen, wobei sie durch seitliches Abflachen ihres Körpers und Vorwölben der Kehle ihre auffallenden Farben zur Wirkung bringen. Weibchen und Jungtiere sind weniger territorial und untereinander recht verträglich.

Terrarium: Mittelgroßes, halbtrocken eingerichtetes Terrarium.

Ausstattung: Humoser Boden und Felsrückwand oder Steinaufbau und reichliche Bepflanzung mit mediterranen Gewächsen, auch Yuccas, Agaven und rankenden Pflanzen.

Heizung und Licht: Partiell geheizte Bodenfläche und Strahlungslampe. Beleuchtung mittels Leuchtstoffröhren.

Futter: Insekten aller Art und deren Larven, Regenwürmer, Heuschrecken und Grillen, Spinnen. Gelegentliche UV-Bestrahlung und Kalk-Vitamin-Präparate als Futterzusatz.

Feuchtigkeitsbedürfnis: Tägliches Übersprühen, Wassergefäß.

Überwinterung: Von November bis März in Überwinterungskiste mit leicht feucht gehaltener Laubwalderde unter Steinplatten in kühlem aber frostfreien Raum.

Nachzucht:
Paarung: Nach der Winterruhe, die in der Natur von Oktober bis Mitte April dauert, findet die Paarung statt.

Eiablage: Ende Mai legen die Weibchen 2 bis 3 Eier im Bodengrund ab. Eine zweite Legeperiode findet etwa 8 bis 10 Wochen später statt. Die Eier sind relativ groß.

Aufzucht: Die Jungtiere werden mit kleinen Insekten, Würmern und Spinnen gefüttert. UV-Licht ist empfehlenswert. Täglich mehrfach kurz sprühen und das Sprühwasser mit wasserlöslichen Vitaminpräparaten anreichern.

Geschlechtsreife: Wird schon erreicht, wenn die Weibchen halbwüchsig sind.

Literatur:
BISCHOFF, W. (1981): *Algyroides nigropunctatus* (DUMÉRIL & BIBRON 1839) Prachtkieleidechse. In: BÖHME, W. (Hrsg): Handbuch der Reptilien und Amphibien Europas 1/I, 418–429, Akad. Verlagsgesellschaft Wiesbaden.

Algyroides nigropunctatus

GLEICH, J. (1979): Die Prachtkieleidechse (*Algyroides nigropunctatus* (DUMÉRIL und BIBRON). herpetofauna, Ludwigsburg, 1(1): 22–23.
KATTINGER, E. (1972): Beiträge zur Reptilienkunde der südwestlichen Balkanhalbinsel. Ber. Naturf. Ges. Bamberg 47: 42–75.
KEYMAR, P. F. (1986): Die Amphibien und Reptilien der Ionischen Region (Griechenland). – Analyse ihrer rezenten Verbreitungsmuster und Überlegungen zu ihrer Ausbreitungsgeschichte. – ÖGH-Nachrichten 8/9: 8–44.
KÜCHLER, M. (1979): Herpetologische Ferien auf Korfu. DATZ 32: 211–215.

Ameiva ameiva
(LINNAEUS, 1758)
Ameive, E Djungle runner

Ameiva ameiva

Beschreibung: Die Ameiven ähneln unseren europäischen Eidechsen, sind aber mit relativ spitzem und hohem Kopf ausgestattet und ausgesprochen langschwänzig. Die durchschnittliche Kopf-Rumpf-Länge beträgt bei den Männchen 15 cm, bei den Weibchen 14 cm. Das untere Augenlid ist halb durchsichtig. Die lange Zunge ist in eine röhrenförmige Scheide zurückziehbar. Der Rücken trägt kleine granuläre Schuppen, die Schwanzoberseite gekielte Schuppen. Die Unterseite weist 10 bis 12 Längsreihen großer glatter, rechteckiger Schuppen auf. Die Färbung der Oberseite variiert innerhalb des Verbreitungsgebietes und der Unterarten. Die Rückenfärbung kann bläulichgrün, grün, olivfarben, braun bis gelbbraun sein. Der Kopf ist oft bräunlich, manchmal fast schwärzlich. Auch die Körperseiten sind dunkler. Zahlreiche schwarze Punkte und cremefarbene, gelbe oder grüne Flecken, die zur Bauchseite hin oft bläulich sind, laufen teils zu kurzen Querstrichen auf den Flanken zusammen. Die Rückenmitte hat eine eher helle Fleckung. Kehle und Hals können bläulich mit kleinen schwarzen Punkten sein. Die Unterseite ist schwach blau bis kräftig blau, bei den Weibchen teils auch cremefarben bis grau. Der vordere Schwanzabschnitt ist meist grün, der hintere braun gefärbt. Größe: 35 bis 63 cm.
Geographische Verbreitung: Tropisches Südamerika, im Norden bis S-Mexiko, im Süden bis Uruguay. In der Karibik auf Trinidad und Tobago, Swan Island, Isla de Providencia, St. Vincent, Grenadines, Grenada. In Florida eingeschleppt.

Ameiva ameiva ameiva
(LINNAEUS, 1768)
S-Venezuela, Guayana, NO-Brasilien.
Ameiva a. fulginosa
COPE, 1862
Swan-Insel, Isla de Providencia (Karibik).
Ameiva a. fischeri
VANZOLINI, 1986
Kolumbien.
Ameiva a. laeta
COPE, 1862
Brasilien.
Ameiva a. melanocephala
BARBOUR & NORLE, 1915
Isla Margarita, Z- und O-Venezuela.
Ameiva a. ornata
MÜLLER & HELLMICH, 1940
Kolumbien.
Ameiva a. petersii
COPE, 1868
Oberes Amazonasbecken.
Ameiva a. praesignis
(BAIRD & GIRARD, 1852)
Panama, Kolumbien bis W-Venezuela.
Ameiva a. tobagana
COPE, 1879
Trinidad und Tobago, St. Vincent, Grenadines, Grenada.
Ameiva a. vogli
MÜLLER, 1929
Venezuela.
Die Validität der Unterarten ist umstritten.

Biologie und Ökologie: Ameiven bewohnen alle möglichen warmen bis halbfeuchten Habitate, sind überall dort zu finden, wo neben reichlich Sonne auch geeignete Schattenplätze zu finden sind. Lichte Wälder, Palmenhaine, Kakao- und Bananenplantagen, Parks und Gärten werden ebenso bewohnt wie mehr oder weniger feuchte Graslandschaften, Ackerbereiche, Flußufer, sandiges Buschland und Böschungen. Man sieht diese behenden Tiere stets hektisch in Bewegung, immer auf Flucht bedacht. Sie graben auch gern.
Terrarium: Entsprechend ihrer Agilität benötigen die vorwiegend bodenbewohnenden Ameiven ein geräumiges flaches Terrarium. Die Bodenfläche sollte etwa 2 m² betragen, um dem Bewegungsdrang dieser Tiere einigermaßen zu entsprechen. Die Tiere sind am besten paarweise zu halten, da sie untereinander recht unverträglich sind.
Ausstattung: Ein sandig-lehmiger Bodengrund, der sich zum Graben eignet und leicht feucht, aber nie naß sein sollte, wird in einer Höhe von 20 bis 30 cm eingebracht. Gräser, Sukkulenten wie Agaven und am Boden wachsende Bromeliaceen, Hartlaubgewächse und Kleinsträucher, die ein hohes Maß an Wärme und eine gewisse Trockenheit vertragen, werden in Töpfen, die man oben mit einem Drahtgitter gegen das Ausgraben absichert, in den Bodengrund versenkt. Trockenes Wurzelholz dient als Unterschlupf.
Heizung und Licht: Viel Licht und Wärme sind Voraussetzung für das Wohlbefinden dieser etwas heiklen Echsen. Die Beleuchtung sollte mit Leuchtstoff-

röhren und HQL-Lampen, die Heizung eines Bodenabschnitts mit Bodenheizplatten erfolgen. Die erforderlichen Temperaturen sollten tagsüber bei 28 bis 32 °C, lokal am Boden bis 40 °C liegen, nachts nicht unter 22 °C.

Futter: Als Futter kommen Insekten und Spinnen, Würmer und nestjunge Mäuse in Frage, in der Natur werden auch Krebstiere und kleinere Echsen verzehrt. Gelegentlich wird auch süßes Obst angenommen.

Feuchtigkeitsbedürfnis: Die nötige Feuchtigkeit nehmen die Tiere zwar vorwiegend mit der Nahrung auf, ein tägliches Übersprühen ist jedoch zweckmäßig. Auch eine Trinkgelegenheit, die nicht gleich zugescharrt werden kann, ist vorzusehen.

Nachzucht:

Paarung: Die Paarungszeiten sind in einigen Bereichen ihres großen Verbreitungsgebietes saisonal festgelegt, in anderen ist die Paarung aber ganzjährig möglich.

Eiablage und Inkubationszeit: Die Gelege bestehen aus bis zu 8 Eiern, die an leicht feuchten Stellen im Boden abgelegt werden. Die Ablagestellen werden sorgfältig verschlossen und sind meist leicht an dem erhöhten Erdaushub im Terrarium zu erkennen. Man überführt die Eier am besten in einen Inkubator, da die Ameiven ihre Eier gelegentlich auch fressen.

Aufzucht: Jungtiere werden mit kleinen Fliegen, Grillen und Heimchen gefüttert, später mit größeren Insekten aller Art. Natürliche Besonnung oder UV-Bestrahlung sind lebensnotwendig. Das Futter wird zusätzlich mit Kalk- und Vitaminpräparaten eingestäubt.

Da die Jungtiere relativ früh innerartliche Aggressivität zeigen, ist für ausreichende Unterschlupfmöglichkeiten zu sorgen. Dazu bringt man geschichtete Steinplatten, Borkenstücke oder auch Korkeichenröhren ein, in denen die Tiere Schutz finden.

Sonstiges: Die ca. 20 Arten der Gattung *Ameiva* sind terraristisch bisher kaum erschlossen. Das liegt sicher auch daran, daß diese Tiere seit jeher als etwas heikel gelten. Der moderne Ferntourismus hat jedoch in den letzten Jahren vereinzelt immer wieder Tiere nach Europa kommen lassen, über deren Haltung und Fortpflanzung aber kaum Berichte vorliegen. *Ameiva ameiva* ist sicher die bisher bestuntersuchte und auch mit Erfolg nachgezogene Art, wir möchten deshalb weitere Arten aus dem karibischen und mittelamerikanischen Raum hier nur kurz tabellarisch vorstellen.

Gattung/Art	Größe Kopf-Rumpf-Länge	Geogr. Verbreitg./ Biotop	Kurzbeschreibung	Haltung/ Fortpflanzung/etc.
Ameiva auberi COCTEAU 1838/39 ca. 40 Unterarten	11,5–13,5 cm	Cuba, Bahamas Trockene Küstenbereiche mit Strandvegetation, Kokoshaine, Buschwald	Oberseite braun einfarbig oder mit Mittel- und Dorsolateralstreifen. Seiten dunkler braun oder schwarz mit roter oder brauner Musterung. Kehle cremefarben, gelb bis schwarz.	Trockenes Terrarium. Eier weiß, etwa 11,8 × 15,5 mm, weichhäutig. Werden bei 26 bis 34 °C und 90 bis 100 % rel. Luftfeuchte in ca. 30 Tagen inkubiert. Schlüpflinge etwa 100 mm.
Ameiva chrysolaema COPE, 1868 16 Unterarten	13–16 cm	Hispaniola und Randinseln Trockenes Waldland, Akaziengebüsch, Mangroven- und offenere Küstenbereiche, auch im Siedlungsbereich	Oberseite einfarbig oder mit 4 bis 7 hellen Streifen, blauen und gelben Punkten. Rückenmitte braun, graugrün, oliv bis schwarz, Seiten grau bis schwarz mit dunkler Fleckung oder Streifung, Unterseite weiß, rosé, bläulich bis grau, orange bis schwarz.	Trockenes Terrarium. Eiablage z. T. gemeinschaftlich in Erdhöhlen. Gelege von 5 Eiern werden jeweils mit Erde abgedeckt.
Ameiva corvina COPE, 1862 Keine Unterarten	11 cm	Sombrero-Inseln, nördlich der Kleinen Antillen	Rücken und Seiten dunkelbraun bis schwarz, einfarbig oder bei den Männchen mit brauner Fleckung. Schwanz teils grünlich gefleckt. Unterseite dunkelgrün bis schwarz, hellblau gefleckt.	Trockenterrarium. Keine Haltungs- und Fortpflanzungsfakten bekannt.

Gattung/Art	Größe Kopf-Rumpf-Länge	Geogr. Verbreitg./ Biotop	Kurzbeschreibung	Haltung/ Fortpflanzung/etc.
Ameiva dorsalis GRAY, 1838 Keine Unterarten	8,5–12 cm	Jamaika Dünenbereiche, Felspartien und Buschland in Küstennähe, auch in Siedlungsbereichen.	Grundfarbe des Rückens braun bis kastanienrot mit schwarzer Zeichnung und schmalem gelblich-grünen Mittelstreifen, gelblichen bis grünen Flecken an den Flanken auf zum Bauch hin mehr olivfarbenem Grund. Kopf und Nacken oliv. Gelber oder weißer Subocularfleck. Schwanz bei jüngeren Männchen blaugrün. Unterseite weißlich bis bläulich, Kehle grau, orange bis rostrot.	Terrarium trocken bis halbfeucht.
Ameiva exsul COPE, 1863 3 Unterarten	10–20 cm	Puerto Rico, Jungferninseln, Mona, Desecheo Auf sandigen Böden in offenen und halbschattigen Vegetationsbereichen, am Mangrovengürtel, in Küstennähe, auch in städtischen Anlagen, Parks und Gärten.	Rücken grau, hellbraun, oliv oder schwarz mit weißen Flecken. Seiten dunkler, schwarz getigert oder -gefleckt mit eingestreuten weißen Punkten, z. T. Querbalken bildend. Jungtiere mit hellen Längsstreifen. Unterseite weißlich bis grau, teils bläulich. Schnauzenspitze, Unterkiefer und Kehle rosa.	Trockenes Terrarium Eier rosafarben, 20 bis 22 × 13 bis 15,5 mm, Anzahl: 4 bis 7 je Gelege, werden 10 cm tief in humosem Boden vergraben. Jungtiere haben eine Kopf-Rumpf-Länge von 36 mm.
Ameiva festiva (LICHTENSTEIN & VON MARTENS, 1856) 4 Unterarten	11–13 cm	Mexiko bis Kolumbien Schattige Waldbereiche u. offeneres Gelände des mittelamer. Flachlandes	Unregelmäßig angeordnete, vergrößerte mittlere Kehlschilder. 8 Längsreihen von Bauchschildern. 40 Femoralporen. Brust und Nacken rotorange bis braun, Kehle blau, Unterseite blaßblau, seitlich schwarz gefleckt. Rücken braun mit braun-gelblichem Rückenmittelstreifen von der Schnauze bis zum Schwanz verlaufend. Schwarze Lateralstreifen, von unterbrochenen gelben Streifen gesäumt. Bandseiten z. T. olive mit gelben Backen. Weibchen mit deutlicherem Rückenmittelstreifen. Jungtiere mit gelbem zum Schwanz hin bläulich-grünem Rückenstreifen.	Trockenes bis halbfeuchtes Terrarium Ganzjährig fortpflanzungsaktiv, 2 bis 3 Eier je Gelege

Gattung/Art	Größe Kopf-Rumpf-Länge	Geogr. Verbreitg./ Biotop	Kurzbeschreibung	Haltung/ Fortpflanzung/etc.
Ameiva fuscata GARMAN 1888 **Keine Unterarten**	15–20 cm	Dominica Bananen- und Kokosplantagen, Buschwald der Küstenregion, Strandgrashabitate, Straßenränder im Regenwald, Böschungen, an Flußufern und Gräben, Wiesen und lichte Wälder.	Männchen bräunlich, grünlich bis grau mit starker schwarzer Fleckung. Gelbe Längslinien. Flanken braun mit ziegelroten oder bläulichen Flecken. Unterseite dunkelgrau bis blaugrau mit dunkelblauer Zeichnung. Weibchen lebhafter gefärbt als die Männchen, mit hellen Dorsolateralstreifen. Jungtiere ebenfalls gestreift.	Fortpflanzung ganzjährig, 3 bis 7 Eier je Gelege. Halbfeuchtes Terrarium mit Temperaturen zwischen 26 bis 40 °C.
Ameiva griswoldi BARBOUR, 1916 **Keine Unterarten**	9,5–12,5 cm	Antigua, Barbuda Halbfeuchte Biotope von der Küste bis ins Hügelland mit sandig-lehmigen bis humosen Böden, auch in Siedlungsbereichen.	Grundfarbe der Oberseite dunkelbraun bis rotbraun mit unregelmäßigen blaßgrünen bis gelblichgrünen Flecken oder Querbarren. Kopf hellbraun bis rotbraun. Flanken grau, bräunlich, grün bis blaugrün. Unterseite grünlichblau bis weiß, Kehle schmutzig grau.	Halbfeuchtes Terrarium
Ameiva leberi SCHWARTZ & KLINIKOWSKI, 1966	10–11 cm	Hispaniola: Barahonahalbinsel im Süden. Trockenwaldbereiche, Akaziengebüsch	Rückenfärbung einheitlich rost- bis rotbraun. Ohne Zeichnung. Bauchseiten blau. Unterseite grau bis orangerot. Kehle orange mit schwarzem Band.	Trockenes Terrarium.
Ameiva leptophrys COPE, 1893 **Keine Unterarten**	13 cm	Costa Rica, Panama Waldbereiche u. offenes Gelände, Lichtungen	Metallisch brauner Mittelrücken, teils grünlich schimmernd, hell gesäumt. Helle Lateralstreifen unterbrochen, gelb bis gelbgrau. Unterseite variabel weiß, bläulich, kupferrot z. T. mit unterschiedlicher Kehlfärbung. 44 bis 49 Fenoralporen. Weibchen mit schmalen dunklen Querbalken auf der mittleren Rückenzone.	Trockenes bis halbfeuchtes Terrarium
Ameiva lineolata DUMÉRIL & BIBRON, 1839 **6 Unterarten**	5–6 cm	Hispaniola mit Inseln Beata, Cabrit, Cabras und Catalina Trockensavannen, Kaktus-Akazien-Wälder, Weidenränder und feuchtere Kulturbereiche	Kleine Art mit auffälliger schwarzer und cremefarbener Längsstreifung. Gliedmaßen weißschwarz gemustert, Hände und Füße blau, Schwanz intensiv blau bis blaugrün. Unterseite rosa, weiß bis blau.	Trockenes bis halbfeuchtes Terrarium

Echsen

Gattung/Art	Größe Kopf-Rumpf-Länge	Geogr. Verbreitg./ Biotop	Kurzbeschreibung	Haltung/ Fortpflanzung/etc.
Ameiva maynardi GARMAN, 1888 3 Unterarten	7 cm	Bahamas: Great Inagua Strandnahe sandige Biotope mit spärlicher Vegetation	Kleine Art mit hellbraunem bis rotbraunem Rücken, einfarbig oder mit dunklen und hellen Längsstreifen oder graubraun, marmoriert, mit dunkleren Seiten. Unterseite graublau, grau, cremefarben bis weiß, Schwanz grau bis braun.	Trockenes Terrarium
Ameiva pleei DUMÉRIL & BIBRON, 1839 Keine Unterarten	15 cm	Kleine Antillen: Anguilla, St. Martin, St. Barthélémy und Nebeninseln Küsten- und Inland-Buschwerk auf sandigem und felsigem Boden, vom Mangroven-Rand bis auf die waldigen Hügel. In Opuntiendickichten und an Abfallplätzen.	Rückengrundfärbung schwarz, braun und grünlich sandfarben bis grau mit Querreihen von schwarz gerandeten, blassen, blaugrauen, cremefarbenen, und grünlichen Flecken. Hinterbeine und Schwanzoberseite mit kleinen blaugrauen bis blauen, weißlichen bis grünlichen Punkten und Flecken. Unterseite grau, graublau, blaugrün oder gelblich, seitlich dunkler durchsetzt.	Trockenes bis halbfeuchtes Terrarium
Ameiva pluvianotata GARMAN, 1888 2 Unterarten	16–17 cm	Montserrat und nordwestlich gelegene Redonda-Insel Im Wald und auf Weideland, im opuntienreichen Buschland und an den Stränden	Oberseits rötliches bis graues Hellbraun mit schwarzer Fleckung und hellbräunlicher bis grauer Marmorierung oder grün mit kleinen hellen Punkten. Auf Redonda schwarz ohne Zeichnung. Unterseite grau oder schwarz hinten mehr graugrün. Kehle rosa, grau oder blau. Weibchen oberseits grau, Flanken grün mit oder ohne braune Streifen, Unterseite bläulich.	Trockenes bis halbfeuchtes Terrarium.
Ameiva quadrilineata (HALLOWELL, 1860) Keine Unterarten	8–9 cm	Nicaragua bis NW-Panama Küstenflachland bis 1700 m NN. Strandbereiche, Buschland, Lichtungen, Böschungen, Flußufer	Hinterer Kehlbereich mit deutlich kleineren Schildern abrupt abgesetzt. 27 bis 34 Femoralporen. Mittlere Rückenzone gelbraun, von lebhaft gelben Streifen gesäumt, dunklere rostfarbige Dorsolateralstreifen mit schwarzen Flecken, Flanken hellbraun bis graubraun, mit kräftigen dunklen Flecken. Unterseite kupferfarben. Kehle bläulich bis rotorange, sehr variabel.	Trockenes Terrarium Ganzjährig fortpflanzungsaktiv, 2 Eier je Gelege, etwa alle 3 Wochen

Gattung/Art	Größe Kopf-Rumpf-Länge	Geogr. Verbreitg./ Biotop	Kurzbeschreibung	Haltung/ Fortpflanzung/etc.
Ameiva taeniura COPE, 1863 14 UNTERARTEN	10 cm	Hispaniola In mehr oder weniger trockenen Flach- und Hochlandbiotopen mit Busch- und Baumbeständen, an Lichtungen und Straßenrändern	Rücken sandfarben bis rot-braun oder grau, teils grünlich-braun mit 5 hellen gelben oder hellbraunen Längsstreifen. Seiten mit schwarzen Bereichen oder leuchtend grünen Dorsolaterallinien und auffallend gelben Flecken. Schwanz blau bis blaugrün, manchmal mit schwarzer Mittelzone. Kehle schwarz, orange oder gelb. Unterseite blaugrau.	Halbfeuchtes Terrarium. Die Eier werden im Boden unter großen flachen Steinen abgelegt. Die etwa 5 Eier eines Geleges sind 18 × 12 mm groß.
Ameiva undulata (WIEGMANN, 1834) 12 Unterarten	11–13 cm	Mexiko bis Costa Rica Vom Flachland bis 2000 m ü. NN. i. a. bis 1500 m ü. NN. in Wäldern und Waldrandgebieten, Gebüschen, Grasland u. a. offenen Gelände.	Mittlere vergrößerte Kehlschilder werden nach außen regelmäßig kleiner. Relativ breiter, grüner bis brauner Mittelrückenstreifen, metallisch schimmernd. Schwanzoberseite grau-braun mit dunklen Flecken. Schmaler cremeweißer Dorsolateralstreifen im vorderen Rumpfbereich. 7 bis 10 weißlich-blaue oder hellgrüne Querstreifen auf den Körperseiten, die eine schwarze Grundfarbe besitzen. Bauchseiten rötlich-braun. Kinn, Kehle u. Nackenregion weiß bis ziegelrot. Weibchen ohne helle Querbalken.	Trockenes bis halbfeuchtes Terrarium.
Ameiva wetmorei STEJNEGER, 1913 Keine Unterarten	4,5–5,2 cm	Puerto Rico Im offenen Wald- und Buschland, Opuntiendickichten und dergleichen	Sehr kleine Art mit schwarzem Rücken, der 7 bis 9 klare weiße, cremefarbene, orange oder rosafarbene Längslinien zeigt. Schwanz blau, Unterseite rosa bis kupferfarben.	Trockenes Terrarium

Literatur:

BARBOUR, T., G. K. NOBLE (1915): A revision of the Lizards of the genus *Ameiva*. Bull. Mus. Comp. Zool. 59(6): 417–479.

BASKIN, J. N., E. E. WILLIAMS (1966): The Lesser Antillean *Ameiva*. Stud. Fauna Curacao and Carib. Islands 89: 143–176.

ESTRADA, A. R. (1987): Datos sobre una puesta de *Ameiva auberi* COCTEAU (Sauria: Teiidae). Misc. Zool. Acad. Cien. Cuba 30: 2–3.

ECHTERNACHT, A. C. (1971): Middle American Lizards of the Genus Ameiva (Teiidae) with Emphasis on Geographic Variation. Univ. Kans. Press, Lawrence, 86 S.

GRANT, C. (1940): The herpetology of Jamaica. II. The reptiles. Bull. Inst. Jamaica Sci. Ser. 1: 63–148.

HEATWOLE, H., F. TORRES (1967): Distribution and geographic variation of the Ameivas of Puerto Rico and the Virgin Islands. Stud. Fauna Curacao and Carib. Islands 24(92): 63–111.

HOOGMOED, M. S. (1973): Notes on the herpetofauna of Surinam IV. The lizards and amphisbaenians of Surinam. Den Haag (Junk), 419 pp. (hier speziell S. 225–234).

LAMBERT, M. (1986): Herpetology in Jamaica with general reference to conservation. Brit. Herp. Bull. 18: 3–8.

LAZELL, J. D. (1961): The reptiles of Sombrero, West Indies. Copeia (4): 716–718.

LEWIS, A. R., J. F. SALIVA (1987): Effects of

sex and size on home range, dominance and activity budgets in *Ameiva exsul* (Lacertilia: Teiidae). Herpetologica 43(3): 374–383.
PETERS, J. A., R. DONOSO-BARROS (1986): Catalogue of the Neotropical Squamata. Part II Lizards and Amphisbaenians. Smithonian Inst. Press, Washington, London, 293 S.
POWELL, R. et al. (1989): *Ameiva taeniura*. Food habits. Herp. Rev. 20(2): 49.
RIVERO, J. A. (1987): Los anfibios y reptiles de Puerto Rico. M. Pareja Montana, 16, Barcelona, x + 152 + 148 pp.
SCHWARTZ, A. (1967): The Ameiva (Lacertilia, Teiidae) of Hispaniola. III. *Ameiva taeniura*, COPE, Bull. Mus. Comp. Zool. 135(6): 345–375.
SCHWARTZ, A., R. F. KLINIKOWSKI (1966): The Ameiva (Lacertilia, Teiidae) of Hispaniola. II. Geographic variation in *Ameiva chrysolaema* COPE. Bull. Mus. Comp. Zool. 133(10): 427–487.
SMITH, R. E. (1968): Studies on Reproduction in Costa Rican *Ameiva festiva* and *Ameiva quadrilineata* (Sauria; Teiidae). Copeia 2: 236–239.

Anguis fragilis
(LINNAEUS, 1758)
Blindschleiche, E Slow-worm, F Orvet fragile, I Orbettino, S Lución
BArtSchV 1/1

Anguis fragilis

Beschreibung: Schlangenähnliche Gestalt ohne Gliedmaßen, der Schwanz ist meist länger als die Kopf-Rumpf-Länge und kaum vom Körper abgesetzt. Körperschuppen glatt, 22 bis 36 in einer Querreihe um die Rumpfmitte. Im Gegensatz zu Schlangen mehrere Längsreihen von Schuppen auf der Bauchseite und wohlentwickelte Augenlider. Grundfärbung der Oberseite sehr variabel von hellbraun über rotbraun bis dunkelbraun reichend, z. T. bleigrau, oft mit kleinen bläulichen Punktflecken, vor allem bei männlichen Tieren. Schmale dunkle Längslinie auf der Rückenmitte und beiderseits vom hinteren Augenwinkel ausgehende dunkle Längsstreifen. 4 bis 6 feine Längsstreifen an den Flanken. Unterseite der Männchen gelblich bis schiefergrau oft mit heller Musterung, bei weiblichen Tieren schiefergrau bis schwarz. Jungtiere kontrastreicher gezeichnet mit cremegelber Oberseite und schwarzbraunen Flanken. Größe: 35 bis 52 cm.
Geographische Verbreitung: Ganz Europa mit Ausnahme der nördlichen Bereiche Skandinaviens, Rußlands und Irlands, weiter Bereiche S-Spaniens, Sardiniens, Korsikas, der Balearen, Kretas und der meisten Ägäis-Inseln. Im Osten bis W-Sibirien. Die S-Ukraine, Krim und das europäische Kasachstan sind unbesiedelt, die Tiere kommen aber im Norden der Türkei und im Nordwesten des Iran vor.

Anguis fragilis fragilis
LINNAEUS, 1758
Äußere Ohröffnung fehlend, 24 bis 26 Schuppen um die Rumpfmitte, blaue Fleckung nur bei Männchen auftretend. W-Europa mit angrenzenden Inseln.
Anguis fragilis colchicus
NORDMANN, 1840
Äußere Ohröffnung sichtbar, 26 bis 30 Schuppen um die Rumpfmitte, blaue Fleckung sehr häufig bei männlichen, gelegentlich auch bei weiblichen Tieren auftretend. O-Europa bis W-Asien.
Anguis cephallonicus
WERNER, 1894
Galt früher als Unterart.
A. peloponnesicus
STEPANEK, 1937.
Hat heute eigenen Artstatus. Äußere Ohröffnung fehlend, 32 bis 36 Schuppen um die Rumpfmitte. Zeichnung ähnlich der Jugendfärbung, gelbbraune, helle Oberseite, dunkelbraune bis schwarze Flanken und Unterseite. Peloponnes.

Biologie und Ökologie: Moore, Wiesen, Waldränder und Lichtungen, Heidegebiete, gelegentlich in Gärten und Parks. Oft unter flachen Steinen, Brettern und dergleichen. Im Norden meist in den Ebenen bis 300 m Höhe, in den Mittelgebirgen bis in die Kammlagen, in alpinen Gebieten bis 2400 m Höhe aufsteigend.
Dämmerungsaktiv, oft auch kurz vor oder während des Regens, morgens bis 10 Uhr, nachmittags vorwiegend zwischen 18 und 21 Uhr aktiv. Normale Sommertemperaturen um 20 bis 25 °C. Blindschleichen meiden sehr trockene Lebensräume, sind offenbar an feuchthumose Böden gebunden, deren trockenere besonnte Bereiche sie lediglich zum Sonnen aufsuchen.
Terrarium: Halbfeuchtes Terrarium mit großem Bodenteil bei geringer Höhe.
Ausstattung: Lockere Lauberde über einer Kies-Dränageschicht darüber Moosplatten, zum Teil auch Fallaub. Unterschlupfmöglichkeiten in Form von flachen Steinplatten oder Rindenstükken. Bepflanzung mit Waldgräsern, Efeu, Immergrün, kleinen Farnen.
Heizung: Mit einer Strahlungslampe tagsüber, so daß die Vorzugstemperatur von 28 °C erreicht wird. Bei sonniger Aufstellung Lampe über Thermostat steuern, um Überhitzung zu vermeiden.
Licht: Beleuchtung mittels Leuchtstoffröhren.
Futter: Regenwürmer, Nacktschnecken, unbehaarte Raupen, gelegentlich auch Spinnen, Asseln, Heimchen und frisch gehäutete Käferlarven.
Feuchtigkeitsbedarf: Die Tiere decken ihren Feuchtigkeitsbedarf bei täglichem Übersprühen der Pflanzen, ein kleiner Wassernapf ergänzt die Einrichtung.

Überwinterung: Von November bis März in einem frostfreien kalten Raum, Überwinterungskiste leicht feucht halten, aber nie naß.
Die Tiere sind auch ganzjährig im Freilandterrarium zu halten, wenn dieses eine frostsichere Überwinterungskammer aufweist. Hier können die Tiere auch gut mit anderen Arten vergesellschaftet werden.
Nachzucht:
Paarung: Die Paarung findet bald nach Verlassen der Winterquartiere im April bis Mai statt. Dabei ergreift das Männchen das Weibchen in der Nackenregion, biegt seinen Körper herum, so daß sich die Kloaken berühren und der dem Weibchen zugewandte Hemipenis eingeführt werden kann.
Geburt, Eiablage: Die Tiere sind vivi-ovipar, d. h. die Jungen verlassen die Eihüllen bei der Geburt nach einer Tragzeit von etwa 12 Wochen. Das Absetzen der 5 bis 26 Jungen geschieht je nach Wetterlage zwischen Juni und September. Die Jungen verlassen dabei in Abständen von wenigen Minuten den mütterlichen Körper und zerreißen durch kräftige Bewegungen die unverkalkten Eihäute bei einer Größe von 70 bis 90 mm.
Aufzucht: Da gelegentlich Kannibalismus beobachtet wurde, zieht man sie separat mit kleinsten Würmern und Schnecken auf.
Geschlechtsreife: Fortpflanzungsreif sind Blindschleichen mit dem 4. Lebensjahr wenn sie eine Größe von etwa 25 cm erreicht haben. Die Lebenserwartung ist sehr hoch, 46 Jahre Gefangenschaftshaltung sind nachgewiesen.

Literatur:
ALBRECHT, J. (1955): Über die Zucht und Pflege der Blindschleiche (*Anguis fragilis*). DATZ, 2: 175–176.
DELV, O. G. (1981): *Anguis fragilis* Linnaeus 1758 – Blindschleiche. In: BÖHME, W. (Hrsg.) Handbuch der Reptilien und Amphibien Europas 1/I. Akad. Verlagsgesellsch., Wiesbaden, 241–258.
GRILLITSCH, H., A. CABELA (1990): Zum systematischen Status der Blindschleichen (Squamata: Anguidae) des Peloponnes und der südlichen Ionischen Inseln (Griechenland). Herpetozoa 2(3/4): 131–153.
PETZOLD, H. G. (1971): Blindschleiche und Scheltopusik. Die Familie Anguidae. Neue Brehm-Bücherei 448, Wittenberg-Lutherstadt (A. Ziemsen).
RADEK, G. (1964): Zur Ernährung der Blindschleiche. DATZ 17: 317–318.

Anolis carolinensis
(DUMÉRIL & BIBRON, 1837)
Rotkehlanolis, E Green anole, Carolina anole, F Anolis de la Caroline, I Anolide verde

Beschreibung: *Anolis carolinensis* ist wohl der am häufigsten importierte *Anolis* oder Saumfinger, der schon Generationen von Terrarianern begeistert hat. Auffallend sind die Größenunterschiede zwischen den Geschlechtern, der aufstellbare Kehlfächer und das Farbwechselvermögen, das wir bei vielen *Anolis*-Arten finden. Die männlichen Tiere haben einen langen kräftigen Kopf, einen aufstellbaren Nackenkamm und einen großen Kehlfächer, der mit Hilfe des verlängerten Zungenbeins gespreizt wird. Die Weibchen sind ein wenig zarter gebaut, der Kopf ist kleiner und von den Augen zur Schnauzenspitze konkav abfallend. Der Kehlfächer ist nur klein. Die Schwanzlänge entspricht der doppelten Kopf-Rumpf-Länge. Die Gliedmaßen sind mit breiten Haftlamellen an den Zehen ausgestattet. Spitze Krallen an den Zehenenden erhöhen das Klettervermögen. Die Schuppen auf dem Körper sind klein.
Die Tiere zeigen einen sehr schnell ablaufenden physiologischen Farbwechsel. Im Ruhezustand und nachts sind sie hellgrün, bei Erregung dunkeln sie nach und das Grün geht schnell in ein fleckiges Braun über, das sich bis zum Schwarzbraun intensivieren kann.
Die grüne Grundfarbe wird auf der Rückenmitte vor allem bei den Weibchen durch eine helle, gezackte Rückenlinie unterbrochen. Kehle und Unterseite sind weißlich, der gespreizte Kehlfächer zeigt eine rotviolette Haut, von der sich die Kehlschuppen punktförmig weiß abheben. Die Augen zeigen oft eine bläuliche Umrandung. Größe: 13 bis 21 cm.
Geographische Verbreitung: USA, im Norden bis North Carolina, westlich bis SO-Oklahoma und M-Texas, sowie im unteren Rio Grande-Tal, südlich in allen Golfküstenstaaten bis Key West. Bei Vorkommensangaben von den Bahamas handelt es sich um die ähnlichen *Anolis smaragdinus*. Sie unterscheiden sich von *A. carolinensis* durch einen kurzen weißen Unteraugenstrich, der bis zum Mundwinkel reicht und einen kleinen, dunklen Achselfleck.
Biologie und Ökologie: Vorwiegend baumbewohnend, aber auch an breitblättrigen Gräsern, im Gebüsch, auf Rankpflanzen, Zaunpfählen, Mauern, Steinhaufen und ähnlichen sonnenexponierten Stellen in vorwiegend trockenem Gelände. In den Ortschaften in Gärten und Parks. Adulte Tiere bevorzugen teilschattierte Biotope, Jungtiere findet man meist an stärker besonnten Plätzen.
Terrarium: Mittelgroßes hohes Terrarium. Anolis-Männchen sind recht unverträglich, so daß sich nur in einem großen Terrarium mit ausreichenden Ausweichmöglichkeiten die Haltung mehrerer Männchen mit einer größeren Anzahl Weibchen empfiehlt. In kleineren Terrarien sollte ein Männchen nur mit 2 bis 3 Weibchen vergesellschaftet werden.
Ausstattung: Mit Kletterästen und reicher Bepflanzung. Boden sandig-humos, leicht feucht bis trocken.
Heizung: Strahlungsheizer oder in die Äste verlegte Heizkabel. Das Temperaturbedürfnis liegt bei 20 bis 28 °C, bei Tieren von den Bahamas bis 30 °C.
Licht: Beleuchtung mittels Leuchtstoffröhren. Natürliche Besonnung am Fenster. Gelegentliche UV-Bestrahlung. Die Tiere können während der warmen Sommerwochen auch in einem Freiluftterrarium untergebracht werden.
Futter: Wiesenplankton, Spinnen, Insekten mittlerer und kleinerer Größe, Larven aller Art, Jungechsen. *Anolis* zeigen oft ein wechselndes Interesse an den Futtertieren, so daß ein möglichst vielseitiges Angebot zur Verfügung stehen sollte. Gelegentliche zusätzliche Kalk- und Vitamingaben auf die Futtertiere.
Luftfeuchtigkeit: Bei 60 bis 70 % tagsüber, bzw. bis 80 % nachts.
Feuchtigkeitsbedürfnis: Tägliches Übersprühen der Pflanzen. Das sich in den Trichtern kleiner Bromelien ansammelnde Wasser wird als Trinkwasser genutzt.
Überwinterung: Bei leicht herabgesetzten Temperaturen zwischen 15 und 20 °C halten Rotkehlanolis eine Winterruhephase von etwa 8 Wochen, in der sie kaum Nahrung zu sich nehmen, aber regelmäßig mit Wasser versorgt werden müssen.
Nachzucht:
Paarung: Die Paarungszeit setzt einige Wochen nach der Winterruhe ein. Das Männchen wirbt mit weit gespreiztem Kehlfächer hoch auf den Vorderbeinen aufgerichtet unter gleichzeitigem Kopfnicken um das Weibchen, ergreift dieses sodann mit Biß in den Nacken und vollzieht die Paarung.
Eiablage: Nach 2 bis 3 Wochen legt das Weibchen zwei Eier in den lockeren feuchten Boden ab. Nach etwa 40 Tagen

schlüpfen die ca. 6 cm großen Jungtiere.
Aufzucht: Diese müssen separat aufgezogen werden, da sie sonst von den Elterntieren verspeist werden können. Kann man die Ablagestelle ausfindig machen, ist es besser, die Eier ohne Lageveränderung in einen Brutbehälter zu überführen.
Geschlechtsreife: Die Jungtiere erreichen oft schon nach einem Jahr die Geschlechtsreife, das Lebensalter wird mit 3 bis 5 Jahren angegeben.

Literatur:
FORMAN, F. (1970): *Anolis carolinensis*, Haltung und Zucht. DATZ 23(9): 280–282.
NEHRING, H. (1970): Artisten im Terrarium und ihre Kinder, Pflege und Zucht von *Anolis carolinensis*. Aquarien-Magazin 4: 38–41.

Anolis equestris
(MERREM, 1820)
Ritteranolis, E Knight anole, F Anolis á écharpe, I Anolide di Cuba, S Chipojo

Beschreibung: Kräftiger deutlich vom Rumpf abgesetzter dreieckiger Kopf mit verknöcherten Leisten, die von den Nasenlöchern über die Augen bis zum Hinterkopf verlaufen. Große Schuppen auf Flanken und Rücken, auf der Rückenmitte ein Kamm aus Stachelschuppen, der beim Männchen deutlicher ausgeprägt ist. Spreizbarer Kehlsack bei beiden Geschlechtern, beim Männchen aber größer.

Hintergliedmaßen wesentlich kräftiger als die Vordergliedmaßen. Haftlamellen an den mit starken Krallen versehenen Zehen. Schwanz etwa doppelt so lang wie Kopf und Rumpf. Färbung der Oberseite je nach Erregungszustand grün bis dunkelbraun bei Jungtieren, hellgrün bis dunkelgrün bei adulten Tieren. Weißer bis gelber, dunkel begrenzter Streifen, der von den hinteren Kehlseiten über die Schulter schräg aufwärts verläuft. Dieser ist bei Jungtieren weiß, bei weiblichen Tieren weniger ausgeprägt. Kehlfahne rosarot.

Kopfoberseite mit gelben Hornplatten von den Nasenlöchern über die Augen bis zum Hinterkopf und einem gelbgrünen Unteraugenstreifen, der am Mundwinkel endet. Junge Weibchen lassen sich durch den geringer ausgeprägten Rückenkamm und weiße Querstreifen auf Rücken und Schwanz leicht von den männlichen Jungtieren unterscheiden.
Größe: 33 bis 50 cm.

Anolis equestris

Geographische Verbreitung: Kuba, eingeschleppt in Florida.

Anolis equestris buidei
SCHWARTZ & GARRIDO, 1972
Kopfoberseite intensiv gelb, Schulterstreifen gelb mit schwarzer Begrenzung. Schnauze und Nacken hellblau.

Anolis equestris cincoleguas
GARRIDO, 1981
Cayo Cinco Leguas, Provinz Matanzas.

Anolis equestris equestris
MERREM, 1820
Körperschuppen grün mit grüner Unterhaut. Heller, gelber Über- und Unteraugenstreifen. Kuba: Provinz Pinar del Rio bis Provinz Las Villas.

Anolis equestris juraguensis
SCHWARTZ & GARRIDO, 1972
Kopf graugrün, gefleckt ohne gelbe Streifung. Schulterstreifen breit, weiß, sich bis über das erste Rumpfdrittel erstreckend. Graugrüne Rückenstreifen auf grünem Grund, Haut weißlich. Provinz Las Villas, Umgebung von Jaragua.

Anolis equestris perspasus
SCHWARTZ & GARRIDO, 1972
Dunkler einfarbig grüner Kopf. Hellgelber Schulterstreifen, der weit über die Rumpfseiten reicht. Hinterkörper und Schwanz mit weißen, fahlgrünen oder bläulichen Schuppen. Z-Kuba. Provinz Las Villas.

Anolis equestris potior
SCHWARTZ & THOMAS, 1975
Dunkelgrün schimmernder schwarzer Oberkopf, Kopf- und Schulterstreifen gelb. Körperfärbung bläulichgrün mit gelber Streifung, Gliedmaßen dunkel mit ebenfalls gelben Streifen. Islas Cajo Santa Maria und Cajo Las Brujas, nördlich von Z-Kuba.

Anolis equestris thomasi
SCHWARTZ, 1958
Provinz Camagüey, nordwestliche Provinz Oriente, ostwärts bis Banes und El Jobo.

Anolis equestris verreonensis
SCHWARTZ & GARRIDO, 1982
Kopfoberseite sehr dunkel bis schwarz mit kleinen weißen Flecken bis an die Schultern. Breiter, hellgelber Schulterstreifen, der relativ weit auf den Rumpf ausläuft. Große grüne Körperschuppen auf weißlicher Haut. SW Granma Prov.

Biologie und Ökologie: Die tagaktiven Ritteranolis bewohnen Bäume und starkes Gestrüch, besonders Palmen, und sind reviertreu. Hier lauern sie bewegungsarm auf Beute, die sie dann erstaunlich schnell überwältigen. Die natürliche Ernährung besteht vorwiegend aus kleineren Echsen, sowie allen Insekten bis hin zu Jungsäugern und Jungvögeln. Bei Behelligung ziehen sich die Tiere auf die dem Aggressor abgewandte Astseite zurück. Ritteranolis verlassen die Bäume nur, um andere zu besiedeln, halten sich bestenfalls bei der Verfolgung eines Beutetieres kurzfristig am Boden auf, bzw. zur Eiablage.

Terrarium: Geräumiges hohes Kletterterrarium mit kräftigen Ästen. Vergesell-

schaftung mit anderen Arten wird nicht empfohlen, männliche Tiere sind untereinander weitgehend unverträglich, können aber mit mehreren Weibchen vergesellschaftet werden.
Ausstattung: Bepflanzung mit robusten Rankpflanzen, wie *Philodendron* und *Monstera*, Bromelien und unempfindlichen Orchideen.
Heizung: Strahlungsheizung mit Tagestemperaturen um 28 bis 30 °C, lokal höher bis etwa 35 °C, Nachttemperaturen um 22 °C.
Licht: Leuchtstoffröhren, Quecksilberdampf-Lampen, gelegentlich UV-Bestrahlung.
Futter: Heimchen, Grillen, Wanderheuschrecken, Schaben, Spinnen, Schnecken, nestjunge Mäuse und andere größere Futtertiere. Manche Tiere nehmen auch Fleischstreifen von der Pinzette.
Luftfeuchtigkeit: Tagsüber bei 70%, nachts 85 bis 90%. Trinkgefäß in Form einer Tropfflasche.
Überwinterung: In den Wintermonaten legen die Tiere auch bei gleichbleibenden Temperaturen eine Freßpause ein, die mit einer zeitweisen Abmagerung einhergeht.
Nachzucht:
Paarung: Bei steigenden Lichtwerten und Temperaturen setzt im Frühjahr die Paarung ein, die im Geäst vollzogen wird.
Eiablage: Das Weibchen setzt während der Legeperiode von April bis November etwa alle 2 Wochen ein Ei im feuchten Bodengrund ab.
Inkubationszeit: Die Zeitigungsdauer beträgt bei 28 bis 30 °C etwa zwei Monate. Die pergamentartigen, weißen Eier werden in etwa 5 cm Tiefe im feuchten, aber niemals nassen, lockeren Humusboden abgelegt und unter entsprechenden Feuchtigkeitsbedingungen auch ausgebrütet.
Aufzucht: Die Jungtiere sind leicht mit vitaminisiertem Futter bei gelegentlicher UV-Bestrahlung aufzuziehen.
Geschlechtsreife: Sie erreichen im Alter von gut einem Jahr die Geschlechtsreife. In Gefangenschaft können sie ein Alter von 10 bis 15 Jahren erreichen.
Literatur:
BECH, R. (1986): Zur Haltung und Vermehrung von Ritteranolis im Terrarium, Aquarien – Terrarien, 1/86: 20–22.
BLUMBERG, A. (1977): Der Ritteranolis. Aquarien-Magazin 11: 230.
BREUSTEDT, A. (1991): Anolis equestris MERREM. Sauria Suppl. 13(1–4): 207–212.

Anolis garmani

GARRIDO, O. H. (1975): Nuevos Reptiles del Archipelago Cubano-Poeyana, La Habana, 114: 1–58.
SCHWARTZ, A. & O. H. GARRIDO (1972): The *Anolis equestris* Complex in Cuba. Stud. Fauna Curacao and Carib. Isl. 39(134): 1–86.
SCHWARTZ, A. & R. THOMAS (1975): West Indian Amphibians and Reptiles. Pittsburgh, Carnegy Mus. Nat. Hist. 213 S.
SZEEMANN, S. (1957): Nehmen *Anolis equestris* unter den Iguaniden eine Sonderstellung ein? DATZ 10: 270.

Anolis garmani
(STEJNEGER, 1899)
Jamaika-Anolis, E Jamaican anole

Beschreibung: Der Jamaika-Anolis gehört zu den größeren Arten unter den *Anolis* und ist bereits vielfach gehalten und nachgezogen worden. Bei einer Kopf-Rumpf-Länge von 13 cm bei den Männchen und 8 cm bei den Weibchen fällt der größte Teil der Gesamtlänge auf den Schwanz. Die Männchen unterscheiden sich von diesen durch einen flachen Kamm vergrößerter mittlerer Rücken- und Schwanzschuppen, eine weißliche bis orangefarbene grüngelblich gerandete Kehlwamme und vergrößerte Postanalschuppen. Die Färbung der Oberseite ist ein helles Smaragdgrün. Im Erregungszustand bilden sich gelbbraune Querbalken auf den Körperseiten, im Verlauf weiterer Umfärbung kann auch eine schwarzbraune Färbung eintreten. Nachts während der Ruhephase sind die Tiere gleichfalls dunkelbraun. Unterseite weiß. Größe: Bis 35 cm.
Geographische Verbreitung: Jamaika, eingeschleppt in Florida und auf Grand Cayman.
Biologie und Ökologie: *Anolis garmani* ist ein typischer Baumbewohner, der in den Bergwäldern Jamaikas bis auf etwa 1500 m Höhe aufsteigt. In niedrigeren Bereichen ist er an große Bäume und Bambusdickichte gebunden. Am zahlreichsten ist er im Bergwald mittlerer Höhenlage vertreten. Hier besiedelt er die epiphytenbewachsenen Baumkronen oft paarweise. Die Männchen sind äußerst territorial und verteidigen ihr Revier heftig gegen Eindringlinge. Sie verlassen die Bäume nur selten, um am Boden große Grillen, Schaben und andere Insekten zu erbeuten. Bei Störungen suchen sie jedoch auch im Bodenbereich Schutz. Bei Revierkämpfen können sich die Tiere erheblich verletzen. Die tagaktiven Tiere leben in ihrer Heimat bei Temperaturen um 30 °C tagsüber und etwa 22 °C nachts. Relative Luftfeuchtigkeit von tagsüber 60% und nachts 80 bis 90%. Während der Regenzeit (Mai bis Oktober) steigt sie tagsüber auf durchschnittlich 80% an.
Terrarium: Paarweise Haltung in geräumigen Hochterrarien (Maße ca. 80 × 60 × 120 cm oder besser größer). Jamaika-Anolis fressen andere kleinere Echsen; deshalb keine Vergesellschaftung

mit kleineren Arten und separate Aufzucht der Jungtiere.
Ausstattung: Mit rinden- oder korkeichenverkleideten Rück- und Seitenwänden und Kletterästen. Bodengrund humose Walderde. Bepflanzung mit Bromeliaceen, Philodendren und anderen Kletterpflanzen, Maranten und Calatheen. Freie Bodenflächen mit leicht feuchtem Torf-Sand-Gemisch zur Eiablage.
Heizung: Strahlungsheizlampe, 24 bis 30 °C tagsüber, 20 °C nachts.
Licht: Quecksilberdampflampen oder Leuchtstoffröhren.
Futter: Grillen, Heimchen, Schaben, Heuschrecken, Fliegen, Motten und Tagfalter.
Luftfeuchtigkeit: Tägliches abendliches Sprühen, um eine hohe Luftfeuchtigkeit während der Nacht zu erreichen, tagsüber reichen 60 bis 70 % aus.
Nachzucht: In Gefangenschaft pflanzen sich die Tiere ganzjährig fort.
Paarung: Die Paarung erfolgt nach beeindruckendem Werben seitens des Männchens durch Kopfnicken meist in einer Haltung, bei der alle Tiere kopfabwärts an Stämmen und Ästen kopulieren (VOGEL mündl.). Dabei trennen sich die Partner oft erst nach 20 Minuten.
Eiablage: Die zwei etwa 12 mm großen, weißen, weichen Eier werden vom Weibchen im leicht feuchten, lockeren Boden vergraben. Das Gelege wird wieder abgedeckt.
Inkubationszeit: Die Eier nehmen während der 60- bis 70tägigen Inkubationszeit durch Wasseraufnahme an Größe zu. Die Jungen öffnen die 20 bis 25 cm langen Eihüllen mit Hilfe des Eizahns und häuten sich bereits in den ersten Stunden. Die Eiablage erfolgt in Gefangenschaft alle 4 bis 6 Wochen.
Aufzucht: Die Jungen zieht man separat auf. Sie erhalten anfangs Wiesenplankton und kleine Heimchen und Grillen, später auch größeres Futter. Kalk-Vitamin-Gaben und UV-Bestrahlung nicht vergessen!
Geschlechtsreife: Nach drei Monaten können die Jungtiere bereits 15 cm Größe erreicht haben, die Geschlechtsreife erreichen sie am Ende des ersten Lebensjahres.

Literatur:
KRINTLER, K. (1977): Pflege und Zucht des Jamaica-Anolis (*Anolis garmani*). DATZ 12: 424–426.
KRINTLER, K. (1985): *Anolis garmani* STEJNEGER. Sauria Suppl. 7(4): Amph./Rept.-Kart. 31–32.
UNDERWOOD, G., E. E. WILLIAMS (1959): The anoline Lizards of Jamaica. Bull. Inst. Jamaica Sci. Ser. 9: 1–48.

Anolis roquet
(LACÉPÈDE, 1788)
Martinique-Anolis

Beschreibung: Die braunen bis grünen Kleinleguane der Insel Martinique bilden 6 gut zu unterscheidende Unterarten, die nachfolgend einzeln beschrieben werden, dgl. deren Geographische Verbreitung, Biologie und Ökologie.

Anolis roquet caracoli
LAZELL, 1972
Kopf hellgrau, Körperoberseite graubraun bis graugrün mit dunkelbraunen Flecken. Kehlfächer gelblich. Weibchen einfarbig bräunlich grau. Unterseite grau bis gelb. Größe: Männchen bis 19 cm, Weibchen bis 14 cm. Ile La Caravelle, NO-Martinique in lichten Wäldern, Buschwerk, Mauerwerk und Ruinen, auch an schattigen Plätzen.

Anolis roquet majolgris
LAZELL, 1972
Körperfarbe graubraun mit mehr oder weniger ausgeprägter dunkler Marmorierung. Alte Männchen mit weißer Kopf- und Nackenzeichnung, zum Teil bis hinter die Schultern. Augen schwarz umrandet. Kehlfächer halb gelb halb grau gefärbt. Unterseite weißlich gelb bis grau. Weibchen graubraun mit weniger auffallender Marmorierung und hellgrauem Kopf. Größe: Männchen bis 22 cm, Weibchen bis 11 cm. Verbreitung im Nordosten Martiniques um die Stadt Saint Marie, in verzweigtem Geäst von Buschwerk und größeren Bäumen. Bevorzugt in vegetationsreichen feuchteren Biotopen.

Anolis roquet salinei
LAZELL, 1972
Grundfärbung graugrün bis hellgrün mit 4 bis 5 schwarzen bis an die Körperseiten herabführenden Querbändern. Kopf mit kleinen gelben Flecken, zum Teil ganz gelb. Kehlfächer leuchtend gelb, oft mit kleinen linear angeordneten weißgrünen Flecken. Farbwechsel bis zu nahezu zeichnungslosem dunklem Graubraun. Weibchen hellgrün, graugrün bis graubraun mit kleinen gelben Flecken im Kopf- und Rückenbereich. Kehlfächer fehlend. Unterseite cremefarben, gelb. Größe: Männchen bis 23 cm, Weibchen bis 12 cm. Verbreitung von der Südostspitze Martiniques von Le Vauclin über Ste. Anne bis Le Martin in trockener Buschregion mit wenigen Bäumen.

Anolis roquet roquet
LACÉPÈDE, 1788
Körpergrundfarbe gelbgrün bis grün, Weibchen auch braungrün. Kopf und Nacken mit unregelmäßig angeordneten gelb gerandeten blauen Flecken, zu den Flanken hin in Querbändern angeordnet. Kehlfächer der Männchen gelb, bis hinter den Vorderbeinansatz reichend. Kehlfächer der Weibchen blaßgelb, bis kurz vor die Vorderbeine reichend. Weibchen mit beigem bis dunkel rotbraunem dorsalem Längsstreifen. Junge Männchen mit grünlichen dunkleren Rückenseitenstreifen, die an den Flanken in eine gelbgrüne Marmorierung übergeht. Unterseite gelblich weiß. Größe bis 22 cm, Weibchen erheblich kleiner. Verbreitet im Südwesten Martiniques von der Stadt Fort de France über Trois Ilets bis Ste. Luce an der Südküste. Bewohnt sowohl trockenere als auch feuchte Habitate, Wälder, Buschland, Plantagen, Gärten und Parks. Relativ hohe Populationsdichte selbst in den Orten. Männchen vielfach auf exponierten Plätzen, Weibchen versteckter lebend.

Anolis roquet summus
LAZELL, 1972
Grundfärbung dunkel smaragdgrün. Kopf und Nacken teilweise gelb mit zahlreichen weißen schwarzblau gerandeten Punkten. Kehlfächer dunkelorangegelb. Weibchen mit grüner Grundfärbung und vom schwarz gezeichneten Kopf bis an die Schwanzseiten verlaufenden schwarzen Rückenseitenstreifen.

Anolis roquet summus

Flanken und Hals oft mit bläulichem Schimmer. Unterkiefer und Kehle gelblich, oft hellbläulich überlaufen. Unterseite grün. Größe: Männchen bis 22 cm, Weibchen um 14 cm. Lebt im Gebirge bzw. Hochland im zentralen Norden Martiniques zwischen 400 und 800 m ü. NN. Regenwald mit hoher Luftfeuchtigkeit. In der Nähe von Ortschaften in höherer Populationsdichte.

Anolis roquet zebrilus
LAZELL, 1972
Graubraune Grundfarbe mit schwarzer Querbänderung von Nacken und Rumpf. Kopf heller mit kleinen dunklen Flecken. Kehlfächer hellgrau, in der unteren Hälfte hellgelb mit kleinen weißen Einschlüssen. Weibchen graubraun mit dunkler Rückenmarmorierung und leichter Querbänderung. Kehlfächer dunkelorange bis gelb. Unterseite weißlich gelb. Größe: Männchen über 23 cm, Weibchen bis 14 cm. Nordwestküste Martiniques im Bereich der Städte St. Pierre und Le Carbet. Relativ trockene Biotope. Busch- und baumbewohnend, vorwiegend an großen Stämmen, aber auch innerhalb der Ansiedlungen an Hauswänden, Mauern, Ruinen und anderen exponierten Sonnenplätzen.
Terrarium: Hohe Kletterterrarien mit viel Geäst. Gute Durchlüftung. Beleuchtung mittels Leuchtstoffröhren, natürliche Besonnung bei Aufstellung am Fenster.
Ausstattung: Bodengrund sandig-humos und locker mit Feuchtigkeitsgefälle. Bepflanzung der Äste je nach Herkunft der Tiere mit Tillandsien und anderen Bromelien, *Rhipsalis*, Orchideen und epiphytischen Farnen. Dazu rankende Gewächse wie *Ficus*-Arten oder Philodendren. Leichte Luftumwälzung mittels kleiner Ventilatoren.
Heizung: Strahlungsheizer. Temperaturen zwischen 24 und 28 °C, bei Tieren aus trockeneren Biotopen auch bis über 30 °C.
Futter: Kleinere und mittelgroße Insekten und deren Larven, Spinnen, unbehaarte Raupen, Heimchen, Grillen, Schaben. Die wasserspeichernden Trichter der Bromelien dienen als Trinkgelegenheit.
Luftfeuchtigkeit: 60 bis 80 %, bei *A. r. summus* bis 100 %, bei *A. r. salinei* unter 70 %.
Nachzucht: Paarung: Sie erfolgt meist in den Morgenstunden. Das Männchen nähert sich dem Weibchen mit ausgestülptem Kehlsack unter heftigem Kopfnicken, ergreift das Weibchen im Nakkenbereich und falls dieses sich nicht heftig zur Wehr setzt und damit Paarungsbereitschaft zeigt, erfolgt meist unmittelbar die Kopulation. Schüttelt das Weibchen den Partner jedoch ab, stellt dieser seine Bemühungen vorerst ein.
Eiablage: Die Weibchen haben eine Tragzeit von etwa 45 Tagen. Die pergamenthäutigen Eier werden im lockeren Bodengrund vom Weibchen vergraben. Die Jungtiere schlüpfen nach etwa 6 Wochen.
Aufzucht: Mit Kleininsekten wie Springschwänzen, Essigfliegen, kleinsten Heimchen und Grillen, bei ausreichender Vitaminisierung und gelegentlicher UV-Bestrahlung.

Literatur:
LAZELL, J. D., Jr. (1972): The anoles (Sauria, Iguanidae) of the Lesser Antilles. Bull. Mus. Comp. Zool. 143(1): 1–115.
HESELHAUS, R., M. SCHMIDT (1990): Karibische Anolis, Münster 88 S.
SCHMIDT, J. (1979/80): Warum eigentlich immer *Anolis carolinensis*? herpetofauna 3: 226–229, 5: 22–25, 8: 24–26.
SCHMIDT, M. (1993): Martinique – Die Heimat der schönen *Anolis roquet* DATZ 46(7): 458–461.
VERSTEGEN, L. (1988): Mijn ervaringen met de anolis *Anolis roquet summus*. Lacerta 46(10–11): 178–180.

Anolis sagrei
(DUMÉRIL & BIBRON, 1837)
Brauner Anolis, Bahama-Anolis, E Brown anole

Beschreibung: Mittelgroße, immer braune *Anolis*-Art. Mittlere Rückenzone mit leicht vergrößerten, gekielten Schuppen, Seitenschuppen körnig, gekielt. Schwanz seitlich zusammengedrückt mit Kammbildung. Rückenkamm fehlt. Färbung der Oberseite sehr variabel, Grundfarbe gelblich braun, hell- bis dunkelbraun, graubraun bis rötlich grau. Mittlere Rückenzone oft dunkler als der übrige Körper. Weibchen oft mit heller, schmaler Rückenlinie und rhombenartigen Flecken, die sich bis auf die Schwanzoberseite ziehen und hell gesäumt sind. Die Männchen zeigen eine eher vertikale Körperseitenzeichnung aus helleren und dunklen Flecken. Kehllappen von schmutzig gelb über orange und rot bis braunschwarz mit z. T. schwarzen Schuppen. Rand gelblich. Die Weibchen sind mit maximal 14 cm wesentlich kleiner als die bis 21 cm großen Männchen.

Geographische Verbreitung: Bahamas, Kuba, Florida, Jamaika, Cayman Inseln, Swan Inseln, Atlantikküste von Mexiko bis Belize.

Anolis sagrei sagrei
DUMÉRIL & BIBRON, 1837
Kuba, Isla de la Juventud, Jardines de la Reina, Archipiélago de los Cararreos, A. de Sabana-Camagüey, A. de los Colorados, Cayos de San Felipe, West- und Zentral-Jamaica, Little Cayman, Atlantik-Küste von Belize und Mexico, Insel Cozumel, Islas de la Bahia; in Florida und auf Grand Cayman eingeschleppt.
Anolis s. greyi
BARBOUR, 1914
Kuba, Provinzen Camagüey bis Ciego de Avila.
Anolis s. luteosignifer
GARMAN, 1888
Cayman Inseln: Cayman Brac.
Anolis s. nelsoni
BARBOUR, 1914
Swan-Insel.
Anolis s. ordinatus
COPE, 1864
Little und Great Bahama Banks; Crooked-Acklins Bank; Rum Cay, San Salvador, Cay Sal Bank.

Biologie und Ökologie: Diese Art ist vorwiegend in Bodennähe anzutreffen, wo sie eine Vielzahl von Habitaten bewohnt. Selten höher als 2 bis 3 m über dem Erdboden anzutreffen, sieht man diese Art oft auf Zaunpfählen, Mauern, Holzstapeln, wo vor allem die Männchen auffallen, die Weibchen halten sich ebenso wie die Jungtiere eher im Bereich

Anolis sagrei sagrei

der Krautzone auf, wo sie eine bessere Deckung genießen.
Tagaktiv, vorwiegend in der Zeit zwischen 10.00 Uhr morgens und Sonnenuntergang. Manche Tiere fangen aber auch in den Abendstunden im Sommer Insekten nach Geckoart unter Lampen. Braune Anolis sind untereinander nicht sonderlich verträglich. SCHWARTZ & HENDERSON (1991*) geben die Territorialgröße eines Individuums oder Paares mit knapp 40 m² an und beschreiben die Umfärbung des Territorialbesitzers, gleich welchen Geschlechts, in dunkelbraun bis schwarz, während der Eindringling seine blasse Farbe behält. Eindringende Weibchen werden vom ansässigen Weibchen attackiert, vom Männchen aber geduldet und hofiert. Dabei ist heftiges Kopfnicken bei den Weibchen und das Spreizen den Kehllappens bei den Männchen bezeichnendes Verhaltensritual. Hierbei vergrößern die Tiere ihre Seitenansicht durch Aufstellen eines Hautkammes auf dem Nacken.
Terrarium: Paarweise Haltung in kleineren Terrarien, bei Vergesellschaftung von zwei oder mehr Männchen mit einer größeren Zahl von Weibchen kommen nur sehr große Terrarien in Frage, die den Tieren entsprechende Rückzugsmöglichkeiten offerieren. In solchem Falle lassen sich zwar intraspezifische Auseinandersetzungen besser studieren, die Tiere leben jedoch u. U. im dauernden Streß, deshalb empfehlen wir die paarweise Haltung.
Ausstattung: Einrichtung mit Kletterästen, rindenverkleideter Rückwand und Boden- und Rankpflanzen. Sandig-humoser Bodengrund, der leicht feucht gehalten wird.
Heizung: Strahlungsheizer. Im Sommer ist die Unterbringung in Freilufterrarien möglich. Man sollte aber für kühlere Tage eine Wärmequelle vorsehen.
Licht: Tageslicht, Leuchtstoffröhren, gelegentlich UV-Bestrahlung.
Feuchtigkeitsbedarf: Tägliches Sprühen, kleiner Wasserteil oder Trinkgefäß.
Futter: Wie bei gleich großen Anolis-Arten (s. *A. carolinensis*).
Überwinterung: Von November bis Februar halten die Tiere eine Winterruhe.
Nachzucht:
Paarung: Nach VOGEL (mündl. Mitteilg) findet sie in den Frühjahrs- und Sommermonaten statt. Dabei umwirbt das Männchen das Weibchen durch heftiges Kopfnicken bei hoch auf den Vorderbeinen aufgerichtetem Körper und gespreiztem Kehlsack. Dieser wird dabei wiederholt eingezogen und erneut gespreizt. Das Weibchen beantwortet dieses Imponieren durch Kopfnicken. Das Männchen steigt dann auf das Weibchen, hält es mit den Vorderfüßen am Nacken fest und dreht seinen Schwanz unter den ihren, bis sich die Kloaken berühren. Nach der Einführung des Hemipenis führt das Männchen mit dem Hinterkörper pressende Bewegungen aus. Die gesamte Kopulation dauert etwa 2 bis 3 Minuten, dann trennen sich die Tiere und zeigen ein abschließendes Kopfnicken.
Eiablage: In Gefangenschaft setzt die Paarung häufig früher ein und es wird auch eine größere Zahl von Gelegen produziert. Das Weibchen legt dann alle 4 bis 5 Wochen 1 bis 2 Eier im leicht feuchten Boden ab.
Inkubationszeit: Überführt man diese 6 × 9 mm großen Eier in einen Inkubator, schlüpfen die etwa 46 mm langen Jungtiere bei Temperaturen um 25 °C nach eineinhalb bis zwei Monaten. Bei höheren Temperaturen verkürzt sich die Inkubationszeit. BEHLER & KING (1979*) geben Eiablagedaten von Juni bis September und 30 Tage Inkubationszeit an.
Aufzucht: Die Jungen werden mit Wiesenplankton, kleinsten Insekten, Springschwänzen und Essigfliegen, später mit entsprechend größerem Futter aufgezogen. Zugabe von Kalk-Vitamin-Präparaten und UV-Bestrahlung ist notwendig.
Geschlechtsreife: Jungtiere werden nach SCHWARTZ & HENDERSON (1991*) bei einer Kopf-Rumpf-Länge von 39 mm (Männchen) und 34 mm (Weibchen) geschlechtsreif. Die Lebenserwartung beträgt im Freiland für Männchen etwa ein Jahr, für Weibchen 1,8 Jahre, in Gefangenschaft werden die Tiere älter.

Literatur:
COCHRAN, P. A. (1989): *Anolis sagrei* (Brown Anole) Behaviour. Herpetol. Rev. 20(3): 70.
LEE, J. C., D. CLAYTON, S. EISENSTEIN, I. PEREZ (1989): The reproductive cycle of *Anolis sagrei* in Southern Florida. Copeia (4): 930–937.
MANTHEY, U. (1994): 9 Jahre Anolis-Zucht, Teil 1: Erfahrungen und Ergebnisse. Sauria 6(2): 31, Teil 2: 6(3): 23, Teil 3: 6(4): 9.
ROGNER, M. (1981): Zur Biologie des Braunen Anolis (*Anolis sagrei* DUMÉRIL & BIBRON 1837). herpetofauna I (11): 29–30.
RUIZ GARCIA, F. N. (1977): Observaciones sobre *Anolis sagrei* DUMÉRIL & BIBRON (Lacertilia, Iguanidae) en cautiverio. Misc. Zool., Acad. Cien. Cuba 6: 2.
SCHMIDT, J. (1979/80): Warum eigentlich immer *Anolis carolinensis*? herpetofauna-Teil 1(2): 226–329, Teil 2(5): 22–25, Teil 3(8): 24–26.

Basiliscus basiliscus
(LINNAEUS, 1758)
Helmbasilisk, E Common basilisc, F Basilisque à bandes, S Iguana jesuchristo

Beschreibung: Der Helmbasilisk besitzt durch Knochenstrahlen gestützte, aufrichtbare Hautkämme auf Kopf, Rücken und Schwanz. Der Körper ist relativ kurz, wird von kräftigen, verhältnismäßig feingliedrigen, mit recht langen Fingern und Zehen versehenen, bekrallten Gliedmaßen getragen, der muskulöse Schwanz ist gut doppelt so lang wie die Kopf-Rumpf-Länge. Der Körper trägt oberseits Körnchenschuppen, die Bauchschuppen sind im Gegensatz zu der verwandten Art *B. vittatus* ungekielt und glatt. Die Färbung der Oberseite ist grünlich bis braun. Die Unterseite ist gelblich. Ein heller Seitenstreifen zieht sich von der Schnauzenspitze unterhalb des Tympanums über den Hals bis hinter den Vorderbeinansatz. Ein schmalerer Dorsolateralstreifen verläuft vom Auge über den Hinterkopf und den Rücken bis zum Hinterbeinansatz. Über Hals und Rücken verlaufen dunkle Querbänder. Weibchen und Jungtiere mit geringer Helm- und Kammausbildung. Größe: Bis 90 cm.
Geographische Verbreitung: Nicaragua bis Kolumbien und Venezuela.

Basiliscus basilicus basiliscus
LINNAEUS, 1758
Südliche Pazifikküste von Nicaragua, Costa Rica, Panama, NW-Kolumbien
Basiliscus b. barbouri
RUTHVEN, 1904
N-Kolumbien, Venezuela (Santa Marta-Berge)

Biologie und Ökologie: Die tagaktiven Helmbasilisken bewohnen vorwiegend die Bereiche bewaldeter Flüsse, die über eine mindestens zeitweise Sonneneinstrahlung verfügen. Sie leben hier vorwiegend auf Bäumen im Uferbereich, wo man sie beim Sonnen oder auch im Schatten auf den Zweigen liegen sehen kann. Auf dem Boden befindliche Tiere flüchten meist auf Bäume, sie können aber auch auf den Hinterbeinen laufend Wasserflächen überqueren. Der Autor

Basiliscus basiliscus

konnte in Panama beobachten, daß junge bis halbwüchsige Tiere eine geringere Fluchtdistanz aufwiesen als erwachsene Exemplare. In der Natur werden neben Insekten Reptilien, und Jungvögeln auch süße Früchte verzehrt.

Terrarium: Man richtet den Basilisken ein geräumiges Kletterterrarium mit Wasserteil und reichlich Klettergeäst ein. Die Ausmaße sollten bei paarweiser Haltung 150 × 100 × 150 cm nicht unterschreiten, um den benötigten Aktionsraum für diese Tiere zu bieten. Vergesellschaftung eines Männchens mit mehreren Weibchen ist insofern vorteilhafter, als die sehr paarungsfreudigen Männchen ein einzelnes Weibchen zu sehr zu überlasten pflegen.

Ausstattung: Als Bepflanzung eignen sich kräftige Boden- und Kletterpflanzen, wie *Monstera*- und *Philodendron*-Arten, sowie Bromelien als Epiphyten, die in den humosen Bodengrund von etwa 20 bis 30 cm Tiefe eingesetzt werden.

Heizung: Durch im Boden unter den Ästen eingelassene Heizkabel. Die Temperaturen liegen am Tage zwischen 25 °C und 30 °C, nachts etwa 5 °C niedriger. Das Wasserbecken sollte mittels eines kleinen Aquarienheizers erwärmt werden.

Licht: Beleuchtung mittels Leuchtstoffröhren oder HQL-Lampen.

Futter: Fütterung mit Insekten, Schnecken, gelegentlich auch Regenwürmern. In der Natur werden auch Echsen, Frösche und Fische verzehrt. In Gefangenschaft können nestjunge Kleinsäuger und -vögel, Hunde- und Katzennahrung aus Dosen, Salat, süße Früchte wie Banane oder Weintrauben angeboten werden.

Luftfeuchtigkeit: Tägliches Übersprühen sorgt für die benötigte Luftfeuchtigkeit von tagsüber etwa 70 %, nachts etwa 90 %.

Nachzucht: In Gefangenschaft ganzjährig fortpflanzungsfähig. Es ist zu empfehlen, das Männchen zeitweilig abzusondern, um den Fortpflanzungsrhythmus der Weibchen nicht überzustrapazieren. Es gibt Berichte, daß Weibchen nach mehreren Gelegen erschöpft verstarben. BÖHME (1975) weist auf parthenogenetische Fortpflanzung hin, die gelegentlich bei *B. basiliscus* auftritt.

Eiablage: Zur Eiablabe graben die Weibchen an einer feuchtwarmen Bodenstelle 10 bis 20 cm tiefe Gruben, in die sie die 12 bis 15 × 21 bis 24 mm großen und bis zum Schlupf noch an Größe und Gewicht zunehmenden pergamenthäutigen Eier nacheinander in Abständen von etwa 4 bis 6 Minuten ablegen. Das Weibchen bedeckt anschließend die 7 bis 20 Eier mit Erde und drückt den Boden mit dem Kopf flach, scharrt auch Laub und andere Bestandsabfälle über die Ablagestelle.

Inkubationszeit: Zur Inkubation überführen wir die Eier in einen Inkubator, wo sie sich bei Temperaturen von 26 °C bis 30 °C in feuchtem Substrat innerhalb von 70 bis 100 Tagen entwickeln. Bei niedrigeren Durchschnittstemperaturen kann sich die Entwicklungszeit hinauszögern. Die mit einer deutlichen schwarzen Querstreifenzeichnung versehenen Jungtiere schlüpfen in einer Größe von 10 bis 13 cm.

Aufzucht: Die Jungtiere werden anfangs gemeinsam bei 27 °C in kleinen Regenwaldterrarien aufgezogen, später, wenn Dominanzverhältnisse auftreten, verkleinert man die Aufzuchtgruppen und stellt gleichrangige Tiere zusammen. Gefüttert wird möglichst abwechslungsreich mit kleinen Insekten und Obst. Anreicherung mit Mineralstoffen und Vitaminen, sowie eine regelmäßige UV-Bestrahlung ist für die erfolgreiche Aufzucht Bedingung. Wichtig ist auch ein Wasserteil in den Aufzuchtbehältern.

Geschlechtsreife: Im Alter von 5 Monaten beginnen Rivalitätskämpfe unter den Jungtieren, mit etwa 15 bis 18 Monaten sind sie bei einer Größe von 45 bis 50 cm geschlechtsreif.

Literatur:
BÖHME, W. (1975): Indizien für natürliche Parthenogenese beim Helmbasilisken, *Basiliscus basiliscus* (LINNAEUS 1758) (Sauria: Iguanidae). Salamandra 11(2): 77–83.
HUFENUS, M. (1956): Und es schlüpfte ein Basilisk. DATZ 9: 162–164.
KÖHLER, G. (1993) Basiliscus basiliscus (LINNAEUS). Sauria Suppl. 15(1–4): 283–288.
LUTTENBERGER, F. (1981): Haltung und Zucht von Helmbasilisken *Basiliscus b.*

Basiliscus plumifrons

basiliscus (LINNAEUS, 1768) und einige ökologische Daten ihrer Lebensräume aus Panama. Zeitsch. Kölner Zoo 4(24): 115–125.
MARTENS, J. G. W. (1977): Ervaringen met het houde en kweken van *Basiliscus b. basiliscus* in een huiskamer-terrarium. Lacerta 36(2): 19–21.
PERRON, S. (1974): Erfolgreiche Haltung und Nachzucht von *Basiliscus basiliscus* und *Basiliscus plumifrons* (Sauria, Iguanidae), Salamandra 10(2): 61–65.

Basiliscus plumifrons
(COPE, 1876)
Stirnlappenbasilisk, E Green basiliscine lizard, F Basilisque vert

Beschreibung: Der Kopf ist mit einem großen Hinterhauptslappen bestückt, dem hinter den Augen noch ein kleinerer vorangestellt ist. Der Nacken ist ohne Kamm. Der Rückenkamm kann so hoch ausgebildet sein wie der seitlich leicht abgeflachte Körper hoch ist, er endet vor dem Hinterbeinansatz. Der hohe Schwanzkamm nimmt etwa die ersten zwei Drittel der gesamten Schwanzlänge ein. Bei Erregung und Drohreaktionen wird die häutige Kehlwamme gespreizt.
Die Färbung ist ein leuchtendes, helles Blattgrün, zum Teil mit schmalen braunen oder schwarzen Querstreifen im oberen Rückenbereich und einer Dorsolaterallinie aus weißlichen, bläulichen oder hellgrünen Punkten und weiteren hellen Punkten auf den Kämmen, den Körper- und Schwanzseiten. Unterseite gelbgrün, Iris gelb bis orange. Weibchen ohne Stirnlappen und mit wesentlich niedrigeren Kämmen. Größe: Bis 70 cm.

Geographische Verbreitung: Guatemala bis Costa Rica.
Biologie und Ökologie: Überwiegend baumbewohnend im Regenwald, selten am Boden. Gute Kletterer, Läufer und Schwimmer. Flüchten häufig in und über Gewässer wie B. basiliscus.
Terrarium: Für *Basiliscus plumifrons* treffen fast alle bei *B. basiliscus* gemachten Angaben über Haltung und Pflege zu. Die Art ist jedoch als heikler im Vergleich mit *B. basiliscus* oder *B. vittatus* anzusehen. Auch bei dieser Art kann wegen der Unverträglichkeit unter den Männchen ein Männchen nur mit mehreren Weibchen vergesellschaftet werden. Die Vergesellschaftung mit gleichgroßen anderen Arten ist möglich.
Ausstattung: Ein größeres zum Schwimmen ausreichendes Wasserbecken ist notwendig. Es ist zweckmäßig, die Rückwände mit Rindenstücken zu verkleiden, um zusätzliche Laufflächen zu schaffen, damit sich die Tiere nicht bei ihren ungestümen Fluchtversuchen die Schnauzen an den Terrarienscheiben zerstoßen. Nur die Frontscheibe aus Glas und eine Terrariengestaltung mit vielen Ästen, Pflanzen und Unterschlupfmöglichkeiten beugen dem vor. Während der warmen Sommertage ist auch ein Freiluftaufenthalt möglich, der Raumwechsel behagt jedoch nicht immer.
Nachzucht: Ganzjährig im Terrarium fortpflanzungsfähig.
Eiablage: Die Weibchen vergraben die 5 bis 15 Eier ähnlich wie *B. basiliscus* in Erdhöhlen.
Inkubationszeit: Im Inkubator entwickeln sich die Eier innerhalb von 100 bis 130 Tagen bei 27 bis 32 °C (s. RESE, 1987). LANGHAMMER (1983) gibt für *B. vittatus* eine Zeit von 47 Tagen bei Temperaturen zwischen 27 °C und 30 °C bei einer rel. Luftfeuchte von 80 bis 90 % an, bei konstant 30 °C dauert die Entwicklung ungefähr 60 Tage.
Aufzucht: Haltung der 60 bis 100 mm großen Jungen bei 30 °C tagsüber und 22 bis 25 °C nachts in kleineren Regenwaldterrarien wie bei *B. basiliscus*.

Literatur:
LANGHAMMER, P. (1983): Nachwuchs beim Streifenbasilisken, *Basiliscus vittatus*. Das Aquarium, 164: 89–92.
MÜLLER, H. (1983): Beobachtungen bei der Haltung und Zucht von *Basiliscus plumifrons* im Terrarium. herpetofauna 5(26): 17–21.
PERRON, S. (1974): Erfolgreiche Haltung und Nachzucht von *Basiliscus basiliscus* und *Basiliscus plumifrons* (Sauria, Iguanidae), Salamandra 10(2): 61–65.
RESE, R. (1987): Basiliscus plumifrons COPE. Sauria Suppl. 9(3): 87–88.

Blanus cinereus
(VANDELLI, 1797)
Netzwühle, E Amphisbaenian, F Amphisbène cendré, I Blano cinereo, Anfisbena cinerea, S Culebrilla ciega
BArtSchV 1/1

Beschreibung: Regenwurmähnliche Gestalt, Kopf ist kaum vom Körper abgesetzt, der Schwanz kurz mit stumpfem Ende. Augenrudimente unter dem Okularschild kaum erkennbar. Körperbeschuppung in 110 bis 134 Körper- und 17 bis 42 Schwanzringen. Dorsalfalte bis zur Schwanzspitze, Lateralfalten bis zum After reichend. Mund endständig. Färbung ist fleischfarben rosa, violett bis rotbraun. Größe: 26 bis 28 cm.
Geographische Verbreitung: Iberische Halbinsel südlich der Pyrenäen und des Kantabrischen Gebirges, Marokko.
Blanus c. cinereus
(VAN DELLI, 1917)
Portugal und Spanien
Blanus c. mettetali
BONS, 1963
W-Marokko

Biologie und Ökologie: Lockere, das Graben ermöglichende Böden, eher trockener als feucht, von den Sandböden der Küsten bis in die humosen Böden der Korkeichenwälder auf 1400 m Höhe im Gebirge. Oft unter Steinen. Nachtaktiv, dann auch an der Bodenoberfläche, mäßige Bodenfeuchtigkeit, nächtlicher Tau. Bodentemperatur 15 bis 28 °C.

Bradypodion pumilum

Terrarium: Flaches Terrarium mit hoher lockerer Sandbodenschicht und aufliegenden Steinplatten.
Ausstattung: Bepflanzung nicht notwendig, evtl. getopfter kleinblättriger Efeu.
Heizung: Bodenheizplatte oder -kabel in einem Teilbereich.
Futter: Ameisen und deren Larven, Schmetterlingsraupen (Wachsmottenlarven), Käferlarven, kleinere Insekten und Würmer.
Feuchtigkeitsbedürfnis: Da die genauen Feuchtigkeitsbedürfnisse ungeklärt sind, empfiehlt sich ein Feuchtigkeitsgefälle im Boden, das man durch einseitiges Besprühen, aber auch durch humosere Teilbereiche, wie Waldboden oder Torf, die die Feuchtigkeit besser halten, erreichen kann.
Überwinterung: Bei herabgesetzten Temperaturen von Dezember bis Februar. Im natürlichen Lebensraum auch sommerliche Trockenruhe, während der sich die Tiere in tiefere Bodenschichten zurückziehen.
Nachzucht: Paarungsverhalten unbekannt. Netzwühlen legen wahrscheinlich nur ein einzelnes Ei von 5 × 27 mm Größe ab. Für ein spanisches Tier wird die Größe mit 6 × 34 mm angegeben. Zucht bisher nicht gelungen.
Bemerkung: Die Ringelwühle *Blanus strauchi*, die in der Türkei sowie auf Kos und Rhodos vorkommt, kann ebenso gehalten werden. Auch hier können keine näheren Angaben über die Lebensweise gemacht werden.

Literatur:
BUSACK, S. D. (1978): Diurnal surface activity in the amphisbaenian *Blanus cinereus* (VANDELLI, 1797) (Reptilia, Lacertilia, Amphisbaenidae). J. Herpetol. 12(3): 428.
OBST, F. J. (1959): Ringelechsen. Aquarien – Terrarien 6: 48.
SALVADOR, A. (1981): *Blanus cinereus* (VANDELLI 1797) Netzwühle. In: BÖHME, W. (Hrsg.): Handbuch der Reptilien und Amphibien Europas, Akad. Verlagsgesellsch. Wiesbaden, 1, I, 277–289.
STEMMLER, O. (1971): Ein Beitrag zur Kenntnis der Formen von *Blanus cinereus*. Rev. Suisse Zool. 78: 783–791.

Bradypodion pumilum
(GMELIN, 1789)
Buntes Zwergchamäleon, E Cape dwarf chamaeleon, F Caméléon nain
WA II, BArtSchV 2/1, 2/4

Beschreibung: In der Gattung *Bradypodion* werden mehrere Arten der Zwergchamäleons zusammengefaßt, die sich nicht immer leicht unterscheiden lassen. Die Systematik dieser Gruppe ist zur Zeit in Bearbeitung. Die farblich sehr schönen bunten Zwergchamäleons sind relativ schlank, der Kopf besitzt einen nur leicht erhöhten Helm. Die Kopfkanten sind mit großen konvexen Kegelschuppen besetzt. Der Rückenkamm besteht aus einzeln stehenden, konischen Höckerschuppen. Der Körper ist unregelmäßig beschuppt. Neben unregelmäßig verteilten größeren runden Schuppen läßt sich eine Reihe auffallend großer runder bis ovaler Schuppen im Bereich des Dorsolateralbandes erkennen. Auf der Kehlmitte befindet sich ein Kamm aus beschuppten Lappen, die an der Schnauzenspitze am größten sind. Die Grundfärbung der Oberseite ist braun, gelb oder grün mit einem Dorsolateralstreifen in bläulichem, rosafarbenem oder rötlichem Ton. Oft ist ein weiterer Längsstreifen an den unteren Flanken ausgebildet. Wie alle Chamäleons haben auch diese Tiere ein hohes Farbwechselvermögen, das von hellen gelblichen Tönen bis Schwarz reicht. Jungtiere sind anfangs braun, färben aber nach etwa 4 bis 6 Wochen um und zeigen dann das Farbkleid der adulten Tiere. Größe: 15 bis 18 cm.
Geographische Verbreitung: Südafrika, Namibia.
Biologie und Ökologie: Keine bestimmte Biotopbindung, vom Flachland bis in die kühleren Gebirgsbereiche vorkommend. Hier bewohnen die Tiere Sträucher, Stauden und Bäume. Oft auch im Kulturbereich, wo sie Parks, Gärten und Grünanlagen besiedeln. Hier finden sie oft ein reichhaltigeres Nahrungsangebot als im trockeneren Buschland. Bei Durchschnittstemperaturen von 25 bis 28 °C werden tagsüber durchaus 35 °C erreicht, nachts gehen die Temperaturen auf 20 bis 25 °C zurück. Für die Haltung ist es deshalb von Vorteil, den Herkunftsort der Tiere zu kennen, um diese Werte exakter simulieren zu können.
Die innerartliche Aggressivität ist nicht so groß, sofern die Tiere nicht auf zu engem Raum vergesellschaftet leben. Das Drohverhalten gegenüber Artgenossen besteht aus Kehlspreizen, Kopfnicken und seitlichen Schaukelbewegungen. Erkennt einer der Kontrahenten seine Unterlegenheit, so flieht er in geduckter Haltung mit gestrecktem Schwanz. Ergreift keiner der beiden die Flucht, kann es besonders unter den Männchen zu heftigen Beißereien kommen. Weibchen beißen seltener zu und veranlassen den Gegner meist schon durch Schaukelbewegungen des Körpers zum Rückzug. KÄSTLE (1967) konnte seine Chamäleons sogar durch relativ einfache Attrappen zu diesem Verhaltensmuster veranlassen.
Terrarium: Paarweise Haltung in geräumigen Behältern, die etwa eine Größe von 50 × 50 × 80 cm haben sollten, oder Einzelhaltung, falls die Partner nicht gut harmonieren, in größeren Anlagen ist auch die Unterbringung mehrerer Tiere möglich, es ist aber genau zu beobachten, ob dabei nicht dominierende Tiere andere ständig unterdrücken. Das würde bald zu Dauerstreß, Nahrungsverweigerung und möglicherweise zum Ableben führen.
Ausstattung: Die Einrichtung besteht aus dünnem Klettergeäst, etwa Zweigen von Schlehen oder Heckenpflanzen aller

Art, die den Tieren die Möglichkeit geben, sich ausreichend zu bewegen, vor Mitbewohnern Sichtschutz zu genießen, und bei stärkerer Erwärmung auch kühlere Plätze zu erklettern. Die Bepflanzung kann, wenn man nicht über südafrikanische Pflanzen verfügt, aus europäischen Arten bestehen. Es werden heute schon viele Arten aus diesem klimatischen Bereich angeboten. So kann man das Terrarium mit Hartlaubgewächsen aus dem Mittelmeerraum gestalten, wie Pistazien, Euphorbien, kleinen Zitrusgewächsen, Myrte und Gerberstrauch, Zistrosen und anderen Arten, deren teils üppigen Wuchs man gelegentlich beschränken muß. Als Bodengrund wählt man lockere sandig-humose Erden mit einer Bruchgestein- oder Kiesauflage. Dies dient eher optischen Gründen, denn die Chamäleons benötigen, da lebendgebärend, auch keine Eiablagesubstrate bestimmter Qualität.

Heizung und Licht: Man kann diese Art auch während der Sommermonate in Freilandvolieren halten. Die natürliche nächtliche Abkühlung und der Aufenthalt an frischer Luft und bei natürlicher Besonnung kann im Zimmerterrarium nie ersetzt werden. Deckt man einen Teil solcher Volieren gegen übermäßige Niederschläge ab, so läßt sich in diesem Bereich auch gut ein Wärmestrahler installieren, der an kühleren Tagen eingeschaltet werden kann, so daß die Tiere sich aufwärmen können.

Futter: Bei ausreichender Maschenweite der Freiluftvoliere ergibt sich auch ein zusätzliches Insektenangebot, wodurch das Nahrungsspektrum erweitert wird. Gefressen werden Fliegen, kleinere Falter, Heuschrecken, Heimchen und Grillen, Schaben, besonders gern auch Wachsmottenlarven.

Feuchtigkeitsbedürfnis: Durch tägliches Übersprühen des gesamten Behälters am Morgen sichert man eine ausgiebige Tränkung. Man kann eine zusätzliche Tropftränke aufhängen, sollte aber für täglichen Wasserwechsel sorgen. Wasserlösliche Mineralstoff- und Vitaminpräparate können hinzugefügt werden.

Nachzucht:

Paarung: Zur Paarung setzt man das Weibchen in das Terrarium des Männchens, falls die Tiere einzeln gehalten werden. Das Männchen beginnt dann meist sogleich mit auffälligem Kopfnicken, das ähnlich dem Verhalten beim Imponieren die Aufmerksamkeit des Partners wie auch des Konkurrenten erregen soll. Die Weibchen reagieren erst, wenn sich die Männchen nähern. Sind sie paarungsbereit, dulden sie es, daß das Männchen sie von hinten besteigt. Das Weibchen hebt dann leicht seinen Schwanz und das Männchen plaziert seine Kloake unter die ihre, damit beginnt eine 10 bis 30 Minuten anhaltende Kopulation.

Eiablage, Geburt: Nach 90 bis 105 Tagen der Gravidität setzt das Weibchen dann die Eier im Geäst des Terrariums ab, aus denen sich die 4 bis 21 Jungen in kurzer Zeit befreien. Die Eiablage erfolgt zweimal im Jahr meist in den Vormittagsstunden, vielleicht ein Hinweis darauf, daß die Tiere ihren Feuchtigkeitsbedarf dann noch von den Tautropfen aufnehmen können, die sich in der Vegetation befinden.

Aufzucht: Die Jungtiere sind in den ersten Wochen sehr feuchtigkeitsbedürftig, man übersprüht die Behälter deshalb morgens täglich. Die mit 3,5 cm nicht gerade großen Jungtiere bedürfen auch großer Aufmerksamkeit in der Fütterung. Kleinste Insekten wie Springschwänze, Essigfliegen, frisch geschlüpfte Grillen und Heimchen, Blattläuse und ausgesiebtes Wiesenplankton, das man regelmäßig mit Kalk-Vitamin-Präparaten einstäubt, stellen die Anfangsnahrung dar, später kommen dann entsprechend größere Futtertiere hinzu. VON FRISCH (1962) beobachtete, daß die Jungen schon wenige Stunden nach der Geburt anfingen, nach Beutetieren zu schießen, die Treffsicherheit aber von einem Lernvorgang, nämlich der Koordination des Gesichtswinkels mit dem Futteraufnahmewinkel, abhing. Während der ersten Wochen sollten die Temperaturen keineswegs 25 °C überschreiten, die heiklen Jungtiere benötigen auch eine gute Lüftung des Behälters.

Geschlechtsreife: Die Geschlechtsreife erreichen sie im Alter von 9 Monaten.

Literatur:
BURRAGE, B. R. (1973): Comparative ecology and behaviour of *Chamaeleo pumilus* and *Chamaeleo namaquensis* (Sauria: Chamaeleonidae). Ann. S. Afric. Mus. 61: 1–158.
FRISCH, O. V. (1962): Zur Biologie des Zwergchamäleons (*Microsaurus pumilus*). Zeitsch. Tierpsychol. 19: 276–289.
KÄSTLE, W. (1967): Soziale Verhaltensweisen von Chamäleonen aus der *C. pumilus bitaeniatus*-Gruppe. Zeitsch. Tierpsychol. 24: 313–341.
SCHMIDT, W. (1991): Ein buntes Zwergchamäleon aus Südafrika *Bradypodion pumilum*. DATZ 44(12): 778–783.

Calotes calotes
(LINNAEUS, 1758)
Schönechse, Sägerückenagame, E Bloodsucker, F Galéot, I Calote

Beschreibung: Dieser Vertreter aus der Familie der Agamen besitzt einen schlanken Körper mit abgerundetem Kopf auf relativ dünnen Gliedmaßen. Die Kopf-Rumpf-Länge beträgt etwa 90 bis 130 mm. Die Kehlhaut ist weit spreizbar. Der Rückenkamm wird aus am Nacken hohen, zum Schwanz hin kleiner werdenden, spitzen Sägeschuppen gebildet. Hohe Stachelschuppen befinden sich am Hinterkopf oberhalb des Trommelfells. Die Schuppen sind breit, gekielt und schindelartig angeordnet, auf der Bauchseite Längsfurchen bildend.
Die Färbung der Oberseite ist leuchtend smaragdgrün, z. T. auch braun bis schwärzlich, mit 5 bis 6 hellen oder dunklen, schmalen Querstreifen. Bei Weibchen treten auch helle dorsolaterale Längsstreifen auf.
Der Kopf der Männchen ist dunkelrot, bräunlich, orange bis gelbgrün mit weißen oder blauen Flecken unterhalb des Auges und Trommenfells. Die Flanken können bläulich gefleckt sein. Gestreßte Tiere färben meist ins Dunkelbraune um. Die Grundfärbung juveniler Tiere ist ebenfalls bräunlich. Männchen besitzen eine verdickte Schwanzwurzel, Weibchen haben niedrigere Kammschuppen. Größe: 50 bis 65 cm.

Geographische Verbreitung: Sri Lanka, S-Indien, Nikobaren.

Biologie und Ökologie: Feuchte Bergregionen bis 1500 m ü. NN, in trockeneren Zonen der flacheren Regionen oft in der Nähe von Fließgewässern auf Bäumen, Sträuchern, aber auch in Parks und Gärten, oft in unmittelbarer Nähe menschlicher Behausungen.
Die Tiere haben im Freiland eine unterschiedliche Fluchtdistanz, sind sehr territorial und untereinander recht aggressiv. Die bei der Mehrheit der Tiere hohe Fluchtdistanz macht diese wärmeliebenden Tiere zu etwas heiklen Pfleglingen im Terrarium.

Terrarium: Aufgrund der Territorialität und der hohen Fluchtneigung vieler Tiere empfiehlt sich die Haltung nur in sehr großen Terrarien mit reichem Klettergeäst, Kletterwänden und einer Bepflanzung mit relativ robusten Kletter- und Bodenpflanzen. Ausmaße ca. 200 × 60 × 140 cm.
Da die Tiere sehr unverträglich sind, sollten für die angegebenen Terrarien-

maße nicht mehr als ein Paar oder ein Männchen mit zwei Weibchen gleichzeitig gehalten werden. Die Tiere sind keine Pfleglinge für den Anfänger, ihre Haltung ist durch die Sensibilität auf Störungen schwierig.

Heizung: Die Temperatur sollte 25 bis 28 °C betragen, unter Spotstrahlern partiell auch bis 35 °C. Nachts sorgt man für eine Temperaturabsenkung um 5 bis 8 °C.

Licht: Die Beleuchtung erfolgt durch Leuchtstoffröhren oder HQL-Lampen.

Futter: Als Futter kommen alle möglichen Insekten in Frage, aber auch kleine Futtergeckos werden gern genommen, dazu kommen reichliche Kalk- und Vitamingaben.

Feuchtigkeitsbedürfnis: Die Tiere sind gute Schwimmer, deshalb sollte ein ausreichend großer Wasserteil vorhanden sein, der auch zur Erhöhung der Luftfeuchtigkeit beiträgt. Ansonsten wird täglich übersprüht. Die Tiere nehmen das Wasser in Tropfenform auf.

Nachzucht: Während die reproduktive Phase in trockenen Gegenden lebender Tiere in die Regenzeit fällt, pflanzen sich Tiere feuchter Regionen ganzjährig fort.

Paarung: Der Paarung gehen u. U. Revierkämpfe unter den Männchen voraus, danach wird das Weibchen durch Spreizen des Kehlsacks und Nicken mit Kopf und Vorderkörper umworben. Die Kopulationen erfolgen in etwa halbstündigem Abstand und dauern nur wenige Sekunden.

Eiablage: Die Eiablage der 6 bis 12 Eier, die eine Größe von 12 × 18 mm haben, erfolgt im Boden. Dazu sucht sich das Weibchen einen Platz mit gewisser Substratfeuchtigkeit.

Inkubationszeit: Im Inkubator sollte diese bei 70 bis 85 % Luftfeuchte liegen. Die Temperaturen werden auf 22 bis 26 °C gehalten, bei leichter nächtlicher Absenkung. Die Inkubationszeit beträgt etwa 80 Tage, dann schlüpfen die Jungtiere in einer Größe von 12 cm, wobei der Schwanz die Kopf-Rumpf-Länge erheblich übertrifft.

Bei KORNACKER (pers. Mitt.) setzte ein trächtig importiertes Weibchen 7 Eier ab, die bei konstanten 28 °C und 95 % rel. Luftfeuchte 73 bis 75 Tage bis zum Schlupf benötigten. Die Jungtiere stressten sich untereinander von Anfang an so stark, daß sie voneinander getrennt werden mußten, so daß kein Sichtkontakt bestand.

Aufzucht: Die Aufzucht erfolgt mit Kleininsekten aller Art, besonders mit gut vitaminisierten jungen Heimchen und Grillen. Obwohl man die Jungtiere anfangs gesellig halten kann, empfehlen wir die getrennte Aufzucht, da sich auch bei den Jungtieren bald dominierende Tiere herausbilden und andere dann unter ständigem Streß stehen. Eine regelmäßige UV-Bestrahlung ist unerläßlich.

Literatur:
DANIEL, J. C. (1983): The Book of Indian Reptiles. Bombay (Oxford Univ. Press).

DERANIYAGALA, P. E. P (1953): A colored atlas of some vertebrates from Ceylon. Vol. II Tetrapod reptilia. Colombo (Ceylon Governm. Press), i-xii, pls. I. XI, 1–35.

ERDELEN, W. (1984): The genus *Calotes* (Sauria, Agamidae) in Sri Lanka distribution patterns. J. Biogeogr. 11: 515–525.

Calotes versicolor

Calotes versicolor
(DAUDIN, 1802)
Blutsaugeragame, Schönechse, E
Bloodsucker, Indian lizard, F
Lézard-Arlequin, I Calote variopinto

Beschreibung: Kopf etwas länger als breit, deutlich durch die breiten Backen vom Hals abgesetzt. Körper seitlich abgeflacht. Hintergliedmaßen deutlich länger als die Vordergliedmaßen mit langen, bekrallten Zehen. Der spitz auslaufende nahezu runde Schwanz nimmt 2/3 der Gesamtlänge ein. Männchen mit durchgehendem Rückenkamm vom Hinterkopf bis zur Schwanzwurzel, Weibchen nur mit kurzem Nackenkamm. Männchen im Alter mit breiteren Kopfseiten und dickerer Schwanzwurzel sowie auffallenderem Farbwechselvermögen. Rhomboide Schuppen mit starker Kielung auf der Bauchseite, weniger starker Kielung auf Flanken und Rücken. Färbung der Oberseite lehmgelb bis gelbgrau, an den Körperseiten ein vom hinteren Augenrand bis auf die Schwanzseiten verlaufender Lateralstreifen, der oben und unten teilweise dunkel ge-

Calotes calotes

säumt ist. Von der Rückenmitte zu den Bauchseiten reichende helle Querstreifen und teilweise hellere Flecken im Flankenbereich. Schwanz zumindest im vorderen Bereich mit nicht sehr kontrastierender hell-dunkler Querbänderung. Dunkler Hinteraugenfleck. Unterseite cremefarben bis bräunlich. Gliedmaßen mit dunkler durch hellere Flecke unterbrochene Querbänderung. Männchen weniger kontrastreich gezeichnet, in Prachtfärbung mit hellem gelblichen Kopf, grüngelber Hals- und Rückenfärbung, die bis in dunkles Schwarzbraun verfärbt, die Kehle und der Kopf färben sich intensiv rot. Unter der Kehle bildet sich ein schwarzes Band, das bis hinter die Backen halsaufwärts reicht. Die Gliedmaßen sind sehr dunkel, der Schwanz ist oft cremefarben aufgehellt. Der Farbwechsel verläuft sehr unterschiedlich, so daß innerhalb des großen Verbreitungsgebietes die unterschiedlichsten Färbungen beschrieben wurden. Charakteristisch ist jedoch die rote Kopffärbung im Erregungszustand. Um dem Gegner zu imponieren, spreizt das Männchen seine Kehlhaut, richtet sich auf den Beinen mit abgeplattetem Körper auf und droht mit heftigem Kopfnicken. Unterlegene Männchen färben in bräunliche und graue Töne um.

Jungtiere sind auf graubraunem Grund mit durchgehenden, cremefarben hellen Lateralstreifen gezeichnet. Größe: 36 bis 50 cm.

Geographische Verbreitung: Afghanistan, Iran, Pakistan, Indien, Nepal, Burma, Thailand, Malaysia, Sumatra, Andamanen, Malediven, Ceylon, Laos, Kambodscha, Vietnam bis S-China.

Biologie und Ökologie: Offenes Gelände mit Busch- oder Baumbestand, Gärten und Parks, auch in steinigen Bereichen, auf Mauern, Pfeilern, Felsen etc., z. T. an Weg- und Straßenrändern, Böschungen und Rodungen, oft im unmittelbaren Wohnbereich.

Terrarium: Geräumiges Terrarium von wenigstens 150 × 80 × 100 cm für ein Männchen und zwei Weibchen.

Ausstattung: Da die Tiere sich durch ihr scheues Verhalten besonders in der Eingewöhnungszeit leicht die Schnauzen verletzten, empfiehlt sich eine Rück- und Seitenwandverkleidung mit Korkeichenrinde oder Preßkorkplatten, in die man Nischen für das Bepflanzen einplanen kann. Dazu kommen kräftige Kletteräste. Den Bodengrund aus humosem Waldboden-Sand-Torf-Gemisch bepflanzt man mit bodendeckenden, rankenden und freiwachsenden Pflanzen des südostasiatischen Raumes, wie *Aglaenema*, *Nephrolepis*, verschiedenen *Ficus*-Arten, *Pothos*, *Scindapsus*. Dazu können epiphytische Arten wie Platycerien, diverse Orchideen und Farne kommen. Der Bewuchs sollte aber immer freie Kletterbereiche auf den Ästen belassen.

Heizung: Die Tagestemperaturen hält man um 30 °C, unter dem Strahlungsheizer zwischen 35 °C und 45 °C, die Nachttemperaturen senkt man auf 20 bis 25 °C.

Licht: Beleuchtung mittels Leuchtstoffröhren mit relativ hohen Lux-Werten. UV-Bestrahlung und Vitaminisierung des Futters regelmäßig.

Futter: Als Futter werden alle üblichen Insekten genommen, aber auch hartschaligere Käfer, Ameisen etc. In der Natur werden auch andere Reptilien, Amphibien, Jungvögel, Eier, und junge Nager verzehrt.

Luftfeuchtigkeit und Feuchtigkeitsbedürfnis: Die Luftfeuchtigkeit soll tagsüber um 60 %, nachts um 90 % liegen. Tägliches Sprühen ist notwendig, ein Wasserteil muß so gegen den Bodengrund abgegrenzt sein, daß dieser nicht durch kapillare Ansaugwirkung allmählich versumpft und versauert.

Nachzucht: Nach einer kurzen Winterruhe bei kühleren Temperaturen, wie sie auch tagsüber im Verbreitungsbereich vorkommen, beginnt die Paarungszeit mit den territorialen Auseinandersetzungen der Männchen.

Paarung: MANTHEY (1985) beschreibt das Paarungsverhalten wie folgt: „Zwei zum Kampf bereite Männchen betrachten sich zunächst aus einiger Entfernung, nähern sich geradlinig und stürzen dann aufeinander los. Dabei stehen beide auf den Hinterbeinen und dem Schwanz, halten sich mit den Vorderbeinen fest und versuchen den Gegner zu beißen. Nicht selten gibt es ernsthafte Verletzungen, aber bevor es dazu kommt, kann der Kampf auch durch die Flucht eines Gegners plötzlich abgebrochen werden. Nach den Revierkämpfen kommt die Zeit der Paarung. Ähnlich der Herausforderung zum Kampf ist auch das Werbungsverhalten der Männchen. Der Vorderkörper wird so hoch wie möglich aufgerichtet. Sie öffnen und schließen ihre Schnauze schnell hintereinander und nicken mit dem Kopf. Die Paarung findet am Boden oder am Baumstamm statt. Das Männchen hält dabei das Weibchen mit den Vorderfüßen fest. Die Kopulation dauert nur eine Sekunde, wird aber mehrmals im Abstand von 20 Minuten durchgeführt."

Eiablage: Ablage der Eier durch die Weibchen im Boden. Die bis zu 25 weichen, ledrigen Eier in der Größe von durchschnittlich 7 bis 16 mm werden etwa 8 bis 15 cm tief vergraben.

Inkubationszeit: Man zeitigt die Eier bei 22 bis 30 °C in sterilem, feuchten Sand oder Feinkies. Die Inkubationszeit beträgt nach MANTHEY (1985) 37 bis 79 Tage, wobei der Langzeitwert einer Zeitigungstemperatur von 22 bis 23 °C entspricht.

Aufzucht und Geschlechtsreife: Die Jungtiere zieht man in geräumigen pflanzenreichen Terrarien unter den gleichen klimatischen Bedingungen wie bei den Alttieren auf. Mit Wiesenplankton und kleineren Zuchtinsekten, die man regelmäßig mit Kalk-Vitamin-Präparaten bestäubt, lassen sich die Tiere gut ernähren, und bereits nach 9 bis 12 Monaten erreichen sie, wenn auch noch halbwüchsig, die Geschlechtsreife.

Literatur:
MANTHEY, U. (1985): *Calotes versicolor* (DAUDIN). Sauria Suppl. 7(1): 3–6.
MATZ, G. (1976): Die Agamen (Schluß). DATZ 29(1): 32–35.
MERTENS, R. (1969): Die Amphibien und Reptilien West-Pakistans. Stuttg. Beitr. Z. Naturk. Nr. 197: 1–96.
WIMMER, H. (1965): Herpetologische Beobachtungen auf Ceylon. DATZ 18(6): 180–183.

Ceratophora stoddarti
(GRAY, 1834)
Hornagame

Beschreibung: Hornagamen kommen in drei Arten auf Sri Lanka vor, die alle ein bemerkenswertes Schnauzenhorn besitzen. Dieses ist bei *C. stoddarti* GRAY, 1834 etwa so lang wie der Abstand zwischen Nasenloch und Auge, dabei rund und dünn. Bei der kleineren *C. aspera* GÜNTHER, 1864 im Verhältnis zur Kopfgröße dicker und zapfenartig rundlich, bei *C. tennentii* GÜNTHER, 1861 schließlich blattförmig und senkrecht abgeplattet. *Ceratophora stoddarti* hat eine Kopf-Rumpf-Länge von ca. 80 mm, der Schwanz ist fast doppelt so lang. Der Kopf ist zur Schnauze hin konkav abfallend. Das Horn auf der Schnauzenspitze sitzt in der Mitte noch vor den Nasenöffnungen. Es ist als Schwellorgan ausgebildet und enthält ein weiches, schwammartiges Gewebe. Weibchen be-

sitzen kürzere Hörner, oder sie fehlen bei ihnen ganz. Nach MANTHEY & SCHUSTER (1992*) ist dies bei 42% der untersuchten Tiere der Fall. Auch bei Männchen kann das Horn fehlen. Im Nacken haben die Tiere eine aufstellbare Hautfalte, die wohl bei Rivalitätskämpfen zum Imponieren zwecks Verbreiterung der Körperseite genutzt wird. Sonst fällt sie schlaff zur Seite. Die Beschuppung der Oberseite besteht aus unregelmäßig angeordneten, unterschiedlich großen, dachziegelartig sich überdeckenden Schuppen. Diese sind allgemein auf dem Rücken kleiner als an den Körperseiten. Die hell olivgrüne Körperoberseite ist durch 5 bis 6 dunkle breite Querflecke auf der Rückenmitte und schmale, nur aus jeweils einer Schuppenreihe gebildete, schwarze, schräg von vorn nach hinten parallel verlaufende Streifen gekennzeichnet. Der Kopf ist oberseits bräunlich-grün bis schwarz, die Augen sind hell umrandet. Horn, Oberlippenschilder und Kehle sind weiß. Weißliche Schuppenränder haben auch einige Schuppen der Körperseiten. Der Schwanz ist am Körper enger, zur Spitze hin breiter dunkel quergebändert und auch bräunlicher. Weibchen sind insgesamt bräunlicher mit hellerem Rückenlängsband. Größe: Bis 23 cm.
Geographische Verbreitung: Zentrales Bergland von Sri Lanka.
Biologie und Ökologie: In Nebelwäldern des Hochlandes von 1500 bis 2100 m ü. NN aufsteigend. Im unteren Bereich der Baumstämme an lichten Stellen der Wälder, auch in Gärten. Die kryptisch gut angepaßten Agamen haben keine Fluchttendenz, sie bleiben bei Annäherung einfach sitzen. Auch beim Beutefang sind sie nicht sonderlich schnell.
Terrarium: Sehr große, reich bepflanzte Terrarien von etwa 150 × 80 × 120 cm oder ähnlichem Volumen. Die Tiere bedürfen einer weitgehend ungestörten Lebensweise und sind dem Anfänger in der Terraristik nicht zu empfehlen. Deshalb scheidet auch die Vergesellschaftung mit anderen Arten aus.
Ausstattung: Der sandig-humose Boden kann mit Laub abgedeckt sein, mit Moospolstern belegt werden und wird reichlich mit Bodenpflanzen, wie Farnen, Moosfarnen, aber auch Blattpflanzen wie Fittonien und Commelinaceen bepflanzt werden. Epiphytisch wachsende Farne und Orchideen setzt man auf die Äste und höhere Blattpflanzen. Rankende Pflanzen füllen auch die oberen Terrarienbereiche und überziehen die Rückwand, die man mit Borke stammähnlich ausstatten kann.
Heizung: Kleinere Wärmestrahler. Die Temperaturen sollten in den Aufwärmbereichen um 24 bis 29 °C liegen, ansonsten muß daß Terrarium ein relativ großes Temperaturgefälle besitzen, damit die Tiere sich die ihnen zusagenden Temperaturbereiche aussuchen können. Nachts sollte die Abkühlung etwa 10 bis 12 °C betragen.
Licht: Beleuchtung mittels Leuchtstoffröhren.
Futter: Als Futter kommen kleinere Insekten, wie Heimchen und halbwüchsige Grillen, auch Regenwürmer in Frage.
Luftfeuchtigkeit: Zur Erzeugung einer hohen Luftfeuchtigkeit täglich mehrfach Wasser versprühen oder besser fein vernebeln. Eventuell Einbau einer elektronisch gesteuerten Vernebelungsanlage. Die am Tage 55 bis 75%ige Luftfeuchtigkeit erhöht man nachts auf 80 bis 100%.
Nachzucht: Nur spärliche Angaben. Die Paarung soll nach MANTHEY & SCHUSTER (1992*) ohne vorherigen Biß seitens des Männchens und sehr „behutsam" erfolgen.
Eiablage: Gewöhnlich werden 4 Eier im Boden vergraben.
Aufzucht: Diese läßt man am leicht feucht gehaltenen Ablageplatz zur Entwicklung kommen, deckt sie evtl. zum Schutz mit einem aufgelegten Sieb oder „Gazekäfig" ab oder überführt sie in einen Inkubator bei 28 °C und 80 bis 90% Luftfeuchtigkeit. Geschlüpfte Jungtiere werden mit kleinsten Insekten und Würmern aufgezogen.
Mehrmaliges tägliches leichtes Übersprühen ist wichtig für die Feuchtigkeitsaufnahme.

Literatur:
DERANIYAGALA, P. E. P. (1953): A colored atlas of some vertebrates from Ceylon. Vol. II, Tetrapod reptilia. Colombo (Ceylon Governm. Press), i-xii, I. XI, 1-35.
SENANAYAKE, F. R. (1979): Notes on the lizards of the genus *Ceratophora*. Loris Colombo, 15(1): 18-19.
TOMEY, W. A. (1983): Von Stachelnasen, Stumpfnasen und Spitznasen – Agamen von Sri Lanka (Ceylon). Das Aquarium 167: 268-272 und 168: 321-326.

Chalcides bedriagai
(BOSCA, 1880)
Iberischer Walzenskink, E Iberian ocellated skink, S Eslizon iberico, F Gongyle ocellé ibérien
BArtSchV 1/1

Beschreibung: Der Iberische Walzenskink ist eine relativ kleinwüchsige Art mit kurzem Rumpf und kleinem Kopf. Der Rumpf ist im Querschnitt rundlich bis abgerundet rechteckig, die Extremitäten sind fünffingrig, relativ schwach entwickelt. Der Schwanz entspricht etwa der Kopf-Rumpf-Länge und ist ebensowenig wie der Kopf vom Rumpf abgesetzt.
Die Färbung der Oberseite ist hell oliv bis braun, die Rückenmitte etwas dunkler als die Rückenseiten. Ein dunkles Körperseitenband reicht vom Kopf bis zu den Hinterbeinen. Kleine Ocellen aus weißlichen, dunkel gerandeten Flecken sind auf dem hinteren Rumpf und dem Schwanz deutlicher ausgebildet als auf dem Vorderkörper. Die Unterseite ist zeichnungslos cremefarben bis hellbraun. Größe: 15 cm.
Geographische Verbreitung: Südliche und mittlere Iberische Halbinsel, vorwiegend in den Küstenprovinzen.
Biologie und Ökologie: Sandige bis steinige Böden mit Grasbewuchs, mediterranen Küstenpflanzen, Garigues, Wiesen und Krautbereiche, meist unter Steinen und Holz.
Nach SALVADOR (1981) ist die Art nur in den frühen Morgenstunden außerhalb

Ceratophora stoddarti

Chalcides bedriagai

ihrer Verstecke (zwischen dem Wurzelwerk von Pflanzen und unter Holz und Steinen) unterwegs, um auf Nahrungssuche zu gehen. Als Futter kommen in der Natur Käfer, Hautflügler, Schnabelkerfe, Spinnen und allerlei Larven der verschiedensten Insekten in Frage. Das Feuchtigkeitsbedürfnis ist gering, die Tiere nehmen Wasser- und Tautropfen auf.
Terrarium: Wie bei *Chalcides ocellatus*, eher flach als hoch mit sandigem Boden, etwa 60 × 40 cm Bodenfläche.
Nachzucht: *Chalcides bedriagai* ist lebendgebärend, es werden von Mai bis September vermutlich mehrere Würfe mit 1 bis 4 Jungtieren abgesetzt.

Literatur:
BUSACK, S. D. (1977): Zoogeography of Amphibians and Reptiles in Cadiz province, Spain, Ann. Carnegie Mus., Pittsburgh, 46(17): 285–316.
LOPES JURADO, L. F., P. JORDANO, M. RUIZ (1978): Ecologia de una poblacion insular mediterranea del eslizon iberico, *Chalcides bedriagai* (Sauria, Scincidae). Donana, Acta Vert. 5: 19–34.
SALVADOR, A. (1981): *Chalcides bedriagai* (BOSCA 1880) – Iberischer Walzenskink. In: BÖHME, W. (Hrsg.): Handbuch der Reptilien und Amphibien Europas 1, I. Akad. Verlagsgesellschaft, Wiesbaden, 309–317.
SEVA, E., A. ESCARRE (1976): El Eslizon iberico (*Chalcides bedriagai*) en el medio insular de Nueva Tabarca (Provincia de Alicante). Mediterranea 1: 61–115.

Chalcides chalcides
(LINNAEUS, 1758)
Erzschleiche, E Three-toed skink, F Seps strié, I Luscengola, Fienarola, S Eslizón tridáctilo
BArtSchV 1/1

Beschreibung: Körper blindschleichenähnlich, langgestreckt, im Querschnitt rundlich. Schwanz kaum länger als die Kopf-Rumpf-Länge. Kopf klein, nicht vom Körper abgesetzt mit längsovaler Ohröffnung. Gliedmaßen stark reduziert, dreizehig. Die glatten Rücken- und Bauchschuppen sind etwa gleich groß. Unteres Augenlid mit durchsichtigem „Fenster". Die Färbung der Oberseite ist sehr unterschiedlich. Auf bräunlicher, olivfarbener, sand- bis graubrauner Grundfarbe befinden sich unterschiedlich angeordnete hellere und dunklere Längsstreifen, es gibt auch streifenlose Tiere. Die Unterseite ist heller als die Oberseite. Die vier Grundzeichnungsmuster sind bei ORSINI & CHEYLAN (1981) sowie bei ENGELMANN et al. (1985*) abgebildet.
Geographische Verbreitung: Iberische Halbinsel, S-Frankreich, Sardinien, Italien nördlich bis zur Poebene, Marokko bis Libyen.
Biologie und Ökologie: Die Erzschleiche ist auf Wiesen- oder Rasenbiotope spezialisiert und kommt in ausgedehnten Grasflächen der Ebene, auf Brachland und Böschungen vor, besiedelt auch die Grashabitate am Rande der küstennahen Halophytenvegetation sowie Trockenrasenflächen der collinen Regionen, sofern dort eine gewisse Grundfeuchtigkeit vorhanden ist.
Terrarium: Flaches Terrarium etwa in den Maßen 80 × 40 × 40 cm mit 8 bis 10 cm Bodengrund aus leicht feucht gehaltener, humoser Sanderde.
Ausstattung: Bepflanzung mit einheimischen Gräsern, die sich leicht auswechseln lassen, oder entsprechenden Gramineen und Cyperaceen, die im Blumenhandel in z. T. recht ausdauernden Arten angeboten werden. Dazu eventuell mediterrane Gewächse. Einrichtung mit einigen Steinplatten, unter denen die Tiere Unterschlupfmöglichkeiten finden.
Heizung: Einen Bereich des Bodens mit Heizplatte oder -kabel, so daß sich im Boden ein Wärme- und Feuchtigkeitsgefälle bildet. Strahlungsheizer zur Lufterwärmung.
Licht: Leuchtstoffröhren zur zusätzlichen Beleuchtung bei Mangel an natürlichem Tageslicht.
Futter: Fütterung mit kleineren Insekten und deren Larven, Wiesenplankton, Spinnen, kleinen Würmern, Schaben, Heimchen.
Feuchtigkeitsbedarf: Trinkgefäß oder wassergefüllte flache Steinmulden. Die Tiere nehmen auch die auf den Pflanzen verbleibenden Tropfen nach dem täglichen Sprühen auf.
Überwinterung: Ab Oktober bis Februar/März im ungeheizten Terrarium bei Erhaltung der notwendigen Feuchtigkeit und Temperaturen um 10 °C.
Nachzucht:
Paarung: Die Paarung findet kurz nach Verlassen der Winterquartiere statt, also im europäischen Bereich ab April.
Tragzeit: Erzschleichen sind vivipar, die Tragzeit beträgt 3 bis 4 Monate. Die Anzahl der Jungen beträgt zwischen 3 und 13. Die Jungen sind bei der Geburt etwa 8 bis 11 cm groß.
Geschlechtsreife: Sie erreichen nach 2 bis 3 Jahren die Geschlechtsreife und werden etwa 10 Jahre alt.

Literatur:
CAPOCACCIA, L. (1966): Osservazioni su *Chalcides chalcides striatus* (Cuv.) in Liguria. Doriana 4, 172: 1–6.
CHEYLAN, M. (1972): Observations sur les reptiles de la montagne Sainte-Victoire (B. d. R.), écologie, répartition, moeurs Nat. Orléan. (3ème sér.) 5: 13–23.
KLAUSEWITZ, W. (1954): Eidonomische, taxonomische und tiergeographische

Chalcides chalcides

Untersuchungen über den Rassenkreis der Sinciden *Chalcides chalcides* und *Chalcides striatus*. Senckenbergiana 34(4/6): 187–203.
MÜLLER, P. (1971): Die *Chalcides chalcides*-Population des Monte Argentario (Italien) (Sauria, Scincidae). Salamandra, 7(3/4): 155–156.
MÜLLER, P. (1973): Monomorphismus und Polymorphismus italienischer *Chalcides chalcides*-Populationen (Sauria, Scincidae). Salamandra 9(1): 13–17.
ORSINI, J.-P. G., M. CHEYLAN (1981): Chalcides chalcides (LINNAEUS 1758) – Erzschleiche. In: BÖHME, W. (Hrsg.): Handbuch der Reptilien und Amphibien Europas 1/I. Akad. Verlagsgesellsch. Wiesbaden, 318–337.
STEMMLER, O. (1959): Die Skinke Sardiniens. Z. Vivaristik 5: 21–30.

Chalcides ocellatus
(FORSKÅL, 1775)
Gefleckter Walzenskink, E Ocellated skink, Eyed skink, F Gongyle ocellé, Seps ocellé, I Gongilo ocellato, S Eslizón ocelado

Beschreibung: Körper nicht unbedingt walzenartig rund, sondern eher abgerundet rechteckig im Querschnitt. Kopf und Schwanz kaum abgesetzt. An den Rumpfseiten befindet sich je eine seitliche Vertiefung, in die bei schlängelnder Bewegung die Vorderbeine nach hinten eingelegt werden. Die Schwanzlänge ist mit 35 bis 50 % der Gesamtlänge relativ kurz. Die meisten Exemplare haben in adultem Zustand regenerierte Schwänze. Die Körperbeschuppung besteht aus großen, glatten, rechteckigen Schuppen mit leicht gebogenem glatten Hinterrand, die mit Hautverknöcherungen unterlegt sind. Unteres Augenlid mit durchsichtigem „Fenster", große Schläfenschilder.
Die Färbung der Oberseite gelb- bis graubraun mit unregelmäßig oder in Querreihen angeordneten schwarzen, durch einen weißen medianen Längsstreif geteilten, schuppengroßen Flekken. Diese „Augenflecken" können an den Seiten auch zu einem Längsband angeordnet sein. Die Unterseite ist ungefleckt, weißlich-gelb. Größe: Bis 30 cm.
Geographische Verbreitung: Sardinien, Sizilien, Malta und kleinere Inseln, auf dem italienischen Festland nur bei Neapel, S-Griechenland mit kleineren Inseln im Bereich zwischen Euböa und dem Peloponnes, Kreta, Rhodos, Karpathos und Chios, N-Afrika bis Somalia, arabische Halbinsel, östlich bis Pakistan, nördlich bis in die SO-Türkei. Die Differenzierung der Unterarten ist gering, so daß an dieser Stelle auf eine Auflistung verzichtet wird.
Biologie und Ökologie: Trockene sandige bis steinige Böden mit Hartlaubvegetation wie Garrigue und Macchie, Stein- und Korkeichenwälder, aber auch geeignete Biotope in der Nähe menschlicher Behausungen, wie Legsteinmauern, Agaven- und Opuntienhecken, Olivenhaine, Gärten, wo sich die Skinke unter Steinen und im Bereich des Wurzelwerks der Pflanzen Gänge in den Boden graben oder solche von Nagetieren benutzen. Die Hauptvorkommen liegen in halbtrockenen Gebieten mit ausreichender Luftfeuchtigkeit. Die Aktivitätszeit liegt vorwiegend in den Tagesstunden, kann aber in heißeren Bereichen auch in die Dämmerungs- und Nachtzeit fallen. Die jahreszeitliche Aktivität ist durch eine Winterstarre von November bis März angegeben, die bei Populationen südlicher Regionen auch ganz entfällt.
Terrarium: Skinke sind Bodenbewohner, die nur selten beim Klettern zu beobachten sind. Deshalb ist ein flaches Terrarium mit einer Bodenfüllung aus Feinkies am geeignetsten. Die Verträglichkeit untereinander ist unterschiedlich, es werden einem Männchen besser nur 2 bis 3 Weibchen hinzugesellt.
Ausstattung: Als Unterschlupfmöglichkeit dient ein Steinaufbau aus flachen Platten, unter denen sich die Tiere verkriechen können. Pflanzen des Mittelmeerraumes, vorwiegend Sukkulenten und Hartlaubgewächse, setzt man in Töpfen in den Bodengrund ein.
Heizung und Licht: 1/3 des Bodens sollte mit einem Heizkabel erwärmt werden. Eine Strahlungslampe erwärmt zusätzlich einen Platz zum Sonnen, so daß lokale Bodentemperaturen von 30 bis 38 °C erreicht werden. Die nächtlichen Temperaturen sollten nicht unter 20 °C liegen. Bei unter 15 °C verfallen die Tiere in Winterruhe.
Futter: Die recht räuberisch lebenden Walzenskinke haben ein großes Futterspektrum. So nehmen sie neben tierischer Nahrung in Form von verschiedenartigsten Insekten und deren Larven, Schnecken, Regenwürmer und Spinnen auch pflanzliche Nahrung zu sich, wie Bananenstückchen und anderes süßes Obst. Es werden aber auch Fleischstückchen von der Pinzette genommen sowie ausgelegte Futterpellets. Alle kleineren Echsen, selbst die eigenen Jungen, fallen in das Beutespektrum.
Feuchtigkeitsbedürfnis: Ein Trinkgefäß oder eine wassergefüllte Steinmulde ist vorzusehen, da die Tiere ein relativ großes Trinkbedürfnis haben.
Überwinterung: Zur Überwinterung stellt man das Terrarium für einige Wochen in einen Raum mit 10 bis 15 °C. Für eine ausreichende Feuchtigkeit ist dabei zu sorgen.
Nachzucht:
Paarung: Im afrikanischen Teil des Vorkommens beginnt die Paarungszeit Ende

März, in Italien etwa im April, eine zweite Phase liegt im Spätsommer. Das Männchen jagt das Weibchen, beißt sich in der Ohrgegend fest und vollzieht dann die Kopulation, die innerhalb der folgenden Tage mehrmals wiederholt wird.
Trächtigkeit: Die Weibchen bringen lebende Junge zur Welt, die Trächtigkeitsdauer wird mit 45 bis 56 Tagen angegeben. Die Anzahl der Jungen beträgt zwischen 3 und 20 Tieren. Im Terrarium können auch ganzjährig Nachzuchten erzielt werden.
Aufzucht: Die Jungen zieht man getrennt von den Adulten mit entsprechend kleinen Insekten und Würmern auf, die man mit Kalk-Vitamin-Präparaten anreichert.
Geschlechtsreife: Die Jungtiere sind erst bei über 90 mm Gesamtlänge geschlechtsreif und erreichen ihre volle Größe etwa im Alter von drei Jahren. Die Lebenserwartung liegt bei 10 bis 13 Jahren.

Literatur:
DACHSEL, M. (1960): Am Muluyafluß. DATZ 13: 148–152.
GILPIN, H. G. B. (1961): Breeding *Chalcides ocellatus tiligugu*. Aquarist Pondkeeper 34: 44–45.
HARBIG, P. (1986): Haltung und Zucht des Gefleckten Walzenskinks *Chalcides ocellatus* (FORSKÅL 1775). Sauria 8(3): 7–9.
HOUBA, J. (1957): *Chalcides ocellatus ocellatus* FORSKÅL, die Walzenechse. DATZ 10: 192–194.
REIMANN, M., F. WEDEMEYER (1976): Herpetologische Skizzen von einer Sardinienreise. DATZ 29: 391–393.
SCHARF, K. (1961): Mein Freund Tiligugu. DATZ 14: 377–378.
SCHNEIDER, B. (1981): *Chalcides ocellatus* (FORSKÅL 1775) – Walzenskink. In: BÖHME, W. (Hrsg.) Handbuch der Reptilien und Amphibien Europas, Band 1, Echsen 1. Akad. Verlagsgesellschaft, Wiesbaden: 338–354.

Chalcides viridanus
(GRAVENHORST, 1851)
Kanarenskink, E Green Skink, F Seps verdâtre, I Gongilo dorato, S Eslizon dorado
BArtSchV 1/1

Beschreibung: Der Kanarenskink hat einen schlanken, im Querschnitt runden Körper mit kleinem Kopf und kurzem Schwanz. Auch die Gliedmaßen sind relativ kurz.
Die Färbung der Oberseite ist olivfarben bis braun, die Körperseiten und die Unterseite sind schwarz. Die mittlere Rückenzone ist gegen die schwarzen Seiten von wenig helleren Längsstreifen getrennt. Die gesamte Rückenzone trägt kleine gelbliche z. T. dunkel eingefaßte Flecken. Diese hellen kleinen Flecken finden sich auch an den Körperseiten. Der Schwanz kann farblich mehr ins Graubraune tendieren, bei Jungtieren ist er grünlich blau. Die Gliedmaßen sind dunkelbraun bis schwarz. Die Kopfseiten und die Kehle der Männchen sind orangebraun.
Geographische Verbreitung: Teneriffa, Hierro und Gomera.

Chalcides viridanus viridanus
(GRAVENHORST, 1861)
Größe bis 18 cm. Teneriffa.
Chalcides v. coeruleopunctatus
SALVADOR, 1975
Hierro und Gomera.
Diese Unterart hat bläuliche Punktflecken auf der Oberseite. Die Tiere von Hierro sind auch oberseits dunkelbraun und werden nur ca. 15 cm groß.

Biologie und Ökologie: Von der Küste bis in Höhen von 2000 m vorkommend, bewohnt dieser Skink vorwiegend Verwitterungsböden mit geeigneten Unterschlupfplätzen und etwas Vegetation. Man findet ihn häufig unter Steinen, Steinhaufen und in Legsteinmauern an Feldern, Wegrändern und im Brachland, in lichten Waldbereichen.
In jungen Lavafeldern und Aschegebieten, an Steilhängen und in dichten Waldbereichen scheint er nach BISCHOFF et al. (1979) zu fehlen. Die teilweise recht häufigen, tagaktiven Skinke sind besonders zur Paarungszeit recht territorial, wenngleich sie keine großen Territorien beanspruchen. Zahlreiche Schwanzregenerate weisen jedoch auf starke Rivalität hin. Dem sollte auch in der Terrarienhaltung entsprochen werden, indem man diese Art paarweise hält.

Terrarium: Flaches Terrarium mit 5 bis 10 cm hohem Bodenteil.
Ausstattung: Bodenfüllung sandig-lehmig mit Steinen, locker und trocken. Der bepflanzte Teil wird leicht feucht gehalten. Die Tiere finden Unterschlupfmöglichkeiten unter flachen Steinplatten. Bepflanzung mit harten Gräsern, *Aeonium*-Arten und anderen Kanaren-Pflanzen.
Heizung: Strahlungsheizlampe, die Bodenplätze auf 30 bis 35 °C erwärmt.
Licht: Tageslicht oder Leuchtstoffröhren. Gelegentlich UV-Bestrahlung.
Futter: Käfer, Heuschrecken, Grillen, Heimchen, Spinnen, Insektenlarven, Nacktschnecken. Das Futter sollte mit Kalk-Vitamin-Präparaten angereichert werden. Wasserlösliche Vitamine können auch mit dem Trinkwasser verabfolgt werden.
Feuchtigkeitsbedürfnis: Die Kanarenskinke brauchen ein etwas feuchteres Mikroklima als beispielsweise *Chalcides ocellatus*. Trinkwasser wird beim Sprühen aufgenommen oder auch aus bereitgestellten kleinen Wassernäpfen.

Chalcides viridanus viridanus

Nachzucht:
Paarung: Das Fortpflanzungsverhalten beschreibt BISCHOFF (1985) wie folgt: „Nach den üblichen Revierauseinandersetzungen, vor allem der Männchen, die übrigens kaum ritualisiert und gnadenlos ausgefochten werden, finden sich die Tiere im Frühjahr zu Paaren zusammen, die offensichtlich den ganzen Sommer über beieinander bleiben. Die oft paarweise anzutreffenden Tiere deuten darauf hin." „Die Partner sind meist dicht beieinander. Verliert das Männchen sein Weibchen aus den Augen, beginnt es lebhaft züngelnd nach ihm zu suchen. Zuweilen richtet es sogar seinen Vorderkörper auf und sucht, nur auf Hinterbeinen und Schwanz stehend, mit dem Vorderkörper hin und her pendelnd nach dem Weibchen. Vor der Kopulation wird dieses oft bis zu mehreren Stunden verfolgt und wiederholt in der Kloakengegend bezüngelt, wobei das Männchen immer wieder erregt mit dem Schwanz wedelt. Der Paarungsbiß erfolgt seitlich im Nakken des Weibchens. Das Männchen legt sich diagonal über dessen Rücken und paart sich an der der Bißseite gegenüberliegenden Körperseite, wobei das jeweils obere Hinterbein zur besseren Verankerung über die Schwanzwurzel des Weibchens gelegt wird." Paarungen finden von April bis in den Herbst hinein statt.
Trächtigkeit: Die Trächtigkeitsdauer beträgt je nach Temperatur etwa 80 bis 100 Tage. Vom Spätsommer an bringen die Weibchen dann 2 bis 3 etwa 80 mm große Jungtiere zur Welt.
Aufzucht: Die Jungtiere werden mit kleinen Grillen, Heimchen, Mehlkäferlarven, die mit Kalk- und Vitamin-Präparaten eingestäubt werden, gefüttert und von den Eltern getrennt aufgezogen.
Geschlechtsreife: Die Geschlechtsreife wird nach zwei Jahren erreicht.

Literatur:
BISCHOFF, W. (1985): Die Herpetofauna der Kanarischen Inseln. III. Die Skinke der Gattung *Chalcides*. herpetofauna 7(36): 13–21.
BISCHOFF, W., H.-K. NETTMANN, S. RYKENA (1979): Ergebnisse einer herpetologischen Exkursion nach Hierro, Kanarische Inseln. Salamandra 15(3): 158–175.
CARNERO, A., F. PEREZ PADRON (1977): Los Lagartos de las Islas Canarias. Bol. Ina-Crida 11: 248–253.
KLEMMER, K. (1971): The Amphibia and Reptilia of the Canary Islands. In: KUNKEL, G. (Hrsg.) Biogeography and ecology in the Canary Islands. Dr. W. Junk, Den Haag, S. 433–456.
SALVADOR, A. (1975): Los eslizones de la isla de Gomera. Bol. Est. Central Ecol. 4(8): 83–85.
ZIMMERMANN, H. (1984): Die Echsen von Teneriffa – Lebensraum, Verhalten, Fortpflanzung. Aquarien-Magazin 18(8): 390–396.

Chamaeleo calyptratus
(DUMÉRIL & DUMÉRIL, 1851)
Jemen-Chamäleon, E Cone-head chameleon, F Caméléon de Yemen
WA II, BArtSchV 2/1, 2/4

Beschreibung: Das Jemen-Chamäleon gehört zu den großen Chamäleon-Arten, besitzt einen sehr kräftigen Körperbau und einen Kopf mit auffallendem Helm, der besonders bei den Männchen sehr ausgeprägt ist und in der Höhe mit bis zu 8 cm etwa der Gesamtkopflänge entspricht, bei den Weibchen ist er nur halb so hoch. Der Rücken- und Kehlkamm wird aus großen, spitzen, von vorn nach hinten kleiner werdenden Stachelschuppen gebildet.
Die Grundfärbung ist im Ruhezustand grün. Die individuelle Färbung ist stimmungsbedingt sehr variabel und enthält eine Farbskala mit weißen, grauen, schwarzen, braunen, orangefarbenen und gelben Farben in verschiedenen Abstufungen. Der dorsale und ventrale Lateralstreifen wird von vier breiten Querstreifen durchgezogen, auch der Schwanz ist quergebändert. Während der Tragzeit zeigen die Weibchen eine völlig abweichende Graviditätsfärbung (s. Abb. unten). Eine genaue Analyse der verhaltensadäquaten Farbmuster gibt NEČAS (1991). Die männlichen Tiere lassen sich schon in der Jugend leicht von den weiblichen unterscheiden, sie bilden an den Hinterfüßen einen charakteristischen Sporn. Später besitzen sie eine verdickte Schwanzwurzel. Die konischen Schuppen auf Rückenkamm, Kehle und Bauch sind bei den Weibchen kleiner. Größe: Männchen bis über 50 cm, Weibchen bis 36 cm.
Geographische Verbreitung: Jemen und S-Saudi-Arabien (Provinz Asir).
Neben der Nominatform wurde *Ch. c. calcarifer* PETERS, 1871 beschrieben, deren Anerkennung jedoch z. Z. strittig ist. NEČAS (pers. Mitt.) weist jedoch auf deutliche Unterschiede zwischen den saudiarabischen und jemenitischen Exemplaren hin.
Das Hauptverbreitungsgebiet der Nominatform fand er in den Provinzen Taizz und Ibb im Jemen.
Biologie und Ökologie: Die Art lebt in Hochlandtälern mit subtropischem bis tropischem Klima in üppiger Vegetation.

Chamaeleo calyptratus

Dabei werden verschiedene Biotope bewohnt, wie Bäume, Büsche, Felder und Gärten. Adulte Tiere findet man meist auf Büschen und Bäumen in über 2 m Höhe, semiadulte 1 bis 3 m über dem Boden und iuvenile in Bodennähe. Obwohl die Tiere ein ausgeprägtes Territorialverhalten zeigen, kommen sie in relativ dichten Populationen vor.

Das Verhalten der Männchen ist durch Aggressivität gekennzeichnet. Begegnen sich zwei Männchen, stellen sie sich Seite an Seite auf, flachen den Körper ab und blasen den Kehllappen auf. Das vordere und dem Gegner nähere Bein wird im Ellbogengelenk abgewinkelt und dem Gegner wird die kontrastreiche Drohfärbung vorgeführt.

Erkennt eines der Männchen seine Unterlegenheit, versucht es schnell, seinem Kontrahenten durch Flucht oder Verstecken hinter einem Ast zu entgehen. Dabei wechselt die Drohfärbung vom lebhaften Grün mit schwarzen Querstreifen in unscheinbare dunkelgrüne, braune oder schwarze Töne mit grauer Querstreifung. Das dominierende Männchen verfolgt es dann nicht weiter.

Bleiben jedoch beide Männchen in Kampfstimmung, so setzen sie das Ritual fort, sie bewegen den Körper hin und her, nicken mit dem Kopf, stellen den Helm transversal, rollen die Schwänze ein und aus, öffnen das Maul, zeigen die Zähne und zischen deutlich. Nun kann es zu sehr heftigen Stößen mit geschlossenem Maul in die Hüfte des Gegners oder zu schweren Beißereien kommen. Nach der Meinung von NEČAS (1991) kommt es in der Natur jedoch seltener zu solchen Kämpfen, da die Tiere aufgrund hoher Populationsdichte an den Sichtkontakt mit Artgenossen gewöhnt sind. Die Fluchtdistanz im Freiland liegt bei über 50 m im offenen Gelände, so daß ein Männchen oft mehrere Geschlechtsgenossen im Sichtfeld hat.

Neben den Zischlauten geben die Tiere auch gelegentlich knarrende Laute von sich, die aber nur in unmittelbarer Nähe zu hören sind. Die Bedeutung der akustischen Signale ist rätselhaft, da sie durch das Fehlen des Gehörs keinen innerartlichen Kommunikationswert besitzen dürften.

Terrarium: Haltung paarweise oder in Zuchtgruppen von einem Männchen und zwei Weibchen, in großen hohen Kletterterrarien von etwa 80 × 80 × 160 cm. Die Jemen-Chamäleons benötigen wie alle anderen Arten eine gute Belüftung, ohne daß Zugluft entsteht.

Ausstattung: Der Bodengrund wird etwa 15 bis 20 cm hoch in Form von sandig-humoser Erde oder Feinkies eingebracht. Jungtiere hält man wegen der möglichen Augenverschmutzung besser ohne Bodengrund oder auf groberem Kies und natürlich in kleineren Aufzuchtbehältern. Es empfiehlt sich, die Färbung der Rückwände in Grüntönen zu halten, dann zeigen die Tiere eher ihre natürlichen bunten Farben.

Das Geäst sollte sich über den gesamten Innenraum des Terrariums verteilen und aus nicht allzu dicken Ästen bestehen, damit die Tiere guten Halt darauf finden.

Eine reiche Bepflanzung mit harten *Sansevieria*-Arten, aber auch Rankern wie *Pothos* oder *Scindapsus* bietet sich an. Da die Tiere auch Pflanzenfresser sind, muß man allerdings immer ein wenig Verbißschäden akzeptieren.

Die individuellen Kotstellen werden regelmäßig gereinigt.

Heizung: Für die Bodenbeheizung sind die handelsüblichen Heizkabel oder -platten verwendbar. Die Haltungstemperaturen sollten im Oberbereich um 40 °C oder wenig darüber liegen, im Mittelbereich des Terrariums bei etwa 30 °C und am Boden bei 20 bis 25 °C. Die Höchsttemperaturen für Jungtiere sollten 30 °C nicht überschreiten. Die Nachttemperaturen sollten auf 17 bis 22 °C abgesenkt werden. Die Luftfeuchtigkeit sollte tagsüber bei 50 bis 70 %, nachts bei 80 bis 90 % liegen. Man reguliert sie durch tägliches Sprühen.

Licht: Beleuchtung mittels Leuchtstoffröhren und Spotstrahler.

Futter: Als Futter werden alle Insektenarten, selbst haarige Raupen, auch tote Insekten, sowie Jungtiere von Vögeln und Säugern genommen, an pflanzlicher Nahrung diverse Blätter, Blüten und Früchte, wobei junge zarte Sprossen bevorzugt werden. An Früchten kann man Mandarinen, Bananen, Pfirsiche, Tomaten und Erbsenschoten verfüttern. Eine Anreicherung mit Kalk-Vitamin-Präparaten sollte regelmäßig erfolgen.

Feuchtigkeitsbedürfnis: Sauberstes mit Vitaminen und Mineralien angereichertes Trinkwasser kann in Tropfflaschen angeboten oder mittels Pipette verabfolgt werden.

Nachzucht:
Paarung: Die Paarung erfolgt im Terrarium ganzjährig, in der Natur im Herbst. Sie dauert etwa 3 bis 4 Tage, wobei täglich mehrere Kopulationen von jeweils mehreren Minuten Dauer beobachtet werden konnten. Dabei geht der eigentlichen Paarung ein Vorspiel voraus, das durchaus dem Imponierverhalten ähnelt. Nicht paarungsbereite Weibchen verfärben dunkel und nehmen Drohpositionen ein, paarungsbereite Weibchen hingegen kriechen langsam weg.

Daraufhin nähert sich ihm das Weibchen und das Männchen stößt es mehrmals mit geschlossenem Maul in die Hüfte, bevor es von hinten auf das Weibchen aufsteigt. Hebt dieses dann ein wenig seinen Schwanz, schiebt das Männchen seine Kloake unter die des Weibchens und vollzieht mittels etwa 2 Sekunden dauernder Kopulationsbewegungen einen mehrminütigen Koitus.

Eiablage: Ist eine Befruchtung erfolgt, legt das Weibchen seine charakteristische Graviditätsfärbung an. 20 bis 35 Tage nach der Kopulation, z. T. auch erst nach mehreren Monaten, legt das Weibchen meist spätnachmittags oder abends seine Eier in selbstgegrabenen Erdhöhlen ab. Die Gelege bestehen meist aus 30 bis 45 14 × 10 mm bis 19 × 12 mm großen, ovalen, weißen, ledrigen Eiern, die innerhalb von zwei Monaten auf eine Größe von 26 × 17 mm aufquellen. Nach der Ablage deckt das Weibchen die Eier mit Bodengrund ab, wobei es sich durch den Betrachter keineswegs stören läßt, das Fluchtverhalten ist weitgehend reduziert.

Inkubationszeit: Zur Inkubation überträgt man die Eier in einen Inkubator, hält die Temperatur tagsüber bei 32 °C, nachts bei 22 °C und achtet auf leichte Feuchtigkeit des nicht zu feinen Sandes. Auftropfendes Schwitzwasser ist zu vermeiden. Die 53 bis 74 mm großen Jungtiere schlüpfen nach 168 bis 220 Tagen.

Aufzucht: Die Aufzucht bei reichhaltigem Angebot von Kleininsekten und zarten pflanzlichen Teilen bereitet kaum Schwierigkeiten, wenn man auf ausreichende Luftfeuchtigkeit von etwa 70 % und regelmäßiges Sprühen bei gelegentlicher UV-Bestrahlung und ausreichender Vitaminisierung der Nahrung achtet.

Geschlechtsreife: Die Geschlechtsreife wird mit 4 bis 6 Monaten erreicht, nach 8 Monaten kann es schon zu ersten Eiablagen kommen.

Literatur:
ARNOLD, E. N. (1986): A key and annotated checklist to the lizards and amphisbaenians of Arabia-Fauna of Saudi Arabia: 323–394.
FRITZ, J. P., F. SCHÜTTE (1987): Zur Biologie jemenitischer *Chamaeleo calyptratus*

DUMÉRIL & DUMÉRIL 1851 mit einigen Anmerkungen zum systematischen Status. Salamandra 23(1): 17–25.
HILENIUS, D., J. GASPERETTI (1984): Reptiles of Saudi Arabia: The Chameleons of Saudi Arabia. Fauna of Saudi Arabia 6: 513–527.
HROMADKA, J. (1991): Chameleón jemensky! *Chamaeleo calyptratus calyptratus* v přírodě a v teráriu. AT 1991(1): 30–32.
MEERMAN, J., T. BOOMSMA (1987): Beobachtungen an *Chamaeleo c. calyptratus* DUMÉRIL & DUMÉRIL, 1851 in der Arabischen Republik Jemen. Salamandra 23(1): 10–16.
NEČAS, P. (1991): Bemerkungen über *Chamaeleo calyptratus calyptratus* DUMÉRIL & DUMÉRIL 1851. herpetofauna 13(73): 6–10.
SCHÄTTI, B. (1989): Amphibien und Reptilien aus der Arabischen Republik Jemen und Djibouti. Rev. Suisse Zool., 96(4): 905–937.
SCHMIDT, K. P. (1953): Amphibians and reptiles from Yemen. Fieldiana 34(24): 253–261.
SCHMIDT, W. (1992): Über die erstmalig gelungene Nachzucht von *Furcifer campani* (GRANDIDIER, 1872), sowie eine Zusammenstellung einiger Ei-Zeitigungsdaten von verschiedenen Chamäleon-Arten in Tabellenform. Sauria 14(3): 21–23.

Chamaeleo chamaeleon
(LINNAEUS, 1758)
Gewöhnliches Chamäleon, E European chameleon, F Caméléon vulgaire, I Camaleonte comune, S Camaléon común
WA II, EGC1, BArtSchV 2/1, 2/3, 2/4

Beschreibung: Großer helmartiger Kopf mit Leisten und Scheitelkamm. Körper hoch, seitlich zusammengedrückt. Greifschwanz. Gliedmaßen mit opponierbaren Fingern. Augen unabhängig voneinander beweglich. Relativ einheitliche Körperbeschuppung. Auf der Rückenmitte nur im Vorderbereich eine Reihe kurzer Sägeschuppen, konische Schuppen auch auf dem Kehlkamm. Oberseite gewöhnlich einfarbig grün mit zwei Seitenreihen weißer Flecke. Physiologisch bedingte Umfärbung bei Behelligung durch das Auftreten schwarzer Punkte und Flecken auf Kopf und Körper bis zur fast vollständigen Schwarzfärbung. Die Schlaffärbung ist gelblichgrau ohne Zeichnung, die Sonnenfärbung dunkel bis schwarz. Kryptische Grundfärbung gelbbraun bis grün, bei nordafrikanischen Tieren oft nur bräunlich. Weißliche Bauchmittellinie. Größe: 20 bis 30 cm.

Geographische Verbreitung: S-Portugal, S-Spanien, Sizilien, Malta, S-Peloponnes, Türkei, Kreta, Chios, Samos, Zypern, N-Afrika, Vorderasien.

Chamaeleo ch. chamaeleon
(LINNAEUS, 1758)
In N-Afrika und S-Europa.
Chamaeleo ch. musae
(STEINDACHNER, 1900)
Arabische Halbinsel.
Chamaeleo ch. orientalis
(PARKER, 1938)
Arabische Halbinsel.
Chamaeleo zeylanicus
(LAURENTI, 1768)
Indien und Ceylon, hat heute Artstatus.

Biologie und Ökologie: Buschbestandene Sanddünen und Küstenwälder mit reichem Unterbewuchs, offene Savannen, Oasen. Im Atlasgebirge bis 1750 m vorkommend. Aktivitätszeit tagsüber mit Schwerpunkten am Morgen und späten Nachmittag. Vorwiegend strauchbewohnend, in Wüstengegenden N-Afrikas auch bodenbewohnend. Chamäleons nehmen Wassertropfen auf, trinken aber auch aus Wasseransammlungen am Boden. Sie halten sich häufig dort auf, wo Wasserstellen vorhanden sind.

Terrarium: Hohes gut durchlüftetes Terrarium. Alle Chamaeleons sind untereinander sehr territorial und aggressiv, deshalb Einzelhaltung mit Ausnahme der Paarungszeit.

Chamaeleo chamaeleon

Ausstattung: Klettergeäst und Grünpflanzen wie kleinen Fächerpalmen, mediterranen Hartlaubgewächsen oder rankenden Pflanzen.

Heizung: Mittels Strahlungslampe, UV-Bestrahlung.

Licht: Beleuchtung mit Leuchtstoffröhren oder Tageslicht. Temperaturen tagsüber 22 bis 30 °C, nachts 5 bis 8 °C niedriger.

Futter: Feldheuschrecken, Grillen und Heimchen, Schaben, Fliegen, Falter, Käferlarven, Spinnen, Wanderheuschrecken, Ohrwürmer etc.

Luftfeuchtigkeit: Tagsüber um 50 %, nachts 70 bis 80 %.

Überwinterung: Bei etwa 15 °C von Dezember bis März im kühlgestellten Terrarium. Die Tiere verkriechen sich in Erdhöhlen oder unter Steinen. Sie erscheinen meist nach 8 bis 10 Wochen wieder. Während dieser Zeit ist für eine Trinkmöglichkeit zu sorgen.

Nachzucht:
Paarung: Im August bis September. Das Männchen hält das Weibchen durch Nackenbiß und Umklammern fest, die Kopulation dauert etwa 12 bis 20 Minuten. Dabei nimmt das Männchen eine leuchtend gelbgrüne Färbung an. Dauer der Paarungsaktivität etwa 14 Tage.

Eiablage: Das Weibchen vergräbt die weißen, pergamentschaligen, 8 bis 12 × 10 bis 19 mm großen Eier im Boden.

Inkubationszeit: 8 bis 9 Monate, im Terrarium bei höheren Temperaturen ohne ausgiebige Winterruhe evtl. kürzer, im Brutschrank bei 28 °C nach SCHMIDT

et al. (1989*) nach rund 190 bis 240 Tagen. Gelegegröße 19 bis 58 Eier. Jungtiere beim Schlüpfen etwa 37 mm lang.
Aufzucht: Einzeln in kleinen Terrarien.

Literatur:
BLASCO RUIZ, M. (1978): Situación actual del camaleon comun, *Chamaeleo chamaeleon* L., en la provincia de Cadiz, Espana. Bol. Estac. Centr. Ecol., 7(13): 87–90.
BLASCO RUIZ, M. (1979): *Chamaeleo chamaeleon* L., in the province of Malaga, Spain, Brit. J. Herpetol. 5: 839–841.
BONS, J., N. BONS (1960): Notes sur la reproduction et le développement de *Chamaeleo chamaeleon* (L). Bull. Soc. Phys. Nat. Maroc, Rabat, 40: 323–335.
FRANCKE, H. (1964): Probleme der Haltung und Zucht von Chamaeleons. III. DATZ 1964, 23–25, 54–56.
KLAVER, CH. J. J. (1981): Chamaeleo chamaeleon (LINNAEUS 1758) – Gemeines oder Gewöhnliches Chamäleon. In: BÖHME, W. (Hrsg.): Handbuch der Reptilien und Amphibien Europas 1/I. Akad. Verlagsges. Wiesbaden, 218–238.
ZIMMERMANN, E. (1976): Nach Spanien – der Chamaeleons wegen. Bericht über eine ökologische Untersuchung. Aquarien-Magazin 10: 398–406.

Chamaeleo dilepis
(LEACH, 1819)
Lappenchamäleon, E Common chameleon, F Caméléon bilobé
WA II, BArtSchV 2/1, 2/4

Beschreibung: Der Körper ist kräftig, seitlich abgeflacht, der Kopf mit den für diese Art charakteristischen Hinterhauptslappen versehen, die im Gegensatz zu den verwandten Arten *C. roperi* BOULENGER, 1890 und *C. quilensis* BOCAGE, 1866 breiter als der Augendurchmesser sind. Die Körperbeschuppung ist regelmäßig. Rücken-, Kehl- und Bauchkämme bestehen aus dicht stehenden, von vorn nach hinten kleiner werdenden Kegelschuppen.
Die Grundfärbung ist ein lichtes Grün, aber auch graue, braune und gelbliche Farbtöne treten auf. Auch die Zeichnung ist sehr variabel. Dunklere Querbänder, die auf der Körperseite zusammenlaufen, sind häufig. Dazu ist der ganze Körper mit schwarzbraunen Flecken bedeckt. Ein heller Streifen um die Mundwinkel und ein sich stets abhebender, meist weißlicher Streifen verläuft vom Vorderbeinansatz längs bis über die Mitte des Rumpfes. Ein heller Fleck findet sich hinter den Hinterhauptslappen oberhalb der Vorderbeine und manchmal auch auf den Rumpfseiten. Je nach Stimmungslage zeigen die Lappenchamäleons eine sehr große Bandbreite unterschiedlicher Färbungen.
Von dieser Art wurden verschiedene Unterarten beschrieben, da der taxonomische Status aber für die weitverbreiteten Populationen noch nicht geklärt ist, müssen alle Formen trotz erheblicher Farb- und Größenunterschiede als *C. dilepis* betrachtet werden.
Lappenchamaeleons erreichen eine Größe von 35 cm bei den Männchen und bis zu 42 cm bei den Weibchen.
Geographische Verbreitung: Südliches und tropisches Afrika, westlich bis Nigeria.
Biologie und Ökologie: Lappenchamäleons sind tagaktive Savannenbewohner, die vorwiegend auf Büschen und Bäumen zu finden sind. In S-Afrika zeigen die Tiere deutlich jahreszeitlich bedingte Verhaltensweisen. So kann man im Frühjahr, wenn der Regen einsetzt, zahlreiche Männchen über den Savannenboden und die bodendeckende Vegetation laufen sehen, die auf der Suche nach einer Partnerin sind. Im Sommer kann man sowohl Männchen als Weibchen beobachten, während zum Herbst hin hauptsächlich die nun trächtigen Weibchen auffallen. Sie graben mit den Vorderbeinen eine etwa 20 cm tiefe Eigrube, stoßen die Erde auch mit den Hinterbeinen heraus und legen dann das Gelege ab. Danach wird die Grube sorgfältig wieder mit Erde verschlossen. Dieser Vorgang kann sich bei einer Gesamteizahl von manchmal mehr als 50 Eiern über zwei Tage hinziehen. Die nun sehr geschwächten Weibchen werden jetzt leicht zur Beute von Schlangen und Greifvögeln, ein anderer Teil kann nicht wieder genug Körperreserven aufbauen, um den Winter zu überstehen. Dies trifft besonders für die höher gelegenen kühleren Gebiete zu. In der Natur schlüpfen je nach den aktuellen jährlichen Klimabedingungen nach 6 bis 14 Monaten die Jungtiere.
Terrarium: Wegen der großen innerartlichen Aggressivität hält man Lappenchamäleons außerhalb der Paarungszeit einzeln.
Ausstattung: Terrariengröße und Grundausstattung etwa wie bei *C. calyptratus* DUMÉRIL & DUMÉRIL, 1851 angegeben. Die Bepflanzung mit regional passenden Pflanzen des afrikanischen Kontinents, was bei der weiten Verbreitung sehr unterschiedlich ausfallen kann. Der Bodengrund der Behälter sollte eine mindestens 15 cm hohe Füllung mit sandig-humoser Erde für die Eiablage haben. Die Terrarien für die Einzelhaltung sollten verkleidete Seitenwände haben, so daß sich die Tiere nicht untereinander sehen können, um unnötige Streßsituationen zu vermeiden. Wichtig ist eine reiche Ausstattung mit Zweigen und Ästen, damit die recht agilen Tiere eine möglichst große Klettergelegenheit haben.
Heizung und Luftfeuchtigkeit: Die Temperaturen und die Luftfeuchtigkeit sind innerhalb des großen Verbreitungsgebietes natürlich sehr unterschiedlich, so daß für eine optimale Haltung die Kenntnis des Herkunftsortes sehr wichtig ist.
Für Tiere aus südlichen und höhergelegenen Bereichen halten wir die Tagestemperatur um 28 °C, nachts kann sie um 8 bis 10 °C abfallen. Tiere aus den übrigen Bereichen halten wir um 30 °C und lassen die Nachttemperaturen auf 22 bis 25 °C sinken. Die nötige Luftfeuchtigkeit wird durch tägliches morgendliches Überbrausen erreicht.
Futter: Wie bei gleichgroßen Chamaeleons.
Nachzucht:
Paarung: Zur Paarungszeit kann man die Chamäleons unterschiedlichen Geschlechts in Sichtkontakt bringen und das Männchen, sobald die Drohreaktionen des Weibchens ihm gegenüber nachlassen, zu ihr setzen. Man sollte aber unbedingt die Situation beobachten, da die recht aggressiven Tiere die kleineren Männchen, die zur Paarung gegenüber der Partnerin eine Beißhemmung zeigen, sonst übel verletzen können. Reagiert das Weibchen nicht mehr auf das hinzugesetzte Männchen, so kann man von einer Paarungsbereitschaft ausgehen. Das Männchen schreitet dann auch meist ohne Umstände zur Sache, besteigt das Weibchen von hinten, hält es mit den Gliedmaßen an den Rumpfseiten und Hinterbeinen fest und bringt seine Kloake unter die ihre. Nach der Kopulation nehmen die Tiere kaum Notiz voneinander.
Eiablage: Etwa einen Monat nach der letzten erfolgreichen Verpaarung legt das Weibchen dann seine 7 bis 8 × 12 bis 16 mm großen Eier in einer selbst gegrabenen Höhle ab. Die Gelegegröße wird mit 12 bis 58 Eiern angegeben.
Inkubationszeit: Die Zeitigung der Eier erfolgt wie bei anderen Chamäleonarten. HENKEL (1993*) gibt bei gleichbleibenden Temperaturen von 28 °C für süd-

afrikanische Tiere bis zu 300 Tagen und bei Tagestemperaturen von 28 bis 30 °C und nächtlicher Abkühlung auf Zimmertemperatur für ostafrikanische Tiere 120 Tage als Inkubationszeiten an.
Geschlechtsreife: Die Jungtiere wachsen sehr schnell heran und erreichen schon mit 9 Monaten die Geschlechtsreife.

Chamaeleo jacksonii
(BOULENGER, 1896)
Dreihornchamäleon, E Jackson's chameleon, F Caméléon de Jackson, I Camaleonte di Jackson
WA II, BArtSchV 1/1, 2/4

Beschreibung: Das Dreihornchamäleon hat einen kräftigen, lateral abgeflachten, von relativ dünnen Gliedmaßen getragenen Körper und einen Kopf mit deutlichem Helm. Das Männchen besitzt drei Schnauzenhörner, von denen das mittlere direkt über der Schnauzenspitze angesetzt und eine leichte Aufwärtsbiegung aufweist, die beiden anderen sitzen rechts und links in Augenhöhe, sind etwas schlanker und ebenfalls nach oben gebogen. Bei den Weibchen ist die Ausbildung der Hörner sehr unterschiedlich: Es gibt Tiere ohne Hörner (*C. j. xantholophus*), Tiere mit nur einem mittleren (*C. j. merumontanus*) oder mit drei kleinen Hörnern (*C. j. jacksonii*). Die Schuppen des Körpers variieren in Größe und Form, der Rückenkamm wird aus breiten konischen Schuppen gebildet.
Die Grundfärbung ist schilf- bis laubgrün, auch gelbbraun mit hellen oder dunklen Flecken. Teils wirkt die Zeichnung flechtenähnlich. Bei sehr hohen Temperaturen zeigen sie eine blaßgelbliche Farbe, bei Streß können sie fast schwarz werden. Die Färbung der Jungtiere ist gewöhnlich grau mit schwarzen Flanken und drei bis vier weißen Dreiecksflecken, deren Spitze nach unten gerichtet ist. Der Farbwechsel reicht bei ihnen von weißlicher bis zu schwarzer Tönung. Neben dem Sexualdimorphismus der Hörner ist das Männchen auch durch die verdickte Schwanzwurzel leicht vom Weibchen zu unterscheiden.
Größe: Bis 32 cm.
Geographische Verbreitung: Kenia und Tansania.

Chamaeleo jacksonii jacksonii
(BOULENGER, 1896)
Kenia: Westregion des Mount Kenia, etwa 2000 bis 2800 m ü. NN.

Chamaeleo jacksonii

Chamaeleo jacksonii merumontanus
RAND, 1958
Tansania, Mount Meru, etwa 2500 m ü. NN.

Chamaeleo jacksonii vauerescecae
TERNIER, 1903
Kenia, Gebiet um Nairobi, etwa 1700 m ü. NN. Diese Unterart wird nach EASON, FERGUSON & HEBRAD als Synonym der Nominatrasse betrachtet.

Chamaeleo jacksonii xantholophus
EASON, P., G. W. FERGUSON & J. HEBRAD, 1988
Kenia, Südhänge des Mount Kenia und angrenzendes Umland, etwa 1500 bis 2200 m ü. NN. Auf Hawaii, Oahu und Maui ausgewildert.

Biologie und Ökologie: Dreihornchamäleons sind Hochlandbewohner, die man noch in Höhen von 2000 m. ü. NN gefunden hat. Entsprechend niedrig ist ihr Temperaturbedürfnis, oder besser andersherum gesehen, desto höher ist ihr Bedürfnis nach nächtlicher Abkühlung. Morgendliche Temperaturen um 6 bis 10 °C sind keine Seltenheit, nachmittags liegen die Werte bei etwa 25 °C. Die Luftfeuchtigkeit am Tage liegt meist zwischen 50 bis 60 %, nachts steigt sie auf 80 bis 100 %. Es fallen von November bis April häufig Niederschläge, Maximum im April.
Die Männchen sind intraspezifisch sehr unverträglich, nicht nur unter sich, sondern auch den Weibchen gegenüber.
Terrarium: Auch für diese Chamäleons benötigen wir ein hohes Kletterterrarium, etwa in den Maßen 60 × 60 × 100 cm, wenn wir sie nicht frei im Blumenfenster oder Gewächshaus halten, was durchaus möglich ist, sofern man die Tiere dort unter Kontrolle halten kann.
Ausstattung: Bei Terrarienhaltung ist auf besonders ausgiebige Belüftungsflächen zu achten, eine ständige leichte Luftbewegung, natürlich keine Zugluft kommt dem Wohlbefinden der Tiere sehr entgegen.
Heizung und Licht: Zur Erwärmung dient ein Heizstrahler, unter dem die Tiere einen Aufwärmplatz bei Temperaturen bis 28 °C vorfinden sollten. Da diese Hochlandart keine allzu hohen Temperaturen toleriert, ist bei direkter Besonnung unbedingt darauf zu achten, daß kein Hitzestau entsteht.
Futter: Als Futter kommen vielerlei Insekten, wie Fliegen, Motten, Falter, Heimchen, Grillen, Feld- und Wanderheuschrecken, Schaben und Käfer in Frage, aber auch Regenwürmer, Nacktschnecken, sowie nestjunge Säuger und Vögel.
Luftfeuchtigkeit und Feuchtigkeitsbedürfnis: Die benötigten Luftfeuchtigkeitswerte erreicht man durch morgendliches und abendliches Sprühen, dabei nehmen die Tiere auch Tropfwasser auf. Man kann sie auch mit der Pipette zu tränken versuchen und auf diesem Wege dem Trinkwasser Mineralstoffe und Vitamine beifügen. Im Gewächshaus des Verfassers lernten die Tiere, das Wasser aus einer Tropfflasche aufzunehmen.

Nachzucht:
Paarung: Der Paarungsablauf spielt sich folgendermaßen ab: Erblickt ein Weibchen das Männchen, so erfolgt ein schwaches Drohen mit lateralen Schaukelbewegungen, es streckt den aufgerollten Schwanz. Daraufhin ergreift das Männchen die Schwanzwurzel oder die Seiten des Weibchens von hinten. Das Weibchen biegt nun den Rücken durch und hebt den Schwanz an. Daraufhin besteigt das Männchen den Rücken des Weibchens und hält dieses durch Nackenbiß fest. Dann erfolgt die etwa 13 Minuten dauernde Kopulation. Das Weibchen färbt sich danach dunkel, führt seitliche Schaukelbewegungen aus und beginnt, sich vorwärts zu bewegen. Damit ist die Paarung beendet. Die Paarungsbereitschaft hält etwa 10 Tage lang an. Dabei kann es zu wiederholten Kopulationen kommen.

Tragzeit: Die Tragzeit beträgt 3,5 bis 6 Monate, das Weibchen stellt meist einige Wochen vor der Geburt (Dreihornchamäleons sind viviovipar) die Nahrungsaufnahme ein und zeigt gewöhnlich ein bis zwei Tage vor der Geburt eine erhöhte Unruhe. Die Ablage der Jungen in ihren Eihüllen oder bereits ohne sie erfolgt wahllos im Geäst des Terrariums. Je nach der Anzahl von 7 bis 38 Jungtieren dauert der Geburtsablauf nach Angaben von SCHUSTER (1984) 32 bis 225 Minuten. Die Jungtiere sind bei der Geburt 52 bis 56 mm groß, bei einer Schwanzlänge von 23 bis 25 mm, und besitzen schon ein winziges aus einer kegelförmigen Schuppe bestehendes Schnauzenhörnchen. Auch die Voraugenhörnchen lassen sich bereits erahnen.

Aufzucht: Die Aufzucht der Jungtiere erfolgt getrennt von den Elterntieren. Gewisse Angstreaktionen der Jungen vor ihrer Mutter lassen darauf schließen, daß diese ihren Jungen bald nach der Geburt mit der Nahrungswiederaufnahme nachstellen würde. Obwohl die Jungtiere anfangs nicht allzu aggressiv untereinander sind, empfehlen wir die isolierte Aufzucht. Man hält die Tiere dann in kleineren Aufzuchtbehältern mit guter Lüftung, maximal bis 24 °C. Dabei sollten aber kühlere Bereiche erreichbar sein. Nachts sorgt man für Abkühlung. Die Fütterung erfolgt mit Kleininsekten, die mit Kalk-Vitamin-Präparaten überstäubt werden.

Geschlechtsreife: Die anfangs etwa 5,5 g schweren Jungtiere sollten ihr Gewicht innerhalb eines Monats verdoppelt haben und nach einem halben Jahr etwa 10 bis 12 cm Größe erreichen, nach weiteren drei Monaten erreichen sie dann die Geschlechtsreife. Bei guter Pflege werden sie 5 bis 6 Jahre alt, das maximale Alter wird mit 9 Jahren angegeben.

Literatur:
BREUSTEDT, A. (1982): Nachzucht von *Chamaeleo jacksonii*. elaphe, 1: 4–5.
EASON, P., G. W. FERGUSON & J. HEBRARD (1988): Variation in *Chamaeleo jacksonii* (Sauria, Chamaeleontidae): Description of a New Subspecies. Copeia 3: 580–590.
FRANCKE, H. (1963 und 1964): Probleme der Haltung und Zucht von Chamaeleons. DATZ 16: 344–346, 374–377, 17: 23–25, 54–56.
LANGHAMMER, H. (1962): Meine jungen Dreihorn-Chamäleons. DATZ 15: 21–23.
LEPTIEN, R. (1989): Erläuterungen zu einigen Grundsatzfragen in der Chamäleonhaltung. Sauria 11(4): 3–8.
OESER, R. (1961): Chamäleonpflege I-III. DATZ 14: 53–56, 91–94, 116–117.
SCHMIDT, W. (1990): Anmerkungen zur Pflege von Chamäleons. DATZ 43(5): 268–272.
SCHUSTER, M. (1979): Experimentelle Untersuchungen zum Beutefang-, Kampf- und Fortpflanzungsverhalten von *Chamaeleo jacksonii*. Münster, Dissertation.
SCHUSTER, M. (1984): Zum fortpflanzungsbiologischen Verhalten von *Chamaeleo jacksonii*, BOULENGER, 1896. Salamandra 20(2–3): 88–100.
SCHUSTER, D., M. SCHUSTER (1980): Haltung und Zucht von *Chamaeleo jacksonii* bis zur zweiten Generation. Zool. Garten Jena (N.F.) 50: 49–51.

Chondrodactylus angulifer

Chondrodactylus angulifer
(PETERS, 1870)
Sandgecko, E Sand gecko, Giant ground gecko, F Chondrodactyle

Beschreibung: Sandgeckos gehören zu den größeren Geckos Südafrikas und fallen durch ihren kräftigen und gedrungenen Kopf auf. Der Rumpf ist relativ kurz und die Gliedmaßen sind verhältnismäßig dünn. Der Schwanz ist rund, hinter dem Ansatz etwas verdickt und schwach gewirtelt.
Die Körperoberseite ist mit körnigen Schuppen bedeckt, zwischen die in Längsreihen angeordnete kräftige Höckerschuppen eingelagert sind. Große vorspringende Überaugenschuppen, kleine Nasenöffnung und schmaler Ohrspalt dürfen als Anpassungserscheinungen gegen das Eindringen von Sand angesehen werden. Dem Leben auf Sandböden angepaßt sind auch die haftlamellenlosen Finger und Zehen, die lediglich im weiblichen Geschlecht kleine Krallen tragen.
Die Färbung der Oberseite variiert von gelblichen bis braunroten Tönen, der Rücken ist mit 3 bis 4 dunkel eingefaßten Querbändern gezeichnet, die sich an den Flanken verliert und in eine variable Marmorierung übergeht. Die Unterseite ist ungefleckt weißlich. Von der Nasenspitze über das Auge erstreckt sich bis zum Nacken ein brauner, dunkel eingefaßter Kopfseitenstreifen. Darüber verläuft ein heller Streifen bis auf den Hals. Neben hellen Zeichnungselementen auf dem Rücken haben die Männchen

2 große weiße Flecken an den Rückenseiten, die dunkelbraun eingefaßt sind. Diese weißen Flecken fehlen den Weibchen. Die Zeichnung der Jungtiere ist kontrastreicher. Größe: Bis 17 cm.
Geographische Verbreitung: S-Afrika: Westliche Kapprovinz, SW-Botswana, S-Namibia.

Chondrodactylus angulifer namibiensis
HAACKE, 1976
Geröllfelder der Namibwüste.

Biologie und Ökologie: Sandige bis steinige Wüsten- und Steppengebiete, Sandflächen der Flußläufe und alluviale Ablagerungen der Täler auf Böden, die sich zur Anlage von Wohnhöhlen eignen. Die nachtaktiven Tiere graben ihre Höhlen mit einem Vorderbein, schleudern dann den Sand mit dem Hinterbein der gleichen Seite nach hinten, anschließend werden die Beine der anderen Körperseite eingesetzt. In der Natur benutzen sie auch Nagerbauten oder weiten Skorpionbauten aus. Die Sandgeckos sind territorial und verteidigen ihre Reviere recht angriffsfreudig mit kräftigen Bissen, die gelegentlich auch die Finger des Pflegers verletzen können.
Die Tiere benötigen tagsüber Temperaturen um 35 °C, lokale Bodentemperaturen auch höher. Nachts starker Temperaturabfall.
Terrarium: Für die Unterbringung eines Paares oder eines Männchens mit zwei Weibchen reicht ein mittleres Trockenterrarium in den Maßen 70 × 40 × 50 cm mit einer Bodenfüllung aus Sand oder Feinkies.
Ausstattung: Steinaufbauten sollten so konstruiert sein, daß sie kontrollierbare Unterschlupfmöglichkeiten bieten, in denen die Tiere aufgerichtet stehen können. Es ist darauf zu achten, daß beim Graben keine Steine auf die Tiere rutschen können. Bepflanzung ist nicht notwendig, aus optischen Gründen können jedoch Gewächse der südafrikanischen Trockengebiete wie *Aloe*, *Gasteria* und *Haworthia* gepflanzt werden.
Heizung: Bodenheizplatte oder Heizkabel, Strahlungsheizer. Die Heizungen sind so zu installieren, daß ein Temperaturgefälle entsteht, in dem die Tiere sich die ihnen zusagenden Aufenthaltsplätze aussuchen können.
Feuchtigkeitsbedürfnis: Das Feuchtigkeitsbedürfnis ist gering, man sprüht regelmäßig, kann auch zusätzlich einen kleinen Trinknapf aufstellen.
Licht: Leuchtstoffröhren.
Futter: Grillen, Heimchen, Spinnen, Schaben, Käfer, Nachtfalter und sonstige Insekten und deren Larven, Jungmäuse, kleinere Reptilien.
Nachzucht:
Paarung und Eiablage: Die Paarung findet im Spätsommer statt, die Weibchen legen von September bis Januar mehrere Gelege mit 2 Eiern ab. Die 15 × 18 mm großen Eier sind nicht sehr dickschalig. Die harte Schale ist anfangs klebrig und verkrustet schnell mit Sandkörnern, was das Auffinden erschweren kann.
Inkubationszeit: Die natürliche Inkubationszeit beträgt 2 bis 3 Monate, die Jungen schlüpfen von Dezember bis März. Im Brutapparat sollten die Temperaturen um 25 °C, die relative Luftfeuchtigkeit um 100 % liegen.
Aufzucht: Die ausschlüpfenden Jungtiere sind etwa 65 bis 70 mm groß und werden mit abwechslungsreichem Insektenangebot aufgezogen. Jungtieren wie Erwachsenen gewährt man gelegentliche UV-Bestrahlung, Kalk- und Vitamingaben.

Cnemidophorus lemniscatus
(LINNAEUS, 1758)
Tüpfel-Rennechse, E Spotted racerunner

Beschreibung: Die Tüpfel-Rennechsen zählen mit einer Kopf-Rumpf-Länge von 11 cm bei den Männchen und etwa 9 cm bei den Weibchen schon zu den größeren Arten. Der Körper ähnelt grob unseren südeuropäischen *Lacerten*. Der Kopf ist etwas zugespitzter, der Gesamthabitus etwas schlanker. Die dorsalen Schwanzschuppen sind gekielt, die Bauchschuppen in 29 bis 32 Längs- und 8 Querreihen angeordnet.
Die Männchen haben eine hellbraune Rückenmittelzone, an beiden Seiten zwei grasgrün eingefaßte schwarze Längslinien.
Schwanz und Gliedmaßen sind ebenfalls grasgrün, die Hintergliedmaßen hell gefleckt. Die rostroten Flanken sind weißgefleckt, wobei die Flecken 3 Längsreihen bilden. Die Kopfseiten sind grasgrün bis himmelblau mit helleren Flecken. Die Unterseite ist weiß. Bei den Weibchen und Jungtieren ist der Rücken braun mit hellen, cremefarbenen Längsstreifen. Nur der vordere Teil des Dorsolateralstreifens ist grün. Die Kopfseiten sind orangefarben. Kinn, Kehle, Unterseite der Hinterbeine und vordere Bauchseite sind weiß, der hintere Teil der Unterseite und der Schwanz sind grünlich gelb. Die Hinterbeine sind schwarz bis braun mit weißen Flecken. Größe: Bis 30 cm.
Geographische Verbreitung: Mittelamerika und tropisches Südamerika, in der Karibik auf Trinidad und Tobago, Isla San Andres, Isla de Providencia und Isla Sta. Catalina.

Cnemidophorus lemniscatus lemniscatus
(LINNAEUS, 1768)
Cnemidophorus lemniscatus arubensis
(VAN LIDTH, 1887)
Insel Aruba.
Cnemidophorus lemniscatus nigricolor
(PETERS, 1873)
Los Roques-Archipel, Inseln Aves, Orchila und Blanquilla (Venezuela).

Biologie und Ökologie: In allen terrestrischen Habitaten außer Sümpfen vorkommend, bewohnen diese Echsen Wälder, Buschland, trockene Küstenbereiche mit Vegetationsinseln, sonnenexponierte felsige Hänge und Flußuferbereiche. Im allgemeinen bodenbewohnend, klettern sie gelegentlich auch in der niederen Vegetation herum und können als ausgesprochen sonnenhungrig bezeichnet werden.
Terrarium: Eher flaches als hohes Terrarium in den Maßen 120 × 80 × 60 cm.
Ausstattung: Bodengrund sandig bis sandig-humos, etwa 15 cm hoch. Bepflanzung mit trockenheitsverträglichen Bromeliaceen wie *Dyckia*- und *Hechtia*-Arten, *Aechmea recurvata*, Yuccas oder Agaven.
Heizung: Durch partiell im Bodenteil verlegte Heizkabel oder -platten. Temperaturbedürfnis 27 bis 32 °C, partiell höhere Bodenerwärmung. Dreimal wöchentlich bis zu 20minütige UV-Bestrahlung.
Licht: Beleuchtung mittels Leuchtstoffröhren mit hohem Lichtanteil.
Futter: Insekten aller Art, Spinnen, in der Natur auch andere Echsen, z. B. *Anolis*, alle Futtertiere stets mit Kalk-Vitamin-Präparaten anreichern.
Die Art ist nicht leicht haltbar.
Feuchtigkeitsbedürfnis: Tägliches Übersprühen und kleines Wassergefäß für das Trinkbedürfnis.
Nachzucht: Keine Details bekannt. Eierlegend.

Cnemidophorus sexlineatus
(LINNAEUS, 1758)
Sechsstreifen Rennechse, E Six-lined racerunner

Beschreibung: Diese Rennechse ist wohl der am weitesten nördlich vorkommende Vertreter seiner Gattung, die sich durch einen schlanken Körperbau auszeichnet. Der Kopf ist spitz, der Schwanz etwa doppelt so lang wie der übrige Körper. Der Rücken trägt granuläre Schuppen, die Schuppen der Bauchseite sind größer, rechteckig und in 8 Längsreihen angeordnet. Die Schwanzschuppen sind relativ groß, gekielt und wirtelig angeordnet. Kopf mit großen Schildern. Die Hinterbeine sind kräftiger ausgebildet als die Vorderbeine. Die Färbung der Oberseite ist dunkelbraun bis schwarz, die Rückenmitte trägt einen breiten hellbraunen Streifen, die Rückenseiten tragen je 3 hellgelbe bis cremefarbene schmale Streifen, deren 2 untere sich bis auf den Schwanz hinziehen. Der Rückenmittelstreifen kann auch fehlen. Die schwarzen Zwischenzonen sind ungefleckt. Die Kehle ist bei den Männchen grün oder blau, bei den Weibchen weiß. Die Oberseite des Schwanzes ist braun, bei Jungtieren lebhaft hellblau. Größe: 15 bis 26 cm.
Geographische Verbreitung: Die Nominatform, **C. s. sexlineatus**, bewohnt die Atlantikküste bis ins östliche Texas und M-Missouri. Die Unterart **C. s. viridis**, deren Kopf und Körper ein kräftiges Grün zeigen, M-Texas und das westliche Missouri, das südöstliche Wyoming, O-Colorado und New Mexico.
Biologie und Ökologie: Die tagaktiven Rennechsen zeigen ihre Hauptaktivität in den Morgenstunden, wenn sie dem Beutefang nachgehen oder beim Sonnen beobachtet werden können. Sie bewohnen vorwiegend trockene, sonnige Areale wie offenes Waldland, Küstenbereiche, Brachland mit Kraut- und Buschvegetation, kommen aber auch in Gärten und Hotelanlagen vor.

Obwohl sie vorwiegend Bodenbewohner sind, konnte der Verfasser sie auch öfters an Bäumen beobachten, an denen sie emporflüchteten und möglichst an der dem Betrachter abgewandten Seite verschwanden. Die äußerst schnellen Echsen verstecken sich bei kühleren Temperaturen unter Steinen, in Erdlöchern, aber auch unter losen Rindenstücken. Die kältere Jahreszeit verbringen sie in Winterruhe, meist in Erdhöhlen, die sie selbst graben.

Terrarium: Den temperamentvollen kleinen Echsen richtet man ein trockenes Terrarium von etwa 100 × 60 × 60 cm Größe ein.
Ausstattung: Steinaufbauten, sandiger Bodengrund und einige Gräser und Kleingehölze.
Heizung und Licht: Beleuchtung mittels Leuchtstoffröhren und Spotstrahler als Wärmequelle. Eventuell kann auch eine Bodenheizplatte eingebaut werden. Die Temperaturen sollten tagsüber zwischen 25 und 32 °C, nachts um 22 °C liegen, örtliche Bodentemperaturen auch bis 40 °C:
Futter: Gefüttert wird mit kleineren bis mittleren Heimchen, Grillen, Heuschrecken, Schaben, Mehlkäferlarven, Wachsmottenlarven, kleinen Faltern und unbehaarten Raupen. Sonstiges wie bei *C. lemniscatus*.
Feuchtigkeitsbedürfnis: Tägliches Übersprühen ist notwendig, ein kleines Trinkgefäß ist zweckmäßig.
Überwinterung: Eine 8wöchige Winterruhe bei Temperaturen um 10 bis 15 °C ist angebracht.
Nachzucht:
Paarung und Eiablage: Die Paarungen finden von April bis Juni statt. Es kommt meist zu zwei Gelegen mit bis zu 6 Eiern, das erste wird im Juni bis Juli, das zweite drei bis vier Wochen später im Boden oder unter Steinen abgelegt.
Inkubationszeit: Von Juni bis September schlüpfen die Jungen.
Aufzucht: Die Jungtiere werden mit Kleininsekten aufgezogen. Natürliche Besonnung oder UV-Bestrahlung, sowie Kalk- und Vitaminbeigaben sind unerläßlich.

Cophotis ceylanica
(PETERS, 1861)
Taubagame

Beschreibung: Die seltene Taubagame erhielt ihren Namen durch das äußerlich nicht erkennbare Trommelfell. Sie weist aber noch weitere Besonderheiten auf, besonders den Greifschwanz, der chamäleonartig eingerollt und als Kletterhilfe benutzt werden kann. Der 3- bis 4schuppige Nackenkamm und der Rückenkamm, die deutlich unterbrochen sind, weisen große, einzeln stehende, zackenartig-längliche Schuppen auf. Diese sind nicht immer aufgerichtet, legen sich auch zur Seite um. Der Körper ist mit großen, sich dachziegelartig überdeckenden, unregelmäßigen flacheren, rundlichen bis gekielten und spitz auslaufenden Schuppen bedeckt.
Die Färbung der Oberseite ist je nach Erregungszustand einem Farbwechsel unterworfen. Vorherrschend ist eine braune oder grüne Grundfärbung, die durch helle und dunkle Querbänderung ein fast rindenartiges Farbmuster bildet. Die Männchen sind auffälliger kontrastiert. Ein weißer Streifen läuft von der Schnauzenspitze oberhalb der Mundöffnung entlang, zieht sich in einem Bogen über den Vorderbeinansatz und bildet dann über den Rücken ein helles Querband. Ein zweites breites, aber weniger helles Querband läuft um die Rumpfmitte, ein drittes über den Hinterbeinansatz und sechs weitere ergeben die Querstreifung des Schwanzes. Die Ruhefärbung ist einheitlicher rindenartig braun. Die Untersuchungen von KÄSTLE (1966) zeigten, daß der Farbwechsel auch eine Rolle im Sozialverhalten aufweist, so sind ranghohe Tiere heller, rangniedere düster gefärbt.
Die Geschlechter unterscheiden sich nicht nur durch die Färbung, sondern auch durch den niedrigeren Rückenkamm der Weibchen. Der Nackenkamm besteht auch bei den Weibchen aus höheren Schuppen. Größe: Ungefähr 14 cm.
Geographische Verbreitung: Zentrales Bergland von Sri Lanka.
Biologie und Ökologie: Feuchte Bergwälder in 600 bis 2100 m Höhe. Hier leben sie in Büschen und Hecken, vorwiegend aber im unteren Bereich der Bäume. Auch Gärten und Anlagen innerhalb der Ortschaften werden besiedelt. Die Aktivität ist nicht sonderlich ausgeprägt. Ihre Bewegungen sind oft chamäleonartig langsam. Meist sitzen sie ruhig im Geäst, bewegen sich höchstens, um Beutetiere zu fangen, der Sonne auszuweichen oder um sich mit Artgenossen auseinanderzusetzen. Das Drohverhalten hat KÄSTLE (1966) beschrieben: Neben der Erregungsfärbung erhöht sich bei beiden Geschlechtern der Nackenkamm, die auf seinem First stehenden Stacheln werden aufgerichtet, der in beiden Geschlechtern gleich große, farblich nicht differenzierte Kehlsack wird aufgebläht, um dann sekundenlang entfaltet zu bleiben, schnelle Kehlsackbewegungen fehlen. Die wichtigsten Imponierformen sind das Drohen und zwei Verhaltensformen, die KÄSTLE (1966) nach der Stimmung, in der sie geäußert wurden, als Angstnicken und Angriffsnicken bezeichnet. Angstnicken erfolgt seitens rangniederer Männchen gegenüber rang-

Cophotis ceylanica

höheren, Angriffsnicken folgt meist nach ruckenden Vorwärtsbewegungen des Körpers, die das dominierende Tier allerdings kaum von der Stelle bringen. Beim Drohen wird auch der Schwanz bogenförmig angehoben, teilweise das Maul aufgesperrt und hochgewölbt, ohne dabei die Zunge herauszustrecken. Schließlich folgt ein Drohschwanken, bei dem der Körper auf allen vier Beinen in Längsrichtung langsam vorwärts bewegt wird und die Schnauzenspitze dabei langgestreckte elliptische Bögen beschreibt.

Trotz des Drohens mit geöffnetem Maul konnte selten beobachtet werden, daß die Tiere sich bissen. Es kommt lediglich zu Schnauzenkontakten, oder die dominanten Tiere besteigen die schwächeren. Diese entfernen sich allerdings meist nach Angstnicken und heftigem seitlichen Schwanzschlängeln unter Farbverdüsterung. Die Tiere können dann manchmal stundenlang nur mit den Zehen im Gezweig herabhängend verharren.

Terrarium: Regen- und Nebelwaldterrarium in den Maßen 80 × 80 × 100 cm oder größer.

Ausstattung: Bodengrund aus lehmighumoser Lauberde mit Fallaub- und Moospolsterauflage. Rückwand aus geschichtetem Borken- oder Mexifarnmaterial evtl. mit Berieselungseinrichtung. Bepflanzung mit Moosen, Farnen und Blattpflanzen. Relativ dünne Kletteräste, die von Rankpflanzen begrünt sein können.

Heizung: Bodenheizkabel und kleiner Strahlungsheizer. Die Temperaturen sollten tagsüber bei 24 bis 28 °C liegen, im Aufwärmbereich etwas höher. Für nächtliche Abkühlung auf 15 bis 20 °C sorgt eine Zeitschaltuhr. Temperaturgefälle ergibt sich auch durch die Terrarienhöhe.

Licht: Tageslicht, Leuchtstoffröhren, Spotstrahler.

Luftfeuchtigkeit: Tagsüber 60 bis 80 %, nachts 80 bis 100 %, Vernebelungsanlage oder Rückwandberieselung sind empfehlenswert.

Futter: Kleinere bis mittlere Insekten aller Art, die vor dem Verfüttern mit einem Kalk-Vitamin-Präparat eingestäubt werden, es eignen sich Heimchen und Grillen, Motten und Stubenfliegen, es werden aber auch Wolfslaufspinnen und gelegentlich Würmer angenommen. Manche Tiere erweisen sich als etwas wählerisch bezüglich ihrer Futterauswahl.

Nachzucht: Taubagamen sind als einzige Agamen lebendgebärend (viviopar). Es sollen 2 bis 8 Jungtiere zur Welt kommen, die man mit Kleininsekten aufzieht. Für eine ausreichende Kalk- und Vitamin-Anreicherung ist zu sorgen.

Literatur:
KÄSTLE, W. (1966): Beobachtungen an ceylonesischen Taubagamen. Salamandra 2(3): 78–87.

Cordylus cataphractus
(BOIE, 1828)
Panzergürtelschweif, E Armedillo girdled lizard, F Cordyle cataphracte
WA II

Beschreibung: Der Panzergürtelschweif ist wohl der stachligste unter seinen Verwandten. Der dreieckige Kopf trägt große, sich überlappende flache Schilder, die am Hinterkopf dornig auslaufen und eine durch feine Längsfurchen relativ rauhe Struktur haben. Die Schuppen des Körpers und Schwanzes stehen in breiten Querreihen und sind besonders an den Halsseiten, den Flanken und rund um den Schwanz scharf bedornt. Auch die Außenseiten der Gliedmaßen tragen große Dornschuppen. Die Schuppen sind von Knochenplatten unterlegt und dadurch besonders hart. Sie weisen in ihrer Feinstruktur eine bemerkenswerte Porosität auf, die es den Tieren ermöglicht, auf diesem Wege eine gewisse Feuchtigkeitsmenge über die Haut aufzunehmen. Das ist für das Leben in den teilweise extrem trockenen Felsbereichen eine wichtige Anpassung. Bemerkenswert ist auch die Fähigkeit, bei Behelligung den Schwanz mit dem Maul zu ergreifen und den Körper gürteltierartig einzurollen – sicher eine Schutzeinrichtung gegenüber echsenfressenden Schlangen, die so vergeblich nach dem Körperanfang suchen. Die Abplattung des Körpers gestattet es den Tieren, Zuflucht in Gesteinsspalten zu suchen, in denen sie sich durch leichtes Aufblähen des Körpers mit Unterstützung der Dornschuppen hervorragend verkeilen können, so daß sie kaum von einem Prädator herausgezogen werden können.

Die Färbung der Oberseite ist gelblich bis braun, die Unterseite etwas heller. Größe: Ungefähr 20 cm.

Geographische Verbreitung: Südafrika, Namaqualand südlich bis Matjiesfontain.

Biologie und Ökologie: Panzergürtelschweife leben in felsigen Trockengebieten, Savannen und Wüsten. Hier besiedeln sie meist größere Felsen, auf denen sie sich sonnen und nach Beute Ausschau halten.

Terrarium: Als Bodenbewohner richten wir ihnen ein flaches Terrarium in den Maßen 100 × 60 × 60 cm ein, dessen Bodengrund aus Sand oder Feinkies besteht.

Ausstattung: Felsaufbauten oder eine als Felswand modellierte Rückwand mit

Vorsprüngen, auf denen sich die Tiere sonnen können, stellen die Grundeinrichtung dar. Aufgeschichtete Steinplatten bieten Versteckmöglichkeiten und in Töpfen im Bodengrund versenkte Aloen, Gasterien oder Euphorbien bilden die pflanzliche Dekoration.

Heizung: Heizung mittels Bodenheizung und Strahlungsheizer. Die Temperaturen sollten tagsüber zwischen 25 und 30 °C liegen, nachts auf 15 bis 20 °C absinken. Die partielle Bodentemperatur kann bis 36 °C ansteigen, eventuell auch einige Grad höher.

Licht: Beleuchtung mit Leuchtstoffröhren oder HQL-Lampe. Regelmäßige UV-Bestrahlung. Die Tiere lassen sich zwecks natürlicher Besonnung an warmen Sommertagen auch gut in einem Freiluftterrarium halten.

Futter: Als Futter reicht man Feldheuschrecken, halbwüchsige Wanderheuschrecken, Grillen, Heimchen, Wachsmotten und deren Larven, Falter, Schaben und Spinnen, auch hartschaligere Käfer werden verzehrt. Gelegentlich werden auch zarte Blätter und Blüten verspeist.

Feuchtigkeitsbedürfnis: Das Trinkbedürfnis wird durch Auflecken von Wassertropfen nach dem Sprühen, bzw. durch Wasseraufnahme aus einem Trinkgefäß befriedigt.

Überwinterung: Es empfiehlt sich, den Tieren eine 6- bis 8wöchige Überwinterungsphase bei Temperaturen um 15 °C und reduzierter Beleuchtung zu gönnen.

Nachzucht:

Paarung: Nach der Überwinterungsphase erhöht man die Licht- und Temperaturwerte und regt dadurch die Paarungsbereitschaft an.

Die Paarung erfolgt im zeitigen Frühjahr. Die lebendgebärenden Panzer-Gürtelschweife bringen im Sommer dann ein bis zwei 60 bis 90 mm lange Jungtiere zur Welt.

Aufzucht: Diese fressen schon bald nach der Geburt kleinere Futterinsekten, wie junge Wanderheuschrecken, Grillen und Wachsmottenlarven, Heimchen und Mehlkäferlarven.

Die Futtertiere werden mit Mineralstoff- und Vitaminpulver angereichert. Wasserlösliche Vitaminpräparate können auch dem Trinkwasser beigefügt werden.

Literatur:
BRANCH, W. R. (1984): Cape Lizards. VII. Plated and Girdled Lizards. The Naturalist 28(2): 21–27.
ELZEN, P. VAN DEN (1982): *Cordylus cataphractus* BOIE, Teil I und II. Revue franc. Aquariol. 3/82: 1–4.
KRABBE-PAULDURO, U., E. PAULDURO (1991): Pflege und Nachzucht des Panzergürtelschweifs *Cordylus cataphractus* BOIE, 1828. Sauria 13(2): 11–13.
MATZ, G. (1973): Gürtelechsen. DATZ 26(1): 28–29.
SCHÖNFELD, W. (1973): Geburt und Aufzucht von *Cordylus cataphractus*. DATZ 26(11): 390–391.
WESIAK, K., D. VOGEL (1993): Einige Daten zur Haltung und Nachzucht des Panzergürtelschweifs *Cordylus cataphractus* BOIE, 1828. herpetofauna 15(86): 18–20.

Cordylus cordylus
(LINNAEUS, 1758)
Zwerggürtelschweif, E Cape girdled Lizard
WA II

Beschreibung: Zwerggürtelschweife besitzen einen ziemlich flachen, dreieckigen Kopf, der deutlich vom Rumpf abgesetzt ist. Der Schwanz ist kürzer als die Kopf-Rumpf-Länge und weniger stark vom flachrunden Rumpf abgesetzt als bei anderen *Cordylus*-Arten. Die Art hat wenig ausgeprägte Kopf- und Körperstacheln, lediglich der Schwanz ist stachelig gewirtelt. Die in regelmäßigen Längs- und Querreihen angeordneten Körperschuppen sind deutlich gekielt.

Die Färbung der Oberseite reicht von gelbbraun über rötlichbraune Töne bis schwarz, die Flanken sind dunkler. Teilweise tritt auch eine dunklere oder hellere Fleckung auf. Die Kopfoberseite ist einheitlich dunkel gefärbt. Männchen mit vergrößerten, drüsenartig erscheinenden Schuppen oberhalb der Femoralporen. Größe: 14 bis 18 cm.

Geographische Verbreitung: Südafrika, Kapland. Die Unterart **Cordylus c. niger** lebt auf der Kap-Halbinsel und an der Küste der Saidanha-Bucht.

Biologie und Ökologie: Felsige Gebiete, Halbwüsten und Trockensavanne. Bewohner von Felsritzen, Baumlöchern und Hohlräumen unter der Rinde. Tagaktiv und revierbildend kann man die im Terrarium vorwiegend friedfertigen Echsen auch recht aggressiv erleben, wenn sie ihr Territorium gegen Artgenossen verteidigen, wobei es zu heftigen Beißereien kommen kann, sofern der schwächere Kontrahent nicht vorzeitig die Flucht ergreift. Auf der Flucht verkriechen sich die Echsen gern in schmale Spalten, in denen sie sich geschickt verkeilen und ihren dornigen Schwanz als Schutzschild nutzen. Dabei blähen sie ihren Körper auf und sind dann nur schwer aus ihrem Versteck zu entfernen.

Terrarium: Für diese Art reicht ein mittleres Terrarium in den Maßen 50 × 80 × 50 cm, das wir als Trockenterrarium einrichten.

Ausstattung: Sandig-lehmiger Bodengrund, ein Steinaufbau aus geschichteten Sand- oder Kalkstein-Platten und einigen südafrikanischen Sukkulenten, wie *Gasteria, Haworthia* und *Aloe*. Auch trockenheitsverträgliche Gräser, hohle Korkeichenzweige oder Rindenstücke kommen als Einrichtungselemente in Frage.

Heizung: Quecksilberdampf-Lampen oder andere Strahlungsheizlampen, die lokale Aufheizung bis 30 °C tagsüber ermöglichen. Nachts Temperaturabfall auf 15 bis 18 °C, im Winter auch niedriger. Freilandhaltung während der Sommermonate erhöht das Wohlbefinden der Tiere, dabei macht es ihnen nichts aus, wenn die Temperaturen einige Tage unter die optimalen Werte sinken.

Licht: Je nach Jahreszeit 8 bis 12 Stunden intensive Beleuchtung mit regelmäßiger UV-Bestrahlung.

Futter: Heuschrecken, Käfer, Grillen und Heimchen, Mehlkäferlarven, Motten und Raupen, Schaben und Spinnen. In ihrer Heimat werden gern Termiten gefressen.

Feuchtigkeitsbedürfnis: Tägliches Übersprühen, zusätzlich ein kleines Trinkgefäß. Die Zwerggürtelschweife nehmen Wasser über die Poren ihrer mit Knochenplatten unterlegten Hornschilder auf, können daher Bodenfeuchtigkeit und Tau nutzen.

Überwinterung: Als auslösender Faktor für das Fortpflanzungsverhalten notwendig. Man kühlt das Terrarium allmählich auf Werte zwischen 10 °C und 15 °C ab und reduziert die Beleuchtung für eine Zeit von 6 bis 8 Wochen. Die Tiere lassen sich problemlos auf die Jahresperiodik der Nordhemisphäre umstellen.

Nachzucht:

Paarung: Die Paarung erfolgt kurz nach Beendigung der Winterruhe, wobei sich das Männchen am Nacken des Weibchens festbeißt und seinen Schwanz so unter den des Weibchens schiebt, daß die Kloaken Kontakt bekommen.

Tragzeit: Nach einer Tragzeit von etwa 4 Monaten bringt das Weibchen 2 bis 4 etwa 7 cm große Junge zur Welt.

Aufzucht und Geschlechtsreife: Mit abwechslungsreichem Kleinfutter, ausreichender Vitamin- und Mineralstoffversorgung bei regelmäßiger UV-Bestrahlung erreichen die Jungtiere nach ca. drei Jahren die Geschlechtsreife.

Cordylus giganteus

Literatur:
BRANCH, W. R. (1981): An annotated Checklist of the Lizards of the Cape Province, South Africa. Ann. Cape Prov. Mus. (Nat. Mist.) 13(11): 141–167.
FITZSIMONS, V. F. (1943): The Lizards of South Africa. Transvaal. Mus. Mem. 1: 528 S.
KUTSCHERA, U. (1976): Aufzucht und Pflege des Zwerg-Gürtelschweifs, *Cordylus cordylus*. DATZ 29(8): 282–283.
LOVERIDGE, A. (1944): Revision of the African Lizards of the Family Cordylidae. Bull. Mus. Comp. Zool. 95(1): 1–118.
SWITAK, K. H. (1980): Vom Sonnenanbeter und anderen Gürtelschweifen. Aquarien-Magazin, 14(7): 317–321.

Cordylus giganteus
(SMITH, 1844)
Riesengürtelschweif, E Sungazer, Giant girdled Lizard, F Cordyle géant, I Cordilo gigante
WA II

Beschreibung: Großer, von oben dreieckig wirkender Kopf, kräftiger, dorsoventral abgeflachter Körper mit großen gekielten und dornigen Schuppen, besonders am Hinterkopf, an den Halsseiten und Flanken. Schwanz mit wirtelig angeordneten, großen dornigen Schuppen. Färbung der Oberseite mittel- bis dunkelbraun, zu den Flanken hin aufhellend. Unterer Mundbereich und Kehle gelb. Unterseite gelbbraun. Ge-

schlechtsunterschiede wie bei *C. cordylus*, zusätzlich vergrößerte Schuppen an der Unterseite der vorderen Extremitäten der Männchen. Größe: Bis 40 cm.
Geographische Verbreitung: Südafrika, mittlerer und östlicher Oranje-Freistaat, S-Transvaal und NO-Natal.
Biologie und Ökologie: Steinige und felsige Biotope des Buschlandes werden weniger bewohnt als Grasland. Hier können die Tiere auch eher ihre oft meterlangen Erdbauten graben, die etwa 30 cm unter der Erdoberfläche liegen. Die Tiere leben in Kolonien, wobei sich jedoch jedes Tier seinen eigenen Bau gräbt, den es unter Umständen, wie es PATTERSON (1987*) berichtet, mit einem Frosch oder einer Kröte teilt. Die tagaktiven Tiere bevorzugen Termitenbauten zum Sonnen. Von dort aus gehen sie auch auf Beutefang. Bei Behelligung schlägt der Riesengürtelschweif kräftig mit dem wehrhaften Schwanz. Dieses Verhalten zeigt er auch bevor er in seinem Bau verschwindet, gleichermaßen als wolle er eventuelle Aggressoren abschrecken.
Hält man ihm beim Fang dennoch ergriffen, so stellt er sich tot, legt die Beine an den Körper und vertraut auf seine stachlige Oberseite. Versucht man ihn umzudrehen, so dreht er sich kraftvoll zurück, um seine empfindlichere Unterseite zu schützen.
Terrarium: Ideal ist für diese Tiere ein von der Bodenfläche her möglichst großes flaches Terrarium von mindestens 1 bis 2 m², mit 20 bis 30 cm Bodengrund.
Ausstattung: Hier eignet sich sandig-lehmiger Boden mit einer Rasensodenauflage, die man mehrfach im Jahr auswechselt, wenn der Rasen unansehnlich wird. Ein künstlicher Termitenbau oder kräftige Äste dienen als Sonnenplatz. Weitere Blattpflanzen des südafrikanischen Raumes können die Einrichtung ergänzen. Auch ein Steinaufbau ist als Einrichtungselement möglich. Sandiger Bodengrund ist nicht zu empfehlen. Kontrollierbare Erdhöhlen empfehlen PAULDURO jr. (1987), KRABBE-PAULDURO (1991).
Heizung: Strahlungsheizer über dem Sonnenplatz, der Temperaturen von maximal 30 °C am Boden und 25 bis 28 °C Lufttemperatur erzeugt. Die nächtlichen Temperaturen sollten auf 12 bis 20 °C absinken.
Gürtelschweife können während der warmen Sommerwochen auch gut in einem kontrollierbaren Freilandterrarium gehalten werden, wenn man für kühlere Tage eine zusätzliche Heizquelle installiert. Die schnell zahm werdenden Tiere zeigen gerade hier eher ihr natürliches Verhalten als im Zimmerterrarium.
Licht: Leuchtstoffröhren oder Quecksilberdampflampen. Die sonnenhungrigen Gürtelschweife brauchen hohe Licht- und auch Wärmewerte, sowie regelmäßige UV-Bestrahlung.
Futter: Insekten aller Art, auch hartschalige Arten wie Käfer und Heuschrecken, große Schaben etc., nestjunge Mäuse, eventuell auch Fleischstückchen von der Pinzette.
Feuchtigkeitsbedürfnis: Ein Trinkgefäß sollte nicht fehlen. Die Tiere sind aber auch in der Lage, durch die feinporige Oberflächenstruktur ihre Schuppen mit der gesamten Körperoberfläche Feuchtigkeit aufzunehmen. Tägliches Übersprühen zur Erhaltung einer gewissen Bodenfeuchtigkeit kann deshalb ausreichend sein.
Überwinterung: Um Zuchterfolge zu erzielen, bedürfen die Tiere einer mehrwöchigen Winterruhe bei Temperaturen zwischen 10 und 18 °C bei herabgesetzten Lichtwerten.
Nachzucht: Auch der Riesengürtelschweif ist lebendgebärend. Das Weibchen bringt im Spätsommer zwei etwa 12 cm große Jungtiere zur Welt. Das Stachelkleid der Jungen entwickelt sich mit zunehmendem Wachstum.
Aufzucht: Sie werden mit Heimchen und Grillen aufgezogen. Reichlich Kalk- und Vitaminzugaben und regelmäßige UV-Bestrahlung sind notwendig.

Literatur:
ABRAHAM, G. (1981): Das Portrait – *Cordylus giganteus* – Riesengürtelschweif (A. SMITH, 1844). Sauria 3(1): 2.
ADOLPHS, K., M. TRÖGER (1987): Lebensweise, Haltung und Zuchtproblematik des Riesengürtelschweifs *Cordylus giganteus* A. SMITH, 1844. herpetofauna 9(46): 28–33.
BRANCH, W. R. (1984): Cape Lizards. VII. Plated and Girdled Lizards. The Naturalist 28(2): 21–27.
BRANCH, W. R., R. PATTERSON (1975): Notes on the Ecology of the Giant Girdled Lizard, *Cordylus giganteus*. J. Herpetol. 9(4): 364–366.
HALLMANN, P. (1983): Gürtelschweife. Aquarien – Terrarien 30(8): 280–283.
KRABBE-PAULDURO, U., E. PAULDURO jr. (1991): Bodengrund im Terrarium – einmal ganz anders. Sauria 13(4): 15–18.
PAULDURO E. jr., U. KRABBE-PAULDURO (1987): Anmerkungen zur Lebensweise, Haltung und Zuchtproblematik des Riesengürtelschweifs *Cordylus giganteus* A. SMITH, 1844. Sauria 9(4): 9–17.
SEIDEL, R. (1979): Bemerkungen zur Aufzucht von *Cordylus giganteus*. DATZ 32(1): 34–35.
SWITAK, K. H. (1980): Der Riesengürtelschweif oder Südafrikanische Sonnengucker, *Cordylus giganteus*. Das Aquarium 136: 537–541.
WELZEL, A. (1981): Cordylus giganteus. herpetofauna I 11: 17.
WYK, J. H. VAN (1991): Biennial reproduction in the female viviparous Lizard, *Cordylus giganteus*. Amphibia – Reptilia 12: 329–342.
WYK, J. H. VAN (1994): Fat body and liver cycles in the large girdled Lizard, *Cordylus giganteus*. Amphibia – Reptilia 15(2): 153–169.

Cordylus warreni
(BOULENGER, 1908)
Warrens Gürtelschweif, E Warren's girdled Lizard, F Cordyle de Warren
WA II

Beschreibung: Stark abgeplatteter, dreieckiger Kopf und flacher Körper. Der Schwanz ist wenig länger als die Kopf-Rumpf-Länge und mit wirtelförmig angeordneten großen, gekielten Stachelschuppen bedeckt. Die Färbung der Oberseite ist braun bis schwarz. Die insgesamt 9 Unterarten lassen sich an der Rückenzeichnung, die aus gelben bis hellbraunen oder cremefarbenen Flecken oder Querbändern besteht, sowie durch die Anzahl der in 22 bis 46 Querreihen angeordneten Dorsalschuppen unterscheiden. Die Männchen unterscheiden sich von den Weibchen durch die Ausbildung von drei bis vier Reihen modifizierter Schuppen vor den bei beiden Geschlechtern vorhandenen Femoralporen. Die Unterseite ist cremefarben, braun oder graubraun, auch hier je nach Unterart verschieden. Größe: Bis 30 cm.
Geographische Verbreitung: Mosambik, O-Zimbabwe, Transvaal, Swaziland.

Cordylus warreni warreni
(BOULENGER, 1908)
Zululand, O-Transvaal.
Cordylus w. barbertonensis
(VAN DAM, 1921)
O-Transvaal bis S-Zwaziland.
Cordylus w. breyeri
(VAN DAM, 1921)
NW-Transvaal.
Cordylus w. depressus
(FITZSIMONS, 1930)
N-Transvaal.

Cordylus w. mossambicus
FITZSIMONS, 1958)
Mosambik, Zimbabwe.
Cordylus w. regius
BROADLEY, 1962
O-Zimbabwe.
Cordylus w. laevigatus
(FITZSIMONS, 1943)
N-Transvaal. Diese Unterart wird von FITZSIMONS als eigene Art geführt, der Unterartstatus ist derzeit als nicht gesichert anzusehen. Das gleiche gilt für die nachfolgend aufgeführten Unterarten (S. BRANCH et al. 1988).
Cordylus w. perkoensis
(FITZSIMONS, 1930)
O-Transvaal.
Cordylus w. vandami
(FITZSIMONS, 1930)
NO-Transvaal.
Eine Beschreibung der einzelnen Unterarten findet sich bei KRABBE-PAULDURO, U. E. PAULDURO jr. (1989).

Biologie und Ökologie: Gesteinsspalten felsiger Biotope des Berglandes bis in Höhen um 1500 m. Meist solitäre Lebensweise mit bleibenden Territorien, die intraspezifisch verteidigt werden. Die Tiere bevorzugen Unterschlupfmöglichkeiten, die es ihnen ermöglichen, sich mit ihren Stachelschuppen zu verkeilen und mit quergelegtem Schwanz den Zugang zu versperren. Die klimatischen Bedingungen sind in der oben angeführten Arbeit für O-Transvaal mit 30 bis 40 °C im Sommer (Dezember/Januar) tagsüber, 18 °C nachts und 23 °C im Winter (Juni/Juli) tagsüber, 8 °C nachts angegeben. Die Werte für Swaziland sind 15 bis 18 °C (Januar) bzw. 5 bis 19 °C (Juni). Von Mai bis September tritt Frost auf, in den Gebirgen auch häufig starke Schneefälle. In niederen Bereichen sind die Temperaturen milder. Niederschläge fallen überwiegend zwischen September und April.
Terrarium: Große flache Terrarien von ca. 1 m² Bodenfläche bei 40 bis 60 cm Höhe.
Ausstattung: Bodengrund feiner bis mittlerer Kies, Steinaufbauten aus flachen, enge Unterschlupfplätze bietenden Steinplatten. Bepflanzung mit südafrikanischen Sukkulenten, harten Gräsern so anordnen, daß unterschiedliche Territorien ohne ständigen Sichtkontakt der Tiere gebildet werden können. Bei der angegebenen Terrariengröße maximal 1 Männchen mit zwei Weibchen vergesellschaften. Da die Tiere sehr standorttreu sind, sollten Veränderungen an der Einrichtung vermieden werden. Eine Vergesellschaftung mit anderen auch kleineren Arten ist möglich.
Heizung: Strahlungsheizer, der lokale Bodentemperaturen bis 40 °C erbringt, so daß im Terrarium ein Temperaturgefälle zwischen 20 bis 25 °C und 35 bis 40 °C tagsüber und etwa 17 °C nachts entsteht.
Licht: Leuchtstoffröhren, regelmäßige UV-Bestrahlung.
Futter: Insekten aller Art, nestjunge Mäuse, Landschnecken. Anreicherung des Futters mit Vitaminen und Mineralstoffen.
Feuchtigkeitsbedürfnis: Trinkgefäß und tägliches Übersprühen.
Überwinterung: Von Anfang Oktober bis Ende November bei Temperaturen um 18 °C und herabgesetzter Beleuchtungsintensität.
Nachzucht:
Paarung: Die Tiere paaren sich nach der Überwinterung im Dezember und Januar. KRABBE-PAULDURO & PAULDURO (1989) beschreiben das Paarungsverhalten wie folgt: „Zur Paarung nähert sich das Männchen dem Weibchen unter langsamem Heben und Senken des Kopfes. Dabei wird das Weibchen immer wieder prüfend bezüngelt. Nachdem sich das Männchen seitlich am Nacken des Weibchens festgebissen hat, erfolgt die Kopulation. Diese dauert zwischen einer und zwei Minuten."
Tragzeit: Nach einer Tragzeit von 5 bis 6 Monaten werden bis zu 5 Jungtiere von ca. 10 cm Größe und einem Gewicht von 3 g im Mai oder Juni geboren.
Aufzucht: Die Jungen werden mit vitamin- und mineralstoffreicher Nahrung bei regelmäßiger UV-Bestrahlung aufgezogen. Dabei ist darauf zu achten, daß die Jungtiere nicht in ständigem Sichtkontakt zu Artgenossen stehen, was zu Dauerstreß, Nahrungsverweigerung und körperlichen Defekten führen kann.
Geschlechtsreife: Die Geschlechtsreife wird im dritten Lebensjahr erreicht.
Literatur:
BRANCH, W. R. (1984): Cape Lizards. VII. Plated and Girdled Lizards. The Naturalist 28(2): 21–27.
HART, H. (1972): Zur Pflege von *Cordylus warreni*. DATZ 25(5): 175–176.
KRABBE-PAULDURO, U., E. PAULDURO jr. (1989): *Cordylus warreni* (BOULENGER). Sauria Beil. Amph./Rept.-Kartei 11(4): 153–160.
KRABBE-PAULDURO, U., E. PAULDURO jr. (1986): Durch Nachzucht erhalten: Warrens Gürtelschweif. Aquarien-Magazin 20(10): 412–416.

Corucia zebrata
(GRAY, 1855)
Wickelskink, E Prehensile-tailed skink
WA II

Beschreibung: Mit den Wickelskinken begegnen wir den größten rezenten Skinken, die eine durchschnittliche Kopf-Rumpf-Länge von 35 cm erreichen. Der stumpfschnäuzige, hohe und breite Kopf ist deutlich vom Hals abgesetzt. Der rundliche, wenig abgeflachte Körper wird von kräftigen Gliedmaßen getragen, der Schwanz dient den baumbewohnenden Tieren als zusätzliches Greiforgan. Die Schuppen sind glatt, am Schwanz auffallend groß. Die Gliedmaßen tragen scharfe, kräftige Krallen. Färbung der Oberseite blaßgrün, von gelblich-olivgrünen Tönen bis zu schilfgrauen Tönen reichend. Kopf teilweise gelblich bis cremefarben, bei anderen Populationen einfarbig grün. Rückenzeichnung aus hellen von der Rückenmitte schräg nach hinten verlaufenden weißlichen Bändern, dazwischen auch dunklere Flecken aus bräunlichen bis schwarzen Schuppen. Iris grünlich bis gelb. Die Geschlechter lassen sich am ehesten durch die bei den Männchen an der Schwanzwurzel erkennbaren Hemipenistaschen unterscheiden. Bei den Weibchen ist der Schwanz an der Wurzel seitlich stärker eingebuchtet. Die Jungtiere sind bräunlich mit deutlicher heller Querbänderung. Größe: Bis 75 cm.
Geographische Verbreitung: Salomonen-Inseln: Bougainville, Chouseul, New Georgia, Isabel, Guadalcanal, Nggela, Malaita, San Christobal, Ugi, Santa Ana und Shortlands.
Biologie und Ökologie: Tropische Regenwälder der bergigen Salomonen-Inseln. Die dämmerungs- bis nachtaktiven herbivoren Skinke sind weit verbreitet, aber aufgrund ihrer nächtlichen Lebensweise nicht auffallend. Nach OBST et al. (1984*) sind sie teilweise Kulturfolger. Tagsüber halten sie sich im Geäst oder in Baumhöhlen auf, nachts gehen sie auf Futtersuche. Ihre Hauptnahrung soll im heimatlichen Biotop die kletternde Aracee *Epipremnum pinnatum* sein, es werden auch *Piper*-Arten gefressen.
Die kräftigen Tiere sind relativ träge Baumbewohner, können aber bei Behelligung sehr schnell und recht kräftig zubeißen. Besonders weibliche Tiere sind nach der Geburt des Jungtieres recht aggressiv, sie kümmern sich intensiv um ihre Nachkommen und verteidigen sie auch gegenüber dem Pfleger. Dieses

Corucia zebrata

Brutpflegeverhalten läßt aber nach einigen Wochen zugunsten des normalen friedfertigen Verhaltens wieder nach. HONEGGER (1985) weist auf Kannibalismus hin, andere Pfleger können dies nicht bestätigen.

Die Tiere unterliegen in ihrer Heimat einem jahreszeitlichen Zyklus, so scheint die Hauptaktivitätszeit in die Monsunzeit von November bis April zu fallen, wenn die Inseln von Stürmen und starken Regenfällen betroffen sind. Dies ist auch die Zeit verstärkter Nahrungsaufnahme. Im Sommerhalbjahr ist es dann trockener. SCHMIDT (1991) gibt jahreszeitlich bedingte Temperaturen zwischen 22 und 34 °C an, sowie jährliche Niederschlagsmengen von 3000 bis 4000 mm.

Terrarium: Geräumiges Kletterterrarium etwa 120 × 80 × 150 cm.

Ausstattung: Mit kräftigen Ästen und Korkeichenröhren als Schlupfplätzen. Da die Tiere Pflanzenfresser sind, kommt eine Bepflanzung des Behälters nicht in Frage. Ein Problem sind die nicht unbeträchtlichen Kotmengen, die die Tiere bei gesundem Appetit produzieren. Diese verschmutzen den natürlichen Bodengrund sehr schnell. Deshalb werden die Wickelskinke häufig steril gehalten. Manche Liebhaber verwenden eine Bodenfüllung aus Rindenstücken, Torfmull oder Katzenstreu. Die von SCHMIDT (1991) verwendete Auslage mit Torfmoos ist sicher nicht nur natürlicher, sondern hat auch den Vorteil, eine höhere Luftfeuchtigkeit zu erzielen, da das Torfmoos die aufgenommene Feuchtigkeit nach dem Sprühen allmählich wieder abgibt.

Heizung und Licht: Leuchtstoffröhren und als gleichzeitige Wärmequelle Quecksilberdampf-Lampen, so daß sich die Tiere in unterschiedlichen Temperaturbereichen zwischen 24 °C am Boden und 35 °C im Oberbereich des Terrariums die optimalen Aufenthaltsplätze aussuchen können.

Futter: Die Tiere sind sehr individualistisch hinsichtlich der Vorliebe für bestimmte Futtersorten. Ein abwechslungsreiches Angebot läßt jedoch bald die bevorzugten Obst-, Gemüse- und Salatsorten erkennen.
Je nach Jahreszeit und Angebot bietet man Äpfel, Birnen, Kiwis, Bananen oder Tomaten, Salate und Wildkräuter, die mit Kalk-Vitamin-Präparaten bestreut werden.

Feuchtigkeitsbedürfnis: Tägliches Sprühen. Wassergefäß als zusätzliche Tränke.

Nachzucht:
Paarung: Paarungen finden in Gefangenschaft zu den verschiedensten Jahreszeiten statt. Das Männchen hält das Weibchen durch Biß in die Hals-Rücken-Region fest. Die am Boden stattfindenden Paarungen dauern nach SCHMIDT (1991) 10 bis 30 Minuten.

Tragzeit: Die Tragzeit beträgt bis zu 6 Monate. Das Weibchen gebärt ein bis zwei Junge mit einem Geburtsgewicht von 100 bis 120 g und einer Gesamtlänge von etwas mehr als 30 cm, wovon die Hälfte auf den Schwanz entfällt. Erneute Paarungen wurden bereits eine Woche nach der Geburt beobachtet, der normale Abstand zwischen den Geburten beträgt etwa 10 bis 12 Monate.

Aufzucht: Die Jungen können mit den Eltern zusammen gehalten werden, eine bessere Futterkontrolle ermöglicht allerdings Einzelaufzucht.

Literatur:
HONEGGER, R. E. (1975): Beitrag zur Kenntnis des Wickelskinks *Corucia zebrata*. Salamandra 11(1): 27–32.
HONEGGER, R. E. (1985): Additional Notes on the Breeding and captive Management of the Prehensile-Tailed Skink (*Corucia zebrata*). Herp. Rev. 16(1): 21–23.
JUNGFER, K. H. (1985): Der Wickelskink. herpetofauna 7(36): 22.
LILLEY, T. (1986): Husbandry and Breeding of the Salomon Island Prehensile-Tailed Skink (*Corucia zebrata*). Aquarium, Sierra Madre, Cal., 9(4): 35–36.
MCCOY, M. (1980): Reptiles of the Salomon Islands. Wau Ecol. Instit. Hdb. 7: 80 S.
MERTENS, R. (1975): Skinke mit Greifschwänzen. Salamandra 11(1): 33–38.
SCHMIDT, A. A. (1991): Zur Haltung und Fortpflanzung des Wickelskinks *Corucia zebrata* GRAY, 1855. Salamandra 27(4): 238–245.

Corytophanes cristatus
(MERREM, 1821)
Helmleguan

Beschreibung: Das auffälligste an diesem Vertreter aus der Familie der Leguane ist der große kurze Kopf, der dem Tier bei aufgestelltem Nackenkamm und Kehlsack ein skurriles Aussehen verleiht. Auf dem Kopf verlaufen zwei Leisten von den Nasenöffnungen über die Augenwülste auf den Hinterkopf, wobei ein etwa gleichseitiges Parallelogramm entsteht, das leicht nach innen gewölbt die Kopfoberfläche bildet. Die zusammenlaufenden Kopfleisten setzen sich im mit großen Schuppen bedeckten Nackenkamm fort. Dieser Kamm ist häutig und wird bei Erregung aufgestellt. Der seitlich abgeflachte Körper trägt einen Rückenkamm mit großen, sägeartigen Schuppen. Der mittelgroße Kehlsack ist ebenfalls auf der Mitte mit solchen Schuppen besetzt. Sie sind zur Schnauzenspitze hin größer ausgebildet. Der Körper trägt granuläre Schuppen, in die einige größere Schuppen eingestreut sind. Die Gliedmaßen und der Schwanz sind mit größeren dachziegelartig sich überdeckenden Schuppen bedeckt. Die Unterseite und die Unterseite des Schwanzes besitzen eine deutlich gekielte Beschuppung.

Die Färbung ist eine perfekte Tarnfärbung aus grünlichen und bräunlichen Grundtönungen mit rindenähnlicher Strukturzeichnung. Dunklere und hellere Querstreifen verlaufen von der Rückenmitte schräg nach vorn zur helleren Bauchseite. Am Kopf wird die helle cremefarbene Schnauzenregion von sternförmig vom Auge ausgehenden, dunklen Streifen gezeichnet. Über den Vorderbeinen in Schnauzenhöhe ansetzend ziehen sich helle Flecken, die einen kurzen Dorsolateralstreifen bilden können. Solche weißlichen Flecken befinden sich auch an der Außenseite des Vorderarmgelenks. Der individuelle Farbwechsel ist von hellen Grüntönen bis zu einem dunklen Purpurbraun möglich. Größe: 35 cm.
Geographische Verbreitung: S-Mexiko bis NO-Kolumbien.
Biologie und Ökologie: Tropischer Regenwald von der Küstenregion bis ins Hügelland bei Temperaturen zwischen 25 und 32 °C. Nachts um 22 °C bei hoher Luftfeuchtigkeit von 80 bis 100 %. Die Tiere besiedeln Bäume und Büsche, auf deren Ästen sie oft stundenlang bewegungslos verharren. Erst gegen Abend gehen sie intensiver dem Beutefang nach.
Terrarium: Tropisch eingerichtetes, hohes Kletterterrarium mit reichlichem Astwerk in den Maßen 100 × 80 × 150 cm für paarweise Haltung. Männliche Tiere sind untereinander unverträglich. Die Tiere können aber mit anderen Arten vergesellschaftet werden.
Ausstattung: Die Rückwände gestaltet man mit Borkenbelag, so daß zusätzliche Klettermöglichkeiten geschaffen werden. Der Bodengrund aus humoser Blumenerde wird mit tropischen Bodenpflanzen wie *Fittonia*, *Commelina*, *Zebrina*, *Cryptanthus*, Farnen und Moosen bepflanzt. Dazu kommen rankende Pflanzen, wie *Philodendron*, *Cissus* oder *Dioscorea*, die die Äste durchziehen und die Rückwände allmählich überwachsen. Auf die Äste können Orchideen und Bromelien, Farne und *Rhipsalis* aufgebunden werden.
Heizung und Licht: Beleuchtung mittels Leuchtstoffröhren und kleinen, Wärme abgebenden Spotstrahlern, in deren Bereich wir natürlich keine Pflanzen setzen. Die Temperaturwerte halten wir tagsüber bei durchschnittlich 28 °C, nachts senken wir sie um 5 bis 7 °C ab.
Futter: Gefüttert wird mit langsameren Futtertieren. Neben allerlei Insekten werden gern Käfer und Raupen genommen. Viele Tiere verweigern durch unsachgemäße Zwischenhaltung nach dem Fang lange die Nahrungsaufnahme. Diese Tiere muß man anfangs abends zwangsfüttern, dazu eignen sich erfahrungsgemäß Wachsmottenlarven und Mehlkäferlarven, bis die Tiere oft erst nach Wochen eingewöhnt sind und selbständig fressen.
Feuchtigkeitsbedarf: Tägliches Übersprühen sorgt für das nötige Trinkwasser und die benötigte Luftfeuchtigkeit.
Nachzucht:
Paarung: Die Männchen halten die Weibchen bei der Paarung mittels Biß in Helm oder Nacken fest. Die Fortpflanzung ist ganzjährig möglich.
Eiablage: Es werden je Gelege 6 bis 11 Eier im leicht feuchten Boden abgelegt.
Aufzucht: Jungtiere werden mit Dörrobstmotten- und Wachsmottenlarven, jungen Wanderheuschrecken, Grillen und Heimchen aufgezogen. Diese sind mit Mineralstoff- und Vitaminpräparaten anzureichern. Gelegentlich UV-Bestrahlung ist empfehlenswert. Auf ausreichende Luftfeuchtigkeit achten, Aufzuchtbehälter täglich mehrfach kurz übersprühen, 80 % sollten nicht unterschritten werden. Temperaturbedürfnis wie bei adulten Tieren.

Literatur:
OOSTVEEN, H. (1974): *Corytophanes cristatus* in der Natur und im Terrarium. DATZ 27(3): 100–103.

Cosymbotus platyurus
(SCHNEIDER, 1792)
Saumschwanz-Hausgecko, E Frilled house gecko

Beschreibung: Dieser asiatische Hausgecko wird häufig als Futtergecko gehandelt, verdient es jedoch durchaus aufmerksamer gepflegt zu werden, sowohl im Terrarium als auch frei im Raum. Der Rumpf ist relativ schlank und abgeflacht und an der Seite mit einer deutlichen Lateralfalte versehen. Der Kopf ist vom schlankeren Hals abgesetzt, der Schwanz ist flach und an den Seiten gesäumt. Die Saumränder sind leicht gesägt. Die Schwanzlänge entspricht etwa der Kopf-Rumpf-Länge. Die Gliedmaßen tragen Zehen mit geteilten Haftlamellen. Die Zehen sind durch Spannhäute miteinander verbunden. Die Färbung der Oberseite ist einem physiologischen Farbwechsel unterworfen. Die Grundfärbung ist graubraun, über die Kopfseiten und den Rumpf verläuft beidseitig ein dunkler Seitenstreifen, der am oberen Rand unregelmäßig abgegrenzt ist. Der Rücken ist durch zwei Längsreihen rechteckiger dunkelbrauner Flecke, z. T. mit hellem Saum, gezeichnet. Die Unterseite ist schmutzig weiß bis gelblich, der Schwanz ist oberseits leicht quergebändert. Männchen besitzen eine gelbe Schwanzunterseite. Jungtiere sind kontrastreicher gezeichnet als adulte Tiere. Saumschwanz-Hausgeckos können Laute von sich geben, die aus einem kurzen wiederholten 'Tschik' bestehen und den Tieren ihren malayischen Namen Tschiktschak eingetragen haben. Größe: 12 cm.
Geographische Verbreitung: Sri Lanka, Indien, Bangladesch, Burma, Thailand, Malaysia, S-China, Taiwan, Vietnam, Philippinen, Indonesien, Neuguinea.
Biologie und Ökologie: Stark an menschliche Behausungen und Siedlungsräume gebunden, Mauern, Gartenanlagen, Gebäude auch im Innenbereich. Sowohl tag- als nachtaktiv, bei Temperaturen um 25 bis 28 °C und einer relativen Luftfeuchtigkeit um 60 bis 80 %. Nächtliche Abkühlung auf 18 bis 20 °C, in den Wintermonaten bis auf 16 °C.
Terrarium: Regenwaldterrarium, ca. 30 × 50 × 70 cm. Im Terrarium ist paarweise Haltung angebracht, da die Männchen sehr territorial sind, es läßt sich aber ein Männchen mit wenigen Weibchen zusammen halten.
Ausstattung: Rückwand aus Steinplatten oder Borke mit kontrollierbaren Nischen. Humose Waldboden-Sand-Mischung oder Einheitserde. Bepflanzung mit Rankfeigen, asiatischen Blattpflanzen und Bodendeckern.
Diese Geckos sind wiederholt mit gutem Erfolg in der Wohnung freilebend gehalten worden. In der feucht-warmen Klimazone eines Terrarienraumes sind sie die idealen Vernichter entlaufener Futtertiere, sie verhalten sich hier nahezu wie in ihrer natürlichen Heimat.
Bei uns besetzten sie ihnen zusagende Reviere in der Terrarienanlage, hinter Regalen und Futterzuchtanlagen, die sie nur in geringem Umkreis verließen. Die Eier wurden regelmäßig in einer Mauerlücke in der Nähe eines Heizungsrohres abgelegt. Hier herrschte neben einer ausreichenden Wärme auch genügend Feuchtigkeit vom Mauerwerk her. Nachteile der Zimmerhaltung sind abgesetzter

Kot und andererseits die, wenn auch seltenen Unfälle, bei denen Tiere beim Türenöffnen oder -schließen versehentlich eingeklemmt werden. Die adulten Tiere sind sehr standorttreu und verlassen die Räume kaum. Jungtiere, die man nach dem Schlüpfen findet, sollte man einsammeln und ein halbes Jahr lang separat aufziehen, bevor man sie in den Raum entläßt, damit sie eine Chance zur Inbesitznahme von Revieren haben und auch kontrolliert gefüttert werden können.

Licht: Leuchtstoffröhren, Tageslicht.
Heizung: Strahlungsheizer, in der Rückwand verlegte Heizkabel. Lokale Aufheizung bis 35 °C.
Futter: Kleinere Insekten wie mittlere Grillen und Heimchen, Wachsmotten, Fliegen und Wiesenplankton. Regelmäßige Anreicherung mit Kalk-Vitamin-Präparaten.
Feuchtigkeitsbedarf: Wasser nehmen die Tiere nach dem täglichen Sprühen durch Auflecken der Tropfen auf, sie trinken auch das sich in den Blattachseln sammelnde Wasser.
Nachzucht: Die Paarungen finden vom Frühjahr bis in den Sommer hinein statt und hängen möglicherweise mit der natürlichen Photoperiodik zusammen.
Paarung: BRAUN & BRAUN (1990) bestätigen dies durch Drosselung der Beleuchtungsdauer in den Monaten November bis Februar. Bei Heraufsetzung der Luxwerte setzt dann bald die Paarungsbereitschaft ein. Das Paarungsverhalten beschreiben ULBER & ULBER (1991) wie folgt: „Das Männchen nähert sich dabei dem Weibchen unter ‚Tschikkern' und Schwanzwedeln und stößt es, sofern keine Gegenwehr oder Flucht erfolgt, mit der Schnauze lateral an. Bleibt das Weibchen ruhig oder dreht sich sogar parallel zum Männchen, erfolgt ein Nackenbiß und eine geckotypische Paarung. Anschließend folgt bei beiden Geschlechtern ein sorgfältiges Säubern der Kloake."
Eiablage: Das Weibchen legt drei- bis fünfmal jährlich je zwei hartschalige rundliche Eier in Verstecken hinter Borkenstücken, Steinen oder auch in den Blattachseln von Pflanzen ab, bei der Zimmerhaltung an allen geeigneten Orten, die nach Beobachtungen des Verfassers immer ein Mindestmaß an Luftfeuchtigkeit und Wärme aufweisen müssen. ULBER & ULBER (1987) erwähnen auch Sammellegeplätze. Bei der Eiablage fängt das Weibchen das Ei mit den Hinterbeinen auf und dreht es bis zur Erhärtung, ein Verhalten, das stark an das der Taggeckos (Gattung *Phelsuma*) erinnert.

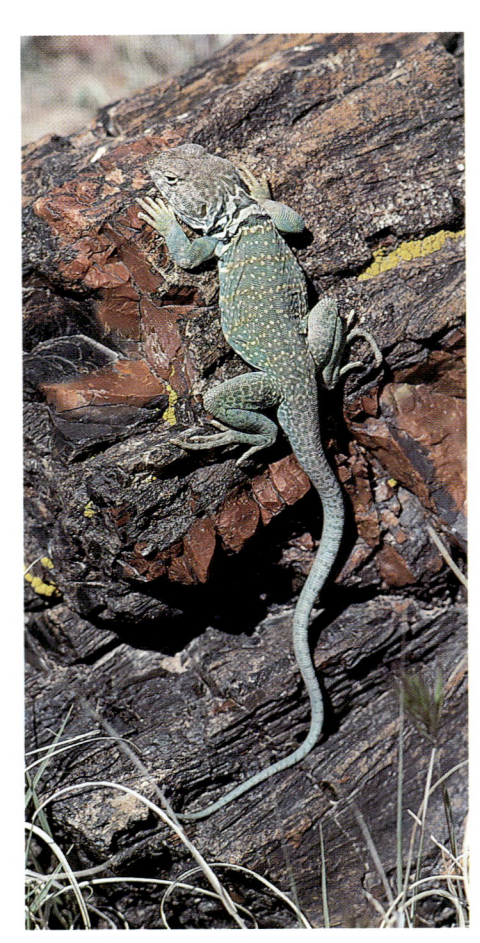

Crotaphytus collaris

Inkubationszeit: Die Jungtiere schlüpfen temperaturabhängig bei 30 °C in etwa 60 Tagen, bei 20 °C in etwa 120 Tagen (ULBER & ULBER, 1991) bei 29 °C Tages- und 20 °C Nachttemperaturen nach BRAUN & BRAUN (1990) in durchschnittlich 72 bis 82 Tagen. Bei uns lag die Entwicklungszeit bei Tagestemperaturen um 28 °C und Nachttemperaturen um 25 °C zwischen 65 und 78 Tagen.
Aufzucht: Die Jungtiere, beim Schlupf etwa 3 cm groß, werden einzeln oder in kleinen Gruppen aufgezogen und anfangs mit kleinsten Heimchen und Grillen sowie Drosophila ernährt. Beigabe von Kalk-Vitamin-Präparaten und gelegentliche UV-Bestrahlung ist notwendig, zweimaliges tägliches Besprühen für einwandfreie Häutungsvorgänge erforderlich.
Geschlechtsreife: Die Jungen sind nach etwa einem Jahr fast ausgewachsen und auch geschlechtsreif.

Literatur:
ALCALA, A. C. (1986): Guide to Philippine Flora and Fauna, X. Amphibians and Reptiles. Manila (Nat. Resource. Managem. Cent.), 195 S.
BRAUN, W., C. BRAUN (1990): Zur Haltung und Zucht von *Cosymbotus platyurus* (SCHNEIDER 1792). herpetofauna 12(67): 27–30.
BROWN, W. C., A. C. ALCALA (1978): Philippine Lizards of the Family Gekkonidae – Dumaguete City (Silliman Univ.), 146 S.
DANIEL, J. C. (1983): The Book of Indian Reptiles. Bombay (Bomb. Nat. Hist. Soc.), 141 S.
TAYLOR, E. H. (1963): The Lizards of Thailand. Univ. Kansas Sci. Bull. 44(14): 687–1077.
ULBER, T., E. ULBER (1987): Auf der Mauer, auf der Lauer – Erfahrungen mit der Zimmerhaltung von verschiedenen Geckos. Sauria 9(2): 7–12.
ULBER, T., E. ULBER (1991): *Cosymbotus platyurus* (SCHNEIDER). Sauria Suppl. 13(1–4): 201–204.

Crotaphytus collaris
(SAY, 1823)
Halsbandleguan, E Collared Lizard, F Lézard à collier, I Lucertola dal collare

Beschreibung: Man nennt die Halsbandleguane auch Kugelechsen, weil sie ihren Körper bei Behelligung rundlich aufblähen können. Noch bemerkenswerter ist jedoch ihre Fähigkeit, sich dem vermeintlichen Aggressor ähnlich den australischen Kragenechsen durch rasante Flucht unter ausschließlicher Benutzung der beiden Hinterbeine zu entziehen. Dabei dient der lange Schwanz als ausgleichendes Balanceorgan.
Halsbandleguane besitzen einen großen Kopf mit kräftigen Kiefern, der deutlich vom Hals abgesetzt ist. Der Rumpf ist gedrungen. Besonders die Hintergliedmaßen sind kräftig ausgebildet, was den Tieren nicht nur die Fähigkeit zum schon erwähnten zweibeinigen Laufen gibt, sondern ihnen auch ein sehr gutes Sprungverhalten ermöglicht. Der Schwanz ist im Gegensatz zu den nahe verwandten Arten *C. insularis*, VAN DENBURGH & SLEVIN, 1921 und *C. reticulatus*, BAIRD, 1858 rund und nicht seitlich abgeflacht. Der Mundinnenraum ist dunkel, bei *C. insularis* hell gefärbt.
Die Oberseite ist gelbbraun, sandbraun bis grün mit gelben Querbändern und zahlreichen hellen Punktflecken. Auf den Hintergliedmaßen und auf dem Schwanz findet sich eine netzartige Zeichnung,

zum Teil auch eine Querbänderung. Der Name Halsbandleguan kommt von der auffälligen Zeichnung im Nackenbereich: Der Halsband besteht aus zwei schwarzen Streifen, die einen hellen Streifen einfassen, es läuft an der Kehle nicht zusammen, wie dies bei *C. insularis* der Fall ist. Die Färbung der Unterseite ist weißlich, die Kehle der Männchen ist je nach Unterart verschieden gefärbt, sie kann gelblich bis orangefarben sein, aber auch bläulich oder grün, zum Teil hell gepunktet oder gestreift. Die Kopfoberseite ist oft gelblich, ebenso die Füße. Die Weibchen zeigen nach der Paarung auffällige orangefarbene bis rostbraune Flecken oder Querbalken im Hals- und Rumpfbereich. Die Färbung ist bei ihnen insgesamt blasser. Größe: 35 cm.

Geographische Verbreitung:

Crotaphytus collaris collaris
(SAY, 1823)
Südliches Missouri bis nördliches Arkansas, westlich bis ins zentrale und nördliche Texas.

Crotaphytus collaris auriceps
FITCH & TANNER, 1951
Östliches Utah, westliches Colorado und nördliches New Mexico im oberen Bereich des Colorado und Green River, Arizona östlich des Colorado River.

Crotaphytus collaris baileyi
(STEJNEGER, 1890)
Z-Arizona bis ins westlich-zentrale New Mexico.

Crotaphytus collaris fuscus
INGRAM & TANNER, 1971
S-Arizona, Texas, südwestliches New Mexico bis nach Mexiko.

Crotaphytus collaris nebrius
AXTELL & MONTANUCCI, 1977
S-Arizona bis Mexiko.

Biologie und Ökologie: Steiniges oder felsiges Berg- und Hügelland der trockenen oder halbtrockenen Zonen des westlichen Nordamerikas. Obwohl die Tiere auch im Bereich der Hartlaubvegetation vorkommen, scheinen sie doch offenes Gelände zu bevorzugen. Sie kommen auch auf Sandböden vor, Lava-, Granit- oder Kalksteinformationen sind jedoch beliebter. Hier kann man die tagaktiven Tiere selbst bei sehr hohen Tagestemperaturen sonnend auf einzelnen Felsen beobachten. Ihre Verstecke haben sie oft unmittelbar in der Nähe dieser Aussichtsplätze, meist selbstgegrabene Gänge unter Steinen. Aggressive Männchen flachen den Körper dorsolateral ab, richten sich hoch auf den Beinen auf und spreizen ihre Kehlfalte. Dabei nicken sie mit dem Kopf.

Terrarium: Großes flaches Terrarium, ca. 150 × 60 × 80 cm.
Ausstattung: Bodengrund Feinkies oder Sand. Steinaufbauten mit Unterschlupfmöglichkeiten, eventuell Rückwand als Felswand in Schichtgesteinaufbauweise. Bepflanzung mit harten Sukkulenten und Yuccas.
Heizung: Bodenheizkabel und Strahlungsheizer. Die Temperaturen sollten tagsüber bei 30 bis 38 °C liegen, können lokal bis 45 °C ansteigen. Nachts bei 20 bis 24 °C.
Licht: Die sonnenhungrigen Tiere brauchen auch entsprechend hohe Lux-Werte. Für die angegebene Terrariengröße mindestens vier 36 W Leuchtstoffröhren und eine 60 W Quecksilberdampflampe. Eine Haltung im Freilufterrarium bei natürlicher Besonnung ist nur in den wärmsten Sommerwochen zu empfehlen. Sonst zusätzliche UV-Bestrahlung.
Futter: Insekten aller Art, Spinnen, selbst hartschalige Käfer. Gelegentlich wird auch pflanzliche Nahrung genommen wie süßes Obst, Salate und Löwenzahnblätter. Da die Tiere selbst junge Kleinsäuger und andere Echsen fressen, steht eine breite Futterpalette zur Verfügung, Vergesellschaftung mit kleineren Arten ist jedoch nicht möglich.
Feuchtigkeitsbedürfnis: Tägliches Sprühen, die Tiere trinken auch aus kleinen Wassergefäßen.
Nachzucht:
Paarung: Bei der Paarung nähert sich das Männchen kopfnickend dem Weibchen, wobei seine gelborangefarbene Kehle gespreizt wird. Es ergreift das Weibchen an der Nackenhaut, dreht seinen Schwanz unter den ihren und kopuliert. Nach der Befruchtung entwickeln die Weibchen die „Schwangerschaftszeichnung" der orangefarbenen Körperflecke. Weibchen, die nicht paarungswillig sind, flachen ihren Körper dorsolateral ab, spreizen die Kehlhaut, heben den Schwanz an und entfernen sich steifbeinig von dem werbenden Männchen.
Eiablage: Die Eiablage erfolgt von Juni bis August, das Weibchen vergräbt die weißen zähhäutigen Eier im leicht feuchten Bodenbereich.
Inkubationszeit: Aus den 1 bis 13 etwa 11,5 × 20 mm großen Eiern entwickeln sich nach einer Inkubationszeit von 70 bis 90 Tagen Jungtiere, die beim Schlupf schon eine Körperlänge von 35 bis 40 mm haben. Während der Inkubationszeit nehmen die Eier durch Wasseraufnahme um ca. 5 mm an Umfang zu. BOSCH & WERNING (1991) berichten von Maximalgelegen mit 24 Eiern und einer bis zu vierfachen Gelegefolge pro Jahr.
Aufzucht: Die Jungtiere zeigen bereits das charakteristische Halsband. Der cremefarben-bräunliche Körper ist durch große schwarze in 4 Querbändern verlaufenden Punkten gezeichnet. Gliedmaßen und Schwanz sind ebenfalls dunkel gefleckt. Die Aufzucht erfolgt mit kleineren und mittleren Grillen und Heimchen, Motten und allerlei Larven, die wir vor dem Verfüttern mit einem Kalk-Vitamin-Gemisch einstäuben. Gelegentliche UV-Bestrahlung ist nötig.

Literatur:
ABRAHAM, G. (1983): Das Portrait: *Crotaphytus collaris* (SAY, 1823). Sauria 5: 1–2.
RIEDEL, F. (1994): Die erfolgreiche und kontinuierliche Haltung und Zucht von *Crotaphytus collaris fuscus*. elaphe (N.F.) 2(1): 27–30.

Ctenosaura similis
(GRAY, 1831)
Schwarzer Leguan, E Spiny-tailed iguana, Ctenosaur, S Iguana negra, Garrobo

Beschreibung: Die Schwarzen Leguane sind neben dem Grünen Leguan sicher die auffallendsten Gestalten der mittelamerikanischen Reptilienfauna. *Ctenosaura similis* hat im Gegensatz zu den bekannteren Grünen Leguanen, *Iguana iguana*, einen relativ spitzen Kopf. Der Körper ist seitlich abgeflacht und der Schwanz mit einer Grundbeschuppung aus granulären und wirtelig angeordneten, gekielten, dornigen Schuppen versehen. Diese Wirtelschuppenreihen sind im vorderen Schwanzbereich durch drei Reihen granulärer Schuppen getrennt, in der Schwanzmitte durch zwei Reihen, zum Ende hin stehen schließlich nur dornige Schuppen.
Schwarze Leguane der Gattung *Ctenosaura* treten in Mexiko in drei Arten auf: *Ctenosaura pectinata* (WIEGMANN, 1834) kommt von der Südgrenze der USA aus mehr im Norden vor, die Atlantikseite wird von *C. acanthura* (SHAW, 1802) bewohnt, und *C. similis* (GRAY, 1831) lebt im Süden. Sein Verbreitungsgebiet reicht über ganz Mittelamerika bis Panama. Diese sich sehr ähnlichen Arten seien nur deshalb erwähnt, da Verwechslungen leicht möglich sind. *C. pectinata* und *C.*

Ctenosaura similis

similis besitzen zwischen den dornigen Wirtelschuppen Querreihen des Schwanzes im allgemeinen drei Reihen flacher, granulärer Schuppen, *C. acanthura* hat hingegen im Mittelbereich nur wenige Wirtel mit mehr als einer Reihe granulärer Schuppen dazwischen.

Der Rückenkamm der Männchen besteht aus 60 bis 90 etwa 15 mm hohen Schuppen. Bei den Weibchen ist er nur angedeutet. Der Kamm zieht sich vom Hinterkopf ununterbrochen bis auf die Schwanzwurzel fort. Am Kiefer sind die Supra- und Infralabialia deutlich vergrößert. Die Tiere besitzen 5 bis 9 Femoralporen. Die Färbung der Oberseite ist ein helles Grau oder Graubraun, auch graugrüne Töne kommen vor. Am Hinterkopf und an den Halsseiten können dunkle Längsstreifen verlaufen. Die Gliedmaßen sind dunkler gefärbt. Quer über den Rumpf verlaufen 5 bis 6 breite dunkle Bänder, die an der Vorderseite klarer konturiert sind. Die Querstreifen auf dem Schwanz werden vom Schwanzansatz bis zur Schwanzspitze dunkler und breiter.

Die Weibchen bleiben kleiner, erreichen mit ca. 1 kg auch nur die Hälfte des Gewichts erwachsener Männchen. Jungtiere haben eine olivgrüne Oberseite, unterseits sind sie gelblich, die Fleckung besteht aus kleinen braunen bis schwarzen Punkten. Größe: Bis 1,20 m.

Geographische Verbreitung: Nominatform vom südlichen Mittelmexiko bis Panama verbreitet. Auf den karibischen Inseln San Andrés und Providencia lebt die Unterart **Ctenosaura similis multipunctata**, (BARBOUR & SHREVE, 1934) die seitlich am Rumpf helle runde Flekken, teils mit dunklem Zentrum aufweist.

Biologie und Ökologie: Als trockenheitsliebende (xerophile) Art bewohnen Schwarze Leguane trockene, lichte Wälder. Waldränder und Buschland im saisonal trockenen Flachland. Sie kommen aber auch in der Nähe menschlicher Siedlungen, in Hotelanlagen, an Mauern, Ausgrabungsstätten und selbst an Müllhalden vor. Die tagaktiven Tiere besetzen Territorien, die meist einen zentralen Ausblicksplatz in der Nähe eines Unterschlupfes bieten. Die Größe dieser Territorien ist altersabhängig, so haben einjährige Tiere Territorien von etwa 37 m Durchmesser, erwachsene hingegen solche mit 86 m Durchmesser. Ist kein natürlicher Unterschlupf vorhanden, so graben sich die Leguane Erdhöhlen, deren Gänge mehrere Meter unter der Erde entlangführen, teils gewunden und verzweigt sind, und ausreichend Raum zum Umdrehen bieten. Die Öffnungen sind fast stets mit einem etwa 10 cm hohen Erdwall umgeben. Obwohl hauptsächlich Erdbewohner, klettern sie gelegentlich auch auf die Bäume, besonders Jungtiere. Männliche Tiere leben oft mit einer Gruppe von Weibchen zusammen. Innerhalb dieser Lebensgemeinschaft entwickelt sich eine Rangordnung unter den Tieren. Begegnen sich zwei Männchen, so umkreisen sie sich hochaufgerichtet mit abgeflachtem Körper und aufgeblähter Kehle, bis einer der beiden seine Unterlegenheit erkennt und das Weite sucht. Zu Beschädigungskämpfen soll es selten kommen.

Terrarium: Nur paarweise Haltung, ein Männchen kann auch mit mehreren Weibchen vergesellschaftet werden. Nach KÖHLER (1991) können die Tiere problemlos mit anderen großen Echsen, wie Grünen Leguanen oder Tejus vergesellschaftet werden.

Ausstattung: Die Bodenfläche des Terrariums sollte etwa mit 1 m²/Tier vorgesehen werden, das Minimum für ein Paar ist also eine etwa 200 × 100 cm große Grundfläche, wobei die Höhe für diese bodenliebenden Tiere nicht so entscheidend ist. Als Bodengrund eignet sich Feinkies, falls man nicht ganz darauf verzichtet und die Tiere steril hält. Als Versteckplätze kann man große Steinplatten, oder Wurzelstücke, auch Korkeichenröhren verwenden. Bei Steinaufbauten ist darauf zu achten, daß diese nicht durch die grabende Tätigkeit der Tiere zusammenstürzen und dann die Tiere verletzen können. Wenn man auf Pflanzen nicht verzichten will, können Bromelien und andere Epiphyten, die keine sehr hohe Luftfeuchtigkeit benötigen, auch als Ampelpflanzen oder auf einen so hoch über der Bodenfläche aufgehängten Ast gebunden werden, daß die Tiere ihn nicht erreichen können.

Heizung und Licht: Beleuchtung mittels Leuchtstoffröhren oder Quecksilberdampflampen. Die Tiere sind eine große Lichthelligkeit gewohnt und benötigen 25 bis 30 °C tagsüber, 18 bis 22 °C nachts. Die Beleuchtungsdauer sollte etwa 12 Stunden betragen. Täglich eine UV-Bestrahlung von etwa einer Viertelstunde sollte ausreichend sein.

Futter: Jungtiere sind vorwiegend Insektenfresser, mit zunehmendem Alter wird in höherem Maße pflanzliche Nahrung verzehrt. Man füttert die Tiere dann wie Grüne Leguane (*Iguana iguana*).

Luftfeuchtigkeit: Die rel. Luftfeuchtigkeit stellt man durch Übersprühen tagsüber auf 50 bis 70 % ein, nachts sollte sie bei 80 bis 90 % liegen.

Feuchtigkeitsbedarf: Den Wasserbedarf decken die Tiere zwar weitgehend aus der aufgenommenen Nahrung, ein zusätzliches Trinkgefäß sollte aber vorhanden sein.

Nachzucht:
Paarung: Die Paarungszeit fällt je nach Herkunftsgebiet in die Zeit von Dezember bis März.
Eiablage: Die Eiablage erfolgt etwa 5 Wochen später. Dabei werden durchschnittlich 30 bis 40 Eier, maximal 88 (SCHWARTZ & HENDERSON, 1991*) abgelegt, was auch vom Alter bzw. der Größe der Weibchen abhängt. RITTMANN (in KÖHLER, 1991) berichtet von regelmäßigen Eiablagen von 17 bis 32 Eiern pro Gelege im Juni, wobei die Eier eine Größe von 2 × 3 bis 4 cm haben und ein Gewicht von 3,5 bis 5 g.
Inkubationszeit: Die Inkubationszeit beträgt bei 28 bis 30 °C und einer rel. Luftfeuchte von 90 bis 100 % etwa 80 bis 100 Tage. Frisch geschlüpfte Jungtiere besitzen ein Gewicht von 3,5 bis 5 g und eine Kopf-Rumpf-Länge von 48 bis 59 mm. Die Jungtiere wachsen schnell heran und werden mit 1 1/2 bis 2 1/2 Jahren geschlechtsreif.

Literatur:
ABRAHAM, G. (1978): Schwarze Leguane aus dem Brutkasten. Aquarien-Magazin 12: 484–486.
BAILEY, J. W. (1928): A Revision of the Lizards of the Genus *Ctenosaura*. Proc. U.S. Nat. Mus. 73(12): 1–55.
KÖHLER, G. (1991): *Ctenosaura similis* (GRAY). Sauria Suppl. 13(1–4): 193–196.
SWITAK, K. H. (1990): Schwarze Leguane. DATZ 43: 464.

Cyclodomorphus gerrardii
(GRAY, 1845)
Schneckenskink, E Pink-tongued skink
BArtSchV 1/1, 1/2, 6

Cyclodomorphus gerrardii

Beschreibung: Diese früher zur Gattung *Tiliqua* gestellten Skinke gehören heute mit 4 verwandten Arten zur Gattung *Cyclodomorphus*, die sich vor allem durch die Schwanzlänge und die Kopfform von *Tiliqua* unterscheiden, dabei hat *C. gerrardii* im Gegensatz zu den anderen *Cyclodomorphus*-Arten einen noch recht deutlich vom Hals abgesetzten Kopf. Der langgestreckte Rumpf wird von relativ kurzen Gliedmaßen getragen, die 5 Zehen mit kurzen Krallen haben. Die 4. Zehe ist kaum länger als die übrigen. Bemerkenswert ist die Fähigkeit, den Schwanz beim Klettern als Greiforgan einzusetzen. Die Färbung der Oberseite ist ein helles, teils rötliches Braun, mit 5 bis 7 breiten schwarzen Querstreifen auf dem Rumpf und durchschnittlich 12 bis 16 auf dem Schwanz. Diese sind in der Jugend tiefschwarz, später hellen deren Zentren auf, so daß meist nur noch deren Ränder dunkler erhalten bleiben. Die Unterseite ist weißlich, grau, bräunlich oder rosafarben, einfarbig oder mit dunklerer Marmorierung oder Bänderung. Der englische Name weist auf die bei Erwachsenen rosafarbene Zunge hin. Diese ist bei Jungtieren noch blau und färbt sich erst innerhalb des 2. Lebensjahres um. Gleichzeitig verblaßt auch die kobaltblaue Mundschleimhaut der Jungskinke.
Ähnlich unseren heimischen Lacertiden können die Schwänze der *Cyclodomorphus*-Arten abbrechen. Die Regenerate wachsen aber nur wenig nach. Der Geschlechtsunterschied ist gering, der Kopf der Männchen ist wenig breiter als der der Weibchen, der Schwanz der Weibchen verjüngt sich gleich hinter der Kloakenspalte. Größe: Bis über 45 cm.
Geographische Verbreitung: Östliches Australien von Springwood, New South Wales bis Cairns, Queensland, fehlt nördlich von Cape York.
Biologie und Ökologie: Feuchte Wälder des Küsten-, Flachland- und Gebirgsbereiches. In trockeneren Vegetationsbereichen nur dort, wo feuchte Habitate zur Verfügung stehen. Vorwiegend dämmerungs- und nachtaktive Bodenbewohner, aber auch in der niederen Vegetation kletternd auf Futtersuche. Unterschlupf finden die Tiere in hohlem Holz, unter Steinen und Blattwerk. Bei Regen sollen sie nach SHEA (1982) aktiv werden, um ihrer Lieblingsnahrung, den dann ebenfalls aktiven Schnecken nachzustellen. Er berichtet auch von einer mehrstündigen zweiten Aktivitätsphase ab 4.00 Uhr morgens.
Terrarium: Da es bei gleichgeschlechtlichen Tieren in Gefangenschaft immer wieder zu Streitigkeiten kommt, empfehlen wir ein geräumiges Terrarium von etwa 150 × 80 × 100 cm zur Unterbringung einer kleinen Zuchtgruppe.
Ausstattung: Der Bodengrund sollte ein Sand-Torf-Gemisch mit Rindenmulch sein, das wir mit Moospolstern und Fallaub belegen. Ein Wurzelholz und einige Äste zum Klettern stellen die Grundeinrichtung dar. Die Rückwand wird mit Borke verkleidet.
Äste und Rückwand können von *Ficus*-Arten, *Pothos* oder *Epipremnum* berankt sein, als Bodenpflanzen können verschiedene Farne, *Spathyphyllum*, *Codiaeum*, *Dieffenbachia* oder *Marantha* gepflanzt werden.
Heizung: Bodenheizplatte in einem Teil der Bodenfläche und kleinem Strahlungsheizer. Die Temperaturen sollen tagsüber 20 bis 25 °C betragen, am Aufwärmplatz auch etwas mehr. Nachts können sie um 15 °C liegen.
Licht: Beleuchtung mittels Leuchtstoffröhren.
Futter: Als Futter dienen, solange verfügbar, kleine Gehäuseschnecken, wie Hainbänderschnecken und Schnirkelschnecken. Man kann sich auch für den Winter einen Vorrat anlegen. Ansonsten sind Nacktschnecken, Regenwürmer, Mehlkäferlarven, Wachsmottenlarven,

verschiedene Insekten, auch Spinnen und nestjunge Kleinsäuger angenommen worden. Die Skinke sind auch mit Hunde- und Katzennahrung, Geflügelfleisch und -innereien, Rinderherz, gekochtem Ei und süßem Obst zu ernähren. Da sie sehr wählerisch sein können, muß man ein breites Futterspektrum anbieten, das jedoch naturgemäß einen hohen Anteil an Schnecken aufweist.

Luftfeuchtigkeit: Die Luftfeuchtigkeit sollte tagsüber durch Übersprühen des Terrariums zwischen 60 und 70 % liegen, nachts bei 80 bis 90 %.

Feuchtigkeitsbedürfnis: Das Trinkbedürfnis wird durch Auflecken der Tropfen oder Trinken aus einem Wasserschälchen gestillt. So lassen sich auch wasserlösliche Vitaminpräparate und Mineralstoffe verabfolgen.

Überwinterung: Um die Tiere zur Nachzucht zu bringen, simuliert man von September bis Ende Oktober eine Winterruhe bei 16 bis 18 °C, nachts auch etwas kühler. HAUSCHILD (1988) brachte die Tiere dazu in einem Sommerquartier draußen unter oder setzte sie einzeln in kleinere dunkle Behälter.

Nachzucht:

Paarung: Die Paarung beginnt kurz nach der Winterruhe, dabei verfolgt das Männchen das Weibchen über mehrere Tage, versucht sich an ihr festzubeißen. Das Weibchen wehrt sich dagegen mit Abwehrbissen. Hat das Männchen endlich durch Biß in Nacken oder vordere Flanke das Weibchen im Griff, streicht es mit dem Vorderfuß über ihren Rücken und führt wellenförmige, zuckende Schwanzbewegungen aus.

Das Weibchen hebt daraufhin den Schwanz leicht an, das Männchen schiebt seinen darunter und führt den Hemipenis ein. Die Kopulation dauert etwa 4 bis 10 Minuten.

Trächtigkeit: Die Trächtigkeitszeit beträgt ungefähr 5 Monate, dann bringt das Weibchen gewöhnlich 10 bis 20 Junge zur Welt, es kommen aber auch größere Würfe vor.

Aufzucht: Die Jungtiere ziehen wir separat von den Elterntieren auf, sie werden in kleinen halbfeuchten Terrarien ähnlich wie die adulten Tiere gehalten. Die bei der Geburt etwa 7 bis 8 cm großen Jungen befreien sich selbst aus den Eihüllen und verzehren den Dottersack. Futter in Form kleinster Schnecken oder Stücken davon nehmen die Tiere erst am dritten Tag an zu sich.

Geschlechtsreife: Die Geschlechtsreife wird nach 1 1/2 Jahren erreicht.

Literatur:
HAUSCHILD, A. (1988): Bemerkungen zu Haltung und Zucht des Schneckenskinks *Tiliqua gerrardii* (GRAY, 1845) (Sauria: Scincidae). Salamandra 24(4): 248–257.
MATZ, G. (1972): Einige australische Skinke der Gattung *Egernia* und *Tiliqua*. DATZ 25: 136–139.
MUDRACK, W. (1974): Der Rosazungenskink – eine terraristische Kostbarkeit. Aquarien-Magazin 5: 407–411.
MÜNSCH, W. (1980): Erfahrungen mit dem Schneckenskink. Das Aquarium 133: 371–374.
SHEA, G. M. (1982): Observations on some members of the genus *Tiliqua* (ed). Herpetofauna, Sydney 13: 18–20.
SUHR, E. (1967): Ein seltener Australier, leicht zu pflegen: *Tiliqua gerrardii*. Aquarien – Terrarien 14(8): 287–288.

Cyrtodactylus peguensis
(BOULENGER, 1893)
Augenfleck-Bogenfingergecko, E
Blotched Thai gecko

Beschreibung: *Cyrtodactylus peguensis* ist ein kräftig gebauter mittelgroßer Gecko mit dreieckig-ovalem großem Kopf, der deutlich vom Hals abgesetzt ist. Der Rumpf wird von kurzen, kräftigen Gliedmaßen getragen, der Schwanz ist im nicht regenerierten Zustand relativ schlank, hinter der Wurzel leicht verdickt. Regenerierte Schwänze hingegen zeigen eine rübenartige Verdickung, erreichen auch nicht die ursprüngliche Länge und zeigen eine unregelmäßige Fleckung im Gegensatz zu den ursprünglich dunkelbraun bis schwarz und bläulich-violett bis weißlich geringelten Originalschwänzen.

Der Rumpf ist oberseits hellbraun, graubraun bis dunkelbraun. Eine helle Netzzeichnung bildet zahlreiche meist rundliche, etwa gleichgroße Augenflecken. Diese hellen Netzzeichnungen können hellbraun, rötlichbraun, leuchtend gelb bis weißlich gelb sein, an den Körperseiten bilden sie oft eine Querstreifung, die aber kein Differenzierungsmerkmal zwischen den beiden Unterarten darstellt (ULBER 1989). Von den Nasenöffnungen verläuft über das Auge ein dunkler Seitenstreif am Kopf, der sich zum Hinterkopf verbreitert und zusammenfließt, sofern er nicht durch helle Netzzeichnungselemente unterbrochen ist. Die Kopfoberseite ist ebenfalls mit einer netzartigen Augenfleckzeichnung versehen. Eine weniger deutliche Zeichnung findet sich auf den Gliedmaßen. Die Unterseite ist schmutzig weiß bis cremerosa.

Größe: 16 cm. Beide Geschlechter verfügen über eine recht laute Stimme. Charakteristisch ist ein Pfiff, der vor allem von den Männchen ausgestoßen

Cyrtodactylus peguensis

wird. Die Weibchen verfügen außerdem über einen quäkenden Abwehrlaut. Nach Beobachtungen von ULBER & SCHÄFER (1989) müssen Jungtiere das Pfeifen erst lernen.

Geographische Verbreitung:
Cyrtodactylus peguensis peguensis
(BOULENGER, 1893)
Kommt nur im Bereich der burmesischen Hafenstadt Pegu vor.
Cyrtodactylus peguensis zebraicus
(TAYLOR, 1962)
Bewohnt die südlichsten Provinzen Thailands und die benachbarte Provinz Perlis in Malaysia.

Biologie und Ökologie: Tropischer Regenwald der niederen Höhenlagen. Am Boden zwischen Laub und Gesträuch, an Bäumen. Nachtaktiv von der Dämmerung bis zu den frühen Morgenstunden. Tagsüber in leicht feuchten Verstekken.
Temperaturen tagsüber 24 bis 26 °C, nachts auf 20 bis 23 °C fallend. Im Winter werden nach ULBER & SCHÄFER (1989) auch nächtliche Temperaturen von 16 °C schadlos vertragen.
Terrarium: Obgleich sich die Geckos teilweise sehr flink bewegen können, sind sie in ungestörtem Falle relativ gemächlich, daher reichen kleinere bis mittlere Terrarien etwa in der Größe 250 × 25 × 85 cm vollkommen für die Haltung eines Paares aus.
Ausstattung: Die Rückwand gestaltet man mit Borkenstücken. Davor werden kontrollierbare Verstecke durch weitere Borkenplatten geschaffen. Der sandighumose Bodengrund kann mit Laub teilweise bedeckt sein. Die Klettermöglichkeiten erweitert man durch das Einbringen nicht zu dünner Äste.
Als Bepflanzung bieten sich die rankenden *Pothos*-Arten oder diverse *Ficus*-Arten an, als Bodenpflanzen kleinbleibende *Aglaonema* und Farne. Der Pflanzenbereich wird stets beim Sprühen befeuchtet.
Heizung: Heizkabel im unbepflanzten Bodenteil mit Regler, der die oben angegebenen Temperaturen einhält. Temperaturen über 30 °C können tödlich sein (HENKEL & SCHMIDT, 1991*).
Licht: Tageslicht und Leuchtstoffröhren. UV-Bestrahlung ist nicht notwendig.
Futter: Insekten aller Art und deren Larven, im Terrarium kleinere bis mittlere Grillen und Heimchen, Wachsmotten und andere Kleinschmetterlinge, Schaben und Ohrwürmer. Die Futtertiere werden mit Kalk-Vitamin-Präparaten eingestäubt.

Luftfeuchtigkeit: Als Regenwaldbewohner verlangen diese Bogenfingergeckos eine etwas höhere Luftfeuchtigkeit, die wir durch tägliches ein- bis zweimaliges Sprühen erreichen. Die Luftfeuchtigkeit sollte tagsüber bei 60 % nachts bei 80 bis 90 % liegen. Gelegentliche Wechsel im Feuchtigkeitsgefälle schaden den Tieren nicht.
Nachzucht:
Paarung: Diese vollzieht sich nach ULBER & SCHÄFER (1989) in aller Heimlichkeit und konnte bislang nicht beobachtet werden.
Eiablage: Die Weibchen legen etwa alle 30 Tage ein bis zwei 9 bis 10 × 11 bis 12 mm große Eier, die an leicht feuchten Stellen im Boden vergraben werden.
Inkubationszeit: Man überführt die zerbrechlichen Eier vorsichtig ohne sie zu wenden in ein Aufzuchtgefäß, das mit Perlit oder Hydrogranulaten gefüllt ist. Die trocken liegenden Eier werden nun im Inkubator bei 90 bis 100 % Luftfeuchtigkeit so untergebracht, daß kein Schwitzwasser die Eischalen betropfen kann. ULBER & SCHÄFER (1989) geben als Inkubationszeiten 90 bis 95 Tage bei Tagestemperaturen von 28 °C und Nachttemperaturen von 22 °C, sowie 120 Tagen bei 20 bis 24 °C und 140 Tagen bei Zimmertemperatur an. HENKEL & SCHMIDT (1991*) geben 70 bis 80 Tage an. Es ist zweckmäßig, die Eier aus dem Terrarium zu entfernen, da vermutet werden muß, daß die adulten Tiere die Eier fressen.
Aufzucht: Die Jungtiere, beim Schlupf knapp 60 mm groß, werden mit Kleininsekten und ausreichender Kalk-Vitamin-Versorgung gesellig aufgezogen.
Geschlechtsreife: Sie erreichen nach etwa einem Jahr die Geschlechtsreife.

Literatur:
TAYLOR, E. H. (1963): The Lizards of Thailand. Univ. Kansas Sci. Bull., Lawrence, 44(14): 687–1077.
ULBER, T. (1989): Zur Verbreitung und Merkmalsvariabilität von *Cyrtodactylus peguensis* (BOULENGER, 1893). Sauria 11(3): 3–9.
ULBER, T., C. SCHÄFER (1989): *Cyrtodactylus peguensis* (BOULENGER). Sauria Suppl. 11(3): 145–148.

Cyrtopodion kotschyi
(STEINDACHNER, 1870)
Ägäischer Bogenfingergecko, Nacktfingergecko, E Crimean gecko, Kotschy's gecko, F Cyrtopodion de Crimée, Cyrtopodion de Kotschy, I Geco di Kotschy, Geco del Egeo
BArtSchV 1/1

Beschreibung: Der früher zur Gattung *Cyrtodactylus* zählende Bogenfingergecko unterscheidet sich von diesen durch das Fehlen von Femoralporen in beiden Geschlechtern. Der breite und flache Kopf ist deutlich vom Hals abgesetzt, Schwanz und Gliedmaßen sind verhältnismäßig kurz. Der Rumpf ist ausgeplattet. Die Rückenbeschuppung besteht aus 8 bis 14 Längsreihen von Höckerschuppen auf granulärer Grundbeschuppung. Die Bauchschuppen sind groß und flach, der Schwanz ist gewirtelt.
Die Färbung der Oberseite ist sehr variabel, sie reicht von sandfarbenen über braune und rötliche Töne bis zu dunkelbraunen und schwarzgrauen Färbungen. Auf dem Rücken befinden sich 6 oder 7 deutliche dunkle Querbänder, auch der Schwanz ist dunkel gebändert. Ein dunkler Kopfseitenstreif zieht sich vom Nasenloch bis über die Ohröffnung. Auch die Gliedmaßen zeigen eine dunkle Querbänderung.
Die Unterseite ist weißlichgrau, gelblich bis orangebraun, teils mit kleinen dunklen Flecken. Starker physiologischer Farbwechsel.
Geographische Verbreitung: SO-Italien, südliche Balkanhalbinsel, Inseln der Ägäis, Krim, Anatolien, Syrien, Libanon, Zypern und Israel.
Man unterscheidet eine große Zahl von Unterarten, die in vier Gruppen eingeteilt werden. Für eine genauere Definition verweisen wir auf die Arbeit von BEUTLER (1981).
Biologie und Ökologie: Die Art bevorzugt innerhalb ihres Verbreitungsgebietes unterschiedliche Habitate. Während im Norden 200 m ü NN kaum überschritten werden, kommt sie im Süden bis auf 1400 m Höhe vor. Zeigt dieser Gecko im Norden eine Vorliebe zur Besiedlung menschlicher Gebäude, so flieht er diese Bereiche eher in der Ägäis. Die Geckos besiedeln Legsteinmauern, Steinansammlungen, Gebäude, Felswände, Opuntienhecken, die trockenen Vegetationsbereiche der Phryganas, aber auch verschiedene Bäume, wo sie unter der Rinde Unterschlupfmöglichkeiten finden.

Die Vorzugstemperatur beträgt nach KÄSTLE (1972*) 42 °C. Die Tiere können aber auch bei höheren Temperaturen angetroffen werden. Es ist auffällig, daß die Populationsdichte in den Verbreitungsgebieten am stärksten ist, wo die Tag-Nacht-Differenz relativ gering ist.

Aktivitätszeiten liegen vorwiegend in den Morgenstunden und am späten Nachmittag, was das Sonnen betrifft, der Futtersuche gehen die Tiere jedoch erst nach Einbruch der Dunkelheit nach. Die Tiere lecken Tau- und Regentropfen auf. Die von ihnen bevorzugten Legsteinmauer-Habitate weisen ein günstiges Luftfeuchtigkeits-Temperatur-Verhältnis auf, das im Terrarium allerdings kaum zu simulieren ist, wenn man die tageszeitlichen Schwankungen berücksichtigen will.

Die Geckos sind territorial, bei Eindringen eines Artgenossen richten sich die Tiere auf und zeigen ihre Erregung durch seitliche Schwanzbewegungen und pfeifende Laute, Kopfstoßen und Beißereien. Bei den Territorialkämpfen zeigen sie eine sehr kontrastreiche Färbung, während sie beim Sonnen eher dunkel gefärbt sind. Das Rufrepertoire besteht aus verschiedenen Lauten.

Terrarium: Geheiztes trockenes Terrarium mit sandigem Bodengrund.

Ausstattung: Kletterrückwand nach Art einer Legsteinmauer und mediterraner Bepflanzung. Als Unterschlupf dienen Gesteinsspalten in der Rückwand und dem Boden aufliegende Steinplatten oder auch Rindenstücke.

Heizung: Bodenheizkabel und Strahlungslampe. Die Tagestemperaturen sollten in Teilbereichen des Terrariums 40 °C erreichen, nachts können sie auf 25 °C abfallen, die Luftfeuchtigkeit sollte nachts etwa 60 % erreichen. Die Tiere sollten sich innerhalb eines Temperaturgefälles, was am ehesten in einem mehr hohen als flachen Terrarium zu verwirklichen ist, die ihnen zusagenden mikroklimatischen Bereiche aussuchen können.

Licht: Leuchtstoffröhren, Tageslicht, gelegentlich UV-Bestrahlung.

Futter: Möglichst abwechslungsreiches Freilandfutter wie Spinnen, Fliegen, Hautflügler, Schmetterlinge, Feldheuschrecken, Heimchen, Grillen, Käfer, Schaben, Asseln und Larven aller Art. Vitamin- und Kalk-Beigaben.

Feuchtigkeitsbedarf: Tägliches Sprühen ist ausreichend.

Überwinterung: Nach BEUTLER (1981) scheinen die Geckos keine Winterruhe zu halten, da sie im Freiland bereits bei Tageshöchsttemperaturen von 5 bis 15 °C bei sonnigem Märzwetter angetroffen wurden, dennoch ist von einer weitgehend herabgesetzten Aktivität während der Wintermonate auszugehen.

Nachzucht:
Paarung: Die Paarung findet wohl im März und April statt, die Eiablage erfolgt auf den Kykladen von Juni bis in den Hochsommer, in Israel beginnt sie bereits einen Monat früher.

Eiablage: Die Ablage der 1 bis 2 hartschaligen, weißen Eier erfolgt an geschützten Stellen unter Steinen oder hinter der Rinde von Bäumen. Sie sind etwa 8 bis 11 mm groß und fast rund.

Inkubationszeit: Beträgt in Israel ca. 80 Tage, in Griechenland mindestens 125 Tage, z. T. überwintern die Jungtiere noch im Ei und schlüpfen erst im Frühjahr.

Geschlechtsreife: Tritt mit 1 1/2 Jahren ein. Die Tiere erreichen ein Lebensalter von maximal 9 Jahren in Gefangenschaft.

Literatur:
BEUTLER, A. (1979): Geschlechtsdimorphismus, Populationsdynamik und Ökologie von *Cyrtodactylus kotschyi* (STEINDACHNER, 1870) Reptilia: (Sauria: Gekkonidae). Salamandra 15, 2: 84–94.
BEUTLER, A. (1981): *Cyrtodactylus kotschyi* (STEINDACHNER, 1870) – Ägäischer Bogenfingergecko. In: BÖHME, W. (Hrsg.): Handbuch der Reptilien und Amphibien Europas 1/I Akad. Verlagsgesellschaft, Wiesbaden 53–74.
(In dieser Arbeit über 60 weitere Literaturhinweise.)

Egernia cunninghami
(GRAY, 1832)
Stachelskink, E Cunningham's Skink
BArtSchV 1/1, 1/2

Beschreibung: Recht robust gebauter Skink mit kurzem Kopf, nicht ganz körperlangem Schwanz und kräftigen, fünfzehigen Gliedmaßen. Die Oberseite ist mit gekielten bis stachelspitzig auslaufenden Schuppen bedeckt, die auf dem Schwanz größer und dorniger ausgebildet sind. Die Grundfärbung der Nominatform **E. c. cunninghami** (Gray, 1832) ist im Norden ihres Verbreitungsgebietes dunkelbraun bis schwarz mit oder ohne hellere Punkte oder Flecken. Populationen aus dem nördlichen New South Wales haben einen helleren Kopf und zeigen ein auffälliges Muster aus cremeweißen Punkten und Flecken, die Querlinien bilden. Im Süden schließlich sind die Tiere hellbraun mit kleineren Punkten, in Victoria schließlich eher graubraun mit verstreuten hellen Flecken. Die Unterseite ist rosefarben bis orange, auch weißlich. Die Kehle kann eine dunkelbraune Zeichnung tragen. Größe ca. 35 cm, Kopf-Rumpf-Länge ca. 20 cm.

Geographische Verbreitung: Australien. Südöstliches Queensland, New South Wales, Victoria, South Australia.

Die Unterart **E. c. krefftii** (PETERS, 1871) ist kleiner und schwächer gestachelt, dunkel orange-braun mit weißlichen Flecken und dunklen Bändern auf der Oberseite, Bauchseite orange-braun mit schwarzen Barren. Kopf-Rumpf-Länge ca. 15 cm.

Biologie und Ökologie: Felsiges Gelände. Die bodenbewohnenden Echsen halten sich meist in der Nähe von Spalten und Erdhöhlen auf, in denen sie bei Gefahr verschwinden und durch Aufblähen ihres Körpers ein Herausziehen erfolgreich verhindern. Der Schwanz dieser Skinke ist ähnlich unseren heimischen Echsen mit vorgesehenen Bruchstellen ausgestattet, er wird notfalls geopfert.

Gegenüber ihren gleichgeschlechtlichen Artgenossen sind die territorial lebenden Skinke recht aggressiv. In höheren Lagen ihres Verbreitungsgebietes halten die Tiere eine entsprechend der Kälteperiode lange Winterruhe. Diese verbringen sie in unterirdischen frostsicheren Verstecken. Das Rangordnungsverhalten ist bei NIEKISCH (1980) beschrieben, so daß wir hier nicht näher darauf eingehen wollen.

Terrarium: Geräumiges Trockenterrarium mit etwa 1,5 bis 2 m² Bodenfläche. Man hält die Tiere wegen ihrer Agressivität paarweise.

Ausstattung: Je nach Einrichtung mit Steinaufbauten oder altem Wurzelholz entsprechender Höhe. Bodengrund sandig-lehmig oder Feinkies. Bepflanzung mit Sukkulenten, Yuccas, harten Gräsern. Die Pflanzen werden im Topf in den Bodengrund versenkt.

Heizung: Mit Bodenheizplatten und Strahlungsheizer, der tagsüber Temperaturen von 25 und 35 °C, nachts etwa 15 °C weniger erbringt.

Licht: Beleuchtung mittels Leuchtstoffröhren. Regelmäßige UV-Bestrahlung ist nötig.

Futter: Größere Insekten wie Schaben, Grillen und Wanderheuschrecken, nestjunge Mäuse und Vögel, Schnecken, Fleisch- und Fischstückchen, Dosenfutter für Hunde oder Katzen, süße Früchte, Gemüse und Wildkräutern wie Ampfer, Löwenzahn und Klee. Zusätzliche Mineralisierung und Vitaminisierung ist wichtig.

Feuchtigkeitsbedürfnis: Morgendliches kurzes Übersprühen und Installierung einer Trinkmöglichkeit reichen für das Feuchtigkeitsbedürfnis unserer Tiere, die einen Teil ihres Wasserbedarfs aus der pflanzlichen Nahrung decken.

Überwinterung: Bei Tieren aus Gegenden mit Winterruhezeiten ist eine mehrwöchige kühlere Haltung bei Temperaturen um 10 bis 15 °C möglich.

Nachzucht:
Paarung: Die nach zwei bis dreieinhalb Jahren fortpflanzungsfähigen Tiere schreiten nach der Winterruhe zur Paarung. Im Terrarium scheint die Fortpflanzungszeit aber nicht streng festgelegt zu sein, wie Geburten zu verschiedenen Jahreszeiten zeigen. Das Männchen verfolgt das Weibchen zu Beginn der Paarung, umkreist es dabei und versucht, sich dabei an ihr festzubeißen. Dabei zeigt es eine aufgeblähte Kehle. Hält das Männchen das Weibchen schließlich durch einen Biß in der Nackenregion oberhalb der Vorderbeine fest, so kopuliert es 15 bis 60 Min. lang, in dem es von der dem Biß gegenüberliegenden Seite den Schwanz unter den des Weibchens bringt, dabei ruht ein Hinterbein auf der Schwanzwurzel des Weibchens.

Tragzeit: Etwa 100 Tage nach der Kopulation bringt das Weibchen innerhalb von 2 bis 7 Stunden durchschnittlich 10 bis 12 cm lange Jungtiere zur Welt. Ein Wurf umfaßt 2 bis 7, gewöhnlich 4 bis 5 Jungtiere, die noch durch die Nabelschnur mit dem Dottersack verbunden sind. NIEKISCH (1975) beobachtete, daß das Muttertier den Dottersack bezüngelte, mit den Kiefern aufnahm und von der Nabelschnur abbiß und verspeiste.

Aufzucht: Die Jungen, anfangs schwarz mit leuchtend weißen Punkten und etwa 8 g schwer, wachsen schnell heran und erreichen nach MATZ (1968) acht Monate später eine Länge von 19 cm und nach weiteren acht Monaten 34 cm, bei NIEKISCH erreichten sie nach ca. 1 Jahr durchschnittlich 20,9 cm Länge bei einem Gewicht von durchschnittlich 32,5 g, nach 18 Mon. 25,6 cm und 62,2 g. Die Jungtiere beginnen schon wenige Stunden nach der Geburt mit der Nahrungsaufnahme. Dazu reicht man süßes Obst und kleinere Insekten, die mit einem der handelsüblichen Kalk-Vitamin-Präparate eingestäubt werden. Eine abwechslungsreiche Ernährung und regelmäßige UV-Bestrahlung sind Voraussetzung für eine erfolgreiche Aufzucht.

Literatur:
JOHN, W. (1968): Zwei Australier: *Amphibolurus barbatus* und *Egernia cunninghami*. DATZ 21: 185–186.
MATZ, G. (1968): Les Scinques Australiens. Aquarama 2(1): 27–29.
NIEKISCH, M. (1975): Pflege und Nachzucht von *Egernia cunninghami* (Sauria, Scincidae). Salamandra 11(3/4): 130–135.
NIEKISCH, M. (1980): Terraristische Beobachtungen zur Haltung von *Egernia cunninghami* (Reptilia, Sauria, Scincidae). Salamandra 16(3): 162–176.
SCHADE, W. (1979): *Egernia cunninghami*, Pflege und Zucht. Aquarium Wuppertal 13(115): 132–133.
STETTLER, P. H. (1953): Die kalte Überwinterung australischer Großechsen. DATZ 6: 321–324.

Egernia stokesii
(GRAY, 1845)
Stachelschwanzskink, E Spiny-tailed skink, Gidgee Skink

Beschreibung: Kräftiger gedrungener Körperbau mit kurzem, flachen und stark dornigem Schwanz. Der Schwanz ist nicht brüchig wie bei *E. cunninghami*. Der Rücken trägt breite zweifach (selten dreifach) gekielte Schuppen, deren Kiele in spitze Stacheln auslaufen. Der Schwanz ist mit einfach gekielten größeren Schuppen versehen, die in kräftige Dornen auslaufen. Von der sehr ähnlichen *E. depressa* (GÜNTHER, 1875) ist sie durch die Größe zu unterscheiden. *E. depressa* hat eine etwa 7 cm geringere Kopf-Rumpf-Länge. Die Rückenbestachelung hat bei dieser Art 1 große und 2 kleine Stacheln an jeder Schuppe.

Geographische Verbreitung: W-Australien.

E. s. aethiops
(STORR, 1978)
Unterscheidet sich von *E. s. stokesii* (GRAY, 1845) durch kürzere Kopflänge und das fast völlige Fehlen jeglicher Musterung.

E. s. badia
(STORR, 1978)
Wird mit 190 mm Kopf-Rumpf-Länge etwas größer. Die nördlichen Populationen dieser Unterart sind völlig schwarz, sonst ist die Grundfarbe rötlich braun mit in 4 bis 20 unregelmäßigen Bändern angeordneten hellen Flecken. Größe 25 cm.

E. s. stokesii
(GRAY, 1845)
Die Grundfärbung der Nominatform ist fahlbraun bis schwarzbraun mit geringer Musterung bei fahlbraunen Tieren. Dunklere Tiere mit auffallender unregelmäßiger gelblich-weißer Fleckung. Die

Egernia stokesii

Unterseite ist graubraun, manchmal heller gefleckt, Kehle und Kinn dunkler. Kopf-Rumpf-Länge etwa 155 mm.
Biologie und Ökologie: Auf felsigem Grund mit heideartigem Bewuchs, auf Brachland und in lichten, trockenen Wäldern. Hier suchen die Tiere Unterschlupf unter Steinen, in Erdhöhlen, hohlen Baumstämmen und Ästen.
Terrarium: Trockenterrarium wie bei *E. cunninghami*.
Heizung: Haltung bei Lufttemperaturen von 25 bis 37 °C tagsüber und 18 bis 22 °C nachts.
Nachzucht: Wir empfehlen auch für diese Art paarweise Haltung, da auch die Weibchen untereinander unverträglich sind. Heranwachsende Jungtiere lassen sich bis zum Alter von etwa 3 1/2 Jahren bis zum Erreichen der Geschlechtsreife bedingt vergesellschaften.
Paarung: Die Paarungszeit fällt in den Südfrühling, also bei uns in die Monate September und Oktober. Dabei verfolgt das Männchen zuerst tagelang seine Partnerin, beleckt deren Schwanz- und Kloakenregion, bis sich diese seinen Annäherungsversuchen nicht mehr durch Ausweichmanöver widersetzt und mit flach an den Boden gepreßtem Körper und leicht angehobenem Schwanz signalisiert, daß sie paarungsbereit ist. Der Paarungsbiß des Männchens erfolgt am Nacken oberhalb des Vorderbeines. Die dem Weibchen zugewandten Beine des Männchens lagern auf ihrem Rücken und der Schwanzwurzel, wobei der Schwanz von der Nackenbißseite her unter den ihren plaziert wird. Nach Einführung des Hemipenis erfolgt eine etwa 14minütige Kopulation.
Tragzeit: Die Tragzeit der lebendgebärenden Skinke beträgt etwa 100 bis 110 Tage. Es werden ein bis zwei etwa 8 cm große und 6 g schwere Junge zur Welt gebracht.
Aufzucht: Die Aufzucht erfolgt mit kleinen Insekten, Grillen, Heimchen, Feldheuschrecken, Schaben, süßem Obst, Pudding, Schnecken, Fleischstückchen unter regelmäßiger Zugabe von Vitaminen und Kalk bei regelmäßiger zweimaliger UV-Bestrahlung je Woche mit Osram-Ultra-Vitalux-Strahlern aus ca. 1 m Abstand für 5 bis 10 Minuten.
Literatur:
Storr, G. (1978): The genus *Egernia* (Lacertilia: Scincidae) in Western Australia. Rec. West Austr. Mus. 6: 147–187.
Zimmermann, H. (1979): Durch Nachzucht erhalten: Familie Stachelskink. Aquarien-Magazin, 13: 326.

Eublepharis macularius
(Blyth, 1854)
Leopardgecko, E Fat-tailed gecko, F Gecko panthére

Beschreibung: Im Vergleich zum Rumpf auffallend langer Kopf, der sich von der breiten Backenregion zur Schnauze hin verschmälert. Kopf-Hals-Länge mindestens halbe Rumpflänge. Schwanzlänge etwa 1/3 der Kopf-Rumpf-Länge. Der runde Schwanz ist vom Ansatz her fleischig verdickt und segmentartig gegliedert. Auffallende Lidbildung um die Augen.
An den Körperseiten auf feinkörniger Grundbeschuppung höckrige Erhebungen, Unterseite glatt beschuppt. Zehen ohne Haftlamellen mit Krallen. Färbung der Oberseite gelb bis grauviolett mit zahlreichen schwarzbraunen Flecken. Im Alter oft zu einem einheitlichen Braun verdunkelnd. Schwanz ähnlich, läßt oft noch die Querbänderung der Jugendzeichnung erkennen. Jungtiere strohgelb mit dunkelbrauner Kopf-Hals-Färbung, mit zwei breiten, dunklen Querflecken über dem Rumpf und schwarzbraunweiß geringeltem Schwanz.
Von der Schnauzenspitze unter dem Auge bis zur Ohröffnung verlaufender und sich über den Hinterkopf verbindender weißer Streifen. Manche Tiere zeigen eine hell gefärbte X- oder Y-förmige Zeichnung auf der Nase und einen hellen Rückenlängsstreifen. Unterseite ohne Zeichnung. Männchen mit ausgeprägten Präanalporen und breiteren Köpfen bei allgemein kräftigerer Statur und Größe, die 25 bis 30 cm betragen kann.
Geographische Verbreitung: S-Irak, Iran, Turkmenien, Afghanistan, Pakistan, NW-Indien.
Biologie und Ökologie: Felswüsten, steinige Böden mit geringem Grasbewuchs. Bevorzugt in Habitaten mit gewisser Luftfeuchtigkeit.
Leopardgeckos sind in der Lage, schlangenähnliche Zischlaute auszustoßen und grunzende Laute von sich zu geben, Abraham (1986) beschreibt die Laute der Jungtiere einem vibrierenden Winseln vergleichbar. Diese Laute werden im Rahmen des Aggressionsverhaltens verwendet, wobei die Tiere sich katzbuckelnd unter Abflachung der Körperseiten aufstellen und mit dem Schwanz wedelnde Bewegungen ausführen.
Terrarium: Trockenterrarium mit Steinaufbau. Vergesellschaftung ist nicht zu empfehlen, die Männchen sind untereinander recht unverträglich und auch gegenüber anderen Arten aggressiv. Man kann aber mehrere Weibchen mit einem Männchen zusammen pflegen. Jungtiere lassen sich in den ersten Monaten in größeren Gruppen aufziehen.
Ausstattung: Bodengrund aus Feinkies 3 bis 7 mm. Bepflanzung nicht notwendig. Feuchtigkeitsbedürfnis wird durch tägliches Sprühen gestillt. Ein Teil des Bodens wird zwecks Eiablage feuchter gehalten.
Heizung und Licht: Bodenheizkabel. Leuchtstoffröhren oder direktes Tageslicht. Temperaturen tagsüber bis 30 °C, nachts um 24 °C.
Futter: Grillen und Heimchen, Feldheuschrecken und Wanderheuschrecken, weichschalige Käfer, Schmetterlinge, Insektenlarven, junge Reptilien und Nagetiere.
Den Beutetieren wird aufgelauert, wobei sich die Schwanzspitze katzenartig hin und her bewegt, dann wird das Beutetier meist im Sprung ergriffen.
Überwinterung: Winterruhe bei 15 bis 18 °C oder geringfügig niedriger in der Zeit von November bis Ende Februar.
Nachzucht:
Paarung: Die Paarungszeit setzt nach der Winterruhe ein und dauert bis September.
Eiablage und Inkubationszeit: Das Weibchen vergräbt die zwei pergamenthäutigen Eier an feuchten Plätzen im Bodengrund.
Mudrack (1970) gibt die Inkubationszeiten mit 35 bis 65 Tagen an, wobei die Temperaturen im Brutkasten die Ausbildung der Geschlechter beeinflussen, wie wir das auch von anderen Arten kennen. Bei Aufzuchttemperaturen von 26,7 bis 29 °C schlüpfen fast ausschließlich weibliche Jungtiere, bei 32 bis 33,4 °C betrug das Verhältnis Männchen zu Weibchen 7:1.
Aufzucht: Die Jungen sind beim Schlüpfen 7 bis 8 cm groß und sind leicht mit entsprechendem Kleinfutter aufzuziehen. Man versieht das angebotene Futter mit einem Kalk-Vitamin-Präparat.
Die Aufzuchtterrarien sollten mit einer Strahlungslampe versehen und gut durchlüftet sein. Gelegentliche UV-Bestrahlung.
Geschlechtsreife: Die Jungtiere wachsen schnell heran und erreichen schon nach etwa einem Jahr die Geschlechtsreife, wobei die Männchen etwa 14,5 cm und die Weibchen etwa 11,5 cm Gesamtlänge erreicht haben. Die Lebenserwartung liegt bei etwa 10 Jahren.

Literatur:
ABRAHAM, G. (1986): *Eublepharis macularius*, Sauria Suppl. Amph./Rept.-Kart. 8(1): 33–34.
GERICKE, F. (1981): Lidgeckos der Gattung *Eublepharis*. Sauria 3(4): 11.
MUDRACK, W. (1970): Ich pflege Leopardgeckos. Haltung und Zucht von *Eublepharis macularius*, Aquarien-Magazin 4: 226.

Eumeces algeriensis
(PETERS, 1864)
Berberskink, A Algerian skink, F Eumècès d'Algérie

Eumeces algeriensis

Beschreibung: Der Berberskink wurde früher als Unterart des Tüpfelskinks angesehen, mit dem er auch sehr nah verwandt ist. Der kräftige Körper wird von stämmigen Beinen getragen, die ihm eine laufende Bewegung nach Art der Eidechsen ermöglichen im Gegensatz zur schlängelnden Bewegung mancher Mabuyen und *Chalcides*-Arten. Kammartige Schuppen verschließen die Ohröffnung. Die äußerst glatten Schuppen des Körpers sind eher breit als lang, die beiden Mittelreihen der Rückenbeschuppung sind breiter als die übrigen.
Die Färbung der Oberseite ist sandfarben hellbraun mit großen gelb- bis rotorangefarbenen Flecken. Gelbliche und schwarzbraune Flecken bilden zwischen Vorder- und Hinterbeinen etwa 15 unregelmäßige Querbänder. An den Körperseiten befindet sich eine mehr oder weniger geschlossene Längslinie aus rotorangefarbenen Flecken. Die Unterseite ist weißlich cremefarben bis gelb.
Der Farbwechsel ist nicht sehr ausgeprägt, bei kühlen Temperaturen sind die Tiere jedoch in der Gesamtfärbung dunkler, bei hohen Temperaturen werden sie insgesamt blasser. Größe: Bis 47 cm.
Geographische Verbreitung: Marokko bis Algerien.
Biologie und Ökologie: Vom Küstenbereich bis auf über 1600 m Höhe vorkommend, bewohnt der Berberskink hauptsächlich deckungsreiches Gelände mit Felsbrocken und Buschwerk, wo er sich unter Pistazien, Fächerpalmen, Gräsern und Stauden wie auch unter Steinplatten seine Wohnhöhlen gräbt. Die unterirdischen Gänge führen in eine Höhle, in der sich die Tiere gerade umdrehen können, sie liegen je nach Bodenfeuchtigkeitsgehalt unterschiedlich tief. Als Kulturfolger treten die Skinke aber auch in Gärten und an Feldern auf, leben in der Nähe von Bewässerungsanlagen und Bächen. Tagaktiv. Die Tiere, vor allem die Männchen, können sehr aggressiv gegen Artgenossen sein, vor allem gegen gleichgeschlechtliche, was gerade im Terrarium, wo die Ausweichmöglichkeiten begrenzt sind, zu Verletzungen führt. Leider ist die Regenerationsfähigkeit erheblich geringer als bei einheimischen *Lacerten*. Es empfiehlt sich daher paarweise Haltung.
Terrarium: Flaches Terrarium mit einer Bodenfläche von etwa 0,5 m² für ein Paar bei einer Höhe von 40 bis 60 cm, je nach verwendeter Bepflanzung.
Ausstattung: Bodengrund sandig-lehmig, im nicht geheizten bepflanzten Teil leicht feucht gehalten. Steinplatten oder Holzstücke als Unterschlupfplätze. Bepflanzung mit Zwergpalmen, widerstandsfähigen Gräsern, Rosmarin, Lorbeer, *Euonymus*-Arten und Sukkulenten, wie kleinen Agaven und Aloen.
Heizung: Partielle Bodenheizung mittels Heizkabel. Strahlungsheizlampe über dem Sonnenplatz.
Berberskinke können während der warmen Sommermonate durchaus im Freilandterrarium gehalten werden, wo ihnen die nächtliche Abkühlung keinesfalls schadet. Eine zusätzliche Heizlampe für kühlere Tage, die eine Erwärmung auf 25 bis 30 °C ermöglicht, kann einen mehrmonatigen Außenaufenthalt gewährleisten.
Licht: Tageslicht und Leuchtstoffröhren.
Futter: Gehäuseschnecken, Käfer, Heuschrecken aller Art, nestjunge Mäuse, Zophobas, Grillen und Heimchen, Schaben und Spinnen. Nebenher wird auch pflanzliche Nahrung aufgenommen, so werden Blüten und Fruchtstückchen verzehrt. Mit der Verfütterung von Gehäuseschnecken nehmen die Tiere einen Teil ihres Calciumbedarfs zu sich, man sollte bei anderer Fütterung in jedem Falle zusätzlich vitaminisieren und die Tiere auch gelegentlich einer UV-Bestrahlung aussetzen.
Feuchtigkeitsbedarf: Tägliches Sprühen.
Überwinterung: Mehrwöchige Winterruhe im Terrarium im kühlen ungeheizten Zimmer genügt.
Nachzucht: Besonders zur Paarungszeit sind die Männchen sehr aggressiv, unterlegene Männchen müssen dann unbedingt separiert werden.
Paarung: Die Paarung erfolgt mit Nackenbiß.
Eiablage: Das Weibchen legt seine Eier ca. 10 Wochen später in selbstgegrabenen Erdhöhlen, unter Steinen und dergleichen ab, wo eine ausreichende Bodenfeuchtigkeit vorhanden ist. Berberskinke treiben wie auch die anderen Tüpfelskinke eine etwa zwei Monate andauernde Brutpflege, indem sie sich um das Gelege legen und dieses bewachen und gegen Aggressoren verteidigen.
Aufzucht: Die Jungtiere werden mit kleinen Obststücken, jungen Grillen,

Heimchen, Wanderheuschrecken, Mehlkäfer- und Wachsmottenlarven aufgezogen und wachsen relativ schnell heran.

Literatur:
KATZENSTEIN, H. (1977): *Eumeces schneiderii algeriensis*, der Berberskink. DATZ 20(6): 185–186.
KUCHLING, G. (1970): Beobachtungen an *Eumeces schneiderii*. DATZ 23(7): 216–217.
OBST, F. J. (1976): Eiablage beim Berberskink. Das Aquarium 35: 322.
STEMMLER, O. (1969): Zur Haltung des Berberskinks, *Eumeces schneiderii algeriensis* PETERS, 1864. DATZ 22(1): 26–27.

Eumeces schneiderii
(DAUDIN, 1802)
Tüpfelskink, E Schneider's skink, F Eumèces de Schneider

Beschreibung: Kräftiger Skink mit gut entwickelten Gliedmaßen, dessen Kopf-Rumpf-Länge etwa 4/6 der Gesamtlänge entspricht. Kopf kurz, hoch und kräftig, übergangslos in den Hals übergehend. Ohröffnung mit kammförmigen Deckschuppen. Schuppen der Rückenmitte verbreitert in zwei Längsreihen an den Seiten allmählich in die sich schindelartig überlappenden Schuppen der Körperseiten übergehend. Alle Rückenschuppen sind mit einer feinen dunklen Linie eingefaßt.
Die Färbung der Oberseite reicht von hellem Sandbraun über graubraune Töne bis zu violettbraun. Darauf befinden sich unregelmäßig verteilte oder in Quer- oder Längsreihen angeordnete orangefarbene bis dunkel schwarzbraune Flecken. Ein orangefarbener Längsstreifen verläuft von der Schnauze über die Ohröffnung an den Körperseiten entlang bis auf den Schwanz und trennt die weißliche bis gelbe Bauchfärbung von der dunkleren Oberseitenfärbung. Jungtiere zeigen eine etwa abweichende Oberseitenfleckung. Sie haben 8 bis 10 Längsreihen dunkler, durch einen hellen Längsstrich gezeichnete Flecken, ferner fehlen ihnen die orangefarbenen Zeichnungselemente. Diese Jugendfärbung verliert sich mit Erreichen der Geschlechtsreife. Größe: Ungefähr 40 cm.
Geographische Verbreitung: N-Afrika von Algerien bis zur Sinai-Halbinsel, Vorderasien bis NW-Indien, im Norden bis ins Kaukasusgebiet, Turkmenistan, Usbekistan und Tadschikistan.

Eumeces schneideri schneideri

Eumeces schneiderii aldrovandi
(DUMÉRIL & BIBRON, 1839)
Algerien bis Sinai-Halbinsel.
Eumeces schneiderii blythianus
(ANDERSON, 1871)
N- und Z-Pakistan, O-Afghanistan.
Eumeces schneiderii meridionalis
(DOUMERGUE, 1900)
SW-Algerien.
Eumeces schneiderii pavimentatus
(GEOFFROY-ST. HILAIRE, 1827)
SO-Anatolien bis Israel.
Eumeces schneiderii princeps
(EICHWALD, 1839)
Pakistan, Afghanistan, Iran, südl. M-Asien, östl. Transkaukasien bis Dagestan.
Eumeces schneiderii schneiderii
(DAUDIN, 1802)
Zypern.
Eumeces schneiderii zarudnyi
(NIKOLSKIJ, 1900)
S-Iran bis SW-Pakistan.

Biologie und Ökologie: Die Art kommt von der Ebene bis in Höhen von 1800 m vor und bewohnt strauchbestandene Steppen des Flach- und Hügellandes, sofern ausreichende Unterschlupfmöglichkeiten und minimale Vegetationsdeckung vorhanden ist. Weinberge und Felder werden ebenfalls besiedelt, Trockenmauern und Ruinen bieten ebenso wie Steinhaufen und Legsteinmauern geeignete Unterschlupfplätze im Bereich menschlicher Ansiedlungen. Die Tiere nutzen die Gangsysteme von Nagern, graben aber auch meterlange Gänge in das Erdreich. Von den späten Vormittagsstunden bis zu den Nachmittagsstunden nahezu ununterbrochen aktiv. Im Gegensatz zu anderen Skinken bewegen sich die Tüpfelskinke laufend. Sie sind sehr territorial, verteidigen ihre Reviere vehement gegen gleichgeschlechtliche Artgenossen.
Terrarium: Geräumiges flaches Terrarium mit hoher Bodenschicht aus lehmigem Sand. Vorzugsweise paarweise Haltung.
Ausstattung: Flache Steinplatten, unter denen sich die Tiere Unterschlupfplätze anlegen und Gangsysteme bauen können. Bepflanzung mit mediterranen Pflanzen, die man in Töpfe einpflanzt, mit Drahtgitter oben abgesichert in den Boden versenkt, so daß die Pflanzen nicht von den stark grabenden Tieren geschädigt werden.
Heizung: Bodenheizplatte oder -kabel. Strahlungslampe, die Temperaturen bis zu 35 °C Bodentemperaturen ergeben.
Licht: Leuchtstoffröhren, Tageslicht.
Futter: In der Natur haben die Tiere ein breites Spektrum von verschiedenartigsten Gliederfüßlern, Spinnen, Schnecken, Jungsäugern und Reptilien, sowie verschiedenen pflanzlichen Nahrungsbestandteilen. So kann ihnen von hartschaligen Käfern, Gehäuseschnecken, Wan-

derheuschrecken, Feldheuschrecken, Grillen und Heimchen eine Vielfalt von Futtertieren angeboten werden. Beim Verfasser fraßen sie auch Bienen und Wespen, die am angebotenen süßen Obst naschten, sie sollen selbst gegen Skorpione und wehrhafte Spinnen unempfindlich sein.
Feuchtigkeitsbedürfnis: Tägliches Sprühen, die Tiere lernen es, auch aus Wassernäpfen zu trinken.
Überwinterung: Je nach Herkunft läßt man den Tieren eine zwei- bis dreimonatige Winterruhe zukommen. Dazu reicht es, das Terrarium in einem ungeheizten Raum bei 8 bis 10 °C unterzubringen.
Nachzucht: Wenn die Tiere im Frühjahr ihre Winterquartiere verlassen, beginnt die Paarungszeit.
Paarung: Die Männchen nähern sich den Weibchen, belecken deren Kloakenregion und ergreifen sie mittels Nackenbiß.
Eiablage: Etwa 6 Wochen später legt das Weibchen 3 bsi 20 ovale Eier unter Steinen oder im Sandboden ab. 8 bis 9 Wochen lang bewacht das Weibchen nun das Gelege, in dem es sich um die Eier legt. Der Boden sollte eine leichte Feuchtigkeit aufweisen, aber niemals naß sein, dann schlüpfen die Jungen problemlos.
Aufzucht: Man kann sie gemeinsam aufziehen und mit kleinen Grillen und Heimchen, Wiesenplankton und kleingeschnittenen Früchten füttern, dabei entwickeln die Jungtiere unterschiedliche Vorliebe für die angebotenen Futterbestandteile.

Literatur:
BISCHOFF, W. (1977): Echsen des Kaukasus 12. Der Tüpfelskink, *Eumeces schneiderii princeps* (EICHWALD, 1839). Aquarien – Terrarien 24: 130–133.
DAREWSKIJ, I. S. (1981): *Eumeces schneiderii* (DAUDIN, 1802) – Tüpfelskink. In: BÖHME, W. (Hrsg.) Handbuch der Reptilien u. Amphibien Europas. Akad. Verlagsgesellsch. 1/I: 355–365.
EISELT, J. (1940): Der Rassenkreis *Eumeces schneiderii* DAUDIN (Scincidae, Rept.) Zool. Anz. 131: 209–228.
KUCHLING, G. (1970): Beobachtungen an *Eumeces schneiderii*. DATZ. 23(7): 216–217.
Mertens, R. (1946): Dritte Mitteilung über die Rassen der Glattechse *Eumeces schneiderii*. Senckenbergiana 27: 53–62.
THIEME, U. (1980): Eumeces schneiderii princeps und *Mabuya aurata septemtaeniata*, zwei selten gepflegte Glattechsen aus Transkaukasien. herpetofauna 5(22): 33–34.

Furcifer lateralis
(GRAY, 1831)
Teppichchamäleon
WA II BArtSchV 2/1, 2/4

Beschreibung: Kräftiger abgeflachter Körper. Helm nur leicht erhöht. Gleichmäßige Beschuppung, in die wenige unregelmäßig verteilte, größere, flache Schuppen eingestreut sind. Die Schuppen des Kehlkamms sind größer als die übrigen Kehlschuppen. Der Rückenkamm ist fein gezähnt. Die Grundfärbung ist sehr variabel grau, braun oder grün. An den Seiten befindet sich ein schon bei frisch geschlüpften Jungtieren gut sichtbarer, heller Lateralstreifen. Helle und dunkle Flecken, sowie größere Ocellenflecke bilden ein kontrastreiches Muster mit blauen, rostfarbenen, weißen und schwarzen Färbungen. Gliedmaßen und Schwanz sind quergebändert. Die Weibchen sind meist bunter gezeichnet als die Männchen, besonders zur Paarungszeit und während der Gravidität. Größe: Bis 25 cm.
Geographische Verbreitung: Madagaskar, mit Ausnahme des Nordens und Nordwestens.
Biologie und Ökologie: Vom Flachland bis in Höhen um 2000 m ü. NN aufsteigend kommt die Art vom Regenwald über Trockenwälder bis in die feuchten Grassavannen vor. Auch Wiesen und Gärten werden besiedelt. Man findet die Tiere auf Stauden, in niedrigem Buschwerk und in Bäumen. Aufgrund des relativ großen Verbreitungsgebietes sind die klimatischen Bedingungen unterschiedlich, die Sommertemperaturen sind bei 26 bis 30 °C, die Wintertemperaturen bei 18 bis 24 °C anzusetzen, wobei die durchschnittliche Temperaturendifferenz am Tage etwa 12 °C beträgt. Die Regenzeit mit den höchsten Luftfeuchtigkeitswerten fällt allgemein in die Zeit von Ende Oktober bis Ende März.
Teppichchamäleons sind sehr territorial und aggressiv, und das auch zwischen Tieren unterschiedlichen Geschlechts.
Terrarium: Diese sehr lebhaften, tagaktiven Tiere benötigen geräumige hohe Kletterterrarien, mit guter Belüftung. Es kommt wegen der hohen intraspezifischen Aggressivität nur Einzelhaltung in Frage. Die Ausmaße eines Terrariums sollten etwa 60 × 60 × 100 cm betragen.
Ausstattung: Der Bodengrund kann aus sandig-humoser Erde oder aus Feinkies bestehen. Als Klettergeäst verwendet man nicht zu dicke Zweige und Äste. Diese können von Rankpflanzen durchzogen sein, wie *Scindapsus*, *Philodendron*-Arten oder *Ficus*. Im leicht feucht gehaltenen Bodenteil kann man niedere Sansevierien und andere, nicht zu empfindliche Bodenpflanzen einsetzen.
Heizung und Licht: Mittels Leuchtstoffröhren und HQL-Lampe oder Heizkabel. Die Lux-Werte sollten nicht zu niedrig sein, die Beleuchtungsdauer je nach Jahreszeit 12 bis 14 Stunden betragen. Die Temperaturen hält man tagsüber zwischen 20 und 30 °C, nachts zwischen 14 und 22 °C. Die Vorzugstemperatur liegt bei etwa 28 °C. Die Tiere hal-

Furcifer lateralis

ten sich selten in Bereichen über 30 °C auf.

Futter: Sehr aktive Tiere besitzen auch einen entsprechenden Futterbedarf, deshalb ist der Hunger von Teppichchamäleons oft größer als bei vergleichbaren, ruhigeren Arten. Dem ist durch ein reichhaltiges und abwechslungsreiches Insektenangebot Rechnung zu tragen. Vom Wiesenplankton mit kleineren Insekten bis zu halbwüchsigen Wanderheuschrecken wird nahezu alles genommen, besonders Heimchen und Grillen, Feldheuschrecken, aber auch Stubenfliegen, Schwebfliegen, Wachsmotten und deren Larven, Schaben und vieles andere.

Luftfeuchtigkeit: Tägliches Sprühen sorgt für die nötige Luftfeuchtigkeit, die tagsüber bei 60 bis 70 % rel. Luftfeuchte liegen sollte, nachts bei bis zu 100 %.

Feuchtigkeitsbedürfnis: Ihren Trinkbedarf stillen die Chamäleons durch Auflecken des Sprühwassers, sie lassen sich auch gut mittels einer Pipette tränken, dies hat den Vorteil, daß man gezielt Vitamin- und Mineralbeigaben hinzugeben kann.

Nachzucht:

Paarung: Zur Paarung setzt man das Weibchen zum Männchen. Erblickt dieses die Partnerin, nähert es sich ihr mit nickenden Kopfbewegungen. Das Weibchen flüchtet nun meist vor dem Männchen, wird aber dann eingeholt und läßt das Männchen, wenn es paarungsbereit ist, auch von der Seite her aufsteigen. Ist es nicht paarungsbereit, zeigt es dem Männchen durch aggressives Abwehrverhalten seine mangelnde Bereitschaft. Das Männchen versucht nun, seine Kloake unter die ihre zu bringen und vollzieht dann eine etwa 5 Minuten dauernde Kopulation.

Eiablage: Nach 32 bis 52 Tagen legt das Weibchen die 4 bis 23 Eier in selbstgegrabenen Erdhöhlen ab, die es anschließend wieder verschließt.

Inkubationszeit: Die Eier erbrütet man am besten im Inkubator in leicht feuchtem Vermiculit. Die Temperaturen sollen sich während der ersten eineinhalb Monate zwischen 25 bis 28 °C bewegen, dann brauchten sie eine kühlere Entwicklungsperiode bei 10 bis 15 °C für die folgenden 6 Wochen und für den Rest der Inkubationszeit, die 154 bis 378 Tage dauern kann, 25 bis 28 °C.

Aufzucht: Die Jungen werden nach dem Schlupf bereits getrennt aufgezogen, man füttert sie anfangs mit Kleininsekten, wie jungen Grillen und Heimchen, Blattläusen und Essigfliegen, später mit entsprechend größerem Futter, das stets mit einem Kalk-Vitamin-Präparat überstäubt wird. Die Temperaturen sollten anfangs nicht höher als 25 °C liegen, für ausreichende Trinkmöglichkeit ist besonders in den ersten Lebenswochen durch zweimaliges Sprühen am Tage zu sorgen.

Geschlechtsreife: Die Jungtiere wachsen relativ schnell heran. SCHMIDT (1985) gibt 6,1 cm nach 2 Monaten und 9,4 cm nach drei Monaten für das größte seiner Jungtiere an, nach 3 bis 6 Monaten können die ersten Tiere bereits geschlechtsreif sein. Die Lebensdauer in freier Natur wird auf 1 Jahr geschätzt, in Gefangenschaft erreichen die Tiere 2 bis 3 Jahre. Die Weibchen stellen ihre Fortpflanzung dabei nach dem 4. bis 6. Gelege ein und sterben etwa ein Jahr später.

Literatur:
BLANC, F. C. (1971): Elevage de *Chamaeleo lateralis*. – C. R. Soc. Herp. France 1: 30–34.
BRYGOO, E. R. (1971): Reptiles Sauriens, Chamaeleonidae, genre *Chamaeleo*. Faune de Madagascar 33: 1–318.
SCHMIDT, W. (1985): *Chamaeleo lateralis* GRAY. Sauria Suppl. 7(4): 25–26.
SCHMIDT, W. (1986): Über die Haltung und Zucht von *Chamaeleo lateralis* (GRAY, 1831). Salamandra 22(2/3): 105–112.
SCHMIDT, W. (1988): Zeitigungsversuche mit Eiern des madagassischen Chamäleons *Furcifer lateralis* (GRAY, 1831) Salamandra 24(2/3): 182–183.

Furcifer pardalis
(CUVIER, 1829)
Pantherchamäleon, E Panther chameleon, F Chaméléon panthère
WA II BArtSchV 2/1, 2/4

Beschreibung: Das Pantherchamäleon ist eine der am häufigsten gehaltenen und auch mit Erfolg nachgezogenen großen Chamäleonarten. Der Kopf ist hinten erhöht ohne einen ausgeprägten Helm zu bilden, die Schnauze durch große Schuppen nach vorn und zu den Seiten hin vergrößert. Der Rumpf ist mit einem Rückenkamm aus dicht hintereinander stehenden Stachelschuppen ausgestattet. Auch die Kehl- und Bauchkante tragen Stachelschuppen. Die Färbung ist sehr variabel, sie kann in der Grundfärbung grün, gelb, grau, bläulich, oder braun sein und weist eine Zeichnung aus farbigen, dunkleren Querbinden auf. Der Kopf zeigt oft weiße Zeichnungselemente und die Körperseiten sind durch eine weiße Lateralfleckenreihe, die auch einen durchgehenden Lateralstreifen bilden können, gekennzeichnet. Adulte Männchen lassen sich durch die verdickte Schwanzwurzel von den ohnehin kleineren Weibchen unterscheiden. Sie sind meist auch auffälliger gefärbt als die Weibchen. Jungtiere zeigen eine bräunliche oder graue Färbung, sie nehmen die Färbung der Erwachsenen erst im Alter von 6 bis 9 Monaten an, wenn sie selbst die Geschlechtsreife erreichen. Bei frisch geschlüpften männlichen Jungtieren erkennt man das Geschlecht an der rot-orangefarbenen Zwischenhaut des Kehlsackes, bei den weiblichen Jungen ist sie grünlich gefärbt. Größe: Männchen bis 52 cm, Weibchen bis 35 cm.

Geographische Verbreitung: Norden und Osten der Insel Madagaskar, die Madagaskar vorgelagerten Inseln Nosy Bé und Nosy Boraha, Mauritius und Réunion.

Biologie und Ökologie: Feuchtheiße Küstengebiete, oft in unmittelbarer Nähe menschlicher Behausungen, Gärten, Agrikulturbereiche, Rodungsflächen, auf Bäumen und Büschen, Palmen etc. Das Verbreitungsgebiet deckt sich mit einem Klimabereich, der durch eine ausgeprägte Regenzeit zwischen November und März gekennzeichnet ist. Die dortigen Temperaturen schwanken tagsüber zwischen 22 und 28 °C. Die Höchsttemperaturen erreichen im Südsommer fast 40 °C, der Tag-Nacht-Unterschied beträgt 6 °C im Mittel und die relative Luftfeuchtigkeit wird zwischen 70 bis 100 % angegeben. Die Tiere sind aggressive, territoriale Einzelgänger und verdrängen andere Arten in ihren Habitaten. Die Tiere sind tagaktiv.

Terrarium: Hohes, nicht zu kleines Kletterterrarium, etwa 1,50 m hoch bei einer Grundfläche von 120 × 80 cm. Auch Jungnager werden gefressen, ebenso Geckos und Echsen, eine Vergesellschaftung mit anderen Arten ist also nicht zu empfehlen.

Ausstattung: Bodenschicht in 20 bis 25 cm Höhe aus einem lockeren Sand-Waldboden-Gemisch. Wegen der Aggressivität untereinander ist nur Einzelhaltung möglich. Kräftige Kletteräste und eine Bepflanzung mit robusten Rankern, wie *Scindapsus* oder *Philodendron* ergänzen die Einrichtung. Wichtig ist gute Lüftung durch breite Lüftungsgitter im unteren seitlichen und oberen Bereich, so daß eine ständige Luftumwälzung gewährleistet ist.

Heizung und Licht: Als Heizung dient eine Strahlungslampe, die Beleuchtung sollte mit mehreren Leuchtstoffröhen einen relativ hohen Lux-Wert erreichen, da die Tiere in ihrer Heimat ausgesprochene Sonnenanbeter sind.

Futter: Gefüttert wird mit größeren Heimchen, Grillen, Wanderheuschrecken und möglichst abwechslungsreichem Insektenfutter, das man im Freien erbeuten kann. Die Tiere sind manchmal recht wählerisch, legen auch einmal einen Hungerstreik ein. Dann hilft oft ein Wechsel im Futterangebot. SCHMIDT (1987) empfiehlt eine Zugabe von Crescovit im Verhältnis 1:50 zum Trinkwasser. Trächtige Weibchen erhalten zusätzlich Kalzan D_3, die Futtertiere stäubt man grundsätzlich mit dem Kalk-Vitamin-Präparat Osspulvit oder einem vergleichbaren Präparat ein.

Luftfeuchtigkeit: Zweimaliges Sprühen pro Tag ist zur Erhaltung der notwendigen Luftfeuchtigkeit erforderlich. Zur Imitierung der Regenzeit steigert man es auf 6 bis 7mal pro Tag.

Feuchtigkeitsbedürfnis: Die Tiere lernen es, aus einer Wasserschale zu trinken, können aber auch die Tropfen nach dem Sprühen aufnehmen oder mit einer Pipette getränkt werden.

Nachzucht:

Paarung: Das Paarungsverhalten beschreiben SCHMIDT & TAMM (1988b), so daß wir hier nicht näher darauf eingehen müssen.

Eiablage: Das Weibchen legt 30 bis 45 Tage nach der Paarung die 12 bis 46 Eier in einem selbst gegrabenen Gang im Boden ab, den es anschließend wieder zugräbt. Die Weibchen sind nach zwei Wochen erneut paarungsbereit.

Inkubationszeit: Man entfernt die Eier und überführt sie in einen Brutbehälter, wo man sie in leicht feuchtem Substrat bei 28 °C zeitigt. Nach einer Inkubationszeit von 160 bis 360 Tagen schlüpfen die etwa 55 mm großen Jungen.

Aufzucht: Diese werden mit Kleininsekten unter Hinzugabe von Vitamin-Kalk-Präparaten in gut bepflanzten und gut durchlüfteten Kleinterrarien einzeln aufgezogen. Wichtig für das Wachstum ist neben einer abwechslungsreichen Fütterung vor allem eine ausreichende Feuchtigkeitsversorgung. Um Streßfaktoren auszuschalten, deckt man die Aufzuchtterrarien so gegeneinander ab, daß sich die Tiere nicht erblicken können. Die Aufzuchttemperaturen sollten anfangs bei 25 °C, später bei 28 °C liegen.

Geschlechtsreife: Die Jungtiere wachsen schnell heran, erreichen nach 2 Monaten eine Größe von etwa 70 mm und sind nach etwa 8 bis 9 Monaten geschlechtsreif. Die Lebenserwartung liegt bei etwa 4 bis 7 Jahren in Gefangenschaft, in der Natur wohl nur bei 2 bis 3 Jahren.

Literatur:

BOURGAT, R. M. (1970): Récherches écologiques et biologiques sur le *Chamaeleo pardalis* CUVIER, 1829 de l'Ile de la Réunion et de Madagascar. Bull. Soc. Zool. Fr. 95: 259–269.

OCHSENBEIN, A., M. ZAUGG (1992): Haltung und Aufzucht des Pantherchamäleons *Furcifer pardalis* (Cuvier, 1829). – herpetofauna 14(79): 6–12.

PONGRATZ, H. (1989): Nachzucht des Pantherchamäleons, *Chamaeleo (Furcifer) pardalis*. DATZ 42: 97.

SCHIFTER, H. (1965): Erfahrungen mit einem Pantherchamäleon. Zool. Garten 30(3/4): 179–181.

SCHMIDT, W. (1987): Bemerkungen über das Pantherchamäleon. herpetofauna 9(47): 21–24.

SCHMIDT, W., F. W. HENKEL (1989): Pantherchamäleons *Chamaeleo (Furcifer) pardalis* im Terrarium. DATZ 42: 280.

SCHMIDT, W., K. TAMM (1988a): Nachtrag zu Bemerkungen über das Pantherchamäleon. herpetofauna 10(52): 11.

SCHMIDT, W., K. TAMM (1988b): *Furcifer pardalis*, Sauria Suppl. 10(1): 101–104.

Gallotia galloti
(OUDART, 1839)

Kanareneidechse, E Canary Islands Lizard, F Lézard géant de Gallot, I Gallozia occidentale, S Lagarto tizón
BArtSchV 1/1

Beschreibung: Die zu den echten Eidechsen gehörenden Kanareneidechsen besitzen einen kräftigen Körper, einen großen und hohen spitz zulaufenden Kopf und einen Schwanz, der etwa die doppelte Kopf-Rumpf-Länge mißt. Die Schuppen der Oberseite sind relativ klein und rundlich, die Schwanzschuppen größer, länglich und in Wirteln angeordnet. Die Schuppen der Bauchseite stehen in 10 bis 14 Längsreihen. Das aus 9 bis 15 Schuppen bestehende Halsband hat einen gesägten Rand. Die Tiere besitzen 24 bis 31 Femoralporen. Die Färbung der Oberseite ist nicht nur zwischen Männchen und Weibchen unterschiedlich, sondern variiert auch zwischen den einzelnen Vorkommensarealen auf Teneriffa, Hierro, La Palma und Gomera, wobei auch Größenunterschiede festzustellen sind. Der Kopf und vordere Rumpf ist bei den Männchen schwarz, die hintere Rumpfhälfte und der Schwanz sind bräunlich. Die Wangen und die Körperseiten zeigen auffällige hellblaue Flecken, oft ocellenartig dunkel gerandet, besonders in den Achseln

Gallotia galloti

und der oberen Fleckenlängsreihe. Dazu kommen hellgrüne bis -braune Querflekken an Körper- und Schwanzseiten. Brust und Kehle sind schwarz, der Bauch graubraun. Die Weibchen zeigen auf brauner Oberseite mindestens andeutungsweise eine Längsstreifung an den Rückenseiten und Flanken. Auch die Rückenmitte, besonders am Schwanzansatz kann aufgehellt sein. Die dunkleren Körperseiten und der Rücken tragen zahlreiche helle Ocellen, im Bereich der äußeren Bauchschilder treten auch blaue Flecke auf.

Juntiere zeigen eine kontrastreiche Längsstreifung. Sie haben, wie auch manche adulten Tiere, einen Bronzeschimmer. Einige Populationen zeigen in beiden Geschlechtern bläuliche Flankenocellen, zum Teil sind die hellen Querflecke oder -bänder auch gelbgrün bis grünspanfarben. Größe: Bis 44 cm.

Geographische Verbreitung: Teneriffa, Hierro, La Palma, und Gomera. Die Kanareneidechsen werden derzeit in 6 Unterarten aufgeteilt, die bei BISCHOFF (1985) im einzelnen beschrieben werden.

Gallotia galloti galloti
(OUDART, 1839)
S- und Z-Teneriffa.
Gallotia g. caesaris
(LEHRS, 1914)
Hierro, Roque grande del Salmor.
Gallotia g. eisentrauti
(BISCHOFF, 1982)
Nördliches Teneriffa.
Gallotia g. gomerae
(BOETTGER & MÜLLER, 1914)
Gomera.
Gallotia g. insulanagae
(MARTIN, 1985)
Äußerer Roque de Anaga, Roque de fuera bei Teneriffa.
Gallotia g. palmae
(BOETTGER & MÜLLER, 1914)
La Palma.

Biologie und Ökologie: Die Tiere kommen von der Küste bis in die Gebirge vor und besiedeln die unterschiedlichsten Lebensräume, so findet man sie innerhalb und außerhalb der Ortschaften an Legsteinmauern, Steinhaufen und Hecken, Opuntien, Weinkulturen und Gärten, aber auch in unwirtlicheren Lavaregionen und lichten Gestrüpp- bis Waldbereichen. Das Vorkommen und die Populationsdichte hängen stark vom natürlichen Nahrungsangebot ab. Kanareneidechsen sind tagaktiv, sie erscheinen bei Temperaturen um 20 °C aus ihren Verstecken und suchen mittags bei 30 °C schattigere Plätze auf, am späten Nachmittag sind sie meist schon wieder verschwunden. Die Tiere sind sehr territorial und daher innerartlich aggressiv. Sie geben dabei auch deutlich vernehmbare Töne von sich, die sich als Quieken bezeichnen lassen.

Terrarium: Geräumiges Echsenterrarium etwa in den Maßen 80 × 50 × 50 cm für ein Paar.
Ausstattung: Bodengrund sandig-humos bis steinig. Steinaufbau aus Plattengestein oder wenn verfügbar aus Lavabrocken. Bepflanzung mit Sukkulenten wie Aeonien und Opuntien, Euphorbien und anderen Kanarenpflanzen. Bei etwas höheren und größeren Anlagen lassen sich auch *Yucca*, *Chamaerops* oder *Bougainvillea* verwenden.
Heizung: Strahlungsheizer und Bodenheizung, die das Terrarium stellenweise auf 35 °C Bodentemperatur aufheizen. Es sollte sich jedoch ein Temperatur- und Feuchtigkeitsgefälle zum bepflanzten Teil ergeben, so daß sich die Tiere die ihnen zusagenden Bereiche aussuchen können.
Licht: Tageslicht, Quecksilberdampflampen oder Leuchtstoffröhren mit hohem Lichtanteil, d.h. ca. 120 W bei Leuchtstoffröhren für Terrarien der angegebenen Größe.
Futter: Insekten, Spinnen und Würmer mittlerer Größe, süßes Obst wie Trauben, Bananen etc., Blüten, Tomaten.
Feuchtigkeitsbedarf: Die Kanarenechsen nehmen Wasser beim täglichen Sprühen auf, trinken auch aus kleinen Gefäßen, ein Teil der benötigten Feuchtigkeit wird auch durch pflanzliche Nahrung aufgenommen.
Überwinterung: Kurze Winterruhe, die man den Tieren von Dezember bis Februar bei herabgesetzten Temperaturen gewährt.
Nachzucht:
Paarung: Die Paarung setzt nach der Überwinterung ein, wobei das Männchen das Weibchen am Nacken festhält.
Eiablage: In Gefangenschaft werden zwei Gelege mit 3 bis 6 Eiern in den Maßen 14,5 bis 22 × 9 bis 14 mm im Juni und August abgelegt. SALVADOR (1985*) gibt die Größe der Jungen mit einer Kopf-Rumpf-Länge von 34,3 bis 36,4 mm und einer Schwanzlänge von 80 bis 85 mm an, bezogen auf Tiere von Teneriffa.
Aufzucht: Die Jungtiere sind leicht mit kleinen Insekten und kleingeschnittenen Fruchtstückchen aufzuziehen. Natürliche Besonnung oder UV-Bestrahlung sind unerläßlich. Zusätzliche Anreicherung des Futters mit Mineralstoff- und Vitamin-Präparaten.

Literatur:
BAEZ, M. (1984): Anfibios y Reptiles. In: BACALLADO, J. J.: Fauna marina y terrestre del archipélago Canario. Las Palmas de Gran Canaria (Cedirca), 259–273.
BINGS, W. (1980): Herpetologische Studien auf Teneriffa. Salamandra 16(4): 203–214.
BISCHOFF, W. (1971): *Lacerta g. galloti* DUMÉRIL & BIBRON, 1839, die Eidechse von Teneriffa. Aquarien – Terrarien 18: 308–311.
BISCHOFF, W. (1982): Die innerartliche Gliederung von *Gallotia galloti* (DUMÉRIL & BIBRON, 1839) (Reptilia: Sauria: Lacertidae) auf Teneriffa, Kanarische Inseln. Bonn. Zool. Beitr. 33(2–4): 363–382.
BISCHOFF, W. (1985): Die Herpetofauna der Kanarischen Inseln VI. Die Kanareneidechse, *Gallotia galloti* (OUDART, 1839). herpetofauna 7(39): 11–24.
BISCHOFF, W., H.-K. NETTMANN, S. RYKENA (1979): Ergebnisse einer herpetologischen Exkursion nach Hierro, Kanarische Inseln. Salamandra 15(3): 158–175.
BÖHME, W., W. BISCHOFF (1976): Das Paarungsverhalten der kanarischen Eidechsen (Sauria, Lacertidae) als systematisches Merkmal. Salamandra 12(3): 109–119.
KOBER, I. (1989): Die Kanaren-Eidechse im Terrarium *Lacerta* (*Gallotia*) *galloti*. DATZ 42(1): 27–28.
MARTIN, A. (1985): Los lagartos de los roques del norte de Tenerife. Bonn. Zool. Beitr. 36(3–4): 517–528.
ZIMMERMANN, H. (1984): Die Echsen von Teneriffa. Lebensraum, Verhalten, Fortpflanzung. Aquarien-Magazin 18(8): 390–396.

Gekko gecko
(LINNAEUS, 1758)
Tokee

Beschreibung: Unter den größeren im Handel befindlichen Geckoarten ist der Tokee sicher einer der bekanntesten. Dieser robuste Gecko hat einen dreieckigen, kräftigen Kopf mit großem Maul und einer leistungsfähigen Kiefermuskulatur, die auch dem Pfleger recht schmerzhafte Bisse zufügen kann. Die senkrechte Pupille kennzeichnet ihn als Dämmerungs- und Nachttier.
Die Beschuppung der Oberseite besteht aus kleineren Körnerschuppen in die

Reihen größerer Tuberkelschuppen eingestreut sind. Diese Tuberkelschuppen sind vorwiegend die Zentren dunkler orange- bis ziegelroter Flecken oder weißlicher Flecken, letztere in etwa 6 bis 7 Querreihen auf dem Rumpf, die in die graue Grundfarbe eingestreut sind. Die orangebraunen Flecke können auch besonders auf der Kopfoberseite zu kleinen Streifen zusammenfließen. Die Unterseite ist gelblich bis grau, der Schwanz hat etwa 7 bis 8 helle, dunkel eingefaßte Querbänder. Die Zehen sind mit breiten ungeteilten Haftlamellen ausgestattet, die es dem Tier ermöglichen, trotz seines Gewichts selbst an Glasscheiben behende umherzulaufen. Die Männchen unterscheidet man an den winklig angeordneten 10 bis 24 Praeanalporen und den etwas breiteren Köpfen, sowie der durch die Hemipenistaschen etwas breiteren Schwanzwurzel. Größe: 35 cm.

Geographische Verbreitung: Bangladesch, Birma, Thailand, Indochina, Südchina, Malaysia, Philippinen, Indonesien, Sulu-, Malaiischer- und Indo-Australischer Archipel.

Biologie und Ökologie: In tropischen Regenwäldern an Felsen und Bäumen. Als Kulturfolger heute vermehrt an und in menschlichen Behausungen. Der Name Tokee ist die Umschreibung seiner lautstarken Rufserien. Diese bellenden Laute werden allerdings nur von männlichen Tieren erzeugt und dienen beim Fortpflanzungsverhalten der Geschlechterfindung. Weibliche Tiere erzeugen nur kurze, quakende Töne. Die Lautäußerungen sind vorwiegend nachts zu hören.

Terrarium: Dieser große Gecko benötigt ein hohes, geräumiges Kletterterrarium. Das Terrarium sollte die Mindestmaße von 100 × 80 × 120 cm nicht unterschreiten.

Ausstattung: Die Rückwände gestaltet man mit Gesteinsplatten und leicht zugänglichen Unterschlupfspalten oder kleidet sie mit Borken aus. Kräftige Kletteräste auch hohle Korkeichenröhren, in denen die Tiere sich gern verkriechen sowie Wurzelholz ergänzen die Grundeinrichtung. Man kann ein Männchen mit mehreren Weibchen zusammen halten, sollte die Tiere aber gemeinsam einsetzen. Die Bepflanzung besteht am besten aus kräftigen Rankpflanzen wie *Epipremnum pinnatum* 'Aureum' oder *Hoya carnosa*, die wir in den sandig-humosen Boden einsetzen.

Heizung und Licht: Die Beleuchtung erfolgt mittels Leuchtstoffröhren und Strahlungsheizern. Die Temperaturen hält man tagsüber um 30 °C, unter der Strahlungsquelle auch höher, nachts reichen 23 °C aus.

Futter: Als Futter kommen alle üblichen Futterinsekten, auch hartschaligere Heuschrecken und große Schabenarten, Käfer, junge Mäuse und Vögel in Frage. Auch kleingeschnittenes süßes Obst, Reis und andere Körnerfrüchte werden aufgenommen. Es ist immer für ein reichliches Futterangebot zu sorgen, da eine gute Ernährung Voraussetzung für eine erfolgreiche Zucht ist.

Luftfeuchtigkeit: Die Luftfeuchtigkeit im Terrarium sollte tagsüber bei 50 bis 70 % liegen, nachts bei 80 bis 90 %.

Feuchtigkeitsbedürfnis: Das tägliche Übersprühen des Behälters reicht für die Feuchtigkeitsaufnahme allein nicht aus, man bietet zusätzlich Trinkwasser, das man so auch gut mit Mineralstoffen und wasserlöslichen Vitaminen anreichern kann, in einem zusätzlichen Trinkgefäß an.

Nachzucht: Der Tokee ist schon oft mit Erfolg gezüchtet worden.

Paarung: Das Männchen hält das Weibchen durch Nackenbiß fest. Beim Verfasser konnten Paarungen nur nachts registriert werden.

Eiablage: Die Weibchen bringen jährlich mehrere Gelege mit jeweils zwei weißen, etwa 18 bis 20 mm großen Eiern, die an dunklen, warmen Stellen des Terrariums untereinander an die Unterlage geklebt werden und von den Eltern bewacht werden. Die Brutpflege erstreckt sich auch auf die geschlüpften Jungtiere.

Inkubationszeit: Der Schlupf erfolgt in der Regel bei Temperaturen von durchschnittlich 27 bis 28 °C innerhalb 100 bis 120 Tagen, bei kühleren Temperaturen ist die Inkubationszeit länger. Die schwarz-weiß gebänderten Jungtiere schlüpfen in einer Größe von etwa 10 cm.

Um die Gelege im Terrarium vor mechanischer Beschädigung zu schützen, kann man einen kleinen Drahtkäfig darüberkleben. Die Eier lassen sich sonst nur mit der Unterlage, auf die sie geklebt sind, in einen Inkubator überführen und separat aufziehen. Separat inkubierte Jungtiere kann man nicht zu den Elterntieren setzen, sie werden gefressen, während im Käfig belassene Gelege und die daraus schlüpfenden Jungen im allgemeinen bewacht werden und unbehelligt aufwachsen können.

Geschlechtsreife: Bei guter abwechslungsreicher Fütterung erreichen die Jungtiere nach einem bis einhalb Jahren die Geschlechtsreife.

Literatur:
GROSSMANN, W. (1987): Über einen ungewöhnlich gefärbten Tokeh aus Thailand – ein *Gekko gecko* (LINNAEUS, 1758)? Sauria 9(4): 9–20.
MERTENS, R. (1955): Über eine eigenartige Rasse des Tokehs (*Gekko gecko*) aus Ost-Pakistan. Senckenb. biol. 36(1/2): 21–24.
RAU, R. (1984): Zur Pflege und Zucht des Tokees (*Gekko gecko*). DATZ 37(1): 32–34.
SCHMITZ, S. (1970): To-kee bellt der Gekko. Aquarien-Magazin 4: 321.

Gerrhosaurus flavigularis
(WIEGMANN, 1828)
Gelbkehlige Schildechse

Beschreibung: Skinkähnliche Gestalt, der Kopf ist nicht vom Körper abgesetzt, die Gliedmaßen sind relativ kurz. Die Hornplatten sind mit Knochen unterlegt. Der Rücken ist mit rechteckigen Schuppen bedeckt, die regelmäßige Quer- und Längsreihen bilden. Die Rückenpanzerung ist von der des Bauches durch eine weichhäutige, mit kleinen Körnerschuppen besetzte Längsfalte getrennt, die eine Erweiterung des Körperquerschnitts bei Nahrungsaufnahme oder Gravidität ermöglicht.

Die Grundfärbung der Oberseite ist ein helleres bis dunkleres Braun. Ein heller gelber, schwarz gesäumter Dorsolateralstreifen zieht sich beiderseits vom hinte-

Gekko gecko

ren oberen Augenrand bis auf den Schwanz. Die Flanken können einfarbig sein oder tragen eine verwaschene Zeichnung aus helleren und dunkleren, besonders im Achselbereich senkrechte Streifen bildenden Schuppen. Die Männchen lassen sich durch die gelbliche bis orangefarbene Kehle und die ebenso gefärbten unteren Kopfseiten leicht von den Weibchen unterscheiden. Die Unterseite ist weißlich, cremefarben bis sandfarben. Größe: Bis 45 cm.
Geographische Verbreitung: Ganz O-Afrika von Äthiopien bis Südafrika, in mehreren Unterarten. Neben der Nominatform wird **Gerrhosaurus flavigularis fitzsimonsi** LOVERIDGE, 1942 beschrieben.
Biologie und Ökologie: Busch- und grasbestandenes Gelände von der Küste bis ins Bergland, aber auch im Kulturbereich, wo Gärten, Brachland und Abfallhalden besiedelt werden. Die Tiere graben sich Erdhöhlen unter Gebüschen, zwischen Felsen oder unter Zivilisationsmüll, in denen sie Schutz finden.
Terrarium: Die trotz ihres relativ starren Schuppenpanzers erstaunlich flinken Schildechsen benötigen ein geräumiges flaches Terrarium. Die Bodenfläche sollte etwa 180 × 60 cm betragen, die Höhe 60 bis 80 cm.
Ausstattung: In den etwa 20 bis 25 cm hohen Bodengrund können nun Töpfe mit widerstandsfähigen Sukkulenten und Hartlaubgewächsen eingesetzt werden, die man oben mit einem Drahtgitter ummantelt, damit die manchmal stark grabenden Echsen sie nicht ausgraben. Als Pflanzen bieten sich Aloen, Agaven, Gasterien, aber auch buschige Kleinsträucher an. Ersatzweise lassen sich auch Pflanzen aus dem mediterranen Vegetationsraum verwenden.
Die Rückwand kann als Felswand gestaltet sein, dadurch ergeben sich zusätzliche Klettermöglichkeiten. Ein Steinaufbau aus größeren Platten, die Hohlräume zum Unterschlupf ergeben, ergänzen die Ausstattung.
Heizung und Licht: Wie bei *Gerrhosaurus major* DUMÉRIL, 1851. An heißen Tagen des Sommers lassen sich die Schildechsen auch in einer Freilandanlage halten, wo sie bei natürlicher Besonnung oft sehr viel lebhafter sind.
Futter: Fütterung mit mittleren und größeren Insekten, wie Heimchen, Grillen, Wanderheuschrecken, Schaben, Faltern und Käfern. Auch nestjunge Mäuse, Jungvögel, Reptilien und gelegentlich Obst werden verzehrt. Man reicht die Nahrung zusätzlich mit einem Kalk-Vitamin-Präparat an und gönnt den Tieren regelmäßig eine ausreichende UV-Bestrahlung.
Feuchtigkeitsbedürfnis: Tägliches morgendliches Übersprühen.
Nachzucht: Wenig bekannt.
Paarung: Die Paarungszeit fällt im Süden des Verbreitungsgebietes in den Herbst. KOBER (1990) beobachtete mehrere Paarungen im November bis Dezember. Dabei verfolgte das Männchen seine Partnerin und biß sie vorsichtig in die Flanke. Der eigentliche Festhaltebiß erfolgte dann im Nacken oder an der Halsfalte. Die Kopulationen dauerten 5 bis 10 Minuten.
Eiablage: Die Eier wurden nach einigen „Probegrabungen" im Dezember an einer feuchten Bodenstelle im Boden abgelegt und mit Sand bedeckt. Das Weibchen suchte die Anlagestelle noch eine Woche lang regelmäßig auf und bedeckte sie erneut mit Sand, bis ein kleiner Hügel darüber entstanden war.
Inkubationszeit: Die 17 × 32 mm großen 5 bis 8 weichhäutigen Eier wurden zur Inkubation entnommen und tagsüber bei 28 °C, nachts bei 22 °C innerhalb der ersten Wochen bei etwa 100 % rel. Luftfeuchtigkeit inkubiert. Nach etwa 4 Wochen kann die Luftfeuchtigkeit dann auf 80 % gesenkt werden, ohne daß sie einfallen. Die Jungen schlüpfen nach 122 bis 153 Tagen in einer Größe von 15 cm.
Aufzucht: Die Aufzucht erfolgt mit kleineren, später mittelgroßen Insekten. Zugabe von Kalk-Vitamin-Präparaten und regelmäßige UV-Bestrahlung ist empfehlenswert. Die Lebenserwartung kann über 11 Jahre betragen.

Literatur:
DOUGLAS, R. M. (1992): *Gerrhosaurus flavigularis*, yellow-throated plated Lizard, reproduction. Herpetol. Assoc. Africa 41: 42.
KOBER, I. (1990): Im Terrarium gezüchtet: *Gerrhosaurus flavigularis*. DATZ 43(1): 24–25.
LOVERIDGE, A. (1942): Revision of the African Lizards of the Family Gerrhosauridae. Bull. Mus. Comp. Zool. 89(11): 485–543.
MITCHELL, A. J. L., W. STEYN (1965): *Gerrhosaurus flavigularis flavigularis* WIEGMANN in South West Africa. Cimbebasia 12: 13–15.
RESE, R. (1981): Schildechsen (*Gerrhosaurus*) – Haltung und Zucht. Sauria 3: 29–32.

Gerrhosaurus major
(DUMÉRIL, 1851)
Braune Schildechse, Sudan-Schildechse, E African plated lizard, F Gerrhosaure africain, I Gerrosauro maggiore

Beschreibung: Kräftiger zylindrischer, wenig abgeflachter Körper. Kopf und Hals kaum vom Körper abgesetzt. Gliedmaßen relativ kurz. Schwanz von etwa eineinhalbfacher Kopf-Rumpf-Länge. Kopfschilder rauh, Körperschuppen in regelmäßigen Quer- und Längsreihen. Rückenschuppen groß, mehrfach gekielt, Bauchschuppen glatt, kaum überlappend. Erstere von letzteren durch eine tiefe, feinschuppige Seitenfalte getrennt, die eine erhebliche Körperdehnung gestattet. Sohlen der Gliedmaßen mit flach gekielten Schuppen bedeckt. Zehen mit kräftigen Krallen. Körperschilder mit gutentwickelten Knochenplatten unterlegt.
Färbung der Oberseite gelb- bis dunkelbraun mit oder ohne schwarze Streifen. Kinn und Kehle gelblich, Seitenfalte heller, cremefarben, Unterseite dunkel. Männchen mit kräftiger ausgebildeten Femoralporen. Größe: 45 bis 55 cm.
Geographische Verbreitung: O- und SO-Afrika, Transvaal, Zululand, Mosambik, Zimbabwe, nördlich bis an die Sahara und nordöstlich bis Erithrea. Man unterscheidet 4 wenig voneinander abweichende lokale Unterarten.
Biologie und Ökologie: Die tagaktiven Schildechsen bewohnen die Buschebenen, Savannen und Steppen, wo sie vorwiegend steinige, halboffene Biotope bevorzugen. Man sieht sie häufig auf größeren Blöcken, in deren Spalten sie Zuflucht finden oder unter denen sie sich ihre oft meterlangen Gänge graben, die in einer Wohnkammer enden. Bei Gefahr suchen sie in Felsritzen, Baumspalten oder auch Erdlöchern Zuflucht und verklemmen sich durch Körperausdehnung, wobei ihnen ihre dehnungsfähige Seitenfalte zugute kommt, so daß ein solches Tier nur schwer herauszuholen ist. Von ihren Sonnenplätzen auf Felskuppen, Steinhaufen und manchmal auch Termitenbauten lauern sie auf Käfer, Heuschrecken und andere Insekten, verschmähen auch kleinere andere Echsen nicht und ergänzen ihre Ernährung durch pflanzliche Nahrung in Form von Blättern, Blüten und Früchten. Das Feuchtigkeitsbedürfnis decken die Tiere durch Auflecken von Tautropfen, sie trinken auch aus Wasseransammlungen nach Regenfällen.

Gerrhosaurus major

Terrarium: Der Größe der Tiere entsprechend richtet man den Schildechsen ein eher flaches als hohes Terrarium ein, das etwa 1 bis 1,5 m² Bodenfläche für ein Paar aufweisen sollte.
Ausstattung: Die Einrichtung besteht aus großen Steinplatten, unter denen die Tiere sich im lehmig-sandigen Bodengrund von etwa 20 bis 25 cm Mindesttiefe ihre Höhlen graben können. Als Bepflanzung kann man größere Aloen in Töpfen einbringen, sollte deren Oberfläche aber gegen das Graben durch ein Drahtgitter absichern.
Heizung: Neben der Strahlungsheizquelle empfiehlt sich die Verwendung eines Bodenheizkabels oder einer Bodenheizplatte, die etwa die Hälfte der Bodenfläche erwärmt. Temperaturen tagsüber bei 30 °C, nachts auf ca. 20 °C abfallend.
Licht: Heizstrahler, der punktuell Temperaturen bis etwa 40 °C erzeugt, sonst Leuchtstoffröhren und regelmäßige UV-Bestrahlung.
Futter: Insekten aller Größe, auch hartschalige Arten, Spinnen, Jungsäuger, Obst, Fertigfutter für Hunde und Katzen.
Feuchtigkeitsbedürfnis: Tägliches Übersprühen, Trinkschale.
Überwinterung: Tieren aus Südafrika gewährt man eine entsprechend längere Winterruhe bei herabgesetzten Temperaturen um 15 bis 20 °C. Sonst reichen etwa 4 bis 6 Wochen aus, um die Fortpflanzungsbereitschaft anzuregen.
Nachzucht:
Eiablage: Nach der Paarung legen die Weibchen meist nur zwei, manchmal bis 4 weichschalige, lederhäutige Eier (23 bis 26 × 45 bis 58 mm) im leicht feuchten Erdboden ab.

Inkubationszeit: Die Jungen schlüpfen nach etwa 3 bis 4 Monaten.
Aufzucht: Sie werden von den Eltern getrennt aufgezogen und anfangs mit kleineren Heimchen und Grillen, später mit größeren Insekten unter Beigabe von Obststückchen gefüttert. Wichtig ist – wie bei den Elterntieren – regelmäßige UV-Bestrahlung und Bestäubung der Futtertiere mit einem Kalk-Vitamin-Präparat.

Literatur:
BELLEKOM, B. (1990): De Soedanese schildhagedis (*Gerrhosaurus major*) in het terrarium. Lacerta 48(3): 86–88.
BROADLEY, D. G. (1987): A review of Geographical variation in *Gerrhosaurus major* DUMÉRIL (Sauria: Cordylidae) Herpetol. J., 1: 194–198.
DATHE, F. (1987): *Gerrhosaurus major* DUMÉRIL, 1851 Braune oder Sudan-Schildechse (Familie Cordylidae, Gürtel- und Schildechsen). Aquarien – Terrarien 34(12): 423.
HAAGNER, G. V., D. R. MORGAN (1992): Notes on the captive propagation of the rough-scaled plated Lizard, *Gerrhosaurus m. major* DUMÉRIL, 1851. J. Herpetol. Assoc. Africa 40: 84–86.
JOHN, W. (1980): Beobachtungen im Biotop der Braunen oder Sudan-Schildechse (*Gerrhosaurus major*) A. DUMÉRIL, 1851. herpetofauna 5: 31–32.
KELLOUGH, R. (1989): Care and Breeding of Two Species of Cordylid Lizards, Genus *Gerrhosaurus* (Sauria: Cordylidae). Vivarium 1(4): 16–18.
RESE, R. (1986): *Gerrhosaurus major* DUMÉRIL. Sauria Suppl. 8(4) Amph./Rept.-Kartei: 61–62.

Gonatodes albogularis
(DUMÉRIL & BIBRON, 1836)
Gelbkopfgecko, E Yellow-headed Gecko, Padless Gecko, F Gonatode à gorge blanche

Beschreibung: Dieser kleine Gecko hat einen relativ hohen Kopf mit rundlicher, kurzer, spitzer Schnauze, der Körper ist rundlich und geht in den sich vom Ansatz allmählich verjüngenden Schwanz über, dieser ist im unverletzten Zustand etwa 10 bis 20 % länger als die Kopf-Rumpf-Länge, wobei die Männchen die relativ kürzeren Werte aufweisen.
Die Ohröffnung ist klein, oval, die Pupille fast rund. Die Beschuppung ist oberseits granulär, die Bauchschuppen sind halbkreisförmig und flach. Die schmalen Zehen enden in einer kräftigen, nicht einziehbaren Kralle.
Die Färbung der Männchen unterscheidet sich deutlich von der der Weibchen. Männchen besitzen eine dunkelgraue, fast schwarze Grundfärbung des Rumpfes, einen dunklen Schwanz mit weißlicher Spitze und einen gelben bis gelborangefarbenen Kopf. Die Oberlippenschilder sind unter dem Auge himmelbis türkisblau, ein gleichfarbiger Fleck oder Streif findet sich auch vor dem Vorderbeinansatz. Jüngere Tiere zeigen noch dunkle Flecke auf den Körperseiten. Die Weibchen sind beigebraun bis graubraun mit kleinen dunklen Flecken auf der Oberseite. Größe: Bis 9,5 cm
Geographische Verbreitung: Gelbkopfgeckos sind von Südamerika und

Gonatodes albogularis fuscus

Mittelamerika über die Karibik bis S-Florida verbreitet.

Gonatodes albogularis fuscus
HALLOWELL, 1855
Süd- und Mittelamerika, Kuba, S-Florida und Florida Keys (eingeschleppt).

Gonatodes albogularis notatus
REINHARDT & LÜTKEN, 1863
Hispaniola (Haiti), Île â Cabrit, Île de la Gonâve, Jamaika, Grand Cayman Island.

Biologie und Ökologie: Von der Küste bis auf Höhen um 1000 m ü. NN verbreitet. An den Stämmen großer Bäume, an menschlichen Behausungen, oft auch in Abfallbereichen, unter Brettern und in Holzstapeln, Haufen von Palmwedeln sowie an Zäunen. Die Tiere hängen oft an der Unterseite von dem Boden aufliegenden oder aufgestapelten Objekten. Der Verfasser konnte in Panama beobachten, daß die Tiere vorwiegend paarweise die Bäume bewohnten, an Bäumen mit dickeren Stämmen und besseren Versteckmöglichkeiten kamen auch größere Sozietäten vor. Dabei hielten sich die Tiere vorwiegend im unteren Stammbereich bis 3 m Höhe auf. Tagaktiv, vorwiegend in den Vormittags- und späten Nachmittagsstunden auf Futtersuche.

Terrarium: Kleinterrarien, etwa 30 × 30 × 50 cm.

Ausstattung: Rück- und Seitenwände mit groben Kiefernborkenstücken beklebt, so daß eine große natürliche Kletterfläche entsteht. Übereinander geschichtete Borkenstücke als Unterschlupf. Bodengrund Sand oder Feinkies. Pflanzen im Topf oder Hydrokulturgefäß. Letzteres hat den Vorteil, daß die Füllung mit Vermiculit oder Blähton die Luftfeuchtigkeit im Behälter erhöht. Als Pflanzen eignen sich *Tradescantia*- oder *Zebrina*-Ranken, kleine *Philodendron*-Arten, auch *Cryptanthus* und kleinbleibende Bromeliaceen anderer Gattungen.

Heizung: Kleine Strahlungsheizer, Glühbirnen, Heizfolien oder -kabel unter den Terrarien. Tagsüber 24 bis 28 °C, nachts 20 bis 22 °C.

Licht: Leuchtstoffröhren, Tageslicht.

Futter: Kleine Heimchen und Grillen, Motten und Fliegen. Nach HEINEMANN (mündl.) sind besonders Asseln geeignet, die bevorzugt verspeist werden.

Feuchtigkeitsbedürfnis: Tägliches Sprühen, die Luftfeuchtigkeit sollte am Tage bei 50 bis 60 %, nachts bei 75 bis 80 % liegen.

Nachzucht: Da die Tiere auch im weiblichen Geschlecht recht unverträglich sind, müssen wir die Art paarweise halten.

Paarung: Die Paarungen erfolgen vom Morgengrauen bis zum späten Abend, wobei die Weibchen mittels Nackenbiß festgehalten werden.

Eiablage: Die Weibchen legen nach HENKEL & SCHMIDT (1991*) bis zu 9mal im Jahr ein Ei ab.

Inkubationszeit: Bei Temperaturen zwischen 26 und 29 °C schlüpfen die Jungen nach 60 bis 100 Tagen, bei konstanten Temperaturen von 28 °C nach 55 bis 65 Tagen. Die Luftfeuchtigkeit im Inkubator sollte 60 bis 70 % betragen.

Aufzucht: Die Jungtiere werden separat von den Eltern aufgezogen, können während des Heranwachsens vergesellschaftet werden bis innerartliche Aggressivitäten eine Trennung erforderlich machen. Nach HEINKEL & SCHMIDT (1991*) ist eine Trennung von den Eltern unnötig. Die Fütterung erfolgt mit Springschwänzen, kleinen Drosophila, frisch geschlüpften Grillen und Heimchen, später mit etwas größeren Insekten. Die Futtertiere sollten mit Kalk- und Vitaminbeigaben angereichert werden. Das Trinkbedürfnis wird durch Auflecken des Sprühwassers gestillt.

Literatur:
BAEDERMANN, L (1986): Zur Haltung und Fortpflanzung des Kubanischen Gelbkopfgeckos *Gonatodes albogularis fuscus* (HALLOWELL, 1855). ELAPHE 2: 25–26.
GARDNER LYNN, W., C. GRANT (1940): The Herpetology of Jamaica. Bull. Inst. Jam. Sci. Ser. No. 1: 65–67.

Gonatodes vittatus
(LICHTENSTEIN, 1856)
Weißstreifengecko, E White-lined Gecko, Streak Lizard

Beschreibung: Diese *Gonatodes*-Art zeigt einen besonders auffälligen Geschlechtsdichromatismus. Die Männchen haben einen weißen Rückenstreifen, der von der Schnauzenspitze bis auf den Schwanz verläuft. Dieser ist seitlich schwarz eingefaßt im Bereich von Kopf und Rumpf. Die Körperseiten sind goldbraun bis gelblich olivbraun. Die Flanken sind ebenso grau wie die Schwanzseiten und Gliedmaßen. Unter dem Auge können die Lippenschilder weißlichgrau bis bläulich sein. Die Kehle ist goldfarben, weiß oder weiß und schwarz. Die Weibchen sind gelbbraun bis graubraun mit weißen und dunkelbraunen Flecken. Ein hellerer Rückenstreifen ist nur leicht angedeutet.

Die Körperform ist ähnlich *Gonatodes albogularis*, die Bauchschuppen sind auch hier größer als die granulären Rückenschuppen. Größe: 7 bis 10 cm.

Geographische Verbreitung: Nördliches Südamerika, Trinidad und Tobago.

Gonatodes vittatus roquensis
ROZE, 1956
Los Roques-Inseln, Venezuela.

Biologie und Ökologie: Auch diese Art ist zum Teil Kulturfolger, so findet man sie nicht nur an Bäumen, sondern auch in bodennahen Bereichen der Gärten und Häuser, in Steinhaufen, Felsen und Mauern sowie in der Laubstreu.

Terrarium: Wie *Gonatodes albogularis*.

Nachzucht: Paarweise Haltung ist Voraussetzung für eine erfolgreiche Zucht.

Paarung: Nach HEINEMANN (mündl.) paaren sich die Weißstreifengeckos tagsüber, wobei die Kopulationen recht lange andauern und die Tiere fast bewegungslos bis zu 45 Minuten verharren.

Eiablage: In der Fortpflanzungsperiode von April bis Oktober legt das Weibchen nach HENKEL & SCHMIDT (1991*) bis zu 8 einzelne Eier offen oder unter Einrichtungsgegenständen ab. HEINEMANN (mündl.) stellte eine Abhängigkeit der Gelege von der Futterqualität fest. Vorwiegend mit Asseln gefütterte Weibchen brachten es auf bis zu 12 oder sogar mehr Eier.

Inkubationszeit: Aus den hartschaligen Eiern schlüpfen nach 65 bis 80 Tagen bei 25 bis 28 °C und etwa 70 % Luftfeuchtigkeit die etwa 32 mm langen Jungen.

Aufzucht: Diese werden mit kleinsten Insekten wie *Drosophila*, jungen Heimchen und Grillen, sortiertem Wiesenplankton, kleinen Mottenlarven etc. aufgezogen. Gelegentliche UV-Bestrahlung und regelmäßige Kalk- und Vitamingaben sind notwendig. Täglich sprühen.

Literatur:
KRINTLER, K. (1982): Die Geckos der Gattung *Gonatodes* auf Trinidad und Tobago. DATZ 35(9): 349–350.
MERTENS, R. (1969): Herpetologische Beobachtungen auf der Insel Tobago. Salamandra 5: 63–70.
MERTENS, R. (1972): Herpetofauna Tobagana. Stuttg. Beitr. Naturk. 252: 1–22.

Heloderma suspectum
(Cope, 1869)
Krustenechse, Gila-Tier, E Gila monster, F Gila monstureux, I Eloderma sospetto
WA II, EG C1

Beschreibung: Krustenechsen sind die einzigen giftigen Echsen der Welt. Ihre Haltung kann deshalb nur erfahrenen und verantwortungsbewußten Terrarianern anvertraut werden. Es gibt kein spezielles Serum, die Mortalität liegt bei etwa 30 % der Bißunfälle. Schockreaktion, Ohnmachtsanfälle, Schweißausbrüche, Erbrechen und lebensbedrohender Blutdruckabfall bei lokalem Schmerz und Anschwellen der Bißstelle und des benachbarten Gewebes sind die im Ernstfall zu erwartenden Symptome. Das Gift wird in den paarigen am Hinterrand des Unterkiefers gelegenen Giftdrüsen produziert und durch eine Rinne zwischen dem Innenrand der Unterlippe und dem Außenrand des Kiefers zu den Zahnwurzeln geleitet. Längsfurchen an den Vorder- und Hinterseiten der leicht nach hinten gekrümmten Zähne leiten das Gift in die Wunde.

Krustenechsen besitzen einen breiten, leicht abgeflachten Kopf mit relativ kleinen Augen, einen kurzen Hals und einen langgestreckten, walzenförmigen Rumpf sowie einen dicken rundlichen Schwanz, der kürzer als die Rumpflänge ist. Die kurzen, kräftigen Gliedmaßen tragen je 5 krallenbewehrte Zehen. Der Rücken ist mit großen verknöcherten Hornschuppen bedeckt, die Bauchseite mit flachen, kaum verknöcherten Schildern, die in regelmäßigen Querreihen angeordnet sind. Die Färbung ist schwarz mit gelben, orangefarbenen oder rosa Flecken und Bändern. Sie verändert sich im Laufe des Wachstums. Jungtiere sind mit 4 bis 5 breiten, dunklen Rumpf-Querbändern und 1 bis 2 darauf befindlichen Reihen heller Flecken, sowie 5 schwarzen ungefleckten Schwanzquerstreifen versehen. Bei erwachsenen Tieren ist diese Grundfärbung bei der Nominatform ein stärker differenziertes Flecken- oder Netzmuster, bei der Unterart *H. s. cinctum* Bogert & Delcampo, 1956 erhalten sich jedoch weitgehend die Querbänderungen. Die Unterseite ist bei Jungtieren ähnlich gemustert, bei adulten einfarbig. Die Kehle, die Kopfseiten und Gliedmaßen sind schwarz. Letztere zeigen nur auf den Oberarmen helle Bänder, sonst lediglich helle Punktflecken. Die Geschlechtsbestimmung ist schwierig. Erwachsene Männchen sind meist größer als die Weibchen und besitzen einen etwas längeren Schwanz. Auch die Kopfform erscheint etwas breiter und wuchtiger. Steinfartz (1993) erwähnt das eventuell beim Urinieren oder Koten zu beobachtende Ausstülpen eines der Hemipenes. Größe: 46 bis 61 cm.

Geographische Verbreitung: Äußerster Südwesten von Utah, Süden von Nevada und angrenzende Gebiete Kaliforniens, Arizonas, südwestlichster Teil New Mexicos, Mexiko östlich des Colorado, westlich der Sierra Madre bis südlich des Rio Yaqui.

Heloderma suspectum cinctum
Bogert & Delcampo, 1956
In W-Arizona und nordwestlich anschließenden Gebieten mit breiter, doppelter Körperquerbänderung.

Heloderma suspectum suspectum
(Cope, 1869)
Im restlichen Verbreitungsgebiet mit eher netzartiger Fleckenzeichnung. Südlich schließt sich das Verbreitungsgebiet der nahe verwandten Skorpions-Krustenechse **Heloderma horridum** an, die in den Unterarten **H. h. alvarezi** Bogert & Delcampo, 1965, **H. h. charlesbogerti** Campbell & Vannini, 1988, **H. h. exasperatum** Bogert & Delcampo, 1956 und **H. h. horridum** Wiegmann, 1829 bis Guatemala verbreitet ist. Diese Art ist gelb und schwarz gezeichnet und mit etwa 80 cm Gesamtlänge größer als die hier beschriebene Art.

Biologie und Ökologie: Nach Brown & Carmony (1991) sind Krustenechsen vorwiegend dämmerungs- und nachtaktive Wüsten- und Halbwüstenbewohner, die in der nur etwa 90 Tage dauernden jährlichen Aktivitätsperiode weniger als 50 % auf der Erdoberfläche anzutreffen sind. Die Ruheperioden werden unterirdisch in Erdhöhlen verbracht. In diesen Höhlen nehmen die Tiere die nötige Feuchtigkeit auf, die sie oberirdisch kaum finden können. Ihre Beute finden sie hauptsächlich mit Hilfe ihres im Gaumen gelegenen Geruchsorgans, dem Jacobsonschen Organ. Es sind in freier Natur Reptilien- und Vogeleier, nestjunge Nager und Jungvögel, gelegentlich auch adulte Kleinsäuger und Reptilien. Im Gegensatz zu vielen anderen Wüstenbewohnern zeigen Krustenechsen einen relativ geringen Stoffwechsel, ihre Körpervorzugstemperatur ist mit etwa 28 °C niedrig und Freilandaktivitäten wurden bei einer Lufttemperatur von 19,4 bis 37,2 °C beobachtet. Temperaturen über 40,5 °C sind schon lebensbedrohend. In der nordmexikanischen Sonora-Wüste herrschen im Winter Temperaturen, die weit unter den Gefrierpunkt fallen. Diese Zeiten müssen die Krustenechsen mit den gespeicherten Nahrungsreserven überdauern. Ihre Körpertemperatur während der Überwinterung betrug 10 °C (s. Brown & Carmony, 1991).

Terrarium: Bei paarweiser Haltung ist eine Bodenfläche von 2 m² als angemessen anzusehen. Da es sich um Giftechsen handelt, sind die gleichen Sicherheitsmaßnahmen wie bei der Haltung hochgiftiger Schlangen einzuhalten. Ausbruchssichere, verschließbare Terrarien mit Sicherheitsglas oder Unterbringung der Anlage in einem für Unbefugte nicht zugänglichen, gesicherten Raum sollte Grundhaltungsbedingung sein.

Ausstattung: Das Terrarium sollte aus zwei Etagen bestehen, die vom Pfleger beide gefahrlos kontrolliert werden können. Die untere Etage enthält ausziehbare Schubladen mit einer leicht feucht gehaltenen sandigen Erde. Diese Schubladen stehen mit dem oberen Teil des Terrariums, das man wüsten-oder halbwüstenähnlich einrichtet, durch Öffnung in Verbindung. Die Krustenechsen können sich bei Bedarf oberirdisch aufwärmen oder aber in den feuchteren, kühleren künstlichen Erdhöhlen ihre Ruhe- und Feuchtigkeitsaufnahmephasen verbringen. Um dem natürlichen Bedürfnis des Grabens zu entsprechen, kann ein Teil der nicht von den Schubladen eingenommenen Gesamtbodenfläche mit sandigem Lehmboden oder Feinkies angefüllt werden. Eine Badegelegenheit entspricht nicht den natürlichen Bedingungen, sie ist erwiesenermaßen überflüssig, wenn eine Luftfeuchtigkeit in den Schlupfhöhlen von 60 bis 80 % vorhanden ist. Die Beobachtung, daß sich Krustenechsen stundenlang im Wasser aufhielten, ist darauf zurückzuführen, daß die Tiere bei zu hohen Durchschnittstemperaturen gehalten wurden.

Heizung: Die Temperaturen erreicht man im Bodenbereich mit Heizplatten oder -kabeln, sie sollten unter den Strahlungsbereichen der Lampen um 30 °C liegen. Die Lufttemperatur im Terrarium kann sonst bei 22 bis 26 °C liegen.
Licht: Die Beleuchtung erfolgt mit getrennt schaltbaren Leuchtstoffröhren und HQL-Lampen. Zusätzlich wird regelmäßig mit UV-Licht bestrahlt. Die Photoperiodizität sollte den natürlichen Aktivitätszeiten entsprechen, so werden die Lampen nicht nur täglich nacheinander ein- und ausgeschaltet, sondern auch entsprechend der Jahreszeit während der Hauptaktivität im Sommer von etwa 14 Stunden täglich auf nur zwei Stunden täglich im Winter reduziert. Detailliertere Angaben geben LASZLO (1975) und STEINFARTZ (1993).
Futter: Futter wird im Terrarium immer mit Kalk-Vitamin-Präparaten angereichert. Es können Mäuse und Kücken, Katzen-Dosenfutter, sowie kleine Eier von Wachteln, Tauben oder vergleichbaren Arten verfüttert werden. STEINFARTZ (1993) weist darauf hin, daß besonders bei Männchen darauf zu achten ist, daß die Tiere nicht zu sehr verfetten, da anderenfalls die Spermiogenese, also die Ausbildung der männlichen Fortpflanzungszellen, nicht gewährleistet ist.
Feuchtigkeitsbedürfnis: Die Wasserversorgung erfolgt während der Sommermonate durch tägliches Übersprühen und leichtes Befeuchten der Erde in den Schlupfkästen, eine zusätzliche Trinkschale wird gelegentlich von den Tieren genutzt.
Überwinterung: Im Winter werden nicht nur die Lichtwerte reduziert, auch die Heizung wird auf 10 bis 15 °C gesenkt. Vor der Einwinterung ist darauf zu achten, daß die Tiere ihren Darm vollständig entleert haben, um anaeroben Fäulnisprozessen im Darmtrakt vorzubeugen, an denen die Tiere eingehen könnten. Winterruhe von November bis März.
Nachzucht: Grundvoraussetzung für eine erfolgreiche Fortpflanzung im Terrarium ist eine ausreichende Überwinterung. Gesteigerte Lichtwerte und höhere Temperaturen lösen dann das Paarungsverhalten aus, das sich in Kommentkämpfen zwischen männlichen Tieren (s. BECK (1980), STEINFARTZ (1993)) äußert, und im Terrarium auch zu erheblichen Verletzungen führen kann.
Paarung: Von April bis Mai können dann Paarungen erfolgen, wobei das Weibchen anfangs den Annäherungsversuchen des Männchens entflieht, bis es schließlich zur Paarung bereit ist. Die Tiere liegen bei der Paarung nebeneinander, das Männchen preßt dann seine Kloake auf die des Weibchens, wobei deren Kloake durch Schwanz oder Hinterbeine des Männchens leicht angehoben wird. Die Kopulationen dauern eine bis mehrere Stunden (s. STEINFARTZ 1993, EIDENMÜLLER & WICKER 1992, GATES 1956).
Eiablage: Die 30 × 65 mm bis 33 × 71 mm großen weichschaligen, walzenförmigen, weißen Eier wiegen zwischen 40 und 48 g. Die Gelegegröße wird bei EIDENMÜLLER & WICKER mit 3, bei STEINFARTZ mit 5 Eiern angegeben.
Inkubationszeit: Die etwa 17 cm langen und 35 bis 38 g schweren Jungtiere schlüpfen nach 130 bis 140 Tagen. Die Inkubation erfolgte in Brutschränken bei 27,5 bzw. 28 °C und einer rel. Luftfeuchtigkeit von 90%. Die erste Häutung erfolgte nach etwa 2 Monaten.
Aufzucht: Als Futter wurden zuerst Katzennahrung, später Jungmäuse angeboten. Die Färbung der Jungtiere ist anfangs hellgelb, nach 6 bis 8 Wochen werden die rosaroten Töne der Alttiere angenommen.

Literatur:
ANSTANDING, L. (1983): The Breeding and Rearing of the Mexican Beaded Lizard, *Heloderma horridum*, at the Detroit Zoo. Proc.7th Ann. Rept. Symp. Capt. Propagation and Husbandry. Zool. Consortium, Inc. 64–73.
BECK, C. (1980): Gila monster hatched at Memphis Zoo. AAZPA Newsletter 21(1): 14.
BECK, D. (1985): *Heloderma suspectum cinctum* (Banded Gila Monster). Pattern/Coloration. Herp. Review 16(2): 53.
BECK, D. D. (1990): Ecology and Behaviour of the Gila Monster in Southwestern Utah. J. Herpetol. 24(1): 54–68.
BECK, D. D., A. RAMIREZ-BAUTISTA (1991): Combat Behavior of the Beaded Lizard, *Heloderma horridum horridum*, in Jalisco, Mexico. J. Herpetol. 25(4): 481–484.
BOGERT, C. M., R. M. DEL CAMPO (1956): The gila monster and its allies. Bull. Amer. Mus. Nat. Hist. 109: 1–238.
BROWN, D. E., N. B. CARMONY (1991): Gila Monster. High-Lonsome Books, Silver City, New Mexico. 127 S.
CAMPBELL, J. A., J. P. VANNINI (1988): A new subspecies of beaded lizard, *Heloderma horridum*, from the Montagua Valley of Guatemala. J. Herpetol. 22(4): 457–468.
DEMETER, B. J. (1986): Combat behaviour in the Gila Monster (*Heloderma suspectum cinctum*). Herp. Review 17(1): 9–10.
EIDENMÜLLER, B., R. WICKER (1992): Über eine Nachzucht von *Heloderma suspectum* (COPE, 1869). Salamandra 28(2): 106–111.
FUNK, R. S. (1966): Notes about *Heloderma suspectum* along the western extremity of its range. Herpetologica 22(4): 254–258.
GATES, G. O. (1956): Mating habits of the gila monster. Herpetologica 12(3): 184.
HENSLEY, M. M. (1949): Mammal diet of *Heloderma*. Herpetologica 5: 152.
HENSLEY, M. M. (1950): Notes on the natural history of *Heloderma suspectum*. Trans. Kansas Acad. Sci. 53(2): 268–269.
KOSTER, W. J. (1951): The distribution of the gila monster in New Mexico. Herpetologica 7: 97–101.
LASZLO, J. (1975): The effect of Light and Temperature on Reptilian Mating and Reproduction: Recent Developments. AAZPA, Reg. Conf. Proc. 1975–1976, Mills Div, Riviana Foods, Topeka, Kansas.
LAWLER, H. E., W. K. WINTRIN (1987): Captive Management and Propagation of the Reticulated Gila Monster *Heloderma suspectum suspectum*. NCHS Conf. Proc.: 48–56.
MADSEN, F. (1987): Breeding the Gila Lizard (*Heloderma suspectum*) Nord. Herpetol. Foren 31(9): 275–282.
NEITMANN, K. (1987): Captive Reproduction of the Gila Monster (*Heloderma suspectum*) at the Houston Zoo. Int. Herp. Symp. Captive Propagation and Husbandry 10/11: 199–223.
PETERSON, K. (1982): Reproduction in captive *Heloderma suspectum*. Herp. Rev. 13(4): 122–124.
PREGILL, G. K., J. A. GAUTHIER, H. W. GREENE (1986): The Evolution of Helodermatid Squamata, with Description of a new Taxa and an Overview of Varanoidea. Trans. San Diego Soc. Nat. Hist. 21(11): 167–202.
SHAW, C. E. (1948): A note on the food habits of *Heloderma suspectum*. Herpetologica 4: 145.
SHAW, C. E. (1950): The gila monster in New Mexico. Herpetologica 6: 37–39.
SHAW, C. E. (1968): Reproduction of the gila monster *Heloderma suspectum* at the San Diego Zoo. Zool. Garten, 35(1/2): 1–6.
STAHNKE, H. L. (1950): The food of the gila monster. Herpetologica 6: 103–106.
STAHNKE, H. L. (1952): A note on the food of the gila monster. Herpetologica. 8: 64.
STEINFARTZ, S. (1993): Über eine Nachzucht von *Heloderma suspectum* (COPE, 1869) im Terrarium. Sauria 15(1): 3–8.
TRUTNAU, L. (1969): Gefangenschaftsbeobachtungen an Krustenechsen (*Heloderma suspectum* COPE). Aquarien – Terrarien 21(4): 120–125.
TRUTNAU, L. (1968): Gefangenschafts-Be-

obachtungen an Krustenechsen (*Heloderma suspectum* COPE) DATZ 21(4): 120–125.
TRUTNAU, L. (1970): Ein Beitrag zur Behandlung erkrankter Krustenechsen (*Heloderma horridum* und *Heloderma suspectum*). DATZ 23(8): 251–253.
TRUTNAU, L. (1970): Zum Fortpflanzungsverhalten der Skorpions-Krustenechse (*Heloderma h. horridum*). Aquarien – Terrarien, 29(12): 424–428.
WAGNER, E. R., R. SMITH, F. SLAVENS (1976): Breeding the gila monster, *Heloderma suspectum* in captivity. Int. Zoo Yearb., 16: 74–78.
WOODSON, W. D. (1949): Summary of Heloderma's food habits. Herpetologica 5: 91–92.
WOODSON, W. D. (1949): Gila monster in California? Herpetologica 5: 151.

Hemidactylus turcicus
(LINNAEUS, 1758)
Europäischer Halbfingergecko, Scheibenfinger, E Turkish gecko, F Gecko verruqueux, I Emidattilo turco, S Salamanquesa rosada
BArtSchV 1/1

Hemidactylus turcicus

Beschreibung: Schlanke Körperform mit deutlich vom Hals abgesetztem Kopf. Gliedmaßen mit verbreiterten Fingern, die unterseits mit Haftlamellen ausgestattet sind. Die Endglieder sind schmal und tragen Krallen. Schwanz gewirtelt. Rücken mit 14 bis 16 Längsreihen höckriger Schuppen, dazwischen sehr kleine Körnchenschuppen. Schwanzsegmente mit je einer Querreihe von 6 bis 8 zugespitzten Höckerschuppen.
Körperoberseite sandfarben, fleischfarben bis rötlichbraun mit unregelmäßig angeordneten dunklen Flecken. Starker physiologischer Farbwechsel im Tag-Nacht-Rhythmus. Mehr oder weniger deutlich ausgeprägter dunkler Seitenstreifen am Kopf, der vom Nasenloch über das Auge bis zur Ohröffnung verläuft. Größe: Bis 11,5 cm.
Geographische Verbreitung: Küsten des gesamten Mittelmeerraumes, Kleinasien, Arabische Halbinsel, östlich bis Pakistan. Eingebürgert in Nord- und Mittelamerika, auf den Kanarischen Inseln.
Biologie und Ökologie: Ruinen, Mauern, Hauswände, Felsen, Steinhaufen, alte Bäume, steiniges offenes Gelände, Höhlen und Erdlöcher.
Die nachtaktiven Tiere gehen in den Sommermonaten meist erst nach 21.00 Uhr der Jagd auf Insekten nach, die sie häufig in der Nähe von Lampen erbeuten. Im Frühling und Herbst kann man die Tiere auch gelegentlich in den Morgenstunden beim Sonnenbaden beobachten. Halbfingergeckos sind recht reviertreu und entfernen sich selten weit von ihren Unterschlupfplätzen.
Terrarium: Geheiztes Trockenterrarium, schmales Hochformat.
Ausstattung: Mit Kletterrückwand, in die kontrollierbare Versteckplätze eingebaut sind. Gute Lüftung. Bodengrund sandig bis steinig. Pflanzen in Töpfen in den Bodengrund eingelassen. Man verwendet der Herkunft der Tiere entsprechend mediterrane Gewächse oder dort heimisch gewordene Exoten, auch rankende Pflanzen wie *Bougainvillea* sind geeignet. Die Tiere sollten Gelegenheit haben, sich innerhalb des durch die Höhe bedingten Temperaturgefälles im Terrarium geeignete Aufenthaltsplätze zu suchen, um ihre Eier in geeigneten Versteckplätzen sicher ablegen zu können.
Heizung: Durch hinter der Rückwand verlegte Heizkabel und Strahlungsheizer. Die Temperatur sollte bei 30 bis 32 °C tagsüber und 22 bis 24 °C nachts liegen.
Licht: Die Beleuchtungsdauer paßt man dem jahreszeitlichen Wechsel an.
Futter: Kleinere und mittlere Insekten, Raupen, Kleinschmetterlinge, Käfer, Heimchen, Schaben, Spinnen und Asseln.
Feuchtigkeitsbedürfnis: Gering und wird durch Auflecken von Wassertropfen nach dem Sprühen gestillt.
Überwinterung: Reduzierte Photoperiode und eine 6- bis 8wöchige Winterruhe sind für die Steuerung der Entwicklung der Fortpflanzungszellen notwendig.
Nachzucht: Die Paarungszeit beginnt nach dem Erwachen aus der Winterruhe, was in der Natur etwas später als im Terrarium geschieht. Hier sind die Tiere meist schon Ende Februar bis Mitte März wieder aktiv.
Paarung: Die ersten Paarungen erfolgen etwa ab April, dabei verbeißt sich das Männchen meist am Hals des Weibchens. Dieses hebt den Schwanz an und das Männchen preßt seine Kloake auf die ihre.
Eiablage: Innerhalb der Reproduktionsperiode, die bis in den August hinein dauert, legen die Weibchen 2 bis 5 Gelege mit 1 bis 3, meist 2 Eiern. Diese sind hartschalig und 9 bis 11 × 10 bis 13 mm groß. Die Ablage erfolgt zumeist auf sandig-erdigen Grund von Gesteinsspalten, wo zwar eine gewisse Luftfeuchtigkeit herrscht, die Eier selbst aber trocken liegen.

Inkubationszeit: In der Natur entwickeln sie sich innerhalb von 40 bis 90 Tagen. Die Inkubationszeit im Brutapparat beträgt bei Temperaturen von 28 bis 31 °C und einer relativen Luftfeuchte von 70 bis 100 % 41 bis 50 Tage. Es ist darauf zu achten, daß die Eier nicht direkt mit Wasser in Kontakt kommen. Die Jungtiere sind beim Schlupf etwa 25 bis 27 mm groß, und sind farblich von ihren Eltern unterschieden. Bei gleicher Färbung der Oberseite ist eine deutliche Querbänderung erkennbar, der Kopfseitenstreifen ist intensiver und der Schwanz ist hell – dunkel gebändert.

Aufzucht: Man zieht die Jungtiere separat von den Eltern auf oder beläßt sie bei diesen. Dann muß man spätestens bei Erreichen der Geschlechtsreife der männlichen Nachkommen eine Trennung vornehmen, da diese dann von den Alttieren als Konkurrenz betrachtet werden.

Geschlechtsreife: Die Geschlechtsreife wird im 2. Lebensjahr erreicht.

Literatur:
BUCHHOLZ, K. F. (1954): Ein neuer *Hemidactylus* von den Balearen. Bonn. Zool. Beitr. 5: 68.
KEOWN, G. (1972): Geographic distribution: *Hemidactylus turcicus turcicus*. Herpetol. Rev. 4(5): 170.
SALVADOR, A. (1981): *Hemidactylus turcicus* (LINNAEUS, 1758) – Europäischer Halbfingergecko. In: BÖHME, W. (Hrsg.): Handbuch der Reptilien und Amphibien Europas 1/I, Akad. Verlagsgesellschaft, Wiesbaden, 84–107.

Iguana iguana
(LINNAEUS, 1758)
Grüner Leguan, E Green iguana, Common iguana, F Iguana vrai, I Iguana dai tubercoli
WA II, BArtSchV 2/1, 2/4, 2/5

Beschreibung: Der große Grüne Leguan ist der klassische Vertreter der Leguane, den schon Generationen von Terrarianern gehalten haben. Zur Nachzucht haben ihn jedoch nur wenige gebracht. Die meist als Jungtiere importierten ansprechenden und schnell zutraulich werdenden Tiere wachsen leider sehr schnell heran und stellen den Pfleger dann vor räumliche Probleme.
Grüne Leguane erreichen eine Kopf-Rumpf-Länge von etwa 50 cm, den Rest macht der kräftige, seitlich leicht abgeflachte Schwanz aus. Auffällig ist der große Kopf mit deutlich sichtbarem

Iguana iguana

Trommelfell, einem großen häutigen Kehllappen, der im vorderen Bereich mit einem Zackenkamm ausgestattet ist. Die Schuppen am Unterkiefer vergrößern sich im hinteren Abschnitt zu großen, fast perlmutterfarbenen hellen Hornschildern, von denen das letzte besonders großflächig ausfällt. Der Nackenkamm ist aufstellbar, die Nackenseiten tragen größere, in die granuläre Grundbeschuppung eingestreute Tuberkelschuppen. Der auf dem Nacken ansetzende Rückenkamm aus langen Hornstacheln reicht bis auf das erste Schwanzdrittel. Bei den Männchen sind diese Kammstacheln länger als bei den Weibchen, auch der Kehllappen der Männchen ist größer. Der von kräftigen Beinen getragene Rumpf ist lateral abgeplattet. Die Zehen tragen kräftige Krallen und stellen mit dem zu heftigen Schlägen fähigen Schwanz eine wirksame Verteidigungswaffe dar. Die Färbung der Oberseite ist in der Jugend ein sattes Grün, das später zu einem lichteren Graugrün verblaßt. Dunkle, vorn hell gesäumte längliche Querflecke befinden sich beiderseits oberhalb des Vorderbeinansatzes im oberen Rumpfbereich, am Kniegelenk der Vorderbeine, an den Bauchseiten und vor dem Hinterbeinansatz. Der Schwanz ist breit quergebändert. Jungtiere haben auch dunkle Zeichnungselemente im Kammbereich.
Größe: 160 bis 190 cm.

Geographische Verbreitung: Mittel- und Südamerika, von Costa Rica bis ins südliche Brasilien, sowie auf folgenden Karibik-Inseln: U.S. und Britische Virgin Islands, Cayman Inseln, Saba, Montserrat, Guadeloupe, Îles des Saintes, St. Lucia, St. Vincent, Grenadines, Grenada, Swan Island, Islas San Andrés und Providencia, Puerto Rico, Cayo Icacos. Eingeschleppt in Florida.
Die mittelamerikanischen Tiere gehören der Unterart *I. i. rhinolopha* WIEGMANN, 1898 an, die sich durch zwei bis drei kleine Schnauzenhöcker von der im übrigen Bereich vorkommenden Nominatform unterscheiden. Auf den kleinen Antillen lebt noch eine zweite *Iguana*-Art, *Iguana delicatissima* LAURENTI, 1768, die sich durch das Fehlen des Schulterflecks unterscheiden läßt. Sie ist auf Anguilla, St. Martin, Île Fourchue, Les Îles Frégates, Île Chevreau, St. Barthélémy, St. Eustatius, Nevis, Antigua, Guadeloupe, La Désirade, Îles des Saintes, Dominica und Martinique zu Hause, wo sie von der Küste bis auf 300 m ü. NN verbreitet sind.

Biologie und Ökologie: Die große Verbreitung hat die Leguane zu Bewohnern unterschiedlicher Habitate werden lassen. Als Regenwaldbewohner sieht man sie häufig auf Bäumen der Uferzone von Fluß- oder Bachbereichen, auf Steinen und Felsen in Wassernähe, aber auch an lichten Stellen des Regenwaldes auf kultivierten Flächen. In Trocken- und Buschwäldern, Savannen meist in der Nähe von Wasserstellen. Hier halten sich Jungtiere meist im Buschwerk, ältere Tiere meist auf größeren Bäumen, herausragenden Felsen oder in flacheren Bereichen ohne höhere Vegetation in der Nähe selbst gegrabener oder vorgefundener Erdlöcher auf. Die Tiere können ausgezeichnet schwimmen und fliehen bei Behelligung oft ins Wasser.
Begegnen sich zwei dieser sehr territorialen Tiere, so richten sie den Körper hoch auf den Vorderbeinen auf, stellen durch Muskelkontraktionen den Rückenkamm auf, spreizen mit Hilfe des Zungenbeinapparates den häutigen Kehlsack und nicken heftig mit dem Kopf. Läßt sich der Gegner durch dieses Schauspiel nicht beeindrucken, kann es besonders im engen Raum des Terrariums zu gefährlichen Beschädigungskämpfen kommen.

Terrarium: Der Größe der Tiere sollte auch das Terrarium angemessen sein. Wir halten 2 bis 3 m³ pro erwachsenes Tier für ausreichend. Nur Jungtiere kann man in kleineren Behältern aufziehen. Schon bei der Anschaffung solcher Tiere muß man sich darüber im Klaren sein, welche Raumprobleme Großleguane schaffen. Es ist besser, auf die Haltung dieser Tiere unter normalen Wohnungsbedingungen zu verzichten, als sie in kleinen Terrarien dahinvegetieren zu lassen.

Ausstattung: Die Einrichtung ist nur während der Jugendzeit in einem mit Pflanzen, am besten harten Bromeliaceen, eingerichteten Terrarium möglich. Später zerstören die heranwachsenden Pflanzenfresser diese auch durch Darüberkriechen. Kann man den Terrarienteil mit kräftigen, vor allem horizontal angebrachten Ästen in einem durch Drahtgitter abgetrennten Teil eines Wintergartens oder Gewächshauses einrichten, hat man den Vorteil, die Tiere trotz mehr oder weniger steriler Haltung im Käfig inmitten einer grünen Umgebung auch optisch wirksam unterzubringen. Darüber hinaus ergibt sich auch ein durch die höhere Luftfeuchtigkeit günstigeres Klima. Ideal wäre eine Schwimmmöglichkeit, meist lassen die begrenzten Verhältnisse eine so großzügige Ausstattung jedoch nicht zu. Der Bodengrund kann aus Sand oder Erde bestehen. Durch die schnelle Verschmutzung mit Kot ist er jedoch häufig auszuwechseln, deshalb halten viele Liebhaber ihre Tiere ohne Bodengrund, legen den Boden statt dessen mit Papier aus oder streuen Hobelspäne ein, dann ist die Reinigung leichter zu bewerkstelligen. Keine Hobelspäne bei Jungtieren verwenden, da tödlich endende Darmverstopfungen durch Aufnahme derselben mit dem Futter entstehen können!

Heizung und Licht: Beleuchtung und Heizung kann man gut mit einigen Quecksilberdampflampen installieren. Die Terrarientemperatur sollte tagsüber bei einer Beleuchtungsdauer von etwa 12 Stunden 25 bis 30 °C erreichen, dabei ist darauf zu achten, daß die Heizstrahlung der Lampen an den zum Sonnen vorgesehenen Stellen nicht zu Hautverbrennungen führen kann. Temperaturen über 45 °C sind zu vermeiden. Nachts kann die Temperatur ohne weiteres auf 18 bis 22 °C sinken.

An warmen Sommertagen kann man die Tiere auch in windgeschützten und teilbesonnten Volieren im Freiland unterbringen, wo für kühlere Stunden eine Heizlampe automatisch zugeschaltet werden kann. Der Aufenthalt im Freien bekommt den Tieren recht gut, nur vor Unterkühlung muß gewarnt werden, wenn die Temperaturen in unseren gemäßigten Breiten sinken. Jungtiere erhalten eine tägliche UV-Bestrahlung von 10 bis 15 Minuten aus etwa einem Meter Abstand, Erwachsene die gleiche Strahlungsmenge dreimal wöchentlich.

Futter: Als Futter wird sowohl tierische als auch pflanzliche Nahrung zu sich genommen. Dabei sollte der Anteil tierischer Nahrungsbestandteile maximal 20 % betragen. Man kann eine Vielzahl von Insekten, Fisch und Kleinsäuger verfüttern. An pflanzlicher Kost reichen wir etwa 1/3 Früchte und 2/3 Blätter, Sprosse und Keimlinge. Es können einheimisches Kern- und Steinobst, Beerenfrüchte, Trauben und eine Vielzahl tropischer Früchte, die bei uns im Angebot sind, verfüttert werden. Der Geschmack der Leguane ist sehr individuell ausgeprägt, so spezialisieren sich die Tiere auch bei gleicher Haltung auf eine sehr unterschiedliche Kost. An Blättern kann man verschiedene Baumarten, Kräuter der Wiesen, wie Löwenzahn, Sauerampfer und Lattich anbieten, an Gemüse werden Salat, Kohl, Möhren, Paprika, Zucchini, Auberginen und Tomaten angeboten. Dazu kann man keimende Sprossen von Sojabohnen, Buchweizen, Linsen, Erbsen, Bohnen, Sonnenblumen, Luzerne und Kresse anbieten.

Bei der zusätzlichen Anreicherung mit Mineralstoffen hat sich Korvimin ZVT bewährt, als Multivitamin-Präparate kommen verschiedene in Frage, so das altbewährte Multibionta, Crescovit oder Multi-Mulsin. Vitamin D3 ist vorsichtig zu verabfolgen, da sowohl D3-Mangel wie auch -Überschuß zu Schäden führen kann. Als Richtdosis ist nach KÖHLER (1988) 500 bis 1000 i. E. D3/kg Körpergewicht wöchentlich bei Jungtieren und 100 bis 500 i. E. D3/kg Körpergewicht bei adulten Tieren anzusetzen.

Feuchtigkeitsbedürfnis: Neben dem Übersprühen des Behälters mit lauwarmem Wasser, bei dem die Tiere auch Tropfen auflecken, dient ein Trinkgefäß, in dem wir ständig frisches sauberes Wasser anbieten. Hierin können auch Vitaminpräparate und Mineralstoffe, sofern sie wasserlöslich sind, verabfolgt werden.

Nachzucht:
Paarung: Bei der Paarung, in der Natur hauptsächlich von November bis Dezember, hält das Männchen das Weibchen mit Nackenbiß fest. Ist dieses paarungsbereit, hebt es die Schwanzwurzel an und das Männchen schiebt seine Kloake unter die des Weibchens, wobei es ein Hinterbein über deren Schwanzwurzel legt. Die Paarung dauert nach Einführung des Hemipenis etwa 5 bis 10 Minuten. Es kommt in einer Paarungssaison zu zwei bis drei Kopulationen.

Eiablage: Nach 8 bis 10 Wochen werden die Eier abgelegt. Während dieser Zeit sind vermehrt eiweißhaltige, tierische Nahrung und ausreichend Vitamine und Mineralstoffe zu geben, auf ausreichende Trinkmöglichkeit ist zu achten. Etwa zwei Wochen vor der Eiablage wird die Nahrungsaufnahme reduziert und schließlich ganz eingestellt. Die Ablage der 10 bis 60 Eier erfolgt in einem Ablagekasten, wie ihn WERNER & MILLER (1984) beschreiben: Unter großen Unterschlupfstellen wie Korkeichenröhren und dergleichen, in leicht feuchtem Substrat. KÖHLER (1988) gibt die Größe befruchteter Eier mit 27 bis 28 × 37 bis 40 mm bei einem Gewicht von 14 bis 16 g an. Unbefruchtete Eier sind etwa 9 g schwer und 24 × 36 mm groß.

Als Inkubationssubstrat empfiehlt er eine Mischung aus Vermiculit, Perlit und ein Torf-Sand-Gemisch 3:1. Eier nicht eingraben und bei 30 °C und 90 bis 100 % Luftfeuchtigkeit ausbrüten. Die 8 bis 12 g schweren und 18 bis 26 cm großen Jungtiere schlüpfen nach 70 bis 80 Tagen.

Aufzucht: Die Jungtiere werden entsprechend dem Futterspektrum der Elterntiere ernährt und sind bei gutem Futterangebot und angemessenen Mineralstoff- und Vitamingaben gut aufzuziehen. Gelegentliche UV-Bestrahlung ist empfehlenswert.

Literatur:
BAGH, S. v. (1962): Die Zucht des Grünen Leguans *Iguana iguana*, im hohen Norden. DATZ 15(8): 244–247.
BORER, W. (1954): *Iguana iguana* – Ein Beitrag zur Pflege des Grünen Leguans. DATZ 7(8): 212–214.
BRAUNWALDER, M. E. (1979): Über eine erfolgreiche Zeitigung von Eiern des Grünen Leguans, *Iguana i. iguana*, und die damit verbundene Problematik. Salamandra 15(4): 185–210.
DUGAN, B. A. (1982): The mating behaviour of the Green Iguana, *Iguana iguana*. In: BURGHARDT, G. M., A. S. RAND: Iguanas of the World. Nojes Publ. Park Ridge, N.J., S. 320–341.
HIRSCHFELD, K. (1969): Der grüne Hausdrache. Die Pflege des Grünen Leguans. Aquarien-Magazin 3: 417.

HUN, E. (1972): Erfolgreiche Zucht des Grünen Leguans, *Iguana iguana*. Salamandra 8(2): 100–101.
KÖHLER, G. (1988): *Iguana iguana*. Sauria Suppl. 10(3): 115–118.
KÖHLER, G. (1992): Artgerechte Ernährung und ernährungsbedingte Erkrankungen des Grünen Leguans *Iguana iguana* (LINNAEUS, 1758) Sauria 4(1): 3–8.
PÜTZ, R. (1982): Erfahrungen bei der Haltung und Zucht des Grünen Leguans *Iguana iguana iguana*. herpetofauna 4(20): 21–25.
SCHARDT, M. (1993a): Die Vermehrung des Grünen Leguans *Iguana iguana* in der F₁-Generation elaphe (N. F.), 1(4): 4–8.
SCHARDT, M. (1993b): Eine Bemerkung zu Brutverlusten bei Gelegen von *Iguana iguana*. elaphe (N. F.), 2(1): 24–27.
SCHARF, K.-H. (1971): Der Grüne Leguan – ein König unter den Reptilien. Aquarien-Magazin 5: 355.
WERNER, D., T. J. MILLER (1984): Artificial nests for Female Iguanas. Herp. Rev. 15(2): 57–58.

Lacerta agilis
(LINNAEUS, 1758)
Zauneidechse, E Sand lizard, F Lézard des souches, Lézard agile, I Lucertola agile, S Lagarto ágil
BArtSchV 1/1

Beschreibung: Gedrungener Körper, hoher kurzschnäuziger Kopf. Beine kurz. Schwanz 1,5fache Kopf-Rumpf-Länge. Schuppen auf den Körperseiten größer und schwächer gekielt als auf dem Rücken. Deutliche Kehlfalte. Bauchschuppen in 6 Längsreihen, wobei die mittleren und äußeren Reihen schmaler als die eingeschlossenen sind. Schwanzschuppen wirtelig.
Färbung der Oberseite bei Weibchen gelb- bis graubraun. Rückenzone durch zwei hellere Längsbänder eingegrenzt. Dunkle, weißgekernte Flecken auf der mittleren Rückenzone und an den Körperseiten.
Unterseite cremefarben. Männchen mit brauner Kopf- und Rückenzone, grünen Kopfseiten und Flanken, sowie grünlicher Unterseite. Fleckenzeichnung wie beim weiblichen Geschlecht, oft aber weniger stark ausgeprägte Augenfleckenzeichnung. Die Unterseite der Männchen ist immer schwarz gefleckt, bei Weibchen kann die Fleckung fehlen. Gelegentlich treten rotrückige Formen auf. Diese Mutation wird als „*erythronotus*"-Form bezeichnet. Größe: 20 bis 27 cm.

Geographische Verbreitung: Die Zauneidechse bewohnt Eurasien von S-England bis zum Baikalsee in Sibirien. Im Süden bis an die Pyrenäen und Nordalpen, die Gebirge Jugoslawiens und Bulgariens. NO-Türkei über Aral- und Balkaschsee bis zur nordwestlichen Mongolei. Im Norden bis S-Schweden und Karelien.

Lacerta agilis agilis
LINNAEUS, 1758
Weiße Rückenfleckung z. T. unregelmäßig gestrichelt. Alte Männchen oft ganz grün. Großwüchsig. S-Schweden, Dänemark, W-Deutschland, W-Österreich, Schweiz, Frankreich, S-England.

Lacerta agilis argus
(LAURENTI, 1768)
Relativ kleinwüchsig. Weiße Rückenflekkung regelmäßig gestrichelt. Männchen nur mit grünen Kopf- und Körperseiten. Rotrückige Mutation kommt vor. O-Deutschland bis O-Polen, Tschechoslowakei, O-Österreich, Ungarn, ehem. Jugoslawien und rumänische Karpathen.

Lacerta agilis boemica
SUCHOW, 1929
Sehr langschwänzig. Männchen ganz grün mit blauen Kehlen. Aserbeidschan, nördlicher Kaukasus.

Lacerta agilis bosnica
SCHREIBER, 1912
Weiße Rückenzeichnung regelmäßig, durchlaufend. Männchen nur mit grünen Kopf- und Körperseiten. Gebirge Bulgariens und des ehem. Jugoslawien.

Lacerta agilis brevicaudata
PETERS, 1958
Großwüchsige Form. Unregelmäßige Körperfleckung mit hellen Randlinien. Mittleres Transkaukasien, armenisches Bergland bis NO-Türkei.

Lacerta agilis chersonensis
ANDRZEJOWSKI, 1832
Mittlere Rückenzone schmal ohne mediane Fleckenlinie. Alte Männchen z. T. völlig grün. Auftreten der rotrückigen Mutation. SO-Rumänien, NO-Bulgarien, O-Polen, ehem. Sowjetunion bis zum Dnjepr, Karelien.

Lacerta agilis exigua
EICHWALD, 1831
Größe bis über 30 cm. Alte Männchen, z. T. auch Weibchen völlig grün. Mittlere und südliche europäische ehem. Sowjetunion, Krim, Kaukasusvorland, östwärts bis zum Baikalsee. Grenzgebiete W-Chinas und der Mongolei.

Lacerta agilis grusinica
PETERS, 1960
Beide Geschlechter völlig grün ohne jede Zeichnung. Auffallend langköpfig. Schwarzmeerküste von Sotschi bis zur nordöstlichen Türkei.

Lacerta agilis ioriensis
PETERS & MUSKHELISWILI, 1968
Ähnlich *L. a. brevicaudata*. O-Georgien.

Biologie und Ökologie: Im Westen des Verbreitungsgebietes vorwiegend auf sandigen Böden, im Osten mehr auf Lehmböden. Dünen, Trockenrasenhänge, Wegränder, Bahndämme, Heidelandschaften, Waldränder und Lichtungen. Tagaktiv, bei höheren Temperaturen

Lacerta agilis argus

die Mittagshitze meidend. Vorzugstemperatur um 38 °C.
Terrarium: Haltung möglichst im naturnah eingerichteten Freilandterrarium. Zimmerterrarium eher breit als hoch.
Ausstattung: Sandboden, Gras und Heide, Steinaufbau als Unterschlupfmöglichkeit, Zwergkoniferen in Töpfen.
Heizung: Bodenheizkabel, Strahlungslampe. Ausreichende Lüftungsstreifen.
Licht: Tageslicht, Leuchtstoffröhren.
Futter: Insekten aller Art und deren Larven, Spinnen, Regenwürmer, selten junge Echsen.
Feuchtigkeitsbedürfnis: Dem Trinkbedürfnis wird durch tägliches Besprühen genügt.
Überwinterung: Überwinterungskiste mit leicht feucht gehaltenem Substrat bei 1 bis 5 °C.
Nachzucht: Männchen verlassen die Winterquartiere eher als die Weibchen.
Paarung: Die Paarung setzt nach der ersten Frühjahrshäutung, gegen Ende April ein und dauert bis Juni.
Eiablage: Juni, eventuell zweites Gelege im Juli. die 9 bis 14 weichschaligen Eier (ca. 10 × 15 mm) werden an bodenfeuchten besonnten Stellen abgelegt.
Inkubationszeit: Während der 30- bis über 60tägigen Zeitigung nehmen die Eier ca. 5 mm an Länge und Breite zu, dabei sind Bruttemperaturen von 24 bis 30 °C nötig. Die 50 bis 66 mm langen Jungen öffnen die Eischale mittels des Eizahns, verharren dann noch viele Stunden in der Eihülle, ziehen den Dottersack ein.
Aufzucht: Die danach schlüpfenden Jungtiere zieht man bei natürlicher Besonnung mit Kleininsekten und Würmern auf, dazu Kalk-Vitamin-Präparate.
Geschlechtsreife: Bereits im kommenden Jahr bildet sich die geschlechtstypische Färbung aus, die Geschlechtsreife ist nach 1,5 bis 2 Jahren erreicht.

Literatur:
GLANDT, D., W. BISCHOFF (1988): Biologie und Schutz der Zauneidechse (*Lacerta agilis*). Mertensiella 1: 1–257.
RAHMEL, U. (1991): Neue Funde der Zauneidechse *Lacerta agilis* (LINNAEUS, 1758) auf der Alpensüdseite. Salamandra 27: 181.

Weitere Literaturangaben im genannten Buch und bei BÖHME, W. (Hrsg.) (1984): Handbuch der Reptilien und Amphibien Europas 2/I, Echsen II, Aula-Verlag, Wiesbaden, 23–68.

Lacerta viridis bilineata

Lacerta viridis
(LAURENTI, 1768)
Smaragdeidechse, E Green lizard, Emerald lizard, F Lézard vert, S Ramarro, Lagarto verde.
BArtSchV 1/1

Beschreibung: Die Smaragdeidechse, unsere größte einheimische Halsbandeidechse, gehört neben der bei uns weiter verbreiteten Zauneidechse *Lacerta agilis* LINNAEUS, 1758 zur Gruppe der grünen Eidechsen. Sie umfaßt alle Arten, die sich von den übrigen durch einen mindestens bei den Männchen grüne Rücken- oder Rückenseitenfärbung unterscheiden.

Der Verwandtschaftskreis umfaßt neben den oben genannten Arten die Iberische Smaragdeidechse *Lacerta schreiberi* (BEDRIAGA, 1878), die Riesensmaragdeidechse *Lacerta trilineata* (BEDRIAGA, 1869) und die Streifensmaragdeidechse *Lacerta strigata* EICHWALD, 1831, ferner die von SCHMIDTLER ausgegliederten Östlichen Smaragdeidechsen *Lacerta media* (LANTZ & CYREN, 1920) und die Pamphylischen Smaragdeidechsen *Lacerta pamphylica* SCHMIDTLER, 1975.
Neueste genetische Untersuchungen von AMMANN & JOGER zeigen, daß die deutschen Smaragdeidechsen künftig wohl zwei Arten zuzuordnen sind, der westeuropäischen und westdeutschen *Lacerta bilineata* und der mittelosteuropäischen und brandenburgischen *Lacerta viridis*. Unser tabellarischer Vergleich auf der nächsten Seite umfaßt nur die folgenden Arten: *Lacerta viridis*, *Lacerta schreiberi*, *Lacerta trilineata* und *Lacerta strigata*.

Terrarium: Geräumiges Terrarium mindestens in den Maßen 120 × 100 × 80 cm mit ausreichenden Lüftungsmöglichkeiten und der Möglichkeit des Eintritts ungefilterten Sonnenlichts durch eine Gaze-Rückwand. Während der Sommermonate auch Aufenthalt im Freilandterrarium, bei einheimischen Tieren auch ganzjährig.
Ausstattung: Sandig-steiniger Bodengrund, Pflanzen werden in Töpfen in den Bodengrund eingelassen und oben gegen das Ausgraben durch Gazeummantelung geschützt. Es kommen einheimische oder mediterrane Gewächse in Frage. Als Unterschlupfmöglichkeiten kann ein Steinaufbau aus aufeinandergeschichteten Steinplatten dienen, die vom Pfleger gut kontrolliert, aber durch das Graben der Tiere nicht bewegt werden können. Auch Korkeichenröhren sind geeignet.
Heizung und Beleuchtung: Tageslicht, Leuchtstoffröhren oder Quecksilberdampflampen, die eine ausreichende Helligkeit bieten, als Bodenheizung partiell Heizplatten, -folien oder -kabel. Die Temperaturen liegen um 30 °C, am Aufwärmplatz unter der Lampe bei bis zu 40 °C. Besitzt das Terrarium keinen natürlichen UV-Durchlaß, muß zusätzlich bestrahlt werden.
Futter: Mittlere und größere Insekten aller Art, auch hartschalige Arten, Würmer, Spinnen, nestjunge Mäuse. Von einigen Tieren wird auch süßes Obst, Marmelade, Honig oder Fruchtjoghurt ange-

		Lacerta viridis (Laurenti, 1768)	**Lacerta schreiberi** Bedriaga, 1878	**Lacerta trilineata** Bedriaga, 1886	**Lacerta strigata** Eichwald, 1831
Arten		Smaragdeidechse	Iberische Smaragdeidechse	Riesensmaragdeidechse	Streifensmaragdeidechse
	E	Green Lizard	Schreiber's Green Lizard	Three-Lined Emerald Lizard	Caspian Green Lizard
	F	Lézard vere	Lézard vert d'Espagne	Lézard vert a trois raies	Lézard vert de la Caspienne
	I	Ramarro	Ramarro di Schreiber	Ramarro trilineato	
	S	Lagarto verde	Lagarto verdinegro		
Grösse		bis 48 cm, KRL 12–13,5 cm	bis 40 cm, KRL bis 11 cm	bis 60 cm, KRL bis 17,4 cm	bis 34 cm, KRL 10–11 cm
Oberseite		grün mit unregelmäßig verteilten schwarzen Flecken, ♀♀ oft mit 2 oder 4 hellen Längsstreifen	gelbgrün bis bräunlich olivgrün mit zahlreichen großen schwarzen Flecken oder netzartiger Zeichnung, z. T. grasgrün	grasgrün mit kleinen schwarzen Flecken auf allen Schuppen, Haut zwischen den Schuppen schwarz	grün mit 5 hellen Längslinien und dunkler Fleckenzeichnung, ♀♀ z. T. mit Hinterbeinozellen
Schwanz		grün, bei *L. v. meridionalis* bräunlich	bräunlich, dgl. Hintergliedmaßen	grün, dgl. Hintergliedmaßen	bräunlich, dgl. Hintergliedmaßen
Unterseite		gelblich bis weiß, ungefleckt	gelb, schwarz gefleckt	gelb, selten weiß, mit schwarzen Flecken	bläulichgelb mit dunklen Flecken auf den äußeren Bauchschildreihen
Kehlbereich		♂♂ mit ultramarin- bis dunkelblauer Kehle bis zum Halsband	♂♂ blaue Kehlfärbung nicht bis zum Halsband reichend	Kehle gelb, selten blau, Halsseiten u. Flanken hellblau	♂♂ z. T. mit tiefblauer Kopffärbung, Kehle und Halsseiten grünlich gelb
Beschuppung		Bauchschilder in 6 Längsreihen Halsband aus 5–14 Schuppen Femoralporen 13–23 Schnauzenschild berührt z. T. das Nasenloch Wenige Schläfenschilder	Bauchschilder in 8 Längsreihen Halsband aus 10–14 Schuppen Femoralporen 11–18 Schnauzenschild berührt Nasenloch	Bauchschilder meist in 8 Längsreihen, z. T. 6 Femoralporen 10–21 Schnauzenschild berührt Nasenloch Mehr als 20 Schläfenschilder	Bauchschilder in 6 Längsreihen Halsband aus 7–13 Schuppen Femoralporen 16–23, erreichen das Kniegelenk Schnauzenschild berührt meist das Nasenloch Wenige Schläfenschilder
Jungtiere		braun, ohne helle Rückenmittellinie, fast zeichnungslos	oberseits braun, seitlich grünlich mit weißen, schwarz gerandeten Flankenflecken	braun mit 5 gelblich-weißen Längsstreifen	braunoliv mit 5 schmalen hellen Längslinien und dunklen Flecken, helle Hinterbeinozellen
Geographische Verbreitung		Nordspanien (Baskenland, Katalonien) Frankreich, Schweiz, Deutschland, ehem. Tschechoslowakei, Österreich, Italien, Jugoslawien, Albanien, Griechenland, Bulgarien, Rumänien, ehem. UdSSR, Türkei	Westliche u. zentrale iberische Halbinsel, im Norden östlich bis ins Baskenland	Küstenbereich Jugoslawiens, Albanien, Griechenland, S-Bulgarien bis Rumänien, Isolierte Vorkommen an der Schwarzmeerküste der ehem. UdSSR, Armenien, Grusinien, Aserbeidschan, östl. Kaukasusgebiet, Türkei, Irak, Iran, südlich bis Israel	Nordöstliche u. östl. Türkei, N- und Z-Iran, östl. Kaukasusgebiet, ehem. UdSSR bis ins südwestliche Zentralasien

	Lacerta viridis (Laurenti, 1768)	**Lacerta schreiberi** Bedriaga, 1878	**Lacerta trilineata** Bedriaga, 1886	**Lacerta strigata** Eichwald, 1831
Biotop	Busch- u. baumbestandene Fluren u. Wiesen, Wegränder, Böschungen, Waldränder und Lichtungen, Kulturland, steinige bis sandige Böden. Meist in vegetationsreichen, gewässernahen Habitaten.	Busch- und krautreiche Habitate in unmittelbarer Gewässernähe oder in küstennahen bzw. Gebirgsbereichen mit sehr hoher Luftfeuchtigkeit.	Vorwiegend trockenwarme Habitate, Lichtungen, mediterrane Hartlaubvegetation, steiniges Grasland mit Busch- u. Baumbestand, auch auf Kulturland.	Steppenhabitate, Bergwiesen mit Gras-, Kraut- und Strauchvegetation, lichte Waldgebiete, Wegränder, Kulturland, Parks, Gärten, oft in Gewässernähe.
Unterarten	**L. v. bilineata** Daudin, 1802: N-Spanien, Frankreich, W-Deutschland **L. v. chloronota** Rafinesque-Schmaltz, 1810: Kalabrien, Sizilien **L. v. fejervaryi** Vasvary, 1926: S-Italien, südlich von Neapel **L. v. infrapunctata** Schmidtler, 1986: Schwarzmeerküste O-Türkei **L. v. meridionalis** Cyrén, 1933: Bulgarien, Rumänien, N-Griechenland, europ. Türkei **L. v. paphlagonica** Schmidtler, 1986: Schwarzmeerküste M-Türkei **L. viridis viridis** (Laurenti, 1768): Östl. Mitteleuropa, Balkanhalbinsel	Keine Unterarten	**L. t. cariensis** Peters, 1964: Türkei **L. t. citrovittata** Werner, 1935: Tinos, Andros, Mykonos **L. t. diplochondrodes** Wettstein, 1952: Türkei, Rhodos **L. t. dobrogica** Fuhn & Mertens, 1959: Rumänische u. bulgar. Schwarzmeerküste. **L. t. galatiensis** Peters, 1964: Türkei (Anatolien) **L. t. hansschweizeri** Müller, 1935: Westkykladen **L. t. major** Boulenger, 1887: ehem. jugoslaw. Küstengebiet, Türkei **L. t. polylepidota** Wettstein, 1952: Kythira, Kreta **L. t. trilineata** Bedriaga, 1886, Griechenland	Keine Unterarten

Fortpflanzung

Paarung	ab April	bis Mai	April-Mai	April-Mai
Eiablage	Mai-August	Juni-Juli	Mai-Juli	Juni-Juli
Gelegeanzahl	3–6	1–2	2	2
Eier	5–21	13–21	7–20 (max. 30)	4–15
Eigröße	8–9 × 14–15 mm	10–11 × 14–17 mm	10–12 × 15–20 mm	8–10 × 15–18 mm
Inkubationszeit	45–80 Tage	60–90 Tage	80–95 Tage	40–55 Tage
Geschlechtsreife	ca. 2 1/2 Jahre		ca. 2 1/2 Jahre	ca. 2 1/2 Jahre

nommen. In der Natur werden auch kleinere Reptilien verzehrt! Zur Anreicherung mit Mineralstoffen und Vitaminen verwenden wir die handelsüblichen Präparate.

Feuchtigkeitsbedürfnis: Da die Tiere in der Natur oft in der Nähe von Wasserläufen leben, sollte das ein Hinweis sein, ständig eine Trinkgelegenheit mit frischem Wasser anzubieten, darüber hinaus lecken die Tiere auch die Tropfen des Sprühwassers auf.

Überwinterung: Entsprechend den natürlichen Verhältnissen im Freiland, wo die Tiere eine mehrmonatige Winterruhe halten, senken wir die Terrarientemperaturen ab Mitte November allmählich auf etwa 8 bis 10 °C ab und reduzieren gleichzeitig die Beleuchtungsdauer und -stärke. Ab Mitte Februar heben wir diese Werte wieder kontinuierlich an. Eine Winterruhe ist für die Ovo- und Spermiogenese unbedingt erforderlich, wenn die Tiere sich erfolgreich fortpflanzen sollen.

Nachzucht: Als Auslöser für die Paarungsaktivität dient wohl die Verlängerung der Tageslichtmenge, so daß im Terrarium Paarungen schon wesentlich früher als im Freiland einsetzen, wo sie vorwiegend im April beginnen. Man kann beobachten, daß sich die Tiere gemeinsam sonnen und gemeinsame Schlupfwinkel aufsuchen. Das Männchen nähert sich dem Weibchen später imponierend mit ruckartigen Bewegungen und umkreist es, das Weibchen reagiert mit Treteln und kriecht etwas voran. Es wird am Schwanz gehalten und nun beginnt eine Art Paarungsmarsch, wobei das Männchen seinen Haltebiß nach vorn verlagert. Dann erfolgt die Kopulation, wobei das Männchen seinen Haltebiß vor dem Hinterbein des Weibchens in der Flanke ansetzt. Die Kopulationsdauer beträgt etwa 5 Minuten. Mehrere Kopulationen können nun täglich beobachtet werden, das Weibchen wehrt die Männchen erst etwa zwei Wochen vor der bevorstehenden Eiablage durch Flucht oder energische Bisse ab.

Eiablage: Das Weibchen gräbt für das Gelege etwa 20 bis 30 cm lange Gänge mit einer kleinen Höhle am Ende in den Boden, legt die 5 bis 20 etwa 15 mm langen und 9,5 mm breiten, weißen Eier darin ab und verschließt anschließend den Gang wieder. Es kommt im Terrarium sicher zu mehr aufeinanderfolgenden Eiablagen als in der Natur, man sollte den Weibchen aber nicht mehr als 6 Gelege jährlich zumuten. Die Entwicklung verläuft temperatur- und herkunftsabhängig und wird bei 30 °C etwa 45 bis 55 Tage dauern, bei niederen Temperaturen können es auch 70 bis 90 Tage sein. NETTMANN & RYKENA (1984b) geben für westliche Populationen eine 10 Tage kürzere Entwicklungsdauer an als für östliche. Dieser fortpflanzungsbiologische Unterschied zwischen *L. v. bilineata* und *L. v. viridis* spricht ebenfalls für die These der Neueinordnung von *L. v. bilineata* als valide Art.

Aufzucht: Die Jungtiere sollte man gesellig aufziehen, einzeln aufgezogene Tiere kümmern häufig. Man verfüttert kleine Insekten wie Heimchen und Grillen, kleine Feld- und Wanderheuschrecken, Larven der Dörrobst- und Wachsmotten oder einfach Wiesenplankton. Zusätzlich reicht man Marmelade, Fruchtjoghurt, Honig und angeschnittene süße Früchte. Die Futtertiere werden mit Mineralstoff- und Vitaminpräparaten überstäubt. Möglichst häufig sollte man die Jungtiere natürlicher Besonnung aussetzen, eventuell auch im Freilandterrarium aufziehen. Dort sollte aber eine Heizlampe für kühlere Tage installiert werden. Die Jungtiere wachsen bei abwechslungsreicher Fütterung recht schnell heran. Der Eintritt der Geschlechtsreife erfolgt im zweiten Lebensjahr.

Literatur:
AMMANN, T., U. JOGER (1995): Gibt es zwei Arten von Smaragdeidechsen im Mitteleuropa? Zusammenfassungen DGHT Jahrestagung Speyer 1995 DGMT, Rheinbach, S. 17–18.
BISCHOFF, W. (1970): *Lacerta strigata* EICHWALD, 1831, eine schöne und interessante Eidechse. Aquarien – Terrarien 17(2): 48–49.
BISCHOFF, W. (1976): Echsen des Kaukasus 10. Die Streifeneidechse *Lacerta strigata* EICHWALD, 1831. Aquarien – Terrarien 23: 84–88.
DAREWSKIJ, I. S. (1984): *Lacerta strigata* EICHWALD, 1831 – Kaspische Smaragdeidechse. In: BÖHME, W. (Hrsg.): Handbuch der Reptilien und Amphibien Europas Band 2/I Echsen II (Lacerta), Aula-Verlag, Wiesbaden, 82–99.
MALKMUS, R. (1980): Zur Verbreitung der Iberischen Smaragdeidechse *Lacerta schreiberi* BEDRIAGA, 1878 in Portugal südlich des 40. Breitengrades. Nachr. Naturw. Mus. Aschaffenburg 89: 60–74.
MALKMUS, R. (1982): Beitrag zur Verbreitung der Reptilien und Amphibien Portugals. Salamandra 18(3/4): 218–299.
NETTMANN, H.-K., S. RYKENA (1984a): *Lacerta trilineata* BEDRIAGA 1886 – Riesensmaragdeidechse, S. 200–128.
NETTMANN, H.-K., S. RYKENA (1984b): *Lacerta viridis* (LAURENTI, 1768) – Smaragdeidechse, S. 124–180. In: BÖHME, W. (Hrsg.): Handbuch der Reptilien und Amphibien Europas Bänder II2/I Echsen II (*Lacerta*), Aula-Verlag, Wiesbaden, S. 100–180. Mit über 150 Literaturhinweisen.
PETERS, G. (1964): Studien zur Taxonomie, Verbreitung und Ökologie der Smaragdeidechsen. III. Die orientalischen Populationen von *Lacerta trilineata*. Mitt. Zool. Mus. Berlin 40: 185–249.
RYKENA, S., H.-K. NETTMANN (1978): Die Iberische Smaragdeidechse. Aquarien-Magazin 1987, 2: 56–58.
SALVADOR, A. (1984): *Lacerta schreiberi* BEDRIAGA, 1878 – Iberische Smaragdeidechse. In: BÖHME, W. (Hrsg.): Handbuch der Reptilien und Amphibien Europas Band 2/I Echsen II (Lacerta). Aula-Verlag, Wiesbaden, 69–81.
SCHMIDTLER, J. F. (1975): Zur Taxonomie der Riesensmaragdeidechsen (*Lacerta trilineata* BEDRIAGA) Süd-Anatoliens (Reptilia, Lacertidae) Veröff. Zool. Staatssammlg. München 18: 45–68.
SCHMIDTLER, J. F. (1986a): Orientalische Smaragdeidechsen. 1. Zur Systematik und Verbreitung von *Lacerta viridis* in Nord-Anatolien (Sauria, Lacertidae). Salamandra 22(1): 29–46.
SCHMIDTLER, J. F. (1986b): Orientalische Smaragdeidechsen: 2. Über Systematik und Synökologie von *Lacerta trilineata*, *L. media* und *L. pamphylica* (Sauria, Lacertidae). Salamandra 22(2/3): 126–146.

Lamprolepis smaragdina
(LESSON, 1830)
Smaragdskink, E Emerald skink, F Scinque émeraudin

Beschreibung: Die früher in der Gattung *Dasia* zusammengefaßten Baumskinke werden heute drei Gattungen zugeordnet. Neben der monotypischen Gattung *Apterygodon* wurde die Gattung *Lamprolepis* aufgestellt, die sich von *Dasia* durch eine nicht quergebänderte Jugendzeichnung unterscheidet. Jungtiere von *Lamprolepis* sind unifarben mit dunklen Punktflecken.
Der Körper dieser schlanken Skinke ist leicht abgeflacht walzenförmig. Die Schnauze ist spitz, die Ohröffnung deutlich sichtbar. Die langfingrigen Gliedmaßen sind kräftig gebaut. Die Geschlechter lassen sich relativ gut an der bei den Männchen größer ausgebildeten Fersenschuppe an der Unterseite der Hinterbeine unterscheiden. Die Rückenschup-

pen und Bauchschuppen sind breit, glatt und überlappen sich schindelartig, die mittlere Schuppenreihe auf der Schwanzunterseite ist auffällig verbreitert. Die Färbung der Oberseite ist einfarbig grün, braun oder grau, auch fast schwarze Tiere treten auf. Oft ist nur der Vorderkörper grün, Rücken und Schwanz eher braun mit einer variablen Fleckenzeichnung hellerer und schwarzer Punktflecken. Die Unterseite ist weißlich bis graugrün. MERTENS (1929) unterschied nach der Färbung 8 Unterarten, deren Validität jedoch von neueren Autoren in Frage gestellt wird. Größe: 25 cm.

Geographische Verbreitung: Taiwan, Philippinen, östliches Indonesien, Neuguinea, Mikronesien, Salomonen, Santa Cruz-Inseln.

Biologie und Ökologie: Smaragdskinke sind ausgesprochene Baumbewohner des Flachlandes. Nach MANTHEY (1985) bevorzugen sie kahle Baumstämme ohne Kletterpflanzen, die der Sonne ausgesetzt sind, kommen in Mangrovenwäldern, am Rand des Regenwaldes, auf einzelnen Bäumen oder Baumgruppen des Graslandes, in Kokosnußplantagen und selbst auf winzigen Inseln mit nur wenigen Palmen vor. Die Besiedlungsdichte der Bäume hängt offenbar von der Dicke ihrer Stämme ab, so werden an dickstämmigen Bäumen größere Individuenzahlen beobachtet. Die tagaktiven Tiere kann man an sonnigen Tagen vom frühen Vormittag bis zum späten Nachmittag oft bewegungslos am Baumstamm sitzend und mit abgewinkeltem Kopf die Umwelt beobachtend antreffen, selten sind sie am Boden zu sehen.

Bei Flucht laufen sie stammaufwärts und versuchen, auf der dem vermeintlichen Aggressor abgewandten Stammseite zu entkommen. Dabei entwickeln sie beachtliche Klettergeschwindigkeiten.

Sie lassen sich auch aus großer Höhe fallen, ohne dabei Schaden zu nehmen.

Terrarium: Hohe Kletterterrarien mit kräftigem Astwerk und Rückwandverkleidung aus Borke zur Erhöhung der Klettermöglichkeiten. Maße etwa 80 × 80 × 150 cm oder höher.

Am besten paarweise Haltung, oft vertragen sich auch die Weibchen nicht miteinander. Bei Vergesellschaftung mit anderen Arten ist zu bedenken, daß sie deren Eier und evtl. Jungtiere verzehren. Beim Verfasser bewährte es sich nicht, mehr als ein Männchen und zwei Weibchen gleichzeitig zu halten, die schwächeren Tiere kamen nicht mehr ans Futter und gingen wahrscheinlich streßbedingt in kurzer Zeit ein. Einmal eingewöhnt, sind sie untereinander dann recht friedfertig, sonnen sich gemeinsam und sind bei guter Pflege dann auch ausdauernd.

Ausstattung: Humoser Lehmboden oder Einheitserde. Bepflanzung mit ostasiatischen Boden- und Kletterpflanzen wie *Aglaonema, Nephrolepis, Scindapsus* und *Ficus*-Arten. An Epiphyten können Platycerien, *Nepenthes*-Arten und Orchideen Verwendung finden. Es ist jedoch wichtig, weite Bereiche der Äste unbepflanzt zu lassen, um dem natürlichen Verhalten zu entsprechen. Ideal sind deshalb auch Äste mit natürlichen, aber vom Pfleger kontrollierbaren Löchern, die von den Tieren gern als Schlafplätze genutzt werden. Tagsüber mit einem langsam laufenden Ventilator für Luftumwälzung und Frischluftzufuhr sorgen.

Heizung: Strahlungsheizer oder Quecksilberdampflampe im oberen Bereich, so daß Plätze mit Temperaturen um 38 °C aufgesucht werden können. Im Bodenbereich sollten die Temperaturen um 20 °C liegen, nachts kann eine Abkühlung auf 20 bis 25 °C erfolgen.

Licht: Leuchtstoffröhren.

Futter: Insekten, Spinnen, kleine Gehäuseschnecken, Ameisenpuppen, süßes Obst, kleine Vogeleier, Dotter von Hühnereiern, Asseln und Würmer.

Feuchtigkeitsbedürfnis: Obwohl die Echsen hauptsächlich Sprühwasser auflecken, ist eine Trinkmöglichkeit zu empfehlen. Täglich mehrfach sprühen. Die Luftfeuchtigkeit sollte tagsüber bei 60 %, nachts bei 90 bis 100 % liegen.

Nachzucht:

Paarung: Die Fortpflanzung beschreibt MANTHEY (1985) wie folgt: „Wenn das Männchen in Paarungsstimmung ist, nähert es sich rechtwinklig dem Körper des Weibchens und vibriert in hoher Frequenz mit dem Kopf. Schließlich beißt es zärtlich in den Schwanz des Weibchens. Ist das Weibchen nicht paarungsbereit, dreht es seinen Kopf zum Körper des Männchens und öffnet leicht die Schnauze. Das Männchen läßt dann los und verfolgt auch nicht ernsthaft das sich entfernende Weibchen. Die Paarung erfolgt, nachdem sich das Männchen der Flanke des Weibchens kurz hinter den Vorderbeinen festgebissen hat."

Eiablage: Die Eier werden vom Weibchen im Boden oder im Mulm von Astlöchern abgelegt. Auf den Philippinen beträgt die Zeitigungsdauer 54 bis 58 Tage. MANTHEY (1985) erwähnt als Eiablagedatum den 1. Oktober und als Schlupfdatum den 27. November. In Gefangenschaft sind Eiablagen auch im Winter erfolgt, Schlupftermine sind von Februar bis April genannt.

Es werden nach OBST et al. (1984*) Gelege von 2 bis (meist) 6 Eiern abgelegt. Alle mir bekannten Ablagen bestanden aus nur zwei Eiern. Möglicherweise ist aber die Anzahl der Eier bei nahe verwandten Arten der Gattung unterschiedlich.

Lamprolepis smaragdina

Aufzucht: Die Jungtiere schlüpfen in einer Größe von 8 bis 9 cm, wobei die Kopf-Rumpf-Länge bei 35 bis 38 mm liegt. Jungtiere werden in kleineren Terrarien bei Temperaturen von etwa 25 °C am Boden und 35 °C im oberen Bereich aufgezogen, unter dem Heizstrahler können auch Temperaturen bis 40 °C auftreten. Bei niederen Temperaturen nehmen die Jungtiere das Futter nicht an und zeigen auch eine zu geringe Allgemeinaktivität. Man füttert anfangs mit kleinen Grillen und Heimchen, Fliegen und Motten und versetzt das Futter mit Kalk-Vitamin-Präparaten. Gelegentliche UV-Bestrahlung ist notwendig.

Literatur:
GREER, A. E. (1970): The relationships of the skinks referred to the genus *Dasia*. Breviora 348: 1–30.
INGER, R. F. (1980): Species of the scincid genus *Dasia* GRAY. Fieldiana, Zool. New Ser. 3: 1–11.
MANTHEY, U. (1985): Der Smaragdskink, *Lamprolepis smaragdina* (LESSON). Ein eierfressender Baumskink. Sauria 7(1): 5–11. (Mit weiterführenden Literaturangaben.)
MERTENS, R. (1929): Die Rassen des Smaragdskinkes, *Dasia smaragdina* LESSON. Zool. Anz. 84(9/19): 209–220.

Laudakia atricollis
(SMITH, 1849)
Blaukehlagame, E Black-necked agama, F Agame à cou noir, SA Boom-Koggelmander

Beschreibung: Kräftige Körperform, Kopf massig, deutlich vom Körper abgesetzt, besonders bei den Männchen mit ausgeprägten Masseterwülsten. Die Schwanzlänge übertrifft die Kopf-Rumpf-Länge um das eineinhalbfache. Die Grundfärbung der Oberseite ist braun bis dunkelgrün. An jeder Halsseite befindet sich ein schwarzer Halsbandfleck, der vorn von einem hellen, gelblichen Rundfleck, hinten von einem schmalen, hellen Saumfleck eingefaßt ist.
Kopfseiten mit hellem Unteraugenstrich. Das Zeichnungsmuster auf dem Rücken besteht aus schmalen gelblichen bis elfenbeinfarbenen, teilweise unterbrochenen Querstrichen an den Körperseiten, die den Körper in sechs Abschnitte einteilen. Am ersten befinden sich die Vorder-, am letzten die Hintergliedmaßen. Auf der Rückenmitte sind gleichfarbige helle Flecken zentral zwischen den Querstrichen angeordnet. Diese können bei ausgewachsenen Männchen nahezu verschwinden, sind aber meist noch erkennbar. Namentlich bei jüngeren Weibchen sind diese Flecken durch eine dunkle, oft rautenförmige Zeichnung umgeben, die gleichfalls im Alter zurücktritt. Der Schwanz ist einfarbig oder gefleckt, bei älteren Tieren meist abgesetzt braun. Über die gesamte Oberseite sind zahlreiche, meist aus einer größeren stachelspitzigen Schuppe gebildete Punktflecken verstreut.
Die Unterseite ist schmutzig-weiß bis braun mit allen Übergangsstufen, teils gefleckt.
Jungtiere zeigen prinzipiell die gleiche Färbung, sind aber in den ersten Lebensabschnitten kontrastreicher gezeichnet.
Die Kehle der Blaukehlagamen ist in allen Altersstufen gefleckt, helle, gelbe Flecke stehen auf dunklem, bei adulten Tieren blaugrauen Grund. Blaukehlagamen zeigen einen auffälligen physiologischen Farbwechsel, der sich besonders beim Rivalisieren adulter Männchen beobachten läßt: Die Aufhellung der Oberseite beginnt am Kopf und setzt sich gleichmäßig von den zentralen Dorsalflecken ausgehend an den Körperseiten fort. Es tritt eine Umfärbung über hellbraun-gelblich bis zu hellgrün ein. Der Kopf nimmt eine anfangs bläulichgrüne, später tiefblaue Farbe an. Die Kehlflecken, anfangs gelblich bis gelborange, werden in der Endphase dunkelblau. Diese Blaufärbung reicht oft bis in die Schulterregion.
Die Kopfbeschuppung besteht bei adulten Tieren aus zahlreichen kleinen Schildchen, Stachel- und Dornschuppen befinden sich besonders im Bereich der Ohröffnungen und in Gruppen am Hinterkopf. Die Körperoberseite ist mit kleinen Schuppen bedeckt, zwischen die einzelne, hell gefärbte, gekielte, teils stachlige große Schuppen eingestreut sind. Regelmäßige Querreihen bildet die stets erkennbare typische Querstreifenzeichnung. Die mediodorsalen gekielten Großschuppen gehen allmählich in die kleinbeschuppten Rückenseiten über. Die Schwanzschuppen sind groß und gekielt. Größe: 38 cm.
Geographische Verbreitung: Die Nominatform kommt in ganz S-Afrika vor, etwa sechs Unterarten bewohnen O-Afrika bis Äthiopien (s. KLAUSEWITZ 1957, SCHMIDT 1966).
Biologie und Ökologie: Blaukehlagamen kommen vom Flachland bis in die Gebirgsregionen vor, am häufigsten kann man sie in den Savannenlandschaften beobachten, wo sie bevorzugt Baumbewohner sind. Sie leben aber auch in Kurzgrassteppen, wo sie Unterschlupf unter Steinen finden. Oft werden sie in unmittelbarer Nähe menschlicher Niederlassungen gefunden, so bewohnen sie selbst die Bäume innerhalb von Touristencamps, nutzen auch Holzstapel und Mauern. Häufig kann man sie paarweise beobachten. Bei Annäherung versuchen sie stets den Stamm zwischen sich und den Betrachter zu bekommen ohne aber diesen aus den Augen zu lassen. Die tagaktiven Agamen beginnen ihren Tagesablauf morgens mit ausgiebigem Sonnenbaden auf Ästen, Mauern, Steinen oder auch am Boden, bevor sie dort auf Nahrungssuche gehen. Je nach Sonnenstand gehen sie dieser Beschäftigung ganztägig nach, legen höchstens in der größten Mittagshitze in schattigeren Bereichen eine gewisse Ruhepause ein, um dann bis zur untergehenden Sonne wieder allen möglichen Insekten, Ameisen und Termiten nachzustellen. Zur Nacht suchen sie dann ihre angestammten Versteckplätze auf, die sie nur selten wechseln.
Terrarium: Hohes geräumiges Terrarium mit kräftigem Kletterbaum, am besten grobrindige Robinie. Besonders Tiere aus Gebirgsregionen und aus Gegenden mit starkem Tag-Nacht-Wechsel der Temperaturen können während des Hochsommers durchaus im Freilandterrarium gehalten werden. Sie zeigten beim Verfasser ein viel natürlicheres Verhalten. Man hat allerdings manchmal Probleme mit der Umstellung, wenn man sie wieder ins Zimmerterrarium zurückbringt. So können sie dann ebenso wie Wildfänge anfangs die Nahrung verweigern. Wegen der starken Rivalität empfiehlt sich paarweise Haltung, es lassen sich jedoch gut einige Weibchen mit einem Männchen vergesellschaften.
Ausstattung: Als Bodenbepflanzung kommen nur sehr widerstandsfähige Yuccas, Agaven oder südafrikanische Sukkulenten (Gasterien, Aloen) in Frage. Die Rückwand kann zur Erhöhung der Klettermöglichkeiten als Felswand gestaltet sein. Der Bodengrund besteht aus sandigem Lehm und wird nur leicht befeuchtet. Ein kleines Wasserbecken als Trinkgefäß sollte nicht fehlen, die Tiere lecken aber auch Sprühwassertropfen auf.
Heizung: Stärkere Strahlungsheizer, Quecksilberdampf-Lampen, die Temperaturen bis zu 40 °C am Sonnenplatz

und ein Temperaturgefälle zwischen 15 und 30 °C vom Boden bis zur Decke erbringen. Die Vorzugstemperaturen lagen bei unseren Tieren im Terrarium bei etwa 30 °C, nachts kann die Temperatur auf 14 bis 16 °C sinken.
Licht: Leuchtstoffröhren können als zusätzliche Beleuchtung dienen, Tageslicht.
Futter: Große Insekten aller Art, Laubheuschrecken, Wanderheuschrecken, Grillen und Heimchen, Nachtfalter und große Wachsmotten, nestjunge Mäuse, eventuell Rinderherz von der Pinzette. Dazu reichlich Kalk- und Vitamingaben und bei Zimmerterrarienaufenthalt unbedingt UV-Bestrahlung zweimal wöchentlich etwa 10 bis 15 Minuten. Die Tiere nehmen auch zerhackte Sepiaschalenstücke auf.
Nachzucht:
Paarung: Konnte vom Verfasser nicht beobachtet werden, in der angegebenen Literatur finden sich keine detaillierten Hinweise.
Eiablage: Das Weibchen legt bis zu 12 Eier in selbst gegrabene Höhlen des Erdbodens. Bei unseren Tieren geschah dies nachts oder in den ersten Morgenstunden. Die Eiablagestelle wird vom Weibchen anschließend wieder mit Sandboden bedeckt, so daß man die Ablage nur an der nun schlanken Form des Muttertieres erkennen konnte. Die Eier besitzen eine rundliche Form von 16 × 18 mm, die Eihaut ist etwa 1,4 mm stark und weist kristalline Kalkeinlagerungen auf.
Inkubationszeit: Die Inkubationszeit beträgt drei bis vier Monate bei Temperaturen im Boden um 25 °C tagsüber und 18 °C nachts.
Aufzucht: Die Jungtiere schlüpfen in einer Größe um 60 mm und werden mit passendem Kleinfutter mit Kalk-Vitamin-Zugaben und UV-Bestrahlung aufgezogen.

Literatur:
KLAUSEWITZ, W. (1957): Eidonomische Untersuchungen über die Rassenkreise *Agama cyanogaster* und *Agama atricollis*. 2. Die Unterarten von *Agama atricollis*. Senckenberg. biol. 35: 132–146.
MERTENS, R. (1955): Die Amphibien und Reptilien Südafrikas. Abh. senckenb. naturf. Ges. 490: 1–172.
SCHMIDT, H. (1966): *Agama atricollis subsp. inc.* aus der Serengeti. Salamandra 2(3): 57–68.

Laudakia caucasia
(EICHWALD, 1831)
Kaukasus-Agame, E Agama caucasica, Northern rock agama, Caucasian agama, F Agame du Caucase, Agame de Caucasie

Beschreibung: Die Kaukasus-Agame besitzt einen flachen Kopf und Rumpf, der nur an der Schwanzwurzel abgeflachte Schwanz ist etwas länger als die Kopf-Rumpf-Länge. Schuppen auf der Rückenmitte größer als auf den Rückenseiten, Flanken kleinschuppig, Bauchschuppen glatt, Kehlschuppen ebenso. Schwanz mit wirtelig angeordneten Stachelschuppen. Stachelschuppen befinden sich auch auf der Oberseite der Gliedmaßen, diese sind größer als die Schuppen auf der Rückenmitte.
Färbung der Oberseite sehr variabel, von hell sandfarbenen Tönen über graubraun und rotbraun bis schwarz reichend. Zeichnung in Form von netzartigen Linien, die hellere gelbliche bis bräunliche Bereiche umschließen.
Die Bauchseite ist cremefarben bis grau, manchmal rötlich, bei den Männchen ist die mittlere Bauchzone heller. Die Kehle ist dunkel marmoriert. Die Männchen haben zur Paarungszeit eine schwarzblaue Kehle und Brustfärbung, die bis auf den Bauch reichen kann. Der Schwanz läßt eine leichte Querbänderung erkennen. Jungtiere zeigen eine kontrastreichere Zeichnung aus dunklen Rückenquerstreifen, dazwischen befinden sich gelbliche Flecken. Schwanz mit hell-dunkler Querstreifung. Größe: Bis 35 cm.
Geographische Verbreitung: Von Dagestan über Transkaukasien, S-Turkmenien, die NO-Türkei, Irak, Iran, Afghanistan bis Pakistan.
Biologie und Ökologie: Fels- und Geröllzonen der Gebirge mit spärlicher Vegetation. Im Bergland bis auf 3400 m ansteigend. In Flußtälern meist an den Hängen, in Ebenen fehlend. Im Gegensatz zum Hardun werden Kaukasus-Agamen kaum in der Nähe menschlicher Ansiedlungen gefunden. Sie haben mit 30 bis 40 m eine relativ hohe Fluchtdistanz und verkriechen sich bei Annäherung in Gesteinsspalten, Hohlräumen im Geröll und Erdlöchern, wo sie sich so hineindrücken, daß sie kaum herausgeholt werden können. Aktivitätszeit tagsüber, mit Ausnahme der größeren Mittagshitze im Hochsommer. Höchste Aktivität bei Untergrundtemperaturen um 40 °C, Temperaturen um 50 °C veranlassen die Tiere, ihre Verstecke aufzusuchen. Die jahreszeitliche Aktivität beginnt im späten März und endet gegen Ende Oktober. Kaukasus-Agamen überwintern oft gesellig. Der Winterschlaf kann an warmen Wintertagen bei Temperaturen um 10 °C unterbrochen werden.
Das Verhalten der Männchen ist sehr territorial. Im Territorium werden einige Weibchen geduldet. Diese verteidigen möglicherweise ihre Gelege bzw. Eiablageplätze. Die unterschiedliche Unterseitenfärbung dient als optisches Signal zur Geschlechterdifferenzierung, besonders, wenn beim Imponieren der Oberkörper hoch aufgerichtet wird. Bei Feinderkennung wird erregt genickt, so daß auch andere Artgenossen zur Flucht veranlaßt werden.
Terrarium: Trocken-felsiges Terrarium in den Maßen ab 100 × 50 × 80 cm.
Ausstattung: Rückwand aus Steinplatten mit kontrollierbaren Verstecken. Platten flachliegend aufmauern, um die Kletterfläche zu vergrößern. Bodengrund sandig-lehmig mit Steingeröll, etwa 10 bis 15 cm tief. Harte Gräser, die gelegentlich ausgetauscht werden müssen, auch widerstandsfähige Xerophyten der montanen Region, eventuell Hartlaubgewächse.
Heizung: Bodenheizer für einen Teilbereich unter der Strahlungslampe (Sonnenplatz).
Licht: Leuchtstoffröhren, ca. 120 W für die oben angegebenen Maße des Terrariums. UV-Bestrahlung ein- bis zweimal wöchentlich.
Futter: Käfer, Feldheuschrecken, Grillen und Heimchen, Hautflügler, Schmetterlinge, allerlei Raupen und andere Larven aber auch pflanzliche Kost, wie Blüten, Knospen und Beeren, Blätter und Obststückchen.
Feuchtigkeitsbedürfnis: Sprühen der Pflanzen, geringe Bodenfeuchtigkeit im Pflanzbereich, eventuell Wassernapf.
Überwinterung: 2 bis 3 Monate bei 3 bis 8 °C im kühlgestellten Terrarium. Auf Erhalt einer geringen Bodenfeuchtigkeit achten!
Aufzucht:
Paarung: Nach dem Erwachen aus der Winterruhe beginnt die Paarungszeit, die bis zum Juni dauern kann. Die territorialen Männchen verpaaren sich mit mehreren Weibchen, die im Revier leben.
Eiablage: Diese legen von Mai bis Ende Juni 1 bis 2 Gelege mit 6 bis 14 Eiern, die eine Größe von 5 × 12 bis 14 × 26 mm aufweisen. MADEL und KLOK-

KENHOFF (1972) berichten von kollektiver Eiablage in afghanischen Biotopen.
Inkubationszeit: Die Eier entwickeln sich in knapp zwei Monaten bei Bodentemperaturen von 28 °C, und die beim Schlupf etwa 70 mm großen Jungtiere, die in der Natur je nach Herkunft von August bis Oktober erscheinen, können dann den adulten Tieren zum Opfer fallen, wenn man sie nicht separiert.
Aufzucht: Aufzucht der Jungtiere mit Kleininsekten, Kalk-Vitamin-Beigaben und UV-Bestrahlung.
Geschlechtsreife: Die Geschlechtsreife wird mit einer Kopf-Rumpf-Länge von etwa 100 mm erreicht, im allgemeinen im dritten Lebensjahr.

Literatur:
BISCHOFF, W. (1973): Echsen des Kaukasus, 1. Kaukasusagame, *Agama caucasica* (EICHWALD) 1831. Aquarien – Terrarien 20(8): 274–275.
HEMMERLING, J., W. MEUSEL (1970): Exkursionsergebnisse aus dem Kaukasus. Aquarien – Terrarien 17: 120–123.
LANGENWERF, B. (1983): Über die Haltung und Zucht von *Agama caucasia* (EICHWALD, 1831) (Sauria: Agamidae), nebst Bemerkungen zur erfolgreichen Zucht weiterer palaearktischer Echsen. Salamandra, Frankfurt/M., 19(1/2): 11–20.
LIESACK, H. (1993): Die Kaukasusagame (*Stellio caucasius*) Haltung und Nachzucht. elaphe (N.F.) 1(1): 4–6.
MADEL, G., H. KLOCKENHOFF (1972): Beobachtungen an Kaukasus-Agamen, *Agama a. caucasia* (EICHWALD, 1831) in Afghanistan. Aqua-Terra 9: 3–7.
POPP, B. (1965): Einige Beobachtungen an gefangenen Kaukasus-Agamen, *Agama caucasica* (EICHWALD) 1831. *Agama caucasia* (EICHWALD 1831) – Kaukasus-Agame. Aqua-Terra 2: 39–40.
ORLOWA, W. F. (1981): In: BÖHME, W. (Hrsg.): Handbuch der Reptilien und Amphibien Europas 1/I Akad. Verlagsgesellschaft, Wiesbaden, 136–148.
SCHLEICH, H.-H. (1979): Feldherpetologische Beobachtungen in Persien, nebst morphologischen Daten zu den Agamen *Agama agilis*, *A. caucasica* und *A. erythrogaster* (Reptilia: Sauria: Agamidae). Salamandra 15: 237–253.
THIEME, W. (1980): Die Kaukasusagame, *Agama caucasica*, in der Natur und im Terrarium. herpetofauna 2(8): 27.

Laudakia lehmanni
(NIKOLSKY, 1896)
Asiatische Bergagame, E Lehmann's agama, F Agame de Lehmann

Beschreibung: Körper und Kopf dieser kräftigen Agame sind abgeflacht, der sonst im Querschnitt runde Schwanz ist nur an der Wurzel abgeplattet. Dornige Schuppen um die Ohröffnung und an den Falten des Hinterkopfes. Mittlere Rückenzone mit zahlreichen großen, gekielten Schuppen, dazwischen kleinere. Rückenseiten mit kleinen Schuppen, zwischen die einzelne größere gekielte, dornig auslaufende Schuppen eingestreut sind. Schwanz im hinteren und unteren Bereich mit deutlichen Längsreihen dorniger Schuppen. Kehl- und Bauchschuppen glatt. Auffallend große Schuppen auf der Oberseite der Schenkel. Färbung der Oberseite grau-oliv, beige bis braun mit einer netzartigen Zeichnung aus kurzen hellen Flecken und Linien, die meist quer zum Körper verlaufen. Rücken heller als die Körperseiten. Gliedmaßen und Schwanz quergebändert. Kopf oberseits einfarbig. Adulte Männchen mit schwarzen und rot-orangenen Kehlflecken, die im Rahmen eines physiologischen Farbwechsels auftreten. Größe: 30 cm.
Geographische Verbreitung: Südöstliches Z-Asien, nördlich bis ins Fergana-Tal, westlich bis an die Nura Tau- und Kugitang-Berge, östlich bis ins Darvaz-Gebirge und südlich bis ins nördliche Afghanistan.
Biologie und Ökologie: Ausgesprochene Bergagame, die die Steppen und Lößhänge der Flußtäler und felsige Bereiche im Berg- und Hügelland bewohnt. Bis auf über 3000 m Höhe vorkommend. Oft in der Nähe von Gebirgsgewässern. Die tagaktiven Agamen können beim Sonnen und Beobachten ihres Territoriums oft auf exponierten Stellen, wie Felsen und auch Holz, beobachtet werden. Bei Gefahr ziehen sie sich in ihre Verstecke zwischen Steinen, in Felsritzen und Erdhöhlen zurück, die sie selbst graben oder von Nagern übernehmen.
Terrarium: Trockenes Steppenterrarium mit sandig-lehmigem Bodengrund von mindestens 10 cm Höhe, einem Steinaufbau und einer zum Klettern geeigneten Rückwand.
Heizung: Tagsüber partiell auf 35 °C unter der Heizlampe, sonst 20 bis 28 °C. Nachts kann die Temperatur auf 15 °C fallen.
Licht: Tageslicht oder Leuchtstoffröhren. Gelegentlich UV-Bestrahlung.
Futter: Grillen und Heimchen, Wanderheuschrecken, Wachsmotten, Feldheuschrecken und weichschalige Käfer, sowie allerlei fliegende Insekten, Spinnen und Regenwürmer.
Feuchtigkeitsbedürfnis: Morgens und abends sprühen, Bodengrund leicht feucht halten, damit die Tiere sich Höhlungen mit optimalem Mikroklima graben können.
Überwinterung: Von Dezember bis Februar im ungeheizten Raum bei 5 bis 10 °C. Gelegentlich sprühen!
Nachzucht:
Paarung: Die Paarung findet im Frühjahr statt, wenn die Tiere aus der Winterruhe erwachen.

Laudakia lehmanni

Laudakia stellio

Eiablage: Ende Juni bis Mitte Juli legt das Weibchen ein Gelege von 2 bis 3 etwa 18 bis 20 mm langen Eiern im Boden ab.
Inkubationszeit: Nach etwa zweieinhalb Monaten schlüpfen die Jungen gegen Ende September.
Aufzucht: Man zieht sie getrennt von den Elterntieren auf. Abwechslungsreiches Wiesenplankton und entsprechendes Kleinfutter wird mit Kalk-Vitamin-Präparaten bestäubt, das eingesprühte Trinkwasser gelegentlich mit wasserlöslichem Vitamin D_3 versetzt. Zweimal wöchentlich sollte eine 10- bis 15minütige UV-Bestrahlung stattfinden.

Literatur:
TERENTÈV, P. V., S. A. CHERNOV (1949): Key to Amphibians and Reptiles (Opredelitel' presmyka yushchikhskaya i Zemnovodnykh) Moskwa 1949/Israel Program for Scientific translations, Jerusalem 1965, S. 134.

Laudakia stellio
(LINNAEUS, 1758)
Hardun, E Hardun, F Stellion, Hardoun, I Stellione
BArtSchV 1/1

Beschreibung: Breiter, flacher Kopf, deutlich durch verbreiterte Wangenregion vom Hals abgesetzt. Körper abgeplattet. Kräftige, lange Gliedmaßen. Starke Schuppen auf Körper, Schwanz und Gliedmaßen in deutlichen Körperquerreihen, auf dem Schwanz wirtelig angeordnet. Gruppen von Stachelschuppen in der Ohrgegend und an den Halsseiten. Kehlschuppen gekielt und stachelspitzig.
Oberseite der Gliedmaßen mit stark gekielten großen Schuppen, Unterseite derselben mit kleinen, flachen Schuppen. Kräftige Krallen. Bauchseite mit kleinen, flachen, sich nicht überdeckenden Schuppen. Die wirteligen Schwanzschuppen besonders im vorderen Bereich in spitze Stacheln auslaufend. Grundfärbung graubraun, sandbraun bis schwarzbraun mit 4 bis 5 hellen rhombischen Flecken oder Querbändern. Schwanz hell und dunkel geringelt. Kopfoberseite je nach Stimmung rot, gelb, braun bis schwarz. Unterseite hellbraun mit dunklerer Marmorierung. Männchen mit kräftigen Präanalporen, sowie wenigstens in der Paarungszeit kontrastreicherer Körperzeichnung. Bei einigen Populationen haben die Männchen einen orangefarbenen Kehlfleck. Grellgelb bis rot gefärbte Kopfoberseiten treten vor allem bei Tieren aus der Türkei, von den nördlichen Kykladen und Korfu auf. Größe: Bis 35 cm.

Geographische Verbreitung: N-Griechenland (Thessaloniki und Umgebung), Korfu, Rhodos, Lesbos, Paros, Antiparos, Naxos, Rhineia, Despotiko, Mykonos, Zypern, Türkei, Irak, Syrien, Libanon, Jordanien, Israel, Ägypten, Arabien.
Auf europäischem Gebiet nur 2 Unterarten: **Laudakia s. stellio** (LINNAEUS, 1758) (Mykonos-Archipel) und **L. s. daani** BEUTLER & FRÖR, 1980 (Samos, Ikaria, Paros-Archipel, Thessaloniki, Türkei bis Irak und Israel).
Die Nominatform unterscheidet sich von **L. s. daani** durch den farblich vom Rumpf abgesetzten Kopf, den gelben Bauch und die nahezu ungefleckte Kehle. Bei **L. s. daani** ist der Bauch weiß, die Kehle dunkel gefleckt und die Männchen besitzen zur Paarungszeit leuchtend blaue Schuppen auf Kopf, Körper und Beinen.
L. s. cypriaca DAAN, 1967 lebt auf Zypern, **L. s. brachydactyla** HAAS, 1952 auf dem Sinai, in der Negev-Wüste, und in Arabien.
L. s. vulgaris SONNINI & LATREILLE, 1802 lebt in Ägypten. **L. s. picea** PARKER, 1935 aus Transjordanien ist wohl nicht als valide Unterart zu betrachten und **L. s. brachydactyla** zuzuordnen.
Biologie und Ökologie: Steinige Lebensräume, wie Felsen, Legsteinmauern, Ruinen, Gebäude, z.T. auch baumbewohnend, besonders auf Olivenbäumen. In N-Griechenland nur auf Schiefer. Hardune fehlen in völlig vegetationslosen Zonen und geschlossenen Wäldern, besiedeln sonst sowohl feuchtere, gewässernahe Biotope als auch trockenere. Im Gebirge bis maximal 2000 m aufsteigend. Hardune haben eine Vorzugstemperatur von 45 °C, können aber auch bei wesentlich höheren Bodentemperaturen

noch aktiv sein. Schon bei fehlender Besonnung und wolkigem Himmel ziehen sich die Tiere in ihren Unterschlupf zurück. Ihr Feuchtigkeitsbedürfnis stillen die Tiere durch Auflecken von Wassertropfen. Die Tiere trinken auch aus stehenden Kleingewässern. Hardune leben meist paarweise, aber auch in größeren Gruppen, wobei sie ein ausgeprägtes Territorial- und Sozialverhalten zeigen. In solchen Gruppen zeigt nur das ranghöchste Männchen die Prachtfärbung am Kopf, das auch als einziges die Paarung mit den Weibchen vollzieht.

Terrarium:
Ausstattung: Geräumiges Terrarium mit Felsaufbau oder -rückwand, Bodengrund sandig bis steinig, einige stärkere Kletteräste. Bepflanzung nur im ungeheizten Teilbereich des Bodens mit mediterranen Gehölzen, wie Lorbeer, Myrte, Agaven und anderen Sukkulenten.
Heizung: Flächige Bodenheizung und Strahlungsheizer.
Licht: Viel Licht, besonders bei bedecktem Wetter, Leuchtstoffröhren oder Quecksilberdampflampen. Gelegentlich UV-Bestrahlung. Während heißer Sommertage auch Unterbringung im Freilandterrarium möglich.
Feuchtigkeitsbedürfnis: Wassernapf zum Trinken.
Überwinterung: Kann entfallen, sonst ca. 6 Wochen Winterruhe bei 15 °C.
Nachzucht: Die Ei- und Spermienreifung findet während der Winterruhe statt.
Paarung: Findet in den Monaten März bis Mai statt.
Eiablage: Das Weibchen setzt 2 bis 3 Gelege im Jahr ab, die aus etwa 10 Eiern bestehen. Diese sind pergamenthäutig und ca. 11 × 19 mm groß. Die Eiablage beginnt im Mai und endet im Juli.
Inkubationszeit: Die Zeitigungsdauer beträgt 2 bis 4 Monate, in Gefangenschaft bei 28 bis 29 °C zwischen 52 und 55 Tagen im Brutapparat. Die Jungen schlüpfen in einer Größe von 35 mm.
Geschlechtsreife: Sie erreichen die Geschlechtsreife nach etwa eineinhalb Jahren, wenn sie eine Kopf-Rumpf-Länge von ca. 90 bis 100 mm erreicht haben.

Literatur:
BEUTLER, A. (1981): In: BÖHME, W. (Hrsg.) Handbuch der Reptilien u. Amphibien Europas: *Agama stellio* (LINNAEUS, 1758) 1/I, Akad. Verlagsgesellschaft, Wiesbaden, 161–177. (Mit weiteren Literaturhinweisen.)

BEUTLER, A., E. FRÖR (1980): Die Amphibien und Reptilien der Nordkykladen. Mitt. Zool. Ges. 3(10/12): 255–290.
BIRKENMEIER, E. (1952): Feldbeobachtungen an *Agama stellio stellio* LINNÉ und *Lacerta sicula hieroglyphica* BERTHOLD. DATZ 5: 50–51.
DAAN, S. (1967): Variation and taxonomy of the Hardun, *Agama stellio* (LINNAEUS, 1758), (Reptilia, Agamidae). Beaufortia 172(14): 109–134.
GRUBER, U., D. FUCHS (1977): Die Herpetofauna des Paros-Archipels. Salamandra 13(2): 60–77.
MERTANS, R. (1970): Die Reptilien und Amphibien der Insel Korfu. Senckenb. biol. 42: 1–29.

Leiocephalus carinatus
(GRAY, 1827)
Rollschwanzleguan, E Curly-tailed lizard, S Perrito

Beschreibung: Die Männchen sind mit einer Kopf-Rumpf-Länge von etwa 13 cm um 3 cm größer als die Weibchen. Farblich unterscheiden sie sich nicht. Auch die bei anderen Arten vergrößerten Postanalschilder fehlen. Rollschwanzleguane besitzen auch keine Lateralfalte. Die Schuppen des Rückens sind gekielt, vergrößerte Kammschuppen fehlen, auf der Unterseite glatte Schuppen. Die Färbung der Oberseite ist sehr variabel, sie kann von schmutzig-gelben Tönen über bronzefarbene, sandbraune, rostfarbige bis grünlich-braune oder verschiedene graue Töne reichen. Darauf befinden sich dunkle braune bis schwarze und weißliche Flecken, letztere sind bei einigen Tieren auch bläulich-grün. Die dunklen Flecken stehen teilweise in Längsreihen, häufiger bilden sie jedoch breite Querbänder. Die Unterseite ist gelblich bis grau, oft dunkel gefleckt. Die Schwanzunterseite ist gelblich, die Oberseite mit etwa 15 dunklen Querbändern versehen. Größe: Bis 26 cm.
Geographische Verbreitung: Kuba, Bahamas, Turks und Caicos Inseln, Cayman Inseln.
Man unterscheidet etwa 13 Unterarten, eine davon, *Leiocephalus carinatus armouri* BARBOUR & SHREVE, 1935, ist in SO-Florida eingeschleppt worden.

L. carinatus aquarius
SCHWARTZ & OGREN, 1956
SO-Kuba.
L. c. armouri
BARBOUR & SHREVE, 1935
Little Bahama Bank, SO-Florida.

Leiocephalus carinatus

L. c. cayensis
SCHWARTZ, 1959
Kuba; Jardines de la Reina.
L. c. coryi
SCHMIDT, 1936
Great Bahama Bank.
L. c. granti
RABB, 1957
Cayman-Inseln.
L. c. hodsdoni
SCHMIDT, 1936
Great Bahama Bank, Cat-Insel, Little San Salvador.
L. c. labrossytus
SCHWARTZ, 1959
Südküste Z-Kubas.
L. c. microcyon
SCHWARTZ, 1959
Isla de La Juventud.
L. c. mogotensis
SCHWARTZ, 1959
Kuba, Prov. Pinar del Rio.
L. c. varius
GARMAN, 1887
Grand Cayman, Swan Insel.
L. c. virescens
STEJNEGER, 1901
Great Bahama Bank.
L. c. zayasi
SCHWARTZ, 1959
Kuba; Guanahacabibes-Halbinsel.

Biologie und Ökologie: Rollschwanzleguane sind trockenheitsliebende Leguane, die von der Küste bis ins Hügelland vorkommen. Hier bewohnen sie verschiedene Habitate vom Dünengelände bis in die lichten Kiefernwälder, wo man sie häufig auf Treibholzanhäufungen, Korallenschutt, Kalksteinformationen, alten Mauern, bis in die Spritzwasserzone der Brandung antrifft. Sie leben auch in unmittelbarer Nähe menschlicher Behausungen, in Gärten und Agrikulturbereichen. Vom frühen Morgen bis zum Sonnenuntergang aktiv, vermeiden die Leguane höchstens die heißesten Mittagsstunden. Dann kann man sie an schattigeren Plätzen beobachten. Die jahreszeitliche Aktivität ist nur durch eine Ruhepause zwischen November und Februar unterbrochen.

Der Name der kubanischen Rollschwanzleguane weist auf ein merkwürdiges Verhalten hin: Vor allem die Männchen rollen den Schwanz wie eine lockere Uhrfeder über den Rücken ein, wobei die gelbe oder weiße Unterseite gezeigt wird. Dieses Verhalten wird im Bereich sozialer Auseinandersetzungen angewendet, wenn die Rangordnung demonstriert werden muß, aber auch in Fluchtsituationen. Kämpfende Männchen rollen die Schwänze dann nicht nur ein und aus, sondern bewegen sie auch aufgerollt seitlich hin und her. Dieses Verhalten ist angeboren, denn Jungtiere zeigen es schon bald nach dem Schlüpfen. Da alle Leiocephalus-Arten eine große Unverträglichkeit unter den Männchen zeigen, empfehlen wir paarweise Haltung.

Terrarium: Eher flaches als hohes trockenes Terrarium für 2 bis 3 Tiere etwa in den Maßen 100 × 50 × 50 cm.
Ausstattung: Bodengrund Sand. Steinaufbauten aus flachen Kalksteinplatten, unter denen sich die Tiere verkriechen können. Bepflanzung mit kleinen Yuccas, Agaven und anderen Sukkulenten, im natürlichen Biotop leben die Tiere häufig auch zwischen Opuntien.
Heizung: Strahlungsheizlampe und partiell verlegtes Bodenheizkabel.
Licht: Tageslicht, Leuchtstoffröhren. UV-Bestrahlung einmal wöchentlich für etwa 15 Minuten. Im Sommer können Rollschwanzleguane auch vorübergehend im Freilandterrarium gehalten werden.
Futter: Neben Blüten, Knospen und kleinen Früchten, werden allerlei Insekten wie Käfer, Schaben, Grillen, Heimchen und Larven genommen, sie nehmen auch Fleisch- und Fischstückchen von der Pinzette, verschmähen auch andere kleinere Echsen nicht und sind möglicherweise ihren eigenen Jungen gegenüber kannibalistisch.
Luftfeuchtigkeit und Feuchtigkeitsbedürfnis: Täglich sprühen, zusätzlich ein Trinkgefäß. Auch wenn diese Leguane als xerophil gelten, sollte man berücksichtigen, daß sie in Gegenden mit relativ hoher Luftfeuchtigkeit zu Hause sind, diese sollte nach abendlichem Sprühen bei 80% liegen.
Nachzucht:
Paarung: Die Paarung beginnt bald nach der winterlichen Ruheperiode im Monat März.
Eiablage: Das Weibchen legt etwa Ende März bis Ende April die 10 × 7 bis 12 × 25 mm großen Eier im Boden ab. Dabei gräbt es Gänge, in denen es ganz verschwindet. Die Gelege bestehen aus 5 bis 11 Eiern. Diese sollte man in einen Inkubator überführen.
Inkubationszeit: Je nach Temperatur zwischen 50 und 100 Tagen. Nach ROGNER (1992*) bei 26 bis 30 °C und hoher Luftfeuchtigkeit in 2 Monaten. Die Jungen sind beim Schlupf im Sommer etwa 60 bis 65 mm groß.

Literatur:
PETZOLD, H. G. (1962): Successful breeding of *Leiocephalus carinatus* GRAY. Internat. Zoo Yb. 4: 97–98.
PETZOLD, H. G., H. A. PEDERZANI, H. SZIDAT (1970): Einige Beobachtungen zur Biologie des kubanischen Rollschwanzleguans, *Leiocephalus carinatus*. Zool. Garten 39(1/6): 304–322.
SCHWARTZ, A. (1959): The Cuban Lizards of the species *Leiocephalus carinatus* (GRAY). Sci. Publ. Reading Public Mus. and Art Gallery (10): 1–47.

Leiocephalus personatus
(COPE, 1863)
Maskenleguan, E Mask lizard, Crested keeled lizard

Beschreibung: Maskenleguane haben einen kräftigen Körper, der Kopf ist relativ kurz und nur wenig abgesetzt. Der Schwanz übertrifft die Kopf-Rumpf-Länge ein wenig, erreicht maximal die 1,5fache Länge. Weibchen bleiben etwas kleiner als die Männchen und unterscheiden sich von diesen nicht nur durch die bei den Männchen auffallenden zwei vergrößerten Postanalschuppen, sondern auch durch die kleinere Maskenzeichnung und weniger farbige Oberseite. Der Rücken trägt gekielte Schuppen, die mittlere Rückenschuppenreihe bildet einen flachen Kamm, der wesentlich niedriger bleibt als der Schwanzschuppenkamm. Die Schuppen der Oberseite gehen allmählich in die glatten Schuppen der Unterseite über. Die Unterseite ist bei den Weibchen dunkelgrau bis schwarz gefleckt, die Kehle ebenfalls. Den Männchen fehlt diese Unterseitenzeichnung, sie sind nur in einigen Unterarten mit diffuser Kehlfleckenzeichnung versehen, die Kehle ist gewöhnlich gelb bis schwarz ohne Zeichnung. Die Männchen tragen meist eine braune bis schwarze Maske, einen dunklen von der Schnauze über das Auge reichenden breiten Kopfseitenstreifen. Die Oberseite der Männchen ist sandbraun bis schwarz

Leiocephalus personatus

mit hellen braunen, goldfarbenen oder gelblichen Flecken. Dunklere, umgekehrt fischgrätenartige Querstreifen zeichnen die mittlere Rückenzone, breitere oft rostbraune bis rötliche Querbänder zeichnen die Körperseiten, die zur Bauchseite hin eine mehr gelbliche Grundfärbung aufweisen. Wo bei anderen *Leiocephalus*-Arten eine Seitenfalte ausgebildet ist, die dieser Art fehlt, befindet sich eine Längslinie aus hellen Schuppen. Die Schwanzunterseite ist orangefarben bis gelblich. Die Weibchen sind einheitlich braun gefärbt, mit oder ohne ausgeprägtem Grätenmuster, meistens mit deutlichen seitlichen Querbalken.
Die Unterseite ist schmutzig-weiß, gelblich bis grünlich. Größe: Bis 23 cm.
Geographische Verbreitung: Hispaniola. Die Nominatform kommt an der Nordküste der Tiburon-Halbinsel in Haiti vor, 11 weitere Unterarten, die vorwiegend in der Dominikanischen Republik leben, werden unterschieden.

Leiocephalus personatus personatus
COPE, 1863
Haiti, Tiburon-Halbinsel.
L. p. actites
SCHWARTZ, 1967
Dominikanische Republik (Nordküste).
L. p. agraulus
SCHWARTZ, 1967
Dominikanische Republik (Zentralgebirge).
L. p. budeni
SCHWARTZ, 1967
Dominikanische Republik (Zentralgebirge).
L. p. elattoprosopon
GALI, SCHWARTZ & SUAREZ, 1988
Haiti, Südküste d. Tiburon-Halbinsel.
L. p. mentalis
COCHRAN, 1932
Dominikanische Republik, Nordostspitze v. Hispaniola.
L. p. poikilometes
SCHWARTZ, 1969
Dominikanische Republik, Sierra de Neiba, San Juan-Tal.
L. p. pyrrholaemus
SCHWARTZ, 1971
Dominikanische Republik, Samaná-Halbinsel.
L. p. scalaris
COCHRAN, 1962
Nordküste v. Haiti bis Cerca La Source im Inneren, Dominikanische Republik bis Banica und Santiago Cabras-Ius.
L. p. socoensis
GALI & SCHWARTZ, 1982
Dominikanische Republik, Südostküste.
L. p. tarachodes
SCHWARTZ, 1967
Dominikanische Republik, Nordostküste.
L. p. trujilloensis
MERTENS, 1949
Dominikanische Republik.

Biologie und Ökologie: Diese Art ist längs nicht so xerophil wie die vorige, sie besiedelt feuchtere und im Gebirge auch rauhere klimatische Bereiche. In sonnigen Biotopen bevorzugt sie die schattenspendenden Randzonen, kommt vom Dünenbereich der Küste über felsige Habitate in Opuntiendickichten, Buschland, Akazienhainen, Kokospalmenwäldern, Kiefern- bis Laubwäldern vor, bewohnt Ananas- und Sisalplantagen sowie Weideland und ist auch in Gärten und Wohnbereichen anzutreffen. Eher nachmittags als vormittags. Die Tiere wärmen sich zwar schon in den Vormittagsstunden auf, meiden aber die große Mittagshitze und werden eigentlich erst dann richtig aktiv, wenn diese vorüber ist. Dann kann man sie auf Treibholzstapeln im Küstenbereich, auf Felsen in den Flußtälern sitzen sehen oder auf den Mauern in der Nähe der Häuser. Nähert man sich ihnen, zeigen sie ein Abwehrverhalten, indem sie die orangefarbige Unterseite ihres Schwanzes durch heftige Seitenbewegungen zeigen. Dieses Verhalten dient möglicherweise auch innerartlicher Information bei Rivalitätskämpfen.
Terrarium: Grundeinrichtung wie bei *Leiocephalus carinatus*. Temperaturen tagsüber 25 bis 30 °C, nachts auf 15 bis 20 °C abfallend. Etwas höhere Gesamtfeuchtigkeit. Futter wie bei der vorigen Art.
Überwinterung: s. u.
Nachzucht:
Paarung: Nach einer zwei- bis dreimonatigen Winterruhe bei Temperaturen um 15 °C paaren sich die Tiere, sobald man im Februar oder März die Temperaturen im Terrarium erhöht.
Es empfiehlt sich, auch die Lichtintensität erheblich zu erhöhen, dabei auch die UV-Bestrahlung leicht zu steigern. Man kann dann bald darauf mehrere Paarungen beobachten.
Nach 2 bis 3 Wochen beginnt dann die Eiablage.
Eiablage: Das Weibchen legt in Gefangenschaft zwei bis drei Gelege mit 3 bis 8 Eiern von 16 × 7 mm Größe in selbst gegrabenen Bodengängen ab.
Inkubationszeit: Nach gut zwei Monaten bei 26 °C schlüpfen die Jungen in einer Größe von etwa 75 mm Körperlänge.
Geschlechtsreife: Sie erreichen die Geschlechtsreife im zweiten Lebensjahr.

Literatur:
SCHWARTZ, A. (1967): The *Leiocephalus* (Lacertilia, Iguanidae) of Hispaniola. II. The *Leiocephalus personatus* complex. Tulane Stud. Zool. 14(1): 1–53.

Leiocephalus schreibersi
(GRAVENHORST, 1837)
Schreibers Glattkopfleguan, E
Schreiber's curly-tailed lizard

Beschreibung: Im Gegensatz zu den beiden anderen beschriebenen Arten besitzen diese Glattkopfleguane eine deutlich ausgeprägte Seitenfalte. Sie erscheinen etwas kompakter im Körperbau. Während die Kopf-Rumpf-Länge der Männchen etwa 10 cm beträgt, bleibt die der Weibchen mit 7 bis 8 cm etwas darunter. Männchen besitzen 2 bis 3 Paar vergrößerte Postanalschuppen. Die Rückenkammschuppen sind kleiner als die Schwanzkammschuppen. Die Rückenschuppen sind gekielt, die Seitenfalte weist kleinere Schuppen auf, die Schuppen der Unterseite sind glatt und sehr schwach gezähnt. Die Männchen sind oberseits sandfarben bis hellbraun mit zahlreichen kleinen gelben, gelbbraunen oder goldfarbenen Flecken, teilweise mit umgekehrt fischgrätenförmig angeordneten schmalen Linien aus rotbraunen Schuppen. Die Rückseiten sind rötlich braun mit zahlreichen hellbraunen, gelblichen oder grünlichen Flecken. Oberseits der Seitenfalte beginnt die weißlich graue, manchmal bläuliche Unterseitenfärbung. Sie trägt eine Zeichnung aus schmalen rotbraunen, hell gekernten Querfleckenreihen. Die Kehle ist graublau bis rotviolett, oft mit blauen oder grünen Schuppen auf dunklerem Grund. In beiden Geschlechtern kommen dunkle Achselflecke vor, manchmal auch türkisblaue oder orangefarbene Flecke. Der Schwanz ist gelbbraun bis orange, an den Seiten mit bläulichen und unterseits mit rotbraunen länglichen Flecken. Die Weibchen sind wesentlich einfarbiger, ihnen fehlen orangebraune und grüne Farbtöne, der Rücken trägt oft eine Zeichnung aus 8 hantelförmigen Querbalken. Größe: 22 cm.

Leiocephalus schreibersi

Geographische Verbreitung: *Leiocephalus schreibersi* besetzt die ökologische Nische, die im Verbreitungsgebiet auf Hispaniola in Haiti nicht von *Leiocephalus personatus* bewohnt wird und kommt vom Nordwesten entlang der Küste des Golfs von Gonâve bis an die mittlere Südküste im Bereich der Dominikanischen Republik vor. Neben der Nominatform wird nur die von der Île de la Tortue beschriebene **Leiocephalus schreibersi nesomorus** SCHWARTZ, 1968 unterschieden.

Biologie und Ökologie: Trockengebiete Hispaniolas in sandigen wüstenartigen Bereichen, steppenartigen Zonen, Sanddünen in Küstennähe, Opuntiendickichte, Akaziengehölze, Randbereiche von Sisalplantagen. Durchgehend tagaktiv, teils in besonnten, teils in mehr schattigen Bereichen. Die Tiere bewohnen Hohlräume unter Steinen und Bäumen, von erhöhten Plätzen lauern sie auf Beute. Nach SCHWARTZ (1968) sind sie dabei weniger aktiv als die im gleichen Lebensraum vorkommenden Ameiven. Auf der Flucht halten sie ihre Schwänze nach oben gekrümmt, ähnlich den Rollschwanzleguanen. Auch hier scheint die farbige Schwanzunterseite ein intraspezifisches Signal darzustellen.

Terrarium: Haltung wie *Leiocephalus carinatus*. Verträgt etwas höhere Temperaturen.

Aufzucht: Die Aufzucht der Jungtiere erfolgt wie bei *L. carinatus* und *L. personatus*. BARRAT (1989) berichtet über gelegentlichen Kannibalismus, deshalb ist es empfehlenswert, schlüpfende Jungtiere separat aufzuziehen. JENSSEN et al. (1989) beschreiben ein differenziertes Kannibalismusverhalten.

Literatur:
BARRAT, J. (1989): Recent study explores cannibalism among curly tailed lizards. Smithsonian Institution Res Rept. 57: 5.
JENSSEN, T. A., D. L. MARCELLINI, K. A. BUHLMANN, P. H. GOFORTH (1989): Differential infanticide by adult curly-tailed lizards, *Leiocephalus schreibersi*. Anim. Behav. 38(6): 1054–61.
SCHWARTZ, A. (1968): The *Leiocephalus* (Lacertilia, Iguanidae) of Hispaniola. III. *Leiocephalus schreibersi*, *L. semilineatus*, and *L. pratensis*. J. Herpetol. 24(1–4): 39–63.

Leiolepis belliana
(GRAY, 1827)
Schmetterlingsagame

Beschreibung: Diese Gattung enthält nur 4 Arten, die von Birma bis China, im Süden bis Sumatra verbreitet sind. *Liolepis belliana* ist wohl die bekannteste und am häufigsten importierte Art. Sie hat einen dorsoventral abgeflachten Körper, der 2/3 der Körperlänge ausmachende Schwanz ist nur wenig abgeflacht, eher rundlich. Die Gliedmaßen sind kräftig ausgebildet. Kamm und Kehlsack fehlen, an den Körperseiten oft mit einer Haut-Längsfalte, die mit Hilfe der verlängerten vorderen Rippen ausgedehnt werden kann. Gleichmäßige Beschuppung aus kleinen Körnerschuppen auf dem Körper, Schwanzschuppen leicht gekielt. Männchen und Weibchen mit Femoralporen. Grundfarbe der Oberseite ist ein graues bis olivfarbenes Braun. Drei durchgehende oder aus länglichen Flecken und Ocellen gebildete helle Streifen, die dunkel gesäumt sind, verlaufen auf der Rückenmitte und an den Rückenseiten. Dazwischen und unterhalb der Rückenseitenstreifen sind einzelne Ocellenflecke eingestreut. Bei der Unterart **L. b. ocellata** PETERS, 1971 sind lediglich Reste von Längsstreifen in der Beckenregion erkennbar, der übrige Rücken ist eng mit Ocellenflecken bedeckt. Die Flanken sind schwarz und werden durch 7 bis 9 leuchtend orangerote Querbänder unterbrochen, die Bauchseiten sind hell cremefarben bis gelblich. Die Oberseite des Schwanzes, der Gliedmaßen und die Kopfseiten sind hell gefleckt. Größe: Bis 45 cm.

Geographische Verbreitung:

Leiolepis belliana belliana
(GRAY, 1827).
Thailand, Malaysia. Nordostküste des Golfes von Thailand, zwischen Menam- und Mekon-Delta, thailändische und malaiische Küstenregion und vorgelagerte Inseln, Insel Bangka, Küste von Sumatra.

Leiolepis b. ocellata
PETERS, 1971
Birma u. Gebirge N-Thailands.

Biologie und Ökologie: Trockene, offene Habitate mit sandigen Böden, in die sie sich ihre Wohnhöhlen graben. Hier leben sie paarweise monogam, auch mit den Jungen des jeweiligen Jahrgangs oder allein. Diese Erdgänge führen ca. 30 cm in die Tiefe, sind etwa 70 bis 80 cm lang und oft gewinkelt. MANTHEY & SCHUSTER (1992*) geben Schattentemperaturen von 33 °C und Bodentemperaturen von 53 °C an. Die äußerst sonnenhungrigen Tiere entfalten erst dann ihre volle Aktivität, sonst halten sie sich in ihren Wohnhöhlen auf.
Terrarium: Große flache Terrarien mit mindestens 2 m² Bodenfläche.
Ausstattung: Bodengrund aus sandig-lehmiger Erde, ca. 30 bis 50 cm tief. Bepflanzung mit *Dracaena*, *Codiaeum*, *Sansevieria*, *Hoya* u. a.
Heizung HQL-Strahler und Bodenheizplatten. Am Aufwärmplatz müssen Temperaturen von fast 50 °C erreicht werden, der übrige, leicht feucht zu haltende Bereich sollte Temperaturen von 25 bis 33 °C haben.
Licht: Zusätzliche Beleuchtung mit Leuchtstoffröhren.
Futter: Schmetterlingsagamen nehmen sowohl Insekten als auch vegetarische Kost zu sich. Man füttert sie mit Heuschrecken, Heimchen und Grillen, Wachsmottenlarven, kleinen Krabben und Garnelen, Obst, Löwenzahn, Salat und dergleichen.
Feuchtigkeitsbedarf: Tägliches Übersprühen ist für die in küstennahen Bereichen vorkommenden Echsen zur Erhöhung der Luftfeuchtigkeitswerte unbedingt nötig.
Nachzucht: Die Schmetterlingsagamen legen Eier. Eine Ausnahme bildet *Leiolepis triploida*, die zwar ebenfalls Eier legt, aus denen sich aber ohne Befruchtung, also parthenogenetisch, Jungtiere entwickeln.

Literatur:
PETERS, G. (1971): Die intragenerischen Gruppen und die Phylogenese der Schmetterlingsagamen (Agamidae: Leiolepis) Zool. Jb. Syst. 98: 11–130.

Lepidodactylus lugubris
(DUMÉRIL & BIBRON, 1836)
Schuppenfinger-Gecko

Beschreibung: Der 8 bis 9 cm groß werdende Gecko besitzt einen schlanken Körperbau mit etwas abgeflachtem Schwanz, dessen Länge die Kopf-Rumpf-Länge ein wenig übertrifft. Die Schwanzseiten weisen eine Reihe stachelspitziger Schuppen auf, die Schwanzoberseite und der Rücken sind mit ziemlich gleichförmigen granulären Schuppen bedeckt. Die Zehen tragen zwei Reihen rötlich-grauer Haftlamellen. Die Grundfärbung ist ein gelbliches bis graues Braun mit einer dunklen Fleckung, die aus zweizeilig angeordneten Einzelflecken oder einer Folge zum Kopf hin offener W-förmiger Flecke besteht. Ein dunkler Kopfseitenstreifen zieht sich über den Nacken bis zu den Flanken. Die Seiten sind vor allem bei Jungtieren dunkler als die Rückenfärbung. Ein temperaturbedingter Farbwechsel führt bei höheren Temperaturen zu helleren Färbungen, bei kühleren Temperaturen zu dunkleren Tönungen. Die Unterseite ist cremefarben, weißlich. SEUFER (1985*) vermutet, daß die Tiere ihre Färbung auch dem jeweiligen Aufenthaltsort anpassen können.
Geographische Verbreitung: Ceylon, Andamanen, Nikobaren, Malayische Halbinsel, Indo-Australischer Archipel, Ozeanien. Eingeschleppt auf Neuseeland, in NO-Australien, M- und S-Amerika.
Biologie und Ökologie: Diese Geckos sind hinsichtlich der Auswahl ihrer Lebensräume sehr anpassungsfähig. So kommen sie auf Mangroven, *Pandanus*, Palmen und anderen Bäumen vom Strand bis in die menschlichen Behausungen vor. Hier kann man sie vorwiegend in den Abendstunden in der Nähe von Lampen oder an beleuchteten Fenstern auf Insektenjagd beobachten. Sie sonnen sich aber auch in der Spätnachmittagssonne, wobei sie besonders auf borkigen Ästen nur schwer zu entdecken sind. Der Verfasser konnte an Tieren in Mittelamerika beobachten, daß sie relativ ortstreu sind, aber dennoch einen verhältnismäßig großen Aktionsradius haben, besonders bei der abendlichen Futtersuche nach kleinen Motten und anderen Kleininsekten. Die Aggressivität untereinander ist gering, das ist sicher auch dadurch bedingt, daß diese Art sich parthenogenetisch fortpflanzt, die im allgemeinen aggressiveren Männchen treten nicht auf oder sind zumindest extrem selten.
Terrarium: Diese Geckos brauchen kein besonders großes Terrarium, schon in einer Anlage von 60 × 40 × 40 cm kann man mehrere Tiere vergesellschaften. Der Herkunft der Tiere entsprechend richtet man ein halbtrockenes Tropenterrarium ein.
Ausstattung: Rück- und Seitenwände mit aufgeklebten Rindenstücken, in deren Lücken die Tiere ihre Eier ablegen können. Sandig-humoser Bodengrund. Einige Kletteräste und aufgeschichtete Borkenstücke ergänzen die Einrichtung. Bepflanzung mit *Fittonia verschaffeltii*, *Ficus repens*, *Ficus sagittata*, *Tillandsia*- und kleinbleibenden *Vriesea*-Arten.
Heizung und Beleuchtung: Für die angegebene Behältergröße reicht die Erwärmung mittels einer 40 W Glühlampe. Sonst 18 W Leuchtstoffröhre und Heiz-

kabel. Die Temperaturen sollten im Mittel bei 28 °C liegen und nachts nur geringfügig abfallen.
Feuchtigkeitsbedürfnis: Die Tiere lekken die Tropfen des Sprühwassers auf. Obwohl sie auch mit geringeren Luftfeuchtigkeitswerten zurechtkommen, sollte diese entsprechend ihrer Herkunft nicht unter 70 % liegen, nachts bei 80 bis 100 %.
Futter: Alle kleineren und mittleren Insekten, wie Drosophila, Dörrobst- und kleine Wachsmotten, Fliegen, aber auch Asseln und kleine Spinnen. Gelegentliche Anreicherung mit Mineralstoffen und Vitaminen sind nötig. Sie lecken auch gern süße Säfte, Nektar, Honig und Marmelade auf. Die Reste der eigenen Eischalen werden ebenfalls verzehrt.
Nachzucht: Die parthenogenetischen Weibchen legen je nach Alter und Ernährungszustand im Abstand von 2 bis 9 Wochen ein oder zwei Eier ab, die in Hohlräume, zwischen Rindenstücken, in Gesteinsfugen oder einfach an der Terrarienwand angeklebt werden. Aus diesen 5 bis 8 mm großen weißen Eiern schlüpfen die Jungen nach etwa 65 bis 95 Tagen in einer Größe von etwa 35 mm. Man beläßt die Eier am Ablageort und sprüht wie üblich. Die Jungtiere separiert man nach dem Schlupf, um eine gezieltere Fütterung mit Kleinstinsekten zu ermöglichen. Mineralstoff- und Vitaminzugaben wie bei den adulten Tieren. Die Jungtiere wachsen bei abwechslungsreicher Fütterung recht schnell heran und erreichen die Fortpflanzungsreife im Alter von 8 bis 10 Monaten.

Liolaemus nigromaculatus kuhlmanni
(MÜLLER & HELLMICH, 1933)
Erdleguan

Beschreibung: Dieser häufig als *Liolaemus kuhlmanni* angebotene Erdleguan gehört zu den größeren, kräftigeren Arten der Gattung. Im Körperbau wirkt er massiger und kompakter als *Liolaemus tenuis*, der Kopf ist länger und konvex zur Schnauzenspitze hin abgerundet. Die Beschuppung ist relativ großschuppig, die Rückenschuppen sind stachlig auslaufend. Die Färbung der Oberseite ist sehr variabel, auf der dunkelbraunen Grundfärbung befinden sich zahlreiche kleine, weißliche bis gelbe Flecke, die besonders an den Hals- und Rückenseiten eine Längsstreifung andeuten können. Typisch sind die schwarzen Achselflecke an den Vordergliedmaßen. Eine mediane schwarze Rückenlinie tritt bei einem Teil der Tiere auf, ferner schwarze Flecken beiderseits der hellen Rückenseitenstreifen. Bei optimalen Temperaturen und Lichtwerten können sich die Seiten blaugrün verfärben, die gelben Zeichnungselemente werden besonders intensiv. Die Männchen sind am sichersten durch die verdickte Schwanzwurzel von den Weibchen zu unterscheiden. Größe: 18 bis 21 cm.
Geographische Verbreitung: Chile, von Coquimbo im Norden bis Valparaiso im Süden.

Außer der Nominatform und der hier beschriebenen Unterart *L. n. kuhlmanni* werden sechs weitere Unterarten unterschieden, darunter zwei melanistische *L. n. ater* und *L. n. sieversi*.

Liolaemus nigromaculatus nigromaculatus
(WIEGMANN, 1835)
Huasco-Tal und Umgebung (Chile).
Liolaemus n. atacamensis
MÜLLER & HELLMICH, 1933
Wüstenbereiche von Coquimbo und Atacama (Chile).
Liolaemus n. ater
MÜLLER & HELLMICH, 1933
Kleine Inseln bei Coquimbo (Chile).
Liolaemus n. bisignatus
(PHILIPPI, 1860)
Küstenbereiche der Atacama-Wüste (Chile):
Liolaemus n. copiapensis
MÜLLER & HELLMICH, 1933
Copiapó und benachbarte Bereiche in Chile.
Liolaemus n. sieversi
DONOSO-BARROS, 1954
Locos-Insel, Bahia Pichidangui, Prov. Coquimbo (Chile).
Liolaemus n. zapallarensis
MÜLLER & HELLMICH, 1933
Küstenbereiche von Aconcagua bis Coquimbo (Chile).

Biologie und Ökologie: Schon der Körperbau dieser Art deutet auf eine bodenlebende Art hin. Von der Küstenregion bis auf 2000 m Höhe vorkommend, bewohnt *Liolaemus nigromaculatus kuhlmanni* MÜLLER & HELLMICH, 1933 vorwiegend Habitate der Buschsteppen, wo er als tagaktiver, sonnenhungriger Vertreter tagsüber auf Insektenjagd beobachtet werden kann. Er besiedelt auch bewohnte Bereiche wie Gärten und Mauern, bevorzugt aber im Gegensatz zu feuchteren Biotopen, die *Liolaemus tenuis* (DUMÉRIL & BIBRON, 1837) bewohnt, eher trockene Bereiche. Auf der Flucht versuchen die Tiere, sich in der Bodenvegetation, unter Steinen und in Erdlöchern zu verkriechen.
Terrarium: Größe etwa 100 × 60 × 60 cm für eine kleine Gruppe dieser Tiere.
Ausstattung: Bodengrund sandig-lehmig oder Flußkies. Steinaufbau aus geschichteten Plattengesteinen, unter denen die Tiere ausreichende Schlupfplätze finden. Wurzelstücke sind als Präsentierplätze bevorzugt, man sollte jedoch bei der angegebenen Terrariengröße nicht mehr als 2 Männchen auf etwa 4 Weibchen halten, um Streßsituationen zu minimieren. Bepflanzung kann mit mediterranen Gewächsen erfolgen, mangels geeigneter chilenischer Arten. Dazu kommen härtere Gräser, die man hin und wieder auswechselt.
Heizung: Spotstrahler, Bodenheizkabel. Für Tiere aus den Küstenbereichen sind höhere Temperaturen erforderlich als für Gebirgsbewohner, da wir aber selten erfahren, woher die Tiere stammen, wenn wir sie im Tierhandel erwerben, können hier nur Mittelwerte angegeben werden, die bei 30 °C, lokal bis etwa 40 °C reichen können, bei deutlicher nächtlicher Abkühlung. Der Pfleger kann die Temperaturpräferenz herausfinden, wenn im Terrarium ein ausreichendes Temperaturgefälle herrscht, und er Messungen an den Lieblingsaufenthaltsplätzen vornimmt.
Licht: Leuchtstoffröhren, Quecksilberdampf-Lampen.
Futter: Heuschrecken, Grillen, Heimchen, Wiesenplankton, Motten, Raupen und Würmer.
Feuchtigkeitsbedürfnis: Tägliches Übersprühen, zusätzlich Trinkgefäß.
Nachzucht: Wenig bekannt, eierlegend, auch bei dieser Art sollen mehrere Gelege pro Saison produziert werden.

Liolaemus tenuis
(DUMÉRIL & BIBRON, 1837)
Erdleguan

Beschreibung: Kurzer, deutlich abgesetzter Kopf, Körper dorsolateral leicht abgeflacht. Schwanz rund und etwa doppelt so lang wie die Kopf-Rumpf-Länge. Schuppen leicht gekielt, relativ klein. Grundfärbung der Oberseite braun bis schwarz, darauf zahlreiche gelbe, grüne und blaue Flecke, die sehr variable in-

dividuelle Muster bilden. Der Vorderkörper ist meist überwiegend grün. Von der Rumpfmitte an geht die grüne Färbung dann bis auf den Schwanz in ein prächtiges Blau über, gelbe Färbung tritt vorwiegend an den Kopfseiten, der Kehle und den Gliedmaßen auf. Schwarze Flecken bilden eine netzartige Zeichnung, formen oft ein dunkles Band, das sich unregelmäßig ausgebildet von der Schnauze über das Auge bis auf die Rumpfseiten zieht.
Die Unterseite ist bräunlich bis ziegelfarben. Männliche Tiere zeigen dunklere und intensivere Farbtöne. Die Tiere unterliegen einem ausgeprägten physiologischen Farbwechsel. Bei hohen Temperaturen und entsprechendem Wohlbefinden zeigen sie sich in prachtvoller Ausfärbung, sonst sind sie eher bräunlich und unscheinbar. Jungtiere zeigen an den Körperseiten schwarze nach hinten offene halbrunde Flecke, die helle Bereiche umranden. Diese Zeichnung kann sich teilweise bei den Weibchen zumindest angedeutet erhalten. Größe: Bis 17 cm.
Geographische Verbreitung: Chile von der Cuesta de Chacabuca 32. Grad südlicher Breite bis etwa zum 42. Grad südlicher Breite. Die Nominatform, *Liolaemus tenuis tenuis* (DUMÉRIL & BIBRON, 1837), bewohnt den gebirgigen östlichen Teil, während die Unterart *Liolaemus tenuis punctatissiumus* DONOSO-BARROS, 1966 den westlichen Bereich zur Küste hin bewohnt.
Biologie und Ökologie: *Liolaemus tenuis* bevorzugt wie die meisten Arten der Gattung dieser Region als Lebensraum Bäume des sogenannten „sotobosque", wo man sie meist an den Stämmen von größeren Bäumen und Sträuchern, in bewohnten Bereichen auch auf Zäunen und Mauern beobachten kann. Trockenere Steppenbereiche werden ebenso gemieden wie dichte Waldregionen. Als Kulturfolger kommt er selbst innerhalb der größeren Städte vor. Auch hier wird eine leicht feuchte Lebensregion bevorzugt. Aufgeschreckt flüchten die Leguane stammaufwärts, ähnlich den nordamerikanischen *Sceloporus*-Arten und versuchen, den Stamm zwischen sich und den vermeintlichen Aggressor zu bringen. Ihre Neugierde läßt sie jedoch bald wieder an ihren besonnten Vorzugsaufenthaltsplätzen erscheinen.
Terrarium: Man kann die Tiere in kleinen Gruppen halten, sollte aber für ausreichende Ausweichmöglichkeiten innerhalb des Terrariums sorgen, da Rivalitätsstreitigkeiten besonders zur Paarungszeit leicht für schwächere Tiere zum Dauerstreßfaktor werden. Terrariengröße für 4 bis 6 Tiere etwa 60 × 40 × 80 cm.
Ausstattung: Ein Kletterterrarium mit borkenbestückter Rückwand, eventuell gleichartigen Seitenwänden. Die Einrichtung mittels Ästen einiger Boden- und Rankpflanzen ist leicht herzustellen und ermöglicht den Tieren, die bei Erreichung ihrer Vorzugstemperaturen sehr lebhaft sind, Bewegungsmöglichkeiten. Für gute Durchlüftung ist zu sorgen. *Cissus*, Fuchsien, Epiphyten und Farne entsprechen der natürlichen Flora.
Heizung: Spotstrahler, der einen partiellen Bereich auf 35 bis 40 °C erhitzt.
Licht: Leuchtstoffröhren und Tageslicht.
Futter: Mittelgroße Insekten und deren Larven, im Sommer „Wiesenplankton", Spinnen, kleine Schaben, auch Mehlkäferlarven. Zusätzliche Vitaminisierung und gelegentliche UV-Bestrahlung.
Feuchtigkeitsbedürfnis: Tägliches Übersprühen, kleines Trinkgefäß. In unseren Sommermonaten feuchter halten als im Südsommer, unseren Monaten November bis Februar.
Überwinterung: Während unserer Sommermonate kann man Erdleguane auch im Freiluftterrarium halten, man gönnt den Tieren dann im Herbst eine Winterruhezeit von etwa 8 Wochen bei Temperaturen um 10 bis 15 °C bei reduzierter Beleuchtung. Dann erhöht man allmählich Temperatur- und Lichtwerte und simuliert den Südsommer. In ihrem natürlichen Lebensraum herrscht ein deutliches Tag-Nacht-Temperaturgefälle, dies sollte auch im Terrarium erreicht werden.
Nachzucht:
Eiablage: Die Weibchen legen mehrmals jährlich bis zu 4 längliche, weiße, etwa 10 mm lange Eier im leicht feuchten Bodengrund ab.
Aufzucht: Die recht kleinen Jungtiere füttert man mit Wiesenplankton – Kleinfutter aussieben – kleine Asseln, Drosophila, jungen Heimchen und Grillen, die man zur Anreicherung von Mineralstoffen mit Korvimin ZVT® und Vitaminpräparaten einstäubt. Dem Feuchtigkeitsbedürfnis der Jungtiere sollte durch mehrmaliges kurzes Übersprühen der Aufzuchtanlage entsprochen werden.
Die Aufzucht erfolgt separat in Kleinterrarien.
Natürliche Besonnung oder kurzzeitige UV-Bestrahlung sind wichtig.

Literatur:
FRENZEL, P. (1987) Erfolgreiche Erstnachzucht von *Liolaemus tenuis*, einem selten gepflegten Erdleguan aus Chile. Sauria 9(1): 9–12.
HELLMICH, W. (1952): Contribuciòn al conocimiento de la sistemática y evolucíón del género *Liolaemus*. Invest. Zool. Chil. 8: 7–15.
MAIER, H. (1980): Einige Vertreter der Gattung *Liolaemus*, beobachtet in ihrem Lebensraum und im Terrarium. DATZ (34): 103–106/211–213.

Lygodactylus picturatus
(PETERS, 1868)
Gelbkopf-Haftschwanzgecko, E
Yellow-headed dwarf gecko, F
Lygodactyle

Beschreibung: Ein kleiner Gecko mit runder Pupille, was ihn als Tagtier kennzeichnet. Bemerkenswert sind die zwei Reihen kleiner Haftlamellen auf der Unterseite der Schwanzspitze, die ihm seinen Namen geben. Mit diesem zusätzlichen Haftorgan unterstützt er die ebenfalls mit Haftlamellen versehenen, zur Spitze hin verbreiterten und mit kleinen Krallen versehenen Zehen. Die innere Zehe ist ähnlich den Vertretern der Gattung *Phelsuma* nur noch rudimentär vorhanden.
Die Geschlechter lassen sich gut an der Färbung unterscheiden. Kopf und Schultern des Männchens sind gelb gefärbt mit einem Muster aus dunkelbraunen Punkten und Streifen. Diese Zeichnung steht in deutlichem Kontrast zum sonst eher unscheinbar gefärbten bräunlichen bis blaugrauen Körper und Schwanz. Der Bauch ist einfarbig orange, die Kehle schwarz. Die Oberseite kann eine Zeichnung aus dreieckigen, nach hinten gerichteten dunklen Flecken aufweisen. Die Weibchen zeigen ein schlichteres Farbkleid. Sie sind entweder einfarbig braun oder mit einer Zeichnung aus dunklen Flecken, die auch Längslinien bilden können. Die Unterseite der Weibchen ist weiß mit einer verwaschenen Marmorierung im Kehlbereich. Größe: Ungefähr 8,5 cm.
Geographische Verbreitung: O-Afrika: Äthiopien bis Mosambik, Sansibar und Mafia, westlich bis Zaire.
Biologie und Ökologie: Vorwiegend an großen Bäumen, aber auch an Zaunpfählen und Hütten. Im Gebirge bis 1000 m ü. NN aufsteigend. Die tagaktiven Tiere halten sich hauptsächlich im unteren Stammbereich bis 2 m Höhe

auf, von wo aus sie Ausschau nach Insekten halten. Während der Fortpflanzungszeit bewohnt gewöhnlich nur ein Paar einen Stamm. Bei Behelligung versuchen die Tiere hinter dem Stamm Sichtschutz zu gewinnen, flüchten dann in höhere Bereiche des Baumes.

Terrarium: Man hält diese Geckos am besten paarweise in kleineren Terrarien von etwa 40 × 40 × 50 cm Größe.

Ausstattung: Die Rückwände lassen sich stammähnlich mit Borke verkleiden, dazu kommt ein dekorativer Ast zum Klettern. In den sandig-humosen Bodengrund pflanzen wir *Ficus repens* oder *Ficus sagittata*, eventuell auch *Epipremnum pinnatum* 'Aureum' oder andere großblättrige Ranker, die Rückwand und Geäst locker überziehen. So ergeben sich ausreichende Versteckmöglichkeiten.

Heizung und Licht: Die Beleuchtung erfolgt mittels Leuchtstoffröhren oder HQL-Lampen. Die sehr licht- und sonnenhungrigen Tiere benötigen regelmäßige UV-Bestrahlung. Die Haltungstemperaturen sollten tagsüber bei 25 bis 32 °C liegen, keineswegs viel höher. Nachts senkt man sie auf ca. 20 °C ab.

Futter: Als Futter sind alle kleineren Insekten geeignet, man kann auch ein Stückchen Banane beifügen, an dem die Tiere ähnlich den Taggeckos gern lecken.

Feuchtigkeitsbedürfnis: Das Trinkbedürfnis wird durch Auflecken der Tropfen beim morgendlichen Übersprühen des Behälters gestillt. Die Tiere nehmen auch Wasser aus kleinen Gefäßen auf, hier läßt sich durch Zugabe wasserlöslicher Mineralstoffe und Vitamine die Nahrung anreichern.

Nachzucht:

Paarung: Während der Paarungszeit werben die Männchen mit noch leuchtenderer Kopfzeichnung und dunklerer Kehle um die Weibchen. Dabei wölben sie den Rücken, drohen seitwärts mit abgeflachtem Körper und vorgewölbter Kehle.

Eiablage: Nach der Paarung legen die Weibchen zwei hartschalige weiße Eier, die meist miteinander verkleben, in Rindenspalten ab. Zu diesem Zweck kann man an der Rückwand leicht kontrollierbare Nischen vorsehen, um die Eier leicht entnehmen und in einen Inkubator überführen zu können.

Inkubationszeit: Bei Temperaturen von 28 bis 30 °C schlüpfen die etwa 25 cm großen Jungtiere nach 45 bis 50 Tagen. Die Luftfeuchtigkeit sollte bei 80 % liegen.

Aufzucht: Zur Aufzucht bringt man die Tiere in Kleinterrarien, füttert sie mit kleinsten Heimchen und Grillen, Drosophila, Springschwänzen, jungen Wachsmaden und ähnlichem Kleinfutter. Regelmäßige Anreicherung mit Kalk-Vitamin-Präparaten und mehrmals wöchentlich kurzfristige UV-Bestrahlung sind unerläßlich. Die Jungtiere erreichen nach 10 bis 11 Monaten die Geschlechtsreife.

Literatur:
KÄSTLE, W. (1964): Verhaltensstudien an Taggeckonen der Gattungen *Lygodactylus* und *Phelsuma*. Zeitsch. Tierpsych. 21(4): 486–507.

Mabuya mabouya
(LACÉPÈDE, 1788)
Gewöhnliche Mabuye

Beschreibung: Mabuyen sind wohl die am weitesten verbreitete Gattung aus der Familie der Skinke. Ihr etwas abgeplatteter, rundlicher Körper trägt vier wohlentwickelte Gliedmaßen und läuft in einen am Ende zugespitzten Schwanz aus. Weder Kopf noch Schwanz sind vom Rumpf abgesetzt.
Die Färbung der Oberseite ist ein metallisches helleres oder dunkleres Braun, teils bronzefarben, rötlichbraun oder gelbbraun. An den Körperseiten zieht sich ein von hellen Linien gesäumter dunkelbrauner Lateralstreifen vom Hinterkopf bis zum Schwanz. Der obere oft undeutlich und kaum von der helleren Rückenmittelzone abgesetzt. Die Unterseite ist cremefarben, schmutzig weiß oder gelblich, nach hinten grau oder bräunlich werdend. Größe: 18 cm.

Geographische Verbreitung: Nördliches Südamerika, Karibik, Panama.

M. m. mabouya
(LACÉPÈDE, 1788)
Brasilien und Bolivien im Süden bis Panama im Norden, Trinidad und Tobago, Kleine Antillen.

M. m. alliacea
(COPE, 1875)
Mexiko bis Costa Rica.

M. m. pergravis
BARBOUR, 1921
Isla Sta. Catalina, Isla de Providencia.

M. m. sloanei
DAUDIN, 1803
Große Antillen außer Kuba, Caicos und Turks Inseln, Jungferninseln.

Biologie und Ökologie: Vorwiegend in trockenen Habitaten als tagaktive Kulturfolger lebend. Tagsüber zahlreich in Grasland, Buschwerk, an Baumstämmen und Steinen, im Laub der Plantagenpflanzen, unter Strandgut und an Müllhalden, auch an Mauern und Häusern, in Gärten und Hotelanlagen zu beobachten. In der Bewegung fast dahingleitend, dabei nicht sonderlich schnell. Die Tiere sind vielfach an die Nähe der Menschen gewöhnt und teilweise nicht scheu, in Gefangenschaft dennoch heikel.

Terrarium: Man richtet diesen Skinken ein mittelgroßes Terrarium, etwa 80 × 50 × 50 cm groß ein.

Ausstattung: Steinaufbau und ein wenig Klettergeäst oder einer Baumwurzel. Der sandig-humose Bodengrund wird mit erdbewohnenden Bromelien, z.B. *Cryptanthus*, *Hechtia* oder *Dyckia* bepflanzt, deren Bodenbereiche leicht feucht gehalten werden.

Heizung: Kleiner Strahlungsheizer oder Heizkabel oder Bodenheizplatten.
Die Temperaturen sollten tagsüber 28 bis 35 °C, nachts etwa 5 bis 8 °C weniger betragen.

Licht: Tageslicht oder Leuchtstoffröhren.

Futter: Insekten, Spinnen und Würmer aller Art von mittlerer Größe. Anreicherung mit Mineralstoffen und Vitaminen und regelmäßige UV-Bestrahlung sind notwendig.

Luftfeuchtigkeit: Sollte bei 50 bis 70 % am Tage und nachts bei 80 bis 90 % liegen.

Feuchtigkeitsbedürfnis: Die Skinke trinken aus kleinen Wasserschalen oder lecken die Tropfen des Sprühwassers auf.

Nachzucht: *Mabuya mabouya* sind lebendgebärend (viviovipar) und bringen meist 4 Junge zur Welt, die in Abständen von 36 bis 48 Stunden geboren werden. Geburtsgröße etwa 30 mm.

Aufzucht: Die Jungtiere werden von den Eltern getrennt aufgezogen und anfangs mit kleinsten Insekten, wie ausgesiebtem Wiesenplankton, Springschwänzen, kleinen Grillen und Heimchen gefüttert. Futtertiere mit Mineralstoff- und Vitamin-Präparaten einstäuben. Täglich etwa 15 min UV-Bestrahlung und anfangs mehrmaliges kurzes Übersprühen.

Literatur:
SOMMA, C. A., G. R. BROOKES (1976): Reproduction in *Anolis oculatus*, *Ameiva fuscata* and *Mabuya mabouya* from Dominica. Copeia 2: 249–256.

Ophisaurus apodus
(PALLAS, 1775)
Scheltopusik, Panzerschleiche, E
European glass Lizard, Sheltopusik, I
Ofisauro apodo, S Pseudopo
BArtSchV 1/1

Beschreibung: Der Körper ist schlangenähnlich, der Kopf kaum vom Rumpf abgesetzt. An den Körperseiten befindet sich eine auffallende Längsfalte, die bis zur Kloake reicht. Gliedmaßen bis auf 2 bis 3 mm lange Rudimente am Ende der Körperseitenfalte reduziert. Die Schwanzlänge beträgt etwa 60 % der Gesamtlänge. Schuppen durch Hautverknöcherungen unterlegt, dadurch Fortbewegung nur in größeren Körperwindungen möglich, ähnlich wie bei der Blindschleiche, wodurch sich beide Gattungen von der enggewundenen Fortbewegung der Schlangen unterscheiden. Bauchschuppen in 10 Längsreihen. Schuppen der adulten Tiere relativ glatt, bei Jungtieren deutlich gekielt. Färbung der Oberseite gelbbraun bis dunkelbraun, Kopf oft heller. Unterseite cremebraun bis rötlich braun, z. T. mit Marmorierung durch mosaikartig eingestreute hellere Schuppen. Tiere aus dem kaukasischen Bereich zeigen diese Mosaikzeichnung auch auf der Oberseite und den Flanken. Jungtiere anfangs mit hellgrauer Grundfärbung und markanten dunklen Querbinden. Nach jeder Häutung werden sie gelbbrauner, zugleich verblaßt die Zeichnung, bis die Tiere im Alter von etwa 3 Jahren die Färbung der Erwachsenen tragen. Größe: Bis 140, meist 100 bis 125 cm.
Geographische Verbreitung: Kroatien bis Albanien, Griechenland, Bulgarien, Rumänien, Türkei, Krim und östliche Nordküste des Schwarzen Meeres, im Osten über Iran und Irak bis ins mittelasiatische Kirgisien, N-Afghanistan, im Süden über Syrien bis nach Israel.

Ophisaurus apodus apodus
(PALLAS, 1775)
Färbung hell, relativ einheitliche Kopf-, Rumpf- und Schwanzfärbung. Rücken, Flanken und Schwanzoberseite mit unterschiedlich ausgeprägter Hell-Dunkel-Marmorierung, die durch eingestreute helle Schuppenbereiche entsteht. Unterseite hell ohne Farbdifferenzierung zwischen Rumpf- und Schwanzbereich. Östliche Kaukasusländer, Georgien, Armenien, ostwärts bis zum Balkaschsee. Status der irakischen bis israelischen Population unklar.

Ophisaurus apodus thracius

Ophisaurus apodus thracius
OBST, 1978
Helle Kopffärbung, dunkelbraune Körper- und Schwanzfärbung ohne Mosaikzeichnung. Unterseite des Rumpfes hell, aber dunkler als die Schwanzunterseite. Gelegentlich mit leichtem Hell-Dunkel-Mosaik auf der Bauchseite. Oft dunkle Konturlinien an den Schuppen. Istrien, Dalmatien bis zum Peloponnes, Bulgarien, südöstliches Rumänien, europäische Türkei bis W-Anatolien. Östliche Arealgrenze ebenso unklar wie das Vordringen ins Innere der Balkanstaaten. Krim und westliches Kaukasusgebiet.

Biologie und Ökologie: Von den Küstenbereichen bis in montane Regionen vordringend besiedeln Scheltopusiks vor allem trocken-warme Biotope der Garrigue und Macchie mit lockerem Strauchbewuchs und steinigen Bereichen. Trockenmauern und Lesesteinhaufen im Weide- und Ackerbaugebiet dienen vielfach als Unterschlupf. Die Tiere halten sich bevorzugt dort auf, wo sie gute Deckungsmöglichkeiten durch Vegetation und Steinaufschichtungen vorfinden. Sie nutzen auch Nagerbauten. Tagaktiv, jedoch oft durch eine Mittagspause unterbrochen. Vorzugstemperatur zwischen 20 und 26 °C. Aktionsradius ca. 200 bis 300 m um das Territorialzentrum.
Terrarium: Scheltopusiks sollten nur in ausreichend großen flachen Terrarien mit guter Lüftung gehalten werden. Im Sommer ist auch eine Unterbringung in einem mehrere Quadratmeter großen Freilandterrarium empfehlenswert. Eine Vergesellschaftung mit anderen Arten ist nicht möglich, es sei denn mit Schildkröten.
Ausstattung: Die Einrichtung eines Terrariums von etwa 1 m² Bodenfläche erfolgt mit einem lockeren sandigen Erdgemisch von wenigstens 15 cm Höhe. Darauf kommen größere Steinplatten, unter denen die Tiere Unterschlupfmöglichkeiten finden. Da Scheltopusiks gern im Boden wühlen, können Pflanzen auf Dauer nur gedeihen, wenn sie in oben durch Draht abgebundene Blumentöpfe gepflanzt werden, die man im Bodengrund einläßt. Der Herkunft der Tiere entsprechend sollte man vorwiegend mediterrane Kleingehölze verwenden wie Myrte, Lorbeer oder Buchsbaum.
Heizung: Bodenheizung in Form einer unter dem Terrarienboden angebrachten Heizfolie oder in den Bodengrund eingebrachten Flächenheizplatte. Strahlungsheizer zur Erwärmung des „Sonnenplatzes".
Licht: Leuchtstoffröhren.
Futter: Vorwiegend Gehäuseschnecken wie Weinbergschnecken und Bänderschnecken, auch Nacktschnecken und gelegentlich Regenwürmer, ferner Insekten aller Art und deren Larven, Kleinsäuger, Jungvögel, Echsen und Schlangen.
Feuchtigkeitsbedürfnis: Manche Tiere liegen gelegentlich gern im flachen Was-

Palmatogecko rangei

ser, obwohl die Tiere im Gegensatz zur verwandten Blindschleiche nicht schwimmen. Ein flacher Wasserteil dient darüber hinaus als Tränke.
Überwinterung: Einige Wochen im ungeheizten Terrarium bei herabgesetzter Lichteinstrahlung und Temperaturen um 5 bis 10 °C in der Zeit zwischen November und Februar.
Nachzucht:
Paarung: Die Paarungszeit beginnt im allgemeinen im März und dauert etwa bis Mai.
Eiablage: Die 6 bis 12 weichschaligen, ovalen weißen Eier werden im Juni nach etwa 10 Wochen Tragzeit im leicht feuchten Bodensubstrat abgelegt. Ein Bewachen des Geleges durch das Weibchen wurde beobachtet. Die Eier haben eine Größe bis zu 20 × 40 mm. Die Jungtiere schlüpfen nach etwa 45 Tagen in einer Größe zwischen 10 und 12 cm.
Aufzucht: Man zieht sie separat von den Eltern mit Nacktschnecken und Regenwürmern sowie Käferlarven auf.

Literatur:
BISCHOFF, W. (1974): Zur Fortpflanzung des Scheltopusiks. Aquarien – Terrarien 21: 426.
OBST, F. J. (1978): Zur geographischen Variabilität des Scheltopusik, *Ophisaurus apodus* (PALLAS). Zool. Abh. Mus. Tierk. Dresden 35(8): 129–140.
OBST, F. J. (1980): Nachbemerkung zur Subspecies-Gliederung des Scheltopusik, *Ophisaurus apodus* (PALLAS). Zool. Abh. Mus. Tierk. Dresden. 36(7): 127–129.
PETZOLD, H.-G. (1971): Blindschleiche und Scheltopusik. Neue Brehm Bücherei 448, Wittenberg (A. ZIEMSEN).
THIEME, U. (1976): Neues über den Scheltopusik. elaphe 1979/4: 38.

Palmatogecko rangei
(ANDERSON, 1908)
Wüstengecko, Namibgecko, E Web-footed gecko, F Gecko du désert

Beschreibung: Ein mittelgroßer Gecko mit deutlich vom schlanken Rumpf abgesetztem breiten, flachen Kopf und einem etwa der halben Kopf-Rumpf-Länge entsprechenden unsegmentierten Schwanz. Die etwas schwach aussehenden Gliedmaßen tragen haftlamellenfreie Zehen, die fast bis zu den Zehenenden durch schwimmhautähnliche Hautgebilde verbunden sind. Die Zehen eignen sich so zum Laufen auf feinstem Dünensand und sind auch hervorragend zum Graben geeignet. Die Krallen sind rudimentär und nur bei genauem Hinsehen erkennbar. Der Körper ist mit sehr kleinen Körnerschuppen gleichmäßig bedeckt, die Haut so dünn, daß man die durchschimmernden Organe erkennen kann. Die Färbung der Oberseite ist ein gelbliches bis rötliches Braun mit zahlreichen hellen unregelmäßigen bis rundlichen Flecken, die besonders auf dem Schwanz auch zu einem hellen, dunkel gerahmten Längsstreifen verlaufen können. Die Unterseite ist gelblich-weiß ohne Zeichnung. Sie ist an den Körperseiten oberhalb der Seitenfalte scharf von der Färbung der Oberseite abgesetzt. Der Kopf zeigt zwischen Nasenbereich und Augen meist eine dunkle Querfleckung. Die Augäpfel schimmern bläulich violett durch die Kopfhaut und die großen Augen sind durch einen hellgelben Ring umrandet. Die weißgerahmte senkrechte Pupille wird durch rötliche Farbtöne bis ins tiefe Schwarz der Außenbereiche übergeführt. Die Männchen unterscheiden sich von den Weibchen durch die deutlich verdickte Schwanzwurzel und die dornig erhobenen Postanaltuberkel. Größe: 12 bis 14 cm.
Geographische Verbreitung: Namibwüste von der Atlantikküste Namibias und Südwestafrikas bis in den äußersten Südwesten der Kapprovinz. Landeinwärts etwa 130 km vordringend. Das Vorkommen ist vom klimatischen Einfluß des kühlen südatlantischen Benguelastroms abhängig, der nachts Nebelbildung bewirkt.
Biologie und Ökologie: Busch- und strauchbewachsene bis kahle Sanddünen der Namib bis in Höhen von fast 300 m. Die nachtaktiven Tiere verbringen den Tag in selbst gegrabenen unverzweigten Erdhöhlen, die bis zu einem Meter tief in den Sand gegraben werden. Das Feuchtigkeitsbedürfnis wird durch Auflecken von Tautropfen gestillt und durch die Körperflüssigkeit der Beutetiere. Man vermutet, daß eine Feuchtigkeitsaufnahme auch über die dünne Körperhaut erfolgt.
Terrarium: Die Haltung des Wüstengeckos aus der Namib ist nur erfahrenen Pflegern zu empfehlen. Man hält die Tiere in gut durchlüfteten etwa 80 × 50 × 40 cm großen Terrarien.
Ausstattung: Hoher Bodengrund aus feinem Dünensand, in den die Tiere ihre Wohnhöhlen graben können.
Heizung: Lokal beheizt man den Sand mit Hilfe eines Heizkabels oder einer Heizplatte am besten von der Unterseite des Terrariums aus. Die Temperaturen können in diesem Bereich bis auf 50 °C ansteigen. Nachts schaltet man die Heizung ab, um dem natürlichen Temperaturgefälle zu entsprechen. Die ungeheizte Hälfte des Sandbodens hält man so feucht, daß den Tieren das Graben der Wohngänge möglich ist. Es wird sich ein Feuchtigkeitsgefälle zwischen geheiztem und ungeheiztem Bodenteil einstel-

len, in dem sich die Tiere die ihnen zusagenden Plätze suchen.
Licht: Auf eine Beleuchtung kann man verzichten. Die Haltung kann paarweise erfolgen, die nicht sehr streitsüchtigen Tiere können auch in kleinen Gruppen vergesellschaftet werden, dann sollte das Terrarium allerdings größer sein. Während der Fortpflanzungsperiode kann es zu Rivalitätskämpfen der Männchen kommen.
Futter: In der Natur leben die Geckos von Termiten, nachtaktiven Käfern und Grillen, im Terrarium füttert man sie mit kleinen bis mittleren Heimchen, Zweifleckgrillen und Schaben und allen verfügbaren nicht zu hartschaligen Insekten. Man muß die Futterannahme beobachten und das Futterspektrum entsprechend ausrichten. Alle Futtertiere werden regelmäßig mit Kalk-Vitamin-Präparaten bestreut. Wasserlösliche Vitamintropfen können auch gesprüht werden, manche Tiere gewöhnen sich auch an das Trinken aus einer Pipette.
Nachzucht:
Paarung: Die Paarungszeit reicht von Februar bis Mai, beginnt teilweise aber auch eher und dauert manchmal bis zum Juli.
Eiablage: Das Weibchen vergräbt die beiden 9 × 14 mm großen Eier im feuchteren, ungeheizten Bodenteil, beschichtet die Eier mit einer Schicht feinen Sands, der mit der feuchten Eihülle verklebt und bedeckt die Eier anschließend mit einer Schicht trockenen Sands.
Inkubationszeit: Es empfiehlt sich, die Eier vorsichtig auszugraben und ohne Veränderung ihrer Lage in einen Brutbehälter zu überführen. Hier zeitigt man die Eier bei einer Luftfeuchtigkeit von 80 bis 100% und Temperaturen von etwa 28 °C. Die Inkubationszeit beträgt nach ZILGER & ZILGER (1989) 54 bis 70 Tage, wobei Tiere, die nach mehr als 60 Tagen noch mit Dotterresten schlüpfen eine geringere Lebenserwartung aufweisen sollen.
Aufzucht: Die beim Schlüpfen etwa 4 cm großen Jungen zieht man mit abwechslungsreichem gut vitaminisierten Kleinfutter auf.
Geschlechtsreife: Die Jungen sind nach etwa einem Jahr geschlechtsreif und nach eineinhalb Jahren ausgewachsen. Die Lebenserwartung beträgt drei bis sechs Jahre.

Literatur:
HAACKE, W. D. (1976): The Burrowing Geckos of South Africa, 2. (Reptilia: Gekkonidae) Annotated Taxonomic Account B. Genus *Palmatogecko* ANDERSON. Ann. Transv. Mus. Pretoria, 30(2): 13–23.
LOVERIDGE, A. (1947): Revision of the African Lizards of the Family Gekkonidae. Bull. Mus. Comp. Zool. 98(1): 36–39.
MERTENS, R. (1955): Die Amphibien und Reptilien Südwestafrikas. Abh. Senck. Naturf. Ges., 490, 172 S.
MERTENS, R. (1971): Die Herpetofauna Südwestafrikas. Abh. Senck. Naturf. Ges., 529, 110 S.
ZILGER, H., W. ZILGER (1989): *Palmatogecko rangei* ANDERSON. Sauria Suppl. 11(1): 129–132.

Paroedura pictus
(PETERS, 1854)
Madagassischer Dickkopfgecko

Beschreibung: Großer, breiter Kopf, Körper walzenförmig, wenig abgeflacht, Schwanz etwa körperlang, Gliedmaßen relativ schwach ausgebildet mit kleinen, blattförmigen Haftlamellen am Ende der Zehen. Verknöcherte dorsale Haut der Kopfregion, Rückenbeschuppung körnig mit eingelagerten großen gekielten Schuppen, Schwanz mit großen dornigen Schuppen. Färbung hellbraun bis dunkelbraun mit weißen oder cremefarbenen Punkten, die an den Kopfseiten und dem Hinterkopf sowie im Nackenbereich auch zu hellen Linien zusammenlaufen. Die bei Jungtieren deutliche dunkle Querbänderung erhält sich bei den adulten Tieren nur in Form dunkler Querlinien, die den Rändern der ursprünglichen jugendlichen Querbänder entsprechen. Jungtiere zeigen auf der Kopfoberseite gelbbraune bis ockerfarbene Töne, die von einem dunklen halbkreisförmig von Auge zu Auge über den Hinterkopf verlaufenen Fleck begrenzt sind. Die vier ebenfalls halbkreisförmigen, braunen, schwarzgerandeten, Körperquerbänder werden durch markante cremefarbene Bänder unterbrochen, die gleiche Querbänderung setzt sich auf dem Schwanz fort. Die cremefarbenen Querbänder zeigen auf der Rückenmittellinie kürzere nach vorn und längere nach hinten gerichtete Zacken. Kleine helle Flecke sind an den Rückenseiten in die braune Körperbänder eingestreut. Gelegentlich kommen auch Tiere mit medianer heller Längslinie vor.
SCHRÖDER (1979) stellt einen Geschlechtsdimorphismus bezüglich Gewicht, Länge und Lebensdauer fest: „Männliche *Paroedura pictus* können ein Gewicht von 20 bis 25 g bei 15 bis 17 cm Länge und ein Alter bis zu fünf Jahren erlangen, während Weibchen nur 14 bis 18 g bei 12 bis 16 cm und etwa ein Alter von drei Jahren erreichen."
Geographische Verbreitung: Westliches, südliches und südöstliches Madagaskar.
Biologie und Ökologie: Halbwüstenartige Trockengebiete, Dornbuschsavannen, Trockenwälder. Hier leben die Tiere fast ausschließlich am Boden, z. T. im

Paroedura pictus

Boden vergraben, teils unter Steinen oder Rindenstücken. Verhaltensbeobachtungen liegen vorwiegend aus Terrarienhaltung vor. So beschreibt RÖSLER (1979) eingehend das Beutefangverhalten, BRILLET (1986) neben Aggressions- und Imponierverhalten auch die Ausbildung sozialer Strukturen, auf die wir hier nicht eingehen müssen.

Terrarium: Paarweise Haltung in mittleren eher flachen als hohen Terrarien. Maße etwa 60 × 40 × 40 cm.

Ausstattung: Bodengrund gewaschener Flußkies, Sand. Bepflanzung kann fehlen, sonst Euphorbiaceen und Blattsukkulenten in Töpfen. Geschichtete Steinplatten oder Rindenstücke als Verstecke.

Heizung: Heizkabel oder kleiner Wärmestrahler, so daß Tagestemperaturen um 28 °C erreicht werden. Nachts kann die Temperatur auf ca. 20 °C absinken.

Licht: Tageslicht, Leuchtstoffröhre.

Futter: Grillen, Heimchen, Wachsmaden, Schaben, Schwarzkäferlarven, angereichert mit Kalk-Vitamin-Präparaten.

Feuchtigkeitsbedürfnis: Sprühen, kleines Trinkgefäß.

Nachzucht: Im natürlichen Lebensraum liegt die Fortpflanzungsperiode in den Monaten September bis Mai, im Terrarium pflanzen sich die Tiere ganzjährig fort.

Paarung: Bei der Paarung ergreift das Männchen das Weibchen durch Nackenbiß und führt dann 10 bis 15 Min. lang die Kopulation aus. Vorratsbefruchtung ist möglich.

Eiablage: Je Gelege werden vom Weibchen 1 bis 2 pergamentartige, dünnschalige Eier von etwa 10 × 12 mm Größe und 0,6 bis 0,7 g Gewicht im Boden abgelegt. Die Erdgruben werden nach der Eiablage vom Weibchen verschlossen. Erneute Eiablagen erfolgen alle 2 bis 3 Wochen. Will man die Weibchen nicht zur Legemaschine machen, trennt man die Paare im Mai und läßt ihnen eine ca. dreimonatige Fortpflanzungspause.

Inkubationszeit: Beträgt nach SCHRÖDER (1979), der die Tiere in vielen Generationen vermehrte, durchschnittlich 58 bis 64 Tage bei 26 bis 29 °C im Inkubator.

Aufzucht und Geschlechtsreife: Die frisch geschlüpften Jungtiere messen 5 bis 5,5 cm und haben ein Gewicht von 0,50 bis 0,57 g. Sie wachsen schnell heran und sind z. T. schon ab sechs Monaten ihrerseits fortpflanzungsfähig. Die Jungtiere werden mit kleinen Asseln, Mehlkäferlarven, Wachsmottenlarven, Dörrobstmotten, Drosophila, Heimchen und Grillen, später mit größeren Insekten gefüttert, die ebenfalls mit Mineralstoffen und Vitaminen angereichert werden.

Literatur:
BRILLET, C. (1986): Comportement Agonistique et Structure Sociale du Lézard Nocturne Malgache *Paroedura pictus* (PETERS, 1854) (Sauria, Gekkonidae). Etudié au Laboratoire. Amphibia – Reptilia 7: 237–258.
RÖSLER, H. (1979): Ein nächtlich aktiver Gecko aus Madagaskar, *Phyllodactylus pictus* (PETERS, 1854). elaphe 1979/4: 39–42.
SCHRÖDER, E. (1979): Beobachtungen an 16 Nachzuchtgenerationen des madagassischen Geckos *Paroedura pictus* (PETERS, 1854) (Sauria: Gekkonidae). Salamandra 23(4): 236–240.

Phelsuma
(GRAY, 1825)
Taggeckos
WA II, EG C2

Beschreibung: Die nach dem holländischen Wurmforscher M. VAN PHELSUM benannten Geckonengattung wurde von J. E. GRAY 1825 aufgestellt und umfaßt heute etwa 65 Arten und Unterarten. Durch ihre Tagaktivität und ihre meist sehr ansprechenden Farben zählen sie heute zu den beliebtesten Geckos im Bereich der Terraristik. Über Jahrzehnte haben sich zahlreiche Wissenschaftler und Liebhaber intensiv mit diesen Tieren beschäftigt, so daß viele Arten trotz der Einfuhrbeschränkungen, die uns das Washingtoner Artenschutzprogramm auferlegt, heute in Liebhaberkreisen dank der guten Zuchterfolge weit verbreitet sind.

Die wissenschaftlichen Arbeiten sind in einer Vielzahl von Einzelpublikationen erschienen, die für den Liebhaber nicht immer erreichbar sind. Wir möchten deshalb im Rahmen dieses Buches den Versuch machen, eine Gesamtübersicht über alle rezenten Formen der Taggeckos mit den uns zur Verfügung stehenden Haltungs- und Fortpflanzungsdaten zu geben.

Wir beschränken uns deshalb bei der Einzelbeschreibung auf eine tabellarische Übersicht mit Kurzbeschreibung, geographischer Verbreitung, Biotopangaben und Pflegedaten, wie Temperaturangaben, Feuchtigkeitswerte, Inkubationsdaten etc. Viele Angaben hinsichtlich der Haltung lassen sich in gewissem Rahmen verallgemeinern, so daß den Artbeschreibungen an dieser Stelle ein zusammenfassendes Kapitel vorangestellt werden soll.

Der Vollständigkeit halber haben wir bei den Artbeschreibungen auch jene Arten und Unterarten erwähnt, die nur anhand weniger Exemplare bekannt geworden sind, wie *P. minuthi*, *P. quadriocellata leiura* oder *P. trilineata*. Der taxonomische Status von *P. befotakensis* und *P. chekei*, die auch zum Rassenkreis von *P. abbotti* gehören können, soll von uns nicht diskutiert werden.

Nicht erwähnt werden die bereits ausgestorbenen Arten *P. edwardnewtoni* von der Mascareneninsel Rodriguez und *P. gigas*, die ebenfalls dort lebte. Die Artenzusammenstellung und die Verbreitungskarten verdanken wir drei bedeutenden Phelsumenhaltern der Gegenwart, G. HALLMANN, J. KRÜGER und G. TRAUTMANN.

Biologie und Ökologie: Die geographische Verbreitung der Gattung von den Andamenen im Nordosten des Indischen Ozeans bis in den Süden der multiklimatischen Insel Madagaskar bringt eine Vielzahl unterschiedlicher Lebensräume und damit auch verschiedenste Lebensbedingungen mit sich, die für die Haltung im Terrarium wichtig und deren genauere Kenntnis für eine erfolgreiche Pflege und Zucht notwendig sind. HARALD MEIER (persönl. Mitteilung), dem wir eine große Zahl von Neubeschreibungen in den letzten Jahrzehnten verdanken, hat eine Übersicht nach Lebensräumen und Klimaansprüchen aufgestellt, die wir hier gern übernehmen.

Unterscheidung nach Lebensräumen:

A. Fast nur auf Kokospalmen lebend:
P. serraticauda.

B. Fast nur auf allen Arten von Bäumen lebend:
P. a. abbotti, *P. guttata*, *P. flavigularis*, *P. standingi*, *P. robertmertensi*.

C. Mehr an Bäumen als auf Mauern lebend:
P. mutabilis, *P. borbonica*, *P. madagascariensis kochi*.

D. An Bäumen und an Mauern lebend:
P. leiogaster.

E. Fast nie auf Bäumen, kaum an Mauern, sehr häufig an Bananenstauden lebend:
P. lineata chloroscelis, *P. quadriocellata*, *P. lineata dorsivittata*, *P. laticauda*, *P. comorensis*.

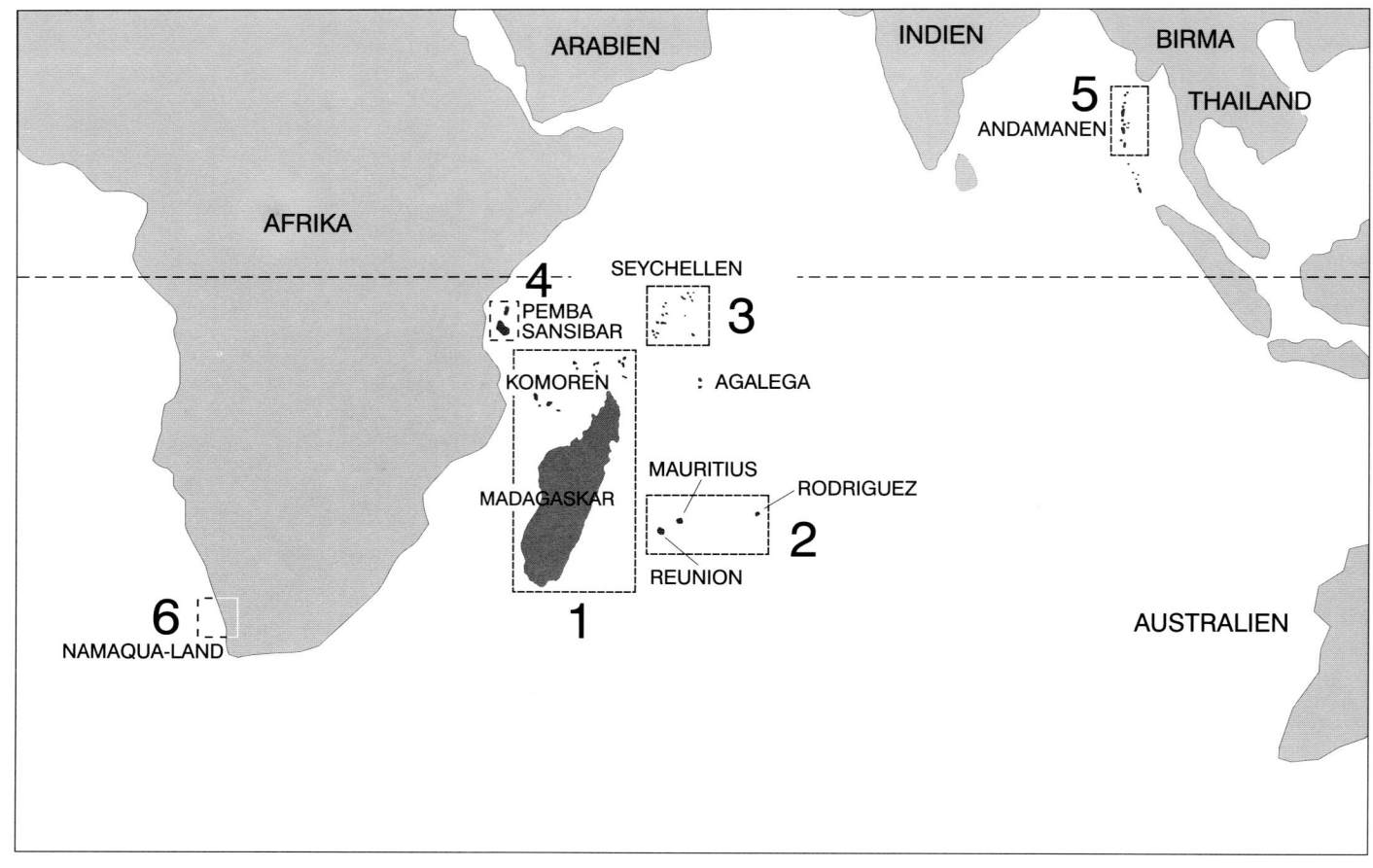

Abb. 40. Verbreitungsgebiete der Gattung Phelsuma.

F. Gleichermaßen auf Bäumen, an Mauern und auf Bananenstauden lebend:
P. m. madagascariensis, P. m. grandis, P. dubia.

G. An Bambusstauden lebend:
P. klemmeri.

H. Vorwiegend auf Zuckerrohrpflanzen lebend:
P. pusilla, P. quadriocellata parva.

I. Felsbewohnend:
P. barbouri, P. ocellata.

Unterscheidung nach Klimaansprüchen:
A. Den geringsten Sonne- und Wärmebedarf, aber den höchsten Feuchtigkeitsbedarf haben:
P. l. lineata, P. l. chloroscelis, P. flavigularis, P. borbonica, P. quadriocellata quadriocellata, P. madagascariensis boehmei.

B. Den höchsten Sonne- und Wärmebedarf bei weniger Feuchtigkeitsbedarf haben:
P. leiogaster, P. mutabilis, P. standingi, P. breviceps.

C. Zwischen diesen beiden Gruppen liegen:
P. laticauda, P. serraticauda, P. a. abbotti, P. madagascariensis grandis, P. m. madagascariensis, P. m. kochi, P. lineata dorsivittata, P. comorensis, P. dubia, P. robertmertensi.

Die nachfolgende Tabelle der Klimawerte verdanken wir der Arbeitsgemeinschaft PHELSUMA in der Deutschen Gesellschaft für Herpetologie und Terrarienkunde.

In den unterschiedlichen Biotopen treten die Phelsumen natürlich auch mit unterschiedlicher Häufigkeit auf. Während vor allem die großen Arten oft paarweise einen Baum besiedeln, findet man kleinere Arten oft in größerer Anzahl, das heißt auch, daß die beanspruchten Reviere von unterschiedlicher Größe und Struktur sind. Bei nebeneinander existierenden Arten wird man ebenfalls beobachten können, daß gewisse Biotopbereiche vorwiegend von der einen Art, andere wiederum von einer zweiten Art besetzt werden. Das ist oft schon eine Frage der natürlichen Größenunterschiede, verbunden mit der unterschiedlichen Fähigkeit zur Nutzung kleinflächigerer Klettermöglichkeiten, seltener durch unterschiedliches Futterangebot oder ähnliche Umstände bedingt. Die innerartliche Konkurrenz drückt sich in den z.T. heftigen Revierkämpfen der Männchen aus, die Weibchen sind im allgemeinen etwas duldsamer, wir werden aber bei der terraristischen Haltung auch hier feststellen, daß es hierarchische Unterschiede gibt.

Es empfiehlt sich deshalb allgemein Phelsumen paarweise zu halten. Anderenfalls leiden die schwächeren Tiere ständig unter Streß, wenn sie nicht gar verletzt werden. Streitigkeiten werden zwar nach „Kommentkampfregeln" im allgemeinen unblutig ausgetragen: So drohen sich etwa zwei Männchen mit stelzbeinigen Schritten, abgeflachtem Körper und seitlichen Pendelbewegungen von Kopf und Schwanz an, bis der Schwächere sich unter dem Erblassen seiner Färbung zurückzieht. Kann er dies aber in den begrenzten Raumver-

Phelsuma 283

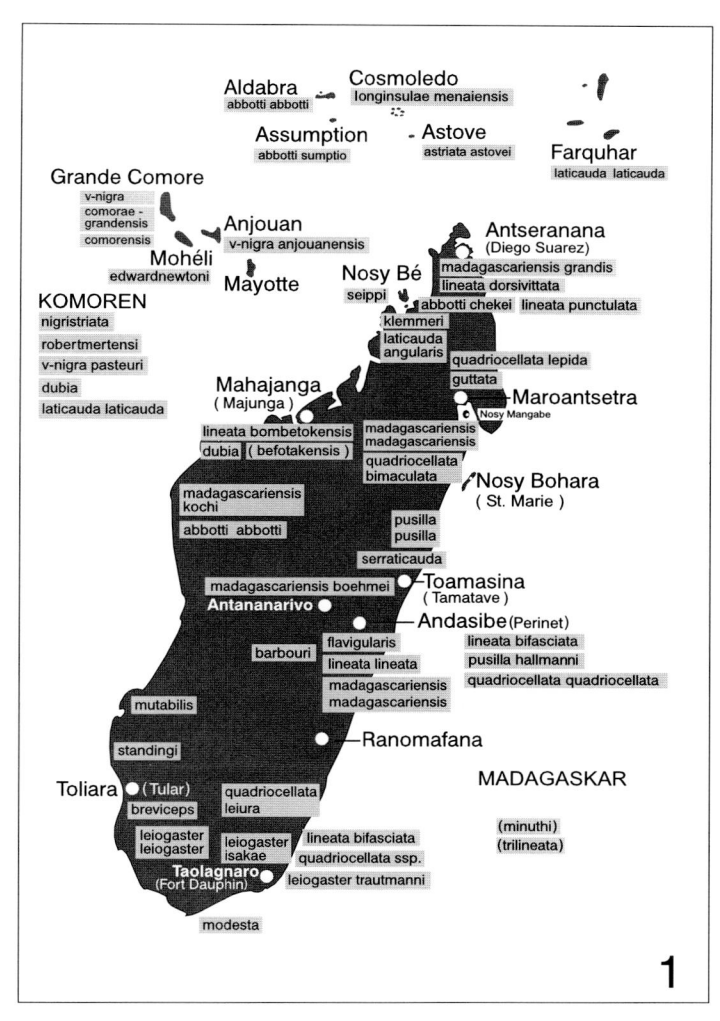

Abb. 41. Die Verbreitung der Taggeckos auf Madagaskar und den Komoren (1).

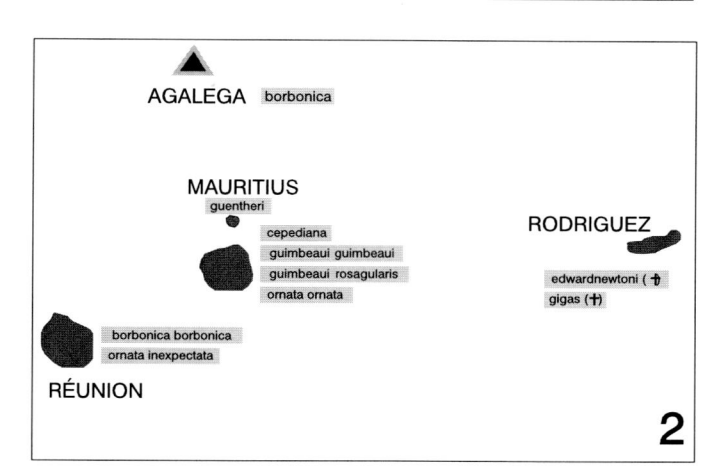

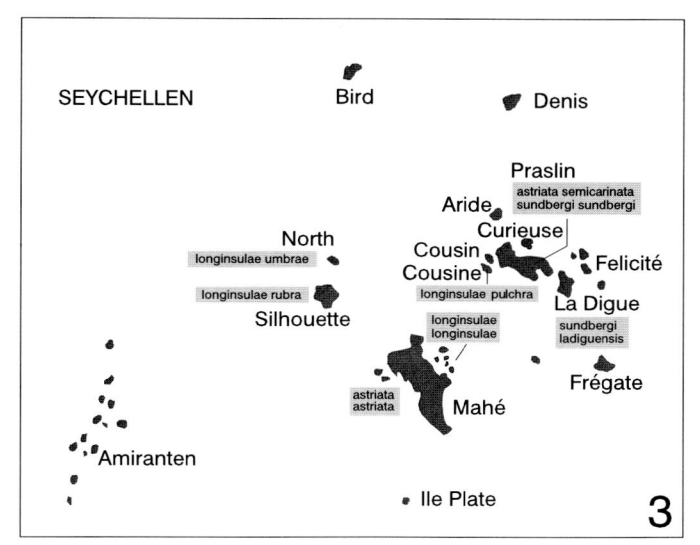

Abb. 42. Die Verbreitung der Taggeckos auf den Mascarenen (2).

Abb. 43. Die Verbreitung der Taggeckos auf den Seychellen (3).

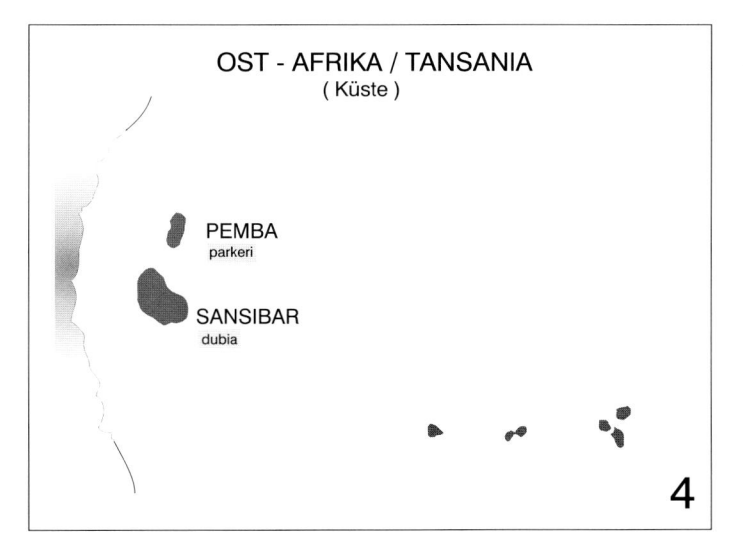

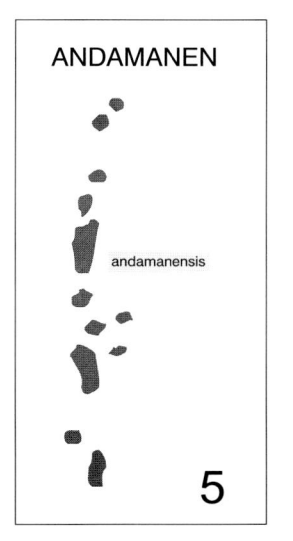

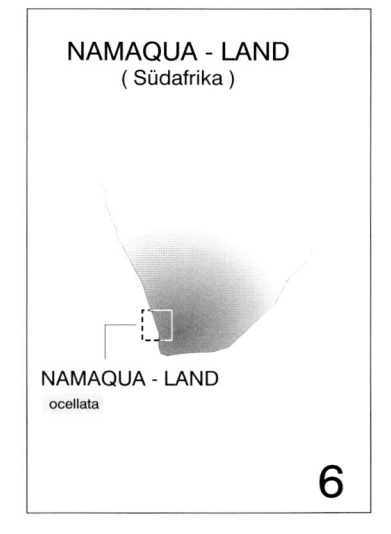

Abb. 44 bis 46. Die Verbreitung der Taggeckos in Afrika, Ostafrika (4), Südafrika (6), auf den Andamanen (5).

Bemerkenswerte Beispiele und Hinweise für das Klima einiger ausgewählter Phelsumenlebensräume auf der Insel Madagaskar:

Station	Breitenlage (s. Br.)	Höhe über NN	Mittlere Jahrestemperat. (in °C)	Mittlere Temp. des kältesten Monats (in °C)	Mittlere Temp. des wärmsten Monats (in °C)	Jahresschwankung (in °C)	Mittlere Jahresniederschlagssumme (in mm)
Osten, Nordwesten:							
Vohémar	13,22 °	5	25,3	23,1	27,2	4,1	1445
Maroantsetra	15,26 °	2	23,7	20,8	26,0	5,2	3664
Tamatave	18,07 °	5	24,1	21,3	26,7	5,4	3529
Farafangana	22,48 °	6	22,8	19,6	25,7	6,1	2433
Fort-Dauphin	25,02 °	8	22,8	19,8	25,6	5,8	1529
Nossi-Bé	13,19 °	11	25,9	23,6	27,2	3,6	2232
Ambanja	13,40 °	40	25,7	23,2	27,1	3,9	2172
Hochland:							
Bealanana	14,33 °	1125	19,8	16,6	21,9	5,3	1323
Mandritsara	15,50 °	350	24,4	21,2	26,7	5,5	1149
Tananarive	18,55 °	1381	18,5	14,4	21,1	6,7	1354
Antsirabe	19,49 °	1540	16,5	12,4	19,7	7,3	1493
Ambositra	20,37 °	1245	17,9	13,8	20,8	7,0	1529
Fianarantsoa	21,27 °	1105	18,5	14,5	21,4	6,9	1215
Ihosy	22,24 °	800	21,6	17,4	24,5	7,1	842
Nanokely	19,31 °	2100	13,9	10,2	16,1	5,9	1675
Norden, Westen:							
Diego-Suaréz	12,21 °	105	27,0	25,1	28,3	3,2	902
Majunga	15,40 °	22	26,9	25,1	28,0	2,9	1567
Marovoay	16,07 °	20	27,0	24,2	29,0	4,8	1520
Maintirano	18,03 °	13	25,7				840
Morondava	20,17 °	8	24,8	21,0	27,7	6,7	780
Miandrivazo	19,32 °	71	27,2	23,7	29,0	5,3	1425
Süden:							
Tuléar	23,23 °	9	23,7	19,9	27,4	7,5	344
Itampolo	24,41 °	5					331
Faux-Cap	25,33 °	20	23,3	20,2	26,4	6,2	344
Ambovombe	25,11 °	135	22,9	18,5	26,4	7,9	606
Ampanihy	24,41 °	275	24,6	19,8	28,3	8,5	581
Sakaraha	22,55 °	460	23,0	17,9	26,5	8,6	735

hältnissen eines Terrariums nicht, so wird er weiter verfolgt, stellt vielleicht schließlich nach zahlreichen Bißverletzungen die Nahrungsaufnahme ein, und verendet schließlich streßbedingt.

Bei ausreichender Terrariengröße kann man aber durchaus ein Männchen mit zwei bis drei weiblichen Tieren vergesellschaften.

Obwohl sich verschiedene Arten unter Umständen miteinander vertragen, raten wir dennoch von einer Vergesellschaftung ab, da die im Handel erhältlichen Arten oft unterschiedliche Haltungsansprüche haben oder aus unterschiedlichen Klimaten stammen. Auch andere Reptilien, die im gleichen Klima leben können, stellen oft bei der Zucht Probleme, da sie die Jungtiere der anderen Art als natürliches Futter betrachten.

Im natürlichen Lebensraum bilden zahlreiche Insektenarten die natürliche Ernährungsgrundlage, dazu kommt ein reiches Angebot an Nektar und süßen Früchten, was die Vorliebe unserer Phelsumen für alles Süße leicht erklärt.

Terrarium: Als tagaktive Klettertiere benötigen alle Phelsumen ausreichend große, eher hohe als breite Terrarien mit möglichst vielen senkrechten und schrägen, glatten Laufflächen.

Aus der Tatsache, daß die Tiere glatte Flächen gegenüber rauhen Flächen als Laufgrundlage bevorzugen, ergibt sich leider ein Nachteil, sie koten mit Vorliebe an den Frontscheiben des Terrariums ab. Haben wir rundum Glasflächen, so verteilt sich das ein wenig, optisch sind solche Anlagen aber meist für uns weniger attraktiv.

Über die Terrariengröße ist viel geschrieben worden, der Verfasser hielt die kleineren Arten über viele Jahre in Terrarien mit den Maßen 60 × 40 × 80 cm, die größeren in Terrarien von 80 × 80 × 120 cm, wo sie sich mit Erfolg vermehrten. Im Gewächshaus, das nach Südwesten mit Doppelstegplatten verglast ist, die einen gewissen Anteil der UV-Strahlung durchlassen, wurden die Tiere erfolgreich in Terrarien von 50 × 30

× 80 cm Größe gehalten, deren Rückwand zur ungefilterten UV-Einstrahlung aus Gaze bestand. Andere Tiere lebten zeitweilig frei im Gewächshaus. Das hat allerdings den Nachteil, daß eine Kontrolle kaum möglich ist, und Nachzuchttiere leicht übersehen werden.
Ausstattung: Verwendet man als Rückwandgestaltung Borke, so hat sich besonders großflächige Kiefernborke bewährt, die man zur Erhöhung der Glattflächigkeit mit schnelltrocknenden, gut durchhärtenden Siegellacken überziehen kann. Nachteile durch etwaige chemische Ausdünstungen haben sich nicht ergeben. Um glatte Äste zu bekommen, kann man eventuell auch die rauhe Rindenschicht entfernen. Sonst eignen sich besonders gut Bambusstäbe, die man mehr oder weniger senkrecht im Terrarium anbringt. Nur bitte nicht alle von gleicher Stärke, das wirkt unnatürlich.

An glattblättrigen Pflanzen steht uns im Gartenbauangebot vieles zur Verfügung, die natürlichen Bananenstauden wachsen leider auch in den angebotenen Zierformen zu schnell, als daß sie für die Terrarien geeignet wären. Sehr beliebt sind alle mittelgroßen *Sansevieria*-Arten. An diesen können die Tiere nicht nur gut auf und ab laufen, die Blattnischen eignen sich auch gut zur Eiablage. Außerdem sind Yuccas und Dracaenen geeignet. Kleinblättrige Kletterpflanzen sind eher optische Ergänzungen.

Bromelien sind von ferner geographischer Herkunft. Das ist den Geckos zwar gleichgültig, legen sie ihre Eier aber in deren Blattnischen ab, so werden sie leicht beim Sprühen überflutet, wenn man sie nicht entdeckt und kommen dann im Wasser nicht zur Entwicklung. Für die Eiablage kann man aber auch aufgeschnittene großlumige Bambusstäbe verwenden, die man zwecks Wasserablauf an den Knotenplatten anbohrt, und deren Zwischenknotenabschnitte man jeweils mit einem Eingangsloch versieht.

Solche Ablageplätze sind leicht zu kontrollieren und werden gern von den Tieren angenommen.

Der Bodengrund im Terrarium ist für die fast ausschließlich kletternden Tiere ohne Bedeutung, wenn wir von der ständigen Feuchtigkeitsabgabe absehen, die das Mikroklima im Terrarium mitbestimmt. Es sollte leicht feucht, nicht aber naß sein.
Heizung: Als Heizung kommen neben der Lampenwärme auch Heizkabel oder -platten in Frage, die im unbepflanzten Bodenteil verlegt oder in Äste eingearbeitet werden.
Licht: Die Beleuchtung kann man neben dem einfallenden Tageslicht mit Leuchtstofflampen oder Quecksilberdampflampen je nach Bedarf unterschiedlich stark einrichten. Neben Leuchtstoffröhren, die ständig einen geringen UV-Strahlungsanteil abgeben, lassen sich aber mit speziellen UV-Lampen, die man regelmäßig kurzzeitig einsetzt, meist bessere Erfolge erzielen.
Futter: Als Futtertiere können wir den Taggeckos alle Insekten anbieten, die sie bewältigen können. Das bedeutet in den Sommermonaten die Verabfolgung von abwechslungsreicher Wiesenplanktonkost, in den Wintermonaten eher eine möglichst variable Auswahl von Fliegen, Schaben, Heimchen, Grillen, Fruchtfliegen und Motten, sowie deren Larven.

Dazu reichen wir mit Kalk und Vitaminen angereicherte Süßspeisen, Bananenbrei, Obstsäfte, auch Fertigprodukte wie Sanostol und ähnliche Präparate. Die Ernährung ist an sich unproblematisch, wenn sie nur abwechslungsreich und mit Kalk-Vitamin-Präparaten und gelegentlicher UV-Bestrahlung kombiniert verabfolgt wird. Für kleinste Jungtiere sind oft Drosophila noch zu groß, diese werden dann anfangs mit Springschwänzen und kleinsten Heimchen gefüttert. Bei der Aufzucht setzt man der Nahrung Vitamin D3 zu, um rachitische Mängel zu vermeiden.
Luftfeuchtigkeit: Die Luftfeuchtigkeit erzielt man durch mehr oder weniger häufiges Sprühen, die Erwärmung eines oberflächenbewegten Wasserteils oder durch automatische Vernebelungsanlagen, von denen elektronisch gesteuerte Geräte auch im Terrarienformat schon angeboten werden.

Gazestreifen im vorderen Terrarienbereich sollten einen vertikalen Luftaustausch ermöglichen, ohne daß Zugluft entsteht und die gewünschte Luftfeuchte wesentlich verringert wird. Eventuell empfiehlt sich der Einbau eines kleinen, hygrometergesteuerten Walzenentlüfters.
Nachzucht:
Paarung: Phelsumen zeigen ein interessantes Fortpflanzungsverhalten. Balzende Männchen nähern sich den Weibchen mit ruckartigen Bewegungen und zeitweiligem Abflachen des Körpers, der dabei breitseits dem Weibchen offeriert wird. Zeigt das Weibchen daraufhin keine Abwehr, erfolgt ein Züngeln oder Berühren der Schwanzwurzel. Beim Überkriechen nimmt das Männchen möglicherweise mittels Züngeln Sexualduftstoffe auf. Dies kann mehrfach geschehen. Dabei führen Männchen wie Weibchen schlängelnde Schwanzbewegungen aus. Dann verbeißen sich die Männchen seitlich am Hals des Weibchens und bringen ihre Kloakenöffnung unter die des Weibchens. Die Kopulationen dauern lange, es wurden Paarungen von bis zu 30 Minuten beobachtet.
Eiablage: Die Eiablage erfolgt an sorgfältig von den Weibchen inspizierten Plätzen, oft in Massenablageplätzen. Dabei werden die Eier bis zur Erhärtung mit den Hinterbeinen gedreht. Die Eier können einzeln abgelegt werden, häufig erfolgen aber Doppelablagen. Einige Arten kleben die Eier an geeignete Unterlagen an meist sichtgeschützten Plätzen im Terrarium. Die Jungtiere öffnen die Eischalen mittels eines kleinen Eizahns auf der Schnauzenoberseite, den man bei genauer Betrachtung nach dem Schlüpfen zumindest bei den größeren Arten noch gut erkennen kann.
Inkubationszeit: Angeklebte Eier lassen sich nicht abnehmen, die übrigen kann man aber ohne ihre Lage zu verändern, in einen Inkubator überführen und dort unter konstanten Klimabedingungen zeitigen. Die Jungtiere werden möglichst einzeln in Kleinstterrarien aufgezogen, in denen sie gut ihr Futter erreichen können und wo eine Kontrolle seitens des Pflegers jederzeit möglich ist.

Das Geschlechterverhältnis der Jungtiere ist abhängig von der Inkubationstemperatur. Höhere Temperatur bewirkt im allgemeinen einen Männchenüberschuß, niedere Temperaturen einen Weibchenüberschuß. OSADNIK (1987) wies z. B. an *Phelsuma dubia* nach, daß erst Temperaturen über 30 °C einen Männchenüberschuß ergeben. Laboruntersuchungen bei Temperaturen zwischen 27 und 32 °C erbrachten ein nahezu ausgeglichenes Geschlechterverhältnis, was auch bei Freilanduntersuchungen in Madagaskar bei Temperaturen zwischen 23,5 und 32,2 °C bestätigt werden konnte.

Bei der Aufzucht der Jungtiere treten häufig Häutungsschwierigkeiten auf, die Hinweis auf eine zu trockene oder zu feuchte Haltung sind, bei älteren Jungtieren können auch Ernährungsfehler die Ursache sein. Bringt eine Änderung der Luftfeuchtigkeitswerte keine Abhilfe, kann die Haut nach vorsichtigem Einreiben mit einer Fettcreme oder nach einem Bad in lauwarmem Wasser vorsichtig entfernt werden.

Art, Unterart, Verbreitung	Kurzbeschreibung und Haltungshinweise
Phelsuma abbotti abbotti STEJNEGER, 1893 Nosy Bé, Aldabra, mittleres West-Madagaskar	Oberseite graugrün bis blaugrau mit dunklen (z. T. rotbraunen) und hellen Tupfen. Dunkler Längsstrich auf der Rückenmitte, dunkles Kopfseitenband. Schwanzwurzel unterseits rostbraun. Bauchseite weißlich-grau, Gliedmaßen kontrastreich hell gefleckt. Größe ca. 12 cm. Vorwiegend auf Bäumen und Sträuchern lebend. Haltungstemperatur: Tag: 28 °C, Nacht: 24 °C. Die Inkubationszeit der etwa 10 mm großen Eier beträgt bei 23 bis 25 °C und 70 bis 80 % rel. Luftfeuchtigkeit 90 bis 112 Tage.
Phelsuma abbotti pulchra RENDAHL, 1939 Seychellen: Mahé	Gelbgrüne bis grasgrüne Oberseite mit ziegelroten Flecken, die eine gezackte Rückenmittellinie bilden können. Zwei weitere Reihen roter Flecke an den Rückenseiten. Schwanz oft querfleckig. Größe 15 cm. Die Art kommt auf Laubbäumen, Palmen und Bananenstauden vor. Haltungstemperaturen: Tag: 26 bis 35 °C, Nacht: 20 bis 24 °C. Die etwa 50 mm großen Jungtiere schlüpfen bei Temperaturen von 28 bis 30 °C und einer rel. Luftfeuchte von 50 bis 70 % nach 55 bis 60 Tagen.
Phelsuma andamanensis BLYTH, 1860 Andamanen	Eine Phelsume mit schlankem, spitzem Kopf, smaragdgrüner Oberseite mit orangeroten Flecken, Nackenstrichen und Vertebrallinie. Kehle und Schwanzunterseite leuchten gelb. Männchen mit türkisfarbener Schwanzoberseite. Größe ca. 14 cm. Die Tiere bewohnen Bananenstauden, Gärten, Palmen, meiden meist Hütten und Dächer. Haltung bei 24 bis 28 °C. Diese Art klebt ihre Eier an. Die Jungen schlüpfen bei 24 bis 26 °C nach 60 bis 65 Tagen.
Phelsuma astriata astriata TORNIER, 1901 Seychellen: Mahé	Oberseite grün mit ziegelroten Flecken, z. T. unterbrochener Vertebralstreifen. Braunes Lateralband. Kehle weißlich. Größe: 11,5 cm. Auf Bäumen, Sträuchern, Palmen und Bananenstauden, an Häusern, in Gärten und Plantagen. Haltungstemperaturen: Tag: 30 °C, Nacht: 22 bis 25 °C. Aus 8 mm großen Eiern schlüpfen bei 28 °C nach 35 bis 40 Tagen etwa 35 mm große Jungtiere.
Phelsuma astriata astovei FITZSIMONS, 1948 Seychellen: Astove	Oberseite grün mit wenigen orangeroten Flecken auf dem hinteren Rumpfabschnitt. Größe 11,5 cm.
Phelsuma astriata semicarinata CHEKE, 1976 Seychellen: Praslin	Diese Unterart ist kaum von der Nominatform zu unterscheiden, daher ist hier die Fundortangabe für die Bestimmung heranzuziehen. Pflege wie bei der Nominatform.
Phelsuma barbouri LOVERIDGE, 1942 Zentral-Madagaskar: Tsiafajavona im Ankaratra-Massiv, meist über 1500 n ü. NN	Grundfarbe türkis- bis grasgrün mit dunklen Flecken auf der mittleren Rückenzone. Schwarze Längsbänder auf dem Kopf, bräunliche an den Rückenseiten. Helles Flankenband, durch dunklen Streifen gegen die weißliche Bauchseite abgesetzt. Größe 13 cm. Vorwiegend auf Steinen im grasbewachsenen Hochland. Haltungstemperaturen bis 30 °C tagsüber, nachts bei 18 bis 20 °C. Rel. Luftfeuchte tagsüber 70 %, nachts 90 %. Die Eier werden z. T. unter Steinen angeklebt.
Phelsuma befotakensis BÖRNER & MINUTH, 1982 Madagaskar: Befotaka	Zweifelhafte Artbestimmung. Vermutlich Zeichnungs- bzw. Farbvariante aus dem *Phelsuma abbotti*-Rassenkreis.
Phelsuma borbonica borbonica MERTENS, 1966 La Réunion: Bios Blanc	Grundfarbe der Oberseite türkis- bis grasgrün mit hellem Rückenseiten-Streifen. Unregelmäßige rote Flecken auf der Rückenmitte und der Schwanzoberseite, z. T. Querstreifen bildend. Flanken dunkelgrün, rot gefleckt. Unterseite grünlich-grau. Größe 13 bis 16 cm. Es existiert auch eine kleiner bleibende Form dieser Art. In Waldbereichen oberhalb 150 m ü. NN auf Bäumen. Haltung bei 22 bis 28 °C und 70 bis 95 % rel. Luftfeuchte. Die Eier werden angeklebt. Die Inkubationszeit beträgt bei 25 bis 26 °C, 60 bis 65 Tage.

Art, Unterart, Verbreitung	Kurzbeschreibung und Haltungshinweise
Phelsuma borbonica agalegae CHEKE, 1976 Agalega-Insel (nördl. Mauritius)	Der Nominatform sehr ähnlich, aber nicht so intensiv gefärbt. Größe: Männchen bis 16 cm, Weibchen bis 12 cm. Wie bei der Nominatform werden auch bei dieser Unterart die Eier angeklebt. Die Inkubationszeit beträgt bei 25 bis 26 °C ebenfalls 60 bis 65 Tage.
Phelsuma breviceps BOETTGER, 1894 SW-Madagaskar: Mauafaly-Land, südl. v. Tuléar zwischen Lac Tsimanompetsotsa und Indischem Ozean	Querreihe von 4 großen Kinnschildern, denen kleine Kehlschuppen folgen. Haut leicht ablösend! Kopf sehr kurz. Oberseite olivgrau, grau- bis dunkelbraun mit hellen gelblichen bis grünen Flecken, die in Striche übergehen. Kopfoberseite mehr oder weniger braun. Kehle gelblich. Dunkler unten weiß begrenzter Kopfseitenstreifen. Juvenilfärbung intensiver mit hellen in deutlichen Querreihen stehenden Flecken. Größe 10 bis 11 cm. Die Inkubationszeit der Eier beträgt bei Temperaturen von 25 bis 26 °C etwa 60 bis 65 Tage. Die Jungen sind beim Schlupf ca. 40 mm groß, anfangs dunkelbraun, schwarz-weiß pigmentiert. Vorwiegend auf Euphorbia stenoclada, auf der auch die Eier dem Tageslicht ausgesetzt abgelegt werden.
Phelsuma cepediana MERREM, 1820 Mauritius: Port Louis	Moosgrün bis blautürkis mit großen roten Flecken, die auf der Rückenmitte in zwei Längsreihen stehen und meist an den Rückenseiten ein bis zwei Dorsolateralbänder bilden. Großer roter Zwischenaugenfleck. Größe 14 bis 15 cm. Häufig auf Palmen, Bananenstauden und Bäumen aber auch an Gebäuden und Mauern. Haltungstemperaturen: Tag: 25 bis 28 °C, Nacht: 18 bis 20 °C bei etwa 70 bis 80 % rel. Luftfeuchte tagsüber und 90 % nachts. Bei 28 °C und 70 bis 80 % rel. Luftfeuchte gezeitigte Eier erbringen nach ca. 40 Tagen 4 cm große Jungtiere, die schon nach 9 bis 10 Monaten geschlechtsreif sein können.

Phelsuma cepediana

Phelsuma chekei BÖRNER & MINUTH, 1982 Madagaskar: Antseranana (Diego Suarez)	Diese 12 bis 15 cm großen Phelsumen sind möglicherweise eine Variante des *Phelsuma abbotti*-Kreises, deren Nominatform sie sehr ähneln. Der Artstatus ist fragwürdig.
Phelsuma comorensis BOETTGER, 1913 Komoren: Grande Comore	Grüne Rückenfärbung mit schwarzem Lateralband und weißlichem Längsband, das gegen die Ventralfärbung durch eine zweite schwarze Linie abgegrenzt ist. Kurzer roter Längsstreifen auf dem Vorderrücken, Oberseite mit hieroglyphenartigen, roten Flecken. Größe 13 cm. Die Tiere sind *P. lineata dorsivittata* sehr ähnlich. Auf Bäumen, Bananenstauden und auf Mauern, über 400 m ü. NN. Die Eier haben bei Temperaturen von 25 bis 26 °C eine Inkubationszeit von etwa 60 bis 65 Tagen.
Phelsuma dubia BOETTGER, 1881 Komoren: Grande Comore, Mayotte, Anjouan, Mohély. Tansania, Sansibar, N- und O-Madagaskar	Oberseite olivgrau, blaugrau bis bräunlich, teils auch graugrün bis grünlich-blau mit wenig ausgeprägten bräunlich-rötlichen Flecken. Breiter Schwanz. Iris gelb bis orangefarben. Größe etwa 15 cm. Lebt an Gebäuden, Mauern, auf Bäumen, Palmen und Bananenstauden. Die Eier werden zwischen trockenen Bananenblättern angeklebt.

Art, Unterart, Verbreitung	Kurzbeschreibung und Haltungshinweise
Phelsuma flavigularis Mertens, 1962 Madagaskar: Andasibe (Perinet)	Oberseite blattgrün mit roten Kopfquerbändern und Rückenflecken. Langer, spitzer Kopf, abgeflachter sägekantiger Schwanz. Weißlicher Lateralstreifen durch dunkelbraunen Längsstreifen von der weißen bis cremefarbenen Bauchseite abgesetzt, Kehle gelblich, Schwanzunterseite grau. Größe 15 cm Auf Bäumen im Regenwald. Haltung bei Temperaturen von 20 bis 25 °C und 80 bis 90 % rel. Luftfeuchte. Die Tiere benötigen in der Zeit von Mai bis Juli eine „Winterruhe" bei Temperaturen um 15 °C. Die Eier werden angeklebt. Die Jungen schlüpfen nach einer Inkubationszeit der Eier von 60 Tagen bei 25 bis 26 °C und sind äußerst schwer aufzuziehen.
Phelsuma guentheri Boulenger, 1885 Mauritius: Round Island	Oberseite graubraun bis graugrün. Dunkle Kopfflecken und Schläfenstreifen. Größe bis 30 cm. Lebt paarweise an solitären Palmen. Die Art ist sehr leicht nachzuziehen, die Eier entwickeln sich bei 25 bis 26 °C innerhalb von 60 bis 62 Tagen.
Phelsuma guimbeaui guimbeaui Mertens, 1963 Mauritius: Pailles, Sebastopol	Oberseite smaragdgrün, Nacken und Schwanzende bläulich. Der mittlere der roten Nacken-Längsstreifen gabelt sich und läuft wieder zusammen. Kehle mit dunkler winkelförmiger Zeichnung. Größe 11 bis 12 cm. Die Tiere leben in den primären Regenwaldbereichen. Haltungstemperaturen: Tag: 23 bis 27 °C, Nacht: 17 bis 22 °C. Rel. Luftfeuchte tagsüber 70 bis 80 %, nachts 90 %. Die 8 × 10 mm großen Eier haben bei 28 °C und 70 bis 80 % rel. Luftfeuchte eine Inkubationszeit von 72 bis 78 Tagen. Die grauen bis hellgrauen Jungtiere sind völlig anders gefärbt und gezeichnet.

Phelsuma guimbeaui guimbeaui

Phelsuma guimbeaui rosagularis Vinson & Vinson, 1968 Mauritius: Höhenlagen im Südwesten der Insel, 600 bis 800 m ü. NN.	Oberseite dunkelgrün, Kehle rosa gefärbt, Rücken mit rotbraunen Flecken und Kurzstreifen. Haltung schwierig, bisher keine echten Gefangenschaftsnachzuchten beschrieben. Haltungstemperaturen: Tag: 25 bis 28 °C, Nacht: 15 bis 20 °C. Rel. Luftfeuchte: 90 bis 100 %.
Phelsuma guttata Kaudern, 1922 Madagaskar: Nosy Boraha (Sainte Marie), Nosy Mangabe, Maroantsetra	Oberseite dunkelgrün bis hellgrün mit ziegelroten Flecken. Dunkler Kopfseitenstreif, dunkle Flankenfleckung. Schwanz oft mit auffälliger Querbänderung. Oberseits hell gefleckte Gliedmaßen. Kehlzeichnung aus zwei dunklen Winkelflecken bestehend. Größe 13 cm. Im Regenwald auf Bäumen lebend. Haltungstemperaturen: Tag 20 bis 25 °C, Nacht: 15 bis 18 °C. Rel. Luftfeuchte tagsüber 70 %, nachts 90 %. Die 8 × 11 mm großen Eier werden am Boden abgelegt und haben eine Inkubationszeit von 40 bis 45 Tagen bei Temperaturen um 28 °C und rel. Luftfeuchte von 70 bis 80 %. Die Schlupfgröße beträgt 45 mm.

Art, Unterart, Verbreitung	Kurzbeschreibung und Haltungshinweise
Phelsuma klemmeri SEIPP, 1991 NW-Madagaskar	Gelber Kopf, bräunlicher bis türkisfarbiger Rücken. Helle Dorsolateralstreifen, breite, dunkle Flankenstreifen. Unterseite hell. Größe etwa 9 cm. Die Art lebt an Waldrändern und in Bambushainen bei Tagestemperaturen von 25 bis 35 °C. Die Eier sind nur etwa 6 mm groß und werden angeklebt.
Phelsuma laticauda laticauda BOETTGER, 1880 NW-Madagaskar, Nosy Bé, Komoren	Oberseite hellgrün mit kleinen goldenen Pünktchen im Nacken und vorderen Rückenbereich. Drei große rote Flecke im hinteren Rückenbereich. Breiter gelblicher Schwanz. Unterseite hell, weißlich bis cremefarben. Größe 13 cm. An Bananenstauden, Palmen und Bäumen, in Gärten, an Mauern und Häusern. Haltungstemperaturen: Tag: 25 bis 35 °C, Nacht: 22 bis 24 °C. Rel. Luftfeuchte tagsüber bei 50 bis 60 %, nachts bei 80 bis 90 %. Bei Inkubationsbedingungen von 28 °C bei 70 % rel. Luftfeuchte schlüpfen die 40 mm großen Jungtiere nach 40 bis 45 Tagen.

Phelsuma laticauda

Phelsuma laticauda angularis MERTENS, 1964 NW-Madagaskar: Antsohihy, Maromandia, Befotaka	Diese Unterart unterscheidet sich von der Nominatform durch die gelbe Kehle und das Vorhandensein von nur einem roten Winkelfleck im hinteren Rückenbereich. Größe ca. 10 cm. Sie besitzt eine runde Schwanzspitze.
Phelsuma leiogaster leiogaster MERTENS, 1973 SW-Madagaskar: Toliara (Tuléar) W-Madagaskar, Soalala	Oberseite graugrün bis graubraun mit roten Flecken, die in zwei Längsbänder zusammenfließen können. Teils mit rotem Mittelstrich im Nackenbereich. Bauchseite hell, durch graubraunen Dorsolateralstreifen von der Rückenfärbung abgesetzt. Weibchen teilweise ohne Flecken. Juvenilfärbung mit weißlichen Punktflecken. Größe 13 cm. Bäume, Hütten und Mauern in Trockengebieten. Haltungstemperaturen: Tag: 28 bis 35 °C, Nacht: 26 °C. Rel. Luftfeuchte: Tag: 40 bis 50 °C, Nacht: 60 bis 70 %. Die Eier werden angeklebt.
Phelsuma leiogaster isakae MEIER, 1993 SO-Madagaskar, Isaka	Größe 12 cm. Schuppen der Kopfoberseite und des Vorderrückens im Gegensatz zur Nominatform schwach gekielt. Glatte Bauchschuppen. Starker Geschlechtsdimorphismus, Männchen mit blauer Kopfzeichnung und Schwanzoberseite. Rücken grün mit einer Doppelreihe großer roter Flecken. Roter Schnauzenfleck, rotes Augenquerband und rote Nackenstreifen. Beinoberseiten hell gepunktet. Unterseite weißgrau. Deutliche Lateralbänder.
Phelsuma leiogaster trautmanni MEIER, 1993 SO-Madagaskar, Fort Dauphin, Ambovombé	Größe ca. 10 cm. Alle Schuppen ungekielt. Oberseite grünlichgrau mit drei dunkelbraunen Nackenstrichen, die in ein dunkles Rückenband übergehen, das sich bis auf die Schwanzoberseite fortsetzt und von grünlichgrauen Bändern eingefaßt ist. Deutliche Lateralbänder. Kein auffälliger Geschlechtsdimorphismus. Rotbraune Kopfzeichnung.

Art, Unterart, Verbreitung	Kurzbeschreibung und Haltungshinweise
Phelsuma lineata lineata GRAY, 1842 O-Madagaskar	Oberseite grün mit kleinen roten Flecken im hinteren Rückenbereich. Schwarzer Dorsolateralstreifen, weißliche Unterseite. Größe ca. 12 cm. Auf Bäumen, an Agaven und *Pandanus*-Gesträuch, auch an den Wänden von Hütten.
Phelsuma lineata bombetokensis MERTENS, 1964 Madagaskar: Bombetoka, Marovoay, Baie	Oberseite grün mit markanten roten Flecken. Schwarzer Seitenstreifen. Schwarze Achselflecken. Größe 10 cm.
Phelsuma lineata bifasciata BOETTGER, 1894 Madagaskar: Andasibe (Perinet)	Oberseite grün mit großem roten Fleck, der nach vorn scharf abgegrenzt ist, nach hinten in zahlreiche kleine Flecke zerfällt. Dunkler Dorsolateralstreifen, der ventral von einem gelben Längsstreif gegen die hellgraue Unterseite abgegrenzt ist. Oberschenkel grün. Größe ca. 14 cm. An Hütten und Mauern in Gärten und Bananenplantagen. Haltungstemperaturen: Tag: 25 bis 30 °C, Nacht: 15 bis 18 °C. Rel. Luftfeuchte tagsüber 60 bis 80 %, nachts 90 %. Die 38 bis 40 mm langen Jungtiere schlüpfen nach einer Inkubationszeit von 40 bis 45 Tagen bei 28 °C und 70 % rel. Luftfeuchte.

Phelsuma lineata bifasciata

Phelsuma lineata dorsivittata MERTENS, 1964 NO-Madagaskar: Joffreville südl. v. Antseranana (Diego Suarez)	Oberseite grün mit rotem Längsband auf dem Vorderrücken und ungleichmäßigen roten Flecken auf dem Hinterrücken. Flanken mit dunklem und hellem Längsstreifen. Größe 13 cm. Auf Bananenstauden, an Bäumen, aber auch an Mauern. Haltungstemperaturen tagsüber 25 bis 30 °C, nachts 15 bis 20 °C.
Phelsuma lineata punctulata MERTENS, 1970 N-Madagaskar: Tsaratanana-Gebirge	Oberseite dunkelgrün mit zahlreichen dunklen Punkten ohne rote Flecken. Schwarzer Seitenstreifen, Unterseite weiß.
Phelsuma longinsulae longinsulae RENDAHL, 1939 Seychellen: Long Island	Oberseite grün mit mattroten Flecken und roter Vertebrallinie. Kehle mit zwei V-förmigen grauen Winkelflecken. Größe 14 cm.
Phelsuma longinsulae menaiensis MERTENS, 1969 Seychellen: Cosmoledo, Menai	Rote Flecke schwächer als bei der Nominatform. Winkelflecken auf der Kehle fehlen.

Art, Unterart, Verbreitung	Kurzbeschreibung und Haltungshinweise
Phelsuma longinsulae pulchra RENDAHL, 1939 Seychellen: Cousine	Grasgrün mit ziegelroten Flecken in drei Längsreihen, z. T. zusammenfließend.
Phelsuma longinsulae rubra BÖRNER & MINUTH, 1982 Seychellen: Silhouette	Kaum von *P. longinsulae putchra* zu unterscheiden. Unterartenstatus fraglich.
Phelsuma longinsulae umbrea BÖRNER & MINUTH, 1982 Seychellen: North Island	Unscheinbarer als die Nominatform.
Phelsuma madagascariensis madagascariensis GRAY, 1831 O-Madagaskar: Nosy Boraha (Sainte Marie), Ostküste zwischen Fort Dauphin (Taolanaro) und Maroantsetra	Blattgrüne Oberseite mit rost- bis ziegelroten Flecken. Helle Zwischenschuppenhaut. Rotbraunes Band vom Nasenloch bis zur Schläfenregion. Kehle mit rauchgrauer Winkelzeichnung. Unterseite grau, Schwanzunterseite blaugrün. Teilweise bilden die Flecken auf dem Vorderrücken eine mediane Linie. Größe ca. 22 cm. An Waldrändern auf Bäumen, auch an Hütten und Häusern. Haltungstemperaturen: Tag: 28 °C, Nacht: 24 °C. Rel. Luftfeuchte tagsüber 65 bis 80 %, nachts 90 %. Inkubationszeit bei Temperaturen von 26 bis 28 °C und ca. 70 % Luftfeuchte 50 bis 85 Tage. Schlupfgröße 55 bis 65 mm. Geschlechtsreife wird nach etwa 15 Monaten erreicht.

Phelsuma longinsulae pulchra

Phelsuma madagascariensis

Art, Unterart, Verbreitung	Kurzbeschreibung und Haltungshinweise
Phelsuma madagascariensis boehmei MEIER, 1982 O-Madagaskar: Ranomafana, Andasibe (Perinet) über 500 m ü. NN	Dunkelgrün mit schwarzer Zwischenschuppenhaut, sonst wie Nominatform. Größe 22 cm. Bäume im Regenwald. Haltungstemperaturen: Tag: 25 bis 30 °C, Nacht: 15 bis 18 °C. Rel. Luftfeuchte tagsüber 60 bis 80 %, nachts 90 %. Die Inkubationszeit beträgt bei 28 °C und 70 % rel. Luftfeuchte 48 bis 55 Tage, die Schlupflänge beträgt 60 bis 65 mm, das Schlupfgewicht 0,90 bis 0,92 g.
Phelsuma madagascariensis grandis GRAY, 1870 N-Madagaskar: Nosy Bé, Antseranana (Diego Suarez), bis Antonibe	Leuchtend grüne Oberseite mit oder ohne intensivrote Flecken oder Querbarren. Roter Strich vom Nasenloch bis zum Auge. Größe bis 28 cm. Auf Bäumen und Bananenstauden, an Mauern und Häusern. Haltungstemperaturen: Tag 25 bis 30 °C, Nacht: 20 °C. Rel. Luftfeuchte: 50 bis 70 % tagsüber, 70 bis 90 % nachts. Als Inkubationszeiten dieser häufig nachgezogenen Art werden bei 20 bis 28 °C 48 bis 81 Tage, bei 30 °C 60 bis 65 Tage, bei 27 bis 30 °C 38 bis 47 Tage und bei 24 bis 26 °C 50 bis 75 Tage angegeben. Die rel. Luftfeuchte sollte während der Inkubationszeit für die etwa 15 mm großen Eier 70 % betragen.
Phelsuma madagascariensis kochi MERTENS, 1954 NW-Madagaskar: Maevatanana, Tsaromandroso, Mahajanga	Oberseite blatt- bis blaugrün mit oliv-grauen oder graubraunen Flanken. Rückenflecke matt ziegelrot. Helle Flecken auf den Oberseiten der Beine. Bei Bekopaka und Bemaraha existiert eine farbenfreudige Westform. Vorwiegend auf Bäumen lebend. Haltungstemperaturen: Tag: 30 °C, Nacht: 25 °C. Rel. Luftfeuchte tagsüber 50 bis 60 %, nachts 80 bis 90 %. Die Jungtiere schlüpfen bei 28 °C und 70 % rel. Luftfeuchte nach 50 bis 60 Tagen in einer Größe von etwa 53 mm. **Schlüpfender Taggecko**
Phelsuma minuthi BÖRNER, 1980 Madagaskar	Artstatus wegen unseriöser Beschreibung zweifelhaft. Nur Typus-Exemplar ohne Fundortangabe bekannt.
Phelsuma modesta MERTENS, 1970 S-Madagaskar: Ambovombé	Eine kleine Art mit graubrauner Oberseite ohne markante rote Flecke. Dunkle Kopfseitenstreifen, undeutliches bis zu den Hinterbeinen verlaufendes Lateralband. Unterseite weißlich-gelb. Ähnlich *Phelsuma dubia*. Größe 10 cm.
Phelsuma mutabilis GRANDIDIER, 1869 SW-Madagaskar: Toliara, Menabe, Nosy Makamby	Oberseite rindenfarbig bis silbergrau mit dunklen Streifen oder Flecken. Schwanz oberseits z. T. braun, bei Erregung blaugrün. Unterseite beige. Größe 10 bis 13 cm. Bewohner der Dornbuschvegetation, auch an Häusern und Bäumen. Haltungstemperaturen: Tag: 28 bis 35 °C, Nacht: 24 °C. Rel. Luftfeuchte tagsüber 50 %, nachts 70 %.
Phelsuma nigristriata MEIER, 1984 Komoren	Dunkelgrüne Oberseite mit drei schwarzen Nackenlängsstreifen und einer Doppelreihe runder roter Rückenflecken. Rote Querflecken auf der Schwanzoberseite. Schwarzer Dorsolateralstreifen, heller Bauchseitenstreif, graue Unterseite mit schwarzer Zwischenschuppenhaut. Größe 8 bis 10 cm. Diese gut zu haltenden Phelsumen benötigen bei 26 °C eine Inkubationszeit der Eier von 55 bis 60 Tagen.
Phelsuma ocellata BOULENGER, 1885 Namibia, North Little Namaqualand, Richtersveld bis SW-Namibia	Bisher der Gattung *Rhoptropella* zugerechnet. Vorwiegend Felsbewohner, Lebensweise kaum bekannt. Größe 6 bis 8 cm. Oberseite hellbraun bis graubraun mit unregelmäßig verteilten hellen und dunklen Flecken. Dunkler Kopfseitenstreif. Unterseite cremeweiß bis bläulich weiß, oft rosa getönt. Sukkulentenbüsche, Feigenbäume und vor allem Felsen der Karroo. Verstecke und Eiablage unter Felsschutt und in Gesteinsspalten. Eier hartschalig, weiß, 8,5 × 6,5 mm. Eiablage erfolgt ab September.

Art, Unterart, Verbreitung	Kurzbeschreibung und Haltungshinweise
Phelsuma ornata ornata GRAY, 1825 Mauritius: Round Island, Coin de Mire, Ile aux Aigrettes	Blaugrüne Oberseite, Nacken bläulich, zwei weiße Streifen an Schläfen und Hals. Rückenmitte mit roten Flecken, z. T. unterbrochenes rotes Seitenband. Bräunlicher Flankenstreifen. Unterseite hellgelb. Schwanz blaugrün mit roten Querbändern. Größe 11 bis 12 cm. In Trockengebieten und Bambushainen. Haltungstemperaturen: Tag: 30 °C, Nacht: 20 °C. Rel. Luftfeuchte tagsüber 50 %, nachts 70 %. Die Eier werden angeklebt oder am Boden abgelegt. Bei Inkubationstemperaturen von 26 bis 28 °C schlüpfen die Jungen 35 mm groß nach 40 bis 52 Tagen. Die Geschlechtsreife wird nach 9 bis 11 Monaten erreicht. *Phelsuma ornata ornata*
Phelsuma ornata inexpectata MERTENS, 1966 La Réunion: Küstenzone um Manapany	Im Gegensatz zur Nominatform ist die Grundfarbe des Nackens grün, die Nackenstreifen sind hellgrün. Die roten Flecken sind schnörkelartig, rote Seitenbänder fehlen. Größe 10 bis 12 cm. Bewohner des Regenwaldes. Haltungstemperaturen: Tag: 25 bis 28 °C, Nacht: 18 bis 20 °C. Rel. Luftfeuchte tagsüber 80 %, nachts 90 %. Die Eier werden angeklebt. Die Jungen schlüpfen bei 18 bis 28 °C und 70 bis 80 % rel. Luftfeuchte nach 50 bis 55 Tagen.
Phelsuma parkeri LOVERIDGE, 1941 Insel Pemba (Ostafrika)	Oberseite laubgrün, Unterseite weiß, fast ohne Zeichnung. Oberseits leichte dunkle Netzzeichnung, im Habitus *P. sundbergi ladiguensis* recht ähnlich. Größe 15 bis 17 cm. Haltungstemperaturen: Tag 28 bis 30 °C, Nacht 20 bis 25 °C. Rel. Luftfeuchte tagsüber 75 %, nachts 80 bis 90 %.
Phelsuma pusilla pusilla MERTENS, 1964 O-Madagaskar: Brickaville/Ambila-Lemaitso, Mananjary, Tamatave, Fénérive, Maroantsetra	Laubgrüne Oberseite. Hintere Rückenhälfte mit ca. 12 länglichen roten Flecken. Dunkel sepiafarbenes Seitenband. Weißer Bauchseitenstreifen, durch eine graue Linie von der ebenfalls weißen Bauchseite abgesetzt. Schwanzoberseite türkisfarben. Größe 8 cm. Auf Bäumen, in Zuckerrohrplantagen und an Hütten lebend.
Phelsuma pusilla hallmanni MEIER, 1989 Madagaskar: Andasibe (Perinet)	Oberseite dunkelgrün, Kopfoberseite und Vorderrücken können goldgelb verfärben. Variable rotgesprenkelte Rückenzeichnung. Schwarzer Dorsolateralstreifen mit parallelem grauen Bauchseitenstreif, der durch eine weitere schwarze Linie von der hellen Unterseite abgesetzt ist. Rote Rückenzeichnung aus einer Doppelreihe von 5 Flecken. Gliedmaßen oberseits kontrastreich gepunktet. Größe bis 9 cm. Bewohner des Regenwaldes. Haltungstemperaturen: Tag: um 28 °C, Nacht: 18 °C. Rel. Luftfeuchte tagsüber 80 bis 85 %, nachts 90 bis 100 %.
Phelsuma quadriocellata quadriocellata PETERS, 1883 Madagaskar: Andasibe (Perinet)	Oberseite grün bis hellbraun mit unregelmäßigen oder in Doppelreihe angeordneten sehr variablen leuchtend roten Flecken, roter Strich auf dem Vorderrücken. Achselflecken direkt hinter dem Vorderbeinansatz rundlichschräg mit blauem Ring. Flecken vor den Hinterbeinansätzen z. T. fehlend, sonst dreieckig, hellblau umrandet. Mehr oder weniger deutliches Lateralband. Unterseite weißlich grau, Juvenilfärbung mit weißlichen Punktflecken. Größe 10 bis 12 cm. In Gärten und Plantagen, auf Bäumen, Bananenstauden, an Hütten und Mauern. Haltungstemperaturen: Tag: 25 bis 28 °C, Nacht: 18 bis 20 °C. Rel. Luftfeuchte tagsüber 80 bis 85 %, nachts 90 bis 100 %. Die Eier haben eine Inkubationszeit von 62 bis 67 Tagen bei 25 °C, von 39 bis 46 Tagen bei 25 bis 30 °C.

Art, Unterart, Verbreitung	Kurzbeschreibung und Haltungshinweise
Phelsuma quadriocellata bimaculata KAUDERN, 1922 Madagaskar: Nosy Boraha (Saint Marie), Fénérive	Senkrecht gestellte Achselflecken, etwa 3 mm hinter dem Ansatz der Vorderbeine. Schwache bläuliche Umrandung. Grundfärbung der Oberseite dunkler als bei der Nominatform. Größe 9 bis 11 cm. Im Regenwald auf Bäumen und Lianen. Haltungstemperaturen: Tag: 20 bis 26 °C, Nacht: 15 bis 19 °C. Rel. Luftfeuchte tagsüber um 70 %, nachts 90 %. Die Inkubationszeit wird mit 68 Tagen angegeben, die Schlupfgröße mit 35 mm.
Phelsuma quadriocellata leiura MEIER, 1983 S-Madagaskar: Imotra, Tsivory	Oberseits grün mit paarigen roten Flecken auf der Rückenmitte. Dunkler Kopfseitenstreifen vom Nasenloch bis hinter das Auge verlaufend. Augenring gelblich. Dunkles Band vom Augenhinterrand bis zum Vorderbeinansatz laufend. Schrägovaler Fleck hinter dem Vorderbeinansatz, bläulich umrandet. Unterseite hell. Größe 10 bis 12 cm. Regenwaldbewohner. Keine lebenden Exemplare bekannt.
Phelsuma quadriocellata lepida KRÜGER, 1993 NO-Madagaskar, Andapa, Radama, nördl. v. R Maroantsetra	Größe ca. 12,5 cm. Smaragdgrüne Oberseite mit auffällig leuchtender Rotfleckung. Kopf, Nacken und Schwanzoberseite hellblau. Kopf-Seitenstreifen schwach ausgeprägt, heller Submaxillarstreifen und schwach ausgeprägtes schwarzes Lateralband. Länglich ovale, bis auf den Mittelrücken hinaufreichende deutliche dunkelbraune, hellblau umrandete Posthumeralflecken, die im Gegensatz zur Nominatform 2 bis 3 mm hinter der Vorderbeinachsel beginnen. Praefemoralflecke fehlen. Unterseite weiß, Iris goldgelb.

Phelsuma quadriocellata lepida

Art, Unterart, Verbreitung	Kurzbeschreibung und Haltungshinweise
Phelsuma quadriocellata parva MEIER, 1983 Madagaskar: Tamatave	Roter Mittelstrich auf dem Vorderrücken. Grüne Oberseite durch weißes Längsband von der gelblichen Bauchseite getrennt. Dunkles Dorsolateralband oberseits der weißen Linie. Grünfärbung blasser als bei der Nominatform. Sehr variable Ausbildung der Achselflecken. Größe 8 cm. Vorwiegend in Zuckerrohrpflanzungen, Bananenplantagen und Gärten.
Phelsuma robertmertensi MEIER, 1981 Komoren	Oberseits grün mit roter Medianlinie. Dunkler Dorsolateralstreifen angedeutet. Vorderrücken oft bläulich. Auf der Kopfoberseite ein dunkler Mittelstrich, der mit dem Voraugenquerstrich eine T-förmige Zeichnung bilden kann. Rote Medianlinie teilweise unterbrochen. Größe 7 bis 11 cm. Auf Palmen und größeren Bäumen lebend.
Phelsuma seippi MEIER, 1987 Nosy Bé und gegenüberliegende Küste NW-Madagaskars	Oberseite grün mit roter Medianlinie und vielen runden bis linienartigen Flecken auf Rücken und Seiten. V-förmige Kopfzeichnung. Dunkler Kopfseitenstreifen. Kleine dunkle Striche auf dem Schwanz. Oberseite der Gliedmaßen kontrastreich hell und dunkel gefleckt. Dreifache V-Zeichnung auf der Kehle. Unterseite lachsrosa. Größe 15 cm. Auf Bäumen in geschlossenen Wäldern und Waldrandzonen. Haltungstemperaturen: Tag: 26 bis 30 °C, Nacht: 25 °C. Rel. Luftfeuchte tagsüber 60 bis 70 %, nachts 80 bis 90 %. Eiablage wurde am Boden unter Laub beobachtet. Die Jungtiere schlüpften nach einer Inkubationszeit von 45 bis 50 Tagen bei Temperaturen von 28 °C in einer Größe von 38 bis 40 mm.

Art, Unterart, Verbreitung	Kurzbeschreibung und Haltungshinweise
Phelsuma serraticauda MERTENS, 1962 Madagaskar: Tamatave	Breiter Schwanz mit fein gesägter Kante. Oberseits laubgrün mit drei roten Querbändern auf dem Kopf und drei Längsbändern auf dem hinteren Rücken, die in eine feine rote Sprenkelung auslaufen. Eine grüne Medianlinie im Nacken wird von goldgelben Pünktchen eingefaßt. Im vorderen Rückenbereich feine rote Sprenkel. Unterseite hell, Kehle gelb. Größe 13 cm, Männchen bis 16 cm. Auf Kokospalmen und in Bananenstauden. Haltungstemperaturen: Tag: 25 bis 28 °C, Nacht: 18 bis 22 °C. Rel. Luftfeuchte tagsüber etwa 70 %, nachts um 90 %. Die 40 mm großen Jungtiere schlüpften bei 28 °C und 75 % rel. Luftfeuchte innerhalb von 53 bis 58 Tagen. Die Aufzucht erwies sich als extrem schwierig. Eine der gefährdetsten madagassischen Arten.
Phelsuma standingi METHUEN & HEWITT, 1913 SW-Madagaskar	Oberseite lichtgrün, bräunlich bis silbriggrau mit dunkler Netzzeichnung, die zu Querbändern zusammenfließen kann. Bei Erregung türkisfarben. Kehle hellgrün, dunkel gefleckt. Bauch weißlich, Männchen mit gelber Analregion. Auffällige Jugendfärbung mit kontrastreicher Querstreifung. Größe 28 cm. In Trockengebieten dauernd paarweise an Bäumen der Savanne in Trockenwäldern und Solitärbäumen im Buschwald lebend. Haltungstemperaturen: Tag: 26 bis 35 °C, Nacht: 20 bis 24 °C. Rel. Luftfeuchte tagsüber 30 bis 50 %, nachts 50 bis 70 %. Die Schlupfgrößen bei 28 °C schwanken zwischen 55 und 87 mm, die Inkubationszeit wird mit 57 bis 65 bzw. 64 bis 73 Tagen angegeben.

Phelsuma standingi

Phelsuma sundbergi sundbergi RENDAHL, 1939 Seychellen: Praslin, Curieuse Chauve Souris, Denis, Marie-Louise, Poivre, Platte	Ziemlich einfarbiger schilf- bis laubgrüner Rücken mit leichter Retikulierung durch orangefarbene Schuppen. Mattroter Strich zwischen Nasenloch und Auge. Rostrote bis gelbliche Färbung der Analregion. Unterseite hell, teils dunkel pigmentiert. Rötliche bis gelbliche Färbung auch an den Unterseiten von Schwanzwurzel und Hinterbeinen. Größe bis 21 cm. Die Art lebt in Gärten und Plantagen im Küstenbereich, an Laubbäumen, Kokospalmen, sowie an Häusern. Haltungstemperaturen: Tag: 26 bis 30 °C, Nacht: 19 bis 25 °C. Rel. Luftfeuchte tagsüber 60 bis 70 %, nachts 70 bis 90 %. Die Eier werden gern in den Blattschäften der Palmen abgelegt. Bei Inkubationstemperaturen von 18 bis 24 °C schlüpfen die Jungtiere nach etwa 110 Tagen, bei 28 °C nach 65 bis 70 Tagen mit einer Größe von 55 mm.
Phelsuma sundbergi ladiguensis BÖHME & MEIER, 1980 Seychellen: La Digue, Félicité, The Sisters, Marianne, Coco	Grundfärbung ähnlich der Nominatform. Kehle jedoch intensiv gelb gefärbt. Körperunterseite mehr oder weniger gelblich. Größe 15 cm. Diese Unterart bewohnt ähnliche Lebensräume wie die Nominatform. Die Haltungstemperaturen und Luftfeuchtigkeitswerte entsprechen denen der Nominatform. Die Schlupfgröße beträgt 50 mm, die Inkubationszeit 80 bis 90 Tage bei 26 bis 28 °C.
Phelsuma trilineata GRAY, 1842 Madagaskar (?)	Oberseite olivgrün. Rücken mit drei schmalen Linien, sowie zwei Reihen länglicher orangeroter Flecke. Sonstiges unbekannt. Größe 9 bis 10 cm. Keine lebenden Exemplare bekannt; nur Typus-Exemplar ohne Fundortangabe vorliegend.

Art, Unterart, Verbreitung	Kurzbeschreibung und Haltungshinweise
Phelsuma v-nigra v-nigra BOETTGER, 1913 Komoren: Mohély	Grundfärbung lebhaft grün mit unregelmäßigen roten, etwa gleich großen Punktflecken, die z. T. eine rote Medianlinie bilden. Auf der Kehle oft eine V-förmige, dunkle Zeichnung. Unterseite gelb. Zwei rote Kopfquerstreifen. Größe 9 cm. Die Art lebt in tiefliegenden Gebirgseinschnitten an Bachläufen, wo sie an dünnzweigigen Büschen und kleinen Bäumen vorkommt. Haltungstemperaturen: Tag: 26 bis 30 °C, Nacht: 15 bis 20 °C. Rel. Luftfeuchte tagsüber 50 bis 60 %, nachts 65 bis 75 %. Die 35 mm langen Jungtiere schlüpfen bei 28 °C und 70 % rel. Luftfeuchte innerhalb 45 bis 50 Tagen, nach anderen Autoren bei 16 bis 30 °C nach 67 bis 77 Tagen oder bei 20 bis 30 °C nach 85 bis 90 Tagen.
Phelsuma v-nigra anjouanensis MEIER, 1986 Komoren: Anjouan	Oberseite mit fein punktierter roter Netzzeichnung auf hellgrünem Grund. Unterseite weißlich grau. Kehlzeichnung aus zwei V-förmigen Winkelflecken bestehend. Größe 10 cm.
Phelsuma v-nigra comoraegrandensis MEIER, 1986 Komoren SW-Grande Comore	Oberseite bläulich-grün mit kleinen roten Rückenflecken, die z. T. eine Medianlinie bilden können. Dunkles Dorsolateralband mit hellen Flecken. Kehle dunkel gefleckt mit V-Zeichnung. Unterseite schmutzig gelblich weiß, dunkel pigmentiert. Größe 10 cm.
Phelsuma v-nigra pasteuri MEIER, 1984 Komoren	Oberseite grün mit ca. 30 kleinen roten Flecken. Leuchtend blauer Fleck in der Schulterregion. Dunkler Kopfseitenstreifen. Schwanz oft hellblau. Keine V-Zeichnung auf der Kehle. Unterseite hellgrau. Größe 10 cm.

Literatur:

ARNOLD, E. N. (1980): Recently extinct reptiles populations from Mauritius and Reunion, Indian Ocean. J. Zool. 191(1): 33–47.

BECH, R. (1980): Einige Bemerkungen zur erfolgreichen Zucht von *Phelsuma laticauda*. elaphe 2(3): 36–37.

BLANC, C. P. (1971): Les reptiles de Madagascar et des iles voisines. Annales Univ. Madagascar (Soi.), 8: 95–178.

BLOXAM, O., M. VOKINS (1978): Breeding and maintenance of *Phelsuma guentheri* (BOULENGER, 1855) at Jersey zoological park. Dodo, Nr. 15: 82–91.

BLUMBERG, A. (1977): Der Taggecko *Phelsuma*. Aquarien-Magazin 11(4): 173.

BÖHME, W., H. MEIER, (1981): Eine neue Form der *madagascariensis*-Gruppe der Gattung *Phelsuma* von den Seychellen. Salamandra 17(1/2): 12–19.

BÖRNER, A. R. (1972): Revision der Gekkonidengattung *Phelsuma* GRAY, 1825 S. 1–145, (internes Zirkular).

CHEKE, A. S. (1981): A note on the Day Gecko *Phelsuma* of the Agalega-Islands, Indian Ocean. Senckenbergiana biologica 62(1/3): 1–3.

CHEKE, A. S. (1975): An undescribed gecko from Agalega *Phelsuma agalegae* sp. nov. Mauritius Inst. Bull. 8(1): 33–48.

CHEKE, A. S. (1982): *Phelsuma* GRAY 1825 in the Seychelles and neighbouring islands: a re-appraisal of their taxonomy and description of two new forms. Senckenbergiana biologica 62(4/6): 181–198.

DENZER, W. (1981): Phelsumen – Haltung und Nachzucht im Terrarium. Sauria 1981(1): 23–26.

DEWART, R. (1975): Les Geckos diurnes de genre *Phelsuma*. Cobra 1(1): 13–14.

DEWART, R. (1975): Les Geckos diurnes de genre *Phelsuma* 2 Cobra 1(2): 24–26.

DEWART, R. (1975): Les Geckos diurnes de genre *Phelsuma* 3. Cobra 1(3): 43–45.

FRANK, R., P. MUDDE (1988): De goudstofdaggekko (*Phelsuma laticauda*); verzorging en kweek in terraria. Lacerta 47(1): 14.

GARDNER, A. S. (1984): The evolutionary ecology and population systematics of the day geckos (*Phelsuma*) in the Seychelles. Ph. D. Thesis, University of Aberdeen.

GARDNER, A. S. (1985): An identification key to the geckos of the Seychelles, with brief notes on their distribution and habitats. Herpet. J. 1(1): 17–19.

GARDNER, A. S. (1986): The biogeography of lizards of the Seychelles Islands. J. Biogeography 13: 237–253.

GARDNER, A. S. (1987): The systematics of the *Phelsuma madagascariensis* species group of day geckos (Reptilia: Gekkonidae) in the Seychelles. Zool. J. Linnean Soc. 91: 93–105.

GAYMER, R. (1968): Amphibians and reptiles of the Seychelles. Brit. J. Herpet. 4(1): 24–28.

GRECKHAMER, A. (1993): Die Ernährung der Gekkonidae im Terrarium am Beispiel der Gattung *Phelsuma* GRAY, 1825. herpetofauna 15(83):10–21.

HAGDORN, H. (1973): Beobachtungen zum Verhalten von Phelsumen im Terrarium. Salamandra 9(3/4): 137–144.

HAGDORN, H. (1974): Die Eiablage bei Phelsumen. DATZ 27(6): 208–210.

HALLMANN, G. (1984): Der Andamanen-Taggecko *Phelsuma andamanensis*. herpetofauna 6(33): 11.

HALLMANN, P. (1984): Goldstaubphelsumen – *Phelsuma laticauda*. elaphe 1984(2): 19.

HALLMANN, G. (1985): Querstreifen-Taggecko Phelsuma standingi. elaphe 1984(2):40–42.

HENKIES, H. (1968): Notizen über die Nachzucht von *Phelsuma madagascariensis martensi* MERTENS 1962. Aqua Terra 5(11): 97–99.

HENKIES, H. (1972): Madagassische Taggeckos. DATZ 25(11): 388–390.

HESELHAUS, R. (1981): Zum Aggressions- und Paarungsverhalten der Phelsumen. Das Aquarium 15(145): 369–373.

HESELHAUS, R. (1983): Fortpflanzung und Aufzucht des Goldstaub-Taggeckos, *Phelsuma laticauda*. DATZ 36(2): 71–74.

HESELHAUS, R. (1985): Durch Nachzucht erhalten: Madagaskar-Taggecko – *Phelsuma madagascariensis* und ihre Unterarten. Aquarien-Magazin 19(12): 524–527.

HESELHAUS, R. (1985): Taggeckos: Fortpflanzung und Aufzucht von *Phelsuma abbotti pulchra*. Das Aquarium 19(189): 146–149.

HIELSCHER, M. (1975): So pflege ich meine Taggeckos, *Phelsuma madagascariensis*.

Aquarien – Terrarien 22(8): 282.
HOESCH, U. (1981): Die Phelsumen auf Mauritius. Sauria 3(4): 25–27.
HOESCH, U. (1982): Herpetologische Beobachtungen auf den Seychellen. herpetofauna 4(17): 31–33.
HOESCH, U. (1982): Sind Eizeitigungstemperaturen entscheidend für die spätere Geschlechtszuordnung? Sauria 4(2): 10.
HOESCH, U. (1982): Die Phelsumen Süd- und Ost-Madagaskars. Sauria 4(3): 13–17.
HOESCH, U. (1983): Überraschende Beobachtungen an *Phelsuma lineata leiogaster*. Sauria 5(2): 13–14.
HOFER, D. (1992): *Phelsuma sundbergi* RENDAHL, 1939 erbeutet Fische, nebst weiteren Beobachtungen auf den Seychellen. Salamandra 28: 153.
HONEGGER, R. E. (1966): Beobachtngen an der Herpetofauna der Seychellen. Salamandra 2(1): 21–36.
KÄSTLE, W. (1964): Verhaltensstudien an Taggeckonen der Gattung *Lygodactylus* und *Phelsuma*. Zeitschr. Tierpsychologie 21: 486–507.
KAHL, W. (1983): Der madagassische Taggecko. Aquarien-Magazin 17(8): 430.
KAUFMANN, H. J. (1980): Haltung und Zucht von *Phelsuma madagascariensis*. Aquarien – Terrarien 27(11): 361, 387–389, 396.
KAUFMANN, K. (1980): Alters- und Degenerationserscheinungen bei *Phelsuma madagascariensis*. elaphe 1980(4): 64.
KRÜGER, J. (1993): Morphologische und biochemische Untersuchungen zur Systematik und Evolution einiger Taxa der Gattung *Phelsuma* (Reptilia: Gekkonidae). Dipl.-Arb. Univ. Kiel, 116 pp.
KRÜGER, J. (1993): Beschreibung einer neuen Unterart von *Phelsuma quadriocellata* aus dem Nordosten Madagaskars. Salamandra 29(2): 133–139.
LANGEBAEK, R. (1979): Observations on the behaviour of captive *Phelsuma guentheri* during the breeding season at the Jersey Wildlife Preservation Trust. Dodo Nr. 16: 75–83.
LEHR, B (1992): Beobachtungen im Lebensraum von *Phelsuma borbonica borbonica* MERTENS, 1966. Sauria 14(4): 21–24.
LOVERIDGE, A. (1947): Revision of the African lizards of the family Geckonidae. Bull. Mus. comp. Zool. 98(1): 1–469.
MEIER, H. (1975): Phelsumen, auf Madagaskar beobachtet: Teil 1. Das Aquarium 9(70): 170–174.
MEIER, H. (1975): Phelsumen, auf Madagaskar beobachtet. Teil 2. Das Aquarium 9(71): 218–222.
MEIER, H. (1977): Beobachtungen an *Phelsuma standingi*. Salamandra 13(1): 1–12.
MEIER, H. (1980): Zur Lebendfärbung, Lebensweise und zum Verbreitungsgebiet von *Phelsuma guttata* KAUDERN 1922 (Reptilia: Sauria: Gekkonidae) – Salamandra 16(2): 82–88.
MEIER, H. (1981): Zur Taxonomie und Ökologie der Gattung *Phelsuma* (Reptilia. Sauria: Gekkonidae) auf den Komoren, mit Beschreibung einer neuen Art. Bonner zool. Beitr. 31(3/4): 323–332.
MEIER, H. (1981): *Phelsuma robertmertensi*, ein neuer Taggecko. herpetofauna, Ludwigsburg, 3(11): 6–8.
MEIER, H. (1982): Zur Taxonomie und Ökologie der Gattung *Phelsuma* auf den Seychellen, mit Nachträgen zu dieser Gattung auf den Komoren. Salamandra 18(1/2): 49–55.
MEIER, H. (1982): Ergebnisse zur Taxonomie und Ökologie einiger Arten und Unterarten der Gattung *Phelsuma* auf Madagaskar, gesammelt in den Jahren 1972 bis 02031, mit Beschreibung einer neuen Form. Salamandra 18(3/4): 169–190.
MEIER, H. (1983): Neue Ergebnisse über *Phelsuma lineata pusilla* MERTENS, 1964, *Phelsuma bimaculata* KAUDERN, 1922 und *Phelsuma quadriocellata* (PETERS, 1883) mit Beschreibung zwei neuer Unterarten. Salamandra 19(3): 108–122.
MEIER, H. (1984): Zwei neue Formen der Gattung *Phelsuma* von den Komoren (Sauria: Gekkonidae). Salamandra 20(1): 32–38.
MEIER, H. (1986): Der Formenkreis von *Phelsuma v-nigra* (Boettger, 1913) (Sauria: Gekkonidae) auf den Komoren: Beschreibung von zwei neuen Unterarten. Salamandra 22(1): 11–20.
MEIER, H. (1987): Vorläufige Beschreibung einer neuen Art der Gattung *Phelsuma* von Madagaskar (Sauria: Gekkonidae). Salamandra 23(4): 204–211.
MEIER, H. (1989): Zur Faunistik madagassischer Taggeckos der Gattung *Phelsuma* östlich von Fianarantsoa, bei Tamatave und auf der Insel Ste. Marie. Salamandra 25(3/4): 224–229.
MEIER, H. (1989): Eine neue Form aus der *lineata*-Gruppe der Gattung *Phelsuma* auf Madagascar. Salamandra 25(3/4): 230–236.
MEIER, H. (1990): Ein problematischer Gecko im Indischen Ozean: *Phelsuma borbonica agalegae* CHEKE, 1975. herpetofauna I 12(69): 22.
MEIER, H. (1993): Neues über einige Taxa der Gattung *Phelsuma* auf Madagaskar, mit Beschreibung zweier neuer Formen. Salamandra 29(2): 119–132.
MEIER, H., W. BÖHME (1991): Zur Arealkunde von *Phelsuma madagascariensis* (GRAY, 1831) anhand der Museumssammlung A. Koenig und Senckenberg, mit Bemerkungen zur Variabilität von *P. m. kochi* MERTENS, 1954. Salamandra 27: 143.
MERTENS, R. (1953): Beobachtungen am Madagassischen Taggecko, *Phelsuma m. madagascariensis*. DATZ 6(6): 152–155.
MERTENS, R. (1954): Studien über die Reptilienfauna Madagaskars II. Eine neue Rasse von *Phelsuma madagascariensis*. Senckenbergiana biol. 35(1/2): 13–16.
MERTENS, R. (1955): Studien über die Reptilienfauna Madagaskars I. Beobachtungen an einigen madagassischen Reptilien. Zool. Garten (N. F.) 22(1): 57–73.
MERTENS, R. (1962): Die Arten und Unterarten der Geckonengattung *Phelsuma*. Senckenbergiana biol. 43: 81–127.
MERTENS, R. (1962): Die bisher lebend eingeführten Taggeckos der Gattung *Phelsuma*. DATZ 15(5): 148–153.
MERTENS, R. (1963): The geckos of the genus *Phelsuma* on Mauritius and adjacent islands. Mauritius Inst. Jour. 5: 299–304.
MERTENS, R. (1963): Zwei neue Arten der Geckonengattung *Phelsuma*. Senckenbergiana biol. 44(5): 349–356.
MERTENS, R. (1964): Fünf neue Rassen der Geckonengattung *Phelsuma*. Senckenbergiana biol. 45(1): 99–112.
MERTENS, R. (1964): Der Echsenschwanz als Haftorgan. Senckenbergiana biol. 45: 117–122.
MERTENS, R. (1966): Die nichtmadagassischen Arten und Unterarten der Geckonengattung *Phelsuma*. Senckenbergiana biol. 47(2): 85–100.
MERTENS, R. (1966): *Phelsuma ornatum* GRAY, 1835 (Sauria): proposed addition to the official index of rejected an invalid specific names in zoology Z. N. (S). 1762. Bull. zool. Nomenclature 23: 177–178.
MERTENS, R. (1970): Neues über einige Taxa der Geckonengattung *Phelsuma*. Senckenberginana biol. 51(1/2): 1–13.
MERTENS, R. (1973): Eine neue Unterart des Taggeckos *Phelsuma lineata*. Senckenbergiana biol. 54(4/6): 299–301.
MERTENS, R. (1973): Der typische Fundort von *Phelsuma dubia* (Sauria, Gekkonidae). Salamandra 9(2): 75–77.
OSADNIK, G. (1984): Untersuchungen zur Reproduktionsbiologie von *Phelsuma dubia* (BOETTGER 1881). Dissertationsarbeit, Bibliothek Universiät Bochum.
OSADNIK, G. (1981): Untersuchungen des Eiablageverhaltens innerhalb der Taggeckonengattung *Phelsuma* - Schlupf eines Jungtieres von *Phelsuma dubia*. DGHT – Rundbrief Nr. 71:3. (internes Zirkular).
OSADNIK, G. (1981): Quantitative Analyse des Kampf- und Sexualverhaltens von *Phelsuma dubia*. DGHT – Rundbrief Nr. 71: 4. (internes Zirkular).
RENDAHL, H. (1939): Zur Herpetologie der Seychellen I: Reptilien. Zool. Jb., Systematik 72(3/4): 255–328.
RÖSLER, H. (1980): *Phelsuma quadriocellata* (PETERS, 1883) der Pfauenaugen-Taggekko. Haltung und Zucht nebst einigen Anmerkungen zur Systematik. elaphe 1980(2): 17–20.
RÖSLER, H. (1983): De Reunion-daggecko (*Phelsuma ornata inexspectata*) in het terrarium. Lacerta 42(2): 21–24.

RUSSELL, A. P. (1977): The genera *Rhotropus* and *Phelsuma* (Reptilia: Gekkonidae) in southern Africa: a case of convergence and a reconsideration of the biogeography of *Phelsuma*. Zool. Afric., 12(2): 393–408.
SCHLEICH, H. H. (1984): Bemerkungen zur Gefangenschaftsbiologie und zum Eiablageverhalten des madagassischen Taggeckos *Phelsuma madagascariensis*. herpetofauna 6(32): 28–30.
SCHMIDT, A. A. (1955): Gelungene Aufzucht einer *Phelsuma madagascariensis kochi*. DATZ 8(4): 99–102.
SCHMIDT, W. (1992): Neu- und wiederentdeckt – Reptilien und Amphibien von Madagaskar. DATZ 45(5): 28.
SCHUSTER, W. D. (1979): Der Streifen-Taggecko im Terrarium. DATZ 32(9): 321–322.
SEIPP, R. (1990): Eine neue Art der Gattung *Phelsuma* GRAY, 1825 von Madagaskar (Reptilia: Sauria: Gekkonidae). Senckenbergiana biol. 71(1/3): 11–14.
STEINER, C. (1963): Über die Nachzucht von *Phelsuma lineata* und *P. bimaculat*. DATZ 16(2): 58–59.
THOMSEN, J. (1983): Der große madagassische Taggecko *Phelsuma standingi*. herpetofauna 5(25): 16–20.
THOMSEN, U. (1984): Zu: Phelsumen-Haltung und Nachzucht im Terrarium (Sauria 1/1981). Sauria 1981(2): 6.
VERGNER, I. (1981): Der interessante Taggecko *Phelsuma dubia* (BOETTGER, 1881). elaphe 3(1): 2–3.
VERNER, I. (1990): Beobachtungen bei der Vermehrung von Phelsumen im Terrarium. herpetofauna 12(65): 25–34.
WHITAKER, R., Z. WHITAKER (1978): Notes on *Phelsuma andamanense*, the Andaman day gecko or green gecko. Jour. Bombay nat. Hist. Soc. 75(2): 497–499.
ZOBEL, R. (1986): *Phelsuma flavigularis*, der Gelbkehlige Taggecko. DATZ 39(6): 279.

Phyllodactylus europaeus
(GENÉ, 1838)
Europäischer Blattfingergecko, E European leaf-fingered gecko, F Phyllodactyle européen, I Tarantolino
BArtSchV I/I

Beschreibung: Kleinster europäischer Gecko. Kopf eiförmig, deutlich von Hals abgesetzt. Kurze Gliedmaßen. Zehen nur am letzten Glied verbreitert mit lamellentragenden Haftpolstern auf der Unterseite. Schwanz greiffähig.

Beschuppung des Rückens aus feinsten Körnchenschuppen ohne eingelagerte Tuberkelschuppen. Schwanz mit Querreihen flacher, viereckiger Schuppen. Der Schwanz ist oft rübenförmig verdickt, besonders bei Regeneraten. Die Färbung der Oberseite ist gelblich, braun bis grau. Eine unregelmäßige Marmorierung aus hellen und dunklen Flecken bildet teilweise Querstreifen. An den Kopfseiten befindet sich ein dunkler Streifen, der vom Nasenloch über das Auge bis zum Hinterkopf reicht. Die Unterseite ist schmutzig weiß. Größe: 6 bis 8 cm.

Geographische Verbreitung: Korsika, Sardinien, und vorgelagerte Inseln, Südfranzösische Inseln, Inseln des toskanischen Archipels, sowie vor der Küste Liguriens. Auf dem italienischen Festland nur von Genua, La Spezia, Lerici und vom Monte Argentario bekannt. Inseln vor Nordtunesien.

Biologie und Ökologie: Die Art kommt bis in Höhenlagen von 600 m ü. NN auf Sardinien vor. Sie bewohnt vorwiegend leicht feuchte Habitate, wie man sie unter Steinen, in Steinhaufen, Geröll und Felsspalten findet, in denen sich Vegetationsabfälle ansammeln, sie kommt aber auch unter Baumrinde vor. Blattfingergeckos werden frühestens in der Abenddämmerung aktiv, dadurch weichen sie sicher dem Konkurrenzdruck größerer, im gleichen Lebensraum vorkommender Echsen aus. In der Natur jagen sie dann nach Mücken, Ameisen, Asseln und Kleinschmetterlingen. Beim Beschleichen der Beute fallen ihre langsamen, katzenartigen Bewegungen auf. Das Ergreifen erfolgt oft nach bis zu 25 cm weiten Sprüngen sehr plötzlich.

Der Gecko kann leise Abwehrlaute von sich geben.
Terrarium: Kleine Terrarien von etwa 30 × 30 × 40 cm Größe.
Ausstattung: Als Bodengrund Sand oder Feinkies, etwas eingestreutes Falllaub. Kleine hohle Korkeichenäste oder ein kleiner Steinaufbau liefern Unterschlupfstellen.
Heizung und Licht: Beleuchtung und Heizung mittels einer 40 W Glühbirne, entsprechend der jahreszeitlichen Tageslichtdauer. Nachttemperaturen etwa 10 °C niedriger als die am Tage erforderliche Temperatur um 25 °C. Unter der Wärmelampe bis 32 °C.
Futter: In der Regel sind Blattfingergeckos gut mit allerlei Wiesenplankton, kleineren Grillen und Heimchen, Stubenfliegen und Wachsmottenlarven zu ernähren. Zur Anreicherung mit Mineralstoffen und Vitaminen überstäubt man die Futtertiere regelmäßig mit einem entsprechenden Kombinationspräparat.

Luftfeuchtigkeit: Die rel. Luftfeuchtigkeit sollte tagsüber 50 bis 60 %, nachts 70 bis 80 % betragen.
Feuchtigkeitsbedürfnis: Die Wasserversorgung erfolgt durch tägliches Sprühen. Die Tiere lecken auch Wasser aus kleinen Trinkgefäßen auf.
Überwinterung: Für die Ovo- und Spermiogenese ist eine mindestens 6- bis 8wöchige Winterruhe bei 6 bis 10 °C erforderlich.
Nachzucht: Über die Paarungszeiten und den -verlauf liegen keine genauen Angaben vor.
Paarung: Die Paarungen erfolgen aber wohl in der Natur in den Monaten April und Mai, also etwa 5 bis 6 Wochen vor der Eiablage.
Eiablage: Im Freiland im Juni beobachtet. Dabei wurden mehrfach Kollektivgelege gefunden. Günstige Ablageplätze werden offenbar auch über Jahre beibehalten. Die Weibchen legen gewöhnlich zwei fast runde Eier von 8 × 9 mm Größe.
Inkubationszeit: Wird zwischen 65 und 118 Tagen angegeben. Die Temperaturen sollen dabei 25 bis 28 °C betragen, die rel. Luftfeuchtigkeit 50 bis 65 %.
Aufzucht: Die etwa 3 cm langen Jungtiere beginnen einige Tage nach dem Schlupf mit der Nahrungsaufnahme. Mit kleinsten Insekten wie Springschwänzen, Blattläusen, Essigfliegen, frisch geschlüpften Heimchen und Grillen sowie kleinen Wachsmottenlarven lassen sich die jungen Geckos relativ schnell aufziehen.
Geschlechtsreife: Sie erreichen im dritten Lebensjahr die Geschlechtsreife und können sehr alt werden. Das Maximalalter wurde in Gefangenschaft mit 22 Jahren erreicht.

Literatur:
CAPOCACCIA, L. (1965): Il *Phyllodactylus europaeus* GENÉ in Liguria. Ann. Mus. Civ. Stor. Nat. Genua 68: 234–243.
EIJSDEN, E. H. T. v.(1983): Der haftfähige Greifschwanz des Europäischen Blattfingergeckos *Phyllodactylus europaeus* GENÉ (Sauria: Gekkonidae). Salamandra 19(1/2): 1–10.
GRÜNWALD, A., G. PREUSS (1971): Über das Vorkommen des Blattfingergeckos, *Phyllodactylus europaeus* GENÉ, auf Elba und den vorgelagerten Inseln. Mitt. pollichia 18: 161–169.
KNOEPFLER, L. P., E. SOCHUREK (1956): Amphibien und Reptilien zwischen Banyuls und Menton. Aquarien – Terrarien 3: 147–151.
MOLLE, F. (1961): Nachzucht bei *Phyllodactylus europaeus*. DATZ 14: 62–63.

Physignathus cocincinus
(CUVIER, 1829)
Grüne Wasseragame, E Green water dragon, F Physignathe verte

Beschreibung: Im Körperbau sind diese südostasiatischen Verwandten der Wasseragame *P. lesueuri* sehr ähnlich. Auch sie sind kräftig gebaut, haben einen seitlich etwas abgeflachten Körper und einen kräftigen Ruderschwanz. Der Rückenkamm trägt allgemein höhere Schuppen als bei *P. lesueuri*, besonders im Nacken und im vorderen Schwanzbereich, der auch stärker abgeflacht und höher ist. Die Rumpfbeschuppung ist gleichmäßig, auffallend große Schuppen treten im Bereich der Backen und an den Unterkieferseiten auf. Sie sind meist auch farblich kontrastierend zur Grundfarbe, entweder weißlich bis bläulich oder orange bis rötlich. Der Körper ist sonst oliv- bis laubgrün, die Unterseite etwas heller. Er trägt manchmal 3 bis 5 helle, schräge Querstreifen, der Schwanz ist im hinteren Bereich breit dunkel quergebändert. Weibchen sind etwas zierlicher als die Männchen, haben eine blassere Färbung, niedrigere Kämme und weniger ausgeprägte Backenschwellungen. Größe: 80 bis 100 cm.
Geographische Verbreitung: Thailand bis S-China.
Biologie und Ökologie: Auf Felsen und Bäumen an und über Bächen, Flüssen und Seen, wo sie Reviere bilden und gegen Artgenossen verteidigen. Sehr scheu und bei der geringsten Störung auf der Flucht, bemerkt man sie meist erst, wenn sie sich ins Wasser stürzen oder mit angelegten Vorderbeinen auf den Hinterbeinen laufend davoneilen, um im nahegelegenen Buschwerk oder zwischen Steinen zu verschwinden, bis der Beobachter selbst wieder gegangen ist.
Terrarium: Durch ihr ungestümes Fluchtverhalten, das sie auch in Gefangenschaft nicht immer ablegen, kommen nur Terrarien von etwa 200 × 100 × 150 cm Größe für die Haltung in Frage.
Ausstattung: Die Einrichtung besteht neben einem geräumigen Wasserteil, etwa 60 % der Bodenfläche, aus kräftigem Geäst und harten, berührungsunempfindlichen Pflanzen. Man kann auch ganz auf eine Bepflanzung verzichten. Aus optischen Gründen ist ein bepflanztes Becken jedoch immer ansprechender. Notfalls muß man die durch das Herumklettern der Tiere in Mitleidenschaft gezogenen Gewächse gelegentlich auswechseln.
Heizung und Licht: Wie bei *P. lesueuri* beschrieben.
Futter: Insekten, Mäuse, Küken, Fleisch, süßes Obst, selbst Hunde- oder Katzenfutter aus Dosen.
Feuchtigkeitsbedarf: Wie bei *P. lesueuri* beschrieben.
Nachzucht:
Eiablage: Jährlich mehrere Eiablagen mit 5 bis 16 Eiern, die anfangs etwa 15 × 26 mm, kurz vor dem Schlupf etwa 18 × 32 mm Größe haben.
Inkubationszeit: Die vom Weibchen in der Erde vergrabenen Gelege werden ohne Drehung vorsichtig in den Inkubator überführt und bei 24 bis 30 °C gezeitigt. In 2 bis 3 Monaten schlüpfen dann die Jungtiere.

Literatur:
DEDEKIND, K., H.-G. PETZOLD, (1982): Zur Haltung und Nachzucht der hinterindischen Wasseragame *Physignathus cocincinus* (CUVIER, 1829) im Tierpark Berlin. Zool. Garten (N. F.) 52(1): 29–45.
JAUCH, H. (1979): Beobachtungen an asiatischen Wasseragamen (*Physignathus cocincinus*). herpetofauna 1(2): 15–17.
ULLRICH, K. (1979): Angaben zur Zucht von Ph. cocincinus. herpetofauna 1(2): 17.

Physignathus lesueurii

Physignathus lesueuri
(GRAY, 1831)
Wasseragame, E Water dragon, F Physignathe de Lesueur
BArtSchV 1/1, 1/2

Beschreibung: Körper und Schwanz seitlich abgeflacht. Gezackter Rückenkamm vom Hinterkopf bis auf den Schwanz verlaufend. Die Nackenstacheln des Kamms sind am größten. Hintergliedmaßen wesentlich kräftiger als die Vorderbeine. Die Tiere laufen bei der Flucht zum Teil nur auf den Hinterbeinen, sobald sie wieder Klettergelegenheit erreichen, setzen sie ihren Weg vierfüßig fort. Der seitlich abgeflachte Schwanz dient den sehr schwimmgewandten Tieren als Ruder. Mit an den Körper angelegten Beinen schwimmen sie an der Oberfläche oder untergetaucht davon.
Die Beschuppung des Rumpfes wird durch 6 bis 7 Querreihen großer rundlicher Schuppen unterbrochen, auch auf den Gliedmaßen und dem Schwanz sind große, zum Teil spitz auslaufende gekielte Schuppen zu erkennen, die sich von der Grundbeschuppung abheben. Die Gliedmaßen tragen sehr kräftige Ze-

hen und Krallen, die wehrhaft eingesetzt werden können.

Die Färbung des Körpers ist ein helles bis dunkleres Gelbbraun, das im Bereich der Großschuppenquerreihen helle und in den dazwischenliegenden breiten Bereichen eine schwärzliche Querbänderung aufweist. Die Gliedmaßen sind etwas dunkler mit oder ohne Querbänderung, der Schwanz ist mehr oder weniger stark quergebändert, wobei die Kontrastierung zwischen hellen und dunklen Bereichen zur Schwanzspitze hin zunimmt. Die gelbbraune bis leuchtendrote Unterseitenfärbung reicht oft bis an die Flanken. Am Kopf zieht sich ein breiter schwarzer Kopfseitenstreifen vom hinteren Augenrand bis an die Nackenseiten.

Jungtieren fehlt die farbige Unterseite, sie sind insgesamt dunkler gefärbt. Männchen sind etwas größer und kräftiger gemustert, der Kamm ist stärker entwickelt. Größe: 80 bis 100 cm.
Geographische Verbreitung: O-Australien und Neuguinea. Die Nominatform kommt von Cairns (Queensland) bis ins Kangaroo-Tal (New South Wales) vor, südlich davon lebt eine weitere Unterart: *P. l. howitti* Mc Coy, 1884. Diese unterscheidet sich von der Nominatform durch ihre blau- bis olivgrüne Färbung und das Fehlen des dunklen Kopf-Seitenstreifens. Die Querbalken sind auf dunkle Flecke reduziert, die Unterseite ist statt rot olivgrün. Die Kehlen erwachsener Männchen sind schwarz mit gelben, orangefarbenen, manchmal bläulichen Flecken.
Biologie und Ökologie: Wasserdrachen sind, wie ihr Name schon sagt, Bewohner der wassernahen Bereiche. Sie besiedeln Bach- und Flußufer, Seenbereiche, aber auch mehr oder weniger verschmutzte Gewässer in der Nähe von Siedlungsräumen. Sie kommen von der Küste bis ins Bergland vor. Gewöhnlich kann man sie auf Felsen, überhängenden Ästen, manchmal auf Treibholz und Baumstubben beobachten. Dort sonnen sie sich und halten nach Beute Ausschau. Dominierende Männchen sind oft in Gesellschaft mehrerer Weibchen anzutreffen. Unterschreitet man die Fluchtdistanz, die etwa bei 5 bis 8 m liegt, so flüchten die Tiere meist ins Wasser, wobei sie sich unter Umständen aus großer Höhe hinabstürzen. Untergetaucht können sie bis zu einer Stunde unter Wasser verweilen. Die Tiere einer Population haben abgegrenzte Reviere, die sie gegen Artgenossen verteidigen. Dabei läßt sich ein interessantes Verhaltensrepertoir beobachten. Nähert sich ein Gegner, so bläht der Revierbesitzer die Kehle auf, nickt mehrfach mit dem Kopf und bewegt die Vorderbeine abwechselnd kreisend auf und ab. Ergreift der Bedrohte nicht die Flucht, kommt es zu Kratz- und Beißaktionen, wobei sich die Kontrahenten aus der Balance zu bringen versuchen.
Terrarium: Haltung paarweise oder ein Männchen mit mehreren Weibchen in großen Terrarien oder frei im Gewächshaus. Die Terrarien sollten mindestens folgende Maße haben: 150 × 80 × 150 cm.
Ausstattung: Der Boden sollte zur Hälfte aus einem 20 bis 30 cm tiefen Wasserteil bestehen, der allmählich in den Landteil übergeht. Reiche Ausstattung mit kräftigen Ästen, die sich durch das ganze Terrarium ziehen. Als Pflanzen kommen nur härtere Rank- und Bodenpflanzen wie *Hoya, Ficus, Pandanus, Dracaena, Monstera* und ähnliche in Frage. Pflanzen mit Drahtgitter um die Töpfe in den Bodengrund einpflanzen, damit die Agamen sie nicht herausgraben.
Heizung und Beleuchtung: Beleuchtung mit Leuchtstoffröhren oder Quecksilberdampflampen. Die Äste können durch eingelegte Heizkabel erwärmt werden. Die Temperaturen im Terrarium sollten tagsüber bei 25 bis 28 °C liegen, nachts etwas über 20 °C.
Futter: Fütterung mit Insekten, Würmern, Krabben, Fischen, Jungvögeln und Kleinsäugern, auch Früchte und kleine Fleischstücke werden genommen. In der Natur werden auch andere Reptilien sowie Amphibien verzehrt, auch vor den eigenen Jungen wird kaum halt gemacht. Deshalb findet man Jungtiere im Freiland meist an kleineren Bachläufen fern der Reviere der Erwachsenen.
Luftfeuchtigkeit: Die Luftfeuchtigkeit erhöht man durch tägliches morgendliches Sprühen.
Nachzucht:
Eiablage: Im Freiland graben die Weibchen lange Erdhöhlen in die Uferböschung, an deren Ende sie die 8 bis 18 ovalen pergamentschaligen Eier ablegen.
Inkubationszeit: Werden im Terrarium Eier in ähnlicher Form abgelegt, überführen wir sie ohne Drehung (Oberseite markieren!) in einen Inkubator, wo sie bei 30 °C nach etwa 85 Tagen schlüpfen.
Aufzucht: Die Jungtiere sind beim Schlupf 12 bis 13 cm groß und können zusammen aufgezogen werden. Futtertiere in größengerechten Maßen mit zusätzlicher Kalk-Vitaminanreicherung bei gelegentlicher UV-Bestrahlung. Es werden mehrere Gelege im Jahr abgelegt.

Literatur:
Siehe *P. cocincinus*.

Platysaurus guttatus minor
(FITZSIMONS, 1930)
Kleine Plattgürtelechse, E Red-tailed Rock Lizard

Beschreibung: Die Plattgürtelechsen sind in 9 Arten vorwiegend im nördlichen Bereich Südafrikas vertreten. Alle zeichnen sich durch einen extrem abgeplatteten Kopf und Körper aus, der es ihnen ermöglicht, sich in engste Felsritzen zurückzuziehen.

Platysaurus guttatus minor (FITZSIMONS, 1930) ist eine der kleineren Arten mit deutlich abgesetztem spitz-dreieckigem Kopf, etwa 3 mm hohem breiten, flachen Rumpf und abgeplattetem Schwanz von fast 2facher Kopf-Rumpf-Länge. Die Beschuppung des Körpers besteht aus kleinen körnigen Schuppen, der Schwanz ist vorn mit wirtelig angeordneten, großen gekielten Schuppen versehen. Die Bauchschuppen stehen in 16 bis 18 Reihen, bei der Nominatform **Platysaurus guttatus guttatus** sind es 20. Die Tiere zeigen einen deutlichen Farbdichromatismus: Die etwas kleineren Weibchen sind oberseits dunkelbraun. Drei cremebraune helle Längsstreifen ziehen sich über den Rücken, zwischen diesen befindet sich eine Längsreihe kleiner heller Punktflecken. Die Flanken sind wenig heller als der Rücken, die Oberseite der Gliedmaßen ist ebenfalls gefleckt. Bei den Männchen ist meist nur der mittlere Rückenstreifen deutlich ausgeprägt, die Fleckenreihen zwischen Mittelstreifen und Rückenseiten sind ausgebildet, die Seitenstreifen jedoch stark reduziert. Die Kehle und Halspartie sind kräftig hellgrün bis blaugrün, die Rumpfseiten unten lebhaft orangerot, der Schwanz orangerot bis ziegelbraun. Größe: 19 bis 20 cm.
Geographische Verbreitung: Südafrika (Waterberg, N-Transvaal).
Biologie und Ökologie: Felsige Trockengebiete, vorwiegend auf Felskuppen spaltenbildender Gesteine wie Sandstein oder Granit. Die tagaktiven Tiere bewegen sich vorzugsweise an senkrechten Flächen. Gesellig können sie in großer

Anzahl zusammenleben. Lediglich in der Paarungszeit kommt es zu Streitigkeiten der rivalisierenden Männchen. Oft haben dominierende Männchen einen „Harem" aus mehreren weiblichen und halbwüchsigen Tieren, die sie gegen Artgenossen verteidigen. Die Männchen erkennen sich an den auffälligen Signalfarben, bei Rivalitätskämpfen zeigt sich ihre Erregtheit durch Schwanzzittern und Kopfnicken, sie richten sich auf ihren Vorderbeinen auf und präsentieren ihre Kehl- und Brustfärbung, indem sie sich dem Gegner seitlich aufgerichtet darbieten. So werden die sonst von oben nicht sichtbaren arttypischen Signale dargeboten. Meist zieht sich das schwächere Männchen dann zurück, nur wenig vom dominanten Revierbesitzer verfolgt. Es ist erstaunlich, in welch enge Gesteinsspalten sich diese Echsen verkriechen können. Sie dort unbeschädigt herauszuholen, ist fast unmöglich, da sich die Tiere mittels ihrer Schuppen bei leicht aufgeblasenem Rumpf total verkeilen. Bis auf die heißesten Mittagsstunden kann man die Tiere vom frühen Morgen fast bis zum Sonnenuntergang beim Sonnen oder Insektenfang beobachten.

Terrarium: Hohes Kletterterrarium mit einer Rückwand aus geschichteten Steinplatten. Man sollte auch in einem größeren Terrarium nur wenige Männchen mit einer größeren Zahl von Weibchen vergesellschaften, da die Tiere, obwohl sie in der Natur gesellig leben, im begrenzten Raum eines Terrariums doch zu sehr unter Streß geraten könnten.

Ausstattung: Bepflanzung mit Aloen, Euphorbien, Gasterien und Hawortien, die wir getopft in den gewaschenen Flußsand des Bodengrundes einsetzen. Aufgeschichtete Steinplatten sollten so plaziert werden, daß die Tiere beim Graben nicht durch nachrutschende Steine eingeklemmt werden können.

Heizung: Strahlungsheizlampe, die lokale Bereiche des Steinaufbaus auf ca. 40 °C erwärmt. Möglichst viel natürliche Besonnung. Die Tiere können in den warmen Sommerwochen durchaus in einem Freilufterrarium gehalten werden, wo sie das notwendige ungefilterte Sonnenlicht genießen können. Bei trübem Wetter müssen wir natürlich für eine zusätzliche Wärmequelle sorgen.

Licht: Leuchtstoffröhren; die Tiere benötigen viel Licht, um ihre prächtige Färbung voll zur Geltung zu bringen. Nur in den Wintermonaten reduziert man bei abfallender Temperatur die Lichtmenge.

Futter: Wiesenplankton, Heimchen, Grillen, Asseln, Spinnen, Mehlkäferlarven, Wachsmottenlarven, junge Wanderheuschrecken, Feldheuschrecken, Fliegen und Würmer. Alle Futtertiere mit Mineralstoffen und Vitaminen anreichern.

Feuchtigkeitsbedarf: Tägliches Übersprühen des Behälters, eventuell ein kleines Trinkgefäß im Bereich der Kletterwand.

Überwinterung: Diese ist nach ausreichender Umgewöhnungszeit für 6 bis 8 Wochen bei Temperaturen von 8 bis 10 °C für eine erfolgreiche Fortpflanzung unerläßlich.

Nachzucht:
Eiablage: In ihrem natürlichen Lebensraum legen die Weibchen meist 2 Eier (etwa 4 × 10 mm Größe) in senkrechten Gesteinsspalten ab, wo sich etwas humoses Material angesammelt hat und eine geringe Feuchtigkeit garantiert ist. Beim Verfasser wurden die Eier unter Steinplatten, die einen Blumentopf kaschierten, abgelegt. PATTERSON (1987*) berichtet, daß auch Gemeinschaftsablagen von 10 oder mehr Eiern vorkommen. Wir konnten das bei unseren Tieren nicht beobachten.

Aufzucht: Die Jungtiere fressen anfangs nur kleinste Insekten, wie ausgesiebtes Wiesenplankton, Jungasseln, junge Heimchen und Grillen. Das Feuchtigkeitsbedürfnis decken sie durch Auflecken des Sprühwassers. Zusätzliche Vitamin- und Mineralstoffgaben sind erforderlich, ebenso natürliche Besonnung oder UV-Bestrahlung.

Literatur:
BRANCH, W. R. (1984): Cape Lizards. VII. Plated and Girdled Lizards. The Naturalist 28(2): 21–27.
BROADLEY, D. G. (1974): Reproduction in the Genus *Platysaurus*. Herpetologica 30: 379–380.
BROADLEY, D. G. (1978): A revision of the Genus *Platysaurus* A. SMITH. Occ. Papers Nat. Mus. South. Rhodesia B6(4): 129–185.
FREITAG, W. (1983): Meine Erfahrungen mit *Platysaurus guttatus*. elaphe 1983(3): 37–38.
MATZ, G. (1975): *Platysaurus guttatus*. DATZ 28(11): 361–362.

Podarcis melissellensis
(BRAUN, 1877)
Karstläufer, Adriatische Eidechse, E Dalmatian wall Lizard, Adriatic Lizard, F Lézard de L'Adriatique, I Lucertola adriatica
BArtSchV 1/1

Beschreibung: Langschwänzige und kurzköpfige, schlanke Eidechse, die manchmal den im gleichen Lebensraum vorkommenden *Podarcis sicula* ähneln. Von dieser sind sie jedoch durch das wesentlich größere Schläfenschild leicht zu unterscheiden. Die Oberseite ist grün oder braun. Zwei helle Rückenstreifen begrenzen einen dunklen mit hellen Flecken versehenen Mittelstreifen. An den Körperseiten befinden sich helle oder dunkle Fleckenreihen, die Bauchrandschilder sind oft blau und ein blauer Achselfleck ist bei den Männchen vorhanden. Die Unterseite ist bei den Weibchen gewöhnlich cremefarben, während die Männchen unterseits gelb bis orangerot gefärbt sind. Eine Fleckung im Kehlbereich tritt gelegentlich auf, meist ist die Bauchseite jedoch ungefleckt. Die Färbung ist sehr variabel, so treten bei der Unterart *P. m. fiumana* (WERNER, 1891) die Streifen oft nicht auf, der Rücken ist dann einfarbig grün oder bronzefarben bis oliv, auch einige Inselformen zeigen diese Tendenz, selbst schwärzliche Exemplare treten auf. Größe: 20 cm.

Geographische Verbreitung: Jugoslawische Adriaküste mit vorgelagerten Inseln bis Albanien.

Alle Unterarten sind im Bereich des ehemaligen Jugoslawien beheimatet.

Podarcis melisellensis melisellensis
(BRAUN, 1877)
Insel Brusnik.

P. m. aeoli
(RADOVANOVIC, 1959)
Insel Mali Opuh.

P. m. bokicae
(RADOVANOVIC, 1956)
Insel Vrtlac.

P. m. caprina
(RADOVANOVIC, 1970)
Insel Caprije.

P. m. curzolensis
(TADDEI, 1950)
Inseln Corcula und San Massimo.

P. m. digenea
(WETTSTEIN, 1926)
Insel Svetac.

P. m. fiumana
(WERNER, 1891)
Gesamtes Küstengebiet und vorgelagerte Inseln bis NW-Albanien.

P. m. galvagnii
(WERNER, 1908)
Insel Kamik.
P. m. gigantea
(RADOVANOVIC, 1956)
Insel St. Andrea (Dubrovnik).
P. m. gigas
(WETTSTEIN, 1926)
Insel Mali Parsanj (Vis).
P. m. jidulae
(RADOVANOVIC, 1959)
Insel Jidula.
P. m. kammereri
(WETTSTEINM, 1926)
Insel Mali Barjak (Vis).
P. m. kornatica
(RADOVANOVIC, 1959)
Kornati-Inseln und umliegende Inseln.
P. m. lissana
(WERNER, 1891)
Insel Vis.
P. m. lupa
(RADOVANOVIC, 1970)
Insel Kurjak.
P. m. mikavicae
(RADOVANOVIC, 1959)
Insel Mikavica (Zirje).
P. m. plutonis
(RADOVANOVIC, 1959)
Insel Jerolim (Hvar).
P. m. pomoensis
(WETTSTEIN, 1926)
Insel Jabuka.
P. m. thetidis
(RADOVANOVIC, 1959)
Insel Veliki Opuh.
P. m. traguriana
(RADOVANOVIC, 1959)
Insel Ciovo (Split).

Biologie und Ökologie: Der Karstläufer bewohnt die ökologischen Nischen, die von der stärkeren *Podarcis sicula* nicht so gern genutzt werden, er sucht auch eher die vom Menschen weniger frequentierten Habitate, obwohl auch sie in unmittelbarer Nähe der Siedlungen zu finden ist. Steiniges Gelände von der Küste bis auf 1200 m Höhe mit spärlichem Bewuchs, Steinhaufen, Legsteinmauern im Bereich der Felder, Felswände, Straßenränder sind der typische Lebensraum.
Terrarium: Bei paarweiser Haltung genügen kleinere Terrarien, die wir dem Biotop entsprechend mit reichlichem Felsangebot zum Klettern ausstatten. Karstläufer sind nur bei Vergesellschaftung mehrerer Männchen unverträglich, ist das Terrarium jedoch ausreichend groß, lassen sich auch zwei bis drei Männchen mit mehreren Weibchen darin unterbringen. In wärmeren Regionen Mitteleuropas lassen sich die Tiere während des Sommers auch im Freilandterrarium halten.
Ausstattung: Der sandig-steinige Bodengrund wird leicht feucht gehalten, so daß sich wenige mediterrane Pflanzen, wie *Thymus, Buxus* oder *Cistus* in kleinen Exemplaren halten lassen. Ein sonniger Platz unter der Strahlungslampe sollte trockener sein.
Heizung: Strahlungsheizer, der partielle Temperaturen von 35 bis 40 °C erzeugt, genügt.
Licht: Tageslicht oder Leuchtstoffröhren. Gelegentlich UV-Bestrahlung.
Futter: Kleinere Insekten, Wiesenplankton, Insektenlarven, Spinnen und Würmer, evtl. Obststücke.
Feuchtigkeitsbedarf: Sprühen, kleiner Wassernapf.
Nachzucht:
Paarung: Paarungen finden von Ende April bis in den Hochsommer statt. Das Männchen leitet die Paarung durch Imponieren ein. Dabei richtet es sich auf den Vorderbeinen auf und senkt den Kopf, bläht die Kehle auf und plattet die Körperseiten ab. Mit hochgewölbtem Rücken umkreist es das Weibchen, das seine Paarungsbereitschaft durch Treteln und Schwanzzittern zu erkennen gibt. Einigen Bissen in Kopf und Nacken folgt der eigentliche Haltebiß in die Flanken des Weibchens und die Kopulation. Diese dauert durchschnittlich 8 Minuten.
Eiablage: Die Eiablage erfolgt in selbstgegrabenen Bodenlöcher, die das Weibchen nach Ablage der 4 bis 6 Eier wieder zuscharrt.
Inkubationszeit: Bei Temperaturen um 27 °C beträgt die Inkubationszeit etwa 40 bis 45 Tage. Es werden bis zu 5 Gelege im Jahr abgesetzt.
Aufzucht: Die Jungtiere schlüpfen etwa 60 mm groß und tragen eine braune Jugendfärbung, die sich nach 2 bis 3 Monaten in die Färbung der adulten Tiere umwandelt.
Die Fütterung der Jungtiere erfolgt mit kleinen Insekten, wie jungen Heimchen und Grillen, Essigfliegen, Maden von Fliegen und Larven von Wachsmotten und Dörrobstmotten, Jungspinnen und kleinsten Asseln.
Geschlechtsreife: Die Geschlechtsreife wird nach ungefähr 10 Monaten erreicht.

Literatur:
KRAMER, G. (1937): Beobachtungen über Paarungsbiologie und Soziales Verhalten von Mauereidechsen. Z. Morph. Ökol. 32: 752–783.
KRAMER, G. (1938): Angaben zur Fortpflanzung und Entwicklung von Mauereidechsen. Senckenbergiana 20: 66–80.
TIEDEMANN, F., K. HENLE (1986): *Podarcis melissellensis* (BRAUN, 1877) – Adriatische Mauereidechse, Karstläufer. In: BÖHME, W. (Hrsg.): Handbuch der Reptilien und Amphibien Europas 2/II Echsen III (*Podarcis*), Aula-Verlag, Wiesbaden, S. 111–141.

Podarcis muralis
(LAURENTI, 1768)
Mauereidechse, E Wall Lizard, F.
Lézard gris, Lézard des murailles, I Lucertola muraiola, S Lagartija norteña, Lagartija roquera
BArtSchV 1/1

Beschreibung: Mauereidechsen besitzen einen schlanken Körper mit langem zugespitzten Kopf, abgeplattetem Rumpf und langem, sehr dünn auslaufenden Schwanz, der etwa die doppelte Kopf-Rumpf-Länge erreicht.
Das Halsband hat einen glatten Rand, es wird aus 7 bis 12 Schuppen gebildet. Die Rückenschuppen sind granulär, rundlich, schwach gekielt und an den Flanken nicht größer als auf der Rumpfmitte. Die Bauchschilder stehen in 6 Längsreihen. Die Färbung der Oberseite ist braun, selten grün, manchmal auch grau. Auf der Rückenmitte befindet sich eine Reihe dunkler, unregelmäßiger Flecke. Die hellere Rückenzone wird an den Körperseiten durch ein dunkelbraunes Band begrenzt, das hellere und dunklere Flecken aufweist. Diese Fleckenzeichnungen können beim Männchen zu einer Netzzeichnung zusammenfließen. Die Zeichnung ist beim Weibchen im allgemeinen weniger kontrastreich, die Streifung deutlicher ausgeprägt als beim Männchen. Die Unterseite ist weißlich, cremefarben bis orangerot, zum Teil mit dunkler Fleckung, besonders auf Hals und Kehle. Die Bauchseiten tragen häufig blaue Flecken. Größe: 20 bis 22 cm.
Geographische Verbreitung: W- und S-Europa bis Kleinasien: Niederlande, Belgien, Frankreich, Kanal-Inseln, N- bis M-Spanien, Italien, Schweiz, Österreich. In Deutschland im Rhein-Main-

Gebiet und bei Passau an der Donau, gesamte Balkan-Halbinsel, Kleinasien.

Podarcis muralis muralis
(LAURENTI, 1768)
Österreich, Tschechien, Slowakei, Ungarn, Rumänien, ehem. Jugoslawien, Italien.
P. m. albanica
(BOLKAY, 1919)
Ehem. Jugoslavien (Slawonien), Albanien, SW-Rumänien und Dubrudscha, Bulgarien, Griechenland, Türkei (NW-Anatolien).
P. m. breviceps
(BOULENGER, 1905)
Italien (Kalabrien).
P. m. brogniardi
(DAUDIN, 1802)
NW-Spanien, W- und M-Frankreich, Belgien, Niederlande, W-Deutschland (N-Eifel und Vennvorland).
P. m. colosii
(TADDEI, 1949)
Italien (Insel Elba und gegenüberliegendes Festland).
P. m. maculiventris
(WERNER, 1891)
N-Italien, S-Schweiz (Tessin), Kroatien (NW und Istrien).
P. m. merremia
(RISSO, 1826)
Z- und O-Spanien, S-Frankreich mit Rhonetal, Italien (W-Ligurien), W-Schweiz, W-Deutschland (Rheintal bis Bonn und Nebentäler).
P. m. nigriventris
BONAPARTE, 1838
Italien (Ligurien, Toskana, W-Küste bis Neapel).
(Syn. *P. m. brueggemanni*)

Biologie und Ökologie: Mauereidechsen bevorzugen trockenes, felsiges, der Sonne stark ausgesetztes Gelände, Steinbrüche, Weinberge, Mauern aller Art, Straßenböschungen, Wegränder, Gärten und Parkanlagen. Sie kommen vom Strand bis auf 2000 m Höhe in den Gebirgen vor. Auch feuchtere Biotope wie Flußtäler, Ufermauern und Grabenränder werden besiedelt. Selbst stark frequentierte Bereiche innerhalb menschlicher Ansiedlungen wie Campingplätze und Hotelanlagen beherbergen Populationen dieser anpassungsfähigen Art.

Je nach der Jahreszeit sind Mauereidechsen ganztägig oder aber unter Aussparung der heißen Mittagsstunden aktiv.
Terrarium: Mauereidechsen sind sehr bewegungsaktiv, sie benötigen daher ein Terrarium mit guten Klettermöglichkeiten. In warmen Gegenden des Rhein-Main-Gebietes können Mauereidechsen ganzjährig im Freilandterrarium leben, in milden Jahren ist dies auch in anderen Gegenden Deutschlands und Ländern vergleichbarer geographischer Lage möglich.
Ausstattung: Man gestaltet Rück- und Seitenwände nach Art einer Schichtgesteinsmauer. Steinplatten auf der sandig-humosen Bodengrund dienen als Unterschlupfplätze. Die Bepflanzung kann entsprechend des sehr differenzierten Biotopspektrums mit Gebirgspflanzen, Gräsern, mediterranen Pflanzen aller Art bis hin zu Sukkulenten und rankenden Gewächsen erfolgen.
Heizung: Strahlungslampe, die einen Bereich des Bodens und der Rückwand erwärmt.
Licht: Tageslicht, Leuchtstoffröhren.
Futter: Nicht zu große Insekten und deren Larven, Spinnen und Nacktschnecken sowie Regenwürmer.
Feuchtigkeitsbedarf: Pflanzen täglich sprühen, bepflanzten Bodenteil leicht feucht halten. Die Eidechsen nehmen die benötigte Feuchtigkeit nach dem Sprühen durch Auflecken der Tropfen auf, trinken aber auch aus kleinen Wasserschälchen.
Überwinterung: Mehrwöchige bis mehrmonatige Winterruhe.
Nachzucht:
Paarung: Erfolgt im Frühjahr.
Eiablage: Ab Mai erfolgen zwei bis drei Eiablagen mit jeweils 2 bis 12 Eiern. Diese sind etwa 5 bis 7 × 10 bis 12 mm groß.
Inkubationszeit und Geschlechtsreife: Die Jungen schlüpfen etwa 60 mm groß nach einer Inkubationszeit von zwei bis drei Monaten ab Juli und wachsen innerhalb von zwei Jahren zu geschlechtsreifen Tieren heran.
Aufzucht: Die recht kleinen Jungtiere fressen anfangs nur kleinste Insekten wie Springschwänze, kleine Drosophila, Grillen oder Heimchen, junge Asseln oder ausgesiebtes Wiesenplankton. Futtertiere zusätzlich vitaminisieren und mit Mineralstoffen anreichern. Möglichst viel natürliche Besonnung oder Aufzucht in Freilufterrarien, also außen aufgestellte Klein-Terrarien, deren Gazewände den Eintritt ungefilterten Sonnenlichts ermöglichen. Dabei ist natürlich die Überhitzungsgefahr zu berücksichtigen, die Jungtiere müssen immer Gelegenheit haben, kühlere, schattige Plätze aufzusuchen.

Literatur:
AVERY, R. A. (1978): Activity patterns, thermoregulation and food consumption in two sympatric lizard species (*Podarcis muralis* and *P. sicula*) from Central Italy. J. Anim. Ecol. 47: 143–158.
COOPER, J. S. (1958): Observations on the eggs and young of the wall lizard (*Lacerta muralis*) in captivity. Brit. J. Herpetol. 2: 112–121.
DEXEL, R. (1985): Zur Ökologie der Mauereidechse *Podarcis muralis* (LAURENTI, 1768) (Sauria: Lacertidae) an ihrer nördlichen Arealgrenze. I. Verbreitung, Habitat, Habitus, und Lebensweise. Salamandra 22: 63–78.
DEXEL, R. (1985): Zur Ökologie der Mauereidechse *Lacerta muralis* (LAURENTI, 1768) (Sauria: Lacertidae) an ihrer nördlichen Arealgrenze. II. Populationsstruktur und -dynamik. Salamandra 22: 259–271.
GRUSCHWITZ, M., W. BÖHME (1986): *Podarcis muralis* (LAURENTI, 1768) – Mauereidechse. In: BÖHME, W. (Hrsg.): Handbuch der Reptilien und Amphibien Europas 2/II Echsen III (*Podarcis*) Aula-Verlag, Wiesbaden, S. 155–208.
KOLLAR, R. (1985): Die Bedeutung des Paarungsmarsches von *Podarcis muralis muralis* (LAURENTI, 1768). Ann. Nat. Hist. Mus. Wien, 87.
KRAMER, G. (1937): Beobachtungen über Paarungsbiologie und soziales Verhalten von Mauereidechsen. Z. Morph. Ökol. Tiere 32, 752–783.

Podarcis pityusensis
(BOSCA, 1883)
Pityusen-Eidechse, E Ibiza wall Lizard, F Lézard des Pityuses, I Lucertola delle Pitiuse, S Lagartija de las Pitiusas
WA II, BArtSchV 2/1, 2/3, 2/4

Beschreibung: Die Vielzahl der recht unterschiedlichen Pityuseneidechsen läßt sich nur schwer einheitlich beschreiben, gibt es doch über 30 Unterarten, die sich nicht nur in der Färbung, sondern auch in den Schuppenzahlen unterscheiden. Wir beschränken uns deshalb auf die Beschreibung der Form, die dem Besucher der Insel Ibiza am häufigsten begegnet. Die Kopf-Rumpf-Länge der Männchen übertrifft mit etwa 95 mm die der Weibchen um 12 mm. Der Kopf ist hoch und zugespitzt, der Hals ebenfalls auffallend hoch, der Rumpf kräftig und der Schwanz etwa 1,5 mal so lang wie die Kopf-Rumpf-Länge. Die Rückenbeschuppung ist granulär, die Bauchschuppen stehen in 6 Längsreihen. Das Halsband besteht aus 9 bis 14 Schuppen und die Schenkel weisen 17 bis 30 Femoralporen auf. Die Färbung der Oberseite ist gelbgrün bis bläulich grün. Vom Hinterkopf ziehen sich drei schwarzbraune Streifen, die zwei grüne Streifen einschließen. Das dunkle braune Körperseitenband ist oben und unten durch hellgrüne bis weißliche Streifen eingefaßt. Die dunklen Streifen werden mit dem Alter vor allem bei den Männchen durch zahlreiche grüne Flecken, an den Körperseiten durch weißliche, z. T. bläuliche Flecken aufgelöst, so daß über ein netzartiges Zeichnungsmuster auch eine ziemlich einheitliche Grünfärbung des Rückens erreicht werden kann. Die Gliedmaßen zeigen helle, dunkel gerandete Flecke. Auf dem Schwanz setzt sich vor allem die obere helle Körperseitenlinie fort, die dunklen Rückenaußenstreifen finden eine Fortsetzung in Form einer Längsreihe dunkler Flecke.

Die Unterseite ist cremefarben, weißlich, grünlich, bläulich, bei einigen Formen auch rosafarben bis orange.

Einige Populationen neigen zum Melanismus, z. B. *P. p. maluquerorum*. SALVADOR (1984) und LILGE (1975) geben für die einzelnen Inseln entsprechende Beschreibungen, auf die wir im Rahmen dieser Arbeit nicht eingehen können.
Größe: 25 cm.
Geographische Verbreitung: Pityusen-Inseln, auf Mallorca eingeschleppt.

Podarcis pityusensis pityusensis
(BOSCA, 1833)
Ibiza, Bosc, Calders, Negres, Punta Sa Ferradura, Sal Rossa, Ses Illetes de Porroig.
P. p. ahorcadosi
(EISENTRAUT, 1930)
Penjats.
P. p. calaesaladae
(MÜLLER, 1928)
S'Illeta de Cala Salada.
P. p. canensis
(EISENTRAUT, 1928)
Cana.
P. p. caragolensis
(BUCHHOLZ, 1954)
Caragolé.
P. p. carlkochi
(MERTENS & MÜLLER, 1940)
Conillera.
P. p. characae
(BUCHHOLZ, 1954)
Sa Mesquida.
P. p. formenterae
(EISENTRAUT, 1928)
Formentera, Alga, Conejo de Formentera, Espalmador, Espardell, Porcs, Pouet, Sabina.

P. p. frailensis
(EISENTRAUT, 1928)
Espardell de Espartar.
P. p. gastabiensis
(EISENTRAUT, 1928)
Gastavi.
P. p. gorrae
(EISENTRAUT, 1928)
Na Bosc, Na Gorra.
P. p. hedwigkamerae
(MÜLLER, 1927)
Ses Margalidas.
P. p. hortae
(BUCHHOLZ, 1954)
Hort.
P. p. kameriana
(MERTENS, 1927)
Espartar, Escull d'Espartar.
P. p. maluquerorum
(MERTENS, 1921)
Bleda Plana, Escull Vermell.
P. p. muradae
(EISENTRAUT, 1928)
Murada.
P. p. negrae
(EISENTRAUT, 1928)
Negres.
P. p. ratae
(EISENTRAUT, 1928)
Rates.
P. p. redonae
(EISENTRAUT, 1928)
Redona, Santa Eularia.
P. p. schreitmuelleri
(MÜLLER, 1927)
Malvinas.
P. p. tagomagensis
(MÜLLER, 1927)
Tagomago.
P. p. torretensis
(BUCHHOLZ, 1954)
Torretes.
P. p. vedrae
MÜLLER, 1927)
Vedrá, Vedranell.

Biologie und Ökologie: Vom Meeresstrand bis ins Bergland verbreitet. Es werden Dünenhabitate mit geringer Vegetation, Felsen, Legsteinmauern, Heckenpflanzungen, Gärten und Parks besiedelt, die Tiere kommen auch in unmittelbarer Nähe menschlicher Besiedlung vor.

Tagaktiv, im Sommer während der heißen Mittagsstunden im Schatten oder in den Verstecken zurückgezogen, im Winter in den sonnigen, warmen Mittagsstunden anzutreffen. Jahreszeitliche Ruheperioden können die Aktivität nur in kühlen, regnerischen Winterwochen einschränken.

Terrarium: Da die Pityusen-Eidechsen auch in der Natur in relativ großer Populationsdichte vorkommen, ist eine Vergesellschaftung in größeren Terrarien möglich. Für diese Art empfiehlt sich während der Sommermonate ein Aufenthalt im Freilandterrarium. Es sollten wegen des territorialen Verhaltens nicht so viele Männchen vergesellschaftet werden, damit es für die schwächeren Tiere nicht zu einem Dauerstreß wird.
Ausstattung: Die Einrichtung des Terrariums entspricht der Herkunft der Tiere. Sandiger Bodengrund, Felsrückwand zum Klettern, Steinplatten als Unterschlupf und mediterrane Pflanzen, Sukkulenten und Yuccas bilden die Einrichtung.
Heizung: Strahlungslampe, eventuell Bodenheizkabel oder -platte.
Licht: Tageslicht, Leuchtstoffröhren.
Futter: Käfer, Heuschrecken, Heimchen, Grillen, Hautflügler, Schaben und andere Insekten und deren Larven, süßes Obst wie Weintrauben, Banane und Erdbeeren werden von einigen Tieren ebenfalls genommen. Es konnte vom Verfasser auch beobachtet werden, daß die Tiere am Strand an totem Fisch Nahrung aufnahmen. Sie fressen übrigens auch gelegentlich die bei Raufereien anfallenden Schwänze von Artgenossen und jagen auch Jungtieren nach.
Feuchtigkeitsbedarf: Die Tiere nehmen die benötigte Feuchtigkeit durch Auflecken der Sprühwassertropfen auf, man kann aber auch ein kleines Trinkgefäß unauffällig einbauen.
Überwinterung: Entfällt, lediglich kurzfristige Temperatursenkung im Dezember bis Januar.
Nachzucht: Obwohl mehrfach mit Erfolg nachgezogen, sind uns keine ausreichenden Daten bekannt.
Paarung: Findet im allgemeinen vom Frühjahr an statt.
Eiablage: Die Weibchen legen zwei bis drei Gelege mit 2 bis 3 Eiern, die im Boden vergraben werden. Im Terrarium werden nun auch die Weibchen recht territorial und jagen männliche wie weibliche Artgenossen.
Inkubationszeit: Die Jungen schlüpfen nach etwa 2 Monaten.
Aufzucht: Die Tiere lassen sich mit Kleininsekten und Kalk-Vitamingaben bei gelegentlicher UV-Bestrahlung erfolgreich aufziehen. Sie erreichen ein Lebensalter von 8 bis 9 Jahren.

Literatur:
BISCHOFF, W. (1992): Übersicht der Arten und Unterarten der Familie Lacertidae. 5. Die Gattung *Podarcis*. Die Eidechse (5): 6–20.
BUCHHOLZ, M. (1954): Zur Kenntnis der Rassen von *Lacerta pityusensis*. Bonn. Zool. Beitr. 5: 69–88.
FROMMER, J. (1984): Nachzucht von *Podarcis pityusensis*. Elaphe 1984(1): 8–9.
GÖKE, G. (1952): Die Pityusen- und Baleareneidechsen im Terrarium. DATZ 5(5): 133–134.
HARTMANN, M. (1953): Die Rassenaufspaltung der balearischen Inseleidechsen. Zool. Jahrb. Physiol. 64: 88–96.
HIMSTEDT, A. (1965): Lacerten in der 4. Generation. DATZ 18: 308–309.
KRAMMER, U. (1977): Mauereidechsen aus dem Mittelmeer-Raum (*Lacerta pityusensis*). DATZ 30(2): 71.
LILGE, D. (1975): Systematisch-biometrische Untersuchungen an *Lacerta pityusensis* (Sauria, Lacertidae). Salamandra 11: 145–178.
MERTENS, R. (1927): Über die Rassen der Pityuseneidechse (*Lacerta pityusensis*). Zool. Anz. 69: 299–304.
MEYER, W. (1951): Die Pityuseninsel Formentera und ihre Eidechsen. DATZ 4(2): 46–48.
SALVADOR, A. (1984): A taxonomic study of the Eivissa Wall Lizard, *Podarcis pityusensis* BOSCA, 1883. In: KUHBIER, H., ALCOVER, J. A., GUERAU D'ARELLANO, TUR (Hrsg.): Biogeography and Ecology of the Pityusic Islands, Dr. W. Junk, den Haag, S. 393–427.
SALVADOR, A. (1986): *Podarcis pityusensis* (BOSCÁ, 1883) – Pityusen-Eidechse. In: BÖHME, W. (Hrsg.): Handbuch der Reptilien und Amphibien Europas 2/II Echsen III (*Podarcis*), Aula-Verlag, Wiesbaden, S. 231–253.

Podarcis sicula
(RAFINESQUE, 1810)
Ruineneidechse, E Ruin lizard, Lézard des ruines, Lézard sicilien, I Lucertola campestre, S Lagartija italiana
BArtSchV 1/1

Beschreibung: Über Aufsplitterung des Verbreitungsgebietes über die Apennin-Halbinsel und eine Vielzahl größerer und kleinerer Inseln hat auch bei dieser Eidechse zu einer Rassenbildung in Anpassung an die unterschiedlichsten Lebensräume geführt. So unterscheidet man 48 Unterarten, die in Größe und Färbung zum Teil erhebliche Unterschiede aufweisen. Für uns sind nur die Nominatform und die norditalienisch-jugoslawische *Podarcis sicula campestris* zu beschreiben, die uns am ehesten begegnen

Podarcis sicula cettii

und die vielfach gehalten werden. Für alle übrigen Unterarten verweisen wir auf die weiterführende Literatur.

Ruineneidechsen sind mittelgroße kräftige Eidechsen, deren Schwanz die Kopf-Rumpf-Länge um das 1,5- bis 2fache übertrifft, der Körper ist mäßig abgeplattet. Im Gegensatz zu der ähnlich gezeichneten im adriatischen Lebensraum ebenfalls vorkommenden *Podarcis melissellensis* besitzen Ruineneidechsen ein relativ kleines Schläfenschild, das wesentlich kleiner als die Ohröffnung ist.

Die Grundfärbung der Oberseite ist meist grün, kann aber auch grau, braun, oliv oder gelblich sein. Die Unterseite ist weiß bis grünlich und ungefleckt.

Die Rückenzeichnung besteht bei der Südlichen Ruineneidechse, der Nominatform, aus einem netzartigen Muster schwarzbrauner Flecken, es können auch Streifenbildungen auftreten. Bei der Nördlichen Ruineneidechse ist der Rükken durch eine mittlere Fleckenreihe, zwei grüne Längsbänder und beiderseits verlaufende Fleckenreihen gekennzeichnet. Die Randschuppen an den Bauchseiten sind oft bläulich, ein bläulicher Augenfleck findet sich auch an den Schultern über den Vorderbeinen. Die Fleckenreihen auf den Rückenseiten gehen meist in die Fleckung der Flanken über und sind nicht so scharf abgegrenzt wie bei der ähnlichen *Podarcis melissellensis*. Es treten auch melanistische Inselpopulationen auf, andere Inselformen zeigen eine orangerötliche Unterseite. Größe: Bis 26 cm.

Geographische Verbreitung: *Lacerta sicula* hat ihre schwerpunktmäßige Verbreitung in Italien und im ehemaligen Jugoslawien. Darüber hinaus existieren einzelne Populationen in Spanien, auf Menorca, in S-Frankreich, auf Korsika, in Griechenland und der Türkei, auf Zypern, in Israel, Libyen, Tunesien und den USA. In weiteren Ländern konnten sich eingeführte Populationen nicht dauerhaft halten.

Die Vielzahl der Inselvorkommen im italienischen und ehemals jugoslawischen Bereich ist ausführlich von HENLE & KLAVER (1986) bearbeitet worden, so daß wie hier nur eine Auflistung der validen Unterarten und deren Hauptvorkommen anfügen.

Unterarten: Die Unterarten der Ruineneidechse lassen sich nach BISCHOFF (1992) in zwei größere Gruppen einteilen, die *sicula*-Gruppe und die *campestris*-Gruppe.

1. Die *sicula*-Gruppe:

Podarcis sicula sicula
(RAFINESQUE-SCHMALTZ, 1810)
S-Italien, Sizilien, Pontische Inseln, Menorca (eingeführt).
P. s. aemiliani
CAPOLONGO, 1985
Italien: Scogli die Apani (Apulien).
P. s. alverioi
(MERTENS, 1955)
Scoglio Faraglione.
P. s. amparoae
CAPOLONGO, 1979
Dino.
P. s. calabresiae
(TADDEI, 1949)
Montechristo.
P. s. caporiaccoi
(TADDEI, 1949)
Capraia.
P. s. cataroi
(TADDEI, 1950)
Ehem. Jugoslawien: Kotor.
P. s. cettii
(CARA, 1972)
Sardinien, Asinara, Maddalena, Mal di Ventre, San Antioco, San Pietro, Tavolara, Korsika: Bonifacio (eingeführt).
P. s. ciclopica
(TADDEI, 1949)
Lachea.
P. s. coerulea
(EIMER, 1872)
Faraglioni di Mezzo, Faraglioni di Fuori.
P. s. cucchiarai
PALMA, 1980
Scoglio La Canna.
P. s. gallensis
(EIMER, 1881)
Gallo Maggiore, Castellucia.

P. s. hieroglyphica
(BERTHOLD, 1840)
Türkei: Istanbul, Bosporus, Inseln im Marmara-Meer.
P. s. klemmeri
(LANZA & CAPOLONGO, 1972)
Licosa.
P. s. lanzai
(MERTENS, 1967)
Gavi.
P. s. latastei
(BEDRIAGA, 1879)
Ponza, Scoglio della Madonnina.
P. s. massinei
(MERTENS, 1961)
Rotonda.
P. s. monaconensis
(EIMER, 1881)
Monacone.
P. s. palmarolae
(MERTENS, 1967)
Palmarola, Scoglio Mezzagiorno.
P. s. pasquinii
(LANZA, 1952)
Scoglio Capello.
P. s. paulae
(LANZA, ADRIANI & ROMITI, 1971)
Santo Ianni.
P. s. ragusae
(WETTSTEIN, 1931)
Ehem. Jugoslawien: Dubrovnik.
P. s. salfii
(LANZA, 1954)
Vivaro di Nerano.
P. s. sanctistephani
(MERTENS, 1926)
San Stefano.
P. s. tyrrhenica
(MERTENS, 1932)
Formiche di Grosseto, Giannutri, Giglio.

2. Die *campestris*-Gruppe:

Podarcis sicula campestris
DE BETTA, 1857
M- und N-Italien, ehem. Jugoslawische Adriaküste bis Ruskamen und vorgelagerte Inseln.
Eingeführt auf Cerboli, Elba, Korsika, in S-Frankreich: Toulon, USA: West Hampstead.
P. s. adriatica
(WERNER, 1902)
Mala Palagruza.
P. s. astorgae
(MERTENS, 1937)
Sturago.
P. s. bagnolensis
(MERTENS, 1937)
Banjol.
P. s. bolei
(BRELIH, 1961)
Tovarjez.
P. s. dupinici
(RADOVANOVIC, 1956)
Mali Dupinic, Veli Dupinic.
P. s. fiumanoidea
(BRELIH, 1963)
Visoki, Misar.
P. s. flavigula
(MERTENS, 1937)
Sveti Ivan na Puccini.
P. s. hadzii
(BRELIH, 1961)
Porer.
P. s. insularum
(MERTENS, 1937)
Altijez, Galopun, Grunj, Hrid Gaiola, Lunga, Mala Sestrica, Regata, Revera, Supinic, Sveti, Ivan, Sveti Marko, Velika Sestrica.
P. s. kolombatovici
(KARAMAN, 1928)
Mala Kluda, Velika Kluda.
P. s. laganjensis
(RADOVANOVIC, 1956)
Mali Laganj, Veli Laganj.
P. s. nikolici
(BRELIH, 1961)
Gusti Skolj.
P. s. pelagosae
(BEDRIAGA, 1886)
Hrid Bijelac, Kopiste, Pod Kopiste, Susac, Velika Palagruza.
P. s. pirosoensis
(MERTENS, 1937)
Piruzi Veliki.
P. s. pohlibensis
(RADOVANOVIC, 1970)
Hrid Sip, Morovnik, Olib, Planicic, Planik, Pohlib.
P. s. premudana
(RADOVNOVIC, 1959)
Hripa, Masarine, Premuda.
P. s. premudensis
(RADOVANOVIC, 1959)
Lutrosnjak.
P. s. pretneri
(BRELIH, 1961)
Gustinja, Pisulj.
P. s. radovanovici
(BRELIH, 1961)
Orada.
P. s. samogradi
(RADOVANOVIC, 1956)
Samograd, Vrtlic.
P. s. sanctinicolai
(TADDEI, 1949)
Italien: Tremiti-Inseln.
P. s. vesseljuchi
(RADOVANOVIC, 1959)
Veseljuh.

Biologie und Ökologie: Ruineneidechsen sind hinsichtlich der Biotopwahl nicht anspruchsvoll, sie kommen vom Strand bis auf 1800 m Höhe vor. Sie besiedeln mit Vorliebe vegetationsreichere Habitate, die ihnen ausreichend Deckung bieten. Beim Sonnen sieht man sie oft auf Mauern, Steinen und auch an Baumstämmen. Sie scheinen eher Kulturfolger als -flüchter zu sein. Gärten und Parks, Straßen- und Wegränder, Flußufer und Strandpromenaden weisen oft eine große Zahl dieser tagaktiven Eidechsen auf. Die jahreszeitliche Aktivität ist im Hochsommer zweigipflig, d. h. die Tiere sind morgens und am späteren Nachmittag aktiv, verbringen die heiße Mittagszeit jedoch in ihren kühleren Unterschlupfplätzen in Erdhöhlen und Legsteinmauern. Im Frühjahr und im Herbst kann man die Tiere jedoch ganztägig beobachten. Die kalten Wintermonate über halten die Eidechsen eine Winterruhe, die bei wärmerem Wetter besonders auf den klimatisch begünstigten Inseln auch unterbrochen werden kann.
Terrarium: Gleiche Haltung wie bei *Podarcis pityusensis*, bei Tieren vom Festland und von den größeren Inseln eine 2- bis 3monatige Winterruhe. Aufenthalt im Freilandterrarium empfehlenswert während der Monate Mai bis September.
Nachzucht:
Paarung und Eiablage: Nach der Paarung im März erfolgt ab April die Eiablage. Es werden bei günstiger Witterung 3 bis 5 Gelege mit 3 bis 12 Eiern (10 bis 12×5 bis 6 mm) produziert, die das Weibchen in natürlichen Höhlungen oder selbst gegrabenen Löchern ablegt.
Inkubationszeit: Sie beträgt 2 bis 3 Monate. Ende Juli bis Anfang September schlüpfen die Jungen in einer Größe von 56 bis 75 mm.
Aufzucht: Die Aufzucht der Jungtiere erfolgt wie bei *Podarcis pityuensis*.
Geschlechtsreife: Ruineneidechsen erreichen die Geschlechtsreife nach 1 bis 2 Jahren und können in Gefangenschaft über 8 Jahre alt werden. Im natürlichen Biotop rechnet man mit ungefähr 3 Jahren Lebenserwartung.

Literatur:
BISCHOFF, W. (1992): Übersicht der Arten und Unterarten der Familie Lacertidae. 5. Die Gattung *Podarcis*. Die Eidechse (5): 6–20.
HENLE, K., C. J. J. KLAVER (1986): *Podarcis sicula* (RAFINESQUE-SCHMALTZ, 1810) – Ruineneidechse. In: BÖHME, W. (Hrsg.): Handbuch der Reptilien und Amphibien

Europas 2/II Echsen III (*Podarcis*), Aula-Verlag, Wiesbaden, S. 254–342.
Dieser Beitrag enthält über 400 weiterführende Literaturangaben.

Podarcis taurica
(PALLAS, 1814)
Taurische Eidechse, E Taurican Lizard, Crimean Lizard, F Lézard de Crimée, Lézard du Taurus, I Lucertola taurica

Beschreibung: Kopf und Rumpf sind relativ rundlich bis leicht abgeflacht, der Schwanz nimmt etwa 2/5 der Gesamtlänge ein und ist einheitlich gewirtelt. Das Halsband ist gezähnt. Der Kopf ist relativ kurz und etwa so hoch wie breit. Die Färbung der Oberseite besteht aus einer schmalen, grünen oder braunen einfarbigen Rückenmitte, die von dunkelbraunen bis schwarzen Flecken gesäumt ist. Beidseitig wird diese Fleckenlängsreihe durch eine weißliche z. T. unterbrochenen Linie begrenzt, die sich bis auf die Schwanzseiten fortsetzt. Die Körperseiten sind bräunlich mit dunklen Flecken. Die Unterseite ist bei den Männchen weißlich, gelb- bis rotorange, bei den Weibchen weißlich und ebenfalls nicht gefleckt. Die Bauchrandschuppen sind oft blau, es treten auch blaue Flanken- und Schulterflecke auf. Jungtiere zeigen eine stärkere Streifung. Größe: Bis 25 cm.
Geographische Verbreitung: Balkanhalbinsel, im Norden bis Ungarn, Jugoslawien, Albanien, Griechenland, Ionische Inseln, Europäische Türkei, Bulgarien, Rumänien, ehemalige südwestliche Sowjetunion bis zur Krim. Isolierte Vorkommen an der Schwarzmeerküste der nordwestlichen Türkei.

Man unterscheidet folgende Unterarten neben der Nominatform *Podarcis taurica taurica*:

Podarcis taurica ionica
(LEHRS, 1902)
Albanien, Griechenland und Ionische Inseln.
Sie unterscheidet sich von der Nominatform durch eine deutlich breitere einfarbige Rückenzone, grüne Parietalstreifen und wenige schwarze Flecken im Bereich der mittleren hinteren Rückenzone und der Schwanzwurzel. Bei dieser Unterart treten häufig zeichnungslose Exemplare mit grünem Rücken und braunen Seiten auf.

Podarcis taurica thasopulae
(KATTINGER, 1942)
Insel Thasopoulos (Ägäis).
Diese Unterart ist vergleichsweise langbeinig und wesentlich intensiver gefärbt und gezeichnet als die Nominatform.

(*Podarcis taurica gaigeae*)
(WERNER, 1930)
Wird heute als valide Art *Podarcis gaigeae* (WERNER, 1930) mit den Unterarten *gaigeae* (Skyros-Archipel) und *weigandi* (Insel Pipéri) geführt.

Podarcis taurica ionica

Biologie und Ökologie: Die Taurische Eidechse ist ein Bewohner des Flachlandes, sie fehlt in den Gebirgen. Man begegnet ihr an den Küsten in Sandhabitaten mit deckunggebender Vegetation, im Grasland und Brachland, wo sie die trockeneren Bereiche meidet. Sie kommt auch in den Gärten und Parks von Siedlungen vor und bewohnt verschiedenartiges Kulturland, wo sie an Weg- und Straßenrändern, gras- und buschbewachsenen Böschungen vorkommt. In felsigen Bereichen fehlt sie meistens.
Tagaktiv auch bei relativ hohen Temperaturen. Oft auch während der warmen Mittagsstunden in schattigen Vegetationsbereichen unterwegs, wo die Temperaturen unter 40 °C liegen.
Terrarium: Einrichtung des eher flachen als hohen Trockenterrariums. Freilandterrarienaufenthalt nur während der wärmsten Sommermonate.
Ausstattung: Sandig-humose Bodenschicht. Korkeichenrindenstücke oder flache Steine als Unterschlupfplätze und eine Bepflanzung mit mediterranen Gewächsen und Gräsern.
Heizung: Bodenheizkabel und Strahlungsheizlampe zur Erzielung von Tagestemperaturen von 25 bis 32 °C. Nächtliche Absenkung auf 18 bis 20 °C.
Licht: Tageslicht oder Leuchtstoffröhren. Gelegentlich UV-Bestrahlung.
Futter: Insekten mittlerer Größe wie Käfer, Grillen, Heuschrecken, Schmetterlinge und Fliegen, Schaben und allerlei unbehaarte Raupen und andere Larven, Spinnen und Regenwürmer.
Feuchtigkeitsbedarf: Diese Art hat höhere Feuchtigkeitsansprüche, man sorgt deshalb dafür, daß neben ausgesprochenen Sonnenplätzen mit hohem Trockenheitsgrad die bepflanzten Bereiche eine ausreichende Bodenfeuchtigkeit aufweisen, so daß sich die Tiere ihre mikroklimatisch optimalen Unterschlupfplätze aussuchen können.
Überwinterung: In den Monaten Dezember bis Februar im ungeheizten Terrarium bei 10 bis 12 °C.
Nachzucht:
Eiablage: Die Weibchen legen von Mai bis Juli 2 Gelege mit 2 bis 6 Eiern von durchschnittlich 7 × 12 mm Größe.
Inkubationszeit: Etwa 2 Monate. Die Jungen schlüpfen im Spätsommer.
Aufzucht: Wie bei anderen Lacerten mit abwechslungsreichem Kleinfutter und zusätzlichen Kalk-Vitamingaben.
Geschlechtsreife: Im zweiten Lebensjahr.

Literatur:
BERGMANN, J., M. NORDSTRÖM (1990): Neues über *Podarcis taurica* (PALLAS, 1814) in der asiatischen Türkei. Salamandra 26(1): 85–86.
KABISCH, K., W.-E. ENGELMANN (1970): Zur Ernährung von *Lacerta taurica* in Ostbulgarien. Salamandra 6(3/4): 104–107.
NÖLLERT, A. (1983): Einige Bemerkungen zur Taurischen Eidechse, *Podarcis taurica taurica* (PALLAS), in Südostbulgarien. herpetofauna 5(25): 26–29.
PETZOLD, H.-G., W. WEHNER (1965): Über Freileben und Terrarienhaltung der Taurischen Eidechse. Aquarien – Terrarien 12:112–117.

Pogona barbata
(CUVIER, 1829)
Bartagame, E Barbed agama, Bearded dragon, F Agame barbé, Amphibolure barbé, I Anfiboluro dalla barba
BArtSchV 1/1, 1/2

Beschreibung: Kräftiger Körper, Kopf breit und deutlich abgesetzt, abgeflacht. Schwanz nur am Ansatz flach, bis 1,3 fache Kopf-Rumpf-Länge. Hinterbeine reichen seitlich nach vorn angelegt bis an die Vorderbeine. Körperschuppen klein und gekielt, dazwischen Bereiche mit vergrößerten gekielten Schuppen und Stacheln. Diese besonders kräftig oberhalb der Ohröffnung, am Hinterkopf, hinter den Mundwinkeln, an den Körper- und Schwanzseiten. Mit Hilfe des bestachelten Kehlsacks, der durch den kräftigen Zungenbeinapparat gespreizt werden kann und den durch Spreizung der Rippen abgerundeten und erheblich vergrößerten Rumpf zeigen die Agamen ein wirkungsvolles Drohverhalten. Dabei kontrastiert der innen gelbe Mund zur oft dunkler gefärbten Kehle. Färbung der Oberseite fahlbraun, graubraun, rot- bis schwarzbraun mit zwei Längsreihen heller Flecken, die zu Längsbändern verschmelzen können. Erwachsene Tiere meist einfarbiger mit unregelmäßiger dunkler Marmorierung. Dunkler Kopfseitenstreif vom Voraugenbereich über die Ohröffnung bis zum Hinterkopf. Unterseite weißlich bis sandfarben mit dunkleren Flecken. Kehle manchmal braun oder schwarz. Schwanz helldunkel gebändert. Farbwechsel in Anpassung an die Untergrundfarbe im Sinne von Aufhellung bzw. Abdunklung, auch in Streßsituationen. Die Männchen sind während der Paarungszeit lebhafter gefärbt.
Größe: 40 bis 70 cm.

Pogona barbata

Geographische Verbreitung: Östliche Hälfte Australiens mit Ausnahme des äußersten Nordens, der Cape York-Halbinsel und Tasmaniens.
Ökologie: Nahezu alle Gelände- und Vegetationsbereiche von den Küstendünen bis ins Gebirge, vom Regenwald bis in die Wüstensteppen Inneraustraliens. Steinige Bereiche und umliegende Baumstämme, Zaunpfähle und dergleichen dienen als Ausguck zum Beutefang. Oft werden Straßenränder zum Sonnen genutzt. Aktivitätszeit tagsüber, Vorzugstemperatur um 35 °C. Bei Temperaturen über 38 °C suchen die Tiere schattigere und kühlere Bereiche auf. Eine ausführliche Darstellung des Verhaltens findet sich bei E. ZIMMERMANN (1983*) sowie bei T. STÖSSL (1993), so daß wir hier nicht näher darauf eingehen.
Terrarium: Maße mindestens 1,20 × 0,80 × 0,80 m.
Ausstattung: Bodengrund Sand und Steine, Felsrückwand zum Klettern, Baumstubben oder Äste. Bepflanzung mit Gräsern und Xerophyten.
Heizung: Bodenheizkabel oder -platte und Strahlungslampe.
Licht: Leuchtstoffröhren. Gelegentlich UV-Bestrahlung, im Sommer ungefiltertes Sonnenlicht.
Futter: Grillen, Heimchen, Heuschrecken, Schabe, Mehl- und Schwarzkäferlarven, Wachsmottenlarven und andere auch hartschaligere Insekten. Daneben Obst, Salat und Löwenzahn, Sauerampfer und anderes Grünfutter. Mineralstoffzufuhr mittels Korvimin ZVT® oder ähnlichen Kalk-Vitamin-Präparaten.
Feuchtigkeitsbedürfnis: Wird durch Auflecken von Sprühwasser gestillt.
Überwinterung: Winterruhe nur in den kälteren Gebieten SO-Australiens. Im Terrarium ist keine Winterruhe nötig.
Nachzucht:
Paarung: Die Männchen umwerben die Weibchen mit einem Imponiergehabe und verteidigen ihre Reviere gegen Artgenossen. ZWINENBERG (1980) beschreibt es folgendermaßen: „Um paarungswillige Weibchen anzulocken, wird in dieser Zeit im Abstand von ca. 2 Minuten mit dem Kopf genickt. Nach Eintreffen eines Weibchens, läuft das Männchen in einem Abstand von ca. 50 cm unter heftigem Kopfnicken und mit gespreiztem "Bart„ um dieses herum. Ab und zu unterbricht das Männchen sein Herumlaufen und stampft hörbar mit den Vordergliedmaßen auf den Boden. Nach diesem Imponiergehabe folgt dann meist die Paarung."
Eiablage: Die Ablage der bis zu 30 weißen Eier, Größe 30 × 18 mm, erfolgt in flache Gruben des Bodengrundes, die das Weibchen nach der Ablage mit Sand, Gras und Blättern abdeckt. Während einer Brutsaison können die Weibchen 2 bis 5 Gelege produzieren.
Inkubationszeit: Die etwa 8 cm großen Jungen schlüpfen je nach Temperatur und Feuchtigkeit innerhalb 3 bis 4 Monaten.
Aufzucht: Die auffallend gezeichneten beim Schlupf 8 cm langen Jungtiere wachsen bei ausgeglichener Kost recht schnell heran. Man füttert sie mit Wiesenplankton, kleinen Grillen, Heimchen und Wachsmottenlarven. Dazu gibt man kleingeschnittenen Salat, Löwenzahn, Fruchtstücke, Blüten von Gänseblümchen und Löwenzahn. Dieses Futter bestäubt man regelmäßig mit Kalk-Vitamin-Präparaten und als notwendigen natürlichen Sonnenersatz bestrahlt man die Tiere zweimal wöchentlich etwa 15 Minuten lang mit einer UV-Lampe.

Literatur:
BRATTSTROM, B. H. (1971): Social and thermoregulatory behaviour of the Bearded Dragon *Amphibolurus barbatus*. Copeia (3): 484–497.
CAUGHLEY, J. (1971): Discussion on the Bearded Dragon (*Amphibolurus barbatus barbatus*). Herpetofauna, Sydney 3(4): 19–21.

PETERS, U. (1971): Herpetologische Skizzen von einer Exkursion ins „Rote Zentrum" New South Wales. Aquaterra 8: 138–140.
PICKWORTH, B. (1981): Observations of behaviour patterns displayed by a pair of bearded dragons, *Amphibolurus barbatus* CUVIER. Herpetofauna, Sydney 12(2): 13–15.
SCHMIDA, G. (1968): Erlebnisse mit Bartagamen. DATZ 21(1): 27–30.
STÖSSL, T. (1993): *Pogona barbata* (CUVIER). Sauria Suppl. 15(1–4): 257–260.
STORR, G. M. (1982): Revision of the bearded dragons (Lacertilia: Agamidae) of Western Australia with notes on the dismemberment of the genus *Amphibolurus*. Rec. West. Aust. Mus. 10(2): 199–214.
ZWINENBERG, A. J. (1980): Die Bartagame *Amphibolurus barbatus*. herpetofauna, Ludwigsburg, 2(8): 8–11.

Pogona vitticeps
(AHL, 1926)
Bartagame, E Central Bearded Dragon
BArtSchV 1/1, 1/2

Beschreibung: Große, robuste Bartagame mit stark entwickeltem „Bart", abgeflachtem Körper und breitem, deutlich vom Hals abgesetzten Kopf. Von *Pogona barbata* durch die gerade verlaufende Querreihe von Dornenschuppen auf dem Hinterkopf und die runde Form des gespreizten Bartes gut zu unterscheiden. Bei *Pogona barbata* verlaufen die Dornschuppen in einem nach hinten gerichteten Halbkreis und der Bart ist eckiger. Die ähnliche *Pogona minima* bleibt insgesamt kleiner. Die Grundfärbung geht von grau über beige bis dunkelbraun, ist manchmal rötlich oder orangefarben mit einem Muster aus großen, dunklen Rückenmittelflecken, die seitlich durch miteinander mehr oder weniger verbundene rhombische Flecke hellerer Färbung begrenzt und durch helle Querverbindungen derselben voneinander getrennt sind. An den Körperseiten befinden sich entsprechend der Rückenflecken dunkle verwaschene Querflecken. Der Schwanz ist quergebändert. Die Unterseite ist bräunlich mit undeutlicher Fleckung. An den Kopfseiten befindet sich ein dunkler teilweise rötlicher oder orangefarbener Streifen, der vom Nasenloch über Auge und Ohr bis zum Hinterkopf verläuft und besonders zwischen Auge und Ohr oben und unten hell gesäumt ist. Im Erregungszustand verfärben sich die männlichen Tiere, wobei eine Verdunkelung der Körperfarbe unter Verlust der Zeichnung eintritt und besonders der schwarz bleibende Bart auffällt. Das Tier kann dann mit erhobenem Kopf und Schwanz imponieren, wobei es hoch auf den Vorderbeinen aufgerichtet heftige Nickbewegungen ausführt und sich gelegentlich auch auf den Hinterbeinen aufrichtet. Größe: Bis 25 cm.

Geographische Verbreitung: Z-Queensland, New South Wales, N-Victoria bis zur östlichen Hälfte S-Australiens und im Südosten des Nord-Territoriums.

Biologie und Ökologie: Halbtrockene bis trockene Busch- und Waldlandbiotope, Steppen und Halbwüsten ähnlich *Pogona barbata*. Tagaktiv. Feuchtigkeits- und Temperaturansprüche etwa wie bei der Bartagame *Pogona barbata*.

Terrarium: Geräumiges Trockenterrarium mit robuster Bepflanzung, da die Tiere gern graben, sollte man die Töpfe, bevor man sie in den sandigen Boden einläßt, oben mit einem Drahtgitter absichern. Es empfiehlt sich paarweise Haltung. Sonst wie bei *Pogona barbata*.

Nachzucht:
Paarung: Nach der mehrwöchigen Winterruhe beginnt die Paarunszeit, bei der das Männchen das Weibchen durch ein ausgeprägtes Nickzeremoniell umwirbt, wie es PFLUGMACHER (1986) ausführlich beschreibt, dieses dann mit Nackenbiß ergreift und sich mit ihm verpaart.

Eiablage: Das Weibchen legt das Gelege mit 10 bis 24 Eiern dann 23 bis 44 Tage nach der Paarung in selbstgegrabenen Erdhöhlen ab. Bei PFLUGMACHER hatten diese eine Größe von 20 bis 30 mm und ein Gewicht von 1,6 bis 3 g. Das Weibchen bedeckt das Gelege anschließend mit Sand und türmt über dem Ablageplatz auch weiteren Sand auf, den es mit Kopf und Vorderbeinen festigt.

Inkubationszeit: Diese gibt PFLUGMACHER (1986) mit 148 bis 154 Tagen bei 26 °C und 61 bis 62 Tagen bei 29 bis 30 °C an.

Aufzucht: Die anfangs 5 bis 8 cm großen Jungtiere werden mit abwechslungsreicher Nahrung aus Insekten und kleingeschnittenen Frucht- und Salatbeigaben aufgezogen, wobei man das Futter mit Kalk-Vitamin-Präparaten bestreut und gelegentlich die Tiere mit UV-Lampen bestrahlt.

Geschlechtsreife: Innerhalb eines Jahres wachsen die Tiere auf etwa 15 bis 20 cm Körpergröße heran. Die Geschlechtsreife wird nach der zweiten Winterruhe erreicht.

Literatur:
BADHAM, J. A. (1976): The *Amphibolurus barbatus*-species-group (Lacertilia: Agamidae). Aust. J. Zool. 24: 423–443.

Pogona vitticeps

CARPENTER, C. C., J. A. BADHAM, B. KIMBLE (1970): Behaviour patterns of three species of *Amphibolurus* (Agamidae). Copeia 1970: 497–505.

JOHNSTON, G. R. (1979): The eggs, incubation and young of the bearded dragon *Amphibolurus vitticeps* AHL. Herpetofauna, Sydney, 11: 5–8.

PFLUGMACHER, S. (1986): Bemerkungen über die Paarung und Zucht von *Amphibolurus vitticeps*. herpetofauna 8(45): 31–34.

Polychrus marmoratus
(LINNAEUS, 1758)
Buntleguan

Beschreibung: Die Buntleguane erinnern mit ihrer spitzen Kopfform, ihrem Kehlsack einerseits ein wenig an *Anolis*, andererseits mit ihren vorstehenden Augen, den gegeneinander gestellten zwei bzw. drei Zehen und der Fähigkeit, den Schwanz als Greiforgan zu benutzen, an Chamaeleons, deren sprichwörtliche Fähigkeit zu schnellem Farbwechsel sie ebenfalls teilen.
Der schlanke, seitlich abgeflachte Körper macht nur ein Viertel der Gesamtlänge aus. Die hinteren Gliedmaßen sind auffällig lang.
Die Färbung der Oberfläche kann von grün bis braun wechseln. Dunklere und hellere Flecken und Streifen lockern die Grundfärbung auf, teilweise eine rindenartige Musterung, teilweise eine lebhafte Kontrastierung ergebend. Die Unterseite ist grau bis weißlichgrün, die Kehle gestreift und mit einem kleinen Kamm vergrößerter Schuppen versehen. Die Kopfzeichnung besteht aus drei schwarzen, strahlig vom Auge ausgehenden und nach unten und hinten verlaufenden Streifen. Der Schwanz trägt dunkle Zeichnungselemente. Männchen haben stärker entwickelte Femoralporen und auf der Schwanzunterseite größere Schuppen als auf der Schwanzoberseite. Bei Weibchen sind diese gleich groß. Größe: 30 bis 50 cm.
Geographische Verbreitung: Venezuela bis Guayana, Amazonasbecken, östlich der Anden im Süden bis nördlich des Rio de Janeiro.
Biologie und Ökologie: Halbschattige Randzonen und Lichtungen auch in Kulturbereichen der Regenwälder, auf niederer Vegetation, in Büschen und Bäumen. Tagaktiv, hält er sich vor allem in dichtem Astwerk auf, kann stundenlang verhältnismäßig bewegungslos in verschiedenen Stellungen verharren, ist aber beim Beutefang plötzlich recht agil, klettert oder springt von Ast zu Ast, wobei der lange Schwanz vorwiegend als Balanceorgan fungiert. Er kann sich auch allein mit der Muskelkraft seiner Vorderbeine emporziehen.
Terrarium: Regenwaldterrarium der Größe 120 × 80 × 150 cm oder größer.
Ausstattung: Klettergeäst und borkenverkleidete Rückwände. Bepflanzung mit Maranthen und Calatheen, Farnen und Moosen im Bodenbereich, Rankern wie *Philodendron*, *Syngonium* oder *Passiflora* und Epiphyten auf den Ästen, wie Bromelien, *Rhipsalis* oder Orchideen und Farnen.
Heizung: Mit Bodenheizern, Heizkabeln und zur punktuellen Aufwärmung kleinen Spotstrahlern. Die Temperaturen sollten am Tage zwischen 25 und 30 °C liegen, nachts um 4 bis 6 °C abfallend.
Licht: Beleuchtung mittels Leuchtstoffröhren. Gelegentliche UV-Bestrahlung.
Futter: Als Futter kommen kleine bis mittlere Insekten und gelegentlich etwas süßes Obst in Frage. Die Nahrung wird mit Kalk-Vitamin-Präparaten regelmäßig angereichert.
Luftfeuchtigkeit: Diese erreichen wir durch tägliches Übersprühen, sie liegt tagsüber bei 70 bis 80 %, nachts bei 90 bis 100 %.
Nachzucht: Ganzjährig fortpflanzungsfähig, die Gelege bestehen aus 7 bis 8 Eiern.

Psammodromus algirus
(LINNAEUS, 1758)
Algerischer Sandläufer, E Algerian sand lizard, F Psammodrome algire, I Psammodromo algerino,
Lagartixa-do-mato, S Lagartija colilarga
BArtSchV 1/1

Beschreibung: Bei nicht regeneriertem Schwanz übertrifft die Schwanzlänge die Kopf-Rumpf-Länge um das 2- bis 3fache. Kopf relativ klein, kaum vom Körper abgesetzt. Halsregion eher breiter als der Kopf. Rücken mit gekielten, sich schindelartig überlagernden großen Schuppen. Das bei den anderen *Psammodromus*-Arten vorhandene Halsband fehlt. Bauchschilder glatt, in 10 Längsreihen. 22 bis 28 Schuppen um die Rumpfmitte. Oberseite hellbraun, kupferrot bis oliv oder aschgrau. Seiten mit zwei gelblichen bis cremeweißen Längsstreifen, die oft durch einen dunkleren Seitenstreifen eingefaßt sind. Mittlere Rückenzone z. T. mit dunklem Mittelstreifen. Bauchseite weißlich bis grünlich. Hinter den Vorderbeinen vor beim Männchen blaue Achselflecke. Männchen zur Paarungszeit mit rötlich orangefarbener Kehle und Kopfseiten sowie gelblicher Brust. Außerhalb der Paarungszeit auch gut an den ausgeprägten Femoralporen vom Weibchen zu unterscheiden. Jungtiere oft mit orangefarbenem Schwanz. Größe: 25 bis 31 cm.

Psammodromus algirus

Geographische Verbreitung: Iberische Halbinsel mit Ausnahme des äußersten Nordens, S-Frankreich in den Départments Pyrénées Orientales, Hérault und Gard, sowie Marokko, Algerien und Tunesien.

Biologie und Ökologie: Von den Dünen der Küste bis auf 2400 m Höhe in den Gebirgen N-Afrikas und Spaniens vorkommend. Die Tiere bevorzugen sandige, vegetationsreiche Böden im Flachland, die mit niedrigem Gesträuch bewachsen sind. In den Gebirgen werden lichte Bereiche montaner Wälder bewohnt. Tagaktiv, besonders in den Morgenstunden und am späteren Nachmittag. Ruhephase während der Mittagszeit. Sonnen bei lokalen Bodentemperaturen von über 30 °C, sonst im schattierten Vegetationsbereich bei 25 bis 28 °C. Die heiße Mittagszeit verbringen die Tiere im Unterschlupf.

Terrarium: Mittelgroßes Terrarium mit ausreichender Bodenfläche.

Ausstattung: Eventuell mit als Feldwand gestalteter Rückwand mit kontrollierbaren Unterschlupfmöglichkeiten. Als Bodengrund Sand. Bepflanzung mit mediterranen Kleingehölzen, Gräsern und Rankern, die in humos-sandigem Bodensubstrat mit den Töpfen in den Bodengrund eingelassen werden. Da die Sandläufer gern graben, empfiehlt sich eine Abdeckung der Töpfe mit einem feinen Drahtgeflecht.

Heizung: Bodenheizung und Strahlungsheizer.

Licht: Leuchtstoffröhren.

Futter: Feldheuschrecken und Grillen, Fliegen, Kleinschmetterlinge und deren Larven, auch Bienen und Ameisen, Wolfslaufspinnen, aber auch hartschaligere Futtertiere wie kleine Lauf- und Schwarzkäfer. In das Futterspektrum gehören auch Regenwürmer und kleinere Eidechsen, so daß eine Vergesellschaftung nur mit gleich großen anderen Arten empfohlen wird.

Feuchtigkeitsbedürfnis: Die Tiere nehmen Wasser aus bereitgestellten kleinen Behältnissen auf, lecken auch die Tropfen des Sprühwassers auf.

Überwinterung: Winterruhe von 8 bis 12 Wochen bei Temperaturen zwischen 5 und 12 °C.

Nachzucht:

Paarung: Nach der Winterruhe etwa im März. Nach BIRKENMEIER (1951) verbeißt sich das Männchen ohne ein vorangehendes ritualisiertes Paarungsvorspiel in der Nackenregion des Weibchens, während die meisten anderen Lacertiden einen Flankenbiß ausführen. Die beobachteten Kopulationen dauerten 10 bis 15 Minuten, einige nur 3 bis 5 Minuten, in diesen Fällen begann das Weibchen durch Tretelbewegungen bereits eine beginnende Paarungsunwilligkeit zu signalisieren. Bemerkenswert ist für *Psammodromus*, daß sie bei der Paarung, aber auch, wenn sie ergriffen werden, ein mehr oder weniger langgezogenes Quieken äußern.

Eiablage: Ende Juni legen die Weibchen 8 bis 11 relativ kleine, rundliche Eier im Sandboden ab, wobei das Weibchen über dem Gelege durch scharrende Bewegungen beider Beinpaare einen Sandhügel aufschüttet. Dabei steckt das Tier seinen Kopf mehrfach in den Boden, vielleicht um die Lage des Geleges geruchlich zu lokalisieren. Im Spätsommer kann es zu einer zweiten Eiablage kommen.

Inkubationszeit: Die Jungtiere schlüpfen in der Zeit zwischen August und Oktober.

Aufzucht: Wie gleichartige Lacertiden.

Literatur:

BÖHME, W. (1981): *Psammodromus algirus* – Algerischer Sandläufer. In: BÖHME, W. (Hrsg.) Handbuch der Reptilien und Amphibien Europas 1/I. Aula-Verlag, Wiesbaden, 479–491.

BIRKENMEIER, E. (1951): Beobachtungen über das Paarungsverhalten von *Psammodromus algirus algirus* LINNÉ (Rept.) Zool. Anz. 147: 262–265.

MELLADO, J., F. MARTINEZ (1974): Dimorfismo sexual en *Psammodromus algirus* (Reptilia, Lacertidae). Doñana, Acta Vertebrata 1: 33–41.

SEVA, E. (1984): Reparto de recursos en dos especies psammófilas de saurios: *Acanthodactylus erythrurus* y *Psammodromus algirus*, arenal costero de Alicante. Méditerranea 7: 5–25.

SALVADOR, A. (1985): Guia de campo de los anfibios y reptiles de la peninsula Iberica, islas Baleares y Canarias, Madrid, 149–150.

Rhacodactylus auriculatus
(BAVAY, 1869)
Neukaledonischer Riesengecko

Beschreibung: *Rhacodactylus auriculatus* gehört zu den kleineren Arten der 6 Arten umfassenden Gattung neukaledonischer Riesengeckos. Der gedrungene Körper und der große Kopf sind etwa so lang wie der Schwanz. Auffällig sind die für diese Art charakteristischen Hinterkopfhöcker und die leicht aufgestülpte Schnauzenspitze. Die Färbung der Oberseite ist beige, grau und braun mit unregelmäßigen, wellenförmigen Querbändern, die dunkelbraun auf hellem Grund stehend eine rindenähnliche Tarnfärbung ergeben. Auch rotbraune bis rostfarbenen Töne treten an den Körperseiten auf. Eine zweite Zeichnungsvariante beschreibt SAMEIT (1986): Sie besitzt einen vom Nacken bis zur Schwanzspitze verlaufenden braunen bis rötlichen Längsstreifen und dazu an den Seiten einen ebenso gefärbten Parallelstreifen. Eine dritte Variante trägt eine netzartige Zeichnung. Die Zehen tragen Lamellen, dennoch ist *Rhacodactylus auriculatus* kaum in der Lage, am Glas oder ähnlich glatten Flächen emporzulaufen. Als Ausgleich dient ihm gewissermaßen der Greifschwanz. Männchen mit verbreiterter Schwanzwurzel. Größe: 20 cm.

Geographische Verbreitung: Mittleres und südliches Neukaledonien.

Biologie und Ökolgie: Die nachtaktiven Geckos bewohnen den trockenen Buschwald. SAMEIT (1986) gibt folgende klimatischen Daten: Wärmste Zeit von Januar bis April mit maximal 35 °C bei nächtlicher Abkühlung auf 20 bis 22 °C. Niedrigste Temperaturen mit 17 °C im Juli und August. Hauptniederschlagszeiten Januar bis April. Die Tiere wurden nachts an dünnen Stämmen, wo sie kopfüber in Bodennähe hingen, gefunden. Vermutlich halten sich die Tiere tagsüber am Boden oder in der Bodenvegetation, unter Gräsern und Farnen auf. Bei Behelligung pressen sich die Tiere fest ihrer Unterlage an und vertrauen offenbar ihrer Tarnfärbung. Die natürliche Ernährung setzt sich aus Insekten und vegetabiler Kost zusammen. Das Auffinden von Tieren mit regenerierten Schwänzen in Waldnähe und ein daraus resultierender Zusammenhang mit dem Lebensraum von dort häufigen Ratten wird von BÖHME & HENKEL (1985) diskutiert. Der Schwanzverlust kann aber auch intraspezifische Gründe haben.

Terrarium: Paarweise Haltung in hohen Kletterterrarien, etwa in den Maßen 60 × 40 × 80 cm.

Ausstattung: Mit rauhborkigen Ästen, einer borkenverkleideten Rückwand und eventuell Seitenwänden. Sandig-humoser Bodengrund. Als Bepflanzung robuste Ranker wie Epipremum pinnatum ‚Aureum' ferner Gräser und härtere Farne als Bodenvegetation.

Heizung: Spotstrahler.

Licht: Tageslicht oder Leuchtstoffröhren.

Rhacodactylus auriculatus

Futter: Heimchen, Grillen, Wachsmotten und ihre Larven, dazu ein möglichst großes Angebot von Freilandinsekten sowie Obst, z. B. Banane und verschiedene Fruchtbabybreie und Marmeladen. Anreicherung mit Kalk-Vitamin-Präparaten.
Feuchtigkeitsbedarf: Tägliches Übersprühen, kleines Trinkgefäß.
Nachzucht:
Paarung: Bei der Paarung hält das Männchen das Weibchen durch Nackenbiß fest und vollzieht die Kopulation wie bei *R. chahoua* (s. Abb. Seite 313).
Eiablage: Nach der Paarung legt das Weibchen von Januar bis Juni 4 bis 5 Gelege mit ein bis zwei einzelnen, weichschaligen Eiern im leicht feuchten Bodengrund oder wie bei SCHRÖDER (mdl. Mitteilg.) in der Erde eines im Terrarium aufgestellten Blumentopfes ab. Wird die Heizung und Beleuchtung im Sommer reduziert, kann es nach dieser 4- bis 6wöchigen Pause zu einer weiteren Legeperiode kommen.
Inkubationszeit: Die Zeitigungsdauer beträgt 50 bis 60 Tage bei Temperaturen zwischen 25 und 29 °C. Die Inkubation gelang in Vermiculit, Blähton, Torf-Sand-Mischung und Torfmoos. Die Jungtiere sind beim Schlupf etwa 50 mm groß.
SAMEIT (1986) bemerkt bezüglich der Vererbung der Rückenzeichnung, daß bei Paarungen zwischen der quer- und längsgestreiften Varianten keine intermediären Zeichnungen auftreten, sondern nur entweder zwei längsgestreifte, zwei quergestreifte oder je ein längs- und ein quergestreiftes Jungtier.
Aufzucht: Erfolgt einzeln in Kleinterrarien, damit keine Schwanzverletzungen auftreten. Fütterung mit kleineren Insekten, deren Larven, Obst und Marmelade und Kalk-Vitamin-Zugaben.
Geschlechtsreife: *R. auriculatus* werden nach einem bis eineinhalb Jahren fortpflanzungsfähig.

Literatur:
BÖHME, W., F. W. HENKEL (1985): Zur Kenntnis der Herpetofauna Neukaledoniens, speziell der Gattung *Rhacodactylus*. herpetofauna 7(34): 23–29.
HENKEL, F. W. (1991): Zur Kenntnis der diplodactylinen Gecko-Gattung *Rhacodactylus* FITZINGER, 1843. Aspekte von Freileben, Haltung und Nachzucht. Salamandra 27(1/2): 58–69.
MEIER, H. (1979): Herpetologische Beobachtungen auf Neukaledonien. Salamandra 15(3): 113–119.
SAMEIT, J. (1986): *Rhacodactylus auriculatus* (BAVAY). Sauria Beil. Amph./Rept.-Kartei 8(2): 43–44.

Rhacodactylus chahoua
(BAVAY, 1869)
Neukaledonischer Riesengecko

Beschreibung: Ein großer, kräftiger Gecko mit etwa körperlangem Schwanz, der wie bei den meisten *Rhacodactylus*-Arten etwas unterproportioniert wirkt. Die Färbung oder Oberseite besteht aus verschiedenen Braun-, Grau- und Grüntönen, die teils ineinander übergehend, teils nebeneinander auftreten und ein tarnungswirksames Rindenmuster ergeben. Die Unterseite ist cremefarben bis gelblich. Flechtenartige Zeichnungselemente treten häufiger im Nacken und in der Schulterregion sowie am Schwanzansatz auf. Im Gegensatz zu *Rhacodactylus auriculatus* (BAVAY, 1869) besitzt *Rhacodactylus chahoua* (BAVAY, 1869) Haftlamellen, die es den Tieren gestatten, auch an glatten Flächen wie Glasscheiben Halt zu finden. Jugendfärbung aus verschiedenen Brauntönen. Männchen sind von den Weibchen an der durch die Ausbildung der Hemipenistaschen verdickten Schwanzwurzel zu unterscheiden. In der Natur finden sich häufig Tiere mit regenerierten Schwänzen oder nicht mehr regenerationsfähigen, was nach Henkel auf die häufig im gleichen Habitat vorkommenden Rattenpopulationen zurückzuführen ist. Die Funktion als Greifschwanz ist auch beim Regenerat gegeben. Größe: 25 cm.
Geographische Verbreitung: Neukaledonien.
Biologie und Ökologie: Feuchte Waldgebiete mit mittelhohem Baumbewuchs meist in der Nähe von Flüssen und Bächen bei jährlichen Niederschlagsmengen zwischen 1200 und 2600 mm. Temperaturen zwischen 13 und 33 °C, Durchschnittstemperatur nach BAUER (1985) auf der ganzen Insel bei 23 °C. Die Tiere sind nachtaktiv, sie bewohnen Bäume, auf denen sie auch die inaktive Tageszeit verbringen. Sie zeigen ein wenig ausgeprägtes Fluchtverhalten, ziehen sich meist nur auf die dem Betrachter abgewandte Astseite zurück und vertrauen auf ihre Schutzfärbung.
Terrarium: Geräumiges hochformatiges Terrarium, etwa in den Maßen 70 × 50 × 100 cm. Wegen der Unverträglichkeit der Männchen kommt nur paarweise Haltung oder ein Männchen mit zwei Weibchen in Frage.
Ausstattung: Die Einrichtung erfolgt mit nicht zu schwachen Ästen, die Rück- und Seitenwände können borkenverkleidet sein. Bodengrund aus sandig-humo-

ser Walderde oder Einheitserde, etwa 10 bis 15 cm hoch. Die Bepflanzung sollte etwas reichhaltiger als bei *R. auriculatus* ausfallen, um ein feuchteres Mikroklima zu erzielen. Entsprechend ihrem natürlichen Habitat wird man auch öfter sprühen.

Heizung und Licht: Wie bei *Rhacodactylus auriculatus*.

Futter: Fütterung im Prinzip wie bei der oben genannten Art, es werden allerdings auch größere Futtertiere angenommen, einzelne Tiere nehmen auch nestjunge Mäuse.

Nachzucht:
Paarung: Das Männchen hält das Weibchen mit Nackenbiß fest. Kopulationen dauern nach HENKEL (1986a) bis über 30 Minuten.

Eiablage: Das Weibchen legt später die Eier in selbst gegrabenen Gängen etwa 5 bis 10 cm tief im leicht feuchten Bodensubstrat ab. Sie besitzen eine starke Kalkschicht und können einzeln oder miteinander verklebt abgelegt werden. Nach der Eiablage, oft erst nach Stunden, verschließt das Weibchen den Gang wieder durch Zuscharren mit Erde.

Inkubationszeit: Zur besseren Kontrolle bringt man die Eier in einen Inkubator, wo sie in feuchtem Vermicuit oder *Sphagnum*-Moos gezeitigt werden. Die 9 bis 11 cm großen Jungtiere schlüpfen bei 28 °C nach 72 bis 81 Tagen.

Aufzucht und Geschlechtsreife: Jungtiere zieht man auch bei dieser Art zweckmäßigerweise einzeln auf. Sie wachsen bei ausreichender Fütterung mit den üblichen Kalk-Vitamin-Beigaben schnell heran, erreichen schon nach einem Jahr eine Größe um 20 cm und damit auch die Geschlechtsreife.

Literatur:
BAUER, A. (1985): Notes on the taxonomy, morphology and behaviour of *Rhacodactylus chahoua* (BAVAY), (Reptilia: Geckonidae). Bonn. Zool. Beitr. 36(1/2): 81–94.
BÖHME, W., F. W. HENKEL (1985): Zur Kenntnis der Herpetofauna Neukaledoniens, speziell der Gattung *Rhacodactylus*. herpetofauna 7(34): 23–29.
HENKEL, F. W. (1981): Pflege und Nachzucht von Rhacodactylus chahoua. DATZ 34(2): 68–70.
HENKEL, F. W. (1986a): Bemerkungen über einige *Rhacodactylus*-Arten. herpetofauna 8(42): 6–8.
HENKEL, F. W. (1986b): *Rhacodactylus chahoua* (BAVAY). Sauria, Berlin, Beil. Amph./Rept.-Kartei 8(3): 51–52.
MERTENS, R. (1964): Neukaledonische Riesengeckos (*Rhacodactylus*). Zool. Garten (N. F.) 29: 49–57.
MEIER, H. (1979): Herpetologische Beobachtungen auf Neukaledonien. Salamandra 15(3): 113–119.
SAMEIT, J. (1985): Reiseziel Neukaledonien. DATZ 38(6): 279–281.

Rhacodactylus chahoua

Rhacodactylus trachyrhynchus
(BOCAGE, 1873)
Lebendgebärender Riesengecko

Beschreibung: Der zweitgrößte der neukaledonischen Riesengeckos hat einen relativ langestreckten Körper. Der Schwanz ist etwas kürzer als die Kopf-Rumpf-Länge. Die Grundfärbung ist olivgrün bis gelblichbraun mit dunklen, breiten Querbändern. Zwischen ihnen sind an den oberen Rückenseiten je eine Längsreihe heller, weißer oder gelblicher runder Flecken, ebenso auf den nicht regenerierten Schwänzen. Ein dunklerer Kopfseiten-Streifen ist zumindest hinter dem Auge erkennbar. Eine Längsreihe kleinerer heller Flecken verläuft über die Flanken. Auffällig ist die allerdings nicht nur bei dieser Art vorkommende glänzende Beschuppung des vorderen Kopfbereichs. Jungtiere sind etwas kontrastreicher gezeichnet. Größe: Ca. 30 cm.

Geographische Verbreitung: Neukaledonien.

Biologie und Ökologie: Regenwälder. Der Gecko lebt in den Kronen großer Urwaldbäume, deren Stammhöhlen er als Tagesverstecke aufsucht. Mit Hilfe der gut ausgebildeten Haftlamellen und Krallen und des Greifschwanzes ist er hervorragend an diesen Lebensraum angepaßt. Das fast mediterrane Klima Neukaledoniens mit niederen Temperaturen, z. T. erheblich unter 17 °C im Juli und August und Höchsttemperaturen bis 35 °C bei nächtlicher Abkühlung auf ca. 20 °C von Januar bis April und reichliche Niederschläge kennzeichnen die klimatischen Lebensbedingungen. Die Tiere ernähren sich hier von verschiedenen Insekten und Früchten, die sie auf ihren nächtlichen Streifzügen erbeuten.

Terrarium: Größe etwa 70 × 50 × 100 cm, als Mindestmaß für ein Paar. Nach Beobachtungen von SAMEIT (1985) lassen sich eingewöhnte Paare kaum trennen, ausgetauschte Partner werden nicht akzeptiert, während der alte Partner offenbar auch nach längerer Zeit der Trennung wieder angenommen wird. Dieses bemerkenswerte Verhalten sollte man also bei der Pflege einkalkulieren.

Ausstattung bis Fütterung: Die Einrichtung, Heizung und Beleuchtung erfolgt wie bei den anderen *Rhacodactylus*-Arten, man sorge aber für eine insgesamt höhere Luftfeuchtigkeit. Fütterung wie bei jenen Arten.

Nachzucht: BARTMANN & MINUTH (1979) beschrieben erstmals die Viviparie dieser Art. Lebendgebärende Arten sind unter den Geckos nur auf die Unterfamilie Diplodactylinae beschränkt, die sich generell durch weichschalige Eier auszeichnen, zu ihnen gehören bekanntlich auch die neuseeländischen Gattungen *Hoplodactylus*, *Heteropholis* und *Naultilus*. Die großwüchsigen Neugeborenen und die geringe Wurfgröße sprechen nach BÖHME und HENKEL (1985) eindeutig für eine echte Viviparie mit Allantoisplacenta. Die Jungtiere haben eine Geburtsgröße von etwas über 10 cm bei einem Gewicht von 3,8 g. Sie besitzen im Gegensatz zu den adulten Tieren eine graubraune Körperfärbung.

Literatur:
BARTMANN, W., E. MINUTH (1979): Ein lebendgebärender Gecko, *Rhacodactylus trachyrhynchus* BOCAGE, 1873, aus Neukaledonien (Reptilia: Sauria: Gekkonidae). Salamandra 15(1): 58–60.
BÖHME, W., F. W. HENKEL (1985): Zur Kenntnis der Herpetofauna Neukaledoniens, speziell der Gattung *Rhacodactylus*. herpetofauna 7(34): 23–29.
SAMEIT, J. (1988): *Rhacodactylus trachyrhynchus* BOCAGE. Sauria Beil. Amph./Rept.-Kartei 10(1): 99–100.

Sceloporus malachiticus
(COPE, 1864)
Malachit-Stachelleguan, E Malachite Fence Lizard

Beschreibung: Diese mittelamerikanischen Zaun- oder Stachelleguane zählen sicher zu den schönsten kleineren Leguanarten, sind aber nicht unbedingt leicht zu halten. Die Tiere haben einen deutlich vom kräftigen Rumpf abgesetzten Kopf und einen Schwanz von etwa 1 1/2 facher Kopf-Rumpf-Länge. Die großen Rückenschuppen sind dornig gekielt und schindelartig angeordnet. Es besteht ein deutlicher Geschlechtsdimorphismus zwischen den etwas größeren, oberseits einfarbigen Männchen und den etwas kleineren gefleckten Weibchen. Die Männchen sind auch durch die etwas breiteren Köpfe und die breitere Schwanzwurzel gekennzeichnet. Die Färbung der Männchen ist oberseits gelbgrün bis malachitgrün auf dunklem Grund, so daß eine durch die Anordnung der Schuppen gebildete Längsstreifung entsteht. Der Kopf ist bräunlich, an den Kopfseiten grünlich, im oberen Kehlbereich orange- bis rostbraun und im unteren Kehlbereich hellblau bis grünlich blau. Charakteristisch ist der schwarze vom Vorderbeinansatz zur Kehle verlaufende Kehlfleck. Die Unterseite ist ebenfalls blau und der Schwanz zeigt eine besonders intensive hellblaue bis türkisblaue Färbung. Die Weibchen sind auf sand- bis graubrauner Grundfarbe mit helleren und schwarzbraunen Flecken gezeichnet, die in Längsreihen angeordnet sind. Von der Schulter zieht sich ein dunkler Streifen schräg nach hinten zur dorsolateralen Fleckenreihe der Rückenzone. Der Schwanz ist helldunkel gebändert. Die Färbung der Jungtiere ähnelt der der Weibchen, ist aber intensiver in den Kontrasten. Größe bis 22 cm.

Geographische Verbreitung: Südliches Mexiko bis Panama.

Sceloporus malachiticus malachiticus
COPE, 1864
Guatemala bis Panama.

Sceloporus malachiticus smaragdinus
BOCOURT, 1873
Guatemala.

Sceloporus malachiticus taeniocnemis
COPE, 1885
Guatemala, Mexiko.

Biologie und Ökologie: Malachit-Stachelleguane sind baumbewohnende Leguane. Sie leben bevorzugt paarweise auf Bäumen. Sie bewohnen die bewaldeten Gebirge bis in Höhen von etwas über 2000 m. Die männlichen Tiere sind untereinander recht territorial und entsprechend aggressiv. Als Bewohner tropischer Bergwälder haben sie ein höheres Feuchtigkeitsbedürfnis als die verwandten Zaunleguane der ariden Gebiete des südlichen Nordamerikas. Die tagaktiven Leguane vermeiden nur die mittäglichen Höchsttemperaturen über 35 °C. Dann ziehen sie sich in kühlere Bereiche zurück, um bald danach wieder zum Sonnenbaden zu erscheinen. Sie sind bis in die späten Nachmittagsstunden aktiv, suchen danach ihre Verstecke unter der Rinde oder in Baumlöchern auf. Bei der Flucht zeigen sie ein Verhalten, das sich auch bei anderen baumbewohnenden Zaunleguanen beobachten läßt. Sie flüchten behende baumaufwärts und versuchen den Stamm zwischen sich und den Betrachter zu bringen.

Terrarium: Mittleres Terrarium etwa in den Maßen 80 × 60 × 100 cm für ein Männchen und zwei bis drei Weibchen. Männchen nicht miteinander vergesellschaften, um Dauerstreß zu vermeiden! Im Hochsommer lassen sich die Tiere vorübergehend auch im Freiluftterrarium halten.

Hier macht sich der natürliche Tag-Nacht-Wechsel der Temperaturen durchaus positiv bemerkbar, man muß allerdings sorgfältig auf ausreichende Feuchtigkeit achten und dafür sorgen, daß sich das Freilandterrarium in der Sonne nicht überhitzen kann.

Ausstattung: Die Rück- und Seitenwände mit Rindenstücken gestalten, dazu einige nicht zu schwache rauhrindige Äste als Grundeinrichtung. Bodengrund sandig-humos. Bepflanzung mit Bodenpflanzen wie *Maranta* oder *Calathea*, rankenden Pflanzen wie *Philodendron scandens* oder *Syngonium*, als Epiphyten Bromelien.

Sceloporus malachiticus

Sceloporus undulatus

Heizung: Heizkabel hinter abnehmbarer Kletterrück- oder -seitenwand. Strahlungsheizlampe, die einen partiellen Teil auf 35 °C erhitzt, sonst Temperaturgefälle tagsüber zwischen 30 und 20 °C, nachts kann die Temperatur auf 14 bis 18 °C sinken.
Licht: Leuchtstoffröhren.
Futter: Grillen und Heimchen, junge Wanderheuschrecken, Feldheuschrecken, weichschalige Käfer und fliegende Insekten, wie Motten, Fliegen, Schwebfliegen und dergleichen. Gelegentliche Kalk-Vitamin-Gaben und UV-Bestrahlung.
Feuchtigkeitsbedürfnis: Täglich mehrmals sprühen. Die Tiere lecken das Wasser in Tropfenform auf.
Nachzucht:
Paarung und Tragzeit: Die Paarung der Stachelleguane findet vom Frühjahr an statt. Das Weibchen bringt in den Wintermonaten etwa 5 Junge zur Welt nach einer Tragzeit von etwa 7 bis 10 Monaten. Sie besitzen eine Geburtsgröße von etwa 60 mm.
Aufzucht: Die Jungtiere werden bei etwas wärmeren Temperaturen sicherheitshalber von den Elterntieren getrennt aufgezogen, die Ansichten über möglichen Kannibalismus sind geteilt.

Literatur:
BECH, R. (1979): Nachzucht bei Zaunleguanen. elaphe 3: 25–26.
PETZOLD, G., H.-G. PETZOLD (1980): Nochmals: Nachzucht bei *Sceloporus malachiticus*. elaphe 1: 1–2.

Sceloporus undulatus
(DAUDIN, 1802)
Zaunleguan, E Fence lizard, Prairie lizard, F Scélopore ondole, I Sceloporo ondolato

Beschreibung: Breiter etwas flacher Kopf kaum vom Rumpf abgesetzt, kräftige Gliedmaßen. Schwanz nur wenig länger als die Kopf-Rumpf-Länge. Rückenschuppen groß, gekielt und in dornige Spitzen auslaufend, sich ziegelartig überlappend. Dornige Schwanzschuppen wirtelartig. Färbung der Oberseite grau oder braun, bei den Weibchen mit kontrastreicher Querbindenzeichnung. Dunkle von der Rückenmitte zu den Bauchseiten herablaufende, hell gesäumte Streifen, Rückenseiten mit hellen Flecken in Längsrichtung oder mit durchgehendem hellen Dorsolateralstreifen. Dieser reicht vom Hinterkopf bis zum Schwanz. Beide Geschlechter mit mehr oder weniger durchgezogener dunkler Linie auf der hinteren Schenkeloberseite. Weibchen haben eine weißliche Unterseite mit verstreuten dunklen Flecken. An der Schwanzwurzel können gelbliche bis rötliche Färbungen auftreten. Männchen sind oberseits unscheinbarer gefärbt. Die Rückenzeichnung besteht lediglich aus schmalen, dunklen, wellenförmig von der Rückenmitte zu den Bauchseiten verlaufenden Querlinien. Die Körperseiten sind jedoch durch hyazinth- bis grünblaue Färbung gegen die Bauchseite abgesetzt. Gegen die Bauchmitte hin ist die blaue Färbung schwarz abgegrenzt. Breiter blauer Kehlfleck mit schwarzer Randung, oft zweigeteilt. Jungtiere ähneln den Weibchen, sind aber noch kontrastreicher gezeichnet. Größe: 10 bis 18 cm.
Geographische Verbreitung: Mittlere und südliche USA, NO-Mexiko.

Sceloporus undulatus consobrinus
BAIRD & GIRARD, 1853
Schwache helle Rückenseiten-Streifen. Kehlflecke oft verwaschen, Weibchen mit ungefleckter Unterseite. Südöstliches Arizona bis S-Oklahoma durch M-Texas bis Mexiko.
Sceloporus undulatus cowlesi
LOWE & NORRIS, 1956
Schwache oder fehlende Rückenzeichnung. New Mexico.
Sceloporus undulatus elongatus
STEJNEGER, 1890
Wellige, dunkle Rückenquerstreifung. Kehle und Bauch mit blauen Flecken. Südwestliches Wyoming bis NO-Arizona und ins nordwestliche New Mexico.
Sceloporus undulatus erythrocheilus
MASLIN, 1956
Fehlende oder undeutliche Rückenseiten-Streifen. Blaue Kehlflecke berühren sich an der Kehlmitte. Unterkiefer gelb, Lippen orange während der Paarungszeit. Äußerster Norden von New Mexico, westliches Oklahoma, O-Colorado bis ins SO-Wyoming.
Sceloporus undulatus garmani
BOULENGER, 1882
Auffallende helle Rückenseiten-Streifen, Kehlflecke klein oder fehlend, Weibchen mit ungefleckterer Unterseite. Wyoming, S-Dakota über das östliche Colorado, Kansas und Oklahoma bis an die Grenzbereiche des nördlichen Texas.
Sceloporus undulatus hyacinthinus
(GREEN, 1818)
Wie **S. u. undulatus**, aber blaue Flecke schwarz umrandet. New Jersey bis O-Kansas, mittleres South Carolina bis östliches Texas und Oklahoma.
Sceloporus undulatus tristichus
COPE, (in YARROW, 1875)
Schwache helle Rückenseiten-Streifung, blaue Flecke auf Kehle und Bauch. M-Arizona bis M-New Mexico.
Sceloporus undulatus undulatus
DAUDIN, 1802
Wellenförmige, dunkle Rückenquerbänderung, blaue Flecke auf Kehle und Bauch. Südliches South Carolina bis Z-Florida, westwärts bis O-Louisiana.

Biologie und Ökologie: Im Osten vorwiegend baumbewohnend, im Westen mehr Bodenbewohner. Lichte, trockene Wälder, offenes Weideland, grasbewach-

sene Dünen, Bahndämme und andere sonnenexponierte Plätze auch im Kulturland. Tagaktiv, meist in der Nähe von Bäumen, Mauern, Holzstapeln, Zaunpfählen. Bei Behelligung flüchten sie auf der dem Aggressor abgewandten Seite nach oben. Im Grasland suchen sie Schutz in Erdhöhlen und Büschen, in steinigen Gegenden in Steinhaufen, Mauerritzen und unter Steinplatten.
Terrarium: Größe ca. 80 × 80 × 60 cm oder größer, gute Durchlüftung.
Ausstattung: Bodenfüllung aus sandiger Walderde mit geringer Feuchtigkeit. Kletteräste oder -rückwand. Bepflanzung mit Gräsern und Waldpflanzen, Rankern. Für Tiere aus westlichen Trockengebieten auch Yuccas und Sukkulenten.
Heizung und Licht: Strahlungsheizer, eventuell Bodenheizplatte, natürliche Besonnung oder gelegentlich UV-Bestrahlung. Luft: 25 bis 30 °C, Boden: Teilbereich mit 30 bis 38 °C, Rest unbeheizt zur Erzielung eines Bodentemperaturgefälles.
Futter: Insekten aller Art und deren Larven, Spinnen, Würmer, Schnecken, auch hartschaligere Käfer, Heuschrecken, Grillen und Schaben.
Feuchtigkeitsbedürfnis: Kleines Wassergefäß zum Trinken, morgendliches Übersprühen.
Überwinterung: Überwinterungskiste bei Temperaturen um 3 bis 8 °C für Tiere aus nördlicheren Breiten, für Tiere aus südlichen Gegenden reicht eine Ruheperiode von einigen Wochen bei herabgesetzten Temperaturen um 10 bis 15 °C.
Nachzucht:
Paarung: Von April bis August.
Eiablage: Die Weibchen legen von Juni bis September z. T. 2 bis 3 Gelege mit 3 bis 14 Eiern.

Scincus scincus

Inkubationszeit: Beträgt je nach Temperatur 30 bis 70 Tage.
Aufzucht: Die Jungtiere haben ein höheres Feuchtigkeitsbedürfnis als Erwachsene und werden mit kleinen Insekten und Würmern aufgezogen.

Scincus scincus
(LINNAEUS, 1758)
Apothekerskink, E Common skink, F Scinque officinal, I Scinco delle sabbie

Beschreibung: Der Apothekerskink ist der typische Vertreter der sandbewohnenden Skinke. Dieser „Sandfisch", wie er im französischen Sprachbereich bezeichnet wird, ist hervorragend an das Leben in Sandwüsten angepaßt: Der Kopf, abgeflacht, mit keilförmig verlängerter Schnauzenspitze und stark unterständiger Mundöffnung geht übergangslos in den torpedoartigen Körper über und schließlich in den rundlichen, hinten lateral abgeflachten Schwanz, der nur 4/10 der Gesamtlänge ausmacht.

Der kompakte und recht muskulöse Körper besitzt vier kräftige, aber relativ kleine Gliedmaßen, deren dorsoventral abgeflachte Zehen mit breiten Kammschuppen versehen sind. An den Bauchseiten verlaufen vom Unterkiefer bis in die Leisten zwei Kiele, die als horizontale Stabilisierungshilfen bei der Bewegung im Sand anzusehen sind. Die Bauchseite ist leicht konkav.
Der Körper ist mit sehr glatten großen, dachziegelartig sich überdeckenden Schuppen bedeckt, die auch die Ohröffnung schützen. Diese ist sehr klein und wird so gut gegen eindringende Sandkörner geschützt. An den Nasenöffnungen, die verschließbar sind, finden sich häufig Sandaggregationen, die filterartig das Eindringen feiner Partikel in die Atemwege verhindern. Die Atmung im Sand wird dadurch erleichtert, daß die Skinke beim Eintauchen in den Sand ihre Vorderbeine nach hinten dem Körper anlegen und dadurch den für die Atembewegungen benötigten Raum im Brustbereich gegenüber eindringendem Sand gewissermaßen abschirmen. Die Färbung der Apothekerskinke ist oberseits hellgelb bis rötlich braun, die Unterseite cremeweiß bis gelblich graubraun. Teils ist der Rücken von etwa 7 schwarzen, nicht immer vollständig ausgebildeten Querbändern gemustert. Diese können aber auch ganz fehlen oder nur schwach angedeutet sein. Auch der vordere Teil des Schwanzes zeigt die gleiche Querbänderung. An den Kopfseiten verläuft ein dunkler Streifen von den Nasenlöchern über die Augen bis an die Halsseiten. Die Kehle und Bauchseite ist ungemustert. Größe: 20 cm.
Geographische Verbreitung: N-Afrika südlich des Atlas-Gebirges, im Süden von Senegal über Mali, NW-Nigeria, SO-Libyen, Z-Ägypten, Sinai und die arabische Halbinsel Israel, S-Jordanien, Irak, bis in den Südwesten des Iran.

Scincus scincus scincus
(LINNAEUS, 1758)
Ägypten und angrenzende Bereiche.
Scincus s. cucullatus
(WERNER, 1914)
NO-Algerien, Tunesien, NW-Libyen.
Scincus. s. laterimaculatus
(WERNER, 1914)
NW-Algerien.
Scincus albifasciatus
(BOULENGER, 1890)
Senegal, Mauretanien, ehem. Spanische Sahara. Hat inzwischen eigenen Artstatus.

Biologie und Ökologie: Ausschließlich in Sanddünen-Habitaten mit geringer Vegetation. Die hier vorkommenden Gräser stellen mit ihren Samen einen Teil des pflanzlichen Nahrungsspektrums. Daneben werden auch Blüten und Triebe anderer Pflanzen genutzt. Die tierische Nahrung besteht vorwiegend aus verschiedenen Käfern und deren Puppen und Larven, Skorpionen und kleineren Echsen. Die tagaktiven Skinke leben vorwiegend oberirdisch, die unterirdischen Aktivitätsphasen dienen vorwiegend der Thermoregulation und Futtersuche. Während bewegliche Beutetiere optisch wahrgenommen werden, spüren die Tiere im Sand versteckte Larven und Puppen mit Hilfe ihres Geruchssinnes auf. Bei Gefahr vergraben sich die Apothekerskinke äußerst schnell im Sand, wo sie ihre Flucht „schwimmend" fortsetzen. Eine genaue Beschreibung der Eingrabtechnik findet sich bei HARTMANN (1989). Dieser weist auch auf die Bedeutung der Korngröße des Sandes hin, die vorwiegend zwischen 0,125 und 0,5 mm liegt, wobei die Sandkörner eine abgerundete Struktur besitzen, wie sie auch in Flußsandansammlungen zu finden sind.

Terrarium: Flache Terrarien mit hohem Bodenteil, für 1 Männchen und zwei Weibchen etwa in den Maßen 80 × 40 × 50 cm mit Lüftungsstreifen oberhalb der Bodenwanne und im Deckel.

Ausstattung: Die Bodenwanne wird etwa 15 cm hoch mit feinkörnigem, gewaschenen Flußsand gefüllt. Vogelsand oder ähnliche im Handel befindliche Bruchsandarten eignen sich aufgrund ihrer Kornstruktur nicht! Eine Bepflanzung ist nicht unbedingt nötig. Aus optischen Gründen lassen sich einige getopfte Gräser in den Bodengrund einsenken. Die Töpfe werden gegen das Eindringen der Skinke in den Wurzelbereich oben mit Gaze oder einem Drahtgitter abgeschirmt.

Heizung und Licht: Die Beleuchtung und Beheizung des Terrariums erfolgt nur von oben. Neben möglichst viel natürlichem Sonnenlicht können Leuchtstofflampen und HQL-Lampen eingesetzt werden. Auch Infrarotstrahler eignen sich. Die Temperaturen sollten partiell an der Bodenoberfläche 37 bis 42 °C erreichen, das entspricht dem bevorzugten Temperaturbereich der Skinke. Sie können aber besonders im Hochsommer auch sehr viel höhere partielle Werte erreichen, bei HARTMANN (1989) bis zu 60 °C, sofern ausreichende Möglichkeiten im Terrarium vorhanden sind, kühlere, für die Regulierung der individuellen Körpertemperatur notwendige Stellen aufsuchen zu können. Deshalb wird auch auf eine Beheizung des Bodens verzichtet. Dauertemperaturen ab 45 °C wären für die Tiere sicher in relativ kurzer Zeit tödlich.

Eine besondere Bedeutung ist auch einer naturgemäßen oder ihr angenäherten Fotoperiodizität im Tages- und Jahresablauf zuzumessen. So haben Versuche mit unterschiedlichen Beleuchtungsstärken einen direkten Zusammenhang mit der lokomotorischen Aktivität der Tiere erkennen lassen.

Eine Beleuchtungsintensität zwischen 800 und 1000 W/m² ist nach HARTMANN (1989) notwendig, um die Tiere optimal zu halten. Die tägliche Beleuchtungsdauer wird von 14 Stunden im Juli auf 0 Stunden im Dezember gesenkt. Von November bis Mitte März werden die Skinke bei Temperaturen zwischen 12 und 18 °C gehalten, das entspricht ihrer natürlichen Winterruhezeit. Danach werden Beleuchtungs- und Wärmeintensität kontinuierlich erhöht, so daß die Maximalwerte in die natürliche Fortpflanzungszeit im Monat Juni fallen.

Futter: Das Futter ist wie schon erwähnt teils animalischer, teils vegetarischer Herkunft. So bieten wir neben Heimchen, Grillen, Heuschrecken, Wanderheuschrecken eine möglichst abwechslungsreiche Insektenkost, bei der auch hartschaligere Käfer nicht fehlen sollten, Grassamen verschiedener Süßgräser, Saathafer, Glanzsaat und Leinsamen. Die Futtertiere werden regelmäßig mit Kalk-Vitamin-Präparaten eingestäubt, auch kleine Sepia-Schulp-Stückchen werden von den Tieren aufgenommen.

Die Vitamingaben stehen immer in direktem Zusammenhang mit einer geregelten UV-Bestrahlung.

Feuchtigkeitsbedürfnis: Die Feuchtigkeitsaufnahme erfolgt im natürlichen Habitat ausschließlich über die Nahrung und die in tieferen Bodenschichten vorhandene Feuchtigkeit des Sandes sowie durch das Auflecken von Tropfen des sich in den Morgenstunden bildenden Taues. Im Terrarium stellen wir den Skinken eine kleine Trinkschale mit stets frischem Wasser zur Verfügung. Die nötige Bodenfeuchtigkeit wird partiell durch Sprühen erreicht.

Überwinterung: s. Heizung und Licht.

Nachzucht:

Paarung: Die Paarungszeit kann im Terrarium schon eher einsetzen als im natürlichen Habitat. Dann zeigen die sonst gut verträglichen Männchen eine zunehmende intraspezifische Aktivität, die sich durch Rivalitätsstreitigkeiten bemerkbar macht. Hierbei bilden sich dauerhafte Rangordnungen aus. Zunehmend werden dann auch die Weibchen verfolgt, wobei die Männchen versuchen, diese aus dem Sandboden herauszutreiben. Die Weibchen sind oft erst nach mehrstündigem Bemühen zur Paarung bereit. Dabei verbeißt sich das Männchen am Hals des Weibchens und begibt sich dann über dieses hinweg auf deren gegenüberliegende Körperseite, umfaßt es mit den Vorderbeinen und schiebt mit seinem Schwanz den des Weibchen nach oben. Das Hinterbein hält nun die Schwanzwurzel des Weibchens und einer der beiden Hemipenes wird in die angehobene Kloake des Weibchens eingeführt. Die Kopulationen, die nun während der Fortpflanzungsperiode täglich stattfinden können, dauern nach HARTMANN (1989) zwischen zwei und viereinhalb Minuten. Details sind dort angegeben.

Eiablage: Die Eiablage erfolgt im Boden. Das Weibchen legt die 6 pergamenthäutigen etwa 10 bis 12 × 21 bis 24 mm großen Eier in den frühen Morgenstunden ab. (s. HARTMANN, 1989), vielleicht auch zu anderen Tageszeiten.

Inkubationszeit: Da die Inkubation bisher nicht gelang, können über die weitere Aufzucht keine weiteren Angaben gemacht werden.

Literatur:

ARNOLD, E. N., A. E. LEVITON (1977): A Revision of the Lizard Genus *Scincus* (Reptilia: Scincidae). Bull. Br. Mus. Nat. Hist. (Zool.) 31(5): 189–248.

BADIR, N., M. F. HUSSEIN (1964): Effect of Temperature, Food and Illumination on the Reproduction of *Chalcides ocellatus* (Fors.) and *Scincus scincus* (LINN.). Bull. Fac. Sci. Cairo Univ. 39:179–185.

HARTMANN, U. K. (1989): Beitrag zur Biologie des Apotheker-Skinks *Scincus scincus* (LINNAEUS, 1758). herpetofauna Teil 1: 11(59): 17–25, Teil 2: 11(60): 12–24. Mit zahlreichen weiteren Literaturhinweisen!

MERTENS, R. (1972): Über den Senegalskink und seine Verwandten (*Scincus albifasciatus*). Salamandra 8: 117–122.

VERNET, R., C. GRENOT (1972): Étude du milieu et structure trophique du peuplement reptilien dans Le Grand Erg Occidental (Sahara algérien). C. R. Soc. Biogeogr., Paris, 433:112–123.

Shinisaurus crocodilurus
(AHL, 1930)
Krokodilschwanz-Höckerechsen, E Chinese xenosaur, Chinese crocodile lizard, F Shinisaure crocodilure

Beschreibung: Die Familie der Höckerechsen (Xenosauridae) umfaßt nur drei Arten, die von Mexiko bis Guatemala vorkommen, und eine Art, die im südlichen China beheimatet ist. Erstere gehören zur Gattung *Xenosaurus*, letztere zur Gattung *Shinisaurus*.

Trotz akuter Gefährdung im Verbreitungsgebiet wurden vor einigen Jahren etliche Tiere nach Mitteleuropa und

Shinisaurus crocodilurus

Nordamerika exportiert und zum Teil erfolgreich nachgezogen. Dennoch ist diese Art durch Verluste ihres natürlichen Lebensraumes und pseudomediziniche Verwendung ihres Fleisches in ihrem Heimatland vom Aussterben bedroht. Daraus ergibt sich die Notwendigkeit besonders intensiver Bemühungen bei der Haltung der Fortpflanzung der Krokodilschwanz-Höckerechsen.

Die kräftigen Echsen besitzen einen kurzen, relativ hohen Kopf. Der Körper wird von kräftigen Gliedmaßen getragen, der Schwanz ist seitlich abgeplattet. Der Name Höckerechsen leitet sich von der auffallenden Beschuppung her. Neben der granulären Grundbeschuppung sind große Höckerschuppen in regelmäßiger Anordnung vorhanden. Sie ziehen sich in lockeren Längsreihen vom Hinterkopf über den Rumpf und bilden auf dem segmentierten Schwanz einen doppelten Kamm, dem Schwanz der Krokodile sehr ähnlich.

Die Färbung der Oberseite ist ein mittleres Graubraun, das zu den Körperseiten hin heller wird. Vom Auge aus erstrecken sich dunkel eingefaßte Querstreifen über die Kopfseiten, auch die Flanken können Querbänderung aufweisen. Zwei dunkle Flecke befinden sich in der Schulterregion. Der Schwanz ist breit quergebändert. Die Männchen unterscheiden sich von den Weibchen durch eine rote Kehl- und Bauchfärbung. Weibchen sind unterseits gelblich bis weiß, ihre Kehle ist weißlich bis grau mit dunklen Streifen. Die roten Flankenflecken beider Geschlechter können über den Rücken hinweg Querbänder bilden. Jungtiere besitzen eine orange- bis cremefarbene Kopfoberseite und sind etwas kontrastreicher gezeichnet. Größe: Ungefähr 40 cm.

Geographische Verbreitung: Provinz Guanxi, S-China, 4 isolierte Verbreitungsgebiete zwischen der Stadt Kueilin und dem Fluß Hsi Chiang, 500 bis 700 m ü. NN.

Biologie und Ökologie: Bäume und Felsen in unmittelbarer Gewässernähe, an und in Bächen und kleineren Flüssen, sowie Teichen mit reicher Ufervegetation.

Vorwiegend in den Morgen- und Abendstunden auf Beutefang. Die Tiere halten sich zum Sonnenbaden oder auch zum Schlafen vielfach auf Ästen auf, die über das Wasser ragen.

Bei Störung lassen sie sich fallen und verschwinden mit kräftigen Ruderschlägen ihres seitlich abgeplatteten Schwanzes im Gewässer, wo sie sich lange aufhalten können ohne aufzutauchen. MÄGDEFRAU (1987) gibt Tauchzeiten von einer halben Stunde an.

Die Chinesen haben für die nicht sehr aktiven Echsen verschiedene Bezeichnungen: „Echse mit großer Schläfrigkeit", „Fest schlafende Schlange", „Ins Wasser fallender Hund", etc. Das bezieht sich auf Beobachtungen ihrer Lebensweise, denn man kann die Echsen in einer Art Halbschlaf auf Ästen und Felsen oder im Wasser antreffen, sie auch berühren, ohne daß sie erwachen. Registrieren sie jedoch die Störung, entziehen sie sich durch Flucht ins Wasser oder beißen mit ihren spitzen Zähnen kräftig zu und halten fest. Gegenüber Artgenossen zeigen Höckerechsen ein territoriales Drohverhalten.

Terrarium: Geräumiges Terrarium mit großem Wasserteil und kräftigen Kletterästen. Maße etwa 150 × 80 × 100 cm minimal.

Ausstattung: Bodengrund des unbeheizten Landteils sandig-humos. Bepflanzung mit in Töpfen gepflanzten Rankern wie *Ficus* oder *Scindapsus* und Bodenpflanzen. Die Töpfe oben mit einem Drahtgeflecht gegen das Ausgraben sichern. Leicht feucht halten. Ein trockener Bodenbereich mit Feinkies wird mit einer Bodenheizung versehen, so daß sich im Terrarium ein Feuchtigkeits- und Temperaturgefälle ergibt. Kletteräste ragen vom trockeneren Landteil über das Wasserbecken. Dieses wird zur ständigen Sauberhaltung an einen Filter angeschlossen. Regelmäßiger Wasserwechsel empfiehlt sich zusätzlich. Der Wasserteil sollte mindestens die Hälfte der Bodenfläche einnehmen. Die Häutung findet stets im Wasser statt.

Heizung: Bodenheizung und Strahlungsheizer, so daß partiell Temperaturen bis zu 30 °C aufgesucht werden können. Die Tiere scheinen jedoch nach WILKE (1985) durchschnittliche Körpertemperaturen von 20 bis 22 °C bis zu den Wintermonaten hin zu bevorzugen. Die Temperaturen am Fundort erreichen im Sommer bis 40 °C und sinken im Winter bis in die Nähe des Gefrierpunkts.

Licht: Leuchtstoffröhren, Tageslicht, Quecksilberdampf-Lampe.

Futter: Kleine Fische, Kaulquappen, Jungfrösche, Krebstiere, Würmer, Schnecken und Insekten. In Gefangenschaft auch Fleisch- und Fischstückchen und nestjunge Mäuse von der Pinzette. Die Fütterung gestaltet sich einfach, wenn man die Tiere in die Hand nimmt und das Futter in das dann geöffnete Maul schiebt. Nach ZHANG (in MÄGDEFRAU, 1987) kommt es bei Nahrungs-

mangel auch zu Kannibalismus. Regelmäßige Kalk-Vitamingaben.
Feuchtigkeitsbedürfnis: Tägliches Sprühen, vor allem auch im Sommer, der natürlichen Regenzeit entsprechend. Im Herbst schließt sich dann eine trokkenere Periode an, bis die Winterregen wieder beginnen.
Überwinterung: Man senkt in den Monaten November bis Februar die Temperaturen unter 10 °C und bringt die Tiere in eine etwa dreimonatige Winterruhe.
Nachzucht:
Paarung und Tragzeit: Die Paarung findet im August im oder am Wasser statt. Die Tragzeit der lebendgebärenden Höckerechsen beträgt 8 bis 9 Monate. Im April bis Mai, manchmal auch schon früher, werden die etwa 12 cm langen und ca. 3 bis 4 g schweren Jungtiere geboren. Nach WILKE setzte ein Weibchen bereits im Februar 4 Junge in 16 °C warmem Wasser ab. Die Jungtiere sind sofort schwimmfähig.
Aufzucht: Die geringe Zahl der Jungen sollte vorsichtshalber separat vom Elternpaar aufgezogen werden.

Literatur:
GRYCHTA, U. (1993): *Shinisaurus crocodilurus* AHL, 1930 – Haltung, Ernährung, Geburt und neue Erkenntnisse über die Krokodilschwanzhöckerechse. Sauria 15(1): 9–10.
KUDRJAWTSEW, S. W., D. B. WASILJEW (1991): Haltung und Zucht der Krokodilschwanz-Höckerechse *Shinisaurus crocodilurus* AHL, 1930 im Moskauer Zoo. Salamandra 27(3): 219–221.
LAURENS, B. (1986): De Krokodilhagedis *Shinisaurus crocodilurus*. Aquarium 96: 65–66.
MÄGDEFRAU, H. (1987): Zur Situation der Chinesischen Krokodilschwanz-Höckerechse, *Shinisaurus crocodilurus* AHL, 1930. herpetofauna 9(51): 6–11.
MÄGDEFRAU, H., B. SCHILDGER (1993): Neues von *Shinisaurus crocodilurus* AHL, 1930. herpetofauna 15(87) 11–16.
SPRACKLAND, R. (1989): The Chinese Crocodyle Lizard. Trop. Fish Hobbyist 38(2): 102–109.
VISSER, G. (1989): Chinese Krokodilstaarthagedissen (*Shinisaurus crocodilurus*) in Diergaarde Blijdorp. Lacerta 47(4): 98–105.
WERMUTH, H. (1985): Who is who?: Die Krokodilschwanz-Höckerechse (*Shinisaurus crocodilurus*). DATZ 38(5): 235–236.
WILKE, H. (1985): Erfolgreiche Eingewöhnung von seltenen Krokodilschwanz-Höckerechsen im Vivarium, Darmstadts Tiergarten, gelungen. herpetofauna 7(34). 30.
WILKE, H. (1985): Eingewöhnung, Haltung und Geburt der seltenen Krokodilschwanz-Höckerechse, *Shinisaurus crocodilurus*. Sauria 7(1): 3–4.

Sphaerodactylus elegans
Sphaerodactylus elegans

Sphaerodactylus elegans
(MACCLEAY, 1834)
Kugelfingergecko, E Ashy Gecko, F Sphérodactyle cendré

Beschreibung: Dieser vielfach irrtümlich (s. SCHWARTZ & HENDERSON, 1991) als *Sphaerodactylus cinereus* gehaltene Kugelfingergecko soll hier stellvertretend für die mehr als 60 Arten der im nördlichen Südamerika und in der Karibik verbreiteten Gattung vorgestellt werden. Kugelfingergeckos sind kleine schlanke Geckos mit spitzem Kopf und einem sich meist gleichmäßig verjüngenden Schwanz, der etwas länger ist als die Kopf-Rumpf-Länge. Die Zehen sind wenig verbreitert und tragen vor den Krallen nur einen Haftballen, was den Tieren den Namen Kugelfingergecko eintrug. Die Beschuppung der Oberseite besteht aus kleinen, leicht erhabenen etwas gekielten Schuppen, die Bauch- und Schwanzschuppen sind glatt und auf der Unterseite des Schwanzes im Mittelbereich etwas vergrößert. Bei *S. cinereus* sind die Schuppen flacher und auf dem Rücken glatt und ungekielt. Über dem Auge besitzen die Geckos eine kleine spitze Ciliarschuppe.
Die Geschlechter unterscheiden sich farblich kaum voneinander. Die Grundfarbe besteht aus hellerem und dunklerem Braun, es kommen rötliche, gelbbraune bis graubraune Töne vor. Die Musterung ist auf Kopf und Schwanz dunkel auf hellerem Grund und auf dem Rumpf eher hell auf dunklem Grund, oftmals bilden die Flecken auch linienartige Muster, besonders auf dem Kopf. Die Kehle ist bei den Männchen leicht punktiert oder bräunlich marmoriert. Die Unterseite ist einfarbig graubraun, die Schwanzunterseite dunkelorange. Eine feine hellbraune Punktierung der Oberseite findet sich vor allem bei der Unterart *S. e. punctatissimus*.
„Salz-und-Pfeffer-Mischung" ist sicher eine gute Beschreibung der Körperfärbung. Es sei hier noch auf den Unterschied zu *S. cinereus* hingewiesen, der eine unterschiedliche Färbung der Geschlechter aufweist. Kopf und Schwanz der Männchen zeigen ein kräftiges Gelborange auf, während die Weibchen zwei dunkle, hell gesäumte Körperbänder besitzen.
Die Jungtiere von *S. elegans* könnte man für eine andere Art halten, so stark unterscheiden sie sich von ihren Eltern: Der Kopf ist hellgrau bus hellblaugrün gefärbt, der Körper cremefarben bis gelbbraun und der Schwanz gelborange bis rot. Der ganze Körper ist von auffälligen breiten schwarzen Querbändern überzogen. Diese schöne Jugendzeichnung verschwindet leider mit dem Wachstum und wird allmählich durch

das unscheinbare Farbkleid der adulten Tiere ersetzt. Größe: Bis 7,3 cm.

Geographische Verbreitung:

Sphaerodactylus elegans elegans
MACCLEAY, 1834
Florida Keys (eingeschleppt), Kuba, Isla de la Juventud, Jardines de la Reina, Archipiélago de Sabana-Camagüey, Archipiélago de los Canarreos, Cays nördlich der Küstenprovinz Villa Clara.
Sphaerodactylus elegans punctatissimus
DUMÉRIL & BIBRON, 1836
Hispaniola (ganz Haiti, aber nur sehr punktuelle Vorkommen in der Dominikanischen Republik), Île Grande Cayemite, Île de la Gonâve.

Biologie und Ökologie: Trockene bis leicht feuchte Bereiche von den Küsten bis ins Hügelland, unterer Stammbereich von Kiefern, Palmen, Holzstapel, unter Palmwedeln, Brettern, an Hütten, Hauswänden, Mauern, selbst innerhalb bewohnter Räume.
Tag- bis dämmerungsaktiv, später nur unter Lampen nach kleinen Insekten jagend.
Terrarium: Kleine Terrarien von 25 × 25 × 40 cm Größe.
Ausstattung: Rück- und Seitenwandgestaltung mittels grober Kiefernborke und einem sandigen Bodengrund von etwa 5 cm Tiefe. Locker gegen die Rückwand gestellte Borkenstücke bieten Versteckmöglichkeiten. Bepflanzung mit einigen *Tradescantia*- oder *Zebrina*-Ranken am besten in einem Hydrokulturglas, das mit Blähton oder Vermiculit aufgefüllt ist. Diese Pflanzenkultur erhöht die Luftfeuchtigkeit ohne den Bodengrund in kleinen Terrarien zu naß werden zu lassen.
Heizung: Heizfolien unter den Terrarien oder Raumheizung. Tagestemperaturen sollten bei 22 bis 30 °C liegen, nachts um 20 °C.
Licht: Leuchtstoffröhren, ca. 12 Stunden am Tag, gelegentlich UV-Bestrahlung.
Futter: Drosophila, kleine Motten, Mücken, junge Grillen und Heimchen, Mottenlarven, Wiesenplankton.
Feuchtigkeitsbedürfnis: Tägliches Sprühen.
Nachzucht:
Eiablage: Ablage von jeweils nur einem Ei im Boden oder in Rindenlöchern. Die Eier sind hartschalig und etwa 6 bis 8 mm lang.

Inkubationszeit: Sie lassen sich bei 50 bis 60 % Luftfeuchtigkeit und Temperaturen zwischen 26 und 30 °C innerhalb 70 bis 90 Tagen zum Schlüpfen bringen.
Aufzucht: Die Jungen sind etwa 3 cm groß und müssen mit kleinsten Insekten aufgezogen werden. Dabei sind gelegentliche Kalk- und Vitamin-Zugaben nötig, sowie vorsichtige UV-Bestrahlung.

Literatur:
COCHRAN, D. M. (1941): The herpetology of Hispaniola. Bull. U. S. Nat. Mus., 177: 87–124.
GRAHAM, E. G., A. SCHWARTZ, (1978): Status of the name *Sphaerodactylus cinereus* WAGLER and variation of „*Sphaerodactylus stejnegeri*" COCHRAN. Florida Sci. 41(4): 243–251.
HENDERSON, R. W., A. SCHWARTZ (1984): A Guide to the Identification of the Amphibians and Reptiles of Hispaniola. Milwaukee Publ. Mus., Spec. Pub. Biol. Geol. (4): 1–70.
OLEXA, A. (1973): Kugelfingergecko *Sphaerodactylus cinereus* WAGLER, 1830. Das Aquarium 52: 414–415.
RÖSLER, H. (1983): *Sphaerodactylus cinereus* WAGLER (1830), ein Kugelfingergecko aus Kuba. elaphe, 1:2–6.
SCHWARTZ, A. (1985): The Cuban lizards of the genus *Sphaerodactylus* (Sauria, Gekkonidae). Milwaukee Public Mus. Contr. Biol. Geol. (62): 1–67.
SCHWARTZ, A., R. W. HENDERSON (1985): A Guide to the Identification of the Amphibians and Reptiles of the West Indies Exclusive of Hispaniola. Milwaukee Publ. Mus., p. 30–33.

Sphaerodactylus fantasticus
(DUMÉRIL & BIBRON, 1836)
Guadeloupe-Kugelfingergecko

Beschreibung: Dieser mit einer Kopf-Rumpf-Länge von etwa 28 mm sehr kleine Gecko besitzt gekielte Rückenschuppen, nur die Rückenmittelzone hat Körnerschuppen, die Bauchseitenschuppen sind glatt oder gekielt, die Schwanzoberseitenschuppen schwach gekielt, die mittleren Schuppen der Schwanzunterseite etwas vergrößert.
Die Färbung der Oberseite ist ein Salz-und-Pfeffer-Muster aus hellen und dunklen Flecken. Der Kopf ist hellbraun teils mit bläulichem Schimmer und dunklen Linien und Flecken oder ohne Markierung. Der bräunliche bis rostrote Schwanz zeigt hellere, dunkel gerandete Ocellen. Die Kehle ist mit einem Muster dunkler Linien versehen, die von den Kopfseiten über den Mundspalt bis auf die Kehle reichen. Die Unterseite ist weiß bis grau. Größe: 4,5 cm.
Geographische Verbreitung: Diese Kugelfingergecko-Art ist in neun Unterarten von Montserrat bis Dominica verbreitet.

Sphaerodactylus f. fantasticus
DUMÉRIL & BIBRON, 1836
Westküste der Basse-Terre von Mahaut bis Baillif.
S. f. anidrotus
THOMAS, 1965
Insel Marie-Galante, S-Guadeloupe.
S. f. fuga
THOMAS, 1965
Westküste von Dominica.
S. f. hippomanes
THOMAS, 1965
La Désirade, östl. Guadeloupe.
S. f. karukera
THOMAS, 1965
Guadeloupe: Gosier, Îlet de Gosier, Terre-de-Bas, Îsles de la Petite Terre.
S. f. ligniservulus
KING, 1962, Montserrat.
S. f. orescius
THOMAS, 1965
Ostteil von Basse-Terre von Sofaia bis Trois Rivières. Im Norden und Süden von Basse-Terre gibt es Mischformen mit der Nominatform und **S. f. karukera**.
S. f. phyzacinus
THOMAS, 1965
Îles des Saintes, Îlet à Cabrit, Terre-de-Bas, Terre de Haut.
S. f. tartaropylorus
THOMAS, 1965
Nordteil von Grande-Terre auf Guadeloupe.

Biologie und Ökologie: Diese tagaktiven Kleingeckos leben in halbfeuchten Habitaten von Wäldern, Forsten und Plantagen.
Man findet sie unter feuchten Bananenblättern, Holz aller Art, Felsen und aufgeschichteten Steinen, an Hütten und Häusern, selbst an Abfallhaufen. Hier suchen sie sich zwischen Blättern und Bestandsabfällen ihre Nahrung und sind bis in die Stunden der Abenddämmerung hinein aktiv.
Terrarium: Haltung wie bei *Sphaerodactylus elegans*, die Luftfeuchtigkeit kann etwas höher sein.
Nachzucht: Die Eiablage der 5 bis 7 mm großen weißen Einzeleier erfolgt in leicht feuchten Spalten und ähnlichen Verstecken.

Literatur:
KING, F. W. (1960): Systematics of Lesser Antillean Lizards of the genus *Sphaerodactylus*. Bull. Florida State Mus. Biol. Sci. 7(1): 1–52.
MUDRACK, W. (1974): Der Kugelfinger-Gecko. Aquarien-Magazin 8(6): 235.
THOMAS, R. (1965): The races of *Sphaerodactylus fantasticus* DUMÉRIL & BIBRON in the Lesser Antilles. Carib. J. Sci. 4(2/3): 383–390.

Takydromus sexlineatus
(DAUDIN, 1802)
Sechsstreifige Langschwanzechse, Schnelläufer, E Long-tailed lizard, F Takydrome à six raies

Beschreibung: Die langschwänzigsten Echsen der Welt gehören zur Gattung *Takydromus*, bis zu sechsfache Kopf-Rumpf-Länge des Schwanzes ist nicht außergewöhnlich. Diese ostasiatischen schlanken Echsen werden der Familie der Echten Eidechsen (Lacertidae) zugerechnet, es gibt davon 16 Arten.
Der kaum vom Körper abgesetzte, spitze, schlanke Kopf ist etwa so hoch wie breit. Der Körper ist langgestreckt und geht übergangslos in den extrem langen Schwanz über. Die Männchen zeigen eine deutlich verdickte Schwanzwurzel. Die Gliedmaßen sind lang und dünn, die Zehen besitzen Lamellen und kleine Krallen.
Die Beschuppung des Rückens besteht aus 4 Längsreihen großer gekielter Schuppen, Flanken und Unterseite aus 10 Längsreihen solcher Schuppen. Die Kiele bilden durchgehende bis über den Schwanz verlaufende Längsleisten. An den Hals- und Rückenseiten befinden sich kleine Körnerschuppen. Die Gliedmaßen sind mit großen Schuppen besetzt. Die mittelbraune Rückenzone ist durch zwei helle, weißliche bis cremebraune Längsbänder eingefaßt. Ein dunkelbrauner Seitenstreifen verläuft vom Nasenloch über Auge und Ohröffnung bis zum Ansatz der Hinterbeine und setzt sich leicht angedeutet an den Schwanzseiten fort.
Die Kopfseiten, Flanken, Kehle und der Bauch sind weißlich bis cremefarben. Der Schwanz ist mittelbraun, unterseits ein wenig heller als auf der Oberseite. Bei den Männchen treten helle Punktflecken in den Seitenstreifen auf. Sie sind durch dunklere Brauntöne stärker kontrastiert als die Weibchen. Bei erwachsenen Tieren scheint auch die Kopflänge im männlichen Geschlecht etwas größer zu sein. Größe: 30 bis 36 cm.

Geographische Verbreitung: S-China bis Java, Kalimantan.

Takydromus sexlineatus sexlineatus
DAUDIN, 1802
Sikkim und Assam, N-Burma?, SW-China.
T. s. meridionalis
GÜNTHER, 1864
SO-China: Kwangsi, Kwantung, Hainan, Fukien.
T. s. ocellatus
CUVIER, 1829
Burma, Thailand, Laos, Kambodscha, Vietnam, Malayische Halbinsel, Sumatra, Java, Borneo.

Biologie und Ökologie: Offene und buschbestandene Graslandschaften. Die Tiere sind in der Lage, sehr schnell über Grasflächen hinwegzueilen, wobei sie teilweise auf den Gebrauch ihrer Gliedmaßen verzichten können. Der Schwanz ist jedoch weniger Fortbewegungshilfe als vielmehr Steuerorgan. Außerdem kann er als Greifschwanz verwendet werden.
Terrarium: Größe etwa 60 × 40 × 60 cm.
Ausstattung: Die Rückwand kann zur Vergrößerung der Kletterfläche mit Borke gestaltet sein. Kletteräste sollten nicht zu massiv sein. Bodengrund aus lehmig-humoser Walderde oder Einheitserde.
Bepflanzung mit *Cyperus*- und *Asparagus*-Arten, *Chlorophytum*, *Acorus*, auch eingehängte Ampeln mit *Rhipsalis*.
Heizung: Ein kleiner Spotstrahler. Temperaturen tagsüber 26 bis 28 °C, nachts 20 bis 22 °C.
Licht: Leuchtstoffröhren.
Futter: Heimchen, Grillen, Heuschrecken, Spinnen, allerlei Wiesenplankton. Zusätzliche Anreicherung mit Vitaminen und gelegentliche UV-Bestrahlung ist geboten.
Feuchtigkeitsbedarf: Tägliches Übersprühen.

Takydromus sexlineatus

Nachzucht:
Paarung: Wie bei Halsbandeidechsen anderer Gattungen mit Flankenbiß. Kopulationsdauer etwa 2 Minuten.
Die zwei weißen, ovalen, etwa 5 × 10 mm großen Eier werden vom Weibchen in einer selbst gegrabenen Erdhöhle abgelegt. HAUSCHILD (1986) beschreibt, daß ein Weibchen nach dem Graben der Nistgrube, einem 7 cm tiefen Loch, am Stamm hochkletterte, bis seine Kloake etwa 2 cm über dem Lock war. Dann wurden die Eier abgelegt und nicht wieder mit Erde bedeckt. Nach FITCH (1970) können in einer Fortpflanzungsperiode bis zu 6 Gelege in ca. 17tägigem Abstand produziert werden.
Inkubationszeit: Nach Abdeckung des Geleges mit Erde entwickelten sich die Eier innerhalb von 46 Tagen bei Tages-Substrattemperaturen um 24 °C und nächtlicher Absenkung um 4 °C (HAUSCHILD, 1986).
Die frisch geschlüpften Jungtiere sind ca. 60 mm groß, die Kopf-Rumpf-Länge beträgt ca. 15 mm. Oberseits olivbraun mit bereits erkennbarer Streifung, unterseits weißlich bis cremegelb, unterscheiden sie sich von ihren Eltern vor allem durch den leuchtend roten Schwanz. Leider läßt diese hübsche Jugendfärbung mit fortgeschrittenem Wachstum nach und wird durch orangebraune bis gelbgraune Töne ersetzt.
Aufzucht: Mit vitaminisiertem Kleinfutter, Essigfliegen, kleinsten Grillen und Heimchen, gesiebtem Wiesenplankton.

Literatur:
FITCH, H. S. (1970) Reproductive cycles in lizards and snakes. Univ. Kansas Publ., Lawrence 52: 1–247.
HAUSCHILD, A. (1986): Bemerkungen zur Haltung und Zucht der Langschwanzeidechse *Takydromus sexlineatus ocellatus* CUVIER, 1829. herpetofauna 8(44): 11–15.

Tarentola mauritanica
(LINNAEUS, 1758)
Mauergecko, E Common gecko, F Tarente de Mauritanie, I Tarantola mauritanica, Tarantola muraiola, Osga, S Salamanquesa Común
BArtSchV 1/1

Beschreibung: Körper kräftig, gedrungen, mit breitem, abgeflachtem Kopf. Die Oberseite des flachen Rumpfes und Schwanzes ist mit 10 bis 14 Längsreihen großer gekielter Höckerschuppen besetzt, im Nackenbereich befinden sich dornige Schuppen. Der wirtelige Schwanz besitzt an den Außenseiten dornige Endschuppen. Die breiten Zehen sind unterseits mit breiten, ovalen, aus 12 Lamellen bestehenden Haftscheiben besetzt. Deutlich sichtbare Krallen nur an den 3. und 4. Zehen, die übrigen Zehen mit winzigen rückziehbaren Krallen bei weiblichen Tieren. Färbung der Oberseite sehr variabel, von weißlich grau bis schwarzbraun reichend. Unterseite gelblichweiß oder schmutzig weiß. Die Oberseite zeigt Helligkeitsunterschiede durch verwaschene dunkle Querstreifen, die im Alter undeutlicher werden. Größe: Bis 16 cm.
Geographische Verbreitung: Der Mauergecko hat von Afrika aus die europäischen Mittelmeerländer besiedelt. Iberische Halbinsel mit Ausnahme des Nordens, S-Frankreich, Italien bis in die Südalpentäler, Küstenbereich des ehem. Jugoslawiens, Ionische Inseln, Kreta, Korsika, Sardinien, Sizilien, Malta, Balearen, Thyrrhenische Inseln, N-Afrika.
Biologie und Ökologie: Von der Ebene bis auf 2500 m in den Gebirgen N-Afrikas aufsteigend, bewohnt dieser Gecko bevorzugt steinige Habitate. Felswände und alle Arten von Mauern mit vielen Hohlräumen, Ziegeldächer, selbst das Innere von Gebäuden wird bewohnt. Man findet die Tiere aber auch unter Steinplatten und seltener in Rindenabhebungen von Bäumen. Im Unterschied zu *Hemidactylus* sind seine Habitate jedoch mehr an Gewässernähe gebunden. Überwiegend nachtaktiv, im Frühjahr und zum Herbst auch vermehrt tagaktiv. Während die frühen Morgenstunden und die Spätnachmittagsstunden zum Sonnen und zum Beutefang genutzt werden, vermeiden die Tiere die Hitze der Mittagszeit. Bei Temperaturen unter 15 °C geht die Aktivität stark zurück. Von November bis März halten die Geckos eine z. T. bei wärmeren Perioden unterbrochene Winterruhe.
Terrarium: Hohes, verhältnismäßig schmales Terrarium mit großer Kletterwand aus Naturgestein mit kontrollierbaren Schlupflöchern modelliert, eventuell auch aus Styroporplatten unterschiedlicher Plattenstärke unregelmäßig geschichtet, miteinander verklebt und mit einem steinfarbenen Zementüberzug versehen.
Die Tiere zeigen untereinander oft Intoleranz, bilden wohl auch ein Territorialverhalten aus. Dem sollte die Behältergröße entsprechen. Im Freiland und auch bei frei in Wohnräumen gehaltenen Tieren konnten Ortstreue und Territorialverteidigung beobachtet werden, andererseits finden sich beim Beutefang oft viele Tiere unter der gleichen Lampe auf engstem Raum ein.
Ausstattung: Bodengrund aus lockerem Sand-Torf-Gemisch, leicht feucht gehalten. Bepflanzung der Rückwand mit Rankfeigen, Efeu oder anderen ausdauernden Kletterpflanzen.
Heizung: Strahlungsheizer, der eine größere Fläche anstrahlt.
Licht: Leuchtstoffröhren.
Futter: Insekten aller Art und deren Larven, Spinnentiere, Jungtiere von Eidechsen, auch eigene Jungtiere und kleinere andere Geckos.
Feuchtigkeitsbedürfnis: Das Trinkbedürfnis stillen die Tiere durch Auflecken

Tarentola mauritanica

von Wassertropfen nach dem Sprühen, sie trinken aber auch aus kleinen Wassernäpfen.
Überwinterung: Wenige Wochen Winterruhe bei herabgesenkten Temperaturen um 8 °C entsprechen den natürlichen Verhältnissen. Die Tiere schreiten aber auch im Frühjahr erfolgreich zur Fortpflanzung, wenn die Winterruhe nicht stattfindet.
Nachzucht:
Paarung: Die Paarung der Mauergeckos soll eidechsenähnlich ablaufen, wobei das Männchen das Weibchen durch Bisse in die Schwanzwurzel, die Flanken und den Nacken festhält.
Eiablage: Erfolgt von Ende April bis Mitte Juli, dabei legt das Weibchen mehrere, aus zwei hartschaligen Eiern bestehende Gelege meist in Fels- oder Mauerspalten ab, wo sie relativ trocken liegen, dennoch aber von einer gewissen Luftfeuchtigkeit profitieren. Bei fehlenden geeigneten Ablageplätzen werden die Eier auch im Bodengrund vergraben.
Inkubationszeit: Ist stark temperaturabhängig und kann zwischen 5 Wochen und drei Monaten liegen. Die Jungtiere schlüpfen aus den etwa 11 × 14 mm großen Eiern in einer Körpergröße von etwa 50 mm.
Aufzucht: Sie können mit kleinen Insekten, wie Essigfliegen, jungen Heimchen und Grillen unter Beigabe von Vitaminpräparaten gut aufgezogen werden. Im Gegensatz zu den adulten Tieren sind sie untereinander gut verträglich.
Geschlechtsreife: Die Tiere sollen 3 bis 4 Jahre bis zum Erreichen der Geschlechtsreife benötigen, das Höchstalter liegt bei uns bei über 12 Jahren.

Literatur:
BIRKENMEIER, E. (1956): Einige Bemerkungen zur Biologie des Mauergeckos, *Tarentola m. mauritanica* L. Österr. Zool. Z. 6: 277–296.
HART, H. (1969): Mauergeckos selbst gezogen. Aquarien-Magazin 3: 404–405.
KÄSTLE, W. (1958): Zur Ernährung des Mauergeckos, *Tarentola m. mauritanica* (L). DATZ 11: 158.
NETTMANN, H. K., S. RYKENA (1979): Mauergeckos (*Tarentola mauritanica*), die ihre Eier im Sand vergraben (Reptilia: Sauria: Gekkonidae). Salamandra 15(1): 53–57.
RIEPPEL, O., C. HALLER (1973): Offene Fragen zur Ökologie von *Tarentola m. mauritanica* (L. 1758) (Reptilia: Gekkonidae) Verh. Naturf. Ges. Basel 83: 119–124.

Teira dugesii
(MILNE-EDWARDS, 1829)
Madeira-Eidechse, E. Madeiran Lizard, F Lézard de Madeire, I Lucertola di Madera, S Lagartixa da Madeira

Die systematische Einordnung der früher als *Lacerta dugesii* bekannten Art in die Gattung *Podarcis* kann nach BISCHOFF (pers. Mitteilg. 1995) nur als vorübergehend betrachtet werden. Im Rahmen einer Revision dieser Halsbandeidechsen (Lacertidae) ist sie nun zusammen mit *Podarcis perspicillata* (DUMÉRIL & BIBRON, 1839) und *Lacerta andreanskyi* (WERNER, 1929) der Gattung *Teira* zuzuordnen.
Beschreibung: Teira ist die einzige Halsbandeidechse des Madeira-Archipels und der benachbarten Selvagens-Inseln. Die Art besitzt einen kräftigen Körper mit zugespitztem Kopf und einem Schwanz, der etwas mehr als die 1,5fache Kopf-Rumpf-Länge erreicht. Die Rückenschuppen sind klein, die Bauchschuppen rechteckig und in fast gleich breiten Längsreihen angeordnet.
Die Färbung der Oberseite ist graubraun, grünlich-braun, rötlichbraun bis schwarz. An den Körperseiten verläuft vom Nasenloch bis zum Ansatz der Hinterbeine ein breites, dunkelbraunes Band. Kopf, Halsseiten und Flanken sind heller als die Oberseite, auch die Unterseite zeigt ein helles Graubraun. Der Schwanz ist leicht gelblich braun. Die Zeichnung der Oberseite besteht aus einem „Salz- und Pfeffer-Muster" kleinerer dunkler und heller, unregelmäßig angeordneter Flecken. Die Unterseite ist bis auf die äußeren Bauchschilder ungefleckt. Im hinteren Rumpfbereich können die hellen Flecken in dünnen Querstreifen angeordnet sein. Die Oberseitenfärbung der einzelnen Tiere variiert in verschiedenen Brauntönen, ältere Männchen neigen zu einer verdunkelten Grundfärbung. Es treten auch melanistische Populationen auf. Größe: Bis 23,5 cm.
Geographische Verbreitung: Madeira, Azoren.

Teira dugesii dugesii
(MILNE-EDWARDS, 1829)
Madeira, Inseln der Desertas-Gruppe, eingebürgert auf den Azoreninseln Faial, Graciosa, Terceira, Sao Miguel, Santa Maria, Pico.

Teira dugesii jogeri
OSENEGG & MAYER, 1989
Porto Santo.
Teira dugesii selvagensis
OSENEGG & MAYER, 1989
Selvagens-Inseln.

Biologie und Ökologie: Von sandigen Flachlandbereichen bis in bergige Regionen vorkommend ist *T. dugesii* in Gärten, an Mauern, Steinhaufen etc. eine häufige Erscheinung, die alle geeigneten Habitate mit entsprechenden Unterschlupfmöglichkeiten besiedelt. Sie ist ganztägig aktiv, meidet nur die Mittagszeiten höchster Wärmeeinstrahlung, geht dann aber auch im Schatten ihrer Nahrungssuche nach. Die Tiere bilden Reviere, aus denen sie Artgenossen vertreiben, so lassen sich häufig Streitigkeiten zwischen den Männchen beobachten.
Terrarium: *Teira dugesii* kann terraristisch gesehen als anspruchslose Art bezeichnet werden. Lediglich ihre innerartliche Unverträglichkeit kann Probleme bereiten, deshalb empfehlen wir, nur ein bis zwei Männchen mit einer größeren Zahl weiblicher Tiere in einem ausreichend großen Terrarium unterzubringen. Haltung wie bei *Podarcis pityusensis*.

Literatur:
BISCHOFF, W., K. OSENEGG, W. MAYER (1989): Untersuchungen zur subspezifischen Gliederung der Madeira-Mauereidechse, *Podarcis dugesii* (MILNE-EDWARDS, 1829). Salamandra 25(3/4): 237–259.
COOK, L. M. (1979): Variation in the Madeiran Lizard *Lacerta dugesii*. J. Zool. 187: 327–340.
CRIST, M., L. M. COOK, F. V. HEREWARD (1979): Color and heat balance in the Lizard *Lacerta dugesii*. Copeia 2: 250–258.
MALKMUS, R. (1985): Zur Verbreitung von *Rana perezi* und *Lacerta dugesii* auf den Azoren. Nachr. natw. Mus. Aschaffenburg 91: 37–69.
MERTENS, R. (1938): Eine melanistische Rasse der Madeira-Eidechse. Senckenbergiana 20(3/4): 287–290.
RICHTER, K. (1980): *Lacerta dugesii* MILNE-EDWARDS, 1829 und *Lacerta perspicillata* DUMÉRIL & BIBRON, 1839 gehören zur Gattung *Podarcis* WAGLER, Subgenus *Teira* GRAY, 1838 (Reptilia, Lacertidae). Zool. Abh. Staatl. Mus. Tierkd. Dresden 36(1): 1–9.
RICHTER, K. (1986): *Podarcis dugesii* MILNE-EDWARDS, 1829 – Madeira-Mauereidechse. In: BÖHME, W. (Hrsg.): Handbuch der Reptilien und Amphibien Europas 2/II, Echsen III (*Podarcis*), Aula-Verlag, Wiesbaden, 388–398.

Tiliqua multifasciata
(STERNFELD, 1919)
Vielstreifen-Blauzungenskink, E
Centralian Blue-tongued Lizard
BArtSchV 1/1, 1/2

Beschreibung: Die australischen Blauzungenskinke sind untereinander von recht ähnlicher Gestalt und weit über den Kontinent verbreitet. Außerhalb Australiens kommen sie nur in Neuguinea und auf den Inseln des östlichen Indonesiens vor. Es sind durchweg große Skinke mit robustem Körper und deutlich vom Hals abgesetztem, breiten Kopf und relativ kleinen, kurzen Gliedmaßen mit annähernd gleich langen Fingern. Die 4. Zehe ist geringfügig länger. Wie der Name schon sagt, haben alle Vertreter dieser Gruppe eine blaue, fleischige Zunge.
Der zentralaustralische Blauzungenskink (*Tiliqua multifasciata*) ist ein kräftiger Vertreter dieser Gruppe mit leicht abgeflachtem dreieckigem Kopf und breitem abgeflachtem Rumpf. Die Grundfarbe der Oberseite ist blaßgrau bis cremefarben. 9 bis 12 gelbbraune bis orangefarbene breite Bänder ziehen sich quer über den Rumpf. Sie sind immer erheblich breiter als die blasseren Zwischenräume. Ein breiter schwarzer Temporalstreifen zieht sich vom Auge bis über die Ohröffnung. Die Ober- und Hinterseite der Beine ist dunkel, die Hinterbeine zeigen verwaschene orangebraune Querstreifen. Die Unterseite ist weiß bis cremefarben, die Kehle oft dunkler gefleckt. Größe: 30 cm.
Geographische Verbreitung: Nördliche Hälfte von W-Australien, nördliches S-Australien, Nord-Territorium bis ins westliche Queensland und Victoria.
Biologie und Ökologie: Halbtrockene bis wüstenartige rote Sandböden mit Grasbewuchs und Strauchwerk, Dünen und steinige Hügellandschaften. Tagaktive, bodenbewohnende Skinke, die sich zwischen Grashorsten, unter Steinen und Holz verbergen, wenn die Temperaturen zur Mittagszeit zu heiß werden. Sie bewegen sich auch auf der Nahrungssuche recht langsam. Werden sie aufgestöbert, zelebrieren sie ein interessantes Abschreckungszeremonial, wobei sie den Körper aufblasen, ihn mit der größten Breite dem Betrachter zuwenden. Dabei bilden sie einen zum Aggressor offenen Halbkreis, geben fauchende Laute von sich und strecken ihre breite fleischige Blauzunge heraus. Wenn sie zubeißen, können sie mit ihren kräftigen Kiefern blutende Wunden verursachen. Dies geschieht bei den von Natur aus keineswegs aggressiven Tieren nur im Verteidigungsfalle. Man sei also bei der ersten Annäherung, besonders dann, wenn Wildfänge gestreßt sind, ein wenig rücksichtsvoll und damit für sich selbst vorsichtig. Die Tiere gewöhnen sich sehr schnell an den Pfleger und werden ausgesprochen zutraulich.
Terrarium: Ein geräumiges flaches Terrarium ist Voraussetzung für eine erfolgreiche Haltung, vor allem, wenn man mehrere Tiere vergesellschaften will. So sollte ein adultes Paar 1 bis 2 m² Bodenfläche zur Verfügung haben, um sich wohlzufühlen. In einem geheizten Terrarienraum ist eine Art Zimmer-Freilandterrarium durchaus geeignet, ideal ist die Kombination mit einem durch die Wand verbundenen und dadurch direkt erreichbaren Außengehege. Nur in solchen Anlagen kann man auch eine ansprechende Gestaltung mit entsprechender Bepflanzung herstellen. Bedeutsamer jedoch ist ein Freilandaufenthalt in unseren Sommermonaten, weil durch die kühleren Temperaturen (sie können nachts ruhig bis auf 10 °C fallen), die für die Auslösung der Paarung und die damit zusammenhängende Spermio- und Ovogenese benötigte Klimaphase geschaffen werden kann. Nur unter diesen Bedingungen werden wir mit Nachzuchterfolgen rechnen können, da sich die Tiere nicht ohne weiteres mit der Klimaumkehr abfinden.
Ausstattung: Den Bodengrund des Terrariums bedeckt man mit einer 10 bis 15 cm hohen Sandschicht. Als Unterschlupfplätze können hohle Baumstämme, Korkeichenrinden oder Steinaufbauten aus großen übereinander gelegten flachen Steinplatten dienen. Hat man sich für eine Bepflanzung entschieden, setzt man die Pflanzen in Töpfen mit einer Drahtabdeckung im Boden ein. So kann man sie gut feucht halten, ohne daß die Tiere die Pflanzen ausgraben. Es eignen sich bei den robusten Skinken jedoch nur widerstandsfähige Arten.
Heizung: Man verlegt ein Heizkabel in einem unbepflanzten Teil der Sandbodenfläche und besonnt die Tiere zusätzlich mit einer Strahlungsheizlampe. UV-Bestrahlung sollte wöchentlich einmal für etwa 15 bis 20 Minuten erfolgen.
Licht: Tageslicht, Raumbeleuchtung, zusätzlich Leuchtstoffröhren oder Quecksilberdampflampen.
Futter: Blauzungenskinke sind omnivor, sie nehmen neben reichlich vegetabiler Nahrung in Form von allerlei Blüten, Früchten und sonstigen Pflanzenteilen auch Insekten, Würmer, Schnecken und Jungvögel, Jungnager, Eier und in Gefangenschaft auch mancherlei andere Nahrungsmittel zu sich. So kann man sie leicht mit leckeren Fruchtsalaten, Pudding, süßem Brei und ähnlichem begeistern. Man bedenke aber stets, daß eine ausgewogene Ernährung mit den nötigen Ballaststoffen gereicht wird, auch wenn die Tiere begeistert an Katzen- oder Hundenahrung aus der Dose gehen. Vor allem auf eine ausreichende Kalk- und Vitaminversorgung ist zu achten, dies läßt sich mit den im Handel befindlichen Kombinationspräparaten, mit der wir die Nahrung überstäuben, leicht erreichen.
Feuchtigkeitsbedarf: Sollte trotz der ariden Herkunftsräume nicht unterschätzt werden. Es reicht nicht aus, wenn wir den Behälter täglich nur einmal sprühen. Man sollte den Tieren in jedem Falle ein Trinkgefäß hinstellen.
Nachzucht:
Paarung und Tragzeit: *Tiliqua multifasciata* paart sich im australischen Frühling. Nach einer Tragzeit von dreieinhalb bis vier Monaten bringt das Weibchen dann 4 bis 10 lebende Junge von etwa 12 bis 15 cm Größe zur Welt. Diese fressen als erstes ihre Nachgeburt auf, falls ihnen das Muttertier nicht zuvorkommt.
Aufzucht: Mit der sonstigen selbständigen Nahrungsaufnahme beginnen sie erst nach einigen Tagen. Im Terrarium bietet man ihnen anfangs leicht verdauliche Süßspeisen, Hackfleisch und Obst, dazu langsam laufende Insekten, da die Jungen sich erst daran gewöhnen müssen, der lebenden Beute entsprechend schnell nachzueilen. Vitamin-Kalk-Zugaben und regelmäßige UV-Bestrahlung gehören dazu.
Geschlechtsreife: Die Jungtiere wachsen dann relativ schnell heran. Man sollte auch sie in unserem Sommer an eine Phase mit kühleren Temperaturen gewöhnen, um eine Fortpflanzung in der nächsten Generation anzustreben.

Literatur:
CHRISTIAN, T. (1977): Notes on Centralian Blue-tongues (*Tiliqua multifasciata*). Vict. Herp. Soc. Newsletter 1: 8–9.
SHEA, G., M. PETERSON (1981): Observations on sympatry of the social lizards *Tiliqua multifasciata* STERNFELD and *T. occipitalis* (PETERS). Aust. J. Herp. 1: 27–28.

Tiliqua nigrolutea
(QUOY & GAIMARD, 1824)
Südlicher Blauzungenskink, E Blotched Blue-tongued Lizard
BArtSchV 1/1, 1/2

Beschreibung: Der Südliche Blauzungenskink gehört zu den größten Formen des Verwandtschaftskreises dieser Skinke. Ein kurzer Kopf, ein langer kräftiger Körper und ein relativ langer, dicker Schwanz wird von den etwas klein wirkenden Gliedmaßen getragen. Die Grundfarbe des Rückens ist ein dunkles Braun oder Schwarz. Die Zeichnung ist sehr variabel. Meist zeigt sich eine breite helle Querbänderung, die gelblich, blaßbraun oder weißlich sein kann, bei südlichen Berglandformen auch blaugrau. Bei Jungtieren ist oft nur eine unregelmäßige Fleckung von weißlichen Tönen über grau und braun bis orangerot zu finden. Die Kopfseiten sind meist durch breite dunkle Bänder gezeichnet, die sich bis über die Schulter ziehen. Die Kopfoberseite kann bräunlich bis olivfarben sein mit dunkler Fleckung. Teilweise sind die Kopfseiten auch mit gelblichen oder orangefarbenen Flecken versehen. Dieser Farbanteil ist bei nördlichen Populationen häufiger. Die Unterseite ist cremefarben bis gelb, teilweise mit dunkleren Zeichnungselementen. Größe: 50 bis 60 cm.
Geographische Verbreitung: Kühlere gemäßigte Bereiche SO-Australiens, N-Tasmanien, südöstliches S-Australien, südliches Victoria bis in die Blue Mountains von New South Wales.
Biologie und Ökologie: Die Art bewohnt verschiedenartige Flachlandbiotope und kommt im Norden ihres Verbreitungsgebietes eher in montanen Bereichen vor. Es werden trockene Biotope im Gras- und Buschland bevorzugt, die Tiere leben aber auch auf Kulturland und meiden lediglich Feuchtbiotope. Sie sind tagaktiv, lassen sich mit Ausnahme der heißesten Mittagsstunden beim Sonnen oder auf der Futtersuche ganztägig beobachten. Die Temperaturansprüche liegen etwas unter denen von *Tiliqua multifasciata*. Man sollte den Tieren auch eine etwas längere Winterruhe bei herabgesetzten Licht- und Temperaturwerten bieten.
Terrarium: Wie bei *Tiliqua multifasciata*.
Nachzucht: Die Anzahl der Jungtiere schwankt zwischen 3 und 10, gewöhnlich werden 4 bis 5 recht große Jungtiere zur Welt gebracht.

Tiliqua rugosa

Aufzucht: Wie bei den anderen *Tiliqua*-Arten.

Tiliqua rugosa
(GRAY, 1827)
Tannenzapfenechse, E Shingleback, Bob-tail, Boggy, I Trachisauro rugoso
BArtSchV 1/1

Beschreibung: Die Tannenzapfenechse ist wohl der vom Aussehen her eigenartigste australische Skink. Große Schuppen wie die eines Tannenzapfens bedecken den walzenförmigen Körper und Schwanz. Der kurze abgerundete Schwanz dient als Fettspeicher, er ist nicht viel länger als der mächtige dreieckige Kopf. Der Schwanz der Männchen ist geringfügig länger und schmaler als der der Weibchen. Die Gliedmaßen sind relativ kurz.
Die Färbung der Oberseite ist sandbraun, rotbraun bis schwarz, manchmal mit hellen Flecken wie sie immer an den Körperseiten auftreten und in die gelbliche Färbung der Unterseite übergehen. Die helle Unterseite ist z. T. mit bräunlichen Flecken versehen. Bei hellbrauner Oberseitenfärbung sind auch schwarze Flecke und kurze Querbänder als Zeichnungselemente zu finden. Auch orangefarbene Flecke treten auf. Größe: 40 cm.
Geographische Verbreitung: Von W-Australien über S-Australien über den gesamten Südosten des Kontinents verbreitet, nördlich bis ins südliche Queensland.

Tiliqua rugosa rugosa
(GRAY, 1825)
Schwanz relativ lang und dünn. Färbung braun, olivbraun, grau bis schwarz mit unregelmäßiger breiter oder schmalerer cremefarbener, gelber bis grauer Querbänderung, Kopf heller oft mit orangefarbener Zeichnung. Unterseite weißlich, teils mit grauen oder braunen Streifen oder Flecken. 29 cm Kopf-Rumpf-Länge. SW-Australien.

Tiliqua rugosa konowi
(MERTENS, 1958)
Kopf schmaler, Gesamtgröße geringer als Nominatform, schlanker, Schwanz länger. Färbung grau mit undeutlichen helleren Querbändern und kleiner, dichter Punktfleckung. Unterseite grau mit dunkler Zeichnung oder Punktierung. 25 cm Kopf-Rumpf-Länge. Rottnest Island (W-Australien).

Tiliqua rugosa asper
(GRAY, 1845)
Größer als die Nominatform, mit breitem Kopf, robustem Körper, kürzerem und breiterem Schwanz. Färbung dunkelbraun, grau bis schwarz, unregelmäßig gefleckt oder gebändert. Unterseite wie Grundfärbung und ohne Musterung. Kopf-Rumpf-Länge 31 cm. SO-Australien.

Tiliqua rugosa tropisurus
(PÉRON, 1807)
Flacherer Kopf und kleinere Ohröffnung als die Nominatform, der Schwanz ist am Ende zugespitzt. Färbung dunkelgrau bis braun mit heller Fleckung, Unterseite hellbraun, gewöhnlich unge-

fleckt. Kopf-Rumpf-Länge 29 cm. W-Australien.

Biologie und Ökologie: In allen subhumiden und ariden Bereichen des Gesamtgebietes vorkommend. Dünen, Steppen, Heiden, Halbwüsten, Trockenwälder, Buschwald und Grasland. Hohe Mortalitätsrate auf Straßen.

Man kann diese Echsen besonders häufig beim Sonnen auf Straßen und Highways in S-Australien finden, wo sie leider in großer Zahl dem Verkehr zum Opfer fallen, da sie sich äußerst langsam bewegen und den Gefahren nicht ausweichen können. Will man sie ergreifen, wenden sie sich mit weit geöffnetem Maul dem Aggressor entgegen und versuchen auch zuzuschnappen, wobei ihre sehr kräftigen Kiefer schmerzhafte Bisse austeilen können. Nimmt man sie auf, sind sie jedoch bald ruhig. Die tagaktiven Echsen kommen mit ansteigender Erwärmung des Bodens aus ihren Verstecken und „tanken Sonne auf", gehen dann meist der Nahrungssuche nach, vermeiden nur die heißesten Mittagsstunden und ziehen sich gegen Sonnenuntergang wieder in ihre Verstecke zurück.
Terrarium: Halbwüstenterrarium.
Ausstattung: Steiniger Sandboden und größere Steinplatten auf fester Auflage, unter denen sich die Tiere verkriechen können. Bepflanzung mit *Grevillea, Callistemon* oder anderen xerophilen australischen Gewächsen.
Heizung: Lokale Erwärmung des Bodenteils mittels Heizkabel und Strahlungslampe.
Licht: Quecksilberdampflampen oder Leuchtstoffröhren. Regelmäßige UV-Bestrahlung.
Futter: Insekten aller Art, Gehäuse- und Nacktschnecken, Eier, nestjunge Vögel und Mäuse, fettarmes Hackfleisch, Obst, Pudding und Mehlspeisen, dazu Blüten und zarte Blätter. Die Tiere zeigen oft sehr individuell verschiedene Vorlieben für die angebotene Nahrung.
Feuchtigkeitsbedürfnis: Kleine Wasserschale zum Trinken.
Nachzucht: Tannenzapfenechsen werden recht zahm und können in Gefangenschaft ein Alter von über 20 Jahren erreichen. Für eine erfolgreiche Nachzucht kann eine kühle Überwinterung auslösend sein, auch ein Aufenthalt im Freilandterrarium während der Sommermonate.
Paarung: Zur Paarungszeit verfolgt das Männchen das Weibchen tagelang, beleckt dabei die Körperseiten, den Kopf und die Kloakenregion. Es versucht, sich an ihren Vorderbeinen oder Backenwülsten festzubeißen. Gelingt ihm dieses endlich nach vielen Versuchen, biegt es seinen Körper unter den ihren, so daß sich die Kloaken berühren. Die Kopula dauert etwa 2 Minuten. Nach der Paarung trennen sich die Tiere.
Tragzeit: Das Weibchen bringt nach einer Tragzeit von 4 Monaten meist zwei, seltener ein oder drei Junge zur Welt, die bei der Geburt schon fast die halbe Körpergröße der Erwachsenen haben können.
Aufzucht: Die um 15 cm großen Jungen gehen nach wenigen Tagen selbständig ans Futter, man füttert anfangs Pudding und Süßspeisen, kleingeschnittenes Obst und Ei, später langsame Insekten und reichert die Nahrung mit Korvimin ZVT® an. UV-Bestrahlung alle 3 bis 4 Tage etwa 15 Minuten lang aus 1 m Abstand.

Literatur:
GROSS, J. (1989): Pflege, Geschlechtsbestimmung und Zucht der Tannenzapfenechse. DATZ 42(10): 612–613.
HITZ, R. (1983): Pflege und Nachzucht von *Trachydosaurus rogosus* GRAY, 1827 im Terrarium. (Sauria: Scincidae). Salamandra 19(4): 198–210.
HITZ, R. (1984): Geschlechtsbestimmung bei Echsen der Gattung *Tiliqua* und *Trachydosaurus* mittels der Sondenmethode (Sauria: Scincidae), Salamandra 20(1): 39–42.
JOGER, U., E. WALLIKEWITZ, A. HAUSCHILD (1986): Hormon- und serochemische Untersuchungen zur Bestimmung des Geschlechts und zur Überprüfung des Gesundheitszustands bei *Trachydosaurus rugosus* (GRAY, 1827) (Sauria: Scincidae). Salamandra 22(1): 21–28.
ROESCH, K. E. (1956): Ein Beitrag zur Frage der Fortpflanzung und Aufzucht der Stutz-Eidechse (*Tiliqua rugosa*). DATZ 9(10): 270–273.
SCHILDGER, B., R. WICKER (1987): Endoskopische Geschlechtsbestimmung bei *Trachydosaurus rugosus* (GRAY, 1827) (Sauria: Scincidae). Salamandra 3(2/3): 97–105.

Tiliqua scincoides
(WHITE, 1790)
Blauzungenskink, E Blue-tongued lizard, F Scinque géant, I Tiliqua dalla lingua azzura
BArtSchV 1/1, 1/2

Beschreibung: Großer Blauzungenskink mit sehr variabler Körperfärbung. Die Grundfarbe kann gelblich, sandfarben, braun, silbriggrau bis schwarz sein. Die Zeichnung besteht aus 6 bis 9 unregelmäßigen hellen Querbändern auf dem Rumpf und 7 bis 10 Querbändern auf dem Schwanz, diese können komplett über den Rumpf verlaufen oder aber von der Rückenmitte aus alternierend angeordnet sein. Teilweise sind sie dunkel gerandet. Auf den Körperseiten wechseln dunkle schwarzbraune Bänder mit orangefarbenen, um allmählich in

Tiliqua scincoides

die cremefarbene, gelbe bis bräunliche Unterseite überzugehen.
Manche Tiere besitzen einen dunklen vom Auge bis zum Ohr reichenden Streifen. Ein schwarzbrauner Streifen befindet sich ferner über den Vorderbeinen. Die Gliedmaßen können einfarbig oder gebändert sein. Charakteristisch ist die blaue Zunge. Größe: Bis 50 cm.
Geographische Verbreitung: N- und O-Australien.
Biologie und Ökologie: Halbwüsten, Buschland, Trockenwälder bis in die Kulturlandschaft, wobei verschiedenste Biotope besiedelt werden. Sie kommen selbst in den Vororten der großen Städte, in Gärten und landwirtschaftlichen Regionen vor, meiden aber feuchte und auch gebirgige Bereiche. Werden sie überrascht, verteidigen sie sich durch Abflachen und Aufblasen des Körpers, wobei sie heftig fauchen und bei geöffnetem rosafarbenem Maul ihre lappige, blaue Zunge herausstrecken.
Tagaktiv, die Tiere verlassen Verstecke unter Pflanzen und Bestandsabfällen, hohlen Baumstämmen und in Erdhöhlen, wenn die Sonne den Boden aufwärmt und gehen dann der Nahrungssuche nach. Im Süden des Kontinents kommt es zu einer winterlichen Ruhephase, in der die Tiere bei niederen Temperaturen in ihren Verstecken verbleiben. Diese Ruhephase scheint wichtig für die Auslösung der Paarung zu sein.
Terrarium: Die Haltung entspricht der von *Tiliqua multifasciata*.
Nachzucht: Nach der Paarung, die mit Nackenbiß erfolgt, bringt das Weibchen nach einer 4monatigen Tragzeit nacheinander bis zu 25 Jungtiere zur Welt, die eine Geburtsgröße von etwa 15 cm haben und wie *Tiliqua*-Arten aufgezogen werden.

Literatur:
BORCHERT, U. (1971): Zur Haltung von Dornschwanz (*Uromastyx acanthinurus*) und Blauzungenskink (*Tiliqua scincoides*). DATZ 24(10): 348–352.
CHAUMONT, F. (1963): Meine Beobachtungen bei der Geburt kleiner Blauzungenskinke. DATZ 16(5): 151–152.
CHAUMONT, F. (1964): Die Aufzucht der jungen Blauzungenskinke. DATZ 17(1): 28–29.
FRANK, W. (1969): Regenerationsvermögen bei Blauzungenskink (*Tiliqua scincoides*). Salamandra 5: 15.
GRIMM, H.-D. (1965): Die Blauzunge. DATZ 18(8): 243–244.
SHEA, G. (1981): Notes on the reproductive biology of the eastern blue-tongue skink, *Tiliqua scincoides* (SHAW). Herpetofauna, Sydney, 12: 16–23.
SHEA, G. (Ed.) (1982): Observations on some members of the genus *Tiliqua*. Herpetofauna, Sydney, 13: 18–20.

Timon lepidus (Lacerta lepida)
(DAUDIN, 1802)
Perleidechse, E Ocellated Eyed lizard, F Lézard ocellé, I Lucertola ocellata, S Lagarto ocelado, P Lagarto-comun
BArtSchV 1/1

Beschreibung: Größte europäische Eidechse mit kräftigem Kopf und Körper und starken Gliedmaßen. Schwanzlänge etwa 1,5- bis 2fache Kopf-Rumpf-Länge. Männchen mit besonders breiten und großen Köpfen. Färbung der Oberseite gelbgrün bis smaragdgrün, seltener bräunlich mit dunkler netzartiger Zeichnung, z. T. ocellenartig gefleckt. Unterseite gelblichweiß bis cremefarben. Körperseiten mit drei bis vier Reihen leuchtend blauer Augenflecken, die meist schwarz umrandet sind. Schwanz im ersten Drittel grün, dann allmählich in braun übergehend. Jungtiere mit zahlreichen gelblich-weißen, schwarz gerandeten Augenflecken auf bräunlichem, später grün umfärbenden Grund. Diese Flecke bilden oft Querreihen, seltener auch Längsreihen. Größe: 60 bis 80 cm.
Geographische Verbreitung: Portugal, Spanien mit Ausnahme des atlantischen Nordens, in S-Frankreich im Rhonetal bis Valence, im Bereich der Dordogne von der Atlantikküste bis ins westliche Zentralmassiv, in Italien an der Mittelmeerküste, verstreut bis in die Levante bei La Spezia.
a) Neben der Nominatform kommt im Bereich der Sierra Nevada die Unterart *T. lepidus nevadensis* BUCHHOLZ, 1963 vor, die von der östlichen Provinz Granada bis in die Provinz Alicante vordringt. Diese Tiere unterscheiden sich von der Nominatform durch graubraune Grundfärbung mit teilweise gelblichgrüner Netzzeichnung und grau- bis hellblauen nicht schwarz umrandeten Seitenflecken.
b) Die früher als Unterart geltende nordafrikanische Perleidechse gilt heute als eigene Art und wird als Berbereidechse, *Timon pater* LATASTE, 1880, bezeichnet. Sie bleibt deutlich kleiner als die nahe verwandte T. lepidus, ist aber etwas langschwänziger. Die Rückenzeichnung kann fehlen, die blauen Körperseitenflecke sind nicht schwarz umrandet.

Biologie und Ökologie: Vorwiegend in steinigem Gelände mit starker Sonneneinstrahlung und lockerer Vegetation, aber auch auf sandigen Böden, in Flußbetten, auf Kulturland. Im Gebirge der Provence bis auf 1250 m, in Portugal bis 1600 m und in der südspanischen Sierra Nevada bis 2100 m aufsteigend.
Die tagaktiven Eidechsen sind recht ortstreu und halten sich oft über Jahre im gleichen Biotop auf, entfernen sich selten weit von ihren Unterschlupfstellen in hohlen Bäumen, unter Steinen, Mauern und selbst gegrabenen Erdhöhlen. Die frühen Morgenstunden nutzen die Tiere hauptsächlich zum Sonnen, gehen in den nachfolgenden Stunden vorwiegend dem Nahrungserwerb oder der Partnersuche nach, um gegen Mittag der größten Hitze auszuweichen und erst gegen Abend oder am späteren Nachmittag wieder zu erscheinen. Die Jahresaktivität erstreckt sich etwa von März bis Oktober, die sonnenhungrigen Tiere sind schon bei ungünstigem Wetter verschwunden und auch die Nahrungsaufnahme läßt dann temperaturabhängig deutlich nach. Die Winterruhe kann durch warme Tage im Spätherbst und Frühling unterbrochen werden.
Die Männchen verteidigen ihre Reviere durch ritualisierte Kommentkämpfe, bei denen sie sich die dorsolateral abgeflachten, mit blauen Ocellen gezeichneten Körperseiten darbieten. Auf dieses Imponierverhalten folgen Bisse in den Hinterkopf, bis der Unterlegene die Flucht ergreift. Das gleiche Imponierverhalten wird auch gegenüber Weibchen eingesetzt.
Terrarium: Unterbringung nur in geräumigen, eher flachen als hohen Terrarien von mindestens 120 × 80 × 80 cm.
Ausstattung: Bodengrund aus trockenem Feinkies. Steinaufbau aus größeren Platten, die eine gute Grundunterlage haben sollten, damit sie von den stark grabenden Eidechsen nicht bewegt werden können, und diese durch eventuelles Zusammenrutschen nicht gefährdet werden. Bepflanzung mit trockenheitsunempfindlichen mediterranen Gewächsen wie Buchs, Rosmarin und dergleichen, die man in mit Draht oben abgedeckten Töpfe in den Bodengrund versenkt. Als Unterschlupfplätze eignen sich auch hohle Korkeichenstämme, in denen sich die Tiere gern verstecken. Während des Sommers können Perleidechsen auch in unseren mitteleuropäischen Breiten in Freilufterrarien gehalten werden. Kann

man ihnen hier einen Aufenthaltsraum von einigen Quadratmetern schaffen, dann zeigen die Tiere sehr schnell ihr natürliches Verhalten, das sich vor allem in einer größeren Fluchtdistanz äußert. Bei der Terrarienhaltung sollten maximal zwei Weibchen mit einem Männchen vergesellschaftet werden, besser ist paarweise Haltung.
Heizung: Mit flächigen Bodenheizern, Heizkabeln und Strahlungslampe. Dabei sollten lokal Temperaturen von über 35 °C erreicht werden. Gelegentliche UV-Bestrahlung ist notwendig, wenn die Tiere keine Gelegenheit haben, natürliche Sonnenstrahlung zu empfangen.
Licht: Beleuchtung von Zimmerterrarien mittels Leuchtstoffröhren.
Futter: Eine abwechslungsreiche Fütterung ist leicht mit allen Insekten und deren Larven, mit Jungsäugern und -vögeln, z. T. mit süßem Obst und Blüten zu erreichen.
Feuchtigkeitsbedürfnis: Als Trinkgefäß befestigt man eine kleine Schale so, oder einen ausgehölten Stein so, daß die Tiere es beim Graben nicht zuschütten können und wechselt das Wasser regelmäßig. In das Trinkwasser gibt man Calciumlactat und wasserlösliches Vitamin D3, um Mangelerscheinungen vorzubeugen.
Überwinterung: Sollte bei Temperaturen unter 10 °C zwei bis drei Monate dauern, die Tiere pflanzen sich aber auch bei kürzeren Überwinterungszeiten erfolgreich fort.
Nachzucht: Nach der Winterruhe beginnt die Paarungszeit etwa im April und dauert bis Ende Mai.
Paarung: Paarungsbereite Weibchen erwarten die imponierenden Männchen, indem sie ruhig liegen bleiben. Paarungsunwillige Weibchen signalisieren ihnen dieses durch Kopfnicken und Schwanzzucken. Das Männchen hält das Weibchen bei der Paarung mit Flankenbiß fest.
Eiablage: Das Weibchen legt durchschnittlich 14 bis 16 Eier, manchmal bei großen Tieren auch bis zu 24, in der Zeit von Mitte Mai bis in den Juli hinein ab.
Inkubationszeit: Die Inkubationszeit beträgt bei Temperaturen von 28 bis 30 °C 66 bis 88 Tage, so daß die Jungen von August bis September schlüpfen. Die bei der Ablage etwa 22 × 15 mm großen Eier nehmen durch Feuchtigkeitsaufnahme noch an Größe zu und entlassen schließlich Jungtiere von etwa 120 mm Länge, die mit auffallend großem Kopf und relativ kurzer Schwanzlänge schlüpfen.

Aufzucht: Man zieht sie mit kleineren Insekten unter Zufügung oben genannter Kalk-Vitamin-Zugaben auf. Wie bei den Alttieren macht sich auch bei der Aufzucht der Jungtiere natürliche Besonnung und ein den heimischen Temperaturverhältnissen angepaßter nächtlicher Temperaturabfall positiv bemerkbar.

Literatur:
BISCHOFF, W. (1982): Zur Frage der taxonomischen Stellung europäischer und nordwestafrikanischer Perleidechsen (Sauria, Lacertidae, *Lacerta lepida*-Gruppe). Amphibia-Reptilia 2: 357–367.
BISCHOFF, W. (1985): *Lacerta (Timon) lepida* DSUDIN. Sauria Suppl. 7(3): 19–24.
BISCHOFF, W. (1985): *Lacerta (Timon) pater* LATASTE. Sauria Suppl. 7(4): 29–30.
BISCHOFF, W., M. CHEYLAN, W. BÖHME (1984): *Lacerta lepida* DAUDIN, 1802, Perleidechse. In: BÖHME, W. (Hrsg.): Handbuch der Reptilien und Amphibien Europas. Aula-Verlag, Wiesbaden, 2/I, 181–210.
BUCHHOLZ, K. F. (1963): Die Perleidechse der Sierra Nevada. (Reptilia: Lacertidae). Bonn. Zool. Beitr. 14: 151–156.
HAHNE, A., R. FENSKE (1993): Haltung und Zucht von *Lacerta l. lepida* DAUDIN, 1802 – Erfahrungen aus Terrarium- und Freilandhaltung. herpetofauna 15(82): 9.
LANGENWERF, B. (1979): Die erfolgreiche Zucht nichttropischer Echsen. elaphe, 1979/1: 2–5.
LANGENWERF, B. (1979): Die Aufzucht von Echsen. elaphe 1979/2: 15–17.
JOGER, U. (1981): Zur Herpetofaunistik Westafrikas. Bonn. Zool. Beitr. 32: 297–340.
SPRÜNKEN, M., J. RUTSCHKE (1992): Freilandhaltung am Niederrhein mit erfolgreicher Nachzucht von *Lacerta lepida lepida* DAUDIN, 1802 und *Lacerta lepida nevadensis* BUCHHOLZ, 1963. herpetofauna 14(77): 6.
RUTSCHKE, J. (1989): Erfahrungen bei langjähriger Haltung und Zucht der Perleidechse *Lacerta lepida lepida* DAUDIN, 1802 unter besonderer Berücksichtigung des UV-Einflusses auf die Vitalität der Jungtiere. herpetofauna 11(60): 25.

Trapelus sanguinolentus
(PALLAS, 1814)
Steppenagame, E Steppe agama, F Agame des steppes, I Agama sanguinolenta

Beschreibung: Die asiatische Steppenagame ist etwas kleiner als die Kaukasus-Agame, *Laudakia caucasia*, und der Hardun, *Laudakia stellio*. Von diesen unterscheidet sie sich durch einen höheren und breiteren Kopf, einen rundlicheren Körper und Schwanz, sowie eine gleichförmige Rücken- und Schwanzbeschuppung. Die Ohröffnung ist deutlich sichtbar. Bei einer Kopf-Rumpf-Länge von etwa 12 cm ist die Steppenagame relativ langschwänzig. Die Rücken- und Schwanzschuppen sind gekielt und enden dornig, die Flanken- und Bauchschuppen sind lediglich gekielt, während die Kehlschuppen glatt sind. Die Schwanzschuppen sind nicht wirtelig, sondern in schrägen Reihen angeordnet. Die Färbung der Oberseite ist gelblich grau bis sandfarben braun. Alte Männchen sind fast einfarbig, nur Gliedmaßen und Schwanz zeigen einen Querbänderung. Weibchen haben eine mediane Reihe heller, länglicher bis rhomboider, schwarzbraun gesäumter Flecken auf dem Rücken, an den Rückenseiten 1 bis 2 weitere Fleckenreihen. Zwischen den hellen Flecken der Längsreihen befinden sich dunklere Schuppen, so daß besonders bei Jungtieren eine Querbänderung angedeutet ist, die sich auf dem Schwanz fortsetzt.
Steppenagamen verfügen über einen beachtlichen Farbwechsel: Die Männchen nehmen bei höheren Temperaturen oder Erregung eine dunkelblaue Unterseitenfärbung an, die im Kehl- und Brustbereich fast schwarz werden kann. Die Körperseiten verfärben sich violett und die Gliedmaßen bekommen blaue Querstreifen. Blaue Flecken treten auch auf dem Rücken auf. Der Schwanz nimmt eine gelb-orangefarbene Tönung an, die Querstreifen werden olivbraun. Die Grundfärbung der Weibchen kann von braun in bläuliches oder grünliches gelb umschlagen. Auf dem Rücken treten Längsreihen orange- bis rostbrauner Flecken aus der Grundfärbung hervor, der Schwanz nimmt einen gelblichbraunen Farbton an. Jungtiere zeigen tiefschwarze Flecken an den Halsseiten. Sie ähneln sonst bei etwas kontrastreicherer Zeichnung den Weibchen. Größe: Bis 30 cm.
Geographische Verbreitung: Westkaspische Vorkaukasusgebiete, S-Kasachstan bis M-Asien und NW-China, im Süden bis in die nördlichen Bereiche des Irans und Afghanistans.
Biologie und Ökologie: Steppen und Halbwüsten mit sandigen Böden, seltener auf Lehm- und Kiesböden. Bevorzugt werden Habitate mit strauchigem Bewuchs, Gräsern und xerophilen Gehölzen. Die Agamen nutzen die Bauten von Nagern als Unterschlupf. Sie leben

dort zeitweise in Paarbindung. Die tägliche Aktivitätsperiode ist nur im Hochsommer durch das Aufsuchen kühlerer Aufenthaltsplätze zur Mittagszeit unterbrochen, sonst ganztägig. Die jahreszeitliche Aktivität dauert von März bis Oktober, wobei die Weibchen vor den Männchen und den Jungtieren die Winterquartiere aufsuchen. Das Territorialverhalten ist sehr ausgeprägt.
Terrarium: Geräumiges Trockenterrarium.
Ausstattung: Sandboden mit wenigen trockenheitsunempfindlichen Hartlaubgewächsen und Gräsern.
Heizung: Bodenheizer und Strahlungsheizer bei Temperaturen von 25 bis partiell 40 °C. Es empfiehlt sich, ein Temperaturgefälle anzubieten, so daß sich die Tiere bei ausreichender Erwärmung in kühlere Terrarienbereiche zurückziehen können.
Licht: Tageslicht, Quecksilberdampflampen oder Leuchtstoffröhren mit relativ hohem Lux-Wert. Gelegentlich UV-Bestrahlung.
Futter: Käfer, Hautflügler, Schmetterlinge, Heuschrecken, Ameisen, Fliegen, Spinnen und Asseln, Blätter und Blüten. In Gefangenschaft die übliche Futterpalette von Zuchtgrillen, Heimchen, Wanderheuschrecken, Schaben bis zu nestjungen Mäusen, Früchten und Salat.
Feuchtigkeitsbedarf: Wasser wird beim täglichen Sprühen aufgenommen.
Überwinterung: Bei 5 bis 8 °C während der Monate November bis Februar im kühlgestellten Terrarium oder in speziellen Überwinterungsbehältnissen.
Nachzucht:
Paarung und Eiablage: Im Bereich des großen Verbreitungsgebietes beginnt die Paarungszeit unterschiedlich von April bis Juni. Die Legeperiode ist entsprechend differenziert, man fand von April bis in den August hinein Eiablagen. Je nach Vorkommen werden 2 bis 4 Gelege im Jahr produziert. Die Weibchen legen die 7 bis 15 Eier in Erdhöhlen ab. Die Eigrößen werden mit durchschnittlich 17 × 11 mm angegeben.
Inkubationszeit: Nach etwa 2 Monaten schlüpfen die Jungen mit einer Kopf-Rumpf-Länge von 32 bis 40 mm.
Aufzucht und Geschlechtsreife: Sie wachsen verhältnismäßig schnell heran und erreichen bereits nach einem Jahr die Geschlechtsreife.

Literatur:
HERBER, F. A. (1963): Bemerkungen zur Biologie und Pflege der Steppenagame, *Agama sanguinolenta*. Aquarien – Terrarien 10(10): 161–162.
LANGENWERF, B. (1979): Die Aufzucht von Echsen. elaphe 2: 15–17.
ORLOWA, W. F. (1981): Agama sanguinolenta (PALLAS, 1814) – Steppenagame. In: BÖHME, W. (Hrsg.): Handbuch der Reptilien und Amphibien Europas. 1, I, 149–160.
ROTTER, J. (1956): Die Bekanntschaft mit der Steppenagame. Aquarien – Terrarien 3(12): 373–375.
SUHR, E. (1972): Terrarienbeobachtungen an *Agama* und *Eremias*. Aquarien – Terrarien 19(11): 388.

Tupinambis teguixin
(LINNAEUS, 1758)
Bänderteju, E Common tegu, F Tégu commun, Guana negra, Jacuaru, Salompenter

Beschreibung: Der zu den Großtejus gehörende Bänderteju erreicht bei einer Kopf-Rumpf-Länge von etwa 50 cm maximal 1,40 m Länge und ist mit 1 m Länge schon ausgewachsen. Der Kopf ist spitz, beim Männchen in der Wangenregion wesentlich breiter als beim Weibchen und deutlich vom Hals abgesetzt. Der verhältnismäßig gedrungene Rumpf wird von kräftigen Gliedmaßen gestützt. Der Schwanz erreicht nicht ganz die doppelte Kopf-Rumpf-Länge und ist beim Männchen an der Wurzel breiter als beim Weibchen. Die Körperoberseite ist schwarzbraun mit leicht bläulichem Schimmer. Die beim Jungtier klare gelbe Querstreifung auf Hals, Rumpf und Schwanz verliert sich mit dem Wachstum durch Einlagerung dunkler Flecke, so daß beim adulten Tier eher von gelber Fleckung in Querbandanordnung gesprochen werden kann. Ein dunkler Kopfseitenstreif, der vor dem Auge beginnt, endet über dem Trommelfell. Er bleibt auch bei adulten Tieren erhalten. Die Rückenschuppen sind klein und körnig, die Bauchschuppen deutlich größer. Die Femoralporen sind deutlich ausgebildet. Größe: 100 bis 140 cm.
Geographische Verbreitung: Östliches Südamerika, von Kolumbien bis N-Argentinien, Paraguay und Uruguay. Neben der Nominatform wird nur **Tupinambis teguixin sebastiani** MÜLLER, 1968 von der brasilianischen Insel São Sebastio unterschieden.
Biologie und Ökologie: Waldgebiete mit lichtem Unterholz, Regenwald, Flußrandhabitate, Savannen, sommertrockene Wälder und Dornbuschwälder, buschiges Grasland und sandige Küstenbiotope, auch in landwirtschaftlich genutzten Bereichen. Die Tiere graben sich Erdhöhlen, die sie tagsüber zur Futtersuche verlassen, dabei durchstreifen sie relativ große Areale.
Terrarium: Der Größe der Tiere entsprechend sind die Mindestmaße des eher flachen als hohen Großraumterrariums. Für ein adultes Paar rechnet man minimal mit 2 bis 3 m² Bodenfläche bei etwa 1 m Höhe.
Ausstattung: Die Einrichtung ist der stark grabenden Lebensweise anzupassen. Eine Bodenfüllung aus Feinkies eignet sich besser als feinerdige oder humose Füllungen. Pflanzen werden stark in Mitleidenschaft gezogen, auch angefressen, deshalb eignen sich nur härteste Arten wie *Monstera deliciosa*, robuste *Philodendron*-Arten, Yuccas, Agaven (Stacheln kappen!) und ähnliche Gewächse, die man in Töpfen in den Bodengrund einbringt und deren Oberfläche man mit einem Drahtgeflecht gegen das Ausgraben sichert. Als Unterschlupf eignen sich

Tupinambis teguixin

halbierte Korkeichenröhren. Steinaufbauten sollten fest installiert sein, so daß keine größeren Platten die Tiere beim Graben gefährden können. Da die Tiere gern das Wasser aufsuchen, ist ein Wasserbecken von ausreichender Größe nötig.
Heizung: Lokal erwärmt man den Bodenteil mit einem Heizkabel oder einer Heizplatte. Darüber sollte sich ein Strahlungsheizer befinden, so daß Temperaturen von etwa 40 °C erreicht werden. Die Lufttemperaturen tagsüber hält man zwischen 22 und 28 °C, die Nachttemperaturen sollten nicht unter 18 °C fallen.
Licht: Beleuchtung mit Leuchtstoffröhren, ca. 40 W/m² bei 1 bis 1,40 m Bodenabstand. UV-Bestrahlung sollte regelmäßig ca. 10 bis 15 Minuten täglich hinzukommen.
Futter: Große Insekten wie Wanderheuschrecken, Riesenschaben, Grillen, Jungnager und Jungvögel, süßes Obst, Gemüse, Süßwasserfische, Eier. Die Nahrung muß mit Vitamin- und Mineralstoff-Präparaten angereichert werden.
Luftfeuchtigkeit: Nachts 70 bis 100 %, tagsüber bei 60 bis 80 %.
Nachzucht:
Paarung: Bei der Paarung umwirbt das Männchen das Weibchen mit ruckartigen Nickbewegungen und leichten Bissen in den Schwanz, wobei es zischende Laute von sich gibt. Das paarungswillige Weibchen reagiert durch heftiges Kopfschütteln und Anheben der Schwanzwurzel. Das Männchen hält das Weibchen mittels Nackenbiß und führt daraufhin den Hemipenis ein. Paarungen wurden von KÖHLER (1989) nur im November beobachtet.
Eiablage: Von August bis April. Die 4 bis 32 weißen, harthäutigen Eier sind 25 bis 31 × 42 bis 54 mm groß.
Inkubationszeit: Bei 30 °C und 80 bis 100 % Luftfeuchtigkeit beträgt die Zeitigungsdauer 152 bis 171 Tage.
Aufzucht: Die Jungtiere zieht man mit Insekten, süßem Obst und rohen Eiern unter der schon erwähnten Zugabe von Kalk-Vitamin-Präparaten und UV-Bestrahlung auf.

Literatur:
BILLIAU, F. (1970): Ervaringen met Teju's – Lacerta 29: 15–16.
FONTEYNE, J. J. DE LA (1964): Teju-'s. Lacerta 23: 18–20.
GUDYNAS, E. (1981): Some notes from Uruguay on the Behaviour, Ecology and Conservation of the Macroteiid Lizard *Tupinambis teguixin*. Bull. Chic. Herp. Soc. 16(2): 29–39.
HALL, B. J. (1978): Notes on the husbandry, behavior and breeding of captive tegu lizards, *Tupinambis teguixin*. Int. Zoo 18: 91–95.
KÖHLER, G. (1989): *Tupinambis teguixin* (LINNAEUS). Sauria Suppl. 11(1): 133–136.
KÖHLER, G. (1989): Lebensweise, Haltung und Nachzucht von *Tupinambis teguixin* (LINNAEUS, 1758). (Sauria: Teiidae). Salamandra 25: 25–38.
MATZ, G. (1977): Die Tejus der Gattung *Tupinambis*. DATZ 30: 172–174.
PRESCH, W. (1973): A Review of the Tegus, Lizard Genus *Tupinambis*, from South America, Copeia 1973: 740–745.
VOGEL, Z. (1962): Die Raubechsen Südamerikas. DATZ 15: 372–376.

Uromastyx acanthinurus
(BELL, 1825)
Veränderlicher Dornschwanz, E Spiny-tailed lizard, F Fouette-queue, I Uromastice dalla coda spinosa
WA II, EG C2

Beschreibung: Der Veränderliche Dornschwanz gehört zur Familie der Agamen (Agamidae). Der gesamte Körper des Dornschwanzes ist ein wenig abgeflacht, der Kopf deutlich vom Hals abgesetzt. Der Schwanz hat 17 bis 20 breite Wirtelschuppenreihen, die einzelnen Schuppen besitzen dornige Fortsätze. Die Körperbeschuppung besteht aus kleineren Schuppen. Die Gliedmaßen sind kurz und kräftig. Der Kopf erscheint ein wenig klein und kurz geraten. Hals und Rumpf zeigen gewöhnlich etliche Falten.
Die Färbung ist veränderlich, wie es der Name andeutet. Die Grundfärbung reicht von grau bis braun und ist mehr oder weniger deutlich gefleckt oder retikuliert. Es gibt bei den 6 Unterarten farbliche Unterschiede. Bei Erwärmung und entsprechendem Wohlbefinden färbt sich der Rücken gelblichgrün bis dunkelgrün oder gelb bis orange. Die Kopfoberseite und die Beine können dabei dunkel bis schwarz werden, Kehle und Kopfseiten weißlich. Teils treten orangefarbene Kreisflecken auf, teils bläuliche Farbtöne.
Geographische Verbreitung:
Uromastyx acanthinurus acanthinurus
BELL, 1825
NW-Afrika.
U. a. dispar
HEYDEN, 1827
Sudan.
U. a. flavifasciatus
MERTENS, 1962
Senegal.
U. a. geyri
MÜLLER, 1922
Zentralsahara: Hoggar- u. Ahaggar-Gebirge.
U. a. nigerrimus
HARTERT, 1913
S-Algerien.
U. a. werneri
MÜLLER, 1922
Marokko bis W-Algerien.

Uromastyx acanthinurus

Biologie und Ökologie: Dornschwänze bewohnen vegetationsarme Sand- und Geröllflächen oder Hochtäler und -ebenen. In Wüstenbereichen sind sie nur dort zu finden, wo ausreichende Taumengen die Wasserversorgung ermöglichen und sich eine Minimalvegetation halten kann. Auch Oasen dienen als Lebensraum.

Sie graben sich Höhlen in den Erdboden, in die sie sich bei Gefahr oder zu großer Hitze zurückziehen. Sie suchen auch Unterschlupf in Gesteinsspalten, aus denen sie schwer hervorzuziehen sind, da sie sich durch Aufblähen des Körpers verkeilen und den bewehrten Schwanz als Abwehrwaffe einsetzen. Den kurzen Winter verbringen die Dornschwänze geschützt in metertiefen Gängen oder Spalten. Im März kommen sie dann meist wieder zum Vorschein, dann kann man sie in der noch nicht allzu heißen Sonne ganztägig im Freien antreffen.

Die Fähigkeit zum Farbwechsel mit der geringeren Adsorbierung der Wärme im helleren Farbbereich und die unterschiedliche Ausrichtung der Körperstellung zur Sonne ermöglicht den Dornschwänzen eine zuverlässige Wärmeregulierung. So kann man sie morgens bei geringer Wärme in sehr dunkler Färbung mit abgeplattetem der Sonneneinstrahlung rechtwinklig entgegengestellter Körperfläche beobachten, wobei sie sich auf den Vorderfüßen aufrichten oder aber den Körper mit den jeweils rechten oder linken Beinen anheben. Bei stärkerer Erwärmung treten dann bald die hellen gelben oder orangenen Farbtöne auf, die die Sonneneinstrahlung stärker reflektieren, dann stellt sich der Dornschwanz meist schon so auf, daß die Sonne nicht mehr die volle Körperbreite trifft. Bei mehr als 45 °C öffnen die Tiere das Maul, die Atmung wird beschleunigt und die Wärmeregulierung erfolgt über die Wasserabgabe und dabei entstehende Verdunstungsabkühlung. Schließlich suchen die Tiere schattige Plätze auf und verkriechen sich in der größten Hitze in ihren Erdhöhlen.

Die Wasseraufnahme erfolgt vorwiegend über den Verzehr pflanzlicher Nahrung, die nur spärlich vorhanden ist. Deshalb haben Dornschwänze ein bemerkenswertes Wasserrecyclingsystem entwickelt. Die Hautbereiche der Kloake entziehen dem Urin und den anderen Ausscheidungen so viel Wasser wie möglich. Die dabei wiederaufgenommenen Salze werden dann durch salzabscheidende Drüsen in den Nasengängen wieder ausgeschieden. So kann man manchmal rund um die Nasenöffnungen regelrechte Salzkrusten beobachten. Eine Rückgewinnung von Wasser aus Fettvorräten unter der Haut durch Oxydationsvorgänge soll ebenfalls möglich sein.

Terrarium: Dornschwänze hält man am besten paarweise oder ein Männchen mit zwei Weibchen.
Ein geräumiges flaches Wüstenterrarium von etwa 2 m² Bodenfläche ist ausreichend.

Ausstattung: Wegen der Vorliebe zu graben, bietet man den Tieren eine mindestens 30 cm tiefe Bodenwanne, die mit leicht feuchtem bis trockenen Sand gefüllt ist. Einige große Steinplatten werden zu einem dekorativen Steinaufbau aufgeschichtet. Dabei ist darauf zu achten, daß diese nicht durch grabende Tätigkeit zusammenfallen und die Tiere verletzen können.

Auf Bepflanzung kann man verzichten, sonst eignen sich in Töpfen im Erdboden eingelassene Yuccas oder Agaven, Aloen und andere größer werdende Sukkulenten, die robust genug sind, der grabenden Aktivität der Agamen zu widerstehen.

Heizung und Licht: Möglichst viel Licht und Wärme, 25 bis 45 °C tagsüber und etwa 22 °C nachts, erreichen wir durch eine Aufstellung des Terrariums im direkten besonnten Zimmerbereich, durch eine ausreichende Anzahl von Leuchtstoffröhren und einigen kräftigen Wärmestrahlern.

Der Boden kann auch durch Heizplatten erwärmt werden. Es ist empfehlenswert, Unterschlupfplätze einzuplanen, die man regelmäßig leicht kontrollieren kann.

Futter: Während Jungtiere vermehrt Insekten zu sich nehmen, ist die Ernährung der Erwachsenen fast ausschließlich auf pflanzlicher Basis üblich. Frisches Obst, gelbe und rote Blüten, Kräuter und Salat bietet man in den Regenperioden an, während der Trockenzeit erhalten die Tiere trockene Blätter, Hülsenfrüchte und Samen, auch Pellets, die für pflanzenfressende Haustiere produziert werden und meist eine ausgewogene Beifügung von Mineralstoffen und Vitaminen besitzen.

Feuchtigkeitsbedarf: Das Trinkbedürfnis wird weitgehend durch die Aufnahme pflanzlicher Nahrung gestillt, die Tiere nehmen aber auch Wasser aus flachen Schalen auf und lecken Sprühwasser auf.

Überwinterung: Bei Zimmertemperaturen von 12 bis 18 °C. Dauert von November bis Mitte Februar.

Nachzucht:

Paarung: Nach der Überwinterung erwachen die Tiere bei steigenden Temperaturen und beginnen etwa einen Monat später mit der Paarung.

Eiablage: Von April bis Juni werden dann die bis zu 16 pergamentartigen etwa 20 × 36 mm großen Eier vom Weibchen in einer Erdhöhle oder unter Steinen abgelegt.

Inkubationszeit: Nach 86 bis 123 Tagen bei 28 bis 32 °C schlüpfen die ca. 7.5 cm großen Jungen.

Aufzucht: Diese nehmen erst nach einigen Tagen Nahrung zu sich und sind mit kleinen Insekten und Grünfutter unschwer aufzuziehen.

Literatur:

BORCHERT, U. (1971): Zur Haltung von Dornschwanz (*Uromastyx acanthinurus*) und Blauzungenskink (*Tiliqua scincoides*). DATZ 24(10): 248–251.

GRIMM, J. (1982): Nachzucht bei der nordafrikanischen Dornschwanzagame, *Uromastyx acanthinurus* BELL. Aquarien – Terrarien 29(2). 64–69.

GRIMM, J. (1986): Afrikanische Dornschwanzagamen, *Uromastyx acanthinurus* – Langjährige Erfahrung bei Haltung und Nachzucht. Aquarien – Terrarien 33(11): 384–386, 389.

KRABBE-PAULDURO, U., E. PAULDURO jr. (1988): Pflege und Nachzucht der Afrikanischen Dornschwanzagame *Uromastyx acanthinurus* BELL, 1825 (Sauria: Agamidae). Salamandra 24(1): 27–40.

MERTENS, R. (1962): Bemerkungen über *Uromastyx acanthinurus* als Rassenkreis (Rept. Saur.). Senckenb. Biol. 43(6): 425–432.

ORTLEPP-SCHUHMACHER, E., R. SCHUHMACHER (1988): *Uromastyx acanthinurus* BELL, 1825 – Nachzucht der Afrikanischen Dornschwanzagame – Sauria 10(4): 17–19.

ORTNER, A. (1989a): Pflegebedingungen und Nachzucht der Nordafrikanischen Dornschwanzagame (*Uromastyx acanthinurus* BELL, 1825). herpetofauna 11(59): 11–16.

ORTNER, A. (1989b): Wiederholte Nachzucht der Nordafrikanischen Dornschwanzagame (*Uromastyx acanthinurus* BELL, 1825). herpetofauna 11(63): 20–21.

WILMS, T., B. LÖHR, (1994): Die Nordafrikanische Dornschwanzagame – *Uromastyx acanthinurus* – Ökologie, Haltung und Zucht. elaphe 2(3). 25–29.

Varanus mertensi
(GLAUERT, 1951)
Australischer Wasserwaran, Mertens' Waran, E Mertens' water monitor, F Varan de Mertens
WA II, EG C2

Beschreibung: Dieser Wasserwaran besitzt im Verhältnis zum übrigen Körper einen relativ kleinen Kopf. Bei einer Gesamtlänge von etwa 100 bis 125 cm entfallen $^3/_5$ auf den langen, seitlich zusammengedrückten und unterseits doppelkantigen Schwanz. Die Gliedmaßen sind kräftig, die Zehen tragen lange gebogene Krallen, die zum Klettern hervorragend geeignet sind. Die Kopfschuppen sind größer als die Körperschuppen.
Die Grundfärbung der Oberseite ist ein Braunoliv bis Grauoliv, relativ dunkel mit zahlreichen sehr kleinen dunkel gerandeten fahlgelben Flecken auf Körper, Gliedmaßen und Schwanzwurzel. Manchmal sind diese Flecken auch hellgrau und können 10 bis 12 schwach ausgeprägte Querreihen bilden. Die Kopfseiten sind gelblich braun. Die Lippen haben teils undeutliche braune Querbalken. Der Schwanz trägt die Körpergrundfarbe oder ist etwas dunkler, teils gelbbraun und schwarzbraun gefleckt. Die Kehle ist gelblich, die Unterseite ist weißlich-gelb bis graugelb mit verschwommenen dunklen graubraunen Querbändern und Flecken, die auch ein netzartiges Muster bilden können. Von der etwas kleineren ähnlichen Art *V. mitchelli* MERTENS, 1958 unterscheidet er sich durch den robusteren Körperbau und das Fehlen der ausgeprägten unterseitigen Zeichnungselemente, die bei *V. mitchelli* besonders durch dunkle Kehlbalken und graue Querbänder auffallen.

Geographische Verbreitung: Nördliches W-Australien bis N-Queensland.

Biologie und Ökologie: Mertens Wasserwaran bewohnt verschiedenartige Biotope, ist aber immer an fließende oder stehende Gewässer gebunden. So beobachteten ihn SCHÜRER & HORN (1976) an langsam fließenden, schilfbewachsenen Bächen mit sandigen, schlammigen oder felsigen Uferabschnitten und begleitendem Baumbewuchs.
Ferner kam er an einem Stausee mit weitgehend vegetationslosen, steilen und felsigen Ufern vor, außerdem an einem schnellfließenden Fluß mit Pandanusbewuchs und sandigen Ufern und teilweise aus dem Wasser ragenden Felsen. Er lebt nach BUSTARD (1970) und SCHMIDA (1985) an Billabongs, jenen nicht austrocknenden Bachlaufbereichen, die nur nach Regenfällen Fließwasser führen und deren Ufer oft mit Grasbeständen bewachsen und von Eukalyptusbäumen gesäumt sind. Die Tagestemperaturen schwankten in diesen Biotopen zwischen 12 °C nachts und 28 °C am Tage während des australischen Winters (Ende Mai). Die Wassertemperatur betrug 17 °C, an den Sonnenplätzen herrschten 21,5 °C. Die rel. Luftfeuchtigkeit bewegte sich zwischen 39 und 53 %. Die geringsten Niederschläge fallen von Juli bis September, Januar und Februar ist die Zeit der höchsten Niederschlagsmengen, die Zeit des Nordwest-Monsuns. Regenfälle von 1500 mm entlang der Nordküste sind als normal zu betrachten. Die im Januar durchschnittlichen Tagestemperaturen von 32 °C fallen dann bis zum Juli auf Durchschnittswerte von 19 °C. Die Fortpflanzung findet von April bis Oktober statt.
Im natürlichen Habitat kann man die Wasserwarane oft auf aus dem Wasser ragenden Felsen, am schilf- oder grasbestandenen Ufer oder auch auf schräg über das Wasser ragenden Ästen beobachten, von denen sie sich bei Annäherung mehr oder weniger geräuschvoll ins Wasser stürzen oder in der Ufervegetation verschwinden. Dabei können sie im Wasser hervorragend schwimmen und auch für eine Weile unter Wasser verharren. So gehen sie auch unter Wasser der Nahrungssuche nach und erbeuten Fische, Frösche und Süßwassergarnelen. Dabei bewegen sie sich vierfüßig über den Boden des Gewässers. Beim Schwimmen im Flachwasser verwenden sie Schwanz und Gliedmaßen, im tiefen Wasser legen sie die Beine an den Körper an und verwenden nur den seitlich abge-

Varanus mertensi

flachten Ruderschwanz als Antrieb, oft ragt dabei nur der Kopf über die Wasseroberfläche. Ruhezeiten verbringen die Warane in natürlichen Höhlungen wie hohlen Baumstämmen und Felsspalten. Wasserwarane zeigen bei Störungen ein interessantes Droh- und Angriffsverhalten, wobei sie züngeln und fauchen, den hellgelben Kehlsack bei leicht gesenktem Kopf und aufgerichtetem Körper aufblähen, den Schwanz schlagbereit seitlich aufrollen und im Aggressionsfall damit auch empfindliche Schläge verteilen.

Terrarium: Wie wir aus dem Abschnitt Ökologie entnommen haben, benötigen die Wasserwarane ein Großterrarium, wie es ihnen nur die wenigsten Terrarianer bieten können. Bedenken wir auch, daß die Tiere recht große Territorien in ihrem Naturhabitat bewohnen und ihre natürliche Aktivität nur in entsprechenden Anlagen zeigen werden, so offenbart sich einmal mehr die Fragwürdigkeit der Terrarienhaltung von Großechsen beim Normalterrarianer. Dies gilt für die Warane ebenso wie für die Leguane oder Panzerechsen. Häufig werden im Tierhandel junge Tiere angeboten, die schon in relativ kurzer Zeit eine Größe erreichen, die für die Zimmerterraristik nicht mehr geeignet erscheint. Die Folge ist die unsachgemäße Unterbringung in viel zu kleinen Terrarien oder die baldige Trennung von den Pfleglingen, was ein weiteres Problem darstellt. Die Verfasser können die Pflege solcher Echsen nur demjenigen empfehlen, der angesichts dieser Umstände bereit ist, sich verantwortungsbewußt und intensiv mit dem notwendigen Platzaufwand der Pflege zu widmen. Für den Anfänger sind diese Tiere keinesfalls geeignet.

Ausstattung: Wir empfehlen für die Unterbringung eine Terrarienanlage von zwei bis drei m² Bodenfläche, deren eine Hälfte aus einem Wasserbecken mit langsam ansteigendem Uferbereich und herausragenden Felsen besteht. Die Wassertiefe sollte bis etwa 50 cm betragen, damit die Tiere ihre Schwimm- und Tauchfähigkeiten zeigen können. Mit Hilfe von starken Pumpen und Filtern läßt sich das Wasser reinigen und in langsamer Bewegung halten. Ein regelmäßiger Wasserwechsel im Abstand einiger Wochen ist anzuraten.

Die technischen Voraussetzungen für Zufluß und Abfluß sowie Heizung sollten schon beim Bau einer solchen Großanlage in allen Details eingeplant werden. Dabei ist auch an ein kontinuierliches Gefälle am Wasserboden zu achten, um anfallenden Schmutz an der tiefsten Stelle absaugen zu können.

Der Bodenteil wird in Ufernähe mit mittelgrobem Kies, im übrigen Bereich mit torfig-humosem Bodengrund gefüllt. *Pandanus, Dracaena, Cordyline* und *Ficus*-Arten können als größere Bodenpflanzen im Bodengrund getopt eingelassen werden. Die Töpfe werden, um sie gegen das Ausgegrabenwerden zu schützen, oben mit Drahtgeflecht abgesichert und bis auf den Terrarienboden gesetzt, so daß sie oberirdisch nicht sichtbar wird.

Die übrige Einrichtung besteht aus einigen halb im Boden versenkten oder aufliegenden Korkeichenröhren und einem kräftigen Klettergeäst, das auch von derben Rankern, die der Bewegungsaktivität der Warane widerstehen können, etwa *Ficus pumila, Ficus sagittata* oder *Epipremnum pinnatum 'Aureum'* bewachsen sein kann.

Heizung und Licht: Die Beleuchtung mittels Tageslicht, zusätzlichen Leuchtstoffröhren und HQL-Strahlern und die Heizung mittels Heizplatten im kiesigen Bodenteil und eventuell zusätzlichen punktuellen Heizstrahlern sorgt für die nötigen Licht- und Wärmewerte. Letztere sollten am Sonnenplatz 35 bis 38 °C betragen, im Luftraum 24 bis 26 °C und im Wasser 26 bis 30 °C. Einen tageszeitlichen Wechsel erreicht man durch Abschalten der zusätzlichen Heizquellen während der Nacht, eventuell in Koppelung mit der Beleuchtung.

Futter: Als Futter bieten wir vorwiegend kleinere Fische, die lebend in das Wasserbecken gesetzt werden oder tot von der Pinzette verfüttert werden können. Schürer & Horn (1976) geben 10 bis 16 cm lange und 10 bis 40 g schwere Futterfische als Idealgröße an. Kleine Futterfrösche, die nicht der Natur entnommen sein dürfen, und nestjunge Mäuse ergänzen die Futterpalette. Zusätzlich kann man es auch mit aufgetauten Gefriershrimps versuchen, die aber aufgrund des höheren Salzgehalts nicht immer genommen und anderenfalls auch nicht zu häufig verfüttert werden sollten. Die übliche Vitaminisierung und Mineralstoffanreicherung erfolgt über die Futtertiere. UV-Bestrahlung wöchentlich regelmäßig zweimal ca. 20 Minuten lang.

Nachzucht:
Paarung: Eidenmüller konnte 1988 beobachten, wie die Paarung erfolgte. Dabei lief das männliche Tier unruhig hinter dem weiblichen her, verfolgte das anfangs fliehende Weibchen bis ins Wasser. Bei der Kopulation schob sich das Männchen auf das Weibchen und kopulierte in der für Warane üblichen Art. Alle weiteren 5 an diesem Tage beobachteten Kopulationen fanden im Wasser statt.

Eiablage: Nach 21 Tagen begann das Weibchen mit der Ablage von sechs 3 × 6 bis 6,5 cm großen Eiern im feuchten Sand eines 35 × 40 × 40 cm großen auf 27 bis 30 °C beheizten Schlupfkastens.

Inkubationszeit: Die Eier wurden in Perlit und Vermiculit gebettet und bei 95 % Luftfeuchte und etwa 27 °C inkubiert. Die in Vermiculit inkubierten Eier schlüpften nach 265 bis 288 Tagen, die in Perlit inkubierten in 298 und 316 Tagen. Die Schlupfgrößen lagen zwischen 29,4 und 31 cm, die Schlupfgewichte zwischen 25,9 und 29,5 g.

Bei Brotzler (1965) legten die Tiere 13 hühnereigroße, weichschalige Eier ab. Die Jungtiere schlüpften bei Inkubationsbedingungen von 29 °C in Sphagnum und 30 °C in einem Torf-Sand-Gemisch nach 182 bis 217 Tagen. Bustard (1970) berichtete von Gelegen zwischen zehn und 14 Eiern.

Aufzucht: Die Jungen nahmen nach 5 bis 10 Tagen erstmals Nahrung in Form von kleinen Fischen, Jungmäusen, Grillen und Heuschrecken an, die regelmäßig vitaminisiert und mineralisiert wurde.

Literatur:
Brotzler, A. (1965): Mertens-Wasserwarane züchteten in der Wilhelma. Feunde Kölner Zoo, Köln, 8(3): 89.
Bustard, R. (1970): Australian Lizards. Collins, Sydney, London.
Eidenmüller, B. (1990): Beobachtungen bei der Haltung und Nachzucht von *Varanus (varanus) mertensi* Glauert, 1951. Salamandra 26(2/3): 132–139.
Glauert, L. (1951): A new *Varanus* from East Kimberley. West Austr. Naturalist 3(1): 14–16.
Horn, H.-G. (1976): Mangelerscheinungen bei der Haltung von Waranen. Salamandra 12(1): 159–161.
Peters, U. (1970): Observations on *Varanus mertensi* and *Varanus mitchelli* in captivity. – Bull. Zoo Management 2(2): 20–22.
Peters, U. (1971): *Varanus mertensi* (Glauert) in Gefangenschaft. Aquarien – Terrarien 18(6): 192–193.
Schürer, U., H. G. Horn (1976): Freiland- und Gefangenschaftsbeobachtungen am australischen Wasserwaran, *Varanus mertensi.* Salamandra 12(4): 176–188.

Varanus prasinus
(SCHLEGEL, 1839)
Smaragdwaran, E Emerald monitor, F Varan émeraudin
WA II, EG C2

Beschreibung: Dieser nur etwa 80 cm groß werdende Waran zählt sicher zu den schönsten Vertretern seiner Gattung. Sein recht schlanker Körper mit langen Gliedmaßen und einem sehr langen Greifschwanz kennzeichnen ihn als Baumbewohner. Die Grundfarbe ist ein lebhaftes gelbliches Laubgrün, Inselformen und die australischen Populationen hingegen sind melanistisch. Die Oberseite der grünen Tiere ist mit schwarzen, von der Rückenmitte schräg nach vorn auf die Körperseiten herablaufenden Streifen versehen, die im vorderen Körperabschnitt breiter und deutlicher ausgeprägt sind, als im hinteren Bereich. Diese Streifen sind teilweise im Mittelbereich aufgehellt. Außer diesen Streifen befinden sich noch zahlreiche kleine schwarze Punktflecke auf dem Körper. An den hinteren Kopfseiten bilden sie manchmal schmale Längsstreifen, die bis über die Ohröffnung reichen. Die Unterseite ist grünlich gelb, die Kehle mit leichter grauer Streifung versehen. Die melanistischen Exemplare zeigen bläulich grüne Färbungen im Bereich zwischen Schnauzenspitze und Augen und teilweise einen gelblichen Hinteraugenstreifen.
EIDENMÜLLER & WICKER (1993), denen die Aufzucht von *Varanus prasinus beccarii* gelang, berichten, daß die Jugendfärbung dieser Unterart auf dunklem Grund 10 bis 12 Rücken-Querreihen von gelbgrünen Punkten trägt, die auf den Kielen der Schuppen stehen und im Abstand von zwei bis drei Schuppenreihen quer über den Körper laufen. Nur der Kopf war einheitlich schwarz gefärbt. Diese Jugendfärbung verlor sich mit fortschreitendem Wachstum nach drei bis vier Monaten zugunsten einer einheitlichen lackschwarzen Gesamtfärbung.
Geographische Verbreitung: Neuguinea und umliegende Inseln, Australien: Cape York Peninsula, Torres Straight Islands in Queensland. (Nach SPRACKLAND 1991, *Varanus teriae* sp. nov.)

Varanus prasinus prasinus
(SCHLEGEL 1839)
Papua-Neuguinea.
V. p. beccarii
DORIA, 1874
Aru-Insel, südwestlich von Neuguinea.

Varanus prasinus

V. p. bogerti
MERTENS, 1950
Trobriand-Insel und Inseln des Entrecasteaux-Archipels südöstlich von Neuguinea.
V. p. kordensis
MEYER, 1974

Biologie und Ökologie: Smaragdwarane sind ausgesprochene Baumbewohner, sie halten sich vorwiegend im Blattbereich von Bäumen der tropischen Regenwälder auf, wo sie vom Flachland bis in Höhen von über 500 m vorkommen. Die tagaktiven Tiere besitzen einen echten Greifschwanz, mit dem sie sich beim Klettern gut festhalten können. GREENE (1986) stellte an Magenuntersuchungen fest, daß sich die Tiere in der Natur hauptsächlich von Laubheuschrecken ernährten. Möglicherweise werden die Eier in Baumhöhlen, die den Tieren auch zum Unterschlupf dienen, abgelegt.
Terrarium: Tropisches Regenwaldterrarium von mindestens 200 × 80 × 140 cm für die Haltung von einem Paar. Dieses Terrarium kann der Idee von EIDENMÜLLER & WICKER (1993) folgend in der Mitte durch eine Trennwand mit Durchgangsöffnungen, die bei Bedarf zur Trennung der Tiere geschlossen werden können, versehen werden.
Ausstattung: Bodengrund aus lockerer humoser Erde mit Rindenmulchauflage. Bepflanzung mit nicht zu empfindlichen Boden- und Rankpflanzen wie bei *V. mertensi* GLAUERT, 1951. Reichlich Klettergeäst aus nicht zu dünnen, sowohl senkrecht als auch waagerecht verlaufenden Ästen.
Luftfeuchtigkeit: Tägliches Übersprühen, so daß eine rel. Luftfeuchte von 60 bis 70 % am Tage und 80 bis 90 % nachts erreicht wird.
Heizung: Als Heizung empfiehlt sich ein in den Bodengrund zusätzlich eingelassenes Bodenheizkabel, das man in den unbepflanzten Bereichen verlegt. Die Terrarientemperaturen sollten am Tage bei 25 bis 28 °C liegen, nachts können sie um 5 °C absinken. Ein Aufwärmplatz unter einem Strahlungsheizer sollte den Tieren die Möglichkeit geben, auch höhere Temperaturbereiche bis etwa 35 °C aufzusuchen. Das durch die Terrariumhöhe bedingte Temperaturgefälle erlaubt den Tieren ohnehin, individuell optimale Temperaturbereiche zu nutzen.
Licht: Die Beleuchtung erfolgt mittels Leuchtstoffröhren.
Futter: Fütterung mit Laub- und Feldheuschrecken, Grillen, Heimchen und halbwüchsigen Wanderheuschrecken, Schaben und anderen Insekten und deren Larven sowie mit nestjungen Mäusen, die stets mit Mineralstoff-Vitamin-Präparaten angereichert werden.
Nachzucht:
Paarung: Bei EIDENMÜLLER & WICKER (1993) erfolgten die Paarungen von Mitte Dezember bis Anfang Januar. Dabei verfolgte das Männchen das Weibchen mehrere Stunden lang, um sich dann zu verpaaren. Bei der Kopulation hingen die Tiere ca. 90 Minuten lang mit geschlossenen Augen an der Kork-Rückwand des Terrariums, danach nahmen die Tiere kaum Notiz voneinander.
Eiablage: Anfang März erfolgte dann in einer Naturstamm-Nisthöhle von 45 cm Höhe mit einem Durchmesser von 25 cm und einem 5 cm großen Einschlupfloch die Ablage von fünf 1,5 × 4,5 cm großen Eiern in einem Substrat aus Rindenmulch.
Inkubationszeit: Die Eier wurden in Perlit und Vermiculit bei 27 bis 30 °C inkubiert. Innerhalb von 172 bis 203 Tagen schlüpften die Jungtiere in einer Größe von 13,3 bis 15,4 cm und mit einem Gewicht von 10,7 bis 12,6 g.

Literatur:
CARLZEN, G. (1982): Breeding green tree monitors. South West. Herp. Soc. J., 12(2): 4–6.

CZECHURA, G. V. (1980): The emerald monitor *Varanus prasinus* (SCHLEGEL): An addition to the Australian mainland herpetofauna. Mem. Qld. Mus., Brisbane 20(1): 103–109.
EIDENMÜLLER, B., R. WICKER (1993): *Varanus (Odatria) prasinus beccarii* (DORIA, 1874), Pflege und Zucht, Salamandra 28(3/4): 171–178.
GARRETT, C. M., M. C. PETERSON (1991): *Varanus prasinus beccarii* behaviour. Herp. Rev. 22(3): 99.
GREENE, H. W. (1986): Diet and arboreality in the emerald monitor, *Varanus prasinus*, with comments on the study of adaptation. Fieldiana: Zool. New Ser. 31: 1–12.
MANN, H.-J. (1976): Zur Behandlung eines Smaragdwarans *Varanus prasinus*. Salamandra 12: 206.
SPRACKLAND, R. G. (1991): Taxonomic review of the *Varanus prasinus* group with description of two new species. Mem. Qld. Mus. 30(3): 561–576.
WANNER, M. (1991): Black tree monitor hatch at Fort Worth Zoo. AAZPA Comm., Aug. 1991: 17.

Varanus storri
(MERTENS, 1966)
Storrs Waran, Storrscher Zwergwaran, E Ridge-tailed monitor, Dwarf monitor, F Varan nain
WA II EG C1

Beschreibung: Dieser nur 30 bis 44 cm lang werdende Zwergwaran hat einen bauchseits abgeflachten, robusten Körper mit dickem, stark bestacheltem Schwanz. Die Gliedmaßen und der Schwanz sind bei der Unterart *V. s. ocreatus* etwas länger als bei der Nominatform. Außerdem besitzt sie vergrößerte Schuppen auf der Innenseite der Unterschenkel an den Hintergliedmaßen sowie eine geringere Anzahl dorsaler und ventraler Schuppenquerreihen. Die Grundfarbe ist ein helleres bis dunkles, manchmal rötliches Braun mit einer mehr oder weniger diffusen netzartigen Zeichnung oder Fleckung. Ein dunkler, teils hell gesäumter Kopfseiten-Streifen zieht sich vom Auge bis oberhalb der Ohröffnung. Die Schnauze kann durch senkrechte unregelmäßige, dunkle Streifen oder Flecken gezeichnet sein. Die Kehle ist gelblich, die Unterseite insgesamt etwas heller als die Oberseite.
Von der nahe verwandten Art *Varanus primordius* MERTENS, 1942 ist *V. storri* durch die bei jener Art graue Grundfärbung und den schwächer bestachelten Schwanz unterschieden.

Geographische Verbreitung: N-Australien.

Varanus storri ocreatus
STORR, 1980
Nördliches W-Australien: Kimberley-Distrikt, und angrenzendes Nordterritorium.

Varanus storri storri
MERTENS, 1966
NO-Queensland um Charters Towers.

Biologie und Ökologie: Beide Unterarten bewohnen lichte Trockenwälder, wo sie besonders in lockeren Felsformationen zu finden sind. Sie graben sich unter Steinen ihre Erdhöhlen oder verkriechen sich in Felsspalten. Dabei benutzen sie den stachligen Schwanz, um den Höhleneingang schützend zu verschließen. Als natürliches Futter dienen hauptsächlich Arthropoden und kleinere Echsen. Das tropische Klima ist wechselfeucht, die Temperaturen reichen von 10 bis 42 °C. Die Trockenzeit umfaßt etwa 6 Monate. Nach SCHMIDA (1985*) leben die Tiere gesellig.

Terrarium: Im Terrarium sind die Tiere zum Teil recht aggressiv untereinander, so daß es sich empfiehlt, sie außerhalb der Paarungszeit einzeln zu halten. Die benötigte Grundfläche ist 1 m² für ein Paar, bei Einzelhaltung reicht eine Terrariengröße von 80 × 50 × 60 cm. Da alle Warane in der Natur weite Streifzüge durch ihre zum Teil recht großen Territorien unternehmen, ist die obere Grenze des räumlichen Angebots so groß wie möglich anzusetzen.

Ausstattung: Der Bodengrund besteht aus Feinkies oder gewaschenem Flußsand. Ein Teil der Bodenfläche wird mit einer Heizmatte erwärmt. In den nicht erwärmten Teil kann man einige Topfpflanzen in den Bodengrund einlassen. Die Töpfe sind oben mit Drahtgeflecht abzusichern, damit die Tiere sie nicht bei ihren beliebten Grabetätigkeiten zerstören. Man kann aber auch ganz auf eine Bepflanzung verzichten. Ein Steinaufbau aus miteinander verklebten Sandsteinplatten, der nicht von den Tieren untergraben werden kann, wird vor der Einfüllung des Bodengrundes so verankert, daß die dadurch geschaffenen Schlupfwinkel leicht vom Pfleger kontrolliert werden können. Einige derbe Kletteräste ergänzen die Ausstattung.

Heizung und Licht: Die Beleuchtung erfolgt durch Tageslicht und Leuchtstoffröhren. Ein Heizstrahler erwärmt einen Sonnenplatz auf etwa 35 °C.

Futter: Als Futter bieten wir eine möglichst große Auswahl an Insekten wie Grillen, Feldheuschrecken, Heimchen, Wanderheuschrecken, Wachsmottenlarven, Spinnen und nestjunge Mäuse. Dieses Futter wird stets mit einem Mineralstoff-Vitamin-Präparat bestäubt. Dazu kann man wasserlösliche Zusatzstoffe auch über das Trinkwasser verabreichen.

Feuchtigkeitsbedürfnis: Für das Trinkwasser installieren wir oberhalb des Bodengrundes ein abnehmbares Trink-

Varanus storri

gefäß an einer der Seitenwände. Ansonsten wird täglich übersprüht.
Nachzucht: Die Zucht dieses Zwergwarans ist bereits mehrfach gelungen.
Paarung: EIDENMÜLLER & HORN (1985) berichten, daß das Männchen sich vor der Kopulation züngelnd und etwas ruckartig auf der Suche nach dem Weibchen durch den Behälter bewegte, wobei das Weibchen anfangs flüchtete. Im Laufe einiger Tage kam es dann zu Paarungen, wobei das Männchen das Weibchen ohne den bei Echsen häufigen Nackenbiß nur mit den Beinen hält. Paarungen können anscheinend das ganze Jahr über erfolgen.
Eiablage: Nach etwa 2 Monaten legt dann das Weibchen durchschnittlich drei bis vier etwa 10 × 25 bis 19 × 32 mm große weichschalige Eier. Die Gelegegröße soll zwischen 2 und 7 Eiern variieren.
Inkubationszeit: Nach 100 bis 110 Tagen schlüpfen bei 28 bis 29 °C und 100 %iger Luftfeuchte aus den in Vermiculit gelagerten Eiern die 12 bis 14 cm großen Jungtiere. Diese sind markanter gefärbt als die Erwachsenen. Sie zeigen einen deutlichen, dunklen Kopfseitenstreifen und auf dunklem Grund auf dem Körper helle gelbliche Flecken, auf dem Schwanz eine entsprechende Querbänderung.
Aufzucht: Man füttert sie anfangs mit kleinsten Insekten, die stets mit Kalk und Vitaminen angereichert werden. Auch eine regelmäßige UV-Bestrahlung mindestens zweimal wöchentlich aus 1 m Entfernung 15 bis 20 Minuten lang ist nötig.
Geschlechtsreife: In Gefangenschaft werden die Jungen nach 1,5 bis 2 Jahren geschlechtsreif.

Literatur:
BARTLETT, R. D. (1982): Initial Observations on the Captive Reproduction of *Varanus storri* MERTENS. Herpetofauna, Sydney, 13(2): 6–7.
EIDENMÜLLER, B. (1994): Bemerkungen zur Haltung und Zucht von *Varanus acanthurus* BOULENGER, 1885, *V. storri* MERTENS, 1966 und *V. gilleni* LUCAS & FROST, 1895. herpetofauna 16(88): 6–12.
EIDENMÜLLER, B., H.-G. HORN (1985): Eigene Nachzuchten und der gegenwärtige Stand der Nachzucht von *Varanus (Odatria) storri* MERTENS, 1966 (Sauria: Varanidae). Salamandra 21(1): 55–61.
FLUGI, U. (1990): Bericht über die Haltung und Nachzucht des Storr'schen Zwergwarans (*Varanus storri* MERTENS, 1966). herpetofauna 12(67): 31–34.
MUDRACK, W. (1969): Paarung und Eiablage bei *Varanus storri* (MERTENS, 1966). Aqua – Terra 6: 25–28.
PETERS, U. (1969): Fang und Haltung von *Varanus storri*, *V. timorensis similis* und *V. semiremex*. Aquarien – Terrarien 16(10): 338–340.
RESE, R. (1986): *Varanus storri* MERTENS. Sauria Suppl. 8(3): 55–56.
RESE, R. (1984): Der Zwergwaran *Varanus storri*. Sauria 6(1): 33–34.
STIRNBERG, E., H.-G. HORN (1981): Eine unerwartete Nachzucht im Terrarium: *Varanus (Odatria) storri* (Reptilia: Sauria: Varanidae). Salamandra 17(1/2): 55–62.
STORR, G. M. (1980): The monitor lizards (genus *Varanus* MERREM, 1820) of Western Australia. Rec. West. Aust. Mus. 8: 237–293.

Xantusia vigilis
(BAIRD, 1858)
Wüsten-Nachtechse, E Desert night lizard, F Xantusie du désert

Beschreibung: Die den Geckos verwandten Nachtechsen besitzen wie jene eine senkrechte Pupille. Bewegliche Augenlider fehlen. Die samtweiche Haut ist auf dem Rücken mit kleinen runden Schuppen und auf der Bauchseite mit rechteckigen größeren Schildern besetzt. Auch die Kopfschilder sind groß. Der Körper selbst ist abgeflacht, der Schwanz rundlich. Die Gliedmaßen tragen schlanke Zehen mit scharfen Krallen. Die Färbung der Oberseite ist gelblich, orange, braun oder olivfarben mit zahlreichen kleinen dunklen Punkten, die auch zu Linien zusammenlaufen können. Hinter dem Auge teils mit hellem, dunkelgesäumten Streifen, der bis zum Vorderbeinansatz reicht. Der Schwanz bricht leicht ab, wird aber gut regeneriert, bei den etwas kleineren Männchen ist er kürzer und kräftiger als bei den Weibchen. Größe: 10 bis 13 cm.
Geographische Verbreitung: Südwestliche USA bis Mexiko.

Xantusia vigilis vigilis
BAIRD, 1858
Südliches Nevada, südwestliches Utah, nordwestliches Arizona und Californien, nördliches Baja California (Mexico).
Xantusia arizonae
KLAUBER, 1931
Z-Arizona, besitzt heute Artstatus.
Xantusia v. gilberti
VAN DEN BURGH, 1895
Nordwestliches Mexico: Baja California: Sierra giganta bis Cape San Lucas.
Xantusia v. sierrae
BEZY, 1967
S-Californien: Südwestliche Ausläufer der Sierra Nevada.
Xantusia v. utahensis
TANNER, 1957
Utah: Garfield County.
Xantusia v. wigginsi
SAVAGE, 1952
Nordwestliches Mexico: Baja California: Sierra San Pedro Martir bis Sierra Giganka.

Xantusia vigilis

Biologie und Ökologie: Während die Mehrzahl der Nachtechsenarten wirklich nachtaktiv ist, kann man *X. vigilis* eher als tag- bis dämmerungsaktiv bezeichnen, was sich bis in die frühen Nachtstunden hinziehen kann. Die Tiere bewohnen Trockengebiete von der Küste bis in Höhen von über 3000 m. Hier findet man sie oft unter Steinen oder auch in und unter zerfallenden *Yucca*-Stämmen. Sie verfügen über einen physiologischen Farbwechsel, am Tage meist dunkler gefärbt, erscheinen sie bei Dunkelheit heller und kontrastreicher. Als Futter dienen ihnen verschiedenartige kleinere Gliedertiere, unter anderem auch Termiten und Ameisen, Käfer, kleine Falter sowie Spinnen. In Gefangenschaft sind sie aber nicht auf Ameisen und Termiten angewiesen.

Die Paarungszeit reicht in Kalifornien von Ende Mai bis Anfang Juni. Ein bis drei, meist zwei Jungtiere werden nach viermonatiger Tragzeit in Rückenlage mit dem Schwanz voraus geboren. Dabei helfen die Weibchen durch das Ziehen an der Eimembran. Das Jungtier befreit sich dann schnell durch heftige Körperbewegungen, zu denen es manchmal durch das Anstoßen des Weibchens mit der Schnauze angeregt wird. Die Eimembran wird vom Weibchen verzehrt. Geschlechtsreif werden die Männchen in der Natur nach zwei, die Weibchen nach drei Jahren.

Terrarium: Den Nachtechsen richtet man ein Trocken-Terrarium von etwa 60 × 40 × 45 cm Größe ein.

Ausstattung: Rück- und Seitenwände felsähnlich modelliert. Als Unterschlupfplätze kleine hohle Korkeichenäste oder die im Blumenzubehörhandel gelegentlich erhältlichen verholzten Kakteenröhren oder aber geschichtete Steinplatten. Als Bepflanzung kommen kleine Agaven und ähnliche sukkulente Pflanzen in Betracht, die dem Halbwüstencharakter des natürlichen Habitats entsprechen. An höheren Gewächsen können auch trockenheitsverträgliche Zwerggehölze und Gräser verwendet werden.

Heizung und Licht: Der Boden wird teilweise mit einem Heizkabel oder einer Heizplatte erwärmt. Die Temperaturen im Terrarium sollten durchschnittlich 26 °C betragen. Ein Spotstrahler wird so angebracht, daß die Tiere sich auch Plätze bis zu 32 °C aussuchen können. Den bepflanzten Teil des Bodengrundes halten wir etwas feuchter als die sandigen Restflächen. So verteilen wir auch die Unterschlupfplätze, damit sich die Tiere den optimalen Temperatur- und Feuchtigkeitsgrad aussuchen können. Nachts sorgen wir für einen Temperaturrückgang um 8 bis 12 °C.

Futter: Als Futter dienen alle kleineren und mittleren Insekten, wie Feldheuschrecken, Heimchen und halbwüchsige Grillen, Wachsmottenlarven, Kleinschmetterlinge und ihre Larven, kleine Schaben und Spinnen. Gelegentlich wird auch Grassaat und andere pflanzliche Nahrung genommen.

Feuchtigkeitsbedürfnis: Eine kleine Wasserschale für das Trinkbedürfnis sollten wir anbieten, die Tiere lecken sonst das Sprühwasser, das dem im natürlichen Habitat anfallenden morgendlichen Tau entspricht.

Überwinterung: Die Wintermonate über können wir für 6 bis 10 Wochen die Temperaturen auf 12 bis 15 °C herunterfahren, die Tiere verbringen dann eine Winterruhe, bis Anfang Februar die Licht- und Wärmewerte wieder ansteigen. Bei Tieren aus höheren Lagen können die Temperaturen auch tiefer liegen. Die Bodenheizung wird in dieser Zeit abgestellt.

Nachzucht: Die Fortpflanzung ist mehrfach gelungen.

Paarung und Tragzeit: Nach der Winterruhe setzt auch im Terrarium die Paarungszeit ein, sie kann hier etwas eher stattfinden als in der freien Natur. Dann werden meist ein bis zwei, sehr selten drei 22 bis 24 mm Kopf-Rumpf-Länge messende Jungtiere geboren. Die Tragzeit dauert etwa 4 Monate.

Zonosaurus haraldmeieri

Zonosaurus haraldmeieri
(BRYGOO & BÖHME, 1985)
Grüne Ringel-Schildechse

Beschreibung: Größe etwa 30 bis 40 cm bei einer durchschnittlichen Kopf-Rumpf-Länge von 14 cm. Kopf nur durch die Beschilderung vom Körper abgesetzt. Körper besonders im Bereich der Hintergliedmaßen abgeflacht und absatzlos in den Schwanz übergehend. Körperseiten mit einer deutlichen Längsfalte. Rückenbeschuppung in regelmäßigen von der Rückenmitte ausgehenden Querreihen rechteckiger glatter Schuppen. Bauchseite mit auffällig dachziegelartig überlappenden Schuppen. Färbung der Oberseite gelblich grün bis olivgrün, auf dem Schwanz in bräunliche Töne übergehend. Flanken schmutzigweiß, hellgrau bis graubraun. Rücken, Flanken und Gliedmaßen mit zahlreichen kleinen schwarzen Flecken in Quer- und Längsreihen. Kopfoberseite und Schnauzenspitze orange- bis gelbbraun, Unterseite gelbgrau bis dunkelrosa. Die Männchen lassen sich durch die kräftiger ausgebildeten Femoralporen von den Weibchen unterscheiden. Jungtiere anfangs bräunlich mit hellen, zu den Flanken hin dunkler gesäumten Dorsolateralstreifen und helleren Flecken an den Flanken.

Geographische Verbreitung: Nordspitze Madagaskars.

Biologie und Ökologie: Diese Art wurde erst vor wenigen Jahren von MEIER (1988) bei Joffreville, einer Berg-

lokalität mit erheblich kühlerem und feuchterem Klima als in der Umgebung, gefunden. Er entdeckte sie in unmittelbarer Nähe eines Hauses auf einem abgestorbenen Baumstamm sitzend und unter einer Steinplatte.
Terrarium: Für die am besten paarweise zu haltenden Ringel-Schildechsen eignen sich größere, eher flache als hohe Terrarien mit einer Bodenfläche von etwa 1 m² pro Paar.
Ausstattung: Der etwa 15 cm hohe Bodengrund aus sandig-humoser Erde und Feinkies im Sonnenplatzbereich. Die Einrichtung besteht aus Sand- oder Kalksteinplatten, unter denen sich die Tiere verkriechen können, oder auch einer dekorativen Wurzel. Als Pflanzen eignen sich *Asparagus falcatus*, *Cordyline*-Arten, *Dracaena*-Arten und als Ranker *Hoya carnosa* oder *Ficus pumila*. Eine habitatgerechte Bepflanzung mit madagassischen Arten dürfte Beschaffungsschwierigkeiten bereiten.
Heizung: Nur am Sonnenplatz wird mit einer zusätzlichen Bodenheizung erwärmt. Die Temperaturen am Sonnenplatz unter einer Strahlungslampe sollten tagsüber 30 bis 40 °C betragen, im übrigen Terrarium bei etwa 20 bis 30 °C liegen.
Licht: UV-Bestrahlung etwa ein- bis zweimal wöchentlich aus 1 m Abstand ca. 15 Minuten lang.
Futter: Als Futter kommen alle möglichen Insekten in Frage, auch Würmer und Schnecken. Besonders Heuschrecken, Grillen und Heimchen werden gern gefressen. Alle Futtertiere werden regelmäßig mit Kalk-Vitamin-Präparaten bestäubt.
Feuchtigkeitsbedürfnis: Zur Feuchtigkeitsaufnahme wird das Terrarium täglich übersprüht, eine kleine Wasserschale als zusätzliche Trinkmöglichkeit sollte nicht fehlen.
Überwinterung: ROGNER (1992) berichtet, daß sich seine Tiere an manchen Tagen stundenlang sonnten, an anderen Tagen wieder in ihren selbst gegrabenen Höhlen verblieben und im Laufe des Jahres mehrmals Ruhephasen einlegten, in denen sie wochenlang nicht zu beobachten waren. Während solcher Ruhephasen reduziert man die Wärmezufuhr ein wenig, um sie später, wenn die Tiere wieder erscheinen, zu erhöhen. Dann wird auch häufiger gesprüht und auch die Bestrahlung mittels einer UV-Lampe häufiger eingesetzt. ROGNER bestrahlte seine Tiere nach der Ruhepause von September bis Oktober 14 Tage lang täglich 30 Minuten mit einer Ultra-Vitalux-Lampe der Firma Osram.
Nachzucht:
Paarung: Beginnt nach der herbstlichen Ruheperiode. Das Männchen verfolgt das Weibchen, ergreift dieses schließlich im Nacken und verpaart sich mit ihm.
Eiablage: Die 4 bis 6 weißen Eier werden etwa 4 bis 5 Wochen später an leicht feuchten Stellen im Boden vergraben. Sie sind etwa 1,5 × 2,6 cm groß und besitzen eine zähe, lederartige Schale mit Kalkeinlagerungen.
Inkubationszeit: Man entnimmt sie der Ablagestelle und inkubiert sie bei 26 bis 30 °C und hoher Luftfeuchtigkeit in mittelkörnigem feuchtem Kies. Die etwa 10,4 bis 11,5 cm großen Jungtiere schlüpfen dann nach 88 bis 112 Tagen, bei gleichbleibender Temperatur von 29 °C innerhalb 90 Tagen (ROGNER, 1992).
Aufzucht: Die Jungen gehen schon kurz nach dem Schlüpfen ans Futter und werden am besten einzeln aufgezogen. Besonders wichtig sind auch für sie eine ausgewogene abwechslungsreiche Insektenkost und regelmäßige Zugaben von Kalk und Vitaminen sowie UV-Bestrahlung.
Geschlechtsreife: Die Jungtiere erreichen die Geschlechtsreife nach etwa eineinhalb bis zwei Jahren.

Literatur:
BRYGOO, E. R. (1985): Les Gerrhosaurinae de Madagascar – Sauria (Cordylidae). Memoires du Museum National d'Histoire Naturelle, Paris.
MEIER, H. (1988): Zur Ökologie, Ethologie und Taxonomie einiger Schildechsen der Gattungen *Tracheloptychus* und *Zonosaurus* auf Madagaskar, Teil 1. herpetofauna 10(57): 22–26.
MEIER, H. (1989): Zur Ökologie, Ethologie und Taxonomie einiger Schildechsen der Gattungen *Tracheloptychus* und *Zonosaurus* auf Madagaskar, Teil 2. herpetofauna 11(58): 14–23.
ROGNER, M. (1992): Die Grüne Madagaskar-Ringelschildechse. DATZ 45(12): 773–774.

Zootoca vivipara (Lacerta vivipara)
(JACQUIN, 1787)
Waldeidechse, Bergeidechse, E Common lizard, F Lézard vivipare, I Lucertola vivipara, S Lagartija de Turbera
BArtSchV 1/1

Zootoca vivipara

Beschreibung: Schlanker Körper mit kleinem, kaum vom Hals abgesetzten, oberseits abgeflachtem Kopf und relativ kurzen Gliedmaßen. Schwanz in der vorderen Hälfte gleichmäßig dick, dann allmählich in eine kurze Spitze auslaufend. Weibchen mit gestreckterem Rumpf. Die Hinterbeinlänge reicht bei seitlich dem Körper angelegtem Bein bei den Männchen bis zur Achsel, bei den Weibchen etwa bis zur Rumpfmitte. Rückenschuppen gekielt, an den Flanken in glatte Schuppen übergehend. Halsband aus bis zu 12 Schuppen bestehend, am hinteren Rand deutlich gesägt. Bauchschuppen in 6 bis 8 Längsreihen. Grundfärbung grau bis braun mit dunklerem Lateralstreifen und feiner dunkler Rückenmittellinie. Die Lateralstreifen oben und unten durch helle Längslinien gesäumt, deren obere vom Rücken her durch eine Reihe dunkler Flecken begrenzt ist, die bei einigen Tieren auch zu einem Längsstreifen verschmelzen können. Männchen oft mit hellen Punktflecken im dunklen Lateralstreifen. Unterseite beim Männchen gelb- bis orangerot mit zahlreichen dunklen Flecken, beim Weibchen cremefarben und nicht oder wenig gefleckt. Jungtiere dunkelbraun bis schwarz. Größe: 17 bis 20 cm.
Geographische Verbreitung: Irland, Großbritannien, Skandinavien bis zum 68. Breitengrad, durch ganz Eurasien bis zur Insel Sachalin. Im Süden von N-Spanien über die Pyrenäen, die Südseite

der Alpen und die Poebene Oberitaliens, die bergigen Bereiche des nördlichen Balkans bis in die Rhodopen des südlichen Bulgariens. Über die Ukraine ist die Art dann bis zur südlichen Mongolei und zur ostasiatischen Amur- und Ussuri-Gegend verbreitet.
Biologie und Ökologie: Von den Sanddünen der Küsten kommt die Bergeidechse bis in alpine Höhen von über 2500 m vor, wobei sie vorwiegend bewaldete Biotope bewohnt, in trockeneren Arealen bevorzugt sie Gewässernähe. Während sie in nördlicheren Bereichen ein vielseitiges Biotopspektrum bewohnt, ist sie im Süden fast ausschließlich auf die Gebirgsregionen beschränkt. Sie besiedelt Wegränder und Lichtungen der Wälder, Heiden und Moore, aber auch die Böschungen von Sand- und Kiesgruben, sowie Bahndämme und Halden, wobei sie immer an die ausgleichende Wärmestabilität feuchter Böden gebunden erscheint.
Terrarium: Die Haltung sollte möglichst nur ganzjährig im geräumigen Freilandterrarium erfolgen, das man dem natürlichen Vorkommen entsprechend als Waldrand- oder Heidebiotop mit Wasserteil einrichtet. Sonnenexponierte Stellen wie Steingruppen oder Baumstubben ergänzen die Einrichtung.
Ausstattung: Als Zimmerterrarium kommen allenfalls mittelgroße, ungeheizte, nur mit einer zusätzlichen Strahlungslampe versehene, gut durchlüftete und sonnig aufgestellte Terrarien mit halbfeucht gehaltener einheimischer Vegetation auf humoser Walderde in Betracht.
Das Terrarium sollte ein Wasserbecken zum Trinken enthalten und Unterschlupfstellen unter Steinen oder Rindenstücken bieten.
Heizung: Tagestemperatur bei 25–30 °C. Nachts ungeheizt.
Licht: Beleuchtung entfällt bei Aufstellung am Fenster.
Futter: Insekten und Larven von kleiner bis mittlerer Größe, Würmer und Spinnen.
Überwinterung: Von Oktober bis Ende Februar. Terrarium in einen frostfreien aber kalten Raum bringen und leicht feucht halten. Die Autoren können die Haltung im Zimmerterrarium nicht empfehlen.
Nachzucht:
Paarung: Nach der Winterruhe, die meist Anfang März bis April beendet ist, findet die Paarung statt.
Eiablage/Tragzeit: Die Tragzeit variiert je nach Vorkommen zwischen 40 und 90 Tagen. Die Tiere sind meist viviovipar, das heißt, der Schlupf kann bereits im Muttertier erfolgen, oder aber kurze Zeit nach Absetzen der häutigen, kalkschalenfreien Eier. Nur im äußersten Süden ihres Verbreitungsgebiete, in Nordspanien und in den Pyrenäen wurden Eiablagen beobachtet. Die Gelegegröße beträgt bis zu 12 Jungtiere bzw. Eier. Letztere sind etwa 11,5 bis 12 mm lang und 9 mm breit. In den nördlichen Verbreitungsgebieten paaren sich die Tiere bereits im Herbst, die Geburt der Jungen erfolgt dann im Frühsommer des nächsten Jahres.
Aufzucht: Frisch geborene Jungtiere sind etwa 45 bis 48 mm lang. Sie sind leicht mit Wiesenplankton aufzuziehen und erreichen die Geschlechtsreife etwa mit 3 Jahren.

Literatur:
DELY, O. G. & W. BÖHME (1984): *Lacerta vivipara* JACQUIN, 1787 – Waldeidechse, In: BÖHME, W. (Hrsg.): Handbuch der Reptilien und Amphibien Europas 2/I Echsen II (Lacerta), Aula-Verlag, Wiesbaden, 362–393.
Hier über 90 weiterführende Literaturhinweise.
KORNACKER, P. M. (1993): Populationsökologische Untersuchungen an einer Bahndamm-Population von *Lacerta vivipara*, JACQUIN, 1787 im Rheinland. Salamandra 29(2): 97–118.

6 Literaturbeschaffung

Viele Leser werden sich fragen, wie sie sich die in den Artenbeschreibungen oder in den anderen Kapiteln genannten Literaturzitate, oft aus exotischen Zeitschriften, besorgen können, besonders wenn sie fernab von Universitäts- und Institutsbibliotheken wohnen. Hier kann versichert werden, daß sich die allermeisten der in diesem Buch zitierten Literaturstellen, Ausnahmen bilden nur unveröffentlichte Diplom-Arbeiten und Dissertationsschriften, zumindest in Deutschland, problemlos beschaffen lassen.

Eine Reihe der genannten Zeitschriften ist für jedermann direkt zugänglich in den größeren Museums-, Instituts- und Universitätsbibliotheken der naturwissenschaftlichen Fakultäten zu finden. Hier kann man bei einem Besuch die gewünschte Literaturstelle in der Regel selbst kopieren und mit nach Hause nehmen. Zum Auffinden in der Bibliothek werden hier meistens nur der Name der Zeitschrift, das Erscheinungsjahr, die Bandzahl der Zeitschrift und gegebenenfalls die Seitenangaben benötigt.

Sollte das gewünschte Zitat auch in einer der großen Bibliotheken nicht vorhanden sein, so ist die betreffende Arbeit mit Sicherheit doch zumindest über die Fernleihe zu beschaffen. Alle deutschen Bibliotheken, auch kleinere Zentralbibliotheken und örtliche Büchereien, sind an ein bundesweites Fernleihenetz angeschlossen, das die Möglichkeit bietet, Bücher und Zeitschriften aus dem gesamten Bestand der in Deutschland vorhandenen Bibliotheken auszuleihen oder zumindest, im Fall von kürzeren Zeitschriftenartikeln, als Fotokopie zu erhalten.

Meistens werden von den örtlichen Bibliotheken Formzettel zur Verfügung gestellt, in denen Angaben zu Autor, Erscheinungsjahr, Titel der Arbeit, Name und Bandzahl der Zeitschrift und Seitenzahlen ausgefüllt werden müssen. Die auf diese Art bestellten Publikationen können dann nach einigen Wochen in der Bibliothek abgeholt werden.

Eine Auflistung der meisten in den Unterkapiteln „Literatur" in diesem Buch nur abgekürzt angegebenen Zeitschriftennamen findet sich im Anhang.

Eine weitere Möglichkeit herpetologische Literatur zu beschaffen, besteht über einen kostenpflichtigen Suchauftrag beim Informationszentrum für Biologie (Forschungsinstitut Senckenberg, Senckenberganlage 25, D-60325 Frankfurt). Mit Hilfe der Literaturdatenbank BIOLIS, die mit der amerikanischen Datenbank BIOSIS PREVIEW gekoppelt ist, lassen sich nahezu alle naturwissenschaftlichen Publikationen im deutschsprachigen Raum finden. Die Recherche liefert ein vollständiges Zitat, auf Wunsch auch mit key words.

Daneben verfügt die Bibliothek der Deutschen Gesellschaft für Herpetologie und Terrarienkunde e. V. (DGHT – Adresse im Anhang) über eine umfangreiche Sammlung in- und ausländischer Bücher und Zeitschriften aus den Bereichen Terrarienkunde, Herpetologie und Artenschutz. Für die großen deutschsprachigen Zeitschriften Salamandra, elaphe (N.F.), herpetofauna und Sauria sowie für die Buchsammlung liegt ein komplettes Literaturverzeichnis vor, das alle Mitglieder der DGHT kostenlos erhalten. Interessierende Artikel können mit Hilfe des Gattungs- und Autorenregisters schnell aufgefunden werden. Artikel aus den Publikationen der DGHT können von Mitgliedern gegen eine geringe Kopiergebühr angefordert werden. Das Verzeichnis liegt auch als Diskette im Datenbankformat „dbf" vor. Daneben bieten auch die Ortsgruppen der DGHT eine gute Anlaufstelle für die Literatursuche. Viele Mitglieder der DGHT verfügen über umfangreiche private Literatursammlungen und können oft entscheidende Hinweise zur Beschaffung des einen oder anderen Zitates geben.

Adressen von Buchhandlungen/Antiquariaten mit einem reichhaltigem Angebot herpetologischer Literatur können ebenfalls über die Geschäftsstelle der DGHT in Erfahrung gebracht werden. Neben Büchern wird man hier auch eine Auswahl von Sonderdrucken der Zeitschriftenartikel finden.

Literaturangaben können z.B. nach folgendem Schema erstellt werden:

Zitieren eines Zeitschriftenartikels:
Autor(en) (Erscheinungsjahr): Titel der Arbeit. Name der Zeitschrift, Erscheinungsort, Band- oder Jahresnummer (Heftnummer): Seitenangaben.

Beispiel:
MERTENS, R. (1970): Zur Frage der „Fluganpassungen" von *Chrysopelea* (Serpentes, Colubridae). Salamandra, Frankfurt, 6(1/2): 11–14.

Zitieren eines Buches:
Autor(en) (Erscheinungsjahr): Titel des Buches. Verlag, Erscheinungsort, Seitenangabe.

Beispiel:
MERTENS, R. & H. WERMUTH (1960): Die Amphibien und Reptilien Europas. (Dritte Liste nach dem Stand vom 1. Januar 1960). W. Kramer, Frankfurt, 264 S.

7 Gesamtverzeichnis weiterführender Fachbuchliteratur

ABALOS, J. W. (1977): Qué sabe usted de víboras?. Editores Losada, Buenos Aires, 175 S.
ADRIAN, C. (1983): Schildkröten. Franckh'sche Verlagshandlung, Stuttgart, 80 S.
ALEKPEROW, A. M. (1978): Lurche und Kriechtiere Aserbaidshans. Elm, Baku, 264 S. (in russ.).
ALEVEN, I. M. (1970): Alles über das Terrarium. Alfred Kernen Verlag, Stuttgart, 176 S.
ALISSOW, B. P. (1954): Die Klimate der Erde. Deutscher Verlag der Wissenschaften, Berlin.
ALLEN, W. B. JR. (1994): The snakes of Pennsylvania. N. G. Publishing Inc., Pottsville, Pennsylvania, 33 S.
ALVAREZ DEL TORO, M. (1982): Los reptiles de Chiapas. Publ. Inst. His. Nat. Tuxtla Gutierrez, Chiapas, 248 S.
AMARAL, A. DO (1931): Animaes venenosos do Brasil. Instituto Butantan, Typografia Levi, Sao Paulo, 65 S.
– (1978): Serpentes do Brasil. 2. Aufl. Ed. da Universita de Sao Paulo, 246 S.
ANDERSON, P. K. (1965): The reptiles of Missouri. Univ. Missouri Press, Columbia, 330 S.
ANDRADA, J. (1980): Guia de campo de los Anfibios y Reptiles de la Peninsula Iberica. Omega, Barcelona, 159 S.
APPLEGATE, R. (1992): The general case and maintenance of milk snakes. Advanced Vivarium Systems, Lakeside, 70 S.
ARMSTRONG, B. L. & J. B. MURPHY (1979): The natural history of Mexican rattlesnakes. Univ. Kansas, Mus. Nat. His. Spec. Publ. 5: 1–88.
ARNOLD, E. N. & J. A. BURTON (1982): Guia de campo de los Reptiles y Anfibios de España y de Europa. Omega, Barcelona, 275 S.
– & – (1978): A Field Guide to the Reptiles and Amphibians of Britain and Europe. London (Collins), 272 S.
– & – (1979): Pareys Reptilien- und Amphibienführer Europas. Verlag Paul Parey, Hamburg, Berlin, 270 S.
ASHTON, R. E. & P. S. ASHTON (1985): Handbook of Reptiles and Amphibians of Florida. Part II. Lizards, Turtles & Crocodilians. Windward Publ.,Ins., Miami, 191 S.
– & – (1988): Handbook of Reptiles and Amphibians of Florida. Part I. The Snakes. 2. Aufl., Windward Publ.,Inc., Miami, 176 S.
ATAJEV, T. A. (1985): Die Reptilien der Gebirgsregionen Turkmeniens. Verlag Uiluim Aschchabad, Turkmenien, 344 S.
AUERBACH, R. D. (1985): The Reptiles of Gaborone. Botswana Book Centre, Gaborone, 48 S.
– (1987): The Amphibians and Reptiles of Botswana. Mokwepa Cons., Gaborone, 295 S.

BANKS, C. (1980): Keeping reptiles and amphibians as pets, Nelson, Melbourne, 129 S.
BANNIKOW, A. G., I. S. DAREWSKIJ, W. G. ISCENKO, A. K. RUSTAMOW & N. N. SCERBAK (1977): Bestimmungsbuch der Amphibien und Reptilien der Fauna der UdSSR. Verlag Proswesrchenie, Moskwa, 414 S. (in russ.).
BÄRTELS, A. (1993): Farbatlas Tropenpflanzen. Ulmer Verlag, Stuttgart, 3. Aufl., 384 S.
BÄSSLER, K. H. & K. LANG (1975): Vitamine. Steinkopff Verlag, Darmstadt, 84 S.
BARBADILLO ESCRIVA, J. L. (1987): La guia de incafo de los anfibios y reptiles de la Peninsula Iberia, Islas Baleares y Canarias. Incafo, SA Madeira, 694 S.
BARBOUR, R. W. (1971): Amphibians and reptiles of Kentucky. Univ. Press Kentucky, Lexington, 334 S.
BASEY, H. E. (1991): Discovering Sierra reptiles and amphibians. Yosemite Assoc., Yosemite National Park, CA, 50 S.
BASILE, I. A. (1995): Faszinierende Schildkröten – Sumpfschildkröten. Verlag Stephanie Nagelschmid, Stuttgart, 159 S.
BASOGLU, M. & I. BARAN (1980): The Reptiles of Turkey, Part I. The Turtles and Lizards. Bornova – Izmir (Ege Üniversitesi Matbaasi), 272 S.
– & – (1980): The Reptiles of Turkey, Part II. The Snakes. Bornova – Izmir (Ege Üniversitesi Matbaasi). 218 S.
BAUCHOT, R. (Hrsg.) (1994): Schlangen. Naturbuch Verlag, Augsburg, 240 S.
BECH, R. & U. KADEN (1990): Vermehrung von Terrarientieren – Echsen. Urania Verlag, Leipzig, 168 S.
BECHTEL, H. (1972): Wildfrüchte. Landbuch Verlag, Hannover, 124 S.
–, P. Cripp & E. LAUNERT (1993): Orchideen-Atlas – Lexikon der Kulturorchideen. Ulmer Verlag, Stuttgart, 3. Aufl., 590 S.
BECHTEL, W. (1971): Bunte Welt im Terrarium. Franckh'sche Verlagshandlung, Stuttgart, 72 S.

BEGON, M., J. L. HARPER & C. R. TOWNSEND (1991): Ökologie – Individuen, Populationen, Lebensgemeinschaften. Birkhäuser Verlag, Basel, Boston, Berlin, 1024 S.
BEHLER, J. L. & F. W. KING (1992): The Audubon Society Guide to the North American Reptiles and Amphibians. New York (Chanticleer Press Ed., Alfred A. Knopf), 742 S.
Beringwerk-Mitteilungen (1936): Die europäischen und mediterranen Ottern und ihre Gifte. Selbstverlag Behringwerke Marburg-Lahn, 362 S.
Behringwerk-Mitteilungen (1963): Die Giftschlangen der Erde. Sonderband. N. G. Elwert Universitäts- und Verlags-Buchhandlung, Marburg, 464 S.
BEIER, M. (1955): Laubheuschrecken. Die Neue Brehm-Bücherei, Bd. 159. A. Ziemsen Verlag, Wittenberg, 48 S.
– (1956): Feldheuschrecken. Die Neue Brehm-Bücherei, Bd. 179, A. Ziemsen Verlag, Wittenberg, 47 S.
Belize Audubon Society (1990): Snakes of Belize. The Angelus Press, 54 S.
BELLAIRS, A. (1971): Die Reptilien. Edit. Rencontre, Lausanne: 391–767.
BERNDT, T.: Kleine Terrarienkunde. Die Falkenbücherei, Bd. 225. Falken-Verlag, Wiesbaden.
BERTSCH, U. (1947): Unsere Gesteinsfluren und Trockenrasen als Lebensgemeinschaft. Otto Maier Verlag, Ravensburg, 122 S.
BIANCINI, F. (1963): Alpenblumen. Delphin Verlag, Stuttgart, Zürich, 159 S.
BIELLA, H.-J. (1983): Die Sandotter. Die Neue Brehm-Bücherei, A. Ziemsen Verlag, Wittenberg Lutherstadt, 84 S.
BLAB, J. & E. NOWAK (1984): Rote Liste der Kriechtiere (Reptilia). In: BLAB, J.; E. NOWAK; W. TRAUTMANN & H. SUKOPP (Hrsg.): Rote Liste der gefährdeten Pflanzen und Tiere in der Bundesrepublik Deuschland. 4. Aufl. Naturschutz Aktuell 1, Kilda Verlag, Greven: 28–29.
– & VOGEL, H. (1989): Amphibien und Reptilien, Kennzeichen, Biologie, Gefährdung. Spektrum der Natur, BLV Intensivführer, 143 S.
BLAUSCHECK, R. (1985): Amphibien und Reptilien Deutschlands. Landbuch-Verlag, Hannover, 158 S.
BLAUSCHECK, R. (1988): Das Paludarium. Landbuch-Verlag, Hannover, 144 S.
BODIN, S. & H. MAIBERG (1979): Das Wetter und wir. Universitas, Berlin, 223 S.

BÖHME, W. (Hrsg.) (1981): Handbuch der Reptilien und Amphibien Europas. Bd. 1 Echsen (Sauria) I. Akademische Verlagsgesellschaft, Wiesbaden, 520 S.
- (Hrsg.) (1984): Handbuch der Reptilien und Amphibien Europas. Bd. 2/I Echsen (Sauria) II. Aula-Verlag, Wiesbaden, 416 S.
- (Hrsg.) (1986): Handbuch der Reptilien und Amphibien Europas. Bd. 2/II Echsen (Sauria) III. Aula-Verlag, Wiesbaden, 435 S.
- (1988): Zur Genitalmorphologie der Sauria: Funktionelle und stammesgeschichtliche Aspekte. Bonner zoologische Monographien 27: 1–176.
- (Hrsg.) (1993): Handbuch der Reptilien und Amphibien Europas. Bd. 3/I Schlangen (Serpentes) I, AULA-Verlag, Wiesbaden, 480 S.
- & H.-G. HORN (1991): Advances in monitor research. Mertensiella 2, Bonn, 266 S.
BOLAÑOS, R. (1984): Serpientes venenoses y ofidismo en Centroamerica. Editorial Universidad de Costa Rica, San José, 136 S.
BOROS, G. (1980): Unsere Heil- und Teepflanzen. Ulmer Verlag, Stuttgart, 223 S.
BOSCH, H. (1994): *Boa constrictor*. Terrarien Bibliothek, Heselhaus & Schmidt Verlag, 88 S.
- & H. WERNING (1991): Leguane. Herpetologischer Fachverlag, Münster, 120 S.
BOULENGER, G. A. (1890): The fauna of British India including Ceylon and Burma, reptilia and batrachia. Taylor & Francis, London, 541 S.
BOULENGER, G. A. (1896): Catalogue of the snakes in the British Museum. Vol. 3. Taylor & Francis, London, 727 S.
BOYCOTT, R. C. & O. BOURQUIN (1988): The South African tortoise book – a guide to Southern African tortoises, terrapins and turtles. Southern Book Publisher, Johannesburg, 148 S.
BRANCH, B. (Hrsg.) (1988): South African Red Data Book – Reptiles and Amphibians. S. Afr. nat. sci. Programmes, Report 151, 241 S.
BRANCH, B. (1988a): Field guide to the snakes and other Reptiles of Southern Africa. Struik Publ., Cape Town, 326 S.
- (1988b): Snakes of Southern Africa. Struik Publ., Cape Town, 24 S.
- (1993): Southern African Snakes and other Reptiles – A Photographic guide. Struik Publ., Cape Town, 144 S.
BRASSELER, H. (1989): Bibliographie Herpetologischer Bibliographien I. Amphibia, Reptilia. Courier Forschungsinstitut Senckenberg 116, Frankfurt, 214 S.
- (1991): Bibliographie Herpetologischer Bibliographien II. Amphibia, Reptilia. Courier Forschungsinstitut Senckenberg, Frankfurt, 129 S.
BRAUNS, A. (1976a): Taschenbuch der Waldinsekten. Bd. 1. Gustav Fischer Verlag, Stuttgart, 443 S.

- (1976b): Taschenbuch der Waldinsekten. Bd. 2. Gustav Fischer Verlag, Stuttgart: 444–815.
BRAZAITIS P. & M. E. WATANABE (1992): Snakes of the world. Crescent Books, New York, 176 S.
BRECKENRIDGE, W. J. (1970): Reptiles and Amphibians of Minnesota. Univ. Minnesota Press, Minneapolis, 202 S.
Brehms Neue Tierenzyklopädie (1976): Reptilien, Amphibien Bd. 9, Herder Verlag, Freiburg, Basel, Wien, 328 S.
BRESCHKE, J. (1981): Kompostfibel. Albrecht Philler Verlag, Minden, 79 S.
BROADLEY, D. G. (1983): Fitzsimon's snakes of Southern Africa. 2. Aufl. (Reprint 1990). Delta Books, Cape Town, 387 S.
- & E. V. COCK (1975): Snakes of Rhodesia. Longmans, Rhodesia Ltd., 152 S.
BROCK, I. (1965): Krokodile. A. Kernen Verlag, Stuttgart, 48 S.
- (1980): Der Krokodilprozeß. herpetofauna-Verlags GmbH, Ludwigsburg, 84 S.
Brockhaus Texte und Tabellen (1983): Länder und Klima – Afrika. F. A. Brockhaus, Wiesbaden, 130 S.
BRODMANN, P. (1987): Die Giftschlangen Europas und die Gattung *Vipera* in Afrika und Asien. Kümmerly + Frey, Bern, 148 S.
BROHMER, P. (1988): Fauna von Deutschland. 17. Aufl. Quelle & Meyer Verlag, Heidelberg, Wiesbaden, 586 S.
BROWN, B. C. (1950): An annotated check list of the reptiles and amphibians of Texas. Baylor Univ. Pres, Waco, Texas, 259 S.
BRÜNNER, G. (1981): Terrarienpflanzen richtig gepflegt. Franckh'sche Verlagshandlung, Stuttgart, 96 S.
BRULE, B. VAN DEN (1982): Ofidios venenosos de Guatemala. Universidad de San Carlos de Guatemala, Guatemala City, 73 S.
BRUNO, S. (1984): Serpenti d'Italia. Giunti-Martello, Firenze, 191 S.
- & S. MAUGERI (1977): Rettili d'Italia. Giunti Martello, Firenze, 363 S.
- & – (1990): Serpenti d'Italia e d'Europa. Mondadori, Milano, 223 S.
BUBNOFF, S. VON (1954): Einführung in die Erdgeschichte. 3. Aufl. Akademie Verlag, Berlin.
BUDDENBROCK, W. VON (1952): Vom Farbensinn der Tiere. Franckh'sche Verlagshandlung, Stuttgart.
BÜCHERL, W. (1963): Über die Ermittlung von Durchschnitts- und Höchst-Giftmengen bei den häufigsten Giftschlangen Südamerikas, ein Beitrag zur Serumtherapie von Giftschlangenbissen. Sonderband, Behringwerke Mitt., Marburg: 67–120.
- & E. E. BUCKLEY (Hrsg.) (1971): Venemous animals and their venoms. Vol. 2 – Venemous vertebrates. Academic Press, New York, 687 S.
BÜNNING, E. (1956): Der tropische Regenwald. Verständliche Wissenschaft, Bd.

56. Springer Verlag, Berlin, Göttingen, Heidelberg.
BURESCH, I. & J. ZONKOW (1933): Untersuchungen über die Verbreitung der Reptilien und Amphibien in Bulgarien und auf der Balkanhalbinsel. 1. Teil: Schildkröten (Testudinata) und Eidechsen (Sauria). Hofdruckerei, Sofia: 150–207.
- & – (1934): Untersuchungen über die Verbreitung der Reptilien und Amphibien in Bulgarien und auf der Balkanhalbinsel. 2. Teil: Schlangen (Serpentes). Hofdruckerei, Sofia: 106–188.
BURGER, W. L. (1971): Genera of pitvipers (Serpentes: Crotalidae). Ph. D. Thesis, University of Kansas, 186 S.
BURSCHE, E. M. (1963): Wasserpflanzen. 3. Aufl. Neumann Neudamm, Radebeul, 124 S.
BUYS, P. J. & P. J. C. BUYS (1983): Slangen van Suidwes-Afrika. Gamsberg Uitgewers, Windhoek, 64 S.

CABELA, A. & F. TIEDEMANN (1985): Atlas der Amphibien und Reptilien Österreichs. Neue Denkschr. Naturhist. Mus. Wien 4: 1–80.
CADLE, J. E. (1985): The Neotropical colubrid snake fauna (Serpentes: Colubridae): Lineage components and biogeography. Syst. Zool. 34: 1–20.
CALDWELL, J. P. & J. T. COLLINS (1981): Turtles in Kansas. AMS Publishing Lawrence, Kansas, 67 S.
CAMPBELL, C. H. (1976): Snake bite, snake venoms and venomous snakes of Australia and New Guinea – An annotated bibliography. Commonwealth Dep. Health, School of Publ. Health and Tropical Medicine, Canberra, 222 S.
CAMPBELL, J. A. (1977): The distribution, variation and natural history of the Middle American highland pitvipers, *Bothrops barbouri* and *Bothrops godmani*. M. A. Thesis, The University of Texas, Arlington, 152 S.
- & W. W. LAMAR (1989): The venomous reptiles of Latin America. Comstock Publ. Assoc., Cornell Univ. Press, Ithaca, 425 S.
- & J. P. VANNINI (1989): Distribution of Amphibians and Reptiles in Guatemala and Belize. Proc. Western Found. Vertebr. Zool. 4(1): 1–21.
- & E. D. BRODIE (Hrsg.) (1992): Biology of the pitvipers. Selva, Tylor, Texas, 467 S.
CANN, J. (1978): Tortoises of Australia. Angus & Robertson, Sydney, 79 S.
- & J. M. LEGLER (1994): The Mary River Tortoise: A new genus and species of short-necked chelid from Queensland, Australia (Testudines: Pleurodira). Chelonia Conservation and Biology, Lunenburg 1(2): 81–96.
CANSDALE, G. S. (1961): West African Snakes. London (Longman), 74 S.
CAPULA, M. (1990): The MacDonald encyclopedia of amphibians and reptiles. MacDonald & Co. Ltd, London: 256 S.

CARPENTER, C. C. (1980): An ethological approach to reproductive success in reptiles. In: MURPHY, J. B. & J. T. COLLINS (Hrsg.): Reproductive biology and diseases of captive reptiles. SSAR, Lawrence: 49–70.
– & G. W. FERGUSON (1977): Variation and evulotion of steriotyped behavior in reptiles. In: GANS, C. & D. W. TRINKL (Hrsg.): Biology of the Reptilia. Vol. 7: 335–554.
CARR, A. (1963): Die Reptilien. Life-Wunder der Natur. Time-Life Intern., 190 S.
– (1978): Handbook of Turtles. Cornell University Press, Ithaca, London, 542 S.
CEI, J. M. (1986): Reptiles del nordeste y este de la Argentina. Herpetofauna de las selvas subtropicales, Puna y Pampas. Museo Regionale Sci. Nat., Turin, 952 S.
– (1993): Reptiles del centro, centro-oeste y sur de la Argentina. Herpetofauna de las zonas áridas y semiáridas. Museo Regionale Sci. Nat., Turin, 527 S.
CHIPPAUX, J. P. (1986): Les serpents de la Guyane Francaise. Faune Tropicale XXVII, Orstom, Paris, 165 S.
CHONDROPOULOS, B. P. (1989): A checklist of Greek reptiles. II. The snakes. Herpetozoa, Wien 2(1/2): 3–36.
CLARK, P. (1972): A flower love's guide to Mexico. Delphin Verlag, Stuttgart, Zürich, 128 S.
CLEAVE, A. (1994): Schlangen und andere Reptilien. Parkland Verlag, Stuttgart, 80 S.
COBORN, J. (1992): Boas & Pythons und andere ungiftige Schlangen. bede-Verlag, Kollnburg, 190 S.
– (1993): Schlangen-Atlas. bede-Verlag, Kollnburg, 591 S.
– (1995): Grüne Leguane. bede-Verlag, Ruhmannsfelden, 64 S.
COGGER, H. G. (1967): Australian reptiles in colour. Reed, Sydney, 112 S.
– (1992): Reptiles and Amphibians of Australia. 5th edit., Reed Book, NSW, Australia, 688 S.
–, E. E. CAMERON & H. M. COGGER (1983): Zoological Catalogue of Australia. Vol. 1 Amphibia and Reptilia. Australian Goverm. Publ. Service, Canberra, 313 S.
COLLINS, J. T. (1990): Standard common and current scientific names for North American amphibians and reptiles. SSAR, Lawrence, 41 S.
– (1993): Amphibians and Reptiles in Kansas. 3. Aufl. University of Kansas, Lawrence, 420 S.
CONANT, R. & J. T. COLLINS (1991): A field guide to reptiles and amphibians: Eastern and Central North America. Houghton Mifflin Comp., Boston, 450 S.
COOK, F. R. (1984): Introduction to Canadian amphibians and reptiles. Nat. Mus. Nat. Sci., Canada, 200 S.

CORBETT, K. (1989): The conservation of European reptiles and amphibians. C. Helm, London, 274 S.
COSSMANN, H. (1901): Deutsche Schulflora. Verlag Ferdinand Hirt, Breslau, 404 S.
COX, M. J. (1991): The snakes of Thailand and their husbandry. Krieger Publ. Company, Malabar, 526 S.
CREE, A. & H. DAUGHTERTY (1988): Captive breeding of the Tuatara: Past results and future directions. 5th world conference of endangered species, Cincinnati, Ohio.
CRUZ, G. A. (1987): Serpientes venenosas de Honduras. Editorial Universitaria, Tegucigalpa, 160 S.
CULLMANN, W. & H. BALZER (1963): Kakteen unser Hobby. Ulmer Verlag, Stuttgart, 171 S.
– , E. GÖTZ & G. GRÖNER (1984): Kakteen. Ulmer Verlag, Stuttgart, 340 S.

DAS, J. (1991): Colour guide to the turtles and tortoises of the Indian Subcontinent. Portishead, Avon, 133 S.
DAUDIN, F. M. (1803): Histoire naturelle générale et particulière des reptiles. Vol. 8. F. Dufort, Paris, 439 S.
DAVEY, K. (1970): Australian lizards. King, Melbourne, 111 S.
DAVID, P. (1994): Liste des reptiles actuels du monde. I. Chelonii. Dumerilia, Paris 1: 7–128.
DECKERT, K., G. E. FREYTAG, K. GÜNTHER, G. PETERS & G. STERBA (1967): Urania Tierreich. Fische Lurche Kriechtiere. Urania Verlag, Leipzig, Jena, Berlin, 534 S.
DELAGUERRE, M. & M. CHEYLAN (1992): Atlas de repartition des Batraciens et Reptiles de Corse. Parc Naturel Regional de Corse, Ajaccio, 128 S.
DEORAS, P. J. (1965): Snakes of India. New Delhi (National Book Trust), 142 S.
DERANIYAGALA, P. E. P. (1939): The tetrapod Reptiles of Ceylon. Vol. I. Testudinates and Crocodilians. Dulau & Co. Ltd., London, 412 S.
- (1953): A colored atlas of some vertebrates from Ceylon. Vol. II. Tetrapdod Reptilia. Government Press Ceylon, Colombo, 101 S.
– (1955): A colored atlas of some vertebrates from Ceylon. Vol. III. Serpentoid Reptilia. Government Press Ceylon, Colombo, 121 S.
DE SILVA, P. H. D. H. (1980): Snakes of Sri Lanka. Nat. Mus. of Sri Lanka, 472 S.
DEVAUX, B. (1988): La tortue sauvage des Maures. Edition Sanmg de la terre, Paris.
DE WIT, H. C. (1990): Aquarienpflanzen. Ulmer Verlag, Stuttgart, 464 S.
DIESENER, G. & I. REICHHOLF (1985): Lurche und Kriechtiere. Steinbachs Naturführer. Mosaik Verlag, München, 287 S.
DISNEY, W. (1956): Die Wüste lebt. Blüchert Verlag, Stuttgart.
DITMARS, R. L. (1937): Snakes of the world. McMillan, New York, 207 S.

DIXON, J. R. & P. SOINI (1986): The reptiles of the Upper Amazon Basin, Iquitos Region, Peru. Milwaukee Publ. Mus., 154 S.
DÖNGES, J. (1980): Parasitologie. Thieme Verlag, Stuttgart.
DONOSO-BARROS, R. (1966): Reptiles de Chile. Edic. de la Universidad de Chile, Santiago de Chile, 458 S.
DOWLING, H. G. & W. E. DUELLMAN (1978): Systematic Herpetology: A synopsis of families and higher categories. HISS Publ. Herpetol. 7, New York.
– & R. M. PRICE (1988): A proposed new genus for *Elaphe subocularis* and *Elaphe rosaliae*. The Snake 20: 52–63.
DUELLMAN, W. E. (1978); The biology of an Equatorial Herpetofauna in Amazonian Ecuador. Misc. Publ. Univ. Kansas Mus. Nat. Hist., 65: 1–352.
– (Hrsg.) (1979): The South American Herpetofauna: Its origin, evolution and dispersal. Monograph Mus. Nat. His., Kansas, 485 S.
DÜRIGEN, B. (1897): Deutschlands Amphibien und Reptilien. Creutz, Magdeburg, 676 S.
DUNDEE, H. A. & D. A. ROSSMAN (1989): Amphibians and reptiles of Louisiana. Louisiana Univ. Press, Baton Rouge, 300 S.

EBERT A. & E. BAUER (1993): Naturschutzrecht – Naturschutzgesetze des Bundes und der Länder, Bundesartenschutzverordnung, Washingtoner Artenschutzübereinkommen, EG-Recht. 6. Aufl. Beck-Texte im dtv, München, 722 S.
ECHSEL, H. & M. RACK (1976): Biologische Präparation. Jugend und Volk, München, 235 S.
ECHTERNACHT, A. C. (1971): Middle American lizards of the genus *Ameiva* (Teeidae) with emphasis on geographic variation. Univ. of Kansas, Lawrence, 86 S.
EGGLI, U. (1994): Sukkulenten. Ulmer Verlag, Stuttgart, 336 S.
EHMANN, H. (1992): Encyclopedia of Australian animals: Reptiles. Angus & Robertson, Pymble, 495 S.
EISENTRAUT, M. (1953): Überwinterung im Tierreich. Franckh'sche Verlagshandlung, Stuttgart, 80 S.
ENGELMANN, W.-E. & F. J. OBST (1981): Mit gespaltener Zunge. Aus der Biologie und Kulturgeschichte der Schlangen. Herder Verlag, Leipzig: 217 S.
ENGELMANN, W.-W., J. FRITZSCHE, R. GÜNTHER & F. J. OBST (1993): Lurche und Kriechtiere Europas. 2. Aufl. Neumann Verlag, Radebeul, 440 S.
ENCKE, F. (1962): Pflanzen für Blumenfenster und Kleingewächshäuser. Ulmer Verlag, Stuttgart, 135 S.
– (1964): Pflanzen für Zimmer und Balkon. Ulmer Verlag, Stuttgart, 134 S.
– (1987): Die schönsten Kalt- und Warmhauspflanzen. Ulmer Verlag, Stuttgart, 565 S.
ERHARDT, A. & W. ERHARDT (1990): Pflan-

zen-Einkaufsführer. Ulmer Verlag, Stuttgart, 380 S.
ERNST, C. H. (1992): Venomous Reptiles of North America. Smithsonian Institution Press, Washington, 236 S.
– & R. W. BARBOUR (1972): Turtles of the United States. Univ. Kentucky Press, Lexington, 347 S.
– & R. W. BARBOUR (1989a): Snakes of eastern North America. George Mason Univ. Press, Fairfax, Virginia, 282 S.
– & R. W. BARBOUR (1989b): Turtles of the world. Smithonian Institution Press, Washington, London, 290 S.
– , J. E. LOVICH & R. W. BARBOUR (1994): Turtles of the United States and Canada. Smithsonian Institution Press, Washington, 682 S.
ESCARRE, A. & J. R. VERICAD (1981): Fauna Alicantina. I. Saurios y ofidios. Inst. Est. Alic., Alicante, 101 S.
EWART, J. (1985): The poisonous snakes of India. English Book Store, New Delhi, 64 S.
EWERT, M. A. (1989): The embryo and its egg. Development and natural history. In: HARLESS, M. & H. MORLOCK (Hrsg.): Turtles: Perspectives and research. New York: 333–416.

FISCHER, J. VON (1884): Das Terrarium seine Bepflanzung und Bevölkerung. Reprint 1989, BINA-Verlag, Berlin, 384 S.
FITCH, H. S. (1970): Reproductive cycles in lizards and snakes. Univ. Kansas Mus. Nat. His. Misc. Publ. 52: 1–247.
– (1981): Sexual size differences in reptiles. Univ. Kansas Mus. Nat. His. Misc. Publ. 70: 1–72.
FITZSIMONS, V. F. M. (1932): Snakes. Hutchinson Ltd., London, 286 S.
– (1943): The lizards of South Africa. Trustees of the Transvaal Museum, Pretoria, 528 S.
– (1962): Snakes of Southern Africa. Purnell & Sons, Cape Town, 423 S.
– (1970): A field guide to the snakes of Southern Africa. Collins, London, 221 S.
FOCHLER-HAUKE, G. GLAUERT, I. SCHÄFER & G. STRATIL-SAUER (1960): Allgemeine Geographie. 2. Aufl. Fischer Bücherei, Frankfurt/M., 390 S.
FOWLIE, J. A. (1965): The snakes of Arizona. Azul Quinta Press, Fallbrook, California, 164 S.
FRANCÉ, R. H. (1939): Die Pflanzenwelt der Subtropen. Franckh'sche Verlagshandlung, Stuttgart, 77 S.
FRANK, W. (1976): Parasitologie. Ulmer Verlag, Stuttgart, 510 S.
– (1978): Schlangen im Terrarium. Franckh'sche Verlagshandlung, Stuttgart 64 S.
FRANZEN, M. (1994): Die Herpetofauna des Maritza-Sektors im Guanacaste-Nationalpark, Costa Rica. Diplomarbeit, 158 S.
FREIBERG, M. A. (1954): Vida de Batracios y Reptiles Sudamericanos. Edit. Cesarini, Buenos Aires, 192 S. + XLIV.
– (1971): El mundo de las tortugas. Ed. Albatros, Buenos Aires, 134 S.
– (1981): Turtles of South America. T. F. H. Publ., Jersey City, 125 S.
– (1982): Snakes of South America. T. F. H. Publ., Neptune City, 189 S.
– (1984): El mundo de los ofidios. Ed. Albatros, Buenos Aires, 150 S.
FRETEY, J. (1975): Guide des Reptiles et Batraciens de France. Hatier, Paris. 238 S.
FRIEDERICH, U. & W. VOLLAND (1992): Futtertierzucht: Lebendfutter für Vivarientiere. 2. Aufl. Verlag Eugen Ulmer, Stuttgart, 188 S.
FRITH, C. & D. FRITH (1987): Australian Tropical Reptiles & Frogs. Tropical Aust. Graphics, Townsville, 71 S.
FRITZSCHE, J. (1981): Das praktische Terrarienbuch. Verlag Neumann-Neudamm, Melsungen, Berlin, Basel, Wien, 213 S.
FROMMHOLD, E. (1959): Wir bestimmen Lurche und Kriechtiere Mitteleuropas. Neumann Verlag, Radebeul, 219 S.
– (1964): Die Kreuzotter. Neue Brehm-Bücherei 332, A. Ziemsen Verlag, Wittenberg Lutherstadt, 88 S.
FROOM, B. (1972): The snakes of Canada. McCelland & Stewart, Toronto, 128 S.
FRYE, F. L. & W. TOWNSEND (1993): Iguanas – A guide to their biology and captive care. Malabar, Florida, 145 S.
FUKADA, H. (1992): Snake life history in Kyoto. Impact Shuppankai Co., Tokyo, 171 S.

GABRIEL, A. (1960): Die Wüsten der Erde und ihre Erforschung. Verständliche Wissenschaft, Bd. 76. Springer Verlag, Berlin, Göttingen, Heidelberg, 167 S.
GABRIEL, J. (1970): Die farbige Kräuterfibel. Heil- und Gewürzpflanzen. Falken Verlag, Niederhausen/Ts., 196 S.
GALLARDO, J. M. (1977): Reptiles de los alrededores de Buenos Aires. EUDEBA, Buenos Aires, 209 S.
GANS, C. (Hrsg.) (1978): Biology of the Reptilia. Physiology B., Vol. 8. Academic Press, London – New York, 782 S.
– (Hrsg.) (1981): Biology of the Reptilia. Morphology F., Vol. 11. Academic Press, London – New York, 475 S.
– (Hrsg.) (1982a): Biology of the Reptilia. Physiology C., Vol. 12. Academic Press, London – New York, 536 S.
– (Hrsg.) (1982b): Biology of the Reptilia. Physiology D., Vol. 13. Academic Press, London – New York, 345 S.
– (Hrsg.) (1985a): Biology of the Reptilia. Vol. 14 Development A. John Wiley & Sons, New York, 763 S.
– (Hrsg.) (1985b): Biology of the Reptilia. Vol. 15 Development B. John Wiley & Sons, New York, 731 S.
GARRETT, J. M. & D. G. BARKER (1987): A field guide to reptiles and amphibians of Texas. Texas Monthly Press, Austin, 225 S.
GASC, J.-P. (1990): Les lezards de Guyane. Edit. Chabaud, Paris, 76 S.
GEIGER, R. (1941): Das Klima der bodennahen Luftschichten. 2. Aufl. Einzeldarstellungen aus der Naturwissenschaft und Technik, Bd. 78. Verlag Vieweg & Sohn, Braunschweig, 436 S.
GEORGE, K. (1976): In den Wüsten dieser Erde. Hoffmann & Campe Verlag, Hamburg.
GERLACH, R. (1971): Die Geheimnisse der Amphibien und Reptilien. Classen Verlags-GmbH, Hamburg, 329 S.
GEUS, A. (1968): Schlangen, Lehrmeister-Bücherei, Bd. 167. Albrecht Philler Verlag, Minden, 95 S.
GIBBONS, J. W. (1990): Life history and ecology of the Slider turtles. Smithonian Institution Press, Washington, 368 S.
GLAW, F. & M. VENCES (1994): A Fieldguide to Amphibians and Reptiles of Madagascar. 2. Aufl., Vences & Glaw GBR, Köln, 480 S.
GLÄSS, H. & W. MEUSEL (1972): Die Süßwasserschildkröten Europas. Die Neue Brehm-Bücherei, Bd. 418. A. Ziemsen Verlag, Wittenberg Lutherstadt, 77 S.
GLANDT, D. & W. BISCHOFF (1988): Biologie und Schutz der Zauneidechse (*Lacerta agilis*). Mertensiella 1, Bonn, 257 S.
GLOYD, H. K. & R. CONANT (1990): Snakes of the Agkistrodon complex. Oxford, Ohio, SSAR Publ., 614 S.
GODAN, D. (1979): Schadschnecken. Ulmer Verlag, Stuttgart, 465 S.
GOIN, C. J. & O. B. GOIN (1971): Introduction to Herpetology. 2. Aufl. San Francisco.
GOLAY, P. (1985): Checklist and keys to the terrestrial proteroglyphs of the world. Gilbert Rey, Genf, 90 S.
GOODE, J. (1967): Freshwater tortoises of Australia and New Guinea. Landsowne Press, Melbourne, 154 S.
GOW, G. F. (1976): Snakes of Australia. Angus & Robertson, Sydney, 136 S.
GOWEN, R. L. (Hrsg.) (1989): Captive propagation and husbandry of reptiles and amphibians. Northern California Herpetol. Soc., Davis, California, 123 S.
GRAF, A. & I. GRAF (1955): Der Alpenwanderer – Die Gesteine, Pflanzen und Tiere der Alpen. Lehmanns Verlag, München, 224 S.
GRAFF, O. (1953): Die Regenwürmer Deutschlands. Schr. Forschungsanst. Landwirtsch., Braunschweig, Heft 7, 80 S.
GRANJOT, W. (1926): Reiseführer durch das Pflanzenreich der Mittelmeerländer. Verlag K. Schroeder, Bonn, 214 S.
GRANTSAU, R. (1991): Die Giftschlangen Brasiliens. Bandeirante S.A., Sao Bernardo do Campo, SP, Brasil, 101 S.
GREEN, B. & D. KING (1993): Goanna, the biology of Varanid lizards. New South Wales University Press, Kennsington, 102 S.
GREMONE, C., F. CERVIGÓN, S. GORZULA, G. MEDINA & D. NOVOA (1985): Fauna de Venezuela – Vertebrados. Edit. Biosfera, Caracas, 269 S.
GRIEHL, K.: Schlangen – Riesenschlangen

und Nattern im Terrarium. Verlag Gräfe & Unzer, München, 72 S.
GRIGG, G., R. SHINE & H. EHMANN (1985): Biology of Australasian Frogs and Reptiles. Beatty, Chipping Norton, NSW, 527 S.
GRILLITSCH, B., H. GRILLITSCH, M. HÄUPL & F. TIEDEMANN (1983): Lurche und Kriechtiere Niederösterreichs. Facultas Verlag, Wien, 176 S.
GROOMBRIDGE, B. (1982): The IUCN Amphibia-Reptilia Red Data Book. Part I. Testudines, Crocodylia, Rhynchocephalia. Intern. Union Conserv. Nat., 426 S.
GRUBER, U. (1989): Die Schlangen Europas und rund ums Mittelmeer. Franckh'sche Verlagshandlung, Stuttgart, 248 S.
GRUNERT, C. (1966): Zimmerblumen. VEB Deutscher Landwirtschaftsverlag, Berlin, 389 S.
GRUSCHWITZ, M., P. M. KORNACKER, R. PODLOUCKY, W. VÖLKL & M. WAITZMANN (1993): Verbreitung, Ökologie und Schutz der Schlangen Deutschlands und angrenzender Gebiete. Mertensiella 3, Bonn, 431 S.
GRZIMEK, B. (1973): Grzimeks Tierleben. Kriechtiere, Bd. VI Kindler Verlag, Zürich, 609 S.
GUGENHAN, E. (1965): Zimmerpflanzen gut versorgt. Ulmer Verlag, Stuttgart, 126 S.

HAAST, W. E. & R. ANDERSON (1981): Complete guide to snakes of Florida. Phoenix Publ. Co., Miami, 139 S.
HACKBARTH, R. (1992): Krankheiten der Reptilien: Vermeiden – Erkennen – Behandeln. Franckh-Kosmos Verlag, Stuttgart, 88 S.
HAHN, D. E. (1980): Das Tierreich. Anomalepididae, Leptotyphlopidae, Typhlopidae. Lief. 101. W. de Gruyter, Berlin – New York, 93 S.
HANGAY, G. & M. DINGLEY (1985): Biological Museum Methods. Vol. 1: Vertebrates. Acad. Press, North Ryde, Australia, 379 S.
HARRIS, T. (1982): Pareys Mittelmeerführer. Pflanzen- und Tierwelt der Mittelmeer-Region. Verlag Paul Parey, Hamburg, Berlin, 224 S.
HANSEN, R. & F. STAHL (1990): Die Stauden. Ulmer Verlag, Stuttgart, 4. Aufl., 573 S.
HAY, R. & P. M. SYNGE (1975): Das große Blumenbuch. Ulmer Verlag, Stuttgart, 371 S.
– , P. M. SYNGE, A. HERKLOTZ & P. MENZEL (1977): Gartenblumen. Ulmer Verlag, Stuttgart, 357 S.
HEATWOLE, H. (1976): Reptile ecology. University of Queensland Press, St. Lucia, 178 S.
HEDGES, N. G. (1983): Reptiles and Amphibians of East Africa. Kenya Literature Bureau, Nairobi, 139 S.
HELLMICH, W. (1950): Die Eidechsen der Ausbeute Schröder (Gattung *Liolaemus*, Iguan.). Veröff. Zool. Staatssamml. München, Bd. 1: 129–194.

– (1956): Die Lurche und Kriechtiere Europas. Winter, Heidelberg, 166 S.
HENDERSON, R. W. & L. G. HOEVERS (1975): A checklist and key to amphibians and reptiles of Belize, Central America. Milwaukee Publ. Mus. Contr. Biol. Geol. 5: 1–63.
HENKEL, F. W. & S. HEINECKE (1993): Chamäleons im Terrarium. Landbuch-Verlag, Hannover, 158 S.
– & W. SCHMIDT (1991): Geckos. Ulmer Verlag, Stuttgart, 224 S.
– & – (1995): Amphibien und Reptilien Madagaskars, der Maskarenen, Seychellen und Komoren. Ulmer Verlag, Stuttgart, 311 S.
HENTSCHEL, E. & G. WAGNER (1984): Zoologisches Wörterbuch. 2. Aufl. Gustav Fischer Verlag, Stuttgart, 672 S.
HERRMANN, H.-J. (1994): Das Terrarium für den Anfänger. Tetra Verlag, Melle, 184 S.
HERTER, K. (1960): Das Tierreich – VII/4 Kriechtiere. Sammlung Göschen Bd. 447/447a, Walter de Gruyter & Co., Berlin, 31 S.
HESELHAUS, R. (1986): Taggeckos – Praktische Winke zur Pflege und Zucht. Hobbing Verlag, Essen, 112 S.
– (1994): Taggeckos, Phelsuma. 2. Aufl. Ulmer Verlag, Stuttgart, 92 S.
– & M. SCHMIDT (1990): Karibische Anolis. Herpetologischer Fachverlag, Münster, 88 S.
HETTNER, H. (1930): Die Klimate der Erde. Verlag B. G. Teubner, Leipzig.
HEYER, G. VON (1974): Der Regenwurm, dein Freund und Helfer. Eigenverlag G. von Heyer, Hamburg.
HILL, D. S. & K. PHILLIPPS (1981): Hong Kong Animals. Gouvernment Printer Hong Kong.
HOFFMANN, W. (1978): Sukkulenten. Falken-Verlag, Niedernhausen/Ts., 64 S.
HONEGGER, R. (1981): Threatened Amphibians and Reptiles in Europe. Handbuch der Reptilien und Amphibien Europas, Suppl. Akademische Verlagsgesellschaft, Wiesbaden, 158 S.
HOOGMOED, M. S. (1973): Notes on the herpetofauna of Surinam. Part IV. The lizards and amphibians of Surinam. W. Junk, Den Haag, 419 S.
HOSER, R. T. (1989): Australian reptiles and frogs. Pierson & Co., Sydney, 238 S.
HOTZ, H. & M. F. BROOGI (1982): Rote Liste der gefährdeten und seltenen Amphibien und Reptilien der Schweiz. Schweiz. Naturschutzbund, Basel, 112 S.
HUBER, O. (Hrsg.) (1986): La Selva Nublada de Rancho Grande Parque Nacional „Henri Pittier". Editorial Arte, Caracas, 288 S.
HUNZIKER, R. (1995): Leopardgeckos. bede-Verlag, Ruhmannsfelden, 64 S.

IPPEN, R., H. D. SCHRÖDER & K. ELZE (1985): Handbuch der Zootierkrankheiten. Bd. 1 Reptilien. Akademie Verlag, Berlin.
ISEMONGER, R. H. (1968): Snakes of Africa. Cape Town (Books of Africa), 284 S.
ISENBÜGEL, E. & W. FRANK (1985): Heimtierkrankheiten. Ulmer Verlag, Stuttgart, 402 S.
IVERSON, J. P. (1992): A revised checklist with distribution maps of the turtles of the world. (Eigenverlag), Richmond, USA, 363 S.

JACOBSEN, N. H. G. & W. D. HAACKE (1980): Harmless snakes of the Transvaal. Transvaal Nat. Conserv. Division, Pretoria, 64 S.
JAHN, J. (1968): Das Freilandterrarium – Eine Anleitung zum Bau, zur Einrichtung und Pflege. Lehrmeister-Bücherei Nr. 959, Albrecht Philler Verlag, Minden, 64 S.
– (1971): Schildkröten. Lehrmeister-Bücherei Nr. 166, Albrecht Philler Verlag, Minden, 96 S.
– (1982): Kleine Terrarienkunde – Anleitung zur Pflege von Lurchen und Kriechtieren. Albrecht Philler Verlag, Minden, 144 S.
JANZEN, D. H. (Hrsg.) (1983): Costa Rican natural history. Univ. Chicago Press, Chicago, 816 S.
JAROFKE, D. & J. LANGE (1993): Reptilien: Krankheiten und Haltung. Parey Verlag, Berlin, Hamburg, 188 S.
JENKINS, R. & R. BARTELL (1980): Reptiles of the Australian High Country. Inkata Press, Melbourne, 278 S.
JES, H. (1993): Echsen als Terrarientiere richtig pflegen und verstehen: Experten-Rat für die artgerechte Haltung. Gräfe & Unzer, München, 70 S.
JOCHER, W. (1970): Futter für Vivarientiere – Aquarien/Terrarien. Franckh'sche Verlagshandlung, Stuttgart, 69 S.
JOGER, U. (1984): The venomous snakes of Near and Middle East. Reichert Verlag, Wiesbaden, 115 S.

KABISCH, K. (1990): Wörterbuch der Herpetologie. VEB Gustav Fischer Verlag, Jena, 478 S.
KÄSTLE, W. (1974): Echsen im Terrarium. Franckh'sche Verlagshandlung, Stuttgart, 96 S.
KAHL, B., P. GAUPP & G. SCHMIDT (1980): Das Terrarium. Falken-Verlag, Niedernhausen/Ts., 336 S.
KALETTA, K.-H. & D. L. SCHULZ (1989): Bromelien. Verlag für die Frau, Leipzig, 181 S.
KARSEN, S. J., M. W. LAU & A. BOGADEK (1986): Hong Kong amphibians and reptiles. Urban Council Publ., Hong Kong, 136 S.
KASSELMANN, C. (1995): Aquarienpflanzen. Ulmer Verlag, Stuttgart, 480 S.
KAWOLLEK, W. (1988): Sukkulenten für Zimmer und Fensterbank. Ulmer Verlag, Stuttgart, 128 S.
– (1995): Kübelpflanzen. Ulmer Verlag, Stuttgart, 435 S.

KEMPFF-MERCADO, N. (1975): Ofidios de Bolivia. Acad. Nacion. Cienc. Nat., La Paz, 46 S.
KIRSCHNER, A. & H. SEUFER (1995): Der Königspython – Pflege und Zucht. Kirschner & Seufer Verlag, Keltern-Weiler, 71 S.
KLAUBER, L. M. (1972): Rattlesnakes: their habits, life histories, and influence on mankind. Univ. California Press, Berkeley, 1533 S.
– (1982): Rattlesnakes: their habits, life histories, and influence on mankind. Univ. California Press, Berkeley, 350 S.
KLEMMER, K. (1963): Liste der rezenten Giftschlangen. Behringwerke-Mitteilungen, Sonderband. Elwert Universitäts- und Verlagsbuchhandlung, Marburg: 255–464.
KLINGELHÖFFER, W. (1955): Terrarienkunde. 1. Teil. Allgemeines und Technik. Alfred Kernen Verlag, Stuttgart, 167 S.
– (1957): Terrarienkunde. 3. Teil: Echsen. 2. Aufl. Alfred Kernen Verlag, Stuttgart, 264 S.
– (1959): Terrarienkunde. 4. Teil: Schlangen, Schildkröten, Panzerechsen, Reptilienzucht. Alfred Kernen Verlag, Stuttgart, 379 S.
KLOFT, W. J. (1978): Ökologie der Tiere. Ulmer Verlag, Stuttgart, 304 S.
KÖHLER, G. (1993a): Basilisken, Freilandbeobachtungen, Pflege und Zucht. Verlag G. Köhler, Hanau, 111 S.
– (1993b): Schwarze Leguane, Freilandbeobachtungen, Pflege und Zucht. Verlag G. Köhler, Hanau, 128 S.
– (1993c): Der Grüne Leguane, Freilandbeobachtungen, Pflege, Zucht und Erkrankungen. 2. Aufl. Verlag G. Köhler, Hanau, 115 S.
KÖNIG, R. (1983): Schlangen. Über Bau und Leben faszinierender Tiere. Zool. Mus. Chr. Alb. Univers., Kiel, 102 S.
KORSOS, Z. & I. KISS (Hrsg.) (1992): Proceedings of the 6th ordinary general meeting of the Societas Europaea Herpetologica. Hungarian Nat. Hist. Mus., Budapest, 529 S.
KOSCH, A. & D. AICHELE (1968): Was blüht denn da? 33. Aufl. Franckh'sche Verlagshandlung, Stuttgart, 407 S.
KRAUS, O. (1970): Internationale Regeln für die Zoologische Nomenklatur. Kramer Verlag Frankfurt/M., 198 S.
KRAUS, R. & F. WERNER (1931): Giftschlangen und die Serumbehandlung der Schlangenbisse. Fischer Verlag, Jena, 220 S.
KRUMBIEGEL, J. (1976): Gefangene Tiere richtig füttern. DLG-Verlagsgesellschaft, Frankfurt/M., 262 S.
KÜHN, A. (1967): Grundriß der allgemeinen Zoologie. 16. Aufl. Thieme Verlag, Stuttgart
KÜKENTHAL, W. & E. MATTHES (1931): Leitfaden für das Zoologische Praktikum. Fischer Verlag, Jena, 354 S.
KUHN, (1966): Die Reptilien: System und Stammesgeschichte. Verlag Oeben, Krailling, 102 S.

KUNDERT, F. (1984): Das neue Schlangenbuch in Farbe. Müller Verlag, Stuttgart, 39 S.
KUNTZ, R. E. (1962): Snakes of Taiwan. Q. L. Taiwan Museum, Taiwan, 80 S.

LANCINI, A. R. & P. M. KORNACKER (1989): Die Schlangen von Venezuela. Verlag Armitano Editores, Caracas, 381 S.
LANDSBERG, E., H. LIPPMANN, K. H. PAFFEN & C. TROLL (1965): Weltkarten zur Klimakunde. 2. Aufl. Springer Verlag, Heidelberg, 28 S.
LANKA, V. & W. LOBIN (1984): Lurche und Kriechtiere in Europa. Verlag W. Dausien, Hanau, 224 S.
LATIFI, M. (1985): The snakes of Iran. Reprint 1991. SSAR, Oxford, Ohio, 159 S.
LEGLER, J. M. (1985): Australian chilid turtles reproductive patterns in Wideranging taxa. In: GRIGG et al. (Hrsg.): Biology of Australian Frogs and Reptiles. Beatty, Chipping Norton, NSW: 117–123.
LEVITON, A. E., S. C. ANDERSON, K. ADLER & S. A. MINTON (1992): Handbook to Middle East Amphibians and Reptiles. SSAR, Oxford, Ohio, 252 S.
LIAT, L. B. (1979): Poisonous snakes of Peninsular Malaysia. Malayan Nature Society, Kuala Lumpur, 61 S.
LILGE, D. & H. VAN MEEUWEN (1979): Grundlagen der Terrarienhaltung. Landbuch Verlag, Hannover, 212 S.
LINZEY, D. W. & M. J. CLIFFORD (1981): Snakes of Virginia. Univ. Press of Virginia, Charlotteville, 159.
LOVERIDGE, A. (1946): Reptiles of the pazific world. McMillan Comp., New York, 259 S.
LOWE, C. H., C. R. SCHWALBE & T. B. JOHNSON (1986): The venomous reptiles of Arizona. Arizona Game Fish Dept., Phoenix, 115 S.
LÜDICKE, M. (1962): 5. Ordnung der Klasse Reptilia: Serpentes. In: HELMCKE et al. (Hrsg.): Handbuch der Zoologie 7, 1. Hälfte 5. Lief. Walter de Gruyter & Co., Berlin: 1–128.
– (1964): 5. Ordnung der Klasse Reptilia: Serpentes. In: HELMCKE et al. (Hrsg.): Handbuch der Zoologie 7, 1. Hälfte 7. Lief. Walter de Gruyter & Co., Berlin: 129–298.
LÜHRS, C. P. (1982): Einbetten in Bio-Gießharz. hobby-time bastel-system. Wezel, Leutkirchen-Gebrazhofen, 47 S.
LUTTENBERGER, F. (1978): Die Schlangen Österreichs. Facultas Verlag, Wien, 67 S.

MACLEAN, W. P., R. KELLNER & H. DENNIS (1977): Island lists of West Indian amphibians and reptiles. Smithonian Herpetol. Inf. Serv. No. 40, Washington, 47 S.
MAHENDRA, B. C. (1984): Handbook of the snakes of India, Ceylon, Burma, Bangladesh and Pakistan. Ann. Zool. 22: 1–412.
MALKMUS, R. (1995): Die Amphibien und Reptilien Portugals, Madeiras und der Azoren. Die Neue Brehm-Bücherei Bd. 621, Westarp Wissenschaften, Magdeburg, Spektrum Akademischer Verlag, Heidelberg, Berlin, Oxford, 192 S.
MANTHEY, U. & N. SCHUSTER (1992): Agamen. Herpetologischer Fachverlag, Münster, 120 S.
MAO, S. H. (1971): Turtles of Taiwan. The Commercial Press, Taipei, 128 S.
MARA, W. P. (1993): Venomous snakes of the world. T. F. H., Neptune City, 224 S.
– (1995a): Das Große Buch der Giftschlangen. bede-Verlag, Ruhmannsfelden, 126 S.
– (1995b): Bullennattern im Terrarium. bede-Verlag, Ruhmannsfelden, 64 S.
– (1995c): Dreiecksnattern im Terrarium. bede-Verlag, Ruhmannsfelden, 64 S.
– (1995d): Strumpfbandnattern im Terrarium. bede-Verlag, Ruhmannsfelden, 63 S.
MARAIS, J. (1985): Snake versus man – A guide to dangerous and common harmless snakes of Southern Africa. Macmillan South Africa, Johannesburg, 102 S.
– (1993): A complete guide to the snakes of Southern Africa. Blandford Press, London, 208 S.
MARCUS, C. (1983): Amphibien und Reptilien in Heim, Labor und Zoo. F. Enke Verlag, Stuttgart, 184 S.
MARKEL, R. G. (1990): Kingsnakes and Milksnakes. T. F. H. Publ., Neptun City (NJ), 144 S.
– (1994): Das Große Buch der Königsnattern. bede-Verlag, Ruhmannsfelden, 144 S.
MARTIN, J. (1992): Chameleons – Nature's masters of disguise. Blandford Press, London, 176 S.
MATTISON, C. (1982): The care of reptiles and amphibians in captivity. Blandford Press, London, 304 S.
– (1986): Snakes of the world. Facts on File Publ., New York, 190 S.
– (1989): Lizards of the world. Facts on File, New York, 192 S.
– (1991a): A-Z of snake keeping. Sterling Publ. Co., Inc., New York, 143 S.
– (1991b): Keeping and breeding lizards – Their natural history and care in captivity. Blandford Press, London, 224 S.
– (1992): Keeping and breeding snakes. Blandford Press, London, 184 S.
MATZ, G. & M. VANDERHAEGE (1980): BLV Terrarienführer. BLV-Verlagsgesellschaft, München/Wien/Zürich, 360 S.
– & C. VAGO (1983): Pathology des Reptiles et Amphibians. Compte rendues du premiere Colloque Internacional des Pathology des Reptiles et des Amphibians. Centre national de la recherche scientifique, Univers. d'Angers, 258 S.
– & D. WEBER (1983): Amphibien und Reptilien. Die 169 Arten Europas farbig abgebildet. BLV Verlagsgesellschaft, München/Wien/Zürich, 234 S.
MAYER, R. (1992): Europäische Landschildkröten. Leben – Haltung – Zucht. Agrar Verlag Allgäu, Kempten, 127 S.

MAYR, E. (1967): Artbegriff und Evolution. Parey Verlag, Hamburg/Berlin, 617 S.
- (1975): Grundlagen der zoologischen Systematik. Parey Verlag, Hamburg/Berlin, 370 S.
McCoy, M. (1980): Reptiles of the Solomon Islands. Wau Ecology Institute, Papua New Guinea, 80 S.
McDOWELL, S. B. (1972): The evolution of the tongue of snakes and its bearing on snake origin. In: DOBSHANSKY, T., K. M. HECHT & W. STEERE (Hrsg.): Evolutionary Biology. Vol. 6. Appleton-Century crofts, New York: 191–273.
McEACHERN, M. J. (1991): A color guide to corn snakes. Advanced Vivarium Systems, Lakeside, 49 S.
McILHENNY'S, E. A. (1935): The alligator's life history. (Reprint 1987), Boston, 117 S.
McKEOWN, S. (1993): The general care and maintenance of day geckos. Advanced Vivarium Systems, Lakeside, 144 S.
McPHEE, D. R. (1979): The observer's book of snakes and lizards of Australia. Methuen, Sydney, 157 S.
MEBS, D. (1992): Gifttiere: Ein Handbuch für Biologen, Toxikologen, Ärzte, Apotheker. Wissenschaftliche Verlagsgesellschaft mbH, Stuttgart, 272 S.
MEDEM, M. F. (1983): Reproductive data on *Platemys platycephala* (Testudines: Chelidae) in Colombia. In: A. G. J. RHODIN & K. MIYATA (Hrsg.) (1983): Advances in Herpetology and Evolutionary Biology. Essays in Honor of ERNEST E. WILLIAMS, Cambridge, Massachusetts: 429–434.
MEHRTENS, J. M. (1987): Living snakes of the world in colour. Sterling Publ. Co., New York, 480 S.
- (1993): Schlangen der Welt. Franckh-Kosmos Verlag, Stuttgart, 463 S.
MERTENS, R. (1930): Die Amphibien und Reptilien der Inseln Bali, Lombok, Sumbawa und Flores. Abh. senckenb. naturf. Ges., Frankfurt, 229 S.
- (1934): Die Insel-Reptilien, ihre Ausbreitung, Variation und Artbildung. Zoologica, Stuttgart, 84: 1–209.
- (1942): Die Familie der Warane (Varanidae). Abh. senckenberg. naturf. Ges. 462: 1–116.
- (1946): Die Warn- und Drohreaktionen der Reptilien. Abh. senckenb. naturf. Ges., Frankfurt 471: 1–108.
- (1947): Die Lurche und Kriechtiere des Rhein-Main-Gebietes. Kramer Verlag, Frankfurt/M., 144 S.
- (1952): Die Amphibien und Reptilien von El Salvador auf Grund der Reisen von R. MERTENS und A. ZILCH. Abh. senckenb. naturf. Ges., Frankfurt/M. 487: 1–120.
- (1955): Die Amphibien und Reptilien Südwestafrikas. Abh. senckenb. naturf. Ges., Frankfurt/M. 490: 1–172.
- (1963): Helodermatidae, Varanidae, Lanthanotidae. Liste der rezenten Amphibien und Reptilien. Das Tierreich. Lief. 85. Verlag W. de Gruyter, Berlin, 26 S.
- (1964): Kriechtiere und Lurche. Kosmos Naturführer. 3. Aufl. Franckh'sche Verlagshandlung, Stuttgart, 98 S.
- (1966): Chamaeleonidae. Liste der rezenten Amphibien und Reptilien. Das Tierreich. Lief. 83. Verlag W. de Gruyter, Berlin, 37 S.
- (1971): Die Herpetofauna Südwestafrikas. Abh. senckenb. naturf. Ges. 529: 1–110.
- & H. WERMUTH (1960): Die Amphibien und Reptilien Europas (Dritte Liste nach dem Stand vom 1. Januar 1960). W. Kramer, Frankfurt, 264 S.
- & H. WERMUTH (1977): Testudines, Crocodylia, Rhynchocephalia. Liste der rezenten Amphibien und Reptilien. Das Tierreich. W. de Gruyter, Berlin, 379 S.
MEUSEL, W. & J. HÜBL (1991): Vivarienbepflanzung. Urania-Verlag, Leipzig, Jena, Berlin, 76 S.
MEVIUS, W. (1953): Taschenbuch der Botanik. Systematik. Thieme Verlag, Stuttgart, 226 S.
MILLER, D. M., R. A. YOUNG, T. W. GATLIN & J. A. RICHARDSON (1982): Amphibians and reptiles of the Grand Canyon National Park. Grand Canyon Nat. His. Assoc. Monogr. 4: 1–144.
MINCHAM, H. (1970): Reptiles of Australia and New Zealand. Rigby Ltd. National Library of Australia.
MINTON, S. A. & M. R. MINTON (1973): Giant reptiles. Charles Scribner's Sons, New York, 345 S.
- & - (1980): Venomous reptiles. Charles Scribner's Sons, New York, 308 S.
MIRTSCHIN, P. & R. DAVIS (1983): Dangerous snakes of Australia. Ribgy Publ., Adelaide, 208 S.
MITCHELL, J. C. (1986): Cannibalism in Reptiles: A worldwide review. Herpetological Circular No. 15, SSAR, Tyler, Texas, 37 S.
MLETZKO, H. G. & I. MLETZKO (1977): Biorhythmik. Ziemsen Verlag, Wittenberg Lutherstadt, 160 S.
MLYNARSKI, M. (1969): Fossile Schildkröten. Die Neue Brehm-Bücherei, Bd. 396. A. Ziemsen Verlag, Wittenberg, 128 S.
- (1976): Handbuch der Paläoherpetologie. Part 7. Testudines. Gustav Fischer Verlag, Stuttgart, 130 S.
MOELLER, H. (1974): Kanarische Pflanzenwelt. Bd. 2. Bambi Verlag, Puerto de la Cruz, Teneriffa, 184 S.
MOONEN, J., W. ERIKS & K. VAN DEURSEN (1979): Surinaamse slangen in kleur. C. Kersten & Co. N. V., 119 S.
MORI, M. (1982): Japans Schlangen 1. Igaku-Shoin Ltd., Tokyo, 80 S.
- (1984): Japans Schlangen 2. Igaku-Shoin Ltd., Tokyo, 102 S.
MORTON, J. F. (1977): Tropische Blumen. Delphin Verlag, Stuttgart, Zürich, 159 S.
MUGGIASCA, F. & E. GANDOLLA (1976): I rettili del Ticino. Aurora S. A., Canobbio-Lugano, 78 S.
MÜLLER, G. (1993): Schildkröten. Land-, Sumpf- und Wasserschildkröten im Terrarium. 2. Aufl. Ulmer Verlag, Stuttgart, 240 S.
MÜLLER, K. (1976): Temperatur und Aktivitätsperiodik bei *Uromastyx acanthinurus* (Reptilia, Agamidae). Staatsarbeit, 84 S.
MÜLLER, P. (1968): Die Herpetofauna der Insel von Sao Sebastiao (Brasilien). Saarbrücker Zeitung Verlag und Druckerei GmbH, Saarbrücken, 84 S.
- (1973: The dispersal centres of terrestrial vertebrates in the neotropical realm. Dr. W. Junk B. V., Publ., The Hague, 244 S.
MÜLLER, V. & W. SCHMIDT (1995a): Schildkröten im Gartenteich. Natur und Tier – Verlag, Münster, 95 S.
- & - (1995b): Landschildkröten. Natur und Tier – Verlag, Münster, 191 S.
MURPHY, J. B. & J. T. COLLINS (Hrsg.) (1980): Reproductive biology and diseases of captive reptiles. SSAR, Lawrence, 277 S.
MURTHY, T. S. N. (1986): The snake book of India. Intern. Book Distributors, Dehra Dun (India), 101 S.
MUTSCHMANN, F. (1995): Die Strumpfbandnattern. Die Neue Brehm-Bücherei Bd. 620 – Westarp Wissenschaften, Magdeburg, 172 S.

NAKAMURA, K. & S.-J. UENO (1963): Japanese reptiles and amphibians in colour. (in japanisch). Holkusha, Osaka, 214 S.
NECAS, P. (1995): Chamäleons – Bunte Juwelen der Natur. Edition Chimaira bei Bücher-Kreth, Frankfurt/M., 249 S.
NEUHAUS, U. & K. NEUHAUS (1946): Eßbare Früchte. J. Holzwarth Verlag, Iserlohn, 62 S.
NIETZKE, G. (1980): Die Terrarientiere. Bd. 2. 3. Auflage. Ulmer Verlag, Stuttgart, 322 S.
- (1982): Die Weinbergschnecke – Ihre Lebensweise und Zucht. Ulmer Verlag, Stuttgart, 163 S.
- (1984): Fortpflanzung und Zucht der Terrarientiere. Landbuch-Verlag, Hannover, 237 S.
- (1989): Die Terrarientiere. Bd. 1, 4. Auflage. Ulmer Verlag, Stuttgart, 276 S.
NIKOLSKIJ, A. M. (1915): Die Fauna Russlands und angrenzender Länder: Amphibien und Reptilien. St. Petersburg, 532 S. (in russ.).
- (1963): Fauna of Russia and adjacent countries. Reptiles. Jerusalem.
NÖLLERT, A. (1995): Schildkröten 2. Aufl. Landbuch Verlag, Hannover, 192 S.
NOLTE, F. (1988): Beliebte Blattpflanzen. Ulmer Verlag, Stuttgart, 128 S.
NOWAK, E. (1981): Die Lurche und Kriechtiere der Länder der Europäischen Gemeinschaft. Kilda Verlag, Greven, 117 S.
NOWAK, F. A. (1965): Das Große Bilderlexikon der Pflanzen. Blüchert Verlag, Hamburg

OBST, F. J. (1980): Schildkröten. Urania Verlag, Leipzig, 64 S.
- (1985a): Schmuckschildkröten. Die

Neue Brehm-Bücherei, Bd. 549. A. Ziemsen Verlag, Wittenberg, 127 S.
- (1985b): Die Welt der Schildkröten. Müller Verlag, Rüschlikon-Zürich, Stuttgart, Wien, 235 S.
- & W. MEUSEL (1978): Die Landschildkröten Europas. Die Neue Brehm-Bücherei, Bd. 319. A. Ziemsen Verlag,, Wittenberg, 72 S.
- , K. RICHTER & U. JACOB (1984): Lexikon der Terraristik und Herpetologie. Edition Leipzig, 465 S.
- , - & - (1988): The completely illustrated atlas of reptiles and amphibians for the terrarium. T. F. H. Publ., Neptune City, 830 S.
OLBERG, G. (1963): Sumpf- und Wasserpflanzen. Ziemsen Verlag, Wittenberg Lutherstadt, 83 S.
OLIVIA-ESTEVA, F. & J. A. STEYERMARK (1992): Bromeliaceas of Venezuela. Verlag Armitano, Caracas, 398 S.
OUDSHOORN, W. (1986): Farne für Haus und Garten. Ulmer Verlag, Stuttgart, 124 S.
OULAHAN, R. (1981): Reptilien und Amphibien. Deutschsprachige Ausgabe. Christian Verlag, München, 128 S.
PAPE, H. (1939): Krankheiten und Schädlinge der Zierpflanzen. Verlagsbuchhandlung Paul Parey, Berlin, 474 S.
PARKER, H. W. & A. BELLAIRS (1972): Die Amphibien und die Reptilien. Edit. Rencontre, Lausanne, 383 S.
PARMENTER, C. J. (1985): Reproduction and survivership of *Chelodina longicollis* (Testudinata, Chelidae). In: GRIGG, G., R. SHINE & H. EHMANN (1985): Biology of Australasian Frogs and Reptiles. Beatty, Chipping Norton, NSW: 59–61.
PATTERSON, J. (1995a): Dosenschildkröten. bede-Verlag, Ruhmannsfelden, 64 S.
- (1995b): Rotwangen-Schmuckschildkröten. bede-Verlag, Ruhmannsfelden, 64 S.
PATTERSON, R. & A. BANNISTER (1988): Reptilien Südafrikas. Landbuch-Verlag, Hannover, 128 S.
PATZELT, E. (1989): Fauna del Ecuador. Ed. del Banco Central del Ecuador, Quito, 433 S.
PEFAUR, J. A. (1992): Checklist and bibliography of the Venezuelan herpetofauna. Smithsonian Herp. Info. Service 89: 1–54.
PENNY, M. (1992): Alligatoren und Krokodile. Bertelsmann Verlag, München, 127 S.
PEREZ MELLADO, V. & A. SACRISTAN (1981): Los anfibios y reptiles. Penthalon, Madrid, 145 S.
PEREZ-SANTOS, C. & A. G. MORENO (1988): Ofidios de Colombia. Mus. Reg. Sci. Nat. Torino, Monografia VI, 520 S.
- & - (1991): Serpientes de Ecuador. Mus. Reg. Sci. Nat. Torino, Monografia XI, 538 S.
PERKINS, L. (1974): Welt in Farbe – Amphibien und Reptilien. Vollmer Verlag, Wiesbaden, 72 S.

PERLOWN, D. (1992): The general case and maintenance of common kingsnakes. Advanced Vivarium Systems, Lakeside, 71 S.
PETERS, J. A. & R. DONOSO-BARROS (1986): Catalogue of the Neotropical Squamata. Part I. Snakes. Smithsonian Institution Press, Washington, 347 S.
- & B. OREJAS-MIRANDA (1986): Catalogue of the Neotropical Squamata. Part II. Lizards and Amphibaenians. Smithsonian Institution Press, Washington, 293 S.
PETROVÁ, E. (1975): Taschenbuch der Blumen aus Zwiebeln und Knollen. Verlag W. Dausien, Hanau, 215 S.
PETZOLD, H. G. (1971): Blindschleiche und Scheltopusik. Neue Brehm Bücherei, Nr. 448, A. Ziemsen Verlag, Wittenberg Lutherstadt, 102 S.
- (1982): Aufgaben und Probleme bei der Erforschung der Lebensäußerungen der Niederen Amnioten (Reptilien). BINA-Verlag, Berlin (Reprint 1984), 323 S.
- (1983): Die Anakondas. Die Neue Brehm-Bücherei, A. Ziemsen Verlag, Wittenberg Lutherstadt, 142 S.
PFLUMM, W. (1989): Biologie der Säugetiere. Parey Verlag, Berlin, Hamburg, 565 S.
PHELPS, T. (1989): Poisonous snakes. Blandford Press, London, 237 S.
PIANKA, E. R. (1986): Ecology and natural history of desert lizards. Princeton University Press, Princeton, New Jersey, 208 S.
PICADO, T. C. (1931): Serpientes venenosas de Costa Rica. San José, 219 S.
PIECHOCKI, R. (1972): Makroskopische Präparationstechnik – Teil 1: Wirbeltiere. Fischer Verlag, Stuttgart, 403 S.
PIENAAR, U. DE V., W. D. HAACKE & N. H. G. JACOBSEN (1983): The reptiles of the Kruger National Park. Sigma Press, Pretoria, 236 S.
PITMAN, C. R. S. (1974): A guide to the snakes of Uganda. Codicote (Wheldon & Wesley), 290 S.
POPE, C. (1939): Turtles of the United States and Canada. New York, 343 S.
- (1973): The giant snakes. New York.
PORTER, K. (1972): Herpetology. Philadelphia, London, Toronto.
PRADO, A. (1945): Serpentes do Brasil. Sitios e Fazendas, Sao Paulo, 134 S.
PRATER, W. & E. WALDVOGEL (1986): Orchideen für die Fensterbank. Franckh'sche Verlagshandlung, Stuttgart, 112 S.
PREISSEL, U. & H. G. PREISSEL (1994): Die besten Blatt- und Blütenpflanzen. Ulmer Verlag, Stuttgart, 128 S.
PRITCHARD, P. C. H. (1967): Living turtles of the World. T. F. H. Publ., Jersey City 288 S.
- (1979): Encyclopedia of turtles. T. F. H. Publ., Jersey City, 895 S.
- & P. TREBBAU (1984): The turtles of Venezuela. SSAR, Cornell University, New York, 403 S.

RAFF, J. & R. KELLER (1979): Pflanzenschätze der Mainau. Verlag Mainauverwaltung Insel Mainau, 194 S.
RAGE, J. C. (1984): Serpentes. Handbuch der Palaeoherpetologie/Encyclopedia of Paleoherpetology. Part II. Fischer Verlag, Stuttgart, XII + 80 S.
RAUH, H. & E. GROSS (1990): Bromelien. Ulmer Verlag, Stuttgart, 458 S.
REESE, A. M. (1915): The alligator and its allies. Putnam's Sons, New York, 358 S.
REICHENBACH-KLINKE, H. H. (1961): Krankheiten der Amphibien. Fischer Verlag, Stuttgart, 100 S.
- (1977): Krankheiten der Reptilien. Fischer Verlag, Stuttgart, 228 S.
REITINGER, F. F. (1978): Common snakes of South East Asia and Hong Kong. Heinemann Educational Books Ldt., Hong Kong, 114 S.
REMANE, A., V. STORCH & U. WELSCH (1980): Evolution. 5. Aufl. Deutscher Taschenbuch-Verlag, München, 272 S.
RENSING, L., R. HARDELAND, M. RUNGE & G. GALLING (1984): Allgemeine Biologie. 2. Aufl., Ulmer Verlag, Stuttgart, 420 S.
RICHTER, R. (1943): Einführung in die Zoologische Nomenklatur durch Erläuterung der Internationalen Regeln. Senckenbergische Naturforschende Gesellschaft, Frankfurt/M., 154 S.
RICHTER, W. (1953): Blüten aus Tropenfarnen. Verlag J. Neumann, Radebeul, 284 S.
- (1963): Schöne und seltene Pflanzen. Verlag J. Neumann, Radebeul, 211 S.
- (1965): Zimmerpflanzen von heute und morgen: Bromeliaceen. Verlag J. Neumann-Neudamm, Melsungen, Berlin, Basel, Wien, 384 S.
- (1977): Blattpflanzen vielgestaltig und bunt. Verlag J. Neumann-Neudamm, Melsungen, Basel, Wien, 184 S.
RIMPP, K. (1993): Das Terrarium. 3. Aufl. Ulmer Verlag, Stuttgart, 127 S.
RIVERO, J. A. (1978): Los anfibios y reptiles de Puerto Rico. Universidad de Puerto Rico, 148 S.
ROBB, J. (1986): New Zealand Amphibians and Reptiles in colour. Collins, Auckland, Sydney, London, 128 S.
- & H.-D. PHILIPPEN (1986): Unsere Schmuckschildkröte. 2. Aufl. Kosmos Verlag, Stuttgart, 72 S.
ROBERTS, M. F. & M. D. ROBERTS (1976): All about iguanas. T. F. H. Publ., Neptune City, 96 S.
ROCEK, Z. (Hrsg.) (1986): Studies in Herpetology. SEH meeting Prague 1985, Charles Univ., Prague, 754 S.
RÖBER, R. (Hrsg.) (1994): Topfpflanzenkulturen. Ulmer Verlag, Stuttgart, 686 S.
RÖTH, J. (1991): Tillandsien, Blüten der Lüfte. Verlag J. Neumann, Radebeul, 216 S.
- (1995): Zimmerpflanzenpflege. Verlag J. Neumann, Radebeul, 160 S.

Rogé, J.-P. & J. Sauvanet (1987): Les serpents. Saga, Cayenne, Guyane francaise, 32 S.

Rogner, M. (1992a): Unser erstes Terrarium. 2. Aufl. Franckh-Kosmos Verlag, Stuttgart, 72 S.

– (1992b): Echsen – 1. Geckos, Flossenfüsse, Agamen, Chamäleons und Leguane. Ulmer Verlag, Stuttgart, 281 S.

– (1994): Echsen – 2. Warane, Skinke und andere Echsen sowie Brückenechsen und Krokodile. Ulmer Verlag, Stuttgart, 270 S.

– (1995): Schildkröten 1. Chelydridae – Dermatemydidae – Emydidae. Heidi Rogner-Verlag, Hürtgenwald, 192 S.

Rollinat, R. (1934): La vie des reptiles de la France centrale. Libr. Delagrave, Paris, 343 S.

Romer, A. S. (1956): Osteology of the reptiles. Univ. Chicago Press, Chicago, 772 S.

Rooij, N. de (1917): The reptiles of the Indo-Australian Archipelago, II. Ophidia. E. J. Brill (Leiden), Reprint 1994, 331 S.

Rose, W. (1962): The Reptiles and Amphibians of Southern Afrika. Maskew Miller, Cape Town, 494 S.

Ross, C. A. (1990): Krokodile und Alligatoren. Jahr Verlag GmbH & Co., Hamburg, 239 S.

Ross, R. A. (1978): The python breeding manual. Institut for Herpetological Research, Stanford, 50 S.

– & G. Marzek (1990): The reproductive husbandry of Pythons and Boas. Inst. Herp. Res., Stanford, 270 S.

– & G. Marzek (1994): Riesenschlangen – Zucht und Pflege. bede-Verlag, Ruhmannsfelden, 248 S.

Rossi, J. V. (1992): Snakes of the United States and Canada: Keeping them healthy. Vol. 1. Eastern area. Krieger Publ., Malabar, 209 S.

Rotter, J. (1963): Die Warane (Varanidae). Die Neue Brehm-Bücherei, A. Ziemsen Verlag, Wittenberg Lutherstadt, 75 S.

Roze, J. A. (1966): La taxonomia y zoogeografia de los ofidios de Venezuela. Edic. Bibl. U. C. V., Caracas, 343 S.

– (1970): Ciencia y fantasia sobre las serpientes de Venezuela. Fondo de Cultura Cientifica, Caracas, 162 S.

Rudloff, H.-W. (1990): Vermehrung von Terrarientieren – Schildkröten. Urania Verlag, Leipzig, 155 S.

Salvador, A. (1985): Guia de campo de los Anfibios y Reptiles de la Peninsula Iberica, Islas Baleares y Canarias. Santiago Garcia, León, 255 S.

Sandner Montilla, F. (1975): Manual de las serpientes ponzonosas de Venezuela. Talleres Tipogr. Miguel Angel Garcia y hijo, Caracas, 112 S.

Santos, E. (1981): Anfibios e répteis do Brasil. Edit. Itatiaia, Belo Horizonte, 263 S.

Sauer, K. H. (1989): Richtige Aquarien- und Terrarienbeleuchtung. Pfriem Verlag, Wuppertal, 172 S.

Savage, J. M. & J. Villa (1986): Introduction to the Herpetofauna of Costa Rica. Society of the study of amphibians and reptiles (SSAR), Athens, Ohio, 207 S.

Schammacov, S. (1981): Die Reptilien der Turkmenischen Tieflandregionen. Verlag Uilium Aschchabad, Turkmenistan, Aschchabad, 312 S.

Scherhag, R., J. Blüthgen & W. Lauer (1977): Klimatologie. 9. Aufl. Westermann Verlag, Braunschweig, 204 S.

Schiemenz, H. (1985): Die Kreuzotter. A. Ziemsen, Wittenberg Lutherstadt, 108 S.

Schindewolf, O. H. (1950): Grundfragen der Paläontologie. Schweizerbart'sche Verlagshandlung, Stuttgart.

Schmida, G. (1985): The cold-blooded australians. Doubleday, Sydney, 208 S.

Schmidt, D. (1994): Schlangen. 2 Aufl. Neumann-Neudamm, Melsungen, 200 S.

– (1996): Wassernattern. bede-Ratgeber, bede-Verlag, Ruhmannsfelden, 88 S.

Schmidt, K. P. & D. D. Davis (1941): Field book of snakes of the United States and Canada. Putnam's Sons, New York, 365 S.

– & R. F. Inger (1957): Living reptiles of the world. Doubleday & Co., Garden City, 287 S.

– & – (1963): Knaurs Tierreich in Farben. Reptilien. Droemersche Verlagsanstalt. Th. Knaur Nachf., München, Zürich, 312 S.

Schmidt, W. (1995): Kornnattern. Natur und Tier – Verlag, Münster, 88 S.

–, K. Tamm & E. Wallikewitz (1994): Chamäleons – Drachen unserer Zeit. 2. Aufl. Heselhaus und Schmidt Verlag, Münster, 136 S.

Schneider, F. (1975): Die Pflanzen des Terrariums. Lehrmeister-Bücherei Nr. 960, Albrecht Philler Verlag, Minden, 112 S.

Schönfelder, J. & P. Schönfelder (1984): Die Kosmos-Mittelmeerflora. Franckh'sche Verlagshandlung, Stuttgart, 318 S.

Schubauer, J. P. & J. W. Gibbons (1990): Home range and movement patterns of the slider turtle inhabiting Par Pond. In: J. W. Gibbons (Hrsg.) (1990): Life history and ecology of the slider turtle. Smithsonian Inst. Press, Washington: 223–232.

Schulz, J. (1988): Die Ökozonen der Erde. UTB-Reihe. Ulmer Verlag, Stuttgart, 488 S.

Schwartz, A. & R. Thomas (1975): A check-list of West Indian amphibians and reptiles. Carnegie Mus. Spec. Publ., Pittsburgh 1: 216 S.

– & R. W. Henderson (1988): West Indian amphibians and reptiles: A check-list. Milwaukee Publ. Mus, Milwaukee, 264 S.

– & – (1991a): Amphibians and reptiles of the West-Indies. Description, Distributions and Natural History. Library of Congress, Florida, 736 S.

– & – (1991b): A guide to the identification of the amphibians and reptiles of the West Indies exclusive Hispaniola. Milwaukee Publ. Mus. His. Nat., Milwaukee, 736 S.

Schwarz, V. (1973): Vergleichende Entwicklungsgeschichte der Tiere. Thieme Verlag, Stuttgart, 414 S.

Schwerdtfeger, F. (1978): Lehrbuch der Tierökologie. Parey Verlag, Hamburg, Berlin, 384 S.

Scott, T. H. & W. J. Stokoe (1939): Wild flowers of the Wayside and Woodland. F. Warne & Co. Ltd., New York – London, 352 S.

Seibold, H. (1960): Zimmerpflanzen, mein Hobby. Verlag M. & H. Schaper, Hannover, 216 S.

Seidel, M. E. (1994): Morphometric analysis and taxonomy of Cooter and Red-Bellied turtles in the North American genus *Pseudemys*) (Emydidae). Chelonian Conservation and Biology, Lunenburg 1:(2): 117–130.

Seigel, R. A., J. T. Collins & S. S. Novak (1987): Snakes. Ecology and Evolutionary Biology. MacMillan Publ. Comp., New York, 529 S.

Seufer, H. (1985): Geckos – Artenbeschreibungen und Haltung, Pflege und Zucht der bekanntesten Gecko-Arten. Albrecht Philler Verlag, Minden, 112 S.

– (1991): Keeping and breeding geckos. T. F. H. Publ., Neptun City, 191 S.

Sfikas, G. (1981): Die Wildblumen Griechenlands. Festathiadis Group, Athen, 124 S.

Sharrel, R. (1966): The Tuatara, lizards and frogs in New Zealand. Collins, London, 94 S.

Shine, R. (1991): Australian snakes. A natural history. Reed Books, Sydney, 223 S.

– (1994): Sexual size dimorphism in snakes revisited. Copeia 1994(2): 326–346.

Sikula, Taschenatlas der Gräser. Verlag W. Dausien, Hanau, 211 S.

Silva, P. H. D. H. de (1980): Snakes of Sri Lanka. Departm. Governm. Print (Publ. Nat. Mus. Sri Lanka), Colombo, 472 S.

Silva, A. de (1990): Colour guide to the snakes of Sri Lanka. R. & A Publ. Limited, Avon, England, 130 S.

Slavens, S. L. (1989): Reptiles and amphibians in captivity – Breeding, longevity and inventory. Woodland Park Zoological Gardens, Seattle, Washington, 474 S.

Smith, H. M. (1946): Handbook of lizards. Comstock Publ. Assoc., Cornell Univ. Press, Ithaca, New York, 557 S.

– (1956): Handbook of amphibians and reptiles of Kansas. Univ. Kansas Mus. Nat. His. Publ. 9, 356 S.

– & E. H. Taylor (1945): An annotated checklist and key to the snakes of Mexico. Smithsonian Institution United States National Museum, Bull. 187: 1–239.

– & – (1950): An annotated checklist and key to the reptiles of Mexico exclusive of snakes. Smithsonian Institution United States National Museum, Bull. 199: 1–253.
SMITH, M. A. (1930): The Reptilia and Amphibia of the Malay Peninsula from the Isthmus of Kra to Singapore including the adjacent islands. Raffles Mus. Nat. Singapore: 149 S.
– (1943a): The fauna of British India, Ceylon and Burma, including the whole of the Indo-Chinese sub-region, Reptilia and Amphibia, Vol. I Loricata, Testudines. Taylor & Francis, London, 185 S.
– (1943b): The fauna of British India, Ceylon and Burma, including the whole of the Indo-Chinese sub-region, Reptilia and Amphibia, Vol. II Sauria. Taylor & Fracis, London, 440 S.
– (1943c): The fauna of British India, Ceylon and Burma, including the whole of the Indo-Chinese sub-region, Reptilia and Amphibia, Vol. III Serpentes. Taylor & Francis, London, 583 S.
SOKOLOV, V. E. (1988): Dictionary of animal names in five languages. Russky Yazyk Publishers, Moscow, 555 S.
SPARREBOOM, M. (1981): De Amfibieen en Reptielen van Nederland, Belgie en Luxemburg. Balkema, Rotterdam, 284 S.
SPRACKLAND, R. (1992): Giant lizards. T. F. H. Publ., Neptune City, 288 S.
– (1994): Großechsen – Erfolgreiche Pflege, Haltung und Zucht. bede-Verlag, Ruhmannsfelden, 288 S.
STANEK, V. J. (1962): Introducing poisonous snakes. Golden Pleasure Books, London, 80 S.
STARCK, D. (1965): Embryologie. Thieme Verlag, Stuttgart.
STASZKO, R. & J. G. WALLS (1994): Rat snakes: A Hobbyist's guide to *Elaphe* and Kin. T. F. H. Publ., Neptune City, 208 S.
– & – (1995): Das Große Buch der Kletternattern. bede-Verlag, Ruhmannsfelden, 200 S.
STEBBINS, R. C. (1985): A Field Guide to Western Reptiles and Amphibians. Houghton Mifflin Comp., Boston, 336 S.
STEIN, S. (1989): Wassergärten – Naturnah gestalten. 6. Aufl. BLV Verlagsgesellschaft mbH, München, 127 S.
STERNFELD, R. & G. STEINER (1952): Die Reptilien und Amphibien Mitteleuropas. Quelle & Meyer, Heidelberg, 95 S.
STETTLER, P. H. (1986): Handbuch der Terrarienkunde. 3. Aufl. Franckh'sche Verlagshandlung, Stuttgart, 228 S.
STEWARD, J. W. (1971): The snakes of Europe. David & Charles, Newton Abbot, 238 S.
STOOPS, E. D. & A. T. WRIGHT (1993): Boas and Pythons – Breeding and care. T. F. H., Neptune City, 192 S.
– & – (1994): Boas und Pythons – Pflege und Zucht. bede-Verlag, Ruhmannsfelden, 144 S.
STORCH, V. & U. WELSCH (1991): Systematische Zoologie. 4. Aufl., G. Fischer Verlag, Stuttgart, New York.
STORR, G. M. (1979): Dangerous snakes of Western Australia. Western Austr. Mus., Perth, 24 S.
–, L. A. SMITH & R. E. JOHNSTONE (1981): Lizards of Western Australia – I. Skinks. West. Aust. Mus., Perth, 200 S.
–, – & – (1983): Lizards of Western Australia – II. Dragons and Monitors. West. Aust. Mus., Perth, 113 S.
–, – & – (1986): Snakes of Western Australia. West. Aust. Mus., Perth, 187 S.
–, – & – (1990): Lizards of Western Australia – III. Geckos and Pygopods. West. Aust. Mus., Perth, 141 S.
STREET, D. (1979): The reptiles of Northern and Central Europe. Batsford, London, 268 S.
STRIMPLE, P. D. & J. L. STRIMPLE (Hrsg.) (1992): Contributions in Herpetology. Greater Cincinnati Herpetol. Soc., Cincinnati, Ohio, 111 S.
STUMPEL-RIENKS, S. E. (1992): Nomina Herpetofaunae Europaeae. Erg.-Bd. zu W. BÖHME (Hrsg.): Handbuch der Reptilien und Amphibien Europas, Aula-Verlag, Wiesbaden, 271 S.
SWAN, G. (1990): A field guide to the snakes and lizards of New South Wales. Three Sisters Prod., Winmalee, NSW, 224 S.
SWANSON, S. (1987): Lizards of Australia. Angus & Robertson, Sydney, 164 S.
SWEENEY, R. (1992): Garter snakes. Their natural history and care in captivity. Blandford, London, 128 S.
SWIFT, J. (1975): Die Sahara. Time-Life International.

TERENTJEW, P. & S. A. CERNOW (1949): Bestimmungsschlüssel der Reptilien und Amphibien. Israel. Progr. Sci. Trans., Jerusalem, Ausg. 1965, 340 S.
– & – (1965): Key to amphibians and reptiles of UdSSR. 3. Aufl. Israel Programm for Scientific Translations, Jerusalem, 315 S.
TAYLOR, E. H. (1951): A brief review of the snakes of Costa Rica. Univ. Kansas Sci. Bull. Vol. XXXIV, PtI: 1–188.
– (1954): Further studies on the serpents of Costa Rica. Univ. Kansas Sci. Bull. Vol. XXXVI, Pt.II: 673–801.
– (1956): A review of the lizards of Costa Rica. Univ. Kansas Sci. Bull. Vol. XXXVIII, Pt.I: 3–322.
– (1965): The serpents of Thailand and adjacent waters. Univ. Kansas Sci. Bull., Lawrence 45: 609–1096.
TENNANT, A. (1984): The snakes of Texas. Texas Monthly Press, Austin, 561 S.
– (1985): A field guide to Texas snakes. Texas Monthly Press, Austin, 260 S.
THORNS, H. J. (1984): Sammeln und Präparieren von Tieren. 2. Aufl. Franckh'sche Verlagshandlung, Stuttgart, 144 S.
TIKADER, B. K. & R. C. SHARMA (1985): Handbook of Indian Testudines. Zoological Survey of India, Calcutta, 156 S.
TINOCO, R. A. (1978): Las serpientes de Colombia – Ciencia, mitos y leyendas. Edit. Mejoras, Barranquilla, 105 S.
TOLSON, P. J. & R. W. HENDERSON (1993): The natural history of West Indian boas. R. & A. Publ. Limited, Taunton, Somerset, 125 S.
TORTONESE, E. & B. LANZA (1968): Piccola fauna italiana. Pesci, Anfibi e Rettili. Martello, Milano, 185 S.
TROLL, C. (1965): Jahreszeitenklimate der Erde. In: LANDSBERG, H. E., H. LIPPMAN, K. H. PAFFEN & C. TROLL: Weltkarten zur Klimakunde. 2. Aufl. Springer Verlag, Berlin.
TROLL, W. (1952): Taschenbuch der Alpenpflanzen. J. F. Schreiber Verlag, Esslingen, München, 124 S.
TRUTNAU, L. (1975): Europäische Amphibien und Reptilien. Belser Verlag, Stuttgart, 212 S.
– (1988): Schlangen im Terrarium Bd. I. Ungiftige Schlangen. 3. Aufl., Ulmer Verlag, Stuttgart, 256 S.
– (1990): Schlangen im Terrarium Bd. II. Giftige Schlangen. 3. Aufl., Ulmer Verlag, Stuttgart, 271 S.
– (1994): Terraristik. Ulmer Verlag, Stuttgart, 320 S.
TWEEDIE, M. W. F. (1983): The snakes of Malaya. Singapore Raffles Nat. Mus. Printers, 167 S.

ULBER, T., W. GROSSMANN, J. BEUTELSCHIESS & C. BEUTELSCHIESS (1989): Terraristisch/Herpetologische Fachwörterbuch. Sauria, Berlin, 176 S.
UNDERWOOD, G. (1967): A contribution to the classification of snakes. Publ. British Mus. Nat. His. 653: 1–179.
– & A. F. STIMSON (1990): A classification of pythons. J. Zool. 221: 565–603.

VANDONI, C. (1914): I Rettili d'Italia. Hoepli, Milano, 274 S.
VARESCHI, V. (1980): Vegetationsökologie der Tropen. Ulmer Verlag, Stuttgart, 294 S.
VERMERSCH, T. G. (1992): Lizards and turtles of south-central Texas. Eakin Press, Austin, 170 S.
VILLA, J. (1962): Las serpientes venenosas de Nicaragua. Edit. Novedades, Managua, 93 S.
– (1984): The venomous snakes of Nicaragua: A synopsis. Milwaukee Publ. Mus. Contr. Biol. Geol. 59: 1–41.
–, L. D. WILSON & J. D. JOHNSON (1988): Middle American Herpetology. A bibliographic checklist. Univ. Missouri Press, Columbia, 131 S.
VILLIERS, A. (1975): Les serpents de L'Ouest Africain. Les Nouvelles éditions africaines, Dakar, 195 S.
VISSER, J. & D. S. CHAPMAN (1982): Snakes and snakebite. Venomous snakes and management of snakebite in Southern Africa. Centaur Publ., Johannesburg, 152 S.
VIVES BALMAÑA, M. (1984): Els amfibis i els reptils de Catalunya. Editores Ketres, Barcelona, 229 S.

VOGEL, G. & H. ANGERMANN (1968a): dtv-Atlas zur Biologie. Bd. 1. 13. Aufl. Deutscher Taschenbuch Verlag, München: 1–275.
- & – (1968b): dtv-Atlas zur Biologie. Bd. 2. 11. Aufl. Deutscher Taschenbuch Verlag, München: 276–570.
VOGEL, Z. (1963): Wunderwelt Terrarium. Urania Verlag, Leipzig, 254 S.
- (1966): Terrarien-Taschenatlas. Dausien Verlag, Hanau, 294 S.
VOGT, R. C. (1978): Systematics and ecology of the false map turtle complex *Graptemys pseudogeographica*. Diss. Univ. Wisconsin, 375 S.
VOGT, D. & H. WERMUTH (1963): Knaurs Aquarien- und Terrarienbuch. Droemersche Verlagsanstalt, München, 269 S.
WACHTER, K. (1978): Der Wassergarten. Ulmer Verlag, Stuttgart, 164 S.
WALLS, J. G. (1994): Rat snakes. T. F. H. Publ., Neptune City, 65 S.
- (1995a): Skinke. bede-Verlag, Ruhmannsfelden, 64 S.
- (1995b): Kletternattern. bede-Verlag, Ruhmannsfelden, 64 S.
- (1995c): Zwergboas. bede-Verlag, Ruhmannsfelden, 64 S.
WALTER, H. (1973): Allgemeine Geobotanik. Ulmer Verlag, Stuttgart, 256 S.
- (1983): Vegetation und Klimazonen. 5. Aufl. Ulmer Verlag, Stuttgart, 382 S.
WAREHAM, D. C. (1993): The reptile and amphibian keeper's dictionary – An A-Z of herpetology. Blandford Press, London, 248 S.
WEBB, R. C. (1970): Reptiles of Oklahoma. Univ. Oklahoma Press, Norman, 370 S.
WECK, J. (1957): Die Wälder der Erde. Springer Verlag, Berlin.
WELCH, K. R. G. (1982): Herpetology of Africa: A checklist and bibliography of the orders Amphisbaenia, Sauria and Serpentes. Krieger Publ., Malabar, Florida, 293 S.
- (1983): Herpetology of Europe and southwest Asia: a checklist and bibliography of the orders Amphisbaenia, Sauria and Serpentes. Krieger Publ., Malabar, Florida, 135 S.
- (1990): Lizards of the Orient – A checklist. Krieger Publ., Malabar, Florida, 162 S.
- (1994a): Lizards of the world: A checklist, 1. Geckos. KCM-Books, Somerset, 165 S.
- (1994b): Lizards of the world: A checklist, 5. Agamidae, Chamaeleonidae, Cordylidae und Gerrhosauridae. KCM-Books, Somerset, 97 S.
WENGLER, W. (1994): Riesenschlangen. Heselhaus und Schmidt Verlag, Münster, 160 S.
WERMUTH, H. (1952): Die Europäische Sumpfschildkröte. Neue Brehm-Bücherei, Bd. 81, Ziemsen Verlag, Wittenberg Lutherstadt, 40 S.
- (1957): Taschenbuch der heimischen Amphibien und Reptilien. Urania Verlag, Leipzig, Jena, 107 S.
- (1964): Geckonidae, Pygopodidae, Xantusidae. Liste der rezenten Amphibien und Reptilien. Das Tierreich. Lief. 80. Verlag W. de Gruyter, Berlin, 246 S.
- (1967): Agamidae. Liste der rezenten Amphibien und Reptilien. Das Tierreich. Lief. 86. Verlag W. de Gruyter, Berlin, 127 S.
- (1968): Cordylidae (Cordylinae + Gerrhosaurinae). In: Das Tierreich, Liste der rezenten Amphibien und Reptilien. Das Tierreich, Berlin 87: 1–30.
- & H. FUCHS (1978): Bestimmen von Krokodilen und ihren Häuten. Gustav Fischer Verlag, Stuttgart, 100 S.
- & R. MERTENS (1961): Schildkröten, Krokodile, Brückenechsen. VEB Gustav Fischer Verlag, Jena, 472 S.
- & – (1977): Liste der rezenten Amphibien und Reptilien. Testudines, Crocodylia, Rhynchocephalia. Das Tierreich 100. W. de Gruyter, Berlin, New York, 174 S.
WERNER, F. (1912): Das Tierreich. Eublepharidae, Uroplatidae, Pygopodidae. 33. Lief. Friedländer & Sohn, Berlin, 33 S.
- (1938): Die Amphibien und Reptilien Griechenlands. Zoologica 35, 1. Lieferung (94): 117 S.
WERNING, H. (1994): Wasseragamen. Heselhaus und Schmidt Verlag, Münster, 88 S.
WHITAKER, T. (1978): Common Indian Snakes. New Delhi (Macmillan Company of India), 154 S.
WIEST, J. A. (1978): Revision of the neotropical snake genus *Chironius* FITZINGER (Serpentes, Colubridae). Diss., Texas ÄM Univ., 370 S.
WILLIAMS, K. L. (1978): Systematics and natural history of the american milksnake, *Lampropeltis triangulum*. Publ. Biol. Geol. Milw. Publ. Mus., Milwaukee, 258 S.
- & V. WALLACH (1989): Snakes of the world. Vol. I Synopsis of snake generic names. Krieger Publ. Malabar, Florida. 234 S.
WILSON, L. D. & J. R. MEYER (1984): The snakes of Honduras. Milwaukee Pub. Mus., 150 S.
WILSON, S. K. & D. G. KNOWLES (1988): Australia's reptiles. A photografic reference to the terrestrial reptiles of Australia. Collins, Sydney, 447 S.
WIROT, N. (1979): The turtles of Thailand. Siamfarm Zoological Garden, Bangkok, 222 S.
WITTE, DE G.-F. (1965): Les caméléons de l'afrique central. Mus. Royal l'afrique central, Tervuren, Belgique Ann., Ser. 8°, Sc. Zool. n° 142: 1–215 + XII.
WORRELL, E. (1963): Reptiles of Australia. Angus & Robertson, Sydney, 207 S.
WRIGHT, A. H. & A. A. WRIGHT (1957): Handbook of Snakes of the United States and Canada. 2 Vol. Comstock Publ. Assoc., Cornell Univ. Press, Ithaca, New York, 1105 S.
WYNIGER, R. (1974): Insektenzucht. Ulmer Verlag, Stuttgart, 368 S.

ZANDER, R., FR. ENCKE, G. BUCHHEIM & S. SEYBOLD (1993): Handwörterbuch der Pflanzennamen. 14. Aufl. Ulmer Verlag, Stuttgart, 810 S.
ZHAO, E. M. & K. ADLER (1993): Herpetology of China. SSAR, Thomson Shore Inc., Dexter, 522 S.
ZHOU, J. & T. ZHOU (1991): Chinese Chelonians illustrated. Jiangsu Science & Technology Publ. House. Jiangsu, 89 S.
ZIMMERMANN, E. (1983): Das Züchten von Terrarientieren. Franckh'sche Verlagshandlung, Stuttgart, 238 S.
ZIMMERMANN, H. (1982): Futtertiere von A-Z. Franckh'sche Verlagshandlung, Stuttgart, 80 S.
ZIMNIOK, K. (1979): Verzauberte Welt der Reptilien. Meyster Verlag, Wien, München, 288 S.
- (1984): Die Schlange – das unbekannte Wesen. Landbuch Verlag, Hannover, 200 S.
- (1988): Echsen – Allgemeines und Haltung, Naturschutz und Zucht, empfehlenswerte Arten. Albrecht Philler Verlag, Minden, 111 S.
- (1989): Echsen und Panzerechsen, die unbekannten Wesen – In der Kulturgeschichte, in der freien Natur und im Terrarium. Landbuch-Verlag, Hannover, 192 S.
ZUG, G. R. (1991): The lizards of Fiji. Natural history and systematics. Bishop Mus. Bull. Zool. 2: 1–136.
- (1993): Herpetology. An introductory Biology of Amphibians and Reptiles. Academic Press, Inc., San Diego, California, 527 S.

8 Herpetologische Gesellschaften und deren Zeitschriften

Abh. Ber. Natur. Mus. Görlitz
Abhandlungen und Berichte des Naturkundemuseums Görlitz, Staatliches Museum für Naturkunde, Postfach 300 154, D-02806 Görlitz.

Abh. Landesmus. Naturkde. Münster
heute: Abhandlungen aus dem Westfälischen Museum für Naturkunde, Westfälisches Museum für Naturkunde, Sentruper Str. 285, D-48161 Münster

Abh. Naturw. Ver. Würzburg
Abhandlungen des Naturwissenschaftlichen Vereins Würzburg, Naturwissenschaftlicher Verein Würzburg e. V., Crevennastr. 10, D-97072 Würzburg.

Abh. Senckenb. naturf. Ges.
Abhandlungen der Senckenbergischen naturforschenden Gesellschaft, s. **Natur und Museum**.

A. F. H.
American Federation of Herpetoculturists, P. O. Box 300 067, Escondido, CA 92 030–0067, USA

Akvar. Terar.
Akvárium Terárium, Mrstíkova 23, 100 00 Praha 10-Strasnice, Czech Republik.

Amphibia-Reptilia
Publication of the Societas Europaea Herpetologica, E. J. Brill, Postbus 9000, 2300 PA Leiden, Niederlande.

Ann. Zool. Fenn.
Annales Zoologici Fennici, Finnish Zoological and Botanical Publishing Board, P. O. Box 17 (P. Rautatiekatu 13), Fin-00014 University of Helsinki, Finnland.

AquaTerra
Monatsschrift für Aquaristik und Terraristik sowie für Pflanzen- und Tierpflege im Heim. Seit April 1973 mit „Das Aquarium" vereinigt. s. **Das Aquarium**.

Aquarama
Première revue française d'aquariophilie et de terrariophilie, 24 rue de Verdun, 67 000 Strasbourg, Frankreich.

Aquarien Magazin
Aquarien Magazin, Postfach 101 607, D-45127 Essen.

Aquarien Terrarien
Monatsschrift für Vivarienkunde und Zierfischzucht, Kulturbund der DDR, Urania Verlag. Erscheinen eingestellt.

Arnoldia
Natural History Museum of Zimbabwe, Librarian, P. O. Box 240, Bulawayo, Zimbabwe.

Aust. J. Herp.
Australian Journal of Herpetology, Secretary, Australians' Herpetologists' League, G. P. O. Box 864, Sydney, N. S. W. 2001 Australien.

Ber. Naturw. Ver. Schwaben
Berichte des Naturwissenschaftlichen Vereins für Schwaben e. V., Im Thäle 3, D-86152 Augsburg.

Biological Conservation
Biological Conservation, Elsevier Science Limited, Crown House, Linton Road, Barking, Essex, UK, IG118JU, England.

Biologie in unserer Zeit
Schwänzlestr. 9–15, D-79104 Freiburg.

Biol. J. Linn. Soc. s. J. Zool.
Bl. Aquar.-Terrarkd.
Blätter für Aquarien- und Terrarienkunde, Aufgegangen in die DATZ.

Bol. Asoc. Herpetol. Esp.
Boletin de la Asociacion Herpetologica Española, Universidad de Barcelona, Av. Diagonal 645, 08 028 Barcelona, Spanien.

Bonn. zool. Beitr.
Bonner zoologische Beiträge, Zoologisches Forschungsinstitut und Museum Alexander Koenig, Adenauerallee 160, D-53113 Bonn.

Bonn. zool. Monogr.
Bonner zoologische Monografien, s. **Bonner zoologische Beiträge**.

Br. Herp. Soc. Bull.
British Herpetological Society Bulletin, 15 Rivenhall End, Weluyn Garden City, Herts AL7 2PJ. England.

Br. J. Herpetol.
British Journal of Herpetology, s. **Herpetological Journal**.

Breviora
Bulletin of the Museum of Comperative Zoology, Publication Department, Museum of Comparative Zoology, Harvard University, Cambridge, Mass. 02 138, USA.

Bull. Br. Herp. Soc.
Bulletin of the British Herpetological Society, s. **Herpetological Journal**.

Bull. Brit. Mus. nat. Hist.
The Natural History Museum, General Library, Cromwell Road, GB-London SW7 5BD, England.

Bull. Chi. Herpetol. Soc.
The Chicago Herpetological Society, 2001 North Clark St., Chicago, Il. 60 614, USA.

Bull. Maryland Herpetol. Soc.
Bulletin of the Maryland Herpetological Society. Department of Herpetology, The Natural History Society of Maryland, 2643 North Charles Street, Baltimore, Maryland 21 218, USA.

Bull. Mus. Comp. Zool.
Bulletin of the Museum of Comparative Zoology, Publication Department, Museum of Comparative Zoology, Harvard University, Cambridge, Mass. 02 138, USA.

Bull. Mus. nat. Hist. Nat. Paris
Bulletin du Muséum National d'Histoire Naturelle de Paris, Edition du Muséum, 57 Rue Cuvier, F-75005 Paris.

Bull. Soc. Herpetol. de France
Bulletin de la Société Herpétologique de France, S. A. J. Biarritz 18 rue de Folin, 64 200 Biarritz, Frankreich.

Chinese Herp. R.
Chinese Herpetological Research.

Copeia
American Society of Ichthyologists and Herpetologists, Department of Zoology, Southern Illinois University, Carbondale, Illinois 62 901–6501, USA.

Das Aquarium
Birgitt Schmettkamp Verlag, Postfach 3162, D-53314 Bornheim.

DATZ
Die Aquarien- und Terrarienzeitschrift, Ulmer Verlag, Postfach 700 561, D-70574 Stuttgart.

De Levende Natuur
Linders-Adremo B. V., Stationsweg 44, Oosterbeek, Niederlande.

DGHT
Deutsche Gesellschaft für Herpetologie und Terrarienkunde, e. V., Postfach 1421, D-53351 Rheinbach.

Dechentana
Verhandlungen des Naturhistorischen Vereins der Rheinlande und Westfalens, Nußallee 15a, D-53115 Bonn.

Die Eidechse
Mitteilungsblatt der AG Lacertiden in der DGHT, W. Bischoff, Museum A. Koenig, Adenauerallee 150–164, D-53113 Bonn.

elaphe
ehemalige DDR-Zeitschrift, Erscheinen eingestellt, Bezug von Artikelkopien über DGHT-Geschäftsstelle möglich.

Experientia
Journal of the life sciences, Birkhäuser-Verlag AG, Klosterberg 23, CH-4010 Basel.

Geo
Geo Magazin, Gruner & Jahr AG & Co, Am Baumwall 11, 20459 Hamburg.

Hamadryad
Journal of the Centre of Herpetology, Madras Crocodile Bank Trust, Post Bagh, Mamallapuran, Tamil Nadu 603 104, South India.

Haustier
Symposion Verlag, Postfach 610265, D-70309 Stuttgart.

Herp News
African Herp News, s. **J. Herp. Assoc. Afr.**

Herp. Review
Herpetological Review, s. **J. Herpetol.**

herpetofauna
herpetofauna-Verlags GmbH, Postfach 1110, D-71365 Weinstadt.

Herpetofauna
Australasian Affiliation of Herpetological Societies, P. O. Box R 307, Royal Exchange, Sydney, NSW, 2000, Australien.

Herpetologica
The Herpetologists League, Inc., Department of Biological Sciences, Box 70726, East Tennessee

Herpetologische Gesellschaften und deren Zeitschriften 353

State University, Johnson City, TN 37614–0726, USA.

Herpetological J.
Herpetological Journal, British Herpetological Society, The Zoological Society of London, Regent's Park, London NW1 4RY, England.

Herpetozoa
Zeitschrift der Österreichische Gesellschaft für Herpetologie, s. **ÖGH.**

Herptile
International Herpetological Society, Mr. A.J. Mobbs, 65 Broadstone Av., Walsall, West Midlands, England.

Hess. Faun. Br.
Hessische Faunistische Briefe, Naturwissenschaftlicher Verein Darmstadt e.V., Albert-Schweitzer-Str. 4a, D-64409 Messel.

Iguana
Die Arbeitsgemeinschaft für Leguane in der DGHT, G. Köhler, Im Mittelfeld 27, D-63075 Offenbach.

Int. Zoo Yb.
International Zoo Yearbook, s. **Herpetological J**.

J. Anim. Ecol.
Journal of Animal Ecology, British Ecological Society, Prof. Bryan Shorrocks, Department of Pure and Applied Biology, Baines Wing, The University, Leeds LS2 9JT, England.

J. Herp. Assoc. Afr.
Journal of the Herpetological Association of Africa, M.F. Bates, National Museum, P.O. Box 266, Bloemfontein, 9300, Südafrika, oder P.O. Box 20142, Durban North 4016, Südafrika.

J. Herp. Assoc. Rhod.
Erscheinen eingestellt, alte Artikel lieferbar über Natural History Museum, London oder National Museum, Südafrika.

J. Herpetol.
Journal of Herpetology, Society for the Study of Amphibians and Reptiles (SSAR), Dep. of Zoology, Ohio Univ., Athens, Ohio 45701, USA.

J. Zool.
Journal of Zoology, The Zoological Society of London, Regent's Park, London NW1 4RY, England.

Japan. J. Herpetol.
Japanese Journal of Herpetology, Anschrift zu erfahren über **The Snake.**

Jb. Naturschutz und Landschaftspfl.
Jahrbuch für Naturschutz und Landschaftpflege, Bundesamt für Naturschutz, Konstantinstr. 110, D-53179 Bonn.

Jh. Ges. Naturkde. Württemberg
Jahresheft der Gesellschaft für Naturkunde in Württemberg e.V., Rosenstein 1, D-70191 Stuttgart.

lacerta
H.A.J. in den Bosch, Zoologisch Laboratorium der Rijksuniversiteit Leiden, Ethologie, Postbus 9516, 2300 RA Leiden, Niederlande.

Litt. Serp.
Litteratura Serpentium, Dutch Snake Society, Mr. J. Kooij, Langerveldweg 137, 2211 AG Noordwilkerhout, Niederlande.

LÖBF-Mitteilungen
früher: **LÖLF-Mitteilungen**; Landesanstalt für Ökologie, Bodenordnung und Forsten/Landesamt für Agrarordnung, Leibnitzstr. 10, D-45659 Recklinghausen.

Mertensiella
Schriftenreihe der DGHT, s. **DGHT.**

Natur und Landschaft
Natur und Landschaft, Bundesamt für Naturschutz, Konstantinstr. 110, D-53179 Bonn.

Natur und Museum
Natur und Museum, Senckenbergische Naturforschende Gesellschaft, Senckenberganlage 25, D-60325 Frankfurt am Main.

Naturschutzarbeit in Mecklenburg
heute: Naturschutzarbeit in Mecklenburg-Vorpommern, Landesamt für Umwelt und Natur Mecklenburg-Vorpommern, Abt. 2, Naturschutz, Wampener Str., D-17498 Neuenkirchen.

Natursch. Landschaftspfl. Niedersachsen
Naturschutz und Landschaftspflege in Niedersachsen, Niedersächsisches Landesverwaltungsamt, Fachbehörde für Naturschutz, Postfach 107, D-30161 Hannover.

Natursch. Ornithol. Rheinland-Pfalz
heute: Fauna und Flora in Rheinland-Pfalz, Gesellschaft für Naturschutz und Ornithologie Rheinland-Pfalz e.V., Im Mühlbachtal 2, D-56377 Nassau/Lahn.

NOAH
North Ohio Association of Herpetology.

NZ NRW Seminarberichte, s. **LÖBF-Mitteilungen.**

Oecologia
Oecologia, Springer Verlag, Postfach 311340, D-10643 Berlin.

ÖGH
Österreichische Gesellschaft für Herpetologie, Naturhistorisches Museum Wien, Burgring 7, A-1014 Wien.

Oikos
Oikos, Munksgaard International Publishers Ltd., P.O. Box 2148, DK-1016 Copenhagen, Dänemark.

Oryx
Fauna & Flora Preservation Society, FFPS, 1 Kensington Gore, London SW7 2AR, England.

Pollichia-Kurier
Verein für Naturforschung und Landespflege e.V., Saarlandstr. 13, D-76855 Annweiler am Trifel.

Proc. Zool. Soc. London
Proceedings of the Zoological Society of London, The Zoological Society of London, Regent's Park, London NW1 4RY, England.

Rhein. Heimatpfl. N. F.
Rheinische Heimatpflege (Neue Folge), Postfach 210924, D-50533 Köln.

Reptilia
Reptilia, Oficina central, Muntaner 88, 5° 1ª, 08011 Barcelona, Spanien.

Reptilian
The Reptilian Magazin, 22 Firs Close, Hazlemere, High Wycombe, Bucks HP15 7TF, England.

Reptiles
Reptiles Magazin, P.O. Box 58700, Boulder, Colorado 80322, USA.

Rev. Esp. Herp.
Revista Española de Herpetologia, Asociacion Herpetologica Española, Museo Nacional de Ciencias Naturales, C/José Gutiérrez Abascal, 2, 28006 Madrid, Spanien.

Salamandra, s. **DGHT.**

Sauria
Terrariengemeinschaft Berlin e.V., Planetenstr. 45, D-12057 Berlin.

Schrift.-R. Bayer. Landesamt f. Umweltsch.
Schriftenreihe Bayerisches Landesamt für Umweltschutz, Rosenkavalierplatz 3, D-81925 München.

Schrift.-R. Landesanst. Ökol. NW,
s. **LÖBF-Mitteilungen.**

Senckenbergiana, s. **Natur und Museum.**

Spixiana
Zeitschrift für Zoologie, Zoologische Staatssammlung München, Münchhausenstr. 21, D-81247 München.

SSAR
Society for the Study of Amphibians and Reptiles, s. **J. Herpetol.**

Terarista
Teraristická spolecnost Praha (TSP), Na Fiserce 19/19, 160 00 Praha 6 – Horni Sárka, Czech Republik.

Terre et Vie
La Terre et la Vie, revue d'histoire naturelle, Société des Amis du Muséum National d'Histoire Naturelle, Paris, Frankreich.

The Snake
Japan Snake Institut, Yabuzuka – honmachi, Nittagun, Gunma, 379–23, Japan.

The Vivarium
P.O. Box 1131, Lakeside, CA 92040, USA, oder s. unter **A. F. H.**

TI-Magazin
Tetra-Verlag, Herrenteich 78, D-49304 Melle.

Tier und Museum
Mitteilungen der Gesellschaft der Freunde und Förderer des Museum Alexander Koenig, Adenauerallee 160, D-53113 Bonn.

Trop. Fish Hobby.
Tropical Fish Hobbyist Magazin, P.O. Box 427, Neptune City, NJ 07753-0427, USA.

Veröff. Mus. Stadt Gera
Veröffentlichungen der Museen der Stadt Gera; heute: Veröffentlichungen Museum für Naturkunde der Stadt Gera, Nicolaiberg 3, D-07545 Gera.

Wildtiere
Strickhofstr. 39, CH-8057 Zürich, Schweiz.

Z. Tierpsy.
Zeitschrift für Tierpsychologie, Parey Verlagsbuchhandlung, Spitalerstr. 12, D-20095 Hamburg.

Zool. Abh. Mus. Tierkd. Dresden
Zoologische Abhandlungen Staatliches Museum für Tierkunde Dresden, Augustusstr. 2, D-01067 Dresden.

Zool. Garten N. F.
Der Zoologische Garten (Neue Folge), Gustav Fischer Verlag Jena, Villengang 2, D-07745 Jena.

Zoology in the Middle East
Max Kasparek Verlag, Bleichstr. 1, D-69120 Heidelberg.

Zool. Jb. Syst.
Zoologische Jahrbücher, Gustav Fischer Verlag Jena GmbH, Postfach 100537, D-07705 Jena.

9 Glossar

Abdominalia, Bauchschilder; die beiden mittleren Schilder des Plastrons
Adaption, Anpassung
adult, erwachsen; geschlechtsreif
Aestivation, Sommerruhe; Trockenschlaf
Afterschild, s. Analschild
Aftersporn, krallenähnliche Gebilde beidseitig des Afters; rudimentäre Reste der Hinterbeine einiger ursprünglicher Schlangenfamilien; spielen teils bei der Paarung eine wichtige Rolle
Agens, wirkendes Mittel
aglyph, ungefurchte und kanallose Zähne
Akinese, Sich-Totstellen; eine Form des Abwehrverhalten
akrodont, mit dem Kiefer fest verbundene Zähne
Albinismus, erbliche Stoffwechselstörung, die zu fehlender Farbstoffbildung führt; hellhäutig, weiß
Albumin, Eiweißart
Allantois, embryonaler Harnsack
alternierend, gegenseitig; zwischen zwei abwechselnd
Amnion, den Keimling schützende Embryonalhülle; Schafhaut; nur bei Reptilien, Vögeln und Säugern
Amnionhöhle, der von der Schafhaut umhüllte Hohlraum, in dem der Embryo liegt
Amnioten, Bezeichnung für die drei obersten Wirbeltier-Klassen (Säugetiere, Vögel, Reptilien)
Amphigonia retardata, Verzögerte Befruchtung; Möglichkeit bei weiblichen Individuen Samenzellen über einen längeren Zeitraum im Körper lebensfähig zu speichern
Analblase, wasseraufnehmendes Organ der Schildkröten
Anale, After
Analschild, das die Kloake (After) bedeckende geteilte oder ungeteilte Schild
analwärts, zum After hin
Androgene, männliche Sexualhormone, z. B. Testosteron, die in den Hoden bzw. in den Nebennieren gebildet werden
anthropogen, vom Menschen geschaffen bzw. von ihm beeinflußt
Antivenin, Gegengift; Serum
Anus, After
Apicale, s. Rostrale
aplazentale Viviparie, Entwicklung im mütterlichen Körper und Ernährung des Embryos über Eidotter und mütterlicher Energievorräte ohne Mithilfe einer Plazenta. Geburt des Fötus außerhalb des mütterlichen Körpers
aposematisches Verhalten, Signal; Warnverhalten
aquatil, im Wasser lebend oder zumindest das Wasser sehr häufig aufsuchend; Gegensatz: terrestrisch
Arboreal, Gesamtheit aller Landschaftstypen, die Bäume umfassen
arborikol, auf Büsche oder Bäume lebend
Areal, Siedlungsgebiet; Verbreitungsgebiet
Areole, Zentrum einer Schuppe des Carapax bei Schildkröten
arid, trocken (Wüste)
Arterie, Blutgefäß, das das Blut vom Herzen wegführt, mit Sauerstoff angereichert
arteriell, auf Schlagader bezogenes Blut
Arthropoda, Gliederfüßer
autochton, bodenständig; von Natur aus vorkommend
Autopsie, Leichenschau; Leichenöffnung
Autotomie, Fähigkeit abgeworfene Körperteile zu regenerieren (Form eines Schutzverhalten)
Avitaminose, Vitaminmangel
azyklisch, ohne Zyklen

bakteriostatisch, Bakterienwachstum wird verlangsamt
bakterizid, bakterientötend
Bastard, Kreuzungsprodukt von zwei unterschiedlichen Rassen, Unterarten, Arten oder Gattungen
biannuell, zweimal im Jahr
Biotop, gemeinschaftlicher Lebensraum vieler Pflanzen- und Tierarten
Boreal, kalt gemäßigte Klimazone mit kühlen, feuchten Sommern und kalten Wintern
Brille, Bezeichnung für die bei Schlangen zusammengewachsenen Augenlider

Carapax, Rückenpanzer der Schildkröte
carnivor, fleischfressend
caudal, schwanzwärts
Checkliste, Auflistung aller nachgewiesener Arten in einem definierten Gebiet
Chemorezeptoren, Sinneszellen, die auf chemische Reize antworten
Chorion, äußere Wandschicht des Amnion
Ciliarschuppen, Lidschuppen
circadian, Tagesrhythmus
circannuell, Jahresrhythmus
Collare, Halsband
combat dance, engl. s. Kommentkampf
cranial, schädelseitig
Crepitaculum, Schwanzrassel der Klapperschlangen
Cryptodira, Bezeichnung einer Schildkrötengruppe; die Tiere sind in der Lage Kopf- und Halswirbel in den Panzer zurückzuziehen

defibrinieren, entfernen des Fibrin aus dem Blut
dehydrieren, Wasser entziehen; austrocknen
Dichromatismus, unterschiedliche Färbung der Geschlechter
disjunkt, Teilareal, das von dem übrigen Verbreitungsareal einer Art räumlich getrennt ist
diurnal, am Tage
dorsal, auf dem Rücken befindlich
Dorsalia, Rückenschuppen
dorsolateral, oben-seitlich; auf den Rückenseiten gelegen
dorsoventral, vom Rücken zum Bauch
Ductus deferens, Samenleiter, Ausführungsgang
Duvernoysche Drüse, Parotide; bei verschiedenen Nattern veränderte Oberlippendrüse, über die ein toxisches Sekret abgesondert wird

Ecdysis, Häutung
Eiretention, s. Retention
Ektoparasit, Parasit, der an der Körperoberfläche eines Organismus schmarotzt
endemisch, Bezeichnung für Taxa, die nur in einem natürlich abgegrenzten Gebiet vorkommen
endogäisch, im Boden lebend
endogen, innerhalb eines Körpers
Endoparasit, Parasit, der im Körper eines Organismus schmarotzt
endotherm, warmblütig
Enzym, Ferment; hochmolekularer Eiweißkörper
ephemer, kurzfristig
Epidermis, Oberhaut; oberste Hautschicht mehrzelliger Tiere
Epididymis, Nebenhoden
epigäisch, auf dem Boden lebend
Epiphyten, Aufsitzerpflanzen; Pflanzen, die auf anderen lebenden Pflanzen siedeln ohne zu parasitieren
Ethologie, Verhaltenslehre; dient der Erforschung des Verhaltens bei Tier und Mensch
euryök, nicht an bestimmte Umweltverhältnisse gebunden; sehr anpassungsfähig, daher meist sehr weit verbreitet
Euthanasie, schmerzlose Tötung
Evolution, Entwicklung; fortschreitender Prozeß, in dessen Verlauf ständig neue Qualitäten entstehen (geologisch, botanisch und faunistisch)

Exkremente, tierische Ausscheidungen; Kot
exogen, außerhalb eines Körpers
extrauterin, außerhalb der Gebärmutter vorkommend

fakultativ, nach Belieben
Familie, systematische Kategorie direkt oberhalb der Gattung; der Familienname wird durch das Anhängen der Endung *-idae* gekennzeichnet; z.B. Colubridae
Femoralporen, Hautdrüsen bei Echsen auf der Innenseite der Oberschenkel; während der Paarungszeit bei den Männchen besonders deutlich ausgeprägt
fertil, fruchtbar
Fertilität, Fruchtbarkeit
Fibrin, Blutfaserstoff
Flankenbiß, typischer Haltebiß von Echsen bei der Paarung, wobei sich das Männchen in die Flanke vor den Hinterbeinen des Weibchens verbeißt
Follikel, Eierstockbläschen
Fötus, Embryo
Fraktur, Knochenbruch
Frontale, Stirnschild; vergrößerte Schuppe auf der Kopfoberseite

Garigue, Zwergstrauchgesellschaft auf flachgrundigen, steinigen Böden, Felsen, mit Zwiebel-, Knollen- und Rhizompflanzen sowie einjährigen Kräutern, weniger geschlossen als die Macchie
Gattung, systematische Kategorie, in der mehrere naheverwandte Arten zusammengefaßt werden
Gen, genetische Einheit, die Teilinformationen zur Bildung eines spezifischen Merkmals besitzt
Genese, Entwicklung, Erzeugung; Entstehung
genetisch, erblich festgelegt
Geomorphologie, Wissenschaft von der Erdgestaltung
Gesamtlänge (GL), Maß für die Körperlänge von der Schnauzen- bis zur Schwanzspitze
Gesamtverbreitungsgebiet, Verbreitungsgebiet einer Art; Artareal
Geschlechtsdimorphismus, Unterschiede zwischen männlichen und weiblichen Individuen in sekundären Geschlechtsmerkmalen
Geschlechtsfixierung, Geschlechtsentwicklung ohne geschlechtsbildende Chromosomen
Gewölle, Ballen aus unverdaulichen Nahrungsbestandteilen, die ausgewürgt werden
Gonaden, drüsenähnliche Organe, in welchen die Geschlechtszellen gebildet werden
Gondwana, Gondwanaland; riesiger Südkontinent des Erdaltertums, bestehend aus Südamerika, Südafrika, Australien, Vorderindien und Antarktica und infolge der Kontinentalverschiebung und Abbrüche in den Indischen Ozean seit dem Perm zerfällt
granulär, körnig
gravid, trächtig
Gravidität, Zeit der Trächtigkeit, von der Befruchtung bis zum Eintritt der Geburt oder Eiablage
Graviditätsfärbung, Von der Normalfärbung abweichende Färbung trächtiger Weibchen
Greifschwanz, bei einigen baumbewohnenden Arten ein zum Festhalten umgebildeter Schwanz, eine Anpassung an den Lebensraum
Grubenorgan, s. Lorealgrube
gular, zur Kehle gehörig
Gularia, Kehlschilder

Habitat, Wohnung; Wohn- oder Standort einer Art
Habitus, die äußere Gestalt
Halophyten, salzliebende Pflanzen, besonders an Küsten zu finden
Halsband, ausgeprägte Schuppenreihe, die quer verlaufend Kehl- und Halsschuppenbereich trennt; Halsband-Eidechsen (*Lacertidae*)
Hämoglobin, Blutfarbstoff
Hämolyse, Austritt des Hämoglobins bei Zerstörung der Zellmembran
hämolytisch, blutauflösend
hämorrhagisch, Austreten von Blut aus einem Blutgefäß
hämatoxisch, Blut zersetzendes Gift
Hauttoxin, Hautgift
Hemiclitoris, paariges Geschlechtsorgan bei Weibchen der Echsen und Schlangen
Hemipenis, Begattungsorgan männlicher Squamaten
Hemipenis, paariges Geschlechtsorgan bei Männchen der Echsen und Schlangen
Herpetofauna, Gesamtheit aller Amphibien- und Reptilienarten eines Gebietes
Herpetologie, Lehre von den Amphibien und Reptilien
Hertz, Maßeinheit für die Stärke von Schallwellen
heterogen, ungleichartig, verschieden
Hibernation, Überwinterung; Winterschlaf, Winterruhe
Histologie, Gewebelehre
Homochromie, Umgebungstracht; durch Färbung an die Umgebung angepaßt und dadurch geschützt
homoiotherm, Warmblüter (Vögel und Säugetiere); Organismen, die ihre Körpertemperatur trotz wechselnder Außentemperatur konstant halten können
humid, feucht; niederschlagsreich
Hybrid, s. Bastard
hygrophil, wasserliebend; im feuchten Milieu lebend
Hypophyse, Gehirnanhangdrüse der Wirbeltiere

i. m. (intramuskulär), innerhalb des Muskels
i. v. (intravenös), in eine Vene
imbrikate Beschuppung, dachziegelartige, sich an den Hinterrändern überlappende Schuppen
in vivo, im lebendigen Zustand
induzieren, verursachen

Infralabialia, Unterlippenschilder; Sublabialia
Inframaxillaria, Kinnschilder; Submaxillaria
Inkubation, bebrüten; Erbrüten von Eiern unter kontrollierten Bedingungen
Inkubationszeit, Entwicklungszeit der Eier von der Ablage bis zum Schlupf
Inkubator, Brutschrank; Behälter zum Inkubieren der Eier mit regelbarer Temperatur und Luftfeuchtigkeit und ausreichender Luftzirkulation
Inselform, auf Inseln beschränkte Arten, mit oft abweichenden Merkmalen von den Festlandformen
Insemination, Befruchtung
Integradationszone, Überlappungsbereich zweier Unterarten, die sich miteinander Fortpflanzen und somit Bastarde bilden
intermediär, dazwischenliegend
Internasalia, zwischen den Nasenlöchern auf der Kopfoberseite liegende Schuppen
interspezifisch, zwischen unterschiedlichen Arten
interuterin, innerhalb des mütterlichen Uterus
Intoxination, Vergiftung
Intragenerisch, verwandtschaftliche Beziehung zwischen Arten innerhalb einer Gattung
intraspezifisch, innerhalb der selben Art
intrauterin, innerhalb der Gebärmutter
Inzucht, Fortpflanzung zwischen verwandten Individuen
Iris, Regenbogenhaut des Auges
iurnaler Rhythmus,

Jacobsonsches Organ, paariges Geruchssinnesorgan im Mundhöhlendach
Juvenes, Jungtiere

Kannibalismus, spezielle Form der Ernährung durch Auffressen von Artgenossen
Katalepsie, Bewegungslosigkeit; vorübergehende Starre
Kategorie, systematische Rangstufe eines Taxon; taxonomische Kategorie
Keratophagie, fessen der eigenen oder einer fremden, abgestoßenen Haut
Kinetik, Beweglichkeit
Klassifikation, Einordnung in die Systematik
Kloake, gemeinsamer Ausgang von Darm, Harnblase und Geschlechtsorganen
Koagulation, Gerinnung
Kommentkampf, ritueller Kampf ohne Beschädigung zwischen zwei gleichgeschlechtlichen Tieren; Turnierkampf
Konglomerat, Gemisch verschiedener Stoffe
Konstriktion, Umschlingen der Beute mit dem Ziel zu töten
Kontaktwasser, die im Inkubator mit Wasser in Berührung kommenden Eier
konvulsiv, wellenartige, kontrahierend-zuckende Bewegungen
Kopf-Rumpf-Länge (KRL), Maß für die Körperlänge von der Schnauzenspitze bis zum After

Kopulation, Kopula; Begattung; Paarung
kryptisch, anpassen an die Umgebung durch Färbung oder Gestalt
l. c., loco citato, „wie bereits zitiert"
Labialgrube, Vertiefungen in den Ober- und Unterlippenschilder verschiedener Riesenschlangen, die als Temperatursinnesorgane dienen; vgl. auch Lorealgrube
lateral, seitlich
Laurasia, Teilkontinentblock aus dem auseinandergebrochenen Urkontinent Pangäa
Legenot, durch Krankheit oder äußere Umstände bedingte Unfähigkeit reife Eier abzusetzen
Letisimulation, s. Akinese
Lipoide, fettähnliche organische Substanzen
Lokomotion, Fortbewegung; Bewegung
Loreale, Zügelschild; eine oder mehrere kleine Schuppen zwischen Nasale und Praeoculare
Lorealgrube, auffällige Vertiefung zwischen Nase und Auge bei den Grubenottern, das als Temperatursinnesorgan dient und Temperaturunterschiede bis zu 0,003 °C wahrnimmt

Macchie, Mediterraner Buschwald aus vorwiegend immergrünen im allgemeinen bis zwei Meter hohen Sträuchern in feuchteren Gebieten z. B. der Wolkenstufe der Küstengebirge; mit zunehmender Trockenheit Übergangsformen zur Garigue bildend; oft sekundär durch Waldverwüstung entstanden
Marginalia, Schilder am Rand des Carapax
Maturität, Geschlechtsreife
Maxillare, Oberkieferschild
median, in der Mitte verlaufend
mediodorsal, in der Mitte des Rückens
Melanismus, Schwarzfärbung; Einlagerung von schwarzen Pigmenten (Melanin)
Mentale, Kinnschild
Migration, Wanderung; jahreszeitliche oder durch Fortpflanzung bedingte Wanderung
Mimese, Schutzanpassung; Tarntracht
Mimikry, s. Mimese
monotypisch, nur eine; z. B. monotypische Gattung bedeutet, daß diese nur eine Art hat
monozyklisch, nur eine Fortpflanzung im Jahr
Morphen, unterschiedlich gefärbte Exemplare innerhalb eines Taxon
Mortalität, artspezifische Sterblichkeitsrate
mündl. Mitt., mündliche Mitteilung

Nackenbiß, Paarungsbiß, wobei das Männchen sich hinter dem Kopf in der Nackenregion des Weibchens verbeißt
nasal, zur Nase gehörig
Nasale, Nasenschild
Nekrose, Gewebezerstörung; abgestorbene Gewebezellen
Neotropis, „Neue Welt" erstreckt sich von Mexiko bis Argentinien einschließlich der Antillen
Nervus trigeminus, 5. Hirnnerv der Vertebraten
neurotoxisch, auf das Nervensystem wirkende Gift
Niedere Amnioten, die Reptilien innerhalb der obersten Wirbeltierklasse; s. auch Amnioten
NN, Normalnull
nocturn, nächtlich
Nomenklatur, Lehre von der Namengebung, Teil der Systematik
Nominatform, die Unterart, die namentlich mit dem Artnamen identisch ist
nuchal, zum Nacken gehörig

Oberlippenschilder, Supralabialia
obligatorisch, unbedingt
Oculare, bei einigen urtümlichen Schlangen das Auge bedeckende Schuppe
Ödem, Wasser- oder Sekretansammlung in der Haut oder in Schleimhäuten
Ökologie, Lehre von den Beziehungen der Organismen untereinander und mit ihrer Umwelt
Ökotypen, Rassen einer Art, die unterschiedlichen Standorten angepaßt sind
olfaktorisch, geruchlich
Omnivoren, Allesfresser
Ontogenese, die Entwicklung von der befruchteten Eizelle bis zur Geschlechtsreife
Oophagie, Eierfressen
Ophiophagie, sich von Schlangen ernähren
opistoglyph, gefurchte Giftzähne, die hinten im Oberkiefer sitzen (Trugnattern)
oral, den Mund betreffend
Orbitalbereich, zur Augenregion gehörend
Osteodermen, Hautknochen; Verknöcherungen der Haut bei vielen Amphibien und Reptilien z. B. Panzerbildung bei Schildkröten und Krokodilen
Östradiol, Follikelhormon; zusammen mit Östrogen wichtiger Vertreter der Östrogene
Östrogene, Sexualhormone
Oued, Wadi; ausgetrocknetes Flußbett, das nur nach heftigen Regenfällen kurzzeitig Wasser führt.
Ovarium, Eierstock
Ovidukt, Eileiter
ovipar, eierlegend; die Ablage der Eier erfolgt in einem frühen Stadium der Embryonalentwicklung und die weitere Entwicklung der Eier erfolgt außerhalb des Muttertieres
Ovogenese, Entstehung der Eizellen
Ovoviviparie, spezifische Form der Viviparie; die Eier werden in einem fortgeschrittenem Stadium abgesetzt, oftmals erfolgt der Schlupf noch während der Eiablage oder unmittelbar danach
Ovulation, Eisprung; ausstoßen eines reifen, befruchtungsfähigen Eies
Oxytocin, Hormon, welches die Eiablage, bzw. die Geburt einleitet
Ozellen, Augenflecke; Form der Körpermusterung

Pangäa, vermuteter, riesiger Urkontinentblock, der bis zum Mesozoikum bestanden haben soll; durch Auseinanderbrechen in zwei Teile entstanden einerseits Amerika und Eurasien, andererseits Südamerika, Afrika, Antarktika, Australien und Indien
Parameter, veränderliche Meßgröße
Parästhesie, anomale Körperempfindungen (z. B. Kribbeln, Taubsein der Haut, Einschlafen der Glieder) bei teilweiser Schädigung sensibler Nervenbahnen
Parietalauge, Scheitelauge; lichtempfindliches rudimentäres Pinealorgan unter dem Parietalschild, das sich bei höheren Vertebraten zur Zirbeldrüse entwickelt; dient manchen Echsen vermutlich auch als Thermorezeptor
Parietalia, Scheitelschilder; große, meist paarige Schilder auf der Kopfoberseite hinter dem Frontale
Parietalstrich, feine Linie zwischen den Scheitelschildern Frontale
Parthenogenese, Jungfernzeugung; Fortpflanzung ohne Männchen
perennierend, Systeme, z. B. Gewässer, die über einen längeren Zeitraum erhalten bleiben
Pheromone, Lockstoffe; sie dienen der stofflichen Kommunikation zwischen Individuen einer Art
Pholidosis, Beschuppung; wichtige Bestimmungshilfe für den Systematiker
Photoperiode, Wechsel zwischen einer Lichtphase und einer Dunkelphase
Phrygana, die Garigue Griechenlands; siehe auch Garigue
Physiologie, Stoffwechsellehre
phytophag, pflanzenfressend
Plastron, Bauchpanzer der Schildkröten
Plazenta, Mutterkuchen, Fruchtkuchen, Grundlage der Embryoernährung
plazentale Viviparie, Entwicklung und Ernährung des Fötus durch den mütterlichen Körper über eine Plazenta oder plazentaähnliches Organ
Pleurodira, Halswender; Begriff für alle Schildkrötenarten, die Kopf und Hals seitwärts unter den Vorderteil des Carapax/Plastronpanzers legen können
pleurodont, Zähne sitzen seitlich am Kiefer
poikilotherm, wechselwarme Tiere; Organismen, die ihre Körpertemperatur nicht oder nur wenig bei wechselnder Außentemperatur konstant halten können
polyzyklisch, mehrere Fortpflanzungsperioden im Laufe eines Jahres
Population, alle Individuen einer Art in einem bestimmten Gebiet, die eine Fortpflanzungsgemeinschaft bilden
Postanaldrüse, an der Afterregion befindliche Drüse, die ein meist übelriechendes Sekret absondert; dient der Abwehr von Feinden
Postanalschuppen, hinter dem Kloakenspalt befindliche Schuppen
Postocularband, Postocularstreifen; Zeichnung (meist als Längsband), die unmittelbar hinter dem Auge beginnt
Postocularia, Hinteraugenschilder; den hinteren Augenrand berührende Schuppen
Prädator, Räuber, Freßfeind
Praeanalporen, seitlich am Kloakenspalt

befindliche, vergrößerte Drüsen, die bei vielen Arten eine wichtige Rolle bei der Geschlechtserkennung spielen
Praefrontalia, vordere Stirnschilder; zwischen Frontale und Internasalia gelegene, vergrößerte Schuppen
Praeocularia, Vorderaugenschilder; den vorderen Augenrand berührende Schuppen
Primärlebensraum, ursprünglicher, vom Menschen unbeeinflußter Lebensraum
prolabieren, austreten des Enddarmes
Prolaps, Darmvorfall
Prophylaxe, vorbeugende Krankheitsbehandlung
Protandrie, Proterandrie; Reifung der Samenzellen vor der Reifung der Eizellen bei gleichaltrigen Geschlechtspartnern
proteroglyph, vordere, rinnenförmige Giftzähne der Giftnattern (Elapidae) und Seeschlangen (Hydrophiidae) mit meist geschlossener Giftrinne
Ptosis, Heruntersinken des oberen Augenlides infolge einer Muskellähmung oder durch Schädigung des 3. Hirnnervs

Raupenkriechen, geradlinige Fortbewegungsart einiger Schlangenarten
Regenerat, Nachgebildetes Körperteil, z. B. der Schwanz bei Echsen, der nach Verlust nachgebildet wird
rektillineare Bewegung, s. Raupenkriechen
Reproduktion, Fortpflanzung; Vermehrung
Retention, Zurückhalten der Eier, bzw. stoppen der Eientwicklung; speichern von Flüssigkeiten,
retikuliert, netzartig gezeichnet
rezent, in der Jetztzeit lebend; Gegensatz: fossil
Rezeptaculum seminis, Samentasche; Behälter weiblicher oder zwittriger Tiere zur Aufbewahrung des übertragenen Samens
rezessive Erbanlage, im Erscheinungsbild nicht sichtbar gewordene Erbanlage
Ritualkampf, s. Kommentkampf
Rostrale, Schnauzenschild

s. c. (subcutan), Injektion unter die Haut
sagittal, in der Längsrichtung
saurophag, Echsen fressend
Scheitelauge, s. Parietalauge
Schnauzenschild, s. Rostrale
schriftl. Mitt., schriftliche Mitteilung
Sedativum, Betäubungsmittel
Seitenwinden, Fortbewegungsart einiger, vornehmlich auf Sand lebenden Schlangenarten
sekundäres Geschlechtsmerkmal, äußerlich sichtbares Unterscheidungsmerkmal
Sekundärlebensraum, vom Menschen geschaffener Lebensraum
semiadult, halberwachsen
semiaquatil, teils im oder am Wasser lebend
semiarid, halbtrocken; Steppengebiete an der Grenze zur Wüste
sensu lato, (s. lat.); im weiteren Sinne aufgefaßte Wiedergabe einer zuvorgenannten Autorenmeinung

sensu strictu, (s. str.); im engeren Sinne aufgefaßte Wiedergabe einer zuvorgenannten Autorenmeinung
serös, aus Körperflüssigkeit bestehend
sex recognition, Geschlechtserkennung während der Balz
Sexualhormon, die im Rahmen der Fortpflanzung frei werdenden Hormone
sidewinding, engl., s. Seitenwinden
signifikant, wissenschaftlich gesicherte Unterlage
solenoglyph, bewegliche, vordere, röhrenförmige Giftzähne der Viperidae und Crotalidae
Somatolyse, optische Auflösung eines Tierkörpers durch kontrastreiche Zeichnung in seiner Umgebung; Form der Schutztracht; s. auch Homochromie
Sondieren, Geschlechtsbestimmung mit Hilfe einer Knopfsonde
Spermatogenese, Bildung männlicher Geschlechtszellen
Spermatogonium, männliche Samenurkeimzelle
Spermiogenese, Entwicklung der Samenzellen
Squamata, Schuppenkriechtiere (Echsen und Schlangen)
Status, aktuelle Einordnung in einer systematischen Kategorie
stenök, nur an bestimmte Umweltverhältnisse gebunden; geringer Toleranzbereich
Stirnschild, s. Frontale
Subcaudalia, Unterschwanzschilder
Sublabialia, Unterlippenschilder
Subspecies, s. Unterart
Sukkulenten, Dickblattgewächse, Kakteen und andere in Stamm, Wurzel oder Blättern wasserspeichernde Pflanzen
Supralabialia, Oberlippenschilder
sympatrisch, im gleichen Gebiet lebend; Gegensatz: allopatrisch
Synonym, gleicher Name; ältere Bezeichnung für einen heute gültigen Namen
System, geordnete Aufstellung aller Lebewesen
Systematik, die Lehre von der Klassifikation der Organismen, Taxonomie

taktil, berühren; taktiler Reiz
Taxon, systematische Einheit verschiedener Rangstufen wie Art, Gattung, Familie usw.; Mehrzahl: Taxa
Taxonomie, s. Systematik
Temporalia, Schläfenschilder; seitliche, größere Kopfschilder hinter den Postocularia
Temporalstreifen, Schläfenstreifen
Terra typica, Fundort des 1. Typusexemplares
terrestrisch, am Boden lebend, aber auch Gegensatz zu aquatil
Testosteron, männliches Sexualhormon
thecodont, Zähne in Gruben verankert
Toxin, Gift
Triade, laufend Wiederholung von drei aufeinander folgenden Farbringen
triannuell, dreimal im Jahr
Tribus, der Subfamilie unter-, der Gattung übergeordnete Kategorie mit der Endung -*ini*; z. B. Colubrini
Trugnatter, s. opistoglyph
Tuberkelschuppen, Höckerschuppen

Überfamilie, der Familie übergeordnete Kategorie mit der Endung -*ea*
Unterart, der Art untergeordnete, niedrigste Kategorie in der Systematik; der Unterartname wird als drittes Wort dem Trinomen angehängt; gilt als stabilste Einheit in der Klassifikation
Unterfamilie, der Familie untergeordnete Kategorie mit der Endung -*inae*
Unterlippenschilder, Sublabialia
Urogenitalsystem, umfaßt den Harn- und Geschlechtsapparat
Uterus, Gebärmutter

Vagina, weibliche Scheide
valid, gültig; für gut befunden
Vene, Blutader, die das Blut zum Herzen führt
venös, sauerstoffarmes Blut der Venen
ventral, auf der Unterseite
Ventralia, Bauchschuppen
ventrolateral, seitlich-unten
Verbastardierung, s. Bastarde
Vermehrungspotential, Maß für die artspezifische Vermehrungsgröße
vertebral, auf der Rückenmitte
Vertebraten, Wirbeltiere
Verzögerte Befruchtung, s. Amphigonia retardata
Vivioviparie, Entwicklung und Ernährung des Embryos durch das Eidotter bis zur Schlüpfreife im mütterlichen Körper
Viviparie, das Lebendgebären; die Embryonen werden über eine Plazenta versorgt und werden lebend geboren; weiteste Entwicklung der Fortpflanzung, bei Reptilien nicht sehr häufig

Wiesenplankton, Summe aller Kleinarthropoden, die man mit Hilfe eines Netzes von Pflanzen der Wiese und anderer Vegetationsgesellschaften abkeschert; ideales Aufzuchtfutter für Jungtiere

xerophil, trockenheitliebend
Xerophyten, Pflanzen, die auf trockenen Standorten leben

Zeitigung, s. Inkubation

10 Verzeichnis der Tiernamen

Seitenzahlen mit Sternchen* verweisen auf Abbildungen.

Ablepharus kitaibelii 191, 191*
Ablepharus kitaibelii fitzingeri 191
Ablepharus kitaibelii kitaibelii 191
Ablepharus kitaibelii stepaneki 191
Acanthodactylus boskianus 13
Acanthodactylus erythrusus 192, 192*
Acanthodactylus erythrusus belli 193
Acanthodactylus erythrusus erythrusus 193
Acanthodactylus erythrusus lineomaculatus 193
Acanthosaura armata 193, 194
Acanthosaura crucigera 193, 194, 194*
Achanthophis antarcticus 46
Achrochordus javanicus 46
Acontias plumbens 46
Acrantophis madagascariensis 46
Acrochordini 47
Adriatische Eidechse 301
Ägäischer Bogenfingergecko 241
Afrikanischer Hausgecko 181
Aftersporn-Eidechse 181
Agama (Laudakia) stellio 54
Agama agama 50, 185, 195, 195*
Agama agama africans 195
Agama agama agama 195
Agama agama boensis 195
Agama agama dodomae 196
Agama agama elgonis 196
Agama agama lionotus 196
Agama agama mucosoensis 196
Agama agama savattieri 196
Agama agama spinosa 196
Agama agama ufipae 196
Agamen 173, 174, 179
Agamidae 172, 176, 177, 178, 180, 181, 185
Agamiden s. Agamidae
Agkistrodon bilineatus 46
Agrionemys horsfieldii 50, 68, 73, 77, 80, 81, 89*, 162
Agrionemys horsfieldii horsfieldii 89
Agrionemys horsfieldii kazachstanica 89
Agrionemys horsfieldii rustamovi 89
Ahaetulla nasuta 12, 46
Aigialosauridae 171
Ailuronyx 176
Algerischer Sandläufer 310
Algyroides 178
Algyroides nigropunctatus 196
Amblyrhynchus cristatus 175
Amboina-Scharnierschildkröte 107
Ameiva ameiva 198
Ameiva ameiva ameiva 198
Ameiva ameiva fischeri 198
Ameiva ameiva fulginosa 198
Ameiva ameiva laeta 198

Ameiva ameiva melanocephala 198
Ameiva ameiva ornata 198
Ameiva ameiva petersii 198
Ameiva ameiva praesignis 198
Ameiva ameiva tobagana 198
Ameiva ameiva vogli 198
Ameiva auberi 199
Ameiva chrysolaema 199
Ameiva corvina 199
Ameiva dorsalis 200
Ameiva exsul 200
Ameiva festiva 198*, 200
Ameiva fuscata 201
Ameiva griswoldi 201
Ameiva leberi 201
Ameiva leptophrys 201
Ameiva lineolata 201
Ameiva maynardi 201
Ameiva pleei 201
Ameiva pluvianotata 201
Ameiva quadrilineata 201
Ameiva taeniura 203
Ameiva undulata 203
Ameiva wetmorei 203
Ameive 198
Amphibien 82, 183, 185
Amphibolures 173
Amphibolurus barbatus 185
Amphichelydia 66
Amphisbaenidae 172, 179, 180
Anelliidae 173
Anelytropis 173
Anelytropsidae 179
Anguidae 172, 173, 175, 178, 181
Anguis cephallanicus 204
Anguis fragilis 45, 46, 173, 204, 204*
Anguis fragilis colchicus 204
Anguis fragilis fragilis 204
Anguis peloponnesicus 204
Annamemys annamensis 140
Annelidae 175
Anolis 177, 179, 181
Anolis carolinensis 12, 205
Anolis equestris 185, 206*
Anolis equestris buidei 206
Anolis equestris cincoleguas 206
Anolis equestris equestris 206
Anolis equestris juraguensis 206
Anolis equestris persparsus 206
Anolis equestris potior 206
Anolis equestris thomasi 206
Anolis equestris verreonensis 206
Anolis garmani 207, 207*
Anolis roquet 208
Anolis roquet caracoli 208
Anolis roquet majolgris 208
Anolis roquet roquet 208
Anolis roquet salinei 208
Anolis roquet summus 208, 208*

Anolis roquet zebrilus 209
Anolis sabanus 185
Anolis sagrei 209
Anolis sagrei greyi 209
Anolis sagrei luteosignifer 209
Anolis sagrei nelsoni 209
Anolis sagrei ordinatus 209
Anolis sagrei sagrei 209, 209*
Anolis smaragdinus 205
Apalone 73
Apalone ferox 57, 73, 80, 81
Apalone spinifera 73
Apotheker-Skink 56, 316
Aprasia 173
Apterygodon 264
Archelon ischyros 66
Ardeosaurus 171
Argentinische Schlangenhals-Schildkröte 121
Arizona-Korallenschlange 54
Arthropoda 185
Asellus aquaticus 83
Asiatische Bergagame 268
Astrochelys radiata 78
Atheris hindii 46
Atheris squamiger 46
Augenfleck-Bogenfingergecko 240
Australischer Molch 177
Australischer Wasserwaran 332
Avicenna-Viper 54

Bachflohkrebs 83
Bänderteju 329
Baenidae 66
Bärtiger Krötenkopf 176
Bartagame 308
Basiliscus 177
Basiliscus basiliscus 47, 181, 185, 210, 211*
Basiliscus basiliscus barouri 210
Basiliscus basiliscus basiliscus 210
Basiliscus plumifrons 47, 212
Basiliscus vittatus 212
Basilisken 177
Batagur baska 80
Bataguridae 66, 69
Baumschlangen 54
Bengalen-Waran 173
Berbereidechse 327
Berberskink 245
Bergeidechse 173, 338
Bipedidae 172
Bipes biporus 175
Bitis arietans 46
Bitis atropos 46
Bitis caudalis 46
Blanus cinereus 212
Blanus cinereus cinereus 212
Blanus cinereus mettetali 212
Blanus strauchi 213

Blattfinger-Gecko 175
Blaukehlagame 266
Blauzungenskink 326
Blindschleiche 173
Blutsaugeragame 215
Boa constrictor 46
Boidae 47
Boigini 47
Bothriechis schlegelii 46
Brachylophus fasciatus 185
Bradypodion pumilum 213, 213*
Braune Schildechse 252
Breitrandschildkröte 161
Brookesia boulengeri 47
Brookesia spectrum affinis 47
Brückenechse 170
Buchstaben-Schmuckschildkröte 166
Buckelschildkröte 146
Buntes Zwergchamäleon 213
Buntleguan 310
Buntwaran 173

Caiman crocodilus 51
Callagur borneosis 146
Calotes calotes 214, 215*
Caretta 81
Caretta caretta 69, 78, 80, 81
Carettochelyidae 66, 71
Carettochelys insculpta 95, 78
Carolina-Dosenschildkröte 157
Carretochelys inseulpta 67
Casichelydia 67
Causus rhombeatus 47
Cepaea hortensis 82
Cerastes vipera 54
Ceratophora aspera 216
Ceratophora stoddarti 216, 217*
Ceratophora tennentii 181, 216
Chalcides 173
Chalcides bedriagai 217, 218*
Chalcides chalcides 175, 218, 219*
Chalcides ocellatus 219
Chalcides viridanus 220
Chalcides viridanus coeruleopunctatus 220
Chalcides viridanus viridanus 220, 220*
Chamaeleo 173
Chamaeleo bitaeniatus 46
Chamaeleo calyptratus 221, 221*
Chamaeleo calyptratus calcarifer 221
Chamaeleo dilepis 224
Chamaeleo fischeri 175
Chamaeleo fuelleborni 178
Chamaeleo hoehnelii 46
Chamaeleo jacksonii 46, 178, 181, 225, 225*
Chamaeleo jacksonii merumontanus 225

Chamaeleo jacksonii xantholophus 225
Chamaeleo johnstoni 178
Chamaeleo lateralis 175
Chamaeleo oustaleti 175
Chamaeleo oweni 178
Chamaeleo quilensis 224
Chamaeleo roperi 224
Chamaeleo werneri 178
Chamaeleoinidae 47
Chamaeleon 179, 181
Chamaeleon chamaeleon 223, 223*
Chamaeleon chamaeleon chamaeleon 223
Chamaeleon chamaeleon musae 223
Chamaeleon chamaeleon orientalis 223
Chamaeleon dilepis 185
Chamaeleon johnstoni 185
Chamaeleon pardalis 184
Chamaeleon zeylanicus 223
Chamaeleonidae 53, 172, 175, 178, 180, 181, 184, 185
Chamaeleoniden s. Chamaeleonidae
Charina bottae 53
Chelidae 66, 69
Chelodina longicollis 74, 78, 80, 81, 90*, 93, 96
Chelodina mccordi 93
Chelodina novaeguineae 95, 93*, 96
Chelodina parkeri 94*
Chelodina pritchardi 93,
Chelodina reimanni 96
Chelodina siebenrocki 81
Chelonia 81
Chelonia mydas japonica 69
Chelonia mydas mydas 69
Cheloniidae 47, 66, 67, 69, 71
Chelonoidis nigra 78, 80, 81
Chelonoidis carbonaria 63
Chelus fimbriata 91 *
Chelydra serpentina 49, 73, 80, 81, 93*
Chelydra serpentina acutirostris 99
Chelydra serpentina osceola 99, 100
Chelydra serpentina rossignonii 99
Chelydra serpentina serpentina 99, 100*
Chelydridae 47, 66, 69
Chiapas-Kreuzbrustschildkröte 132
Chinemys megalocephala 101, 102
Chinemys nigricans 140
Chinemys reveesii 101*, 102
Chinesische Dreikeil-Schildkröte 101
Chinesische Weichschildkröte 143
Chlamydosaurus kingi 178
Chondrodactylus angulifer 226, 226*
Chondrodactylus angulifer namibiensis 227
Chopontil 132
Chronomus plumosus 81
Chrysemis picta bellii 103
Chrysemys 82
Chrysemys picta 103
Chrysemys picta bellii 80, 81, 104*, 105
Chrysemys picta dorsalis 103, 104, 105
Chrysemys picta marginata 103, 104, 105
Chrysemys picta picta 103, 105

Claudius angustatus 132
Clemmys 73, 76
Clemmys guttata 80, 105, 106*
Clemmys insculpta 55, 107
Clemmys marmorata 107
Clemmys muhlenbergii 107
Cnemidophorus 47, 178
Cnemidophorus lemniscatus 227
Cnemidophorus lemniscatus arubensis 227
Cnemidophorus lemniscatus lemniscatus 227
Cnemidophorus lemniscatus nigricolor 227
Cnemidophorus sexlineatus 228
Cnemidophorus sexlineatus sexlineatus 228
Cnemidophorus sexlineatus viridis 228
Cnemidophorus spec. 185
Collembolen 186
Colossochelys 66
Colubridae 47
Cophotis ceylanica 46, 228, 229*
Corallus hortulanus 46
Cordylidae 172, 181
Cordylus 176
Cordylus cataphractus 229
Cordylus cordylus 230, 230*
Cordylus cordylus niger 230
Cordylus giganteus 231, 231*
Cordylus warreni 232
Cordylus warreni barbertonensis 232
Cordylus warreni breyeri 232
Cordylus warreni depressus 232
Cordylus warreni laevigatus 233
Cordylus warreni mossambicus 233
Cordylus warreni perkoenis 233
Cordylus warreni regius 233
Cordylus warreni vandami 233
Cordylus warreni warreni 232
Corucia zebrata 233, 234*
Corytophanes 177
Corytophanes cristatus 234
Cosymbotus platyurus 235
Coura trifasciata 55
Crocodilurus lacertinus 178
Crocodylus novaeguineae 49
Crossobamon 50
Crotalinae 47
Crotalus durissus 46
Crotaphytus collaris 175, 236
Crotaphytus collaris auriceps 237
Crotaphytus collaris baileyi 237
Crotaphytus collaris collaris 237
Crotaphytus collaris fuscus 237
Crotaphytus collaris nebrius 237
Crotaphytus insularis 236
Crotaphytus reticulatus 236
Cryptodira 53, 67, 69
Ctenosaura acanthura 237
Ctenosaura pectinata 182, 237
Ctenosaura similis 237, 238*
Ctenosaura similis multipunctata 238
Cuora amboinensis 107, 108*
Cuora amboinensis amboinensis 108
Cuora amboinensis couro 108
Cuora amboinensis kamaroma 108
Cuora aurocapitata 109
Cuora flavomarginata 109*, 110
Cuora galbinifrons bourreti 109
Cuora galbinifrons hainanensis 109
Cuora galbinifrons serrata 109

Cuora trifasciata 110
Cyclodomorphus gerrardii 239, 239*
Cyclura cornuta 176, 185
Cyclura ricordi 185
Cyrtodactylus peguensis 240, 240*
Cyrtodactylus peguensis peguensis 241
Cyrtodactylus peguensis zebraicus 241
Cyrtopodion kotschyi 241

Dachschildkröten 77
Dasia 264
Delma 173
Dendrobaena pygmaea 83
Dermatemyididae 66
Dermochelyidae 66, 67, 71, 73
Dermochelys 81
Dermochelys coriacea 71, 80, 81
Dibamidae 172, 177, 179, 178
Dibamiden s. Dibamidae
Dibamus 173
Dickschwanz-Gecko 177
Dipsochelys elephantina 78, 80, 81
Dogania subplana 110, 110*, 111*
Dolichosauridae 171
Doppelschleichen 179
Dornteufel 174, 177
Dosenschildkröten 69
Draco draco 175
Dreihornchamäleon 181, 225
Dreistreifen-Klappschildkröte 127
Dreistreifen-Scharnierschildkröte 110
Drosophila 186

Echis carinatus 46
Echte Karettschildkröte 71
Echsen 45, 46, 51, 55, 56, 57, 171, 180, 181, 182, 183, 184
Egernia cunninghami 182, 242
Egernia cunninghami cunninghami 242
Egernia cunninghami krefftii 242
Egernia inornata 46
Egernia stokesii 243, 243*
Egernia stokesii aethiops 243
Egernia stokesii badia 243
Egernia stokesii stokesii 243
Eidechsen 53
Eintagsfliegen 83
Eisenis foetida 83
Elaphe vulpina 53
Elseya novaeguineae 95
Emydidae 47, 66, 69, 81
Emydiden s. Emydidae
Emydura albertisii 112
Emydura subglobosa 95, 112, 112*
Emys orbicularis 50, 80, 81, 113, 137, 138
Emys orbicularis capolongoi 117
Emys orbicularis colchica 114
Emys orbicularis fritzjuergenobsti 114
Emys orbicularis galloitalica 117
Emys orbicularis hellenica 114, 114*
Emys orbicularis hispanica 117
Emys orbicularis kurae 115*
Emys orbicularis lanzai 117
Emys orbicularis luteofusca 114
Emys orbicularis occidentalis 115
Emys orbicularis orbicularis 114
Emys orbicularis orientalis 115
Enchytraeus albidus 83
Eosuchia 171
Epicrates cenchria 46

Erdleguan 275
Eremias 47, 178
Eretmochelys imbricata 71, 80
Eretmochelys imbricata bissa 69
Eretmochelys imbricata imbricata 69
Erymnochelys 73
Eryx colubrinus 46
Eryx jaculus 46
Eryx johnii 46
Eryx miliaris 56
Erzschleiche 218
Essigfliegen 186
Eubelpharidae 172
Eublepharis macularius 50, 181, 244
Eumeces algeriensis 245, 245*
Eumeces fasciatus 185
Eumeces schneiderii 185, 246
Eumeces schneiderii aldrovandi 246
Eumeces schneiderii blythianus 246
Eumeces schneiderii meridonalis 246
Eumeces schneiderii pavimentatus 246
Eumeces schneiderii princeps 246
Eumeces schneiderii schneiderii 246, 246*
Eumeces schneiderii zarudnyi 246
Eunectes murinus 11, 46
Eunectes notaeus 46
Eunotosauria 66
Europäische Landschildkröte 116
Europäische Sumpfschildkröte 113
Europäischer Blattfingergecko 298
Europäischer Fransenfinger 192
Europäischer Halbfingergecko 257
Eusarkiidae 66

Faltengecko 54
Felsenagame 177
Feylinia 173, 179
Feyliniidae 175
Fische 185
Fliegenmaden 186
Florida-Schmuckschildkröte 79
Florida-Schnappschildkröte 99
Flossenfüße 173, 177, 180
Flugdrachen 175
Fransenschildkröte 97
Fransenzehen-Leguan 173
Fuchsnatter 53
Furcifer lateralis 247
Furcifer pardalis 185, 248
Futterfische 186

Gallotia galloti 13, 249, 249*
Gallotia galloti caesaris 250
Gallotia galloti eisentrauti 250
Gallotia galloti galotti 250
Gallotia galloti gomerae 250
Gallotia galloti insulanagae 250
Gallotia galloti palmae 250
Gallotia simonyi stehlini 185
Gallotia-Eidechsen 173
Gammarus pulex 83
Gecko 171
Geckolepis 176
Gefleckter Walzenskink 219
Gehyraogasawarasinae 47
Geierschildkröte 73, 97
Gekielte Moschusschildkröte 132
Gekko gecko 174, 180, 184, 185, 250, 251*

Gekkonidae 47, 51, 171, 172, 173, 174, 179, 181, 184, 185
Gekkoniden s. Gekkonidae
Gelbbrand-Scharnierschildkröte 110
Gelbe Sumpfschildkröte 140
Gelbkehlige Schildechse 251
Gelbkopfgecko 253
Gelbkopf-Haftschwanzgecko 276
Geochelone carbonaria 81
Geoemyda japonica 118
Geoemyda spengleri 118, 119*
Gerrhonotus coeruleus 46
Gerrhosauridae 178
Gerrhosaurus flavigularis 251
Gerrhosaurus flavigularis fitzsimonsi 252
Gerrhosaurus major 252, 253*
Gewöhnliche Moschusschildkröte 130
Gila-Tier 255
Glattrand-Gelenkschildkröte 124
Glattrücken-Schlangenhalsschildkröte 74
Gliederfüßler 185
Glyptosidae 66
Goldkopf-Scharnierschildkröte 109
Gonatodes albogularis 253
Gonatodes albogularis fuscus 253*, 254
Gonatodes albogularis notatus 254
Gonatodes vittatus 254
Gonocephalus 178
Gopher-Schildkröten 68, 79 173
Gopherus 79
Gopherus agassizi 68
Gopherus berlandieri 68
Gopherus flavomarginatus 68
Gopherus polyphenus 68
Graptemys 76
Graptemys flavimaculata 120*
Graptemys geographica 80
Graptemy pseudogeographica 55
Graptemys pseudogeographica kohnii 81, 121
Griechische Landschildkröte 161
Grillen 186
Großkopfschildkröte 149
Großkopf-Schlammschildkröte 132
Grüne Ringel-Schildechse 337
Grüne Wasseragame 299
Grüner Leguan 177, 258
Guadeloupe-Kugelfingergecko 320
Gürtelechsen 178
Guppy-Massenzuchten 186
Gymnodactylus 175
Gymnophtalmus underwoodi 47
Gymnophthalmidae 172

Haftzeher 175
Halsbandeidechse 178
Halsband-Leguan 175, 236
Halsberger 67, 75
Halswender 67, 75
Haplodactylus 314
Hardella 73
Hardun 269
Hausgecko 174
Helloderma suspectum 174
Helmbasilisk 181, 210
Helmkopfskinke 178
Helmleguan 177, 234
Heloderma 174

Heloderma heloderma alvarezi 255
Heloderma heloderma exasperatum 255
Heloderma heloderma horridum 255
Heloderma horridum 174, 255
Heloderma suspectum 255
Heloderma suspectum cinctum 255
Heloderma suspectum suspectum 255
Helodermatidae 172, 178
Hemidactylus brooki 181
Hemidactylus echinus 182
Hemidactylus frenatus 180, 185
Hemidactylus garnotii 47
Hemidactylus mabouia 174
Hemidactylus turcicus 257, 257*
Heosemys 73
Heterodon nasicus 53
Heteropholis 314
Heuschrecken 186
Hinterindische Scharnierschildkröte 109
Höckerechsen 178
Holapsis guentheri 178
Homopus boulengeri 80
Hornagame 216
Hydromedusa tectifera 121, 122*
Hyperolius parallelus albofasciatus 12
Hyperolius horstocki 12

Iberische Smaragdeidechse 262
Iberischer Walzenskink 217
Iguana 11
Iguana iguana 50, 175, 177, 185, 258, 258*
Iguana iguana delicatissima 258
Iguana iguana rhinolopha 258
Iguanidae 47, 171, 172, 174, 178, 180, 181, 185
Iguaniden s. Iguanidae
Indische Dachschildkröte 123
Indische Dornschildkröte 152
Indische Klappen-Weichschildkröte 133
Indotestudo elongata 73, 80
Insekten 185

Jamaika-Anolis 207
Jamaika-Schmuckschildkröte 169
Jemen-Chamäleon 221
Johannisechse 191

Kachuga 73
Kachuga tecta 123*
Kachuga tentoria 80
Kanaren-Eidechse 185
Kanarenskink 220
Kaninchen 186
Kapverden-Skink 178
Karett-Schildkröte, Echte 71
Karstläufer 301
Kaspische Wasserschildkröte 137
Kaukasus-Agame 267
Kentropyx 178
Kentropyx calcaratus 181
Kinixys 73
Kinixys belliana 124, 125*
Kinixys belliana belliana 124
Kinixys belliana nogueyi 125
Kinixys belliana zombensis 125
Kinixys homeana 126
Kinnfleck-Schmuckschildkröte 168
Kinosternidae 69

Kinosternon 57, 76
Kinosternon acutum 126
Kinosternon carinatum 132
Kinosternon leucostomum 129*
Kinosternon leucostomum leucostomum 129
Kinosternon leucostomum postinguinale 129
Kinosternon minor 132
Kinosternon minor minor 132
Kinosternon minor peltifer 132
Kinosternon odoratum 76, 78, 80, 81, 130*
Kinosternon scorpioides cruentatum 130
Kinosternon sonoriense 78
Kinosternon subrubrum 131
Klapperschlangen 53
Kleine Moschusschildkröte 132
Kleine Plattgürtelechse 300
Kobra 53
Köcherfliegen 83
Komodowaran 171
Konosternidae 66
Korallen-Natter 54
Kragenechsen 178
Körtenechsen 173, 177, 180, 181
Krötenkopfschildkröte 148
Krokodile 45, 51, 55, 173, 179
Krokodilschwanzechse 178
Krokodilschwanz-Höckerechsen 317
Krustenechse 255
Kugelfingergecko 319

Lacerta 175
Lacerta agilis 185, 260
Lacerta agilis agilis 260
Lacerta agilis argus 260
Lacerta agilis boemica 260, 260*
Lacerta agilis bosnica 260
Lacerta agilis brevicaudata 260
Lacerta agilis chersonensis 260
Lacerta agilis exigua 260
Lacerta agilis grusinica 260
Lacerta agilis ioriensis 260
Lacerta andranskyi 323
Lacerta armeniaca 47
Lacerta bilineata 261
Lacerta dahli rostombekovi 47
Lacerta dugesii 323
Lacerta echinata 178
Lacerta lepida 185
Lacerta media 261
Lacerta pamphylica 261
Lacerta schreiberi 261, 262, 263
Lacerta strigata 261, 262, 263
Lacerta trilineata 261, 262, 263
Lacerta unisexualis 47
Lacerta viridis 261, 262, 263
Lacerta viridis bilineata 261*, 263
Lacerta viridis chloronota 263
Lacerta viridis fejervaryi 263
Lacerta viridis infrapunctata 263
Lacerta viridis meridionalis 263
Lacerta viridis paphlagonica 263
Lacerta viridis viridis 263
Lacerta vivipara 45, 46, 173, 182
Lacertidae 172, 174, 178, 183, 185
Lacertiden s. Lacertidae
Lamprolepis 178
Lamprolepis smaragdina 264, 265*
Lampropeltis triangulum 54

Landschildkröten 52, 54, 66, 68, 71, 73, 76, 78, 79, 81, 82
Landschnecken 82
Langschwanz-Schnabelechsen 170
Lanthanoridae 178
Lanthanotus borneensis 182
Lappenchamaeleon 224
Laudakia atricollis 266
Laudakia caucasia 267
Laudakia lehmanni 268, 268*
Laudakia stellio 269, 269*
Laudakia stellio brachydactyla 269
Laudakia stellio cypriaca 269
Laudakia stellio daani 269
Laudakia stellio picea 269
Laudakia stellio stellio 269
Laudakia stellio vulgaris 269
Lebendgebärender Riesengecko 313
Lederschildkröte 80
Lederschildkröten 71, 73, 81
Leguane 173
Leiocephalus carinatus 270, 270*
Leiocephalus carinatus aquarius 270
Leiocephalus carinatus armouri 270
Leiocephalus carinatus cayensis 270
Leiocephalus carinatus coryi 270
Leiocephalus carinatus granti 270
Leiocephalus carinatus hodsdoni 270
Leiocephalus carinatus labrossytus 270
Leiocephalus carinatus microcyon 270
Leiocephalus carinatus mogotensis 270
Leiocephalus carinatus varius 270
Leiocephalus carinatus virescens 270
Leiocephalus carinatus zayasi 270
Leiocephalus personatus 271, 271*
Leiocephalus personatus acites 272
Leiocephalus personatus argaulus 272
Leiocephalus personatus budeni 272
Leiocephalus personatus elattoprosopon 272
Leiocephalus personatus mentalis 272
Leiocephalus personatus personatus 272
Leiocephalus personatus poikilometes 272
Leiocephalus personatus pyrrholaemus 272
Leiocephalus personatus scalaris 272
Leiocephalus personatus socoensis 272
Leiocephalus personatus tarachodes 272
Leiocephalus personatus trujilloensis 272
Leiocephalus schreibersi 272, 273*
Leiocephalus schreibersi nesomorus 273
Leiolepis belliana 273, 273*
Leiolepis belliana belliana 273
Leiolepis belliana ocellata 273
Leiolepis triploida 47, 274
Leopard-Gecko 181, 244
Lepidochelys kempi 69
Lepidodactylus lugubris 274*
Lepidodactylus lugubris 47, 274
Lepidophyma flavimaculata 47
Lepidosaurier 171
Lepidosoma percarinatum 47
Lialis 173
Libellen 83
Liolaemus nigromaculatus atacamensis 275

Liolaemus nigromaculatus ater 275
Liolaemus nigromaculatus bisignatus 275
Liolaemus nigromaculatus copiapensis 275
Liolaemus nigromaculatus kuhlmanni 275
Liolaemus nigromaculatus nigromaculatus 275
Liolaemus nigromaculatus sieversi 275
Liolaemus nigromaculatus zappallerensis 275
Liolaemus tenuis 275
Liolaemus tenuis punctatissiumus 276
Liolaemus tenuis tenuis 276
Lissemys punctata 78, 133*
Lissemys punctata andersoni 133
Lissemys punctata punctata 133
Logarto 178
Lumbricus terrestris 83
Lygodactylus picturatus 276

Mabuya 180
Mabuya aurata septemtaeniatus 46
Mabuya mabuya 277
Mabuya mabuya alliacea 277
Mabuya mabuya mabuya 277
Mabuya mabuya pergravis 277
Mabuya mabuya sloanei 277
Macrobaenidae 66
Macroclemys 57
Macroclemys temminckii 73, 74, 78, 80, 81, 97
Macroscincus cocteaui 178
Madagassischer Dickkopfgecko 280
Madeira-Eidechse 323
Mäuse 186
Malachit-Stachelleguan 314
Malaclemys terrapin centrata 47, 159
Malacochersus tornieri 69, 78, 80, 81, 111, 135*
Malayen-Weichschildkröte 110
Maskenleguan 271
Mauereidechse 302
Mauergecko 174, 322
Mauremys caspica 81, 137
Mauremys caspica caspica 139, 139*
Mauremys caspica rivulata 137, 138*
Mauremys caspica schiras 139
Mauremys caspica siebenrocki 139
Mauremys caspica ventrimaculata 139
Mauremys leprosa 139*
Mauremys mutica 140
Mauremys rivulata 139
Mauremys rivulata rivulata 139
Mauremys rivulata tristrami 139
Maurische Landschildkröte 161
Maurische Wasserschildkröte 139
Meerechse 175
Meeresschildkröten 57, 71, 76, 81
Meerschweinchen 186
Megalania prisca 171
Megalochelys atlas 66
Meiolania 66
Meiolaniidae 66
Melanochelys trijuga 78, 141
Melanochelys trijuga parkeri 142
Melanochelys trijuga thermalis 142, 142*
Merauke-Schlangenhalsschildkröte 96
Micruroides euryxanthus 54

Mistregenwurm 83
Mollusca 185
Moloch horridus 174, 178
Mosasauridae 171
Moschus-Schildkröte 76
Muhlenbergs Wasserschildkröte 107

Nachtechsen 180
Nachtskink 56
Nackenstachler 193
Nacktfinger-Gecko 175, 241
Namibgecko 279
Nashornagame 181
Nashorn-Leguan 176
Natator depressus 69
Natricinae 47
Natrix maura 49
Natternaugenskink 191
Nautilus 314
Neoseps reynoldii 175
Nerodia erythrogaster 46
Nerodia rhombifera 46
Nerodia sipedon 46
Netzwühle 212
Neukaledonischer Riesengecko 177, 311, 312
Neurankylidae 66
Nil-Waran 173

Odatria 178
Östliche Sumpfschildkröte 115
Oligochaeta 83
Ophiomorus brevipes 175
Ophiomorus persicus 175
Ophisaurus apodus 173, 183, 278
Ophisaurus apodus apodus 278
Ophisaurus apodus thracius 278, 278*
Ostspanische Sumpfschildkröte 114

Pachydactus bibronii 177
Paläarktische Landschildkröten 161, 162
Paleosuchus palpebrosus 51
Paleosuchus trigonatus 51
Palmatogecko rangei 175, 279, 279*
Pantherchamaeleon 248
Panzergürtelschweif 229
Panzerschleiche 278
Parkers Schlangenhalsschildkröte 94
Paroedura pictus 280, 280*
Pazifik Wasserschildkröte 107
Pelochelys bibroni 95
Pelodiscus sinensis 57, 143
Pelodiscus sinensis Komplex 143
Pelomedusa subrufa 144, 145*
Pelomedusa subrufa nigra 145
Pelomedusa subrufa olivacea 145
Pelomedusa subrufa subrufa 145
Pelomedusidae 66, 69
Peltocephalus 73
Pelusios sinuatus 57
Pelusios subniger 78
Perleidechse 327
Petrosaurus 177
Pfauenaugen-Wasserschildkröten 155
Phelsuma 179, 281
Phelsuma abbotti 281
Phelsuma abbotti abbotti 281, 282, 286

Phelsuma abbotti pulchra 286
Phelsuma andamanensis 286
Phelsuma astriata astovei 286
Phelsuma atriata astriata 286
Phelsuma astriata semicarinata 286
Phelsuma barbouri 282, 286
Phelsuma befotakensis 281, 286
Phelsuma borbonica 281, 282
Phelsuma borbonica agalegae 287
Phelsuma borbonica borbonica 286
Phelsuma breviceps 287
Phelsuma cepediana 287, 287*
Phelsuma chekei 281, 287
Phelsuma comorensis 281, 282, 287
Phelsuma dubia 282, 287
Phelsuma edwardnewtoni 281
Phelsuma flavigularis 281, 282, 288
Phelsuma gigas 281
Phelsuma guentheri 185, 288
Phelsuma guimbeaui guimbeaui 288, 288*
Phelsuma guimbeaui rosagularis 288
Phelsuma guttata 281, 288
Phelsuma klemmeri 282, 289
Phelsuma laticauda 281, 282
Phelsuma laticauda angularis 289
Phelsuma laticauda laticauda 289
Phelsuma leiogaster 281
Phelsuma leiogaster isakae 289
Phelsuma leiogaster leiogaster 289
Phelsuma leiogaster trautmanni 289
Phelsuma lineata bombetokensis 290
Phelsuma lineata chloroscelis 281, 282
Phelsuma lineata dorsivittata 281, 282, 290
Phelsuma lineata lineata 282, 290
Phelsuma lineata punctulata 290
Phelsuma longinsulae longinsulae 290
Phelsuma longinsulae menaiensis 290
Phelsuma longinsulae pulchra 291, 291*
Phelsuma longinsulae rubra 291
Phelsuma longinsulae umbrea 291
Phelsuma madagascariensis 50, 291*
Phelsuma madagascariensis boehmei 282, 292
Phelsuma madagascariensis grandis 282, 292
Phelsuma madagascariensis kochi 281, 282, 292
Phelsuma madagascariensis madagascariensis 282, 291
Phelsuma minuthi 281, 292
Phelsuma modesta 292
Phelsuma mutabilis 281, 292
Phelsuma nigristriata 292
Phelsuma ocellata 282, 292
Phelsuma ornata inexpectata 293
Phelsuma ornata ornata 293, 293*
Phelsuma parkeri 293
Phelsuma pusilla 281
Phelsuma pusilla hallmanni 293
Phelsuma pusilla pusilla 293
Phelsuma quadriocellata 281
Phelsuma quadriocellata bimaculata 294
Phelsuma quadriocellata leiura 281, 294
Phelsuma quadriocellata lepida 294, 294*
Phelsuma quadriocellata parva 282, 294

Phelsuma quadriocellata quadriocellata 282, 293
Phelsuma robertmertensi 281, 282, 294
Phelsuma seippi 294
Phelsuma serraticauda 281, 282, 295
Phelsuma standingi 281, 295, 295*
Phelsuma sundbergi ladiguensis 295
Phelsuma sundbergi sundbergi 295
Phelsuma trilineata 281, 295
Phelsuma v-nigra anjouanensis 296
Phelsuma v-nigra comoraegrandensis 296
Phelsuma v-nigra pasteuri 296
Phelsuma v-nigra v-nigra 296
Phrynocephalus 46
Phrynocephalus mystaceus 176
Phrynops geoffroanus 146*
Phrynops gibbus 146, 147
Phrynops hilarii 147*, 148
Phrynops tuberculatus 148
Phrynops vanderhaegei 147
Phrynosoma 177, 180, 181
Phrynosoma douglasii 46
Phyllodactylus europaeus 183, 298
Phyllurus 176
Physignathus cocincinus 185, 299
Physignathus lesueurii 299, 299*
Physignathus lesueurii howitti 300
Pityusen-Eidechse 303
Platemys platycephala 148*
Platemys platycephala melanonota 149
Platemys platycephala platycephala 148
Plattschwanz-Gecko 54, 176
Platychelyidae 66
Platysaurus guttatus guttatus 300
Platysaurus guttatus minor 300
Platysternidae 66, 69
Platysternon megacephalum 78, 149
Platysternon megacephalum megacephalum 150
Platysternon megacephalum peguense 149*, 150
Platysternon megacephalum shiui 150
Platysternon megacephalum tristernalis 150
Platysternon megacephalum vogeli 150
Plesiochelyidae 66
Pleurodira 53, 66, 67, 69
Pleurosauridae 170
Podarcic muralis breviceps 303
Podarcis gaigeae 307
Podarcis melisellensis 185, 301
Podarcis melisellensis aeoli 301
Podarcis melisellensis bokicae 301
Podarcis melisellensis caprina 301
Podarcis melisellensis curzolensis 301
Podarcis melisellensis digenea 301
Podarcis melisellensis fiumana 301
Podarcis melisellensis galvagnii 302
Podarcis melisellensis gigantea 302
Podarcis melisellensis gigas 302
Podarcis melisellensis jidulae 302
Podarcis melisellensis kammereri 302
Podarcis melisellensis kornatica 301
Podarcis melisellensis lissana 302
Podarcis melisellensis lupa 302
Podarcis melisellensis melisellensis 301
Podarcis melisellensis mikavicae 302
Podarcis melisellensis plutonis 302

Podarcis melisellensis pomoensis 302
Podarcis melisellensis thetidis 302
Podarcis melisellensis traguriana 302
Podarcis muralis 13, 185, 302
Podarcis muralis albanica 303
Podarcis muralis brogniardi 303
Podarcis muralis colosii 303
Podarcis muralis maculiventris 303
Podarcis muralis merremia 303
Podarcis muralis nigriventris 303
Podarcis perspicillata 323
Podarcis pityusensis 303
Podarcis pityusensis ahorcadosi 304
Podarcis pityusensis calaesaladae 304
Podarcis pityusensis canensis 304
Podarcis pityusensis caragolensis 304
Podarcis pityusensis carlkochi 304
Podarcis pityusensis characea 304
Podarcis pityusensis formenterae 304
Podarcis pityusensis frailensis 304
Podarcis pityusensis gastabiensis 304
Podarcis pityusensis gorrae 304
Podarcis pityusensis hedwigkamerae 304
Podarcis pityusensis hortae 304
Podarcis pityusensis kameriana 304
Podarcis pityusensis maluquerorum 304
Podarcis pityusensis muradae 304
Podarcis pityusensis negrae 304
Podarcis pityusensis pityuensis 304
Podarcis pityusensis ratae 304
Podarcis pityusensis redonae 304
Podarcis pityusensis schreitmuelleri 304
Podarcis pityusensis torretensis 304
Podarcis pityusensis vedrae 304
Podarcis sicula 13, 302, 305
Podarcis sicula adriatica 306
Podarcis sicula aemiliani 305
Podarcis sicula alverioi 305
Podarcis sicula amparoae 305
Podarcis sicula astrogae 306
Podarcis sicula bagnolensis 306
Podarcis sicula bolei 306
Podarcis sicula calabresiae 305
Podarcis sicula campestris 306
Podarcis sicula caporiaccoi 305
Podarcis sicula catarоi 305
Podarcis sicula cettii 305, 305*
Podarcis sicula ciclpica 305
Podarcis sicula coerulea 305
Podarcis sicula cucchiarai 305
Podarcis sicula dupinici 306
Podarcis sicula fiumanoidea 306
Podarcis sicula flavigula 306
Podarcis sicula gellensis 305
Podarcis sicula hadzii 306
Podarcis sicula hieroglyphica 306
Podarcis sicula insularum 306
Podarcis sicula klemmeri 306
Podarcis sicula kolombatovici 306
Podarcis sicula laganjensis 306
Podarcis sicula lanzai 306
Podarcis sicula latastei 306
Podarcis sicula massinei 306
Podarcis sicula monaconensis 306
Podarcis sicula nikolici 306
Podarcis sicula palmarolae 306
Podarcis sicula pasquinii 306
Podarcis sicula paulae 306
Podarcis sicula pelagosae 306
Podarcis sicula pirosoensis 306

Podarcis sicula pohlibensis 306
Podarcis sicula premudana 306
Podarcis sicula premudensis 306
Podarcis sicula pretneri 306
Podarcis sicula ragusae 306
Podarcis sicula raovanovici 306
Podarcis sicula salfii 306
Podarcis sicula samorgadi 306
Podarcis sicula sanctinicolai 306
Podarcis sicula sanctistephani 306
Podarcis sicula sicula 305
Podarcis sicula tyrrhenica 306
Podarcis sicula vesslejuchi 306
Podarcis taurica 307
Podarcis taurica ionica 307, 307*
Podarcis taurica taurica 307
Podarcis taurica thasopulae 307
Podaric muralis muralis 303
Podocnemis 73
Podocnemis expansa 81
Podocnemis unifilis 80
Pogona barbata 308, 308*, 309
Pogona minima 309
Pogona vitticeps 309, 309*
Polychrus marmoratus 310
Pracht-Erdschildkröte 153
Proganochelyidae 66
Proganochelys 66
Proterochersidae 66
Protostegidae 66
Psammodromus 178
Psammodromus algirus 310, 310*
Pseudaspis cana 46
Pseudemys 82
Pseudemys concinna 151
Pseudemys floridana 79, 81
Pseudemys scripta scripta 167
Pseudemys suwanniensis 151
Pseudemys texana 151
Pseudocordylus melanotus 46
Ptychozoon kuhlii 54
Ptyodactylus hasselquisti 175
Pygopodidae 173, 175, 180
Pygopus 173, 177
Pypopodidae 181
Pypopodiden 178
Pyxidea mouhotii 152*

Ratten 186
Regenwürmer 186
Reimanns Schlangenhalsschildkröte 96
Reptilien 45, 51, 54, 56, 57, 82
Rhacodactylus auriculatus 311, 312*
Rhacodactylus chahoua 312, 313*
Rhacodactylus leachianus 177
Rhacodactylus trachyrhynchus 313
Rhineuridae 172
Rhinoclemmys annulata 80, 154
Rhinoclemmys areolata 55, 69, 79, 81, 154
Rhinoclemmys diademata 154
Rhinoclemmys melanosterna 154
Rhinoclemmys nasuta 154
Rhinoclemmys pulcherrima 153
Rhinoclemmys pulcherrima incisa 153, 154
Rhinoclemmys pulcherrima manni 153, 154
Rhinoclemmys pulcherrima pulcherrima 153
Rhinoclemmys pulcherrima rogerbarbouri 153

Rhinoclemmys punctularia 155
Rhinoclemmys punctularia melanosterna 154, 154*
Rhinoclemmys rubida 154
Rhynchocephalia 170, 171
Riesengürtelschweif 231
Riesenschildkröten 81
Riesensmaragdeidechse 262
Ringelechsen 180
Ritteranolis 206
Rollschwanzleguan 270
Rotbauch-Spitzkopfschildkröte 112
Rote Posthornschnecke 83
Rotkopf-Plattschildkröte 148
Rotwangen-Klappschildkröte 130
Ruineneidechse 305

Sacalia pseudocellata 155
Sacalia quadriocellate 155
Sägerückenagame 214
Sägeschwanz-Eidechse 178
Säuger 75
Säugetiere 52, 82, 179, 185, 186
Sandboa 53
Sandgecko 175, 226
Sandskinke 173
Sanzinia madagascariensis 46
Sauria 171, 173
Scalia bealei 155
Sceloporus 177
Sceloporus malachiticus 314, 314*
Sceloporus malachiticus malachiticus 314
Sceloporus malachiticus smaragdinus 314
Sceloporus malachiticus taeniocnemis 314
Sceloporus undulatus 315, 315*
Sceloporus undulatus consobrinus 315
Sceloporus undulatus cowlesi 315
Sceloporus undulatus elongatus 315
Sceloporus undulatus erythrocheilus 315
Sceloporus undulatus garmani 315
Sceloporus undulatus hyacinthinus 315
Sceloporus undulatus tristichus 315
Sceloporus undulatus undulatus 315
Schaben 186
Schachbrett-Ringelechse 178
Schachbrettwühle 173
Schlangenschleichen 177
Schaumschwanz-Hausgecko 235
Scheibenfinger 257
Scheinschildkröten 66
Scheltopusik 173, 278
Schienenschildkröte 73
Schildechsen 178
Schildkröten 45, 51, 53, 54, 57, 66, 179
Schlangen 45, 46, 51, 53, 54, 55, 56, 57, 171, 173
Schlangenechsen 173, 179
Schlangenschleichen 173, 179
Schleichen 178
Schlüpfender Taggecko 292*
Schmetterlingsagame 273
Schmuck-Dosenschildkröte 160
Schmuckschildkröte 79
Schmuckschildkröten 77
Schnabelköpfe 170, 171
Schnappschildkröte 73, 98
Schneckenskink 239

Schnelläufer 321
Schönechse 214, 215
Schuppenkriechtiere 170, 171
Schwarzbauch-Erdschildkröte 141
Schwarze Dickkopf-Schildkröte 156
Schwarze Tempelschildkröte 156
Schwarzer Leguan 237
Scincidae 47, 171, 172, 174, 178, 181, 185
Scinciden s. Scincidae
Scincopus fasciatus 56
Scincus 173
Scincus scincus 56, 316
Scincus scincus albifasciatus 316
Scincus scincus cucullatus 316
Scincus scincus laterimaculatus 316
Scincus scincus scincus 316
Sechsstreifen-Schnelläufer 184
Sechsstreifige Langschwanzechse 321
Sechsstreifen Rennechse 228
Seeschildkröten 74
Shinisaurus crocodilurus 317, 318*
Siebenrockiella crassicollis 156 *
Siedleragame 195
Sistrurus miliarius 46
Skorpions-Krustenechse 255
Smaragd-Eidechse 185, 261, 262
Smaragdskink 264
Smaragdwaran 334
Spaltenschildkröte 69, 135
Sphaerodactylus cinereus 319
Sphaerodactylus elegans 319, 319*
Sphaerodactylus elegans elegans 320
Sphaerodactylus elegans punctatissimus 320
Sphaerodactylus fantasticus 320
Sphaerodactylus fantasticus anidrotus 320
Sphaerodactylus fantasticus fantasticus 320
Sphaerodactylus fantasticus fuga 320
Sphaerodactylus fantasticus hippomanes 320
Sphaerodactylus fantasticus karukera 320
Sphaerodactylus fantasticus ligniservulus 320
Sphaerodactylus fantasticus orescius 320
Sphaerodactylus fantasticus phyzacinus 320
Sphaerodactylus fantasticus tartaropylorus 320
Sphenodon punctatus gunthteri 170
Sphenodon punctatus punctatus 170
Sphenodon punctatus reischeki 170
Sphenodontidae 170
Spinnen 185
Spitzschnauzen-Klappschildkröte 126
Springschwänze 186
Squamata 51, 79, 170, 171, 176
Squamaten s. Squamata
Stachelhals-Plattschildkröte 88
Stachelleguane 177
Stachellguane 177
Stachelschwanzskink 243
Stachelskink 242
Stammreptilien 66, 171
Starrbrustpelomedusen-Schildkröte 144
Staurotypus salvinii 132
Steinfliegen 83

Steppenagame 328
stink-pot 76
Stirnlappenbasilisk 212
Storeria dekayi 46
Storrs Waran 335
Storrscher Zwergwaran 335
Streifensmaragdeidechse 262
Stupendemys 66
Stutz-Gelenkschildkröte 126
Sudan-Schildechse 252
Südkaspische Sumpfschildkröte 115
Südlicher Blauzungenskink 325
Süwasserschildkröten 73, 74, 81
Sumpfschildkröten 69, 78, 79, 81
Sunda-Dickhalsschildkröte 156

Taggecko 281
Takydromus sexlineatus 55, 175, 184, 321, 321*
Takydromus sexlineatus meridionalis 321
Takydromus sexlineatus ocellatus 321
Takydromus sexlineatus sexlineatus 321
Tannenzapfenechsen 178
Tarentola mauritanica 322, 322*
Taubagame 228
Taubwarane 178
Taurische Eidechse 307
Teiidae 172, 174, 178, 181, 185
Teiiden s. Teiidae
Teira dugesii 323
Teira dugesii dugesii 323
Teira dugesii jogeri 323
Teira dugesii selvagensis 323
Teppichchamaeleon 247
Teratoscincus 176
Teratoscincus scincus 173
Terrapene 69
Terrapene carolina 78, 80, 81, 157, 159, 160
Terrapene carolina bauri 157, 157*, 158
Terrapene carolina carolina 158, 159
Terrapene carolina major 158, 159
Terrapene carolina mexicana 157, 158
Terrapene carolina triunguis 157, 158, 159
Terrapene carolina yucatana 158, 159
Terrapene coahuila 160
Terrapene ornata 160*
Testudines 66
Testudinidae 66, 69, 79, 81
Testudiniden s. Testudinidae
Testudo atlas 66
Testudo graeca 50, 68, 73, 77, 78, 161, 162, 163, 165

Testudo graeca anamurensis 163
Testudo graeca graeca 163
Testudo graeca ibera 161, 163
Testudo graeca nikolskii 163
Testudo graeca terrestris 163*
Testudo graeca zarudnyi 163
Testudo hermanni 49, 50, 68, 73, 78, 80, 81, 161, 162, 163, 165
Testudo hermanni boettgeri 161, 163*
Testudo hermanni hermanni 163*
Testudo marginata 73, 161, 163*, 165*
Testudo spec. 161*
Testudo terrestris 161
Testudo weissingeri 161
Tetradactylus africans 175
Tetradactylus ellenbergeri 175
Texas-Schmuckschildkröte 151
Thalassemydidae 66
Thamnophis butleri 46
Thamnophis elegans 46
Thamnophis sirtalis 46
Thecadactylus 176
Tiliqua rugosa 178
Tiliqua multifasciata 324
Tiliqua nigrolutea 325
Tiliqua rugosa 46, 325, 325*
Tiliqua rugosa asper 325
Tiliqua rugosa konowi 325
Tiliqua rugosa rugosa 325
Tiliqua rugosa tropisurus 325
Tiliqua scincoides 326
Timon lepidus 183, 327
Timon pater 327
Tokee 174, 180, 250
Toxochelydiae 66
Trachemys 73, 76, 82
Trachemys nebulosa taylori 169
Trachemys ornata callirostris 169
Trachemys ornata chichiriviche 169
Trachemys scripta 166
Trachemys scripta elegans 51, 78, 79, 80, 81, 166, 167, 168, 169
Trachemys scripta scripta 166, 166*, 167
Trachemys scripta troostii 166, 167
Trachemys terrapen 169
Trapelus sanguinolentus 328
Tribolonotus 178
Trionychidae 66, 69, 71, 73
Trogonophidae 172
Trogonophis wiegmanni 46, 173, 178
Tropfenschildkröte 80, 105
Tropidophis melanurus 46
Tschitschack 180
Tubifex 83

Tüpfel-Rennechse 227
Tüpfelskink 246
Tupinambis teguixin 182, 185, 329, 329*
Tupinambis teguixin sebastiani 329

Uma notata 173
Urechsen 170
Uromastycidae 181
Uromastyx 176
Uromastyx acanthinurus 182, 330, 330*
Uromastyx acanthinurus acanthinurus 330
Uromastyx acanthinurus dispar 182
Uromastyx acanthinurus flavifasciatus 330
Uromastyx acanthinurus geyri 330
Uromastyx acanthinurus nigerrimus 330
Uromastyx acanthinurus werneri 330
Uroplatus fimbriatus 54, 176
Urreptilien 27, 67, 170
Urschildkröten 66
Urschuppentier 171

Varanidae 171, 172, 178, 184, 185
Varaniden s. Varanidae
Varanus 11
Varanus bolkayi 171
Varanus gilleni 185
Varanus griseus 183
Varanus komodoensis 171
Varanus marathonensis 171
Varanus mertensi 332, 332*
Varanus mitchelli 332
Varanus prasinus 334, 334*
Varanus prasinus beccarii 334
Varanus prasinus bogerti 334
Varanus prasinus kordensis 334
Varanus prasinus prasinus 334
Varanus primordius 335
Varanus sivalescens 171
Varanus storri 335, 335*
Varanus storri ocreatus 335
Varanus storri storri 335
Varanus varius 173, 185
Venezuela-Schmuckschildkröte 169
Veränderlicher Dornschwanz 330
Vermes 185
Vertebrate 185
Vielstreifen-Blauzungenskink 324
Vierzehen-Schildkröte 73
Vipera ammodytes 46
Vipera berus 46
Vipera kaznakovi 46
Vipera latastei 46

Vipera raddei 46
Vipera ursinii 46
Vipera wagneri 46
Viperidae 47
Vögel 75, 82, 185

Waldbachschildkröte 107
Waldeidechse 338
Warane 51, 171, 187
Warmblütler 52
Warrens Gürtelschweif 232
Wasseragame 299
Wasserassel 83
Wasser-Dosenschildkröte 160
Wasserschildkröten 55, 56, 66, 73, 74, 76, 79, 81, 82
Wasserschnecken 82
Weichschildkröten 57, 71, 73, 74, 76, 81
Weichtiere 185
Weimul-Schildkröte 129
Weißstreifengecko 254
Westkaspische Sumpfschildkröte 115
Westliche Sumpfschildkröte 115
Wickelskink 233
Wilde Dreiklaue 73
Winkelkopf-Agamen 178
Wirbeltiere 185
Würmer 185
Wüstengecko 175, 279
Wüsten-Nachtechse 336
Wüsten-Sandboa 56
Wundergeckos 173

Xantusia arizonae 336
Xantusia henshawi 46
Xantusia vigilis 336, 336*
Xantusia vigilis gilberti 336
Xantusia vigilis sierrae 336
Xantusia vigilis utahensis 336
Xantusia vigilis vigilis 336
Xantusia vigilis wigginsi 336
Xantusiidae 172, 180
Xenodontinae 47
Xenosauridae 172, 178

Zacken-Erdschildkröte 118
Zauneidechse 260
Zaunleguan 315
Zierschildkröte 103
Zonosaurus haraldmeieri 337, 337*
Zootaca armeniaca 47
Zootacadahli rostombekovi 47
Zootaca unisexualis 47
Zootoca vivipara 45, 46, 338
Zwerggürtelschweif 230

11 Sachregister

Acrodont 174
Äthiopis 69
Afterporen 181
Akkomodation 174
Allantois 49
Allomimese 54
Alluvium 67
Alter 78, 182
Altersbestimmung 74
Amnion 49
Amnionhöhle 49
Amphigonia retardata 45, 47, 80, 183
Analblase 76, 80
Anapsid 75, 173
Anapsiden 66
Anatomie 75, 178
Anpassung 27
Anpassungsfähigkeit 185
Areole 74
Atacama 29
Atemzentrum 181
Atmungsmechanismus 75
Aufenthaltsstätte 13
Auge 179
Ausbreitung 170, 171, 172
Auslöser 47, 78
Austattung 56
Australis 69

Balz 79, 184
Balzverhalten 79
Basalmembran 176
Bauchpanzer 71
Bauchspeicheldrüse 179
Beckengürtel 175
Befruchtung 48
Behälter, artgerechte 54
Beleuchtung, künstliche 56
Beleuchtungstechnik 56
Berührungsreiz 56
Beschuppung 71
Besiedlungswege 172
Bestimmungsmerkmal 73, 176
Betriebszeit (Temperatur) 15
Bewegungen 175
Bewegungsabläufe 181
Bewegungssehen 179
Bindegewebsnähte 71
Biozönotik 12
Blendschutz 179
Bodenarten 16
Bodengrund 57
Boviserin 187
Brille 174, 180
Bruchstelle 176
Brückenechsen 170
Brutfürsorge 184
Brutpflege 80, 184
Bruttemperaturen 185
Bundes-Artenschutzgesetz 82
Bundes-Naturschutzgesetz 82

Carapax 69
Carnivoren 81
Cerebellum 181
Chorion 49
Chromosomen, geschlechtsbildende 50
Corium 176
Cryprodira 75
Cutis 176

Darmsystem 75
Dauerregenwald 30
Dermis 176
Devon 67
Diaphragma 75
Diapsid 75, 170, 173
Dickdarm 179
Diluvium 67
Dimer 56
diploid 46
Dornsavannen 29
Dornsteppen, sommerfeuchte 29
Drohbewegung 53
Drüsen 76, 179
Dünger, organischer 16
Dünndarm 76, 179
Durchlüftung 14, 56
Durchschnittsnährwert 185

Echsen 171
Echsenhaut 176
Eiablage 80, 184
Eiablagestellen 184
Eiablagezeitpunkt 80
Eierstöcke 78, 183
Eiform 81, 184
Eigröße 184, 81
Eileiter 78, 183
Eileiteröffnungen 183
Eindringtiefe 51
Einrichtungsmaterial 11
Eisprung 183
Eiszeit 172
Eizahl 80, 184
Eizellen 47, 78
Eizellenentwicklung, intrauterine 47
Embryo 49
Embryonalentwicklung, extrauterine 47
endokrin 179
Enthärtung 15
Entwicklung 67
Entwicklungsgeschichte 66, 170, 171
Epidermis 176, 177
Epiphyse 181
Erdmittelalter 170
Erg 30
Ernährung 81, 185
Ersatzschwanz 176
Ersatzzähne 174

Erschütterungen 76
euryphag 81
extrauterin 80

Faktoren, endogene 50
– exogene 50
– genetische 50
Fanggebiet 69
Farbensehen 179
Farbwechsel 53
Femoralporen 181
Fettreserve 176
Feuchtigkeit 68
Feuchtsteppe 29
Fidschi- und Tonga-Inseln 172
Filterpumpen 56, 57
Fokussierung 174
Foramenparietalis 181
Fortpflanzung 47, 78, 183, 184
Fortpflanzungsperiodik 78, 183
Freilandanlagen 63
Freßgewohnheiten 81
Fütterung 186
– richtige 84
Fütterungszeit 186
Fütterungszeiten 84
Futter, natürliches 185
Futteraufnahme 84
Futterbrei 83
Futtergewohnheiten 84
Futtermaterialien 84
Futtermenge 84
Futternadel 186
Futterpflanzen 82
Futterpinzette 186
Futterqualität 84
Futterquantität 84
Futterverweigerung 187
Futterwechsel 77
Futterwert 84
Futterzange 186
Futterzuchten 81, 186

Galeriewälder 29
Garrigue 29
Gebiß 174
Geburt 45
Gehirn 181
Gehörsinn 181
Gehörvermögen 180
Gelegehäufigkeit 80
Genvariabilität 46
Geruchsqualität 77
Geruchssinn 181
Geschlechtsdiagnose 51
Geschlechtsdifferenzierung 46
– genetische 181
– temperaturabhängige 181
Geschlechtsdimorphismus 50, 77, 181
Geschlechtserkennung 77
Geschlechtsfixierung 50, 77, 181, 185

– genabhängige 50
– genunabhänige 50
– temperaturabhängige 50
Geschlechtsmerkmal 77
Geschlechtsreife 77, 182
Giftdrüsen 174
Giftschlangenterrarium 55
Giftzähne 174
Glaskörper 179
gleichartig 56
Gleichartigkeit 185, 186
Gleichgewichtsorgan 175
Gleichgewichtssinn 181
gleichwertig 56
Gleichwertigkeit 185, 186
Gleitflieger 178
Gleitflug 175
Gliedmaßen 73, 175, 174
Gobi 29
Gonaden 179
Gondwana 67
Greifschwanz 175
Greifzangen 175
Grenzen 172
Größendifferenz 182
Große Sandwüste 29
Große Viktoriawüste 29
Großklima 15
Grundbestandteile 185
Grundnährstoffe 84

Häutung 176
Haftfähigkeit 174
Haftzeher 174
Halbwüsten 29
Halbwüsten-Wüstensteppe 29
Hals 74
Halsberger 71
Halslängen 74
Hamada 30
haploid 46
HarderscheDrüsen 76
Hauptnährstoffe (Pflanzen) 15
Haut 176
Hautanhänge 177, 178
Heizung 56
Heloderma-Gift 174
Hemiclitoris 51
Hemipenes 183
Hemipenis 184
Herz 75, 179
Hintergliedmaßen 174
Hinterhirn 181
Hoden 78, 183
Hören 76, 180
Hornhaut 179
Hornschicht 71
Hypophyse 181

Inkubation 47, 49, 80, 81, 183, 185
Inkubationsdauer 49
Inkubationstemperatur 50

Sachregister

Inkubationszeit 49, 80, 81
Inkubator 49
Innere Uhr 50
innersekretorisch 179
Insektivoren 185
Insemination 48
Interparietal-Schild 181
interuterin 80
intrauterin 185

Jacobsonsches Organ 181
Jahreszeitenklimate 45
Jungsteinzeit 171
Jungtertiär 66
Jura 67, 170
– oberes 170

Kältestarre 52
Kalahari 29
Kalkpräparate 83
Kallositäten 71
Kambrium 67
Karbon 67
Karnivoren 185
Katalepsie 53
Kauleisten 73
Kehlkopf 179
Keimscheibe 49
Keimzellen 47
Keimzellenentwicklung 48
Kiefer 73
Kieswüste 30
Kleinhirn 181
Kleinklimate 173
Klimabesonderheiten 173
Klitoris 51
Knochenentwicklung 84
Knochenplatten 71
Knopfsonde 50, 182
Körperanhänge 181
Körperbau 69, 173
Körperfärbung 181
Körpergröße 55
Komment-Kämpfe 79
Konsumenten (Tiere) 12
Kontinentalverschiebung 27, 171, 173
Kopf 73, 173
Kot 81
Kreide 67
Kreidezeit 171
Kreislaufmechanismus 75
Krokodil-Terrarium 55
Kryptische Trachten 54

Laichsubstrat 13
Landschaftsterrarium 11
Langerhansche Inseln 179
Laurasia 67
Lauterzeugung 180
Lebenserwartung 182
Lebensräume 67
Lebensraum 170, 171
Lebensraum Terrarium 54
Leber 75, 76, 179
Leitungswasser 57
Licht 14, 68
Lichtverhältnisse 56
Lidfenster 180
Linse 179
Luft 14
Luftröhre 179
Lunge 75, 179

Lux 56
Luxem 56

Macchia 29
Madagaskar 172
Männchen 78
Magen 76, 179
Mangroven 30
Mertenssche Mimikry 54
Mesozoikum 170
Mimese 54
Mimikry 54
Mineraldünger 16
Mittelbreiten 29
– feuchte 29
– trockene 29
Mittelhirn 181
monophag 81
monozyklisch 47
Morphologie 69, 173

Nachhirn 181
Nahrungsangebot 186
Nahrungsmöglichkeiten 68
Nahrungsquelle 13
Nahrungsspezialisten 185
Namib 29
Nasalorgan 77
Nase 181
Naturfutter 81
Nearktis 69
Nebenhoden 183
Nebennieren 179
Nebenschilddrüse 179
Neotropis 69
Nervus olfactorius 181
Netzhaut 179
Niere 75, 76
Nutzungswert 56

Oberjura 171
Oberkiefer 174
Obertrias 66
ökologische Valenz 68, 69, 173
Ökonischen 173
Ökozonen 29, 171, 173
Ordovizium 67
Organe, innere 75, 179
Orientalis 69
Osteodermen 176, 178
Ovarien 78, 183
Ovidukt 78, 183
Ovipare 45
Oviparie 184

Paarung 79, 184
Paläarktis 69
Pangäa 67
Pankreas 179
Panzer 69
Parietalorgan 181
Parthenogenese 45, 46
Peitschenschwanz 176
Penis 79
Perm 67
– unteres 170
Pflanzenarten 82
Pflanzen-Kultur 13
Pflanzenmaterial, lebendes 57
Pflanzentabellen 16
Pflanzenwelt 13
Phasen, aktive 45
– passive 52

Pholidose 71, 176
Phytomimese 54
Phytophagen 185
Placenta 45
Plastron 71
Pleistozän 66, 171
Pleurodont 174
Pliozän 171
polyphag 81
polyzyklisch 47
Poren 181
Postanalschuppen 181
Pränalporen 181
Präkambrium 67
Produzent (Pflanze) 12
Protandrie 79
Proteine 83
Protogynie 79

Quarantäneaufenthalt 11
Quartär 67, 172

Receptaculum seminis 47, 183
Reduktion 175
Regenerat 176
Regenwald 68
Regenwaldgebiete 13
Regenwasser 15, 57
Regenzeit, doppelte 30
Region, äthiopische 172
– australische 172
– nearktische 172
– neotropische 172
– orientalische 172
– paläarktische 172
Reinhaltung 11
Reproduktion 183
Reproduktionsfolgen 183
Reproduktionsmodus 184
Reptilienei 48
Respirationsoberfläche 75
Retention 49, 80
Rhythmen, biologische 45
– cirannuelle 45
– circadiane 45
Riechen 76, 181
Riechepithel 181
Riechnerv 181
Rillen 74
Rippen 179
Ruderschwanz 176
Rückenpanzer 69
Ruheperiode 15
Ruhezeit 14
Ruhezeit (Pflanzen) 15

Sahara 29
Samenleiter 183
Samentasche 47, 183
Samenzellen 47, 78
Sandwüste 30
Sauria 171
Schallwellen 76
Schattenpflanzen 14
Scheingelenke 71
Scheitelauge 181
Schilddrüse 179, 181
Schläfengruben 171
Schleuderzunge 174
Schlitzblende 179
Schluckvorgang 73

Schlüsselbein 75
Schlupf 185
Schmecken 77
Schreckhäutung 176
Schultergürtel 75
Schuppen 176
– besondere 181
Schutzanpassungen 53
Schutzfärbung 53
Schutzmaßnahmen 53
Schwanz 173, 175
Schwimmhäute 74
Schwimmraum 55
Sehen 76, 179
Sehzentrum 181
Serir 30
Sex recognition 77, 79, 184
Signierung 49
Silur 67
Sinnesorgane 76, 179
Skelett 178
Somatolyse 53
Sommerruhe 52, 69
Sommerschlaf 52
Sonnenlicht 56
Sonnenpflanzen 14
Sonora-Wüste 29
Spenodontida 170
Steinwüste 30
Steppen, winterfeuchte 29
Steppengebiete 68
Sterblichkeitsrate 182
Steuerorgan 175
Steuerungsflächen 178
Stratum corneum 176
Stratum germinativum 176
Stratum intermedium 176
Subtropen, immerfeuchte 29
– winterfeuchte 29
synapsid 173
Syrische Wüste 29

Taklamakan 29
Tarntracht 53
Technik 54, 56
Temperatur 15, 68
Temperaturverhältnisse 15
Terrariengröße 54
Terrarium, hygienisches 11
Terrrarienform 55
Tertiär 67
– mittleres 173
Thymusdrüse 181
Thyroidea 179
Tierarten 82
Tränendrüsen 76
Tragzeit 47, 49, 80
Transpirationsgefälle 14
Trias 67, 170
triploid 46
Trockenfertigfutter 83
Trockengebiete 13
– subtropische 29
– tropische 29
Trockenruhe 52
Trockensavannen 29
Trockenschlaf 52
Trockensteppe 29
Trockenzeit 30
Tropen, immerfeuchte 30
– sommerfeuchte 29
Tropengebiete 68
Tropischer Regenwald 30

Überfüttern 186
Überleben 68
Überlebenschance 47
Überlebensstrategien 68
Überwinterung 52
Überwinterungskammern 64
Überwinterungskiste 52
Überwinterungsmöglichkeit 58
Überwinterungsphase 52
Überwinterungstemperatur 53
Unterkiefer 174
Unterschlupfplätze 63
Urkeimzellen 48
Urogenitalpapille 183
Urogenitalsystem 78, 183

Ursprungszentren 172
Verbreitung 67, 172
Verbreitungsgegensatz 173
Verdauung 84, 186
Verdauungstörungen 84
Vitaminpräparate 83
Vivioviparie 45, 184
Viviparie 45, 46, 184
– aplacentale 46
– placentale 46
Vordergliedmaßen 174
Vorderhirn 181

Wachstumsperiode 15

Wachstumsraten 77
Waldsteppe 29
Wasser 14, 57
Wassertemperatur 15
Wasserwechsel 57
Weibchen 78
Weiterentwicklung 27
Westliche Haken-Natter 53
Wildgemüse 82
Winterruhe 52
Winterschlaf 52
Winterstarre 52, 69
Wirbelsäule 178
Wohnraum 55
Wüsten 29, 68

Zahnformen 174
Zehen 73
Zentralnervensystem 76, 181
Zerstäuber 15
Zone, boreale 29
– polare 29
– subpolare 29
Zoomimese 54
Zünglein 181
Zunge 174
– dickfleischige 174
– zweizipflige 174
Zungenbein 177
Zwangsfütterung 84, 187
Zwischenhirn 181

12 Bildquellen

Zeichnungen
Sämtliche Zeichnungen von Hartmut Nietzke, Hildesheim.

Fotos
Baumgart: Seite 219
Bischoff: Seite 192
Böhme: Seite 195, 220, 253 oben
Brand: Seite 36 oben
Eckart: Seite 33
Eichmann: Seite 38 oben
Franzen: Seite 191, 278
Fritz: Seite 94, 151, 162 oben rechts
Gollub: Seite 32 oben
Hallmann: Seite 287, 288, 290, 291 oben u. unten, 292, 293, 294, 295
Heimann: Seite 165
Heinemann: Seite 319
Heselhaus: Seite 208, 209, 215 unten, 223, 289, 315
Heucke: Seite 309, 325, 326
Högner: S. 236
Horn: Seite 34 unten, 38 unten, 39 unten, 41 oben, 43 oben
Irtz: Seite 123
Kahl: Seite 97, 120, 156

König: Seite 198, 206, 213, 225, 226, 231, 240, 243, 245, 247, 253 unten, 265, 270, 271, 273 unten, 279, 280, 308, 316, 329, 330, 334, 335, 338
Kornacker: Seite 30, 34 oben, 35, 36 unten, 39 oben, 40, 41 Mitte u. unten, 42, 43 unten, 44 oben u. unten, 200, 211, 238, 246, 251, 258, 299, 322, 332
Krintler: Seite 212
Mägdefrau: Seite 318
Mudrack: Seite 215 oben, 217, 218, 229, 234, 239
Necas: Seite 221
Nöllert: Seite 32 unten, 88, 89, 91, 93, 99, 100, 102, 104, 106, 109, 110, 111, 112, 114, 115, 122, 125, 127, 130, 133, 135, 137, 138 oben u. unten, 139, 140, 142, 146, 147, 148, 149, 154, 157, 158 oben u. unten, 160, 161, 162 oben links u. unten, 164 oben u. unten, 166, 167, 305
Nosko: Seite 268
Prodloucky: Seite 152
Reinhard: Seite 108, 145, 197, 230, 249, 257, 269, 310, 321
Rogner: Seite 273 oben, 314, 337
Rudloff: Seite 119, 129
Schmidt: Seite 31 unten, 194, 204, 207, 255, 260, 261, 274, 307
Schröder: Seite 312, 313
Schulte: Seite 31 oben, 37
Sias: Seite 336

Wir haben noch mehr zu bieten.

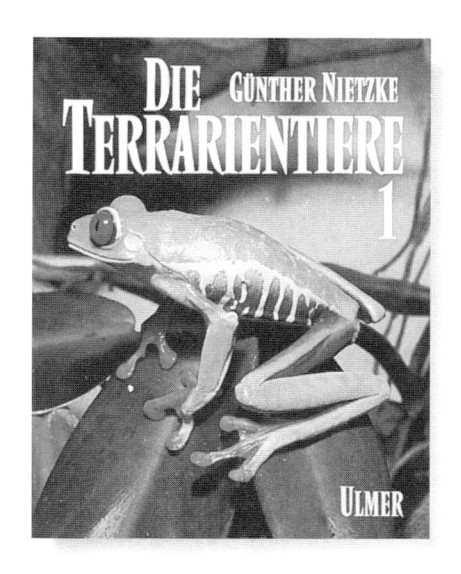

Der „Nietzke" stellt für alle Terrianer ein unentbehrliches Arbeitsbuch und Nachschlagewerk dar. In den letzten Jahren haben sich in der Terraristik wesentliche Neuerungen und Änderungen ergeben und die Anzahl derjeniger, die sich mit der Terraristik und Herpetologie befassen, ist stark angestiegen. Dieses Buch berücksichtigt nicht nur die vielfältigen Neuerungen in der Nomenklatur und Systematik, sondern es gibt detaillierte Hinweise zur Pflege und Zucht der Terrarientiere, nachdem heute durch die verschiedenen Naturschutzgesetze weitaus engere Grenzen für den Handel und die Haltung von Amphibien und Reptilien gezogen sind. Aufgenommen wurde auch eine umfassende Beschreibung klimatischer Bedingungen in den Herkunftsländern mit Hinweisen zu den Einflüssen des Klimas auf die Amphibien und Reptilien.

Die Terrarientiere. *Bd. 1. Natürlicher Lebensraum und Klimabedingungen, Bau und technische Einrichtung der Terrarien, Ernährung und Fütterung der Terrarientiere. Schwanzlurche und Froschlurche. Günther Nietzke. 4., neubearb. u. neugest. Aufl. 1989. 276 S., 101 Farb- und 16 sw-Fotos, 82 Zeichn. ISBN 3-8001-7178-3.*

Terrarien. *Bau und Einrichtung. F.-W. Henkel, W. Schmidt. 1997. 168 S., 44 Farbf., 49 sw-Fotos und Zeichnungen. ISBN 3-8001-7349-2.*
Die Autoren zeigen, wie man Terrarien anfertigt und mit der nötigen Einrichtung und Bepflanzung versieht.

Wer Tiere hält – ob Amphibien, Reptilien, Vögel, Kleinsäuger, Fische oder niedere Tiere –, muß auch gut für sie sorgen. Viele brauchen lebendes Futter, um gesund und kräftig zu bleiben oder sich fortzupflanzen. So ist die Zucht geeigneter Futtertiere für den Vivarianer von entscheidender Bedeutung. Die Autoren dieses Buches geben dazu fundierte Ratschläge und alle notwendigen Anleitungen, wie mit preiswerten und allgemein zugänglichen Mitteln Futtertiere gezüchtet werden können. Das Buch zählt inzwischen zum Grundbestand des vivarienkundlichen Schrifttums. Die vorliegende Neuausgabe wurde insgesamt überarbeitet, aktualisiert und teilweise erweitert, nicht zuletzt aufgrund mancher Hinweise und Anregungen durch die Leser.

Futtertierzucht. *Lebendfutter für Vivarientiere. Ursula Friederich, Werner Volland. 3., überarbeitete Auflage. 1998. 192 Seiten, 63 sw-Fotos und Zeichnungen. ISBN 3-8001-7382-4.*

Schlangen im Terrarium. *Haltung, Pflege und Zucht in zwei Bänden. Ludwig Trutnau.*
<u>*Band 1: Ungiftige Schlangen.*</u> *3., überarbeitete und erweiterte Auflage 1988. 256 Seiten, 87 Farbfotos. ISBN 3-8001-7199-6.*
<u>*Band 2. Giftschlangen.*</u> *4. Auflage. Etwa 320 S., 120 Farbf., 10 Zeichn. ISBN 3-8001-7371-9.*
Diese Bände haben sich bei den Terrarianern zu einem unentbehrlichen Standardwerk entwickelt.

Das Buch bietet eine übersichtliche Darstellung des heutigen Kenntnisstandes in der Reptilien- und Amphibienmedizin. Dabei stehen die häufig auftretenden Krankheiten der Terrarientiere im Mittelpunkt. Schwerpunkte sind die Bereiche Diagnose, Therapie und Prophylaxe von Krankheiten der Reptilien und Amphibien. Die klare Gliederung der einzelnen Kapitel und die zahlreichen farbigen Abbildungen ermöglichen dem Tierarzt eine sichere Diagnose und die Aufstellung des geeigneten Therapieplans. Dem Terrarianer bietet die Beschreibung von diagnostischen Untersuchungsmethoden und Therapieverfahren die Möglichkeit, sich ein solides Grundwissen über die Krankheiten von Terrarientieren und deren Behandlung anzueignen. Dieses Wissen ist eine wichtige Voraussetzung, um Erkrankungen rechtzeitig vorzubeugen und im Krankheitsfall in Zusammenarbeit mit dem Tierarzt eine adäquate Behandlung zu gewährleisten.

Krankheiten der Amphibien und Reptilien. *Gunther Köhler. 1996. 168 S., 134 Farbfotos, 57 sw-Abbildungen, 13 Tabellen. ISBN 3-8001-7340-9.*

Schildkröten. *Land-, Sumpf- und Wasserschildkröten im Terrarium. G. Müller. 3., verb. Aufl. 1995. 238 S., 100 Farbf., 28 Zeichn. ISBN 3-8001-7334-4.*
Dieses Buch über Schildkröten im Terrarium faßt eingehende Kenntnisse und langjährige Erfahrungen des Autors bei der Haltung und Pflege von über 200 Schildkrötenarten zusammen.